ポルト

- ❏ 国名 nome do país /ノーム ドゥ パイーシュ/ (英 name of the country)
  ポルトガル共和国　República Portuguesa /レプブリカ プルトゥゲーザ/ (英 Portuguese Republic)
- ❏ 面積 área /アーリア/ (英 area)
  91,985 km² （日本の約4分の1）
- ❏ 人口 população /ププラサゥン/ (英 population)
  1,033万人(2001年)
- ❏ 首都 capital /カピタル/ (英 capital)
  リスボン　Lisboa /リジュボーア/ (英 Lisbon)
- ❏ 宗教 religião /ルリジァゥン/ (英 religion)
  主にカトリック
- ❏ 産業 indústria /インドゥシュトリア/ (英 industry)
  観光業・繊維産業
- ❏ GDP　PIB /ペ イ ベ/ (英 GDP)
  1,098億ドル(2001年)
- ❏ 通貨 moeda corrente /ムエーダ クレントゥ/ (英 currency)
  ユーロ　euro /エウルォ/
- ❏ 在留邦人　japoneses residentes em Portugal /ジャプネーズシュ ルズィデントゥシュ エン プルトゥガル/ (英 Japanese residents in Portugal)
  506人
- ❏ 在日ポルトガル人 portugueses residentes no Japão /プルトゥゲーズシュ レズィデントゥシュ ヌォ ジャパゥン/ (英 Portuguese residents in Japan)
  365人
- ❏ サッカー・ワールドカップ　Copa do Mundo /コッパ ドゥ ムンドゥ/ (英 World Cup)
  1966年イングランド大会・1986年メキシコ大会・2002年韓国日本大会出場
- ❏ 国花 flor nacional /フロール ナスィウナル/ (英 national flower)
  バラ rosa /ローザ/ (英 rose)
- ❏ 国鳥 ave nacional /アーヴ ナスィウナル/ (英 national bird)
  ニワトリ　galo /ガールォ/ (英 cock)

# デイリー
# 日葡英
Daily Japanese-Portuguese-English Dictionary
# 葡日英
## 辞典

黒沢直俊／ホナウヂ・ポリート／武田千香[監修]
三省堂編修所[編]

三省堂

© Sanseido Co., Ltd. 2003

Printed in Japan

装丁　米谷テツヤ
装画　東恩納裕一

# まえがき

　昨年の６月，日本全国がサッカーワールドカップの開催に沸き返っていた頃，初学者を対象とした見やすくシンプルな３か国語辞典をめざして本シリーズが誕生しました．幸い，読者の皆様からご好評をいただき，今年はブラジル・ポルトガル語の辞典を送り出すことになりました．

　２１世紀に入り，私たちを取り巻く世界は急速な変化を遂げつつあります．
　コンピュータ技術の飛躍的な発展により，地球は一挙に狭くなりました．
　これは言語の世界にも影響を及ぼし，とくに，インターネットの分野における英語の優位性は揺るぎないものとなりました．
　その一方で，世界各地の固有の言語の重要性も増しています．言語は文化を写す鏡，その多様性に私たちは強く惹かれます．いろいろな国の人々とその国の言葉でコミュニケートできる楽しみは，外国語を学ぶ原点ともいえましょう．一つの単語から，外国語学習の扉が無限に開かれます．

　その際に，強い味方となるのが辞書です．しかし，多くの辞書は限られたスペースに最大の情報を盛ろうとするため，見やすさ，引きやすさの点で問題があります．また，詳細な語義区分や文法解説などが入っていても，初学者にとっては，かえって単語そのものの意味に迫りにくくなっている場合もあります．

　本書は，学生からシルバー世代まで幅広い初学者の立場を考え，思い切ってシンプルに編集しました．

　まず，「日葡英」の部では，日本語に対応するブラジル・ポルトガル語がひと目で分かります．日常よく使う約１万１千の日本語が五十音順に並んでいます（派生語・複合語を含めると約１万５千項目）．〈サッカー〉や〈インターネット〉など，幅広い分野別の囲みで，関連する単語を同時に覚えることもできます．

　つぎに，「葡日英」の部は，ブラジル・ポルトガル語の重要語を中心にした約７千語の簡単な辞書となっています．そして，その単語の使い方が分かるような成句なども入っています．「日葡英」の部と補い合うような形で利用することが可能であり，語学のベテランの備忘録としても役立ちます．

「日常会話表現」の部では，テーマや場面ごとによく使われる表現を集めました．ちょっとした会話をお楽しみください．

　そして，すべての部に英語を併記しましたので，日本語と英語，ブラジル・ポルトガル語と英語を比較対照しながら，語彙力をアップすることができます．

　さらに，初学者には頭の痛い発音記号をいっさい使わずに，日本人が発音しやすいカタカナ表記を工夫して付けました．その言語を知らない人にとっても最低限の拠りどころとなることでしょう．

　本書の編集は，日本語と英語の選定および英語のカタカナ発音は原則としてシリーズ共通のものとし，ブラジル・ポルトガル語の部分と全体的な監修作業を東京外国語大学の黒沢直俊先生，武田千香先生，ホナウヂ・ポリート(Ronald Polito)先生にお願いいたしました．また，編集作業の全般にわたって，株式会社ジャレックスにご協力いただきました．

　日本にはたくさんのブラジルの方々が生活しています．職場や地域社会で，携帯に便利で見やすくシンプルなこの「デイリー日葡英・葡日英辞典」が読者の皆様のブラジル・ポルトガル語学習の強い味方になってくれることを，心から願っています．

　　2003年 6月

　　　　　　　　　　　　　　　　　　　　　　　三省堂編修所

## 目　次

| | |
|---|---|
| ・この辞典の使い方............... | (v)(vi) |
| ・日葡英辞典.................... | 1〜822 |
| ・日常会話表現.................. | 823〜848 |
| ・葡日英辞典.................... | 849〜1048 |

(v)

# この辞典の使い方

## 【日葡英の部】

### ●日本語見出し語欄

・日常よく使われる日本語約1万1千語を五十音順に配列.
・長音「ー」は，直前の母音に置き換えて配列.
　　例：アーチ → ああち，チーム → ちいむ
・常用漢字以外の漢字も使用し，漢字についてはすべてふりがなを付した.
・語義が複数ある場合には，（　）内に限定的な意味を記述.
・見出し語を用いた派生語, 複合語も約4千語収録.

### ●ブラジル・ポルトガル語欄

・見出しの日本語に対応するブラジル・ポルトガル語を掲載.
・ブラジル・ポルトガル語には簡便なカタカナ発音を付した.

### ●英語欄

・見出しの日本語に対応する英語を掲載.
・英語にもカタカナ発音を付した.

### ●コラム

・関連する単語を　37のテーマやキーワードのもとに掲載.
・対応する英語も表示. ただし，カタカナ発音は省略.
・コラム目次は，裏見返しを参照.

## 【葡日英の部】

・ブラジル・ポルトガル語を学習する上で重要な単語7千語を収録.
・見出し語ブラジル・ポルトガル語にはすべてカタカナ発音を付した.
・ブラジル・ポルトガル語に対応する英語も掲載. ただし，そ

(vi)

のカタカナ発音は省略した.
· 再帰動詞は~-seで示した.
· ヨーロッパのポルトガル語の語形が異なっている時には見出し語の後に＊を付けて示し,意味などが異なっている場合は該当する訳語の前に＊を付けて示した.
· 成句・複合語など約１５００語も適宜収録.

## 【日常会話表現の部】

· テーマや状況別に,よく使われる日常会話表現を掲載.
· 対応する英語表現も掲載. ただし,カタカナ発音は省略.
· テーマ・状況別の目次については,裏見返し参照.

---

■略語・記号一覧■

(日葡英の部)

*m.* 男性名詞　　*f.* 女性名詞
*pl.* 複数形

(葡日英の部)

| 男 男性名詞 | 女 女性名詞 | 代 代名詞 |
| 動 動詞 | 形 形容詞 | 副 副詞 |
| 間 間投詞 | 前 前置詞 | 接 接続詞 |
| 冠 冠詞 | 男複 男性複数形 | 女複 女性複数形 |

その他一般記号

| /..../ | カタカナ発音 |
| (英...) | 見出し語に対応する英語 |
| — | 品詞換え指示 |
| (( )) | 語義の限定や用法 |
| [...] | 言い換え可能指示 |
| ~ | 見出し語相当部分を指示 |
| ◆ | 成句・複合語など |

# 日　葡　英

## あ, ア

|  |  |  |
|---|---|---|
| アーチ | arco *m.* アルコ | arch アーチ |
| アーモンド | amêndoa *f.* アメンドア | almond アーモンド |
| 愛 | amor *m.* アモール | love ラヴ |
| 合鍵 | cópia de uma chave *f.* コーピア ヂ ウマ シャーヴィ | duplicate key デュープリケト キー |
| 相変わらず | como de costume, como sempre コモ ヂ コストゥーミ, コモ センプリ | as usual アズ ユージュアル |
| 愛嬌のある | encantador, engraçado エンカンタドール, エングラサード | charming チャーミング |
| 愛国心 | patriotismo *m.* パトリオチズモ | patriotism ペイトリオティズム |
| アイコン | ícone *m.* イコニ | icon アイカン |
| 挨拶 | cumprimento *m.*, saudação *f.* クンプリメント, サウダサォン | greeting グリーティング |
| 〜する | cumprimentar クンプリメンタール | greet, salute グリート, サルート |
| アイシャドウ | sombra *f.* ソンブラ | eyeshadow アイシャドウ |
| 哀愁 | saudade *f.*, nostalgia *f.* サウダーヂ, ノスタウジーア | sadness サドネス |
| 愛称 | apelido *m.* アペリード | nickname ニクネイム |
| 愛情 | amor *m.*, afeto *m.* アモール, アフェット | love, affection ラヴ, アフェクション |
| 相性が悪い | não se dar bem com ナォン スィ ダール ベィン コン | be uncongenial *to* ビ アンコンヂーニャル |
| 愛人 | amante *m.f.* アマンチ | lover ラヴァ |
| アイスクリーム | sorvete *m.* ソルヴェッチ | ice cream アイス クリーム |
| アイスホッケー | hóquei no gelo *m.* オケィ ノ ジェーロ | ice hockey アイス ハキ |

| 日 | 葡 | 英 |
|---|---|---|
| 合図(あいず) | sinal *m.* スィナウ | signal, sign スィグナル, サイン |
| 〜する | fazer sinal ファゼール スィナウ | give a signal ギヴ ア スィグナル |
| 愛(あい)する | amar アマール | love ラヴ |
| 愛想(あいそ) | simpatia *f.*, amabilidade *f.* スィンパチーア, アマビリダーヂ | affability アファビラティ |
| 〜のよい | afável, simpático アファーヴェウ, スィンパチコ | affable アファブル |
| 〜が尽きる | aborrecer-se com アボヘセール スィ コン | become disgusted ビカム ディスガステド |
| 空(あ)いた | vago, livre ヴァーゴ, リーヴリ | empty, vacant エンプティ, ヴェイカント |
| 間(あいだ) | espaço *m.* エスパッソ | space スペイス |
| (距離) | distância *f.* ヂスタンスィア | distance ディスタンス |
| (間隔) | intervalo *m.* インテルヴァーロ | interval インタヴァル |
| …の〜に | entre エントリ | between, among ビトウィーン, アマング |
| (時間) | durante ドゥランチ | during デュアリング |
| 相手(あいて) | | |
| (男の) | parceiro *m.* パルセィロ | partner パートナー |
| (女の) | parceira *f.* パルセィラ | partner パートナー |
| (敵) | adversário *m.*, rival *m.f.* アヂヴェルサーリオ, ヒヴァウ | rival ライヴァル |
| アイディア | idéia *f.*, invenção *f.* イデイア, インヴェンソォン | idea アイディーア |
| IT(あいてぃー) | tecnologia informática *f.* テキノロジーア インフォルマチカ | infomation technology インフォメイション テクノロジ |
| 開[空](あ)いている | aberto アベルト | open オウプン |
| (空き) | vago, livre ヴァーゴ, リーヴリ | vacant ヴェイカント |
| (自由) | livre リーヴリ | free フリー |

| 日 | 葡 | 英 |
|---|---|---|
| 愛読書 (あいどくしょ) | livro favorito [predileto] *m.*<br>リーヴロ ファヴォリト [プレヂレット] | favorite book<br>フェイヴァリト ブク |
| アイドル | ídolo *m.*<br>イドロ | idol<br>アイドル |
| 生憎 (あいにく) | infelizmente<br>インフェリズメンチ | unfortunately<br>アンフォーチュネトリ |
| 愛撫する (あいぶする) | afagar, acariciar<br>アファガール, アカリスィアール | caress<br>カレス |
| 合間 (あいま) | intervalo *m.*<br>インテルヴァーロ | interval, leisure<br>インタヴァル, リージャ |
| 曖昧な (あいまいな) | ambíguo, vago<br>アンビーグォ, ヴァーゴ | vague, ambiguous<br>ヴェイグ, アンビギュアス |
| 愛らしい (あいらしい) | amável<br>アマーヴェウ | lovely, charming<br>ラヴリ, チャーミング |
| アイロン | ferro de passar *m.*<br>フェッーホ ヂ パサール | iron<br>アイアン |
| 会う (あう) | ver, encontrar<br>ヴェール, エンコントラール | see<br>スィー |
| (遭遇) | deparar, topar<br>デパラール, トパール | meet<br>ミート |
| 合う (あう) | | |
| (似合う) | ficar bem em<br>フィカール ベィン エィン | fit, suit<br>フィト, スート |
| (一致) | concordar com<br>コンコルダール コン | agree, match *with*<br>アグリー, マチ |
| (正確) | ser certo, acertar<br>セール セルト, アセルタール | be right<br>ビ ライト |
| アウト | fora<br>フォーラ | out<br>アウト |
| ～プット | saída *f.*, *output m.*<br>サイーダ, アウチプッチ | output<br>アウトプト |
| ～ライン | contorno *m.*, esboço *m.*<br>コントルノ, エズボッソ | outline<br>アウトライン |
| 喘ぐ (あえぐ) | arfar, arquejar<br>アルファール, アルケジャール | pant, gasp<br>パント, ギャスプ |
| 和える (あえる) | temperar ingredientes<br>テンペラール イングレヂエンチス | dress... *with*<br>ドレス |
| 亜鉛 (あえん) | zinco *m.*<br>ズィンコ | zinc<br>ズィンク |

| 日 | 葡 | 英 |
|---|---|---|
| <ruby>青<rt>あお</rt></ruby>（信号の） | verde *m.*<br>ヴェルチ | green<br>グリーン |
| <ruby>青<rt>あお</rt></ruby>い | azul<br>アズウ | blue<br>ブルー |
| （果物など） | verde *m.*<br>ヴェルチ | green<br>グリーン |
| （蒼い） | pálido<br>パリド | pale<br>ペイル |
| （未熟） | inexperiente, imaturo<br>イネスペリエンチ, イマトゥーロ | inexperienced<br>イニクスピアリアンスト |
| <ruby>仰<rt>あお</rt></ruby>ぐ | levantar os olhos<br>レヴァンタール ウズ オーリョス | look up *at*<br>ルク アプ |
| <ruby>扇<rt>あお</rt></ruby>ぐ | ventilar, abanar<br>ヴェンチラール, アバナール | fan<br>ファン |
| <ruby>青白<rt>あおじろ</rt></ruby>い | pálido<br>パリド | pale, wan<br>ペイル, ワン |
| <ruby>仰向<rt>あおむ</rt></ruby>けに | de costas<br>チ コスタス | on one's back<br>オン バク |
| <ruby>煽<rt>あお</rt></ruby>る | incitar, estimular, provocar<br>インスィタール, エスチムラール, プロヴォカール | stir up<br>スター アップ |
| <ruby>垢<rt>あか</rt></ruby> | sujeira *f.*, cascão *m.*, caraca *f.*<br>スジェィラ, カスカオン, カラッカ | dirt<br>ダート |
| <ruby>赤<rt>あか</rt></ruby>い | vermelho<br>ヴェルメーリョ | red<br>レド |
| <ruby>赤字<rt>あかじ</rt></ruby> | *deficit m.*<br>デフィスィッチ | deficit<br>デフィスィト |
| <ruby>赤<rt>あか</rt></ruby>ちゃん | bebê *m.f.*<br>ベベ | baby<br>ベイビ |
| <ruby>暁<rt>あかつき</rt></ruby> | alvorada *f.*, aurora *f.*<br>アウヴォラーダ, アウローラ | dawn, daybreak<br>ドーン, デイブレイク |
| アカデミー | academia *f.*<br>アカデミーア | academy<br>アキャデミ |
| ～賞 | prêmio da Academia *m.*<br>プレーミオ ダ アカデミーア | Academy Award<br>アキャデミ アウォード |
| <ruby>赤身<rt>あかみ</rt></ruby> | carne magra *f.*<br>カルニ マグラ | lean<br>リーン |
| <ruby>崇<rt>あが</rt></ruby>める | respeitar, adorar, venerar<br>ヘスペイタール, アドラール, ヴェネラール | respect<br>リスペクト |

| 日 | 葡 | 英 |
|---|---|---|
| あ<br>明かり | claridade *f.*, luz *f.*<br>クラリダーヂ, ルィス | light, lamp<br>ライト, ランプ |
| あ<br>上がる | subir<br>スビール | go up, rise<br>ゴウ アップ, ライズ |
| （物価が） | subir<br>スビール | rise, advance<br>ライズ, アドヴァンス |
| （緊張する） | ficar nervoso<br>フィカール ネルヴォーゾ | get nervous<br>ゲト ナーヴァス |
| あか<br>明るい | claro<br>クラーロ | bright, light<br>ブライト, ライト |
| （明朗な） | alegre<br>アレグリ | cheerful<br>チアフル |
| （精通） | conhecer bem, ser versado em<br>コニェセール ベイン, セール ヴェルサード エイン | be familiar *with*<br>ビ ファミリャ |
| あ<br>空き | vaga *f.*<br>ヴァーガ | opening, gap<br>オウプニング, ギャプ |
| （余地） | margem *f.*, espaço *m.*<br>マルジェイン, エスパッソ | room<br>ルーム |
| （空席） | assento vago *m.*<br>アセント ヴァーゴ | vacant seat<br>ヴェイカント スィート |
| 〜缶 | lata vazia *f.*<br>ラッタ ヴァズィーア | empty can<br>エンプティ キャン |
| 〜びん | garrafa vazia *f.*<br>ガハッファ ヴァズィーア | empty bottle<br>エンプティ バトル |
| 〜部屋 | quarto livre *m.*<br>クワルト リーヴリ | vacant room<br>ヴェイカント ルーム |
| 〜の | livre, desocupado<br>リーヴリ, デゾクパード | empty, free<br>エンプティ, フリー |
| あき<br>秋 | outono *m.*<br>オゥトーノ | autumn, fall<br>オータム, フォール |
| あき<br>明らかな | claro, óbvio<br>クラーロ, オブヴィオ | clear, evident<br>クリア, エヴィデント |
| 明らかに | claramente, obviamente<br>クララメンチ, オブヴィアメンチ | clearly<br>クリアリ |
| あきら<br>諦める | desistir<br>デズィスチール | give up, abandon<br>ギヴ アップ, アバンドン |
| あ<br>飽きる | estar farto, estar enjoado<br>エスタール ファルト, エスタール エンジョアード | get tired *of*<br>ゲト タイアド |
| けん<br>アキレス腱 | tendão de Aquiles *m.*<br>テンダォン ヂ アキーリス | Achilles Etendon<br>アキリーズ テンドン |

| 日 | 葡 | 英 |
|---|---|---|
| （弱点） | calcanhar de Aquiles m.<br>カウカニャール デ アキーリス | Achilles heel<br>アキリーズ ヒール |
| あき<br>呆れる | ficar boquiaberto<br>フィカール ボキアベルト | be amazed at<br>ビ アメイズド |
| あく<br>悪 | mal m.<br>マウ | evil, vice<br>イーヴィル, ヴァイス |
| あ<br>開く | abrir-se<br>アブリールスィ | open<br>オウプン |
| あ<br>空く | ficar livre<br>フィカール リーヴリ | become vacant<br>ビカム ヴェイカント |
| あくい<br>悪意 | intenção má f.<br>インテンサォン マ | malice<br>マリス |
| あくうん<br>悪運 | azar m., má sorte f.<br>アザール, マ ソルチ | the devil's luck<br>ザ デヴィルズ ラク |
| あくじ<br>悪事 | ato diabólico m., má ação f.<br>アットゥ ヂアボリコ, マ アサォン | evil deed<br>イーヴィル ディード |
| あくしつ<br>悪質な | de mau caráter, vil<br>ヂ マウ カラーテル, ヴィウ | vicious<br>ヴィシャス |
| あくしゅ<br>握手する | apertar a mão<br>アペルタール ア マォン | shake hands<br>シェイク ハンズ |
| あくしゅう<br>悪臭 | mal cheiro m., fedor m.<br>マウ シェイロ, フェドール | bad smell<br>バド スメル |
| あくせい<br>悪性の | maligno<br>マリギノ | malignant<br>マリグナント |
| アクセサリー | acessório m.<br>アセソーリオ | accessories<br>アクセサリズ |
| アクセス | acesso m.<br>アセッソ | access<br>アクセス |
| アクセル | acelerador m.<br>アセレラドール | accelerator<br>アクセラレイタ |
| アクセント | acento m.<br>アセント | accent<br>アクセント |
| あくび<br>欠伸 | bocejo m.<br>ボセージョ | yawn<br>ヨーン |
| ～をする | bocejar<br>ボセジャール | yawn<br>ヨーン |
| あくま<br>悪魔 | diabo m.<br>ヂアーボ | evil spirit<br>イーヴィル スピリト |

| 日 | 葡 | 英 |
|---|---|---|
| あくむ<br>悪夢 | pesadelo *m.*<br>ペザデーロ | nightmare<br>ナイトメア |
| あくめい<br>悪名 | má fama *f.*, má reputação *f.*<br>マ ファーマ, マ ヘプタサォン | bad name<br>バド ネイム |
| あくよう<br>悪用する | fazer mau uso<br>ファゼール マゥ ウーゾ | abuse<br>アビューズ |
| あくりょく<br>握力 | força muscular da mão *f.*<br>フォルサ ムスクラール ダ マォン | grasping power<br>グラスピング パウア |
| アクリル | acrílico *m.*<br>アクリリコ | acrylic<br>アクリリク |
| アクロバット | acrobata *m.f.*<br>アクロバッタ | acrobat<br>アクロバト |
| あ　がた<br>明け方 | madrugada *f.*<br>マドルガーダ | daybreak<br>デイブレイク |
| あけぼの<br>曙 | aurora *f.*<br>アゥローラ | dawn, daybreak<br>ドーン, デイブレイク |
| あ<br>開ける | abrir<br>アブリール | open<br>オウプン |
| （荷物を） | abrir, desembalar<br>アブリール, デゼンバラール | undo<br>アンドゥー |
| あ<br>空ける | esvaziar<br>エズヴァズィアール | empty<br>エンプティ |
| あ<br>明ける | | |
| （夜が） | amanhecer<br>アマニェセール | (the day) breaks<br>(ザ デイ) ブレイクス |
| あ<br>挙げる | | |
| 手を〜 | levantar a mão<br>レヴァンタール ア マォン | raise one's hand<br>レイズ ハンド |
| 例を〜 | citar [dar] um exemplo<br>スィタール [ダール] ウン エゼンプロ | give an example<br>ギヴ アン イグザンプル |
| あ<br>上げる | levantar, erguer, elevar<br>レヴァンタール, エルゲール, エレヴァール | raise, lift<br>レイズ, リフト |
| （向上） | melhorar, promover<br>メリョラール, プロモヴェール | promote, improve<br>プロモウト, インプルーヴ |
| （供与） | dar, oferecer<br>ダール, オフェレセール | give, offer<br>ギヴ, オーファ |
| あ<br>揚げる | fritar<br>フリタール | deep-fry<br>ディープフライ |
| あご<br>顎 | queixo *m.*<br>ケィショ | jaw, chin<br>チョー, チン |

| 日 | 葡 | 英 |
|---|---|---|
| アコーディオン | acordeão *m.* <br> アコルデアォン | accordion <br> アコーディオン |
| あこが<br>憧れ | aspiração *f.*, admiração *f.* <br> アスピラサォン, アヂミラサォン | yearning <br> ヤーニング |
| あこが<br>憧れる | aspirar, admirar <br> アスピラール, アヂミラール | aspire *to*, long *for* <br> アスパイア, ローング |
| あさ<br>朝 | manhã *f.* <br> マニャン | morning <br> モーニング |
| あさ<br>麻 | linho *m.* <br> リーニョ | hemp, linen <br> ヘンプ, リネン |
| あざ<br>痣 | mancha *f.* <br> マンシャ | birthmark <br> バースマーク |
| （打撲の） | hematoma *m.* <br> エマトーマ | bruise <br> ブルーズ |
| あさ<br>浅い | raso <br> ハーゾ | shallow <br> シャロウ |
| （軽微） | superficial, pequeno <br> スペルフィスィアウ, ペケーノ | slight <br> スライト |
| あさがお<br>朝顔 | campainha *f.*, bons-dias *m.pl.* <br> カンパイーニャ, ボンズ チーアス | morning glory <br> モーニング グローリ |
| あさって<br>明後日 | depois de amanhã <br> デポィス チ アマニャン | the day after tomorrow <br> ザ デイ アフタ トモーロウ |
| あさひ<br>朝日 | sol nascente *m.* <br> ソウ ナセンチ | the morning sun <br> ザ モーニング サン |
| あさ<br>浅ましい | vil, indigno <br> ヴィウ, インヂギノ | shameful <br> シェイムフル |
| あざむ<br>欺く | enganar, burlar <br> エンガナール, ブルラール | cheat <br> チート |
| あざ<br>鮮やかな | vivo, nítido <br> ヴィーヴォ, ニチド | vivid <br> ヴィヴィド |
| （手際） | esplêndido, maravilhoso <br> エスプレンヂド, マラヴィリョーゾ | splendid <br> スプレンディド |
| あざらし<br>海豹 | foca *f.* <br> フォッカ | seal <br> スィール |
| あさり<br>浅蜊 | amêijoa *f.* <br> アメィジョア | clam <br> クラム |
| あざわら<br>嘲笑う | rir-se de, zombar <br> ヒールスィ チ, ゾンバール | ridicule <br> リディキュール |

| 日 | 葡 | 英 |
|---|---|---|
| 脚（あし） | perna f. ペルナ | leg レグ |
| 足（あし） | pé m. ペ | foot フト |
| （犬・猫の） | pata f. パッタ | paw ポー |
| 味（あじ） | sabor m., tempero m. サボール, テンペーロ | taste テイスト |
| （風味） | aroma m. アローマ | flavor フレイヴァ |

## ■味■ sabor m. /サボール/

- おいしい　gostoso /ゴストーゾ/ (英nice, delicious)
- まずい　de sabor ruim /ヂ サボール フイン/, ruim /フイン/ (英not good)
- 甘（あま）い　doce /ドッスィ/ (英sweet)
- 塩辛（しおから）い　salgado /サウガード/ (英salty)
- 酸（す）っぱい　azedo /アゼード/ (英sour, acid)
- 苦（にが）い　amargo /アマルゴ/ (英bitter)
- 辛（から）い　picante /ピカンチ/ (英hot, pungent)
- 渋（しぶ）い　com cica /コン スィッカ/, adstringente /アヂストリンジェンチ/ (英astringent)
- 濃（こ）い　forte /フォルチ/ (英thick, strong)
- 薄（うす）い　fraco /フラッコ/ (英weak)
- あっさりした　leve /レーヴィ/ (英simple)
- くどい　muito temperado /ムィント テンペラード/ (英heavy)
- 脂（あぶら）っこい　untuoso /ウントゥオーゾ/, gorduroso /ゴルドゥローゾ/ (英fatty)
- 熱（あつ）い　quente /ケンチ/ (英hot)
- 冷（つめ）たい　frio /フリーオ/ (英cold)
- 生（なま）の　cru /クルー/ (英raw)
- ウェルダンの　bem passado /ベィン パサード/ (英well done)
- ミディアムの　ao ponto /アオ ポント/ (英medium)
- レアの　mal passado /マウ パサード/ (英rare)

| 日 | 葡 | 英 |
|---|---|---|
| アジア | Ásia *f.*<br>アーズィア | Asia<br>エイジャ |
| 〜の | asiático<br>アズィアチコ | Asian<br>エイジャン |
| 足首 | tornozelo *m.*<br>トルノゼーロ | ankle<br>アンクル |
| 味気ない | insosso, insípido<br>インソッソ，インスィピド | wearisome<br>ウィアリサム |
| アシスタント | assistente *m.f.*<br>アスィステンチ | assistant<br>アスィスタント |
| 明日 | amanhã<br>アマニャン | tomorrow<br>トモーロウ |
| 足場 | andaime *m.*<br>アンダィミ | scaffold<br>スキャフォルド |
| 味付けする | temperar<br>テンペラール | season, flavor<br>スィーズン，フレイヴァ |
| 味見する | provar (o gosto)<br>プロヴァール (ウ ゴスト) | taste<br>テイスト |
| 味わう | saborear<br>サボレアール | taste, relish<br>テイスト，レリシュ |
| 預かる | guardar<br>グァルダール | keep<br>キープ |
| 小豆 | feijão-azuqui *m.*<br>フェィジャォン アズキ | red bean<br>レド ビーン |
| 預ける | depositar, confiar, deixar<br>デポズィタール，コンフィアール，デイシャール | leave, deposit<br>リーヴ，ディパズィト |
| アスパラガス | aspargo *m.*<br>アスパルゴ | asparagus<br>アスパラガス |
| アスピリン | aspirina *f.*<br>アスピリーナ | aspirin<br>アスピリン |
| アスファルト | asfalto *m.*<br>アスファゥト | asphalt<br>アスフォールト |
| アスレチック | atletismo *m.*<br>アトレチズモ | athletics<br>アスレティクス |
| 汗 | suor *m.*<br>スゥオール | sweat<br>スウェト |
| 〜をかく | suar, transpirar<br>スワール，トランスピラール | sweat, perspire<br>スウェト，パスパイア |

| 日 | 葡 | 英 |
|---|---|---|
| アセテート | acetato *m.* <br> アセタット | acetate <br> アサテイト |
| 汗疹(あせも) | assadura causada por suor *f.* <br> アサドゥーラ カゥザーダ ポル スゥオール | heat rash <br> ヒート ラシュ |
| 焦(あせ)る | ficar impaciente <br> フィカール インパスィエンチ | be impatient <br> ビ インペイシェント |
| あそこ (に) | lá <br> ラ | that place, there <br> ザト プレイス, ゼア |
| 遊(あそ)び | diversão *f.*, brincadeira *f.* <br> ヂヴェルサォン, ブリンカデイラ | play <br> プレイ |
| (娯楽) | lazer *m.* <br> ラゼール | amusement <br> アミューズメント |
| (気晴らし) | diversão *f.*, distração *f.* <br> ヂヴェルサォン, ヂストラサォン | diversion <br> ディヴァージョン |
| 遊(あそ)ぶ | brincar <br> ブリンカール | play <br> プレイ |
| (楽しむ) | divertir-se <br> ヂヴェルチールスィ | amuse oneself <br> アミューズ |
| 価(あたい)・値 | preço *m.* <br> プレッソ | price, cost <br> プライス, コースト |
| (価値) | valor *m.* <br> ヴァロール | value, worth <br> ヴァリュー, ワース |
| 与(あた)える | dar <br> ダール | give, present <br> ギヴ, プリゼント |
| (被害) | causar <br> カゥザール | cause, inflict <br> コーズ, インフリクト |
| 暖[温](あたた)かい | quentinho <br> ケンチーニョ | warm <br> ウォーム |
| (心が) | afetuoso, carinhoso <br> アフェトゥオーゾ, カリニョーゾ | genial <br> ヂーニャル |
| 暖(あたた)まる | esquentar-se <br> エスケンタールスィ | get warm <br> ゲト ウォーム |
| 暖(あたた)める | esquentar, aquecer <br> エスケンタール, アケセール | warm (up), heat <br> ウォーム (アップ), ヒート |
| アタッシュケース | pasta *f.* <br> パスタ | attachécase <br> アタシェイ ケイス |
| 仇名(あだな) | apelido *m.* <br> アペリード | nickname <br> ニクネイム |
| 頭(あたま) | cabeça *f.* <br> カベッサ | head <br> ヘド |

| 日 | 葡 | 英 |
|---|---|---|
| (頭脳) | cérebro *m.*, intelecto *m.*<br>セレブロ, インテレキト | brains, intellect<br>ブレインズ, インテレクト |
| あたら<br>新しい | novo<br>ノーヴォ | new<br>ニュー |
| (新鮮) | novo, fresco<br>ノーヴォ, フレスコ | fresh<br>フレシュ |
| (最新) | novo, recente<br>ノーヴォ, ヘセンチ | recent<br>リースント |
| あ<br>当たり | batida *f.*<br>バチーダ | hit<br>ヒト |
| (成功) | sucesso *m.*, sorte *f.*<br>スセッソ, ソルチ | success<br>サクセス |
| あた<br>辺り | arredores *m.pl.*<br>アヘドーリス | neighborhood<br>ネイバフド |
| (時間) | por volta de<br>ポル ヴォウタ チ | about<br>アバウト |
| あ まえ<br>当たり前の | normal, comum<br>ノルマウ, コムン | common, ordinary<br>カモン, オーディネリ |
| (当然) | natural<br>ナトゥラウ | natural<br>ナチュラル |
| あ<br>当たる | acertar<br>アセルタール | hit, strike<br>ヒト, ストライク |
| (的中・到達) | acertar, atingir<br>アセルタール, アチンジール | come true<br>カム トルー |
| (成功) | ser um sucesso<br>セール ウン スセッソ | make a hit<br>メイク ア ヒト |
| あちこちに | aqui e acolá<br>アキ イ アコラ | here and there<br>ヒア アンド ゼア |
| あちら | lá<br>ラ | (over) there<br>(オウヴァ) ゼア |
| あつ<br>熱[暑]い | quente<br>ケンチ | hot<br>ハト |
| あつ<br>厚い | espesso, grosso<br>エスペッソ, グロッソ | thick<br>スィク |
| あっか<br>悪化する | piorar, agravar-se<br>ピオラール, アグラヴァールスィ | grow worse<br>グロウ ワース |
| あつか<br>扱い | tratamento *m.*<br>トラタメント | treatment<br>トリートメント |
| あつか<br>扱う | tratar de<br>トラタール チ | manage, deal with<br>マニヂ, ディール ウィズ |

| 日 | 葡 | 英 |
|---|---|---|
| (操作) | manejar, manobrar<br>マネジャール, マノブラール | handle<br>ハンドル |
| (待遇) | tratar de, cuidar de<br>トラタール ヂ, クィダール ヂ | treat, entertain<br>トリート, エンタテイン |
| 厚かましい | descarado, cara de pau<br>ヂスカラード, カーラ ヂ パウ | impudent<br>インピュデント |
| 厚紙 | papelão *m.*<br>パペラォン | cardboard<br>カードボード |
| 厚着する | pôr muita roupa<br>ポール ムィンタ ホウパ | be heavily clothed<br>ビ ヘヴィリ クロウズド |
| 暑苦しい | quente e abafado<br>ケンチ イ アバファード | sultry, stuffy<br>サルトリ, スタフィ |
| 厚さ | espessura *f.*, grossura *f.*<br>エスペスーラ, グロスーラ | thickness<br>スィクネス |
| あっさり | facilmente, sem dificuldade<br>ファスィウメンチ, セィン ヂフィクウダーヂ | simply, plainly<br>スィンプリ, プレインリ |
| 圧縮 | compressão *f.*<br>コンプレサォン | compression<br>コンプレション |
| ～する | comprimir<br>コンプリミール | compress<br>コンプレス |
| 斡旋 | intermediário *m.*, mediador *m.*<br>インテルメヂアーリオ, メヂアドール | good offices<br>グド オーフィスィズ |
| 厚手の | grosso<br>グロッソ | thick<br>スィク |
| 圧倒する | esmagar<br>エズマガール | overwhelm<br>オウヴァホウェルム |
| アットマーク | arroba *f.*<br>アホーバ | at sign<br>アト サイン |
| 圧迫する | oprimir, pressionar<br>オプリミール, プレスィオナール | oppress, press<br>オプレス, プレス |
| アップトゥデート | *up-to-date* m.f.<br>アプ トゥ デイチ | up-to-date<br>アプトゥデイト |
| アップリケ | decalque *m.*<br>デカウキ | appliqué<br>アプリケイ |
| アップルパイ | torta de maçã *f.*<br>トルタ ヂ マッサン | apple pie<br>アプル パイ |
| 集まり | aglomeração *f.*, multidão *f.*<br>アグロメラサォン, ムゥチダォン | crowd<br>クラウド |

| 日 | | 葡 | 英 |
|---|---|---|---|
| | (会合) | reunião f.<br>ヘウニアォン | gathering, meeting<br>ギャザリング, ミーティング |
| 集まる | | reunir-se<br>ヘウニールスィ | gather<br>ギャザ |
| | (会合) | reunião f.<br>ヘウニアォン | meet, assemble<br>ミート, アセンブル |
| 厚み | | grossura f., espessura f.<br>グロスーラ, エスペスーラ | thickness<br>スィクネス |
| 集める | | reunir, juntar<br>ヘウニール, ジュンタール | gather<br>ギャザ |
| | (収集する) | colecionar<br>コレスィオナール | collect<br>コレクト |
| 圧力 | | pressão f.<br>プレサォン | pressure<br>プレシャ |
| 宛て | | endereçado a<br>エンデレサード ア | addressed to<br>アドレスト トゥ |
| 当て | | | |
| | (期待) | expectativa f.<br>エスペキタチーヴァ | hopes<br>ホウプス |
| | (信頼) | confiança f.<br>コンフィアンサ | confidence<br>カンフィデンス |
| 宛て先 | | nome e endereço do destinatário<br>ノーミ イ エンデレッソ ド デスチナターリオ | address<br>アドレス |
| 当てはまる | | | |
| | (適用) | aplicar-se bem<br>アプリカールスィ ベィン | |
| | (該当) | corresponder a<br>コヘスポンデール ア | apply to, conform to<br>アプライ, コンフォーム |
| 当てる | | acertar<br>アセルタール | hit, strike<br>ヒト, ストライク |
| | (さらす) | expor a,<br>エスポール ア | expose to<br>イクスポウズ |
| | (推測) | acertar<br>アセルタール | guess<br>ゲス |
| | (充当) | destinar<br>デスチナール | assign, allot<br>アサイン, アラト |
| | (成功) | ter sucesso, ter êxito<br>テール スセッソ, テール エズィト | succeed<br>サクスィード |
| 後 | | | |
| | 〜で | depois, mais tarde<br>デポィス, マィス タルヂ | later, after<br>レイタ, アフタ |

| 日 | 葡 | 英 |
|---|---|---|
| ～の | próximo プロッスィモ | the next, the latter ザ ネクスト, ザ ラタ |
| あと跡 | vestígio *m.*, traço *m.* ヴェスチージオ, トラッソ | mark, trace マーク, トレイス |
| あとあじ後味 | desgosto *m.*, ressaibo *m.* ヂスゴスト, ヘサィボ | aftertaste アフタテイスト |
| あどけない | inocente イノセンチ | innocent イノセント |
| あとしまつ後始末する | arrumar, pôr em ordem アフマール, ポール エィン オルデイン | settle セトル |
| アドバイス | conselho *m.* コンセーリョ | advice アドヴァイス |
| ～する | aconselhar アコンセリャール | advise アドヴァイズ |
| せいひふえんアトピー性皮膚炎 | dermatite atópica *f.* デルマチチチ アトピカ | atopic dermatitis アタピク ダーマタイティス |
| アトランダムに | ao acaso, a esmo アオ アカーゾ, ア エズモ | at random アト ランダム |
| アトリエ | ateliê *m.* アテリエ | atelier アトリエイ |
| アドリブ | improvisação *f.* インプロヴィザサォン | ad-lib アドリブ |
| アドレス | endereço *m.* エンデレッソ | address アドレス |
| あな穴 | buraco *m.*, furo *m.* ブラコ, フーロ | hole, opening ホウル, オウプニング |
| アナウンサー | | |
| （男の） | locutor *m.* ロクトール | announcer アナウンサ |
| （女の） | locutora *f.* ロクトーラ | announcer アナウンサ |
| アナウンス | aviso (pelo alto-falante) *m.* アヴィーゾ ペロ アウトファランチ | announcement アナウンスメント |
| ～する | avisar, anunciar アヴィザール, アヌンスィアール | announce アナウンス |
| あなた | você ヴォセ | you ユー |
| あなど侮る | desprezar, fazer pouco caso de ヂスプレザール, ファゼール ポウコ カーゾ ヂ | despise ディスパイズ |

| 日 | 葡 | 英 |
|---|---|---|
| アナログの | análogo<br>アナロゴ | analog<br>アナローグ |
| 兄 (あに) | irmão mais velho *m.*<br>イルマォン マイズ ヴェーリョ | (elder) brother<br>(エルダ) ブラザ |
| アニメ | desenho animado *m.*<br>デゼーニョ アニマード | animation<br>アニメイション |
| 姉 (あね) | irmã mais velha *f.*<br>イルマン マイズ ヴェーリャ | (elder) sister<br>(エルダ) スィスタ |
| あの | aquele<br>アケーリ | the, that, those<br>ザ, ザト, ゾウズ |
| ～頃 | naqueles dias<br>ナケーリス チーアス | in those days<br>イン ゾウズ デイズ |
| アパート | apartamento *m.*<br>アパルタメント | apartment<br>アパートメント |
| 暴く (あば) | revelar<br>ヘヴェラール | disclose<br>ディスクロウズ |
| 暴れる (あば) | agir violentamente<br>アジール ヴィオレンタメンチ | behave violently<br>ビヘイヴ ヴァイオレントリ |
| アピールする | apelar para<br>アペラール パラ | appeal *to*<br>アピール |
| 浴びせる (あ) | despejar sobre<br>デスペジャール ソブリ | pour *on*<br>ポー |
| 家鴨 (あひる) | pato (doméstico) *m.*<br>パット (ドメスチコ) | (domestic) duck<br>(ドメスティク) ダク |
| 浴びる (あ) | | |
| 　水を～ | jogar água pela cabeça<br>ジョガール アグア ペラ カベッサ | pour water over oneself<br>ポー ウォータ オウヴァ |
| 　日光を～ | tomar um banho de sol<br>トマール ウン バーニョ チ ソウ | bask in the sun<br>バスク イン ザ サン |
| 　非難を～ | ser alvo de críticas<br>セール アウヴォ チ クリチカス | be the target of criticism<br>ビ ザ ターゲト オヴ クリティスィズム |
| 虻 (あぶ) | moscardo *m.*, mutuca *f.*<br>モスカルド, ムトゥッカ | horsefly<br>ホースフライ |
| アフターケア | cuidados com convalescentes *m.pl.*<br>クィダードス コン コンヴァレセンチス | aftercare<br>アフタケア |
| アフターサービス | assistência técnica *f.*<br>アスィステンスィア テキニカ | after-sales service<br>アフタセイルズ サーヴィス |
| 危ない (あぶ) | perigoso<br>ペリゴーゾ | dangerous, risky<br>デインヂャラス, リスキ |

| 日 | 葡 | 英 |
|---|---|---|
| (病状) | crítico<br>クリチコ | critical<br>クリティカル |
| あぶら<br>脂 | gordura *f.*<br>ゴルドゥーラ | grease, fat<br>グリース，ファト |
| あぶら<br>油 | óleo *m.*<br>オーリオ | oil<br>オイル |
| あぶらえ<br>油絵 | pintura a óleo *f.*<br>ピントゥーラ ア オレオ | oil painting<br>オイル ペインティング |
| あぶら<br>脂［油］っこい | gorduroso<br>ゴルドゥローゾ | greasy, fatty, oily<br>グリースィ，ファティ，オイリ |
| アフリカ | África *f.*<br>アフリカ | Africa<br>アフリカ |
| ～の | africano<br>アフリカーノ | African<br>アフリカン |
| あぶ<br>炙る | assar, tostar<br>アサール，トスタール | roast<br>ロウスト |
| あふ<br>溢れる | transbordar-se<br>トランズボルダールスィ | overflow, flood<br>オウヴァフロウ，フラド |
| アプローチ | *approach m.*<br>アプローチ | approach<br>アプロウチ |
| あべこべの | contrário *m.*, inverso *m.*<br>コントラーリオ，インヴェルソ | contrary, reverse<br>カントレリ，リヴァース |
| アボカド | abacate *m.*<br>アバカッチ | avocado<br>アヴォカードウ |
| あま<br>亜麻 | linho *m.*<br>リーニョ | flax<br>フラクス |
| あま<br>甘い | doce<br>ドッスィ | sweet<br>スウィート |
| (寛容) | indulgente, tolerante<br>インドゥジェンチ，トレランチ | indulgent<br>インダルチェント |
| あま<br>甘える | agir como criança<br>アジール コモ クリアンサ | behave like a baby<br>ビヘイヴ ライク ア ベイビ |
| (好意などに) | aproveitar, abusar<br>アプロヴェイタール，アブザール | take advantage of<br>テイク アドヴァンティチ オヴ |
| アマチュア | | |
| (男の) | amador *m.*<br>アマドール | amateur<br>アマチャ |
| (女の) | amadora *f.*<br>アマドーラ | amateur<br>アマチャ |

| 日 | 葡 | 英 |
|---|---|---|
| 天の川 | Via Láctea f.<br>ヴィーア ラクチア | the Milky Way<br>ザ ミルキ ウェイ |
| 甘やかす | mimar<br>ミマール | spoil, indulge<br>スポイル, インダルヂ |
| 余り | sobra f., o resto m.<br>ソブラ, ウ ヘスト | the rest<br>ザ レスト |
| 〜にも | demais<br>ヂマイス | too (much)<br>トゥー (マチ) |
| 余る | sobrar<br>ソブラール | remain<br>リメイン |
| 甘んじる | conformar-se [contentar-se] com<br>コンフォルマールスィ[コンテンタールスィ] コン | be contented *with*<br>ビ コンテンテド |
| 網 | rede f.<br>ヘーヂ | net<br>ネト |
| アミノ酸 | aminoácido m.<br>アミノアスィド | amino acid<br>アミーノウ アスィド |
| 編み針 | agulha de tricô [crochê] f.<br>アグーリャ ヂ トリコ [クロシェ] | knitting needle<br>ニティング ニードル |
| 編み物<br>(編棒・機械の) | tricô m.<br>トリコ | knitting<br>ニティング |
| (編針の) | crochê m.<br>クロシェ | knitting<br>ニティング |
| 編む<br>(編棒・機械の) | tricotar<br>トリコタール | knit<br>ニト |
| (編針の) | fazer crochê<br>ファゼール クロシェ | knit<br>ニト |
| 飴 | bala f.<br>バーラ | candy<br>キャンディ |
| 雨 | chuva f.<br>シューヴァ | rain<br>レイン |
| 〜が降る | chover<br>ショヴェール | rains<br>レイン |
| アメーバ | ameba f.<br>アメーバ | amoeba<br>アミーバ |
| アメリカ | América f.<br>アメリカ | America<br>アメリカ |
| 〜合衆国 | Estados Unidos da América m.pl.<br>エスタードズ ウニードズ ダ アメリカ | United States of America<br>ユーナイテド ステイツ オヴ アメリカ |

| 日 | 葡 | 英 |
|---|---|---|
| 〜の | americano<br>アメリカーノ | American<br>アメリカン |
| 〜人 | | |
| （男の） | americano *m.*<br>アメリカーノ | American<br>アメリカン |
| （女の） | americana *f.*<br>アメリカーナ | American<br>アメリカン |
| 怪しい | duvidoso, suspeito<br>ドゥヴィドーゾ, ススペイト | doubtful, suspect<br>ダウトフル, サスペクト |
| 怪しむ | duvidar, desconfiar<br>ドゥヴィダール, ヂスコンフィアール | suspect, doubt<br>サスペクト, ダウト |
| 操り人形 | marionete *f.*, fantoche *m.*<br>マリオネッチ, ファントッシ | puppet<br>パペト |
| 過ち | erro *m.*, falta *f.*<br>エッホ, ファウタ | fault, error<br>フォールト, エラ |
| 誤り | erro *m.*, falta *f.*<br>エッホ, ファウタ | mistake, error<br>ミステイク, エラ |
| 誤る | errar, enganar-se<br>エハール, エンガナールスィ | mistake, fail *in*<br>ミステイク, フェイル |
| 謝る | pedir desculpa, desculpar-se<br>ペヂール ヂスクウパ, ヂスクウパールスィ | apologize *to*<br>アパロヂャイズ |
| 歩み | passo *m.*, marcha *f.*<br>パッソ, マルシャ | walking, step<br>ウォーキング, ステプ |
| 歩む | caminhar, andar<br>カミニャール, アンダール | walk<br>ウォーク |
| 荒々しい | rude, grosseiro<br>フーヂ, グロセィロ | harsh, rude<br>ハーシュ, ルード |
| 粗い | grosseiro, áspero<br>グロセィロ, アスペロ | rough, coarse<br>ラフ, コース |
| 洗う | lavar<br>ラヴァール | wash, cleanse<br>ウォーシュ, クレンズ |
| 予め | de antemão<br>ヂ アンチマォン | beforehand<br>ビフォーハンド |
| アラカルト | à la carte<br>ア ラ カルチ | à la carte<br>アーラカート |
| 嵐 | tempestade *f.*<br>テンペスターヂ | storm, tempest<br>ストーム, テンペスト |
| 荒らす | devastar, arrasar<br>デヴァスタール, アハザール | damage<br>ダミヂ |

| 日 | 葡 | 英 |
|---|---|---|
| あらそ<br>争い | briga *f.*, luta *f.*<br>ブリーガ，ルッタ | quarrel<br>クウォーレル |
| （口論） | disputa *f.*, discussão *f.*<br>ヂスプッタ，ヂスクサォン | dispute<br>ディスピュート |
| （紛争） | conflito *m.*<br>コンフリット | conflict<br>カンフリクト |
| あらそ<br>争う | brigar, lutar<br>ブリガール，ルタール | fight, quarrel<br>ファイト，クウォーレル |
| （口論） | discutir<br>ヂスクチール | dispute *with*<br>ディスピュート |
| あらた<br>改まる | renovar-se, reformar-se<br>ヘノヴァールスィ，ヘフォルマールスィ | be renewed<br>ビ リニュード |
| （変更） | mudar<br>ムダール | change<br>チェインヂ |
| （儀式ばる） | ser formal<br>セール フォルマウ | be formal<br>ビ フォーマル |
| （改善する） | melhorar<br>メリョラール | be improved<br>ビ インプルーヴド |
| あらた<br>改める | mudar, renovar<br>ムダール，ヘノヴァール | renew, revise<br>リニュー，リヴァイズ |
| （変更） | mudar, alterar<br>ムダール，アウテラール | change<br>チェインヂ |
| （改善） | melhorar<br>メリョラール | reform, improve<br>リフォーム，インプルーヴ |
| アラビア数字 | algarismo arábico *m.*<br>アウガリズモ アラビコ | Arabic figures<br>アラビク フィギャズ |
| アラブの | árabe<br>アラビ | Arabian<br>アレイビアン |
| あらゆる | todos<br>トドス | all, every<br>オール，エヴリ |
| あられ<br>霰 | granizo *m.*<br>グラニーゾ | hail<br>ヘイル |
| あらわ<br>著す | redigir, publicar<br>ヘヂジール，ププリカール | write, publish<br>ライト，パブリシュ |
| あらわ<br>表す | expressar, mostrar<br>エスプレサール，モストラール | show, manifest<br>ショウ，マニフェスト |
| あらわ<br>露わに | às claras, descoberto<br>アス クラーラス，ヂスコベルト | openly, publicly<br>オウプンリ，パブリクリ |
| あらわ<br>現れる | aparecer, surgir<br>アパレセール，スルジール | come out, appear<br>カム アウト，アピア |

| 日 | 葡 | 英 |
|---|---|---|
| 蟻 (あり) | formiga *f.* <br> フォルミーガ | ant <br> アント |
| 有り難い (ありがたい) | grato <br> グラット | thankful <br> サンクフル |
| 有り難う (ありがとう) | Obrigado., Obrigada. <br> オブリガード, オブリガーダ | Thanks. <br> サンクス |
| ありのままの | tal como é, franco <br> タウ コモ エ, フランコ | frank, plain <br> フランク, プレイン |
| アリバイ | álibi *m.* <br> アリビ | alibi <br> アリバイ |
| ありふれた | comum, banal <br> コムン, バナウ | common, ordinary <br> カモン, オーディネリ |
| 在[有]る (ある) | existir, ter, haver, estar <br> エズィスチール, テール, アヴェール, エスタール | there is, be <br> ゼア イズ, ビ |
| (場所) | ficar, situar-se <br> フィカール, スィトゥアールスィ | be situated <br> ビ スィチュエイテド |
| (保持) | ter, possuir <br> テール, ポスイール | have, possess <br> ハヴ, ポゼス |
| (起こる) | ter, acontecer <br> テール, アコンテセール | occur, happen <br> オカー, ハプン |
| 或いは (あるいは) | ou, ou melhor <br> オゥ, オゥ メリョール | (either...) or <br> (イーザ) オー |
| (多分) | talvez pode ser que <br> タゥヴェイス ポーヂ セール キ | perhaps, maybe <br> パハプス, メイビ |
| アルカリ | álcali *m.* <br> アウカリ | alkali <br> アルカライ |
| 歩く (あるく) | andar, ir a pé <br> アンダール, イール ア ペ | walk, go on foot <br> ウォーク, ゴウ オン フト |
| アルコール | álcool *m.* <br> アウコオウ | alcohol <br> アルコホール |
| ～依存症 | alcoolismo *m.* <br> アゥコオリズモ | alcoholism <br> アルコホーリズム |
| アルツハイマー病 (びょう) | mal de Alzheimer *m.* <br> マウ ヂ アゥズィヘィメル | Alzheimer's disease <br> アールツハイマズ ディズィーズ |
| アルバイト | biscate *m.*, bico *m.* <br> ビスカッチ, ビコ | part-time job <br> パートタイム チャブ |
| ～する | fazer bico <br> ファゼール ビコ | work part-time <br> ワーク パートタイム |
| アルバム | álbum *m.* <br> アウブン | album <br> アルバム |

| 日 | 葡 | 英 |
|---|---|---|
| アルファベット | alfabeto m.<br>アルファベット | the alphabet<br>ジ アルファベット |
| アルミニウム | alumínio m.<br>アルミーニオ | aluminum<br>アルーミナム |
| あれ | aquele<br>アケーリ | that, it<br>ザト, イト |
| 〜から | desde [aquele tempo] então<br>デズヂ アケーリ テンポ, [エンタォン] | since then<br>スィンス ゼン |
| 〜ほど | tanto, daquele jeito<br>タント, ダケーリ ジェイト | so (much)<br>ソウ (マチ) |
| 荒れる | ficar violento, ficar agressivo<br>フィカール ヴィオレント, フィカール アグレスィーヴォ | be rough<br>ビ ラフ |
| （荒廃） | arruinar-se<br>アフィナールスィ | be ruined<br>ビ ルーインド |
| （肌） | ficar seca, ficar rachada<br>フィカール セッカ, フィカール ハシャーダ | get rough<br>ゲト ラフ |
| アレルギー | alergia f.<br>アレルジーア | allergy<br>アラヂ |
| 〜体質の | alérgico<br>アレルジコ | allergic<br>アラーヂク |
| アレンジする | arrumar, organizar<br>アフマール, オルガニザール | arrange<br>アレインヂ |
| アロエ | aloé m.<br>アロエ | aloe<br>アロウ |
| 泡 | espuma f., bolha f.<br>エスプーマ, ボーリャ | bubble, foam<br>バブル, フォウム |
| 淡い | suave, pálido<br>スワーヴィ, パリド | light, pale<br>ライト, ペイル |
| 合わせる | unir, juntar<br>ウニール, ジュンタール | put together, unite<br>プト トゲヂャ, ユーナイト |
| （適合） | combinar, ajustar<br>コンビナール, アジュスタール | set, adjust<br>セト, アヂャスト |
| （照合） | comparar, conferir<br>コンパラール, コンフェリール | compare<br>コンペア |
| 慌ただしい | agitado, de corre-corre<br>アジタード, ヂ コヒ コヒ | hurried<br>ハーリド |
| 泡立つ | espumar<br>エスプマール | bubble, foam<br>バブル, フォウム |
| 慌てる | apressar-se<br>アプレサールスィ | be hurried<br>ビ ハーリド |

| 日 | 葡 | 英 |
|---|---|---|
| <ruby>鮑<rt>あわび</rt></ruby> | abalone *m.*<br>アバローニ | abalone<br>アバロウニ |
| <ruby>哀<rt>あわ</rt></ruby>[憐]れな | miserável, pobre<br>ミゼラーヴェウ, ポーブリ | sad, poor<br>サド, プア |
| <ruby>哀<rt>あわ</rt></ruby>れむ | sentir pena, compadecer<br>センチール ペーナ, コンパデセール | pity, feel pity *for*<br>ピティ, フィール ピティ |
| <ruby>案<rt>あん</rt></ruby> | plano *m.*, projeto *m.*<br>プラーノ, プロジェット | plan<br>プラン |
| （意見・考え） | idéia<br>イディア | idea<br>アイディア |
| （提案） | proposta *f.*<br>プロポスタ | proposal<br>プロポウザル |
| <ruby>安易<rt>あんい</rt></ruby>な | | |
| （簡単） | fácil<br>ファースィウ | easy<br>イーズィ |
| （軽率） | irrefletido<br>イヘフレチード | rash<br>ラシュ |
| <ruby>案外<rt>あんがい</rt></ruby>な | inesperado<br>イネスペラード | unexpected<br>アニクスペクテド |
| <ruby>暗記<rt>あんき</rt></ruby>する | decorar, aprender de cor<br>デコラール, アプレンデール チ コール | learn by heart<br>ラーン バイ ハート |
| アンケート | enquete *f.*, questionário *m.*<br>エンケッチ, ケスチオナーリオ | questionnaire<br>クウェスチョネア |
| <ruby>暗号<rt>あんごう</rt></ruby> | cifra *f.*, código secreto *m.*<br>スィフラ, コヂゴ セクレット | cipher, code<br>サイファ, コウド |
| アンコール | bis *m.*<br>ビス | encore<br>アーンコー |
| <ruby>暗黒<rt>あんこく</rt></ruby>の | tenebroso<br>テネブローゾ | dark, black<br>ダーク, ブラク |
| <ruby>暗殺<rt>あんさつ</rt></ruby> | assassinato *m.*<br>アサスィナット | assassination<br>アサスィネイション |
| 〜する | assassinar<br>アサスィナール | assassinate<br>アサスィネイト |
| <ruby>暗算<rt>あんざん</rt></ruby> | cálculo mental *m.*<br>カウクロ メンタウ | mental arithmetic<br>メンタル アリスメティク |
| <ruby>暗示<rt>あんじ</rt></ruby> | insinuação *f.*, alusão *f.*<br>インスィヌアサォン, アルザォン | hint, suggestion<br>ヒント, サグチェスチョン |
| 〜する | insinuar, dar a entender<br>インスィヌアール, ダール ア エンテンデール | hint, suggest<br>ヒント, サグチェスト |

| 日 | 葡 | 英 |
|---|---|---|
| 暗室(あんしつ) | câmara escura *f.*<br>カマラ エスクーラ | darkroom<br>ダークルーム |
| 暗唱する(あんしょうする) | recitar, declamar<br>ヘスィタール, デクラマール | recite<br>リサイト |
| 暗証番号(あんしょうばんごう) | senha *f.*<br>セーニャ | code number<br>コウド ナンバ |
| 案じる(あんじる) | preocupar-se<br>プレオクパールスィ | be anxious *about*<br>ビ アンクシャス |
| 安心する(あんしんする) | ficar tranqüilo, aliviar-se<br>フィカール トランクウィーロ, アリヴィアールスィ | feel relieved<br>フィール リリーヴド |
| 杏(あんず) | abricó *m.*, damasco *m.*<br>アブリコ, ダマスコ | apricot<br>アプリカト |
| 安静(あんせい) | repouso *m.*<br>ヘポウゾ | rest<br>レスト |
| 〜を保つ | manter repouso<br>マンテール ヘポウゾ | keep quiet<br>キープ クワイアト |
| 安全(あんぜん) | segurança *f.*<br>セグランサ | security<br>スィキュアリティ |
| 〜な | seguro<br>セグーロ | safe, secure<br>セイフ, スィキュア |
| 〜ベルト | cinto de segurança *m.*<br>スィント チ セグランサ | seat belt<br>スィート ベルト |
| アンダーライン | sublinhado *m.*<br>スブリニャード | underline<br>アンダライン |
| 安定(あんてい) | estabilidade *f.*<br>エスタビリダーチ | stability, balance<br>スタビリティ, バランス |
| 〜する | estabilizar-se<br>エスタビリザールスィ | be stabilized<br>ビ ステイビライズド |
| アンティーク | antiguidade *f.*<br>アンチギダーチ | antique<br>アンティーク |
| アンテナ | antena *f.*<br>アンテーナ | antenna, aerial<br>アンテナ, エアリアル |
| あんな | tal<br>タウ | such, like that<br>サチ, ライク ザト |
| 〜に (様態) | daquele jeito<br>ダケーリ ジェイト | to that extent<br>トゥ ザト イクステント |
| (量) | tanto<br>タント | so much<br>ソウ マチ |

| 日 | 葡 | 英 |
|---|---|---|
| あんない<br>案内 | guia *m.*, orientação *f.*<br>ギーア, オリエンタサォン | guidance<br>ガイダンス |
| （通知） | aviso *m.*<br>アヴィーゾ | notice<br>ノウティス |
| ～する | mostrar, ser guia<br>モストラール, セール ギーア | guide, show<br>ガイド, ショウ |
| （通知） | avisar, comunicar<br>アヴィザール, コムニカール | notify<br>ノウティファイ |
| ～所 | centro de informação *m.*<br>セントロ ヂ インフォルマサォン | information desk<br>インフォメイション デスク |
| あん<br>暗に | implicitamente<br>インプリスィタメンチ | tacitly<br>タスィトリ |
| アンバランス | desequilíbrio *m.*<br>デゼキリブリオ | imbalance<br>インバランス |
| アンプ | amplificador *m.*<br>アンプリフィカドール | amplifier<br>アンプリファイア |
| アンプル | ampola *f.*<br>アンポーラ | ampoule<br>アンピュール |
| アンペア | ampere *m.*<br>アンペーリ | ampere<br>アンピア |
| あんもく<br>暗黙の | implícito, tácito<br>インプリスィト, タスィト | tacit<br>タスィト |
| アンモニア | amoníaco *m.*<br>アモニアコ | ammonia<br>アモウニャ |
| あんらく<br>安楽 | | |
| ～な | confortável, cômodo<br>コンフォルターヴェウ, コモド | comfortable, easy<br>カンフォタブル, イーズィ |
| ～死 | eutanásia *f.*<br>エウタナーズィア | euthanasia<br>ユーサネイジャ |

## い, イ

| 日 | 葡 | 英 |
|---|---|---|
| い<br>胃 | estômago *m.*<br>エストマゴ | stomach<br>スタマク |
| い<br>好い | bom<br>ボン | good, fine, nice<br>グド, ファイン, ナイス |
| い あらそ<br>言い争う | discutir<br>ヂスクチール | quarrel *with*<br>クウォーレル |
| いいえ | não<br>ナォン | no<br>ノウ |

| 日 | 葡 | 英 |
|---|---|---|
| 言い返す | retorquir, replicar<br>ヘトルキール, ヘプリカール | answer back<br>アンサ バク |
| いい加減な | imperfeito, incompleto<br>インペルフェイト, インコンプレット | random<br>ランダム |
| （無責任） | irresponsável<br>イヘスポンサーヴェウ | irresponsible<br>イリスパンスィブル |
| 言い伝え | lenda *f.*, tradição *f.*<br>レンダ, トラヂソォン | tradition<br>トラディション |
| 言い逃れる | arranjar um pretexto<br>アハンジャール ウン プレテスト | excuse *oneself*<br>イクスキューズ |
| 言い触らす | espalhar, propalar<br>エスパリャール, プロパラール | spread<br>スプレド |
| Eメール | *e-mail m.*<br>イーメイウ | e-mail<br>イーメイル |
| EU | UE<br>ウーエー | EU<br>イーユー |
| 言い寄る | cortejar, fazer a corte<br>コルテジャール, ファゼール ア コルチ | make a pass *at*<br>メイク ア パス |
| 言い訳 | desculpa *f.*, pretexto *m.*<br>ヂスクウパ, プレテスト | excuse, pretext<br>イクスキューズ, プリーテクスト |
| 委員 | membro de um comitê .<br>　[uma comissão] *m.*<br>メンブロ ヂ ウン コミテ [コミソォン] | member of a<br>　committee<br>メンバ オヴ ア コミティ |
| ～会 | comitê *m.*, comissão *f.*<br>コミテ, コミソォン | committee<br>コミティ |
| ～長 | presidente de um comitê<br>　[uma comissão] *m.f.*<br>プレジデンチ ヂ ウン コミテ [ウマ コミソォン] | chairperson of<br>　a committee<br>チェアパースン オヴ ア コミティ |
| 言う | dizer, falar<br>ヂゼール, ファラール | say, tell<br>セイ, テル |
| （称する） | chamar-se<br>シャマールスィ | call, name<br>コール, ネイム |
| 家 | casa *f.*<br>カーザ | house<br>ハウス |
| （家庭） | família *f.*, lar *m.*<br>ファミーリア, ラール | home<br>ホウム |
| 硫黄 | enxofre *m.*<br>エンショフリ | sulfur<br>サルファ |
| イオン | íon *m.*<br>イーオン | ion<br>アイオン |

## ■家■ casa *f.* /カーザ/

いえ
家 casa /カーザ/ *f.* (㋐house)
げんかん
玄関 entrada /エントラーダ/ *f.* (㋐the entrance)
ドア porta /ポルタ/ *f.* (㋐door)
インターホン interfone /インテルフォーニ/ *m.* (㋐interphone)
おうせつしつ
応接室 sala de visitas /サーラ チ ヴィズィッタス/ *f.* (㋐reception room)
リビングルーム sala de estar /サーラ チ エスタール/ *f.* (㋐living room)
ダイニング sala de jantar /サーラ チ ジャンタール/ *f.* (㋐dining room)
キッチン cozinha /コズィーニャ/ *f.* (㋐kitchen)
しょさい
書斎 escritório /エスクリトーリオ/ *m.* (㋐study)
へや
部屋 quarto /クワルト/ *m.* (㋐room)
しんしつ
寝室 quarto de dormir /クワルト チ ドルミール/ *m.*, dormitório /ドルミトーリオ/ *m.* (㋐bedroom)
クローゼット armário /アルマーリオ/ *m.* (㋐wardrobe)
トイレ banheiro /バニェイロ/ *m.* (㋐toilet)
よくしつ
浴室 banheiro /バニェイロ/ *m.* (㋐bathroom)
ろうか
廊下 corredor /コヘドール/ *m.* (㋐corridor)
かいだん
階段 escada /エスカーダ/ *f.* (㋐staircase)
ものおき
物置 depósito /デポズィト/ *m.* (㋐storeroom)
しゃこ
車庫 garagem /ガラージェィン/ *f.* (㋐garage)
ベランダ varanda /ヴァランダ/ *f.* (㋐veranda)
まど
窓 janela /ジャネーラ/ *f.* (㋐window)
かべ
壁 parede /パレーチ/ *f.* (㋐wall)
ゆか
床 assoalho /アソアーリョ/ *f.* (㋐floor)
やね
屋根 telhado /テリャード/ *m.* (㋐roof)
にわ
庭 jardim /ジャルチン/ *m.* (㋐garden, yard)
うらにわ
裏庭 quintal /キンタウ/ *m.* (㋐back yard)
もん
門 portão /ポルタォン/ *m.* (㋐gate)

| 日 | 葡 | 英 |
|---|---|---|
| 以下(いか) | abaixo de, menos de<br>アバィショ チ, メノズ チ | less than, under<br>レス ザン, アンダ |
| (下記) | o seguinte *m.*<br>ウ セギンチ | (the) following<br>(ザ) ファロウイング |
| 烏賊(いか) | lula *f.*<br>ルーラ | cuttlefish<br>カトルフィシュ |
| 以外(いがい) | menos, exceto<br>メノス, エセット | except, excepting<br>イクセプト, イクセプティング |
| 意外(いがい)な | inesperado<br>イネスペラード | unexpected<br>アニクスペクテド |
| 胃潰瘍(いかいよう) | úlcera gástrica *f.*<br>ウーセラ ガストリカ | stomach ulcer<br>スタマク アルサ |
| いかがわしい | duvidoso<br>ドゥヴィドーゾ | doubtful<br>ダウトフル |
| (わいせつ) | indecente, obsceno<br>インデセンチ, オビセーノ | indecent<br>インディーセント |
| 医学(いがく) | medicina *f.*<br>メヂスィーナ | medical science<br>メディカル サイエンス |
| 生(い)かす | manter vivo<br>マンテール ヴィーヴォ | keep... alive<br>キープ アライヴ |
| (活用) | aproveitar, fazer bom uso de<br>アプロヴェイタール, ファゼール ボン ウーゾ チ | make good use *of*<br>メイク グド ユース |
| 胃下垂(いかすい) | gastroptose *f.*<br>ガストロピトーズィ | gastroptosis<br>ガストラプトウスィス |
| 筏(いかだ) | balsa *f.*, jangada *f.*<br>バウサ, ジャンガーダ | raft<br>ラフト |
| 厳(いか)めしい | severo, sério, grave<br>セヴェーロ, セーリオ, グラーヴィ | dignified<br>ディグニファイド |
| 怒(いか)り | ira *f.*, raiva *f.*<br>イーラ, ハィヴァ | anger, rage<br>アンガ, レイヂ |
| 錨(いかり) | âncora *f.*<br>アンコラ | anchor<br>アンカ |
| 遺憾(いかん)な | lamentável<br>ラメンターヴェウ | regrettable<br>リグレタブル |
| 息(いき) | | |
| (呼吸) | respiração *f.*<br>ヘスピラサオン | breathing<br>ブレスィング |
| (呼気) | hálito *m.*<br>アリト | breath<br>ブレス |

| 日 | 葡 | 英 |
|---|---|---|
| 異議<br>（いぎ） | objeção *f.*, protesto *m.*<br>オビジェサォン, プロテスト | objection<br>オブヂェクション |
| 意義<br>（いぎ） | | |
| （意味） | significado *m.*<br>スィギニフィカード | meaning<br>ミーニング |
| （価値） | valor *m.*<br>ヴァロール | value<br>ヴァリュー |
| 生き生きした<br>（いきいきした） | cheio de vida, animado<br>シェィオ ヂ ヴィーダ, アニマード | lively, fresh<br>ライヴリ, フレシュ |
| 勢い<br>（いきおい） | força *f.*, energia *f.*<br>フォルサ, エネルジーア | power, force<br>パウア, フォース |
| 生き返る<br>（いきかえる） | ressuscitar<br>ヘスシィタール | come back to life<br>カム バク トゥ ライフ |
| 生き方<br>（いきかた） | modo de viver *m.*<br>モード ヂ ヴィヴェール | lifestyle<br>ライフスタイル |
| 行き先<br>（いきさき） | destino *m.*<br>デスチーノ | destination<br>デスティネイション |
| いきさつ | história *f.*, circunstâncias *f.pl.*<br>イストーリア, スィルクンスタンスィアス | circumstances<br>サーカムスタンスィズ |
| （詳細） | detalhe *m.*, pormenor *m.*<br>デターリィ, ポルメノール | details<br>ディテイルズ |
| 生きている<br>（いきている） | vivo<br>ヴィーヴォ | live, living<br>ライヴ, リヴィング |
| 行き止まり<br>（いきどまり） | beco sem saída *m.*<br>ベッコ セィン サイーダ | dead end<br>デド エンド |
| いきなり | subitamente, de cara<br>スビタメンチ, ヂ カーラ | suddenly, abruptly<br>サドンリ, アブラプトリ |
| 息抜き<br>（いきぬき） | descanso *m.*, folga *f.*<br>ヂスカンソ, フォウガ | rest<br>レスト |
| 生き残る<br>（いきのこる） | sobreviver<br>ソブレヴィヴェール | survive<br>サヴァイヴ |
| 生き物<br>（いきもの） | criatura *f.*<br>クリアトゥーラ | living thing<br>リヴィング スィング |
| イギリス | Inglaterra *f.*, Grã-Bretanha *f.*<br>イングラテッハ, グラン ブレターニャ | England, (Great) Britain<br>イングランド, (グレイト) ブリトン |
| 〜人 | | |
| （男の） | inglês *m.*<br>イングレィス | Englishman<br>イングリシュマン |

| 日 | 葡 | 英 |
|---|---|---|
| (女の) | inglesa f.<br>イングレーザ | Englishwoman<br>イングリシュマン |
| 生きる | viver<br>ヴィヴェール | live, be alive<br>リヴ, ビ アライヴ |
| 行く | ir<br>イール | go, come<br>ゴウ, カム |
| (出発) | partir<br>パルチール | leave<br>リーヴ |
| 育児 | cuidado dos filhos m.<br>クィダード ドス フィーリョス | child care<br>チャイルド ケア |
| 幾つ | quanto<br>クワント | how many<br>ハウ メニ |
| (何歳) | quantos anos<br>クワントズ アーノス | how old<br>ハウ オウルド |
| 幾つか | alguns<br>アウグンス | some, several<br>サム, セヴラル |
| いくら | quanto<br>クワント | how much<br>ハウ マチ |
| イクラ | ova de salmão f.<br>オーヴァ ヂ サウマォン | salmon roe<br>サモン ロウ |
| 幾らか | alguns, um pouco de<br>アウグンス, ウン ポゥコ ヂ | some, a little<br>サム, ア リトル |
| 池 | lagoa f., tanque m.<br>ラゴーア, タンキ | pond, pool<br>パンド, プール |
| 胃痙攣 | convulsão estomacal f.<br>コンヴウサォン エストマカウ | cramp in the stomach<br>クランプ イン ザ スタマク |
| いけない | mau<br>マゥ | bad, naughty<br>バド, ノーティ |
| (禁止) | não pode (fazer)<br>ナォン ポーチ ファゼール | must not do<br>マスト ナト |
| 意見 | opinião f.<br>オピニアォン | opinion, idea<br>オピニョン, アイディーア |
| (忠告) | conselho m.<br>コンセーリョ | advice<br>アドヴァイス |
| 威厳 | dignidade f.<br>チギニダーヂ | dignity<br>ディグニティ |
| 以後 | daqui para a frente<br>ダキ パラ ア フレンチ | from now on<br>フラム ナウ オン |

| 日 | 葡 | 英 |
|---|---|---|
| (その後) | depois disso, desde então <br> デポィス チッソ, デズヂ エンタォン | after, since <br> アフタ, スィンス |
| 意向 (いこう) | intenção *f.* <br> インテンサォン | intention <br> インテンション |
| 移行する (いこうする) | mudar, passar para <br> ムダール, パサール パラ | move, shift <br> ムーヴ, シフト |
| 憩う (いこう) | descansar, repousar <br> チスカンサール, ヘポゥザール | take a rest <br> テイク ア レスト |
| 異国 (いこく) | país estrangeiro *m.* <br> パイーズ エストランジェイロ | foreign country <br> フォーリン カントリ |
| 居酒屋 (いざかや) | bar *m.* <br> バール | tavern, saloon <br> タヴァン, サルーン |
| いざこざ | encrenca *f.*, desavença *f.* <br> エンクレンカ, デザヴェンサ | trouble <br> トラブル |
| 勇ましい (いさましい) | corajoso, bravo <br> コラジョーゾ, ブラーヴォ | brave, courageous <br> ブレイヴ, カレイヂャス |
| 諫める (いさめる) | admoestar <br> アヂモエスタール | remonstrate <br> リマンストレイト |
| 遺産 (いさん) | herança *f.*, patrimônio *m.* <br> エランサ, パトリモーニオ | inheritance, legacy <br> インヘリタンス, レガスィ |
| 胃酸過多 (いさんかた) | hiperacidez *f.* <br> イペラスィデイス | hyperacidity <br> ハイパアスィディティ |
| 意思 (いし) | intenção *f.* <br> インテンサォン | intention <br> インテンション |
| 意志 (いし) | vontade *f.* <br> ヴォンターヂ | will, volition <br> ウィル, ヴォウリション |
| 石 (いし) | pedra *f.* <br> ペドラ | stone <br> ストゥン |
| 意地 (いじ) | obstinação *f.*, teimosia *f.* <br> オビスチナサォン, テイモズィーア | obstinacy <br> アブスティナスィ |
| 意識 (いしき) | consciência *f.* <br> コンスィエンスィア | consciousness <br> カンシャスネス |
| ～する | ter consciência <br> テール コンスィエンスィア | be conscious *of* <br> ビ カンシャス |
| 異質の (いしつの) | heterogêneo <br> エテロジェーニオ | heterogeneous <br> ヘテロヂーニアス |
| いじめる | maltratar, judiar <br> マウトラタール, ジュヂアール | torment, bully <br> トーメント, ブリ |

| 日 | 葡 | 英 |
|---|---|---|
| 医者 (男の) | médico m. メヂコ | doctor ダクタ |
| (女の) | médica f. メヂカ | doctor ダクタ |
| 慰謝料 | indenização por danos pessoais f. インデニザサォン ポル ダーノス ペソアィス | compensation money カンペンセイション マニ |
| 移住 | migração f. ミグラサォン | migration マイグレイション |
| (転居) | transferir-se, trasladar-se トランスフェリールスィ, トラズラダールスィ | removal リムーヴァル |
| ～する | migrar ミグラール | emigrate, immigrate エミグレイト, イミグレイト |
| 萎縮 | atrofia f., encolhimento m. アトロフィーア, エンコリィメント | atrophy アトロフィ |
| 遺書 | testamento m. テスタメント | will ウィル |
| 衣装 | vestuário m., traje m. ヴェストゥワーリオ, トラージ | clothes, costume クロウズ, カステューム |
| 以上 | acima de, mais de アスィーマ ヂ, マィズ ヂ | more than, over モー ザン, オウヴァ |
| 異常な | anormal アノルマゥ | abnormal アブノーマル |
| 委嘱 | comissão f. コミサォン | commission コミション |
| 移植 | transplantação f. トランスプランタサォン | transplantation トランスプランテイション |
| (生体の) | transplante m. トランスプランチ | transplant トランスプラント |
| 異色の | singular, excepcional, único スィングラール, エセピスィオナウ, ウニコ | unique ユーニーク |
| いじる | mexer メシェール | finger, fumble with フィンガ, ファンブル |
| 意地悪な | malvado マウヴァード | ill-natured, nasty イルネイチャド, ナスティ |
| 椅子 | cadeira f. カデイラ | chair, stool チェア, ストゥール |
| (地位) | posto m. ポスト | post ポウスト |

| 日 | 葡 | 英 |
|---|---|---|
| いずみ<br>泉 | fonte *f.*<br>フォンチ | spring, fountain<br>スプリング, ファウンテン |
| イスラム教 | islamismo *m.*<br>イズラミズモ | Islam<br>イスラーム |
| イスラム教徒 | | |
| （男の） | muçulmano *m.*<br>ムスゥマーノ | Muslim<br>マズリム |
| （女の） | muçulmana *f.*<br>ムスゥマーナ | Muslim<br>マズリム |
| いずれ | qual<br>クワウ | which, either<br>(ホ)ウィチ, イーザ |
| （まもなく） | em breve<br>エィン ブレーヴィ | another time<br>アナザ タイム |
| （近々） | outro dia<br>オゥトロ チーア | some day<br>サム デイ |
| （どのみち） | de qualquer jeito<br>チ クァウケール ジェィト | anyhow<br>エニハウ |
| いせい<br>威勢 | | |
| （元気） | vigor *m.*<br>ヴィゴール | spirits<br>スピリツ |
| （勢力） | poder *m.*, influência *f.*<br>ポデール, インフルエンスィア | influence<br>インフルエンス |
| いせい<br>異性 | sexo oposto *m.*<br>セクソ オポスト | the opposite sex<br>ジ アポズィト セクス |
| いせえび<br>伊勢海老 | lagosta *f.*<br>ラゴスタ | lobster<br>ラブスタ |
| いせき<br>遺跡 | monumento histórico *m.*<br>モヌメント イストリコ | ruins<br>ルーインズ |
| いぜん<br>以前 | antes, antigamente, outrora<br>アンチス, アンチガメンチ, オゥトローラ | ago, before<br>アゴウ, ビフォー |
| ～から | desde muito<br>デズヂ ムィント | for a long time<br>フォ ア ローング タイム |
| いぜん<br>依然として | ainda<br>アインダ | still<br>スティル |
| いそ<br>磯 | praia *f.*, costa *f.*<br>プライア, コスタ | beach, shore<br>ビーチ, ショー |
| いそが<br>忙しい | ocupado, atarefado<br>オクパード, アタレファード | busy<br>ビズィ |
| いそ<br>急ぐ | apressar-se<br>アプレサールスイ | hurry, hasten<br>ハーリ, ヘイスン |

| 日 | 葡 | 英 |
|---|---|---|
| 遺族(いぞく) | a família de um defunto *f.*<br>ア ファミーリア ヂ ウン デフント | the bereaved family<br>ザ ビリーヴド ファミリ |
| 依存(いぞん) | dependência *f.*<br>デペンデンスィア | dependence<br>ディペンデンス |
| 〜する | depender de<br>デペンデール ヂ | depend *on*<br>ディペンド |
| 板(いた) | tábua *f.*<br>タブア | board<br>ボード |
| （金属板） | chapa *f.*<br>シャッパ | plate<br>プレイト |
| 遺体(いたい) | cadáver *m.*, corpo morto *m.*<br>カダーヴェル, コルポ モルト | dead body<br>デド バディ |
| 痛い(いたい) | que dói<br>キ ドィ | painful, sore<br>ペインフル, ソー |
| 偉大な(いだいな) | grande, magnífico<br>グランヂ, マギニフィコ | great, grand<br>グレイト, グランド |
| 委託する(いたくする) | consignar<br>コンスィギナール | entrust, consign<br>イントラスト, コンサイン |
| 悪戯(いたずら) | travessura *f.*<br>トラヴェスーラ | mischief, trick<br>ミスチフ, トリク |
| 〜な | travesso, levado<br>トラヴェッソ, レヴァード | naughty<br>ノーティ |
| 徒らに(いたずらに) | em vão, à toa<br>エィン ヴァオン, ア トーア | in vain<br>イン ヴェイン |
| 頂く(いただく) | receber, ganhar<br>ヘセベール, ガニャール | receive<br>リスィーヴ |
| （飲食） | comer, beber, tomar<br>コメール, ベベール, トマール | get, have<br>ゲト, ハヴ |
| 鼬(いたち) | doninha *f.*<br>ドニーニャ | weasel<br>ウィーズル |
| 痛み(いたみ) | dor *f.*<br>ドール | pain, ache<br>ペイン, エイク |
| 痛[傷]む(いた[いた]む) | doer<br>ドエール | ache, hurt<br>エイク, ハート |
| （損壊） | danificar-se<br>ダニフィカールスィ | become damaged<br>ビカム ダミヂド |
| （腐敗） | estragar-se, apodrecer-se<br>エストラガールスィ, アポドレセールスィ | rot, go bad<br>ラト, ゴウ バド |

| 日 | 葡 | 英 |
|---|---|---|
| 炒める | refogar ヘフォガール | fry フライ |
| イタリア | Itália *f.* イターリア | Italy イタリ |
| 〜語 | italiano *m.* イタリアーノ | Italian イタリャン |
| イタリック | itálico *m.* イタリコ | italics イタリクス |
| 至る | chegar a シェガール ア | arrive *at* アライヴ |
| 〜所に | em [por] toda parte エィン [ポル] トーダ パルチ | everywhere エヴリ(ホ)ウェア |
| 労る | tratar com respeito トラタール コン ヘスペイト | take (good) care *of* テイク (グド) ケア |
| 異端者 | herege *m.f.* エレージ | heretic ヘレティク |
| 位置 | posição *f.*, localização *f.* ポズィサォン, ロカリザサォン | position ポズィション |
| 市 | feira *f.* フェィラ | fair, market フェア, マーケト |
| 一応 | em geral エィン ジェラウ | generally チェネラリ |
| （差し当たり） | por enquanto ポル エンクワント | for the time being フォ ザ タイム ビーイング |
| 一月 | janeiro *m.* ジャネィロ | January チャニュエリ |
| 一撃 | golpe *m.*, pancada *f.* ゴウピ, パンカーダ | blow ブロウ |
| 苺 | morango *m.* モランゴ | strawberry ストローベリ |
| 一次の | primeiro, primário プリメィロ, プリマーリオ | primary, first プライメリ, ファースト |
| 無花果 | figo *m.* フィーゴ | fig フィグ |
| 著しい | notável, extraordinário ノターヴェウ, エストラオルヂナーリオ | remarkable, marked リマーカブル, マークト |
| 一度 | uma vez ウマ ヴェィス | once, one time ワンス, ワン タイム |

| 日 | 葡 | 英 |
|---|---|---|
| 〜に | de uma vez<br>ヂ ウマ ヴェイス | at the same time<br>アト ザ セイム タイム |
| いちどう<br>一同 | todos<br>トードス | all, everyone<br>オール, エヴリワン |
| いちにち<br>一日 | um dia *m.*<br>ウン ヂーア | a day<br>ア デイ |
| 〜おきに | a cada dois dias, dia sim dia não<br>ア カーダ ドイス ヂーアス, ヂーア スィン ヂーア ナゥン | every other day<br>エヴリ アザ デイ |
| 〜中 | o dia inteiro *m.*, todo o dia *m.*<br>ウ ヂーア インテイロ, トード オ ヂーア | all day (long)<br>オール デイ (ローング) |
| いちにんまえ<br>一人前 | porção para uma pessoa *f.*<br>ポルサォン パラ ウマ ペソーア | per head<br>パ ヘド |
| 〜になる | | |
| （大人に） | tornar-se independente<br>トルナールスィ インデペンデンチ | become dependent<br>ビカム ディペンデント |
| （技能が） | tornar-se profissional<br>トルナールスィ プロフィスィオナウ | be full-fledged<br>ビ フル-フレヂド |
| いちねん<br>一年 | um ano *m.*<br>ウン アーノ | a year<br>ア イア |
| 〜中 | o ano todo *m.*<br>ウ アーノ トード | all (the) year<br>オール (ザ) イア |
| いちば<br>市場 | mercado *m.*<br>メルカード | market<br>マーケト |
| いちばん<br>一番 | primeiro lugar *m.*<br>プリメィロ ルガール | the first, No.1<br>ザ ファースト, ナンバ ワン |
| （最も） | o mais<br>ウ マイス | most, best<br>モウスト, ベスト |
| いちぶ<br>一部 | uma parte *f.*<br>ウマ パルチ | a part<br>ア パート |
| （一冊） | um exemplar *m.*<br>ウン エゼンプラール | a copy<br>ア カピ |
| いちめん<br>一面 | um aspecto *m.*<br>ウン アスペキト | one side<br>ワン サイド |
| （新聞の） | primeira página *f.*<br>プリメィラ パジナ | the front page<br>ザ フラント ペイヂ |
| （全面） | toda a superfície *f.*<br>トーダ ア スペルフィースィイ | the whole surface<br>ザ ホウル サーフェス |
| いちやく<br>一躍 | de um salto<br>ヂ ウン サウト | at a bond<br>アト ア バンド |

| 日 | 葡 | 英 |
|---|---|---|
| いちりゅう<br>一流の | de primeira classe<br>チ プリメィラ クラッスィ | first-class<br>ファーストクラス |
| いつ | quando<br>クワンド | when<br>(ホ)ウェン |
| いつう<br>胃痛 | dor de estômago *f.*<br>ドール チ エストマゴ | stomachache<br>スタマケイク |
| いつか | um dia<br>ウン チーア | some time<br>サム タイム |
| （過去の） | algum dia<br>アウグン チーア | once, at one time<br>ワンス, アト ワン タイム |
| いっかい<br>一階 | térreo *m.*<br>テッヒオ | the first floor<br>ザ ファースト フロー |
| いっき<br>一気に | de uma vez<br>チ ウマ ヴェイス | in one go<br>イン ワン ゴウ |
| いっけん<br>一見 | aparentemente<br>アパレンチメンチ | apparently<br>アパレントリ |
| いっこう<br>一行 | grupo *m.*, comitiva *f.*, séquito *m.*<br>グルッポ, コミチーヴァ, セキト | party, suite<br>パーティ, スウィート |
| いっさい<br>一切 | tudo<br>トゥード | all, everything<br>オール, エヴリスィング |
| （全然） | absolutamente<br>アビソルタメンチ | absolutely<br>アブソルートリ |
| いっさくじつ<br>一昨日 | anteontem *m.*<br>アンチオンテイン | the day before yesterday<br>ザ デイ ビフォー イェスタディ |
| いっさくねん<br>一昨年 | ano retrasado *m.*<br>アーノ ヘトラザード | the year before last<br>ザ イア ビフォー ラスト |
| いっさんかたんそ<br>一酸化炭素 | monóxido de carbono *m.*<br>モノキスィド チ カルボーノ | carbon monoxide<br>カーボン モナクサイド |
| いっしき<br>一式 | um conjunto *m.*, um jogo *m.*<br>ウン コンジュント, ウン ジョーゴ | a complete set<br>ア コンプリート セト |
| いっしゅ<br>一種 | um tipo *m.*, uma espécie *f.*<br>ウン チッポ, ウマ エスペスィイ | a kind, a sort<br>ア カインド, ア ソート |
| いっしゅん<br>一瞬 | um momento *m.*<br>ウン モメント | a moment<br>ア モウメント |
| いっしょう<br>一生 | a vida inteira *f.*<br>ア ヴィーダ インテイラ | (whole) life<br>(ホウル) ライフ |
| いっしょうけんめい<br>一生懸命 | com afinco [toda a dedicação]<br>コン アフィンコ [トーダ ア デヂカサォン] | with all *one's* might<br>ウィズ オール マイト |

| 日 | 葡 | 英 |
|---|---|---|
| いっしょ<br>**一緒に** | junto<br>ジュント | together, with<br>トゲザ、ウィズ |
| いっせい<br>**一斉に** | todos juntos, todos ao mesmo tempo<br>トードズ ジュントス、トードズ アオ メズモ テンポ | all at once<br>オール アト ワンス |
| いっそう<br>**一層** | ainda mais<br>アインダ マィス | much more<br>マチ モー |
| いっち<br>**一致** | concordância f., acordo m.<br>コンコルダンスィア、アコルド | agreement<br>アグリーメント |
| **〜する** | concordar, estar de acordo<br>コンコルダール、エスタール ヂ アコルド | coincide with<br>コウインサイド |
| いっちょくせん<br>**一直線に** | numa linha reta, direto<br>ヌマ リーニャ ヘッタ、チレット | in a straight line<br>イン ナ ストレイト ライン |
| いつ<br>**五つ** | cinco<br>スィンコ | five<br>ファイヴ |
| いっつい<br>**一対の** | um par m.<br>ウン パール | a pair of<br>ア ペア |
| いってい<br>**一定の** | fixo, certo<br>フィクソ、セルト | fixed<br>フィクスト |
| いつ<br>**何時でも** | em qualquer momento, sempre<br>エィン クヮウケール モメント、センプリ | always<br>オールウェイズ |
| いっとう<br>**一等** | primeira classe f.<br>プリメィラ クラッスィ | the first class<br>ザ ファースト クラス |
| **（一等賞）** | primeiro prêmio m.<br>プリメィロ プレーミオ | first prize<br>ファースト プライズ |
| いっぱい<br>**一杯** | um copo m.<br>ウン コッポ | a cup of, a glass of<br>ア カプ、ア グラス |
| **（満杯）** | cheio<br>シェィオ | full of<br>フル |
| いっぱん<br>**一般** | | |
| **〜的な** | geral<br>ジェラウ | general, common<br>ヂェネラル、カモン |
| **〜に** | geralmente, em geral<br>ジェラウメンチ、エィン ジェラウ | generally<br>ヂェネラリ |
| いっぽ<br>**一歩** | um passo m.<br>ウン パッソ | one step<br>ワン ステプ |
| いっぽう<br>**一方** | um lado m.<br>ウン ラード | one side<br>ワン サイド |
| **（もう一方）** | outro lado m.<br>オゥトロ ラード | the other side<br>ジ アザ サイド |

| 日 | 葡 | 英 |
|---|---|---|
| (話変わって) | por outro lado<br>ポル オゥトロ ラード | meanwhile<br>ミーン(ホ)ワイル |
| ～通行 | trânsito de sentido único *m.*<br>トランズィト ヂ センチード ウニコ | one-way traffic<br>ワンウェイ トラフィク |
| ～的な | unilateral<br>ウニラテラウ | one-sided<br>ワンサイデド |
| いつまでも | para sempre<br>パラ センプリ | forever<br>フォレヴァ |
| いつも | sempre<br>センプリ | always<br>オールウェイズ |
| いつわ<br>偽り | falsidade *f.*, mentira *f.*<br>ファウスィダーヂ，メンチーラ | lie, falsehood<br>ライ, フォールスフド |
| いつわ<br>偽る | mentir, enganar<br>メンチール，エンガナール | lie, deceive<br>ライ, ディスィーヴ |
| イデオロギー | ideologia *f.*<br>イデオロジーア | ideology<br>アイディアロヂ |
| いてざ<br>射手座 | Sagitário *m.*<br>サジターリオ | the Archer, Sagittarius<br>ジ アーチャ, サヂテアリアス |
| いてん<br>移転 | mudança *f.*, transferência *f.*<br>ムダンサ，トランスフェレンスィア | removal<br>リムーヴァル |
| ～する | mudar, transferir-se<br>ムダール，トランスフェリールスィ | move *to*<br>ムーヴ |
| いでん<br>遺伝 | hereditariedade *f.*<br>エレヂタリエダーヂ | heredity<br>ヘレディティ |
| 遺伝性の | hereditário<br>エレヂターリオ | hereditary<br>ヘレディテリ |
| いでんし<br>遺伝子 | gene *m.*<br>ジェーニ | gene<br>ヂーン |
| ～組み換え | manipulação genética *f.*<br>マニプラサォン ジェネチカ | gene recombination<br>ヂーン リーカンビネイション |
| いと<br>糸 | linha *f.*<br>リーニャ | thread, yarn<br>スレド, ヤーン |
| いど<br>井戸 | poço *m.*<br>ポッソ | well<br>ウェル |
| いど<br>緯度 | latitude *f.*<br>ラチトゥーヂ | latitude<br>ラティテュード |
| いどう<br>移動 | deslocamento *m.*<br>ヂズロカメント | removal<br>リムーヴァル |
| ～する | deslocar-se<br>ヂズロカールスィ | move<br>ムーヴ |

| 日 | 葡 | 英 |
|---|---|---|
| いとぐち<br>糸口 | chave *f.*, pista *f.*<br>シャーヴィ, ピスタ | clue<br>クルー |
| いとこ<br>従兄弟[姉妹]　(男の) | primo *m.*<br>プリーモ | cousin<br>カズン |
| 　(女の) | prima *f.*<br>プリーマ | cousin<br>カズン |
| いどころ<br>居所 | paradeiro *m.*<br>パラデイロ | whereabouts<br>(ホ)ウェラバウツ |
| いと<br>愛しい | querido<br>ケリード | dear, beloved<br>ディア, ビラヴィド |
| いとな<br>営む | exercer<br>エゼルセール | conduct, carry on<br>コンダクト, キャリ オン |
| いど<br>挑む | desafiar<br>デザフィアール | challenge<br>チャレンヂ |
| いない<br>以内 | menos de, dentro de<br>メノス ヂ, デントロ ヂ | within, less than<br>ウィズィン, レス ザン |
| いなか<br>田舎 | campo *m.*<br>カンポ | the countryside<br>ザ カントリサイド |
| いなご<br>蝗 | gafanhoto *m.*<br>ガファニョット | locust<br>ロウカスト |
| いなさく<br>稲作 | cultivo de arroz *m.*<br>クウチーヴォ ヂ アホィス | rice crop<br>ライス クラブ |
| いなずま<br>稲妻 | raio *m.*<br>ハィオ | lightning<br>ライトニング |
| いなな<br>嘶く | relinchar<br>ヘリンシャール | neigh<br>ネイ |
| イニシアチブ | iniciativa *f.*<br>イニスィアチーヴァ | initiative<br>イニシャティヴ |
| いにん<br>委任する | encarregar, incumbir<br>エンカへガール, インクンビール | leave, entrust<br>リーヴ, イントラスト |
| いぬ<br>犬 | cachorro *m.*, cão *m.*<br>カショッホ, カォン | dog<br>ドーグ |
| いね<br>稲 | arroz *m.*<br>アホィス | rice<br>ライス |
| いねむ<br>居眠り | cochilo *m.*<br>コシーロ | nap, doze<br>ナプ, ドゥズ |

| 日 | 葡 | 英 |
|---|---|---|
| 猪（いのしし） | javali *m.*<br>ジャヴァリ | wild boar<br>ワイルド ボー |
| 命（いのち） | vida *f.*<br>ヴィーダ | life<br>ライフ |
| 祈り（いのり） | oração *f.*, prece *f.*<br>オラサォン，プレッスィ | prayer<br>プレア |
| 祈る（いのる） | rezar, orar<br>ヘザール，オラール | pray *to*<br>プレイ |
| 茨（いばら） | espinheiro *m.*<br>エスピニェイロ | thorn<br>ソーン |
| 威張る（いばる） | ser arrogante<br>セール アホガンチ | be haughty<br>ビ ホーティ |
| 違反（いはん） | infração *f.*, violação *f.*<br>インフラサォン，ヴィオラサォン | violation<br>ヴァイオレイション |
| 鼾（いびき） | ronco *m.*<br>ホンコ | snore<br>スノー |
| 〜をかく | roncar<br>ホンカール | snore<br>スノー |
| 歪な（いびつ） | distorcido<br>ヂストルスィード | distorted<br>ディストーテド |
| 衣服（いふく） | roupa *f.*<br>ホゥパ | clothes, dress<br>クロウズ，ドレス |
| 燻す（いぶす） | defumar, curar<br>デフマール，クラール | smoke<br>スモウク |
| イブニング | noite *f.*<br>ノイチ | evening<br>イーヴニング |
| （ドレス） | vestido de noite *m.*<br>ヴェスチード ヂ ノイチ | evening (dress)<br>イーヴニング（ドレス） |
| イベント | evento *m.*<br>エヴェント | event<br>イヴェント |
| 疣（いぼ） | verruga *f.*<br>ヴェフーガ | wart<br>ウォート |
| 違法の（いほうの） | ilegal<br>イレガウ | illegal<br>イリーガル |
| 今（いま） | agora<br>アゴーラ | now<br>ナウ |
| 居間（いま） | sala de estar *f.*<br>サーラ ヂ エスタール | living room<br>リビング ルーム |

## ■衣服■ roupa f. /ホウパ/

|  |  |  |
|---|---|---|
| Tシャツ | camiseta /カミゼッタ/ f. | Ⓐ T-shirt |
| ワイシャツ | camisa social /カミーザ ソスィアウ/ f. | Ⓐ shirt |
| ポロシャツ | camisa pólo /カミーザ ポーロ/ f. | Ⓐ polo shirt |
| ベスト | colete /コレッチ/ m. | Ⓐ vest |
| ブラウス | blusa /ブルーザ/ f. | Ⓐ blouse |
| セーター | suéter /スウェーテル/ m. | Ⓐ sweater, pullover |
| ジャケット | paletó /パレト/ m., casaco /カザッコ/ m. | Ⓐ jacket |
| ズボン | calças /カウサス/ f. pl. | Ⓐ trousers |
| スカート | saia /サィヤ/ f. | Ⓐ skirt |
| ワンピース | vestido /ヴェスチード/ m. | Ⓐ dress, one-piece |
| スーツ | conjunto /コンジュント/ m., terno /テルノ/ m. | Ⓐ suit |
| コート | casacão /カザカォン/ m., casaco /カザッコ/ m. | Ⓐ coat |
| レインコート | impermeável /インペルメアーヴェウ/ m., capa de chuva /カッパ ヂ シューヴァ/ f. | Ⓐ raincoat |
| 長袖 | manga comprida /マンガ コンプリーダ/ f. | Ⓐ long sleeves |
| 半袖 | manga curta /マンガ クルタ/ f. | Ⓐ short sleeves |
| ノースリーブの | sem mangas /セィン マンガス/ | Ⓐ sleeveless |
| ベルト | cinto /スィント/ m. | Ⓐ belt |
| ネクタイ | gravata /グラヴァッタ/ f. | Ⓐ necktie, tie |
| マフラー | cachecol /カシェコウ/ m. | Ⓐ muffler |
| スカーフ | echarpe /エシャルピ/ f. | Ⓐ scarf |
| 靴 | sapato /サパット/ m. | Ⓐ shoes, boots |
| スニーカー | tênis /テニス/ m. | Ⓐ sneaker |
| ブーツ | bota /ボッタ/ f. | Ⓐ boot |
| 靴下 | meia /メィア/ f. | Ⓐ socks |
| ストッキング | meia de seda /メィア ヂ セーダ/ f. | Ⓐ stockings |
| パンツ | cueca /クエッカ/ f. | Ⓐ underpants |
| パンティー | calcinha /カウスィーニャ/ f. | Ⓐ panties |

| 日 | 葡 | 英 |
|---|---|---|
| 忌々しい（いまいま） | irritante<br>イヒタンチ | annoying<br>アノイイング |
| 今頃（いまごろ） | a estas horas<br>ア エスタズ オーラス | at this time<br>アト ズィス タイム |
| 今更（いまさら） | agora depois de tanto tempo<br>アゴーラ デポィス デ タント テンポ | now, at this time<br>ナウ, アト ズィス タイム |
| 忌わしい（いま） | abominável, de mau agouro<br>アボミナーヴェウ, デ マゥ アゴゥロ | disgusting<br>ディスガスティング |
| 意味（いみ） | significado *m.*, sentido *m.*<br>スィギニフィカード, センチード | meaning, sense<br>ミーニング, センス |
| 〜する | significar<br>スィグニフィカール | mean, signify<br>ミーン, スィグニファイ |
| イミテーション | imitação *f.*<br>イミタサォン | imitation<br>イミテイション |
| 移民（いみん） | | |
| （国内へ） | imigração *f.*<br>イミグラサォン | immigration<br>イミグレイション |
| （国外へ） | emigração *f.*<br>エミグラサォン | emigration<br>エミグレイション |
| （移住者） | imigrante *m.f.*, emigrante *m.f.*<br>イミグランチ, エミグランチ | immigrant, emigrant<br>イミグラント, エミグラント |
| | imigrar, emigrar<br>イミグラール, エミグラール | immigrate, emigrate<br>イミグレイト, エミグレイト |
| イメージ | imagem *f.*<br>イマージェイン | image<br>イミヂ |
| 芋（いも） | batata *f.*<br>バタッタ | potato<br>ポテイトゥ |
| （さつまいも） | batata-doce *f.*<br>バタッタ ドッスィ | sweet potato<br>スウィート ポテイトゥ |
| 妹（いもうと） | irmã mais nova *f.*<br>イルマン マィズ ノーヴァ | (younger) sister<br>(ヤンガ) スィスタ |
| 嫌々（いやいや） | contra a vontade, de mau grado<br>コントラ ア ヴォンターヂ, デ マゥ グラード | reluctantly<br>リラクタントリ |
| 嫌がらせ（いや） | assédio *m.*<br>アセーヂオ | vexation<br>ヴェクセイション |
| 違約金（いやくきん） | multa *f.*<br>ムウタ | forfeit<br>フォーフィト |
| 卑しい（いや） | vil, reles<br>ヴィウ, ヘーリス | low, humble<br>ロウ, ハンブル |

| 日 | 葡 | 英 |
|---|---|---|
| 癒（いや）す | curar, aliviar a dor<br>クラール, アリヴィアール ア ドール | heal, cure<br>ヒール, キュア |
| 嫌（いや）な | desagradável, repugnante<br>デザグラダーヴェウ, ヘプギナンチ | disgusting<br>ディスガスティング |
| イヤホーン | fone de ouvido *m.*<br>フォーニ チ オウヴィード | earphone<br>イアフォウン |
| イヤリング | brinco *m.*<br>ブリンコ | earring<br>イアリング |
| いよいよ | finalmente, por fim<br>フィナウメンチ, ポル フィン | at last<br>アト ラスト |
| （ますます） | cada vez mais<br>カーダ ヴェィス マイス | more and more<br>モー アンド モー |
| 意欲（いよく） | vontade *f.*, desejo *m.*<br>ヴォンターチ, デゼージョ | volition<br>ヴォウリション |
| 以来（いらい） | desde, a partir de<br>デズヂ, ア パルチール チ | since, after that<br>スィンス, アフタ ザト |
| 依頼（いらい） | solicitação *f.*<br>ソリスィタサォン | request<br>リクウェスト |
| 〜する | solicitar<br>ソリスィタール | ask, request<br>アスク, リクウェスト |
| いらいらする | irritar-se<br>イヒタールスィ | be irritated<br>ビ イリテイテド |
| イラスト | ilustração *f.*<br>イルストラサォン | illustration<br>イラストレイション |
| イラストレーター<br>（男の） | ilustrador *m.*<br>イルストラドール | illustrator<br>イラストレイタ |
| （女の） | ilustradora *f.*<br>イルストラドーラ | illustrator<br>イラストレイタ |
| いらっしゃい | seja bem-vindo<br>セージャ ベィン ヴィンド | welcome<br>ウェルカム |
| 入（い）り江（え） | enseada *f.*<br>エンセアーダ | inlet<br>インレト |
| 入（い）り口（ぐち） | entrada *f.*<br>エントラーダ | entrance<br>エントランス |
| 医療（いりょう） | assistência médica *f.*<br>アスィステンスィア メヂカ | medical treatment<br>メディカル トリートメント |
| 威力（いりょく） | poder *m.*<br>ポデール | power, might<br>パウア, マイト |

| 日 | 葡 | 英 |
|---|---|---|
| 居る | estar, existir, ter, haver<br>エスタール, エズィスチール, テール, アヴェール | be, there is [are]<br>ビー, ゼア イズ[アー] |
| 要る | precisar, necessitar<br>プレスィザール, ネセスィタール | need, want<br>ニード, ワント |
| 海豚 | golfinho *m.*<br>ゴウフィーニョ | dolphin<br>ダルフィン |
| 異例の | excepcional<br>エセピスィオナウ | exceptional<br>イクセプショナル |
| 入れ替える | substituir<br>スビスチトゥイール | replace<br>リプレイス |
| 入れ墨 | tatuagem *f.*<br>タトゥワージェィン | tattoo<br>タトゥー |
| 入れ歯 | dentadura *f.*<br>デンタドゥーラ | artificial tooth<br>アーティフィシャル トゥース |
| 入れ物 | recipiente *m.*<br>ヘスィピエンチ | receptacle<br>リセプタクル |
| 入れる | colocar dentro, pôr dentro<br>コロカール デントロ, ポール デントロ | put... *in*<br>プト |
| （人を） | admitir, aceitar<br>アヂミチール, アセィタール | let *into*, admit *into*<br>レト, アドミト |
| （承認・受容） | aceitar, admitir<br>アセィタール, アヂミチール | accept, take<br>アクセプト, テイク |
| 茶を〜 | fazer chá<br>ファゼール シャ | make tea<br>メイク ティー |
| 色 | cor *f.*<br>コール | color<br>カラ |
| 色々な | vários<br>ヴァーリオス | various<br>ヴェアリアス |
| 色白の | de pele branca<br>ヂ ペーリ ブランカ | fair<br>フェア |
| 彩り | colorido *m.*<br>コロリード | coloring<br>カラリング |
| 異論 | objeção *f.*<br>オビジェサォン | objection<br>オブチェクション |
| 岩 | rocha *f.*<br>ホッシャ | rock<br>ラク |
| 祝い | celebração *f.*<br>セレブラサォン | celebration<br>セレブレイション |

| 日 | 葡 | 英 |
|---|---|---|
| 祝う (いわう) | festejar, comemorar フェステジャール, コメモラール | celebrate セレブレイト |
| 鰯 (いわし) | sardinha *f.* サルヂーニャ | sardine サーディーン |
| 所謂 (いわゆる) | chamado *m.* シャマード | so-called ソウコールド |
| 韻 (いん) | rima *f.* ヒーマ | rhyme ライム |
| 印鑑 (いんかん) | carimbo *m.* カリンボ | seal スィール |
| 陰気な (いんきな) | triste, melancólico トリスチ, メランコリコ | gloomy グルーミ |

## ■色■ cor *f.*/コール/

白い (しろい) branco /ブランコ/ (㋳white)
黒い (くろい) preto /プレット/ (㋳black)
グレーの cinza /スィンザ/ (㋳gray)
赤い (あかい) vermelho /ヴェルメーリョ/ (㋳red)
ピンクの rosa /ホーザ/ (㋳pink)
ベージュの bege /ベージ/ (㋳beige)
茶色い (ちゃいろい) marrom /マホン/ (㋳light brown)
オレンジの laranja /ラランジャ/ (㋳orange)
黄色い (きいろい) amarelo /アマレーロ/ (㋳yellow)
黄土色の (おうどいろの) ocre /オックリ/ (㋳ocher)
黄緑の (きみどりの) verde-amarelo /ヴェルヂ アマレーロ/ (㋳yellowish green)
緑の (みどりの) verde /ヴェルヂ/ (㋳green)
青い (あおい) azul /アズゥ/ (㋳blue)
空色の (そらいろの) azul claro /アズゥ クラーロ/ (㋳sky-blue)
紺の (こんの) azul-escuro /アズゥ エスクーロ/ (㋳dark blue)
紫の (むらさきの) violeta /ヴィオレッタ/, roxo /ホッショ/ (㋳purple, violet)
透明な (とうめいな) transparente /トランスパレンチ/ (㋳transparency)
金色の (きんいろの) dourado /ドゥラード/ (㋳golden)
銀色の (ぎんいろの) prateado /プラチアード/ (㋳silver)

| 日 | 葡 | 英 |
|---|---|---|
| 慇懃な (いんぎんな) | polido ポリード | polite ポライト |
| インク | tinta f. チンタ | ink インク |
| 陰険な (いんけんな) | insidioso, perverso インスィヂオーゾ, ペルヴェルソ | crafty クラフティ |
| 隠元豆 (いんげんまめ) | feijão m. フェイジャォン | kidney bean キドニ ビーン |

## ■インターネット■ *internet* f. /インテルネッチ/

インターネット　*internet* /インテルネッチ/ f. (英the Internet)

モデム　*modem* /モゥデミ/ m. (英modem)

ブロードバンド　banda larga /バンダ ラルガ/ f. (英broadband)

プロバイダー　provedor /プロヴェドール/ m. (英provider)

パスワード　senha /セーニャ/ f. (英password)

Eメール (イー)　*e-mail* /イーメィウ/ m. (英e-mail)

メールアドレス　endereço eletrônico /エンデレッソ エレトロニコ/ m. (英mail address)

アットマーク　arroba /アホーバ/ f. (英at sign)

ドット　ponto /ポント/ m. (英dot)

ハイフン　hífen /イフェイン/ m. (英hyphen)

ドメイン名 (めい)　nome de domínio /ノーミ ヂ ドミーニオ/ m. (英domain name)

サイト　*site* /サイチ/ m. (英site)

ホームページ　*home page* /ホム ペイヂ/ f. (英homepage)

リンク　*link* /リンキ/ m. (英link)

クリックする　clicar /クリカール/ (英click)

ダウンロードする　fazer *download* /ファゼール ダウンローヂ/, baixar /バイシャール/ (英download)

ファイル　arquivo /アルキーヴォ/ m. (英file)

添付ファイル (てんぷ)　anexo /アネクソ/ m., *attachment* /アタッチメント/ m. (英attachment)

セキュリティ　segurança /セグランサ/ f. (英security)

コンピュータウイルス　vírus de computador /ヴィルス ヂ コンプタドール/ m. (英computer virus)

| 日 | 葡 | 英 |
|---|---|---|
| 印刷<br>いんさつ | impressão f.<br>インプレサォン | printing<br>プリンティング |
| ～する | imprimir<br>インプリミール | print<br>プリント |
| 印紙<br>いんし | selo m.<br>セーロ | revenue stamp<br>レヴェニュー スタンプ |
| 因習<br>いんしゅう | convenção f.<br>コンヴェンサォン | convention<br>コンヴェンション |
| インシュリン | insulina f.<br>インスリーナ | insulin<br>インシュリン |
| 印章<br>いんしょう | selo m., carimbo m.<br>セーロ, カリンボ | seal, stamp<br>スィール, スタンプ |
| 印象<br>いんしょう | impressão f.<br>インプレサォン | impression<br>インプレション |
| インスタントの | instantâneo<br>インスタンターニオ | instant<br>インスタント |
| インストールする | instalar<br>インスタラール | install<br>インストール |
| インストラクター<br>（男の） | professor m., instrutor m.<br>プロフェソール, インストルトール | instructor<br>インストラクタ |
| （女の） | professora f., instrutora f.<br>プロフェソーラ, インストルトーラ | instructor<br>インストラクタ |
| インスピレーション | inspiração f.<br>インスピラサォン | inspiration<br>インスピレイション |
| 印税<br>いんぜい | *royalties* m.pl.<br>ローヤルチー | royalty<br>ロイアルティ |
| 隕石<br>いんせき | meteorito m.<br>メテオリット | meteorite<br>ミーティアライト |
| 引率する<br>いんそつ | chefiar, conduzir<br>シェフィアール, コンドゥズィール | lead<br>リード |
| インターチェンジ | trevo m.<br>トレーヴォ | interchange<br>インタチェインヂ |
| インターネット | *internet* f.<br>インテルネッチ | the Internet<br>ジ インタネト |
| インターフェロン | *interferon* m.<br>インテルフェロン | interferon<br>インタフィラン |
| インターホン | interfone m.<br>インテルフォーニ | interphone<br>インタフォウン |

| 日 | 葡 | 英 |
|---|---|---|
| <ruby>引退<rt>いんたい</rt></ruby> | aposentadoria *f.*<br>アポゼンタドリーア | retirement<br>リタイアメント |
| ～する | aposentar-se, retirar-se<br>アポゼンタールスィ, ヘチラールスィ | retire<br>リタイア |
| インタビュー | entrevista *f.*<br>エントレヴィスタ | interview<br>インタヴュー |
| インチ | polegada *f.*<br>ポレガーダ | inch<br>インチ |
| いんちき | fraude *f.*, falsificação *f.*<br>フラウヂ, ファウスィフィカサォン | fake<br>フェイク |
| インテリ | intelectual *m.f.*<br>インテレキトゥアウ | intellectual<br>インテレクチュアル |
| インテリア | decoração de interior *f.*<br>デコラサォン ヂ インテリオール | interior design<br>インティアリア ディザイン |
| インド | Índia *f.*<br>インヂア | India<br>インディア |
| ～の | indiano<br>インヂアーノ | Indian<br>インディアン |
| イントネーション | entonação *f.*<br>エントナサォン | intonation<br>イントネイション |
| インプット | *input* *m.*<br>インプッチ | input<br>インプト |
| インフラ | infraestrutura *f.*<br>インフラエストゥラトゥーラ | infrastructure<br>インフラストラクチャ |
| インフルエンザ | gripe forte *f.*<br>グリッピ フォルチ | influenza<br>インフルエンザ |
| インフレ | inflação *f.*<br>インフラサォン | inflation<br>インフレイション |
| インボイス | fatura *f.*<br>ファトゥーラ | invoice<br>インヴォイス |
| <ruby>陰謀<rt>いんぼう</rt></ruby> | conspiração *f.*<br>コンスピラサォン | plot, intrigue<br>プラト, イントリーグ |
| <ruby>隠喩<rt>いんゆ</rt></ruby> | metáfora *f.*<br>メタフォラ | metaphor<br>メタフォー |
| <ruby>引用<rt>いんよう</rt></ruby> | citação *f.*<br>スィタサォン | citation<br>サイテイション |
| ～する | citar<br>スィタール | quote, cite<br>クウォウト, サイト |
| <ruby>飲料<rt>いんりょう</rt></ruby> | bebida *f.*<br>ベビーダ | drink, beverage<br>ドリンク, ベヴァリヂ |

| 日 | 葡 | 英 |
|---|---|---|
| ～水 | água potável f.<br>アグァ ポターヴェウ | drinking water<br>ドリンキング ウォータ |
| 引力（いんりょく） | gravidade f.<br>グラヴィダーヂ | attraction<br>アトラクション |

## う, ウ

| 日 | 葡 | 英 |
|---|---|---|
| ウイークエンド | fim de semana m.<br>フィン チ セマーナ | weekend<br>ウィーケンド |
| ウイークデー | dia da semana m., dia útil m.<br>チーア ダ セマーナ, チーア ウッチウ | weekday<br>ウィークデイ |
| ウイスキー | uísque m.<br>ウイースキ | whiskey<br>(ホ)ウィスキ |
| ウイルス | vírus m.<br>ヴィルス | virus<br>ヴァイアラス |
| ウインカー | pisca-pisca m.<br>ピスカ ピスカ | blinkers<br>ブリンカズ |
| ウインク | piscadela f.<br>ピスカデーラ | wink<br>ウィンク |
| ウインドウ<br>（コンピュータ） | janela f.<br>ジャネーラ | window<br>ウィンドウ |
| ウール | lã f.<br>ラン | wool<br>ウル |
| 上（うえ） | cima f.<br>スィーマ | the upper part<br>ジ アパ パート |
| （頂上） | topo m., cume m.<br>トッポ, クーミ | the top, the summit<br>ザ タプ, ザ サミト |
| （表面） | superfície f.<br>スペルフィスィイ | the surface<br>ザ サーフェス |
| ～に | em cima<br>エイン スィーマ | on<br>アン |
| ～の<br>（年齢が） | mais velho<br>マィス ヴェーリョ | older<br>オウルダ |
| （地位が） | mais alto<br>マィス アウト | upper<br>アパ |
| （質・能力が） | superior<br>スペリオール | superior<br>スピアリア |
| ウエイター | garçom m.<br>ガルソン | waiter<br>ウェイタ |

| 日 | 葡 | 英 |
|---|---|---|
| ウエイトレス | garçonete *f.*<br>ガルソネッチ | waitress<br>ウェイトレス |
| 植木 | planta *f.*<br>プランタ | plant, tree<br>プラント, トリー |
| ウエスト | cintura *f.*<br>スィントゥーラ | waist<br>ウェイスト |
| 飢える | passar fome<br>パサール フォーミ | go hungry, starve<br>ゴウ ハングリ, スターヴ |
| 植える | plantar<br>プランタール | plant<br>プラント |
| ウォーミングアップ | exercício de aquecimento *m.*<br>エゼルスィスィオ チ アケスィメント | warm-up<br>ウォームアップ |
| 魚座 | Peixe *m.*<br>ペィシ | the Fishes<br>ザ フィシズ |
| ウォッカ | vodca *f.*<br>ヴォチカ | vodka<br>ヴァドカ |
| 迂回 | desvio *m.*<br>チズヴィーオ | detour<br>ディートゥア |
| ～する | desviar<br>チズヴィアール | take a roundabout way<br>テイク ア ラウンダバウト ウェイ |
| 嗽 | gargarejo *m.*<br>ガルガレージョ | gargling<br>ガーグリング |
| ～をする | gargarejar, bochechar<br>ガルガレジャール, ボシェシャール | gargle<br>ガーグル |
| 伺う | visitar<br>ヴィズィタール | visit<br>ヴィズィト |
| （尋ねる） | perguntar<br>ペルグンタール | ask<br>アスク |
| 迂闊な | irrefletido<br>イヒフレチード | careless<br>ケアレス |
| 浮かぶ | flutuar<br>フルトゥワール | float<br>フロウト |
| （心に） | ocorrer<br>オコヘール | occur to<br>オカー トゥ |
| 受かる | passar<br>パサール | pass<br>パス |
| 浮き | bóia *f.*<br>ボィア | float<br>フロウト |

| 日 | 葡 | 英 |
|---|---|---|
| 浮き袋 | bóia f.<br>ボィア | swimming ring<br>スウィミング リング |
| （救命用） | salva-vidas m.f.<br>サウヴァ ヴィーダス | life buoy<br>ライフ ブーイ |
| 浮く | flutuar<br>フルトゥワール | float<br>フロウト |
| 受け入れる | aceitar<br>アセィタール | receive, accept<br>リスィーヴ, アクセプト |
| 請け負う | assumir um contrato<br>アスミール ウン コントラット | contract<br>コントラクト |
| 受け皿 | pires m.<br>ピーリス | saucer<br>ソーサ |
| 受け継ぐ | suceder<br>スセデール | succeed to<br>サクスィード トゥ |
| （性質・財産を） | herdar<br>エルダール | inherit<br>インヘリト |
| 受付 | recepção f.<br>ヘセピサォン | receipt, acceptance<br>リスィート, アクセプタンス |
| （受付所） | recepção f.<br>ヘセピサォン | information office<br>インフォメイション オーフィス |
| ～係 | recepcionista m.f.<br>ヘセピスィオニスタ | information clerk<br>インフォメイション クラーク |
| 受け付ける | aceitar, receber<br>アセィタール, ヘセベール | receive, accept<br>リスィーヴ, アクセプト |
| 受取人 | recebedor m.<br>ヘセベドール | |
| （男の） | destinatário m.<br>デスチナターリオ | recipient<br>リスィピアント |
| （女の） | destinatária f.<br>デスチナターリア | recipient<br>リスィピアント |
| （手形・保険金の） | | |
| （男の） | beneficiário m.<br>ベネフィスィアーリオ | receiver, beneficiary<br>リスィーヴァ, ベネフィシエリ |
| （女の） | beneficiária f.<br>ベネフィスィアーリア | receiver, beneficiary<br>リスィーヴァ, ベネフィシエリ |
| 受け取る | receber<br>ヘセベール | receive, get<br>リスィーヴ, ゲト |
| 受け身 | passividade f.<br>パスィヴィダーチ | passivity<br>パスィヴィティ |

| 日 | 葡 | 英 |
|---|---|---|
| （文法の） | voz passiva *f.*<br>ヴォィス パスィーヴァ | the passive voice<br>ザ パスィヴ ヴォィス |
| 受け持つ | encarregar-se de<br>エンカヘガールスィ ヂ | take charge *of*<br>テイク チャーヂ |
| 受ける | receber<br>ヘセベール | receive, get<br>リスィーヴ, ゲト |
| （試験を） | prestar (um exame)<br>プレスタール ウン エザーミ | take<br>テイク |
| （こうむる） | sofrer<br>ソフレール | suffer<br>サファ |
| 動かす | mover, movimentar, mobilizar<br>モヴェール, モヴィメンタール, モビリザール | move<br>ムーヴ |
| （機械を） | ligar<br>リガール | run, work, operate<br>ラン, ワーク, アパレイト |
| （心を） | comover, emocionar<br>コモヴェール, エモスィオナール | move, touch<br>ムーヴ, タチ |
| 動き | movimento *m.*<br>モヴィメント | movement, motion<br>ムーヴメント, モウション |
| （活動） | atividade *f.*<br>アチヴィダーヂ | activity<br>アクティヴィティ |
| （動向） | tendência *f.*<br>テンデンスィア | trend<br>トレンド |
| 動く | mover-se<br>モヴェールスィ | move<br>ムーヴ |
| （変わる） | mudar<br>ムダール | change<br>チェインヂ |
| （電車が運行する） | estar em serviço<br>エスタール エィン セルヴィッソ | be in service<br>ビ イン サーヴィス |
| （心が） | comover-se<br>コモヴェールスィ | be moved<br>ビ ムーヴド |
| 兎 | coelho *m.*<br>コエーリョ | rabbit<br>ラビト |
| （野兎） | lebre *f.*<br>レブリ | hare<br>ヘア |
| 牛 | | |
| （雌牛） | vaca *f.*<br>ヴァッカ | cow<br>カウ |
| （雄牛） | boi *m.*<br>ボィ | ox<br>アクス |
| （去勢していない牛） | touro *m.*<br>トゥロ | bull<br>ブル |

| 日 | 葡 | 英 |
|---|---|---|
| (子牛) | bezerro *m.*<br>ベゼッホ | calf<br>キャフ |
| 蛆 (うじ) | verme *m.*<br>ヴェルミ | worm, maggot<br>ワーム, マゴト |
| 失う (うしなう) | perder<br>ペルデール | lose, miss<br>ルーズ, ミス |
| 後ろ (うしろ) | a parte de trás<br>ア パルチ チ トラィス | the back<br>ザ バク |
| 〜に | atrás<br>アトラィス | behind<br>ビハインド |
| 渦 (うず) | remoinho *m.*, turbilhão *m.*<br>ヘモイーニョ, トゥルビリャオン | whirlpool<br>(ホ)ワールプール |
| 薄い (うすい) | fino<br>フィーノ | thin<br>スィン |
| (色が) | pálido, suave<br>パリド, スワーヴィ | light<br>ライト |
| (濃度) | fraco<br>フラッコ | weak<br>ウィーク |
| 疼く (うずく) | estar com dor intermitente<br>エスタール コン ドール インテルミテンチ | ache, hurt<br>エイク, ハート |
| 薄暗い (うすぐらい) | sombrio, meio escuro<br>ソンブリーオ, メィオ エスクーロ | dim, dark, gloomy<br>ディム, ダーク, グルーミ |
| 渦巻き (うずまき) | remoinho *m.*, forma espiral *f.*<br>ヘモイーニョ, フォルマ エスピラウ | whirlpool<br>(ホ)ワールプール |
| 薄める (うすめる) | diluir, ralear<br>ヂルイール, ハレアール | thin, dilute<br>スィン, ダイリュート |
| 鶉 (うずら) | codorna *f.*<br>コドルナ | quail<br>クウェイル |
| 右折する (うせつする) | virar à direita<br>ヴィラール ア ヂレィタ | turn to the right<br>ターン トゥ ザ ライト |
| 嘘 (うそ) | mentira *f.*<br>メンチーラ | lie<br>ライ |
| 〜をつく | mentir<br>メンチール | tell a lie<br>テル ア ライ |
| 歌 (うた) | canção *f.*, canto *m.*<br>カンサォン, カント | song<br>ソーング |
| 歌う (うたう) | cantar<br>カンタール | sing<br>スィング |

| 日 | 葡 | 英 |
|---|---|---|
| 疑い | dúvida f. ドゥヴィダ | doubt ダウト |
| (不信・疑惑) | desconfiança f. デスコンフィアンサ | distrust ディストラスト |
| (嫌疑) | suspeita f. ススペィタ | suspicion サスピション |
| 疑う | duvidar ドゥヴィダール | doubt ダウト |
| (不信・疑惑) | desconfiar ヂスコンフィアール | distrust ディストラスト |
| (嫌疑) | suspeitar ススペィタール | suspect サスペクト |
| 疑わしい | duvidoso ドゥヴィドーゾ | doubtful ダウトフル |
| (不審) | suspeito ススペィト | suspicious サスピシャス |
| 家 | casa f. カーザ | house ハウス |
| 内 | parte de dentro f., interior m. パルチ ヂ デントロ, インテリオール | the inside ジ インサイド |
| …の〜 | dentre, em デントリ, エィン | of, among アヴ, アマング |
| 打ち明ける | confessar, confidenciar コンフェサール, コンフィデンスィアール | tell, confess テル, コンフェス |
| 打ち合わせる | combinar, organizar コンビナール, オルガニザール | arrange アレインヂ |
| 打ち勝つ | vencer, superar ヴェンセール, スペラール | conquer, overcome カンカ, オウヴァカム |
| 内側 | parte interna f. パルチ インテルナ | the inside ジ インサイド |
| 内気な | introvertido, tímido イントロヴェルチード, チミド | shy, timid シャイ, ティミド |
| 打ち消す | negar, desmentir ネガール, ヂズメンチール | deny ディナイ |
| 打ち倒す | derrubar デフバール | knock down ナク ダウン |
| 宇宙 | cosmo m., universo m. コズモ, ウニヴェルソ | the universe ザ ユーニヴァース |
| 〜飛行士 | astronauta m.f. アストロナゥタ | astronaut アストロノート |

う

| 日 | 葡 | 英 |
|---|---|---|
| 撃つ | atirar, disparar<br>アチラール, ヂスパラール | fire, shoot<br>ファイア, シュート |
| 打つ | bater<br>バテール | strike, hit<br>ストライク, ヒト |
| （心を） | comover, emocionar<br>コモヴェール, エモスィオナール | move, touch<br>ムーヴ, タチ |
| うっかりして | por descuido, sem querer<br>ポル デスクイード, セィン ケレール | carelessly<br>ケアレスリ |
| 美しい | lindo<br>リンド | beautiful<br>ビューティフル |
| 移す | transferir<br>トランスフェリール | move, transfer<br>ムーヴ, トランスファー |
| （病気を） | passar<br>パサール | give, infect<br>ギヴ, インフェクト |
| 写す | | |
| （文書など） | copiar<br>コピアール | copy<br>カピ |
| （写真を） | fotografar<br>フォトグラファール | photograph<br>フォウトグラフ |
| 訴える | processar, acusar<br>プロセサール, アクザール | sue<br>スュー |
| （手段に） | recorrer a<br>ヘコヘール ア | resort to<br>リゾート トゥ |
| （世論に） | apelar para<br>アペラール パラ | appeal to<br>アピール トゥ |
| 鬱陶しい | pesado, deprimente<br>ペザード, デプリメンチ | gloomy<br>グルーミ |
| うっとりする | ficar fascinado, enfeitiçar-se<br>フィカール ファスィナード, エンフェイチサールスィ | be absent-minded<br>ビ アブセントマインデド |
| 俯く | ficar cabisbaixo<br>フィカール カビズバィショ | hang *one's* head<br>ハング ヘド |
| 移る | transferir-se<br>トランスフェリールスィ | move<br>ムーヴ |
| （感染） | contagiar, contrair<br>コンタジアール, コントライール | catch<br>キャチ |
| 写[映]る | refletir-se<br>ヘフレチールスィ | be reflected *in*<br>ビ リフレクテド |
| （写真が） | sair<br>サイール | be taken<br>ビ テイクン |

| 日 | 葡 | 英 |
|---|---|---|
| うつわ<br>器 | recipiente *m.*, vasilha *f.*<br>ヘスィピエンチ，ヴァズィーリャ | vessel<br>ヴェスル |
| うで<br>腕 | braço *m.*<br>ブラッソ | arm<br>アーム |
| （腕前） | habilidade *f.*<br>アビリダーヂ | ability, skill<br>アビリティ，スキル |
| うでどけい<br>腕時計 | relógio de pulso *m.*<br>ヘロージオ ヂ プウソ | wristwatch<br>リストワチ |
| うでわ<br>腕輪 | pulseira *f.*<br>プウセィラ | bracelet<br>ブレイスリト |
| うなぎ<br>鰻 | enguia *f.*<br>エンギーア | eel<br>イール |
| うなず<br>頷く | acenar a cabeça positivamente<br>アセナール ア カベッサ ポズィチヴァメンチ | nod<br>ナド |
| うな<br>唸る | gemer<br>ジェメール | groan<br>グロウン |
| （動物が） | rosnar, rugir<br>ホズナール，フジール | roar, growl<br>ロー，グラウル |
| うに<br>海胆 | ouriço-do-mar *m.*<br>オゥリッソ ド マール | sea urchin<br>スィー アーチン |
| うぬぼ<br>自惚れの強い | afetado, presunçoso<br>アフェタード，プレズンソーゾ | self-conceited<br>セルフコンスィーテド |
| うぬぼ<br>自惚れる | presumir-se, ser vaidoso<br>プレズミールスィ，セール ヴァィドーゾ | become conceited<br>ビカム コンスィーテド |
| うば<br>奪う | arrebatar<br>アヘバタール | take... away, rob<br>テイク アウェイ，ラブ |
| （地位・権利を） | cassar<br>カサール | deprive<br>ディプライヴ |
| うばぐるま<br>乳母車 | carrinho de bebê *m.*<br>カヒーニョ ヂ ベベ | baby carriage<br>ベイビ キャリヂ |
| うぶ<br>初な | inocente, ingênuo<br>イノセンチ，インジェーヌオ | innocent, naive<br>イノセント，ナーイーヴ |
| うま<br>馬 | | |
| （雄馬） | cavalo *m.*<br>カヴァーロ | horse<br>ホース |
| （雌馬） | égua *f.*<br>エーグァ | mare<br>メア |
| （子馬） | potro *m.*<br>ポトロ | colt<br>コウルト |

| 日 | 葡 | 英 |
|---|---|---|
| 巧（うま）い | hábil, engenhoso<br>アービウ, エンジェニョーゾ | good, skillful<br>グド, スキルフル |
| 旨（うま）い | gostoso, saboroso<br>ゴストーゾ, サボローゾ | good, delicious<br>グド, ディリシャス |
| 埋（う）まる | enterrar-se<br>エンテハールスィ | be buried<br>ビ ベリド |
| 生（う）まれ | origem f., nascimento m.<br>オリージェイン, ナスィメント | birth, origin<br>バース, オーリヂン |
| 生[産]（う）まれる | nascer<br>ナセール | be born<br>ビ ボーン |
| （成立） | surgir, formar-se<br>スルジール, フォルマールスィ | come into existence<br>カム イントゥ イグズィステンス |
| 海（うみ） | mar m.<br>マール | the sea, the ocean<br>ザ スィー, ジ オウシャン |
| 膿（うみ） | pus m.<br>プス | pus<br>パス |
| 海亀（うみがめ） | tartaruga f.<br>タルタルーガ | turtle<br>タートル |
| 生（う）み出（だ）す | criar, produzir<br>クリアール, プロドゥズィール | produce<br>プロデュース |
| 海辺（うみべ） | costa f.<br>コスタ | the beach<br>ザ ビーチ |
| 生[産]（う）む | dar à luz<br>ダール ア ルィス | bear<br>ベア |
| （卵を） | pôr (ovos)<br>ポール (オーヴォス) | lay<br>レイ |
| （生じる） | produzir, criar<br>プロドゥズィール, クリアール | produce<br>プロデュース |
| 梅（うめ） | | |
| （実） | ameixa f.<br>アメイシャ | plum<br>プラム |
| 呻（うめ）く | gemer<br>ジェメール | groan, moan<br>グロウン, モウン |
| 埋（う）め立（た）てる | aterrar<br>アテハール | fill in<br>フィル イン |
| 埋（う）める | enterrar<br>エンテハール | bury<br>ベリ |
| （満たす） | encher<br>エンシェール | fill<br>フィル |

| 日 | 葡 | 英 |
|---|---|---|
| (損失を) | cobrir, compensar<br>コブリール, コンペンサール | cover<br>カヴァ |
| うもう<br>羽毛 | pena *f.*, pluma *f.*<br>ペーナ, プルーマ | feathers, down<br>フェザズ, ダウン |
| うやま<br>敬う | respeitar<br>ヘスペィタール | respect, honor<br>リスペクト, アナ |
| うよく<br>右翼 | asa direita *f.*<br>アーザ ヂレィタ | the right wing<br>ザ ライト ウィング |
| (政治) | direita *f.*<br>ヂレィタ | the right wing<br>ザ ライト ウィング |
| うら<br>裏 | atrás, verso<br>アトラィス, ヴェルソ | the back, the wrong side<br>ザ バク, ザ ローング サイド |
| うらがえ<br>裏返す | virar pelo avesso<br>ヴィラール ペロ アヴェッソ | turn over<br>ターン オウヴァ |
| うらが<br>裏書き | aval *m.*, endosso *m.*<br>アヴァウ, エンドッソ | endorsement<br>インドースメント |
| うらがわ<br>裏側 | parte de trás *f.*, lado inverso *m.*<br>パルチ ヂ トラィス, ラード インヴェルソ | the back<br>ザ バク |
| うらぎ<br>裏切り | traição *f.*<br>トライサォン | treachery, betrayal<br>トレチャリ, ビトレイアル |
| うらぎ<br>裏切る | trair<br>トライール | betray<br>ビトレイ |
| (予想を) | trair, decepcionar<br>トライール, デセピスィオナール | be contrary *to*<br>ビ カントレリ |
| うらぐち<br>裏口 | porta de trás *f.*, porta dos fundos *f.*<br>ポルタ ヂ トラィス, ポルタ ドス フンドス | the back door<br>ザ バク ドー |
| うらごえ<br>裏声 | falsete *m.*<br>ファウセッチ | falsetto<br>フォールセトウ |
| うらじ<br>裏地 | forro *m.*<br>フォッホ | the lining<br>ザ ライニング |
| うらづ<br>裏付ける | fundamentar, provar, embasar<br>フンダメンタール, プロヴァール, エンバザール | prove<br>プルーヴ |
| うらどお<br>裏通り | ruela *f.*<br>フエーラ | back street<br>バク ストリート |
| うらな し<br>占い師 | | |
| (男の) | adivinho *m.*<br>アヂヴィーニョ | fortune-teller<br>フォーチュンテラ |
| (女の) | adivinha *f.*<br>アヂヴィーニャ | fortune-teller<br>フォーチュンテラ |

| 日 | 葡 | 英 |
|---|---|---|
| <ruby>占<rt>うらな</rt></ruby>う | adivinhar<br>アヂヴィニャール | tell *a person's* fortune<br>テル フォーチュン |
| ウラニウム | urânio *m.*<br>ウラーニオ | uranium<br>ユアレイニアム |
| <ruby>裏庭<rt>うらにわ</rt></ruby> | quintal *m.*<br>キンタウ | backyard<br>バクヤード |
| <ruby>恨<rt>うら</rt></ruby>み | rancor *m.*, ódio *m.*<br>ハンコール, オーヂオ | grudge<br>グラヂ |
| <ruby>恨<rt>うら</rt></ruby>む | guardar rancor contra<br>グァルダール ハンコール コントラ | bear... a grudge<br>ベア グラヂ |
| <ruby>羨<rt>うらや</rt></ruby>ましい | invejável<br>インヴェジャーヴェウ | enviable<br>エンヴィアブル |
| <ruby>羨<rt>うらや</rt></ruby>む | ter inveja de<br>テール インヴェージャ ヂ | envy<br>エンヴィ |
| <ruby>売<rt>う</rt></ruby>り<ruby>上<rt>あ</rt></ruby>げ | venda *f.*<br>ヴェンダ | the amount sold<br>ジ アマウント ソウルド |
| <ruby>売<rt>う</rt></ruby>り<ruby>切<rt>き</rt></ruby>れ | esgotado<br>エズゴタード | sold out<br>ソウルド アウト |
| <ruby>売<rt>う</rt></ruby>り<ruby>切<rt>き</rt></ruby>れる | esgotar-se, ser tudo vendido<br>エズゴタールスィ, セール トゥード ヴェンチード | be sold out<br>ビ ソウルド アウト |
| <ruby>売<rt>う</rt></ruby>り<ruby>出<rt>だ</rt></ruby>し | lançamento *m.*<br>ランサメント | bargain sale<br>バーゲン セイル |
| (蔵払い) | liquidação *f.*<br>リキダサォン | clearance sale<br>クリアランス セイル |
| <ruby>売<rt>う</rt></ruby>り<ruby>出<rt>だ</rt></ruby>す | lançar no mercado, pôr à venda<br>ランサール ノ メルカード, ポール ア ヴェンダ | put... on sale<br>プト オン セイル |
| <ruby>売<rt>う</rt></ruby>り<ruby>手<rt>て</rt></ruby> | parte vendedora *f.*<br>パルチ ヴェンデドーラ | seller<br>セラ |
| <ruby>売<rt>う</rt></ruby>り<ruby>場<rt>ば</rt></ruby> | seção *f.*<br>セサォン | department<br>ディパートメント |
| <ruby>売<rt>う</rt></ruby>る | vender<br>ヴェンデール | sell<br>セル |
| <ruby>閏年<rt>うるうどし</rt></ruby> | ano bissexto *m.*<br>アーノ ビセスト | leap year<br>リープ イア |
| <ruby>潤<rt>うるお</rt></ruby>い | umidade *f.*<br>ウミダーヂ | moisture<br>モイスチャ |
| <ruby>潤<rt>うるお</rt></ruby>う | umedecer<br>ウメデセール | be moistured<br>ビ モイスチャド |

| 日 | 葡 | 英 |
|---|---|---|
| うるさい | aborrecido, chato<br>アボヘスィード, シャット | annoying<br>アノイイング |
| (しつこい) | pentelho, insistente<br>ペンテーリョ, インスィステンチ | persistent<br>パスィステント |
| (音が) | barulhento<br>バルリェント | noisy<br>ノイズィ |
| 漆(うるし) | laca f.<br>ラッカ | lacquer, japan<br>ラカ, チャパン |
| 麗しい(うるわしい) | lindo, gracioso<br>リンド, グラスィオーゾ | beautiful, lovely<br>ビューティフル, ラヴリ |
| 憂い(うれい) | melancolia f., receio m.<br>メランコリーア, ヘセィオ | anxiety<br>アングザイアティ |
| 憂える(うれえる) | lamentar, recear<br>ラメンタール, ヘセアール | be anxious<br>ビ アン(ク)シャス |
| 嬉しい(うれしい) | contente, feliz<br>コンテンチ, フェリース | happy, delightful<br>ハピ, ディライトフル |
| 売れ行き(うれゆき) | venda f.<br>ヴェンダ | sale<br>セイル |
| 売れる(うれる) | vender<br>ヴェンデール | sell well<br>セル ウェル |
| (商品になる) | ser vendável<br>セール ヴェンダーヴェウ | be marketable<br>ビ マーケタブル |
| (顔・名が) | ficar conhecido<br>フィカール コニェスィード | become well known<br>ビカム ウェル ノウン |
| 鱗(うろこ) | escama f.<br>エスカーマ | scale<br>スケイル |
| うろたえる | perder a calma, desnortear-se<br>ペルデール ア カウマ, チズノルテアールスィ | be upset<br>ビ アプセト |
| 浮気(うわき) | adultério m.<br>アドゥウテーリオ | passing infatuation<br>パスィング インファチュエイシォン |
| 上着(うわぎ) | casaco m., paletó m.<br>カザッコ, パレト | coat<br>コウト |
| 釉薬(うわぐすり) | esmalte m.<br>エズマウチ | glaze<br>グレイズ |
| 譫言(うわごと) | devaneio m.<br>デヴァネィオ | delirium<br>ディリリアム |
| 噂(うわさ) | boato m.<br>ボアット | rumor<br>ルーマ |

| 日 | 葡 | 英 |
|---|---|---|
| うわべ<br>上辺 | superfície f.<br>スペルフィスィイ | the surface<br>ザ サーフェス |
| うわまわ<br>上回る | exceder, superar<br>エセデール, スペラール | exceed<br>イクスィード |
| うわやく<br>上役 | | |
| （男の） | superior m., chefe m.<br>スペリオール, シェッフィ | superior<br>スピアリア |
| （女の） | superiora f., chefe f.<br>スペリオーラ, シェッフィ | superior<br>スピアリア |
| うん<br>運 | sorte f., sina f., destino m.<br>ソルチ, スィーナ, デスチーノ | fate, destiny<br>フェイト, デスティニ |
| （幸運） | boa sorte f.<br>ボア ソルチ | fortune, luck<br>フォーチュン, ラク |
| うんえい<br>運営 | administração f.<br>アヂミニストラサォン | management<br>マニヂメント |
| うんが<br>運河 | canal m.<br>カナウ | canal<br>カナル |
| うんこう<br>運行 | | |
| （電車など） | serviço m.<br>セルヴィッソ | service, operation<br>サーヴィス, アパレイション |
| うんざりする | aborrecer-se, enfastiar-se<br>アボヘセールスィ, エンファスチアールスィ | be sick of<br>ビ スィク |
| うんせい<br>運勢 | sorte f., sina f.<br>ソルチ, スィーナ | fortune<br>フォーチュン |
| うんそう<br>運送 | transporte m.<br>トランスポルチ | transportation<br>トランスポテイション |
| うんちん<br>運賃 | preço da passagem m., tarifa f.<br>プレッソ ダ パサージェィン, タリッファ | fare<br>フェア |
| （貨物の） | frete m.<br>フレッチ | freight rates<br>フレイト レイツ |
| うんてん<br>運転 | direção f.<br>ヂレサォン | driving<br>ドライヴィング |
| （機械の） | operação f.<br>オペラサォン | operation<br>アパレイション |
| ～する | dirigir, conduzir<br>ヂリヂール, コンドゥズィール | drive<br>ドライヴ |
| （機械を） | operar<br>オペラール | operate<br>アパレイト |
| うんてんしゅ<br>運転手 | motorista m.f.<br>モトリスタ | driver<br>ドライヴァ |

| 日 | 葡 | 英 |
|---|---|---|
| うんてんめんきょしょう<br>運転免許証 | carteira de motorista [habilitação] f.<br>カルテイラ デ モトリスタ[アビリタサォン] | driver's license<br>ドライヴァズ ライセンス |
| うんどう<br>運動 | movimento m.<br>モヴィメント | movement, motion<br>ムーヴメント, モウション |
| （身体の） | exercício m.<br>エゼルスィースィオ | exercise<br>エクササイズ |
| （競技） | esporte m.<br>エスポルチ | sports<br>スポーツ |
| （選挙などの） | campanha f.<br>カンパーニャ | campaign<br>キャンペイン |
| ～する | fazer exercício<br>ファゼール エゼルスィースィオ | exercise<br>エクササイズ |
| （選挙などの） | promover uma campanha<br>プロモヴェール ウマ カンパーニャ | campaign<br>キャンペイン |
| うんめい<br>運命 | destino m., fado m.<br>デスチーノ, ファード | fate, destiny<br>フェイト, デスティニ |
| うんゆ<br>運輸 | transporte m.<br>トランスポルチ | transportation<br>トランスポテイション |
| うん<br>運よく | felizmente, por sorte<br>フェリズメンチ, ポル ソルチ | fortunately<br>フォーチュネトリ |

## え, エ

| 日 | 葡 | 英 |
|---|---|---|
| え<br>絵 | quadro m.<br>クワドロ | picture<br>ピクチャ |
| え<br>柄 | cabo m.<br>カーボ | handle<br>ハンドル |
| エアコン | ar-condicionado m.<br>アル コンヂスィオナード | air conditioner<br>エアコンディショナ |
| エアメール | correio aéreo m.<br>コヘイオ アエーリオ | airmail<br>エアメイル |
| エアロビクス | aeróbica f.<br>アエロビカ | aerobics<br>エアロウビクス |
| えいえん<br>永遠の | eterno<br>エテルノ | eternal<br>イターナル |
| えいが<br>映画 | filme m., cinema m.<br>フィウミ, スィネーマ | picture, movie<br>ピクチャ, ムーヴィ |
| ～館 | cinema m.<br>スィネーマ | cinema theater<br>スィネマ スィータ |

| 日 | 葡 | 英 |
|---|---|---|
| えいきゅう<br>永久に | para sempre<br>パラ センプリ | permanently<br>パーマネントリ |
| えいきょう<br>影響 | influência *f.*<br>インフルエンスィア | influence<br>インフルエンス |
| 〜する | exercer influência<br>エゼルセール インフルエンスィア | influence<br>インフルエンス |
| えいぎょう<br>営業 | comércio *m.*, negócio *m.*<br>コメルスィオ、ネゴッスィオ | business<br>ビズネス |
| 〜する | comerciar, fazer comércio<br>コメルスィアール, ファゼール コメルスィオ | do business<br>ドゥー ビズネス |
| 〜している | estar funcionando [aberto]<br>エスタール フンスィオナンド [アベルト] | be open<br>ビ オウプン |
| えいご<br>英語 | inglês *m.*<br>イングレィス | English<br>イングリシュ |
| えいこう<br>栄光 | glória *f.*<br>グローリア | glory<br>グローリ |
| えいしゃ<br>映写 | | |
| 〜機 | projetor de imagens *m.*<br>プロジェトール デ イマージェインス | projector<br>プロヂェクタ |
| 〜する | projetar imagens<br>プロジェタール イマージェインス | project<br>プロヂェクト |
| えいじゅう<br>永住する | radicar, fixar residência<br>ハヂカール, フィクサール ヘズィデンスィア | reside permanently<br>リザイド パーマネントリ |
| エイズ | AIDS *f.*<br>アイヂス | AIDS<br>エイヅ |
| えいせい<br>衛星 | satélite *m.*<br>サテリチ | satellite<br>サテライト |
| えいせい<br>衛生 | higiene *f.*<br>イジエーニ | hygiene<br>ハイヂーン |
| 〜的な | higiênico<br>イジエニコ | hygienic, sanitary<br>ハイヂーニク, サニテリ |
| えいぞう<br>映像 | imagem *f.*<br>イマージェイン | image<br>イミヂ |
| えいびん<br>鋭敏な | agudo, sagaz, perspicaz<br>アグード, サガィス, ペルスィピカィス | keen, sharp<br>キーン, シャープ |
| えいぶん<br>英文 | texto em inglês *m.*<br>テスト エイン イングレィス | English<br>イングリシュ |
| えいゆう<br>英雄 (男の) | herói *m.*<br>エロィ | hero<br>ヒーロウ |

| 日 | 葡 | 英 |
|---|---|---|
| (女の) | heroína *f.*<br>エロイーナ | heroine<br>ヘロウイン |
| 〜的な | heróico<br>エロイコ | heroic<br>ヒロウイク |
| 栄養(えいよう) | nutrição *f.*<br>ヌトリサォン | nutrition<br>ニュートリション |
| エージェンシー | agência *f.*<br>アジェンスィア | agency<br>エイヂェンスィ |
| エージェント | agente *m.f.*<br>アジェンチ | agent<br>エイヂェント |
| 笑顔(えがお) | rosto sorridente *m.*<br>ホスト ソヒデンチ | smiling face<br>スマイリング フェイス |
| 描(えが)く | desenhar<br>デゼニャール | draw, paint<br>ドロー、ペイント |
| (描写) | descrever<br>デスクレヴェール | describe<br>ディスクライブ |
| 駅(えき) | estação *f.*<br>エスタサォン | station<br>ステイション |
| 液晶(えきしょう) | cristal líquido *m.*<br>クリスタウ リキド | liquid crystal<br>リクウィド クリスタル |
| エキストラ | figurante *m.f.*<br>フィグランチ | extra, super<br>エクストラ、スーパ |
| エキスパート | perito *m.*, *expert m.f.*<br>ペリット、エキスパート | expert<br>エクスパート |
| エキゾチックな | exótico<br>エゾチコ | exotic<br>イグザティク |
| 液体(えきたい) | líquido *m.*, fluido *m.*<br>リキド、フルイド | liquid, fluid<br>リクウィド、フルーイド |
| 疫病(えきびょう) | epidemia *f.*<br>エピデミーア | epidemic<br>エピデミク |
| エクスタシー | êxtase *m.*<br>エスタズィ | ecstasy<br>エクスタスィ |
| エグゼクティブ | executivo *m.*<br>エゼクチーヴォ | executive<br>イグゼキュティヴ |
| えくぼ | covinha *f.*<br>コヴィーニャ | dimple<br>ディンプル |
| エゴイスト | egoísta *m.f.*<br>エゴイスタ | egoist<br>イーゴウイスト |

| 日 | 葡 | 英 |
|---|---|---|
| エゴイズム | egoísmo *m.* エゴイズモ | egoism イーゴウイズム |
| エコノミークラス | classe econômica *f.* クラッシイ エコノミカ | economy class イカノミ クラス |
| エコノミスト | economista *m.f.* エコノミスタ | economist イカノミスト |
| エコロジー | ecologia *f.* エコロジーア | ecology イカロヂ |
| 餌 (えさ) | ração *f.* ハサォン | food フード |
| （魚の） | isca *f.* イスカ | bait ベイト |
| 会釈する (えしゃく) | saudar, comprimentar サウダール, コンプリメンタール | salute, bow サルート, バウ |
| SF (えすえふ) | ficção científica *f.* フィクサォン スィエンチフィカ | science fiction サイエンス フィクション |
| エスカルゴ | *escargot m.* エスカルゴ | escargot エスカーゴウ |
| エスカレーター | escada rolante *f.* エスカーダ ホランチ | escalator エスカレイタ |
| エステティックサロン | clínica de estética *f.* クリニカ ヂ エステチカ | beauty salon ビューティ サラン |
| 枝 (えだ) | galho *m.* ガーリョ | branch, bough ブランチ, バウ |
| エチケット | etiqueta *f.* エチケッタ | etiquette エティケト |
| エックス線 (せん) | raio X *m.* ハイオ シス | X rays エクスレイズ |
| エッセイ | ensaio *m.* エンサィオ | essay エセイ |
| エッセンス | essência *f.* エセンスィア | essence エセンス |
| エッチング | água-forte *f.* アグァ フォルチ | etching エチング |
| 閲覧する (えつらん) | consultar (livros na biblioteca) コンスウタール リーヴロス ナ ビブリオテッカ | read, inspect リード, インスペクト |
| エナメル | esmalte *m.* エズマウチ | enamel イナメル |

| 日 | 葡 | 英 |
|---|---|---|
| エネルギー | energia *f.*<br>エネルジーア | energy<br>エナヂ |
| エネルギッシュな | enérgico<br>エネルジコ | energetic<br>エナ**チェ**ティク |
| 絵の具 | tinta *f.*<br>チンタ | paints, colors<br>ペインツ, カラズ |
| 絵葉書 | cartão-postal *m.*<br>カルタォン ポスタウ | picture postcard<br>ピクチャ ポウストカード |
| 海老 | camarão *m.*<br>カマラォン | shrimp, prawn<br>シュリンプ, プローン |
| エピソード | episódio *m.*<br>エピゾーヂオ | episode<br>エピソウド |
| エピローグ | epílogo *m.*<br>エピロゴ | epilogue<br>エピローグ |
| エプロン | avental *m.*<br>アヴェン**タ**ウ | apron<br>エイプロン |
| 絵本 | livro ilustrado *m.*<br>リブロ イルストラード | picture book<br>ピクチャ ブク |
| エメラルド | esmeralda *f.*<br>エズメラウダ | emerald<br>エメラルド |
| 鰓 | brânquia *f.*<br>ブランキア | gills<br>ギルズ |
| エラー | erro *m.*<br>エッホ | error<br>エラ |
| 偉い | grande, importante<br>グランヂ, インポル**タ**ンチ | great<br>グレイト |
| (有名な) | ilustre, célebre<br>イルストリ, **セ**レブリ | famous<br>フェイマス |
| (優れた) | excelente<br>エセ**レ**ンチ | excellent<br>エクセレント |
| 選ぶ | escolher<br>エスコリェール | choose, select<br>チューズ, セレクト |
| (選挙する) | eleger<br>エレジェール | elect<br>イレクト |
| 襟 | gola *f.*, colarinho *m.*<br>ゴーラ, コラリーニョ | collar<br>カラ |
| エリート | elite *f.*<br>エ**リ**ッチ | the elite<br>ジ エイリート |

| 日 | 葡 | 英 |
|---|---|---|
| 得る | obter, adquirir<br>オビテール, アヂキリール | get, gain, obtain<br>ゲト, ゲイン, オブテイン |
| エレガントな | elegante<br>エレガンチ | elegant<br>エリガント |
| エレクトーン | órgão eletrônico *m.*<br>オルガォン エレトロニコ | electronic organ<br>イレクトラニク オーガン |
| エレクトロニクス | eletrônicos *m.pl.*<br>エレトロニコス | electronics<br>イレクトラニクス |
| エレベーター | elevador *m.*<br>エレヴァドール | elevator<br>エレヴェイタ |
| 円 | círculo *m.*<br>スィルクロ | circle<br>サークル |
| （貨幣） | iene *m.*<br>イエーニ | yen<br>イェン |
| 宴会 | banquete *m.*<br>バンケッチ | banquet<br>バンクウェト |
| 遠隔の | remoto, distante<br>ヘモット, ヂスタンチ | remote, distant<br>リモウト, ディスタント |
| 縁側 | varanda japonesa *f.*<br>ヴァランダ ジャポネーザ | veranda<br>ヴェランダ |
| 沿岸 | litoral *m.*<br>リトラウ | coast<br>コウスト |
| 延期 | adiamento *m.*, prorrogação *f.*<br>アヂアメント, プロホガサォン | postponement<br>ポウストポウメント |
| 〜する | adiar, prorrogar<br>アヂアール, プロホガール | postpone<br>ポウストポウン |
| 演技 | representação *f.*<br>ヘプレゼンタサォン | performance<br>パフォーマンス |
| 〜する | representar<br>ヘプレゼンタール | act, perform<br>アクト, パフォーム |
| 縁起 | presságio *m.*<br>プレサージオ | omen, luck<br>オウメン, ラク |
| 婉曲な | eufêmico<br>エウフェミコ | euphemistic<br>ユーフェミスティク |
| 遠近法 | lei de perspectiva *f.*<br>レィ ヂ ペルスペキチーヴァ | perspective<br>パスペクティヴ |
| 円形 | forma circular *f.*<br>フォルマ スィルクラール | circle<br>サークル |

| 日 | 葡 | 英 |
|---|---|---|
| <ruby>園芸<rt>えんげい</rt></ruby> | jardinagem *f.*, horticultura *f.*<br>ジャルヂナージェイン, オルチクウトゥーラ | gardening<br>ガードニング |
| <ruby>演劇<rt>えんげき</rt></ruby> | teatro *m.*<br>チアトロ | theater, drama<br>スィータ, ドラーマ |
| <ruby>塩酸<rt>えんさん</rt></ruby> | ácido clorídrico *m.*<br>アスィド クロリドリコ | hydrochloric acid<br>ハイドロクローリック アスィド |
| <ruby>遠視<rt>えんし</rt></ruby> | hipermetropia *f.*<br>イペルメトロピーア | farsightedness<br>ファーサイテドネス |
| エンジニア | | |
| (男の) | engenheiro *m.*<br>エンジェニェイロ | engineer<br>エンヂニア |
| (女の) | engenheira *f.*<br>エンジェニェイラ | engineer<br>エンヂニア |
| <ruby>円周<rt>えんしゅう</rt></ruby> | circunferência *f.*<br>スィルクンフェレンスィア | circumference<br>サーカムフェレンス |
| <ruby>演出<rt>えんしゅつ</rt></ruby> | encenação *f.*, montagem *f.*<br>エンセナサォン, モンタージェイン | direction<br>ディレクション |
| ～家 | | |
| (男の) | diretor de cena *m.*<br>ヂレトール ヂ セーナ | director<br>ディレクタ |
| (女の) | diretora de cena *f.*<br>ヂレトーラ ヂ セーナ | director<br>ディレクタ |
| ～する | dirigir a cena<br>ヂリジール ア セーナ | direct<br>ディレクト |
| <ruby>援助<rt>えんじょ</rt></ruby> | ajuda *f.*, auxílio *m.*, apoio *m.*<br>アジューダ, アウスィーリオ, アポィオ | help<br>ヘルプ |
| ～する | ajudar, apoiar<br>アジュダール, アポィアール | help, assist<br>ヘルプ, アスィスト |
| <ruby>炎症<rt>えんしょう</rt></ruby> | inflamação *f.*<br>インフラマサォン | inflammation<br>インフラメイション |
| <ruby>演じる<rt>えん</rt></ruby> | representar<br>ヘプレゼンタール | perform, play<br>パフォーム, プレイ |
| エンジン | motor de explosão *m.*<br>モトール ヂ エスプロヂオン | engine<br>エンヂン |
| <ruby>遠心力<rt>えんしんりょく</rt></ruby> | força centrífuga *f.*<br>フォルサ セントリフガ | centrifugal force<br>セントリフュガル フォース |
| <ruby>円錐<rt>えんすい</rt></ruby> | cone *m.*<br>コーニ | cone<br>コウン |
| エンスト | enguiço *m.*<br>エンギッソ | engine stall<br>エンヂン ストール |

| 日 | 葡 | 英 |
|---|---|---|
| えんせい<br>遠征する | fazer uma expedição<br>ファゼール ウマ エスペヂサォン | make an expedition<br>メイク アン エクスペディション |
| えんぜつ<br>演説 | discurso *m.*<br>ヂスクルソ | speech<br>スピーチ |
| 〜する | fazer um discurso<br>ファゼール ウン ヂスクルソ | make a speech<br>メイク ア スピーチ |
| えんそ<br>塩素 | cloro *m.*<br>クローロ | chlorine<br>クローリーン |
| えんそう<br>演奏 | execução musical *f.*<br>エゼクサォン ムズィカウ | musical performance<br>ミューズィカル パフォーマンス |
| 〜する | executar<br>エゼクタール | play, perform<br>プレイ, パフォーム |
| えんそく<br>遠足 | excursão *f.*<br>エスクルサォン | excursion<br>イクスカージョン |
| えんたい<br>延滞 | atraso *m.*<br>アトラーゾ | delay<br>ディレイ |
| えんだか<br>円高 | valorização do iene *f.*<br>ヴァロリザサォン ド イエーニ | strong yen rate<br>ストローング イェン レイト |
| えんちゅう<br>円柱 | cilindro *m.*, coluna *f.*<br>スィリンドロ, コルーナ | column<br>カラム |
| えんちょう<br>延長 | prorrogação *f.*<br>プロホガサォン | extension<br>イクステンション |
| 〜する | prorrogar<br>プロホガール | prolong, extend<br>プロローング, イクステンド |
| えんどうまめ<br>豌豆豆 | ervilha *f.*<br>エルヴィーリャ | (green) pea<br>(グリーン) ピー |
| えんとつ<br>煙突 | chaminé *f.*<br>シャミネ | chimney<br>チムニ |
| えんばん<br>円盤 | disco *m.*<br>ヂスコ | disk<br>ディスク |
| 〜投げ | lançamento de disco *m.*<br>ランサメント ヂ ヂスコ | discus throw<br>ディスカス スロウ |
| えんぴつ<br>鉛筆 | lápis *m.*<br>ラピス | pencil<br>ペンスル |
| えんぶん<br>塩分 | teor de sal *m.*<br>テオール ヂ サウ | salt<br>ソールト |
| えんまん<br>円満な | harmonioso, pacífico<br>アルモニオーゾ, パスィフィコ | harmonious<br>ハーモウニアス |

| 日 | 葡 | 英 |
|---|---|---|
| <ruby>円安<rt>えんやす</rt></ruby> | desvalorização do iene *f.*<br>ヂスヴァロリザサォン ド イエーニ | weak yen rate<br>ウィーク イェン レイト |
| <ruby>遠慮<rt>えんりょ</rt></ruby> | | |
| （ためらい） | hesitação *f.*<br>エズィタサォン | hesitation<br>ヘズィテイション |
| （慎み） | modéstia *f.*, recato *m.*<br>モデスチア, ヘカット | modesty<br>マデスティ |
| ～がちな | reservado, modesto<br>ヘゼルヴァード, モデスト | reserved, modest<br>リザーヴド, マデスト |
| ～する | fazer cerimônia<br>ファゼール セリモーニア | be reserved<br>ビ リザーヴド |

## お, オ

| 日 | 葡 | 英 |
|---|---|---|
| <ruby>尾<rt>お</rt></ruby> | cauda *f.*, rabo *m.*<br>カゥダ, ハーボ | tail<br>テイル |
| <ruby>甥<rt>おい</rt></ruby> | sobrinho *m.*<br>ソブリーニョ | nephew<br>ネフュー |
| <ruby>追<rt>お</rt></ruby>い<ruby>返<rt>かえ</rt></ruby>す | mandar embora<br>マンダール エンボーラ | send away<br>センド アウェイ |
| <ruby>追<rt>お</rt></ruby>い<ruby>掛<rt>か</rt></ruby>ける | correr atrás de<br>コヘール アトリィス ヂ | run after<br>ラン アフタ |
| <ruby>追<rt>お</rt></ruby>い<ruby>越<rt>こ</rt></ruby>し<ruby>禁止<rt>きんし</rt></ruby> | proibido ultrapassar<br>プロイビード ウウトラパサール | no passing<br>ノウ パスィング |
| <ruby>追<rt>お</rt></ruby>い<ruby>越<rt>こ</rt></ruby>す | ultrapassar<br>ウウトラパサール | overtake<br>オウヴァテイク |
| <ruby>美味<rt>おい</rt></ruby>しい | gostoso, saboroso<br>ゴストーゾ, サボローゾ | nice, delicious<br>ナイス, ディリシャス |
| <ruby>追<rt>お</rt></ruby>い<ruby>出<rt>だ</rt></ruby>す | expulsar<br>エスプゥサール | drive out<br>ドライヴ アウト |
| <ruby>追<rt>お</rt></ruby>い<ruby>付<rt>つ</rt></ruby>く | alcançar<br>アウカンサール | catch up<br>キャチ アプ |
| <ruby>追<rt>お</rt></ruby>い<ruby>詰<rt>つ</rt></ruby>める | encurralar<br>エンクハラール | drive... into<br>ドライヴ イントゥ |
| <ruby>追<rt>お</rt></ruby>い<ruby>払<rt>はら</rt></ruby>う | expelir, espantar, afugentar<br>エスペリール, エスパンタール, アフジェンタール | drive away<br>ドライヴ アウェイ |
| <ruby>老<rt>お</rt></ruby>いる | envelhecer, ficar velho<br>エンヴェリェセール, フィカール ヴェーリョ | grow old<br>グロウ オウルド |

| 日 | 葡 | 英 |
|---|---|---|
| オイル | óleo *m.* <br> オーリオ | oil <br> オイル |
| お祝い | celebração *f.*, festa *f.* <br> セレブラサォン, フェスタ | celebration <br> セレブレイション |
| 王 | rei *m.* <br> ヘイ | king <br> キング |
| 追う | perseguir, correr atrás <br> ペルセギール, コヘール アトライス | run after, chase <br> ランナフタ, チェイス |
| （牛や馬を） | tocar (as vacas) <br> トカール アズ ヴァッカス | drive <br> ドライヴ |
| （流行を） | seguir (a moda) <br> セギール ア モーダ | follow <br> ファロウ |
| 負う | carregar <br> カヘガール | bear... on *one's* back <br> ベア オン バク |
| （責任・義務を） | assumir <br> アスミール | take... upon *oneself* <br> テイク アパン |
| 応援する | apoiar, ajudar <br> アポィアール, アジュダール | aid, support <br> エイド, サポート |
| （声援） | torcer, apoiar <br> トルセール, アポィアール | cheer, root for <br> チア, ルート フォー |
| 横隔膜 | diafragma *m.* <br> ヂアフラギマ | diaphragm <br> ダイアフラム |
| 王冠 | coroa *f.* <br> コローア | crown <br> クラウン |
| 扇 | leque *m.* <br> レッキ | fan <br> ファン |
| 王宮 | palácio real *m.* <br> パラッスィオ ヘアウ | palace <br> パレス |
| 応急 | emergência *f.* <br> アメルジェンスィア | emergency <br> イマーヂェンスィ |
| 〜手当 | primeiros socorros *m.pl.* <br> プリメィロス ソコッホス | the first aid <br> ザ ファースト エイド |
| 王国 | reino *m.* <br> ヘイノ | kingdom <br> キングダム |
| 黄金 | ouro *m.* <br> オウロ | gold <br> ゴウルド |
| 王子 | príncipe *m.* <br> プリンスィピ | prince <br> プリンス |

| 日 | 葡 | 英 |
|---|---|---|
| おうしざ<br>牡牛座 | Touro *m.*<br>トゥロ | the Bull, Taurus<br>ザ ブル、トーラス |
| おう<br>応じて | de acordo com, conforme<br>ヂ アコルド コン、コンフォルミ | according to<br>アコーディング トゥ |
| おうしゅう<br>欧州 | Europa *f.*<br>エウロッパ | Europe<br>ユアロブ |
| おうしゅう<br>押収する | apreender<br>アプレエンデール | seize<br>スィーズ |
| おうじょ<br>王女 | princesa *f.*<br>プリンセーザ | princess<br>プリンセス |
| おう<br>応じる | responder<br>ヘスポンデール | answer, reply *to*<br>アンサ、リプライ |
| （承諾） | aceitar<br>アセィタール | comply *with*, accept<br>コンプライ、アクセプト |
| おうせつしつ<br>応接室 | sala de visitas *f.*<br>サーラ ヂ ヴィズィッタス | reception room<br>リセプション ルーム |
| おうだん<br>横断 | travessia *f.*<br>トラヴェスィーア | crossing<br>クロースィング |
| ～する | atravessar<br>アトラヴェサール | cross<br>クロース |
| ～歩道 | faixa de pedestres *f.*<br>ファィシャ ヂ ペデストリス | crosswalk<br>クロースウォーク |
| おうちょう<br>王朝 | dinastia *f.*<br>ヂナスチーア | dynasty<br>ダイナスティ |
| おうと<br>嘔吐する | vomitar<br>ヴォミタール | vomitg<br>ヴァミト |
| おうどいろ<br>黄土色の | ocre<br>オックリ | ocher<br>オウカ |
| おうとう<br>応答 | resposta *f.*<br>ヘスポスタ | reply<br>リプライ |
| おうひ<br>王妃 | rainha *f.*<br>ハイーニャ | queen<br>クウィーン |
| おうふく<br>往復 | ida e volta<br>イーダ イ ヴォウタ | going and returning<br>ゴウイング アンド リターニング |
| ～切符 | passagem de ida e volta *f.*<br>パサージェィン ヂ イーダ イ ヴォウタ | round-trip ticket<br>ラウンドトリプ ティケト |
| ～する | ir e vir, ir e voltar<br>イール イ ヴィール, イール イ ヴォウタール | go to... and back<br>ゴウ トゥ アンド バク |

お

| 日 | 葡 | 英 |
|---|---|---|
| <ruby>応募<rt>おうぼ</rt></ruby> | | |
| （募集に） | inscrição f.<br>インスクリサォン | subscription<br>サブスクリプション |
| （抽選など） | concorrência f.<br>コンコヘンスィア | application |
| 〜する | inscrever-se, concorrer<br>インスクレヴェールスィ，コンコヘール | subscribe *for*<br>サブスクライブ |
| <ruby>横暴な<rt>おうぼう</rt></ruby> | tirânico, opressivo<br>チラニコ，オプレッスィーヴォ | oppressive<br>オプレスィヴ |
| <ruby>鸚鵡<rt>おうむ</rt></ruby> | papagaio m.<br>パパガィオ | parrot<br>パロト |
| <ruby>応用<rt>おうよう</rt></ruby> | aplicação f.<br>アプリカサォン | application<br>アプリケイション |
| 〜する | aplicar<br>アプリカール | apply<br>アプライ |
| <ruby>往来<rt>おうらい</rt></ruby> | vaivém m., trânsito m.<br>ヴァイヴェィン，トランズィト | traffic<br>トラフィク |
| （道路） | rua f.<br>フーア | road, street<br>ロウド，ストリート |
| <ruby>横領する<rt>おうりょう</rt></ruby> | usurpar, desfalcar<br>ウズルパール，デスファウカール | embezzle<br>インベズル |
| <ruby>凹<rt>おう</rt></ruby>レンズ | lente côncava f.<br>レンチ コンカヴァ | concave lens<br>カンケイヴ レンズ |
| <ruby>終える<rt>お</rt></ruby> | acabar, terminar<br>アカバール，テルミナール | finish, complete<br>フィニシュ，コンプリート |
| <ruby>大雨<rt>おおあめ</rt></ruby> | temporal m.<br>テンポラウ | heavy rain<br>ヘヴィ レイン |
| <ruby>多い<rt>おお</rt></ruby> | muito<br>ムィント | many, much<br>メニ，マチ |
| （回数） | freqüente<br>フレクエンチ | frequent<br>フリークウェント |
| <ruby>覆い<rt>おお</rt></ruby> | cobertura f.<br>コベルトゥーラ | cover<br>カヴァ |
| <ruby>大いに<rt>おお</rt></ruby> | muito, bastante<br>ムィント，バスタンチ | greatly, very much<br>グレイトリ，ヴェリ マチ |
| <ruby>覆う<rt>おお</rt></ruby> | cobrir<br>コブリール | cover<br>カヴァ |
| （事実を） | encobrir, ocultar<br>エンコブリール，オクゥタール | disguise<br>ディスガイズ |

| 日 | 葡 | 英 |
|---|---|---|
| 大売り出し | liquidação *f.* <br> リキダサォン | sale <br> セイル |
| 大型の | grande, de grande escala <br> グランヂ, チ グランヂ エスカーラ | large <br> ラーヂ |
| 大きい | grande <br> グランヂ | big, large <br> ビグ, ラーヂ |
| 大きく | | |
| ～する | engrandecer <br> エングランデセール | enlarge <br> インラーヂ |
| ～なる | engrandecer-se <br> セングランデセールスィ | grow big <br> グロウ ビグ |
| 大きさ | tamanho *m.* <br> タマーニョ | size <br> サイズ |
| 大きな | grande <br> グランヂ | big, large <br> ビグ, ラーヂ |
| (巨大・莫大) | enorme, gigantesco <br> エノルミ, ジガンテスコ | huge, enormous <br> ヒューヂ, イノーマス |
| オークション | leilão *m.* <br> レィラォン | auction <br> オークション |
| 大袈裟な | exagerado <br> エザジェラード | exaggerated <br> イグザチェレイテド |
| オーケストラ | orquestra *f.* <br> オルケストラ | orchestra <br> オーケストラ |
| 大声 | voz alta *f.* <br> ヴォィス アウタ | loud voice <br> ラウド ヴォイス |
| 大雑把な | | |
| (おおよその) | por alto, aproximado <br> ポル アウト, アプロスィマード | rough, approximate <br> ラフ, アプラクスィメト |
| (いいかげんな) | imperfeito, grosseiro <br> インペルフェイト, グロセィロ | rough, loose <br> ラフ, ルース |
| オーストラリア | Austrália *f.* <br> アゥストラーリア | Australia <br> オーストレイリャ |
| 大勢の | muitos *m.pl.*, muita gente *f.* <br> ムィントス, ムィンタ ジェンチ | a large number *of* <br> ア ラーヂ ナンバ |
| オーソドックスな | ortodoxo <br> オルトドクソ | orthodox <br> オーソダクス |
| オーソリティー | autoridade *f.* <br> アゥトリダーチ | authority <br> アソーリティ |

| 日 | 葡 | 英 |
|---|---|---|
| オーダー | pedido *m.*, encomenda *f.*<br>ペヂード，エンコメンダ | order<br>オーダ |
| おおて<br>大手の | grande<br>グランヂ | big, major<br>ビグ，メイヂャ |
| オーディオの | de áudio<br>ヂ アゥヂオ | audio<br>オーディオウ |
| オーディション | teste de ator [atriz] *m.*<br>テスチ ヂ アトール アトリース | audition<br>オーディション |
| オーデコロン | água-de-colônia *f.*<br>アグァ ヂ コローニア | eau de cologne<br>オウドコロウン |
| おおどお<br>大通り | avenida *f.*<br>アヴェニーダ | main street<br>メイン ストリート |
| オートクチュール | alta costura *f.*<br>アウタ コストゥーラ | haute couture<br>オウト クトゥア |
| オートバイ | moto *f.*, motocicleta *f.*<br>モット，モトスィクレッタ | motorcycle<br>モウタサイクル |
| オードブル | entrada *f.*, antepasto *m.*<br>エントラーダ，アンチパスト | hors d'oeuvre<br>オーダーヴ |
| オートマチックの | automático<br>アゥトマチコ | automatic<br>オートマティク |
| オートメーション | automatização *f.*<br>アゥトマチザサォン | automation<br>オートメイション |
| オーナー | dono *m.*<br>ドーノ | owner<br>オウナ |
| オーバー | casaco *m.*<br>カザッコ | overcoat<br>オウヴァコウト |
| オーバーホール | revisão *f.*, inspeção *f.*<br>ヘヴィザォン，インスペサォン | overhaul<br>オウヴァホール |
| おーびー<br>OB | ex-alunos *m.pl.*<br>エズアルーノス | graduate<br>グラヂュエト |
| （ゴルフで） | *out of bounds*<br>アゥチ オヴ バウンズ | out of bounds<br>アゥト オヴ バウンツ |
| オープニング | abertura *f.*, inauguração *f.*<br>アベルトゥーラ，イナウグラサォン | opening<br>オウプニング |
| オーブン | forno *m.*<br>フォルノ | oven<br>アヴン |
| オープンな | livre, aberto<br>リーヴリ，アベルト | open<br>オウプン |

| 日 | 葡 | 英 |
|---|---|---|
| 大晦日(おおみそか) | *réveillon* m.<br>ヘヴェィヨン | New Year's Eve<br>ニュー イアズ イーヴ |
| 大昔(おおむかし) | antiguidade remota f.<br>アンチギダーヂ ヘモッタ | great antiquity<br>グレイト アンティクウィティ |
| 大麦(おおむぎ) | cevada f.<br>セヴァーダ | barley<br>バーリ |
| 大目(おおめ)に見(み)る | fazer vista grossa, perdoar<br>ファゼール ヴィスタ グロッサ, ペルドワール | overlook, tolerate<br>オウヴァルク, タラレイト |
| 大文字(おおもじ) | maiúscula f.<br>マィユスクラ | capital letter<br>キャピドル レタ |
| 大家(おおや) | locador m., senhorio m.<br>ロカドール, セニョリーオ | owner<br>オウナ |
| 公(おおやけ)の | público<br>プブリコ | public<br>パブリク |
| (公式の) | oficial<br>オフィスィアウ | official<br>オフィシャル |
| おおよそ | aproximadamente<br>アプロスィマダメンチ | approximately<br>アプラクスィメトリ |
| おおらかな | generoso, magnânimo<br>ジェネローゾ, マギナニモ | largehearted<br>ラーヂハーテド |
| オーロラ | aurora f.<br>アゥローラ | aurora<br>オーローラ |
| 大笑(おおわら)い | gargalhada f.<br>ガルガリャーダ | hearty laugh<br>ハーティ ラフ |
| 丘(おか) | colina f.<br>コリーナ | hill<br>ヒル |
| お母(かあ)さん | mamãe f.<br>ママィン | mother<br>マザ |
| お陰(かげ)<br>…の~で | graças a<br>グラッサズ ア | thanks to...<br>サンクス トゥ |
| 可笑(おか)しい | engraçado<br>エングラサード | amusing<br>アミューズィング |
| (滑稽な) | ridículo<br>ヒヂクロ | funny<br>ファニ |
| (奇妙な) | estranho, esquisito<br>エストラーニョ, エスキズィット | strange<br>ストレインヂ |

| 日 | 葡 | 英 |
|---|---|---|
| 侵(おか)す | invadir<br>インヴァチール | invade<br>インヴェイド |
| （侵害する） | violar, infringir<br>ヴィオラール, インフリンジール | violate<br>ヴァイオレイト |
| 犯(おか)す | cometer<br>コメテール | commit<br>コミト |
| （法律などを） | violar, infringir<br>ヴィオラール, インフリンジール | violate<br>ヴァイオレイト |
| 冒(おか)す | arriscar<br>アヒスカール | brave, face<br>ブレイヴ, フェイス |
| おかず | prato principal *m.*<br>プラット プリンスィパウ | dish<br>ディシュ |
| 拝(おが)む | reverenciar<br>ヘヴェレンスィアール | worship<br>ワーシプ |
| （祈願） | rezar<br>ヘザール | pray *to*<br>プレイ |
| 小川(おがわ) | riacho *m.*<br>ヒアッショ | brook, stream<br>ブルク, ストリーム |
| 悪寒(おかん) | calafrio *m.*<br>カラフリーオ | chill<br>チル |
| 沖(おき) | alto-mar *m.*<br>アウト マール | the offing<br>ジ オーフィング |
| 起(お)き上(あ)がる | levantar-se<br>レヴァンタールスィ | get up<br>ゲタプ |
| オキシダント | agente oxidante *m.*<br>アジェンチ オキスィダンチ | oxidant<br>アキシダント |
| 掟(おきて) | lei *f.*, regra *f.*<br>レィ, ヘグラ | law, rule<br>ロー, ルール |
| 置(お)き時計(どけい) | relógio de mesa *m.*<br>ヘロージオ デ メーザ | table clock<br>テイブル クラク |
| 補(おぎな)う | compensar, completar<br>コンペンサール, コンプレタール | make up *for*<br>メイカプ |
| お気(き)に入(い)り | favorito *m.*, predileto *m.*<br>ファヴォリット, プレヂレット | favorite<br>フェイヴァリト |
| 置物(おきもの) | peça de decoração *f.*<br>ペッサ デ デコラサォン | ornament<br>オーナメント |
| 起(お)きる | levantar-se<br>レヴァンタールスィ | get up, rise<br>ゲタプ, ライズ |

| 日 | 葡 | 英 |
|---|---|---|
| (目を覚ます) | acordar<br>アコルダール | wake up<br>ウェイカプ |
| (事件が) | acontecer, ocorrer<br>アコンテセール, オコヘール | happen, occur<br>ハプン, オカー |
| 置き忘れる | esquecer<br>エスケセール | forget, leave<br>フォゲト, リーヴ |
| 奥 | fundo *m.*<br>フンド | the back<br>ザ バック |
| 億 | cem milhões<br>セィン ミリョィンス | one hundred million<br>ワン ハンドレド ミリョン |
| 置く | pôr, colocar<br>ポール, コロカール | put, place<br>プト, プレイス |
| 屋外の | ao ar livre<br>アオ アール リーヴリ | outdoor<br>アウトドー |
| 奥さん | senhora *f.*, esposa *f.*<br>セニョーラ, エスポーザ | Mrs.<br>ミスィズ |
| 屋上 | cobertura *f.*<br>コベルトゥーラ | the roof<br>ザ ルーフ |
| 憶測する | conjecturar, supor<br>コンジェキトゥラール, スポール | suppose<br>サポウズ |
| 屋内の | coberto<br>コベルト | indoor<br>インドー |
| 臆病な | tímido, covarde<br>チミド, コヴァルヂ | cowardly, timid<br>カウアドリ, ティミド |
| 奥深い | profundo, denso<br>プロフンド, デンソ | deep, profound<br>ディープ, プロファウンド |
| 奥行 | profundidade *f.*<br>プロフンヂダーヂ | depth<br>デプス |
| 送り先 | destinatário *m.*, destino *m.*<br>デスチナターリオ, デスチーノ | the destination<br>ザ デスティネイション |
| (人) | destinatário *m.*<br>デスチナターリオ | consignee<br>カンサイニー |
| 送り状 | fatura *f.*<br>ファトゥーラ | invoice<br>インヴォイス |
| 送り主 | remetente *m.*<br>ヘメテンチ | sender<br>センダ |
| 贈り物 | presente *m.*<br>プレゼンチ | present, gift<br>プレズント, ギフト |

| 日 | 葡 | 英 |
|---|---|---|
| 送る | enviar, mandar<br>エンヴィアール, マンダール | send, remit<br>センド, リミト |
| (〜まで見送る) | acompanhar até ...<br>アコンパニャール アテ | see... off<br>スィー オーフ |
| (派遣) | enviar<br>エンヴィアール | dispatch<br>ディスパチ |
| (過ごす) | passar<br>パサール | pass<br>パス |
| 贈る | dar de presente<br>ダール デ プレゼンチ | present<br>プリゼント |
| (称号を) | conceder<br>コンセデール | confer<br>コンファー |
| (賞を) | dar, conceder, conferir<br>ダール, コンセデール, コンフェリール | award<br>アウォード |
| 遅れる | atrasar-se<br>アトラザールスィ | be late *for*<br>ビ レイト |
| (時計が) | atrasar-se<br>アトラザールスィ | lose<br>ルーズ |
| (時代などに) | estar atrasado,<br>ficar para trás<br>エスタール アトラザード, フィカール パラ トラィス | be behind<br>ビ ビハインド |
| 桶 | tina *f.*<br>チーナ | tub, pail<br>タブ, ペイル |
| 起こす | levantar<br>レヴァンタール | raise, set up<br>レイズ, セタプ |
| (寝ている人を) | acordar<br>アコルダール | wake<br>ウェイク |
| (引き起こす) | causar, provocar<br>カウザール, プロヴォカール | cause<br>コーズ |
| (火を) | fazer (lume)<br>ファゼール (ルーミ) | make a fire<br>メイク ア ファイア |
| 怠る | descuidar de,<br>negligenciar<br>デスクィダール デ, ネグリジェンスィアール | neglect<br>ニグレクト |
| 行い | ato *m.*, procedimento *m.*<br>アット, プロセヂメント | act, action<br>アクト, アクション |
| (品行) | comportamento *m.*, conduta *f.*<br>コンポルタメント, コンドゥッタ | conduct<br>カンダクト |
| 行う | fazer, agir<br>ファゼール, アジール | do, act<br>ドゥー, アクト |

| 日 | 葡 | 英 |
|---|---|---|
| (実施) | realizar, praticar, executar<br>ヘアリザール, プラチカール, エゼクタール | put in practice<br>プト イン プラクティス |
| (催す) | realizar, celebrar<br>ヘアリザール, セレブラール | hold, celebrate<br>ホウルド, セレブレイト |
| 起こる | acontecer, ocorrer<br>アコンテセール, オコヘール | happen, occur<br>ハプン, オカー |
| (戦争・火事が) | rebentar<br>ヘベンタール | break out<br>ブレイクアウト |
| (起因する) | originar-se de, resultar de<br>オリジナールスィ チ, ヘズウタール チ | arise *from*<br>アライズ |
| 怒る | ficar bravo, zangar-se<br>フィカール ブラーヴォ, ザンガールスィ | get angry<br>ゲット アングリ |
| 奢る | pagar (uma refeição)<br>パガール (ウマ ヘフェイサォン) | treat<br>トリート |
| 驕る | presumir-se de<br>プレズミールスィ チ | be haughty<br>ビ ホーティ |
| 押さえる | segurar, prender<br>セグラール, プレンデール | hold... down<br>ホウルド ダウン |
| 抑える | reprimir<br>ヘプリミール | suppress<br>サプレス |
| (抑制) | conter, reprimir<br>コンテール, ヘプリミール | control<br>コントロウル |
| (抑止) | dissuadir, impedir<br>チスアチール, インペチール | check<br>チェク |
| 幼い | muito novo<br>ムィント ノーヴォ | infant, juvenile<br>インファント, チューヴェナイル |
| 治まる | apaziguar-se<br>アパズィグワールスィ | be settled<br>ビ セトルド |
| (鎮まる) | acalmar-se<br>アカウマールスィ | calm down<br>カーム ダウン |
| 納まる | acomodar-se<br>アコモダールスィ | be put *in*<br>ビ プト |
| (元に戻る) | voltar a ser como antes<br>ヴォウタール ア セール コモ アンチス | be restored *to*<br>ビ リストード |
| (落着) | ser resolvido<br>セール ヘゾウヴィード | be settled<br>ビ セトルド |
| (気持ちが) | acalmar-se, ficar satisfeito<br>アカウマールスィ, フィカール サチスフェイト | be satisfied<br>ビ サティスファイド |

| 日 | 葡 | 英 |
|---|---|---|
| 治める | governar, reinar<br>ゴヴェルナール, ヘィナール | rule, govern<br>ルール, ガヴァン |
| 納める | pagar<br>パガール | pay<br>ペイ |
| （しまう） | guardar<br>グァルダール | put away<br>プト アウェイ |
| （納品） | entregar<br>エントレガール | deliver<br>ディリヴァ |
| 叔[伯]父 | tio *m.*<br>チーオ | uncle<br>アンクル |
| 押し合う | empurrar-se<br>エンプハールスィ | push one another<br>プシュ ワン アナザ |
| 惜しい | ser pena<br>セール ペーナ | regrettable<br>リグレタブル |
| おじいさん | avô *m.*<br>アヴォ | grandfather<br>グランドファーザ |
| （老人） | velho *m.*<br>ヴェーリョ | old man<br>オウルド マン |
| 押し売り | | |
| （男の） | vendedor importuno *m.*<br>ヴェンデドール インポルトゥーノ | hard seller<br>ハード セラ |
| （女の） | vendedora importuna *f.*<br>ヴェンデドーラ インポルトゥーナ | hard seller<br>ハード セラ |
| 教え | lição *f.*, ensino *m.*<br>リサォン, エンスィーノ | lesson, teachings<br>レスン, ティーチングズ |
| 教える | ensinar<br>エンスィナール | teach, instruct<br>ティーチ, インストラクト |
| （告げる） | contar, dizer<br>コンタール, ヂゼール | tell<br>テル |
| （知らせる） | avisar, informar<br>アヴィザール, インフォルマール | inform *of*<br>インフォーム |
| お辞儀 | mesura *f.*<br>メズーラ | bow<br>バウ |
| 押し込む | entulhar<br>エントゥリャール | push *in*, stuff *into*<br>プシュ, スタフ |
| 押し付ける | prensar, apertar muito<br>プレンサール, アペルタール ムィント | press<br>プレス |
| （強制） | forçar, impor, obrigar<br>フォルサール, インポール, オブリガール | force<br>フォース |

| 日 | 葡 | 英 |
|---|---|---|
| 押し潰す | esmagar<br>エズマガール | crush, smash<br>クラシュ, スマシュ |
| 押し止める | impedir<br>インペチール | stop<br>スタプ |
| 雄蕊 | estame *m.*<br>エスターミ | stamen<br>ステイメン |
| 押しボタン | botão *m.*<br>ボタオン | push button<br>プシュ バトン |
| 惜しむ | poupar, economizar<br>ポウパール, エコノミザール | spare<br>スペア |
| （残念に思う） | lamentar<br>ラメンタール | regret<br>リグレト |
| （大切） | valorizar<br>ヴァロリザール | value<br>ヴァリュー |
| おしめ | fralda *f.*<br>フラウダ | diaper<br>ダイアパ |
| お喋り | bate-papo *m.*, conversa *f.*<br>バチパッポ, コンヴェルサ | chatter<br>チャタ |
| 〜する | bater papo, conversar, falar<br>バテール パッポ, コンヴェルサール, ファラール | chat, chatter<br>チャト, チャタ |
| 〜な | tagarela<br>タガレーラ | talkative<br>トーカティヴ |
| お洒落 | | |
| 〜する | enfeitar-se<br>エフェィタールスィ | dress smartly<br>ドレス スマートリ |
| 〜な | alinhado, elegante<br>アリニャード, エレガンチ | stylish<br>スタイリシュ |
| お嬢さん | moça *f.*<br>モッサ | young lady<br>ヤング レイディ |
| 汚職 | corrupção *f.*<br>コフピサォン | corruption<br>コラプション |
| 白粉 | pó-de-arroz *m.*<br>ポ デ アホィス | powder<br>パウダ |
| 押す | empurrar<br>エンプハール | push, press<br>プシュ, プレス |
| （印を） | carimbar<br>カリンバール | stamp<br>スタンプ |
| 雄 | macho *m.*<br>マッショ | male<br>メイル |

| 日 | 葡 | 英 |
|---|---|---|
| オセアニア | Oceania *f.*<br>オスィアニーア | Oceania<br>オウシアニア |
| お世辞 | bajulação *f.*, adulação *f.*<br>バジュラサォン, アドゥラサォン | compliment<br>カンプリメント |
| 〜を言う | bajular, adular<br>バジュラール, アドゥラール | compliment, flatter<br>カンプリメント, フラタ |
| お節介な | intrometido<br>イントロメチード | meddlesome<br>メドルサム |
| 汚染 | poluição *f.*<br>ポルイサォン | pollution<br>ポルーション |
| 遅い | tarde<br>タルヂ | late<br>レイト |
| （速度が） | lento<br>レント | slow<br>スロウ |
| 襲う | atacar, assaltar<br>アタカール, アサゥターる | attack<br>アタク |
| （天災などが） | atingir<br>アチンジール | hit<br>ヒト |
| お供え | oferenda *f.*<br>オフェレンダ | offering<br>オーファリング |
| 恐らく | talvez, provavelmente<br>タウヴェィス, プロヴァヴェゥメンチ | perhaps<br>パハプス |
| 恐れ | medo *m.*, temor *m.*<br>メード, テモール | fear<br>フィア |
| （懸念） | medo *m.*, receio *m.*<br>メード, ヘセィオ | apprehension<br>アプリヘンション |
| 恐れる | temer<br>テメール | fear, be afraid *of*<br>フィア, ビ アフレイド |
| 恐ろしい | terrível<br>テヒーヴェゥ | fearful, awful<br>フィアフル, オーフル |
| 教わる | aprender, estudar<br>アプレンデール, エストゥダール | learn<br>ラーン |
| オゾン | ozônio *m.*<br>オゾーニオ | ozone<br>オウゾウン |
| お互いに | mutuamente, um ao outro<br>ムトゥァメンチ, ウン アオ オゥトロ | each other<br>イーチ アザ |
| お玉杓子 | girino *m.*<br>ジリーノ | tadpole<br>タドポウル |

| 日 | 葡 | 英 |
|---|---|---|
| (調理用品) | concha *f.*<br>コンシャ | |
| 穏やかな | calmo, brando<br>カウモ, ブランド | calm<br>カーム |
| (気性が) | doce, pacífico, calmo<br>ドッスィ, パスィフィコ, カウモ | gentle<br>チェントル |
| (気候が) | moderado, ameno<br>モデラード, アメーノ | mild<br>マイルド |
| (穏当な) | moderado<br>モデラード | moderate<br>マダレト |
| 陥る | cair<br>カイール | fall<br>フォール |
| 落ち着き | calma *f.*<br>カウマ | composure<br>コンポウジャ |
| 落ち着く | acalmar-se, ficar tranqüilo<br>アカウマールスィ, フィカール トランクウィーロ | become calm<br>ビカム カーム |
| (定住) | instalar-se<br>インスタラールスィ | settle down<br>セトル ダウン |
| 落ち度 | falha *f.*<br>ファーリャ | fault<br>フォールト |
| 落ち葉 | folhas caídas *f.pl.*<br>フォーリャス カイーダス | fallen leaf<br>フォールン リーフ |
| 落ちる | cair<br>カイール | fall, drop<br>フォール, ドラプ |
| (試験に) | ser reprovado, não passar<br>セール ヘプロヴァード, ナォン パサール | fail<br>フェイル |
| (日・月が) | pôr-se<br>ポールスィ | set, sink<br>セト, スィンク |
| (汚れ・しみが) | sair<br>サイール | come off<br>カム オーフ |
| (色が) | descorar<br>デスコラール | fade<br>フェイド |
| 夫 | marido *m.*<br>マリード | husband<br>ハズバンド |
| お釣り | troco *m.*<br>トロッコ | change<br>チェインヂ |
| おでき | espinha *f.*, furúnculo *m.*<br>エスピーニャ, フルンクロ | boil<br>ボイル |
| おでこ | testa *f.*<br>テスタ | forehead<br>ファリド |

| 日 | 葡 | 英 |
|---|---|---|
| 汚点(おてん) | mancha *f.*, mácula *f.*<br>マンシャ, マクラ | stain<br>ステイン |
| お転婆(てんば) | menina levada *f.*<br>メニーナ レヴァーダ | tomboy<br>タムボイ |
| 音(おと) | som *m.*<br>ソン | sound<br>サウンド |
| (雑音) | barulho *m.*<br>バルーリョ | noise<br>ノイズ |
| お父(とう)さん | papai *m.*<br>パパイ | father<br>ファーザ |
| 弟(おとうと) | irmão mais novo *m.*<br>イルマォン マイズ ノーヴォ | (younger) brother<br>(ヤンガ) ブラザ |
| 威(おど)かす | ameaçar<br>アメアサール | threaten, menace<br>スレトン, メナス |
| お伽話(とぎばなし) | conto de fadas *m.*<br>コント チ ファーダス | fairy tale<br>フェアリ テイル |
| お得意(とくい) | | |
| (得意先) | cliente preferencial *m.f.*<br>クリエンチ プレフェレンスィアウ | customer<br>カスタマ |
| 男(おとこ) | homem *m.*<br>オーメイン | man, male<br>マン, メイル |
| 男(おとこ)の子(こ) | menino *m.*, garoto *m.*<br>メニーノ, ガロット | boy<br>ボイ |
| 脅(おど)し | ameaça *f.*, intimidação *f.*<br>アメアッサ, インチミダサォン | threat, menace<br>スレト, メナス |
| 落(お)とす | deixar cair, derrubar<br>ディシャール カイール, デフバール | drop, let fall<br>ドラプ, レト フォール |
| (失う) | perder<br>ペルデール | lose<br>ルーズ |
| (抜かす) | omitir, cortar<br>オミチール, コルタール | omit<br>オウミト |
| (汚れを) | tirar<br>チラール | remove<br>リムーヴ |
| (信用・人気を) | perder<br>ペルデール | lose<br>ルーズ |
| (程度を) | diminuir, abaixar<br>ヂミヌイール, アバイシャール | |
| 脅(おど)す | ameaçar<br>アメアサール | threaten, menace<br>スレトン, メナス |

お

86

| 日 | 葡 | 英 |
|---|---|---|
| オブザーバー | | |
| （男の） | observador *m.* <br> オビセルヴァドール | observer <br> オブザーヴァ |
| （女の） | observadora *f.* <br> オビセルヴァドーラ | observer <br> オブザーヴァ |
| オフシーズン | baixa estação *f.*, <br> fora de época <br> バイシャ エスタサォン, フォーラ チ エポカ | the off-season <br> ジ オーフスィーズン |
| オブジェ | modelo *m.* <br> モデーロ | objet <br> オブジェ |
| オプション | opção *f.* <br> オピサォン | option <br> アプション |
| 汚物 | imundície *f.*, <br> excrementos *m.pl.* <br> イムンヂスィイ, エスクレメントス | filth <br> フィルス |
| オブラート | hóstia (para remédios) *f.* <br> オスチア パラ ヘメーヂオス | medicinal wafer <br> メディスィナル ウェイファ |
| おべっか | adulação *f.* <br> アドゥラサォン | flattery <br> フラタリ |
| オペラ | ópera *f.* <br> オペラ | opera <br> アパラ |
| オペレーター | | |
| （男の） | operador *m.* <br> オペラドール | operator <br> アパレイタ |
| （女の） | operadora *f.* <br> オペラドーラ | operator <br> アパレイタ |
| 覚え書き | anotação *f.* <br> アノタサォン | memo <br> メモウ |
| （外交上の） | memorando *m.* <br> メモランド | memorandum, note <br> メモランダム, ノウト |
| 覚えている | *lembrar-se, recordar-se* <br> レンブラールスィ, ヘコルダールスィ | remember <br> リメンバ |
| 覚える | aprender <br> アプレンデール | learn <br> ラーン |
| （記憶する） | memorizar, aprender de cor <br> メモリザール, アプレンデール チ コール | remember <br> リメンバ |
| （感じる） | sentir <br> センチール | feel <br> フィール |
| 溺れる | afogar-se <br> アフォガールスィ | be drowned <br> ビ ドラウンド |

| 日 | 葡 | 英 |
|---|---|---|
| お前 (まえ) | você ヴォセ | you ユー |
| おまけ | brinde *m.* ブリンヂ | extra エクストラ |
| （景品・割増） | brinde *m.* ブリンヂ | premium プリーミアム |
| （割引） | desconto *m.* デスコント | discount ディスカウント |
| ～する | | |
| （割引） | fazer um desconto ファゼール ウン デスコント | discount ディスカウント |
| （割増） | dar um bonus ダール ウン ボーヌス | |
| お守り (まもり) | talismã *m.*, amuleto *m.* タリズマン，アムレット | charm, talisman チャーム，タリズマン |
| お巡りさん (まわりさん) | policial *m.f.* ポリスィアウ | cop, policeman カプ，ポリースマン |
| おむつ | fralda *f.* フラウダ | diaper ダイアパ |
| オムニバス | de vários autores ヂ ヴァーリオス アゥトーリス | omnibus アムニバス |
| オムレツ | omelete *m.f.* オミレッチ | omelet アムレト |
| おめでとう | Parabéns! パラベィンス | Congratulations! コングラチュレイションズ |
| 重い (おもい) | pesado ペザード | heavy ヘヴィ |
| （重要・重大） | importante, sério, grave インポルタンチ，セーリオ，グラーヴィ | important, grave インポータント，グレイヴ |
| （病が） | grave グラーヴィ | serious スィアリアス |
| 思い (おもい) | pensamento *m.* ペンサメント | thought ソート |
| 思いがけない (おもいがけない) | inesperado, imprevisto イネスペラード，インプレヴィスト | unexpected アニクスペクテド |
| 思い切り (おもいきり) | | |
| （決心） | decisão *f.* デスィザォン | resolution レゾルーション |

| 日 | 葡 | 英 |
|---|---|---|
| (思う存分) | até não poder mais, à vontade<br>アテ ナォン ポデール マィス, ア ヴォンターヂ | to *one's* heart's content<br>トゥ ハーツ コンテント |
| 思い出す | lembrar-se de, recordar-se de<br>レンブラールスィ ヂ, ヘコルダールスィ ヂ | remember, recall<br>リメンバ, リコール |
| 思い違い | engano *m.*, mal-entendido *m.*<br>エンガーノ, マウ エンテンヂード | misunderstanding<br>ミサンダスタンディング |
| 思い付く | ter a idéia de, ocorrer uma idéia de<br>テール ア イデイア ヂ, オコヘール ウマ イデイア ヂ | think *of*<br>スィンク |
| 思い出 | lembrança *f.*, recordação *f.*<br>レンブランサ, ヘコルダサォン | memories<br>メモリズ |
| 思いやり | compreensão *f.*, boa vontade *f.*<br>コンプレエンサォン, ボア ヴォンターヂ | consideration<br>コンスィダレイション |
| 思う | achar<br>アシャール | think<br>スィンク |
| (見なす) | considerar<br>コンスィデラール | consider *as*<br>コンスィダ |
| (推測する) | supor, imaginar<br>スポール, イマジナール | suppose<br>サポウズ |
| 面影 | imagem *f.*<br>イマージェイン | look, image<br>ルク, イミヂ |
| 重苦しい | opressivo<br>オプレスィーヴォ | oppressive<br>オプレスィヴ |
| 重さ | peso *m.*<br>ペーゾ | weight<br>ウェイト |
| 面白い | interessante, divertido<br>インテレサンチ, ヂヴェルチード | interesting<br>インタレスティング |
| (奇妙な) | curioso, engraçado<br>クリオーゾ, エングラサード | odd<br>アド |
| 玩具 | brinquedo *m.*<br>ブリンケード | toy<br>トイ |
| ～屋 | loja de brinquedos *f.*<br>ロージャ ヂ ブリンケードス | toyshop<br>トイシャプ |
| 表 | frente *f.*<br>フレンチ | the face<br>ザ フェイス |

| 日 | 葡 | 英 |
|---|---|---|
| (貨幣の) | cara *f.*<br>カーラ | the head<br>ザ ヘド |
| (前面) | frente *f.*, fachada *f.*<br>フレンチ, ファシャーダ | the front<br>ザ フラント |
| (戸外) | fora (de casa)<br>フォーラ チ カーザ | out of doors<br>アウト オヴ ドーズ |
| 面(おもて) | superfície *f.*<br>スペルフィースィイ | the surface<br>ザ サーフェス |
| (顔) | rosto *m.*, face *f.*<br>ホスト, ファースィ | face<br>フェイス |
| 表通り(おもてどお) | rua principal *f.*<br>フーア プリンスィパウ | main street<br>メイン ストリート |
| 主な(おもな) | principal<br>プリンスィパウ | main, principal<br>メイン, プリンスィパル |
| 主に(おもに) | principalmente<br>プリンスィパウメンチ | mainly, mostly<br>メインリ, モウストリ |
| 趣(おもむき) | intenção *f.*<br>インテンサォン | import<br>インポート |
| (内容) | teor *m.*, conteúdo *m.*<br>テオール, コンテウード | contents<br>カンテンツ |
| (様子) | aparência *f.*, ar *m.*<br>アパレンスィア, アール | air, looks<br>エア, ルクス |
| (雅趣) | bom gosto *m.*, graça *f.*<br>ボン ゴスト, グラッサ | taste, elegance<br>テイスト, エリガンス |
| 錘(おもり) | chumbo *m.*, peso *m.*<br>シュンボ, ペーゾ | weights, plumb<br>ウェイツ, プラム |
| 思惑(おもわく) | intenção *f.*<br>インテンサォン | thought, intention<br>ソート, インテンション |
| 重んじる(おもんじる) | dar valor a<br>ダール ヴァロール ア | value<br>ヴァリュー |
| (尊重する) | respeitar<br>ヘスペィタール | attach importance *to*<br>アタチ インポータンス |
| 親(おや) | | |
| (父) | pai *m.*<br>パィ | father<br>ファーザ |
| (母) | mãe *f.*<br>マィン | mother<br>マザ |
| (両親) | pais *m.pl.*<br>パィス | parents<br>ペアレンツ |

| 日 | 葡 | 英 |
|---|---|---|
| おやかた<br>親方 | capataz *m.*, chefe *m.f.*<br>カパタイス, シェッフィ | foreman, boss<br>フォーマン, ボース |
| おやし<br>親知らず | dente de siso *m.*<br>デンチ ヂ スィーゾ | wisdom tooth<br>ウィズダム トゥース |
| お休みなさい | Boa noite.<br>ボア ノィチ | Good night.<br>グド ナイト |
| お<br>おやつ | merenda *f.*<br>メレンダ | refreshments<br>リフレシュメンツ |
| おやぶん<br>親分 | chefe *m.f.*<br>シェッフィ | boss, chief<br>ボース, チーフ |
| おやゆび<br>親指 | polegar *m.*<br>ポレガール | thumb<br>サム |
| （足の） | dedão *m.*<br>デダォン | big toe<br>ビグ トウ |
| およ<br>泳ぐ | nadar<br>ナダール | swim<br>スウィム |
| およ<br>凡そ | aproximadamente<br>アプロスィマダメンチ | about, nearly<br>アバウト, ニアリ |
| およ<br>及ぶ | chegar a, atingir<br>シェガール ア, アチンジール | reach, amount *to*<br>リーチ, アマウント |
| おり<br>檻 | gaiola *f.*, jaula *f.*<br>ガィオーラ, ジャゥラ | cage<br>ケイヂ |
| オリーブ | azeitona *f.*<br>アゼィトーナ | olive<br>アリヴ |
| ～油 | azeite *m.*<br>アゼィチ | olive oil<br>アリヴ オイル |
| オリオン座 | Órion *m.*<br>オリオン | Orion<br>オライオン |
| お かえ<br>折り返す | dobrar<br>ドブラール | turn down<br>ターン ダウン |
| （引き返す） | retornar, fazer retorno<br>ヘトルナール, ファゼール ヘトルノ | turn back<br>ターン バク |
| オリジナルの | original<br>オリジナウ | original<br>オリヂナル |
| お たた<br>折り畳む | dobrar<br>ドブラール | fold up<br>フォウルド アプ |
| お め<br>折り目 | vinco *m.*, dobra *f.*<br>ヴィンコ, ドブラ | fold<br>フォウルド |

| 日 | 葡 | 英 |
|---|---|---|
| おりもの<br>織物 | tecido *m.*<br>テスィード | textile, fabrics<br>テクスタイル, ファブリクス |
| お<br>下[降]りる | descer<br>デセール | come down<br>カム ダウン |
| （乗り物から） | descer, desembarcar<br>デセール, デゼンバルカール | get off, get out *of*<br>ゲトーフ, ゲタウト |
| （霜が） | cair<br>カイール | fall<br>フォール |
| オリンピック | olimpíadas *f.pl.*, jogos olímpicos *m.pl.*<br>オリンピアダス, ジョーゴズ オリンピコス | the Olympic games<br>ジ オリンピク ゲイムズ |
| お<br>織る | tecer<br>テセール | weave<br>ウィーヴ |
| お<br>折る | partir, quebrar<br>パルチール, ケブラール | break, snap<br>ブレイク, スナプ |
| （曲げる） | dobrar<br>ドブラール | bend<br>ベンド |
| オルガン | harmônio *m.*<br>アルモーニオ | organ<br>オーガン |
| オルゴール | caixa de música *f.*<br>カィシャ ヂ ムズィカ | music box<br>ミューズィク バクス |
| お<br>折れる | partir, quebrar<br>パルチール, ケブラール | break<br>ブレイク |
| （譲歩） | ceder<br>セデール | give in<br>ギヴ イン |
| オレンジ | laranja *f.*<br>ラランジャ | orange<br>オーレンヂ |
| おろ<br>愚かな | tolo, estúpido<br>トーロ, エストゥピド | foolish, silly<br>フーリシュ, スィリ |
| おろし<br>卸 | atacado *m.*<br>アタカード | wholesale<br>ホウルセイル |
| ～売り業者 | atacadista *m.*<br>アタカヂスタ | wholesale dealer<br>ホウルセイル ディーラ |
| ～値 | preço de atacado *m.*<br>プレッソ ヂ アタカード | wholesale price<br>ホウルセイル プライス |
| お<br>下[降]ろす | abaixar<br>アバィシャール | take down<br>テイク ダウン |
| （乗客を） | desembarcar<br>デゼンバルカール | drop<br>ドラプ |

| 日 | 葡 | 英 |
|---|---|---|
| (積み荷を) | descarregar<br>ヂスカヘガール | unload<br>アンロウド |
| 終わり | fim *m.*<br>フィン | end, close<br>エンド, クロウズ |
| 終わる | acabar, terminar<br>アカバール, テルミナール | end, close<br>エンド, クロウズ |
| (完成する) | ficar pronto, acabar<br>フィカール プロント, アカバール | finish<br>フィニシュ |
| (完結する) | concluir<br>コンクルイール | conclude<br>コンクルード |
| 恩 | favor *m.*, bondade *f.*<br>ファヴォール, ボンダーヂ | obligation<br>アブリゲイション |
| 音階 | escala (musical) *f.*<br>エスカーラ (ムズィカウ) | scale<br>スケイル |
| 音楽 | música *f.*<br>ムズィカ | music<br>ミューズィク |
| ～家 | | |
| (男の) | músico *m.*<br>ムズィコ | musician<br>ミューズィシャン |
| (女の) | música *f.*<br>ムズィカ | musician<br>ミューズィシャン |
| 音感 | sensibilidade auditiva *f.*<br>センスィビリダーヂ アウヂチーヴァ | ear<br>イア |
| 恩給 | pensão *f.*, aposentadoria *f.*<br>ペンサォン, アポゼンタドリーア | pension<br>ペンション |
| 恩恵 | favor *m.*, benefício *m.*<br>ファヴォール, ベネフィースィオ | favor, benefit<br>フェイヴァ, ベネフィト |
| 穏健な | moderado<br>モデラード | moderate<br>マダレト |
| 温厚な | afável, gentil, pacato<br>アファーヴェウ, ジェンチウ, パカット | gentle<br>チェントル |
| 温室 | estufa *f.*<br>エストゥッファ | greenhouse<br>グリーンハウス |
| ～効果 | efeito estufa *m.*<br>エフェイト エストゥッファ | greenhouse effect<br>グリーンハウス イフェクト |
| 恩人 | | |
| (男の) | benfeitor *m.*<br>ベンフェイトール | benefactor<br>ベネファクタ |
| (女の) | benfeitora *f.*<br>ベンフェイトーラ | benefactor<br>ベネファクタ |

| 日 | 葡 | 英 |
|---|---|---|

## か, カ

|  |  |  |
|---|---|---|
| か科 (生物) | família f. ファミーリア | family ファミリ |
| (学科組織) | departamento m. デパルタメント | department ディパートメント |
| (学科・課程) | curso m. クルソ | course コース |
| か課 | seção f. セサォン | section, division セクション, ディヴィジョン |
| (教科書などの) | unidade f., lição f. ウニダーヂ, リサォン | lesson レスン |
| か蚊 | pernilongo m., mosquito m. ペルニロンゴ, モスキートウ | mosquito モスキット |
| が蛾 | mariposa f. マリポーザ | moth モース |
| ガーゼ | gaze f. ガーズィ | gauze ゴーズ |
| カーソル | cursor m. クルソール | cursor カーサ |
| カーディガン | cardigã m. カルヂガン | cardigan カーディガン |
| カーテン | cortina f. コルチーナ | curtain カートン |
| カード | cartão m. カルタォン | card カード |
| ガードマン | guarda m. グワルダ | guard ガード |
| カートリッジ | cartucho m. カルトゥッショ | cartridge カートリヂ |
| ガードレール | *guardrail* グワルドレィル | guardrail ガードレイル |
| カーナビ | navegador de bordo m. ナヴェガドール チ ボルド | car navigation カー ナヴィゲイション |
| カーニバル | carnaval m. カルナヴァウ | carnival カーニヴァル |

| 日 | 葡 | 英 |
|---|---|---|
| カーネーション | cravo *m.*<br>クラーヴォ | carnation<br>カーネイション |
| カーブ | curva *f.*<br>クルヴァ | curve, turn<br>カーヴ, ターン |
| カーペット | tapete *m.*<br>タペッチ | carpet<br>カーペト |
| ガーリック | alho *m.*<br>アーリョ | garlic<br>ガーリク |
| ガールスカウト | bandeirante *f.*<br>バンデイランチ | girl scout<br>ガールスカウト |
| ガールフレンド | namorada *f.*<br>ナモラーダ | girlfriend<br>ガールフレンド |
| 会 | reunião *f.*<br>ヘウニアォン | meeting, party<br>ミーティング, パーティ |
| （団体） | associação *f.*<br>アソシアサォン | society<br>ソサイアティ |
| 回 | vez *f.*<br>ヴェイス | time<br>タイム |
| （競技・ゲーム） | *inning m.*<br>イニンギ | round, inning<br>ラウンド, イニング |
| 貝 | molusco *m.*<br>モルスコ | shellfish<br>シェルフィシュ |
| 害 | dano *m.*<br>ダーノ | harm, damage<br>ハーム, ダミヂ |
| 会員 | | |
| （男の） | sócio *m.*<br>ソッスィオ | member, membership<br>メンバ, メンバシプ |
| （女の） | sócia *f.*<br>ソッスィア | member, membership<br>メンバ, メンバシプ |
| 絵画 | pintura *f.*<br>ピントゥーラ | picture, painting<br>ピクチャ, ペインティング |
| 外貨 | moeda estrangeira *f.*<br>モエーダ エストランジェィラ | foreign money<br>フォーリン マニ |
| 海外 | exterior *m.*<br>エステリオール | foreign countries<br>フォーリン カントリズ |
| 改革 | reforma *f.*<br>ヘフォルマ | reform, innovation<br>リフォーム, イノヴェイション |
| ～する | reformar<br>ヘフォルマール | reform, innovate<br>リフォーム, イノヴェイト |

| 日 | 葡 | 英 |
|---|---|---|
| かいかつ<br>快活な | jovial<br>ジョヴィアウ | cheerful<br>チアフル |
| かいがら<br>貝殻 | concha *f.*<br>コンシャ | shell<br>シェル |
| かいかん<br>会館 | imóveis para reuniões *m.pl.*<br>イモーヴェイス パラ ヘウニオィンス | hall<br>ホール |
| かいがん<br>海岸 | praia *f.*<br>プライア | the seashore, the beach<br>ザ スィーショー, ザ ビーチ |
| がいかん<br>外観 | aparência *f.*<br>アパレンスィア | appearance<br>アピアランス |
| かいぎ<br>会議 | reunião *f.*<br>ヘウニアォン | meeting, conference<br>ミーティング, カンファレンス |
| かいきゅう<br>階級 | classe social *f.*<br>クラッスィ ソスィアウ | class, rank<br>クラス, ランク |
| かいきょう<br>海峡 | estreito *m.*<br>エストレィト | strait, channel<br>ストレイト, チャヌル |
| かいぎょう<br>開業 (会社) | inauguração *f.*<br>イナゥグラサォン | starting a business<br>スターティング ア ビズネス |
| かいぐん<br>海軍 | Marinha *f.*<br>マリーニャ | the navy<br>ザ ネイヴィ |
| かいけい<br>会計 | contabilidade *f.*<br>コンタビリダーヂ | account, finance<br>アカウント, フィナンス |
| ～係[士] (男の) | contador *m.*<br>コンタドール | cashier, accountant<br>キャシア, アカウンタント |
| (女の) | contadora *f.*<br>コンタドーラ | cashier, accountant<br>キャシア, アカウンタント |
| ～検査 | auditoria *f.*<br>アゥヂトリーア | auditing<br>オーディティング |
| ～年度 | ano financeiro *m.*<br>アーノ フィナンセィロ | fiscal year<br>フィスカル イア |
| かいけつ<br>解決 | solução *f.*<br>ソルサォン | settlement, solution<br>セトルメント, ソルーション |
| ～する | resolver<br>ヘゾウヴェール | settle, solve<br>セトル, サルヴ |
| かいけん<br>会見 | encontro *m.*<br>エンコントロ | interview<br>インタヴュー |

| 日 | 葡 | 英 |
|---|---|---|
| <ruby>外見<rt>がいけん</rt></ruby> | aparência f.<br>アパレンスィア | appearance<br>アピアランス |
| <ruby>戒厳令<rt>かいげんれい</rt></ruby> | lei marcial f.<br>レィ マルスィアウ | martial law<br>マーシャル ロー |
| <ruby>解雇<rt>かいこ</rt></ruby> | demissão f.<br>デミサォン | discharge<br>ディスチャーヂ |
| <ruby>介護<rt>かいご</rt></ruby> | cuidado m.<br>クィダード | care<br>ケア |
| <ruby>会合<rt>かいごう</rt></ruby> | reunião f.<br>ヘウニアォン | meeting, gathering<br>ミーティング, ギャザリング |
| <ruby>外交<rt>がいこう</rt></ruby> | diplomacia f.<br>ヂプロマスィーア | diplomacy<br>ディプロウマスィ |
| 〜員 | vendedor de seguro m.<br>ヴェンデドール ヂ セグーロ | insurance salesman<br>インシュアランス セイルズマン |
| 〜官 | diplomata m.f.<br>ヂプロマッタ | diplomat<br>ディプロマト |
| 〜辞令 | linguagem diplomática f.<br>リングワージェイン ヂプロマチカ | diplomatic language<br>ディプロマティク ラングウィヂ |
| 〜政策 | política diplomática f.<br>ポリチカ ヂプロマチカ | foreign policy<br>フォーリン パリスィ |
| <ruby>外国<rt>がいこく</rt></ruby> | país estrangeiro m.<br>パイーズ エストランジェィロ | foreign country<br>フォーリン カントリ |
| 〜為替 | câmbio estrangeiro m.<br>カンビオ エストランジェィロ | foreign exchange<br>フォーリン イクスチェインヂ |
| 〜人<br>(男の) | estrangeiro m.<br>エストランジェィロ | foreigner<br>フォーリナ |
| (女の) | estrangeira f.<br>エストランジェィラ | foreigner<br>フォーリナ |
| 〜の | estrangeiro<br>エストランジェィロ | foreign<br>フォーリン |
| <ruby>骸骨<rt>がいこつ</rt></ruby> | esqueleto m.<br>エスケレット | skeleton<br>スケルトン |
| <ruby>開催する<rt>かいさい</rt></ruby> | realizar<br>ヘアリザール | hold, open<br>ホウルド, オウプン |
| <ruby>改札口<rt>かいさつぐち</rt></ruby> | entrada e saída da estação f.<br>エントラーダ イ サイーダ ダ エスタサォン | ticket gate<br>ティケト ゲイト |
| <ruby>解散<rt>かいさん</rt></ruby> | dissolução f., dispersão f.<br>ヂソルサォン, ヂスペルサォン | breakup<br>ブレイカプ |

| 日 | 葡 | 英 |
|---|---|---|
| (議会の) | dissolução f.<br>ヂソルサォン | dissolution<br>ディソルーション |
| がいさん<br>概算 | estimativa aproximada f.<br>エスチマチーヴァ アプロスィマーダ | rough estimate<br>ラフ エスティメト |
| かいさんぶつ<br>海産物 | produto marítimo m.<br>プロドゥット マリッチモ | marine products<br>マリーン プラダクツ |
| かいし<br>開始 | começo m., início m.<br>コメッソ, イニッスィオ | start, beginning<br>スタート, ビギニング |
| 〜する | começar, iniciar<br>コメサール, イニスィアール | begin, start<br>ビギン, スタート |
| か し<br>買い占める | açambarcar, monopolizar<br>アサンバルカール, モノポリザール | buy up, corner<br>バイ アプ, コーナ |
| かいしゃ<br>会社 | companhia f., empresa f.<br>コンパニィーア, エンプレーザ | company, firm<br>カンパニ, ファーム |
| 〜員<br>(男の) | funcionário de uma empresa m.<br>フンスィオナーリオ ヂ ウマ エンプレーザ | office worker<br>オーフィス ワーカ |
| (女の) | funcionária de uma empresa f.<br>フンスィオナーリア ヂ ウマ エンプレーザ | office worker<br>オーフィス ワーカ |
| かいしゃく<br>解釈 | interpretação f.<br>インテルプレタサォン | interpretation<br>インタープリテイション |
| 〜する | interpretar<br>インテルプレタール | interpret<br>インタープリト |
| かいしゅう<br>回収 | recolha f.<br>ヘコーリャ | recovery<br>リカヴァリ |
| かいしゅう<br>改宗 | conversão f.<br>コンヴェルサォン | conversion<br>コンヴァージョン |
| かいじゅう<br>怪獣 | monstro m.<br>モンストロ | monster<br>マンスタ |
| がいしゅつ<br>外出 | saída f.<br>サイーダ | going out<br>ゴウイング アウト |
| 〜する | ir para a rua<br>イール パラ ア フーア | go out<br>ゴウ アウト |
| かいじょ<br>解除 | cancelamento m., anulação f.<br>カンセラメント, アヌラサォン | cancellation<br>キャンセレイション |
| 〜する | cancelar<br>カンセラール | cancel<br>キャンセル |
| かいじょう<br>会場 | local de uma reunião m.<br>ロカウ ヂ ウマ ヘウニアォン | meeting place<br>ミーティング プレイス |

| 日 | 葡 | 英 |
|---|---|---|
| おとず<br>訪れる | visitar<br>ヴィズィタール | visit<br>ヴィズィト |
| おととい<br>一昨日 | anteontem<br>アンチオンテイン | the day before yesterday<br>ザ デイ ビフォー イェスタディ |
| おととし<br>一昨年 | ano retrasado *m.*<br>アーノ ヘトラザード | the year before last<br>ザ イア ビフォー ラスト |
| おとな<br>大人 | | |
| （男の） | adulto *m.*<br>アドゥウト | adult, grown-up<br>アダルト, グロウナプ |
| （女の） | adulta *f.*<br>アドゥウタ | adult, grown-up<br>アダルト, グロウナプ |
| おとなしい | quieto, dócil<br>キエット, ドースィウ | gentle, quiet<br>ヂェントル, クワイアト |
| おとめざ<br>乙女座 | Virgem *f.*<br>ヴィルジェイン | the Virgin<br>ザ ヴァーヂン |
| おど<br>踊り | dança *f.*<br>ダンサ | dance<br>ダンス |
| おど ば<br>踊り場 | patamar *m.*<br>パタマール | landing<br>ランディング |
| おと<br>劣る | ser inferior a<br>セール インフェリオール ア | be inferior *to*<br>ビ インフィアリア |
| おど<br>踊る | dançar<br>ダンサール | dance<br>ダンス |
| おど<br>躍る | pular<br>プラール | jump<br>ヂャンプ |
| （胸が） | palpitar<br>パウピタール | throb<br>スラブ |
| おとろ<br>衰える | debilitar-se, declinar<br>デビリタールスィ, デクリナール | become weak, decline<br>ビカム ウィーク, ディクライン |
| （風・火が） | diminuir<br>ヂミヌイール | go down<br>ゴウ ダウン |
| おどろ<br>驚かす | assustar, surpreender<br>アススタール, スルプレエンデール | surprise, astonish<br>サプライズ, アスタニシュ |
| おどろ<br>驚き | surpresa *f.*, susto *m.*<br>スルプレーザ, ススト | surprise<br>サプライズ |
| おどろ<br>驚く | assustar-se<br>アススタールスィ | be surprised<br>ビ サプライズド |
| なか<br>お腹 | barriga *f.*<br>バヒーガ | the stomach<br>ザ スタマク |

| 日 | 葡 | 英 |
|---|---|---|
| 同じ | mesmo, idêntico<br>メズモ, イデンチコ | the same<br>ザ セイム |
| （等しい） | igual, equivalente<br>イグワウ, エキヴァレンチ | equal, equivalent<br>イークワル, イクウィヴァレント |
| （同様の） | semelhante<br>セメリャンチ | similar<br>スィミラ |
| （共通の） | comum<br>コムン | common<br>カモン |
| 鬼 | diabo *m.*, demônio *m.*<br>ヂアーボ, デモーニオ | ogre, demon<br>オウガ, ディーモン |
| 鬼ごっこ | pique *m.*, pega-pega *m.*<br>ピッキ, ペーガ ペーガ | tag<br>タグ |
| 尾根 | crista *f.*<br>クリスタ | ridge<br>リヂ |
| 斧 | machado *m.*<br>マシャード | ax, hatchet<br>アクス, ハチェト |
| 各々 | cada<br>カーダ | each<br>イーチ |
| 叔[伯]母 | tia *f.*<br>チーア | aunt<br>アント |
| おばあさん | avó *f.*<br>アヴォ | grandmother<br>グランドマザ |
| （老婆） | velha *f.*<br>ヴェーリャ | old woman<br>オウルド ウマン |
| オパール | opala *f.*<br>オパーラ | opal<br>オウパル |
| お化け | fantasma *m.*<br>ファンタズマ | bogy<br>ボウギ |
| おはよう | Bom dia.<br>ボン チーア | Good morning.<br>グド モーニング |
| 帯 | faixa *f.*<br>ファイシャ | belt, *obi*, sash<br>ベルト, オビ, サッシュ |
| 怯える | amedrontar-se<br>アメドロンタールスィ | be frightened *at*<br>ビ フライトンド |
| 牡羊座 | Áries *m.*<br>アリエス | the Ram<br>ザ ラム |
| オフィス | escritório *m.*<br>エスクリトーリオ | office<br>オーフィス |

| 日 | 葡 | 英 |
|---|---|---|
| <ruby>海上<rt>かいじょう</rt></ruby>の | marítimo<br>マリチモ | marine<br>マリーン |
| <ruby>外食<rt>がいしょく</rt></ruby>する | comer fora<br>コメール フォーラ | eat out<br>イート アウト |
| <ruby>海水<rt>かいすい</rt></ruby>パンツ | calção de banho *m.*, sunga *f.*<br>カウサォン ヂ バーニョ, スンガ | swimming trunks<br>スウィミング トランクス |
| <ruby>海水浴<rt>かいすいよく</rt></ruby> | banho de mar *m.*<br>バーニョ ヂ マール | sea bathing<br>スィー ベイジング |
| <ruby>回数券<rt>かいすうけん</rt></ruby> | | |
| （地下鉄の） | bilhete múltiplo *m.*<br>ビリェッチ ムウチプロ | commutation ticket<br>カミュテイション ティケット |
| （バスの） | passe *m.*<br>パッスィ | commutation ticket<br>カミュテイション ティケット |
| <ruby>害<rt>がい</rt></ruby>する | prejudicar, afetar<br>プレジュヂカール, アフェタール | injure<br>インヂャ |
| （感情を） | ofender<br>オフェンデール | hurt<br>ハート |
| <ruby>快晴<rt>かいせい</rt></ruby> | tempo excelente *m.*<br>テンポ エセレンチ | fine weather<br>ファイン ウェザ |
| <ruby>改正<rt>かいせい</rt></ruby>する | emendar<br>エメンダール | revise, amend<br>リヴァイズ, アメンド |
| <ruby>解説<rt>かいせつ</rt></ruby> | explicação *f.*<br>エスプリカサォン | explanation<br>エクスプラネイション |
| 〜する | explicar<br>エスプリカール | explain, comment<br>イクスプレイン, カメント |
| <ruby>改善<rt>かいぜん</rt></ruby>する | melhorar<br>メリョラール | improve<br>インプルーヴ |
| <ruby>凱旋門<rt>がいせんもん</rt></ruby> | arco do triunfo *m.*<br>アルコ ド トリウンフォ | triumphal arch<br>トライアンファル アーチ |
| <ruby>海草<rt>かいそう</rt></ruby> | alga *f.*<br>アウガ | seaweed<br>スィーウィード |
| <ruby>改装<rt>かいそう</rt></ruby> | reforma *f.*<br>ヘフォルマ | remodel<br>リーマデル |
| <ruby>改造<rt>かいぞう</rt></ruby> | reconstrução *f.*<br>ヘコンストルサォン | reconstruction<br>リーコンストラクション |
| <ruby>回送<rt>かいそう</rt></ruby>する | reenviar<br>ヘエンヴィアール | send on, forward<br>センド オン, フォーワド |
| <ruby>快速列車<rt>かいそくれっしゃ</rt></ruby> | trem rápido *m.*<br>トレィン ハピド | fast train<br>ファスト トレイン |

| 日 | 葡 | 英 |
|---|---|---|
| **海賊**(かいぞく) | pirata *m.*<br>ピラッタ | pirate<br>パイレト |
| 〜版 | edição pirata *f.*<br>エヂサォン ピラッタ | pirated edition<br>パイレイテド イディション |
| **開拓**(かいたく) | cultivo *m.*<br>クウチーヴォ | cultivation<br>カルティヴェイション |
| （資源の） | exploração *f.*<br>エスプロラサォン | exploitation<br>エクスプロイテイション |
| 〜する | explorar, desbravar<br>エスプロラール, デズブラヴァール | open up<br>オウプン アプ |
| 〜者 | | |
| （男の） | explorador *m.*, desbravador *m.*<br>エスプロラドール, デズブラヴァドール | pioneer<br>パイアニア |
| （女の） | exploradora *m.*, desbravadora *f.*<br>エスプロラドーラ, デズブラヴァドーラ | pioneer<br>パイアニア |
| **会談**(かいだん) | conversação *f.*<br>コンヴェルササォン | talk, conference<br>トーク, カンファレンス |
| **階段**(かいだん) | escada *f.*<br>エスカーダ | stairs<br>ステアズ |
| **改築**(かいちく) | reconstrução *f.*<br>ヘコンストルサォン | rebuilding<br>リービルディング |
| **害虫**(がいちゅう) | praga *f.*<br>プラーガ | harmful insect, vermin<br>ハームフル インセクト, ヴァーミン |
| **懐中電灯**(かいちゅうでんとう) | lanterna *f.*<br>ランテルナ | flashlight<br>フラシュライト |
| **会長**(かいちょう) | presidente *m.*<br>プレズィデンチ | the president<br>ザ プレジデント |
| **開通する**(かいつう) | inaugurar, abrir uma conexão<br>イナウグラール, アブリール ウマ コネキサォン | be opened to traffic<br>ビ オウプンド トゥ トラフィク |
| **買い手**(かって) | | |
| （男の） | comprador *m.*<br>コンプラドール | buyer<br>バイア |
| （女の） | compradora *f.*<br>コンプラドーラ | buyer<br>バイア |
| **海底**(かいてい) | o fundo do mar *m.*<br>オ フンド ド マール | the bottom of the sea<br>ザ バトム オヴ ザ スィー |
| **改定する**(かいてい) | reformar, mudar<br>ヘフォルマール, ムダール | revise, change<br>リヴァイズ, チェインヂ |
| **快適な**(かいてき) | agradável, confortável<br>アグラダーヴェウ, コンフォルターヴェウ | agreeable, comfortable<br>アグリーアブル, カンフォタブル |

| 日 | 葡 | 英 |
|---|---|---|
| <ruby>回転<rt>かいてん</rt></ruby> | rotação *f.*<br>ホタサォン | turning, rotation<br>ターニング, ロウテイション |
| ～する | girar<br>ジラール | turn, rotate<br>ターン, ロウテイト |
| <ruby>開店<rt>かいてん</rt></ruby> | abertura de uma loja *f.*<br>アベルトゥーラ チ ウマ ロージャ | opening<br>オウプニング |
| ガイド | guia *m.f.*<br>ギーア | guide<br>ガイド |
| ～ブック | guia *m.*<br>ギーア | guidebook<br>ガイドブク |
| ～ライン | princípios gerais *m.pl.*, diretrizes *f.pl.*<br>プリンスィピオス ジェライス, ヂレトリーズィス | guidelines<br>ガイドラインズ |
| <ruby>解答<rt>かいとう</rt></ruby> | resposta *f.*, solução *f.*<br>ヘスポスタ, ソルサォン | answer, resolution<br>アンサ, レゾルーション |
| ～する | responder, resolver<br>ヘスポンデール, ヘゾウヴェール | answer, solve<br>アンサ, サルヴ |
| <ruby>回答<rt>かいとう</rt></ruby> | resposta *f.*<br>ヘスポスタ | reply<br>リプライ |
| ～する | responder<br>ヘスポンデール | reply *to*<br>リプライ |
| <ruby>街灯<rt>がいとう</rt></ruby> | iluminação *f.*<br>イルミナサォン | streetlight<br>ストリートライト |
| <ruby>解読<rt>かいどく</rt></ruby> | decifração *f.*<br>デスィフラサォン | decipherment<br>ディサイファメント |
| ～する | decifrar<br>デスィフラール | decipher, decode<br>ディサイファ, ディコウド |
| <ruby>海難救助<rt>かいなんきゅうじょ</rt></ruby> | socorro dos náufragos *m.*<br>ソコッホ ドズ ナウフラゴス | sea rescue<br>スィー レスキュー |
| <ruby>介入<rt>かいにゅう</rt></ruby> | intervenção *f.*<br>インテルヴェンサォン | intervention<br>インタヴェンション |
| ～する | *intervir*<br>インテルヴィール | intervene<br>インタヴィーン |
| <ruby>概念<rt>がいねん</rt></ruby> | conceito *m.*<br>コンセイト | notion, concept<br>ノウション, カンセプト |
| <ruby>開発<rt>かいはつ</rt></ruby> | desenvolvimento *m.*, exploração *f.*<br>デゼンヴォウヴィメント, エスプロラサォン | exploitation<br>エクスプロイテイション |
| ～する | desenvolver, explorar<br>デゼンヴォウヴェール, エスプロラール | develop, exploit<br>ディヴェロプ, エクスプロイト |
| ～途上国 | país em desenvolvimento *m.*<br>パイース エィン デセンヴォウヴィメント | developing country<br>ディヴェロピング カントリ |

| 日 | 葡 | 英 |
|---|---|---|
| かいばつ<br>海抜 | acima do nível do mar<br>アスィーマ ド ニーヴェウ ド マール | above the sea<br>アバヴ ザ スィー |
| かいひ<br>会費 | cota f.<br>コッタ | (membership) fee<br>(メンバシプ) フィー |
| がいぶ<br>外部 | a parte externa f.<br>ア パルチ エステルナ | the outside<br>ジ アウトサイド |
| かいふく<br>回復 | recuperação f.<br>ヘクペラサォン | restoration, recovery<br>レストレイション, リカヴァリ |
| ～する | recuperar-se<br>ヘクペラールスィ | recover, restore<br>リカヴァ, リストー |
| かいほう<br>解放 | libertação f.<br>リベルタサォン | emancipation<br>イマンスィペイション |
| ～する | libertar<br>リベルタール | release, liberate<br>リリース, リバレイト |
| かいぼう<br>解剖 | dissecação f.<br>ヂセカサォン | dissection<br>ディセクション |
| かいほう<br>開放する | disponibilizar<br>ヂスポニビリザール | open<br>オウプン |
| かいまく<br>開幕 | abertura f.<br>アベルトゥーラ | the opening<br>ジ オウプニング |
| がいむ<br>外務 | assuntos estrangeiros m.pl.<br>アスントス エストランジェイロス | foreign affairs<br>フォーリン アフェアズ |
| ～省 | Ministério das Relações<br>Exteriores m.<br>ミニステーリオ ダス ヘラソィンス エステリオーリス | the Ministry of<br>Foreign Affairs<br>ザ ミニストリ オヴ フォーリン アフェアズ |
| かいめん<br>海綿 | esponja f.<br>エスポンジャ | sponge<br>スパンチ |
| か もの<br>買い物 | compras f.pl.<br>コンプラス | shopping<br>シャピング |
| かいやく<br>解約 | rescisão f.<br>ヘスィザォン | cancellation<br>キャンセレイション |
| かいよう<br>潰瘍 | úlcera f.<br>ウセラ | ulcer<br>アルサ |
| かいりつ<br>戒律 | preceitos m.pl. mandamentos m.pl.<br>プレセイトス, マンダメントス | commandment<br>コマンドメント |
| がいりゃく<br>概略 | resumo m., sumário m.<br>ヘズーモ, スマーリオ | outline, summary<br>アウトライン, サマリ |
| かいりゅう<br>海流 | corrente marítima f.<br>コヘンチ マリチマ | current<br>カーレント |

| 日 | 葡 | 英 |
|---|---|---|
| <ruby>改良<rt>かいりょう</rt></ruby> | melhoramento *m.*<br>メリョラメント | improvement<br>インプルーヴメント |
| <ruby>回路<rt>かいろ</rt></ruby> | circuito *m.*<br>スィルクイット | circuit<br>サーキト |
| <ruby>街路<rt>がいろ</rt></ruby> | rua *f.*<br>フーア | street, avenue<br>ストリート, アヴェニュ |
| ～樹 | árvores das ruas *f.pl.*<br>アルヴォリス ダス フーアス | street trees<br>ストリート トリーズ |
| ～灯 | poste de iluminação *m.*<br>ポスチ ヂ イルミナサォン | streetlight<br>ストリートライト |
| カイロプラクティック | quiroprática *f.*<br>キロプラチカ | chiropractic<br>カイラプラクティック |
| <ruby>会話<rt>かいわ</rt></ruby> | conversação *f.*<br>コンヴェルササォン | conversation<br>カンヴァセイション |
| ～する | conversar<br>コンヴェルサール | talk *with*<br>トーク |
| <ruby>下院<rt>かいん</rt></ruby> | Câmara Baixa [dos Deputados] *f.*<br>カマラ バィシャ [ドズ デプタードス] | the House of Representatives<br>ザ ハウス オヴ レプリゼンタティヴズ |
| ～議員 (男の) | deputado *m.*<br>デプタード | Representative<br>レプリゼンタティヴ |
| (女の) | deputada *f.*<br>デプターダ | Representative<br>レプリゼンタティヴ |
| <ruby>飼う<rt>か</rt></ruby> | criar, ter<br>クリアール, テール | keep, raise<br>キープ, レイズ |
| <ruby>買う<rt>か</rt></ruby> | comprar<br>コンプラール | buy, purchase<br>バイ, パーチェス |
| ガウン | roupão *m.*<br>ホゥパォン | gown<br>ガウン |
| カウンセラー (男の) | consultor *m.*<br>コンスウトール | counselor<br>カウンスラ |
| (女の) | consultora *f.*<br>コンスウトーラ | counselor<br>カウンスラ |
| カウンセリング | consultoria *f.*<br>コンスウトリーア | counseling<br>カウンスリング |
| カウンター | balcão *m.*<br>バウカォン | counter<br>カウンタ |

| 日 | 葡 | 英 |
|---|---|---|
| カウント | cálculo *m.*, conta *f.*<br>カウクロ, コンタ | count<br>カウント |
| <ruby>返<rt>かえ</rt></ruby>す | devolver<br>デヴォゥヴェール | return, send back<br>リターン, センド バク |
| <ruby>帰<rt>かえ</rt></ruby>り | volta *f.*<br>ヴォウタ | return<br>リターン |
| <ruby>顧<rt>かえり</rt></ruby>みる | olhar para trás<br>オリャール パラ トラース | look back<br>ルク バク |
| <ruby>蛙<rt>かえる</rt></ruby> | sapo *m.*, rã *f.*<br>サッポ, ハン | frog<br>フローグ |
| <ruby>帰<rt>かえ</rt></ruby>る | voltar (para um lugar)<br>ヴォゥタール パラ ウン ルガール | go back<br>ゴウ バク |
| (辞去) | ir-se embora<br>イールスィ エンボーラ | leave<br>リーヴ |
| <ruby>換<rt>か</rt></ruby>える | trocar<br>トロカール | exchange *for*<br>イクスチェインヂ |
| <ruby>変<rt>か</rt></ruby>える | mudar<br>ムダール | change<br>チェインヂ |
| <ruby>返<rt>かえ</rt></ruby>る | voltar<br>ヴォゥタール | return, come back<br>リターン, カム バク |
| <ruby>顔<rt>かお</rt></ruby> | rosto *m.*, cara *f.*<br>ホスト, カーラ | face, look<br>フェイス, ルク |
| <ruby>顔色<rt>かおいろ</rt></ruby> | cor do rosto *f.*<br>コール ド ホスト | complexion<br>コンプレクション |
| <ruby>香<rt>かお</rt></ruby>り | perfume *m.*<br>ペルフーミ | smell, fragrance<br>スメル, フレイグランス |
| <ruby>香<rt>かお</rt></ruby>[薫]る | perfumar<br>ペルフマール | be fragrant<br>フレイグラント |
| <ruby>画家<rt>がか</rt></ruby> | | |
| (男の) | pintor *m.*<br>ピントール | painter<br>ペインタ |
| (女の) | pintora *f.*<br>ピントーラ | painter<br>ペインタ |
| <ruby>加害者<rt>かがいしゃ</rt></ruby> | | |
| (男の) | agressor *m.*<br>アグレソール | assailant<br>アセイラント |
| (女の) | agressora *f.*<br>アグレソーラ | assailant<br>アセイラント |

| 日 | 葡 | 英 |
|---|---|---|
| 抱える | abraçar<br>アブラサール | hold... in *one's* arms<br>ホウルド イン アームズ |
| 価格 | preço *m.*<br>プレッソ | price, value<br>プライス, ヴァリュー |
| 化学 | química *f.*<br>キミカ | chemistry<br>ケミストリ |
| 科学 | ciência *f.*<br>スィエンスィア | science<br>サイエンス |
| ～者 | cientista *m.f.*<br>スィエンチスタ | scientist<br>サイエンティスト |
| 掲げる | erguer, levantar<br>エルゲール, レヴァンタール | hoist<br>ホイスト |
| 踵 | calcanhar *m.*<br>カウカニャール | heel<br>ヒール |
| 鏡 | espelho *m.*<br>エスペーリョ | mirror, glass<br>ミラ, グラス |
| 屈む | curvar-se<br>クルヴァールスィ | stoop<br>ストゥープ |
| 輝かしい | brilhante<br>ブリリャンチ | brilliant<br>ブリリャント |
| 輝き | brilho *m.*<br>ブリーリョ | brilliance<br>ブリリャンス |
| 輝く | brilhar<br>ブリリャール | shine, glitter<br>シャイン, グリタ |
| 係員 | | |
| （男の） | encarregado *m.*<br>エンカヘガード | person in charge *of*<br>パーソン イン チャーヂ |
| （女の） | encarregada *f.*<br>エンカヘガーダ | person in charge *of*<br>パーソン イン チャーヂ |
| 掛かる | estar suspenso [pendurado]<br>エスタール ススペンソ [ペンドゥラード] | hang *on, from*<br>ハング |
| （金が） | custar<br>クスタール | cost<br>コースト |
| （時間が） | levar<br>レヴァール | take<br>テイク |
| （医者に） | consultar<br>コンスウタール | consult, see<br>コンサルト, スィー |

| 日 | 葡 | 英 |
|---|---|---|
| 関[係]わる | relacionar-se com, envolver-se em<br>ヘラスィオナールスィ コン, エンヴォウヴェールスィ エイン | be concerned in<br>ビ コンサーンド イン |
| 牡蠣 | ostra f.<br>オストラ | oyster<br>オイスタ |
| 柿 | caqui m.<br>カキ | persimmon<br>パースィモン |
| 鍵 | chave f.<br>シャーヴィ | key<br>キー |
| 書き換える | reescrever, renovar<br>ヘエスクレヴェール, ヘノヴァール | rewrite<br>リーライト |
| （名義を） | transferir<br>トランスフェリール | transfer<br>トランスファー |
| 書留 | correio registrado m.<br>コヘイオ ヘジストラード | registration<br>レヂストレイション |
| 書き留める | anotar<br>アノタール | write down<br>ライト ダウン |
| 書き取り | ditado m.<br>チタード | dictation<br>ディクテイション |
| 書き取る | anotar, registrar<br>アノタール, ヘジストラール | write down<br>ライト ダウン |
| 書き直す | reescrever<br>ヘエスクレヴェール | rewrite<br>リーライト |
| 垣根 | cerca f.<br>セルカ | fence, hedge<br>フェンス, ヘヂ |
| 掻き混ぜる<br>[回す] | mexer, misturar<br>メシェール, ミストゥラール | mix up, stir<br>ミクス アプ, スター |
| 下級 | classe baixa f.<br>クラッスィ バイシャ | lower class<br>ロウア クラス |
| 家業 | a profissão da família f.<br>ア プロフィサォン ダ ファミーリア | the family business<br>ザ ファミリ ビズネス |
| 限る | limitar<br>リミタール | limit<br>リミト |
| 核 | núcleo m.<br>ヌクリオ | kernel, core<br>カーネル, コー |
| （原子核） | núcleo m.<br>ヌクリオ | nucleus<br>ニュークリアス |

| 日 | 葡 | 英 |
|---|---|---|
| 欠く | faltar ファウタール | lack ラク |
| 書く | escrever エスクレヴェール | write ライト |
| (記述) | descrever ヂスクレヴェール | describe ディスクライブ |
| 描く | desenhar, pintar デゼニャール, ピンタール | draw, paint ドロー, ペイント |
| 掻く | coçar コサール | scratch, rake スクラチ, レイク |
| (水を) | remar ヘマール | paddle パドル |
| 家具 | móvel m. モーヴェウ | furniture ファーニチャ |
| 嗅ぐ | cheirar シェイラール | smell, sniff スメル, スニフ |
| 額 | moldura f. モウドゥーラ | frame フレイム |

## 家具　móvel m. /モーヴェウ/

椅子　cadeira /カデイラ/ f. (⊛chair, stool)
肘掛け椅子　poltrona /ポウトローナ/ f. (⊛armchair)
ソファー　sofá /ソファ/ m. (⊛sofa, couch)
机　escrivaninha /エスクリヴァニーニャ/ f. (⊛desk, bureau)
テーブル　mesa /メーザ/ f. (⊛table)
食器棚　guarda-louça /グワルダ ロウサ/ m. (⊛cupboard)
箪笥　guarda-roupa /グワルダ ホウパ/ m. (⊛chest of drawers)
本棚　estante de livro /エスタンチ ヂ リヴロ/ f. (⊛bookshelf)
カーテン　cortina /コルチーナ/ f. (⊛curtain)
ブラインド　persiana /ペルスィアーナ/ f. (⊛blind)
絨毯　tapete /タペッチ/ m. (⊛carpet, rug)
ベッド　cama /カーマ/ f. (⊛bed)
クッション　almofada /アウモファーダ/ f. (⊛cushion)
ハンモック　rede /ヘーヂ/ f. (⊛hammock)

| 日 | 葡 | 英 |
|---|---|---|
| (金額) | montante *m.*<br>モンタンチ | amount, sum<br>アマウント, サム |
| がくい<br>学位 | grau acadêmico *m.*<br>グラウ アカデミコ | degree<br>ディグリー |
| かくう<br>架空の | imaginário<br>イマジナーリオ | imaginary<br>イマヂネリ |
| かくえきていしゃ<br>各駅停車 | trem comum *m.*<br>トレィン コムン | local train<br>ロウカル トレィン |
| がくげい<br>学芸 | artes liberais *f.pl.*<br>アルチス リベラィス | liberal arts<br>リベラル アート |
| かくげん<br>格言 | máxima *f.*<br>マスィマ | maxim<br>マクスィム |
| かくご<br>覚悟する | estar preparado para<br>エスタール プレパラード パラ | be prepared *for*<br>プリペアド |
| かくさ<br>格差 | diferença *f.*<br>ヂフェレンサ | difference, gap<br>ディファレンス, ギャプ |
| かくざとう<br>角砂糖 | açúcar em cubos *m.*<br>アスッカル エィン クーボス | cube sugar<br>キューブ シュガ |
| がくし<br>学士 | | |
| (男の) | bacharel *m.*<br>バシャレウ | bachelor<br>バチェラ |
| (女の) | bacharela *f.*<br>バシャレーラ | bachelor<br>バチェラ |
| かくじつ<br>確実な | seguro, certo<br>セグーロ, セルト | sure, certain<br>シュア, サートン |
| がくしゃ<br>学者 | | |
| (男の) | cientista especializado *m.*<br>スィエンチスタ エスペスィアリザード | scholar<br>スカラ |
| (女の) | cientista especializada *f.*<br>スィエンチスタ エスペスィアリザーダ | scholar<br>スカラ |
| がくしゅう<br>学習 | estudo *m.*<br>エストゥード | learning<br>ラーニング |
| ～する | estudar, aprender<br>エストゥダール, アプレンデール | study, learn<br>スタディ, ラーン |
| かくしん<br>確信 | convicção *f.*<br>コンヴィキサォン | conviction<br>コンヴィクション |
| ～する | estar seguro de<br>エスタール セグーロ ヂ | be convinced *of, that*<br>コンヴィンスト |

| 日 | 葡 | 英 |
|---|---|---|
| かく<br>隠す | esconder<br>エスコンデール | hide, conceal<br>ハイド, コンスィール |
| がくせい<br>学生 | estudante *m.f.*<br>エストゥダンチ | student<br>ステューデント |
| ～証 | carteira de estudante *f.*<br>カルテイラ チ エストゥダンチ | student's ID card<br>ステューデンツ アイディー カード |
| かくせいざい<br>覚醒剤 | estimulante *m.*, droga *f.*<br>エスチムランチ, ドローガ | stimulant<br>スティミュラント |
| がくせつ<br>学説 | teoria *f.*<br>テオリーア | doctrine, theory<br>ダクトリン, スィーアリ |
| かくだい<br>拡大 | ampliação *f.*, expansão *f.*<br>アンプリアサォン, エスパンサォン | magnification<br>マグニフィケイション |
| ～する | aumentar<br>アゥメンタール | magnify<br>マグニファイ |
| かくちょう<br>拡張 | alargamento *m.*<br>アラルガメント | extension<br>イクステンション |
| ～する | expandir<br>エスパンヂール | extend<br>イクステンド |
| がくちょう<br>学長 | | |
| （男の） | reitor *m.*<br>ヘィトール | president<br>プレジデント |
| （女の） | reitora *f.*<br>ヘィトーラ | president<br>プレジデント |
| かくづ<br>格付け | classificação *f.*<br>クラスィフィカサォン | rating<br>レイティング |
| かくてい<br>確定する | decidir<br>デスィチール | decide<br>ディサイド |
| カクテル | coquetel *m.*<br>コキテウ | cocktail<br>カクテイル |
| かくど<br>角度 | ângulo *m.*<br>アングロ | angle<br>アングル |
| かくとう<br>格闘 | luta *f.*<br>ルッタ | fight<br>ファイト |
| かくとく<br>獲得 | aquisição *f.*<br>アキズィサォン | acquisition<br>アクウィジション |
| ～する | adquirir<br>アヂキリール | acquire, obtain<br>アクワイア, オブテイン |
| かくにん<br>確認 | confirmação *f.*<br>コンフィルマサォン | confirmation<br>カンファメイション |

| 日 | 葡 | 英 |
|---|---|---|
| 〜する | confirmar<br>コンフィルマール | confirm<br>コンファーム |
| 学年 | série f.<br>セリイ | school year<br>スクール イア |
| 格納庫 | hangar m.<br>アンガール | hangar<br>ハンガ |
| 学費 | taxa escolar f.<br>タッシャ エスコラール | school expenses<br>スクール イクスペンスィズ |
| 楽譜 | partitura f.<br>パルチトゥーラ | music, score<br>ミュージク, スコー |
| 学部 | faculdade f.<br>ファクウダーヂ | faculty<br>ファカルティ |
| 核兵器 | armas nucleares f.pl.<br>アルマズ ヌクレアーリス | nuclear weapon<br>ニュークリア ウェポン |
| 確保する | garantir<br>ガランチール | secure<br>スィキュア |
| 角膜 | córnea f.<br>コルニア | the cornea<br>ザ コーニア |
| 革命 | revolução f.<br>ヘヴォルサォン | revolution<br>レヴォルーション |
| 学問 | estudo m.<br>エストゥード | learning, study<br>ラーニング, スタディ |
| 楽屋 | camarim m.<br>カマリン | dressing room<br>ドレスィング ルーム |
| 確立 | estabelecimento m.<br>エスタベレスィメント | establishment<br>イスタブリシュメント |
| 〜する | estabelecer<br>エスタベレセール | establish<br>イスタブリシュ |
| 確率 | probabilidade f.<br>プロバビリダーヂ | probability<br>プラバビリティ |
| 閣僚 | membro do gabinete m.<br>メンブロ ド ガビネッチ | Cabinet minister<br>キャビネト ミニスタ |
| 学力 | capacidade intelectual f.<br>カパスィダーヂ インテレキトゥアウ | scholarship<br>スカラシプ |
| 学歴 | carreira acadêmica f.<br>カヘイラ アカデミカ | school career<br>スクール カリア |
| 隠れる | esconder-se<br>エスコンデールスィ | hide *oneself*<br>ハイド |

| 日 | 葡 | 英 |
|---|---|---|
| <ruby>学割<rt>がくわり</rt></ruby> | desconto para estudantes *m.*<br>ヂスコント パラ エストゥダンチス | reduced fee for students<br>リデューズド フィー フォ ステューデンツ |
| <ruby>賭け<rt>か</rt></ruby> | aposta *f.*<br>アポスタ | gambling<br>ギャンブリング |
| <ruby>陰・影<rt>かげ</rt></ruby> | sombra *f.*<br>ソンブラ | shade, shadow, silhouette<br>シェイド, シャドウ, スィルエト |
| <ruby>崖<rt>がけ</rt></ruby> | escarpa *f.*<br>エスカルパ | cliff<br>クリフ |
| <ruby>家計<rt>かけい</rt></ruby> | economia doméstica *f.*<br>エコノミーア ドメスチカ | household economy<br>ハウスホウルド イカノミ |
| <ruby>掛け算<rt>か ざん</rt></ruby> | multiplicação *f.*<br>ムウチプリカサォン | multiplication<br>マルティプリケイション |
| <ruby>可決する<rt>かけつ</rt></ruby> | aprovar<br>アプロヴァール | approve<br>アプルーヴ |
| <ruby>駆け引き<rt>か ひ</rt></ruby> | estratégia diplomática *f.*<br>エストラテジア ヂプロマチカ | tactics<br>タクティクス |
| <ruby>掛け布団<rt>か ぶとん</rt></ruby> | edredom *m.*, colcha de cama *f.*<br>エドレドン, コウシャ ヂ カーマ | quilt, comforter<br>クウィルト, カンフォタ |
| かけら | pedaço *m.*<br>ペダッソ | fragment<br>フラグメント |
| <ruby>架ける<rt>か</rt></ruby> | construir ... sobre ...<br>コンストルイール ソーブリ | build... over...<br>ビルド オウヴァ |
| <ruby>掛ける<rt>か</rt></ruby> | pendurar<br>ペンドゥラール | hang, suspend<br>ハング, サスペンド |
| （掛け算） | multiplicar<br>ムウチプリカール | multiply<br>マルティプライ |
| （時間・金を） | gastar<br>ガスタール | spend<br>スペンド |
| （ラジオなどを） | ligar<br>リガール | turn on<br>ターン オン |
| （レコードを） | pôr, tocar<br>ポール, トカール | play<br>プレイ |
| <ruby>駆ける<rt>か</rt></ruby> | correr<br>コヘール | run<br>ラン |
| <ruby>欠ける<rt>か</rt></ruby> | quebrar-se um pouquinho<br>ケブラールスィ ウン ポゥキーニョ | break *off*<br>ブレイク |
| （不足） | faltar<br>ファウタール | lack<br>ラク |

| 日 | 葡 | 英 |
|---|---|---|
| 賭ける | apostar<br>アポスタール | bet *on*<br>ベト |
| 陰る | nublar-se<br>ヌブラールスィ | darken<br>ダークン |
| 過去 | passado *m.*<br>パサード | the past<br>ザ パスト |
| 籠 | | |
| （編み籠） | cesto *m.*<br>セスト | basket<br>バスケト |
| （鳥篭） | gaiola *f.*<br>ガィオーラ | cage<br>ケイヂ |
| 囲い | cerca *f.*<br>セルカ | enclosure, fence<br>インクロウジャ, フェンス |
| 化合 | combinação *f.*<br>コンビナサォン | combination<br>カンビネイション |
| ～する | combinar<br>コンビナール | combine<br>コンバイン |
| 花崗岩 | granito *m.*<br>グラニット | granite<br>グラニト |
| 加工する | transformar<br>トランスフォルマール | process<br>プラセス |
| 囲む | cercar<br>セルカール | surround, enclose<br>サラウンド, インクロウズ |
| 傘 | | |
| （男性用） | guarda-chuva *m.*<br>グワルダ シューヴァ | parasol<br>パラソール |
| （女性用, 日傘） | sombrinha *f.*<br>ソンブリーニャ | umbrella, parasol<br>アンブレラ, パラソール |
| 火災 | incêndio *m.*<br>インセンチオ | fire<br>ファイア |
| ～報知機 | alarme contra incêndios *m.*<br>アラルミ コントラ インセンチオス | fire alarm<br>ファイア アラーム |
| 風車 | cata-vento *m.*<br>カタヴェント | pinwheel<br>ピン(ホ)ウィール |
| 重なる | sobrepor-se<br>ソブレポール スィ | be piled up, overlap<br>パイルド アプ, オウヴァラプ |
| （度重なる） | repetir-se<br>ヘペチール スィ | be repeated<br>ビ リピーテド |

| 日 | 葡 | 英 |
|---|---|---|
| <ruby>重<rt>かさ</rt></ruby>ねる | acumular<br>アクムラール | pile up<br>パイル アプ |
| （繰り返す） | repetir<br>ヘペチール | repeat<br>リピート |
| <ruby>嵩張<rt>かさば</rt></ruby>る | avolumar-se<br>アヴォルマールスィ | be bulky<br>ビ バルキ |
| <ruby>飾<rt>かざ</rt></ruby>り | decoração *f.*<br>デコラサォン | decoration, ornament<br>デコレイション, オーナメント |
| <ruby>飾<rt>かざ</rt></ruby>る | decorar, enfeitar<br>デコラール, エンフェイタール | decorate, ornament<br>デコレイト, オーナメント |
| （陳列） | exibir<br>エズィビール | put... on show<br>プト オン ショウ |
| <ruby>火山<rt>かざん</rt></ruby> | vulcão *m.*<br>ヴウカォン | volcano<br>ヴァルケイノウ |
| <ruby>歌詞<rt>かし</rt></ruby> | letra *f.*<br>レトラ | the words, the text<br>ザ ワーズ, ザ テクスト |
| <ruby>菓子<rt>かし</rt></ruby> | doce *m.*<br>ドッスィ | confectionery, cake<br>コンフェクショネリ, ケイク |
| ～屋 | confeitaria *f.*<br>コンフェイタリーア | confectionery<br>コンフェクショネリ |
| <ruby>貸<rt>か</rt></ruby>し | empréstimo *m.*<br>エンプレスチモ | loan<br>ロウン |
| <ruby>家事<rt>かじ</rt></ruby> | serviços domésticos *m.pl.*<br>セルヴィッソス ドメスチコス | housework<br>ハウスワーク |
| <ruby>火事<rt>かじ</rt></ruby> | incêndio *m.*<br>インセンヂオ | fire<br>ファイア |
| <ruby>貸<rt>か</rt></ruby>し<ruby>切<rt>き</rt></ruby>りの | reservado, fretado<br>ヘゼルヴァード, フレタード | chartered<br>チャータド |
| <ruby>賢<rt>かしこ</rt></ruby>い | inteligente, esperto<br>インテリジェンチ, エスペルト | wise, clever<br>ワイズ, クレヴァ |
| <ruby>貸<rt>か</rt></ruby>し<ruby>出<rt>だ</rt></ruby>し | empréstimo de objetos *m.*<br>エンプレスチモ ヂ オブジェットス | lending<br>レンディング |
| <ruby>過失<rt>かしつ</rt></ruby> | erro *m.*<br>エッホ | fault, error<br>フォールト, エラ |
| <ruby>果実<rt>かじつ</rt></ruby> | fruta *f.*<br>フルッタ | fruit<br>フルート |
| <ruby>貸<rt>か</rt></ruby>し<ruby>付<rt>つ</rt></ruby>け | empréstimo de dinheiro *m.*<br>エンプレスチモ ヂ ヂニェィロ | loan, credit<br>ロウン, クレディト |

| 日 | 葡 | 英 |
|---|---|---|
| カジノ | cassino *m.*<br>カスィーノ | casino<br>カスィーノウ |
| カシミヤ | casimira *f.*<br>カズィミーラ | cashmere<br>キャジュミア |
| かしゃ<br>貨車 | vagão de carga *m.*<br>ヴァガォン チ カルガ | freight car<br>フレイト カー |
| か<br>貸し家 | casa para alugar *f.*<br>カーザ パラ アルガール | house for rent<br>ハウス フォ レント |
| かしゅ<br>歌手 | | |
| （男の） | cantor *m.*<br>カントール | singer<br>スィンガ |
| （女の） | cantora *f.*<br>カントーラ | singer<br>スィンガ |
| カジュアルな | esporte, informal<br>エスポルチ, インフォルマウ | casual<br>キャジュアル |
| かじゅう<br>果汁 | suco de fruta *m.*<br>スッコ チ フルッタ | fruit juice<br>フルート チュース |
| カシューナッツ | castanha de caju *f.*<br>カスターニャ チ カジュ | cashew<br>キャシュー |
| かじゅえん<br>果樹園 | pomar *m.*<br>ポマール | orchard<br>オーチャド |
| かじょう<br>過剰 | excesso *m.*<br>エセッソ | excess, surplus<br>イクセス, サープラス |
| かしょくしょう<br>過食症 | bulimia *f.*<br>ブリミーア | bulimia<br>ビューリミア |
| かしらもじ<br>頭文字 | letra inicial *f.*<br>レトラ イニスィアウ | initial letter<br>イニシャル レタ |
| かじ<br>齧る | morder<br>モルデール | gnaw *at,* nibble *at*<br>ノー, ニブル |
| か<br>貸す | emprestar<br>エンプレスタール | lend, advance<br>レンド, アドヴァンス |
| （家などを） | alugar<br>アルガール | rent, lease<br>レント, リース |
| かす<br>滓 | sedimento *m.*<br>セヂメント | dregs<br>ドレグズ |
| かず<br>数 | número *m.*<br>ヌメロ | number, figure<br>ナンバ, フィギャ |
| ガス | gás *m.*<br>ガィス | gas<br>ギャス |

| 日 | 葡 | 英 |
|---|---|---|
| 〜レンジ | fogão *m.*<br>フォガォン | gas range<br>ギャス レインヂ |
| かすかな<br>微かな | leve, tênue<br>レーヴィ, テヌィ | faint, slight<br>フェイント, スライト |
| カスタネット | castanholas *f.pl.*<br>カスタニョーラス | castanets<br>キャスタネッツ |
| かすみ<br>霞 | névoa *f.*<br>ネヴォア | haze<br>ヘイズ |
| かす<br>霞む | ficar enevoado<br>フィカール エネヴォアード | be hazy<br>ビ ヘイジ |
| かす<br>掠れる | enrouquecer<br>エンホウケセール | get hoarse<br>ゲト ホース |
| かぜ<br>風 | vento *m.*<br>ヴェント | wind, breeze<br>ウィンド, ブリーズ |
| 〜が吹く | ventar<br>ヴェンタール | blow<br>ブロウ |
| かぜ<br>風邪 | gripe *f.*<br>グリッピ | cold, flu<br>コウルド, フルー |
| 〜をひく | pegar uma gripe, ficar gripado<br>ペガール ウマ グリッピ, フィカール グリパード | catch (a) cold<br>キャチ (ア) コウルド |
| かせい<br>火星 | Marte *m.*<br>マルチ | Mars<br>マーズ |
| かぜい<br>課税 | tributação *f.*, taxação *f.*<br>トリブタサォン, タシャサォン | taxation<br>タクセイション |
| かせき<br>化石 | fóssil *m.*<br>フォッスィウ | fossil<br>ファスィル |
| かせ<br>稼ぐ | ganhar<br>ガニャール | earn<br>アーン |
| (時間を) | ganhar<br>ガニャール | gain<br>ゲイン |
| かせつ<br>仮説 | hipótese *f.*<br>イポテズィ | hypothesis<br>ハイパセスィス |
| カセットテープ | fita cassete *f.*<br>フィッタ カセッチ | cassette tape<br>カセト テイプ |
| がぞう<br>画像 | imagem *f.*<br>イマージェィン | picture, image<br>ピクチャ, イミヂ |
| かそう<br>仮装する | fantasiar-se<br>ファンタズィアールスィ | disguise<br>ディスガイズ |

| 日 | 葡 | 英 |
|---|---|---|
| 数える | contar<br>コンタール | count, calculate<br>カウント, キャルキュレイト |
| 加速 | aceleração *f.*<br>アセレラサオン | acceleration<br>アクセラレイション |
| ～する | acelerar<br>アセレラール | accelerate<br>アクセラレイト |
| 家族 | família *f.*<br>ファミーリア | family<br>ファミリ |
| ガソリン | gasolina *f.*<br>ガゾリーナ | gasoline, gas<br>ギャソリーン, ギャス |
| ～スタンド | posto de gasolina *m.*<br>ポスト チ ガゾリーナ | filling station<br>フィリング ステイション |
| 型・形 | | |
| （様式） | tipo *m.*　estilo *m.*, modelo *m.*<br>チッポ, エスチーロ, モデーロ | type, style, mode<br>タイプ, スタイル, モウド |
| （鋳型） | molde *m.*<br>モウヂ | mold<br>モウルド |
| （形式） | forma *f.*<br>フォルマ | form<br>フォーム |
| 肩 | ombro *m.*<br>オンブロ | shoulder<br>ショウルダ |
| 固[堅・硬]い | duro<br>ドゥーロ | hard, solid<br>ハード, サリド |
| （態度・状態が） | formal, sério<br>フォルマウ, セリオ | strong, firm<br>ストローング, ファーム |
| 課題 | assunto *m.*, tema *m.*<br>アスント, テーマ | subject, theme<br>サブヂクト, スィーム |
| （任務） | tarefa *f.*, problema *m.*<br>タレッファ, プロブレーマ | task<br>タスク |
| 肩書き | título *m.*<br>チトゥロ | title<br>タイトル |
| 型紙 | molde de papel *m.*<br>モウヂ チ パペウ | paper pattern<br>ペイパ パタン |
| 片言で話す | balbuciar<br>バウブスィアール | babble<br>バブル |
| 形 | forma *f.*<br>フォルマ | shape, form<br>シェイプ, フォーム |
| 片付く | ficar arrumado<br>フィカール アフマード | be put in order<br>ビ プト イン オーダ |

## ■家族■ família f. /ファミーリア/

|  |  |
|---|---|
| 家族(かぞく) | família /ファミーリア/ f. (®family) |
| 兄弟(きょうだい) | irmão /イルマォン/ m. (®brother) |
| 姉妹(しまい) | irmã /イルマン/ f. (®sisters) |
| 父(ちち) | pai /パイ/ m. (®father) |
| 母(はは) | mãe /マィン/ f. (®mother) |
| 両親(りょうしん) | pais /パイス/ m. pl. (®parents) |
| 夫(おっと) | marido /マリード/ m. (®husband) |
| 妻(つま) | mulher /ムリェール/ f., esposa /エスポーザ/ f. (®wife) |
| 夫婦(ふうふ) | casal /カザウ/ m. (®couple) |
| 子供(こども) | criança /クリアンサ/ f. (®child) |
| 息子(むすこ) | filho /フィーリョ/ m. (®son) |
| 娘(むすめ) | filha /フィーリャ/ f. (®daughter) |
| 祖父(そふ) | avô /アヴォ/ m. (®grandfather) |
| 祖母(そぼ) | avó /アヴォ/ f. (®grandmother) |
| 叔父・伯父(おじ) | tio /チオ/ m. (®uncle) |
| 叔母・伯母(おば) | tia /チア/ f. (®aunt) |
| いとこ | (男の)primo /プリーモ/ m., (女の)prima /プリーマ/ f. (®cousin) |
| 甥(おい) | sobrinho /ソブリーニョ/ m. (®nephew) |
| 姪(めい) | sobrinha /ソブリーニャ/ f. (®niece) |
| 曾祖父(そうそふ) | bisavô /ビザヴォ/ m. (®great-grandfather) |
| 曾祖母(そうそぼ) | bisavó /ビザヴォ/ f. (®great-grandmother) |
| 孫(まご) | (男の)neto /ネット/ m., (女の)neta /ネッタ/ f. (®grandchild) |
| 曾孫(ひまご) | (男の)bisneto /ビズネット/ m., (女の)bisneta /ビズネッタ/ f. (®great-grandchild) |
| 舅(しゅうと) | sogro /ソグロ/ m. (®father-in-law) |
| 姑(しゅうとめ) | sogra /ソグラ/ f. (®mother-in-law) |
| 義兄・義弟(ぎけい・ぎてい) | cunhado /クニャード/ m. (®brother-in-law) |
| 義姉・義妹(ぎし・ぎまい) | cunhada /クニャーダ/ f. (®sister-in-law) |
| 親戚(しんせき) | parente /パレンチ/ m.f. (®relative) |
| 先祖(せんぞ) | ascendente /アセンデンチ/ m.f. (®ancestor) |
| 子孫(しそん) | descendente /デセンデンチ/ m.f. (®descendant) |

| 日 | 葡 | 英 |
|---|---|---|
| (処理) | resolver-se, ser resolvido<br>ヘゾウヴェールスィ, セール ヘゾウヴィード | be settled<br>ビ セトルド |
| かたづ<br>片付ける | arrumar<br>アフマール | put... in order<br>プト イン オーダ |
| (処理) | resolver<br>ヘゾウヴェール | settle<br>セトル |
| かたつむり<br>蝸牛 | caracol *m.*<br>カラコウ | snail<br>スネイル |
| かたな<br>刀 | espada *f.*<br>エスパーダ | sword<br>ソード |
| かたはば<br>肩幅 | largura dos ombros *f.*<br>ラルグーラ ドズ オンブロス | shoulder length<br>ショウルダ レングス |
| かたほう<br>片方 | um do par *m.*<br>ウン ド パール | one of the pair<br>ワンノヴ ザ ペア |
| (片側) | um lado *m.*<br>ウン ラード | one side<br>ワン サイド |
| かたまり<br>塊 | massa *f.*<br>マッサ | lump, mass<br>ランプ, マス |
| かた<br>固まる | endurecer<br>エンドゥレセール | harden<br>ハードン |
| (凝結) | congelar<br>コンジェラール | congeal<br>コンヂール |
| かたみち<br>片道 | ida *f.*<br>イーダ | one way<br>ワン ウェイ |
| 〜切符 | bilhete só de ida *m.*<br>ビリェッチ ソ ヂ イーダ | one-way ticket<br>ワンウェイ ティケト |
| かたむ<br>傾く | inclinar-se<br>インクリナールスィ | lean, incline<br>リーン, インクライン |
| かたむ<br>傾ける | inclinar<br>インクリナール | incline, bend<br>インクライン, ベンド |
| かた<br>固める | endurecer<br>エンドゥレセール | harden<br>ハードン |
| (凝結) | congelar<br>コンジェラール | congeal<br>コンヂール |
| かたよ<br>偏る | inclinar-se, desequilibrar-se<br>インクリナールスィ, デゼキリブラールスィ | lean *to*, be biased<br>リーン, ビ バイアスト |
| かた<br>語る | dizer, falar<br>ヂゼール, ファラール | talk, speak<br>トーク, スピーク |
| カタログ | catálogo *m.*<br>カタロゴ | catalog<br>キャタローグ |

| 日 | 葡 | 英 |
|---|---|---|
| か だん<br>花壇 | canteiro *m.*<br>カンテイロ | flowerbed<br>フラウアベド |
| か ち<br>価値 | valor *m.*<br>ヴァロール | value, worth<br>ヴァリュー, ワース |
| か<br>勝ち | vitória *f.*<br>ヴィトーリア | victory, win<br>ヴィクトリ, ウィン |
| か ちく<br>家畜 | gado *m.*<br>ガード | livestock<br>ライヴスタク |
| か ちょう<br>課長 | chefe de seção *m.*<br>シェッフィ ヂ セサォン | section manager<br>セクション マニヂャ |
| が ちょう<br>鵞鳥 | ganso *m.*<br>ガンソ | goose<br>グース |
| か<br>勝つ | vencer<br>ヴェンセール | win<br>ウィン |
| （克服） | superar<br>スペラール | overcome<br>オウヴァカム |
| かつお<br>鰹 | bonito *m.*<br>ボニット | bonito<br>ボニートウ |
| がっ か<br>学科 | curso *m.*<br>クルソ | subject<br>サブヂクト |
| （大学の） | departamento *m.*<br>デパルタメント | department<br>ディパートメント |
| がっ か<br>学課 | lição *f.*<br>リサォン | lesson<br>レスン |
| がっかい<br>学会 | associação *f.*, sociedade *f.*<br>アソスィアサォン, ソスィエダーヂ | society, academy<br>ソサイアティ, アキャデミ |
| がっかい<br>学界 | mundo acadêmico *m.*<br>ムンド アカデミコ | academic circles<br>アカデミク サークルズ |
| がっかりする | ficar decepcionado<br>フィカール デセプスィオナード | be disappointed<br>ビ ディサポインテド |
| かっ き<br>活気 | vigor *m.*<br>ヴィゴール | life, animation<br>ライフ, アニメイション |
| がっ き<br>学期 | | |
| （2学期制の） | semestre *m.*<br>セメストリ | term<br>ターム |
| （3学期制の） | trimestre *m.*<br>トリメストリ | term<br>ターム |
| がっ き<br>楽器 | instrumento musical *m.*<br>インストルメント ムズィカウ | musical instrument<br>ミュージカル インストルメント |

| 日 | 葡 | 英 |
|---|---|---|
| かっきてき<br>画期的な | marcante<br>マルカンチ | epochmaking<br>エポクメイキング |
| かつ<br>担ぐ | levar, carregar<br>レヴァール, カヘガール | shoulder<br>ショウルダ |
| 迷信を〜 | ser supersticioso<br>セール スペルスチスィオーゾ | be superstitious<br>ビ スーパスティシャス |
| かっけ<br>脚気 | beribéri m.<br>ベリベーリ | beriberi<br>ベリベリ |
| かっこ<br>括弧 | parêntese m.<br>パレンテズィ | bracket<br>ブラケト |
| かっこいい | bonito<br>ボニット | neat, super, cool<br>ニート, スーパ, クール |
| かっこう<br>格好 | forma f. figura f., aparência f.<br>フォルマ, フィグーラ, アパレンスィア | shape, form<br>シェイプ, フォーム |
| かっこう<br>郭公 | cuco m.<br>クッコ | cuckoo<br>クークー |
| がっこう<br>学校 | escola f.<br>エスコーラ | school<br>スクール |
| かっさい<br>喝采 | aplauso m.<br>アプラウゾ | cheers, applause<br>チアズ, アプローズ |
| かつじ<br>活字 | tipo m.<br>チッポ | type<br>タイプ |
| かっしゃ<br>滑車 | roldana f.<br>ホウダーナ | pulley<br>プリ |
| がっしょう<br>合唱 | coro m.<br>コーロ | chorus<br>コーラス |
| 〜する | cantar em coro<br>カンタール エィン コーロ | sing in chorus<br>スィング イン コーラス |
| かっしょく<br>褐色 | castanho m.<br>カスターニョ | brown<br>ブラウン |
| がっそう<br>合奏 | execução coletiva f.<br>エゼクサォン コレチーヴァ | ensemble<br>アーンサーンブル |
| 〜する | tocar em conjunto<br>トカール エィン コンジュント | play in concert<br>プレイ イン カンサト |
| かっそうろ<br>滑走路 | pista f.<br>ピスタ | runway<br>ランウェイ |
| カッター | estilete m.<br>エスチレッチ | cutter<br>カタ |

| 日 | 葡 | 英 |
|---|---|---|
| かって<br>勝手 | | |
| 〜な | egoísta<br>エゴイスタ | selfish<br>セルフィシュ |
| 〜に | por capricho<br>ポル カプリッショ | as *one* pleases<br>アズ ブリーズズ |
| （許可なく） | sem licença<br>セィン リセンサ | without leave<br>ウィザウト リーヴ |
| （独断で） | arbitrariamente<br>アルビトラリアメンチ | arbitrarily<br>アービトレリリ |
| かつて | antes<br>アンチス | once, before<br>ワンス，ビフォー |
| かっとう<br>葛藤 | conflito *m.*<br>コンフリット | complications<br>カンプリケイションズ |
| かつどう<br>活動 | atividade *f.*<br>アチヴィダーチ | activity<br>アクティヴィティ |
| かっとなる | enfurecer-se<br>エンフレセールスィ | fly into a rage<br>フライ イントゥ ア レイヂ |
| かっぱつ<br>活発な | ativo<br>アチーヴォ | active, lively<br>アクティヴ，ライヴリ |
| カップ | xícara *f.*<br>シッカラ | cup<br>カプ |
| （優勝杯） | taça *f.*<br>タッサ | trophy<br>トロウフィ |
| カップル | par *m.*, casal *m.*<br>パール，カザウ | couple<br>カプル |
| がっぺい<br>合併 | fusão *f.*<br>フザォン | merger<br>マーヂャ |
| 〜する | fundir-se<br>フンヂールスィ | merge<br>マーヂ |
| かつやく<br>活躍する | ser ativo<br>セール アチーヴォ | be active *in*<br>ビ アクティヴ |
| かつよう<br>活用 | bom uso *m.*<br>ボン ウーゾ | practical use<br>プラクティカル ユース |
| （動詞などの） | conjugação *f.*<br>コンジュガサォン | conjugation<br>カンヂュゲイション |
| 〜する | utilizar, aproveitar<br>ウチリザール，アプロヴェイタール | put... to practical use<br>プト トゥ プラクティカル ユース |
| かつら<br>鬘 | peruca *f.*<br>ペルッカ | wig<br>ウィグ |

| 日 | 葡 | 英 |
|---|---|---|
| 仮定(かてい) | suposição f., hipótese f.<br>スポズィサォン, イポテズィ | supposition, hypothesis<br>サポジション, ハイパセスィス |
| ～する | supor<br>スポール | assume, suppose<br>アスューム, サポウズ |
| 家庭(かてい) | família f., lar m.<br>ファミーリア, ラール | home, family<br>ホウム, ファミリ |
| カテゴリー | categoria f.<br>カテゴリーア | category<br>キャテゴーリ |
| 角(かど) | esquina f.<br>エスキーナ | corner, turn<br>コーナ, ターン |
| 稼動(かどう) | operação f.<br>オペラサォン | operation<br>アパレイション |
| 下等(かとう)な | inferior<br>インフェリオール | inferior, low<br>インフィアリア, ロウ |
| カドミウム | cádmio m.<br>カヂミオ | cadmium<br>カドミアム |
| カトリック | catolicismo m.<br>カトリスィズモ | Catholicism<br>カサリスィズム |
| ～教徒 | | |
| （男の） | católico m.<br>カトリコ | Catholic<br>キャソリク |
| （女の） | católica f.<br>カトリカ | Catholic<br>キャソリク |
| 金網(かなあみ) | rede de arame f.<br>ヘーヂ ヂ アラーミ | wire netting<br>ワイア ネティング |
| 家内(かない) | minha mulher f.<br>ミーニャ ムリェール | my wife<br>マイ ワイフ |
| 叶(かな)える | realizar<br>ヘアリザール | grant, answer<br>グラント, アンサ |
| 金具(かなぐ) | peças metálicas f.pl.<br>ペッサス メタリカス | metal fittings<br>メトル フィティングズ |
| 悲[哀](かな)しい | triste<br>トリスチ | sad, sorrowful<br>サド, サロウフル |
| 悲[哀](かな)しみ | *tristeza* f.<br>トリステーザ | sorrow, sadness<br>サロウ, サドネス |
| 悲[哀](かな)しむ | entristecer-se, ficar triste<br>エントリステセールスィ, フィカール トリスチ | feel sad, grieve<br>フィール サド, グリーヴ |
| カナダ | Canadá m.<br>カナダ | Canada<br>キャナダ |

| 日 | 葡 | 英 |
|---|---|---|
| かなづち<br>金槌 | martelo *m.*<br>マルテーロ | hammer<br>ハマ |
| かなめ<br>要 | fulcro *m.*<br>フウクロ | the rivet<br>ザ リヴェト |
| （要点） | ponto principal *m.*<br>ポント プリンスィパウ | the point<br>ザ ポイント |
| かなもの<br>金物 | utensílio de metal *m.*<br>ウテンスィーリオ デ メタウ | hardware<br>ハードウェア |
| かなら<br>必ず | sem falta<br>セィン ファウタ | without fail<br>ウィザウト フェイル |
| （ぜひ，きっと） | de qualquer maneira<br>デ クァウケール マネィラ | by all means<br>バイ オール ミーンズ |
| （常に） | sempre<br>センプリ | always<br>オールウェイズ |
| かなり | bastante, muito<br>バスタンチ, ムィント | fairly, pretty<br>フェアリ, プリティ |
| ～の | considerável<br>コンスィデラーヴェウ | considerable<br>コンスィダラブル |
| カナリア | | |
| （雄の） | canário *m.*<br>カナーリオ | canary<br>カネアリ |
| （雌の） | canária *f.*<br>カナーリア | canary<br>カネアリ |
| かに<br>蟹 | caranguejo *m.*<br>カランゲージョ | crab<br>クラブ |
| ～座 | Câncer *m.*<br>カンセル | the Crab, Cancer<br>ザ クラブ, キャンサ |
| かにゅう<br>加入する | ingressar<br>イングレサール | join, enter<br>ヂョイン, エンタ |
| カヌー | canoa *f.*<br>カノーア | canoe<br>カヌー |
| かね<br>金 | dinheiro *m.*<br>ヂニェィロ | money<br>マニ |
| かね<br>鐘 | sino *m.*<br>スィーノ | bell<br>ベル |
| かねつ<br>加熱 | aquecimento<br>アケスィメント | heating<br>ヒーティング |
| かねつ<br>過熱 | superaquecimento *m.*<br>スペラケスィメント | overheating<br>オウヴァヒーティング |

| 日 | 葡 | 英 |
|---|---|---|
| 金儲けする | ganhar dinheiro<br>ガニャール デニェィロ | make money<br>メイク マニ |
| 金持ち | | |
| （男の） | rico *m.*<br>ヒッコ | rich person<br>リチ パーソン |
| （女の） | rica *f.*<br>ヒッカ | rich person<br>リチ パーソン |
| 兼ねる | servir também como<br>セルヴィール タンベィン コーモ | combine *with*<br>コンバイン |
| 可能性 | possibilidade *f.*<br>ポスィビリダーチ | possibility<br>パスィビリティ |
| 可能な | possível<br>ポスィーヴェウ | possible<br>パスィブル |
| 彼女 | ela<br>エラ | she<br>シー |
| カバー | cobertura *f.*<br>コベルトゥーラ | cover<br>カヴァ |
| 〜する | cobrir<br>コブリール | cover<br>カヴァ |
| 庇う | defender, proteger<br>デフェンデール, プロテジェール | protect<br>プロテクト |
| 鞄 | mala *f.*<br>マーラ | bag<br>バグ |
| 過半数 | maioria *f.*<br>マィオリーア | majority<br>マヂョーリティ |
| 黴 | mofo *m.*, bolor *m.*<br>モッフォ, ボロール | mold, mildew<br>モウルド, ミルデュー |
| 画鋲 | tacha *f.*, percevejo *m.*<br>タッシャ, ペルセヴェージョ | thumbtack<br>サムタク |
| 花瓶 | vaso *m.*<br>ヴァーゾ | vase<br>ヴェイス |
| 株 | toco *m.*<br>トッコ | stump<br>スタンプ |
| （株式） | *ação f.*<br>アサォン | stocks<br>スタクス |
| 蕪 | nabo *m.*<br>ナーボ | turnip<br>ターニプ |
| カフェ | cafeteria *f.*<br>カフェテリーア | café, coffeehouse<br>キャフェイ, コーフィハウス |

| 日 | 葡 | 英 |
|---|---|---|
| カフェイン | cafeína *f.*<br>カフェイーナ | caffeine<br>キャフィーン |
| カフェテリア | lanchonete *f.*<br>ランショネッチ | cafeteria<br>キャフェティアリア |
| かぶけん<br>株券 | (apólice de) ação *f.*<br>(アポリスィ デ) アサォン | stock certificate<br>スタク サティフィケト |
| かぶしき<br>株式 | ações *f.pl.*<br>アソィンス | stocks<br>スタクス |
| ～会社 | sociedade anônima (S.A.) *f.*<br>ソスィエダーヂ アノニマ (エスィ アー) | joint-stock corporation<br>ヂョイントスタク コーポレイション |
| ～市場 | mercado de ações *m.*<br>メルカード ヂ アソィンス | stock market<br>スタク マーケト |
| かぶ<br>被せる | cobrir<br>コブリール | cover *with*<br>カヴァ |
| (罪などを) | atribuir (culpa) a, culpabilizar<br>アトリブイール クウパ ア, クウパビリザール | charge *with*<br>チャーヂ |
| カプセル | cápsula *f.*<br>カピスラ | capsule<br>キャプスル |
| かぶと<br>兜 | elmo *m.*<br>エウモ | helmet<br>ヘルメト |
| かぶとむし<br>甲虫 | besouro *m.*<br>ベゾゥロ | beetle<br>ビートル |
| かぶぬし<br>株主 | acionista *m.f.*<br>アスィオニスタ | stockholder<br>スタクホウルダ |
| かぶ<br>被る | pôr na cabeça, enfiar<br>ポール ナ カベッサ, エンフィアール | put on, wear<br>プト アン, ウェア |
| (ほこりなどを) | cobrir-se com<br>コブリールスィ コン | be covered *with*<br>ビ カヴァド |
| かぶれ<br>(おむつなどの) | assadura *f.*<br>アサドゥーラ | skin eruptions<br>スキン イラプションズ |
| (金属・植物の) | alergia *f.*<br>アレルジーア | skin eruptions<br>スキン イラプションズ |
| かふん<br>花粉 | pólen *m.*<br>ポーレィン | pollen<br>パルン |
| かべ<br>壁 | parede *f.*<br>パレーヂ | wall, partition<br>ウォール, パーティション |
| かへい<br>貨幣 | moeda *f.*<br>モエーダ | money, coin<br>マニ, コイン |

| 日 | 葡 | 英 |
|---|---|---|
| 壁紙<br>かべがみ | papel de parede *m.*<br>パペウ デ パレーヂ | wallpaper<br>ウォールペイパ |
| 花弁<br>かべん | pétala *f.*<br>ペタラ | petal<br>ペタル |
| 南瓜<br>かぼちゃ | abóbora *f.*<br>アボボラ | pumpkin<br>パンプキン |
| 釜<br>かま | panela de ferro *f.*<br>パネーラ デ フェッホ | iron pot<br>アイアン パト |
| 窯<br>かま | forno *m.*<br>フォルノ | kiln<br>キルン |
| 構う<br>かま | prestar atenção a<br>プレスタール アテンサォン ア | care *about*, mind<br>ケア, マインド |
| （干渉する） | intrometer-se<br>イントロメテールスィ | meddle *in*<br>メドル |
| （世話する） | cuidar de<br>クィダール ヂ | care for<br>ケア フォー |
| 蟷螂<br>かまきり | louva-a-deus *m.*<br>ロゥヴァ ア デゥス | mantis<br>マンティス |
| 我慢<br>がまん | paciência *f.*<br>パスィエンスィア | patience<br>ペイシェンス |
| ～する | agüentar<br>アグエンタール | be patient<br>ビ ペイシェント |
| ～強い | paciente<br>パスィエンチ | pacient<br>ペイシェント |
| 紙<br>かみ | papel *m.*<br>パペウ | paper<br>ペイパ |
| 神<br>かみ | deus *m.*<br>デゥス | god<br>ガド |
| （女神） | deusa *f.*<br>デゥザ | goddes<br>ガデス |
| 髪<br>かみ | cabelo *m.*<br>カベーロ | hair<br>ヘア |
| 剃刀<br>かみそり | navalha *f.*, gilete *f.*<br>ナヴァーリャ, ヂレッチ | razor<br>レイザ |
| 過密な<br>かみつ | cheio, lotado<br>シェイオ, ロタード | tight, heavy<br>タイト, ヘヴィ |
| 雷<br>かみなり | trovão *m.*<br>トロヴァォン | thunder<br>サンダ |

| 日 | 葡 | 英 |
|---|---|---|
| 〜が鳴る | trovejar<br>トロヴェジャール | thunder<br>サンダ |
| 仮眠(かみん) | soneca *f.*<br>ソネッカ | doze<br>ドウズ |
| 噛む(か)<br>　(かじる) | morder<br>モルデール | bite<br>バイト |
| 　(そしゃくする) | mastigar<br>マスチガール | chew, gnaw<br>チュー, ノー |
| ガム | chiclete *m.*, goma de mascar *f.*<br>シクレッチ, ゴーマ デ マスカール | chewing gum<br>チューイング ガム |
| カムフラージュ | camuflagem *f.*<br>カムフラージェィン | camouflage<br>キャモフラージュ |
| 亀(かめ) | tartaruga *f.*<br>タルタルーガ | tortoise, turtle<br>トータス, タートル |
| 加盟する(かめい) | filiar-se, ingressar-se<br>フィリアールスィ, イングレサールスィ | be affiliated<br>ビ アフィリエイテド |
| カメラ | máquina (fotográfica) *f.*, câmara *f.*<br>マキナ フォトグラフィカ, カマラ | camera<br>キャメラ |
| 〜マン<br>　(男の) | fotógrafo *m.*<br>フォトグラフォ | photographer<br>フォタグラファ |
| 　(女の) | fotógrafa *f.*<br>フォトグラファ | photographer<br>フォタグラファ |
| カメレオン | camaleão *m.*<br>カマレアォン | chameleon<br>カミーリオン |
| 仮面(かめん) | máscara *f.*<br>マスカラ | mask<br>マスク |
| 〜をかぶる | mascarar-se<br>マスカラールスィ | mask, disguise<br>マスク, ディスガイズ |
| 画面(がめん) | tela *f.*<br>テーラ | screen, picture<br>スクリーン, ピクチャ |
| 鴨(かも) | pato-selvagem *m.*<br>パット セウヴァージェィン | duck<br>ダク |
| 科[課]目(かもく) | matéria *f.*<br>マテーリア | subject<br>サブヂクト |
| 貨物(かもつ) | carga *f.*<br>カルガ | freight, cargo<br>フレイト, カーゴウ |

| 日 | 葡 | 英 |
|---|---|---|
| 〜船 | cargueiro *m.*<br>カルゲィロ | freighter<br>フレイタ |
| 〜列車 | trem de carga *m.*<br>トレィン ヂ カルガ | freight train<br>フレイト トレイン |
| 鴎（かもめ） | gaivota *f.*<br>ガィヴォッタ | sea gull<br>スィー ガル |
| 火薬（かやく） | pólvora *f.*<br>ポウヴォラ | gunpowder<br>ガンパウダ |
| 粥（かゆ） | papa de arroz *f.*<br>パッパ ヂ アホィス | rice gruel<br>ライス グルーエル |
| 痒い（かゆい） | que coça<br>キ コッサ | itchy<br>イチ |
| 通う（かよう） | ir regulamente<br>イール ヘグラルメンチ | commmute *to*, attend<br>カミュート, アテンド |
| （頻繁に） | freqüentar<br>フレクェンタール | visit frequently<br>ヴィジト フリークウェントリ |
| 火曜日（かようび） | terça-feira *f.*<br>テルサ フェィラ | Tuesday<br>テューズディ |
| 殻（から） | casca *f.*<br>カスカ | husks<br>ハスクス |
| （貝の） | concha *f.*<br>コンシャ | shell<br>シェル |
| （卵の） | casca de ovo *f.*<br>カスカ ヂ オーヴォ | eggshell<br>エグシェル |
| 柄（がら） | padrão *m.*, desenho *m.*<br>パドラォン, デゼーニョ | pattern, design<br>パタン, ディザイン |
| カラー | cor *f.*<br>コール | color<br>カラ |
| （襟） | colarinho *m.*<br>コラリーニョ | collar<br>カラ |
| 〜テレビ | televisão a cores *f.*<br>テレヴィザォン ア コーリス | color television<br>カラ テレヴィジョン |
| 〜フィルム | filme colorido *m.*<br>フィウミ コロリード | color film<br>カラ フィルム |
| 辛い（からい） | *picante*<br>ピカンチ | hot, pungent<br>ハト, パンチャント |
| （塩辛い） | salgado<br>サウガード | salty<br>ソールティ |
| （厳しい） | severo<br>セヴェーロ | severe<br>スィヴィア |

| 日 | 葡 | 英 |
|---|---|---|
| からかう | brincar com, caçoar, zombar<br>ブリンカール コン, カソアール, ゾンバール | make fun of<br>メイク ファン オヴ |
| がらくた | bugiganga *f.*<br>ブジガンガ | rubbish, trash<br>ラビシュ, トラシュ |
| 辛口の | seco<br>セッコ | dry<br>ドライ |
| (批評などが) | duro, severo<br>ドゥーロ, セヴェーロ | harsh, sharp<br>ハーシュ, シャープ |
| 芥子 | mostarda *f.*<br>モスタルダ | mustard<br>マスタド |
| 烏 | corvo *m.*<br>コルヴォ | crow<br>クロウ |
| ガラス | vidro *m.*<br>ヴィードロ | glass<br>グラス |
| 体 | corpo *m.*<br>コルポ | body<br>バディ |
| (体格) | constituição física *f.*<br>コンスチトゥイサォン フィズィカ | physique<br>フィズィーク |
| (健康) | saúde *f.*<br>サウーヂ | health<br>ヘルス |
| カラフルな | colorido<br>コロリード | colorful<br>カラフル |
| 借り | dívida *f.*<br>チヴィダ | debt, loan<br>デト, ロウン |
| 狩り | caça *f.*<br>カッサ | hunting<br>ハンティング |
| 借り入れ | empréstimo de dinheiro *m.*<br>エンプレスチモ チ ヂニェィロ | borrowing<br>バロウイング |
| カリウム | potássio *m.*<br>ポタッスィオ | potassium<br>ポタスィアム |
| カリキュラム | currículo *m.*<br>クヒクロ | curriculum<br>カリキュラム |
| カリスマ | carisma *m.*<br>カリズマ | charisma<br>カリズマ |
| 仮の | provisório, temporário<br>プロヴィゾーリオ, テンポラーリオ | temporary<br>テンポレリ |
| カリフラワー | couve-flor *f.*<br>コウヴィフロール | cauliflower<br>コーリフラウア |

## ■体■ corpo *m.* /コルポ/

|  |  |
|---|---|
| 頭 (あたま) | cabeça /カベッサ/ *f.* (㋰head) |
| 髪 (かみ) | cabelo /カベーロ/ *m.* (㋰hair) |
| 顔 (かお) | rosto /ホスト/ *m.* (㋰face, look) |
| 額 (ひたい) | testa /テスタ/ *f.* (㋰the forehead) |
| 目 (め) | olho /オーリョ/ *m.* (㋰eye) |
| 耳 (みみ) | orelha /オレーリャ/ *f.* (㋰ear) |
| 鼻 (はな) | nariz /ナリース/ *m.* (㋰nose) |
| 口 (くち) | boca /ボッカ/ *f.* (㋰mouth) |
| 唇 (くちびる) | lábio /ラビオ/ *m.* (㋰lip) |
| 歯 (は) | dente /デンチ/ *m.* (㋰tooth) |
| 舌 (した) | língua /リングァ/ *f.* (㋰tongue) |
| 頬 (ほお) | bochecha /ボシェッシャ/ *f.* (㋰cheek) |
| 顎 (あご) | queixo /ケィショ/ *m.* (㋰chin, jaw) |
| 首 (くび) | pescoço /ペスコッソ/ *m.* (㋰neck) |
| 肩 (かた) | ombro /オンブロ/ *m.* (㋰the shoulder) |
| 胸 (むね) | peito /ペイト/ *m.* (㋰the breast, the chest) |
| 乳房 (ちぶさ) | busto /ブスト/ *m.*, seio /セィオ/ *m.* (㋰breast) |
| 腹 (はら) | barriga /バヒーガ/ *f.* (㋰the belly) |
| 背 (せ) | costas /コスタス/ *f. pl.* (㋰the back) |
| 腰 (こし) | quadril /クァドリウ/ *m.* (㋰the waist) |
| 尻 (しり) | nádegas /ナデガス/ *f. pl.* (㋰buttocks) |
| 腕 (うで) | braço /ブラッソ/ *m.* (㋰arm) |
| 肘 (ひじ) | cotovelo /コトヴェーロ/ *m.* (㋰elbow) |
| 手首 (てくび) | pulso /プウソ/ *m.* (㋰wrist) |
| 手 (て) | mão /マォン/ *f.* (㋰hand, arm) |
| 指 (ゆび) | dedo /デード/ *m.* (㋰finger) |
| 爪 (つめ) | unha /ウーニャ/ *f.* (㋰nail) |
| 脚 (あし) | perna /ペルナ/ *f.* (㋰leg) |
| 膝 (ひざ) | joelho /ジョエーリョ/ *m.* (㋰knee, lap) |
| 足 (あし) | pé /ペ/ *m.* (㋰foot) |
| 踵 (かかと) | calcanhar /カウカニャール/ *m.* (㋰heel) |

| 日 | 葡 | 英 |
|---|---|---|
| <ruby>下流<rt>かりゅう</rt></ruby> | a parte mais baixa de um rio *f.*<br>ア パルチ マイス バイシャ ヂ ウン ヒーオ | the lower reaches<br>ザ ロウア リーチズ |
| <ruby>借<rt>か</rt></ruby>りる | pedir emprestado<br>ペヂール エンプレスタード | borrow, rent<br>バロウ, レント |
| <ruby>刈<rt>か</rt></ruby>る | ceifar, cortar<br>セィファール, コルタール | reap, harvest<br>リープ, ハーヴェスト |
| （髪を） | cortar<br>コルタール | cut<br>カト |
| <ruby>軽<rt>かる</rt></ruby>い | leve<br>レーヴィ | light, slight<br>ライト, スライト |
| （気楽な） | fácil, leve<br>ファッスィウ, レーヴィ | easy<br>イーズィ |
| カルシウム | cálcio *m.*<br>カウスィオ | calcium<br>キャルスィアム |
| カルテ | ficha de consulta médica *f.*<br>フィッシャ ヂ コンスウタ メヂカ | chart<br>チャート |
| カルテット | quarteto *m.*<br>クァルテット | quartet<br>クウォーテト |
| カルテル | cartel *m.*<br>カルテウ | cartel<br>カーテル |
| <ruby>彼<rt>かれ</rt></ruby> | ele<br>エリ | he<br>ヒー |
| <ruby>鰈<rt>かれい</rt></ruby> | linguado *m.*<br>リングワード | flatfish, flounder<br>フラトフィシュ, フラウンダ |
| <ruby>華麗<rt>かれい</rt></ruby>な | magnífico, esplêndido<br>マギニフィコ, エスプレンヂド | splendid, gorgeous<br>スプレンディド, ゴーヂャス |
| カレーライス | arroz com caril *m.*<br>アホィス コン カリウ | curry and rice<br>カーリ アンド ライス |
| ガレージ | garagem *f.*<br>ガラージェイン | garage<br>ガラージ |
| <ruby>彼等<rt>かれら</rt></ruby> | eles<br>エーリス | they<br>ゼイ |
| <ruby>枯<rt>か</rt></ruby>れる | murchar<br>ムルシャール | wither, die<br>ウィザ, ダイ |
| （円熟する） | amadurecer<br>アマドゥレセール | mature<br>マテュア |
| カレンダー | calendário *m.*<br>カレンダーリオ | calendar<br>キャレンダ |

| 日 | 葡 | 英 |
|---|---|---|
| <ruby>過労<rt>かろう</rt></ruby> | excesso de trabalho *m.*<br>エセッソ ヂ トラバーリョ | overwork<br>オウヴァワーク |
| <ruby>画廊<rt>がろう</rt></ruby> | galeria *f.*<br>ガレリーア | art gallery<br>アート ギャラリ |
| <ruby>辛うじて<rt>かろ</rt></ruby> | por pouco, por um triz<br>ポル ポウコ, ポル ウン トリース | barely<br>ベアリ |
| カロリー | caloria *f.*<br>カロリーア | calorie<br>キャロリ |
| <ruby>川<rt>かわ</rt></ruby> | rio *m.*<br>ヒーオ | river<br>リヴァ |
| <ruby>皮<rt>かわ</rt></ruby> | pele *f.*<br>ペーリ | skin<br>スキン |
| （獣皮） | pele *f.*, couro *m.*<br>ペーリ, コウロ | hide, leather, fur<br>ハイド, レザ, ファー |
| （樹皮・果皮） | casca *f.*<br>カスカ | bark, peel<br>バーク, ピール |
| <ruby>側<rt>がわ</rt></ruby> | lado *m.*<br>ラード | side<br>サイド |
| <ruby>可愛い<rt>かわい</rt></ruby> | gracioso, bonitinho<br>グラスィオーゾ, ボニチーニョ | pretty, lovely<br>プリティ, ラヴリ |
| <ruby>可愛がる<rt>かわい</rt></ruby> | tratar com carinho<br>トラタール コン カリーニョ | love, pet<br>ラヴ, ペト |
| <ruby>可哀想な<rt>かわいそう</rt></ruby> | coitado<br>コイタード | poor, pitiable<br>プア, ピティアブル |
| <ruby>乾いた<rt>かわ</rt></ruby> | seco<br>セッコ | dry<br>ドライ |
| <ruby>可愛らしい<rt>かわい</rt></ruby> | engraçadinho, bonitinho<br>エングラサヂーニョ, ボニチーニョ | lovely, charming<br>ラヴリ, チャーミング |
| <ruby>乾かす<rt>かわ</rt></ruby> | secar<br>セカール | dry<br>ドライ |
| <ruby>乾く<rt>かわ</rt></ruby> | secar<br>セカール | dry (up)<br>ドライ（アプ） |
| <ruby>為替<rt>かわせ</rt></ruby> | câmbio *m.*<br>カンビオ | money order<br>マニ オーダ |
| 〜レート | taxa de câmbio *f.*<br>タッシャ ヂ カンビオ | exchange rate<br>イクスチェインヂ レイト |
| <ruby>瓦<rt>かわら</rt></ruby> | telha *f.*<br>テーリャ | tile<br>タイル |

| 日 | 葡 | 英 |
|---|---|---|
| か<br>代わりに | em vez de<br>エィン ヴェィス ヂ | instead of, for<br>インステド オヴ, フォー |
| か<br>変わりやすい | variável<br>ヴァリアーヴェゥ | changeable<br>チェインヂャブル |
| か<br>代わる | substituir<br>スビスチトゥイール | replace<br>リプレイス |
| か<br>変わる | mudar<br>ムダール | change, turn *into*<br>チェインヂ, ターン |
| かん<br>勘 | intuição *f.*<br>イントゥイサォン | intuition<br>インテューイション |
| かん<br>管 | cano *m.*, tubo *m.*<br>カーノ, トゥーボ | tube, pipe<br>テューブ, パイプ |
| かん<br>缶 | lata *f.*<br>ラッタ | can<br>キャン |
| がん<br>癌 | câncer *m.*<br>カンセル | cancer<br>キャンサ |
| かんえん<br>肝炎 | hepatite *f.*<br>エパチッチ | hepatitis<br>ヘパ**タイ**ティス |
| かんおけ<br>棺桶 | caixão *m.*, urna funerária *f.*<br>カィシャォン, ウルナ フネラーリア | coffin<br>コーフィン |
| がんか<br>眼科 | oftalmologia *f.*<br>オフタウモロジーア | ophthalmology<br>アフサル**マ**ロヂ |
| かんがい<br>灌漑 | irrigação *f.*<br>イヒガサォン | irrigation<br>イリ**ゲイ**ション |
| かんが<br>考え | idéia *f.*<br>イデイア | thought, thinking<br>ソート, ス**ィ**ンキング |
| （観念） | idéia *f.*, noção *f.*<br>イデイア, ノサォン | idea<br>アイ**ディ**ーア |
| （意見） | opinião *f.*<br>オピニ**ア**オン | opinion<br>オ**ピ**ニョン |
| かんが<br>考える | pensar<br>ペンサール | think<br>ス**ィ**ンク |
| かんかく<br>感覚 | sentido *m.*<br>センチード | sense, feeling<br>センス, フ**ィ**ーリング |
| かんかく<br>間隔 | espaço *m.*, intervalo *m.*<br>エスパッソ, インテルヴァーロ | space, interval<br>スペイス, **イ**ンタヴァル |
| かんかつ<br>管轄 | jurisdição *f.*<br>ジュリズヂサォン | jurisdiction *of*<br>デュアリス**ディ**クション |

| 日 | 葡 | 英 |
|---|---|---|
| かんがっき<br>管楽器 | instrumento de sopro *m.*<br>インストルメント デ ソプロ | wind instrument<br>ウィンド インストルメント |
| カンガルー | canguru *m.*<br>カングル | kangaroo<br>キャンガルー |
| かんき<br>換気 | ventilação *f.*<br>ヴェンチラサォン | ventilation<br>ヴェンティレイション |
| ～する | ventilar<br>ヴェンチラール | ventilate<br>ヴェンティレイト |
| かんきゃく<br>観客 | | |
| （男の） | espectador *m.*<br>エスペキタドール | spectator<br>スペクテイタ |
| （女の） | espectadora *f.*<br>エスペキタドーラ | spectator<br>スペクテイタ |
| ～席 | arquibancada *f.*<br>アルキバンカーダ | seat, stand<br>スィート, スタンド |
| かんきょう<br>環境 | meio ambiente *m.*<br>メィオ アンビエンチ | environment<br>インヴァイアロンメント |
| かんき<br>缶切り | abridor de latas *m.*<br>アブリドール デ ラッタス | can opener<br>キャン オウプナ |
| かんきん<br>監禁 | confinamento *m.*<br>コンフィナメント | confinement<br>コンファインメント |
| がんきん<br>元金 | capital *m.*<br>カピタウ | the principal<br>ザ プリンスィパル |
| かんけい<br>関係 | relação *f.*<br>ヘラサォン | relation(ship)<br>リレイション(シプ) |
| ～する | ter relação com<br>テール ヘラサォン コン | be related *to*<br>ビ リレイテド |
| （連座） | estar envolvido em<br>エスタール エンヴォウヴィード エィン | be involved *in*<br>ビ インヴァルヴド |
| かんげい<br>歓迎 | boas-vindas *f.pl.*<br>ボアズ ヴィンダス | welcome<br>ウェルカム |
| ～会 | festa de boas-vindas *f.*<br>フェスタ デ ボアズ ヴィンダス | reception<br>リセプション |
| ～する | acolher<br>アコリェール | welcome<br>ウェルカム |
| かんげき<br>感激する | comover-se com<br>コモヴェールスィ コン | be deeply moved *by*<br>ビ ディープリ ムーヴド |
| かんけつ<br>完結 | fim *m.*<br>フィン | conclusion<br>コンクルージョン |

| 日 | 葡 | 英 |
|---|---|---|
| ～する | acabar, concluir<br>アカバール, コンクルイール | finish<br>フィニシュ |
| かんけつ<br>簡潔な | conciso, breve<br>コンスィーゾ, ブレーヴィ | brief, concise<br>ブリーフ, コンサイス |
| かんげんがく<br>管弦楽 | música de orquestra *f.*<br>ムズィカ チ オルケストラ | orchestral music<br>オーケストラル ミューズィク |
| かんご<br>看護 | enfermagem *f.*<br>エンフェルマージェィン | nursing<br>ナースィング |
| ～する | cuidar de (um enfermo)<br>クィダール チ（ウン エンフェルモ） | nurse<br>ナース |
| かんこう<br>観光 | turismo *m.*<br>トゥリズモ | sightseeing<br>サイトスィーイング |
| ～案内所 | balcão de informação turística *m.*<br>バウカォン チ インフォルマサォン トゥリスチカ | tourist information center<br>トゥアリスト インフォメイション センタ |
| ～客 | turista *m.f.*<br>トゥリスタ | tourist<br>トゥアリスト |
| ～バス | ônibus de turismo *m.*<br>オニブズ チ トゥリズモ | sightseeing bus<br>サイトスィーイング バス |
| かんこうちょう<br>官公庁 | repartições públicas *f.pl.*<br>ヘパルチソィンス プブリカス | government offices<br>ガヴァンメント オーフィスィーズ |
| かんこうへん<br>肝硬変 | cirrose hepática *f.*<br>スィホーズィ エパチカ | cirrhosis<br>スィロウスィス |
| かんこく<br>韓国 | Coréia *f.*<br>コレィア | Korea<br>コリーア |
| ～語 | coreano *m.*<br>コレアーノ | Korean<br>コリーアン |
| かんごく<br>監獄 | cadeia *f.*, prisão *f.*<br>カデイア, プリザォン | prison<br>プリズン |
| かんごし<br>看護師 | | |
| （男の） | enfermeiro *m.*<br>エンフェルメィロ | nurse<br>ナース |
| （女の） | enfermeira *f.*<br>エンフェルメィラ | nurse<br>ナース |
| がんこ<br>頑固な | teimoso<br>テイモーゾ | stubborn<br>スタボン |
| かんさ<br>監査 | inspeção *f.*<br>インスペサォン | inspection<br>インスペクション |
| かんさつ<br>観察 | observação *f.*<br>オビセルヴァサォン | observation<br>アブザヴェイション |

| 日 | 葡 | 英 |
|---|---|---|
| ～する | observar<br>オビセルヴァール | observe<br>オブザーヴ |
| かんさん<br>換算 | conversão *f.*<br>コンヴェルサォン | conversion<br>コンヴァージョン |
| ～する | converter<br>コンヴェルテール | convert<br>コンヴァート |
| ～率 | taxa de conversão *f.*<br>タッシャ ヂ コンヴェルサォン | exchange rate<br>イクスチェインヂ レイト |
| かんし<br>冠詞 | artigo *m.*<br>アルチーゴ | article<br>アーティクル |
| かんし<br>監視 | vigilância *f.*<br>ヴィジランスィア | surveillance<br>サヴェイランス |
| かん<br>感じ | sentimento *m.*<br>センチメント | feeling<br>フィーリング |
| （印象） | impressão *f.*<br>インプレサォン | impression<br>インプレション |
| かんじ<br>漢字 | caracteres chineses *f.pl.*<br>カラキテーリス シネーズィス | Chinese character<br>チャイニーズ キャラクタ |
| かんしゃ<br>感謝 | gratidão *f.*, agradecimento *m.*<br>グラチダォン, アグラデスィメント | thanks<br>サンクス |
| ～する | agradecer<br>アグラデセール | thank<br>サンク |
| かんじゃ<br>患者 | paciente *m.f.*<br>パスィエンチ | patient, case<br>ペイシェント, ケイス |
| かんしゅう<br>観衆 | espectadores *m.pl.*<br>エスペキタドーリス | spectators, audience<br>スペクテイタズ, オーディエンス |
| かんしゅう<br>慣習 | convenção *f.*<br>コンヴェンサォン | convention<br>コンヴェンション |
| かんじゅせい<br>感受性 | sensibilidade *f.*<br>センスィビリダーヂ | sensibility<br>センスィビリティ |
| がんしょ<br>願書 | requerimento *m.*<br>ヘケリメント | application *for*<br>アプリケイション |
| かんしょう<br>干渉 | intervenção *f.*<br>インテルヴェンサォン | intervention<br>インタヴェンション |
| ～する | interferir<br>インテルフェリール | interfere<br>インタフィア |
| かんしょう<br>感傷 | sentimentalismo *m.*<br>センチメンタリズモ | sentiment<br>センティメント |

| 日 | 葡 | 英 |
|---|---|---|
| 鑑賞（かんしょう） | apreciação f. <br> アプレシィアサォン | appreciation <br> アプリーシエイション |
| 〜する | apreciar <br> アプレシィアール | appreciate <br> アプリーシエイト |
| 勘定（かんじょう） | cálculo m. <br> カウクロ | calculation <br> キャルキュレイション |
| （支払い） | pagamento m. <br> パガメント | payment <br> ペイメント |
| （勘定書） | conta f. <br> コンタ | bill <br> ビル |
| 〜する | contar, pedir [pagar] a conta <br> コンタール、ペヂール［パガール］ア コンタ | count, calculate <br> カウント、キャルキュレイト |
| 感情（かんじょう） | sentimento m. <br> センチメント | feeling, emotion <br> フィーリング、イモウション |
| （激情） | paixão f. <br> パイシャオン | passion <br> パション |
| 頑丈な（がんじょうな） | robusto <br> ホブスト | strong, stout <br> ストローング、スタウト |
| 感じる（かんじる） | sentir <br> センチール | feel <br> フィール |
| 関心（かんしん） | interesse m. <br> インテレッスィ | concern, interest <br> コンサーン、インタレスト |
| 感心する（かんしんする） | admirar <br> アヂミラール | admire <br> アドマイア |
| 感心な（かんしんな） | admirável <br> アヂミラーヴェウ | admirable <br> アドミラブル |
| 肝心な（かんじんな） | importante, essencial <br> インポルタンチ、エセンスィアウ | important, essential <br> インポータント、イセンシャル |
| 関数（かんすう） | função f. <br> フンサォン | function <br> ファンクション |
| 完成（かんせい） | conclusão f. <br> コンクルザォン | completion <br> コンプリーション |
| 〜する | completar, ser concluído <br> コンプレタール、セール コンクルイード | complete, accomplish <br> コンプリート、アカンプリシュ |
| 歓声（かんせい） | grito de alegria m. <br> グリット ヂ アレグリーア | shout of joy <br> シャウト オヴ チョイ |
| 関税（かんぜい） | direitos alfandegários m.pl. <br> ヂレイトズ アウファンデガーリオス | customs, duty <br> カスタムズ、デューティ |

| 日 | 葡 | 英 |
|---|---|---|
| かんせいとう<br>管制塔 | torre de controle f.<br>トッヒ ヂ コントローリ | control tower<br>コントロウル タウア |
| がんせき<br>岩石 | rocha f.<br>ホッシャ | rock<br>ラク |
| かんせつ<br>関節 | articulação f.<br>アルチクラサォン | joint<br>ヂョイント |
| かんせつぜい<br>間接税 | imposto indireto m.<br>インポスト インヂレット | indirect tax<br>インディレクト タクス |
| かんせつの<br>間接の | indireto<br>インヂレット | indirect<br>インディレクト |
| かんせん<br>感染 | contágio m.<br>コンタージオ | infection, contagion<br>インフェクション, コンテイヂョン |
| かんぜん<br>完全 | perfeição f.<br>ペルフェイサォン | perfection<br>パフェクション |
| 〜な | perfeito<br>ペルフェイト | perfect<br>パーフィクト |
| かんせん<br>観戦する | ver um jogo, assistir a um jogo<br>ヴェール ウン ジョーゴ, アスィスチール ア ウン ジョーゴ | watch a game<br>ワチ ア ゲイム |
| かんせんどうろ<br>幹線道路 | estrada principal f.<br>エストラーダ プリンスィパウ | highway<br>ハイウェイ |
| かんそう<br>乾燥 | | |
| 〜する | secar<br>セカール | dry<br>ドライ |
| 〜した | seco<br>セッコ | dry<br>ドライ |
| かんそう<br>感想 | impressão f.<br>インプレサォン | thoughts, impressions<br>ソーツ, インプレションズ |
| かんぞう<br>肝臓 | fígado m.<br>フィガド | liver<br>リヴァ |
| かんそうきょく<br>間奏曲 | *intermezzo* m.<br>インテルメッツォ | intermezzo<br>インタメッツウ |
| かんそく<br>観測 | observação f.<br>オビセルヴァサォン | observation<br>アブザヴェイション |
| 〜する | observar<br>オビセルヴァール | observe<br>オブザーヴ |
| かんそ<br>簡素な | simples<br>スィンプリス | simple<br>スィンプル |

| 日 | 葡 | 英 |
|---|---|---|
| <ruby>寒帯<rt>かんたい</rt></ruby> | zona glacial *f.*<br>ゾーナ グラスィアウ | the Frigid Zone<br>ザ フリヂド ゾーン |
| <ruby>寛大な<rt>かんだいな</rt></ruby> | generoso, magnânimo<br>ジェネローゾ, マギナニモ | generous<br>チェネラス |
| <ruby>干拓<rt>かんたく</rt></ruby> | drenagem *f.*<br>ドレナージェィン | reclamation<br>レクラメイション |
| <ruby>感嘆<rt>かんたん</rt></ruby> | admiração *f.*<br>アヂミラサォン | admiration<br>アドミレイション |
| 〜する | admirar-se<br>アヂミラールスィ | admire<br>アドマイア |
| <ruby>元旦<rt>がんたん</rt></ruby> | primeiro dia do ano *m.*<br>プリメィロ チーア ド アーノ | New Year's Day<br>ニュー イアズ デイ |
| <ruby>寒暖計<rt>かんだんけい</rt></ruby> | termômetro *m.*<br>テルモメトロ | thermometer<br>サマメタ |
| <ruby>簡単な<rt>かんたんな</rt></ruby> | fácil, simples<br>ファッスィウ, スィンプリス | simple, easy<br>スィンプル, イーズィ |
| <ruby>勘違いする<rt>かんちがいする</rt></ruby> | entender mal, enganar-se<br>エンテンデール マウ, エンガナールスィ | mistake<br>ミステイク |
| <ruby>官庁<rt>かんちょう</rt></ruby> | instituição governamental *f.*<br>インスチトゥイサォン ゴヴェルナメンタウ | government offices<br>ガヴァンメント オーフィスィーズ |
| <ruby>干潮<rt>かんちょう</rt></ruby> | maré baixa *f.*<br>マレ バィシャ | low water<br>ロウ ウォータ |
| <ruby>灌[浣]腸<rt>かんちょう</rt></ruby> | clister *m.*<br>クリステール | enema<br>エネマ |
| <ruby>缶詰め<rt>かんづめ</rt></ruby> | enlatado *m.*<br>エンラタード | canned food<br>キャンド フード |
| <ruby>鑑定<rt>かんてい</rt></ruby> | verificação *f.*<br>ヴェリフィカサォン | expert opinion<br>エクスパート オピニョン |
| <ruby>観点<rt>かんてん</rt></ruby> | *ponto de vista m.*<br>ポント ヂ ヴィスタ | viewpoint<br>ヴューポイント |
| <ruby>乾電池<rt>かんでんち</rt></ruby> | pilha *f.*<br>ピーリャ | dry cell<br>ドライ セル |
| <ruby>感動<rt>かんどう</rt></ruby> | emoção *f.*<br>エモサォン | impression, emotion<br>インプレション, イモウション |
| 〜する | emocionar-se<br>エモスィオナールスィ | be moved *by*<br>ビ ムーヴド |
| 〜的な | impressionante<br>インプレスィオナンチ | impressive<br>インプレスィヴ |

| 日 | 葡 | 英 |
|---|---|---|
| 間投詞(かんとうし) | interjeição *f.* インテルジェィサォン | interjection インタチェクション |
| 監督(かんとく) | | |
| (取り締まること) | superintendência *f.* スペリンテンデンスィア | supervision スーパヴィジャン |
| (男の) | supervisor *m.* スペルヴィゾール | superintendent シューパリンテンデント |
| (女の) | supervisora *f.* スペルヴィゾーラ | superintendent シューパリンテンデント |
| (映画の) | | |
| (男の) | diretor *m.* ヂレトール | director ディレクタ |
| (女の) | diretora *f.* ヂレトーラ | director ディレクタ |
| (スポーツの) | técnico *m.* テキニコ | manager マニヂャ |
| (男の) | treinador *m.* トレィナドール | manager マニヂャ |
| (女の) | treinadora *f.* トレィナドーラ | manager マニヂャ |
| 〜する | dirigir, supervisionar, orientar ヂリジール, スペルヴィズィオナール, オリエンタール | supervise スーパヴァイズ |
| カンドンブレ | candomblé *m.* カンドンブレ | candomblé カンドンブレイ |
| 鉋(かんな) | plaina *f.* プライナ | plane プレイン |
| 観念(かんねん) | idéia *f.*, conceito *m.* イデイア, コンセィト | idea, conception アイディーア, コンセプション |
| (あきらめ) | desistência *f.* デズィステンスィア | resignation レズィグネイション |
| 乾杯(かんぱい) | brinde *m.* ブリンヂ | toast トウスト |
| 〜！ | Tintim!, Saúde! チンチン, サウーヂ | Cheers! チアーズ |
| 〜する | brindar ブリンダール | drink a toast *to* ドリンク ア トウスト |
| カンバス | tela *f.* テーラ | canvas キャンヴァス |
| 旱魃(かんばつ) | seca *f.* セッカ | drought ドラウト |

| 日 | 葡 | 英 |
|---|---|---|
| <ruby>頑張<rt>がんば</rt></ruby>る | trabalhar a sério, desprender grande esforço<br>トラバリャール ア セーリオ, ヂスプレンデール グランヂ エスフォルソ | work hard<br>ワーク ハード |
| (持ちこたえる) | perseverar, insistir<br>ペルセヴェラール, インスィスチール | hold out<br>ホウルド アウト |
| (主張する) | insistir<br>インスィスチール | insist *on*<br>インスィスト |
| <ruby>看板<rt>かんばん</rt></ruby> | letreiro *m.*, placa *f.*<br>レトレィロ, プラッカ | billboard, signboard<br>ビルボード, サインボード |
| <ruby>甲板<rt>かんぱん</rt></ruby> | convés *m.*<br>コンヴェィス | deck<br>デク |
| <ruby>看病<rt>かんびょう</rt></ruby>する | cuidar de<br>クィダール ヂ | nurse, look after<br>ナース, ルク アフタ |
| <ruby>幹部<rt>かんぶ</rt></ruby> | os dirigentes *m.pl.*<br>ウズ ヂリジェンチス | the management<br>ザ マニヂメント |
| <ruby>完璧<rt>かんぺき</rt></ruby>な | perfeito<br>ペルフェイト | flawless, perfect<br>フローレス, パーフィクト |
| <ruby>勘弁<rt>かんべん</rt></ruby>する | perdoar<br>ペルドワール | pardon, forgive<br>パードン, フォギヴ |
| <ruby>願望<rt>がんぼう</rt></ruby> | desejo *m.*<br>デゼージョ | wish, desire<br>ウィシュ, ディザイア |
| <ruby>潅木<rt>かんぼく</rt></ruby> | arbusto *m.*<br>アルブスト | shrub<br>シュラブ |
| <ruby>丸薬<rt>がんやく</rt></ruby> | pílula *f.*<br>ピルラ | pill, pellet<br>ピル, ペレト |
| <ruby>勧誘<rt>かんゆう</rt></ruby>する | convidar, atrair<br>コンヴィダール, アトライール | solicit, canvass<br>ソリスィト, キャンヴァス |
| <ruby>関与<rt>かんよ</rt></ruby> | participação *f.*<br>パルチスィパサォン | participation<br>パーティスィペイション |
| 〜する | participar<br>パルチスィパール | participate<br>パーティスィペイト |
| <ruby>慣用句<rt>かんようく</rt></ruby> | expressão idiomática *f.*<br>エスプレサォン イヂオマチカ | idiom<br>イディオム |
| <ruby>寛容<rt>かんよう</rt></ruby>な | generoso<br>ジェネローゾ | tolerant, generous<br>タララント, ヂェネラス |
| <ruby>陥落<rt>かんらく</rt></ruby> | queda *f.*<br>ケーダ | surrender<br>サレンダ |

| 日 | 葡 | 英 |
|---|---|---|
| 歓楽街 | bairro de diversões m.<br>バイホ ヂ ヂヴェルソィンス | amusement center<br>アミューズメント センタ |
| 観覧席 | palanque m.<br>パランキ | seat, stand<br>スィート, スタンド |
| 管理 | controle m.<br>コントローリ | control<br>コントロウル |
| (支配) | administração f.<br>アヂミニストラソォン | management<br>マニヂメント |
| (保管) | guarda f.<br>グワルダ | charge<br>チャーヂ |
| ～する | controlar<br>コントロラール | control<br>コントロウル |
| (管理) | administrar<br>アヂミニストラール | manage<br>マニヂ |
| (保管) | guardar<br>グァルダール | take charge of<br>テイク チャーヂ |
| ～人(男の) | zelador m.<br>ゼラドール | caretaker, janitor<br>ケアテイカ, ヂャニタ |
| (女の) | zeladora f.<br>ゼラドーラ | caretaker, janitor<br>ケアテイカ, ヂャニタ |
| 寒流 | corrente fria f.<br>コヘンチ フリーア | cold current<br>コウルド カーレント |
| 完了 | conclusão f.<br>コンクルザォン | completion<br>コンプリーション |
| (完了時制) | o pretérito m.<br>ウ プレテリト | the perfect tense<br>ザ パーフィクト テンス |
| ～する | terminar, acabar, concluir<br>テルミナール, アカバール, コンクルイール | finish, complete<br>フィニシュ, コンプリート |
| 官僚主義 | burocracia f.<br>ブロクラスィーア | bureaucratism<br>ビュラクラスィー |
| 慣例 | costume m., convenção f.<br>コストゥーミ, コンヴェンサォン | custom, usage<br>カスタム, ユースィヂ |
| 関連 | conexão f., relação f.<br>コネキサォン, ヘラサォン | relation, connection<br>リレイション, コネクション |
| ～する | relacionar-se<br>ヘラスィオナール スィ | be related to<br>ビ リレイテド |
| 緩和する | aliviar, mitigar<br>アリヴィアール, ミチガール | ease, relieve<br>イーズ, リリーヴ |

| 日 | 葡 | 英 |
|---|---|---|

## き, キ

| | | |
|---|---|---|
| 木 | árvore *f.*<br>アルヴォリ | tree<br>トリー |
| （木材） | madeira *f.*<br>マデイラ | wood<br>ウド |
| ギア | engrenagem *f.*<br>エングレナージェイン | gear<br>ギア |
| 気圧 | pressão atmosférica *f.*<br>プレサオン アチモスフェリカ | atmospheric pressure<br>アトモスフェリク プレシャ |
| 〜計 | barômetro *m.*<br>バロメトロ | barometer<br>バラメタ |
| キー | | |
| （鍵盤） | tecla *f.*<br>テクラ | key<br>キー |
| （鍵） | chave *f.*<br>シャーヴィ | key<br>キー |
| 生糸 | seda crua *f.*<br>セーダ クルーア | raw silk<br>ロー スィルク |
| キーボード | teclado *m.*<br>テクラード | keyboard<br>キーボード |
| キーホルダー | chaveiro *m.*<br>シャヴェィロ | key ring<br>キー リング |
| 黄色の | amarelo<br>アマレーロ | yellow<br>イェロウ |
| キーワード | palavra-chave *f.*<br>パラーヴラ シャーヴィ | key word<br>キー ワード |
| 議員 | membro da assembléia legislativa *m.*<br>メンブロ ダ アセンブレィア レジズラチーヴァ | member of an assembly<br>メンバ オヴ アン アセンブリ |
| キウイ | quiuí *m.*, quivi *m.*<br>キゥイ, キヴィ | kiwi<br>キーウィー |
| 消える | desaparecer<br>デザパレセール | vanish, disappear<br>ヴァニシュ, ディサピア |
| （火・明かりが） | apagar-se<br>アパガールスィ | go out<br>ゴウ アウト |
| 義援金 | donativo *m.*<br>ドナチーヴォ | contribution<br>カントリビューション |

## ■木■　árvore  f. /アルヴォリ/

- 木　árvore /アルヴォリ/ f. (🇧tree)
- 根　raiz /ハイース/ f. (🇧root)
- 幹　tronco /トロンコ/ m. (🇧trunk)
- 枝　galho /ガーリョ/ m. (🇧branch, bough)
- 芽　broto /ブロト/ m. (🇧bud)
- 葉　folha /フォーリャ/ f. (🇧leaf, blade)
- 実　fruto /フルト/ m. (🇧fruit, nut)
- 種子　semente /セメンチ/ f. (🇧seed)
- イペー　ipê /イペー/ m. (🇧ipê )
- 竹　bambu /バンブ/ m. (🇧bamboo)
- 椰子　coqueiro /コケイロ/ m., palmeira /パウメイラ/ f. (🇧palm)
- オリーブの木　oliveira /オリヴェイラ/ f. (🇧olive tree)
- バナナの木　bananeira /バナネイラ/ f. (🇧banana tree)
- ジャカランダ　jacarandá /ジャカランダー/ m. (🇧jacaranda)
- 松　pinheiro /ピニェイロ/ m. (🇧pine)
- 柳　salgueiro /サウゲイロ/ m. (🇧willow)
- 杉　cedro /セードロ/ m. (🇧cedar)
- 栗の木　castanheiro /カスタニェイロ/ m. (🇧chestnut tree)
- 桜　cerejeira /セレジェイラ/ f. (🇧cherry tree)
- アカシヤ　acácia /アカッスィア/ f. (🇧acacia)
- 椿　camélia /カメーリア/ f. (🇧camellia)
- ユーカリ　eucalipto /エウカリピト/ m. (🇧eucalyptus)
- コーヒーの木　cafeeiro /カフェエイロ/ m. (🇧coffee plant)
- ゴムの木　seringueira /セリンゲイラ/ f. (🇧rubber tree)
- もくれん　magnólia /マギノーリア/ f. (🇧magnolia)
- ポプラ　álamo /アラモ/ m. (🇧poplar)
- プラタナス　plátano /プラタノ/ m. (🇧plane tree)
- 菩提樹　tília /チーリア/ f. (🇧linden)
- 樫　carvalho /カルヴァーリョ/ m. (🇧oak)
- マホガニー　acaju /アカジュー/ m. (🇧mahogany)

| 日 | 葡 | 英 |
|---|---|---|
| 記憶(きおく) | memória f., lembrança f.<br>メモーリア, レンブランサ | memory<br>メモリ |
| ～する | lembrar-se, recordar-se<br>レンブラールス, ヘコルダールスィ | memorize, remember<br>メモライズ, リメンバ |
| 気後れする | intimidar-se<br>インチミダールスィ | lose heart<br>ルーズ ハート |
| キオスク | quiosque m.<br>キオスキ | kiosk<br>キーアスク |
| 気温(きおん) | temperatura f.<br>テンペラトゥーラ | temperature<br>テンパラチャ |
| 幾何(きか) | geometria f.<br>ジオメトリーア | geometry<br>チーアメトリ |
| 機会(きかい) | oportunidade f.<br>オポルトゥニダーヂ | opportunity, chance<br>アパテューニティ, チャンス |
| 機械(きかい) | máquina f.<br>マキナ | machine, apparatus<br>マシーン, アパラタス |
| 議会(ぎかい) | assembléia legislativa f., parlamento m.<br>アセンブレイア レジズラチーヴァ, パルラメント | assembly, parliament<br>アセンブリ, パーラメント |
| 着替え(きが)<br>(着替用の服) | muda de roupa f.<br>ムーダ ヂ ホウパ | change of clothes<br>チェインヂ オヴ クロウズ |
| 気掛かり(きが) | receio m., preocupação f.<br>ヘセイオ, プレオクパサォン | anxiety, worry<br>アングザイエティ, ワーリ |
| 企画(きかく) | planejamento m., projeto m.<br>プラネジャメント, プロジェット | plan, project<br>プラン, プラヂェクト |
| ～する | planejar, programar<br>プラネジャール, プログラマール | make a plan<br>メイク ア プラン |
| 着飾る(きかざ) | ataviar-se<br>アタヴィアールスィ | dress up<br>ドレス アプ |
| 聞かせる(き)<br>(語る) | contar, dizer<br>コンタール, ヂゼール | tell; let... know<br>テル, レト ノウ |
| (読んで) | ler para<br>レール パラ | read to<br>リード トゥ |
| 気が付く(き つ) | notar, perceber<br>ノタール, ペルセベール | notice<br>ノウティス |
| (行き届く) | ser atencioso<br>セール アテンスィオーゾ | be attentive<br>ビ アテンティヴ |

| 日 | 葡 | 英 |
|---|---|---|
| (覚醒) | voltar a si | come to *oneself* |
| 気軽(きがる)な | informal | lighthearted |
| 器官(きかん) | órgão *m.* | organ |
| 期間(きかん) | período *m.*, prazo *m.* | period, term |
| 機関(きかん) | órgão *m.* | organ |
| 基幹産業(きかんさんぎょう) | indústria de base *f.* | key industries |
| 季刊誌(きかんし) | revista quadrimestral *f.* | quarterly |
| 気管支(きかんし) | brônquio *m.* | the bronchus |
| 〜炎 | bronquite *f.* | bronchitis |
| 機関車(きかんしゃ) | locomotiva *f.* | locomotive |
| 機関銃(きかんじゅう) | metralhadora *f.* | machine gun |
| 危機(きき) | crise *f.* | crisis |
| 聞(き)き取(と)り | compreensão oral *f.* | hearing |
| 〜テスト | ditado *m.* | hearing |
| 効(き)き目(め) | efeito *m.* | effect, efficacy |
| 気球(ききゅう) | balão *m.* | balloon |
| 帰郷(ききょう) | volta à terra natal *f.* | homecoming |
| 企業(きぎょう) | empresa *f.* | enterprise |
| 起業家(きぎょうか) | | |
| (男の) | empreendedor *m.* | entrepreneur |

| 日 | 葡 | 英 |
|---|---|---|
| （女の） | empreendedora *f.*<br>エンプレエンデドーラ | entrepreneur<br>アーントレプレナー |
| <ruby>戯曲<rt>ぎきょく</rt></ruby> | drama *m.*, peça teatral *f.*<br>ドラーマ，ペッサ チアトラウ | drama, play<br>ドラーマ，プレイ |
| <ruby>基金<rt>ききん</rt></ruby> | fundo *m.*<br>フンド | fund<br>ファンド |
| <ruby>飢饉<rt>ききん</rt></ruby> | fome *f.*<br>フォーミ | famine<br>ファミン |
| <ruby>貴金属<rt>ききんぞく</rt></ruby> | metal precioso *m.*<br>メタウ プレスィオーゾ | precious metals<br>プレシャス メトルズ |
| <ruby>菊<rt>きく</rt></ruby> | crisântemo *m.*<br>クリザンテモ | chrysanthemum<br>クリサンセマム |
| <ruby>効く<rt>きく</rt></ruby> | ser eficaz, fazer efeito<br>セール エフィカィス，ファゼール エフェイト | have effect *on*<br>ハヴ イフェクト |
| <ruby>聞[聴]く<rt>き</rt></ruby> | ouvir, escutar<br>オウヴィール，エスクタール | listen *to*, hear<br>リスン，ヒア |
| （尋ねる） | perguntar<br>ペルグンタール | ask, inquire<br>アスク，インクワイア |
| <ruby>器具<rt>きぐ</rt></ruby> | | |
| （機械） | aparelho *m.*, equipamento *m.*<br>アパレーリョ，エキパメント | apparatus<br>アパラタス |
| （道具） | instrumento *m.*, utensílio *m.*<br>インストルメント，ウテンスィーリオ | utensil, implement<br>ユーテンスィル，インプレメント |
| <ruby>気配り<rt>きくばり</rt></ruby> | atenção *f.*, cuidado *m.*<br>アテンサォン，クィダード | care, consideration<br>ケア，コンスィダレイション |
| <ruby>喜劇<rt>きげき</rt></ruby> | comédia *f.*<br>コメーヂア | comedy<br>カメディ |
| <ruby>危険<rt>きけん</rt></ruby> | perigo *m.*<br>ペリーゴ | danger, risk<br>デインヂャ，リスク |
| ～な | perigoso<br>ペリゴーゾ | dangerous, risky<br>デインヂャラス，リスキ |
| <ruby>棄権<rt>きけん</rt></ruby> | abstenção *f.*<br>アビステンサォン | abstention<br>アブステンション |
| <ruby>期限<rt>きげん</rt></ruby> | | |
| （応募などの） | data de encerramento *f.*<br>ダッタ チ エンセハメント | term, deadline<br>ターム，デドライン |
| （支払いの） | dia do vencimento *m.*<br>チーア ド ヴェンスィメント | the time for payment<br>ザ タイム フォ ペイメント |

| 日 | 葡 | 英 |
|---|---|---|
| 機嫌（きげん） | humor *m.* ウモール | humor, mood ヒューマ, ムード |
| 紀元（きげん） | era *f.* エーラ | era イアラ |
| 起源（きげん） | origem *f.* オリージェイン | origin オーリヂン |
| 気候（きこう） | clima *m.* クリーマ | climate, weather クライメト, ウェザ |
| 記号（きごう） | sinal *m.*, símbolo *m.* スィナウ, スィンボロ | mark, sign マーク, サイン |
| 聞こえる（きこえる） | ouvir オゥヴィール | hear ヒア |
| 帰国する（きこくする） | voltar para o seu país ヴォウタール パラ ウ セゥ パイース | return home リターン ホウム |
| ぎこちない | desajeitado デザジェィタード | awkward, clumsy オークワド, クラムズィ |
| 既婚の（きこんの） | casado カザード | married マリド |
| ぎざぎざの | serrilhado セヒリャード | serrated サレイテド |
| 気さくな（きさくな） | franco, aberto フランコ, アベルト | frank フランク |
| 兆し（きざし） | sinal *m.* sintoma *m.*, indício *m.* スィナウ, スィントーマ, インヂスィオ | sign, indication サイン, インディケイション |
| 気障な（きざな） | afetado アフェタード | affected アフェクテド |
| 刻む（きざむ） | picar ピカール | cut カト |
| （肉を） | moer モエール | mince ミンス |
| 岸（きし） | beira *f.*, margem *f.* ベィラ, マルジェイン | the bank ザ バンク |
| 記事（きじ） | artigo *m.* アルチーゴ | article アーティクル |
| 雉（きじ） | | |
| （雄の） | faisão *m.* ファイザォン | pheasant フェザント |

き

| 日 | 葡 | 英 |
|---|---|---|
| （雌の） | faisoa *f.*<br>ファイゾーア | pheasant<br>フェザント |
| ぎし<br>技師 | engenheiro *m.*, engenheira *f.*<br>エンジェニェィロ, エンジェニェィラ | engineer<br>エンヂニア |
| ぎじ<br>議事 | deliberação *f.*<br>デリベラサォン | proceedings<br>プロスィーディングズ |
| ～日程 | agenda *f.*<br>アジェンダ | agenda<br>アヂェンダ |
| ぎしき<br>儀式 | cerimônia *f.*, rito *m.*<br>セリモーニア, ヒット | ceremony, rites<br>セレモウニ, ライツ |
| きじつ<br>期日 | data (limite) *f.*<br>ダッタ リミッチ | date, time limit<br>デイト, タイム リミト |
| きし<br>軋む | ranger<br>ハンジェール | creak<br>クリーク |
| きしゃ<br>記者 | jornalista *m.f.* repórter *m.f.*<br>ジョルナリスタ, ヘポルテル | journalist<br>ヂャーナリスト |
| きしゅ<br>騎手 | cavaleiro *m.*<br>カヴァレィロ | rider, jockey<br>ライダ, ヂャキ |
| きしゅくしゃ<br>寄宿舎 | internato *m.*, pensionato *m.*<br>インテルナット, ペンスィオナット | dormitory<br>ドーミトーリ |
| きじゅつ<br>記述 | descrição *f.*<br>ヂスクリサォン | description<br>ディスクリプション |
| ～する | descrever<br>ヂスクレヴェール | describe<br>ディスクライブ |
| ぎじゅつ<br>技術 | técnica *f.*<br>テキニカ | technique, technology<br>テクニーク, テクナロヂ |
| ～提携 | cooperação técnica *f.*<br>コオペラサォン テキニカ | technical tie-up<br>テクニカル タイアプ |
| きじゅん<br>基準 | padrão *m.*<br>パドラォン | standard, basis<br>スタンダド, ベイスィス |
| きじゅん<br>規準 | norma *f.*<br>ノルマ | norm<br>ノーム |
| きしょう<br>気象 | fenômeno atmosférico *m.*<br>フェノメノ アチモスフェリコ | weather, meteorology<br>ウェザ, ミーティアラロヂ |
| キス | beijo *m.*<br>ベィジョ | kiss<br>キス |
| きず<br>傷 | ferida *f.*, ferimento *m.*<br>フェリーダ, フェリメント | wound, injury<br>ウーンド, インヂャリ |

| 日 | 葡 | 英 |
|---|---|---|
| (品物の) | defeito *m.*<br>デフェイト | flaw<br>フロー |
| (心の) | trauma *m.*<br>トラウマ | trauma<br>トラウマ |
| 奇数(きすう) | número ímpar *m.*<br>ヌメロ インパル | odd number<br>アド ナンバ |
| 築く(きずく) | construir<br>コンストルイール | build, construct<br>ビルド, コンストラクト |
| 傷付く(きずつく) | ferir-se<br>フェリールスィ | be wounded<br>ビ ウーンデド |

## ■気象■ fenômeno atmosférico *m.* /フェノメノ アチモスフェリコ/

天気(てんき) tempo /テンポ/ *m.* ([英]weather)

晴れ(は) bom tempo /ボン テンポ/ *m.* ([英]fine weather)

曇りの(くも) nublado /ヌブラード/ ([英]cloudy)

雨(あめ) chuva /シューヴァ/ *f.* ([英]rain)

小雨(こさめ) chuvisco /シュヴィスコ/ *m.*, garoa /ガローア/ *f.* ([英]light rain)

霧(きり) neblina /ネブリーナ/ *f.* ([英]fog, mist)

雪(ゆき) neve /ネーヴィ/ *f.* ([英]snow)

風(かぜ) vento /ヴェント/ *m.* ([英]wind)

そよ風(かぜ) brisa /ブリーザ/ *f.* ([英]breeze)

暴風(ぼうふう) ventania /ヴェンタニーア/ *f.* ([英]gale)

雷(かみなり) trovão /トロヴァオン/ *m.* ([英]thunder)

嵐(あらし) tempestade /テンペスターヂ/ *f.* ([英]storm)

ハリケーン ciclone /スィクローニ/ *m.*, furacão /フラカォン/ *m.* ([英]hurricane)

旋風(つむじかぜ) remoinho /ヘモイーニョ/ *m.* ([英]whirlwind)

トルネード tornado /トルナード/ *m.* ([英]tornado)

気温(きおん) temperatura /テンペラトゥーラ/ *f.* ([英]temperature)

湿気(しっけ) umidade /ウミダーヂ/ *f.* ([英]dampness, humidity)

スモッグ nevoeiro com fumaça /ネヴォエイロ コン フマッサ/ *m.* ([英]smog)

虹(にじ) arco-íris /アルコ イーリス/ *m.* ([英]rainbow)

| 日 | 葡 | 英 |
|---|---|---|
| きずつ<br>傷付ける | ferir, machucar<br>フェリール, マシュカール | wound, injure<br>ウーンド, インヂャ |
| （心を） | ferir, machucar, magoar<br>フェリール, マシュカール, マゴアール | hurt<br>ハート |
| きずな<br>絆 | laço *m.*<br>ラッソ | bond<br>バンド |
| きせい<br>規制 | regulamentação *f.*<br>ヘグラメンタサォン | regulation<br>レギュレイション |
| ぎせい<br>犠牲 | sacrifício *m.*<br>サクリフィスィオ | sacrifice<br>サクリファイス |
| ～者 | vítima *f.*<br>ヴィチマ | victim<br>ヴィクティム |
| きせいちゅう<br>寄生虫 | parasita *m.*<br>パラズィッタ | parasite<br>パラサイト |
| きせい<br>既成の | consumado, estabelecido<br>コンスマード, エスタベレスィード | accomplished<br>アカンプリシュト |
| きせいふく<br>既製服 | *prêt-à-porter m.*<br>プレタポルテ | ready-made<br>レディメイド |
| きせき<br>奇跡 | milagre *m.*<br>ミラーグリ | miracle, wonder<br>ミラクル, ワンダ |
| ～的な | milagroso<br>ミラグローゾ | miraculous<br>ミラキュラス |
| きせつ<br>季節 | estação do ano *f.*<br>エスタサォン ド アーノ | season<br>スィーズン |
| きせつふう<br>季節風 | monção *f.*<br>モンサォン | monsoon<br>マンスーン |
| きぜつ<br>気絶する | desmaiar<br>ヂズマィアール | faint, swoon<br>フェイント, スウーン |
| き<br>着せる | vestir<br>ヴェスチール | dress<br>ドレス |
| （罪を） | atribuir (a culpa), culpabilizar<br>アトリブイール (ア クウパ), クウパビリザール | lay *on*<br>レイ |
| ぎぜん<br>偽善 | hipocrisia *f.*<br>イポクリズィーア | hypocrisy<br>ヒパクリスィ |
| ～的な | hipócrita<br>イポクリタ | hypocritical<br>ヒポクリティカル |
| きそ<br>基礎 | base *f.*<br>バーズィ | base<br>ベイス |

| 日 | 葡 | 英 |
|---|---|---|
| ～的な | básico バズィコ | fundamental, basic ファンダメントル, ベイスィク |
| 起訴 | acusação f. アクザサォン | prosecution プラスィキューション |
| ～する | processar, acusar プロセサール, アクザール | prosecute プラスィキュート |
| 競う | competir コンペチール | compete コンピート |
| 寄贈 | doação f. ドアサォン | donation ドウネイション |
| 偽装 | camuflagem f., disfarce m. カムフラージェイン, ヂスファルスィ | camouflage キャモフラージュ |
| 偽造する | falsificar ファウスィフィカール | forge フォーヂ |

## ■季節・月■ estação do ano f., mês m. /エスタサォン ド アーノ, メイス/

- 季節  estação do ano /エスタサォン ド アーノ/ f. (㊥season)
- 春  primavera /プリマヴェーラ/ f. (㊥spring)
- 夏  verão /ヴェラォン/ m. (㊥summer)
- 秋  outono /オウトーノ/ m. (㊥autumn, fall)
- 冬  inverno /インヴェルノ/ m. (㊥winter)
- 月  mês /メイス/ m. (㊥month)
- 1月  janeiro /ジャネィロ/ m. (㊥January)
- 2月  fevereiro /フェヴェレィロ/ m. (㊥February)
- 3月  março /マルソ/ m. (㊥March)
- 4月  abril /アブリゥ/ m. (㊥April)
- 5月  maio /マィオ/ m. (㊥May)
- 6月  junho /ジューニョ/ m. (㊥June)
- 7月  julho /ジューリョ/ m. (㊥July)
- 8月  *agosto* /アゴスト/ m. (㊥August)
- 9月  setembro /セテンブロ/ m. (㊥September)
- 10月  outubro /オウトゥーブロ/ m. (㊥October)
- 11月  novembro /ノヴェンブロ/ m. (㊥November)
- 12月  dezembro /デゼンブロ/ m. (㊥December)

| 日 | 葡 | 英 |
|---|---|---|
| きそく<br>規則 | regra f.<br>ヘーグラ | rule, regulations<br>ルール, レギュレイションズ |
| ～的な | regular<br>ヘグラール | regular<br>レギュラ |
| きぞく<br>貴族 | nobre m.f., aristocrata m.f.<br>ノーブリ, アリストクラッタ | noble, aristocrat<br>ノウブル, アリストクラト |
| ぎそく<br>義足 | perna artificial f.<br>ペルナ アルチフィスィアウ | artificial leg<br>アーティフィシャル レグ |
| きた<br>北 | norte m.<br>ノルチ | the north<br>ザ ノース |
| ギター | violão m.<br>ヴィオラォン | guitar<br>ギター |
| きた<br>北アメリカ | América do Norte f.<br>アメリカ ド ノルチ | North America<br>ノース アメリカ |
| きたい<br>期待 | expectativa f.<br>エスペキタチーヴァ | expectation<br>エクスペクテイション |
| ～する | esperar<br>エスペラール | expect<br>イクスペクト |
| きたい<br>気体 | gás m.<br>ガィス | gaseous body, gas<br>ギャスィアス バディ, ギャス |
| ぎだい<br>議題 | pauta f., agenda f.<br>パゥタ, アジェンダ | agenda<br>アヂェンダ |
| きた<br>鍛える | temperar<br>テンペラール | forge, temper<br>フォーヂ, テンパ |
| （心身を） | treinar<br>トレィナール | train<br>トレイン |
| きたく<br>帰宅する | voltar para casa<br>ヴォウタール パラ カーザ | return home, get home<br>リターン ホウム, ゲト ホウム |
| きたな<br>汚い | sujo<br>スージョ | dirty, soiled<br>ダーティ, ソイルド |
| （金銭に） | mesquinho<br>メスキーニョ | stingy<br>スティンヂ |
| きち<br>基地 | base f.<br>バーズィ | base<br>ベイス |
| きちょう<br>機長 | comandante m.<br>コマンダンチ | captain<br>キャプティン |
| ぎちょう<br>議長 | o presidente da assembléia m.<br>ウ プレズィデンチ ダ アセンブレィア | the chairperson<br>ザ チェアパースン |

| 日 | 葡 | 英 |
|---|---|---|
| きちょう<br>貴重な | precioso<br>プレスィオーゾ | precious, valuable<br>プレシャス, ヴァリュアブル |
| きちょうひん<br>貴重品 | coisas de valor *f.pl.*<br>コイザズ デ ヴァロール | valuables<br>ヴァリュアブルズ |
| きちょうめん<br>几帳面な | escrupuloso, meticuloso<br>エスクルプローゾ, メチクローゾ | exact, methodical<br>イグザクト, ミサディカル |
| きちんと | direitinho<br>チレイチーニョ | exactly, accurately<br>イグザクトリ, アキュレトリ |
| きつい | | |
| (性格が) | ríspido, severo<br>ヒスピド, セヴェーロ | strong, hard<br>ストローング, ハード |
| (大変な) | duro<br>ドゥーロ | hard<br>ハード |
| (窮屈な) | apertado<br>アペルタード | tight<br>タイト |
| きつえん<br>喫煙 | | |
| ～室 | sala de fumar *f.*<br>サーラ デ フマール | smoking room<br>スモウキング ルーム |
| ～車 | vagão para fumantes *m.*<br>ヴァガォン パラ フマンチス | smoking car<br>スモウキング カー |
| ～する | fumar<br>フマール | smoke<br>スモウク |
| きづか<br>気遣う | preocupar-se com<br>プレオクパールスィ コン | mind, worry<br>マインド, ワーリ |
| き か<br>切っ掛け | oportunidade *f.*, estopim *m.*<br>オポルトゥニダーヂ, エストピン | opportunity, chance, start<br>アポチューニティ, チャンス, スタート |
| キック | pontapé *m.*, chute *m.*<br>ポンタペ, シュッチ | kick<br>キク |
| きづ<br>気付く | perceber, notar<br>ペルセベール, ノタール | notice<br>ノウティス |
| きっさてん<br>喫茶店 | café *m.*<br>カフェ | coffee shop, tearoom<br>コフィ シャプ, ティールム |
| きっすい<br>生粋の | da gema, legítimo<br>ダ ジェーマ, レジッチモ | genuine, native<br>チェニュイン, ネイティヴ |
| きつつき<br>啄木鳥 | pica-pau *m.*<br>ピッカ パウ | woodpecker<br>ウドペカ |
| きって<br>切手 | selo *m.*<br>セーロ | stamp<br>スタンプ |

| 日 | 葡 | 英 |
|---|---|---|
| きっと | com certeza<br>コン セルテーザ | surely, certainly<br>シュアリ, サートンリ |
| 狐 | raposa *f.*<br>ハポーザ | fox<br>ファクス |
| 切符 | bilhete *m.*, passagem *f.*<br>ビリェッチ, パサージェィン | ticket<br>ティケト |
| ～売場 | bilheteria *f.*<br>ビリェテリーア | ticket office<br>ティケト オーフィス |
| 規定 | regulamento *m.*, norma *f.*<br>ヘグラメント, ノマ | regulations<br>レギュレイションズ |
| 祈祷 | prece *f.*, oração *f.*<br>プレッスィ, オラサォン | prayer<br>プレア |
| 軌道 | órbita *f.*<br>オルビタ | orbit<br>オービト |
| 危篤の | que está no estado terminal<br>キ エスタ ノ エスタード テルミナウ | critical<br>クリティカル |
| 気取る | afetar-se<br>アフェタール スィ | be affected<br>ビ アフェクテド |
| 気に入る | | |
| …が～ | gostar de<br>ゴスタール チ | be pleased *with*<br>ビ プリーズド |
| …の～ | agradar com<br>アグラダール コン | please<br>プリーズ |
| 気にする | ligar para, preocupar-se com<br>リガール パラ, プレオクパールスィ コン | worry *about*<br>ワーリ |
| 記入する | preencher, completar<br>プレエンシェール, コンプレタール | write *in*<br>ライト |
| 絹 | seda *f.*<br>セーダ | silk<br>スィルク |
| 記念 | comemoração *f.*<br>コメモラサォン | commemoration<br>コメモレイション |
| ～碑 | monumento *m.*<br>モヌメント | monument<br>マニュメント |
| ～日 | aniversário *m.*<br>dia comemorativo *m.*<br>アニヴェルサーリオ, チーア コメモラチーヴォ | memorial day<br>メモーリアル デイ |
| 機能 | função *f.*<br>フンサォン | function<br>ファンクション |

| 日 | 葡 | 英 |
|---|---|---|
| 昨日(きのう) | ontem<br>オンテイン | yesterday<br>イェスタディ |
| 技能(ぎのう) | habilidade *f.*<br>アビリダーヂ | skill<br>スキル |
| 茸(きのこ) | cogumelo *m.*<br>コグメーロ | mushroom<br>マシュルム |
| 気の毒な(きのどくな) | pobre, miserável<br>ポーブリ, ミゼラーヴェウ | pitiable, poor<br>ピティアブル, プア |
| 木の実(きのみ) | noz *f.*, fruto *m.*<br>ノィス, フルット | fruit, nut<br>フルート, ナト |
| 牙(きば) | colmilho *m.*<br>コウミーリョ | fang<br>ファング |
| （象などの） | presa *f.*<br>プレーザ | tusk<br>タスク |
| 奇抜な(きばつな) | extravagante, excêntrico<br>エストラヴァガンチ, エセントリコ | novel, original<br>ナヴェル, オリヂナル |
| 気晴らし(きばらし) | distração *f.*<br>ヂストラサォン | pastime, diversion<br>パスタイム, ダイヴァーション |
| 規範(きはん) | norma *f.*<br>ノルマ | norm<br>ノーム |
| 基盤(きばん) | base *f.* fundamento *m.*<br>バーズィ, フンダメント | base, foundation<br>ベイス, ファウンデイション |
| 厳しい(きびしい) | severo, rígido<br>セヴェーロ, ヒジド | severe, strict<br>スィヴィア, ストリクト |
| 気品(きひん) | distinção *f.*, nobreza *f.*<br>ヂスチンサォン, ノブレーザ | grace, dignity<br>グレイス, ディグニティ |
| 機敏な(きびんな) | ágil, esperto<br>アジウ, エスペルト | smart, quick<br>スマート, クウィク |
| 寄付(きふ) | contribuição *f.* doação *f.*<br>コントリブィサォン, ドアサォン | donation<br>ドウネイション |
| 〜する | contribuir<br>コントリブイール | donate, contribute *to*<br>ドウネイト, カントリビュト |
| ギブアンドテイクで | toma lá, dá cá<br>トーマ ラー ダー カー | give-and-take<br>ギヴァンテイク |
| ギプス | gesso *m.*<br>ジェッソ | plaster cast<br>プラスタ キャスト |
| ギフト | presente *m.*<br>プレゼンチ | gift<br>ギフト |

| 日 | 葡 | 英 |
|---|---|---|
| きぶん<br>気分 | disposição *f.*<br>ヂスポズィサォン | mood, feeling<br>ムード, フィーリング |
| きぼ<br>規模 | escala *f.*<br>エスカーラ | scale<br>スケイル |
| きぼう<br>希望 | esperança *f.*<br>エスペランサ | hope, wish<br>ホウプ, ウィシュ |
| ～する | esperar<br>エスペラール | hope, wish<br>ホウプ, ウィシュ |
| きぼ<br>木彫りの | esculpido em madeira<br>エスクウピード エィン マデイラ | wooden<br>ウドン |
| きほん<br>基本 | base *f.*<br>バーズィ | basis, standard<br>ベイスィス, スタンダド |
| ～的な | básico, fundamental<br>バズィコ, フンデメンタウ | basic, fundamental<br>ベイスィク, ファンダメントル |
| きまえ<br>気前のよい | generoso<br>ジェネローゾ | generous<br>ヂェナラス |
| きまぐ<br>気紛れな | volúvel, inconstante<br>ヴォルーヴェウ, インコンスタンチ | capricious<br>カプリシャス |
| きまつ<br>期末 | o fim do período *m.*<br>ウ フィン ド ペリオド | the end of the term<br>ジ エンド オヴ ザ タ－ム |
| き<br>気ままな | voluntarioso<br>ヴォルンタリオーゾ | carefree<br>ケアフリー |
| き<br>決まり | regra *f.*<br>ヘーグラ | rule, regulation<br>ルール, レギュレイション |
| ～文句 | chavão *m.*<br>シャヴァォン | set phrase<br>セト フレイズ |
| き<br>決まる | decidir-se<br>デスィヂールスィ | be settled, be decided<br>ビ セトルド, ビ ディサイデド |
| きみ<br>黄身 | gema *f.*<br>ジェーマ | the yolk<br>ザ ヨウク |
| きみつ<br>機密 | sigilo *m.*<br>スィジーロ | secrecy, secret<br>スィークレスィ, スィークレト |
| きみどり<br>黄緑の | verde-amarelo<br>ヴェルヂ アマレーロ | yellowish green<br>イェロウイシュ グリーン |
| きみょう<br>奇妙な | estranho, esquisito<br>エストラーニョ, エスキズィット | strange, queer<br>ストレインヂ, クウィア |
| ぎむ<br>義務 | obrigação *f.*, dever *m.*<br>オブリガサォン, デヴェール | duty, obligation<br>デューティ, アブリゲイション |

| 日 | 葡 | 英 |
|---|---|---|
| きむずか**気難しい** | difícil<br>チフィースィウ | hard to please<br>ハード トゥ プリーズ |
| ぎめい**偽名** | nome falso *m.*, pseudônimo *m.*<br>ノーミ ファウソ, ピセゥドニモ | assumed name<br>アスュームド ネイム |
| き**決める** | decidir<br>デスィチール | fix, decide on<br>フィクス, ディサイド |
| きも**気持ち** | sentimento *m.*<br>センチメント | feeling<br>フィーリング |
| きもの**着物** | quimono *m.*<br>キモーノ | kimono<br>キモウノウ |
| （衣服） | roupa *f.*, traje *m.*<br>ホゥパ, トラージ | clothing<br>クロウズィング |
| ぎもん**疑問** | dúvida *f.*<br>ドゥヴィダ | question, doubt<br>クウェスチョン, ダウト |
| きゃく**客** | visita *f.*<br>ヴィズィッタ | caller, visitor<br>コーラ, ヴィズィタ |
| （顧客） | cliente *m.*<br>クリエンチ | customer, client<br>カスタマ, クライエント |
| きやく**規約** | estatuto *m.*<br>エスタトゥット | agreement, contract<br>アグリーメント, カントラクト |
| ギャグ | chiste *m.*, gracejo *m.*<br>シスチ, グラセーショ | gag<br>ギャグ |
| ぎゃくさつ**虐殺** | massacre *m.*<br>マサックリ | massacre<br>マサカ |
| きゃくしゃ**客車** | vagão de passageiros *m.*<br>ヴァガォン チ パサジェイロス | passenger car<br>パセンチャ カー |
| ぎゃくしゅう**逆襲** | contra-ataque *m.*<br>コントラ アタッキ | counterattack<br>カウンタアタク |
| きゃくせん**客船** | navio de passageiros *m.*<br>ナヴィーオ チ パサジェイロス | passenger boat<br>パセンチャ ボウト |
| ぎゃくたい**虐待** | sevícias *f.pl.*, maus-tratos *m.pl.*<br>セヴィッスィアス, マゥス トラットス | abuse<br>アビューズ |
| ぎゃくてん**逆転する** | inverter o placar, dar reviravolta<br>インヴェルテール ウ プラカール, ダール ヘヴィラヴォゥタ | be reversed<br>ビ リヴァースト |
| ぎゃく**逆の** | contrário, inverso<br>コントラーリオ, インヴェルソ | reverse, contrary<br>リヴァース, カントレリ |
| きゃくほん**脚本** | roteiro *m.*<br>ホテイロ | play, drama, scenario<br>プレイ, ドラーマ, スィネアリオウ |

| 日 | 葡 | 英 |
|---|---|---|
| ギャザー | pregas *f.pl.* <br> プレーガス | gathers <br> ギャザズ |
| 華奢な | delgado <br> デウガード | delicate <br> デリケト |
| キャスト | elenco *m.* <br> エレンコ | the cast <br> ザ キャスト |
| キャタピラー | lagarta *f.* <br> ラガルタ | caterpillar <br> キャタピラ |
| 客観的な | objetivo <br> オビジェチーヴォ | objective <br> オブ**チェ**クティヴ |
| キャッシュ | dinheiro vivo *m.* <br> ヂニェイロ ヴィーヴォ | cash <br> キャシュ |
| 〜カード | cartão magnético do banco *m.* <br> カル**タ**ォン マギネチコ ド バンコ | bank card <br> バンク カード |
| キャッチフレーズ | *slogan m.* <br> スローガォン | catchphrase <br> キャチフレイズ |
| キャディー | *caddie m.* <br> カヂー | caddie <br> キャディ |
| キャバレー | cabaré *m.* <br> カバレー | cabaret <br> キャバレイ |
| キャビア | caviar *m.* <br> カヴィアール | caviar <br> キャヴィア |
| キャビン | cabina *f.* <br> カビーナ | cabin <br> キャビン |
| キャプテン （男の） | capitão *m.* <br> カピ**タ**ォン | captain <br> キャプティン |
| （女の） | capitã *f.* <br> カピ**タ**ン | captain <br> キャプティン |
| キャベツ | repolho *m.* <br> ヘポーリョ | cabbage <br> キャビヂ |
| キャラクター | caráter *m.* <br> カラッテル | character <br> キャラクタ |
| ギャラリー | galeria *f.* <br> ガレリーア | gallery <br> ギャラリ |
| キャリア | carreira *f.* <br> カヘィラ | career <br> カリア |

| 日 | 葡 | 英 |
|---|---|---|
| ギャング | bandido *m.* <br> バンヂード | gang, gangster <br> ギャング, ギャングスタ |
| キャンセル | cancelamento *m.* <br> カンセラメント | cancellation <br> キャンセレイション |
| 〜する | cancelar <br> カンセラール | cancel <br> キャンセル |
| 〜待ちの | *stand-by*, em lista de espera <br> スタンヂ バイ, エィン リスタ チ エスペーラ | on standby <br> アン スタンバイ |
| キャンデー | bala *f.* <br> バーラ | candy <br> キャンディ |
| キャンドル | vela *f.* <br> ヴェーラ | candle <br> キャンドル |
| キャンバス | tela *f.* <br> テーラ | canvas <br> キャンヴァス |
| キャンピングカー | *trailer m.* <br> トレィレール | camper <br> キャンパ |
| キャンプ | *camping m.* <br> カンピン | camp <br> キャンプ |
| ギャンブル | jogo de azar *m.* <br> ジョーゴ ヂ アザール | gambling <br> ギャンブリング |
| キャンペーン | campanha *f.* <br> カンパーニャ | campaign <br> キャンペイン |
| きゅう<br>級 | nível *m.* <br> ニーヴェウ | class, grade <br> クラス, グレイド |
| きゅうえん<br>救援 | ajuda *f.*, socorro *m.* <br> アジューダ, ソコッホ | relief, rescue <br> リリーフ, レスキュー |
| きゅうか<br>休暇 | férias *f.pl.* <br> フェリアス | vacation, holiday <br> ヴェイケイション, ハリデイ |
| きゅうかん<br>急患 | casos de urgência hospitalar *m.pl.* <br> カーゾス ヂ ウルジェンスィア オスピタラール | emergency case <br> イマーヂェンスィ ケイス |
| きゅうきゅうしゃ<br>救急車 | ambulância *f.* <br> アンブランスィア | ambulance <br> アンビュランス |
| きゅうぎょう<br>休業 | fechamento *m.* <br> フェシャメント | closure <br> クロウジャ |
| きゅうくつ<br>窮屈な | apertado <br> アペルタード | narrow, tight <br> ナロウ, タイト |
| (厳しい) | rígido <br> ヒジド | strict, rigid <br> ストリクト, リヂド |

| 日 | 葡 | 英 |
|---|---|---|
| (気詰まり) | constrangido<br>コンストランジード | constrained<br>カンストレインド |
| 休憩（きゅうけい） | intervalo *m.*<br>インテルヴァーロ | rest, recess<br>レスト, リセス |
| 〜する | descansar<br>デスカンサール | take a rest<br>テイク ア レスト |
| 急激な（きゅうげきな） | repentino, brusco<br>ヘペンチーノ, ブルスコ | sudden, abrupt<br>サドン, アブラプト |
| 急行列車（きゅうこうれっしゃ） | expresso *m.*, rápido *m.*<br>エスプレッソ, ハピド | express<br>イクスプレス |
| 求婚（きゅうこん） | pedido de casamento *m.*<br>ペチード デ カザメント | proposal<br>プロポウザル |
| 救済（きゅうさい） | assistência *f.*<br>アスィステンスィア | relief, aid<br>リリーフ, エイド |
| 給仕（きゅうじ） | | |
| (男の) | garçom *m.*<br>ガルソン | waiter<br>ウェイタ |
| (女の) | garçonete *f.*<br>ガルソネッチ | waitress<br>ウェイトレス |
| 旧式の（きゅうしきの） | antiquado<br>アンチクワード | old-fashioned<br>オウルドファションド |
| 休日（きゅうじつ） | dia de folga *m.*, feriado *m.*<br>チーア デ フォウガ, フェリアード | holiday<br>ハリデイ |
| 吸収（きゅうしゅう） | absorção *f.*<br>アビソルサォン | absorption<br>アブソープション |
| 〜する | absorver<br>アビソルヴェール | absorb<br>アブソープ |
| 救助（きゅうじょ） | socorro *m.*<br>ソコッホ | rescue, help<br>レスキュー, ヘルプ |
| 〜する | socorrer<br>ソコヘール | rescue, save<br>レスキュー, セイヴ |
| 給食（きゅうしょく） | merenda escolar *f.*<br>メレンダ エスコラール | provision of school lunch<br>プロヴィジョン オヴ スクール ランチ |
| 求人（きゅうじん） | oferta de trabalho *f.*<br>オフェルタ デ トラバーリョ | job offer<br>チャブ オーファ |
| 急進的な（きゅうしんてきな） | radical<br>ハヂカウ | radical<br>ラディカル |
| 急須（きゅうす） | bule *m.*<br>ブーリ | teapot<br>ティーパト |

| 日 | 葡 | 英 |
|---|---|---|
| きゅうすい<br>給水 | abastecimento de água *m.*<br>アバステスィメント デ アーグァ | water supply<br>ウォータ サプライ |
| きゅうせい<br>旧姓 | sobrenome antigo *m.*<br>ソブレノーミ アンチーゴ | former name<br>フォーマ ネイム |
| （既婚女性の） | sobrenome de solteira *m.*<br>ソブレノーミ デ ソウティラ | maiden name<br>メイドン ネイム |
| きゅうせいの<br>急性の | agudo<br>アグード | acute<br>アキュート |
| きゅうせん<br>休戦 | trégua *f.*<br>トレーグァ | armistice<br>アーミスティス |
| きゅうそく<br>休息 | descanso *m.*<br>デスカンソ | repose, rest<br>リポウズ, レスト |
| きゅうそくな<br>急速な | rápido, veloz<br>ハピド, ヴェロィス | rapid, prompt<br>ラピド, プランプト |
| きゅうだいする<br>及第する | passar em<br>パサール エィン | pass<br>パス |
| きゅうち<br>窮地 | situação difícil *f.*<br>スィトゥアサォン ヂフィースィウ | difficult situation<br>ディフィカルト スィチュエイション |
| きゅうてい<br>宮廷 | corte *f.*<br>コルチ | the Court<br>ザ コート |
| きゅうでん<br>宮殿 | palácio *m.*<br>パラッスィオ | palace<br>パレス |
| きゅうとうする<br>急騰する | subir de repente, disparar<br>スビール デ ヘペンチ, ヂスパラール | jump<br>チャンプ |
| きゅうに<br>急に | de repente, subitamente<br>デ ヘペンチ, スビタメンチ | suddenly<br>サドンリ |
| ぎゅうにく<br>牛肉 | carne de vaca *f.*<br>カルニ デ ヴァッカ | beef<br>ビーフ |
| ぎゅうにゅう<br>牛乳 | leite *m.*<br>レィチ | milk<br>ミルク |
| キューピッド | Cupido *m.*<br>クピード | Cupid<br>キューピド |
| きゅうびょう<br>急病 | doença repentina [súbita] *f.*<br>ドエンサ ヘペンチーナ ［スビタ］ | sudden illness<br>サドン イルネス |
| きゅうふ<br>給付<br>（保険会社など） | reembolso *m.*<br>ヘエンボウソ | payment<br>ペイメント |

| 日 | 葡 | 英 |
|---|---|---|
| 強化 | reforço m. ヘフォルソ | strengthening ストレンクスニイング |
| ～する | reforçar ヘフォルサール | strengthen ストレンクスン |
| 教科 | matéria f. マテーリア | subject サブヂクト |
| 協会 | associação f. アソスィアソォン | association, society アソウスィエイション, ソサイエティ |
| 境界 | fronteira f. フロンテイラ | boundary, border バウンダリ, ボーダ |
| 教会 | igreja f. イグレージャ | church チャーチ |
| 業界 | setor m. セトール | sector セクタ |
| 教科書 | livro didático m. リヴロ ヂダチコ | textbook テクストブク |
| 恐喝 | chantagem f., extorsão f. シャンタージェイン, エストルソォン | threat, blackmail スレト, ブラクメイル |
| 共感 | simpatia f. スィンパチーア | sympathy スィンパスィ |
| 凶器 | arma mortífera f. アルマ モルチフェラ | weapon ウェポン |
| 競技 | competição f. コンペチソォン | competition カンピティション |
| ～会 | campeonato m. カンピオナット | athletic competition アスレティクス カンピティション |
| 行儀 | comportamento m. コンポルタメント | behavior, manners ビヘイヴャ, マナズ |
| 供給 | oferta f., fornecimento m. オフェルタ, フォルネスィメント | supply サプライ |
| ～する | fornecer フォルネセール | supply サプライ |
| 境遇 | circunstâncias f.pl. スィルクンスタンスィアス | circumstances サーカムスタンスィズ |
| 教訓 | lição f. リソォン | lesson レスン |
| 恐慌 | crise f. クリーズィ | panic パニク |

| 日 | 葡 | 英 |
|---|---|---|
| （現物） | distribuição *f.*<br>ヂストリブイサォン | delivery<br>ディリヴァリ |
| （公的機関など） | subsídio *m.*<br>スビスィーヂオ | benefit<br>ベネフィト |
| きゅうめい<br>救命 | salvamento *m.*<br>サウヴァメント | life-saving<br>ライフセイヴィング |
| ～胴衣 | colete salva-vidas *m.*<br>コレッチ サウヴァ ヴィーダス | life jacket<br>ライフ ヂャケト |
| きゅうやくせいしょ<br>旧約聖書 | Velho Testamento *m.*<br>ヴェーリョ テスタメント | the Old Testament<br>ザ オウルド テスタメント |
| きゅうゆ<br>給油 | abastecimento (de gasolina) *m.*<br>アバステスィメント(ヂ ガゾリーナ) | refueling<br>リーフューアリング |
| きゅうゆう<br>旧友 | | |
| （男の） | velho amigo *m.*<br>ヴェーリョ アミーゴ | old friend<br>オウルド フレンド |
| （女の） | velha amiga *f.*<br>ヴェーリャ アミーガ | old friend<br>オウルド フレンド |
| きゅうよう<br>休養 | repouso *m.*<br>ヘポウゾ | rest<br>レスト |
| ～する | repousar<br>ヘポウザール | take a rest<br>テイク ア レスト |
| きゅうよう<br>急用 | assunto urgente *m.*<br>アスント ウルジェンチ | urgent business<br>アーヂェント ビズネス |
| きゅうり<br>胡瓜 | pepino *m.*<br>ペピーノ | cucumber<br>キューカンバ |
| きゅうりょう<br>給料 | salário *m.*, ordenado *m*<br>サラーリオ, オルデナード | pay, salary<br>ペイ, サラリ |
| きよ<br>清い | puro, límpido<br>プーロ, リンピド | clean, pure<br>クリーン, ピュア |
| きょう<br>今日 | hoje<br>オージ | today<br>トデイ |
| ぎょう<br>行 | linha *f.*<br>リーニャ | line<br>ライン |
| きょうい<br>驚異 | maravilha *f.*<br>マラヴィーリャ | wonder<br>ワンダ |
| きょういく<br>教育 | educação *f.*, ensino *m.*<br>エドゥカサォン, エンスィーノ | education<br>エヂュケイション |
| ～する | educar<br>エドゥカール | educate<br>エヂュケイト |

き

| 日 | 葡 | 英 |
|---|---|---|
| 教皇<br>きょうこう | papa *m.*<br>パッパ | the Pope<br>ザ ポウプ |
| 競合する<br>きょうごう | rivalizar com, concorrer com<br>ヒヴァリザール コン, コンコヘール コン | compete *with*<br>コンピート |
| 峡谷<br>きょうこく | desfiladeiro *m.*<br>デスフィラディロ | gorge, ravine<br>ゴーヂ, ラヴィーン |
| （大峡谷） | canhão *m.*<br>カニャォン | canyon<br>キャニョン |
| 強固な<br>きょうこ | sólido<br>ソリド | firm, solid<br>ファーム, サリド |
| 教材<br>きょうざい | material didático *m.*<br>マテリアゥ ヂダチコ | teaching material<br>ティーチング マティアリアル |
| 共産主義<br>きょうさんしゅぎ | comunismo *m.*<br>コムニズモ | communism<br>カミュニズム |
| 教師<br>きょうし | | |
| （男の） | professor *m.*<br>プロフェソール | teacher, professor<br>ティーチャ, プロフェサ |
| （女の） | professora *f.*<br>プロフェソーラ | teacher, professor<br>ティーチャ, プロフェサ |
| 行事<br>ぎょうじ | evento *m.*<br>エヴェント | event, function<br>イヴェント, ファンクション |
| 教室<br>きょうしつ | sala de aula *f.*<br>サーラ ヂ アウラ | classroom<br>クラスルーム |
| 業者<br>ぎょうしゃ | | |
| （開業） | comerciante *m.f.*<br>コメルスィアンチ | trader<br>トレイダ |
| （工業） | industrial *m.*<br>インドゥストリアゥ | industrialist<br>インダストリアリスト |
| （企業） | empresa *f.*<br>エンプレーザ | trader<br>トレイダ |
| 教授<br>きょうじゅ | | |
| （男の） | professor (titular) *m.*<br>プロフェソール ヂトゥラール) | professor<br>プロフェサ |
| （女の） | professora (titular) *f.*<br>プロフェソーラ ヂトゥラール) | professor<br>プロフェサ |
| 郷愁<br>きょうしゅう | nostalgia *f.*<br>ノスタウジーア | nostalgia<br>ナスタルヂャ |
| 教書<br>きょうしょ | mensagem *f.*<br>メンサージェィン | message<br>メスィヂ |

| 日 | 葡 | 英 |
|---|---|---|
| ぎょうしょう<br>行商 | comércio ambulante *m.*<br>コメルスィオ アンブランチ | peddling<br>ペドリング |
| ～人 | mascate *m.,f.*<br>マスカッチ | peddler<br>ペドラ |
| きょうしょく<br>教職 | magistério *m.*<br>マジステーリオ | the teaching profession<br>ザ ティーチング プロフェション |
| きょうせい<br>強制 | coação *f.*, compulsão *f.*<br>コアサォン, コンプサォン | compulsion<br>コンパルション |
| ～する | forçar, obrigar, coagir<br>フォルサール, オブリガール, コアジール | compel, force<br>カンペル, フォース |
| ぎょうせい<br>行政 | administração *f.*<br>アヂミニストラサォン | administration<br>アドミニストレイション |
| ～機関 | órgão administrativo *m.*<br>オルガオン アヂミニストラチーヴォ | administrative organ<br>アドミニヌトレイティヴ オーガン |
| ぎょうせき<br>業績 (仕事) | trabalho realizado *m.*<br>トラバーリョ ヘアリザード | achievement, results<br>アチーヴメント, リザルツ |
| (成果) | resultado de serviço *m.*<br>ヘズウタード チ セルヴィッソ | achievement, results<br>アチーヴメント, リザルツ |
| きょうそう<br>競争 | competição *f.*, concorrência *f.*<br>コンペチサォン, コンコヘンスィア | competition, contest<br>カンピティション, カンテスト |
| ～する | concorrer com<br>コンコヘール コン | compete<br>カンピート |
| ～力 | competitividade *f.*<br>コンペチチヴィダーチ | competitiveness<br>コンペティティヴネス |
| きょうそう<br>競走 | corrida *f.*<br>コヒーダ | race<br>レイス |
| ～する | competir numa corrida<br>コンペチール ヌマ コヒーダ | run a race<br>ラン ア レイス |
| きょうそうきょく<br>協奏曲 | concerto *m.*<br>コンセルト | concerto<br>カンチェアトウ |
| きょうそん<br>共存 | coexistência *f.*<br>コエズィステンスィア | coexistence<br>コウイグズィステンス |
| ～する | coexistir<br>コエズィスチール | coexist<br>コウイグズィスト |
| きょうだい<br>兄弟 | irmão *m.*<br>イルマオン | brother<br>ブラザ |
| きょうちょう<br>強調 | ênfase *f.*<br>エンファズィ | emphasis, stress<br>エンファスィス, ストレス |

| 日 | 葡 | 英 |
|---|---|---|
| ～する | enfatizar<br>エンファチザール | emphasize, stress<br>エンファサイズ, ストレス |
| きょうつう<br>共通の | comum<br>コムン | common<br>カモン |
| きょうてい<br>協定 | acordo *m.*, convênio *m.*<br>アコルド, コンヴェーニオ | agreement, convention<br>アグリーメント, カンヴェンション |
| きょうど<br>郷土 | terra natal *f.*<br>テッハ ナタウ | native district<br>ネイティヴ ディストリクト |
| きょうとう<br>教頭 | | |
| (男の) | subdiretor *m.*<br>スビヂレトール | vice-principal<br>ヴァイスプリンスィパル |
| (女の) | subdiretora *f.*<br>スビヂレトーラ | vice-principal<br>ヴァイスプリンスィパル |
| きょうどうくみあい<br>協同組合 | cooperativa *f.*<br>コオペラチーヴァ | cooperative<br>コウアパラティヴ |
| きょうどう<br>共同の | comum, conjunto<br>コムン, コンジュント | common, joint<br>カモン, チョイント |
| きよう<br>器用な | habilidoso, destro<br>アビリドーゾ, デストロ | skillful<br>スキルフル |
| きょうばい<br>競売 | leilão *m.*<br>レィラオン | auction<br>オークション |
| きょうはく<br>脅迫 | coação *f.*, ameaça *f.*<br>コアサォン, アメアッサ | threat, menace<br>スレト, メナス |
| ～する | coagir<br>コアジール | threaten, menace<br>スレトン, メナス |
| きょうはんしゃ<br>共犯者 | cúmplice *m.f.*, co-autor *m.*<br>クンプリスィ | accomplice<br>アカンプリス |
| きょうふ<br>恐怖 | terror *m.*<br>テホール | fear, fright, terror<br>フィア, フライト, テラ |
| きょうほ<br>競歩 | marcha atlética *f.*<br>マルシャ アトレチカ | walk<br>ウォーク |
| きょうみ<br>興味 | interesse *m.*<br>インテレッスィ | interest<br>インタレスト |
| ぎょうむ<br>業務 | serviço *m.*<br>セルヴィッソ | business<br>ビズネス |
| きょうめい<br>共鳴 | | |
| (音などの) | ressonância *f.*<br>ヘソナンスィア | resonance<br>レザナンス |

| 日 | 葡 | 英 |
|---|---|---|
| （感情の） | simpatia *f.*<br>スィンパチーア | sympathy<br>スィンパスィ |
| きょうゆう<br>共有 | co-propriedade *f.*<br>コプロプリエダーヂ | joint-ownership<br>チョイントオウナシプ |
| きょうよう<br>教養 | cultura *f.*<br>クゥトゥーラ | culture, education<br>カルチャ, エヂュケイション |
| ～のある | culto<br>クゥト | educated, cultured<br>エヂュケイテド, カルチャド |
| きょうりゅう<br>恐竜 | dinossauro *m.*<br>ヂノサゥロ | dinosaur<br>ダイナソー |
| きょうりょく<br>協力 | cooperação *f.*, colaboração *f.*<br>コオペラサォン, コラボラサォン | cooperation<br>コウアパレイション |
| ～する | cooperar com, colaborar com<br>コオペラール コン, コラボラール コン | cooperate *with*<br>コウアパレイト |
| きょうりょく<br>強力な | forte<br>フォルチ | strong, powerful<br>ストローング, パウアフル |
| ぎょうれつ<br>行列 | desfile *m.*<br>ヂスフィーリ | procession, parade<br>プロセション, パレイド |
| （列） | fila *f.*<br>フィーラ | line, queue<br>ライン, キュー |
| ～する | desfilar<br>ヂスフィラール | march in procession<br>マーチ イン プロセション |
| （列をつくる） | fazer uma fila<br>ファゼール ウマ フィーラ | line up, queue up<br>ライン アプ, キュー アプ |
| きょうれつ<br>強烈な | forte, intenso<br>フォルチ, インテンソ | intense<br>インテンス |
| きょうわこく<br>共和国 | república *f.*<br>ヘプブリカ | republic<br>リパブリク |
| きょえいしん<br>虚栄心 | vaidade *f.*<br>ヴァイダーヂ | vanity<br>ヴァニティ |
| きょか<br>許可 | permissão *f.*<br>ペルミサォン | permission<br>パミション |
| ～する | permitir<br>ペルミチール | permit<br>パミト |
| ぎょぎょう<br>漁業 | pesca *f.*<br>ペスカ | fishery<br>フィシャリ |
| きょく<br>曲 | peça musical *f.*<br>ペッサ ムズィカウ | tune, piece<br>テューン, ピース |
| きょくげい<br>曲芸 | acrobacia *f.*<br>アクロバスィーア | acrobat<br>アクロバト |

| 日 | 葡 | 英 |
|---|---|---|
| 極限 (きょくげん) | último limite *m.* ウゥチモ リミッチ | the limit ザ リミット |
| 曲線 (きょくせん) | curva *f.* クルヴァ | curve カーヴ |
| 極端 (きょくたん) | extremo *m.*, extremidade *f.* エストレーモ, エストレミダーチ | extreme イクストリーム |
| ～な | extremo エストレーモ | extreme, excessive イクストリーム, イクセスィヴ |
| 虚構 (きょこう) | ficção *f.* フィキサォン | fiction フィクション |
| 漁港 (ぎょこう) | porto pesqueiro *m.* ポルト ペスケィロ | fishing port フィシング ポート |
| 虚弱な (きょじゃくな) | débil デービウ | weak, delicate ウィーク, デリケト |
| 居住 (きょじゅう) | residência *f.* ヘズィデンスィア | dwelling ドウェリング |
| ～者 | residente *m.f.* ヘズィデンチ | resident, inhabitant レズィデント, インハビタント |
| ～する | residir ヘズィチール | reside, inhabit リザイド, インハビト |
| 巨匠 (きょしょう) | autoridade *f.* アゥトリダーヂ | great master グレイト マスタ |
| 漁場 (ぎょじょう) | zona pesqueira *f.* ゾーナ ペスケィラ | fishery フィシャリ |
| 拒食症 (きょしょくしょう) | anorexia *f.* アノレクスィーア | anorexia アナレキシア |
| 巨人 (きょじん) | gigante *m.* ジガンチ | giant チャイアント |
| 拒絶する (きょぜつする) | recusar ヘクザール | refuse, reject レフューズ, リヂェクト |
| 漁船 (ぎょせん) | navio pesqueiro *m.* ナヴィーオ ペスケィロ | fishing boat フィシング ボウト |
| 巨大な (きょだいな) | enorme, gigantesco エノルミ, ジガンテスコ | huge, gigantic ヒューヂ, チャイギャンティク |
| 曲解する (きょっかいする) | distorcer ヂストルセール | distort ディストート |
| 拠点 (きょてん) | base *f.* バーズィ | base, stronghold ベイス, ストローングホウルド |

| 日 | 葡 | 英 |
|---|---|---|
| 去年<br>きょねん | ano passado *m.*<br>アーノ パサード | last year<br>ラスト イア |
| 拒否<br>きょひ | recusa *f.*<br>ヘクーザ | denial, rejection<br>ディナイアル, リヂェクション |
| 〜する | recusar<br>ヘクザール | deny, reject<br>ディナイ, リヂェクト |
| 漁民<br>ぎょみん | pescadores *m.pl.*<br>ペスカドーリス | fishermen<br>フィシャメン |
| 魚雷<br>ぎょらい | torpedo *m.*<br>トルペード | torpedo<br>トーピードウ |
| 距離<br>きょり | distância *f.*<br>ヂスタンスィア | distance<br>ディスタンス |
| 嫌いな<br>きらいな | detestado, que não gosto<br>デテスタード, キ ナォン ゴスト | disliked<br>ディスライクド |
| 嫌う<br>きらう | não gostar, detestar<br>ナォン ゴスタール, デテスタール | dislike<br>ディスライク |
| きらきらする | cintilar, tremeluzir<br>スィンチラール, トレメルズィール | glitter<br>グリタ |
| 気楽な<br>きらくな | despreocupado<br>ヂスプレオクパード | optimistic, easy<br>アプティミスティク, イーズィ |
| 煌く<br>きらめく | rutilar<br>フチラール | glitter<br>グリタ |
| 錐<br>きり | pua *f.*<br>プーア | drill, gimlet<br>ドリル, ギムレト |
| 切り<br>きり | limite *m.*<br>リミッチ | end, limits<br>エンド, リミツ |
| 霧<br>きり | neblina *f.*, névoa *f.*<br>ネブリーナ, ネーヴォア | fog, mist<br>フォーグ, ミスト |
| 切り上げ<br>きり あ<br>（平価の） | valorização *f.*<br>ヴァロリザサォン | revaluation<br>リヴァリュエイション |
| 切り上げる<br>きり あ<br>（端数を） | arredondar decimais para cima<br>アヘドンダール デスィマィス パラ スィーマ | raise to a unit<br>レイズ トゥ ア ユーニット |
| 切り換える<br>きり か | trocar<br>トロカール | change<br>チェインヂ |
| 切り下げ<br>きり さ | desvalorização *f.*<br>ヂズヴァロリザサォン | devaluation<br>ディーヴァリュエイション |

| 日 | 葡 | 英 |
|---|---|---|
| 霧雨（きりさめ） | chuvisco *m.*, garoa *f.*<br>シュヴィスコ, ガローア | drizzle<br>ドリズル |
| ギリシア | Grécia *f.*<br>グレッスィア | Greece<br>グリース |
| 〜語 | grego *m.*<br>グレーゴ | Greek<br>グリーク |
| 切り捨てる（き　す） | cortar<br>コルタール | cut away<br>カト アウェイ |
| （端数を） | arredondar decimais para baixo<br>アヘドンダール デスィマィス パラ バィショ | round down<br>ラウンド ダウン |
| キリスト | Cristo *m.*<br>クリスト | Christ<br>クライスト |
| 〜教 | cristianismo *m.*<br>クリスチアニズモ | Christianity<br>クリスチアニティ |
| 〜教徒<br>（男の） | cristão *m.*<br>クリスタォン | Christian<br>クリスチャン |
| （女の） | cristã *f.*<br>クリスタン | Christian<br>クリスチャン |
| 規律（きりつ） | disciplina *f.*<br>ヂスィプリーナ | discipline<br>ディスィプリン |
| 起立する（きりつ） | levantar-se<br>レヴァンタールスィ | stand up, rise<br>スタンド アプ, ライズ |
| 切り詰める（き　つ）<br>（短くする） | encurtar<br>エンクルタール | reduce, cut down<br>リデュース, カト ダウン |
| （節約する） | economizar<br>エコノミザール | economize<br>イカノマイズ |
| 切り抜き（き　ぬ） | recorte (de jornal) *m.*<br>ヘコルチ（ヂ ジョルナウ） | clipping<br>クリピング |
| 切り抜ける（き　ぬ） | safar-se de<br>サファールスィ ヂ | get through<br>ゲト スルー |
| 切り離す（き　はな） | separar<br>セパラール | cut off, separate<br>カト オーフ, セパレイト |
| 切り開く（き　ひら） | desbravar<br>ヂスブラヴァール | cut out<br>カト アウト |
| 切り札（き　ふだ） | trunfo *m.*<br>トルンフォ | trump<br>トランプ |
| 切り身（き　み） | posta *f.*, filé *m.*, pedaço *m.*<br>ポスタ, フィレ, ペダッソ | slice, fillet<br>スライス, フィレイ |

| 日 | 葡 | 英 |
|---|---|---|
| 気流 (きりゅう) | corrente de ar f.<br>コヘンチ デ アール | air current<br>エア カーレント |
| 気力 (きりょく) | força de vontade f., ânimo m.<br>フォルサ デ ヴォンターデ, アニモ | energy, vigor<br>エナヂ, ヴィガ |
| 麒麟 (きりん) | girafa f.<br>ジラッファ | giraffe<br>ヂラフ |
| 切る (きる) | cortar<br>コルタール | cut<br>カト |
| (薄く) | cortar<br>コルタール | slice<br>スライス |
| (鋸で) | serrar<br>セハール | saw<br>ソー |
| (スイッチを) | desligar<br>ヂズリガール | turn off<br>ターン オフ |
| (電話を) | desligar<br>ヂズリガール | ring off<br>リング オフ |
| 着る (きる) | vestir<br>ヴェスチール | put on<br>プト オン |
| (着ている) | vestir-se com<br>ヴェスチールスィ コン | wear<br>ウェア |
| 切れ (きれ) | pedaço m.<br>ペダッソ | piece, cut<br>ピース, カト |
| (布) | pano m.<br>パーノ | cloth<br>クロス |
| 綺麗な (きれい) | bonito<br>ボニット | pretty, beautiful<br>プリティ, ビューティフル |
| (清潔な) | limpo<br>リンポ | clean<br>クリーン |
| 綺麗に (きれい) | lindamente<br>リンダメンチ | beautifully<br>ビューティフリ |
| (すっかり) | completamente<br>コンプレタメンチ | completely<br>カンプリートリ |
| 亀裂 (きれつ) | greta f. fenda f., rachadura f.<br>グレッタ, フェンダ, ハシャドゥーラ | crack<br>クラク |
| 切れる (きれる) | cortar bem<br>コルタール ベイン | cut well<br>カト ウェル |
| (電話が) | desligar, (a ligação) cair<br>ヂズリガール,(ア リガサォン) カイール | be cut off<br>ビ カト オフ |
| (不足する) | acabar<br>アカバール | be out of<br>ビ アウト |

| 日 | 葡 | 英 |
|---|---|---|
| (頭が) | sagaz, inteligente, arguto<br>サガィス, インテリジェンチ, アルグット | sharp<br>シャープ |
| 帰路 | o caminho de volta *m.*<br>ウ カミーニョ チ ヴォウタ | the way home<br>ザ ウェイ ホウム |
| 記録<br>(記録したもの) | registro *m.*<br>ヘジストロ | record<br>レコド |
| (競技等の) | recorde *m.*<br>ヘコルヂ | record<br>レコド |
| ～する | registrar<br>ヘジストラール | record<br>リコード |
| キログラム | quilograma *m.*<br>キログラーマ | kilogram<br>キログラム |
| キロメートル | quilômetro *m.*<br>キロメトロ | kilometer<br>キロミタ |
| キロリットル | quilolitro *m.*<br>キロリットロ | kiloliter<br>キロリータ |
| キロワット | quilowatt *m.*<br>キロヴァッチ | kilowatt<br>キロワト |
| 議論 | discussão *f.*<br>ヂスクサォン | argument<br>アーギュメント |
| 疑惑 | suspeita *f.*<br>ススペィタ | doubt, suspicion<br>ダウト, サスピション |
| 際立つ | destacar-se<br>ヂスタカールスィ | stand out<br>スタンド アウト |
| 際どい | perigoso<br>ペリゴーゾ | dangerous, risky<br>デインヂャラス, リスキ |
| 極めて | extremamente<br>エストレマメンチ | very, extremely<br>ヴェリ, イクストリームリ |
| 金 | ouro *m.*<br>オゥロ | gold<br>ゴウルド |
| 銀 | prata *f.*<br>プラッタ | silver<br>スィルヴァ |
| 均一の | uniforme<br>ウニフォルミ | uniform<br>ユーニフォーム |
| 禁煙 | Proibido fumar.<br>プロィビード フマール | No Smoking.<br>ノウ スモウキング |
| ～車 | vagão para não-fumantes *m.*<br>ヴァガォン パラ ナォン フマンチス | nonsmoking car<br>ノンスモウキング カー |

| 日 | 葡 | 英 |
|---|---|---|
| ～する | parar de fumar<br>パラール チ フマール | give up smoking<br>ギヴ アプ スモウキング |
| ～席 | mesa para não-fumante *f.*<br>メーザ パラ ナォン フマンチ | nonsmoking seat<br>ノンスモウキング スィート |
| ぎんが<br>銀河 | galáxia *f.*<br>ガラクスィア | the Galaxy<br>ザ ギャラクスィ |
| きんかい<br>近海 | as águas costeiras *f.pl.*<br>アズ アーグァス コスティラス | inshore<br>インショー |
| きんがく<br>金額 | quantia *f.*<br>クァンチーア | sum, amount of money<br>サム, アマウント アヴ マニ |
| きんがん<br>近眼 | miopia *f.*<br>ミオピーア | near-sightedness<br>ニアサイテドネス |
| きんきゅう<br>緊急 | emergência *f.*<br>エメルジェンスィア | emergency<br>イマーヂェンスィ |
| ～の | urgente<br>ウルジェンチ | urgent<br>アーヂェント |
| きんぎょ<br>金魚 | peixe-vermelho *m.*<br>ペィシ ヴェルメーリョ | goldfish<br>ゴウルドフィシュ |
| きんこ<br>金庫 | cofre *m.*<br>コッフリ | safe, vault<br>セイフ, ヴォールト |
| きんこう<br>均衡 | equilíbrio *m.*<br>エキリブリオ | balance<br>バランス |
| ぎんこう<br>銀行 | banco *m.*<br>バンコ | bank<br>バンク |
| ～員 |  |  |
| （男の） | funcionário de banco *m.*<br>フンスィオナーリオ ヂ バンコ | bank clerk<br>バンク クラーク |
| （女の） | funcionária de banco *f.*<br>フンスィオナーリア ヂ バンコ | bank clerk<br>バンク クラーク |
| きんし<br>禁止 | proibição *f.*<br>プロィビサォン | prohibition, ban<br>プロウヒビション, バン |
| ～する | proibir<br>プロィビール | forbid, prohibit<br>フォビド, プロヒビト |
| きんし<br>近視 | miopia *f.*<br>ミオピーア | myopia<br>マイオウピア |
| きんしゅ<br>禁酒 | abstinência de álcool *f.*<br>アビスチネンスィア ヂ アウコオウ | abstinence<br>アブスティネンス |
| きんしゅく<br>緊縮 | redução *f.*<br>ヘドゥサォン | retrenchment<br>リトレンチメント |

| 日 | 葡 | 英 |
|---|---|---|
| 近所（きんじょ） | vizinhança *f.*<br>ヴィズィニャンサ | neighborhood<br>ネイバフド |
| 禁じる（きん） | proibir<br>プロイビール | forbid, prohibit<br>フォビド, プロヒビト |
| 金星（きんせい） | Vênus *f.*<br>ヴェーヌス | Venus<br>ヴィーナス |
| 金属（きんぞく） | metal *m.*<br>メタウ | metal<br>メタル |
| 近代（きんだい） | idade moderna *f.*<br>イダーヂ モデルナ | modern ages<br>マダン エイヂズ |
| 緊張（きんちょう） | tensão *f.*<br>テンサォン | tension, strain<br>テンション, ストレイン |
| 〜した | nervoso, tenso<br>ネルヴォーゾ, テンソ | strained<br>ストレインド |
| 〜する | ficar tenso, ficar nervoso<br>フィカール テンソ, フィカール ネルヴォーゾ | be tense<br>ビ テンス |
| 銀杏（ぎんなん） | fruto do ginkgo *m.*<br>フルト ド ジンキゴ | ginkgo nut<br>ギンコウ ナト |
| 筋肉（きんにく） | músculo *m.*<br>ムスクロ | muscles<br>マスルズ |
| 金箔（きんぱく） | folha de ouro *f.*<br>フォーリャ ヂ オウロ | gold foil<br>ゴウルド フォイル |
| 金髪の（きんぱつ） | louro<br>ロウロ | blond(e)<br>ブランド |
| 勤勉な（きんべん） | diligente, aplicado<br>ヂリジェンチ, アプリカード | industrious<br>インダストリアス |
| 吟味する（ぎんみ） | examinar minuciosamente<br>エザミナール ミヌスィオザメンチ | scrutinize<br>スクルーティナイズ |
| 勤務（きんむ） | trabalho *m.*<br>トラバーリョ | service, duty<br>サーヴィス, デューティ |
| 〜する | trabalhar em<br>トラバリャール エィン | serve, work<br>サーヴ, ワーク |
| 金メダル（きん） | medalha de ouro *f.*<br>メダーリャ ヂ オウロ | gold medal<br>ゴウルド メドル |
| 銀メダル（ぎん） | medalha de prata *f.*<br>メダーリャ ヂ プラッタ | silver medal<br>スィルヴァ メドル |
| 金融（きんゆう） | finanças *f.pl.*<br>フィナンサス | finance<br>フィナンス |

き

| 日 | 葡 | 英 |
|---|---|---|
| きんようび<br>金曜日 | sexta-feira *f.*<br>セスタ フェイラ | Friday<br>フライディ |
| きんよくてき<br>禁欲的な | ascético<br>アセチコ | stoic<br>ストウイク |
| きんり<br>金利 | juros *m.pl.*, taxa de juros *f.*<br>ジューロス, タッシャ チ ジューロス | interest rates<br>インタレスト レイツ |
| きんりょうく<br>禁漁区 | reserva de pesca *f.*<br>ヘゼルヴァ チ ペスカ | marine preserve<br>マリーン プリザーヴ |
| きんりょく<br>筋力 | força muscular *f.*<br>フォルサ ムスクラール | muscular power<br>マスキュラ パウア |

## く, ク

| 日 | 葡 | 英 |
|---|---|---|
| く<br>区 | bairro *m.*<br>バイホ | ward, district<br>ウォード, ディストリクト |
| ぐ<br>具 | ingredientes *m.pl.*<br>イングレヂエンチス | ingredients<br>イングリーディエンツ |
| ぐあい<br>具合 | condição *f.*, estado *m.*<br>コンヂサォン, エスタード | condition, state<br>カンディション, ステイト |
| くい<br>杭 | estaca *f.*<br>エスタッカ | stake, pile<br>ステイク, パイル |
| く<br>悔い | arrependimento *m.*<br>アヘペンヂメント | regret, remorse<br>リグレト, リモース |
| くいき<br>区域 | zona *f.*<br>ゾーナ | area, zone<br>エアリア, ゾウン |
| クイズ | adivinha *f.*, pergunta *f.*<br>アヂヴィーニャ, ペルグンタ | quiz<br>クウィズ |
| く ちが<br>食い違う | estar em desacordo com, divergir<br>エスタール エイン デザコルド コン, チヴェルジール | be different *from*<br>ビ ディファレント |
| クインテット | quinteto *m.*<br>クィンテット | quintet<br>クウィンテト |
| く<br>食う | comer<br>コメール | eat, have, take<br>イート, ハヴ, テイク |
| くうかん<br>空間 | espaço *m.*<br>エスパッソ | space, room<br>スペイス, ルーム |
| くうき<br>空気 | ar *m.*<br>アール | air<br>エア |

| 日 | 葡 | 英 |
|---|---|---|
| (雰囲気) | ar *m.*, ambiente *m.*, atmosfera *f.*<br>アール, アンビエンチ, アチモスフェーラ | atmosphere<br>アトモスフィア |
| 空虚 | vazio *m.*<br>ヴァズィーオ | emptiness<br>エンプティネス |
| 空軍 | Aeronáutica *f.*<br>アエロナゥチカ | air force<br>エア フォース |
| 空港 | aeroporto *m.*<br>アエロポルト | airport<br>エアポート |
| 空襲 | ataque aéreo *m.*<br>アタッキ アエーリオ | air raid<br>エア レイド |
| 偶数 | número par *m.*<br>ヌメロ パール | even number<br>イーヴン ナンバ |
| 空席 | vaga *f.*<br>ヴァーガ | vacant seat<br>ヴェイカント スィート |
| (ポスト) | posto vago *m.*<br>ポスト ヴァーゴ | vacant position<br>ヴェイカント ポズィション |
| 偶然 | acaso *m.*, casualidade *f.*<br>アカーゾ, カズアリダーヂ | chance, accident<br>チャンス, アクスィデント |
| ～に | por acaso, acidentalmente<br>ポル アカーゾ, アスィデンタウメンチ | by chance<br>バイ チャンス |
| ～の | acidental<br>アスィデンタウ | accidental<br>アクスィデンタル |
| 空前の | sem precedentes<br>セィン プレセデンチス | unprecedented<br>アンプレセデンティド |
| 空想 | imaginação *f.*, fantasia *f.*<br>イマジナサォン, ファンタズィーア | idle fancy<br>アイドル ファンスィ |
| ～する | imaginar, fantasiar<br>イマジナール, ファンタズィアール | fancy<br>ファンスィ |
| 偶像 | ídolo *m.*<br>イドロ | idol<br>アイドル |
| クーデター | golpe de Estado *m.*<br>ゴウピ ヂ エスタード | coup (d'etat)<br>クー (デイター) |
| 空白 | branco *m.*<br>ブランコ | blank<br>ブランク |
| 空腹 | fome *f.*<br>フォーミ | hunger<br>ハンガ |
| ～である | ter fome, estar com fome<br>テール フォーミ, エスタール コン フォーミ | be hungry<br>ビ ハングリ |

| 日 | 葡 | 英 |
|---|---|---|
| くうぼ<br>空母 | porta-aviões *m.*<br>ポルタ アヴィオインス | aircraft carrier<br>エアクラフト キャリア |
| くうゆ<br>空輸 | transporte aéreo *m.*<br>トランスポルチ アエーリオ | air transport<br>エア トランスポート |
| クーラー | ar-condicionado *m.*<br>アール コンヂスィオナード | air conditioner<br>エア カンディショナ |
| ぐうわ<br>寓話 | fábula *f.*<br>ファブラ | allegory, fable<br>アリゴーリ, フェイブル |
| クエスチョンマーク | ponto de interrogação *m.*<br>ポント ヂ インテホガサォン | question mark<br>クウェスチョン マーク |
| クオーツ | quartzo *m.*<br>クワルツォ | quartz<br>クウォーツ |
| くかく<br>区画 | divisão *f.*, seção *f.*<br>ヂヴィザォン, セサォン | division<br>ディヴィジョン |
| （土地の） | lote *m.*<br>ロッチ | lot<br>ラト |
| くがつ<br>九月 | setembro *m.*<br>セテンブロ | September<br>セプテンバ |
| くかん<br>区間 | trajeto *m.*, trecho *m.*<br>トラジェット, トレッショ | section<br>セクション |
| くき<br>茎 | haste *f.*, caule *m.*<br>アスチ, カゥリ | stalk, stem<br>ストーク, ステム |
| くぎ<br>釘 | prego *m.*<br>プレーゴ | nail<br>ネイル |
| くきょう<br>苦境 | situação difícil *f.*, apuros *m.pl.*<br>スィトゥアサォン ヂフィッスィウ, アプーロス | difficult situation<br>ディフィカルト スィチュエイション |
| くぎ<br>区切り | pausa *f.*<br>パゥザ | pause<br>ポーズ |
| （句読点） | pontuação *f.*<br>ポントゥアサォン | punctuation<br>パンクチュエイション |
| くぎ<br>区切る | dividir<br>ヂヴィヂール | divide<br>ディヴァイド |
| （文を） | pontuar<br>ポントゥワール | punctuate<br>パンクチュエイト |
| くさ<br>草 | capim *m.*, erva *f.*<br>カピン, エルヴァ | grass, herb<br>グラス, ハーブ |
| くさ<br>臭い | fedorento, de mau cheiro<br>フェドレント, ヂ マゥ シェィロ | smelly, stinking<br>スメリ, スティンキング |

| 日 | 葡 | 英 |
|---|---|---|
| <ruby>鎖<rt>くさり</rt></ruby> | cadeia f., corrente f.<br>カデイア, コヘンチ | chain<br>チェイン |
| <ruby>腐る<rt>くさ</rt></ruby> | apodrecer-se, estragar<br>アポドレセールスィ, エストラガール | rot, go bad<br>ラト, ゴウ バド |
| <ruby>串<rt>くし</rt></ruby> | espeto m.<br>エスペット | spit, skewer<br>スピト, スキューア |
| <ruby>櫛<rt>くし</rt></ruby> | pente m.<br>ペンチ | comb<br>コウム |
| <ruby>籤<rt>くじ</rt></ruby> | loteria f., sorteio m., rifa f.<br>ロテリーア, ソルテイオ, ヒッファ | lot, lottery<br>ラト, ラタリ |
| <ruby>挫く<rt>くじ</rt></ruby> | torcer<br>トルセール | sprain, wrench<br>スプレイン, レンチ |
| （気を） | desanimar, arrefecer<br>デザニマール, アヘフェセール | discourage<br>ディスカーリヂ |
| <ruby>挫ける<rt>くじ</rt></ruby> | desanimar, arrefecer-se<br>デザニマール, アヘフェセールスィ | be discouraged<br>ビ ディスカーリヂド |
| <ruby>孔雀<rt>くじゃく</rt></ruby> | pavão m.<br>パヴァォン | peacock<br>ピーカク |
| <ruby>嚔<rt>くしゃみ</rt></ruby> | espirro m.<br>エスピッホ | sneeze<br>スニーズ |
| 〜をする | espirrar<br>エスピハール | sneeze<br>スニーズ |
| <ruby>苦笑する<rt>くしょう</rt></ruby> | esboçar um sorriso amarelo<br>エズボサール ウン ソヒーゾ アマレーロ | force a smile<br>フォース ア スマイル |
| <ruby>苦情<rt>くじょう</rt></ruby> | queixa f., reclamação f.<br>ケィシャ, ヘクラマサォン | complaint<br>カンプレイント |
| <ruby>鯨<rt>くじら</rt></ruby> | baleia f.<br>バレィア | whale<br>ホウェイル |
| <ruby>苦心する<rt>くしん</rt></ruby> | trabalhar arduamente<br>トラバリャール アルドゥアメンチ | take pains<br>テイク ペインズ |
| <ruby>屑<rt>くず</rt></ruby> | lixo m.<br>リッショ | waste, rubbish<br>ウェイスト, ラビシュ |
| 〜入れ | lata de lixo f.<br>ラッタ ヂ リッショ | trash can<br>トラシュ キャン |
| 〜籠 | cesto de lixo m.<br>セスト ヂ リッショ | wastebasket<br>ウェイストバスケト |
| ぐずぐずする | molengar, hesitar<br>モレンガール, エズィタール | be slow, hesitate<br>ビ スロウ, ヘズィテイト |

| 日 | 葡 | 英 |
|---|---|---|
| くすぐったい | sentir, cócegas<br>センチール, コセガス | ticklish<br>ティクリシュ |
| くすぐる | fazer cócegas em<br>ファゼール コセガス エィン | tickle<br>ティクル |
| 崩す | arrasar, destruir<br>アハザール, デストルイール | pull down, break<br>プル ダウン, ブレイク |
| (金を) | trocar ... em<br>トロカール エィン | change<br>チェインヂ |
| (姿勢を) | descompor<br>デスコンポール | sit at ease<br>スィト アト イーズ |
| 薬 | remédio m., medicamento m.<br>ヘメーヂオ, メヂカメント | medicine, drug<br>メディスィン, ドラグ |
| ～屋 | farmácia f., drogaria f.<br>ファルマッスィア, ドロガリーア | pharmacy, drugstore<br>ファーマスィ, ドラグストー |
| 薬指 | (dedo) anular m.<br>(デード) アヌラール | the ring finger<br>ザ リング フィンガ |
| 崩れる | desabar, desmoronar, cair<br>デザバール, デスモロナール, カイール | crumble, collapse<br>クランブル, カラプス |
| (形が) | deformar-se<br>デフォルマールスィ | get out of shape<br>ゲト アウト オヴ シェイプ |
| くすんだ | semi-escuro<br>セミ エスクーロ | somber<br>サンバ |
| 癖 | hábito m.<br>アビト | habit<br>ハビト |
| 具体的な | concreto m.<br>コンクレット | concrete<br>カンクリート |
| 砕く | quebrar, despedaçar, esmigalhar<br>ケブラール, デスペダサール, エズミガリャール | break, smash<br>ブレイク, スマシュ |
| 砕ける | quebrar-se<br>ケブラールスィ | break, be broken<br>ブレイク, ビ ブロウクン |
| くたばる | ficar arrombado<br>フィカール アホンバード | kick the bucket<br>キク ザ バケト |
| くたびれる | ficar exausto<br>フィカール エザウスト | be fatigued<br>ビ ファティーグド |
| 果物 | fruta f.<br>フルッタ | fruit<br>フルート |
| 下らない | insignificante, trivial, fútil<br>インスィギニフィカンチ, トリヴィアウ, フッチウ | trifling, trivial<br>トライフリング, トリヴィアル |

| 日 | 葡 | 英 |
|---|---|---|
| <ruby>下<rt>くだ</rt></ruby>り | descida *f.*<br>デスィーダ | descent<br>ディセント |
| <ruby>下<rt>くだ</rt></ruby>る | descer, ir para baixo<br>デセール, イール パラ バィショ | go down, descend<br>ゴウ ダウン, ディセンド |
| （命令などが） | ser dado<br>セール ダード | be issued<br>ビ イシュード |
| （下痢） | ter diarréia<br>テール ヂアヘィア | have loose bowels<br>ハヴ ルース バウエルズ |
| <ruby>口<rt>くち</rt></ruby> | boca *f.*<br>ボッカ | mouth<br>マウス |

## ■果物■  fruta *f.* / フルッタ /

<ruby>果物<rt>くだもの</rt></ruby>　fruta / フルッタ / *f.* (英fruit)
<ruby>杏<rt>あんず</rt></ruby>　abricó / アブリコ / *m.* (英apricot)
<ruby>苺<rt>いちご</rt></ruby>　morango / モランゴ / *m.* (英strawberry)
<ruby>無花果<rt>いちじく</rt></ruby>　figo / フィーゴ / *m.* (英fig)
オレンジ　laranja / ラランジャ / *f.* (英orange)
グレープフルーツ　toranja / トランジャ / *f.* (英grapefruit)
サクランボ　cereja / セレージャ / *f.* (英cherry)
ざくろ　romã / ホマン / *f.* (英pemegranate)
<ruby>西瓜<rt>すいか</rt></ruby>　melancia / メランスィーア / *f.* (英watermelon)
<ruby>梨<rt>なし</rt></ruby>　pêra / ペーラ / *f.* (英pear)
パイナップル　ananás / アナナィス / *m.*, abacaxi / アバカシ / *m.* (英pineapple)
バナナ　banana / バナーナ / *f.* (英banana)
パパイヤ　mamão / ママォン / *m.* (英papaya)
<ruby>葡萄<rt>ぶどう</rt></ruby>　uva / ウーヴァ / *f.* (英grapes)
プラム　ameixa / アメィシャ / *f.* (英plum)
マンゴー　manga / マンガ / *f.* (英mango)
<ruby>蜜柑<rt>みかん</rt></ruby>　tangerina / タンジェリーナ / *f.*, mexerica / メシェリーカ / *f.* (英mandarin)
メロン　melão / メラォン / *m.* (英melon)
<ruby>桃<rt>もも</rt></ruby>　pêssego / ペッスィゴ / *m.* (英peach)
<ruby>林檎<rt>りんご</rt></ruby>　maçã / マサン / *f.* (英apple)
レモン　limão / リマォン / *m.* (英lemon)

| 日 | 葡 | 英 |
|---|---|---|
| <ruby>愚痴<rt>ぐち</rt></ruby> | queixa *f.*, resmungo *m.*<br>ケィシャ, ヘズムンゴ | idle complaint<br>アイドル カンプレイント |
| <ruby>口喧嘩<rt>くちげんか</rt></ruby> | discussão *f.*, querela *f.*<br>ヂスクサォン, ケレーラ | quarrel<br>クゥオレル |
| <ruby>嘴<rt>くちばし</rt></ruby> | bico *m.*<br>ビッコ | bill, beak<br>ビル, ビーク |
| <ruby>唇<rt>くちびる</rt></ruby> | lábios *m.pl.*<br>ラビオス | lip<br>リプ |
| <ruby>口笛<rt>くちぶえ</rt></ruby> | assobio *m.*<br>アソビーオ | whistle<br>(ホ)ウィスル |
| ～を吹く | assobiar<br>アソビアール | give a whistle<br>ギヴ ア (ホ)ウィスル |
| <ruby>口紅<rt>くちべに</rt></ruby> | batom *m.*<br>バトン | rouge, lipstick<br>ルージュ, リプスティク |
| <ruby>口調<rt>くちょう</rt></ruby> | tom *m.*<br>トン | tone<br>トウン |
| <ruby>靴<rt>くつ</rt></ruby> | sapato *m.*<br>サパット | shoes, boots<br>シューズ, ブーツ |
| <ruby>苦痛<rt>くつう</rt></ruby> | dor *f.*, sofrimento *m.*<br>ドール, ソフリメント | pain, pang<br>ペイン, パング |
| <ruby>覆す<rt>くつがえ</rt></ruby> | derrubar<br>デフバール | upset<br>アプセト |
| クッキー | biscoito *m.*, bolacha *f.*<br>ビスコイト, ボラッシャ | cookie, biscuit<br>クキ, ビスキト |
| クッキング | cozinha *f.*<br>コズィーニャ | cooking<br>クキング |
| <ruby>靴下<rt>くつした</rt></ruby> | meia *f.*<br>メィア | socks, stockings<br>サクス, スタキングズ |
| クッション | almofada *f.*<br>アウモファーダ | cushion<br>クション |
| <ruby>屈折<rt>くっせつ</rt></ruby> | refração *f.*<br>ヘフラサォン | refraction<br>リーフラクション |
| くっつく | pegar-se, grudar, colar-se<br>ペガールスィ, グルダール, コラールスィ | stick *to*<br>スティク |
| くっつける | unir, grudar, juntar<br>ウニール, グルダール, ジュンタール | join, stick<br>ヂョイン, スティク |
| <ruby>靴紐<rt>くつひも</rt></ruby> | cadarço *m.*<br>カダルソ | shoestring<br>シューストリング |

| 日 | 葡 | 英 |
|---|---|---|
| 靴箆 (くつべら) | calçadeira f.<br>カウサデイラ | shoehorn<br>シューホーン |
| 靴屋 (くつや) | loja de calçados f., sapataria f.<br>ロージャ ヂ カウサードス, サパタリーア | shoe store<br>シュー ストー |
| 寛ぐ (くつろ) | ficar à vontade<br>フィカール ア ヴォンターヂ | make *oneself* at home<br>メイク アト ホウム |
| 句読点 (くとうてん) | sinais de pontuação m.pl.<br>スィナィス ヂ ポントゥアサォン | punctuation marks<br>パンクチュエイション マークス |
| 口説く (くど) | persuadir<br>ペルスァヂール | persuade<br>パスウェイド |
| （女性を） | cortejar<br>コルテジャール | make advances *to*<br>メイク アドヴァーンスィズ |
| 国 (くに) | país m.<br>パイース | country<br>カントリ |
| 配る (くば) | distribuir<br>ヂストリブイール | distribute<br>ディストリビュト |
| 首 (くび) | pescoço m.<br>ペスコッソ | neck<br>ネク |
| （頭部） | cabeça f.<br>カベッサ | head<br>ヘド |
| （免職） | demissão f.<br>デミサォン | dismissal<br>ディスミサル |
| ～飾り | colar m.<br>コラール | necklace<br>ネクレス |
| ～筋 | nuca f.<br>ヌッカ | nape<br>ネイプ |
| ～回り | colarinho m.<br>コラリーニョ | neck size<br>ネク サイズ |
| 工夫 (くふう) | engenho m.<br>エンジェーニョ | device, idea<br>ディヴァイス, アイディア |
| ～する | planejar, inventar, engendrar<br>プラネジャール, インヴェンタール, エンジェンドラール | devise, contrive<br>ディヴァイス, カントライヴ |
| 区分 (くぶん) | divisão f., seção f.<br>ヂヴィザォン, セサォン | division<br>ディヴィジョン |
| （分類） | classificação f.<br>クラスィフィカサォン | classification<br>クラスィフィケイション |
| 区別 (くべつ) | distinção f.<br>ヂスチンサォン | distinction<br>ディスティンクション |
| 窪み (くぼ) | cavidade f.<br>カヴィダーヂ | hollow<br>ハロウ |

| 日 | 葡 | 英 |
|---|---|---|
| 熊(くま) | | |
| （雄の） | urso *m.* ウルソ | bear ベア |
| （雌の） | ursa *f.* ウルサ | bear ベア |
| 組(くみ) | classe *f.* クラッスィ | class クラス |
| （グループ） | grupo *m.* グルッポ | group, team グループ, ティーム |
| （一揃い） | jogo *m.* ジョーゴ | set セト |
| （一対） | par *m.* パール | pair ペア |
| 組合(くみあい) | sindicato *m.*, cooperativa *f.* スィンヂカット, コオペラチーヴァ | association, union アソウスィエイション, ユーニオン |
| 組み合わせ(くみあわせ) | combinação *f.* コンビナサォン | combination カンビネイション |
| 組み立て(くみたて) | estrutura *f.* エストルトゥーラ | structure ストラクチャ |
| （機械などの） | montagem *f.* モンタージェィン | assembling アセンブリング |
| 組み立てる(くみたてる) | compor, montar コンポール, モンタール | put... together, assemble プト トゲザ, アセンブル |
| 汲む(くむ) | tirar (água) チラール (アグァ) | draw ドロー |
| 組む(くむ) | unir, juntar ウニール, ジュンタール | unite *with* ユーナイト |
| 足を～ | cruzar as pernas クルザール アス ペルナス | cross *one's* legs クロース レグズ |
| 雲(くも) | nuvem *f.* ヌーヴェィン | cloud クラウド |
| 蜘蛛(くも) | aranha *f.* アラーニャ | spider スパイダ |
| 曇り(くもり) | tempo nublado *m.* テンポ ヌブラード | cloudy weather クラウディ ウェザ |
| （レンズなどの） | estar embaçado エスタール エンバサード | blur ブラ |
| 曇る(くもる) | nublar-se ヌブラール スィ | become cloudy ビカム クラウディ |

| 日 | 葡 | 英 |
|---|---|---|
| 悔(くや)しい | despeitado<br>ヂスペィタード | mortifying, vexing<br>モーティファイング, ヴェクスィング |
| 悔(く)やむ | arrepender-se, lamentar<br>アヘペンデールスィ, ラメンタール | repent, regret<br>リペント, リグレト |
| 倉(くら)・蔵 | celeiro m., depósito m.<br>セレィロ, デポズィト | warehouse<br>ウェアハウス |
| 暗(くら)い | escuro, sombrio<br>エスクーロ, ソンブリーオ | dark, gloomy<br>ダーク, グルーミ |
| グライダー | planador m.<br>プラナドール | glider<br>グライダ |
| クライマックス | clímax m., auge m.<br>クリマクス, アゥジ | the climax<br>ザ クライマクス |
| グラウンド | campo m.<br>カンポ | ground<br>グラウンド |
| クラクション | buzina f.<br>ブズィーナ | horn<br>ホーン |
| 水母(くらげ) | medusa f.<br>メドゥーザ | jellyfish<br>ヂェリフィシュ |
| 暮(く)らし | vida f.<br>ヴィーダ | life, living<br>ライフ, リヴィング |
| クラシック | clássico<br>クラスィコ | classic<br>クラスィク |
| ～音楽 | música clássica f.<br>ムズィカ クラスィカ | classical music<br>クラスィカル ミューズィク |
| 暮(く)らす | viver<br>ヴィヴェール | live, make a living<br>リヴ, メイク ア リヴィング |
| クラス | classe f., turma f.<br>クラッスィ, トゥルマ | class<br>クラス |
| グラス | copo m.<br>コッポ | glass<br>グラス |
| ～ファイバー | fibra de vidro f.<br>フィーブラ ヂ ヴィードロ | glass fiber<br>グラス ファイバ |
| クラスメート | colega de classe m.f.<br>コレーガ ヂ クラッスィ | classmate<br>クラスメイト |
| グラタン | gratinado m.<br>グラチナード | gratin<br>グラタン |
| クラッカー | cream-cracker m.<br>クレーミ クラッケル | cracker<br>クラカ |

| 日 | 葡 | 英 |
|---|---|---|
| ぐらつく | perder o equilíbrio, cambalear<br>ペルデール ウ エキリーブリオ, カンバレアール | shake<br>シェイク |
| （決心が） | ficar vacilante, hesitar<br>フィカール ヴァスィランチ, エズィタール | waver<br>ウェイヴァ |
| クラッチ | embreagem f.<br>エンブレアージェイン | crutch<br>クラチ |
| クラブ | clube m.<br>クルービ | club<br>クラブ |
| （ゴルフの） | taco de golfe m.<br>タッコ チ ゴウフィ | (golf) club<br>（ゴルフ）クラブ |
| グラフ | gráfico m.<br>グラフィコ | graph<br>グラフ |
| 比(くら)べる | comparar<br>コンパラール | compare<br>カンペア |
| グラム | grama m.<br>グラーマ | gram<br>グラム |
| 暗闇(くらやみ) | escuridão f., treva f.<br>エスクリダォン, トレーヴァ | darkness, the dark<br>ダークネス, ザ ダーク |
| クラリネット | clarinete m.<br>クラリネッチ | clarinet<br>クラリネト |
| グランドピアノ | piano de cauda m.<br>ピアーノ チ カウダ | grand piano<br>グランド ピアーノウ |
| グランプリ | grande prêmio m.<br>グランヂ プレーミオ | grand prix<br>グランド プリー |
| 栗(くり) | castanha f.<br>カスターニャ | chestnut<br>チェスナト |
| クリーニング店(てん) | lavanderia f.<br>ラヴァンデリーア | laundry<br>ローンドリ |
| クリーム | creme m.<br>クレーミ | cream<br>クリーム |
| グリーン | verde m.<br>ヴェルヂ | green<br>グリーン |
| （ゴルフの） | green m.<br>グリーン | (putting) green<br>（パティング）グリーン |
| ～ピース | ervilha f.<br>エルヴィーリャ | pea<br>ピー |
| 繰(く)り返(かえ)し | repetição f.<br>ヘペチサォン | repetition, refrain<br>レペティション, リフレイン |

| 日 | 葡 | 英 |
|---|---|---|
| 繰り返す | repetir<br>ヘペチール | repeat<br>リピート |
| 繰り越す | transportar<br>トランスポルタール | carry forward<br>キャリ フォーワド |
| クリスタル | cristal *m.*<br>クリスタウ | crystal<br>クリスタル |
| クリスチャン<br>（男の） | cristão *m.*<br>クリスタォン | Christian<br>クリスチャン |
| （女の） | cristã *f.*<br>クリスタン | Christian<br>クリスチャン |
| クリスマス | Natal *m.*<br>ナタウ | Christmas<br>クリスマス |
| 〜イブ | noite [véspera] de Natal *f.*<br>ノイチ ［ヴェスペラ］ヂ ナタウ | Christmas Eve<br>クリスマス イーヴ |
| 〜キャロル | cântico de Natal *m.*<br>カンチコ ヂ ナタウ | Christmas carol<br>クリスマス キャロル |
| グリセリン | glicerina *f.*<br>グリセリーナ | glycerin<br>グリサリン |
| クリックする | clicar<br>クリカール | click<br>クリク |
| クリップ | clipe *m.*<br>クリッピ | clip<br>クリプ |
| クリニック | clínica *f.*<br>クリニカ | clinic<br>クリニク |
| 来る | vir<br>ヴィール | come, arrive<br>カム, アライヴ |
| （由来） | provir de<br>プロヴィール ヂ | be due *to*<br>ビ デュー |
| 狂う | enlouquecer<br>エンロウケセール | go mad<br>ゴウ マド |
| （調子が） | avariar-se, escangalhar-se<br>アヴァリアールスィ, エスカンガリャールスィ | go wrong<br>ゴウ ロング |
| （計画などが） | transtornar-se<br>トランストルナール スィ | be upset<br>ビ アプセト |
| グループ | grupo *m.*<br>グルッポ | group<br>グループ |
| 苦しい | aflito, angustiado<br>アフリット, アングスチアード | painful, hard<br>ペインフル, ハード |

| 日 | 葡 | 英 |
|---|---|---|
| （困難な） | duro, difícil<br>ドゥーロ，ヂフィッスィウ | hard, difficult<br>ハード，ディフィカルト |
| 苦しみ | dor f., aflição f., sofrimento m.<br>ドール，アフリサォン，ソフリメント | pain, suffering<br>ペイン，サファリング |
| 苦しむ | sofrer<br>ソフレール | suffer *from*<br>サファ |
| （悩む） | afligir-se<br>アフリジールスィ | be troubled *with*<br>ビ トラブルド |
| 苦しめる | atormentar, torturar<br>アトルメンタール，トルトゥラール | torment<br>トーメント |
| 踝 | tornozelo m.<br>トルノゼーロ | ankle<br>アンクル |
| 車 | carro m., veículo m.<br>カーホ，ヴェイクロ | car, vehicle<br>カー，ヴィーイクル |
| （車輪） | roda f.<br>ホーダ | wheel<br>ホウィール |
| 車椅子 | cadeira de rodas f.<br>カデイラ ヂ ホーダス | wheelchair<br>(ホ)ウィールチェア |
| 車海老 | camarão m.<br>カマラォン | prawn<br>プローン |
| 胡桃 | noz f.<br>ノィス | walnut<br>ウォールナト |
| くるむ | embrulhar<br>エンブルリャール | wrap up<br>ラプ アプ |
| 暮れ | crepúsculo m.<br>クレプスクロ | nightfall<br>ナイトフォール |
| （年末） | o fim do ano m.<br>ウ フィンド アーノ | the year-end<br>ザ イアエンド |
| グレー | cinzento m.<br>スィンゼント | gray<br>グレイ |
| グレープフルーツ | toranja f.<br>トランジャ | grapefruit<br>グレイプフルート |
| クレーム | queixa f., reclamação f.<br>ケィシャ，ヘクラマサォン | claim, complaint<br>クレイム，カンプレイント |
| クレーン | guindaste m.<br>ギンダスチ | crane<br>クレイン |

| 日 | 葡 | 英 |
|---|---|---|
| クレジット | crédito *m.*<br>クレヂト | credit<br>クレディト |
| 〜カード | cartão de crédito *m.*<br>カルタオン チ クレヂト | credit card<br>クレディト カード |
| クレヨン | creiom *m.*<br>クレィオン | crayon<br>クレイアン |
| 呉れる | dar<br>ダール | give, present<br>ギヴ, プリゼント |
| 暮れる | entardecer, anoitecer<br>エンタルデセール, アノィテセール | get dark<br>ゲト ダーク |
| (日や年が) | acabar<br>アカバール | end<br>エンド |
| クレンザー | sapólio em pó *m.*<br>サポーリオ エィン ポ | cleanser<br>クレンザ |
| 黒い | preto<br>プレット | black<br>ブラク |
| (日焼けして) | queimado<br>ケィマード | sunburnt<br>サンバーント |
| 苦労 | dificuldades *f.pl.*, sofrimento *m.*<br>ヂフィクウダーヂス, ソフリメント | troubles, hardships<br>トラブルズ, ハードシプズ |
| (骨折り) | trabalho *m.*, labuta *f.*, fadiga *f.*<br>トラバーリョ, ラブッタ, ファヂーガ | toil, labor<br>トイル, レイバ |
| (心配) | ansiedade *f.*, aflição *f.*<br>アンスィエダーヂ, アフリサオン | anxiety<br>アングザイエティ |
| 〜する | ter dificuldades, sofrer<br>テール ヂフィクウダーヂス, ソフレール | suffer, work hard<br>サファ, ワーク ハード |
| 玄人 | profissional *m.f.*<br>プロフィスィオナウ | expert, professional<br>エクスパート, プロフェショナル |
| クローク | vestiário *m.*<br>ヴェスチアーリオ | cloakroom<br>クロウクルム |
| クローバー | trevo *m.*<br>トレーヴォ | clover<br>クロウヴァ |
| グローバリゼーション | globalização *f.*<br>グロバリザサオン | globalization<br>グロウバライゼイション |
| クローム | cromo *m.*<br>クローモ | chrome<br>クロウム |
| クロール | *crawl m.*<br>クラウ | the crawl<br>ザ クロール |

| 日 | 葡 | 英 |
|---|---|---|
| 黒字(くろじ) | saldo positivo *m.*<br>サウド ポズィチーヴォ | the black<br>ザ ブラク |
| クロスワード | palavras cruzadas *f.pl.*<br>パラーヴラス クルザーダス | crossword<br>クロースワード |
| 黒っぽい(くろ) | escuro<br>エスクーロ | blackish<br>ブラキシュ |
| グロテスクな | grotesco<br>グロテスコ | grotesque<br>グロウテスク |
| 黒幕(くろまく) (人) | eminência parda *f.*<br>エミネンスィア パルダ | wirepuller<br>ワイアプラ |
| クロワッサン | *croissant m.*<br>クルァサン | croissant<br>クルワーサーン |
| 加える(くわ) | acrescentar, adicionar<br>アクレセンタール、アヂスィオナール | add *to*<br>アド |
| 詳しい(くわ) | detalhado<br>デタリャード | detailed<br>ディーテイルド |
| (熟知) | estar bem informado sobre<br>エスタール ベイン インフォルマード ソープリ | be well acquainted *with*<br>ビ ウェル アクウェインテド |
| 企てる(くわだ) | planejar, tramar, associar-se a<br>プラネジャール、トラマール、アソスィアールスィア | plan, project<br>プラン、プロチェクト |
| 加わる(くわ) | participar de<br>パルチスィパール チ | join, enter<br>チョイン、エンタ |
| 軍(ぐん) | exército *m.*<br>エゼルスィト | army, forces<br>アーミ、フォースィズ |
| 郡(ぐん) | subdistrito *m.*<br>スビヂストリット | county<br>カウンティ |
| 軍艦(ぐんかん) | navio de guerra *m.*<br>ナヴィーオ チ ゲッハ | warship<br>ウォーシプ |
| 軍国主義(ぐんこくしゅぎ) | militarismo *m.*<br>ミリタリズモ | militarism<br>ミリテリズム |
| 軍事(ぐんじ) | assuntos militares *m.pl.*<br>アスントズ ミリターリス | military affairs<br>ミリテリ アフェアズ |
| 君主(くんしゅ) | monarca *m.*, soberano *m.*<br>モナルカ、ソベラーノ | monarch, sovereign<br>マナク、サヴレン |
| 群衆[集](ぐんしゅう) | multidão *f.*<br>ムウチダォン | crowd<br>クラウド |

| 日 | 葡 | 英 |
|---|---|---|
| <ruby>軍縮<rt>ぐんしゅく</rt></ruby> | redução dos armamentos *f.*<br>ヘドゥサォン ドズ アルマメントス | armaments reduction<br>アーマメンツ リダクション |
| <ruby>勲章<rt>くんしょう</rt></ruby> | condecoração *f.*<br>コンデコラサォン | decoration<br>デコレイション |
| <ruby>軍人<rt>ぐんじん</rt></ruby> | militar *m.*<br>ミリタール | soldier, serviceman<br>ソウルヂャ, サーヴィスマン |
| <ruby>燻製の<rt>くんせい</rt></ruby> | defumado, curado<br>デフマード, クラード | smoked<br>スモウクト |
| <ruby>軍隊<rt>ぐんたい</rt></ruby> | tropas *f.pl.*, forças armadas *f.pl.*<br>トロッパス, フォルサズ アルマーダス | army, troops<br>アーミ, トループス |
| <ruby>軍備<rt>ぐんび</rt></ruby> | armamentos *m.pl.*<br>アルマメントス | armaments<br>アーマメンツ |
| <ruby>軍法会議<rt>ぐんぽうかいぎ</rt></ruby> | corte marcial *f.*<br>コルチ マルスィアウ | court-martial<br>コートマーシャル |
| <ruby>訓練<rt>くんれん</rt></ruby> | treinamento *m.*, exercício *m.*<br>トレィナメント, エゼルスィースィオ | training<br>トレイニング |
| 〜する | treinar<br>トレィナール | train, drill<br>トレイン, ドリル |

## け, ケ

| 日 | 葡 | 英 |
|---|---|---|
| <ruby>毛<rt>け</rt></ruby> | cabelo *m.*, pêlo *m.*<br>カベーロ, ペーロ | hair<br>ヘア |
| （羽毛） | pena *f.*<br>ペーナ | feather<br>フェザ |
| （綿毛） | penugem *f.*<br>ペヌージェィン | down<br>ダウン |
| （獣毛） | pêlo *m.*<br>ペーロ | fur<br>ファー |
| （羊毛） | lã *f.*<br>ラン | wool<br>ウル |
| <ruby>刑<rt>けい</rt></ruby> | pena *f.*<br>ペーナ | penalty, sentence<br>ペナルティ, センテンス |
| <ruby>芸<rt>げい</rt></ruby> | arte *f.*<br>アルチ | art, accomplishments<br>アート, アカンプリシュメンツ |
| <ruby>経営<rt>けいえい</rt></ruby> | administração *f.*<br>アヂミニストラサォン | management<br>マニヂメント |

| 日 | 葡 | 英 |
|---|---|---|
| ~者 | | |
| （男の） | administrador *m.*<br>アヂミニストラドール | manager<br>マニヂャ |
| （女の） | administradora *f.*<br>アヂミニストラドーラ | manager<br>マニヂャ |
| ~する | administrar<br>アヂミニストラール | manage, run<br>マニヂ, ラン |
| 軽音楽 | música suave *f.*<br>ムズィカ スワーヴィ | light music<br>ライト ミューズィク |
| 経過 | | |
| （経緯） | processo *m.*, desenrolamento *m.*<br>プロセッソ, デゼンホラメント | progress<br>プラグレス |
| （時間の） | o passar *m.*, decurso *m.*<br>ウ パサール, デクルソ | |
| ~する | passar, transcorrer<br>パサール, トランスコヘール | pass, go by<br>パス, ゴウ バイ |
| 警戒 | alerta *m.*, precaução *f.*,<br>cautela *f.*<br>アレルタ, プレカゥサオン, カゥテーラ | caution, precaution<br>コーション, プリコーション |
| ~する | acautelar-se<br>アカゥテラールスィ | guard *against*<br>ガード |
| 軽快な | ligeiro, jovial<br>リジェイロ, ジョヴィアゥ | light<br>ライト |
| 計画 | plano *m.*, projeto *m.*<br>プラーノ, プロジェット | plan, project<br>プラン, プロヂェクト |
| ~する | planejar, programar<br>プラネジャール, プログラマール | plan, project<br>プラン, プロヂェクト |
| 警官 | policial *m.*<br>ポリスィアゥ | police officer<br>ポリース オーフィサ |
| 景気 | situação econômica *f.*<br>スィトゥアサォン エコノミカ | business<br>ビズネス |
| （市況） | mercado<br>メルカード | market<br>マーケト |
| 警句 | aforismo *m.*<br>アフォリズモ | aphorism, epigram<br>アフォリズム, エピグラム |
| 敬具 | Sinceramente.,<br>Atenciosamente.<br>スィンセラメンチ, アテンスィオーザメンチ | Yours sincerely,<br>ユアズ スィンスィアリ |
| 経験 | experiência *f.*<br>エスペリエンスィア | experience<br>イクスピアリアンス |

| 日 | 葡 | 英 |
|---|---|---|
| ～する | experimentar<br>エスペリメンタール | experience<br>イクスピアリアンス |
| 稽古（けいこ） | treino *m*., lição *f*.<br>トレィノ, リサォン | practice, exercise<br>プラクティス, エクササイズ |
| （芝居の） | ensaio *m*.<br>エンサィオ | rehearsal<br>リハーサル |
| ～する | praticar, assistir a uma aula de<br>プラチカール, アスィスチール ア ウマ アゥラ ヂ | practice, take lessons<br>プラクティス, テイク レスンズ |
| 敬語（けいご） | linguagem honorífica *f*.<br>リングワージェィン オノリフィカ | honorific<br>アナリフィク |
| 傾向（けいこう） | tendência *f*.<br>テンデンスィア | tendency<br>テンデンスィ |
| 軽工業（けいこうぎょう） | indústria leve *f*.<br>インドゥストリア レーヴィ | light industries<br>ライト インダストリズ |
| 蛍光灯（けいこうとう） | lâmpada fluorescente *f*.<br>ランパダ フルオレセンチ | fluorescent lamp<br>フルーオレスント ランプ |
| 警告（けいこく） | advertência *f*.<br>アヂヴェルテンスィア | warning, caution<br>ウォーニング, コーション |
| ～する | avisar, advertir<br>アヴィザール, アヂヴェルチール | warn<br>ウォーン |
| 経済（けいざい） | economia *f*.<br>エコノミーア | economy, finance<br>イカノミ, フィナンス |
| ～学 | economia *f*.<br>エコノミーア | economics<br>イーコナミクス |
| ～学者 | economista *m.f.*<br>エコノミスタ | economist<br>イカノミスト |
| ～的な | econômico<br>エコノミコ | economical<br>イーコナミカル |
| 掲載（けいさい）する | publicar, divulgar<br>プブリカール, ヂヴウガール | publish<br>パブリシュ |
| 警察（けいさつ） | polícia *f*.<br>ポリスィア | the police<br>ザ ポリース |
| ～官 | policial *m.f.*<br>ポリスィアウ | police officer<br>ポリース オーフィサ |
| ～署 | delegacia de polícia *f*.<br>デリガスィーア ヂ ポリースィア | police station<br>ポリース ステイション |
| 計算（けいさん） | cálculo *m*.<br>カウクロ | calculation<br>キャルキュレイション |
| ～機 | calculadora *f*.<br>カウクラドーラ | calculator<br>キャルキュレイタ |

け

| 日 | 葡 | 英 |
|---|---|---|
| ～する | calcular カウクラール | calculate, count キャルキュレイト, カウント |
| 掲示(けいじ) | aviso m. アヴィーゾ | notice, bulletin ノウティス, ブレティン |
| ～板 | quadro de avisos m. クワドロ デ アヴィーゾス | notice board ノウティス ボード |
| 刑事(けいじ) | detetive m. デテチーヴィ | detective ディテクティヴ |
| 形式(けいしき) | forma f., formalidade f. フォルマ, フォルマリダーヂ | form, formality フォーム, フォーマリティ |
| ～的な | formal フォルマウ | formal フォーマル |
| 形而上学(けいじじょうがく) | metafísica f. メタフィズィカ | metaphysics メタフィズィクス |
| 芸術(げいじゅつ) | belas-artes f.pl. ベラズ アルチス | art アート |
| ～家 | artista m.f. アルチスタ | artist アーティスト |
| 敬称(けいしょう) | título honorífico m. チトゥロ オノリフィコ | title of honor タイトル オヴ アナ |
| 継承(けいしょう) | sucessão f. スセサォン | succession サクセション |
| ～する | suceder a スセデール ア | succeed to サクスィード |
| 経常収支(けいじょうしゅうし) | conta-corrente f. コンタ コヘンチ | current balance カーレント バランス |
| 軽食(けいしょく) | refeição leve f. ヘフェイサォン レーヴィ | light meal ライト ミール |
| 系図(けいず) | genealogia f. ジェネアロジーア | genealogy ヂーニアロヂィ |
| 形成(けいせい) | formação f. フォルマサォン | formation フォーメイション |
| 継続する(けいぞくする) | continuar, prosseguir コンチヌワール, プロセギール | continue カンティニュー |
| 軽率な(けいそつな) | imprudente インプルデンチ | careless, rash ケアレス, ラシュ |
| 形態(けいたい) | forma f., figura f. フォルマ, フィグーラ | form, shape フォーム, シェイプ |

| 日 | 葡 | 英 |
|---|---|---|
| 携帯する | levar consigo<br>レヴァール コンスィーゴ | carry<br>キャリ |
| 携帯電話 | telefone celular *m.*<br>テレフォーニ セルラール | cellular phone<br>セリュラ フォウン |
| 警笛 | buzina *f.*<br>ブズィーナ | horn<br>ホーン |
| 毛糸 | lã *f.*<br>ラン | woolen yarn<br>ウレン ヤーン |
| 経度 | longitude *f.*<br>ロンジトゥーヂ | longitude<br>ランヂテュード |
| 系統 | sistema *m.*<br>スィステーマ | system<br>スィステム |
| 芸能 | entretenimento *m.*, arte *f.*<br>エントレテニメント, アルチ | entertainments<br>エンタテインメンツ |
| ～人 | artista *m.f.*<br>アルチスタ | artiste<br>アーティースト |
| 競馬 | corrida de cavalo *f.*<br>コヒーダ ヂ カヴァーロ | horse racing<br>ホース レイスィング |
| ～場 | hipódromo *m.*<br>イポドロモ | race track<br>レイス トラク |
| 軽薄な | frívolo, leviano<br>フリヴォロ, レヴィアーノ | frivolous<br>フリヴォラス |
| 刑罰 | castigo *m.*, punição *f.*<br>カスチーゴ, プニソォン | punishment<br>パニシュメント |
| 軽犯罪 | delito leve *m.*,<br>　contravenção penal *f.*<br>デリット レーヴィ, コントラヴェンサォン ペナウ | minor offense<br>マイナ オフェンス |
| 経費 | despesa *f.*<br>ヂスペーザ | expenses<br>イクスペンスィズ |
| 警備 | guarda *f.*<br>グワルダ | defense, guard<br>ディフェンス, ガード |
| ～員 | guarda *m.*<br>グワルダ | guard<br>ガード |
| ～する | guardar, vigiar<br>グァルダール, ヴィジアール | defend, guard<br>ディフェンド, ガード |
| 景品 | prêmio *m.*, brinde *m.*<br>プレーミオ, ブリンヂ | premium<br>プリーミアム |
| 系譜 | genealogia *f.*<br>ジェネアロジーア | genealogy<br>ヂーニアロヂィ |

| 日 | 葡 | 英 |
|---|---|---|
| けいべつ<br>軽蔑 | desprezo *m.*, desdém *m.*<br>デスプレーゾ, デズディン | contempt, scorn<br>カンテンプト, スコーン |
| ～する | desprezar<br>デスプレザール | despise, scorn<br>ディスパイズ, スコーン |
| けいほう<br>警報 | alarme *m.*<br>アラルミ | warning, alarm<br>ウォーニング, アラーム |
| けいむしょ<br>刑務所 | cárcere *m.*, prisão *f.*, cadeia *f.*<br>カルセリ, プリザォン, カデイア | prison<br>プリズン |
| けいもう<br>啓蒙する | esclarecer, ilustrar, instruir<br>エスクラレセール, イルストラール, インストルイール | enlighten<br>インライトン |
| けいやく<br>契約 | contrato *m.*<br>コントラット | contract<br>カントラクト |
| ～書 | contrato *m.*<br>コントラット | contract<br>カントラクト |
| ～する | assinar um contrato,<br>firmar um contrato<br>アスィナール ウン コントラット,<br>フィルマール ウン コントラット | contract<br>コントラクト |
| けいゆ<br>経由 | via, passando por<br>ヴィーア, パサンド ポル | by way of, via<br>バイ ウェイ オヴ, ヴァイア |
| けいようし<br>形容詞 | adjetivo *m.*<br>アヂジェチーヴォ | adjective<br>アヂクティヴ |
| けいり<br>経理 | contabilidade *f.*<br>コンタビリダーヂ | accounting<br>アカウンティング |
| けいりゃく<br>計略 | ardil *m.*, estratagema *m.*<br>アルヂウ, エストラタジェーマ | stratagem<br>ストラタヂャム |
| けいりょう<br>計量 | pesagem *f.*<br>ペザージェィン | measurement<br>メジャメント |
| けいれき<br>経歴 | carreira *f.*<br>カヘィラ | career<br>カリア |
| けいれん<br>痙攣 | convulsão *f.*<br>コンヴウサォン | spasm, cramp<br>スパズム, クランプ |
| けいろ<br>経路 | curso *m.*, caminho *m.*<br>クルソ, カミーニョ | course, route<br>コース, ルート |
| ケーキ | bolo *m.*<br>ボーロ | cake<br>ケイク |
| ゲージ | aparelhos de medida *m.pl.*<br>アパレーリョス ヂ メヂーダ | gauge<br>ゲイヂ |

| 日 | 葡 | 英 |
|---|---|---|
| ケース | estojo *m.*<br>エストージョ | case<br>ケイス |
| （場合） | caso *m.*<br>カーゾ | case<br>ケイス |
| ゲート | portão *m.*<br>ポルタォン | gate<br>ゲイト |
| ケーブル | cabo *m.*<br>カーボ | cable<br>ケイブル |
| ～カー | bonde funicular *m.*<br>ボンヂ フニクラール | cable car<br>ケイブル カー |
| ～テレビ | televisão a cabo *f.*<br>テレヴィザォン ア カーボ | cable television<br>ケイブル テレヴィジョン |
| ゲーム | jogo *m.*<br>ジョーゴ | game<br>ゲイム |
| 毛織物 | tecido de lã *m.*<br>テスィード ヂ ラン | woolen goods<br>ウレン グヅ |
| 怪我 | ferida *f.*, lesão *f.*<br>フェリーダ, レザォン | wound, injury<br>ウーンド, インヂュリ |
| ～する | ferir-se<br>フェリールスィ | get hurt<br>ゲト ハート |
| 外科 | cirurgia *f.*<br>スィルルジーア | surgery<br>サーヂャリ |
| ～医 | | |
| （男の） | cirurgião *m.*<br>スィルルジアォン | surgeon<br>サーヂョン |
| （女の） | cirurgiã *f.*<br>スィルルジアン | surgeon<br>サーヂョン |
| 汚す | sujar, manchar<br>スジャール, マンジャール | stain<br>ステイン |
| （名誉などを） | macular<br>マクラール | disgrace<br>ディスグレイス |
| 汚れ | impureza *f.*, mácula *f.*<br>インプレーザ, マクラ | impurity<br>インピュアリティ |
| （汚点） | mancha *f.*<br>マンシャ | stain<br>ステイン |
| 毛皮 | pele (de animais) *f.*<br>ペーリ (ヂ アニマィス) | fur<br>ファー |
| 劇 | teatro *m.*, drama *m.*<br>チアトロ, ドラーマ | play<br>プレイ |

| 日 | 葡 | 英 |
|---|---|---|
| 劇場（げきじょう） | teatro *m.* <br> チアトロ | theater <br> スィアタ |
| 劇団（げきだん） | companhia teatral *f.* <br> コンパニーア チアトラウ | theatrical company <br> スィアトリカル カンパニ |
| 激励する（げきれいする） | encorajar <br> エンコラジャール | encourage <br> インカーリヂ |
| 今朝（けさ） | esta manhã <br> エスタ マニャン | this morning <br> ズィス モーニング |
| 下剤（げざい） | laxante *m.*, purgante *m.* <br> ラシャンチ, プルガンチ | purgative, laxative <br> パーガティヴ, ラクサティヴ |
| 夏至（げし） | solstício de verão *m.* <br> ソウスチースィオ ヂ ヴェラオン | the summer solstice <br> ザ サマ サルスティス |
| 消印（けしいん） | carimbo postal *m.* <br> カリンボ ポスタウ | postmark <br> ポウストマーク |
| 景色（けしき） | paisagem *f.*, vista *f.* <br> パィザージェイン, ヴィスタ | scenery, view <br> スィーナリ, ヴュー |
| 消しゴム（けしゴム） | borracha *f.* <br> ボハッシャ | eraser, rubber <br> イレイサ, ラバ |
| けじめをつける | distinguir entre <br> ヂスチンギール エントリ | distinguish *between* <br> ディスティングウィシュ |
| 下車する（げしゃする） | descer <br> デセール | get off <br> ゲト オフ |
| 下宿（げしゅく） | pensão *f.* <br> ペンサォン | lodgings <br> ラヂングズ |
| 〜する | ficar numa pensão <br> フィカール ヌマ ペンサォン | room *at* <br> ルーム |
| 下旬（げじゅん） | o fim do mês *m.* <br> ウ フィンド メィス | the latter part of a month <br> ザ ラタ パート オヴ ア マンス |
| 化粧（けしょう） | maquiagem *f.* <br> マキアージェイン | makeup <br> メイカプ |
| 〜室 | camarim *m.* <br> カマリン | dressing room <br> ドレスィング ルーム |
| 〜する | maquiar, fazer maquiagem <br> マキアール, ファゼール マキアージェイン | make up <br> メイク アプ |
| 〜品 | cosméticos *m.pl.* <br> コズメチコス | toilet articles <br> トイレト アーティクルズ |
| 消す（けす） | apagar <br> アパガール | put out, erase <br> プト アウト, イレイス |

| 日 | 葡 | 英 |
|---|---|---|
| （電灯などを） | desligar, apagar<br>デズリガール、アパガール | turn out, turn off<br>ターン アウト、ターン オフ |
| （火を） | apagar, extinguir<br>アパガール、エスチンギール | put out<br>プト アウト |
| （取り除く） | eliminar<br>エリミナール | eliminate<br>イリミネイト |
| 下水(げすい) | esgoto *m.*<br>エズゴット | sewage<br>シュイヂ |
| 削る(けずる) | desgastar, raspar<br>ヂズガスタール、ハスパール | shave<br>シェイヴ |
| （削除） | reduzir, eliminar, riscar<br>ヘドゥズィール、エリミナール、ヒスカール | curtail<br>カーテイル |

## ■化粧品■　cosméticos　*m.pl.* /コズメチコス/

口紅(くちべに)　batom /バトン/ *m.* (㋐rouge, lipstick)

アイシャドー　sombra /ソンブラ/ *f.* (㋐eye shadow)

マスカラ　rímel /ヒーメウ/ *m.* (㋐mascara)

リップクリーム　protetor labial /プロテトール ラビアウ/ *m.* (㋐lip cream)

化粧水(けしょうすい)　loção /ロサォン/ *f.* (㋐skin lotion)

乳液(にゅうえき)　emulsão /エムウザォン/ *f.* (㋐milky lotion)

クレンジングクリーム　creme para limpeza /クレーミ パラ リンペーザ/ *m.* (㋐cleansing cream)

ファンデーション　base /バーズィ/ *f.* (㋐foundation)

パック　máscara /マスカラ/ *f.* (㋐pack)

日焼(ひや)け止(ど)めクリーム　protetor solar /プロテトール ソラール/ *m.* (㋐sunscreen)

サンオイル　bronzeador /ブロンズィアドール/ *m.* (㋐suntan oil)

シャンプー　*shampoo* /シャンプ/ *m.*, xampu /シャンプ/ *m.* (㋐shampoo)

リンス　creme rinse /クレーミ ヒンスィ/ *m.*, condicionador /コンヂスィオナドール/ *m.* (㋐rinse)

トリートメント　tratamento /トラタメント/ *m.* (㋐treatment)

石鹸(せっけん)　sabonete /サボネッチ/ *m.* (㋐soap)

| 日 | 葡 | 英 |
|---|---|---|
| けた<br>桁 | viga f., trave f.<br>ヴィーガ, トラーヴィ | beam<br>ビーム |
| （数字の） | algarismo m.<br>アウガリズモ | figure<br>フィギャ |
| けだか<br>気高い | nobre<br>ノーブリ | noble, dignified<br>ノウブル, ディグニファイド |
| けちな | avaro, mesquinho<br>アヴァーロ, メスキーニョ | stingy<br>スティンヂ |
| ケチャップ | ketchup m.<br>ケチュッピ | catsup<br>ケチャプ |
| けつあつ<br>血圧 | pressão sanguínea f.<br>プレサォン サンギーニア | blood pressure<br>ブラド プレシャ |
| けつい<br>決意 | resolução f., decisão f.<br>ヘゾルサォン, デスィザォン | resolution<br>レゾルーション |
| ～する | resolver, decidir, determinar<br>ヘゾウヴェール, デスィヂール, デテルミナール | make up one's mind<br>メイク アプ マインド |
| けつえき<br>血液 | sangue m.<br>サンギ | blood<br>ブラド |
| ～型 | grupo sanguíneo m.<br>グルッポ サンギーニオ | blood type<br>ブラド タイプ |
| けつえん<br>血縁 | parentesco m.<br>パレンテスコ | blood relation<br>ブラド リレイション |
| けっか<br>結果 | resultado m.<br>ヘズウタード | result<br>リザルト |
| けっかく<br>結核 | tuberculose f.<br>トゥベルクローズィ | tuberculosis<br>テュバーキュロウスィス |
| けっかん<br>欠陥 | defeito m.<br>デフェイト | defect, fault<br>ディフェクト, フォルト |
| けっかん<br>血管 | vaso sanguíneo m.<br>ヴァーゾ サンギーニオ | blood vessel<br>ブラド ヴェセル |
| げっかんし<br>月刊誌 | revista mensal f.<br>ヘヴィスタ メンサウ | monthly<br>マンスリ |
| げっきゅう<br>月給 | salário mensal m.<br>サラーリオ メンサウ | salary<br>サラリ |
| けっきょく<br>結局 | por fim, afinal<br>ポル フィン, アフィナウ | after all<br>アフタ オール |
| けっきん<br>欠勤 | falta ao trabalho f.<br>ファウタ アオ トラバーリョ | absence<br>アブセンス |

| 日 | 葡 | 英 |
|---|---|---|
| 月経<br>げっけい | menstruação *f.*<br>メンストルアサォン | menstruation, period<br>メンストルエイション, ピアリオド |
| 月桂樹<br>げっけいじゅ | louro *m.*<br>ロゥロ | laurel<br>ローラル |
| 結構<br>けっこう | bastante<br>バスタンチ | quite, rather<br>クワイト, ラザ |
| ～です | tudo bem<br>トゥード ベィン | all right, do<br>オール ライト, ドゥ |
| （断わり） | Não, obrigado[a].<br>ナォン オブリガード［ダ］ | No, thank you.<br>ノウ サンク ユー |
| ～な | bom, excelente<br>ボン, エセレンチ | excellent, nice<br>エクセレント, ナイス |
| 結合<br>けつごう | combinação *f.*, união *f.*<br>コンビナサォン, ウニアォン | union, combination<br>ユーニョン, カンビネイション |
| ～する | combinar-se, unir-se<br>コンビナールスィ, ウニールスィ | unite, combine<br>ユーナイト, コンバイン |
| 月光<br>げっこう | luar *m.*<br>ルワール | moonlight<br>ムーンライト |
| 結婚<br>けっこん | casamento *m.*, matrimônio *m.*<br>カザメント, マトリモーニオ | marriage<br>マリヂ |
| ～式 | cerimônia de casamento *f.*<br>セリモーニア ヂ カザメント | wedding<br>ウェディング |
| ～する | casar, casar-se com<br>カザール, カザールスィ コン | be married *to*<br>ビ マリド |
| 決済する<br>けっさい | liquidar<br>リキダール | settle<br>セトル |
| 傑作<br>けっさく | obra-prima *f.*<br>オブラ プリーマ | masterpiece<br>マスタピース |
| 決算<br>けっさん | balanço *m.*<br>バランソ | settlement of accounts<br>セトルメント アヴ アカウンツ |
| 決して<br>けっ | nunca<br>ヌンカ | never<br>ネヴァ |
| 月謝<br>げっしゃ | mensalidade *f.*<br>メンサリダーヂ | monthly fee<br>マンスリ フィー |
| 月収<br>げっしゅう | renda mensal *f.*<br>ヘンダ メンサウ | monthly income<br>マンスリ インカム |
| 決勝<br>けっしょう | final *f.*<br>フィナウ | final<br>ファイナル |

け

| 日 | 葡 | 英 |
|---|---|---|
| けっしょう<br>結晶 | cristal *m.*<br>クリスタウ | crystal<br>クリスタル |
| 〜する | cristalizar<br>クリスタリザール | crystallize<br>クリスタライズ |
| げっしょく<br>月食 | eclipse lunar *m.*<br>エクリプスィ ルナール | eclipse of the moon<br>イクリプス オヴ ザ ムーン |
| けっしん<br>決心 | decisão *f.*, determinação *f.*<br>デスィザォン, デテルミナサォン | determination<br>ディターミネイション |
| 〜する | determinar-se, decidir, resolver<br>デテルミナールスィ, デスィチール, ヘゾウヴェール | make up *one's* mind<br>メイク アプ マインド |
| けっせい<br>血清 | soro *m.*<br>ソーロ | serum<br>スィアラム |
| けっせき<br>欠席 | ausência *f.*, falta *f.*<br>アウゼンスィア, ファウタ | absence<br>アブセンス |
| 〜する | faltar a<br>ファウタール ア | be absent *from*<br>ビ アブセント |
| けつだん<br>決断 | decisão *f.*, determinação *f.*<br>デスィザォン, デテルミナサォン | decision<br>ディスィジョン |
| 〜する | decidir<br>デスィチール | decide<br>ディサイド |
| けってい<br>決定 | determinação *f.*<br>デテルミナサォン | decision<br>ディスィジョン |
| 〜する | determinar<br>デテルミナール | decide<br>ディサイド |
| けってん<br>欠点 | defeito *m.*, falha *m.*<br>デフェイト, ファーリャ | fault, weak point<br>フォルト, ウィーク ポイント |
| けっとう<br>血統 | | |
| (動物の) | raça *f.*<br>ハッサ | pedigree<br>ペディグリー |
| けっぱく<br>潔白 | inocência *f.*<br>イノセンスィア | innocence<br>イノセンス |
| げっぷ | arroto *m.*<br>アホット | burp<br>バープ |
| けっぺき<br>潔癖な | escrupuloso<br>エスクルプローゾ | cleanly, fastidious<br>クレンリ, ファスティディアス |
| けつぼう<br>欠乏する | faltar, carecer<br>ファウタール, カレセール | lack<br>ラク |

| 日 | 葡 | 英 |
|---|---|---|
| けつまつ<br>結末 | fim *m.*, desfecho *m.*, remate *m.*<br>フィン, ヂスフェッショ, ヘマッチ | end, the result<br>エンド, ザ リザルト |
| げつまつ<br>月末 | final do mês *m.*, fim do mês *m.*<br>フィナウ ド メイス, フィン ド メイス | the end of the month<br>ジ エンド オヴ ザ マンス |
| げつようび<br>月曜日 | segunda-feira *f.*<br>セグンダ フェイラ | Monday<br>マンディ |
| けつれつ<br>決裂 | ruptura *f.*, rompimento *m.*<br>フピトゥーラ, ホンピメント | rupture<br>ラプチャ |
| けつろん<br>結論 | conclusão *f.*<br>コンクルザォン | conclusion<br>カンクルージョン |
| けな<br>貶す | falar mal de, criticar<br>ファラール マウ ヂ, クリチカール | speak ill *of*<br>スピーク イル |
| げねつざい<br>解熱剤 | antitérmico *m.*<br>アンチテルミコ | antipyretic<br>アンチパイレティク |
| けはい<br>気配 | sinal *m.*, indício *m.*, ar *m.*<br>スィナウ, インヂスィオ, アール | sign, indication<br>サイン, インディケイション |
| けびょう<br>仮病 | doença fingida *f.*<br>ドエンサ フィンジーダ | feigned illness<br>フェインド イルネス |
| げひん<br>下品な | grosseiro, reles<br>グロセイロ, ヘーリス | vulgar, coarse<br>ヴァルガ, コース |
| けむ<br>煙い | fumegante<br>フメガンチ | smoky<br>スモウキ |
| けむし<br>毛虫 | lagarta peluda *f.*<br>ラガルタ ペルーダ | caterpillar<br>キャタピラ |
| けむり<br>煙 | fumo *m.*, fumaça *m.*<br>フーモ, フマッサ | smoke<br>スモウク |
| けやき<br>欅 | olmo *m.*<br>オウモ | zelkova tree<br>ゼルコヴァ トリー |
| げり<br>下痢 | diarréia *f.*<br>ヂアヘイア | diarrhea<br>ダイアリア |
| ～する | ter diarréia<br>テール ヂアヘイア | have diarrhea<br>ハヴ ダイアリア |
| ゲリラ | guerrilha *f.*<br>ゲヒーリャ | guerrilla<br>ガリラ |
| け<br>蹴る | chutar, dar pontapés<br>シュタール, ダール ポンタペイス | kick<br>キク |
| げれつ<br>下劣な | torpe, vil<br>トルピ, ヴィウ | mean, base<br>ミーン, ベイス |

| 日 | 葡 | 英 |
|---|---|---|
| ケロイド | quelóide *m.* <br> ケロィヂ | keloid <br> キーロイド |
| <ruby>険<rt>けわ</rt></ruby>しい | íngreme <br> イングレミ | steep <br> スティープ |
| （顔付きが） | severo <br> セヴェーロ | severe <br> スィヴィア |
| <ruby>券<rt>けん</rt></ruby> | bilhete *m.* <br> ビリェッチ | ticket, coupon <br> ティケト, キューパン |
| <ruby>県<rt>けん</rt></ruby> | província *f.* <br> プロヴィンスィア | prefecture <br> プリーフェクチャ |
| <ruby>剣<rt>けん</rt></ruby> | espada *f.* <br> エスパーダ | sword <br> ソード |
| <ruby>弦<rt>げん</rt></ruby> | corda do arco *f.* <br> コルダ ド アルコ | bowstring <br> ボウストリング |
| （楽器の） | corda *f.* <br> コルダ | string <br> ストリング |
| <ruby>険悪<rt>けんあく</rt></ruby>な | hostil <br> オスチウ | threatening <br> スレトニング |
| <ruby>原案<rt>げんあん</rt></ruby> | a proposta original *f.* <br> ア プロポスタ オリジナウ | the original bill <br> ジ オリヂナル ビル |
| <ruby>権威<rt>けんい</rt></ruby> | autoridade *f.* <br> アウトリダーヂ | authority, prestige <br> オサリティ, プレスティージ |
| <ruby>原因<rt>げんいん</rt></ruby> | causa *f.* <br> カウザ | cause, the origin <br> コーズ, ザ オリヂン |
| <ruby>幻影<rt>げんえい</rt></ruby> | ilusão *f.* <br> イルザォン | illusion <br> イルージョン |
| <ruby>検疫<rt>けんえき</rt></ruby> | quarentena *f.* <br> クァレンテーナ | quarantine <br> クウォランティーン |
| <ruby>現役<rt>げんえき</rt></ruby> | serviço ativo *m.* <br> セルヴィッソ アチーヴォ | active service <br> アクティヴ サーヴィス |
| <ruby>検閲<rt>けんえつ</rt></ruby> | inspeção *f.*, censura *f.* <br> インスペサォン, センス-ラ | inspection, censorship <br> インスペクション, センサシプ |
| <ruby>喧嘩<rt>けんか</rt></ruby> | briga *f.*, disputa *f.* <br> ブリーガ, ヂスプッタ | quarrel, dispute, fight <br> クウォレル, ディスピュート, ファイト |
| 〜する | brigar <br> ブリガール | quarrel *with* <br> クウォレル |
| <ruby>原価<rt>げんか</rt></ruby> | preço de custo *m.* <br> プレッソ ヂ クスト | the cost price <br> ザ コースト プライス |

| 日 | 葡 | 英 |
|---|---|---|
| <ruby>見解<rt>けんかい</rt></ruby> | opinião *f.*, parecer *m.*<br>オピニアォン，パレセール | opinion, view<br>オピニオン，ヴュー |
| <ruby>限界<rt>げんかい</rt></ruby> | limite *m.*<br>リミッチ | limit, bounds<br>リミト，バウンツ |
| <ruby>見学<rt>けんがく</rt></ruby>する | visitar<br>ヴィズィタール | inspect, visit<br>インスペクト，ヴィズィト |
| <ruby>厳格<rt>げんかく</rt></ruby>な | rigoroso, rígido<br>ヒゴローゾ，ヒジド | strict, rigorous<br>ストリクト，リガラス |
| <ruby>減価償却<rt>げんかしょうきゃく</rt></ruby> | depreciação *f.*<br>デプレスィアサォン | depreciation<br>ディプリーシエイション |
| <ruby>弦楽器<rt>げんがっき</rt></ruby> | instrumento de cordas *m.*<br>インストルメント デ コルダス | the strings<br>ザ ストリングズ |
| <ruby>玄関<rt>げんかん</rt></ruby> | entrada *f.*<br>エントラーダ | the entrance<br>ザ エントランス |
| <ruby>元気<rt>げんき</rt></ruby> | ânimo *m.*<br>アニモ | spirits, energy<br>スピリツ，エナヂ |
| 〜な | animado, com saúde<br>アニマード，コン サウーチ | spirited, lively<br>スピリティド，ライヴリ |
| <ruby>研究<rt>けんきゅう</rt></ruby> | estudo *m.*<br>エストゥード | study, research<br>スタディ，リサーチ |
| 〜者 | | |
| （男の） | investigador *m.*, pesquisador *m.*<br>インヴェスチガドール，ペスキザドール | student, schola<br>ステューデント，スカラ |
| （女の） | investigadora *f.* estudiosa *f.*,<br>pesquisadora *f.*<br>インヴェスチガドーラ，エストゥヂオーザ，<br>ペスキザドーラ | student, scholar<br>ステューデント，スカラ |
| 〜所 | instituto *m.*<br>インスチトゥット | laboratory<br>ラブラトーリ |
| 〜する | investigar, pesquisar<br>インヴェスチガール，ペスキザール | make researches *in*<br>メイク リサーチィズ |
| <ruby>謙虚<rt>けんきょ</rt></ruby>な | modesto<br>モデスト | modest<br>マデスト |
| <ruby>献金<rt>けんきん</rt></ruby> | doação *f.*<br>ドアサォン | donation<br>ドウネイション |
| <ruby>現金<rt>げんきん</rt></ruby> | dinheiro *m.*<br>ヂニェイロ | cash<br>キャシュ |
| 〜自動預け払い機 | caixa eletrônico *m.*<br>カィシャ エレトロニコ | automated teller machine<br>オートメイテド テラ マシーン |

| 日 | 葡 | 英 |
|---|---|---|
| <ruby>原形<rt>げんけい</rt></ruby> | forma original *f.*<br>フォルマ オリヂナウ | the original form<br>ザ オリヂナル フォーム |
| <ruby>原型<rt>げんけい</rt></ruby> | protótipo *m.*<br>プロトチポ | prototype<br>プロウトタイプ |
| <ruby>献血<rt>けんけつ</rt></ruby> | doação de sangue *f.*<br>ドアサォン チ サンギ | blood donation<br>ブラド ドウネイション |
| <ruby>権限<rt>けんげん</rt></ruby> | competência *f.*, poder *m.*<br>コンペテンスィア, ポデール | competence<br>カンピテンス |
| <ruby>言語<rt>げんご</rt></ruby> | idioma *m.*, língua *f.*<br>イヂオーマ, リングァ | language<br>ラングウィヂ |
| <ruby>健康<rt>けんこう</rt></ruby> | saúde *f.*<br>サウーヂ | health<br>ヘルス |
| 〜な | saudável<br>サウダーヴェウ | healthy, sound<br>ヘルスィ, サウンド |
| 〜保険 | seguro-saúde *m.*<br>セグーロ サウーヂ | health insurance<br>ヘルス インシュアランス |
| <ruby>原稿<rt>げんこう</rt></ruby> | manuscrito *m.*<br>マヌスクリット | manuscript, copy<br>マニュスクリプト, カピ |
| <ruby>現行犯<rt>げんこうはん</rt></ruby> | flagrante delito *m.*<br>フラグランチ デリット | flagrant offense<br>フレイグラント オフェンス |
| <ruby>言語学<rt>げんごがく</rt></ruby> | lingüística *f.*<br>リングウィスチカ | linguistics<br>リングウィスティクス |
| <ruby>原告<rt>げんこく</rt></ruby> | | |
| （男の） | acusador *m.*<br>アクザドール | plaintiff<br>プレインティフ |
| （女の） | acusadora *f.*<br>アクザドーラ | plaintiff<br>プレインティフ |
| <ruby>拳骨<rt>げんこつ</rt></ruby> | punho *m.*<br>プーニョ | fist<br>フィスト |
| <ruby>検査<rt>けんさ</rt></ruby> | exame *m.*, inspeção *f.*<br>エザーミ, インスペサォン | inspection<br>インスペクション |
| 〜する | examinar, inspecionar<br>エザミナール, インスペスィオナール | inspect, examine<br>インスペクト, イグザミン |
| <ruby>現在<rt>げんざい</rt></ruby> | o presente *m.*<br>ウ プレゼンチ | the present<br>ザ プレズント |
| 〜の | presente, atual<br>プレゼンチ, アトゥワウ | present<br>プレズント |
| <ruby>原材料<rt>げんざいりょう</rt></ruby> | matéria-prima *f.*<br>マテリーア プリーマ | raw material<br>ロー マティアリアル |

| 日 | 葡 | 英 |
|---|---|---|
| <ruby>検索<rt>けんさく</rt></ruby> | procura f., busca f.<br>プロクーラ, ブスカ | reference, retrieval<br>レファレンス, リトリーヴァル |
| 〜する | procurar, buscar<br>プロクラール, ブスカール | refer to, retrieve<br>リファー トゥ, リトリーヴ |
| <ruby>原作<rt>げんさく</rt></ruby> | original m.<br>オリジナウ | original<br>オリヂナル |
| <ruby>原産地<rt>げんさんち</rt></ruby> | lugar de origem m.<br>ルガール ヂ オリージェィン | the original home of<br>ジ オリヂナル ホウム |
| <ruby>検事<rt>けんじ</rt></ruby> | | |
| (男の) | promotor público m.<br>プロモトール プブリコ | public prosecutor<br>パブリク プラスィキュータ |
| (女の) | promotora pública f.<br>プロモトーラ プブリカ | public prosecutor<br>パブリク プラスィキュータ |
| <ruby>原子<rt>げんし</rt></ruby> | átomo m.<br>アトモ | atom<br>アトム |
| <ruby>現実<rt>げんじつ</rt></ruby> | realidade f., atualidade f.<br>ヘアリダーヂ, アトゥアリダーヂ | reality, actuality<br>リアリティ, アクチュアリティ |
| 〜の | real, atual<br>ヘアウ, アトゥワウ | real, actual<br>リーアル, アクチュアル |
| <ruby>堅実な<rt>けんじつ</rt></ruby> | firme<br>フィルミ | steady<br>ステディ |
| <ruby>原始の<rt>げんし</rt></ruby> | primitivo<br>プリミチーヴォ | primitive<br>プリミティヴ |
| <ruby>元首<rt>げんしゅ</rt></ruby> | chefe de Estado m.<br>シェッフィ ヂ エスタード | sovereign<br>サヴレン |
| <ruby>研修<rt>けんしゅう</rt></ruby> | estágio m.<br>エスタージオ | study<br>スタディ |
| 〜生 | | |
| (男の) | estagiário m.<br>エスタジアーリオ | trainee<br>トレイニー |
| (女の) | estagiária f.<br>エスタジアーリア | trainee<br>トレイニー |
| <ruby>拳銃<rt>けんじゅう</rt></ruby> | revólver m., pistola f.<br>ヘヴォルヴェル, ピストーラ | pistol, revolver<br>ピストル, リヴァルヴァ |
| <ruby>現住所<rt>げんじゅうしょ</rt></ruby> | residência atual f.<br>ヘズィデンスィア アトゥワウ | present address<br>プレズント アドレス |
| <ruby>厳重な<rt>げんじゅう</rt></ruby> | rigoroso, estrito<br>ヒゴローゾ, エストリット | strict, severe<br>ストリクト, スィヴィア |

け

| 日 | 葡 | 英 |
|---|---|---|
| 厳粛な (げんしゅくな) | grave, solene<br>グラーヴィ, ソレーニ | grave, solemn<br>グレイヴ, サレム |
| 検証 (けんしょう) | comprovação *f.*, verificação *f.*<br>コンプロヴァサォン, ヴェリフィカサォン | verification<br>ヴェリフィケイション |
| 懸賞 (けんしょう) | prêmio *m.*<br>プレーミオ | prize<br>プライズ |
| 減少 (げんしょう) | diminuição *f.*<br>ヂミヌィサォン | decrease<br>ディークリース |
| 〜する | diminuir<br>ヂミヌイール | decrease<br>ディクリース |
| 現象 (げんしょう) | fenômeno *m.*<br>フェノメノ | phenomenon<br>フィナメノン |
| 現状 (げんじょう) | estado atual *m.*, situação presente *f.*<br>エスタード アトゥワウ, スィトゥァサォン プレゼンチ | the present condition<br>ザ プレズント カンディション |
| 原子力 (げんしりょく) | energia nuclear *f.*<br>エネルジーア ヌクレアール | nuclear power<br>ニュークリア パウア |
| 〜発電所 | usina nuclear *f.*<br>ウズィーナ ヌクレアール | nuclear power plant<br>ニュークリア パウア プラント |
| 検診 (けんしん) | exame médico *m.*<br>エザーミ メヂコ | medical examination<br>メディカル イグザミネイション |
| 賢人 (けんじん) | | |
| (男の) | sábio *m.*<br>サービオ | sage<br>セイヂ |
| (女の) | sábia *f.*<br>サービア | sage<br>セイヂ |
| 献身的に (けんしんてきに) | dedicadamente<br>デヂカダメンチ | devotedly<br>ディヴォウテドリ |
| 減税 (げんぜい) | redução de imposto *f.*<br>ヘドゥサォン ヂ インポスト | tax reduction<br>タクス リダクション |
| 原生林 (げんせいりん) | floresta virgem *f.*<br>フロレスタ ヴィルジェィン | primeval forest<br>プライミーヴァル フォリスト |
| 建設 (けんせつ) | construção *f.*<br>コンストルサォン | construction<br>カンストラクション |
| 〜する | construir<br>コンストルイール | construct<br>カンストラクト |
| 健全な (けんぜんな) | sadio<br>サヂーオ | sound<br>サウンド |

| 日 | 葡 | 英 |
|---|---|---|
| <ruby>元<rt>げん</rt></ruby><ruby>素<rt>そ</rt></ruby> | elemento (químico) *m.*<br>エレメント (キミコ) | element<br>エレメント |
| <ruby>建造<rt>けんぞう</rt></ruby> | construção *f.*<br>コンストルサォン | construction<br>カンストラクション |
| <ruby>幻想<rt>げんそう</rt></ruby> | ilusão *f.*<br>イルザォン | illusion, vision<br>イルージョン, ヴィジョン |
| <ruby>現像<rt>げんぞう</rt></ruby>する | revelar fotografia<br>ヘヴェラール フォトグラフィーア | develop<br>ディヴェロプ |
| <ruby>原則<rt>げんそく</rt></ruby> | princípio *m.*<br>プリンスィッピオ | principle<br>プリンスィプル |
| <ruby>減速<rt>げんそく</rt></ruby>する | desacelerar<br>デザセレラール | slow down<br>スロウ ダウン |
| <ruby>謙遜<rt>けんそん</rt></ruby> | modéstia *f.*<br>モデスチア | modesty, humility<br>マディスティ, ヒューミリティ |
| ～する | ser modesto<br>セール モデスト | be modest<br>ビ マディスト |
| <ruby>倦怠<rt>けんたい</rt></ruby> | aborrecimento *m.*, fastio *m.*<br>アボヘスィメント, ファスチーオ | weariness, ennui<br>ウィアリネス, アーンウィー |
| <ruby>現代<rt>げんだい</rt></ruby> | idade contemporânea *f.*,<br>　tempos modernos *m.*<br>イダーヂ コンテンポラーニア, テンポス モデルノス | the present age<br>ザ プレゼント エイヂ |
| ～の | moderno<br>モデルノ | modern<br>マダン |
| <ruby>現地<rt>げんち</rt></ruby> | | |
| ～時間 | hora local *f.*<br>オーラ ロカウ | local time<br>ロウカル タイム |
| ～の | local (em questão) *m.*<br>ロカウ (エィン ケスタォン) | local<br>ロウカル |
| <ruby>建築<rt>けんちく</rt></ruby> | construção *f.*<br>コンストルサォン | building<br>ビルディング |
| (建築術) | arquitetura *f.*<br>アルキテトゥーラ | architecture<br>アーキテクチャ |
| ～家 | | |
| (男の) | arquiteto *m.*<br>アルキテット | architect<br>アーキテクト |
| (女の) | arquiteta *f.*<br>アルキテッタ | architect<br>アーキテクト |
| <ruby>顕著<rt>けんちょ</rt></ruby>な | notável<br>ノターヴェウ | remarkable<br>リマーカブル |

け

| 日 | 葡 | 英 |
|---|---|---|
| げんてい<br>限定 | limitação f.<br>リミタサォン | limitation<br>リミテイション |
| ～する | limitar<br>リミタール | limit to<br>リミト |
| げんてん<br>原典 | texto original m.<br>テスト オリジナウ | original text<br>オリヂナル テクスト |
| げんてん<br>減点する | tirar pontos<br>チラール ポントス | demerit mark<br>ディーメリト マーク |
| げんど<br>限度 | limite m.<br>リミッチ | limit<br>リミト |
| けんとう<br>検討する | examinar, estudar<br>エザミナール, エストゥダール | examine<br>イグザミン |
| げんどうりょく<br>原動力 | força motriz f.<br>フォルサ モトリース | motive power<br>モウティヴ パウア |
| げんば<br>現場 | local m.<br>ロカウ | the spot<br>ザ スパト |
| げんばく<br>原爆 | bomba atômica f.<br>ボンバ アトミカ | atomic bomb<br>アタミク バム |
| けんばん<br>鍵盤 | teclado m.<br>テキラード | keyboard<br>キーボード |
| けんびきょう<br>顕微鏡 | microscópio m.<br>ミクロスコッピオ | microscope<br>マイクロスコウプ |
| けんぶつ<br>見物する | visitar, conhecer<br>ヴィズィタール, コニェセール | see, visit<br>スィー, ヴィズィト |
| げんぶん<br>原文 | texto original m.<br>テスト オリジナウ | the original text<br>ジ オリヂナル テクスト |
| けんぽう<br>憲法 | constituição f.<br>コンスチトゥィサォン | constitution<br>カンスティテューション |
| げんぽん<br>原本 | original m.<br>オリジナウ | the original<br>ジ オリヂナル |
| げんみつ<br>厳密な | estrito, preciso<br>エストリット, プレスィーゾ | strict, close<br>ストリクト, クロウス |
| けんめい<br>賢明な | prudente, sensato<br>プルデンチ, センサット | wise, prudent<br>ワイズ, プルーデント |
| けんめい<br>懸命に | com diligência, com afinco<br>コン チリジェンスィア, コン アフィンコ | eagerly, hard<br>イーガリ, ハード |
| けんもん<br>検問 | inspeção f., fiscalização f.<br>インスペサォン, フィスカリザサォン | checkup<br>チェカプ |

| 日 | 葡 | 英 |
|---|---|---|
| けんやく<br>倹約 | poupança f., economia f.<br>ポウパンサ, エコノミーア | thrift, economy<br>スリフト, イカノミ |
| ～する | poupar, economizar<br>ポウパール, エコノミザール | economize<br>イカノマイズ |
| げんゆ<br>原油 | petróleo bruto m.<br>ペトローリオ ブルット | crude oil<br>クルード オイル |
| けんり<br>権利 | direito m.<br>ヂレィト | right<br>ライト |
| げんり<br>原理 | princípio m.<br>プリンスィッピオ | principle, theory<br>プリンスィプル, スィオリ |
| げんりょう<br>原料 | matéria-prima f.<br>マテーリア プリーマ | raw materials<br>ロー マティアリアルズ |
| けんりょく<br>権力 | poder m., autoridade f.<br>ポデール, アゥトリダーヂ | power, authority<br>パウア, オサリティ |

## こ, コ

| 日 | 葡 | 英 |
|---|---|---|
| こ<br>個 | pedaço m.<br>ペダッソ | piece<br>ピース |
| (全体に対して) | individualidade<br>インヂヴィドゥアリダーヂ | individuality<br>インヂヴィジュアリティ |
| こ<br>子 | criança f., filho m., filha f.<br>クリアンサ, フィーリョ, フィーリャ | child, infant<br>チャイルド, インファント |
| ご<br>語 | palavra f., termo m.<br>パラーヴラ, テルモ | word, term<br>ワード, ターム |
| こい<br>鯉 | carpa f.<br>カルパ | carp<br>カープ |
| こい<br>濃い | escuro<br>エスクーロ | dark, deep<br>ダーク, ディープ |
| (密度) | denso<br>デンソ | thick<br>スィク |
| (味) | forte<br>フォルチ | strong<br>ストローング |
| こい<br>恋 | amor m.<br>アモール | love<br>ラヴ |
| ごい<br>語彙 | vocabulário m.<br>ヴォカブラーリオ | vocabulary<br>ヴォウキャビュレリ |

| 日 | 葡 | 英 |
|---|---|---|
| <ruby>恋<rt>こい</rt></ruby>しい | querido, amado, saudoso<br>ケリード, アマード, サウドーゾ | dear, beloved<br>ディア, ビラヴェド |
| <ruby>恋<rt>こい</rt></ruby>する | amar, apaixonar-se por<br>アマール, アパイショナールスィ ポル | fall in love *with*<br>フォール イン ラヴ |
| <ruby>子犬<rt>こいぬ</rt></ruby> | cachorrinho *m.*<br>カショヒーニョ | puppy<br>パピ |
| <ruby>恋人<rt>こいびと</rt></ruby> | | |
| （男の） | namorado *m.*<br>ナモラード | sweetheart, lover<br>スウィートハート, ラヴァ |
| （女の） | namorada *f.*<br>ナモラーダ | sweetheart, lover<br>スウィートハート, ラヴァ |
| コイン | moeda *f.*<br>モエーダ | coin<br>コイン |
| ～ロッカー | guarda-volumes *m.*<br>グワルダ ヴォルーミス | coin-operated locker<br>コインアパレイテド ラカ |
| <ruby>考案<rt>こうあん</rt></ruby>する | inventar, conceber, planejar<br>インヴェンダール, コンセベール, プラネジャール | devise<br>ディヴァイズ |
| <ruby>好意<rt>こうい</rt></ruby> | bondade *f.*, boa vontade *f.*<br>ボンダーヂ, ボア ヴォンターヂ | goodwill<br>グドウィル |
| <ruby>行為<rt>こうい</rt></ruby> | ação *f.*, ato *m.*, procedimento *m.*<br>アサォン, アット, プロセヂメント | act, action, deed<br>アクト, アクション, ディード |
| <ruby>合意<rt>ごうい</rt></ruby> | acordo *m.*<br>アコルド | agreement<br>アグリーメント |
| <ruby>更衣室<rt>こういしつ</rt></ruby> | vestiário *m.*<br>ヴェスチアーリオ | dressing room<br>ドレスィング ルーム |
| <ruby>後遺症<rt>こういしょう</rt></ruby> | seqüela *f.*<br>セクウェーラ | sequelae<br>シクウィーリー |
| <ruby>工員<rt>こういん</rt></ruby> | | |
| （男の） | operário *m.*<br>オペラーリオ | factory worker<br>ファクトリ ワーカ |
| （女の） | operária *f.*<br>オペラーリア | factory worker<br>ファクトリ ワーカ |
| <ruby>豪雨<rt>ごうう</rt></ruby> | chuva torrencial *f.*<br>シューヴァ トヘンスィアウ | heavy rain<br>ヘヴィ レイン |
| <ruby>幸運<rt>こううん</rt></ruby> | (boa) sorte *f.*<br>ボーア ソルチ | fortune, luck<br>フォーチュン, ラク |
| <ruby>公園<rt>こうえん</rt></ruby> | parque *m.*<br>パルキ | park<br>パーク |

| 日 | 葡 | 英 |
|---|---|---|
| <ruby>講演<rt>こうえん</rt></ruby> | palestra *f.*, conferência *f.*<br>パレストラ, コンフェレンスィア | lecture<br>レクチャ |
| ～する | fazer conferência<br>ファゼール コンフェレンスィア | lecture *on*<br>レクチャ |
| <ruby>高音<rt>こうおん</rt></ruby> | som agudo *m.*<br>ソン アグード | high tone<br>ハイ トウン |
| <ruby>効果<rt>こうか</rt></ruby> | efeito *m.*<br>エフェイト | effect, efficacy<br>イフェクト, エフィカスィ |
| <ruby>硬貨<rt>こうか</rt></ruby> | moeda *f.*<br>モエーダ | coin<br>コイン |
| <ruby>航海<rt>こうかい</rt></ruby> | navegação *f.*<br>ナヴェガサォン | navigation<br>ナヴィゲイション |
| ～する | navegar<br>ナヴェガール | navigate<br>ナヴィゲイト |
| <ruby>公害<rt>こうがい</rt></ruby> | poluição ambiental *f.*<br>ポルィサォン アンビエンタウ | pollution<br>ポリューション |
| <ruby>郊外<rt>こうがい</rt></ruby> | subúrbio *m.*<br>スブルビオ | the suburbs<br>ザ サバーブズ |
| <ruby>後悔する<rt>こうかい</rt></ruby> | arrepender-se<br>アヘペンデールスィ | regret<br>リグレト |
| <ruby>公開する<rt>こうかい</rt></ruby> | abrir ... ao público<br>アブリール アオ プブリコ | open... to the public<br>オウプン トゥ ザ パブリク |
| <ruby>光学<rt>こうがく</rt></ruby> | óptica *f.*<br>オピチカ | optics<br>アプティクス |
| <ruby>工学<rt>こうがく</rt></ruby> | engenharia *f.*<br>エンジェニャリーア | engineering<br>エンヂニアリング |
| <ruby>合格<rt>ごうかく</rt></ruby> | aprovação *f.*<br>アプロヴァサォン | passing<br>パスィング |
| ～する | passar no exame, ser aprovado<br>パサール ノ エザーミ, セール アプロヴァード | pass<br>パス |
| <ruby>高価な<rt>こうか</rt></ruby> | caro e valioso<br>カーロ イ ヴァリオーゾ | expensive, costly<br>イクスペンスィヴ, コストリ |
| <ruby>豪華な<rt>ごうか</rt></ruby> | luxuoso<br>ルシュオーゾ | gorgeous, deluxe<br>ゴーヂャス, デルクス |
| <ruby>交換<rt>こうかん</rt></ruby> | troca *f.*<br>トロッカ | exchange<br>イクスチェインヂ |
| ～する | trocar<br>トロカール | exchange<br>イクスチェインヂ |

| 日 | 葡 | 英 |
|---|---|---|
| こうがん<br>睾丸 | testículo *m.*<br>テスチクロ | the testicles<br>ザ テスティクルズ |
| ごうかん<br>強姦 | estupro *m.*<br>エストゥップロ | rape<br>レイプ |
| こうがんざい<br>抗癌剤 | medicamento anticancerígeno *m.*<br>メヂカメント アンチカンセリジェーノ | anticancer agent<br>アンティキャンサ エイヂェント |
| こうき<br>好機 | boa oportunidade *f.*, chance *f.*<br>ボーア オポルトゥニダーヂ, シャンスィ | good opportunity<br>グド アパテューニティ |
| こうき<br>後期 | segunda metade *f.*<br>セグンダ メターヂ | the latter term<br>ザ ラタ ターム |
| （二学期制） | segundo semestre *m.*<br>セグンド セメストリ | the second semester<br>ザ セカンド セメスタ |
| こうぎ<br>抗議 | protesto *m.*<br>プロテスト | protest<br>プロウテスト |
| 〜する | fazer protesto contra<br>ファゼール プロテスト コントラ | protest against<br>プロテスト |
| こうぎ<br>講義 | aula *f.*<br>アウラ | lecture<br>レクチャ |
| 〜する | lecionar, dar uma aula<br>レスィオナール, ダール ウマ アウラ | lecture<br>レクチャ |
| こうきあつ<br>高気圧 | alta pressão *f.*<br>アウタ プレサオン | high atmospheric pressure<br>ハイ アトモスフェリク プレシャ |
| こうきしん<br>好奇心 | curiosidade *f.*<br>クリオズィダーヂ | curiosity<br>キュアリアスィティ |
| 〜の強い | curioso<br>クリオーゾ | curious<br>キュアリアス |
| こうき<br>高貴な | nobre<br>ノーブリ | noble<br>ノウブル |
| こうきゅう<br>高級な | de alta qualidade, de luxo<br>ヂ アウタ クァリダーヂ, ヂ ルッショ | high-class *articles*<br>ハイクラス |
| こうきょう<br>公共 | | |
| 〜の | público<br>プブリコ | public, common<br>パブリク, カモン |
| 〜料金 | tarifa de serviços públicos *f.*<br>タリッファ ヂ セルヴィッソス プブリコス | public utility charges<br>パブリク ユーティリティ チャーヂズ |
| こうぎょう<br>工業 | indústria *f.*<br>インドゥストリア | industry<br>インダストリ |
| こうぎょう<br>鉱業 | mineração *f.*<br>ミネラサオン | mining<br>マイニング |

| 日 | 葡 | 英 |
|---|---|---|
| こうきょうきょく<br>交響曲 | sinfonia *f.*<br>スィンフォニーア | symphony<br>スィンフォニ |
| ごうきん<br>合金 | liga *f.*<br>リーガ | alloy<br>アロイ |
| こうぐ<br>工具 | ferramenta *f.*<br>フェハメンタ | tool, implement<br>トゥール, インプレメント |
| こうくう<br>航空 | aviação *f.*<br>アヴィアサオン | aviation<br>エイヴィエイション |
| 〜会社 | companhia aérea *f.*<br>コンパニーア アエーリア | airline<br>エアライン |
| 〜券 | passagem aérea *f.*<br>パサージェイン アエーリア | airline ticket<br>エアライン ティケト |
| 〜書簡 | aerograma *m.*<br>アエログラーマ | aerogram<br>エアログラム |
| 〜便 | correio aéreo *m.*<br>コヘイオ アエーリオ | airmail<br>エアメイル |
| こうけい<br>光景 | espetáculo *m.*, cena *f.*<br>エスペタクロ, セーナ | spectacle, scene<br>スペクタクル, スィーン |
| こうげい<br>工芸 | artes e ofícios *f.pl.*<br>アルチズ イ オフィスィオス | craft<br>クラフト |
| ごうけい<br>合計 | a soma *f.*, o total *m.*<br>ア ソーマ, ウ トタウ | the sum, total<br>ザ サム, トウタル |
| 〜する | somar, totalizar<br>ソマール, トタリザール | total, sum up<br>トウタル, サム アプ |
| こうけいき<br>好景気 | prosperidade *f.*, *boom m.*<br>プロスペリダーヂ, ブン | prosperity, boom<br>プラスペリティ, ブーム |
| こうけいしゃ<br>後継者 | | |
| （男の） | sucessor *m.*<br>スセソール | successor<br>サクセサ |
| （女の） | sucessora *f.*<br>スセソーラ | successor<br>サクセサ |
| こうげき<br>攻撃 | ataque *m.*<br>アタッキ | attack, assault<br>アタク, アソールト |
| 〜する | atacar<br>アタカール | attack, charge<br>アタク, チャーヂ |
| こうけつあつ<br>高血圧 | hipertensão *f.*, pressão alta *f.*<br>イーペルテンサオン, プレサオン アウタ | high blood pressure<br>ハイ ブラド プレシャ |
| こうけん<br>貢献 | contribuição *f.*<br>コントリブイサオン | contribution<br>カントリビューション |

| 日 | 葡 | 英 |
|---|---|---|
| 〜する | contribuir<br>コントリブイール | contribute *to*<br>カントリビュト |
| こうげん<br>高原 | planalto *m.*<br>プラナウト | plateau<br>プラトウ |
| こうこう<br>高校 | curso colegial *m.*<br>クルソ コレジアウ | high school<br>ハイ スクール |
| 〜生 | colegial *m.f.*<br>コレジアウ | |
| （男の） | aluno do curso secundário *m.*<br>アルーノ ド クルソ セクンダーリオ | high school student<br>ハイ スクール ステューデント |
| （女の） | aluna do curso secundário *f.*<br>アルーナ ド クルソ セクンダーリオ | high school student<br>ハイ スクール ステューデント |
| こうごう<br>皇后 | imperatriz *f.*<br>インペラトリース | empress<br>エンプレス |
| こうこう<br>孝行する | retribuir aos pais<br>ヘトリブイール アオス パイス | be good to *one's* parents<br>ビ グド トゥ ペアレンツ |
| こうこがく<br>考古学 | arqueologia *f.*<br>アルケオロジーア | archaeology<br>アーキアロヂ |
| こうこく<br>広告 | | |
| （宣伝） | propaganda *f.*<br>プロパガンダ | advertisement<br>アドヴァタイズメント |
| （告知） | publicidade *f.*, anúncio *m.*<br>プブリスィダーヂ, アヌンスィオ | announcement<br>アナウンスメント |
| 〜する | | |
| （宣伝） | fazer propaganda<br>ファゼール プロパガンダ | advertise, publicize<br>アドヴァタイズ, パブリサイズ |
| （告知） | anunciar<br>アヌンスィアール | announce<br>アナウンス |
| こうご<br>交互に | alternadamente<br>アウテルナダメンチ | alternately<br>オールタネトリ |
| こうさ<br>交叉［差］ | cruzamento *m.*<br>クルザメント | crossing<br>クロースィング |
| 〜する | cruzar-se<br>クルザールスィ | cross, intersect<br>クロース, インタセクト |
| 〜点 | cruzamento *m.*<br>クルザメント | crossing, crossroads<br>クロースィング, クロースロウヅ |
| こうざ<br>講座 | cadeira *f.*, curso *m.*<br>カデイラ, クルソ | chair, lecture<br>チェア, レクチャ |
| こうざ<br>口座 | conta (bancária) *f.*<br>コンタ (バンカーリア) | account<br>アカウント |

| 日 | 葡 | 英 |
|---|---|---|
| こうさい<br>交際 | relações sociais *f.pl.*, amizade *f.*<br>ヘラソィンス ソスィアイス, アミザーヂ | company<br>カンパニ |
| （男女間） | namoro<br>ナモーロ | relationship<br>リレイションシップ |
| ～する | relacionar-se [manter amizade] com<br>ヘラスィオナールスィ [マンテール アミザーヂ] コン | associate *with*<br>アソウシエイト |
| （男女の） | namorar com<br>ナモラール コン | associate *with*<br>アソウシエイト |
| こうさく<br>工作 | fabrico *m.*<br>ファブリッコ | handicraft<br>ハンディクラフト |
| ～する | fabricar<br>ファブリカール | maneuver, engineer<br>マヌーヴァ, エンヂニア |
| こうさん<br>降参 | rendição *f.*, capitulação *f.*<br>ヘンヂサォン, カピトゥラサォン | surrender<br>サレンダ |
| ～する | render-se, capitular, entregar-se<br>ヘンデールスィ, カピトゥラール, エントレガールスィ | surrender *to*<br>サレンダ |
| こうざん<br>鉱山 | mina *f.*<br>ミーナ | mine<br>マイン |
| こうし<br>講師 | conferencista *m.f.*<br>コンフェレンスィスタ | lecturer<br>レクチャラ |
| こうじ<br>工事 | construção *f.*, obra *f.*<br>コンストルサォン, オブラ | work, construction<br>ワーク, カンストラクション |
| こうしき<br>公式 | fórmula *f.*<br>フォルムラ | formula<br>フォーミュラ |
| ～の | oficial, formal<br>オフィスィアウ, フォルマウ | official, formal<br>オフィシャル, フォーマル |
| こうじつ<br>口実 | pretexto *m.*, subterfúgio *m.*<br>プレテスト, スビテルフージオ | pretext, excuse<br>プリーテクスト, イクスキューズ |
| こうしゃ<br>後者 | último *m.*<br>ウゥチモ | the latter<br>ザ ラタ |
| こうしゃ<br>校舎 | prédio escolar *m.*<br>プレーヂオ エスコラール | schoolhouse<br>スクールハウス |
| こうしゅう<br>公衆 | público *m.*<br>プブリコ | the public<br>ザ パブリク |
| ～電話 | telefone público *m.*<br>テレフォーニ プブリコ | pay phone<br>ペイ フォウン |

| 日 | 葡 | 英 |
|---|---|---|
| 〜トイレ | sanitário público *m.*<br>サニターリオ ププリコ | public lavatory<br>パブリク ラヴァトーリ |
| こうしゅう<br>講習 | curso *m.*<br>クルソ | course<br>コース |
| こうじゅつする<br>口述する | ditar<br>ヂタール | dictate<br>ディクテイト, |
| こうじょ<br>控除 | dedução *f.*<br>デドゥサォン | deduction<br>ディダクション |
| 〜する | deduzir<br>デドゥズィール | deduct<br>ディダクト |
| こうしょう<br>交渉 | negociação *f.*<br>ネゴスィアサォン | negotiations<br>ニゴウシエイションズ |
| 〜する | negociar<br>ネゴスィアール | negotiate *with*<br>ニゴウシエイト |
| こうじょう<br>工場 | fábrica *f.*<br>ファブリカ | factory, plant<br>ファクトリ, プラント |
| こうしょう<br>高尚な | refinado, sofisticado<br>ヘフィナード, ソフィスチカード | noble, refined<br>ノウブル, リファインド |
| ごうじょう<br>強情な | teimoso, obstinado<br>テイモーゾ, オビスチナード | obstinate<br>アブスティネト |
| こうしょうにん<br>公証人 | notário *m.*, tabelião *m.*<br>ノターリオ, タベリアォン | notary<br>ノウタリ |
| こうしょきょうふしょう<br>高所恐怖症 | acrofobia *f.*<br>アクロフォビーア | acrophobia<br>アクロフォウビア |
| こうしん<br>行進 | marcha *f.*, desfile *m.*<br>マルシャ, デスフィーリ | march, parade<br>マーチ, パレイド |
| 〜する | desfilar, marchar<br>デスフィラール, マルシャール | march<br>マーチ |
| こうしんりょう<br>香辛料 | condimento *m.*, especiaria *f.*<br>コンヂメント, エスペスィアリーア | spices<br>スパイスィズ |
| こうすい<br>香水 | perfume *m.*<br>ペルフーミ | perfume<br>パーフューム |
| こうずい<br>洪水 | inundação *f.*, enchente *f.*<br>イヌンダサォン, エンシェンチ | flood, inundation<br>フラド, イナンデイション |
| こうせい<br>公正 | imparcialidade *f.*, justiça *f.*<br>インパルスィアリダーチ, ジュスチッサ | justice<br>チャスティス |
| 〜な | justo<br>ジュスト | just, fair<br>チャスト, フェア |

| 日 | 葡 | 英 |
|---|---|---|
| <ruby>厚生<rt>こうせい</rt></ruby> | saúde pública *f.*<br>サウーヂ プブリカ | public welfare<br>パブリク ウェルフェア |
| <ruby>構成<rt>こうせい</rt></ruby> | composição *f.*, organização *f.*<br>コンポズィサォン, オルガニザサォン | composition<br>カンポズィション |
| 〜する | compor, organizar<br>コンポール, オルガニザール | compose<br>カンポウズ |
| <ruby>合成<rt>ごうせい</rt></ruby> | síntese *f.*<br>スィンテーズィ | synthesis<br>スィンサスィス |
| 〜樹脂 | resina sintética *f.*<br>ヘズィーナ スィンチチカ | synthetic resin<br>スィンセティク レズィン |
| 〜する | sintetizar, combinar<br>スィンチチザール, コンビナール | synthesize, compound<br>スィンササイズ, コンパウンド |
| <ruby>抗生物質<rt>こうせいぶっしつ</rt></ruby> | antibiótico *m.*<br>アンチビオチコ | antibiotic<br>アンティバイアティク |
| <ruby>鉱石<rt>こうせき</rt></ruby> | minério *m.*<br>ミネーリオ | ore<br>オー |
| <ruby>光線<rt>こうせん</rt></ruby> | raio *m.*<br>ラィオ | ray, beam<br>レイ, ビーム |
| <ruby>公然と<rt>こうぜん</rt></ruby> | publicamente<br>プブリカメンチ | openly, publicly<br>オウプンリ, パブリクリ |
| <ruby>控訴<rt>こうそ</rt></ruby> | apelação *f.*<br>アペラサォン | appeal<br>アピール |
| <ruby>酵素<rt>こうそ</rt></ruby> | enzima *f.*<br>エンズィーマ | enzym(e)<br>エンザイム |
| <ruby>香草<rt>こうそう</rt></ruby> | erva aromática *f.*, cheiro verde *m.*<br>エルヴァ アロマチカ, シェイロ ヴェルヂ | herb<br>アーブ |
| <ruby>構想<rt>こうそう</rt></ruby> | concepção *f.*, plano *m.*, idéia *f.*<br>コンセピサォン, プラーノ, イデイア | plan, conception<br>プラン, コンセプション |
| <ruby>構造<rt>こうぞう</rt></ruby> | estrutura *f.*, mecanismo *m.*<br>エストルトゥーラ, メカニズモ | structure<br>ストラクチャ |
| <ruby>高層建築<rt>こうそうけんちく</rt></ruby> | arranha-céu *m.*<br>アハーニャ セウ | high-rise<br>ハイライズ |
| <ruby>高速道路<rt>こうそくどうろ</rt></ruby> | auto-estrada *f.*<br>アゥトエストラーダ | expressway<br>イクスプレスウェイ |
| <ruby>交替[代]<rt>こうたい</rt></ruby> | revezamento *m.*, substituição *f.*<br>ヘヴェザメント, スビスチトゥイサォン | shift<br>シフト |
| 〜する | revezar-se, substituir<br>ヘヴェザールスィ, スビスチトゥイール | take turns<br>テイク ターンズ |

| 日 | 葡 | 英 |
|---|---|---|
| こうたいし<br>皇太子 | príncipe herdeiro *m.*<br>プリンスィピ エルデイロ | the Crown Prince<br>ザ クラウン プリンス |
| こうだい<br>広大な | vasto, extenso, imenso<br>ヴァスト, エステンソ, イメンソ | vast, immense<br>ヴァスト, イメンス |
| こうたく<br>光沢 | lustre *m.*, brilho *m.*<br>ルストリ, ブリーリョ | luster, gloss<br>ラスタ, グロース |
| こうちゃ<br>紅茶 | chá preto *m.*<br>シャ プレット | tea<br>ティー |
| こうちょう<br>校長 | | |
| （男の） | diretor da escola *m.*<br>ヂレトール ダ エスコーラ | principal<br>プリンスィパル |
| （女の） | diretora da escola *f.*<br>ヂレトーラ ダ エスコーラ | principal<br>プリンスィパル |
| こうちょう<br>好調な | | |
| （状態） | em bom estado [boa condição]<br>エィン ボン エスタード [ボア コンヂサォン] | in good condition<br>イン グド カンディション |
| （進捗） | estar em bom andamento<br>エスタール エィン ボン アンダメント | go off well<br>ゴウ オフ ウェル |
| こうつう<br>交通 | trânsito *m.*<br>トランズィト | traffic<br>トラフィク |
| （運輸） | transporte *m.*<br>トランスポルチ | transport<br>トランスポート |
| ～機関 | meio de transporte *m.*<br>メィオ ヂ トランスポルチ | transportation<br>トランスポーテイション |
| ～規制 | regulamentação de trânsito *f.*<br>ヘグラメンタサォン ヂ トランズィト | traffic regulations<br>トラフィク レギュレイションズ |
| ～事故 | acidente de trânsito *m.*<br>アスィデンチ ヂ トランズィト | traffic accident<br>トラフィク アクスィデント |
| ～標識 | sinalização *f.*<br>スィナリザサォン | traffic sign<br>トラフィク サイン |
| こうてい<br>皇帝 | imperador *m.*<br>インペラドール | emperor<br>エンペラ |
| こうてい<br>肯定 | afirmação *f.*<br>アフィルマサォン | affirmation<br>アファーメイション |
| ～する | afirmar<br>アフィルマール | affirm<br>アファーム |
| こうていぶあい<br>公定歩合 | taxa de desconto oficial *f.*<br>タッシャ ヂ ヂスコント オフィスィアウ | off discount rate<br>オーフ ディスカウント レイト |
| こうてき<br>公的な | público<br>プブリコ | official, public<br>オフィシャル, パブリク |

224

| 日本語 | ポルトガル語 | 英語 |
|---|---|---|
| こうてつ<br>鋼鉄 | aço *m.*<br>アッソ | steel<br>スティール |
| こうてん<br>好転する | mudar para melhor<br>ムダール パラ メリョール | turn for the better<br>ターン フォ ザ ベター |
| こうど<br>高度 | altitude *f.*<br>アウチトゥーヂ | altitude<br>アルティテュード |
| こうとう<br>高騰する | disparar<br>ヂスパラール | jump<br>ジャンプ |
| こうどう<br>行動 | ato *m.*, conduta *f.*<br>アト, コンドゥッタ | action, conduct<br>アクション, カンダクト |
| ～する | agir, comportar-se<br>アジール, コンポルタールスィ | act<br>アクト |
| こうどう<br>講堂 | auditório *m.*<br>アゥヂトーリオ | hall, auditorium<br>ホール, オーディトーリアム |
| ごうとう<br>強盗 | assaltante *m.f.*<br>アサゥタンチ | robber, burglar<br>ラバ, バーグラ |
| （男の） | ladrão *m.*<br>ラドラォン | robber, burglar<br>ラバ, バーグラ |
| （女の） | ladra *f.*<br>ラードラ | robber, burglar<br>ラバ, バーグラ |
| ごうどう<br>合同 | união *f.*, junção *f.*<br>ウニアォン, ジュンサォン | union<br>ユーニョン |
| こうとうさいばんしょ<br>高等裁判所 | supremo tribunal *m.*<br>スプレーモ トリブナゥ | high court<br>ハイ コート |
| こうとう<br>高等な | avançado, de alto nível, superior<br>アヴァンサード, ヂ アゥト ニーヴェウ, スペリオール | high<br>ハイ |
| こうとう<br>口頭の | oral, verbal<br>オラウ, ヴェルバウ | oral, verbal<br>オーラル, ヴァーバル |
| こうどくりょう<br>購読料 | preço da assinatura *f.*<br>プレッソ ダ アスィナトゥーラ | subscription<br>サブスクリプション |
| こうないえん<br>口内炎 | estomatite *f.*<br>エストマチッチ | stomatitis<br>ストウマタイティス |
| こうにゅう<br>購入する | comprar, adquirir<br>コンプラール, アチキリール | purchase, buy<br>パーチェス, バイ |
| こうにん<br>後任 | | |
| （男の） | sucessor *m.*<br>スセソール | successor<br>サクセサ |

| 日 | 葡 | 英 |
|---|---|---|
| (女の) | sucessora f.<br>スセソーラ | successor<br>サクセサ |
| こうにん<br>公認の | oficial, autorizado<br>オフィスィアウ, アゥトリザード | official, approved<br>オフィシャル, アプルーヴド |
| こうのとり | cegonha f.<br>セゴーニャ | stork<br>ストーク |
| こうば<br>工場 | fábrica f.<br>ファブリカ | factory<br>ファクトリ |
| こうはい<br>後輩 | | |
| (男の) | mais novo m.<br>マィズ ノーヴォ | junior<br>チューニア |
| (女の) | mais nova f.<br>マィズ ノーヴァ | junior<br>チューニア |
| こうばい<br>勾配 | inclinação f., declive m.<br>インクリナサォン, デクリーヴィ | slope, incline<br>スロゥプ, インクライン |
| こう<br>香ばしい | que tem cheiro de assado<br>キ テイン シェィロ デ アサード | fragrant<br>フレィグラント |
| こうはん<br>後半 | segunda metade f.<br>セグンダ メターヂ | the latter half<br>ザ ラタ ハフ |
| こうばん<br>交番 | posto de polícia m.<br>ポスト ヂ ポリッスィア | police box<br>ポリース バクス |
| こうび<br>交尾 | acasalamento m.<br>アカザラメント | copulation<br>カピュレィション |
| こうひょう<br>好評の | que está na moda<br>キ エスタ ナ モーダ | popular<br>パピュラ |
| こうふ<br>鉱夫 | mineiro m.<br>ミネィロ | miner<br>マィナ |
| こうふく<br>幸福 | felicidade f.<br>フェリスィダーヂ | happiness<br>ハピネス |
| ～な | feliz<br>フェリース | happy<br>ハピ |
| こうぶつ<br>好物 | comida predileta f.<br>コミーダ プレヂレッタ | favorite food<br>フェィヴァリト フード |
| こうぶつ<br>鉱物 | mineral m.<br>ミネラゥ | mineral<br>ミナラル |
| こうふん<br>興奮 | excitação f.<br>エスィタサォン | excitement<br>イクサィトメント |
| ～する | ficar excitado<br>フィカール エスィタード | be excited<br>ビ イクサィテド |

| 日 | 葡 | 英 |
|---|---|---|
| <ruby>公文書<rt>こうぶんしょ</rt></ruby> | documento oficial *m.*<br>ドクメント オフィスィアウ | official document<br>オフィシャル ダキュメント |
| <ruby>公平な<rt>こうへい</rt></ruby> | imparcial, justo<br>インパルスィアウ, ジュスト | fair, impartial<br>フェア, インパーシャル |
| <ruby>合弁事業<rt>ごうべんじぎょう</rt></ruby> | *joint venture m.*<br>ジョインチ ヴェンチャ | joint venture<br>ヂョイント ヴェンチャ |
| <ruby>候補<rt>こうほ</rt></ruby> | candidatura *f.*<br>カンヂダトゥーラ | candidature<br>キャンディダチャ |
| ～者（男の） | candidato *m.*<br>カンヂダット | candidate<br>キャンディデイト |
| （女の） | candidata *f.*<br>カンヂダッタ | candidate<br>キャンディデイト |
| <ruby>酵母<rt>こうぼ</rt></ruby> | levedura *f.*, fermento *m.*<br>レヴェドゥーラ, フェルメント | yeast, leaven<br>イースト, レヴン |
| <ruby>広報<rt>こうほう</rt></ruby> | publicidade *f.*<br>プブリスィダーヂ | public information<br>パブリク インフォメイション |
| ～活動 | relações públicas *f.pl.*<br>ヘラソインス プブリカス | public relations<br>パブリク リレイションズ |
| <ruby>工房<rt>こうぼう</rt></ruby> | estúdio *m.*, ateliê *m.*<br>エストゥーヂオ, アテリエ | studio<br>ステューディオウ |
| <ruby>合法的な<rt>ごうほうてき</rt></ruby> | legal<br>レガウ | legal<br>リーガル |
| <ruby>傲慢な<rt>ごうまん</rt></ruby> | arrogante, vaidoso, presunçoso<br>アホガンチ, ヴァイドーゾ, プレズンソーゾ | haughty<br>ホーティ |
| <ruby>鉱脈<rt>こうみゃく</rt></ruby> | veio *m.*<br>ヴェイオ | vein of ore<br>ヴェイン オヴ オー |
| <ruby>巧妙な<rt>こうみょう</rt></ruby> | sutil, hábil, engenhoso<br>スチウ, アービル, エンジェニョーゾ | skillful, dexterous<br>スキルフル, デクストラス |
| <ruby>公民<rt>こうみん</rt></ruby> | cidadão *m.*<br>スィダダォン | citizen<br>スィティズン |
| <ruby>公務<rt>こうむ</rt></ruby> | serviço público *m.*<br>セルヴィッソ プブリコ | official duties<br>オフィシャル デューティズ |
| <ruby>公務員<rt>こうむいん</rt></ruby> （男の） | funcionário público *m.*<br>フンスィオナーリオ プブリコ | public official<br>パブリク オフィシャル |
| （女の） | funcionária pública *f.*<br>フンスィオナーリア プブリカ | public official<br>パブリク オフィシャル |

| 日 | 葡 | 英 |
|---|---|---|
| こうむ<br>被る | sofrer<br>ソフレール | suffer, receive<br>サファ, リスィーヴ |
| こうもく<br>項目 | item *m.*, artigo *m.*<br>イーテイン, アルチーゴ | item, clause<br>アイテム, クローズ |
| こうもり<br>蝙蝠 | morcego *m.*<br>モルセーゴ | bat<br>バト |
| こうもん<br>肛門 | ânus *m.*<br>アーヌス | anus<br>エイナス |
| ごうもん<br>拷問 | tortura *f.*<br>トルトゥーラ | torture<br>トーチャ |
| こうや<br>荒野 | terra deserta *f.*, ermo *m.*<br>テッハ デゼルタ, エルモ | the wilds<br>ザ ワイルヅ |
| こうやく<br>膏薬 | emplastro *m.*<br>エンプラストロ | plaster<br>プラスタ |
| こうようする<br>紅葉する | avermelhar-se<br>アヴェルメリャールスィ | turn red<br>ターン レド |
| こうら<br>甲羅 | carapaça *f.*<br>カラパッサ | shell<br>シェル |
| こうらくきゃく<br>行楽客 | turista *m.f.*, escursionista *m.f.*<br>トゥリスタ, エスクルスィオニスタ | excursionist<br>イクスカージョニスト |
| こう<br>小売り | venda a varejo *f.*<br>ヴェンダ ア ヴァレージョ | retail<br>リーテイル |
| 〜する | retalhar<br>ヘタリャール | retail<br>リーテイル |
| ごうり<br>合理 | | |
| 〜化 | racionalização *f.*<br>ハスィオナリザサォン | rationalization<br>ラショナリゼイション |
| 〜的な | racional<br>ハスィオナウ | rational<br>ラショナル |
| 〜主義 | racionalismo *m.*<br>ハスィオナリズモ | rationalism<br>ラショナリズム |
| こうりつの<br>公立の | público<br>プブリコ | public<br>パブリク |
| こうりつ<br>効率 | eficiência *f.*<br>エフィスィエンスィア | efficiency<br>イフィシェンスィ |
| 〜的な | eficaz<br>エフィカイス | efficient<br>イフィシェント |
| こうりゅう<br>交流 | intercâmbio *m.*<br>インテルカンビオ | exchange<br>イクスチェインヂ |

| 日 | 葡 | 英 |
|---|---|---|
| （電流の） | corrente alternada *f.* <br> コヘンチ アウテルナーダ | alternating current <br> オールタネイティング カーレント |
| ～する | promover intercâmbio <br> プロモヴェール インテルカンビオ | exchange <br> イクスチェインヂ |
| 合流<br>ごうりゅう | confluência *f.* <br> コンフルエンスィア | confluence <br> カンフルーエンス |
| 考慮<br>こうりょ | consideração *f.* <br> コンスィデラサォン | consideration <br> カンスィデレイション |
| ～する | considerar, <br> levar em consideração <br> コンスィデラール,<br> レヴァール エイン コンスィデラサォン | consider <br> カンスィダ |
| 香料<br>こうりょう | aromatizante *m.* <br> アロマチザンチ | perfume, flavor <br> パーフューム, フレイヴァ |
| 荒涼とした<br>こうりょう | desolado, árido <br> デゾラード, アリド | desolate <br> デソレト |
| 効力<br>こうりょく | efeito *m.* <br> エフェイト | effect, efficacy <br> イフェクト, エフィカスィ |
| （法律） | validade *f.*, vigor *m.* <br> ヴァリダーチ, ヴィゴール | validity <br> ヴァリディティ |
| 高齢化社会<br>こうれいかしゃかい | envelhecimento da população *m.* <br> エンヴェリェスィメント ダ ポプラサォン | aging society <br> エイヂング ソサイアティ |
| 講和<br>こうわ | paz *f.* <br> パィス | peace <br> ピース |
| 声<br>こえ | voz *f.* <br> ヴォィス | voice <br> ヴォイス |
| 護衛<br>ごえい | escolta *f.*, guarda *f.* <br> エスコウタ, グワルダ | guard, escort <br> ガード, エスコート |
| 超[越]える<br>こ | exceder, superar, ultrapassar <br> エセデール, スペラール, ウウトラパサール | exceed, pass <br> イクスィード, パス |
| （向こうへ） | atravessar <br> アトラヴェサール | go over, cross <br> ゴウ オウヴァ, クロース |
| ゴーグル | óculos de proteção *m.* <br> オクロス ヂ プロテサォン | goggles <br> ガグルズ |
| コース | percurso *m.* <br> ペルクルソ | course <br> コース |
| （競走などの） | pista *f.* <br> ピスタ | lane <br> レイン |

| 日 | 葡 | 英 |
|---|---|---|
| コーチ | | |
| （男の） | treinador m. トレィナドール | coach コウチ |
| （女の） | treinadora f. トレィナドーラ | coach コウチ |
| コート | casaco m., casacão m. カザッコ, カザカォン | coat コウト |
| （球技の） | campo m. カンポ | court コート |
| コード | fio de eletricidade m. フィーオ チ エレトリスィダーチ | cord コード |
| （暗号） | código m. コヂゴ | code コウド |
| コーナー | canto m. カント | corner コーナ |
| （売り場） | seção f. セサォン | corner コーナ |
| コーヒー | café m. カフェ | coffee コーフィ |
| 〜店 | café m. カフェ | coffee shop コーフィ シャプ |
| 〜ポット | cafeteira f., bule de café m. カフェテイラ, ブーリ チ カフェ | coffee-pot コーフィ パト |
| コーラ | coca f. コッカ | Coke, cola コウク, コウラ |
| コーラス | coro m. コーロ | chorus コーラス |
| 氷 | gelo m. ジェーロ | ice アイス |
| 凍る | congelar-se コンジェラールスィ | freeze フリーズ |
| ゴール | gol m. ゴウ | goal ゴウル |
| 〜キーパー | goleiro m. ゴレィロ | goalkeeper ゴウルキーパ |
| ゴールインする | alcançar a meta アウカンサール ア メッタ | reach the goal リーチ ザ ゴウル |
| コールタール | alcatrão m. アウカトラォン | coal tar コウル ター |

| 日 | 葡 | 英 |
|---|---|---|
| <ruby>蟋蟀<rt>こおろぎ</rt></ruby> | grilo *m.*<br>グリーロ | cricket<br>クリケト |
| <ruby>戸外<rt>こがい</rt></ruby> | fora de casa, ao ar livre<br>フォーラ ヂ カーザ, アオ アール リブリ | the outdoors<br>ジ アウトドーズ |
| <ruby>誤解<rt>ごかい</rt></ruby> | mal-entendido *m.*<br>マウ エンテンヂード | misunderstanding<br>ミスアンダスタンディング |
| 〜する | entender mal<br>エンテンデール マウ | misunderstand<br>ミスアンダスタンド |
| <ruby>子会社<rt>こがいしゃ</rt></ruby> | subsidiária *f.*<br>スビスィヂアーリア | subsidiary<br>サブスィディエリ |
| コカイン | cocaína *f.*<br>コカイーナ | cocaine<br>コウケイン |
| <ruby>語学<rt>ごがく</rt></ruby> | estudo de línguas *m.*<br>エストゥード ヂ リングァス | language study<br>ラングウィヂ スタディ |
| <ruby>五角形<rt>ごかくけい</rt></ruby> | pentágono *m.*<br>ペンタゴノ | pentagon<br>ペンタガン |
| <ruby>木陰<rt>こかげ</rt></ruby> | sombra das árvores *f.*<br>ソンブラ ダス アルヴォリス | the shade of a tree<br>ザ シェイド オヴ ア トリー |
| <ruby>焦がす<rt>こがす</rt></ruby> | chamuscar, tostar<br>シャムスカール, トスタール | burn, scorch<br>バーン, スコーチ |
| <ruby>小型の<rt>こがた</rt></ruby> | pequeno<br>ペケーノ | small, compact<br>スモール, コンパクト |
| <ruby>五月<rt>ごがつ</rt></ruby> | maio *m.*<br>マイオ | May<br>メイ |
| <ruby>木枯らし<rt>こが</rt></ruby> | vento frio de inverno *m.*<br>ヴェント フリーオ インヴェルノ | cold winter wind<br>コウルド ウィンタ ウィンド |
| <ruby>五感<rt>ごかん</rt></ruby> | os cinco sentidos *m.*<br>ウス スィンコ センチードス | the five senses<br>ザ ファイヴ センスィズ |
| <ruby>互換性のある<rt>ごかんせい</rt></ruby> | compatível<br>コンパチーヴェウ | compatible<br>コンパティブル |
| <ruby>小切手<rt>こぎって</rt></ruby> | cheque *m.*<br>シェッキ | check<br>チェク |
| ごきぶり | barata *f.*<br>バラッタ | cockroach<br>カクロウチ |
| <ruby>顧客<rt>こきゃく</rt></ruby> | cliente preferencial *m.f.*<br>クリエンチ プレフェレンスィアウ | customer, client<br>カスタマ, クライエント |
| <ruby>呼吸<rt>こきゅう</rt></ruby> | respiração *f.*<br>ヘスピラサオン | respiration<br>レスピレイション |

| 日 | 葡 | 英 |
|---|---|---|
| 〜する | respirar f.<br>ヘスピラール | breathe<br>ブリーズ |
| 故郷(こきょう) | terra natal f.<br>テッハ ナタゥ | home<br>ホウム |
| 漕ぐ(こぐ) | remar<br>ヘマール | row<br>ロウ |
| 語句(ごく) | palavras f.pl.<br>パラーヴラス | words<br>ワーツ |
| 国営の(こくえいの) | estatal<br>エスタタゥ | state-run<br>ステイトラン |
| 国王(こくおう) | rei m.<br>ヘイ | king, monarch<br>キング, マナク |
| 国外に[で](こくがい) | fora do país, exterior<br>フォーラ ド パイース, エステリオール | abroad<br>アブロード |
| 国際(こくさい) | | |
| 〜的な | internacional<br>インテルナスィオナゥ | international<br>インタナショナル |
| 〜運転免許証 | carteira internacional de motorista f.<br>カルテイラ インテルナスィオナゥ チ モトリスタ | international driver's license<br>インタナショナル ドライヴァズ ライセンス |
| 〜線 | vôo internacional m.<br>ヴォーオ インテルナスィオナゥ | international airline<br>インタナショナル エアライン |
| 〜電話 | ligação internacional f.<br>リガサォン インテルナスィオナゥ | overseas telephone call<br>オウヴァスィーズ テレフォウン コール |
| 〜法 | direito internacional m.<br>チレイト インテルナスィオナゥ | international law<br>インタナショナル ロー |
| 国産の(こくさんの) | nacional<br>ナスィオナゥ | domestic<br>ドメスティク |
| 黒人(こくじん) | | |
| （男の） | negro m.<br>ネーグロ | black<br>ブラク |
| （女の） | negra f.<br>ネーグラ | black<br>ブラク |
| 国勢調査(こくせいちょうさ) | censo m.<br>センソ | census<br>センサス |
| 国籍(こくせき) | nacionalidade f.<br>ナスィオナリダーヂ | nationality<br>ナショナリティ |
| 告訴(こくそ) | queixa f., acusação f.<br>ケイシャ, アクザサォン | accusation<br>アキュゼイション |

| 日 | 葡 | 英 |
|---|---|---|
| ～する | acusar<br>アクザール | accuse<br>アキューズ |
| 黒檀(こくたん) | ébano *m.*<br>エバノ | ebony<br>エボニ |
| 告知する(こくち) | anunciar<br>アヌンスィアール | notify<br>ノウティファイ |
| 国道(こくどう)<br>（ブラジル） | rodovia federal *f.*<br>ホドヴィーア フェデラウ | national road<br>ナショナル ロウド |
| 国内の(こくない) | doméstico<br>ドメスチコ | domestic<br>ドメスティク |
| ～線 | vôo doméstico *m.*<br>ヴォーオ ドメスチコ | domestic airline<br>ドメスティク エアライン |
| 告白する(こくはく) | confessar<br>コンフェサール | confess<br>カンフェス |
| 告発(こくはつ) | denúncia *f.*, delação *f.*<br>デヌンスィア, デラサォン | accusation<br>アキュゼイション |
| ～する | denunciar<br>デヌンスィアール | accuse<br>アキューズ |
| 黒板(こくばん) | quadro-negro *m.*<br>クワドロ ネーグロ | blackboard<br>ブラクボード |
| 克服する(こくふく) | vencer, superar<br>ヴェンセール, スペラール | conquer, overcome<br>カンカ, オウヴァカム |
| 告別式(こくべつしき) | cerimônia fúnebre *f.*, funeral *m.*<br>セリモーニア フネブリ, フネラウ | farewell service<br>フェアウェル サーヴィス |
| 国宝(こくほう) | tesouro nacional *m.*<br>テゾウロ ナスィオナウ | national treasure<br>ナショナル トレジャ |
| 国防(こくぼう) | defesa nacional *f.*<br>デフェーザ ナスィオナウ | national defense<br>ナショナル ディフェンス |
| 国民(こくみん) | povo *m.*<br>ポーヴォ | nation, people<br>ネイション, ピープル |
| ～の | nacional<br>ナスィオナウ | national<br>ナショナル |
| 穀物(こくもつ) | cereal *m.*<br>セレアウ | grain, cereals<br>グレイン, スィアリアルズ |
| 国立の(こくりつ) | nacional<br>ナスィオナウ | national, state<br>ナショナル, ステイト |

| 日 | 葡 | 英 |
|---|---|---|
| <ruby>国連<rt>こくれん</rt></ruby> | O.N.U. *f.*, Organização das Nações Unidas *f.*<br>オヌ, オルガニザサォン ダズ ナソインズ ウニーダス | UN<br>ユーエン |
| <ruby>苔<rt>こけ</rt></ruby> | musgo *m.*<br>ムズゴ | moss<br>モス |
| <ruby>焦げる<rt>こげる</rt></ruby> | chamuscar-se<br>シャムスカールスィ | burn<br>バーン |
| <ruby>語源<rt>ごげん</rt></ruby> | etimologia *f.*<br>エチモロジーア | etymology<br>エティマロヂィ |
| ここ | aqui<br>アキ | here, this place<br>ヒア, ズィス プレイス |
| <ruby>午後<rt>ごご</rt></ruby> | parte da tarde *f.*<br>パルチ ダ タルヂ | afternoon<br>アフタヌーン |
| ココア | chocolate quente *m.*<br>ショコラッチ ケンチ | cocoa<br>コウコウ |
| <ruby>凍える<rt>こごえる</rt></ruby> | enregelar-se, congelar<br>エンヘジェラールスィ, コンジェラール | freeze<br>フリーズ |
| <ruby>心地よい<rt>ここちよい</rt></ruby> | confortável<br>コンフォルターヴェウ | comfortable<br>カンフォタブル |
| <ruby>小言<rt>こごと</rt></ruby> | repreensão *f.*, reproche *m.*<br>ヘプレエンサォン, ペブローシ | scolding<br>スコウルディング |
| ココナツ | coco *m.*<br>コッコ | coconut<br>コウコナト |
| <ruby>心<rt>こころ</rt></ruby> | alma *f.*, coração *m.*<br>アウマ, コラサォン | mind, heart<br>マインド, ハート |
| （精神） | espírito *m.*<br>エスピリト | spirit<br>スピリト |
| （感情） | sensibilidade *f.*<br>センスィビリダーデ | feeling<br>フィーリング |
| （意向） | intenção *f.*, vontade *f.*<br>インテンサォン, ヴォンターヂ | intention, will<br>インテンション, ウィル |
| （思いやり） | bondade *f.*, sinceridade *f.*, coração *m.*<br>ボンダーチ, スィンセリダーチ, コラサォン | intention, will<br>インテンション, ウィル |
| <ruby>心得る<rt>こころえる</rt></ruby> | | |
| （理解する） | entender<br>エンテンデール | understand<br>アンダスタンド |
| （たしなみがある） | ter noções, conhecer<br>テール ノソインス, コニェセール | know<br>ノウ |

| 日 | 葡 | 英 |
|---|---|---|
| <ruby>心掛<rt>こころが</rt></ruby>ける | preocupar-se com, procurar<br>プレオクパールスィ コン, プロクラール | bear in mind<br>ベア イン マインド |
| <ruby>心構<rt>こころがま</rt></ruby>え | preparação f.<br>プレパラサォン | preparation<br>プレパレイション |
| <ruby>志<rt>こころざし</rt></ruby> | | |
| （目的） | objetivo m., fim m., aspiração f.<br>オビジェチーヴォ, フィン, アスピラサォン | object, aim, aspiration<br>アブヂクト, エイム, アスピレイション |
| （厚意） | bondade f., boa vontade f.<br>ボンダーチ, ボア ヴォンターヂ | will, intention<br>ウィル, インテンション |
| <ruby>志<rt>こころざ</rt></ruby>す | aspirar<br>アスピラール | intend, aim<br>インテンド, エイム |
| <ruby>心細<rt>こころぼそ</rt></ruby>い | sentir-se desamparado<br>センチールスィ デザンパラード | forlorn<br>フォローン |
| <ruby>試<rt>こころ</rt></ruby>みる | tentar, experimentar<br>テンタール, エスペリメンタール | try, attempt<br>トライ, アテンプト |
| <ruby>快<rt>こころよ</rt></ruby>い | agradável, confortável<br>アグラダーヴェウ, コンフォルターヴェウ | pleasant, agreeable<br>プレザント, アグリーアバル |
| <ruby>快<rt>こころよ</rt></ruby>く | com prazer<br>コン プラゼール | with pleasure<br>ウィズ プレジャ |
| <ruby>小雨<rt>こさめ</rt></ruby><br>light rain | garoa f.<br>ガローア<br>chuvisco m.<br>シュヴィスコ | chuvisco m.<br>ライト レイン |
| <ruby>誤算<rt>ごさん</rt></ruby> | erro de cálculo m.<br>エッホ ヂ カウクロ | misjudge<br>ミスヂャヂ |
| <ruby>腰<rt>こし</rt></ruby> | quadril m.<br>クァドリウ | hip<br>ヒップ |
| （ウエスト） | cintura f.<br>スィントゥーラ | the waist<br>ザ ウェイスト |
| <ruby>孤児<rt>こじ</rt></ruby> | | |
| （男の） | órfão m.<br>オルファオン | orphan<br>オーファン |
| （女の） | órfã f.<br>オルファン | orphan<br>オーファン |
| <ruby>腰掛<rt>こしか</rt></ruby>ける | sentar-se<br>センタールスィ | sit (down)<br>スィト（ダウン） |
| <ruby>乞食<rt>こじき</rt></ruby> | | |
| （男の） | mendigo m.<br>メンヂーゴ | beggar<br>ベガ |

| 日 | 葡 | 英 |
|---|---|---|
| (女の) | mendiga *f.* <br> メンヂーガ | beggar <br> ベガ |
| こしつ<br>固執する | persistir, insistir <br> ペルスィスチール, インスィスチール | persist <br> パスィスト |
| こしつ<br>個室 | quarto individual *m.* <br> クワルト インヂヴィドゥアウ | private room <br> プライヴェト ルーム |
| ゴシック | Gótico *m.* <br> ゴチコ | Gothic <br> ガスィク |
| ゴシップ | fofoca *f.*, mexerico *m.* <br> フォフォッカ, メシェリッコ | gossip <br> ガスィプ |
| こしょう<br>胡椒 | pimenta-do-reino *f.* <br> ピメンタ ド ヘイノ | pepper <br> ペパ |
| こしょう<br>故障 | enguiço *m.* <br> エンギッソ | breakdown <br> ブレイクダウン |
| ～する | enguiçar <br> エンギサール | go wrong <br> ゴウ ローング |
| ごしょく<br>誤植 | erro tipográfico *m.* <br> エッホ チポグラフィコ | misprint <br> ミスプリント |
| こしら<br>拵える | fazer, fabricar <br> ファゼール, ファブリカール | make <br> メイク |
| (準備) | preparar, arranjar <br> プレパラール, アハンジャール | prepare <br> プリペア |
| こじん<br>個人 | indivíduo *m.* <br> インヂヴィードゥオ | individual <br> インディヴィチュアル |
| ～主義 | individualismo *m.* <br> インヂヴィドゥアリズモ | individualism <br> インディヴィチュアリズム |
| ～的な | individual, pessoal, particular <br> インヂヴィドゥワウ, ペソアウ, パルチクラール | individual, personal <br> インディヴィチュアル, パーソナル |
| 越[超]す | passar, exceder, ultrapassar <br> パサール, エセデール, ウウトラパサール | exceed, pass <br> イクスィード, パス |
| こずえ<br>梢 | copa (de árvore) *f.* <br> コッパ(チ アルヴォリ) | treetop <br> トリータプ |
| コスト | custo *m.* <br> クスト | cost <br> コースト |
| コスモス | cosmos *m.* <br> コズモス | cosmos <br> カズモス |
| こす<br>擦る | esfregar <br> エスフレガール | rub <br> ラブ |

| 日 | 葡 | 英 |
|---|---|---|
| <ruby>個性<rt>こせい</rt></ruby> | personalidade *f.*<br>ペルソナリダーチ | personality<br>パーソナリティ |
| 〜的な | característico, original, único<br>カラキテリスチコ, オリジナウ, ウニコ | unique<br>ユーニーク |
| <ruby>戸籍<rt>こせき</rt></ruby> | registro civil *m.*<br>ヘジストロ スィヴィウ | family register<br>ファミリ レヂスタ |
| <ruby>小銭<rt>こぜに</rt></ruby> | troco *m.*<br>トロッコ | change<br>チェインヂ |
| 〜入れ | porta-níquel *m.*, porta-moedas *m.*<br>ポルタ ニッケウ, ポルタ モエーダス | coin purse<br>コイン パース |
| <ruby>午前<rt>ごぜん</rt></ruby> | parte da manhã *f.*<br>パルチ ダ マニャン | morning<br>モーニング |
| 〜中 | durante a manhã<br>ドゥランチ ア マニャン | during the morning<br>デュアリング ザ モーニング |
| <ruby>五線紙<rt>ごせんし</rt></ruby> | pauta *m.*<br>パウタ | music paper<br>ミューズィク ペイパ |
| <ruby>固体<rt>こたい</rt></ruby> | sólido *m.*<br>ソリド | solid<br>サリド |
| <ruby>古代<rt>こだい</rt></ruby> | antiguidade *f.*<br>アンチギダーチ | antiquity<br>アンティクウィティ |
| <ruby>答え<rt>こた</rt></ruby> | resposta *f.*<br>ヘスポスタ | answer, reply<br>アンサ, リプライ |
| （解答） | solução *f.*<br>ソルサオン | solution<br>ソルーション |
| <ruby>答える<rt>こた</rt></ruby> | responder<br>ヘスポンデール | answer, reply<br>アンサ, リプライ |
| （解答する） | responder, solucionar, resolver<br>ヘスポンデール, ソルスィオナール, ヘゾウヴェール | |
| <ruby>応える<rt>こた</rt></ruby> | corresponder<br>コヘスポンデール | respond, meet<br>リスパンド, ミート |
| <ruby>木霊<rt>こだま</rt></ruby> | eco *m.*<br>エッコ | echo<br>エコウ |
| こだわる | agarrar-se, aferrar-se<br>アガハールスィ, アフェハールスィ | be particular *about*<br>ビ パティキュラ |
| <ruby>御馳走<rt>ごちそう</rt></ruby> | iguaria *f.*<br>イグァリーア | feast<br>フィースト |
| <ruby>誇張<rt>こちょう</rt></ruby> | exagero *m.*<br>エザジェーロ | exaggeration<br>イグザチャレイション |

| 日 | 葡 | 英 |
|---|---|---|
| 〜する | exagerar<br>エザジェラール | exaggerate<br>イグザチャレイト |
| こつ | jeito *m.*, segredo *m.*<br>ジェイト, セグレード | knack<br>ナク |
| 国家 | Estado *m.*<br>エスタード | state<br>ステイト |
| 〜元首 | soberano *m.*<br>ソベラーノ | sovereign<br>サヴレン |
| 国歌 | hino nacional *m.*<br>イーノ ナスィオナウ | national anthem<br>ナショナル アンセム |
| 国会 | Parlamento *m.*, Congresso *m.*<br>パルラメント, コングレッソ | the Diet<br>ザ ダイエト |
| 小遣い | mesada *f.*<br>メザーダ | pocket money<br>パケト マニ |
| 骨格 | esqueleto *m.*,<br>constituição corporal *f.*<br>エスケレト, コンスチトゥィサォン コルポラウ | skeleton, framework<br>スケルトン, フレイムワーク |
| 国旗 | bandeira nacional *f.*<br>バンデイラ ナスィオナウ | national flag<br>ナショナル フラグ |
| 国境 | fronteira *f.*<br>フロンテイラ | frontier<br>フランティア |
| コック | | |
| （男の） | cozinheiro *m.*<br>コズィニェイロ | cook<br>クク |
| （女の） | cozinheira *f.*<br>コズィニェイラ | cook<br>クク |
| 滑稽な | ridículo<br>ヒヂクロ | funny, humorous<br>ファニ, ヒューマラス |
| 国庫 | tesouro público *m.*<br>テゾウロ ププリコ | the Treasury<br>ザ トレジャリ |
| 国交 | relações diplomáticas *f.pl.*<br>ヘラソィンズ ヂプロマチカス | diplomatic relations<br>ディプロマティク リレイションズ |
| ごつごつした<br>（骨ばった） | ossudo<br>オスード | bony<br>ボウニ |
| 骨髄 | medula *f.*<br>メドゥーラ | marrow<br>マロウ |
| 骨折 | fratura *f.*<br>フラトゥーラ | fracture<br>フラクチャ |

| 日 | 葡 | 英 |
|---|---|---|
| 〜する | fraturar<br>フラトゥラール | break<br>ブレイク |
| こっそり | secretamente, às escondidas<br>セクレタメンチ, アズ エスコンヂーダス | quietly, in secret<br>クワイエトリ, イン スィークレト |
| 小包 | pacote *m.*, encomenda *f.*<br>パコッチ, エンコメンダ | package, parcel<br>パキヂ, パースル |
| 骨董品 | antiguidade *f.*<br>アンチギダーヂ | curio, antique<br>キュアリオウ, アンティーク |
| コップ | copo *m.*<br>コッポ | glass<br>グラス |
| 鏝 (左官用) | trolha *f.*<br>トローリャ | trowel<br>トラウエル |
| 固定する | fixar<br>フィクサール | fix<br>フィクス |
| 古典 | clássico *m.*<br>クラスィコ | classic<br>クラスィク |
| 〜的な | clássico<br>クラスィコ | classic<br>クラスィク |
| 事 | coisa *f.*, assunto *m.*<br>コイザ, アスント | matter, thing, affair<br>マタ, スィング, アフェア |
| 孤独 | solidão *f.*<br>ソリダォン | solitude<br>サリテュード |
| 〜な | solitário<br>ソリターリオ | solitary<br>サリテリ |
| 今年 | este ano *m.*<br>エスチ アーノ | this year<br>ズィス イア |
| 言付け | recado *m.*, mensagem *m.*<br>ヘカード, メンサージェイン | message<br>メスィヂ |
| 異なる | ser diferente, diferir, divergir<br>セール ヂフェレンチ, ヂフェリール, ヂヴェルジール | differ *from*<br>ディファ |
| 言葉 (語) | palavra *f.*<br>パラーヴラ | word<br>ワード |
| (言語) | linguagem *f.*<br>リングワージェイン | language<br>ラングウィヂ |
| 子供 | criança *f.*<br>クリアンサ | child<br>チャイルド |

| 日 | 葡 | 英 |
|---|---|---|
| ことり<br>小鳥 | passarinho *m.*<br>パサリーニョ | small bird<br>スモール バード |
| ことわざ<br>諺 | provérbio *m.*<br>プロヴェルビオ | proverb<br>プラヴァブ |
| ことわ<br>断わる | recusar<br>ヘクザール | refuse<br>リフューズ |
| （辞退する） | declinar<br>デクリナール | decline<br>ディクライン |
| こな<br>粉 | pó *m.*<br>ポー | powder<br>パウダ |
| （穀類の） | farinha *f.*<br>ファリーニャ | flour<br>フラウア |
| こなごな<br>粉々に | aos pedaços<br>アオス ペダッソス | to pieces<br>トゥ ピースィズ |
| コネ | conexão *f.*<br>コネキサォン | connections<br>カネクションズ |
| こねこ<br>小猫 | gatinha *f.*<br>ガチーニャ | kitty<br>キティ |
| こ<br>捏ねる | amassar, sovar<br>アマサール, ソヴァール | knead<br>ニード |
| この | este<br>エスチ | this, these<br>ズィス, ズィーズ |
| あいだ<br>この間 | última vez, outro dia<br>ウウチマ ヴェイス, オゥトロ チーア | the other day<br>ジ アザ デイ |
| ごろ<br>この頃 | ultimamente, nos últimos dias<br>ウウチマメンチ, ノズ ウウチモス チーアス | now, these days<br>ナウ, ズィーズ デイズ |
| まえ<br>この前 | a última vez<br>ア ウウチマ ヴェイス | the last time<br>ザ ラスト タイム |
| この<br>好ましい | desejável, favorável<br>デゼジャーヴェウ, ファヴォラーヴェウ | desirable<br>ディザイアラブル |
| （感じのいい） | agradável, simpático<br>アグラダーヴェウ, スィンパチコ | agreeable<br>アグリーアブル |
| この<br>好み | gosto *m.*, preferência *f.*<br>ゴスト, プレフェレンスィア | taste<br>テイスト |
| この<br>好む | gostar, preferir<br>ゴスタール, プレフェリール | like, be fond of<br>ライク, ビ フォンド |
| よ<br>この世 | este mundo *m.*<br>エスチ ムンド | this world<br>ズィス ワールド |

| 日 | 葡 | 英 |
|---|---|---|
| 琥珀（こはく） | âmbar *m.*<br>アンバル | amber<br>アンバ |
| 拒む（こばむ） | recusar, rejeitar<br>ヘクザール, ヘジェィタール | refuse<br>リフューズ |
| コバルト | cobalto *m.*<br>コバウト | cobalt<br>コウボールト |
| 小春日和（こはるびより） | verão de São Martinho *m.*<br>ヴェラォン ヂ サォン マルチーニョ | Indian summer<br>インディアン サマ |
| 湖畔（こはん） | beira do lago *f.*<br>ベィラ ド ラーゴ | lakeside<br>レイクサイド |
| ご飯（ごはん） | arroz cozido *m.*<br>アホィス コズィード | rice<br>ライス |
| （食事） | refeição *f.*<br>ヘフェイサォン | meal<br>ミール |
| コピー | cópia *f.*, xerox *m.*<br>コーピア, シェロックス | photocopy, copy<br>フォウトカピ, カピ |
| 子羊（こひつじ） | cordeiro *m.*<br>コルデイロ | lamb<br>ラム |
| 瘤（こぶ） | galo *m.*<br>ガーロ | lump, bump<br>ランプ, バンプ |
| （木の） | excrescência *f.*<br>エスクレセンスィア | knot<br>ナト |
| 拳（こぶし） | punho *m.*<br>プーニョ | fist<br>フィスト |
| 子分（こぶん） | subordinado *m.*<br>スボルヂナード | follower<br>ファロウア |
| 牛蒡（ごぼう） | bardana *f.*<br>バルダーナ | burdock<br>バーダク |
| 零す（こぼす） | derramar<br>デハマール | spill<br>スピル |
| 零れる（こぼれる） | derramar-se<br>デハマールスィ | fall, drop, spill<br>フォール, ドラブ, スピル |
| （溢れる） | transbordar<br>トランズボルダール | overflow<br>オウヴァフロウ |
| 独楽（こま） | pião *m.*<br>ピアォン | top<br>タプ |
| 胡麻（ごま） | gergelim *m.*<br>ジェルジェリン | sesame<br>セサミ |

| 日 | 葡 | 英 |
|---|---|---|
| 〜油 | óleo de gergelim *m.*<br>オーレオ デ ジェルジェリン | sesame oil<br>セサミ オイル |
| コマーシャル | propaganda *f.*, anúncio *m.*<br>プロパガンダ, アヌンスィオ | commercial<br>カマーシャル |
| 細かい | miúdo, fino, minucioso<br>ミウード, フィーノ, ミヌスィオーゾ | small, fine<br>スモール, ファイン |
| （物事に対して） | minucioso, meticuloso<br>ミヌスィオーゾ, メチクローゾ | minute, meticulous<br>マイニュート, メティキュラス |
| （作業が） | trabalhado, minucioso<br>トラバリャード, ミヌスィオーゾ | minute<br>マイニュート |
| （詳細） | detalhado, pormenorizado<br>デタリャード, ポルメノリザード | detailed<br>ディテイルド |
| 誤魔化す | disfarçar, dissimular<br>ヂスファルサール, ヂスィムラール | cheat, swindle<br>チート, スウィンドル |
| 鼓膜 | tímpano *m.*<br>チンパノ | eardrum<br>イアドラム |
| 困らせる | embaraçar, desconcertar<br>エンバラサール, ヂスコンセルタール | embarrass, annoy<br>インバラス, アノイ |
| 困る | passar por dificuldades<br>パサール ポル ヂフィクウダーヂス | have trouble<br>ハヴ トラブル |
| （当惑） | ficar perplexo<br>フィカール ペルプレクソ | be annoyed<br>ビ アノイド |
| （金に） | passar por dificuldade financeira<br>パサール ポル ヂフィクウダーヂ フィナンセイラ | be hard up *for*<br>ビ ハード アプ |
| ごみ | lixo *m.*<br>リッショ | dust, refuse<br>ダスト, レフュース |
| 〜箱 | lata de lixo *f.*<br>ラッタ デ リーショ | dustbin<br>ダストビン |
| 小道 | viela *f.*, travessa *f.*, beco *m.*<br>ヴィエーラ, トラヴェッサ, ベッコ | path<br>パス |
| コミュニケーション | comunicação *f.*<br>コムニカサォン | communication<br>カミューニケイション |
| 込[混]む | estar cheio, ficar lotado<br>エスタール シェイオ, フィカール ロタード | be jammed<br>ビ ヂャムド |
| （道が） | congestionar-se<br>コンジェスチオナール スィ | be congested<br>ビ コンヂェステド |
| ゴム | borracha *f.*<br>ボハッシャ | rubber<br>ラバ |

| 日 | 葡 | 英 |
|---|---|---|
| 小麦（こむぎ） | trigo *m.* <br> トリーゴ | wheat <br> ホウィート |
| ～粉 | farinha de trigo *f.* <br> ファリーニャ ヂ トリーゴ | flour <br> フラウア |
| 米（こめ） | arroz *m.* <br> アホイス | rice <br> ライス |
| こめかみ | têmporas *f.pl.* <br> テンポラス | the temple <br> ザ テンプル |
| コメディ | comédia *f.* <br> コメーヂア | comedy <br> カミディ |
| コメディアン | comediante *m.f.* <br> コメヂアンチ | comedian <br> カミーディアン |
| 込める（こめる）（入れる） | introduzir, meter <br> イントロドゥズィール, メテール | charge <br> チャーヂ |
| コメント | comentário *m.* <br> コメンターリオ | comment <br> カメント |
| ごめんなさい | Desculpe-me. <br> デスクウピミ | I'm sorry. <br> アイム サリ |
| 小文字（こもじ） | (letra) minúscula *f.* <br> (レトラ) ミヌスクラ | small letter <br> スモール レタ |
| 子守（こもり） | *baby-sitter m.f.* <br> ベイビスィテル | baby-sitter <br> ベイビスィタ |
| 顧問（こもん） | consultor *m.*, conselheiro *m.* <br> コンスウトール, コンセリェイロ | adviser, counselor <br> アドヴァイザ, カウンセラ |
| 小屋（こや） | rancho *f.*, cabana *m.* <br> ハンショ, カバーナ | hut, shed <br> ハト, シード |
| 誤訳（ごやく） | tradução errada *f.* <br> トラドゥサォン エハーダ | mistranslation <br> ミストランスレイション |
| 固有（こゆう） | | |
| ～の | peculiar, próprio de <br> ペクリアール, プロプリオ ヂ | peculiar *to* <br> ピキューリア |
| ～名詞 | nome próprio *m.* <br> ノーミ プロプリオ | proper noun <br> プラパ ナウン |
| 小指（こゆび） | dedo mínimo *m.* <br> デード ミニモ | little finger, little toe <br> リトル フィンガ, リトル トゥ |
| 雇用（こよう） | emprego *m.* <br> エンプレーゴ | employment <br> インプロイメント |

| 日 | 葡 | 英 |
|---|---|---|
| 〜する | empregar, contratar<br>エンプレガール, コントラタール | employ<br>インプロイ |
| 暦（こよみ） | calendário *m.*<br>カレンダーリオ | calendar, almanac<br>キャリンダ, オールマナク |
| 堪える（こらえる） | agüentar<br>アグェンタール | bear, endure<br>ベア, インデュア |
| （抑制） | conter<br>コンテール | control, suppress<br>カントロウル, サプレス |
| 娯楽（ごらく） | diversão *f.*<br>ヂヴェルサォン | amusement<br>アミューズメント |
| コラム | coluna *f.*<br>コルーナ | column<br>カラム |
| 孤立（こりつ） | isolamento *m.*<br>イゾラメント | isolation<br>アイソレイション |
| 〜する | isolar-se<br>イゾラールスィ | be isolated<br>ビ アイソレイテド |
| ゴリラ | gorila *m.*<br>ゴリーラ | gorilla<br>ゴリラ |
| 懲りる（こりる） | ficar farto<br>フィカール ファルト | have had enough *of*<br>ハヴ ハド イナフ |
| 凝る（こる） | apaixonar-se por, ficar louco por<br>アパイショナールスィポル, フィカール ロウコ ポル | be absorbed *in*<br>ビ アブソーブド |
| （肩などが） | ficar tensionado<br>フィカール テンスィオナード | grow stiff<br>グロウ スティフ |
| コルク | cortiça *f.*<br>コルチッサ | cork<br>コーク |
| ゴルフ | golfe *m.*<br>ゴウフィ | golf<br>ガルフ |
| 〜場 | campo de golfe *m.*<br>カンポ ヂ ゴウフィ | golf links<br>ガルフ リンクス |
| これ | isto, este<br>イスト, エスチ | this<br>ズィス |
| これから | de agora em diante<br>ヂ アゴーラ エィン ヂアンチ | hereafter<br>ヒアラフタ |
| コレクション | coleção *f.*<br>コレサォン | collection<br>カレクション |
| コレクトコール | chamada a cobrar *f.*<br>シャマーダ ア コブラール | collect call<br>カレクト コール |

| 日 | 葡 | 英 |
|---|---|---|
| コレステロール | colesterol m. <br> コレステロウ | cholesterol <br> コレスタロウル |
| コレラ | cólera f. <br> コレラ | cholera <br> カレラ |
| 転がる | rolar, rodar <br> ホラール, ホダール | roll <br> ロウル |
| (倒れる) | tombar <br> トンバール | fall <br> フォール |
| 殺す | matar, assassinar <br> マタール, アサスィナール | kill, murder <br> キル, マーダ |
| コロッケ | croquete m. <br> クロケッチ | croquette <br> クロウケト |
| 転ぶ | cair por terra, tombar <br> カイール ポル テッハ, トンバール | tumble down <br> タンブル ダウン |
| 衣 | vestuário m. <br> ヴェストゥアーリオ | clothes <br> クロウズ |
| (フライの) | casca do empanado f. <br> カスカ ド エンパナード | coating <br> コウティング |
| コロン | dois pontos m. <br> ドィス ポントス | colon <br> コウロン |
| 恐[怖]い | pavoroso, temível <br> パヴォローゾ, テミーヴェウ | terrible, fearful <br> テリブル, フィアフル |
| 恐[怖]がる | ter medo de <br> テール メード ヂ | fear, be afraid <br> フィア, ビ アフレイド |
| 壊す | quebrar, destruir <br> ケブラール, ヂストルイール | break, destroy <br> ブレイク, ディストロイ |
| 壊れる | quebrar-se, destruir-se <br> ケブラールスィ, ヂストルイールスィ | break, be broken <br> ブレイク, ビ ブロウクン |
| 紺 | azul-marinho m. <br> アズウ マリーニョ | dark blue <br> ダーク ブルー |
| 根気 | perseverança f., paciência f. <br> ペルセヴェランサ, パスィエンスィア | perseverance, patience <br> パースィヴィアランス, ペイシェンス |
| 根拠 | fundamento m., base f. <br> フンダメント, バーズィ | ground <br> グラウンド |
| コンクール | concurso m. <br> コンクルソ | contest <br> カンテスト |
| コンクリート | concreto m. <br> コンクレット | concrete <br> カンクリート |

| 日 | 葡 | 英 |
|---|---|---|
| 今月 (こんげつ) | este mês *m.* <br> エスチ メィス | this month <br> ズィス マンス |
| 混血児 (こんけつじ) | | |
| （男の） | mestiço *m.* <br> メスチッソ | child of mixed parentage <br> チャイルド オヴ ミクスト ペアランティヂ |
| （女の） | mestiça *f.* <br> メスチッサ | child of mixed parentage <br> チャイルド オヴ ミクスト ペアランティヂ |
| 今後 (こんご) | daqui em diante <br> ダキー エィン ヂアンチ | from now on <br> フラム ナウ オン |
| 混合 (こんごう) | mistura *f.*, mescla *f.* <br> ミストゥーラ, メスクラ | mixture <br> ミクスチャ |
| ～する | misturar <br> ミストゥラール | mix, blend <br> ミクス, ブレンド |
| コンサート | concerto *m.* <br> コンセルト | concert <br> カンサト |
| 混雑する (こんざつ) | ficar cheio, ficar lotado <br> フィカール シェィオ, フィカール ロタード | be crowded <br> ビ クラウデド |
| （道路の） | congestionar-se <br> コンジェスチオナール スィ | be congested *with* <br> ビ コンチェステド |
| コンサルタント | | |
| （男の） | consultor *m.* <br> コンスウトール | consultant <br> カンサルタント |
| （女の） | consultora *f.* <br> コンスウトーラ | consultant <br> カンサルタント |
| 今週 (こんしゅう) | esta semana *f.* <br> エスタ セマーナ | this week <br> ズィス ウィーク |
| 根性 (こんじょう) | | |
| （気力） | força de vontade *f.* <br> フォルサ ヂ ヴォンターヂ | spirit, grit <br> スピリト, グリト |
| 根絶する (こんぜつ) | exterminar, erradicar <br> エステルミナール, エハヂカール | eradicate <br> イラディケイト |
| コンセプト | conceito *m.* <br> コンセィト | concept <br> カンセプト |
| コンセンサス | consenso *m.* <br> コンセンソ | consensus <br> コンセンサス |
| 混線する (こんせん) | dar linha cruzada <br> ダール リーニャ クルザード | get crossed <br> ゲト クロースト |
| コンセント | tomada *f.* <br> トマーダ | outlet <br> アウトレト |

| 日 | 葡 | 英 |
|---|---|---|
| コンソメ | consomê m.<br>コンソメ | consommé<br>カンソメイ |
| コンタクトレンズ | lente de contato f.<br>レンチ ヂ コンタット | contact lenses<br>カンタクト レンズィズ |
| 献立 | cardápio m.<br>カルダッピオ | menu<br>メニュー |
| 懇談会 | mesa-redonda f.<br>メーザヘドンダ | round-table conference<br>ラウンドテーブル カンファレンス |
| 昆虫 | inseto m.<br>インセット | insect<br>インセクト |
| コンディション | condição f.<br>コンヂサォン | condition<br>カンディション |
| コンテスト | concurso m.<br>コンクルソ | contest<br>カンテスト |
| コンテナ | contêiner m.<br>コンテイネール | container<br>カンテイナ |
| コンデンサー | condensador m.<br>コンデンサドール | condenser<br>カンデンサ |
| 今度 | a próxima vez, desta vez<br>ア プロッスィマ ヴェイス, デスタ ヴェイス | this time<br>ズィス タイム |
| 混同する | confundir<br>コンフンヂール | confuse<br>コンフューズ |
| コンドーム | preservativo m., camisinha f.<br>プレゼルヴァチーヴォ, カミズィーニャ | condom<br>カンドム |
| コンドミニアム | condomínio m.<br>コンドミーニオ | condominium<br>カンドミニアム |
| ゴンドラ | gôndola f.<br>ゴンドラ | godola<br>ガンドラ |
| コントラスト | contraste m.<br>コントラスチ | contrast<br>カントラスト |
| コントロール | controle m.<br>コントローリ | control<br>カントロウル |
| ～する | controlar<br>コントロラール | control<br>カントロウル |
| 混沌 | caos m.<br>カオス | chaos<br>ケイアス |
| こんな | tal<br>タウ | such<br>サチ |

| 日 | 葡 | 英 |
|---|---|---|
| <ruby>困難<rt>こんなん</rt></ruby> | dificuldade *f.*<br>チフィクウダーヂ | difficulty<br>ディフィカルティ |
| 〜な | difícil<br>チフィッスィウ | difficult, hard<br>ディフィカルト，ハード |
| <ruby>今日<rt>こんにち</rt></ruby> | hoje<br>オージ | today<br>トデイ |
| こんにちは | Boa tarde!<br>ボーア タルヂ | Hello.<br>ヘロウ |
| コンパクト | estojo *m.*<br>エストージョ | (powder) compact<br>(パウダ) カンパクト |

## ■コンピュータ■   computador *m.* /コンプタドール/

コンピュータ   computador /コンプタドール/ *m.* (英computer)

パソコン   PC /ペーセー/ *m.*, computador pessoal /コンプタドール ペソアウ/ *m.* (英personal computer)

ノートパソコン   *laptop* /ラッピトッピ/ *m.*, *notebook* /ノーチブッキ/ *m.* (英laptop)

モニター   monitor /モニトール/ *m.* (英monitor)

キーボード   teclado /テクラード/ *m.* (英keyboard)

キー   tecla /テクラ/ *f.* (英key)

マウス   *mouse* /マウス/ *m.* (英mouse)

モデム   modem /モゥデミ/ *m.* (英modem)

プリンター   impressora /インプレソーラ/ *f.* (英printer)

<ruby>周辺機器<rt>しゅうへんきき</rt></ruby>   periférico /ペリフェリコ/ *m.* (英peripheral)

ハードディスク   disco rígido /ヂスコ ヒジド/ *m.* (英hard disk)

ディスクドライブ   unidade de disco /ウニダーヂ ヂ ヂスコ/ *f.*, *drive* /ドライヴィ/ *m.* (英drive)

フロッピーディスク   disquete /ヂスケッチ/ *m.* (英floppy disk)

CD-ROM /シーでぃーろむ/   *CD-ROM* /セーデーフン/ *m.* (英CD-ROM)

ハードウェア   maquinaria /マキナリーア/ *f.*, *hardware* /ハルヂウェアル/ *m.* (英hardware)

ソフトウェア   programa /プログラーマ/ *m.*, *software* /ソフチウェアル/ *m.* (英software)

オペレーティングシステム   sistema operacional /スィステーマ オペラスィオナウ/ *m.* (英operating system, 《略》os)

| 日 | 葡 | 英 |
|---|---|---|
| 〜な | compacto, de maquiagem<br>コンパキト, デ マキアージェイン | compact<br>コンパクト |
| コンパス | compasso *m.*<br>コンパッソ | compasses<br>カンパスィズ |
| 今晩 | esta noite *f.*, hoje à noite<br>エスタ ノイチ, オージア ノイチ | this evening<br>ズィス イーヴニング |
| こんばんは | Boa noite!<br>ボーア ノイチ | Good evening.<br>グド イーヴニング |
| コンビ | duo *m.*, par *m.*<br>ドゥオ, パール | combination<br>カンビネイション |

プログラム　programa /プログラーマ/ *m.* (㊤program)

メモリ　memória /メモーリア/ *f.* (㊤memory)

インストール　instalação /インスタラサォン/ *f.* (㊤installation)

初期化　inicialização /イニスィアリザサォン/ *f.* (㊤initialization)

再起動する　reiniciar /ヘイニスィアール/ (㊤reboot)

文書　documento /ドクメント/ *m.* (㊤document)

ファイル　arquivo /アルキーヴォ/ *m.* (㊤file)

フォルダ　pasta /パスタ/ *f.* (㊤folder)

アイコン　ícone /イコニ/ *m.* (㊤icon)

ウインドウ　janela /ジャネーラ/ *f.* (㊤window)

カーソル　cursor /クルソール/ *m.* (㊤cursor)

クリックする　clicar /クリカール/ (㊤click)

ダブルクリックする　clicar duas vezes /クリカール ドゥアズ ヴェーズィス/ (㊤double-click)

保存する　salvar /サウヴァール/ (㊤save)

削除する　apagar /アパガール/, deletar /デレタール/ (㊤delete)

コピーする　copiar /コピアール/ (㊤copy)

ペーストする　colar /コラール/ (㊤paste)

データ　dado /ダード/ *m.* (㊤data)

データベース　banco de dados /バンコ デ ダードス/ *m.* (㊤database)

ネットワーク　rede /ヘッヂ/ *f.* (㊤network)

バグ　erro /エッホ/ *m.* (㊤bug)

| 日 | 葡 | 英 |
|---|---|---|
| コンビーフ | carne de boi enlatada *f.*<br>カルニ デ ボィ エンラターダ | corned beef<br>コーンド ビーフ |
| コンビナート | complexo industrial *m.*<br>コンプレキソ インドゥストリアウ | industrial complex<br>インダストリアル カンプレクス |
| コンビニ | loja de conveniência *f.*<br>ロージャ デ コンヴェニエンスィア | convenience store<br>カンヴィーニエンス ストー |
| コンビネーション | combinação *f.*<br>コンビナサォン | combination<br>カンビネイション |
| コンピュータ | computador *m.*<br>コンプタドール | computer<br>カンピュータ |
| 昆布 | laminária *f.*<br>ラミナーリア | kelp, tangle<br>ケルプ, タングル |
| コンプレックス | complexo *m.*<br>コンプレキソ | complex<br>カンプレクス |
| 梱包 | embalagem *f.*<br>エンバラージェィン | packing<br>パキング |
| ～する | embalar<br>エンバラール | pack up<br>パク アプ |
| 根本 | fundamento *m.*, base *f.*<br>フンダメント, バーズィ | the foundation<br>ザ ファウンデイション |
| コンマ | vírgula *f.*<br>ヴィルグラ | comma<br>カマ |
| 今夜 | esta noite *f.*, hoje à noite<br>エスタ ノィチ, オージ ア ノィチ | tonight<br>トナイト |
| 婚約 | noivado *m.*<br>ノィヴァード | engagement<br>インゲイヂメント |
| ～者（男の） | noivo *m.*<br>ノィヴォ | fiancé<br>フィアンセ |
| （女の） | noiva *f.*<br>ノィヴァ | fiancée<br>フィアンセイ |
| ～する | ficar noivos<br>フィカール ノィヴォス | be engaged *to*<br>ビ インゲイヂド |
| 混乱 | confusão *f.*, desordem *f.*<br>コンフザォン, デゾルデイン | confusion<br>カンフュージョン |
| ～する | ficar confuso<br>フィカール コンフーゾ | be confused<br>ビ カンフューズド |
| 困惑 | perplexidade *f.*, embaraço *m.*<br>ペルプレキスィダーヂ, エンバラッソ | embarrassment<br>インバラスメント |

| 日 | 葡 | 英 |
|---|---|---|

## さ, サ

|  |  |  |
|---|---|---|
| 差 (さ) | diferença *f.*, disparidade *f.*<br>ヂフェレンサ, ヂスパリダーヂ | difference<br>ディファレンス |
| サーカス | circo *m.*<br>スィルコ | circus<br>サーカス |
| サーキット | autódromo *m.*<br>アウトドロモ | circuit<br>サーキト |
| サークル | círculo *m.*<br>スィルクロ | circle<br>サークル |
| サーチライト | holofote *m.*<br>オロフォッチ | searchlight<br>サーチライト |
| サーバー | servidor *m.*<br>セルヴィドール | server<br>サーヴァ |
| サービス | serviço *m.*<br>セルヴィッソ | service<br>サーヴィス |
| ～料 | taxa de serviço *f.*<br>タッシャ ヂ セルヴィッソ | service charge<br>サーヴィス チャーヂ |
| サーブ | saque *m.*, serviço *m.*<br>サッキ, セルヴィッソ | serve, service<br>サーヴ, サーヴィス |
| サーファー | surfista *m.f.*<br>スルフィスタ | surfer<br>サーファ |
| サーフィン | surfe *m.*<br>スルフィ | surfing<br>サーフィング |
| サーフボード | prancha de surfe *f.*<br>プランシャ ヂ スルフィ | surfboard<br>サーフボード |
| サーモン | salmão *m.*<br>サゥマォン | salmon<br>サモン |
| 犀 (さい) | rinoceronte *m.*<br>ヒノセロンチ | rhinoceros<br>ライナセロス |
| 最愛の (さいあいの) | o mais querido<br>ウ マイス ケリード | beloved<br>ビラヴェド |
| 最悪の (さいあくの) | péssimo<br>ペスィモ | the worst<br>ザ ワースト |
| 災害 (さいがい) | calamidade *f.*, desastre *m.*<br>カラミダーヂ, デザストリ | calamity, disaster<br>カラミティ, ディザスタ |
| 財界 (ざいかい) | mundo financeiro *m.*<br>ムンド フィナンセイロ | the financial world<br>ザ フィナンシャル ワールド |

| 日 | 葡 | 英 |
|---|---|---|
| さいかい<br>再開する | reabrir<br>ヘアブリール | reopen<br>リーオウプン |
| さいかく<br>才覚 | engenho m., sagacidade f.<br>エンジェーニョ, サガスィダーヂ | resources<br>リーソースィズ |
| （工夫） | criatividade f.<br>クリアチヴィダーヂ | contrivance<br>コントライヴァンス |
| さいき<br>才気 | talento m., inteligência brilhante f.<br>タレント, インテリジェンスィア ブリリャンチ | talent<br>タレント |
| さいきどう<br>再起動する | reiniciar<br>ヘイニスィアール | reboot, restart<br>リブート, リスタート |
| さいきん<br>最近 | recentemente<br>ヘセンチメンチ | recently<br>リースントリ |
| さいきん<br>細菌 | bactéria f.<br>バキテーリア | bacteria, germ<br>バクティアリア, チャーム |
| さいく<br>細工 | trabalho m.<br>トラバーリョ | work<br>ワーク |
| （策謀） | artifício m., manipulação f.<br>アルチフィッスィオ, マニプラサォン | artifice<br>アーティフィス |
| さいくつ<br>採掘する | minerar<br>ミネラール | mine<br>マイン |
| サイクリング | ciclismo m.<br>スィクリズモ | cycling<br>サイクリング |
| サイクル | ciclo m.<br>スィックロ | cycle<br>サイクル |
| さいけつ<br>採血 | extração de sangue f.<br>エストラサォン ヂ サンギ | drawing blood<br>ドローイング ブラド |
| さいけつ<br>採決 | votação f.<br>ヴォタサォン | vote<br>ヴォウト |
| さいけん<br>債券 | título (de crédito) m.<br>チトゥロ (ヂ クレヂト) | debenture, bond<br>ディベンチャ, バンド |
| ざいげん<br>財源 | fundos m.pl.,<br>recursos financeiros m.pl.<br>フンドス, ヘクルソス フィナンセィロス | funds<br>ファンズ |
| さいけんとう<br>再検討する | reexaminar<br>ヘエザミナール | reexamine<br>リーイグザミン |
| さいご<br>最期 | morte f.<br>モルチ | death, last moment<br>デス, ラスト モウメント |
| さいご<br>最後 | fim m., final m.<br>フィン, フィナウ | the last, the end<br>ザ ラスト, ジ エンド |

| 日 | 葡 | 英 |
|---|---|---|
| ～の | último<br>ウチモ | last, final<br>ラスト，ファイナル |
| さいこ<br>在庫 | estoque *m.*<br>エストッキ | stocks<br>スタクス |
| さいこう<br>最高 | | |
| ～の | máximo, supremo<br>マスィモ，スプレーモ | maximum, supreme<br>マクスィマム，サプリーム |
| ～裁判所 | Supremo Tribunal *m.*<br>スプレーモ トリブナウ | the Supreme Court<br>ザ シュプリーム コート |
| さいころ | dado *m.*<br>ダード | die<br>ダイ |
| さいこん<br>再婚 | segundo casamento *m.*<br>セグンド カザメント | second marriage<br>セコンド マリヂ |
| さいさん<br>採算 | lucratividade *f.*<br>ルクラチヴィダーヂ | profit, gain<br>プラフィト，ゲイン |
| ざいさん<br>財産 | fortuna *f.*, bens *m.pl.*<br>フォルトゥーナ，ベィンス | estate, fortune<br>イステイト，フォーチュン |
| さいじつ<br>祭日 | feriado nacional *m.*<br>フェリアード ナスィオナウ | festival day<br>フェスティヴァル デイ |
| ざいしつ<br>材質 | qualidade do material *f.*<br>クァリダーヂ ド マテリアウ | the quality of the material<br>ザ クワリティ オヴ ザ マティアリアル |
| さいしゅう<br>採集 | coleção *f.*<br>コレサォン | collection<br>カレクション |
| ～する | colecionar<br>コレスィオナール | collect, gather<br>カレクト，ギャザ |
| さいしゅう<br>最終 | | |
| ～の | último<br>ウチモ | the last<br>ザ ラスト |
| ～列車 | último trem<br>ウチモ トレィン | the last train<br>ザ ラスト トレイン |
| さいしゅつ<br>歳出 | gastos anuais *m.pl.*<br>ガストス アヌワィス | annual expenditure<br>アニュアル イクスペンディチャ |
| さいしょ<br>最初 | início *m.*, começo *m.*<br>イニスィオ，コメッソ | the beginning<br>ザ ビギニング |
| ～に<br>（初めて） | pela primeira vez<br>ペラ プリメィラ ヴェィス | at first<br>アト　ファースト |
| （まず） | primeiramente<br>プリメィラメンチ | first<br>ファースト |

| 日 | 葡 | 英 |
|---|---|---|
| 〜の | primeiro<br>プリメィロ | first, initial<br>ファースト, イニシャル |
| さいしょうげん<br>最小限 | mínimo m.<br>ミニモ | minimum<br>ミニマム |
| さいしょう<br>最小の | o menor<br>ウ メノール | the least<br>ザ リースト |
| さいじょう<br>最上の | o melhor<br>ウ メリョール | the best<br>ザ ベスト |
| さいしょくしゅぎしゃ<br>菜食主義者 | | |
| （男の） | vegetariano m.<br>ヴェジェタリアーノ | vegetarian<br>ヴェヂテアリアン |
| （女の） | vegetariana f.<br>ヴェジェタリアーナ | vegetarian<br>ヴェヂテアリアン |
| さいしん<br>細心の | escrupuloso, minucioso<br>エスクルプローゾ, ミヌスィオーゾ | careful, prudent<br>ケアフル, プルーデント |
| さいしん<br>最新の | último, novíssimo<br>ウウチモ, ノヴィッスィモ | the latest, up-to-date<br>ザ レイティスト, アプトゥデイト |
| サイズ | tamanho m.<br>タマーニョ | size<br>サイズ |
| （号数） | número m.<br>ヌメロ | size<br>サイズ |
| さいせい<br>再生 | renascimento m.<br>ヘナスィメント | rebirth<br>リーバース |
| （廃品の） | reciclagem f.<br>ヘスィクラージェイン | recycling<br>リーサイクリング |
| 〜する | reciclar<br>ヘスィクラール | recycle<br>リーサイクル |
| （録音物の） | play back m.<br>プレィ バッキ | playback<br>プレイバク |
| ざいせい<br>財政 | finanças f.pl.<br>フィナンサス | finances<br>フィナンスィズ |
| さいせいき<br>最盛期 | a época de prosperidade f.,<br>apogeu m.<br>ア エポカ チ プロスペリダーチ, アポジェウ | the prime<br>ザ プライム |
| さいぜんせん<br>最前線 | a frente f.<br>ア フレンチ | the front<br>ザ フラント |
| さいそく<br>催促する | fazer cobrança, cobrar<br>ファゼール コブランサ, コブラール | pressing, press, urge<br>プレスィング, プレス, アーヂ |

| 日 | 葡 | 英 |
|---|---|---|
| サイダー | soda *f.*<br>ソーダ | soda pop<br>ソウダ パプ |
| さいだいげん<br>最大限 | o limite máximo *m.*<br>ウ リミッチ マスィモ | maximum<br>マクスィマム |
| さいだい<br>最大の | o máximo<br>ウ マスィモ | the maximum<br>ザ マクスィマム |
| さいたく<br>採択 | adoção *f.*<br>アドサオン | adoption, choice<br>アダプション, チョイス |
| さいだん<br>祭壇 | altar *m.*<br>アウタール | altar<br>オールタ |
| ざいだん<br>財団 | fundação *f.*<br>フンダサオン | foundation<br>ファウンデイション |
| さいちゅう<br>最中に | no meio de, durante<br>ノ メイオ ヂ, ドゥランチ | in the midst *of*<br>イン ザ ミドスト |
| さいてい<br>最低の | o mínimo<br>ウ ミニモ | the minimum<br>ザ ミニマム |
| さいてき<br>最適な | o mais adequado<br>ウ マィス アデクワード | the most suitable<br>ザ モウスト スータブル |
| さいてん<br>採点<br>〜する | dar as notas<br>ダール アズ ノッタス | mark, grade<br>マーク, グレイド |
| サイト | *site m.*<br>サィチ | site<br>サイト |
| さいど<br>再度 | de novo<br>ヂ ノーヴォ | again<br>アゲン |
| サイド | lado *m.*<br>ラード | side<br>サイド |
| さいな<br>苛む | atormentar<br>アトルメンタール | torment, torture<br>トーメント, トーチャ |
| さいなん<br>災難 | desgraça *f.*, calamidade *f.*<br>ヂズグラッサ, カラミダーヂ | misfortune, calamity<br>ミスフォーチュン, カラミティ |
| さいにゅう<br>歳入 | receita anual *f.*<br>ヘセイタ アヌワウ | annual revenue<br>アニュアル レヴェニュー |
| さいのう<br>才能 | talento *m.*, dom *m.*<br>タレント, ドン | talent, ability<br>タレント, アビリティ |
| さいばい<br>栽培 | cultivo *m.*<br>クゥチーヴォ | cultivation, culture<br>カルティヴェイション, カルチャ |
| 〜する | cultivar<br>クゥチヴァール | cultivate, grow<br>カルティヴェイト, グロウ |

| 日 | 葡 | 英 |
|---|---|---|
| さいはつ<br>再発する | recair<br>ヘカイール | recur<br>リカー |
| さいばん<br>裁判 | julgamento *m.*, juízo *m.*<br>ジュウガメント, ジュイーゾ | justice, trial<br>チャスティス, トライアル |
| ～官 | | |
| （男の） | juiz *m.*<br>ジュイース | judge<br>チャヂ |
| （女の） | juíza *f.*<br>ジュイーザ | judge<br>チャヂ |
| ～所 | tribunal (de justiça) *m.*<br>トリブナウ (ヂ ジュスチッサ) | court of justice<br>コート オヴ チャスティス |
| さいふ<br>財布 | carteira *f.*<br>カルテイラ | purse, wallet<br>パース, ワレト |
| さいへん<br>再編 | reorganização *f.*<br>ヘオルガニザサォン | reorganization<br>リオーガニゼイシャン |
| さいほう<br>裁縫 | costura *f.*<br>コストゥーラ | needlework<br>ニードルワーク |
| さいぼう<br>細胞 | célula *f.*<br>セルラ | cell<br>セル |
| ざいほう<br>財宝 | tesouro *m.*<br>テゾウロ | treasure<br>トレジャ |
| さいみんじゅつ<br>催眠術 | hipnotismo *m.*<br>イピノチズモ | hypnotism<br>ヒプノティズム |
| さいむ<br>債務 | dívida *f.*<br>チヴィダ | debt<br>デト |
| ざいむ<br>財務 | assuntos financeiros *m.pl.*<br>アスントス フィナンセィロス | financial affairs<br>ファイナンシャル アフェアズ |
| ざいもく<br>材木 | madeira *f.*<br>マデイラ | wood, lumber<br>ウド, ランバ |
| さいよう<br>採用 | | |
| （人員の） | admissão *f.*<br>アヂミサォン | appointment<br>アポイントメント |
| （案の） | adoção *f.*<br>アドサォン | adoption<br>アダプション |
| ～する | | |
| （人を） | contratar<br>コントラタール | employ, engage<br>インプロイ, インゲイヂ |
| （案を） | adotar<br>アドタール | adopt<br>アダプト |

| 日 | 葡 | 英 |
|---|---|---|
| <ruby>在留邦人<rt>ざいりゅうほうじん</rt></ruby> | japoneses residentes *m.pl.*<br>ジャポネーズィス ヘズィデンチス | Japanese residents<br>チャパニーズ レズィデンツ |
| <ruby>裁量<rt>さいりょう</rt></ruby> | apreciação *f.*, arbítrio *m.*<br>アプレスィアサォン, アルビトリロ | judgment<br>チャヂメント |
| <ruby>再利用<rt>さいりよう</rt></ruby> | reciclagem *f.*<br>ヘスィクラージェイン | recycle<br>リーサイクル |
| <ruby>材料<rt>ざいりょう</rt></ruby> | materiais *m.pl.*, matérias *f.pl.*<br>マテリアィス, マテーリアス | materials<br>マティアリアルズ |
| <ruby>最良の<rt>さいりょう</rt></ruby> | o melhor, ótimo<br>ウ メリョール, オチモ | best<br>ベスト |
| <ruby>財力<rt>ざいりょく</rt></ruby> | força financeira *f.*<br>フォルサ フィナンセィラ | financial power<br>ファイナンシャル パウア |
| ザイル | corda *f.*<br>コルダ | rope<br>ロウプ |
| サイレン | sirene *f.*<br>スィレーニ | siren<br>サイアレン |
| <ruby>幸い<rt>さいわ</rt></ruby> | felicidade *f.*<br>フェリスィダーヂ | happiness<br>ハピネス |
| （副詞） | felizmente<br>フェリズメンチ | fortunately<br>フォーチュネトリ |
| ～な | feliz<br>フェリース | happy, fortunate<br>ハピ, フォーチュネト |
| サイン | assinatura *f.*<br>アスィナトゥーラ | signature<br>スィグナチャ |
| （著名人の） | autógrafo *m.*<br>アゥトグラフォ | autograph<br>オートグラフ |
| ～ペン | pincel atômico *m.*<br>ピンセウ アトミコ | felt pen<br>フェルト ペン |
| サウナ | sauna *f.*<br>サウナ | sauna<br>サウナ |
| サウンド | som *m.*<br>ソン | sound<br>サウンド |
| ～トラック | banda sonora *f.*<br>バンダ ソノーラ | sound track<br>サウンド トラク |
| <ruby>遮る<rt>さえぎ</rt></ruby> | interceptar<br>インテルセピタール | interrupt, obstruct<br>インタラプト, オブストラクト |
| （邪魔をする） | impedir, bloquear<br>インペチール, ブロケアール | obstruct, block<br>オブストラクト, ブラク |

| 日 | 葡 | 英 |
|---|---|---|
| さえず<br>囀る | gorjear<br>ゴルジェアール | sing, chirp<br>スィング, チャープ |
| さ<br>冴える | estar vivo<br>エスタール ヴィーヴォ | be bright<br>ビ ブライト |
| （目が） | estar desperto<br>エスタール デスペルト | be wakeful<br>ビ ウェイクフル |
| さお<br>竿 | pau *m.*, vara *f.*<br>パウ, ヴァーラ | pole, rod<br>ポウル, ラド |
| さか<br>坂 | ladeira *f.*, encosta *f.*<br>ラデイラ, エンコスタ | slope, hill<br>スロウプ, ヒル |
| さかい<br>境 | limite *m.*, fronteira *f.*<br>リミッチ, フロンテイラ | boundary, border<br>バウンダリ, ボーダ |
| さか<br>栄える | prosperar<br>プロスペラール | prosper<br>プラスパ |
| さが だ<br>探し出す | descobrir<br>デスコブリール | find<br>ファインド |
| さが<br>捜［探］す | procurar, buscar<br>プロクラール, ブスカール | seek *for*, look *for*, look up<br>スィーク, ルク, ルク アプ |
| さかずき<br>杯 | taça *f.*<br>タッサ | cup, glass<br>カプ, グラス |
| さかだち<br>逆立ちする | plantar bananeira<br>プランタール バナネイラ | do a handstand<br>ドゥー ア ハンドスタンド |
| さかな<br>魚 | peixe *m.*<br>ペイシ | fish<br>フィシュ |
| ～釣り | pesca *f.*<br>ペスカ | fishing<br>フィシング |
| さかな<br>逆撫でする | eriçar os pêlos, arrepiar<br>エリサール ウス ペーロス, アヘピアール | rub against the grain<br>ラブ アゲンスト ザ グレイン |
| （神経を） | tratar a contrapelo<br>トラタール ア コントラペーロ | |
| さかのぼ<br>遡る | subir (o rio)<br>スビール ウ ヒオ | go up<br>ゴウ アプ |
| （時間を） | remontar a<br>ヘモンタール ア | go back<br>ゴウ バク |
| さかば<br>酒場 | bar *m.*, taberna *f.*<br>バール, タベルナ | bar, tavern<br>バー, タヴァン |
| さかみち<br>坂道 | ladeira *f.*<br>ラデイラ | slope<br>スロウプ |

## ■魚■  peixe  *m.* /ペィシ/

| 魚 | peixe /ペィシ/ *m.* (㋶fish) |
|---|---|

鰯   sardinha /サルヂーニャ/ *f.* (㋶sardine)
片口いわし   enchova /エンショーヴァ/ *f.* (㋶anchovy)
にしん   arenque /アレンキ/ *m.* (㋶herring)
鰹   bonito /ボニット/ *m.* (㋶bonito)
鮪   atum /アトゥン/ *m.* (㋶tuna)
かじきまぐろ   peixe-espada /ペィシ エスパーダ/ *m.* (㋶swordfish)
ぼら   tainha /タィーニャ/ *f.* (㋶mullet)
鯖   cavala /カヴァーラ/ *f.* (㋶mackerel)
鱈   bacalhau /バカリャゥ/ *m.* (㋶cod)
かれい   linguado /リングワード/ *m.* (㋶sole)
鮭   salmão /サゥマォン/ *m.* (㋶salmon)
ます   truta /トルッタ/ *f.* (㋶trout)
鰻   enguia /エンギーア/ *f.* (㋶eel)
ピラルク   pirarucu /ピラルクー/ *m.* (㋶pirarucu)
ピラニア   piranha /ピラーニャ/ *f.* (㋶piranha)
貝類   molusco /モルスコ/ *m.* (㋶mollusk)
牡蛎   ostra /オストラ/ *f.* (㋶oyster)
浅蜊   amêijoa /アメィジョア/ *f.* (㋶clam)
鮑   abalone /アバローニ/ *m.* (㋶abalone)
帆立貝   concha de romeiro /コンシャ ヂ ホメィロ/ *f.*, leque /レッキ/ *m.* (㋶scallop)
ムール貝   marisco /マリスコ/ *m.*, mexilhão /メシリャォン/ *m.* (㋶mussel)
蛸   polvo /ポウヴォ/ *m.* (㋶octopus)
烏賊   lula /ルーラ/ *f.* (㋶cuttlefish, squid)
海老   camarão /カマラォン/ *m.* (㋶shrimp, prawn, lobster)
伊勢海老   lagosta /ラゴスタ/ *f.* (㋶lobster)
蟹   caranguejo /カランゲージョ/ *m.* (㋶crab)

| 日 | 葡 | 英 |
|---|---|---|
| 酒屋（さかや） | loja de bebidas *f.*<br>ロージャ デ ベビーダス | liquor store<br>リカ ストー |
| 逆らう（さからう） | resistir, opor-se<br>ヘズィスチール，オポールスィ | oppose, go against<br>オポウズ，ゴウ アゲンスト |
| 盛り（さかり） | | |
| （人生） | flor da idade *f.*<br>フロール ダ イダーヂ | prime<br>プライム |
| （動物の） | cio *m.*<br>スィーオ | heat, rut<br>ヒート，ラト |
| 盛り場（さかりば） | local de diversões *m.*<br>ロカウ ヂ ヂヴェルソィンス | pleasure-resort<br>プレジャリゾート |
| 下がる（さがる） | abaixar, baixar<br>アバイシャール，バイシャール | fall, drop<br>フォール，ドラプ |
| （垂れ下がる） | pender<br>ペンデール | hang down<br>ハング ダウン |
| 盛んな（さかんな） | próspero<br>プロスペロ | prosperous<br>プラスペラス |
| （元気な） | ativo<br>アチーヴォ | active<br>アクティヴ |
| 先（さき） | a ponta *f.*<br>ア ポンタ | the point, the tip<br>ザ ポイント，ザ ティプ |
| （先頭） | a dianteira *f.*<br>ア ヂアンテイラ | the head<br>ザ ヘド |
| （前方） | adiante, para a frente<br>アヂアンチ，パラ ア フレンチ | ahead<br>アヘド |
| （未来） | o futuro *m.*<br>ウ フトゥーロ | the future<br>ザ フューチャ |
| （続き） | a seqüência *f.*,<br>ア セクウェンスィア，<br>continuação *f.*<br>コンチヌアサォン | the sequel<br>ザ スィークウェル |
| （以前） | anterior<br>アンテリオール | previous, prior<br>プリーヴィアス，プライア |
| 詐欺（さぎ） | burla *f.*, fraude *f.*<br>ブルラ，フラウヂ | fraud<br>フロード |
| ～師 | fraude *f.*<br>フラウヂ | swindler<br>スウィンドラ |
| 一昨昨日（さきおととい） | três dias atrás<br>トレイス チーアス アトラース | three days ago<br>スリー ディズ アゴウ |

| 日 | 葡 | 英 |
|---|---|---|
| 先ほど | agora há pouco<br>アゴーラ ア ポゥコ | a little while ago<br>ア リトル (ホ)ワイル アゴウ |
| 先物取引 | operação a termo *f.*<br>オペラサォン ア テルモ | futures trading<br>フューチャズ トレイディング |
| 砂丘 | duna *f.*<br>ドゥーナ | dune<br>デューン |
| 作業 | trabalho *m.*<br>トラバーリョ | work, operations<br>ワーク, アペレイションズ |
| ～する | trabalhar<br>トラバリャール | work, operate<br>ワーク, アペレイト |
| ～服 | uniforme da empresa *m.*<br>ウニフォルミ ダ エンプレーザ | overalls<br>オウヴァロールズ |
| 裂く | rasgar<br>ハズガール | rend, tear, sever<br>レンド, テア, セヴァ |
| 割く | arranjar, reservar<br>アハンジャール, ヘゼルヴァール | spare<br>スペア |
| 咲く | florescer<br>フロレセール | bloom, come out<br>ブルーム, カム アウト |
| 柵 | cerca *f.*, sebe *f.*<br>セルカ, セービ | fence<br>フェンス |
| 索引 | índice *m.*<br>インヂスィ | index<br>インデクス |
| 削減 | redução *f.*, diminuição *f.*<br>ヘドゥサォン, ヂミヌィサォン | reduction, cut<br>リダクション, カト |
| 酢酸 | ácido acético *m.*<br>アスィド アセチコ | acetic acid<br>アスィーティク アスィド |
| 作詞する | compor as letras<br>コンポール アズ レットラス | write the lyrics<br>ライト ザ リリクス |
| 昨日 | ontem<br>オンテイン | yesterday<br>イェスタディ |
| 作者 | autor *m.*<br>アゥトール | writer, author<br>ライタ, オーサ |
| 搾取する | explorar<br>エスプロラール | squeeze<br>スクウィーズ |
| 削除 | eliminação *f.*<br>エリミナサォン | deletion<br>デリーション |
| ～する | deletar, apagar<br>デレタール, アパガール | delete<br>ディリート |

| 日 | 葡 | 英 |
|---|---|---|
| 作成する<br>さくせい | fazer, elaborar<br>ファゼール, エラボラール | draw up, make out<br>ドロー アプ, メイク アウト |
| 作戦<br>さくせん | tática f., operações f.pl.<br>タチカ, オペラソィンス | operations<br>アペレイションズ |
| 昨年<br>さくねん | o ano passado m.<br>ウ アーノ パサード | last year<br>ラスト イア |
| 作品<br>さくひん | obra f.<br>オーブラ | work, piece<br>ワーク, ピース |
| 作文<br>さくぶん | redação f.<br>ヘダサォン | composition<br>カンポズィション |
| 作物<br>さくもつ | produto agrícola m., colheita f.<br>プロドゥット アグリコラ, コリェィタ | crops<br>クラプス |
| 昨夜<br>さくや | ontem à noite<br>オンテイン ア ノィチ | last night<br>ラスト ナイト |
| 桜<br>さくら | cerejeira f.<br>セレジェィラ | cherry tree<br>チェリ トリー |
| 桜草<br>さくらそう | primavera f., prímula f.<br>プリマヴェーラ, プリムラ | primrose<br>プリムロウズ |
| 桜桃<br>さくらんぼ | cereja f.<br>セレジャ | cherry<br>チェリ |
| 探り出す<br>さぐ だ | descobrir<br>デスコブリール | find out<br>ファインド アウト |
| 策略<br>さくりゃく | estratagema m.<br>エストラタジェーマ | plan, plot<br>プラン, プラト |
| 探る<br>さぐ | procurar, buscar<br>プロクラール, ブスカール | search, look for<br>サーチ, ルク フォー |
| （手探り） | apalpar, tatear<br>アパゥパール, タチアール | feel for<br>フィール フォー |
| （動向を） | sondar, espiar<br>ソンダール, エスピアール | spy<br>スパイ |
| 石榴<br>ざくろ | romã f.<br>ホマン | pomegranate<br>パムグラネト |
| 鮭<br>さけ | salmão m.<br>サウマォン | salmon<br>サモン |
| 酒<br>さけ | saquê m., bebida alcoólica f.<br>サケ, ベビダ アウコオリカ | saké, alcohol<br>サーキ, アルコホール |
| 〜を飲む | beber<br>ベベール | drink<br>ドリンク |

| 日 | 葡 | 英 |
|---|---|---|
| 叫ぶ | gritar <br> グリタール | shout, cry <br> シャウト, クライ |
| 避ける | evitar <br> エヴィタール | avoid <br> アヴォイド |
| 裂ける | rasgar, rachar <br> ハズガール, ハシャール | split <br> スプリト |
| 下げる | abaixar, baixar <br> アバイシャール, バイシャール | lower, drop <br> ロウア, ドラプ |
| 鎖骨 | clavícula *f.* <br> クラヴィクラ | clavicle <br> クラヴィクル |
| 座骨 | ossos ilíacos *m.pl.*, ísquio *m.* <br> オッソス イリアコス, イスキオ | ischium <br> イスキアム |
| ～神経痛 | ciática *f.* <br> スィアチカ | sciatica <br> サイアティカ |
| 笹 | bambusa *f.* <br> バンブーザ | bamboo grass <br> バンブー グラス |
| 些細な | trivial <br> トリヴィアウ | trifling, trivial <br> トライフリング, トリヴィアル |
| 支える | apoiar, suportar <br> アポィアール, スポルタール | support, maintain <br> サポート, メインテイン |
| 捧げる | dedicar <br> デヂカール | devote *oneself to* <br> ディヴォウト |
| 細波 | marolas *f.pl.* <br> マローラス | ripples <br> リプルズ |
| 囁く | cochichar, sussurrar <br> コシシャール, ススハール | whisper <br> ホウィスパ |
| 刺さる | espetar-se <br> エスペタールスィ | stick <br> スティク |
| 山茶花 | espécie de camélia *f.* <br> エスペスィィ ヂ カメーリア | sasanqua, camellia <br> サザンカ, カミーリャ |
| 差し上げる | elevar <br> エレヴァール | lift up, raise <br> リフト アプ, レイズ |
| （与える） | dar, oferecer <br> ダール, オフェレセール | give, present <br> ギヴ, プレゼント |
| 挿絵 | ilustração *f.* <br> イルストラサォン | illustration <br> イラストレイション |
| 挿し木 | estaca *f.* <br> エスタッカ | cutting <br> カティング |

| 日 | 葡 | 英 |
|---|---|---|
| さしこみ 差し込み | inserção f., introdução f. インセルサォン, イントロドゥサォン | insertion インサーション |
| （プラグ） | tomada f. トマーダ | plug プラグ |
| （激痛） | convulsão estomacal f. コンヴゥサォン エストマカウ | griping pain グライピング ペイン |
| さしこむ 差し込む | inserir, introduzir, meter インセリール, イントロドゥズィール, メテール | insert インサート |
| （光が） | entrar, penetrar エントラール, ペネトラール | shine in シャイン イン |
| （プラグを） | ligar, enfiar リガール, エンフィアール | plug in プラグ イン |
| さしず 指図 | instrução f., ordem f. インストルサォン, オルデイン | instructions インストラクションズ |
| 〜する | dar instruções, dar ordens ダール インストルソィンス, ダール オルデインス | direct, instruct ディレクト, インストラクト |
| さしだしにん 差出人 | remetente m.f. ヘメテンチ | sender, remitter センダ, リミタ |
| さしひく 差し引く | deduzir, subtrair デドゥズィール, スビトライール | deduct from ディダクト |
| さしょう 査証 | visto m. ヴィスト | visa ヴィーザ |
| ざしょうする 座礁する | encalhar エンカリャール | go aground ゴウ アグラウンド |
| さす 差す | | |
| （傘を） | abrir o guarda-chuva アブリール ウ グワルダ シューヴァ | put up an umbrella プト アップ アン アンブレラ |
| （水を） | pôr, despejar, verter ポール, ヂスペジャール, ヴェルテール | pour ポー |
| さす 挿す | | |
| （花を） | pôr (no vaso) ポール ノ ヴァーゾ | put (in a vase) プト イナ ヴェイス |
| さす 刺す | espetar, enfiar, cravar エスペタール, エンフィアール, クラヴァール | pierce, stab ピアス, スタブ |
| （蚊・蜂が） | picar ピカール | bite, sting バイト, スティング |
| さす 指す | apontar アポンタール | point to ポイント |
| （指名） | nomear ノメアール | name, nominate ネイム, ナミネイト |

| 日 | 葡 | 英 |
|---|---|---|
| 射す | entrar, penetrar<br>エントラール，ペネトラール | shine *in*<br>シャイン |
| 授ける | doar, conceder, outorgar<br>ドアール，コンセデール，オゥトルガール | give, grant<br>ギヴ，グラント |
| サスペンス | suspense *m.*<br>ススペンスィ | suspense<br>サスペンス |
| 流離う | vaguear, perambular<br>ヴァゲアール，ペランブラール | wander<br>ワンダ |
| 擦る | esfregar<br>エスフレガール | rub<br>ラブ |
| 座席 | poltrona *f.*, assento *m.*<br>ポウトローナ，アセント | seat<br>スィート |
| 左折する | virar à esquerda<br>ヴィラール ア エスケルダ | turn left<br>ターン レフト |
| 挫折する | fracassar, encalhar<br>フラカサール，エンカリャール | be frustrated<br>ビ フラストレイテド |
| させる | fazer, mandar<br>ファゼール，マンダール | make *a person* do, メイク |
| (許可) | deixar<br>デイシャール | let *a person* do<br>レト |
| (依頼) | pedir<br>ペヂール | have *a person* do<br>ハヴ |
| 誘い | convite *m.*<br>コンヴィッチ | invitation<br>インヴィテイション |
| (誘惑) | tentação *f.*<br>テンタサォン | temptation<br>テンプテイション |
| 誘う | convidar<br>コンヴィダール | invite<br>インヴァイト |
| (促す) | induzir, incitar, instigar<br>インドゥズィール，インスィタール，インスチガール | induce<br>インデュース |
| (誘惑) | tentar<br>テンタール | tempt<br>テンプト |
| 蠍 | escorpião *m.*<br>エスコルピアォン | scorpion<br>スコーピオン |
| ～座 | Escorpião *m.*<br>エスコルピアォン | Scorpius<br>スコールピアス |
| 定める | decidir, estabelecer, fixar<br>デスィヂール，エスタベレセール，フィクサール | decide *on*, fix<br>ディサイド，フィクス |

| 日 | 葡 | 英 |
|---|---|---|
| ざちょう<br>座長 | presidente *m.f.*<br>プレズィデンチ | the chairperson<br>ザ チェアパースン |
| (劇団などの)<br>　　(男の) | diretor *m.*<br>ヂレトール | the leader of a troupe<br>ザ リーダ オヴ ア トループ |
| 　　(女の) | diretora *f.*<br>ヂレトーラ | the leader of a troupe<br>ザ リーダ オヴ ア トループ |
| さつ<br>冊 | volume *m.*, exemplar *m.*<br>ヴォルーミ, エゼンプラール | volume, copy<br>ヴァリュム, カピ |
| さつ<br>札 | nota *f.*<br>ノッタ | bill<br>ビル |
| 〜入れ | carteira *f.*<br>カルテイラ | wallet<br>ワレト |
| さつえい<br>撮影 | fotografia *f.*<br>フォトグラフィーア | photographing<br>フォウトグラフィング |
| 〜する<br>(写真を) | tirar foto, fotografar<br>チラール フォット, フォトグラファール | photograph<br>フォウトグラフ |
| (映画などを) | filmar<br>フィウマール | film<br>フィルム |
| ざつおん<br>雑音 | ruído *m.*, barulho *m.*<br>フイード, バルーリョ | noise<br>ノイズ |
| さっか<br>作家 | | |
| 　(男の) | escritor *m.*<br>エスクリトール | writer, author<br>ライタ, オーサ |
| 　(女の) | escritora *f.*<br>エスクリトーラ | writer, author<br>ライタ, オーサ |
| サッカー | futebol *m.*<br>フチボウ | soccer, football<br>サカ, フトボール |
| さっかく<br>錯覚 | ilusão *f.*<br>イルザォン | illusion<br>イルージョン |
| ざっかや<br>雑貨屋 | armazém de secos<br>アルマゼィン ヂ セッコズ<br>　　e molhados *m.*<br>　　イ モリャードス | variety store<br>ヴァライエティ ストー |
| さっき | há pouco, agora há pouco<br>ア ポッコ, アゴーラ ア ポッコ | (just) now<br>(ヂャスト) ナウ |
| さつき<br>皐月 | rododendro *m.*, azaléia *f.*<br>ホドデンドロ, アザレィラ | azalea<br>アゼイリャ |

| 日 | 葡 | 英 |
|---|---|---|
| 作曲(さっきょく)する | compor uma música<br>コンポール ウマ ムズィカ | compose<br>カンポウズ |
| 殺菌(さっきん) | esterilização f.<br>エステリザサォン | sterilization<br>ステリリゼイション |
| サックス | saxofone m.<br>サクソフォーニ | sax<br>サクス |
| 雑誌(ざっし) | revista f.<br>ヘヴィスタ | magazine<br>マガズィーン |
| 雑種(ざっしゅ) | vira-lata m., raça híbrida f.<br>ヴィラ ラッタ, ハッサ イブリダ | crossbreed, hybrid<br>クロースブリード, ハイブリド |
| 殺人(さつじん) | assassinato m., homicídio m.<br>アサスィナット, オミスィーヂオ | homicide, murder<br>ハミサイド, マーダ |
| ～犯 (男の) | assassino m., homicida m.<br>アサスィーノ, オミスィーダ | homicide, murderer<br>ハミサイド, マーダラ |
| (女の) | assassina f., homicida f.<br>アサスィーナ, オミスィーダ | homicide, murderer<br>ハミサイド, マーダラ |
| 察(さっ)する | supor, imaginar, sentir<br>スポール, イマジナール, センチール | guess, imagine<br>ゲス, イマヂン |
| 雑草(ざっそう) | erva daninha f.<br>エルヴァ ダニーニャ | weeds<br>ウィーズ |
| 早速(さっそく) | imediatamente,<br>イメヂアタメンチ,<br>sem demora<br>セィン デモーラ | immediately<br>イミーディエトリ |
| 雑談(ざつだん) | bate-papo m., tagalerice f.<br>バチ パッポ, タガレリッスィ | gossip, chat<br>ガスィプ, チャト |
| 殺虫剤(さっちゅうざい) | inseticida m.<br>インセチスィーダ | insecticide<br>インセクティサイド |
| 雑踏(ざっとう) | congestionamento m.<br>コンジェスチオナメント | congestion<br>コンヂェスチョン |
| 殺到(さっとう)する | correr para,<br>atirar-se para, afluir a<br>コヘール パラ, アチラールスィ パラ, アフルイール ア | rush<br>ラシュ |
| 雑(ざつ)な | tosco<br>トスコ | rough, rude<br>ラフ, ルード |
| 雑費(ざっぴ) | despesas diversas f.pl.<br>ヂスペーザス ヂヴェルサス | miscellaneous expenses<br>ミセレイニアス イクスペンスィズ |

# ■サッカー■ futebol *m.* /フチボウ/

| | | |
|---|---|---|
| サッカー | futebol /フチボウ/ *m.* | (㊊football) |
| ボール | bola /ボーラ/ *f.* | (㊊ball) |
| 選手 | (男の)jogador /ジョガドール/ *m.*, (女の)jogadora /ジョガドーラ/ *f.* (㊊player) | |
| チーム | equipe /エキッピ/ *f.* | (㊊team) |
| 監督 | treinador /トレイナドール/ *m.*, técnico /テキニコ/ *m.* (㊊coach) | |
| ワールドカップ | Copa do Mundo /コッパ ド ムンド/ *f.* (㊊the World Cup) | |
| セレソン | seleção brasileira /セレサォン ブラズィレィラ/ *f.* (㊊Brazilian team) | |
| サポーター | (男の)torcedor /トルセドール/ *m.*, (女の)torcedora /トルセドーラ/ *f.* (㊊supporter) | |
| フーリガン | *hooligan* /フリガン/ *m.* | (㊊hooligan) |
| オフェンス | ataque /アタッキ/ *m.* | (㊊offense) |
| ディフェンス | defesa /デフェーザ/ *f.* | (㊊defense) |
| ポジション | posição /ポズィサォン/ *f.* | (㊊position) |
| ストライカー | artilheiro do time /アルチリェィロ ド チーミ/ *m.* (㊊striker) | |
| フォワード | atacante /アタカンチ/ *m.* | (㊊forward) |
| ミッドフィルダー | meio-campo /メィオ カンポ/ *m.* | (㊊midfielder) |
| ディフェンダー | zagueiro /ザゲィロ/ *m.* | (㊊defender) |
| ゴールキーパー | goleiro /ゴレィロ/ *m.* | (㊊goal keeper) |
| 司令塔 | armador /アルマドール/ *m.* | (㊊playmaker) |
| 前半 | primeiro tempo /プリメィロ テンポ/ *m.* | (㊊first half) |
| 後半 | segundo tempo /セグンド テンポ/ *m.* | (㊊second half) |
| ロスタイム | acréscimo de tempo /アクレスィモ ヂ テンポ/ *m.* (㊊loss of time) | |
| ハーフタイム | intervalo /インテルヴァーロ/ *m.* | (㊊half time) |
| 延長戦 | prorrogação /プロホガサォン/ *f.* | (㊊extra time) |
| キックオフ | pontapé inicial /ポンタペ イニスィアウ/ *m.* (㊊kickoff) | |
| パス | passe /パッスィ/ *m.* | (㊊pass) |
| ドリブル | drible /ドリブリ/ *m.* | (㊊dribble) |

ヘディング　cabeçada /カベサーダ/ f. (㊍heading)

カウンターアタック　contra-ataque /コントラ アタッキ/ m. (㊍counter attack)

インサイドキック　chute interno /シュッチ インテルノ/ m. (㊍inside kick)

オーバーヘッドキック　bicicleta /ビスィクレッタ/ f. (㊍overhead kick)

プレス　pressão /プレサォン/ f. (㊍pressure)

シュート　chute /シュッチ/ m. (㊍shoot)

ゴール　gol /ゴウ/ m. (㊍goal)

ハットトリック　três gols consecutivos /トレィス ゴーリス コンセクチーヴォス/ m. pl. (㊍hat trick)

ペナルティーキック　pênalti /ペナウチ/ m. (㊍penalty kick)

コーナーキック　escanteio /エスカンティオ/ m. (㊍corner kick)

<ruby>直接<rt>ちょくせつ</rt></ruby>フリーキック　tiro livre direto /チーロ リーヴリ ヂレット/ m. (㊍direct free kick)

<ruby>間接<rt>かんせつ</rt></ruby>フリーキック　tiro livre indireto /チーロ リーヴリ インヂレット/ m. (㊍indirect free kick)

オフサイド　impedimento /インペヂメント/ m. (㊍offside)

スローイン　arremesso lateral /アヘメッソ ラテラウ/ m. (㊍throw-in)

ハンド　mão na bola /マォン ナ ボーラ/ f. (㊍handling)

イエローカード　cartão amarelo /カルタォン アマレーロ/ m. (㊍yellow card)

レッドカード　cartão vermelho /カルタォン ヴェルメーリョ/ m. (㊍red card)

<ruby>警告<rt>けいこく</rt></ruby>　advertência /アヂヴェルテンスィア/ f. (㊍booking)

<ruby>退場<rt>たいじょう</rt></ruby>　expulsão /エスプウサォン/ f. (㊍sending off)

<ruby>審判<rt>しんぱん</rt></ruby>　(男の)juiz /ジュイース/ m., (女の)juíza /ジュイーザ/ f. (㊍referee)

<ruby>線審<rt>せんしん</rt></ruby>　juiz de linha /ジュイーズ ヂ リーニャ/ m., bandeirinha /バンデイリーニャ/ m. (㊍linesman)

| 日 | 葡 | 英 |
|---|---|---|
| 雑務(ざつむ) | pequenas tarefas *f.pl.*, afazeres *m.pl.*<br>ペケーナス タレッファス, アファゼーリス | small jobs<br>スモール チャブズ |
| 査定(さてい) | avaliação *f.*<br>アヴァリアサォン | assessment<br>アセスメント |
| サディスト | | |
| （男の） | sádico *m.*<br>サヂコ | sadist<br>サディスト |
| （女の） | sádica *f.*<br>サヂカ | sadist<br>サディスト |
| 里(さと) | aldeia *f.*<br>アウデイア | village<br>ヴィリヂ |
| （実家） | casa dos pais *f.*<br>カーザ ドス パイス | old home<br>オウルド ホウム |
| （故郷） | terra natal *f.*<br>テッハ ナタウ | hometown<br>ホウムタウン |
| 里芋(さといも) | inhame *m.*<br>イニャーミ | taro<br>ターロウ |
| 砂糖(さとう) | açúcar *m.*<br>アスッカル | sugar<br>シュガ |
| 茶道(さどう) | cerimônia do chá *f.*<br>セリモーニア ド シャ | the tea ceremony<br>ザ ティー セリモウニ |
| 砂糖黍(さとうきび) | cana de açúcar *f.*<br>カーナ ヂ アスッカル | sugarcane<br>シュガケイン |
| 悟る(さとる) | perceber, dar-se conta de<br>ペルセベール, ダールスィ コンタ ヂ | realize, notice<br>リーアライズ, ノウティス |
| （境地） | chegar ao nirvana<br>シェガール アオ ニルヴァーナ | attain enlightenment<br>アテイン, インライトンメント |
| サドル | selim *m.*, sela *f.*<br>セリン, セーラ | saddle<br>サドル |
| 蛹(さなぎ) | crisálida *f.*<br>クリザリダ | chrysalis, pupa<br>クリサリス, ピューパ |
| サナトリウム | sanatório *m.*<br>サナトーリオ | sanatorium<br>サナトーリアム |
| 鯖(さば) | cavala *f.*<br>カヴァーラ | mackerel<br>マクレル |
| サバイバル | sobrevivência *f.*<br>ソブレヴィヴェンスィア | survival<br>サヴァイヴァル |

| 日 | 葡 | 英 |
|---|---|---|
| 砂漠(さばく) | deserto *m.* <br> デゼルト | desert <br> デザト |
| 錆(さび) | ferrugem *f.* <br> フェフージェイン | rust <br> ラスト |
| 寂しい(さびしい) | solitário, triste <br> ソリターリオ, トリスチ | lonely, desolate <br> ロウンリ, デソレト |
| 座標(ざひょう) | coordenadas *f.pl.* <br> コオルデナーダス | coordinates <br> コウオーディネツ |
| 錆びる(さびる) | enferrujar <br> エンフェフジャール | rust <br> ラスト |
| サファイア | safira *f.* <br> サフィーラ | sapphire <br> サファイア |
| 座布団(ざぶとん) | almofada *f.* <br> アウモファーダ | cushion <br> クション |
| サフラン | açafrão *m.* <br> アサフラォン | saffron <br> サフロン |
| 差別(さべつ) | discriminação *f.* <br> チスクリミナサォン | discrimination <br> ディスクリミネイション |
| ～する | discriminar <br> チスクリミナール | discriminate <br> ディスクリミネイト |
| 作法(さほう) | boas maneiras *f.pl.* <br> ボーアス マネィラス | manners <br> マナズ |
| サポーター | | |
| (男の) | torcedor *m.* <br> トルセドール | supporter <br> サポータ |
| (女の) | torcedora *f.* <br> トルセドーラ | supporter <br> サポータ |
| サボタージュ | sabotagem *f.* <br> サボタージェイン | slowdown <br> スロウダウン |
| 仙人掌(さぼてん) | cacto *m.* <br> カキト | cactus <br> キャクタス |
| サボる | faltar à obrigação <br> ファウタール ア オブリガサォン | be idle <br> ビ アイドル |
| (授業を) | matar <br> マタール | cut <br> カト |
| 様々な(さまざま) | vários, diversos <br> ヴァーリオス, チヴェルソス | various, diverse <br> ヴェアリアス, ダイヴァース |
| 冷ます(さます) | esfriar <br> エスフリアール | cool <br> クール |

| 日 | 葡 | 英 |
|---|---|---|
| （興を）覚ます | esfriar o entusiasmo エスフリアール ウ エントゥズィアズモ | spoil *one's* pleasure スポイル プレジャ |
| さ 覚ます | acordar アコルダール | awake アウェイク |
| （酔いを）覚ます | passar (a bebedeira) パサール ア ベベデイラ | get rid of the effects of wine ゲト オヴ ザ イフェクツ オヴ ワイン |
| さまた 妨げる | impedir, obstar インペヂール，オビスタール | disturb ディスターブ |
| さまよ 彷徨う | vaguear, vadiar ヴァゲアール，ヴァヂアール | wander about ワンダ アバウト |
| サミット | reunião de cúpula *f.* ヘウニアォン ヂ クプラ | summit サミト |
| さむ 寒い | frio フリーオ | cold, chilly コウルド，チリ |
| さむけ 寒気 | calafrio *m.* カラフリーオ | chill チル |
| 〜がする | ter arrepios テール アヘピーオス | feel a chill フィール ア チル |
| さむ 寒さ | frio *m.* フリーオ | the cold ザ コウルド |
| さめ 鮫 | tubarão *m.* トゥバラォン | shark シャーク |
| さ 冷める | esfriar エスフリアール | cool (down) クール（ダウン） |
| （興が）冷める | acalmar-se アカウマールスィ | cool down クール ダウン |
| さや 鞘 | bainha *f.* バイーニャ | sheath シース |
| さやいんげん 莢隠元 | vagem *f.* ヴァージェイン | green bean グリーン ビーン |
| ざやく 坐薬 | supositório *m.* スポズィトーリオ | suppository サパズィトーリ |
| さゆう 左右 | direita e esquerda ヂレイタ イ エスケルダ | right and left ライト アンド レフト |
| さよう 作用 | ação *f.*, efeito *m.* アサォン，エフェイト | action, function アクション，ファンクション |
| 〜する | afetar, produzir アフェタール，プロドゥズィール | act *upon*, affect アクト，アフェクト |

| 日 | 葡 | 英 |
|---|---|---|
| さようなら | Adeus.<br>アデゥス | Good-bye.<br>グドバイ |
| 左翼 | asa esquerda *f.*<br>アーザ エスケルダ | the left<br>ザ レフト |
| （主義） | ala esquerda *f.*<br>アーラ エスケルダ | the left wing<br>ザ レフト ウィング |
| （人） | esquerdista *m.f.*<br>エスケルヂスタ | left winger<br>レフト ウィンガ |
| 皿 | prato *m.*<br>プラット | plate, dish<br>プレイト, ディシュ |
| 再来週 | dentro de duas semanas<br>デントロ ヂ ドゥアス セマーナス | the week after next<br>ザ ウィーク アフタ ネクスト |
| 再来年 | daqui a dois anos<br>ダキ ア ドィズ アーノス | the year after next<br>ザ イア アフタ ネクスト |
| 攫う | raptar, seqüestrar<br>ハピタール, セケストラール | kidnap<br>キドナプ |
| ざらざらの | áspero<br>アスペロ | rough, coarse<br>ラフ, コース |
| 曝す | expor<br>エスポール | expose<br>イクスポウズ |
| サラダ | salada *f.*<br>サラーダ | salad<br>サラド |
| 更に | | |
| （一層） | ainda mais<br>アインダ マィス | still more, further<br>スティル モー, ファーザ |
| （その上） | além disso<br>アレィン ヂッソ | furthermore<br>ファーザモー |
| サラブレッド | puro-sangue *m.*<br>プーロ サンギ | thoroughbred<br>サロブレド |
| サラミ | salame *m.*<br>サラーミ | salami<br>サラーミ |
| サラリーマン | | |
| （男の） | assalariado *m.*<br>アサリアード | office worker<br>オーフィス ワーカ |
| （女の） | assalariada *f.*<br>アサリアーダ | office worker<br>オーフィス ワーカ |
| さりげない | natural<br>ナトゥラウ | natural, casual<br>ナチュラル, キャジュアル |
| 猿 | macaco *m.*<br>マカッコ | monkey, ape<br>マンキ, エイプ |

| 日 | 葡 | 英 |
|---|---|---|
| 去る | ir-se embora, partir<br>イールスィ エンボーラ, パルチール | quit, leave<br>クウィト, リーヴ |
| 笊(ざる) | cesta f.<br>セスタ | bamboo basket<br>バンブー バスケト |
| サルビア | sálvia f.<br>サウヴィア | salvia, sage<br>サルヴィア, セイヂ |
| サルベージ | salvamento m.<br>サウヴァメント | salvage<br>サルヴィヂ |
| サルモネラ菌(きん) | salmonela f.<br>サウモネーラ | salmonella germs<br>サルモネラ チャームズ |
| 沢(さわ) | pântano m.<br>パンタノ | swamp, marsh<br>スワンプ, マーシュ |
| (谷川) | córrego m.<br>コヘゴ | valley<br>ヴァリ |
| 騒(さわ)がしい | barulhento<br>バルリェント | noisy<br>ノイズィ |
| 騒(さわ)ぎ | barulho m., algazarra f.<br>バルーリョ, アウガザッハ | noise, clamor<br>ノイズ, クラマ |
| (騒動) | tumulto m., confusão f.<br>トゥムウト, コンフザオン | disturbance<br>ディスターバンス |
| 騒(さわ)ぐ | fazer barulho,<br>ファゼール バルーリョ,<br>fazer algazarra<br>ファゼール アウガザッハ | make a noise<br>メイク ア ノイズ |
| (騒動) | provocar uma confusão<br>プロヴォカール ウマ コンフザオン | make a disturbance<br>メイク ア ディスターバンス |
| 爽(さわ)やかな | refrescante, delicioso<br>ヘフレスカンチ, デリスィオーゾ | refreshing<br>リフレシング |
| 触(さわ)る | tocar<br>トカール | touch, feel<br>タチ, フィール |
| 酸(さん) | ácido m.<br>アスィド | acid<br>アスィド |
| 参加(さんか) | participação f.<br>パルチスィパサオン | participation<br>パーティスィペイション |
| 〜者 | participante m.f.<br>パルチスィパンチ | participant<br>パーティスィパント |
| 〜する | participar de<br>パルチスィパール チ | participate, join<br>パーティスィペイト, ヂョイン |

| 日 | 葡 | 英 |
|---|---|---|
| ざんがい<br>残骸 | destroços *m.pl.*<br>ヂストロッソス | remains, wreckage<br>リメインズ, レキヂ |
| さんかく<br>三角の | triangular<br>トリアングラール | triangular<br>トライアンギュラ |
| さんがつ<br>三月 | março *m.*<br>マルソ | March<br>マーチ |
| さんかっけい<br>三角形 | triângulo *m.*<br>トリアングロ | triangle<br>トライアングル |
| さんかん<br>参観する | visitar<br>ヴィズィタール | visit, inspect<br>ヴィズィト, インスペクト |
| さんきゃく<br>三脚 | tripé *m.*<br>トリペ | tripod<br>トライパド |
| ざんぎゃく<br>残虐な | atroz, feroz<br>アトロィス, フェロィス | atrocious, brutal<br>アトロウシャス, ブルートル |
| さんぎょう<br>産業 | indústria *f.*<br>インドゥストリア | industry<br>インダストリ |
| ～革命 | Revolução Industrial *f.*<br>ヘヴォルサォン インドゥストリアゥ | the Industrial Revolution<br>ジ インダストリアル レヴォルーション |
| ざんぎょう<br>残業 | hora extra *f.*<br>オーラ エストラ | overtime work<br>オウヴァタイム ワーク |
| ざんきん<br>残金 | saldo *m.*, o que está<br>サゥド, ウ キ エスタ<br>por pagar<br>ポル パガール | the balance,<br>ザ バランス,<br>surplus<br>サープラス |
| サングラス | óculos de sol *m.pl.*<br>オクロズ ヂ ソゥ | sunglasses<br>サングラスィズ |
| ざんげ<br>懺悔 | confissão *f.*<br>コンフィサォン | confession, repentance<br>コンフェション, リペンタンス |
| さんご<br>珊瑚 | coral *m.*<br>コラゥ | coral<br>カラル |
| ～礁 | recife de corais *m.*<br>ヘスィーフィ ヂ コラィス | coral reef<br>カラル リーフ |
| さんこう<br>参考 | referência *f.*<br>ヘフェレンスィア | reference<br>レファレンス |
| ざんこく<br>残酷な | cruel<br>クルエゥ | cruel, merciless<br>クルーエル, マースィレス |
| さんじせいげん<br>産児制限 | controle de natalidade *m.*<br>コントローリ ヂ ナタリダーヂ | birth control<br>バース カントロウル |

| 日 | 葡 | 英 |
|---|---|---|
| さんじゅう<br>三重の | triplo<br>トリップロ | threefold, triple<br>スリーフォウルド, トリプル |
| さんしょう<br>参照 | referência f., consulta f.<br>ヘフェレンスィア, コンスウタ | reference<br>レファレンス |
| ～する | consultar<br>コンスウタール | refer to<br>リファー |
| さんしょくすみれ<br>三色菫 | amor-perfeito m.<br>アモール ペルフェイト | pansy<br>パンズィ |
| ざんしん<br>斬新な | inovador, original<br>イノヴァドール, オリジナウ | new, novel<br>ニュー, ナヴェル |
| さんすう<br>算数 | matemática f.<br>マテマチカ | arithmetic<br>アリスメティク |
| さん<br>産する | produzir<br>プロドゥズィール | produce<br>プロデュース |
| さんせい<br>賛成 | aprovação f.<br>アプロヴァサォン | approval<br>アプルーヴァル |
| ～する | aprovar, concordar,<br>    ser a favor de<br>アプロヴァール, コンコルダール, セール ア ファヴォール チ | approve of<br>アプルーヴ |
| さんせい<br>酸性 | acidez f.<br>アスィデイス | acidity<br>アスィディティ |
| ～雨 | chuva ácida f.<br>シューヴァ アスィダ | acid rain<br>アスィド レイン |
| さんそ<br>酸素 | oxigênio m.<br>オクスィジェーニオ | oxygen<br>アクスィヂェン |
| ～マスク | máscara de oxigênio f.<br>マスカラ チ オクスィジェーニオ | oxygen mask<br>アクスィヂェン マスク |
| さんそう<br>山荘 | estalagem na montanha f.<br>エスタラージェイン ナ モンターニャ | mountain villa<br>マウンティン ヴィラ |
| さんぞく<br>山賊 | bandido m., bandoleiro m.<br>バンチード, バンドレィロ | bandit<br>バンディト |
| ざんだか<br>残高 | saldo m.<br>サウド | the balance<br>ザ バランス |
| サンタクロース | Papai-Noel m.<br>パパィ ノエウ | Santa Claus<br>サンタ クローズ |
| サンダル | sandália f.<br>サンダーリア | sandals<br>サンダルズ |
| さんだんと<br>三段跳び | salto triplo m.<br>サウト トリップロ | triple jump<br>トリブル ヂャンプ |

| 日 | 葡 | 英 |
|---|---|---|
| さんち<br>産地 | região produtora *f.*<br>ヘジアォン プロドゥトーラ | place of production<br>プレイス オヴ プロダクション |
| さんちょう<br>山頂 | topo *m.*, pico *m.*<br>トッポ, ピッコ | the top of a mountain<br>ザ タプ オヴ ア マウンティン |
| サンドイッチ | sanduíche *m.*<br>サンドウィッシ | sandwich<br>サンドウィチ |
| さんどう<br>賛同 | aprovação *f.*<br>アプロヴァサォン | approbation<br>アプロベイション |
| ざんねん<br>残念 | | |
| 〜な | lamentável<br>ラメンターヴェウ | regrettable<br>リグレタブル |
| 〜である | ser pena<br>セール ペーナ | be sorry<br>ビ サリ |
| 〜なことに | infelizmente<br>インフェリズメンチ | unhappily<br>アンハピリ |
| サンバ | samba *m.*<br>サンバ | samba<br>サンバ |
| さんばし<br>桟橋 | cais *m.*<br>カイス | pier<br>ピア |
| さんぱつ<br>散髪 | corte de cabelo *m.*<br>コルチ ヂ カベーロ | haircut<br>ヘアカト |
| さんび<br>賛美する | louvar<br>ロウヴァール | praise<br>プレイズ |
| さんびか<br>賛美歌 | hino *m.*<br>イーノ | hymn<br>ヒム |
| さんふじんか<br>産婦人科 | ginecologia e obstetrícia<br>ジネコロジーア イ オビステトリッスィア | obstetrics and gynecology<br>オブステトリクス アンド ガイナカロヂィ |
| さんぶつ<br>産物 | produto *m.*<br>プロドゥット | product, produce<br>プラダクト, プロデュース |
| サンプル | amostra *f.*<br>アモストラ | sample<br>サンプル |
| さんぶん<br>散文 | prosa *f.*<br>プローザ | prose<br>プロウズ |
| さんぽ<br>散歩 | passeio *m.*, caminhada *f.*<br>パセィオ, カミニャーダ | walk<br>ウォーク |
| 〜する | passear<br>パセアール | take a walk<br>テイク ア ウォーク |
| さんまん<br>散漫な | distraído, desatento<br>ヂストライード, デザテント | loose<br>ルース |

| 日 | 葡 | 英 |
|---|---|---|
| さんみ<br>酸味 | acidez *f.*<br>アスィデイス | acidity<br>アスィディティ |
| さんみゃく<br>山脈 | serra *f.*<br>セッハ | mountain range<br>マウンティン レインヂ |
| さんらん<br>産卵する | pôr ovos<br>ポール オーヴォス | lay eggs<br>レイ エグズ |
| さんらん<br>散乱する | espalhar-se<br>エスパリャールスィ | be dispersed<br>ビ ディスパースト |
| さんりんしゃ<br>三輪車 | triciclo *m.*<br>トリスィックロ | tricycle<br>トライスイクル |
| さんれつ<br>参列する | assistir a<br>アスィスチール ア | attend<br>アテンド |
| さんろく<br>山麓 | sopé da montanha *m.*<br>ソペ ダ モンターニャ | the foot of a mountain<br>ザ フト オヴ ア マウンティン |

## し, シ

| 日 | 葡 | 英 |
|---|---|---|
| し<br>市 | cidade *f.*<br>スィダーヂ | city, town<br>スィティ, タウン |
| し<br>死 | morte *f.*<br>モルチ | death<br>デス |
| し<br>氏 | Senhor *m.*<br>セニョール | Mr.<br>ミスタ |
| し<br>詩 | poesia *f.*, poema *m.*<br>ポエズィーア, ポエーマ | poetry, poem<br>ポウイトリ, ポウイム |
| じ<br>字 | letra *f.*, carateres *m.pl.*<br>レットラ, カラキテーリス | letter, character<br>レタ, キャラクタ |
| じ<br>時 | hora *f.*<br>オーラ | hour, time<br>アウア, タイム |
| じ<br>痔 | hemorróidas *f.pl.*<br>エモホィダス | piles, hemorrhoids<br>パイルズ, ヘモロイヅ |
| しあい<br>試合 | jogo *m.*, partida *f.*<br>ジョーゴ, パルチーダ | game, match<br>ゲイム, マチ |
| しあ<br>仕上がる | acabar, ficar pronto<br>アカバール, フィカール プロント | be completed<br>ビ カンプリーテド |
| しあ<br>仕上げる | completar, concluir<br>コンプレタール, コンクルイール | finish, complete<br>フィニシュ, カンプリート |

| 日 | 葡 | 英 |
|---|---|---|
| 明々後日（しあさって） | daqui a três dias<br>ダキ ア トレィズ チーアス | two days after tomorrow<br>トゥー デイズ アフタ トマロウ |
| 幸せ（しあわ） | felicidade *f.*<br>フェリスィダーヂ | happiness<br>ハピネス |
| ～な | feliz<br>フェリース | happy, fortunate<br>ハピ，フォーチュネト |
| GNP（じーえぬぴー） | produto nacional bruto *m.*<br>プロドゥット ナスィオナウ ブルット | gross national product<br>グロウス ナショナル プラダクト |
| CM（しーえむ） | anúncio *m.*, propaganda *f.*<br>アヌンスィオ，プロパガンダ | commercial<br>カマーシャル |
| 飼育（しいく） | criação *f.*<br>クリアサォン | breeding<br>ブリーディング |
| 自意識（じいしき） | autoconsciência *f.*<br>アゥトコンスィエンスィア | self-consiousness<br>セルフカンシャスネス |
| シーズン | época *f.*<br>エポカ | season<br>スィーズン |
| シーツ | lençol *m.*<br>レンソウ | (bed) sheet<br>(ベド) シート |
| CD（しーでぃー） | *CD m.*<br>セー デー | compact disk<br>カンパクト ディスク |
| ～ロム | *CD-ROM m.*<br>セーデーフン | CD-ROM<br>スィーディーラム |
| ～プレーヤー | aparelho de *CD m.*<br>アパレーリョ チ セーデー | CD player<br>スィーディー プレイア |
| シート | assento *m.*<br>アセント | seat<br>スィート |
| (一枚の紙や布) | folha *f.*<br>フォーリャ | sheet *of*<br>シート |
| ～ベルト | cinto de segurança *m.*<br>スィント チ セグランサ | seatbelt<br>スィートベルト |
| ジーパン | calça jeans *f.*<br>カウサ ジンス | jeans<br>チーンズ |
| ジープ | jipe *m.*<br>ジッピ | jeep<br>チープ |
| シーフード | frutos do mar *m.pl.*<br>フルットズ ド マール | seafood<br>スィーフード |
| 強いる（し） | forçar, compelir<br>フォルサール，コンペリール | force, compel<br>フォース，コンペル |

| 日 | 葡 | 英 |
|---|---|---|
| シール | selo *m.*<br>セーロ | seal<br>スィール |
| 仕入れ | compra por atacado *f.*<br>コンプラ ポル アタカード | stocking<br>スタキング |
| 子音 | consoante *f.*<br>コンソアンチ | consonant<br>カンソナント |
| 寺院 | templo budista *m.*<br>テンプロ ブヂスタ | Buddhist temple<br>ブディスト テンプル |
| シーン | cena *f.*<br>セーナ | scene<br>スィーン |
| ジーンズ | *jeans* *m.pl.*<br>ジーンズ | jeans<br>ヂーンズ |
| シェア | participação no mercado *f.*<br>パルチスィパサォン ノ メルカード | share<br>シェア |
| 自衛 | auto-defesa *f.*<br>アウト デフェーザ | self-defense<br>セルフディフェンス |
| ～隊 | Forças de Autodefesa *f.pl.*<br>フォルサス チ アウトデフェーザ | the Self-Defense Force<br>ザ セルフディフェンス フォース |
| 市営の | municipal<br>ムニスィパウ | municipal<br>ミューニスィパル |
| シェービング<br>　クリーム | creme de barbear *m.*<br>クレーミ ヂ バルベアール | shaving cream<br>シェイヴィング クリーム |
| ジェスチャー | gestos *m.pl.*<br>ジェストス | gesture<br>ヂェスチャ |
| ジェット機 | avião a jato *m.*<br>アヴィアォン ア ジャット | jet plane<br>ヂェト プレイン |
| ジェネレーション | geração *f.*<br>ジェラサォン | generation<br>ヂェナレイション |
| シェフ | chefe *m.*<br>シェッフィ | chef<br>シェフ |
| シェルター | abrigo *m.*<br>アブリーゴ | shelter<br>シェルタ |
| 支援 | ajuda *f.*, apoio *m.*<br>アジューダ, アポィオ | support<br>サポート |
| 塩 | sal *m.*<br>サウ | salt<br>ソールト |
| ～辛い | salgado<br>サウガード | salty<br>ソールティ |

| 日 | 葡 | 英 |
|---|---|---|
| 〜漬け | comida salgada *f.*<br>コミーダ サウガーダ | salted food<br>ソールティド フード |
| 〜水 | água salgada *f.*<br>アーグァ サウガーダ | salt water<br>ソールト ウォータ |
| 潮(しお) | maré *f.*<br>マレー | the tide<br>ザ タイド |
| 〜風 | brisa do mar *f.*, brisa marítima *f.*<br>ブリーザ ド マール, ブリーザ マリチマ | sea breeze<br>スィー ブリーズ |
| 潮時(しおどき) | tempo oportuno *m.*<br>テンポ オポルトゥーノ | time<br>タイム |
| 栞(しおり) | marcador de livro *m.*<br>マルカドール ヂ リーヴロ | bookmark<br>ブクマーク |
| 萎(しお)れる | murchar<br>ムルシャール | droop, wither<br>ドループ, ウィザ |
| 鹿(しか) | | |
| (雄の) | veado *m.*<br>ヴィアード | stag<br>スタグ |
| (雌の) | veada *f.*<br>ヴィアーダ | doe<br>ドウ |
| 時価(じか) | preço corrente *m.*<br>プレッソ コヘンチ | the current price<br>ザ カーレント プライス |
| 自我(じが) | ego *m.*<br>エーゴ | self, ego<br>セルフ, イーゴウ |
| 司会(しかい) | | |
| 〜者 | | |
| (男の) | apresentador *m.*,<br>アプレゼンタドール,<br>coordenador *m.*<br>コオルデナドール | the chairperson<br>ザ チェアパースン |
| (女の) | apresentadora *f.*,<br>アプレゼンタドーラ,<br>coordenadora *f.*<br>コオルデナドーラ | the chairperson<br>ザ チェアパースン |
| 〜する | presidir<br>プレズィチール | preside *at*<br>プリザイド |
| 視界(しかい) | vista *f.*<br>ヴィスタ | sight<br>サイト |
| 歯科医(しかい) | dentista *m.f.*<br>デンチスタ | dentist<br>デンティスト |

| 日 | 葡 | 英 |
|---|---|---|
| しがいせん<br>**紫外線** | raio ultravioleta *m.*<br>ハイオ ウウトラヴィオレッタ | ultraviolet rays<br>アルトラヴァイオレト レイズ |
| しがいつうわ<br>**市外通話** | ligação interurbana *f.*<br>リガサォン インテルバーナ | toll call<br>トウル コール |
| しかえ<br>**仕返しする** | retaliar, fazer vingança<br>ヘタリアール, ファゼール ヴィンガンサ | revenge *oneself on*<br>リヴェンチ |
| しかく<br>**四角** | quadrado *m.*<br>クァドラード | square<br>スクウェア |
| しかく<br>**資格** | | |
| （免許） | qualificação *f.*,<br>クァリフィカサォン,<br>habilitação *f.*<br>アビリタサォン | qualification<br>クワリフィケイション |
| （要件） | requisito *m.*<br>ヘキズィット | requirement<br>リクワイアメント |
| （能力） | capacidade *f.*<br>カパスィダーチ | competence<br>カンピテンス |
| （権利） | direito *m.*<br>チレィト | right<br>ライト |
| しかく<br>**視覚** | vista *f.*, visão *f.*<br>ヴィスタ, ヴィザォン | vision, eyesight<br>ヴィジョン, アイサイト |
| じかく<br>**自覚する** | ser consciente de<br>セール コンスィエンチ チ | be conscious *of*<br>ビ カンシャス |
| しかけ<br>**仕掛け** | mecanismo *m.*<br>メカニズモ | device, mechanism<br>ディヴァイス, メカニズム |
| **しかし** | mas, porém, entretanto<br>マス, ポレィン, エントレタント | but, however<br>バト, ハウエヴァ |
| じかせい<br>**自家製の** | caseiro<br>カゼィロ | homemade<br>ホウムメイド |
| じがぞう<br>**自画像** | auto-retrato *m.*<br>アウト ヘトラット | self-portrait<br>セルフポートレト |
| しかた<br>**仕方** | maneira *f.*, modo *m.*<br>マネィラ, モード | method, way<br>メソド, ウェイ |
| しかた<br>**仕方がない** | não ter outro jeito<br>ナォン テール オゥトロ ジェイト | cannot help<br>キャナト ヘルプ |
| しがつ<br>**四月** | abril *m.*<br>アブリウ | April<br>エイプリル |
| **しがみつく** | agarrar-se a<br>アガハールスィ ア | cling *to*<br>クリング |

| 日 | 葡 | 英 |
|---|---|---|
| しかも | além disso, e (também) <br> アレィン ヂッソ, イ (タンベィン) | moreover, besides <br> モーロウヴァ, ビサイヅ |
| 自家用車（じかようしゃ） | carro particular m. <br> カッホ パルチクラール | one's car <br> カー |
| 叱る（しかる） | repreender, reprochar <br> ヘプレエンデール, ヘプロシャール | scold, reprove <br> スコウルド, リプルーヴ |
| 志願（しがん） | desejo m., aspiração f. <br> デゼージョ, アスピラサォン | desire <br> ディザイア |
| （申し込み） | alistamento m. <br> アリスタメント | application <br> アプリケイション |
| 〜する | desejar, aspirar <br> デゼジャール, アスピラール | desire, aspire to <br> ディザイア, アスパイア |
| （申し込む） | alistar-se como, <br> アリスタールスィ コモ, <br> candidatar-se a <br> カンヂダタールスィ ア | apply for <br> アプライ |
| 時間（じかん） | tempo m., hora f. <br> テンポ, オーラ | time, hour <br> タイム, アウア |
| 指揮（しき） | comando m., chefia f. <br> コマンド, シェフィーア | command <br> カマンド |
| （オーケストラ） | regência f. <br> ヘジェンスィア | conducting <br> コンダクティング |
| 〜者 | regente m.f. <br> ヘジェンチ | |
| （男の） | maestro m. <br> マエストロ | conductor <br> カンダクタ |
| （女の） | maestrina f. <br> マエストリーナ | conductor <br> カンダクタ |
| 〜する | comandar, dirigir, chefiar <br> コマンダール, ヂリジール, シェフィアール | command, direct <br> カマンド, ディレクト |
| 〜棒 | batuta f. <br> バトゥッタ | baton <br> バタン |
| 式（しき） | cerimônia f., rito m. <br> セリモーニア, ヒット | ceremony <br> セリモウニ |
| （方式） | método m., sistema m. <br> メトド, スィステーマ | method, system <br> メソド, スィスティム |
| （流儀） | estilo m. <br> エスチーロ | style, form <br> スタイル, フォーム |
| （数式） | expressão f., fórmula f. <br> エスプレサォン, フォルムラ | expression <br> イクスプレション |

| 日 | 葡 | 英 |
|---|---|---|
| <ruby>時期<rt>じき</rt></ruby> | tempo *m.*, época *f.*<br>テンポ, エポカ | time, season<br>タイム, スィーズン |
| <ruby>磁気<rt>じき</rt></ruby> | magnetismo *m.*<br>マギネチズモ | magnetism<br>マグネティズム |
| <ruby>敷居<rt>しきい</rt></ruby> | limiar *m.*<br>リミアール | threshold<br>スレシュホウルド |
| <ruby>敷石<rt>しきいし</rt></ruby> | pavimento *m.*,<br>パヴィメント,<br><br>paralelepípedo *m.*<br>パラレレピペド | pavement<br>ペイヴメント |

し

## ■時間■ tempo *m.*, hora *f.* /テンポ, オーラ/

<ruby>年<rt>とし</rt></ruby>　ano /アーノ/ *m.* (英year)
<ruby>月<rt>つき</rt></ruby>　mês /メィス/ *m.* (英month)
<ruby>週<rt>しゅう</rt></ruby>　semana /セマーナ/ *f.* (英week)
<ruby>日<rt>ひ</rt></ruby>　dia /チーア/ *m.* (英day, date)
<ruby>時<rt>じ</rt></ruby>　hora /オーラ/ *f.* (英time, hour)
<ruby>分<rt>ふん</rt></ruby>　minuto /ミヌット/ *m.* (英minute)
<ruby>秒<rt>びょう</rt></ruby>　segundo /セグンド/ *m.* (英second)
<ruby>明け方<rt>あ　がた</rt></ruby>　madrugada /マドルガーダ/ *f.* (英dawn, daybreak, early morning)
<ruby>朝<rt>あさ</rt></ruby>　manhã /マニャン/ *f.* (英morning)
<ruby>正午<rt>しょうご</rt></ruby>　meio-dia /メィオ チーア/ *m.* (英noon)
<ruby>午後<rt>ごご</rt></ruby>　tarde /タルチ/ *f.* (英afternoon)
<ruby>夕方<rt>ゆうがた</rt></ruby>　tardinha /タルチーニャ/ *f.* (英late afternoon, evening)
<ruby>夜<rt>よる</rt></ruby>　noite /ノィチ/ *f.* (英night)
<ruby>深夜<rt>しんや</rt></ruby>　meio da noite /メィオ ダ ノィチ/ (英midnight)
<ruby>今日<rt>きょう</rt></ruby>　hoje /オージ/ (英today)
<ruby>明日<rt>あす</rt></ruby>　amanhã /アマニャン/ (英tomorrow)
あさって　depois de amanhã /デポィズ チ アマニャン/ (英the day after tomorrow)
<ruby>昨日<rt>きのう</rt></ruby>　ontem /オンテイン/ (英yesterday)
<ruby>一昨日<rt>おととい</rt></ruby>　anteontem /アンチオンテイン/ (英the day before yesterday)

| 日 | 葡 | 英 |
|---|---|---|
| しききん<br>敷金 | depósito *m.*<br>デポズィト | deposit<br>ディパズィト |
| しきさい<br>色彩 | cor *f.*, matiz *m.*, coloração *f.*<br>コール, マチース, コロラサォン | color, tint<br>カラ, ティント |
| しきじょう<br>式場 | salão de cerimônia *m.*<br>サラォン デ セリモーニア | the hall of ceremony<br>ザ ホール オヴ セリモウニ |
| しきそ<br>色素 | corante *m.*<br>コランチ | pigment<br>ピグメント |
| しきちょう<br>色調 | tom de cor *m.*<br>トン デ コール | tone<br>トウン |
| じきひつ<br>直筆 | autógrafo *m.*<br>アゥトグラフォ | autograph<br>オートグラフ |
| しきべつ<br>識別 | distinção *f.*<br>ヂスチンサォン | discrimination<br>ディスクリミネイション |
| ～する | distinguir<br>ヂスチンギール | discriminate<br>ディスクリミネイト |
| しきもう<br>色盲 | daltonismo *m.*<br>ダゥトニズモ | color blindness<br>カラ ブラインドネス |
| しきもの<br>敷物 | tapete *m.*<br>タペッチ | carpet, rug<br>カーペト, ラグ |
| しきゅう<br>子宮 | útero *m.*<br>ウテロ | uterus, womb<br>ユーテラス, ウーム |
| じきゅう<br>時給 | salário-hora *m.*<br>サラーリオ オーラ | hourly wage<br>アウアリ ウェイヂ |
| じきゅうじそく<br>自給自足 | auto-suficiência *f.*<br>アゥトスフィスィエンスィア | self-sufficiency<br>セルフサフィセンスィ |
| しきょう<br>司教 | bispo *m.*<br>ビスポ | bishop<br>ビショプ |
| しきょう<br>市況 | situação do mercado *f.*<br>スィトゥアサォン ド メルカード | the market<br>ザ マーケト |
| じぎょう<br>事業 | empreendimento *m.*<br>エンプレエンヂメント | enterprise, undertaking<br>エンタプライズ, アンダテイキング |
| しきり<br>仕切り | tabique *m.*, divisória *f.*<br>タビッキ, ヂヴィゾーリア | partition<br>パーティション |
| しきん<br>資金 | fundo *m.*, recursos *m.pl.*<br>フンド, ヘクルソス | capital, funds<br>キャピタル, ファンヅ |
| し<br>敷く | estender<br>エステンデール | lay, spread<br>レイ, スプレド |

| 日 | 葡 | 英 |
|---|---|---|
| （敷設） | instalar, construir<br>インスタラール, コンストルイール | laying, construction<br>レイング, コンストラクション |
| 軸（じく） | eixo m.<br>エイショ | axis, shaft<br>アクスィス, シャフト |
| 仕草（しぐさ） | gesto m.<br>ジェスト | behavior, gesture<br>ビヘイヴャ, チェスチャ |
| ジグザグ | ziguezague m.<br>ズィギザーギ | zigzag<br>ズィグザグ |
| しくじる | falhar, fracassar<br>ファリャール, フラカサール | fail in<br>フェイル |
| ジグソーパズル | quebra-cabeça m.<br>ケブラ カベッサ | jigsaw puzzle<br>ヂグソー パズル |
| 仕組み（しくみ） | mecanismo m.<br>メカニズモ | mechanism<br>メカニズム |
| シクラメン | cíclame m.<br>スィクラミ | cyclamen<br>スィクラメン |
| 時雨（しぐれ） | chuva intermitente f.<br>シューヴァ インテルミテンチ | early-winter shower<br>アーリウィンタ シャウア |
| 時化（しけ） | mar agitado m.,<br>マール アジタード,<br>tormenta f.<br>トルメンタ | stormy weather<br>ストーミ ウェザ |
| 死刑（しけい） | pena de morte f.<br>ペーナ ヂ モルチ | capital punishment<br>キャピタル パニシュメント |
| 刺激（しげき） | estímulo m., incentivo m.<br>エスチムロ, インセンチーヴォ | stimulus, impulse<br>スティミュラス, インパルス |
| 〜する | estimular, incentivar<br>エスチムラール, インセチヴァール | stimulate, excite<br>スティミュレイト, イクサイト |
| 茂る（しげる） | crescer bem<br>クレセール ベイン | grow thick<br>グロウ スィク |
| 試験（しけん） | exame m., prova f., teste m.<br>エザーミ, プローヴァ, テスチ | examination, test<br>イグザミネイション, テスト |
| 〜管 | proveta f.,<br>プロヴェッタ,<br>tubo de ensaio m.<br>トゥーボ ヂ エンサィオ | test tube<br>テスト テューブ |
| 〜する | aplicar um teste,<br>アプリカール ウン テスチ,<br>dar uma prova<br>ダール ウマ プローヴァ | examine, test<br>イグザミン, テスト |

| 日 | 葡 | 英 |
|---|---|---|
| <ruby>資<rt>しげん</rt></ruby>源 | recursos naturais *m.pl.*<br>ヘクルソス ナトゥライス | resources<br>リーソースィズ |
| <ruby>事件<rt>じけん</rt></ruby> | incidente *m.*, caso *m.*<br>インスィデンチ, カーゾ | event, incident, case<br>イヴェント, インスィデント, ケイス |
| <ruby>次元<rt>じげん</rt></ruby> | dimensão *f.*<br>ヂメンサォン | dimension<br>ディメンション |
| <ruby>自己<rt>じこ</rt></ruby> | o eu *m.*<br>ウ エゥ | self, ego<br>セルフ, エゴウ |
| <ruby>事故<rt>じこ</rt></ruby> | | |
| （小さな） | acidente *m.*, incidente *m.*<br>アスィデンチ, インスィデンチ | accident<br>アクスィデント |
| （大きな） | catástrofe *f.*<br>カタストロフィ | |
| <ruby>時効<rt>じこう</rt></ruby> | prescrição *f.*<br>プレスクリサォン | prescription<br>プリスクリプション |
| <ruby>時刻<rt>じこく</rt></ruby> | horário *m.*<br>オラーリオ | time, hour<br>タイム, アウア |
| ～表 | tabela de horário *f.*<br>タベーラ ヂ オラーリオ | timetable, schedule<br>タイムテイブル, スケヂュル |
| <ruby>地獄<rt>じごく</rt></ruby> | inferno *m.*<br>インフェルノ | hell, inferno<br>ヘル, インファーノウ |
| <ruby>仕事<rt>しごと</rt></ruby> | trabalho *m.*, tarefa *f.*<br>トラバーリョ, タレーファ | work, business, task<br>ワーク, ビズネス, タスク |
| <ruby>仕込む<rt>しこむ</rt></ruby> | abastecer-se<br>アバステセールスィ | stock<br>スタク |
| （教える） | treinar, ensinar<br>トレィナール, エンスィナール | train, teach<br>トレイン, ティーチ |
| <ruby>示唆<rt>しさ</rt></ruby> | sugestão *f.*, alusão *f.*<br>スジェスタォン, アルザオン | suggestion<br>サグヂェスチョン |
| ～する | sugerir, aludir<br>スジェリール, アルヂール | suggest<br>サグヂェスト |
| <ruby>時差<rt>じさ</rt></ruby> | diferença de fuso horário *f.*<br>ヂフェレンサ ヂ フーゾ オラーリオ | difference in time<br>ディフレンス イン タイム |
| ～ぼけ | *jet lag m.*, fadiga de vôo *f.*<br>ジェッラギ, ファヂーガ ヂ ヴォーオ | jet lag<br>ヂェト ラグ |
| <ruby>司祭<rt>しさい</rt></ruby> | padre *m.*<br>パードリ | priest<br>プリースト |
| <ruby>視察<rt>しさつ</rt></ruby> | inspeção *f.*, visita *f.*<br>インスペサォン, ヴィズィッタ | inspection<br>インスペクション |

| 日 | 葡 | 英 |
|---|---|---|
| 〜する | inspecionar, visitar<br>インスペスィオナール, ヴィズィタール | inspect, visit<br>インスペクト, ヴィズィト |
| 自殺 | suicídio *m.*<br>スイスィーヂオ | suicide<br>スーイサイド |
| 〜者 | suicida *m.f.*<br>スイスィーダ | suicide<br>スーイサイド |
| 〜する | suicidar-se<br>スイスィダールスィ | commit suicide<br>カミット スーイサイド |
| 資産 | ativo fixo *m.*,<br>アチーヴォ フィクソ,<br>propriedades *f.pl.*<br>プロプリエダーヂス | property, fortune<br>プラパティ, フォーチュン |
| 持参 | | |
| 〜金 | dote *m.*<br>ドッチ | dowry<br>ダウアリ |
| 〜する<br>(持っていく) | levar<br>レヴァール | take... with *one*<br>テイク ウィズ |
| (持ってくる) | trazer<br>トラゼール | bring<br>ブリング |
| 指示 | indicação *f.*, instrução *f.*<br>インヂカサォン, インストルサォン | indication<br>インディケイション |
| 〜する | indicar, instruir<br>インヂカール, インストルイール | indicate<br>インディケイト |
| 支持 | apoio *m.*, suporte *m.*<br>アポイオ, スポルチ | support, backing<br>サポート, バキング |
| 〜する | apoiar<br>アポイアール | support, back up<br>サポート, バク アプ |
| 時事 | acontecimentos atuais *m.pl.*<br>アコンテスィメントス アトゥワイス | current events<br>カーレント イヴェンツ |
| 獅子座 | Leão *m.*<br>レアォン | the Lion, Leo<br>ザ ライオン, レオ |
| 資質 | dom *m.*, qualidade *f.*<br>ドン, クァリダーヂ | nature, temperament<br>ネイチャ, テンペラメント |
| 事実 | fato *m.*<br>ファット | fact, the truth<br>ファクト, ザ トルース |
| 使者 | | |
| (男の) | mensageiro *m.*, emissário *m.*<br>メンサジェイロ, エミサーリオ | messenger<br>メスィンチャ |

| 日 | 葡 | 英 |
|---|---|---|
| (女の) | mensageira *f.*, emissária *f.*<br>メンサジェイラ, エミサーリア | messenger<br>メスィンヂャ |
| 支社 | filial *f.*<br>フィリアウ | branch<br>ブランチ |
| 死者 | defunto *m.*<br>デフント | |
| (男の) | morto *m.*, falecido *m.*<br>モルト, ファレスィード | dead person, the dead<br>デド パースン, ザ デド |
| (女の) | morta *f.*, falecida *f.*<br>モルタ, ファレスィーダ | dead person, the dead<br>デド パースン, ザ デド |
| 磁石 | ímã *m.*<br>イマン | magnet<br>マグネト |
| 四捨五入する | arredondar um número maior<br>アヘドンダール ウン ヌメロ マイオール<br>que cinco para cima e menor<br>キ スィンコ パラ スィーマ イ メノール<br>que quatro para baixo<br>キ クワトロ パラ バィショ | round<br>ラウンド |
| 刺繍 | bordado *m.*<br>ボルダード | embroidery<br>インブロイダリ |
| 支出 | despesa *f.*<br>ヂスペーザ | expenses, expenditure<br>イクスペンスィズ, イクスペンディチャ |
| 自主的な | voluntário<br>ヴォルンターリオ | voluntary<br>ヴァランテリ |
| 思春期 | puberdade *f.*<br>プベルダーチ | adolescence, puberty<br>アドレセンス, ピューバティ |
| 司書 | | |
| (男の) | bibliotecário *m.*<br>ビブリオテカーリオ | librarian<br>ライブレアリアン |
| (女の) | bibliotecária *f.*<br>ビブリオテカーリア | librarian<br>ライブレアリアン |
| 辞書 | dicionário *m.*<br>ヂスィオナーリオ | dictionary<br>ディクショネリ |
| 次女 | segunda filha *f.*<br>セグンダ フィーリャ | second daughter<br>セコンド ドータ |
| 市場 | mercado *m.*<br>メルカード | market<br>マーケト |
| 事情 | circunstâncias *f.pl.*,<br>スィルクンスタンスィアス, | circumstances<br>サーカムスタンスィズ |

| 日 | 葡 | 英 |
|---|---|---|
| | situação *f.*<br>スィトゥァサォン | |
| (理由) | razões *f.pl.*<br>ハゾインス | reasons<br>リーズンズ |
| 試食する | provar, degustar<br>プロヴァール, デグスタール | taste<br>テイスト |
| 辞職する | demitir-se<br>デミチールスィ | resign<br>リザイン |
| 自叙伝 | autobiografia *f.*<br>アゥトビオグラフィーア | autobiography<br>オートバイアグラフィ |
| 私書箱 | caixa postal *f.*<br>カィシャ ポスタゥ | post-office box, P.O.B.<br>ポウストオーフィス バクス |
| 詩人 | | |
| (男の) | poeta *m.*<br>ポエッタ | poet, poetess<br>ポウイト, ポウイテス |
| (女の) | poetisa *f.*<br>ポエチーザ | poet, poetess<br>ポウイト, ポウイテス |
| 自信 | autoconfiança *f.*, segurança *f.*<br>アゥトコンフィアンサ, セグランサ | confidence<br>カンフィデンス |
| 自身 | | |
| (男の) | o próprio *m.*<br>ウ プロプリオ | self, oneself<br>セルフ, ワンセルフ |
| (女の) | a própria *f.*<br>ア プロプリア | self, oneself<br>セルフ, ワンセルフ |
| 地震 | terremoto *m.*, sismo *m.*<br>テヘモット, スィズモ | earthquake<br>アースクウェイク |
| 指数 | índice *m.*<br>インヂスィ | index number<br>インデクス ナンバ |
| 静かな | silencioso, calmo, tranqüilo<br>スィレンスィオーゾ, カウモ, トランクゥィーロ | silent, still, calm<br>サイレント, スティル, カーム |
| 滴 | gota *f.*<br>ゴッタ | drop<br>ドラプ |
| 静けさ | silêncio *m.*, tranqüilidade *f.*<br>スィレンスィオ, トランクィリダーヂ | silence, stillness<br>サイレンス, スティルネス |
| システム | sistema *m.*<br>スィステーマ | system<br>スィスティム |
| 地滑り | desabamento de terra *m.*<br>デザバメント チ テッハ | landslip<br>ランドスリプ |

| 日 | 葡 | 英 |
|---|---|---|
| 静(しず)まる | acalmar-se, tranqüilizar-se<br>アカウマールスィ, トランクィリザールスィ | become quiet, calm down<br>ビカム クワイエト, カーム ダウン |
| 沈(しず)む | afundar-se<br>アフンダールスィ | sink, go down<br>スィンク, ゴウ ダウン |
| (太陽などが) | pôr-se<br>ポールスィ | set<br>セト |
| (気が) | deprimir-se<br>デプリミリールスィ | |
| 鎮(しず)める | acalmar, tranqüilizar<br>アカウマール, トランクィリザール | quell<br>クウェル |
| 姿勢(しせい) | postura f., posição f., pose f.<br>ポストゥーラ, ポズィサォン, ポーズィ | posture, pose<br>パスチャ, ポウズ |
| 私生活(しせいかつ) | vida privada f.<br>ヴィーダ プリヴァーダ | private life<br>プライヴェト ライフ |
| 自制(じせい)する | controlar-se a si próprio<br>コントロラールスィ ア スィ プロプリオ | control oneself<br>カントロウル |
| 史跡(しせき) | lugar histórico m.<br>ルガール イストーリコ | historic site<br>ヒストリク サイト |
| 施設(しせつ) | instalação f.<br>インスタラサォン | institution<br>インスティテューション |
| 視線(しせん) | olhar m.<br>オリャール | eyes, glance<br>アイズ, グランス |
| 自然(しぜん) | natureza f.<br>ナトゥレーザ | nature<br>ネイチャ |
| 〜科学 | ciências naturais f.pl.<br>スィエンスィアス ナトゥライス | natural science<br>ナチュラル サイエンス |
| 〜主義 | naturalismo m.<br>ナトゥラリズモ | naturalism<br>ナチュラリズム |
| 〜に | com naturalidade<br>コン ナトゥラリダーヂ | naturally<br>ナチュラリ |
| 慈善(じぜん) | caridade f.<br>カリダーヂ | charity, benevolence<br>チャリティ, ビネヴォレンス |
| 紫蘇(しそ) | segurelha f.<br>セグレーリャ | beefsteak plant<br>ビーフステイク プラント |
| 思想(しそう) | pensamento m., idéia f.<br>ペンサメント, イデイア | thought, idea<br>ソート, アイディーア |
| 時速(じそく) | velocidade horária [por hora] f.<br>ヴェロスィダーヂ オラーリア [ポル オーラ] | speed per hour<br>スピード パー アウア |

| 日 | 葡 | 英 |
|---|---|---|
| じぞく<br>持続する | continuar, durar, perdurar<br>コンチヌアール, ドゥラール, ペルドゥラール | continue<br>コンティニュー |
| しそん<br>子孫 | descendente m.f.<br>デセンデンチ | descendant, posterity<br>ディセンダント, パステリティ |
| じそんしん<br>自尊心 | amor próprio m.<br>アモール プロプリオ | self-respect, pride<br>セルフリスペクト, プライド |
| した<br>下 | parte inferior f.<br>パルチ インフェリオール | the lower part, the bottom<br>ザ ロウア パート, ザ バトム |
| した<br>舌 | língua f.<br>リングァ | the tongue<br>ザ タング |
| しだ<br>羊歯 | samambaia f.<br>サマンバィア | fern<br>ファーン |
| したい<br>死体 | cadáver m., corpo (morto) m.<br>カダーヴェル, コルポ モルト | dead body, corpse<br>デド バディ, コープス |
| しだい<br>次第 | programa m.<br>プログラーマ | order<br>オーダ |
| （事の〜） | situação f., estado das coisas m.<br>スィトゥアソン, エスタード ダス コィザス | circumstances<br>サーカムスタスィズ |
| 〜に | pouco a pouco, gradualmente<br>ポゥコ ア ポゥコ, グラドゥアゥメンチ | gradually<br>グラヂュアリ |
| じたい<br>事態 | situação f., estado das coisas m.<br>スィトゥアソン, エスタード ダス コィザス | the situation<br>ザ スィチュエイション |
| じたい<br>辞退する | não aceitar, recusar<br>ナオン アセィタール, ヘクザール | decline, refuse<br>ディクライン, レフューズ |
| じだい<br>時代 | época f., período m., era f.<br>エポカ, ペリオド, エーラ | time, period, era<br>タイム, ピアリオド, イアラ |
| した<br>慕う | adorar, querer, suspirar<br>アドラール, ケレール, ススピラール | yearn *after*, long *for*<br>ヤーン, ローング |
| したう<br>下請けする | subcontratar<br>スビコントラタール | subcontract<br>サブコントラクト |
| したが<br>従う | seguir<br>セギール | follow, accompany<br>ファロウ, アカンパニ |
| （逆らわない） | obedecer<br>オベデセール | obey<br>オベイ |
| したが<br>下書き | rascunho m., esboço m.<br>ハスクーニョ, エズボッソ | draft<br>ドラフト |
| したぎ<br>下着 | roupa íntima f., roupa de baixo f.<br>ホゥパ インチマ, ホゥパ ヂ バィショ | underwear<br>アンダウェア |

| 日 | 葡 | 英 |
|---|---|---|
| したく<br>支度する | preparar, fazer os preparativos<br>プレパラール, ファゼール ウズ プレパラチーヴォス | prepare *for*<br>プリペア |
| したじ<br>下地 | base *f.*<br>バーズィ | groundwork<br>グラウンドワーク |
| した<br>親しい | familiar, íntimo<br>ファミリアール, インチモ | close, familiar<br>クロウス, ファミリア |
| したじ<br>下敷き | folha de plástico *f.*, pastazinha *f.*<br>フォーリャ チ プラスチコ, パスタズィーニャ | desk pad<br>デスク パド |
| したしら<br>下調べ | pesquisa preliminar *f.*<br>ペスキーザ プレリミナール | preliminary inquiry<br>プリリミネリ インクワイアリ |
| した<br>滴る | pingar, gotejar<br>ピンガール, ゴテジャール | drop, drip<br>ドラプ, ドリプ |
| した ば<br>下っ端 | | |
| （男の） | subalterno *m.*<br>スバウテルノ | underling<br>アンダリング |
| （女の） | subalterna *f.*<br>スバウテルナ | underling<br>アンダリング |
| したど<br>下取り | troca como parte do pagamento *f.*<br>トロッカ コモ パルチ ド パガメント | trade-in<br>トレイドイン |
| したぬ<br>下塗り | primeira pintura *f.*<br>プリメィラ ピントゥーラ | undercoating<br>アンダコウティング |
| したびらめ<br>舌平目 | linguado *m.*<br>リングワード | sole<br>ソウル |
| したみ<br>下見 | inspeção preliminar *f.*<br>インスペサォン プレリミナール | preliminary inspection<br>プリリミネリ インスペクション |
| じだん<br>示談 | acordo extra-judicial *m.*<br>アコルド エストラジュヂシィアウ | private settlement<br>プライヴェト セトルメント |
| しち<br>質 | penhor *m.*<br>ペニョール | pawn, pledge<br>ポーン, プレヂ |
| じち<br>自治 | autonomia *f.*<br>アゥトノミーア | autonomy<br>オータノミ |
| しちがつ<br>七月 | julho *m.*<br>ジューリョ | July<br>ヂュライ |
| しちめんちょう<br>七面鳥 | peru *m.*<br>ペル | turkey<br>ターキ |
| しちや<br>質屋 | casa de penhor *f.*<br>カーザ チ ペニョール | pawnshop<br>ポーンシャプ |

| 日 | 葡 | 英 |
|---|---|---|
| 試着する(しちゃくする) | provar a roupa<br>プロヴァール ア ホウパ | try on<br>トライ オン |
| シチュー | guisado m.<br>ギザード | stew<br>ステュー |
| 市長(しちょう) | prefeito municipal m.<br>プレフェイト ムニスィパウ | mayor<br>メイア |
| 視聴者(しちょうしゃ) | | |
| (男の) | telespectador m.<br>テレスペキタドール | TV audience<br>ティーヴィー オーディエンス |
| (女の) | telespectadora f.<br>テレスペキタドーラ | TV audience<br>ティーヴィー オーディエンス |
| 市町村(しちょうそん) | municípios m.pl.<br>ムニスィッピオス | municipalities<br>ミューニスィパリティズ |
| 質(しつ) | qualidade f.<br>クァリダーヂ | quality<br>クワリティ |
| 実(じつ) | | |
| ～に | realmente<br>ヘアウメンチ | in fact, truly<br>イン ファクト, トルーリ |
| ～の | de verdade, verdadeiro<br>チ ヴェルダーヂ, ヴェルダデイロ | true, real, actual<br>トルー, リーアル, アクチュアル |
| 歯痛(しつう) | dor de dente f.<br>ドール チ デンチ | toothache<br>トゥーセイク |
| 実家(じっか) | casa dos pais f.<br>カーザ ドス パイス | parents' home<br>ペアレンツ ホウム |
| 失格する(しっかくする) | ser desqualificado<br>セール ヂスクァリフィカード | be disqualified<br>ビー ディスクワリファイド |
| しっかりする | ficar firme, ficar sólido<br>フィカール フィルミ, フィカール ソリド | become strong<br>ビカム ストローング |
| (元気を出す) | criar coragem<br>クリアール コラージェイン | take courage<br>テイク カーリヂ |
| しっかりと | firmemente<br>フィルマメンチ | firmly, tightly<br>ファーム リ, タイトリ |
| 失業(しつぎょう) | desemprego m.<br>デゼンプレーゴ | unemployment<br>アンエンプロイメント |
| ～者 | | |
| (男の) | desempregado m.<br>デゼンプレガード | the unemployed<br>ジ アンエンプロイド |
| (女の) | desempregada f.<br>デゼンプレガーダ | the unemployed<br>ジ アンエンプロイド |

| 日 | 葡 | 英 |
|---|---|---|
| 〜する | ficar desempregado フィカール デゼンプレガード | lose *one's* job ルーズ チャブ |
| 実業家（男の） | empresário *m.* エンプレザーリオ | businessman ビジネスマン |
| （女の） | empresária *f.* エンプレザーリア | businessman ビジネスマン |
| 実況中継 | transmissão direta *f.*, ao vivo トランズミサォン ヂレッタ, アオ ヴィーヴォ | live broadcast ライヴ ブロードキャスト |
| 漆喰 | argamassa *f.*, reboco *m.* アルガマッサ, ヘボッコ | mortar, plaster モータ, プラスタ |
| シックな | chique, elegante, de bom gosto シッキ, エレガンチ, チ ボン ゴスト | chic シーク |
| 湿気 | umidade *f.* ウミダーヂ | moisture モイスチャ |
| 躾 | educação *f.*, disciplina *f.* エドゥカサォン, ヂスィプリーナ | training, discipline トレイニング, ディスィプリン |
| 躾ける | educar, disciplinar エドゥカール, ヂスィプリナール | train, discipline トレイン, ディスィプリン |
| 実験 | experimento *m.* エスペリメント | experiment イクスペリメント |
| 〜室 | laboratório *m.* ラボラトーリオ | laboratory ラブラトーリ |
| 〜する | experimentar エスペリメンタール | experiment イクスペリメント |
| 実現 | realização *f.* ヘアリザサォン | realization リーアリゼイション |
| 〜する | realizar ヘアリザール | realize, come true リーアライズ, カム トルー |
| しつこい | insistente インスィステンチ | persistent, obstinate パスィステント, アブスティネト |
| （味が） | forte フォルチ | heavy ヘヴィ |
| （色が） | chamativo シャマチーヴォ | gaudy ゴーディ |
| 失効 | invalidação *f.* インヴァリダサォン | lapse ラプス |
| 実行 | execução *f.*, realização *f.* エゼクサォン, ヘアリザサォン | practice, execution プラクティス, エクセキューション |

| 日 | 葡 | 英 |
|---|---|---|
| 〜する | executar, realizar<br>エゼクタール, ヘアリザール | carry out, practice<br>キャリ アウト, プラクティス |
| じっさい<br>実際 | | |
| （事実） | fato *m.*<br>ファット | fact<br>ファクト |
| （真実） | verdade *f.*<br>ヴェルダーヂ | truth<br>トルース |
| （現実） | realidade *f.*<br>ヘアリダーヂ | reality<br>リアリティ |
| 〜に | na prática, de fato<br>ナ プラチカ, ヂ ファット | actually, really<br>アクチュアリ, リーアリ |
| じっざい<br>実在 | existência *f.*<br>エズィステンスィア | actual existence<br>アクチュアル イグズィステンス |
| じっし<br>実施 | execução *f.*, realização *f.*<br>エゼクサォン, ヘアリザサォン | enforcement<br>インフォースメント |
| 〜する | realizar, executar<br>ヘアリザール, エゼクタール | enforce<br>インフォース |
| じっしつ<br>実質 | substância *f.*, essência *f.*<br>スビスタンスィア, エセンスィア | substance<br>サブスタンス |
| じっしゅう<br>実習 | treino *m.*, estágio *m.*<br>トレイノ, エスタージオ | practice, training<br>プラクティス, トレイニング |
| 〜生 | | |
| （男の） | estagiário *m.*<br>エスタジアーリオ | trainee<br>トレイニー |
| （女の） | estagiária *f.*<br>エスタジアーリア | trainee<br>トレイニー |
| じつじょう<br>実情 | verdadeiras circunstâncias *f.pl.*<br>ヴェルダデイラス スィルクンスタンスィアス | the actual condition<br>ジ アクチュアル カンディション |
| しっしん<br>失神する | desmaiar<br>ヂズマィアール | faint, swoon<br>フェイント, スウーン |
| じっせき<br>実績 | resultados reais *m.pl.*<br>ヘズウタードス ヘアィス | results, achievements<br>リザルツ, アチーヴメンツ |
| じっせん<br>実践する | praticar, pôr em prática<br>プラチカール, ポール エィン プラチカ | practice<br>プラクティス |
| しっそう<br>失踪する | desaparecer<br>ヂサパレセール | disappear<br>ディサピア |
| しっそ<br>質素な | modesto, sóbrio<br>モデスト, ソブリオ | plain, simple<br>プレイン, スィンプル |
| じったい<br>実態 | estado real *m.*, realidade *f.*<br>エスタード ヘアウ, ヘアリダーヂ | the realities<br>ザ リーアリティズ |

| 日 | 葡 | 英 |
|---|---|---|
| 実直な | honesto<br>オネスト | honest<br>アネスト |
| 嫉妬 | ciúme *m.*<br>スィウーミ | jealousy<br>チェラスィ |
| ～する | ter ciúme<br>テール スィウーミ | be jealous *of*, envy<br>ビ チェラス, エンヴィ |
| 湿度 | umidade relativa do ar *f.*<br>ウミダーヂ ヘラチーヴァ ド アール | humidity<br>ヒューミディティ |
| 室内 | | |
| ～楽 | música de câmara *f.*<br>ムズィカ ヂ カマラ | chamber music<br>チェインバ ミューズィク |
| ～で | no interior (da casa)<br>ノ インテリオール ダ カーザ | indoors<br>インドーズ |
| ジッパー | zíper *m.*<br>ズィペル | zipper<br>ズィパ |
| 失敗 | fracasso *m.*, falha *f.*, malogro *m.*<br>フラカッソ, ファーリャ, マローグロ | failure<br>フェイリャ |
| （間違い） | erro *m.*<br>エッホ | mistake, error<br>ミステイク, エラ |
| ～する | fracassar, falhar<br>フラカサール, ファリャール | fail *in*<br>フェイル |
| 執筆する | escrever<br>エスクレヴェール | write<br>ライト |
| 湿布 | cataplasma *m.*, emplastro *m.*<br>カタプラズマ, エンプラストロ | compress<br>カンプレス |
| 実物 | | |
| （原物） | o original *m.*<br>ウ オリジナウ | the original<br>ザ オリヂナル |
| 尻尾 | rabo *m.*<br>ハーボ | tail<br>テイル |
| 失望する | desiludir-se, decepcionar-se<br>デズィルチールスィ, デセピスィオナールスィ | be disappointed<br>ビ ディサポインテド |
| 実務 | trabalho prático *m.*<br>トラバーリョ プラチコ | practical business<br>プラクティカル ビズネス |
| 質問 | pergunta *f.*<br>ペルグンタ | question<br>クウェスチョン |
| ～する | perguntar<br>ペルグンタール | ask... a question<br>アスク ア クウェスチョン |

| 日 | 葡 | 英 |
|---|---|---|
| じつよう<br>実用 | uso prático *m.*<br>ウーゾ プラチコ | practical use<br>プラクティカル ユース |
| じつりょく<br>実力 | capacidade *f.*, competência *f.*<br>カパスィダーチ, コンペテンスィア | ability<br>アビリティ |
| ～者 | pessoa influente *f.*<br>ペソーア インフルエンチ | influential person<br>インフルエンシャル パーソン |
| しつれい<br>失礼 | rudeza *f.*, descortesia *f.*<br>フデーザ, ヂスコルテズィーア | rudeness<br>ルードネス |
| ～な | rude, indelicado<br>フーヂ, インデリカード | rude, impolite<br>ルード, インポライト |
| じつれい<br>実例 | exemplo *m.*<br>エゼンプロ | example<br>イグザンプル |
| しつれん<br>失恋する | falhar no namoro<br>ファリャール ノ ナモーロ | be disappointed in love<br>ビ ディサポインティド イン ラヴ |
| じつわ<br>実話 | história verdadeira *f.*<br>イストーリア ヴェルダデイラ | true story<br>トルー ストーリ |
| してい<br>指定 | designação *f.*, indicação *f.*<br>デズィギナサォン, インヂカサォン | designation<br>デズィグネイション |
| ～する | designar, indicar<br>デズィギナール, インヂカール | appoint, designate<br>アポイント, デズィグネイト |
| ～席 | poltrona numerada *f.*<br>ポウトローナ ヌメラーダ | reserved seat<br>リザーヴド スィート |
| してきする<br>指摘する | apontar, indicar<br>アポンタール, インヂカール | point out, indicate<br>ポイント アウト, インディケイト |
| してきな<br>私的な | pessoal, particular<br>ペソアウ, パルチクラール | private, personal<br>プライヴェト, パーソナル |
| してん<br>支店 | filial *f.*<br>フィリアウ | branch<br>ブランチ |
| しでん<br>市電 | bonde *m.*<br>ボンヂ | streetcar, tram<br>ストリートカー, トラム |
| じてん<br>辞典 | dicionário *m.*<br>ヂスィオナーリオ | dictionary<br>ディクショネリ |
| じでん<br>自伝 | autobiografia *f.*<br>アウトビオグラフィーア | autobiography<br>オートバイアグラフィ |
| じてんしゃ<br>自転車 | bicicleta *f.*<br>ビスィクレッタ | bicycle<br>バイスィクル |
| しどう<br>指導 | orientação *f.*<br>オリエンタサォン | guidance, direction<br>ガイダンス, ディレクション |

| 日 | 葡 | 英 |
|---|---|---|
| ～する | orientar, guiar<br>オリエンタール, ギアール | guide, lead, coach<br>ガイド, リード, コウチ |
| <ruby>児童<rt>じどう</rt></ruby> | criança f.<br>クリアンサ | child<br>チャイルド |
| <ruby>自動車<rt>じどうしゃ</rt></ruby> | carro m., automóvel m.<br>カッホ, アゥトモーヴェウ | car, automobile<br>カー, オートモビール |
| ～事故 | acidente de carro m.<br>アスィデンチ デ カーホ | car accident<br>カー アクスィデント |
| <ruby>自動的に<rt>じどうてき</rt></ruby> | automaticamente<br>アゥトマチカメンチ | automatically<br>オートマティカリ |
| <ruby>自動ドア<rt>じどう</rt></ruby> | porta automática f.<br>ポルタ アゥトマチカ | automatic door<br>オートマティク ドー |
| <ruby>自動販売機<rt>じどうはんばいき</rt></ruby> | máquina de venda automática f.<br>マキナ デ ヴェンダ アゥトマチカ | vending machine<br>ヴェンディング マシーン |
| しとやかな | gracioso<br>グラスィオーゾ | graceful<br>グレイスフル |
| <ruby>品<rt>しな</rt></ruby> | artigo m., objeto m., coisa f.<br>アルチーゴ, オビジェット, コィザ | article, goods<br>アーティクル, グヅ |
| <ruby>市内<rt>しない</rt></ruby> | | |
| ～に | na cidade<br>ナ スィダーヂ | in the city<br>イン ザ スィティ |
| ～通話 | ligação local f.<br>リガサォン ロカゥ | local call<br>ロウカル コール |
| <ruby>品切れ<rt>しなぎ</rt></ruby> | estoque esgotado<br>エストッキ エズゴタード | sold out<br>ソウルド アゥト |
| シナゴーグ | sinagoga f.<br>スィナゴーガ | synagogue<br>スィナガグ |
| <ruby>萎びる<rt>しな</rt></ruby> | murchar<br>ムルシャール | wither<br>ウィザ |
| <ruby>品物<rt>しなもの</rt></ruby> | artigo m.<br>アルチーゴ | article<br>アーティクル |
| （商品） | mercadoria f.<br>メルカドリーア | goods<br>グヅ |
| シナモン | canela f.<br>カネーラ | cinnamon<br>スィナモン |
| しなやかな | flexível<br>フレキスィーヴェゥ | flexible<br>フレクスィブル |
| （柔かい） | macio<br>マスィーオ | soft<br>ソーフト |

| 日 | 葡 | 英 |
|---|---|---|
| シナリオ | roteiro *m.*<br>ホテイロ | scenario, screenplay<br>スィネアリオウ, スクリーンプレイ |
| 次男<sup>じなん</sup> | segundo filho *m.*<br>セグンド フィーリョ | the second son<br>ザ セコンド サン |
| 死人<sup>しにん</sup> | defundo *m.*<br>デフンド | |
| (男の) | morto *m.*<br>モルト | dead person, the dead<br>デド パースン, ザ デド |
| (女の) | morta *f.*<br>モルタ | dead person, the dead<br>デド パースン, ザ デド |
| 辞任<sup>じにん</sup> | renúncia *f.*, demissão *f.*<br>ヘヌンスィア, デミサオン | resignation<br>レズィグネイション |
| ～する | renunciar, demitir-se<br>ヘヌンスィアール, デミチールスィ | resign<br>リザイン |
| 死ぬ<sup>し</sup> | morrer, falecer<br>モヘール, ファレセール | die<br>ダイ |
| 地主<sup>じぬし</sup> | | |
| (男の) | proprietário *m.*<br>プロプリエターリオ | landowner<br>ランドオウナ |
| (女の) | proprietária *f.*<br>プロプリエターリア | landowner<br>ランドオウナ |
| 凌ぐ<sup>しの</sup> | | |
| (耐える) | agüentar, suportar<br>アグエンタール, スポルタール | endure, bear<br>インデュア, ベア |
| (追い越す) | exceder, superar<br>エセデール, スペラール | exceed, surpass<br>イクスィード, サーパス |
| (切り抜ける) | vencer<br>ヴェンセール | tide over<br>タイド オウヴァ |
| 忍ぶ<sup>しの</sup> | agüentar, suportar, tolerar<br>アグエンタール, スポルタール, トレラール | endure, bear<br>インデュア, ベア |
| 支配<sup>しはい</sup> | domínio *m.*, controle *m.*<br>ドミーニオ, コントローリ | management, control<br>マニヂメント, カントロウル |
| ～する | dominar, controlar<br>ドミナール, コントロラール | manage, control<br>マニヂ, カントロウル |
| ～人 | gerente *m.f.*<br>ジェレンチ | manager<br>マニヂャ |
| 芝居<sup>しばい</sup> | teatro *m.*<br>テアットロ | play, drama<br>プレイ, ドラーマ |
| 自白<sup>じはく</sup> | confissão *f.*<br>コンフィサオン | voluntary confession<br>ヴァランテリ カンフェション |

| 日 | 葡 | 英 |
|---|---|---|
| 地場産業 (じばさんぎょう) | indústria local *f.*<br>インドゥストリア ロカゥ | local industry<br>ロウカル インダストリ |
| しばしば | freqüentemente<br>フレクェンチメンチ | often<br>オーフン |
| 自発的な (じはつてきな) | espontâneo<br>エスポンターニオ | spontaneous, voluntary<br>スパンテイニアス, ヴァランテリ |
| 始発電車 (しはつでんしゃ) | primeiro trem *m.*<br>プリメィロ トレイン | the first train<br>ザ ファースト トレイン |
| 芝生 (しばふ) | relvado *m.*, gramado *m.*<br>ヘゥヴァード, グラマード | lawn<br>ローン |
| 支払い (しはらい) | pagamento *m.*<br>パガメント | payment<br>ペイメント |
| 支払う (しはらう) | pagar<br>パガール | pay<br>ペイ |
| 暫く (しばらく) | por algum tempo, um momento<br>ポル アゥグン テンポ, ウン モメント | for a while<br>フォー ア ホワイル |
| (かなりの時間) | por muito tempo<br>ポル ムィント テンポ | for a long time<br>フォー ア ローング タイム |
| 縛る (しばる) | amarrar, atar, prender<br>アマハール, アタール, プレンデール | bind<br>バインド |
| 地盤 (じばん) | base *f.*, alicerce *m.*<br>バーズィ, アリセルスィ | foundation, base<br>ファウンデイション, ベイス |
| (土地) | solo *m.*<br>ソーロ | the ground<br>ザ グラウンド |
| 四半期 (しはんき) | trimestre *m.*<br>トリメストリ | quarter<br>クウォータ |
| 市販の (しはんの) | à venda (no mercado)<br>ア ヴェンダ ノ メルカード | on the market<br>オン ザ マーケト |
| 私費で (しひで) | às próprias custas<br>アス プロプリアス クスタス | at *one's* own expense<br>アト オウン イクスペンス |
| 慈悲 (じひ) | misericórdia *f.*<br>ミゼリコルディア | mercy, pity<br>マースィ, ピティ |
| 耳鼻咽喉科 (じびいんこうか) | otorrinolaringologia *f.*<br>オトヒノラリンゴロジーア | otorhinolaryngology<br>オウトウライノゥラリンガロヂ |
| 指標 (しひょう) | índice *m.*<br>インヂスィ | index<br>インデクス |
| 辞表 (じひょう) | carta de demissão *f.*<br>カルタ ヂ デミサォン | resignation<br>レズィグネイション |

| 日 | 葡 | 英 |
|---|---|---|
| じびょう<br>持病 | doença crônica *f.*<br>ドエンサ クロニカ | chronic disease<br>クラニック ディズィーズ |
| しび<br>痺れる | adormecer, formigar<br>アドルメセール, フォルミガール | become numb<br>ビカム ナム |
| しぶ<br>支部 | filial *f.*<br>フィリアウ | branch<br>ブランチ |
| じふ<br>自負 | orgulho *m.*, brio *m.*<br>オルグーリョ, ブリーオ | pride<br>プライド |
| しぶ<br>渋い | adstringente, com cica<br>アヂストリンジェンチ, コン スィッカ | astringent<br>アストリンジェント |
| (好みが) | sóbrio<br>ソブリオ | quiet, tasteful<br>クワイアト, テイストフル |
| しぶき<br>飛沫 | respingo *m.* borrifo *m.*, salpico *m.*<br>ヘスピンゴ, ボヒッフォ, サウピッコ | spray<br>スプレイ |
| ジプシー | cigano *m.*<br>スィガーノ | Gypsy<br>ヂプスィ |
| しぶしぶ | relutantemente, contra vontade<br>ヘルタンチメンチ, コントラ ヴォンターヂ | reluctantly<br>リラクタントリ |
| ジフテリア | difteria *f.*<br>ヂフィテリーア | diphtheria<br>ディフスィアリア |
| しぶとい | obstinado, insistente, teimoso<br>オビスチナード, インスィステンチ, テイモーゾ | tenacious, obstinate<br>テネイシャス, アブスティネト |
| しぶ<br>渋る | hesitar, não querer<br>エズィタール, ナォン ケレール | hesitate<br>ヘズィテイト |
| じぶん<br>自分 | si mesmo<br>スィ メズモ | self<br>セルフ |
| しへい<br>紙幣 | papel-moeda *m.*, nota *f.*<br>パペウ モエーダ, ノッタ | bill<br>ビル |
| しほう<br>四方 | todas as direções *f.pl.*<br>トーダズ アズ ヂレソィンス | every direction<br>エヴリ ディレクション |
| しぼう<br>志望する | desejar, aspirar<br>デゼジャール, アスピラール | wish, desire<br>ウィシュ, ディザイア |
| しぼう<br>死亡 | morte *f.*, falecimento *m.*<br>モルチ, ファレスィメント | death, decease<br>デス, ディスィース |
| しぼう<br>脂肪 | gordura *f.*<br>ゴルドゥーラ | fat, grease<br>ファト, グリース |
| じほう<br>時報 | toque da hora *m.*<br>トッキ ダ オーラ | time signal<br>タイム スィグナル |

| 日 | 葡 | 英 |
|---|---|---|
| しほうけん<br>司法権 | poder judiciário *m.*<br>ポデール ジュヂスィアーリオ | jurisdiction<br>ヂュアリスディクション |
| しぼ<br>萎む | murchar<br>ムルシャール | wither, fade<br>ウィザ, フェイド |
| しぼ<br>絞[搾]る | espremer<br>エスプレメール | press, wring, squeeze<br>プレス, リング, スクウィーズ |
| （頭を） | quebrar a cabeça<br>ケブラール ア カベッサ | rack *one's* brain<br>ラク ブレイン |
| しほん<br>資本 | capital inicial *m.*<br>カピタウ イニスィアウ | capital<br>キャピタル |
| ～家 | capitalista *m.*<br>カピタリスタ | capitalist<br>キャピタリスト |
| ～金 | capital investido *m.*<br>カピタウ インヴェスチード | capital<br>キャピタル |
| ～主義 | capitalismo *m.*<br>カピタリズモ | capitalism<br>キャピタリズム |
| しま<br>縞 | listra *f.*<br>リストラ | stripes<br>ストライプス |
| しま<br>島 | ilha *f.*<br>イーリャ | island<br>アイランド |
| しまい<br>姉妹 | irmã *f.*<br>イルマン | sisters<br>スィスタズ |
| しま<br>仕舞う | guardar, pôr no lugar<br>グァルダール, ポール ノ ルガール | put away<br>プト アウェイ |
| しまうま<br>縞馬 | zebra *f.*<br>ゼーブラ | zebra<br>ズィーブラ |
| じまく<br>字幕 | legenda *f.*<br>レジェンダ | subtitles<br>サブタイトルズ |
| しまつ<br>始末 | solução *f.*<br>ソルサォン | disposal<br>ディスポウザル |
| （結果） | resultado *m.*, conseqüencia *f.*<br>ヘズウタード, コンセクウェンスィア | result<br>リザルト |
| し<br>閉まる | fechar<br>フェシャール | shut, be closed<br>シャト, ビ クロウズド |
| じまん<br>自慢 | jactância *f.*, orgulho *m.*<br>ジャキタンスィア, オルグーリョ | boast, vanity<br>ボウスト, ヴァニティ |
| ～する | vangloriar-se de,<br>ヴァングロリアールスィ チ,<br>orgulhar-se de<br>オルグリャールスィ チ | boast *of*, be proud *of*<br>ボウスト, ビー プラウド |

| 日 | 葡 | 英 |
|---|---|---|
| しみ | mancha f.<br>マンシャ | stain, spot<br>ステイン, スパト |
| 地味な | sóbrio, discreto<br>ソブリオ, ヂスクレット | plain, quiet<br>プレイン, クワイアト |
| シミュレーション | simulação f.<br>スィムラサォン | simulation<br>スィミュレイション |
| 染みる | penetrar, infiltrar-se<br>ペネトラール, インフィウトラールスィ | penetrate, soak<br>ペネトレイト, ソウク |
| (痛む) | sentir dor<br>センチール ドール | smart<br>スマート |
| 市民 | cidadão m.<br>スィダダォン | citizen<br>スィティズン |
| 〜権 | cidadania f.<br>スィダダニーア | citizenship<br>スィティズンシプ |
| 事務 | administração f.<br>アヂミニストラサォン | business, affairs<br>ビズネス, アフェアズ |
| 〜員 (男の) | funcionário de escritório m.<br>フンスィオナーリオ ヂ エスクリトーリオ | clerk, office worker<br>クラーク, オーフィス ワーカ |
| (女の) | funcionária de escritório f.<br>フンスィオナーリア ヂ エスクリトーリオ | clerk, office worker<br>クラーク, オーフィス ワーカ |
| 〜所 | escritório m.<br>エスクリトーリオ | office<br>オーフィス |
| 〜総長 (男の) | secretário-geral m.<br>セクレターリオ ジェラウ | secretary-general<br>セクレテリチェナラル |
| (女の) | secretária-geral f.<br>セクレターリア ジェラウ | secretary-general<br>セクレテリチェナラル |
| 〜的な | prático<br>プラチコ | businesslike<br>ビズネスライク |
| 使命 | missão f.<br>ミサォン | mission<br>ミション |
| 指名 | nomeação f.<br>ノメアサォン | nomination<br>ナミネイション |
| 〜する | designar, nomear<br>デズィギナール, ノメアール | name, nominate<br>ネイム, ナミネイト |
| 氏名 | nome completo m.<br>ノーミ コンプレット | name<br>ネイム |
| 締め切り | fim do prazo m.<br>フィンド プラーゾ | deadline<br>デドライン |

| 日 | 葡 | 英 |
|---|---|---|
| 締め切る | encerrar o prazo<br>エンセハール ウ プラーゾ | time limit<br>タイム リミット |
| じめじめした | úmido<br>ウミド | damp, moist<br>ダンプ, モイスト |
| 示す | indicar, mostrar<br>インヂカール, モストラール | show, indicate<br>ショウ, インディケイト |
| 締め出す | excluir<br>エスクルイール | shut out<br>シャト アウト |
| 自滅する | destruir-se a si próprio<br>ヂストルイール ア スィ プロプリオ | ruin *oneself*<br>ルーイン |
| 湿る | ficar úmido<br>フィカール ウミド | dampen<br>ダンプン |
| 占める | ocupar<br>オクパール | occupy<br>アキュパイ |
| 閉める | fechar<br>フェシャール | shut, close<br>シャト, クロウズ |
| 絞める | apertar<br>アペルタール | tighten<br>タイトン |
| 地面 | terra *f.*, chão *m.*, solo *m.*<br>テッハ, シャオン, ソーロ | the earth, the ground<br>ジ アース, ザ グラウンド |
| 霜 | geada *f.*<br>ジアーダ | frost<br>フロースト |
| 地元の | local<br>ロカウ | local<br>ロウカル |
| 下半期 | segundo semestre *m.*<br>セグンド セメストリ | the latter half of the year<br>ザ ラタ ハーフ オヴ ザ イア |
| 指紋 | impressões digitais *f.pl.*<br>インプレソィンス ヂジタィス | fingerprint<br>フィンガプリント |
| 視野 | campo visual *m.*<br>カンポ ヴィズワウ | the range of vision<br>ザ レインヂ オヴ ヴィジョン |
| ジャーナリスト | jornalista *m.f.*<br>ジョルナリスタ | journalist<br>チャーナリスト |
| ジャーナリズム | jornalismo *m.*<br>ジョルナリズモ | journalism<br>チャーナリズム |
| シャープペンシル | lapiseira *f.*<br>ラピゼィラ | mechanical pencil<br>メキャニカル ペンスル |
| シャーベット | sorvete de fruta *m.*<br>ソルヴェッチ ヂ フルッタ | sherbet<br>シャーベト |

| 日 | 葡 | 英 |
|---|---|---|
| しゃいん<br>社員 | | |
| （男の） | empregado m.<br>エンプレガード | employee, the staff<br>インプロイイー, ザ スタフ |
| （女の） | empregada f.<br>エンプレガーダ | employee, the staff<br>インプロイイー, ザ スタフ |
| しゃかい<br>社会 | sociedade f.<br>ソスィエダーヂ | society<br>ソサイエティ |
| ～学 | sociologia f.<br>ソスィオロジーア | sociology<br>ソウスィアロヂィ |
| ～主義 | socialismo m.<br>ソスィアリズモ | socialism<br>ソウシャリズム |
| じゃが芋<br>(いも) | batata (inglesa) f.<br>バタッタ (イングレーザ) | potato<br>ポテイトウ |
| しゃがむ | acocorar-se<br>アココラールスィ | squat down<br>スクワット ダウン |
| しやく<br>試薬 | reagente m.<br>ヘアジェンチ | reagent<br>リエイヂェント |
| しゃくし<br>杓子 | concha f.<br>コンシャ | ladle<br>レイドル |
| しやくしょ<br>市役所 | prefeitura f.<br>プレフェイトゥーラ | city hall<br>スィティ ホール |
| じゃぐち<br>蛇口 | torneira f.<br>トルネィラ | tap, faucet<br>タプ, フォーセト |
| じゃくてん<br>弱点 | ponto fraco m.<br>ポント フラッコ | weak point<br>ウィーク ポイント |
| しゃくど<br>尺度 | medida f., escala f., critério m.<br>メヂーダ, エスカーラ, クリテーリオ | measure, scale<br>メジャ, スケイル |
| しゃくほう<br>釈放する | libertar<br>リベルタール | set... free<br>セト フリー |
| しゃくめい<br>釈明する | explicar, justificar-se<br>エスプリカール, ジュスチフィカールスィ | explain<br>イクスプレイン |
| しゃくやにん<br>借家人 | | |
| （男の） | inquilino m.<br>インキリーノ | tenant<br>テナント |
| （女の） | inquilina f.<br>インキリーナ | tenant<br>テナント |
| しゃくよう<br>借用 | empréstimo<br>エンプレスチモ | borrowing<br>バロウイング |

| 日 | 葡 | 英 |
|---|---|---|
| しゃげき<br>射撃 | tiro *m.*, disparo *m.*<br>チーロ, ヂスパーロ | shooting, firing<br>シューティング, ファイアリング |
| ジャケット | jaqueta *f.*<br>ジャケッタ | jacket<br>ヂャケット |
| じゃけんな<br>邪険な | frio<br>フリーオ | cruel, hardhearted<br>クルーエル, ハードハーテド |
| しゃこ<br>車庫 | garagem *f.*<br>ガラージェイン | garage<br>ガラージ |
| しゃこうかい<br>社交界 | mundo da alta<br>ムンド ダ アウタ<br>sociedade *m.*<br>ソスィエダーチ | fashionable society<br>ファショナブル ソサイアティ |
| しゃざい<br>謝罪 | desculpa *f.*<br>ヂスクウパ | apology<br>アポロヂィ |
| 〜する | pedir desculpa,<br>pedir perdão<br>ペヂール ヂスクウパ, ペヂール ペルダォン | apologize<br>アポロヂャイズ |
| しゃじつしゅぎ<br>写実主義 | Realismo *m.*<br>ヘアリズモ | realism<br>リーアリズム |
| しゃしょう<br>車掌 | | |
| （男の） | cobrador *m.*<br>コブラドール | conductor, guard<br>カンダクタ, ガード |
| （女の） | cobradora *f.*<br>コブラドーラ | conductor, guard<br>カンダクタ, ガード |
| しゃしん<br>写真 | foto *f.*, fotografia *f.*<br>フォット, フォトグラフィーア | photograph<br>フォウトグラフ |
| 〜家 | | |
| （男の） | fotógrafo *m.*<br>フォトグラフォ | photographer<br>フォタグラファ |
| （女の） | fotógrafa *f.*<br>フォトグラファ | photographer<br>フォタグラファ |
| 〜屋 | estúdio fotográfico *m.*<br>エストゥヂオ フォトグラフィコ | photo studio<br>フォウトウ ステューディオウ |
| ジャズ | *jazz m.*<br>ジャズ | jazz<br>ヂャズ |
| ジャスミン | jasmim *m.*<br>ジャズミン | jasmine<br>ヂャズミン |
| しゃせい<br>写生する | esboçar, desenhar<br>エズボサール, デゼニャール | sketch<br>スケチ |

| 日 | 葡 | 英 |
|---|---|---|
| しゃせつ<br>社説 | editorial *m.*<br>エヂトリアウ | editorial<br>エディトーリアル |
| しゃせん<br>車線 | faixa de trânsito *f.*<br>ファイシャ ヂ トランズィト | lane<br>レイン |
| しゃだん<br>遮断する | interromper, interceptar<br>インテホンペール, インテルセピタール | intercept<br>インタセプト |
| しゃち<br>鯱 | orca *f.*<br>オルカ | killer whale<br>キラ (ホ)ウェイル |
| しゃちょう<br>社長 | presidente *m.f.*<br>プレズィデンチ | the president<br>ザ プレズィデント |
| シャツ | camisa *f.*<br>カミーザ | shirt<br>シャート |
| T〜 | camiseta *f.*<br>カミゼッタ | undershirt<br>アンダシャート |
| しゃっかん<br>借款 | empréstimo *m.*<br>エンプレスチモ | loan<br>ロウン |
| ジャッキ | macaco *m.*<br>マカッコ | jack<br>チャク |
| しゃっきん<br>借金 | dívida *f.*, empréstimo *m.*<br>チヴィダ, エンプレスチモ | debt, loan<br>デト, ロウン |
| しゃっくり | soluço *m.*<br>ソルッソ | hiccup<br>ヒカプ |
| ジャッジ | | |
| (男の) | juiz *m.*, árbitro *m.*<br>ジュイース, アルビトロ | judge<br>チャヂ |
| (女の) | juíza *f.*<br>ジュイーザ | judge<br>チャヂ |
| シャッター | veneziana *f.*<br>ヴェネズィアーナ | shutter<br>シャタ |
| (カメラの) | disparador *m.*, obturador *m.*<br>ヂスパラドール, オビトゥラドール | shutter<br>シャタ |
| しゃどう<br>車道 | pista de rolamento *f.*<br>ピスタ ヂ ホラメント | roadway<br>ロウドウェイ |
| しゃふつ<br>煮沸する | ferver<br>フェルヴェール | boil<br>ボイル |
| しゃぶる | chupar<br>シュパール | suck, suckle<br>サク, サクル |
| シャベル | pá *f.*<br>パ | shovel<br>シャヴル |

| 日 | 葡 | 英 |
|---|---|---|
| 写本(しゃほん) | manuscrito *m.*<br>マヌスクリット | manuscript<br>マニュスクリプト |
| シャボン玉(だま) | bolinhas de sabão *f.pl.*<br>ボリーニャス ヂ サバォン | soap bubbles<br>ソゥプ バブルズ |
| 邪魔(じゃま) | | |
| (障害物) | obstáculo *m.*, estorvo *m.*<br>オビスタクロ, エストルヴォ | hindrance, obstacle<br>ヒンドランス, アブスタクル |
| (迷惑) | incômodo *m.*, atrapalhação *f.*<br>インコモド, アトラパリャサォン | trouble<br>トラブル |
| 〜する | estorvar, atrapalhar<br>エストルヴァール, アトラパリャール | disturb, hinder<br>ディスターブ, ヒンダ |
| 〜な | obstrutivo, incômodo<br>オビストルチーヴォ, インコモド | obstructive<br>オブストラクティヴ |
| ジャム | geléia *f.*<br>ジェレィア | jam<br>ヂャム |
| 斜面(しゃめん) | plano inclinado *m.*<br>プラーノ インクリナード | slope<br>スロウプ |
| 杓文字(しゃもじ) | espátula para servir arroz *f.*<br>エスパトゥラ パラ セルヴィール アホィス | ladle<br>レィドル |
| 砂利(じゃり) | cascalho *m.*<br>カスカーリョ | gravel<br>グラヴェル |
| 車両(しゃりょう) | vagão *m.*<br>ヴァガォン | vehicles, cars<br>ヴィーイクルズ, カーズ |
| 車輪(しゃりん) | roda *f.*<br>ホーダ | wheel<br>ホウィール |
| 洒落(しゃれ) | jogo de palavras *m.*<br>ジョーゴ ヂ パラーヴラス | joke, witticism<br>ヂョウク, ウィティスィズム |
| 謝礼(しゃれい) | remuneração *f.*,<br>ヘムネラサォン,<br>gratificação *f.*<br>グラチフィカサォン | remuneration<br>リミューナレイション |
| 洒落(しゃれ)た | de bom gosto, chique<br>ヂ ボン ゴスト, シッキ | witty, smart<br>ウィティ, スマート |
| シャワー | chuveiro *m.*, ducha *f.*<br>シュヴェィロ, ドゥッシャ | shower<br>シャウア |
| ジャングル | selva *f.*, floresta tropical *f.*<br>セウヴァ, フロレスタ トロピカウ | jungle<br>ヂャングル |
| シャンデリア | lustre *m.*<br>ルストリ | chandelier<br>シャンディリア |

| 日 | 葡 | 英 |
|---|---|---|
| ジャンパー | blusão m.<br>ブルザォン | windbreaker<br>ウィンドブレイカ |
| シャンパン | champanhe m.f.<br>シャンパーニィ | champagne<br>シャンペイン |
| シャンプー | xampu m.<br>シャンプ | shampoo<br>シャンプー |
| ジャンボジェット | jumbo m.<br>ジュンボ | jumbo jet<br>ヂャンボウ ヂェト |
| ジャンル | gênero m.<br>ジェネロ | genre<br>ジャーンル |
| 首位 (しゅい) | topo m., liderança f.<br>トッポ, リデランサ | the leading position<br>ザ リーディング ポズィション |
| 州 (しゅう) | estado m.<br>エスタード | state, province, country<br>ステイト, プラヴィンス, カントリ |
| 週 (しゅう) | semana f.<br>セマーナ | week<br>ウィーク |
| 自由 (じゆう) | liberdade f.<br>リベルダーヂ | freedom, liberty<br>フリードム, リバティ |
| ～化 | liberalização f.<br>リベラリザサォン | liberalization<br>リベラライゼイション |
| ～席 | assento livre m.<br>アセント リーヴリ | non-reserved seat<br>ナンリザーヴド スィート |
| ～な | livre<br>リーヴリ | free, liberal<br>フリー, リベラル |
| ～貿易 | comércio livre m.<br>コメルスィオ リーヴリ | free trade<br>フリー トレイド |
| ～主義 | liberalismo m.<br>リベラリズモ | liberalism<br>リベラリズム |
| 周囲 (しゅうい) | circunferência f.,<br>スィルクンフェレンスィア,<br>arredores m.pl.<br>アヘドーリス | circumference<br>サカムファレンス |
| (環境) | ambiente m.<br>アンビエンチ | surroundings<br>サラウンディングズ |
| 獣医 (じゅうい) | | |
| (男の) | veterinário m.<br>ヴェテリナーリオ | veterinarian<br>ヴュテリネアリアン |
| (女の) | veterinária f.<br>ヴェテリナーリア | veterinarian<br>ヴュテリネアリアン |

| 日 | 葡 | 英 |
|---|---|---|
| 十一月(じゅういちがつ) | novembro *m.*<br>ノヴェンブロ | November<br>ノウヴェンバ |
| 収益(しゅうえき) | rendimento *m.*, lucro *m.*<br>ヘンヂメント, ルクロ | profits, gains<br>プラフィツ, ゲインズ |
| 十億(じゅうおく) | bilhão *m.*<br>ビリャォン | billion<br>ビリョン |
| 集会(しゅうかい) | reunião *f.*, encontro *m.*<br>ヘウニアォン, エンコントロ | meeting, gathering<br>ミーティング, ギャザリング |
| 収穫(しゅうかく) | colheita *f.*<br>コリェィタ | crop, harvest<br>クラプ, ハーヴィスト |
| ～する | colher<br>コリェール | harvest, reap<br>ハーヴィスト, リープ |
| 十月(じゅうがつ) | outubro *m.*<br>オゥトゥーブロ | October<br>アクトウバ |
| 習慣(しゅうかん) | costume *m.*, hábito *m.*<br>コストゥーミ, アビト | habit, custom<br>ハビト, カスタム |
| ～的な | habitual<br>アビトゥワウ | habitual<br>ハビチュアル |
| 週刊誌(しゅうかんし) | revista semanal *f.*<br>ヘヴィスタ セマナゥ | weekly<br>ウィークリ |
| 周期(しゅうき) | ciclo *m.*, período *m.*<br>スィックロ, ペリオド | cycle, period<br>サイクル, ピアリアド |
| 週休(しゅうきゅう) | descanso semanal *m.*<br>ヂスカンソ セマナゥ | weekly holiday<br>ウィークリ ハリデイ |
| 週給(しゅうきゅう) | salário semanal *m.*<br>サラーリオ セマナゥ | weekly pay<br>ウィークリ ペイ |
| 住居(じゅうきょ) | residência *f.*, moradia *f.*<br>ヘズィデンスィア, モラヂーア | dwelling<br>ドウェリング |
| 宗教(しゅうきょう) | religião *f.*<br>ヘリジアォン | religion<br>リリヂョン |
| 従業員(じゅうぎょういん) | | |
| (男の) | empregado *m.*<br>エンプレガード | employee, worker<br>インプロイイー, ワーカ |
| (女の) | empregada *f.*<br>エンプレガーダ | employee, worker<br>インプロイイー, ワーカ |
| 重金属(じゅうきんぞく) | metal pesado *m.*<br>メタウ ペザード | heavy metal<br>ヘヴィ メタル |
| シュークリーム | bomba *f.*<br>ボンバ | cream puff<br>クリーム パフ |

| 日 | 葡 | 英 |
|---|---|---|
| しゅうけい<br>集計する | apurar o total<br>アプラール ウ トタウ | total<br>トウタル |
| しゅうげき<br>襲撃 | assalto *m.*<br>アサウト | attack, assault<br>アタク, アソールト |
| しゅうごう<br>集合 | encontro *m.*<br>エンコントロ | gathering<br>ギャザリング |
| 〜する | encontrar-se<br>エンコントラールスィ | gather<br>ギャザ |
| じゅうこうぎょう<br>重工業 | indústria pesada *f.*<br>インドゥストリア ペザーダ | heavy industries<br>ヘヴィ インダストリズ |
| ジューサー | espremedor *m.*<br>エスプレメドール | juicer<br>ヂューサ |
| しゅうざいさん<br>私有財産 | bens privados<br>ベィンス プリヴァードス<br>[próprios] *m.pl.*<br>[プロプリオス] | private property<br>プライヴェト プラパティ |
| しゅうさく<br>習作 | estudo *m.*<br>エストゥード | study, étude<br>スタディ, エテュード |
| じゅうさつ<br>銃殺する | fuzilar<br>フズィラール | shoot... dead<br>シュート デド |
| しゅうし<br>修士 | | |
| （男の） | mestre *m.*<br>メストリ | master<br>マスタ |
| （女の） | mestra *f.*<br>メストラ | master<br>マスタ |
| 〜課程 | curso de mestrado *m.*<br>クルソ ヂ メストラード | master's course<br>マスタズ コース |
| 〜号 | mestrado *m.*<br>メストラード | master's degree<br>マスタズ ディグリー |
| じゅうじ<br>十字 | | |
| 〜架 | cruz *f.*<br>クルィス | cross<br>クロース |
| 〜軍 | cruzada *f.*<br>クルザーダ | crusade<br>クルセイド |
| 〜路 | cruzamento *m.*<br>クルザメント | crossroads<br>クロースロウヅ |
| しゅうじがく<br>修辞学 | retórica *f.*<br>ヘトリカ | rhetorics<br>レトリクス |
| じゅうし<br>重視する | dar importância a<br>ダール インポルタンスィア ア | attach importance *to*<br>アタチ インポータンス |

| 日 | 葡 | 英 |
|---|---|---|
| じゅうじつ<br>充実する | ser rico de conteúdo<br>セール ヒッコ ヂ コンテウード | fill up, complete<br>フィル アプ, カンプリート |
| しゅうしふ<br>終止符 | ponto final *m.*<br>ポント フィナウ | period<br>ピアリオド |
| ～を打つ | pôr o ponto final a<br>ポール ウ ポント フィナウ ア | put a period *to*<br>プト ア ピアリオド |
| しゅうしゅう<br>収集 | coleção *f.*<br>コレサォン | collection<br>カレクション |
| ～家 | | |
| （男の） | colecionador *m.*<br>コレスィオナドール | collector<br>カレクタ |
| （女の） | colecionadora *f.*<br>コレスィオナドーラ | collector<br>カレクタ |
| ～する | colecionar<br>コレスィオナール | collect<br>コレクト |
| しゅうしゅく<br>収縮 | contração *f.*<br>コントラサォン | contraction<br>コントラクション |
| じゅうじゅん<br>従順な | obediente, submisso<br>オベヂエンチ, スビミッソ | obedient<br>オビーディエント |
| じゅうしょ<br>住所 | endereço *m.*<br>エンデレッソ | address<br>アドレス |
| じゅうしょう<br>重傷 | ferimento grave *m.*<br>フェリメント グラーヴィ | serious wound<br>スィリアス ウーンド |
| しゅうしょく<br>就職する | arrumar emprego<br>アフマール エンプレーゴ | find employment<br>ファインド インプロイメント |
| しゅうじん<br>囚人 | | |
| （男の） | preso *m.*<br>プレーゾ | prisoner<br>プリズナ |
| （女の） | presa *f.*<br>プレーザ | prisoner<br>プリズナ |
| じゅうしん<br>重心 | centro de gravidade *m.*<br>セントロ ヂ グラヴィダーヂ | the center of gravity<br>ザ センタ オヴ グラヴィティ |
| しゅうしんけい<br>終身刑 | prisão perpétua *f.*<br>プリザォン ペルペットゥア | life imprisonment<br>ライフ インプリズンメント |
| ジュース | suco *m.*<br>スッコ | juice<br>ヂュース |
| しゅうせい<br>習性 | hábito *m.*<br>アビト | habit<br>ハビト |

| 日 | 葡 | 英 |
|---|---|---|
| しゅうせい<br>修正する | corrigir, emendar<br>コヒジール, エメンダール | amend, revise<br>アメンド, リヴァイズ |
| しゅうせん<br>終戦 | fim da guerra *m.*<br>フィン ダ ゲッハ | the end of the war<br>ジ エンド オヴ ザ ウォー |
| しゅうぜん<br>修繕 | conserto *m.*, reparação *f.*<br>コンセルト, ヘパラサオン | repair, mending<br>リペア, メンディング |
| 〜する | consertar, reparar<br>コンセルタール, ヘパラール | repair, mend<br>リペア, メンド |
| じゅうぞく<br>従属する | ser subordinado<br>セール スボルヂナード | be subordinate *to*<br>ビ サボーディネト |
| じゅうたい<br>渋滞 | congestionamento *m.*<br>コンジェスチオナメント | jam<br>ヂャム |
| じゅうたい<br>重体 | estado grave *m.*<br>エスタード グラーヴィ | serious condition<br>スィリアス カンディション |
| しゅうたいせい<br>集大成 | compilação *f.*<br>コンピラサオン | compilation<br>カンピレイション |
| じゅうだい<br>重大な | grave, sério<br>グラーヴィ, セーリオ | grave, serious<br>グレイヴ, スィリアス |
| じゅうたく<br>住宅 | casa *f.*, moradia *f.*<br>カーザ, モラヂーア | house, housing<br>ハウス, ハウズィング |
| しゅうだん<br>集団 | grupo *m.*<br>グルッポ | group, body<br>グループ, バディ |
| じゅうたん<br>絨毯 | tapete *m.*<br>タペッチ | carpet, rug<br>カーペト, ラグ |
| じゅうだん<br>縦断する | atravessar<br>アトラヴェサール | traverse<br>トラヴァース |
| しゅうちしん<br>羞恥心 | vergonha *f.*, pudor *m.*<br>ヴェルゴーニャ, プドール | sense of shame<br>センス オヴ シェイム |
| しゅうちゃく<br>執着する | ter apego a<br>テール アペーゴ ア | stick *to*<br>スティク |
| しゅうちゃくえき<br>終着駅 | estação terminal *f.*<br>エスタサオン テルミナウ | terminus, terminal<br>ターミナス, ターミナル |
| しゅうちゅう<br>集中 | concentração *f.*<br>コンセントラサオン | concentration<br>カンセントレイション |
| 〜する | concentrar(-se)<br>コンセントラール(スィ) | concentrate<br>カンセントレイト |
| しゅうてん<br>終点 | término *m.*, ponto final *m.*<br>テルミノ, ポント フィナウ | the end of a line<br>ザ エンド オヴ ア ライン |

| 日 | 葡 | 英 |
|---|---|---|
| 終電<br>しゅうでん | último trem *m.*<br>ウウチモ トレィン | the last train<br>ザ ラスト トレィン |
| 重点<br>じゅうてん | ênfase *f.*, importância *f.*<br>エンファズィ, インポルタンスィア | emphasis, importance<br>エンフィスィス, インポータンス |
| 充電<br>じゅうでん | carga *f.*<br>カルガ | charge<br>チャーヂ |
| ～する | carregar<br>カヘガール | charge<br>チャーヂ |
| シュート | chute *m.*<br>シュッチ | shot<br>シャト |
| 舅<br>しゅうと | sogro *m.*<br>ソグロ | father-in-law<br>ファーザインロー |
| 修道院<br>しゅうどういん | convento *m.*, mosteiro *m.*<br>コンヴェント, モステイロ | monastery, convent<br>マナステリ, カンヴェント |
| 修道士<br>しゅうどうし | frei *m.*<br>フレィ | monk<br>マンク |
| 修道女<br>しゅうどうじょ | freira *f.*<br>フレィラ | nun, sister<br>ナン, スィスタ |
| 修[習]得<br>しゅうとく | aprendizado *m.*,<br>アプレンヂザード,<br>aprendizagem *f.*<br>アプレンヂザージェィン | learning<br>ラーニング |
| ～する | aprender<br>アプレンデール | learn, acquire<br>ラーン, アクワイア |
| 姑<br>しゅうとめ | sogra *f.*<br>ソグラ | mother-in-law<br>マザインロー |
| 柔軟な<br>じゅうなん | flexível<br>フレキスィーヴェウ | flexible, supple<br>フレクスィブル, サプル |
| 十二月<br>じゅうにがつ | dezembro *m.*<br>デゼンブロ | December<br>ディセンバ |
| 十二指腸<br>じゅうにしちょう | duodeno *m.*<br>ドゥオデーノ | duodenum<br>デューアディーナム |
| 収入<br>しゅうにゅう | renda *f.*<br>ヘンダ | income<br>インカム |
| 就任<br>しゅうにん | tomada de posse<br>トマーダ ヂ ポッスィ<br>de um cargo *f.*<br>ヂ ウン カルゴ | inauguration<br>イノーギュレイション |

| 日 | 葡 | 英 |
|---|---|---|
| しゅうのう<br>収納 | armazenagem *f.*<br>アルマゼナージェイン | storage<br>ストーリヂ |
| しゅうはすう<br>周波数 | freqüência *f.*<br>フレクウェンスィア | frequency<br>フリークウェンスィ |
| じゅうびょう<br>重病 | doença grave *f.*<br>ドエンサ グラーヴィ | serious illness<br>スィリアス イルネス |
| しゅうふく<br>修復する | restaurar<br>ヘスタゥラール | restore<br>リストー |
| しゅうぶん<br>秋分 | equinócio de outono *m.*<br>エキノッスィオ ヂ オゥトーノ | the autumnal equinox<br>ジ オータムナル イークウィナクス |
| じゅうぶん<br>十分な | suficiente<br>スフィスィエンチ | sufficient, enough<br>サフィシェント, イナフ |
| しゅうへん<br>周辺 | circunferência *f.*,<br>スィルクンフェレンスィア,<br>arredores *m.pl.*<br>アヘドーリス | circumference<br>サーカムフェレンス |
| しゅうまつ<br>週末 | fim de semana *m.*<br>フィン ヂ セマーナ | weekend<br>ウィーケンド |
| じゅうみん<br>住民 | habitantes *m.pl.*,<br>アビタンチス,<br>moradores *m.pl.*<br>モラドーリス | inhabitants,<br>インハビタンツ,<br>residents<br>レズィデンツ |
| ～登録 | registro de residência *m.*<br>ヘジストロ ヂ ヘズィデンスィア | resident registration<br>レズィデント レジストレイション |
| じゅうやく<br>重役 | | |
| （男の） | administrador *m.*<br>アヂミニストラドール | director<br>ディレクタ |
| （女の） | administradora *f.*<br>アヂミニストラドーラ | director<br>ディレクタ |
| じゅうゆ<br>重油 | óleo pesado *m.*<br>オーレオ ペザード | heavy oil<br>ヘヴィ オイル |
| しゅうゆう<br>周遊 | excursão *f.*, turismo *m.*<br>エスクルサォン, トゥリズモ | tour, excursion<br>トゥア, イクスカージョン |
| しゅうよう<br>収容する | acomodar<br>アコモダール | receive<br>リスィーヴ |
| じゅうよう<br>重要な | importante<br>インポルタン | important, principal<br>インポータント, プリンスィパル |
| しゅうり<br>修理 | conserto *m.*<br>コンセルト | repair<br>リペア |

| 日 | 葡 | 英 |
|---|---|---|
| ～する | consertar, reparar<br>コンセルタール, ヘパラール | repair, mend<br>リペア, メンド |
| しゅうりょう<br>終了する | terminar, acabar, concluir<br>テルミナール, アカバール, コンクルイール | finish, end, close<br>フィニシュ, エンド, クロウズ |
| じゅうりょう<br>重量 | peso *m.*<br>ペーゾ | weight<br>ウェイト |
| ～挙げ | levantamento de peso *m.*<br>レヴァンタメント ヂ ペーゾ | weight lifting<br>ウェイト リフティング |
| じゅうりょく<br>重力 | gravidade *f.*<br>グラヴィダーヂ | gravity, gravitation<br>グラヴィティ, グラヴィテイション |
| しゅうろく<br>収録 | gravação *f.*<br>グラヴァサォン | recording<br>リコーディング |
| しゅうわい<br>収賄 | corrupção passiva *f.*<br>コフピサォン パスィーヴァ | corruption, graft<br>コラプション, グラフト |
| しゅえい<br>守衛 | porteiro *m.*<br>ポルテイロ | guard<br>ガード |
| しゅえん<br>主演 | | |
| （男の） | ator principal *m.*<br>アトール プリンスィパウ | leading actor<br>リーディング アクタ |
| （女の） | atriz principal *f.*<br>アトリース プリンスィパウ | leading actor<br>リーディング アクタ |
| しゅかん<br>主観 | subjetividade *f.*<br>スビジェチヴィダーヂ | subjectivity<br>サブヂェクティヴィティ |
| ～的な | subjetivo<br>スビジェチーヴォ | subjective<br>サブヂェクティヴ |
| しゅぎ<br>主義 | princípio *m.*<br>プリンスィッピオ | principle, doctrine<br>プリンスィブル, ダクトリン |
| しゅぎょう<br>修行 | ascese *f.*<br>アセーズィ | apprenticeship<br>アプレンティスシプ |
| じゅぎょう<br>授業 | aula *f.*<br>アゥラ | teaching, lesson<br>ティーチング, レスン |
| じゅく<br>塾 | curso de reforço *m.*<br>クルソ ヂ ヘフォルソ | private school<br>プライヴェト スクール |
| しゅくがかい<br>祝賀会 | celebração *f.*<br>セレブラサォン | celebration<br>セレブレイション |
| じゅくご<br>熟語 | locução *f.*<br>ロクサォン | idiom, phrase,<br>イディオム, フレイズ |
| しゅくじつ<br>祝日 | feriado *m.*<br>フェリアード | public holiday, festival<br>パブリク ハリデイ, フェスティヴァル |

| 日 | 葡 | 英 |
|---|---|---|
| しゅくしゃ<br>宿舎 | alojamento m.<br>アロジャメント | lodging<br>ラヂング |
| しゅくじょ<br>淑女 | dama f.<br>ダーマ | lady<br>レイディ |
| しゅくしょう<br>縮小 | redução f.<br>ヘドゥサォン | reduction<br>リダクション |
| ～する | reduzir<br>ヘドゥズィール | reduce<br>リデュース |
| じゅく<br>熟する | amadurecer<br>アマドゥレセール | become ripe, mature<br>ビカム ライプ, マテュア |
| しゅくだい<br>宿題 | lição de casa f.<br>リサォン ヂ カーザ | homework<br>ホウムワーク |
| じゅくねん<br>熟年 | idade madura f.<br>イダーヂ マドゥーラ | the mature aged<br>ザ マテュア エイヂェド |
| しゅくはい<br>祝杯 | brinde m.<br>ブリンヂ | toast<br>トウスト |
| しゅくはく<br>宿泊 | hospedagem f.,<br>オスペダージェィン,<br>　alojamento m.<br>　アロジャメント | lodging<br>ラヂング |
| ～する | hospedar-se, alojar-se<br>オスペダールスィ, アロジャールスィ | lodge, stay<br>ラヂ, ステイ |
| ～料 | diária f.<br>ヂアーリア | hotel charges<br>ホウテル チャーヂズ |
| しゅくふく<br>祝福する | abençoar<br>アベンソアール | bless<br>ブレス |
| じゅくりょ<br>熟慮 | reflexão f.<br>ヘフレクサォン | deliberation<br>ディリバレイション |
| じゅくれん<br>熟練 | perícia f., destreza f.<br>ペリスィア, デストレーザ | skill<br>スキル |
| ～する | aperfeiçoar-se,<br>　　　tornar-se perito<br>アペルフェイソアールスィ, トルナールスィ ペリット | become skilled<br>ビカム スキルド |
| しゅげい<br>手芸 | artesanato em tecido m.<br>アルテザナット エィン テスィード | handicraft<br>ハンディクラフト |
| しゅけん<br>主権 | soberania f.<br>ソベラニーア | sovereignty<br>サヴレンティ |
| じゅけん<br>受験する | fazer exame, prestar exame<br>ファゼール エザーミ, プレスタール エザーミ | take an examination<br>テイク アン ネグザミネイション |

| 日 | 葡 | 英 |
|---|---|---|
| 主語 (しゅご) | sujeito *m.* スジェイト | subject サブヂクト |
| 手工芸 (しゅこうげい) | artesanato *m.* アルテザナット | handicrafts ハンディクラフツ |
| 主催する (しゅさいする) | patrocinar パトロスィナール | sponsor スパンサ |
| 取材する (しゅざいする) | fazer cobertura de ファゼール コベルトゥーラ ヂ | gather information ギャザ インフォメイション |
| 手術 (しゅじゅつ) | operação *f.* オペラサォン | operation アペレイション |
| 〜する | operar オペラール | operate アパレイト |
| 主将 (しゅしょう) | | |
| (男の) | capitão *m.* カピタォン | the captain ザ キャプティン |
| (女の) | capitã *f.* カピタン | the captain ザ キャプティン |
| 首相 (しゅしょう) | | |
| (男の) | primeiro-ministro *m.* プリメィロ ミニストロ | the prime minister ザ プライム ミニスタ |
| (女の) | primeira-ministra *f.* プリメィラ ミニストラ | the prime minister ザ プライム ミニスタ |
| 受賞 (じゅしょう) | | |
| 〜者 | | |
| (男の) | premiado *m.* プレミアード | prize winner プライズ ウィナ |
| (女の) | premiada *f.* プレミアーダ | prize winner プライズ ウィナ |
| 〜する | ser premiado, receber um prêmio セール プレミアード, ヘセベール ウン プレーミオ | win a prize ウィン ア プライズ |
| 授賞する (じゅしょうする) | premiar, condecorar プレミアール, コンデコラール | award a prize *to* アウォード ア プライズ |
| 主食 (しゅしょく) | alimentação básica *m.* アリメンタサォン バズィカ | the staple food ザ ステイプル フード |
| 主人 (しゅじん) | | |
| (店の男の主人) | proprietário *m.*, dono *m.* プロプリエターリオ, ドーノ | proprietor プロプライエタ |
| (店の女の主人) | proprietária *f.*, dona *f.* プロプリエターリア, ドーナ | proprietor プロプライエタ |

| 日 | 葡 | 英 |
|---|---|---|
| (夫) | marido *m.*<br>マリード | husband<br>ハズバンド |
| 受信(じゅしん) | recepção *f.*<br>ヘセピサォン | reception<br>リセプション |
| ～する | receber<br>ヘセベール | receive<br>リスィーヴ |
| 主人公(しゅじんこう) | protagonista *m.f.*<br>プロタゴニスタ | hero, heroine<br>ヒアロウ, ヘロウイン |
| 種族(しゅぞく) | raça *f.*<br>ハッサ | race, tribe<br>レイス, トライブ |
| 主題(しゅだい) | tema *m.*, assunto *m.*<br>テーマ, アスント | the subject, the theme<br>ザ サブヂクト, ザ スィーム |
| 受胎(じゅたい) | concepção *f.*<br>コンセピサォン | conception<br>コンセプション |
| 手段(しゅだん) | meio *m.*, medida *f.*, recurso *m.*<br>メィオ, メヂーダ, ヘクルソ | means, way<br>ミーンズ, ウェイ |
| 主張(しゅちょう) | alegação *f.*<br>アレガサォン | assertion, claim<br>アサーション, クレイム |
| (意見) | opinião *f.*, afirmação *f.*<br>オピニアォン, アフィルマサォン | opinion, affirmation<br>オピニオン, アファメイション |
| (権利の) | reclamação *f.*, reivindicação *f.*<br>ヘクラマサォン, ヘイヴィンヂカサォン | claim<br>クレイム |
| ～する | alegar<br>アレガール | assert, claim<br>アサート, クレイム |
| 出演(しゅつえん)する | atuar<br>アトゥワール | appear on the stage<br>アピア オン ザ ステイヂ |
| 出荷(しゅっか) | despacho *m.*<br>ヂスパッショ | shipment, forwarding<br>シプメント, フォーワディング |
| 出勤(しゅっきん)する | ir ao serviço<br>イール アオ セルヴィッソ | go to work<br>ゴウ トゥ ワーク |
| 出血(しゅっけつ) | hemorragia *f.*<br>エモハジーア | hemorrhage<br>ヘモリヂ |
| ～する | sangrar<br>サングラール | bleed<br>ブリード |
| 出現(しゅつげん) | aparecimento *m.*, aparição *f.*<br>アパレスィメント, アパリサォン | appearance<br>アピアランス |
| ～する | aparecer<br>アパレセール | appear<br>アピア |
| 出国(しゅっこく)する | sair do país<br>サイール ド パイース | leave a country<br>リーヴァ カントリ |

| 日 | 葡 | 英 |
|---|---|---|
| しゅっさん<br>出産 | parto *m.*<br>パルト | birth, delivery<br>バース, ディリヴァリ |
| ～する | dar à luz<br>ダール ア ルィス | give birth *to*<br>ギヴ バース |
| しゅっし<br>出資 | investimento *m.*<br>インヴェスチメント | investment<br>インヴェストメント |
| しゅつじょう<br>出場 | participação *f.*<br>パルチスィパサォン | participation<br>パーティスィペイション |
| ～する | participar de<br>パルチスィパール デ | participate *in*<br>パーティスィペイト |
| しゅっしんち<br>出身地 | lugar de nascimento *m.*<br>ルガール デ ナスィメント | home town<br>ホウム タウン |
| しゅっせいりつ<br>出生率 | taxa de, natalidade *f.*<br>タッシャ デ, ナタリダーデ | birthrate<br>バースレイト |
| しゅっせき<br>出席 | | |
| ～者 | pessoa presente *f.*<br>ペソーア プレゼンチ | attendance<br>アテンダンス |
| ～する | estar presente<br>エスタール プレゼンチ | attend, be present *at*<br>アテンド, ビ プレズント |
| しゅっせ<br>出世する | vencer na vida<br>ヴェンセール ナ ヴィーダ | succeed in life<br>サクスィード イン ライフ |
| しゅっちょう<br>出張 | viagem de negócios *f.*<br>ヴィアージェィン デ ネゴッスィオス | business trip<br>ビズネス トリプ |
| ～する | viajar a negócios<br>ヴィアジャール ア ネゴッスィオス | make a business trip<br>メイク ア ビズネス トリプ |
| しゅっぱつ<br>出発 | partida *f.*<br>パルチーダ | departure<br>ディパーチャ |
| ～する | partir<br>パルチール | start, depart<br>スタート ディパート |
| しゅっぱん<br>出版 | publicação *f.*<br>ププリカサォン | publication<br>パブリケイション |
| ～社 | (casa) editora *f.*<br>(カーザ) エヂトーラ | publishing company<br>パブリシング カンパニ |
| ～する | publicar<br>ププリカール | publish, issue<br>パブリシュ, イシュー |
| ～物 | publicação *f.*<br>ププリカサォン | publication<br>パブリケイション |
| しゅっぴ<br>出費 | despesa *f.*, gasto *m.*<br>デスペーザ, ガスト | expenses<br>イクスペンスィズ |

| 日 | 葡 | 英 |
|---|---|---|
| しゅつりょく<br>出力する | *output* m.<br>アウチプッチ | output<br>アウトプット |
| しゅと<br>首都 | capital f.<br>カピタウ | capital, metropolis<br>キャピタル, メトラポリス |
| しゅとう<br>種痘 | vacinação de varíola f.<br>ヴァスィナサォン デ ヴァリオラ | vaccination<br>ヴァクスィネイション |
| しゅどうけん<br>主導権 | iniciativa f., liderança f.<br>イニスィアチーヴァ, リデランサ | initiative<br>イニシャティヴ |
| じゅどうたい<br>受動態 | voz passiva f.<br>ヴォィス パスィーヴァ | the passive voice<br>ザ パスィヴ ヴォイス |
| しゅどうの<br>手動の | movido à mão<br>モヴィード ア マォン | hand-operated, manual<br>ハンドアパレイテド, マニュアル |
| しゅとくする<br>取得する | adquirir, conseguir, obter<br>アヂキリール, コンセギール, オビテール | acquire, obtain<br>アクワイア, オプテイン |
| じゅなん<br>受難 | sofrimentos m.pl.<br>ソフリメントス | sufferings<br>サファリングズ |
| じゅにゅう<br>授乳する | amamentar<br>アマメンタール | nurse, feed<br>ナース, フィード |
| しゅにん<br>主任 | chefe m.f., líder m.<br>シェッフィ, リーデル | chief, head<br>チーフ, ヘド |
| しゅのう<br>首脳 | chefe m.f., líder m.f.<br>シェッフィ, リーデル | the head<br>ザ ヘド |
| シュノーケル | respiradouro m.<br>ヘスピラドゥロ | snorkel<br>スノーケル |
| しゅび<br>守備 | defesa f.<br>デフェーザ | defense<br>ディフェンス |
| しゅひん<br>主賓 | | |
| (男の) | convidado de honra m.<br>コンヴィダード チ オンハ | the guest of honor<br>ザ ゲスト オヴ アナ |
| (女の) | convidada de honra f.<br>コンヴィダーダ チ オンハ | the guest of honor<br>ザ ゲスト オヴ アナ |
| しゅふ<br>主婦 | dona de casa f.<br>ドーナ チ カーザ | housewife<br>ハウスワイフ |
| しゅみ<br>趣味 | passatempo m., *hobby* m.<br>パサテンポ, ホビ | taste, hobby<br>テイスト, ハビ |
| じゅみょう<br>寿命 | duração de vida f.<br>ドゥラサォン チ ヴィーダ | the span of life<br>ザ スパン オヴ ライフ |

| 日 | 葡 | 英 |
|---|---|---|
| 種目（しゅもく） | modalidade *f.*<br>モダリダーヂ | event<br>イヴェント |
| 呪文（じゅもん） | palavras mágicas *f.pl.*<br>パラーヴラス マジカス | spell<br>スペル |
| 主役（しゅやく） | papel principal *m.*,<br>パペウ プリンスィパウ,<br>protagonista *m.f.*<br>プロタゴニスタ | the leading part<br>ザ リーディング パート |
| 腫瘍（しゅよう） | tumor *m.*<br>トゥモール | tumor<br>テューマ |
| 需要（じゅよう） | demanda *f.*, procura *f.*<br>デマンダ, プロクーラ | demand<br>ディマンド |
| 主要な（しゅような） | principal<br>プリンスィパウ | principal, main<br>プリンスィパル, メイン |
| ジュラルミン | duralumínio *m.*<br>ドゥラルミーニオ | duralumin<br>デュアラリュミン |
| 樹立する（じゅりつする） | estabelecer<br>エスタベレセール | establish<br>イスタブリシュ |
| 手榴弾（しゅりゅうだん） | granada de mão *f.*<br>グラナーダ ヂ マォン | hand grenade<br>ハンド グリネイド |
| 狩猟（しゅりょう） | caça *f.*<br>カッサ | hunting<br>ハンティング |
| 受領証（じゅりょうしょう） | recibo *m.*<br>ヘスィーボ | receipt<br>リスィート |
| 主力（しゅりょく） | força principal *f.*<br>フォルサ プリンスィパウ | the main force<br>ザ メイン フォース |
| 種類（しゅるい） | tipo *m.*, gênero *m.*, espécie *f.*<br>チッポ, ジェネロ, エスペスィイ | kind, sort<br>カインド, ソート |
| シュレッダー | picador de papel *m.*<br>ピカドール ヂ パペウ | shredder<br>シュレダ |
| 棕櫚（しゅろ） | espécie de palmeira *f.*<br>エスペスィイ ヂ パウメイラ | hemp palm<br>ヘンプ パーム |
| 手話（しゅわ） | linguagem dos surdos-mudos *f.*<br>リングワージェィン ドス スルドス ムードス | sign language<br>サイン ラングウィヂ |
| 受話器（じゅわき） | gancho *m.*<br>ガンショ | receiver<br>リスィーヴァ |
| 順（じゅん） | ordem *f.*<br>オルデイン | order, turn<br>オーダ, ターン |

| 日 | 葡 | 英 |
|---|---|---|
| じゅんい<br>順位 | colocação f., classificação f.<br>コロカサオン, クラスィフィカサオン | grade, ranking<br>グレイド, ランキング |
| じゅんえき<br>純益 | lucro líquido m.<br>ルックロ リキド | net profit<br>ネト プラフィト |
| しゅんかん<br>瞬間 | momento m., instante m.<br>モメント, インスタンチ | moment<br>モウメント |
| じゅんかん<br>循環する | circular<br>スィルクラール | circulate, rotate<br>サーキュレイト, ロウテイト |
| じゅんきょうしゃ<br>殉教者 | mártir m.f.<br>マルチル | martyr<br>マータ |
| じゅんきん<br>純金 | ouro puro m.<br>オウロ プーロ | pure gold<br>ピュア ゴウルド |
| じゅんけつ<br>純潔 | pureza f., castidade f.<br>プレーザ, カスチダーヂ | purity, chastity<br>ピュアリティ, チャスティティ |
| （処女） | virgindade f.<br>ヴィルジンダーヂ | virginal purity<br>ヴァーヂナル ピュアリティ |
| じゅんけっしょう<br>準決勝 | semifinal f.<br>セミフィナウ | the semifinals<br>ザ セミファイナルズ |
| じゅんさ<br>巡査 | policial m.f.<br>ポリスィアウ | police officer<br>ポリース オーフィサ |
| じゅんじゅんけっしょう<br>準々決勝 | quarta-de-final f.<br>クワルタ ヂ フィナウ | the quarterfinals<br>ザ クウォータファイナルズ |
| じゅんじょ<br>順序 | ordem f.<br>オルデイン | order<br>オーダ |
| じゅんしん<br>純真な | inocente, cândido<br>イノセンチ, カンヂド | naive, innocent<br>ナーイーヴ, イノセント |
| じゅんすい<br>純粋な | puro, genuíno<br>プーロ, ジェヌイーノ | pure, genuine<br>ピュア, チェニュイン |
| じゅんちょう<br>順調な | que está indo bem<br>キ エスタ インド ベイン | smooth, favorable<br>スムーズ, フェイヴァラブル |
| じゅんのう<br>順応する | adaptar-se<br>アダピタールスィ | adapt oneself<br>アダプト |
| じゅんばん<br>順番 | ordem f.<br>オルデイン | order, turn<br>オーダ, ターン |
| じゅんび<br>準備 | preparação f., preparativos m.pl.<br>プレパラサオン, プレパラチーヴォス | preparation<br>プレパレイション |
| ～する | preparar<br>プレパラール | prepare<br>プリペア |

| 日 | 葡 | 英 |
|---|---|---|
| しゅんぶん<br>春分 | equinócio da primavera *m.*<br>エキノッスィオ ダ プリマヴェーラ | the vernal equinox<br>ザ ヴァーナル イークウィナクス |
| じゅんれい<br>巡礼 | peregrinação *f.*, romaria *f.*<br>ペレグリナサォン, ホマリーア | pilgrimage<br>ピルグリミヂ |
| ～者 | | |
| （男の） | peregrino *m.*, romeiro *m.*<br>ペレグリーノ, ホメィロ | pilgrim<br>ピルグリム |
| （女の） | peregrina *f.*, romeira *f.*<br>ペレグリーナ, ホメィラ | pilgrim<br>ピルグリム |
| じゅんろ<br>順路 | roteiro *m.*<br>ホティロ | the route<br>ザ ルート |
| しょう<br>省 | ministério *m.*<br>ミニステーリオ | ministry<br>ミニストリ |
| しょう<br>章 | capítulo *m.*<br>カピトゥロ | chapter<br>チャプタ |
| しょう<br>賞 | prêmio *m.*<br>プレーミオ | prize, award<br>プライズ, アウォード |
| しよう<br>使用 | uso *m.*, emprego *m.*<br>ウーゾ, エンプレーゴ | use<br>ユース |
| ～する | usar, utilizar<br>ウザール, ウチリザール | use<br>ユーズ |
| ～人 | | |
| （男の） | empregado *m.*<br>エンプレガード | employee<br>インプロイイー |
| （女の） | empregada *f.*<br>エンプレガーダ | employee<br>インプロイイー |
| ～料 | taxa de locação *f.*<br>タッシャ ヂ ロカサォン | fee<br>フィー |
| しよう<br>私用 | negócio [assunto]<br>ネゴッスィオ ［アスント］<br>particular *m.*<br>パルチクラール | private business<br>プライヴェト ビズネス |
| じょういん<br>上院 | Câmara Alta *f.*, Senado *m.*<br>カマラ アウタ, セナード | the Senate<br>ザ セナト |
| ～議員 | | |
| （男の） | senador *m.*<br>セナドール | senator<br>セナタ |
| （女の） | senadora *f.*<br>セナドーラ | senator<br>セナタ |

| 日 | 葡 | 英 |
|---|---|---|
| じょうえい<br>上映する | passar (um filme)<br>パサール(ウン フィウミ) | put on, show<br>プト オン, ショウ |
| しょう<br>省エネ | poupança de energia *f.*<br>ポウパンサ ヂ エネルジーア | energy conservation<br>エナヂ カンサヴェイション |
| じょうえん<br>上演する | representar<br>ヘプレゼンタール | present<br>プリゼント |
| しょうか<br>消化 | digestão *f.*<br>ヂジェス**タ**オン | digestion<br>ディ**チェ**スチョン |
| 〜する | digerir<br>ヂジェ**リ**ール | digest<br>ディ**チェ**スト |
| 〜不良 | indigestão *f.*<br>インヂジェス**タ**オン | indigestion<br>インディ**チェ**スチョン |
| しょうか<br>消火 | extinção do fogo *f.*<br>エスチン**サ**ォン ド フォーゴ | fire fighting<br>ファイア ファイティング |
| 〜器 | extintor *m.*<br>エスチン**ト**ール | extinguisher<br>イクス**ティ**ングウィシャ |
| 〜する | apagar o fogo<br>アパ**ガ**ール ウ フォーゴ | put out a fire<br>プト アウト ア ファイア |
| しょうが<br>生姜 | gengibre *m.*<br>ジェン**ジ**ーブリ | ginger<br>**チ**ンヂャ |
| しょうかい<br>紹介 | apresentação *f.*<br>アプレゼンタ**サ**ォン | introduction<br>イントロ**ダ**クション |
| 〜する | apresentar<br>アプレゼン**タ**ール | introduce<br>イントロ**デュ**ース |
| 自己〜 | auto-apresentação *f.*<br>アウト アプレゼンタ**サ**ォン | introduce *oneself*<br>イントロ**デュ**ース |
| しょうがい<br>傷害 | ferimento *m.*, lesão *f.*<br>フェリ**メ**ント, レ**ザ**ォン | injury<br>**イ**ンヂュリ |
| しょうがい<br>障害 | obstáculo *m.*<br>オビス**タ**クロ | obstacle<br>**ア**ブスタクル |
| しょうがい<br>生涯 | vida *f.*<br>**ヴィ**ーダ | lifetime<br>**ラ**イフタイム |
| しょうがくきん<br>奨学金 | bolsa de estudos *f.*<br>**ボ**ウサ ヂ エス**トゥ**ードス | scholarship<br>ス**カ**ラシプ |
| しょうがくせい<br>奨学生 | bolsista *m.f.*<br>ボウ**スィ**スタ | scholar<br>ス**カ**ラ |
| しょうがつ<br>正月 | ano novo *m.*<br>**ア**ーノ **ノ**ーヴォ | the New Year<br>ザ **ニュ**ー イア |

| 日 | 葡 | 英 |
|---|---|---|
| しょうがっこう<br>小学校 | escola primária *f.*<br>エスコーラ プリマーリア | elementary school<br>エレメンタリ スクール |
| じょうき<br>蒸気 | vapor *m.*<br>ヴァポール | vapor, steam<br>ヴェイパ, スティーム |
| じょうぎ<br>定規 | régua *f.*<br>ヘーグア | ruler<br>ルーラ |
| じょうきゃく<br>乗客 | | |
| (男の) | passageiro *m.*<br>パサジェイロ | passenger<br>パセンヂャ |
| (女の) | passageira *f.*<br>パサジェイラ | passenger<br>パセンヂャ |
| しょうきゅう<br>昇給 | aumento salarial *m.*<br>アゥメント サラリアゥ | raise<br>レイズ |
| じょうきゅう<br>上級の | superior<br>スペリオール | higher, upper<br>ハイヤ, アパ |
| しょうぎょう<br>商業 | comércio *m.*<br>コメルスィオ | commerce<br>カマス |
| じょうきょう<br>情[状]況 | situação *f.*,<br>スィトゥアサォン,<br>circunstâncias *f.pl.*<br>スィルクンスタンスィア | situation<br>スィチュエイション |
| しょうきょくてき<br>消極的な | passivo<br>パスィーヴォ | negative, passive<br>ネガティヴ, パスィヴ |
| しょうぐん<br>将軍 | general *m.*<br>ジェネラゥ | general<br>ヂェナラル |
| じょうげ<br>上下する | subir e descer<br>スビール イ デセール | rise and fall<br>ライズ アンド フォール |
| じょうけい<br>情景 | cena *f.*<br>セーナ | spectacle, sight<br>スペクタクル, サイト |
| しょうげき<br>衝撃 | impacto *m.*, choque *m.*<br>インパキト, ショッキ | shock, impact<br>シャク, インパクト |
| しょうけん<br>証券 | título *m.*, valores *m.pl.*, apólice *f.*<br>チトゥロ, ヴァローリス, アポリスィ | bill, bond<br>ビル, バンド |
| ～取引所 | bolsa de valores *f.*<br>ボゥサ ヂ ヴァローリス | securities [stock] exchange<br>スィキュアリティズ[スタク]イクスチェインヂ |
| しょうげん<br>証言 | testemunho *m.*<br>テステムーニョ | testimony<br>テスティモウニ |
| ～する | testemunhar<br>テステムニャール | testify<br>テスティファイ |

| 日 | 葡 | 英 |
|---|---|---|
| じょうけん<br>条件 | condição *f.*, termos *m.pl.*<br>コンヂサォン, テルモス | condition, terms<br>カンディション, タームズ |
| しょうこ<br>証拠 | prova *f.*, evidência *f.*<br>プローヴァ, エヴィデンスィア | proof, evidence<br>プルーフ, エヴィデンス |
| しょうご<br>正午 | meio-dia *m.*<br>メィオ ヂーア | noon<br>ヌーン |
| しょうこう<br>将校 | oficial *m.*<br>オフィスィアウ | officer<br>オーフィサ |
| しょうごう<br>称号 | título *m.*<br>チトゥロ | title<br>タイトル |
| じょうこう<br>条項 | artigo *m.*, cláusula *f.*<br>アルチーゴ, クラウズラ | articles<br>アーティクルズ |
| しょうこうかいぎしょ<br>商工会議所 | câmara de comércio<br>カマラ ヂ コメルスィオ<br>e indústria *f.*<br>イ インドゥストリア | the Chamber of<br>ザ チェインバ オヴ<br>Commerce<br>カマース |
| しょうこうねつ<br>猩紅熱 | escarlatina *f.*<br>エスカルラチーナ | scarlet fever<br>スカーレト フィーヴァ |
| じょうこく<br>上告 | apelação *f.*, recurso *m.*<br>アペラサォン, ヘクルソ | appeal<br>アピール |
| しょうさい<br>詳細 | detalhes *m.pl.* pormenores *m.pl.*<br>デターリィス, ポルメノーリス | details<br>ディテイルズ |
| 〜な | detalhado, pormenorizado<br>デタリャード, ポルメノリザード | detailed<br>ディテイルド |
| じょうざい<br>錠剤 | comprimido *m.*<br>コンプリミード | tablet<br>タブレト |
| しょうさん<br>硝酸 | ácido nítrico *m.*<br>アスィド ニトリコ | nitric acid<br>ナイトリク アスィド |
| じょうし<br>上司 | chefe *m.*<br>シェッフィ | superior, boss<br>スピアリア, ボース |
| しょうじき<br>正直な | honesto<br>オネスト | honest<br>アニスト |
| じょうしき<br>常識 | senso comum *m.*<br>センソ コムン | common sense<br>カモン センス |
| じょうしつ<br>上質の | de alta qualidade<br>ヂ アウタ カァリダーヂ | of fine quality<br>オヴ ファイン クワリティ |
| しょうしゃ<br>商社 | companhia comercial *f.*<br>コンパニーア コメルスィアウ | trading company<br>トレイディング カンパニ |

| 日 | 葡 | 英 |
|---|---|---|
| <ruby>乗車<rt>じょうしゃ</rt></ruby> | | |
| 〜券 | bilhete *m.*, passagem *f.*<br>ビリェッチ, パサージェィン | ticket<br>ティケト |
| 〜する | embarcar em<br>エンバルカール エィン | board, take, get in<br>ボード, テイク, ゲト イン |
| <ruby>小銃<rt>しょうじゅう</rt></ruby> | fuzil *m.*<br>フズィウ | rifle<br>ライフル |
| <ruby>召集する<rt>しょうしゅう</rt></ruby> | convocar<br>コンヴォカール | convene, call<br>カンヴィーン, コール |
| （軍隊を） | recrutar<br>ヘクルタール | muster, call out<br>マスタ, コール アウト |
| <ruby>上旬<rt>じょうじゅん</rt></ruby> | primeiro terço do mês *m.*<br>プリメィロ テルソド メィス | the first ten days of a month<br>ザ ファースト テン デイズ オヴ ア マンス |
| <ruby>証書<rt>しょうしょ</rt></ruby> | certificado *m.*<br>セルチフィカード | bond, deed<br>バンド, ディード |
| <ruby>少女<rt>しょうじょ</rt></ruby> | menina *f.*<br>メニーナ | girl<br>ガール |
| <ruby>症状<rt>しょうじょう</rt></ruby> | sintoma *m.*<br>スィントーマ | symptom<br>スィンプトム |
| <ruby>賞状<rt>しょうじょう</rt></ruby> | certificado de mérito *m.*<br>セルチフィカード チ メリト | certificate of merit<br>サティフィケト オヴ メリト |
| <ruby>上昇<rt>じょうしょう</rt></ruby> | ascensão *f.*<br>アセンサォン | rise, ascent<br>ライズ, アセント |
| 〜する | subir, ascender<br>スビール, アセンデール | rise, go up<br>ライズ, ゴウ アプ |
| <ruby>生じる<rt>しょう</rt></ruby> | nascer, surgir<br>ナセール, スルジール | happen, take place<br>ハプン, テイク プレイス |
| <ruby>昇進する<rt>しょうしん</rt></ruby> | ser promovido<br>セール プロモヴィード | be promoted<br>ビ プロモウテド |
| <ruby>小数<rt>しょうすう</rt></ruby> | decimal *m.f.*<br>デスィマウ | decimal<br>デスィマル |
| 〜点 | vírgula decimal *f.*<br>ヴィルグラ デスィマウ | decimal point<br>デスィマル ポイント |
| <ruby>少数<rt>しょうすう</rt></ruby> | minoria *f.*<br>ミノリーア | minority<br>マイノリティ |
| <ruby>上手な<rt>じょうず</rt></ruby> | hábil, bom<br>アービウ, ボン | skillful<br>スキルフル |
| <ruby>情勢<rt>じょうせい</rt></ruby> | situação *f.*<br>スィトゥアサォン | situation<br>スィチュエイション |

| 日 | 葡 | 英 |
|---|---|---|
| しょうせつ<br>小説 | romance m.<br>ホマンスィ | novel<br>ナヴェル |
| （中編） | novela f.<br>ノヴェーラ | short novel<br>ショート ナヴェル |
| （短編） | conto m.<br>コント | short story<br>ショート ストーリ |
| 〜家 | romancista m.f., novelista m.f.<br>ホマンスィスタ，ノヴェリスタ | novelist<br>ナヴェリスト |
| じょうせつ<br>常設の | permanente<br>ペルマネンチ | standing, permanent<br>スタンディング，パーマネント |
| じょうせん<br>乗船 | embarque em navio m.<br>エンバルキ エィン ナヴィーオ | embarkation<br>インバーケイション |
| 〜する | embarcar em navio<br>エンバルカール エィン ナヴィーオ | embark<br>インバーク |
| しょうぞう<br>肖像 | retrato m.<br>ヘトラット | portrait<br>ポートレイト |
| じょうぞう<br>醸造 | fermentação f.<br>フェルメンタサォン | brewing<br>ブルーイング |
| しょうそく<br>消息 | notícias f.pl., informação f.<br>ノチッスィアス，インフォルマサォン | news<br>ニューズ |
| しょうたい<br>招待 | convite m.<br>コンヴィッチ | invitation<br>インヴィテイション |
| 〜する | convidar<br>コンヴィダール | invite<br>インヴァイト |
| じょうたい<br>状態 | estado m., situação f.<br>エスタード，スィトゥアサォン | state, situation<br>ステイト，スィチュエイション |
| しょうだく<br>承諾する | aprovar, consentir, aceitar<br>アプロヴァール，コンセンチール，アセィタール | consent, accept<br>カンセント，アクセプト |
| じょうたつ<br>上達する | progredir, fazer progressos<br>プログレヂール，ファゼール プログレッソス | make progress<br>メイク プラグレス |
| しょうだん<br>商談 | conversa de negócios f.<br>コンヴェルサ ヂ ネゴッスィオス | business talk<br>ビズネス トーク |
| じょうだん<br>冗談 | brincadeira f.<br>ブリンカデイラ | joke, jest<br>ヂョウク，ヂェスト |
| 〜半分に | meio brincando<br>メィオ ブリンカンド | half in joke<br>ハフ イン ヂョウク |
| しょうち<br>承知する | consentir, concordar<br>コンセンチール，コンコルダール | agree, consent<br>アグリー，カンセント |

| 日 | 葡 | 英 |
|---|---|---|
| しょうちゅう<br>焼酎 | aguardente de arroz *f.*<br>アグアルデンチ デ アホィス | rough distilled spirits<br>ラフ ディスティルド スピリッツ |
| じょうちょ<br>情緒 | atmosfera *f.*<br>アチモスフェーラ | atmosphere<br>アトモスフィア |
| （感情） | emoção *f.*<br>エモサォン | emotion<br>イモウション |
| しょうちょう<br>小腸 | intestino delgado *m.*<br>インテスチーノ デウガード | the small intestine<br>ザ スモール インテスティン |
| しょうちょう<br>象徴 | símbolo *m.*<br>スィンボロ | symbol<br>スィンボル |
| 〜する | simbolizar<br>スィンボリザール | symbolize<br>スィンボライズ |
| しょうてん<br>商店 | loja *f.*<br>ロージャ | store, shop<br>ストー, シャプ |
| しょうてん<br>焦点 | foco *m.*<br>フォッコ | focus<br>フォウカス |
| じょうと<br>譲渡 | transferência *f.*, cessão *f.*<br>トランスフェレンスィア, セサォン | transfer<br>トランスファー |
| 〜する | transferir, ceder<br>トランスフェリール, セデール | transfer<br>トランスファー |
| しょうどうてき<br>衝動的な | impulsivo<br>インプウスィーヴォ | impulsive<br>インパルスィヴ |
| じょうとう<br>上等の | excelente,<br>エセレンチ,<br>de primeira qualidade<br>チ プリメィラ カァリダーチ | good, superior<br>グド, スピアリア |
| しょうどく<br>消毒 | esterilização *f.*<br>エステリリザサォン | disinfection<br>ディスインフェクション |
| 〜する | esterilizar, desinfecionar<br>エステリリザール, デズィンフェスィオナール | disinfect<br>ディスインフェクト |
| 〜薬 | desinfetante *m.*<br>デズィンフェタンチ | disinfectant<br>ディスインフェクタント |
| しょうとつ<br>衝突 | colisão *f.*, choque *m.*<br>コリザォン, ショッキ | collision, clash<br>カリジョン, クラシュ |
| 〜する | colidir com, chocar-se com<br>コリヂール コン, ショカールスィ コン | collide *with*<br>カライド |
| しょうにか<br>小児科 | pediatria *f.*<br>ペヂアトリーア | pediatrics<br>ピーディアトリクス |
| しょうにゅうせき<br>鐘乳石 | estalactite *f.*<br>エスタラキチッチ | stalactite<br>スタラクタイト |

| 日 | 葡 | 英 |
|---|---|---|
| しょうにん<br>商人 | comerciante *m.f.*<br>コメルスィアンチ | merchant<br>マーチャント |
| しょうにん<br>証人 | testemunha *f.*<br>テステムーニャ | witness<br>ウィトネス |
| しょうにん<br>承認する | aprovar<br>アプロヴァール | approve, recognize<br>アプルーヴ, レコグナイズ |
| じょにん<br>常任の | permanente<br>ペルマネンチ | standing, regular<br>スタンディング, レギュラ |
| じょうねつ<br>情熱 | paixão *f.*, entusiasmo *m.*<br>パィシャォン, エントゥズィアズモ | passion, ardor<br>パション, アーダ |
| しょうねん<br>少年 | menino *m.*<br>メニーノ | boy<br>ボイ |
| じょうば<br>乗馬 | equitação *f.*<br>エキタサォン | riding<br>ライディング |
| しょうはい<br>勝敗 | vitória ou derrota<br>ヴィトーリア オゥ デホッタ | victory or defeat<br>ヴィクトリ オ ディフィート |
| しょうばい<br>商売 | comércio *m.*<br>コメルスィオ | trade, business<br>トレイド, ビズネス |
| じょうはつ<br>蒸発する | evaporar-se<br>エヴァポラールスィ | evaporate<br>イヴァポレイト |
| じょうはんしん<br>上半身 | a parte superior do corpo *f.*<br>ア パルチ スペリオール ド コルポ | the upper half of the body<br>ジ アパ ハフ オヴ ザ バディ |
| しょうひ<br>消費 | consumo *m.*<br>コンスーモ | consumption<br>カンサンプション |
| 〜者<br>(男の) | consumidor *m.*<br>コンスミドール | consumer<br>カンシューマ |
| (女の) | consumidora *f.*<br>コンスミドーラ | consumer<br>カンシューマ |
| 〜する | consumir<br>コンスミール | consume, spend<br>カンシューム, スペンド |
| 〜税 | imposto de consumo *m.*<br>インポスト ヂ コンスーモ | consumption tax<br>カンサンプション タクス |
| しょうひょう<br>商標 | marca registrada *f.*<br>マルカ ヘジストラーダ | trademark, brand<br>トレイドマーク, ブランド |
| しょうひん<br>賞品 | prêmio *m.*<br>プレーミオ | prize<br>プライズ |
| しょうひん<br>商品 | artigo *m.*, mercadoria *f.*<br>アルチーゴ, メルカドリーア | commodity, goods<br>コマティティ, グヅ |

| 日 | 葡 | 英 |
|---|---|---|
| <ruby>上品<rt>じょうひん</rt></ruby>な | elegante, fino<br>エレガンチ, フィーノ | elegant, refined<br>エリガント, リファインド |
| <ruby>勝負<rt>しょうぶ</rt></ruby> | (resultado da) partida *f.*<br>(ヘズウタード ダ) パルチーダ | game, match<br>ゲイム, マチ |
| 〜する | competir com, lutar com<br>コンペチール コン, ルタール コン | contest, fight<br>カンテスト, ファイト |
| <ruby>丈夫<rt>じょうぶ</rt></ruby>な | robusto<br>ホブスト | strong, robust<br>ストローング, ロウバスト |
| <ruby>城壁<rt>じょうへき</rt></ruby> | muralha *f.*<br>ムラーリャ | castle wall<br>キャスル ウォール |
| <ruby>小便<rt>しょうべん</rt></ruby> | urina *f.*<br>ウリーナ | urine<br>ユアリン |
| <ruby>譲歩<rt>じょうほ</rt></ruby> | concessão *f.*<br>コンセサォン | concession<br>カンセション |
| 〜する | ceder<br>セデール | concede<br>カンスィード |
| <ruby>商法<rt>しょうほう</rt></ruby> | o código comercial *m.*<br>オ コヂゴ コメルスィアウ | the commercial code<br>ザ カマーシャル コウド |
| <ruby>消防<rt>しょうぼう</rt></ruby> | | |
| 〜士 | bombeiro *m.*<br>ボンベィロ | fire fighter<br>ファイア ファイタ |
| 〜車 | carro de bombeiro *m.*<br>カッホ ヂ ボンベィロ | fire engine<br>ファイア エンヂン |
| 〜署 | posto de bombeiros *m.*<br>ポスト ヂ ボンベィロス | firehouse<br>ファイアハウス |
| <ruby>情報<rt>じょうほう</rt></ruby> | informação *f.*<br>インフォルマサォン | information<br>インフォメイション |
| <ruby>抄本<rt>しょうほん</rt></ruby> | extrato *m.*<br>エストラット | abstract<br>アブストラクト |
| <ruby>錠前<rt>じょうまえ</rt></ruby> | fechadura *f.*<br>フェシャドゥーラ | lock<br>ラク |
| <ruby>正味<rt>しょうみ</rt></ruby>の | líquido<br>リキド | net<br>ネト |
| <ruby>静脈<rt>じょうみゃく</rt></ruby> | veia *f.*<br>ヴェィア | vein<br>ヴェイン |
| <ruby>乗務員<rt>じょうむいん</rt></ruby> | tripulante *m.f.*<br>トリプランチ | crew member<br>クルー メンバ |
| <ruby>照明<rt>しょうめい</rt></ruby> | iluminação *f.*, luz *f.*<br>イルミナサォン, ルィス | illumination<br>イルーミネイション |

| 日 | 葡 | 英 |
|---|---|---|
| しょうめい<br>証明 | prova f., comprovação f.<br>プローヴァ, コンプロヴァサォン | proof, evidence<br>プルーフ, エヴィデンス |
| ～書 | certificado m.<br>セルチフィカード | certificate<br>サティフィケト |
| ～する | provar, comprovar<br>プロヴァール, コンプロヴァール | prove, verify<br>プルーヴ, ヴェリファイ |
| しょうめん<br>正面 | frente f.<br>フレンチ | the front<br>ザ フラント |
| （建物の） | fachada f.<br>ファシャーダ | facade<br>ファサード |
| じょうやく<br>条約 | tratado m., convenção f.<br>トラタード, コンヴェルサォン | treaty, pact<br>トリーティ, パクト |
| しょうゆ<br>醤油 | *shoyu* m.<br>ショーユ | soy sauce<br>ソイ ソース |
| しょうよ<br>賞与 | bônus m., abono m.<br>ボーヌス, アボーノ | bonus<br>ボウナス |
| しょうよう<br>商用で | a negócios<br>ア ネゴッスィオス | on business<br>オン ビズネス |
| じょうよう<br>常用する | usar habitualmente<br>ウザール アビトゥアウメンチ | use habitually<br>ユーズ ハビチュアリ |
| しょうらい<br>将来 | futuro m.<br>フトゥーロ | future<br>フューチャ |
| しょうり<br>勝利 | vitória f., triunfo m.<br>ヴィトーリア, トリウンフォ | victory<br>ヴィクトリ |
| じょうりく<br>上陸 | desembarque m.<br>デゼンバルキ | landing<br>ランディング |
| しょうりつ<br>勝率 | porcentagem de vitória f.<br>ポルセンタージェィン デ ヴィトーリア | winning percentage<br>ウィニング パセンティヂ |
| しょうりゃく<br>省略 | omissão f.<br>オミサォン | omission, abridgment<br>オウミション, アブリヂメント |
| ～する | omitir<br>オミチール | omit, abridge<br>オウミト, アブリヂ |
| じょうりゅう<br>上流 | curso superior do rio,<br>クルソ スペリオール ド ヒーオ,<br>montante m.<br>モンタンチ | the upper stream<br>ジ アパ ストリーム |
| ～階級 | a camada alta f., classe alta f.<br>ア カマーダ アウタ, クラッスィ アウタ | the higher classes<br>ザ ハイヤ クラスィズ |

| 日 | 葡 | 英 |
|---|---|---|
| じょうりゅう<br>蒸留 | destilação *f.*<br>ヂスチラサォン | distillation<br>ディスティレイション |
| ～酒 | bebida destilada *f.*<br>ベビーダ ヂスチラーダ | distilled liquor<br>ディスティルド リカ |
| ～する | destilar<br>ヂスチラール | distill<br>ディスティル |
| しょうりょう<br>少量の | um pouco de<br>ウン ポッコ ヂ | a little<br>ア リトル |
| じょうれい<br>条例 | lei *f.*, lei municipal *f.*<br>レィ, レィ ムニスィパウ | regulations, rules<br>レギュレイションズ, ルールズ |
| しょうれい<br>奨励する | encorajar, incentivar<br>エンコラジャール, インセンチヴァール | encourage<br>インカーリヂ |
| じょうれん<br>常連 | cliente regular *m.f.*<br>クリエンチ ヘグラール | frequenter<br>フリークウェンタ |
| しょうろう<br>鐘楼 | campanário *m.*, torre de sino *f.*<br>カンパナーリオ, トッヒ ヂ スィーノ | belfry<br>ベルフリ |
| ショー | exposição *f.*, espetáculo *m.*<br>エスポズィサォン, エスペタクロ | show<br>ショウ |
| じょおう<br>女王 | rainha *f.*<br>ハイーニャ | queen<br>クウィーン |
| ショーウインドー | vitrina *f.*<br>ヴィトリーナ | show window<br>ショウ ウィンドウ |
| ジョーカー | curinga *m.*<br>クリンガ | joker<br>ヂョウカ |
| ジョーク | gracejo *m.*, brincadeira *f.*<br>グラセージョ, ブリンカデイラ | joke<br>ヂョウク |
| ショーツ | calções *m.pl.*<br>カウソィンス | shorts<br>ショーツ |
| ショート | curto-circuito *m.*<br>クルト スィルクィト | short circuit<br>ショート サーキト |
| ～パンツ | calção *m.*, *shorts m.pl.*<br>カウサォン, ショルチ | short pants<br>ショート パンツ |
| ショール | xale *m.*<br>シャーリ | shawl<br>ショール |
| しょか<br>初夏 | começo do verão *m.*<br>コメッソ ド ヴェラォン | early summer<br>アーリ サマ |
| じょがい<br>除外する | excluir<br>エスクルイール | exclude, except<br>イクスクルード, イクセプト |

| 日 | 葡 | 英 |
|---|---|---|
| しょがくしゃ<br>初学者 | principiante *m.f.*, iniciante *m.f.*<br>プリンスィピアンチ, イニスィアンチ | beginner<br>ビギナ |
| しょかん<br>書簡 | carta *f.*, correspondência *f.*<br>カルタ, コヘスポンデンスィア | letter, correspondence<br>レタ, コーレスパンデンス |
| しょき<br>初期 | fase inicial *f.*<br>ファーズィ イニスィアウ | the first stage<br>ザ ファースト ステイヂ |
| ～化 | inicialização *f.*<br>イニスィアリザサォン | initialization<br>イニシャライゼイション |
| しょき<br>書記 | | |
| (男の) | secretário *m.*<br>セクレターリオ | clerk, secretary<br>クラーク, セクレタリ |
| (女の) | secretária *f.*<br>セクレターリア | clerk, secretary<br>クラーク, セクレタリ |
| しょきゅう<br>初級 | curso elementar *m.*<br>クルソ エレメンタール | the beginners' class<br>ザ ビギナズ クラス |
| じょきょ<br>除去 | eliminação *f.*, supressão *f.*<br>エリミナサォン, スプレサォン | removal<br>リムーヴァル |
| ～する | remover<br>ヘモヴェール | remove, eliminate<br>リムーヴ, イリミネイト |
| じょきょうじゅ<br>助教授 | | |
| (男の) | professor assistente *m.*<br>プロフェソール アスィスタンチ | assistant professor<br>アスィスタント プロフェサ |
| (女の) | professora assistente *f.*<br>プロフェソーラ アスィスタンチ | assistant professor<br>アスィスタント プロフェサ |
| ジョギングする | fazer *cooper*<br>ファゼール クーペル | jog<br>ヂャグ |
| しょく<br>職 | emprego *m.*, trabalho *m.*<br>エンプレーゴ, トラバーリョ | job, work, position<br>ヂャブ, ワーク, ポズィション |
| (地位) | posto *m.*, posição *f.*<br>ポスト, ポズィサォン | position<br>ポズィション |
| しょくいん<br>職員 | | |
| (男の) | funcionário *m.*<br>フンスィオナーリオ | the staff<br>ザ スタフ |
| (女の) | funcionária *f.*<br>フンスィオナーリア | the staff<br>ザ スタフ |
| しょくえん<br>食塩 | sal de mesa *m.*<br>サウ デ メーザ | salt<br>ソールト |
| しょくぎょう<br>職業 | ocupação *f.*, profissão *f.*<br>オクパサォン, プロフィサォン | occupation<br>オキュペイション |

| 日 | 葡 | 英 |
|---|---|---|
| 〜病 | doença profissional *f.*<br>ドエンサ プロフィスィオナゥ | occupational disease<br>アキュペイショナル ディズィーズ |
| 食後 | depois da refeição<br>デポイス ダ ヘフェイサォン | after a meal<br>アフタ ア ミール |
| 〜酒 | digestivo *m.*<br>ヂジェスチーヴォ | *digestif*<br>ディヂェスティフ |
| 贖罪 | expiação *f.*, redenção *f.*<br>エスピアサォン, ヘデンサォン | atonement, expiation<br>アトゥンメント, エクスピエイション |
| 食事 | refeição *f.*<br>ヘフェイサォン | meal<br>ミール |
| 植樹 | plantação de árvores *f.*<br>プランタサォン ヂ アルヴォリス | planting<br>プランティング |
| 食前 | antes da refeição<br>アンチス ダ ヘフェイサォン | before a meal<br>ビフォー ア ミール |
| 〜酒 | aperitivo *m.*<br>アペリチーヴォ | appetizer<br>アペタイザ |
| 燭台 | castiçal *m.*<br>カスチサゥ | candlestick<br>キャンドルスティック |
| 食卓 | mesa *f.*<br>メーザ | dining table<br>ダイニング テイブル |
| 食中毒 | intoxicação alimentar *f.*<br>イントクスィカサォン アリメンタール | food poisoning<br>フード ポイズニング |
| 食通 | gastrônomo *m.*<br>ガストロノモ | gourmet<br>グアメイ |
| 食堂 | sala de jantar *f.*<br>サーラ ヂ ジャンタール | dining room<br>ダイニング ルーム |
| (飲食店) | restaurante *m.*<br>ヘスタゥランチ | eating house<br>イーティング ハウス |
| 〜車 | vagão-restaurante *m.*<br>ヴァガォン ヘスタゥランチ | dining car<br>ダイニング カー |
| 職人 | | |
| (男の) | artesão *m.*<br>アルテザォン | workman, artisan<br>ワークマン, アーティザン |
| (女の) | artesã *f.*<br>アルテザン | workman, artisan<br>ワークマン, アーティザン |
| 職場 | local de trabalho *m.*<br>ロカゥ ヂ トラバーリョ | place of work<br>プレイス オヴ ワーク |
| 食パン | pão de forma *m.*<br>パォン ヂ フォルマ | bread<br>ブレド |

## ■職業■ ocupação f., profissão f. /オクパサォン, プロフィサォン/

- 医者（いしゃ） （男の）médico /メヂコ/ m., （女の）médica /メヂカ/ f. (㊧doctor)
- 運転手（うんてんしゅ） motorista /モトリスタ/ m.f. (㊧driver)
- エンジニア （男の）engenheiro /エンジニェイロ/ m., （女の）engenheira /エンジニェイラ/ f. (㊧engineer)
- 音楽家（おんがくか） （男の）músico /ムズィコ/ m., （女の）música /ムズィカ/ f. (㊧musician)
- 画家（がか） （男の）pintor /ピントール/ m., （女の）pintora /ピントーラ/ f. (㊧painter)
- 歌手（かしゅ） （男の）cantor /カントール/ m., （女の）cantora /カントーラ/ f. (㊧singer)
- 看護師（かんごし） （男の）enfermeiro /エンフェルメイロ/ m., （女の）enfermeira /エンフェルメイラ/ f. (㊧nurse)
- 教員（きょういん） （男の）professor /プロフェソール/ m., （女の）professora /プロフェソーラ/ f. (㊧teacher)
- 銀行員（ぎんこういん） （男の）funcionário de banco /フンスィオナーリオ ヂ バンコ/ m., （女の）funcionária de banco /フンスィオナーリア ヂ バンコ/ f. (㊧bank clerk)
- 警察官（けいさつかん） policial /ポリスィアウ/ m.f. (㊧police officer)
- 芸術家（げいじゅつか） artista /アルチスタ/ m.f. (㊧artist)
- 計理士（けいりし） contabilista /コンタビリスタ/ m.f. (㊧accountant)
- 建築家（けんちくか） （男の）arquiteto /アルキテット/ m., （女の）arquiteta /アルキテッタ/ f. (㊧architect)
- 工員（こういん） （男の）operário /オペラーリオ/ m., （女の）operária /オペラーリア/ f. (㊧factory worker)
- 公務員（こうむいん） （男の）funcionário público /フンスィオナーリオ プブリコ/ m., （女の）funcionária pública /フンスィオナーリア プブリカ/ f. (㊧public official)
- コック （男の）cozinheiro /コズィニェイロ/ m., （女の）cozinheira /コズィニェイラ/ f. (㊧cook)
- 裁判官（さいばんかん） （男の）juiz /ジュイース/ m., （女の）juíza /ジュイーザ/ f. (㊧judge)
- 魚屋（さかなや） （男の）peixeiro /ペイシェイロ/ m., （女の）peixeira /ペイシェイラ/ f. (㊧fishmonger)
- 作家（さっか） （男の）escritor /エスクリトール/ m., （女の）escritora /エスクリトーラ/ f. (㊧writer, author)

しゃしんか
**写真家**　(男の)fotógrafo /フォトグラフォ/ *m.*, (女の)fotógrafa /フォトグラファ/ *f.* ([英]photographer)

**ジャーナリスト**　jornalista /ジョルナリスタ/ *m.f.* ([英]journalist)

しょうぼうし
**消防士**　bombeiro /ボンベイロ/ *m.* ([英]fire fighter)

せいじか
**政治家**　(男の)político /ポリチコ/ *m.*, (女の)política /ポリチカ/ *f.* ([英]statesman, politician)

ぜいりし
**税理士**　(男の)consultor fiscal /コンスウトール フィスカウ/ *m.*, (女の)consultora fiscal /コンスウトーラ フィスカウ/ *f.* ([英]tax accountant)

**セールスマン**　(男の)vendedor /ヴェンデドール/ *m.*, (女の)vendedora /ヴェンデドーラ/ *f.* ([英]salesman)

せんいん
**船員**　marinheiro /マリニェイロ/ *m.* ([英]crew, seaman)

だいく
**大工**　carpinteiro /カルピンテイロ/ *m.* ([英]carpenter)

**デザイナー**　desenhista /デゼニィスタ/ *m.f.* ([英]designer)

てんいん
**店員**　balconista /バウコニスタ/ *m.f.*, (男の)vendedor /ヴェンデドール/ *m.*, (女の)vendedora /ヴェンデドーラ/ *f.* ([英]clerk)

にくや
**肉屋**　açougueiro /アソゥゲィロ/ *m.* ([英]butcher)

のうじょうしゅ
**農場主**　fazendeiro /ファゼンデイロ/ *m.* ([英]farmer)

**パイロット**　piloto /ピロット/ *m.* ([英]pilot)

や
**パン屋**　(男の)panificador /パニフィカドール/ *m.*, (女の)panificadora /パニフィカドーラ/ *f.* ([英]baker)

ひしょ
**秘書**　(男の)secretário /セクレターリオ/ *m.*, (女の)secretária /セクレターリア/ *f.* ([英]secretary)

びようし
**美容師**　(男の)cabeleireiro /カベレィレィロ/ *m.*, (女の)cabeleireira /カベレィレィラ/ *f.* ([英]beautician)

べんごし
**弁護士**　(男の)advogado /アヂヴォガード/ *m.*, (女の)advogada /アヂヴォガーダ/ *f.* ([英]lawyer, barrister)

やおや
**八百屋**　(男の)quitandeiro /キタンデイロ/ *m.*, (女の)quitandeira /キタンデイラ/ *f.* ([英]grocer)

やくざいし
**薬剤師**　(男の)farmacêutico /ファルマセゥチコ/ *m.*, (女の)farmacêutica /ファルマセゥチカ/ *f.* ([英]pharmacist, druggist)

りようし
**理容師**　(男の)barbeiro /バルベイロ/ *m.* ([英]barber)

りょうし
**漁師**　(男の)pescador /ペスカドール/ *m.*, (女の)pescadora /ペスカドーラ/ *f.* ([英]fisherman)

し

| 日 | 葡 | 英 |
|---|---|---|
| しょくひ<br>食費 | despesas de alimentação *f.pl.*<br>ヂスペーザス ヂ アリメンタサォン | food expenses<br>フード イクスペンスィズ |
| しょくひん<br>食品 | alimento *m.*, comida *f.*<br>アリメント, コミーダ | food<br>フード |
| ～添加物 | aditivo alimentar *m.*<br>アヂチーヴォ アリメンタール | food additives<br>フード アディティヴズ |
| しょくぶつ<br>植物 | planta *f.*<br>プランタ | plant, vegetation<br>プラント, ヴェヂテイション |
| ～園 | jardim botânico *m.*<br>ジャルヂン ボタニコ | botanical garden<br>バタニカル ガーデン |
| ～学 | botânica *f.*<br>ボタニカ | botany<br>バタニ |
| しょくみん<br>植民 | colonização *f.*<br>コロニザサォン | colonization<br>カロニゼイション |
| ～する | colonizar<br>コロニザール | colonize<br>カロナイズ |
| ～地 | colônia *f.*<br>コローニア | colony<br>カロニ |
| しょくむ<br>職務 | função *f.*, cargo *m.*, ofício *m.*<br>フンサォン, カルゴ, オフィッスィオ | duty, work<br>デューティ, ワーク |
| しょくもつ<br>食物 | comida *f.*, alimento *m.*<br>コミーダ, アリメント | food<br>フード |
| しょくようの<br>食用の | comestível, para comer<br>コメスチーヴェウ, パラ コメール | for food, edible<br>フォ フード, エディブル |
| しょくよく<br>食欲 | apetite *m.*<br>アペチッチ | appetite<br>アペタイト |
| しょくりょう<br>食糧 | provisões *f.pl.*, alimentos *m.pl.*<br>プロヴィゾィンス, アリメントス | food, provisions<br>フード, プロヴィジョンズ |
| しょくりょうひんてん<br>食料品店 | mercearia *f.*<br>メルセアリーア | grocery<br>グロウサリ |
| じょげん<br>助言 | conselho *m.*<br>コンセーリョ | advice, counsel<br>アドヴァイス, カウンセル |
| ～する | aconselhar<br>アコンセリャール | advise, counsel<br>アドヴァイズ, カウンセル |
| じょこうする<br>徐行する | ir devagar<br>イール ヂヴァガール | go slow<br>ゴウ スロウ |
| しょさい<br>書斎 | escritório *m.*<br>エスクリトーリオ | study<br>スタディ |

| 日 | 葡 | 英 |
|---|---|---|
| 所在地<br>しょざいち | sede *f.*, local *m.*<br>セーヂ, ロカウ | location<br>ロウケイション |
| 如才ない<br>じょさい | hábil, esperto<br>アービウ, エスペルト | tactful, shrewd<br>タクトフル, シュルード |
| （愛想がいい） | simpático<br>スィンパチコ | sociable<br>ソウシャブル |
| 書式<br>しょしき | forma *f.*, formulário *m.*<br>フォルマ, フォルムラーリオ | form, format<br>フォーム, フォーマト |
| 叙事詩<br>じょじし | poesia épica *f.*<br>ポエズィーア エピカ | epic<br>エピク |
| 助手<br>じょしゅ | ajudante *m.f.*, assistente *m.f.*<br>アジュダンチ, アスィステンチ | assistant<br>アスィスタント |
| 叙述<br>じょじゅつ | descrição *f.*<br>ヂスクリサォン | description<br>ディスクリプション |
| 初旬<br>しょじゅん | primeiro terço do mês *m.pl.*<br>プリメィロ テルソ ド メィス | the first third of a month<br>ザ ファースト サード オヴ ア マンス |
| 処女<br>しょじょ | virgem *f.*<br>ヴィルジェィン | virgin, maiden<br>ヴァーヂン, メイドン |
| 叙情詩<br>じょじょうし | poesia lírica *f.*<br>ポエズィーア リリカ | lyric<br>リリク |
| 徐々に<br>じょじょ | pouco a pouco, gradualmente<br>ポゥコ ア ポゥコ, グラドゥアウメンチ | gradually, slowly<br>グラヂュアリ, スロウリ |
| 初心者<br>しょしんしゃ | principiante *m.f.*<br>プリンスィピアンチ | beginner<br>ビギナ |
| 序数<br>じょすう | ordinal *m.*<br>オルヂナウ | ordinal<br>オーディナル |
| 女性<br>じょせい | mulher *f.*<br>ムリェール | woman<br>ウマン |
| 書籍<br>しょせき | livro *m.*<br>リーヴロ | book<br>ブク |
| 序説<br>じょせつ | introdução *f.*<br>イントロドゥサォン | introduction<br>イントロダクション |
| 助走<br>じょそう | corrida que antecede o salto *f.*<br>コヒーダ キ アンテセーチ ウ サウト | approach run<br>アプロウチ ラン |
| 所属する<br>しょぞく | pertencer a<br>ペルテンセール ア | belong *to*<br>ビローング |
| 所帯<br>しょたい | família *f.*<br>ファミーリア | household, family<br>ハウスホウルド, ファミリ |

| 日 | 葡 | 英 |
|---|---|---|
| 除隊する じょたい | dar baixa ダール バイシャ | get *one's* discharge ゲト ディスチャーヂ |
| 初対面 しょたいめん | primeiro encontro *m.* プリメィロ エンコントロ | the first meeting ザ ファースト ミーティング |
| 処置 しょち | disposição *f.* ヂスポズィサオン | disposition, measure ディスポズィション, メジャ |
| (治療) | tratamento *m.* トラタメント | treatment トリートメント |
| ～する | tomar medidas トマール メヂーダス | dispose *of* ディスポウズ |
| (治療) | tratar トラタール | treat トリート |
| 所長 しょちょう | chefe *m.f.* シェッフィ | |
| (男の) | diretor *m.* ヂレトール | head, director ヘド, ディレクタ |
| (女の) | diretora *f.* ヂレトーラ | head, director ヘド, ディレクタ |
| 署長 しょちょう | chefe *m.f.* シェッフィ | head ヘド |
| (警察) | delegado *m.* デレガード | marshal マーシャル |
| 触覚 しょっかく | tato *m.* タット | the sense of touch ザ センス オヴ タチ |
| 食器 しょっき | pratos e talheres *m.pl.*, louça *f.* プラットズ イ タリェーリス, ロウサ | tableware テイブルウェア |
| ～棚 | guarda-louça *m.* グワルダ ロウサ | cupboard カバド |
| ジョッキ | caneca de cerveja *f.* カネッカ ヂ セルヴェージャ | jug, mug チャグ, マグ |
| ショック | choque *m.* ショッキ | shock シャク |
| ショット | | |
| (ゴルフ) | tocada *f.* トカーダ | shot シャト |
| (テニス) | raquetada *f.* ハケターダ | shot シャト |
| (映画) | tomada *f.* トマーダ | shot シャト |

| 日 | 葡 | 英 |
|---|---|---|
| しょっぱい | salgado<br>サウガード | salty<br>ソールティ |
| ショッピングセンター | *shopping center* m.<br>ショッピン センテル | shopping center<br>シャピング センタ |
| 書店 | livraria f.<br>リヴラリーア | bookstore<br>ブクストー |
| 初等教育 | instrução elementar f.<br>インストルサォン エレメンタール | elementary education<br>エレメンタリ エヂュケイション |
| 助動詞 | verbo auxiliar m.<br>ヴェルボ アウシィリアール | auxiliary verb<br>オーグズィリャリ ヴァーブ |
| 所得 | renda f.<br>ヘンダ | income<br>インカム |

■ **食器** ■ pratos e talheres *m.pl.*, louça *f.* /プラッツ イ タリェーリス, ロゥサ/

コップ　copo /コッポ/ m. (㊥glass)

カップ　xícara /シッカラ/ f. (㊥cup)

ティーカップ　xícara de chá /シカラ ヂ シャ/ f. (㊥tea cup)

グラス　copo /コッポ/ m. (㊥glass)

ワイングラス　taça de vinho /タッサ ヂ ヴィーニョ/ f. (㊥wineglass)

ジョッキ　caneca de cerveja /カネッカ ヂ セルヴェージャ/ f. (㊥jug, mug)

水差し　jarro /ジャッホ/ m. (㊥pitcher)

コーヒーポット　cafeteira /カフェテイラ/ f. (㊥cofeepot)

皿　prato /プラット/ m. (㊥plate, dish)

大皿　prato grande /プラット グランヂ/ m. (㊥platter)

丼　tigela /チジェーラ/ f. (㊥bowl)

スプーン　colher /コリェール/ f. (㊥spoon)

フォーク　garfo /ガルフォ/ m. (㊥fork)

ナイフ　faca /ファッカ/ f. (㊥knife)

串　espeto /エスペット/ m. (㊥spit)

ストロー　canudo /カヌード/ m. (㊥straw)

箸　pauzinhos /パウズィーニョス/ m. pl., palitinhos /パリチーニョス/ m. pl. (㊥chopsticks)

| 日 | 葡 | 英 |
|---|---|---|
| ～税 | imposto de renda *m.*<br>インポスト ヂ ヘンダ | income tax<br>インカム タクス |
| 処罰する (しょばつ) | punir, castigar<br>プニール, カスチガール | punish<br>パニシュ |
| 序盤 (じょばん) | fase inicial *f.*<br>ファーズィ イニスィアウ | the early stage<br>ジ アーリ ステイヂ |
| 書評 (しょひょう) | crítica literária *f.*, resenha *f.*<br>クリチカ リテラーリア, ヘゼーニャ | book review<br>ブク リヴュー |
| 処分 (しょぶん) | destruição *f.*, liquidação *f.*<br>ヂストルィサォン, リキダサォン | disposal<br>ディスポウザル |
| ～する | dispor, liquidar, jogar fora<br>ヂスポール, リキダール, ジョガール フォーラ | dispose *of*<br>ディスポウズ |
| （処罰） | castigar<br>カスチガール | punish<br>パニシュ |
| 序文 (じょぶん) | prefácio *m.*, prólogo *m.*<br>プレファッスィオ, プロロゴ | preface<br>プレフィス |
| 初歩 (しょほ) | primeiros passos *m.pl.*<br>rudimentos *m.pl.*<br>プリメィロス パッソス, フヂメントス | the rudiments<br>ザ ルーディメンツ |
| 処方箋 (しょほうせん) | receita médica *f.*<br>ヘセイタ メヂカ | prescription<br>プリスクリプション |
| 庶民的な (しょみんてき) | popular, vulgar<br>ポプラール, ヴウガール | popular<br>パピュラ |
| 署名 (しょめい) | assinatura *f.*<br>アスィナトゥーラ | signature<br>スィグナチャ |
| ～する | assinar, subscrever<br>アスィナール, スビスクレヴェール | sign<br>サイン |
| 除名する (じょめい) | excluir, expulsar<br>エスクルイール, エスプウサール | strike... off a list<br>ストライク オーフ ア リスト |
| 所有 (しょゆう) | posse *f.*, propriedade *f.*<br>ポッスィ, プロプリエダーヂ | possession<br>ポゼション |
| ～権 | título de propriedade *m.*<br>チトゥロ ヂ プロプリエダーヂ | ownership, title<br>オウナシプ, タイトル |
| ～者 | | |
| （男の） | proprietário *m.*, dono *m.*<br>プロプリエターリオ, ドーノ | owner, proprietor<br>オウナ, プロプライアタ |
| （女の） | proprietária *f.*, dona *f.*<br>プロプリエターリア, ドーナ | owner, proprietor<br>オウナ, プロプライアタ |
| ～する | possuir<br>ポスイール | have, possess, own<br>ハヴ, ポゼス, オウン |

| 日 | 葡 | 英 |
|---|---|---|
| 〜物 | propriedade *f.*<br>プロプリエダーヂ | property<br>プラパティ |
| 女優<br><sub>じょゆう</sub> | atriz *f.*<br>アトリース | actress<br>アクトレス |
| 処理<br><sub>しょり</sub> | processamento *m.*, despacho *m.*<br>プロセサメント, デスパッショ | disposition<br>ディスポズィション |
| 〜する | dispor, despachar, processar<br>デスポール, デスパシャール, プロセサール | dispose *of*, treat<br>ディスポウズ, トリート |
| 助力<br><sub>じょりょく</sub> | ajuda *f.*<br>アジューダ | help, aid<br>ヘルプ, エイド |
| 書類<br><sub>しょるい</sub> | documentos *m.pl.*<br>ドクメントス | documents, papers<br>ダキュメンツ, ペイパズ |
| 〜かばん | pasta *f.*<br>パスタ | briefcase<br>ブリーフケイス |
| ショルダーバッグ | bolsa a tiracolo *f.*<br>ボウサ ア チラコーロ | shoulder bag<br>ショウルダ バグ |
| 地雷<br><sub>じらい</sub> | mina *f.*<br>ミーナ | mine<br>マイン |
| 白髪<br><sub>しらが</sub> | cabelo branco *m.*<br>カベーロ ブランコ | gray hair<br>グレイ ヘア |
| 白樺<br><sub>しらかば</sub> | vidoeiro-branco *m.*<br>ヴィドエィロ ブランコ | white birch<br>(ホ)ワイト バーチ |
| 白けさせる<br><sub>しら</sub> | constranger, embaraçar<br>コンストランジェール, エンバラサール | chill<br>チル |
| 白々しい<br><sub>しらじら</sub> | descarado<br>デスカラード | transparent<br>トランスペアレント |
| 知らせ<br><sub>し</sub> | aviso *m.*, notícia *f.*<br>アヴィーゾ, ノチッスィア | notice, information<br>ノウティス, インフォメイション |
| 知らせる<br><sub>し</sub> | avisar, informar<br>アヴィザール, インフォルマール | inform, tell, report<br>インフォーム, テル, リポート |
| しらばくれる | fingir inocência, dissimular<br>フィンジール イノセンスィア, デスィムラール | feign ignorance<br>フェイン イグノランス |
| 素面<br><sub>しらふ</sub> | sobriedade *f.*<br>ソブリエダーヂ | soberness<br>ソウバネス |
| 調べ<br><sub>しら</sub> | investigação *f.*, inquérito *m.*<br>インヴェスチガサォン, インケリト | investigation<br>インヴェスティゲイション |
| （楽曲） | música *f.*, melodia *f.*<br>ムズィカ, メロヂーア | tune<br>テューン |

| 日 | 葡 | 英 |
|---|---|---|
| しら<br>調べる | examinar, investigar, estudar<br>エザミナール, インヴェスチガール, エストゥダール | examine, check up<br>イグザミン, チェク アプ |
| しらみ<br>虱 | piolho *m.*<br>ピオーリョ | louse<br>ラウス |
| しり<br>尻 | nádegas *f.pl.*<br>ナデガス | hips, buttocks<br>ヒプス, バトクス |
| し あ<br>知り合い | | |
| （男の） | conhecido *m.*<br>コニェスィード | acquaintance<br>アクウェインタンス |
| （女の） | conhecida *f.*<br>コニェスィーダ | acquaintance<br>アクウェインタンス |
| し あ<br>知り合う | conhecer-se<br>コニェセールスィ | get to know<br>ゲト トゥ ノウ |
| シリーズ | série *f.*, seriado *m.*<br>セリイ, セリアード | series<br>スィリーズ |
| シリコン | silício *m.*<br>スィリッスィオ | silicon<br>スィリコン |
| しりぞ<br>退く | retirar-se, recuar<br>ヘチラールスィ, ヘクワール | retreat, go back<br>リトリート, ゴウ バク |
| しりぞ<br>退ける | repelir, afastar<br>ヘペリール, アファスタール | drive back<br>ドライヴ バク |
| （要求を） | recusar, rejeitar<br>ヘクザール, ヘジェイタール | reject, refuse<br>リヂェクト, レフューズ |
| じりつ<br>自立 | | |
| 〜した | independente<br>インデペンデンチ | independent<br>インディペンデント |
| 〜する | tornar-se independente<br>トルナールスィ インデペンデンチ | become independent<br>ビカム インディペンデント |
| しりつ<br>私立の | particular, privado<br>パルチクラール, プリヴァード | private<br>プライヴェト |
| しりつ<br>市立の | municipal<br>ムニスィパウ | municipal<br>ミューニスィパル |
| しりゅう<br>支流 | afluente *m.*<br>アフルウェンチ | tributary, branch<br>トリビュテリ, ブランチ |
| しりょ<br>思慮 | prudência *f.*<br>プルデンスィア | thought, consideration<br>ソート, コンスィダレイション |
| 〜深い | prudente<br>プルデンチ | prudent<br>プルーデント |

| 日 | 葡 | 英 |
|---|---|---|
| しりょう<br>資料 | documentos *m.pl.*, material *m.*<br>ドクメントス，マテリアウ | materials, data<br>マティアリアルズ，デイタ |
| しりょく<br>視力 | vista *f.*<br>ヴィスタ | sight, vision<br>サイト，ヴィジョン |
| じりょく<br>磁力 | magnetismo *m.*<br>マギネチズモ | magnetism<br>マグネティズム |
| シリンダー | cilindro *m.*<br>スィリンドロ | cylinder<br>スィリンダ |
| しる<br>汁 | suco *m.*, caldo *m.*<br>スッコ，カウド | juice<br>チュース |
| （スープなど） | sopa *f.*<br>ソッパ | soup<br>スープ |
| し<br>知る | saber, conhecer<br>サベール，コニェセール | know, learn<br>ノウ，ラーン |
| （気づく） | perceber, notar<br>ペルセベール，ノタール | be aware *of*<br>ビ アウェア |
| シルエット | silhueta *f.*<br>スィリュウェッタ | silhouette<br>スィルエト |
| シルク | seda *f.*<br>セーダ | silk<br>スィルク |
| ～ロード | o Caminho da Seda *m.*<br>オ カミーニョ ダ セーダ | the Silk Road<br>ザ スィルク ロウド |
| しるし<br>印 | marca *f.*, sinal *m.*<br>マルカ，スィナウ | mark, sign<br>マーク，サイン |
| しる<br>記す | escrever, anotar<br>エスクレヴェール，アノタール | write down<br>ライト ダウン |
| しれい<br>司令 | comando *m.*<br>コマンド | command<br>コマンド |
| ～官 | comandante *m.*<br>コマンダンチ | commander<br>コマンダ |
| ～部 | quartel-general *m.*<br>クァルテウ ジェネラウ | headquarters<br>ヘドクウォータズ |
| じれい<br>辞令 | documento de nomeação *m.*<br>ドクメント チ ノメアサォン | written appointment<br>リトン アポイントメント |
| し わた<br>知れ渡る | ficar conhecido por<br>フィカール コニェスィード ポル<br>toda a parte<br>トーダ ア パルチ | be known to all<br>ビ ノウン トゥ オール |

| 日 | 葡 | 英 |
|---|---|---|
| 試練 (しれん) | provação *f.*<br>プロヴァサォン | trial, ordeal<br>トライアル, オーディール |
| ジレンマ | dilema *m.*<br>ヂレーマ | dilemma<br>ディレマ |
| 城 (しろ) | castelo *m.*<br>カステーロ | castle<br>キャスル |
| 白い (しろい) | branco<br>ブランコ | white<br>ホワイト |
| (色白) | branco, claro<br>ブランコ, クラーロ | fair<br>フェア |
| 素人 (しろうと) | | |
| (男の) | amador *m.*<br>アマドール | amateur<br>アマター |
| (女の) | amadora *f.*<br>アマドーラ | amateur<br>アマター |
| 白黒の (しろくろの) | preto e branco<br>プレット イ ブランコ | black and white<br>ブラク アンド ホワイト |
| 白黒フィルム (しろくろフィルム) | filme preto e branco *m.*<br>フィウミ プレット イ ブランコ | monochrome film<br>マノクロウム フィルム |
| じろじろ見る (じろじろみる) | cravar os olhos em<br>クラヴァール ウズ オーリョズ エィン | stare *at*<br>ステア |
| シロップ | xarope *m.*<br>シャロッピ | syrup<br>スィラプ |
| 皺 (しわ) | ruga *f.*<br>フーガ | wrinkles, creases<br>リンクルズ, クリースィズ |
| 仕分ける (しわける) | classificar, dividir<br>クラスィフィカール, ヂヴィチール | classify, sort<br>クラスィファイ, ソート |
| 仕業 (しわざ) | obra *f.*<br>オーブラ | act, deed<br>アクト, ディード |
| 芯 (しん) | núcleo *m.*, caroço *m.*<br>ヌクリオ, カロッソ | core<br>コー |
| (蝋燭の) | pavio *m.*<br>パヴィーオ | wick<br>ウィク |
| (鉛筆の) | grafite *f.*<br>グラフィッチ | lead<br>レド |
| 親愛なる (しんあい なる) | caro, querido<br>カーロ, ケリード | dear, beloved<br>ディア, ビラヴェド |
| 真意 (しんい) | verdadeira intenção *f.*<br>ヴェルダデイラ インテンサォン | real intention<br>リーアル インテンション |

| 日 | 葡 | 英 |
|---|---|---|
| じんいてき<br>人為的な | artificial<br>アルチフィスィアウ | artificial<br>アーティフィシャル |
| じんいん<br>人員 | pessoal *m.*<br>ペソワウ | the staff<br>ザ スタフ |
| しんか<br>進化 | evolução *f.*<br>エヴォルサォン | evolution<br>エヴォルーション |
| ～する | evoluir<br>エヴォルイール | evolve<br>イヴァルヴ |
| しんがいする<br>侵害する | infringir, violar<br>インフリンジール，ヴィオラール | infringe<br>インフリンヂ |
| じんかく<br>人格 | personalidade *f.*<br>ペルソナリダーヂ | character, personality<br>キャラクタ，パーソナリティ |
| しんがくする<br>進学する | continuar os estudos em<br>コンチヌワール ウズ エストゥードズ エィン | go on *to*<br>ゴウ オン |
| しんがた<br>新型 | novo modelo *m.*, novo tipo *m.*<br>ノーヴォ モデーロ，ノーヴォ チッポ | new model<br>ニュー マドル |
| しんかん<br>新刊 | publicação nova *f.*<br>プブリカサォン ノーヴァ | new publication<br>ニュー パブリケイション |
| しんぎ<br>審議 | deliberação *f.*, discussão *f.*<br>デリベラサォン，ヂスクサォン | discussion<br>ディスカションン |
| ～する | deliberar, discutir<br>デリベラール，ヂスクチール | discuss<br>ディスカス |
| しんきの<br>新規の | novo<br>ノーヴォ | new, fresh<br>ニュー，フレシュ |
| しんきょう<br>心境 | disposição *f.*,<br>　estado psicológico *m.*<br>ヂスポズィサォン，エスタード ピスィコロジコ | frame of mind<br>フレイム オヴ マインド |
| しんきろう<br>蜃気楼 | miragem *f.*<br>ミラージェィン | mirage<br>ミラージ |
| しんきろく<br>新記録 | novo recorde *m.*<br>ノーヴォ ヘコルヂ | new record<br>ニュー レコド |
| しんきんかん<br>親近感 | afinidade *f.*, simpatia *f.*<br>アフィニダーヂ，スィンパチーア | affinity<br>アフィニティ |
| しんぐ<br>寝具 | roupa de cama *f.*<br>ホゥパ ヂ カーマ | bedding<br>ベディング |
| しんくう<br>真空 | vácuo *m.*<br>ヴァクオ | vacuum<br>ヴァキューム |
| ～管 | tubo de vácuo *m.*<br>トゥーボ ヂ ヴァクオ | vacuum tube<br>ヴァキューム テューブ |

| 日 | 葡 | 英 |
|---|---|---|
| ジンクス | mau presságio *m.*, マウ プレサージオ, mau agouro *m.* マウ アゴウロ | jinx チンクス |
| シンクタンク | comissão de peritos *f.* コミサオン デ ペリットス | think tank スィンク タンク |
| シングル (ホテルの) | quarto de solteiro *m.* クワルト デ ソウテイロ | single bed スィングル ベド |
| シングルス | simples スィンプレス | singles スィングルズ |
| 神経 | nervo *m.* ネルヴォ | nerve ナーヴ |
| ～質な | neurótico ネウロチコ | nervous ナーヴァス |
| ～衰弱 | depressão nervosa *f.* デプレサオン ネルヴォーザ | nervous breakdown ナーヴァス ブレイクダウン |
| ～痛 | nevralgia *f.* ネヴラウジーア | neuralgia ニュアラルヂャ |
| 新月 | lua nova *f.* ルーア ノーヴァ | new moon ニュー ムーン |
| 震源 | epicentro *m.* エピセントロ | the seismic center ザ サイズミク センタ |
| 人権 | direitos humanos *m.pl.* ヂレイトズ ウマーノス | human rights ヒューマン ライツ |
| 真剣な | sério セーリオ | serious, earnest スィリアス, アーニスト |
| 人件費 | despesas de pessoal *f.pl.* ヂスペーザス デ ペソワウ | personnel expenses パーソネル イクスペンスィズ |
| 新語 | neologismo *m.* ネオロジズモ | new word ニュー ワード |
| 信仰 | fé *f.* フェ | faith, belief フェイス, ビリーフ |
| ～する | crer em クレール エイン | believe *in* ビリーヴ |
| 進行 | marcha *f.*, progresso *m.* マルシャ, プログレッソ | progres プラグレス |
| ～する | andar, avançar, progredir アンダール, アヴァンサール, プログレヂール | progress, advance プログレス, アドヴァンス |

350

| 日 | 葡 | 英 |
|---|---|---|
| 信号（しんごう） | sinal *m.*, semáforo *m.*<br>スィナウ，セマフォロ | signal<br>スィグナル |
| 人口（じんこう） | população *f.*<br>ポプラサォン | population<br>ポピュレイション |
| 人工（じんこう） | | |
| ～衛星 | satélite artificial *m.*<br>サテリチ アルチフィスィアウ | artificial satellite<br>アーティフィシャル サテライト |
| ～呼吸 | respiração artificial *f.*<br>ヘスピラサォン アルチフィスィアウ | artificial respiration<br>アーティフィシャル レスピレイション |
| ～的な | artificial<br>アルチフィスィアウ | artificial<br>アーティフィシャル |
| ～的に | artificialmente<br>アルチフィスィアウメンチ | artificially<br>アーティフィシャリ |
| 深呼吸（しんこきゅう） | respiração profunda *f.*<br>ヘスピラサォン プロフンダ | deep breathing<br>ディープ ブリーズィング |
| 申告（しんこく） | declaração *f.*<br>デクララサォン | report<br>リポート |
| ～する | declarar<br>デクララール | report, declare<br>リポート，ディクレア |
| 深刻な（しんこくな） | sério, grave<br>セーリオ，グラーヴィ | serious, grave<br>スィリアス，グレイヴ |
| 新婚旅行（しんこんりょこう） | viagem de lua-de-mel *f.*<br>ヴィアージェィン チ ルーア チ メウ | honeymoon<br>ハニムーン |
| 審査（しんさ） | exame *m.*<br>エザーミ | examination<br>イグザミネイション |
| 人材（じんざい） | recursos humanos *m.pl.*<br>ヘクルソズ ウマーノス | talented person<br>タレンテド パーソン |
| 診察（しんさつ） | consulta médica *f.*<br>コンスウタ メヂカ | medical examination<br>メディカル イグザミネイション |
| ～する | examinar<br>エザミナール | examine<br>イグザミン |
| ～してもらう | consultar<br>コンスウタール | consult<br>コンサルト |
| 紳士（しんし） | cavalheiro *m.*<br>カヴァリェィロ | gentleman<br>ヂェントルマン |
| 人事（じんじ） | administração de pessoal *f.*<br>アヂミニストラサォン チ ペソワウ | personnel matters<br>パーソネル マタズ |
| シンジケート | sindicato *m.*<br>スィンヂカット | syndicate<br>スィンディケト |

| 日 | 葡 | 英 |
|---|---|---|
| しんしつ<br>寝室 | dormitório *m.*,<br>ドルミトーリオ,<br>quarto de dormir *m.*<br>クワルト ヂ ドルミール | bedroom<br>ベドルム |
| しんじつ<br>真実 | verdade *f.*<br>ヴェルダーヂ | truth<br>トルース |
| ～の | verdadeiro, real<br>ヴェルダデイロ, ヘアウ | true, real<br>トルー, リーアル |
| しんじゃ<br>信者 | crente *m.f.*<br>クレンチ | believer<br>ビリーヴァ |
| じんじゃ<br>神社 | templo xintoísta *m.*<br>テンプロ シントイスタ | Shinto shrine<br>シントウ シュライン |
| しんじゅ<br>真珠 | pérola *f.*<br>ペロラ | pearl<br>パール |
| じんしゅ<br>人種 | raça (humana) *f.*<br>ハッサ(ウマーナ) | race<br>レイス |
| ～差別 | discriminação racial *f.*<br>ヂスクリミナサォン ハスィアウ | racial discrimination<br>レイシャル ディスクリミネイション |
| しんしゅつ<br>進出 | avanço *m.*, expansão *f.*<br>アヴァンソ, エスパンサォン | advance<br>アドヴァンス |
| ～する | avançar, expandir<br>アヴァンサール, エスパンヂール | advance<br>アドヴァンス |
| しんじょう<br>信条 | princípios *m.pl.*,<br>プリンスィッピオス,<br>filosofia de vida *f.*<br>フィロゾフィーア ヂ ヴィーダ | belief, principle<br>ビリーフ, プリンスィプル |
| しんしょく<br>侵食する | erodir<br>エロヂール | erode<br>イロウド |
| しん<br>信じる | crer, acreditar<br>クレール, アクレヂタール | believe<br>ビリーヴ |
| (信用) | confiar<br>コンフィアール | trust<br>トラスト |
| しんじん<br>新人 | | |
| (男の) | novato *m.*<br>ノヴァット | new face<br>ニュー フェイス |
| (女の) | novata *f.*<br>ノヴァッタ | new face<br>ニュー フェイス |
| しんすい<br>浸水する | ficar inundado, alagar-se<br>フィカール イヌンダード, アラガールスィ | be flooded<br>ビ フラデド |

| 日 | 葡 | 英 |
|---|---|---|
| しんせい<br>申請 | requerimento *m.*, solicitação *f.*<br>ヘケリメント，ソリスィタサォン | application<br>アプリケイション |
| ～する | requerer, solicitar<br>ヘケレール，ソリスィタール | apply *for*<br>アプライ |
| しんせいな<br>神聖な | sagrado, divino<br>サグラード，ヂヴィーノ | holy, sacred<br>ホウリ，セイクレド |
| じんせい<br>人生 | vida *f.*<br>ヴィーダ | life<br>ライフ |
| しんせいじ<br>新生児 | | |
| （男の） | recém-nascido *m.*<br>ヘセィン ナスィード | newborn baby<br>ニューボーン ベイビ |
| （女の） | recém-nascida *f.*<br>ヘセィン ナスィーダ | newborn baby<br>ニューボーン ベイビ |
| しんせき<br>親戚 | parente *m.f.*<br>パレンチ | relative<br>レラティヴ |
| シンセサイザー | sintetizador *m.*<br>スィンテチザドール | synthesizer<br>スィンセサイザ |
| しんせつ<br>親切 | bondade *f.*, gentileza *f.*<br>ボンダーヂ，ジェンチレーザ | kindness<br>カインドネス |
| ～な | gentil, prestativo<br>ジェンチウ，プレスタチーヴォ | kind<br>カインド |
| しんぜん<br>親善 | amizade *f.*,<br>アミザーヂ，<br>relações amistosas *f.pl.*<br>ヘラソィンス アミストーザス | friendship<br>フレンドシプ |
| しんせんな<br>新鮮な | fresco<br>フレスコ | fresh, new<br>フレシュ，ニュー |
| しんそう<br>真相 | verdade *f.*, fato *m.*<br>ヴェルダーヂ，ファット | truth<br>トルース |
| しんぞう<br>心臓 | coração *m.*<br>コラサォン | the heart<br>ザ ハート |
| ～病 | cardiopatia *f.*,<br>カルヂオパチーア，<br>doença cardíaca *f.*<br>ドエンサ カルヂアカ | heart disease<br>ハート ディズィーズ |
| ～発作 | ataque cardíaco *m.*<br>アタッキ カルヂアコ | heart attack<br>ハート アタク |
| ～麻痺 | parada cardíaca *f.*<br>パラーダ カルヂアカ | heart failure<br>ハート フェイリャ |

| 日 | 葡 | 英 |
|---|---|---|
| <ruby>腎臓<rt>じんぞう</rt></ruby> | rim *m.*<br>ヒン | kidney<br>キドニ |
| <ruby>人造<rt>じんぞう</rt></ruby>の | artificial<br>アルチフィスィアウ | artificial<br>アーティフィシャル |
| <ruby>親族<rt>しんぞく</rt></ruby> | parentes *m.pl.*<br>パレンチス | relative<br>レラティヴ |
| <ruby>迅速<rt>じんそく</rt></ruby>な | rápido, imediato, pronto<br>ハピド, イメヂアット, プロント | rapid, prompt<br>ラピド, プランプト |
| <ruby>身体<rt>しんたい</rt></ruby> | corpo *m.*<br>コルポ | body<br>バディ |
| <ruby>人体<rt>じんたい</rt></ruby> | corpo humano *m.*<br>コルポ ウマーノ | the human body<br>ザ ヒューマン バディ |
| <ruby>寝台車<rt>しんだいしゃ</rt></ruby> | vagão-leito *m.*<br>ヴァガォン レイト | sleeping car<br>スリーピング カー |
| <ruby>信託<rt>しんたく</rt></ruby> | fideicomisso *m.*<br>フィデイコミッソ | trust<br>トラスト |
| <ruby>診断<rt>しんだん</rt></ruby> | diagnóstico *m.*<br>ヂアギノスチコ | diagnosis<br>ダイアグノウスィス |
| 〜する | diagnosticar<br>ヂアギノスチカール | diagnose<br>ダイアグノウズ |
| <ruby>陣地<rt>じんち</rt></ruby> | posição *f.*, campo *m.*, base *f.*<br>ポズィサォン, カンポ, バーズィ | position<br>ポズィション |
| <ruby>真鍮<rt>しんちゅう</rt></ruby> | latão *m.*<br>ラタォン | brass<br>ブラス |
| <ruby>身長<rt>しんちょう</rt></ruby> | altura *f.*<br>アウトゥーラ | stature<br>スタチャ |
| <ruby>慎重<rt>しんちょう</rt></ruby>な | prudente, cauteloso<br>プルデンチ, カウテローゾ | cautious, prudent<br>コーシャス, プルーデント |
| <ruby>新陳代謝<rt>しんちんたいしゃ</rt></ruby> | metabolismo *m.*<br>メタボリズモ | metabolism<br>メタボリズム |
| <ruby>心痛<rt>しんつう</rt></ruby> | angústia *f.*<br>アングスチア | anguish<br>アングウィシュ |
| <ruby>陣痛<rt>じんつう</rt></ruby> | contração (uterina) *f.*<br>コントラサォン（ウテリーナ） | labor<br>レイバ |
| <ruby>神殿<rt>しんでん</rt></ruby> | santuário *m.*, templo *m.*<br>サントゥワーリオ, テンプロ | shrine<br>シュライン |
| <ruby>進展<rt>しんてん</rt></ruby>する | progredir, avançar<br>プログレヂール, アヴァンサール | develop, progress<br>ディヴェロプ, プログレス |

## ■人体■ corpo humano *m.* /コルポ ウマーノ/

- しんぞう
心臓 coração /コラサォン/ *m.* (英heart)
- けっかん
血管 vaso sanguíneo /ヴァーソ サンギニオ/ *m.* (英blood vessel)
- はい
肺 pulmão /プウマォン/ *m.* (英lung)
- きかんし
気管支 brônquio /ブロンキオ/ *m.* (英bronchus)
- へんとうせん
扁桃腺 amígdala /アミギダラ/ *f.* (英tonsil)
- のど
喉 garganta /ガルガンタ/ *f.* (英throat)
- しょくどう
食道 esôfago /エゾファゴ/ *m.* (英esophagus)
- い
胃 estômago /エストマゴ/ *m.* (英stomach)
- じゅうにしちょう
十二指腸 duodeno /ドゥオデーノ/ *m.* (英duodenum)
- しょうちょう
小腸 intestino delgado /インテスチーノ デウガード/ *m.* (英small intestine)
- ちゅうすい
虫垂 apêndice /アペンヂスィ/ *m.* (英appendix)
- だいちょう
大腸 intestino grosso /インテスチーノ グロッソ/ *m.* (英large intestine)
- こうもん
肛門 ânus /アーヌス/ *m.* (英anus)
- かんぞう
肝臓 fígado /フィガド/ *m.* (英liver)
- たんのう
胆嚢 vesícula biliar /ヴェズィクラ ビリアール/ *f.* (英gall bladder)
- すいぞう
膵臓 pâncreas /パンクリアス/ *m.* (英pancreas)
- じんぞう
腎臓 rim /ヒン/ *m.* (英kidney)
- ぼうこう
膀胱 bexiga /ベシーガ/ *f.* (英bladder)
- しきゅう
子宮 útero /ウテロ/ *m.* (英womb)
- らんそう
卵巣 ovário /オヴァーリオ/ *m.* (英ovary)
- こうがん
睾丸 testículo /テスチクロ/ *m.* (英testicle)
- のう
脳 cérebro /セレブロ/ *m.* (英brain)
- しんけい
神経 nervo /ネルヴォ/ *m.* (英nerve)
- こまく
鼓膜 tímpano /チンパノ/ *m.* (英eardrum)
- リンパ腺 glândula linfática /グランドゥラ リンファチカ/ *f.* (英lymphatic gland)
- ほね
骨 osso /オッソ/ *m.* (英bone)
- かんせつ
関節 articulação /アルチクラサォン/ *f.* (英joint)
- きんにく
筋肉 músculo /ムスクロ/ *m.* (英muscle)
- ひふ
皮膚 pele /ペーリ/ *f.* (英skin)

| 日 | 葡 | 英 |
|---|---|---|
| しんでんず<br>心電図 | eletrocardiograma *m.*<br>エレトロカルヂオグラーマ | electrocardiogram<br>イレクトロウカーディオグラム |
| しんど<br>震度 | grau sísmico *m.*<br>グラウ スィズミコ | seismic intensity<br>サイズミク インテンスィティ |
| しんどう<br>振動 | vibração *f.*, tremor *m.*<br>ヴィブラサォン, トレモール | vibration<br>ヴァイブレイション |
| ～する | vibrar, tremer<br>ヴィブラール, トレメール | vibrate<br>ヴァイブレイト |
| じんどう<br>人道 | | |
| ～主義 | humanitarismo *m.*<br>ウマニタリズモ | humanitarianism<br>ヒューマニテアリアニズム |
| ～的な | humanitário<br>ウマニターリオ | humane<br>ヒューメイン |
| シンドローム | síndrome *f.*<br>スィンドロミ | syndrome<br>スィンドロウム |
| シンナー | tíner *m.*, diluente *m.*<br>チーネル, ヂルウェンチ | thinner<br>スィナ |
| しんにゅう<br>侵入 | invasão *f.*<br>インヴァザォン | invasion<br>インヴェイジョン |
| ～する | invadir<br>インヴァヂール | invade<br>インヴェイド |
| しんにゅうせい<br>新入生 | | |
| （男の） | calouro *m.*<br>カロウロ | new student<br>ニュー ステューデント |
| （女の） | caloura *f.*<br>カロウラ | new student<br>ニュー ステューデント |
| しんにん<br>信任 | confiança *m.*<br>コンフィアンサ | confidence<br>カンフィデンス |
| ～状 | credenciais *f.pl.*<br>クレデンスィアイス | credentials<br>クリデンシャルズ |
| ～投票 | voto de confiança *m.*<br>ヴォット ヂ コンフィアンサ | vote of confidence<br>ヴォウト オヴ カンフィデンス |
| しんねん<br>新年 | Ano Novo *m.*<br>アーノ ノーヴォ | new year<br>ニュー イア |
| しんねん<br>信念 | fé *f.*, convicção *f.*<br>フェ, コンヴィキサォン | belief, conviction<br>ビリーフ, コンヴィクション |
| しんぱい<br>心配 | preocupação *f.*<br>プレオクパサォン | anxiety, worry<br>アングザイエティ, ワーリ |
| ～する | preocupar-se<br>プレオクパールスィ | be anxious *about*<br>ビ アンクシャス |

| 日 | 葡 | 英 |
|---|---|---|
| シンバル | pratos *m.pl.*<br>プラットス | cymbals<br>スィンバルズ |
| しんぱん<br>審判 | julgamento *m.*<br>ジュウガメント | judgment<br>チャヂメント |
| (人)(男の) | juiz *m.*<br>ジュイース | umpire, referee<br>アンパイア, レファリー |
| (女の) | juíza *f.*<br>ジュイーザ | umpire, referee<br>アンパイア, レファリー |
| しんぴ<br>神秘 | mistério *m.*<br>ミステーリオ | mystery<br>ミスタリ |
| ～的な | misterioso<br>ミステリオーゾ | mysterious<br>ミスティアリアス |
| しんぴょうせい<br>信憑性 | credibilidade *f.*<br>クレヂビリダーヂ | authenticity<br>オーセンティスィティ |
| しんぴん<br>新品 | artigo novo *m.*<br>アルチーゴ ノーヴォ | new article<br>ニュー アーティクル |
| しんぷ<br>新婦 | noiva *f.*<br>ノィヴァ | bride<br>ブライド |
| しんぷ<br>神父 | padre *m.*<br>パードリ | father<br>ファーザ |
| じんぶつ<br>人物 | pessoa *f.*, figura *f.*<br>ペソーア, フィグーラ | person, man<br>パースン, マン |
| (人格) | personalidade *f.*<br>ペルソナリダーヂ | character, personality<br>キャラクタ, パーソナリティ |
| (傑物) | pessoa capaz *f.*<br>ペソーア カパイス | man of character<br>マン オヴ キャラクタ |
| ～画 | retrato *m.*<br>ヘトラット | portrait<br>ポートレイト |
| しんぶん<br>新聞 | jornal *m*<br>ジョルナウ | .newspaper, the press<br>ニューズペイパ, ザ プレス |
| ～記者 | jornalista *m.f.*<br>ジョルナリスタ | pressman, reporter<br>プレスマン, リポータ |
| ～社 | empresa jornalística *f.*<br>エンプレーザ ジョルナリスチカ | newspapre publishing company<br>ニューズペイパ パブリシング カンパニ |
| じんぶんかがく<br>人文科学 | ciências humanas *f.pl.*<br>スィエンスィアズ ウマーナス | the humanities<br>ザ ヒューマニティズ |
| しんぽ<br>進歩 | progresso *m.*, avanço *m.*<br>プログレッソ, アヴァンソ | progress, advance<br>プラグレス, アドヴァンス |
| ～する | progredir, avançar<br>プログレヂール, アヴァンサール | make progress, advance<br>メイク プラグレス, アドヴァンス |

| 日 | 葡 | 英 |
|---|---|---|
| 〜的な | progressista<br>プログレスィスタ | advanced, progressive<br>アドヴァンスト, プログレスィヴ |
| しんぼう<br>辛抱する | ter paciência<br>テール パスィエンスィア | endure, bear<br>インデュア, ベア |
| じんぼう<br>人望 | | |
| (信頼) | confiança f.<br>コンフィアンサ | trust<br>トラスト |
| (尊敬) | respeito m., estima f.<br>ヘスペイト, エスチーマ | esteem<br>イスティーム |
| しんぽうしゃ<br>信奉者 | crente m.f.<br>クレンチ | |
| (男の) | devoto m.<br>デヴォット | believer, follower<br>ビリーヴァ, ファロウア |
| (女の) | devota f.<br>デヴォッタ | believer, follower<br>ビリーヴァ, ファロウア |
| しんぼく<br>親睦 | amizade f.<br>アミザーヂ | friendship<br>フレンドシプ |
| シンポジウム | simpósio m.<br>スィンポズィオ | symposium<br>スィンポウズィアム |
| シンボル | símbolo m.<br>スィンボロ | symbol<br>スィンボル |
| しんまい<br>新米 | | |
| (初心者) | principiante m.f.<br>プリンスィピアンチ | |
| (男の) | novato m.<br>ノヴァット | novice, newcomer<br>ナヴィス, ニューカマ |
| (女の) | novata f.<br>ノヴァッタ | novice, newcomer<br>ナヴィス, ニューカマ |
| じんましん<br>蕁麻疹 | urticária f.<br>ウルチカーリア | nettle rash, hives<br>ネトル ラシュ, ハイヴズ |
| しんみつ<br>親密な | íntimo<br>インチモ | close<br>クロウス |
| じんみゃく<br>人脈 | círculo de relacionamentos m.<br>スィルクロ ヂ ヘラスィオナメントス | connections<br>コネクションズ |
| じんみん<br>人民 | povo m.<br>ポーヴォ | the people<br>ザ ピープル |
| じんめい<br>人名 | nome de pessoa m.<br>ノーミ ヂ ペソーア | the name of a person<br>ザ ネイム オヴ ア パースン |
| じんもん<br>尋問 | interrogatório m., inquirição f.<br>インテホガトーリオ, インキリサォン | interrogation<br>インテロゲイション |

| 日 | 葡 | 英 |
|---|---|---|
| 〜する | interrogar, indagar<br>インテホガール, インダガール | question, interrogate<br>クウェスチョン, インテロゲイト |
| 深夜 | meia-noite *f.*<br>メィア ノイチ | midnight<br>ミドナイト |
| 新約聖書 | Novo Testamento *m.*<br>ノーヴォ テスタメント | the New Testament<br>ザ ニュー テスタメント |
| 親友 | | |
| (男の) | amigo íntimo *m.*<br>アミーゴ インチモ | close friend<br>クロウス フレンド |
| (女の) | amiga íntima *f.*<br>アミーガ インチマ | close friend<br>クロウス フレンド |
| 信用 | | |
| (信頼) | confiança *f.*<br>コンフィアンサ | reliance, trust<br>リライアンス, トラスト |
| (商売) | crédito *m.*<br>クレヂト | confidence, credit<br>カンフィデンス, クレディト |
| 〜する | confiar<br>コンフィアール | trust, rely<br>トラスト, リライ |
| 針葉樹 | conífera *f.*<br>コニフェラ | conifer<br>カニファ |
| 信頼する | confiar<br>コンフィアール | trust, rely<br>トラスト, リライ |
| 辛辣な | mordaz, severo, acerbo<br>モルダイス, セヴェーロ, アセルボ | biting<br>バイティング |
| 心理 | estrutura psicológica *f.*<br>エストルトゥーラ ピスィコロジカ | mental state<br>メンタル ステイト |
| 〜学 | psicologia *f.*<br>ピスィコロジーア | psychology<br>サイカロヂィ |
| 〜学者 | | |
| (男の) | psicólogo *m.*<br>ピスィコロゴ | psychologist<br>サイカロヂスト |
| (女の) | psicóloga *f.*<br>ピスィコロガ | psychologist<br>サイカロヂスト |
| 真理 | verdade *f.*<br>ヴェルダーヂ | truth<br>トルース |
| 侵略 | invasão *f.*, agressão *f.*<br>インヴァザォン, アグレサォン | aggression<br>アグレション |
| 〜する | invadir<br>インヴァチール | invade, raid<br>インヴェイド, レイド |

| 日 | 葡 | 英 |
|---|---|---|
| しんりょうじょ<br>診療所 | clínica f.<br>クリニカ | clinic<br>クリニック |
| しんりん<br>森林 | floresta f., mata f.<br>フロレスタ, マッタ | forest, woods<br>フォリスト, ウッズ |
| しんるい<br>親類 | parente m.f.<br>パレンチ | relative<br>レラティヴ |
| じんるい<br>人類 | o gênero humano m.,<br>ウ ジェネロ ウマーノ,<br>raça humana f.<br>ハッサ ウマーナ | the human race<br>ザ ヒューマン レイス |
| ～学 | antropologia f.<br>アントロポロジーア | anthropology<br>アンスロパロディ |
| しんろ<br>進路 | curso m., rumo m.<br>クルソ, フーモ | course, way<br>コース, ウェイ |
| しんろう<br>新郎 | noivo m.<br>ノイヴォ | bridegroom<br>ブライドグルーム |
| しんわ<br>神話 | mito m.<br>ミット | myth, mythology<br>ミス, ミサロヂィ |

## す, ス

| 日 | 葡 | 英 |
|---|---|---|
| す<br>酢 | vinagre m.<br>ヴィナーグリ | vinegar<br>ヴィニガ |
| す<br>巣 | ninho m.<br>ニーニョ | nest<br>ネスト |
| （ハチの） | colméia f.<br>コウメィア | beehive<br>ビーハイヴ |
| （クモの） | teia f.<br>テイア | cobweb<br>カブウェブ |
| ず<br>図 | gráfico m.<br>グラフィコ | picture, figure<br>ピクチャ, フィギャ |
| ずあん<br>図案 | desenho m.<br>デゼーニョ | design, sketch<br>ディザイン, スケチ |
| すいい<br>水位 | nível da água m.<br>ニーヴェウ ダ アーグァ | water level<br>ウォータ レヴル |
| すいい<br>推移 | evolução f., mudança f.<br>エヴォルサォン, ムダンサ | change<br>チェインヂ |

| 日 | 葡 | 英 |
|---|---|---|
| すいえい<br>水泳 | natação f.<br>ナタサォン | swimming<br>スウィミング |
| すいおん<br>水温 | temperatura da água f.<br>テンペラトゥーラ ダ アーグァ | water temperature<br>ウォータ テンパラチャ |
| すいか<br>西瓜 | melancia f.<br>メランスィーア | watermelon<br>ウォータメロン |
| すいがい<br>水害 | danos causados pela<br>ダーノス カウザードス ペラ<br>inundação m.pl.<br>イヌンダサォン | flood disaster<br>フラド ディザスタ |
| す がら<br>吸い殻 | ponta de cigarro f.<br>ポンタ ヂ スィガッホ | cigarette end<br>スィガレト エンド |
| すいきゅう<br>水球 | pólo aquático m.<br>ポーロ アクワチコ | water polo<br>ウォータ ポウロウ |
| すいぎん<br>水銀 | mercúrio m.<br>メルクーリオ | mercury<br>マーキュリ |
| すいこう<br>推敲する | polir, limar<br>ポリール, リマール | polish<br>パリシュ |
| すいこう<br>遂行する | cumprir<br>クンプリール | execute<br>エクセキュート |
| すいさいが<br>水彩画 | aquarela f.<br>アクァレーラ | watercolor<br>ウォータカラ |
| すいさんぶつ<br>水産物 | produtos marítimos m.pl.<br>プロドゥットス マリチモス | marine products<br>マリーン プラダクツ |
| すいじ<br>炊事 | cozinha f.<br>コズィーニャ | cooking<br>クキング |
| すいしつ<br>水質 | qualidade da água f.<br>クァリダーヂ ダ アーグァ | water quality<br>ウォータ クワリティ |
| すいしゃ<br>水車 | moinho de água m.<br>モイーニョ ヂ アーグァ | water mill<br>ウォータ ミル |
| すいじゃく<br>衰弱する | enfraquecer-se,<br>エンフラケセールスィ,<br>debilitar-se<br>デビリタールスィ | grow weak<br>グロウ ウィーク |
| すいじゅん<br>水準 | nível m.<br>ニーヴェウ | level, standard<br>レヴル, スタンダド |
| すいしょう<br>水晶 | cristal m.<br>クリスタウ | crystal<br>クリスタル |

| 日 | 葡 | 英 |
|---|---|---|
| すいじょうき<br>**水蒸気** | vapor de água *m.*<br>ヴァポール チ アーグァ | steam, vapor<br>スティーム, ヴェイパ |
| すいじょう<br>**水上スキー** | esqui aquático *m.*<br>エスキー アクワチコ | water-skiing<br>ウォータスキーイング |
| すいしん<br>**推進する** | impulsionar<br>インプウスィオナール | drive forward<br>ドライヴ フォーワド |
| （交流運動） | promover<br>プロモヴェール | promote<br>プロモウト |
| すいせい<br>**水星** | Mercúrio *m.*<br>メルクーリオ | Mercury<br>マーキュリ |
| すいせい<br>**彗星** | cometa *m.*<br>コメッタ | comet<br>カメト |
| すいせん<br>**推薦** | recomendação *f.*<br>ヘコメンダサォン | recommendation<br>レコメンデイション |
| ～する | recomendar<br>ヘコメンダール | recommend<br>レコメンド |
| すいそ<br>**水素** | hidrogênio *m.*<br>イドロジェーニオ | hydrogen<br>ハイドロヂェン |
| すいそう<br>**水槽** | tanque *m.*<br>タンキ | water tank, cistern<br>ウォータ タンク, スィスタン |
| （熱帯魚などの） | aquário *m.*<br>アクワーリオ | aquarium<br>アクウェアリアム |
| すいぞう<br>**膵臓** | pâncreas *m.*<br>パンクリアス | the pancreas<br>ザ パンクリアス |
| すいそうがく<br>**吹奏楽** | música de sopro *f.*<br>ムズィカ チ ソップロ | wind music<br>ウィンド ミューズィク |
| すいそく<br>**推測** | conjectura *f.*, dedução *f.*<br>コンジェキトゥーラ, デドゥサオン | guess, conjecture<br>ゲス, カンヂェクチャ |
| ～する | conjecturar, deduzir<br>コンジェキトゥラール, デドゥズィール | guess, conjecture<br>ゲス, カンヂェクチャ |
| すいぞくかん<br>**水族館** | aquário *m.*<br>アクワーリオ | aquarium<br>アクウェアリアム |
| すいたい<br>**衰退する** | decair<br>デカイール | decline<br>ディクライン |
| すいちゅうよくせん<br>**水中翼船** | barco-esqui *m.*<br>バルコ エスキー | hydrofoil<br>ハイドロフォイル |
| すいちょく<br>**垂直な** | vertical<br>ヴェルチカウ | vertical<br>ヴァーティカル |

| 日 | 葡 | 英 |
|---|---|---|
| スイッチ | interruptor *m.*<br>インテフビトール | switch<br>スウィチ |
| 推定する | estimar, calcular<br>エスチマール, カウクラール | presume<br>プリジューム |
| 水田 | arrozal (em brejo) *m.*<br>アホザウ (エィン ブレージョ) | rice field<br>ライス フィールド |
| 水筒 | cantil *m.*<br>カンチウ | water bottle, canteen<br>ウォータ バトル, キャンティーン |
| 水道 | encanamento de água *m.*<br>エンカナメント ヂ アーグァ | water service<br>ウォータ サーヴィス |
| 随筆 | ensaio *m.*<br>エンサイオ | essay<br>エセイ |
| ～家 | ensaísta *m.f.*<br>エンサイスタ | essayist<br>エセイイスト |
| 水夫 | marinheiro *m.*<br>マリニェイロ | sailor, seaman<br>セイラ, スィーマン |
| 水分 | água *f.*, suco *m.*<br>アーグァ, スッコ | water, moisture<br>ウォータ, モイスチャ |
| 随分 | muito, consideravelmente<br>ムイント, コンスィデラヴェウメンチ | fairly, extremely<br>フェアリ, イクストリームリ |
| 水平 | horizontalidade *f.*<br>オリゾンタリダーヂ | level<br>レヴル |
| ～線 | horizonte *m.*<br>オリゾンチ | the horizon<br>ザ ホライズン |
| ～の | horizontal<br>オリゾンタウ | level, horizontal<br>レヴル, ホーリザントル |
| 睡眠 | sono *m.*<br>ソーノ | sleep<br>スリープ |
| 睡眠薬 | soporífero *m.*<br>ソポリフェロ | sleeping drug<br>スリーピング ドラグ |
| 水面 | superfície da água *f.*<br>スペルフィスィイ ダ アーグァ | the surface of the water<br>ザ サーフィス オヴ ザ ウォタ |
| 水曜日 | quarta-feira *f.*<br>クワルタ フェイラ | Wednesday<br>ウェンズディ |
| 推理 | dedução *f.*, suposição *f.*<br>デドゥサォン, スポズィサォン | reasoning<br>リーズニング |
| ～小説 | romance policial *m.*<br>ホマンスィ ポリスィアウ | detective story<br>ディテクティヴ ストーリ |

| 日 | 葡 | 英 |
|---|---|---|
| ～する | deduzir, conjecturar<br>デドゥズィール, コンジェキトゥラール | reason, infer<br>リーズン, インファー |
| 水力発電 | geração de energia hidrelétrica f.<br>ジェラサォン チ エネルジーア イドリレトリカ | hydroelectricity<br>ハイドロウイレクトリスィティ |
| 睡蓮 | nenúfar m.<br>ネヌーファル | water lily<br>ウォタ リリ |
| 水路 | hidrovia f.<br>イドロヴィーア | waterway, channel<br>ウォタウェイ, チャネル |
| 推論 | dedução f., raciocínio m.<br>デドゥサォン, ハスィオスィーニオ | reasoning<br>リーズニング |
| 吸う | inspirar<br>インスピラール | breathe in, inhale<br>ブリーズ イン, インヘイル |
| （液体を） | sorver<br>ソルヴェール | sip, suck<br>スィプ, サク |
| （たばこを） | fumar<br>フマール | smoke<br>スモウク |
| 数学 | matemática f.<br>マテマチカ | mathematics<br>マセマティクス |
| 崇高な | sublime<br>スブリーミ | sublime<br>サブライム |
| 数字 | número m.<br>ヌメロ | figure, numeral<br>フィギャ, ニューメラル |
| 数式 | expressão numérica f.<br>エスプレサォン ヌメリカ | expression<br>イクスプレション |
| 図々しい | descarado, cara-de-pau m.f.<br>ヂスカラード, カーラ ヂ パゥ | impudent, audacious<br>インピュデント, オーデイシャス |
| スーツ | terno m., conjunto m.<br>テルノ, コンジュント | suit<br>スート |
| ～ケース | mala f.<br>マーラ | suitcase<br>スートケイス |
| 数人 | algumas pessoas f.pl.<br>アゥグーマス ペソーアス | several men<br>セヴラル メン |
| 数年 | alguns anos m.pl.<br>アゥグンズ アーノス | several years<br>セヴラル イアズ |
| スーパーマーケット | supermercado m.<br>スペルメルカード | supermarket<br>スーパマーケト |

| 日 | 葡 | 英 |
|---|---|---|
| すうはい<br>崇拝する | venerar, adorar<br>ヴェネラール, アドラール | worship, adore<br>ワーシプ, アドー |
| スープ | sopa f.<br>ソッパ | soup<br>スープ |
| すえ<br>末 | fim m.<br>フィン | end<br>エンド |
| スエード | camurça f.<br>カムルサ | suede<br>スウェイド |
| すえ こ<br>末っ子 | caçula m.f.<br>カスーラ | the youngest child<br>ザ ヤンゲスト チャイルド |
| す<br>据える | colocar, assentar<br>コロカール, アセンタール | place, lay, set<br>プレイス, レイ, セト |
| ずが<br>図画 | desenho m.<br>デゼーニョ | drawing, picture<br>ドローイング, ピクチャ |
| スカート | saia f.<br>サィヤ | skirt<br>スカート |
| スカーフ | echarpe f.<br>エシャルピ | scarf<br>スカーフ |
| ずがいこつ<br>頭蓋骨 | caveira f.<br>カヴェィラ | skull<br>スカル |
| スカイ<br>ダイビング | pára-quedismo m.<br>パラケチズモ | skydiving<br>スカイダイヴィング |
| スカウト | caçador de talentos m.<br>カサドール ヂ タレントス | scout<br>スカウト |
| すがすが<br>清々しい | refrescante, límpido<br>ヘフレスカンチ, リンピド | refreshing, fresh<br>リフレシング, フレシュ |
| すがた<br>姿 | aparência f. figura f.,<br>imagem f.<br>アパレンスィア, フィグーラ, イマージェィン | figure, shape<br>フィギャ, シェイプ |
| ずかん<br>図鑑 | livro com figuras m.<br>リーヴロ コン フィグーラス | illustrated book<br>イラストレイテド ブク |
| スカンク | jaritataca f.<br>ジャリタタッカ | skunk<br>スカンク |
| すき<br>隙 | brecha f., abertura f.<br>ブレッシャ, アベルトゥーラ | opening, gap<br>オウプニング, ギャプ |
| (余地) | lugar m., espaço m.<br>ルガール, エスパッソ | space, room<br>スペイス, ルーム |

## ■数字■ número m. /ヌメロ/

- 0  zero /ゼーロ/ (英zero)
- 1  um /ウン/ (英one), (序数)primeiro /プリメイロ/ (英first)
- 2  dois /ドイス/ (英two), (序数)segundo /セグンド/ (英second)
- 3  três /トレイス/ (英three), (序数)terceiro /テルセイロ/ (英third)
- 4  quatro /クワトロ/ (英four), (序数)quarto /クワルト/ (英fourth)
- 5  cinco /スィンコ/ (英five), (序数)quinto /キント/ (英fifth)
- 6  seis /セイス/ (英six), (序数)sexto /セスト/ (英sixth)
- 7  sete /セッチ/ (英seven), (序数)sétimo /セチモ/ (英seventh)
- 8  oito /オイト/ (英eight), (序数)oitavo /オイターヴォ/ (英eighth)
- 9  nove /ノーヴィ/ (英nine), (序数)nono /ノーノ/ (英ninth)
- 10 dez /デース/ (英ten), (序数)décimo /デスィモ/ (英tenth)
- 11 onze /オンズィ/ (英eleven), (序数)décimo primeiro /デスィモ プリメイロ/ (英eleventh)
- 12 doze /ドーズィ/ (英twelveth), (序数)décimo segundo /デスィモ セグンド/ (英twelfth)
- 13 treze /トレーズィ/ (英thirteen), (序数)décimo terceiro /デスィモ テルセイロ/ (英thirteenth)
- 14 catorze /カトルズィ/ (英fourteen), (序数)décimo quarto /デスィモ クワルト/ (英fourteenth)
- 15 quinze //キンズィ/ (英fifteen), (序数)décimo quinto /デスィモ キント/ (英fifteenth)
- 16 dezesseis /デゼセイス/ (英sixteen), (序数)décimo sexto /デスィモ セスト/ (英sixteenth)
- 17 dezessete /デゼセッチ/ (英seventeen), (序数)décimo sétimo /デスィモ セチモ/ (英seventeenth)
- 18 dezoito /デゾイト/ (英eighteen), (序数)décimo oitavo /デスィモ オイターヴォ/ (英eighteenth)
- 19 dezenove /デゼノーヴィ/ (英nineteen), (序数)décimo nono /デスィモ ノーノ/ (英neineteenth)
- 20 vinte /ヴィンチ/ (英twenty), (序数)vigésimo /ヴィジェズィモ/ (英twentieth)
- 21 vinte e um /ヴィンチ イ ウン/ (英twenty-one), (序数)vigésimo primeiro /ヴィジェズィモ プリメイロ/ (英twenty-first)

| | | |
|---|---|---|
| 30 | trinta /トリンタ/ (英thirty), (序数)trigésimo /トリジェズィモ/ (英thirtieth) | |
| 40 | quarenta /クゥレンタ/ (英forty), (序数)quadragésimo /クゥドラジェズィモ/ (英fortieth) | |
| 50 | cinqüenta /スィンクゥェンタ/ (英fifty), (序数)qüinquagésimo /クィンクゥジェズィモ/ (英fiftieth) | |
| 60 | sessenta /セセンタ/ (英sixty), (序数)sexagésimo /セクサジェズィモ/ (英sixtieth) | |
| 70 | setenta /セテンタ/ (英seventy), (序数)setuagésimo /セトゥアジェズィモ/ (英seventieth) | |
| 80 | oitenta /オィテンタ/ (英eighty), (序数)octogésimo /オクトジェズィモ/ (英eightieth) | |
| 90 | noventa /ノヴェンタ/ (英ninety), (序数)nonagésimo /ノナジェズィモ/ (英ninetieth) | |
| 100 | cem /セィン/ (英a hundred), (序数)centésimo /センテズィモ/ (英a hundredth) | |
| 1000 | mil /ミゥ/ (英a thousand), (序数)milésimo /ミレズィモ/ (英a thousandth) | |
| 10,000 | dez mil /デーズ ミゥ/ (英ten thousand), (序数)dez milésimos /デーズ ミレズィモス/ (英ten thousandth) | |
| 100,000 | cem mil /セィン ミゥ/ (英one hundred thousand), (序数)cem milésimos /セィン ミレズィモス/ (英one hundred thousandth) | |
| 1,000,000 | um milhão /ウン ミリャォン/ (英one million), (序数)milionésimo /ミリオネズィモ/ (英one millionth) | |
| 2,000,000 | dois milhões /ドィズ ミリョインス/ (英two million), (序数)dois milionésimos /ドィズ ミリオネズィモス/ (英two millionth) | |
| 2倍 | duplo /ドゥプロ/ (英double) | |
| 3倍 | triplo /トリプロ/ (英triple) | |
| 1/2 | um meio /ウン メィオ/ (英a half) | |
| 2/3 | dois terços /ドィス テルソス/ (英two thirds) | |
| 2 4/5 | dois e quatro quintos /ドィス イ クワトロ キントス/ (英two and four fifths) | |
| 0.1 | zero, vírgula, um /ゼーロ ヴィルグラ ウン/ (英point one) | |
| 2.14 | dois, vírgula, catorze /ドィス ヴィルグラ カトルズィ/ (英two point fourteen) | |

| 日 | 葡 | 英 |
|---|---|---|
| 杉 すぎ | cedro m. セードロ | Japanese cedar チャパニーズ スィーダ |
| スキー | esqui m. エスキ | skiing, ski スキーイング, スキー |
| 好き嫌い すききらい | gosto e aversão, ゴスト イ アヴェルサォン, preferências f.pl. プレフェレンスィアス | likes and dislikes ライクス アンド ディスライクス |
| 透き通った すきとおった | transparente トランスパレンチ | transparent, clear トランスペアレント, クリア |
| 好きな すきな | predileto, favorito プレヂレット, ファヴォリット | favorite フェイヴァリト |
| 隙間 すきま | brecha f., abertura f. ブレッシャ, アベルトゥーラ | opening, gap オウプニング, ギャプ |
| スキムミルク | leite desnatado m. レィチ ヂズナタード | skim milk スキム ミルク |
| スキャンダル | escândalo m. エスカンダロ | scandal スキャンダル |
| 過ぎる すぎる | passar パサール | pass, go past パス, ゴウ パスト |
| (時が) | passar, transcorrer パサール, トランスコヘール | pass, elapse パス, イラプス |
| (程度を) | ir longe demais イール ロンジ ヂマィス | go too far ゴウ トゥ ファー |
| (超過) | exceder, ultrapassar エセデール, ウゥトラパサール | be over, exceed ビ オウヴァ, イクスィード |
| (期限が) | expirar, passar エスピラール, パサール | be out, expire ビ アウト, イクスパイア |
| 頭巾 ずきん | capuz m. カプス | hood フド |
| スキンシップ | contato físico m. コンタット フィズィコ | physical contact フィズィカル カンタクト |
| 空く すく | ficar menos lotado フィカール メノス ロタード | become less crowded ビカム レス クラウディド |
| (腹が) | ficar com fome フィカール コン フォーミ | feel hungry フィール ハングリ |
| (手が) | ficar livre フィカール リーヴリ | be free ビ フリー |
| 直ぐ すぐ | logo, imediatamente ローゴ, イメヂアタメンチ | at once, immediately アト ワンス, イミーディエトリ |

| 日 | 葡 | 英 |
|---|---|---|
| (容易に) | facilmente<br>ファスィウメンチ | easily, readily<br>イーズィリ, レディリ |
| (近い) | logo, perto<br>ローゴ, ペルト | just, right<br>ヂャスト, ライト |
| 掬う | apanhar<br>アパニャール | scoop, ladle<br>スクープ, レイドル |
| 救う | salvar, socorrer<br>サウヴァール, ソコヘール | help, relieve<br>ヘルプ, リリーヴ |
| スクーター | lambreta f.<br>ランブレッタ | scooter<br>スクータ |
| スクープ | furo m.<br>フーロ | scoop<br>スクープ |
| 少ない | pouco<br>ポウコ | few, little<br>フュー, リトル |
| 少なくとも | pelo menos<br>ペロ メーノス | at least<br>アト リースト |
| 竦む | ficar paralizado<br>フィカール パラリザード | cower, be cramped<br>カウア, ビ クランプト |
| スクラップ | sucata f.<br>スカッタ | scrap<br>スクラプ |
| (切り抜き) | recorte m.<br>ヘコルチ | clipping, cutting<br>クリピング, カティング |
| ～ブック | álbum de recortes m.<br>アウブン ヂ ヘコルチス | scrapbook<br>スクラプブク |
| スクランブルエッグ | ovos mexidos m.pl.<br>オーヴォス メシードス | scrambled eggs<br>スクランブルド エグズ |
| スクリーン | tela f.<br>テーラ | screen<br>スクリーン |
| スクリュー | hélice f.<br>エリスィ | screw<br>スクルー |
| 優れた | excelente<br>エセレンチ | excellent, fine<br>エクセレント, ファイン |
| 優れる | ser superior<br>セール スペリオール | be better, be superior *to*<br>ビ ベタ, ビ シュピアリア |
| スクロールする | rolar a tela<br>ホラール ア テーラ | scroll<br>スクロウル |
| 図形 | figura f.<br>フィグーラ | figure, diagram<br>フィギャ, ダイアグラム |

| 日 | 葡 | 英 |
|---|---|---|
| スケート | patinagem *f.*<br>パチナージェイン | skating<br>スケイティング |
| ～靴 | patins *m.pl.*<br>パチンス | skates<br>スケイツ |
| スケール | escala *f.*<br>エスカーラ | scale<br>スケイル |
| スケジュール | programação *f.*<br>プログラマサォン | schedule<br>スケヂュル |
| スケッチ | esboço *m.*<br>エズボッソ | sketch<br>スケチ |
| 透ける | ser transparente<br>セール トランスパレンチ | be transparent<br>ビ トランスペアレント |
| スコア | placar *m.*, pontuação *f.*<br>プラカール, ポントゥアサォン | score<br>スコー |
| ～ボード | marcador *m.*<br>マルカドール | scoreboard<br>スコーボード |
| 凄い | formidável, fantástico<br>フォルミダーヴェウ, ファンタスチコ | wonderful, great<br>ワンダフル, グレイト |
| (恐ろしい) | terrível, horrível<br>テヒーヴェウ, オヒーヴェウ | terrible, horrible<br>テリブル, ホリブル |
| 少し | um pouco<br>ウン ポッコ | a few, a little<br>ア フュー, ア リトル |
| 過ごす | passar (o tempo)<br>パサール (ウ テンポ) | pass, spend<br>パス, スペンド |
| スコップ | pá *f.*<br>パ | scoop, shovel<br>スクープ, シャヴル |
| すさまじい | terrível, horrível<br>テヒーヴェウ, オヒーヴェウ | dreadful, terrible<br>ドレドフル, テリブル |
| 健やかな | saudável<br>サウダーヴェウ | healthy<br>ヘルスィ |
| 杜撰な | defeituoso, imperfeito<br>デフェイトゥオーゾ, インペルフェイト | careless, slipshod<br>ケアレス, スリプシャド |
| 筋 | linha *f.*<br>リーニャ | line, stripe<br>ライン, ストライプ |
| (腱) | tendão *m.*<br>テンダォン | tendon<br>テンドン |
| (条理) | razão *f.*<br>ハザォン | reason, logic<br>リーズン, ラヂク |
| (話の) | enredo *m.*<br>エンヘード | plot<br>プラト |

| 日 | 葡 | 英 |
|---|---|---|
| すしづ<br>鮨詰めの | superlotado<br>スペルロタード | jam-packed<br>チャンパクト |
| すじみち<br>筋道 | razão f., lógica f.<br>ハザォン, ロジカ | reason, logic<br>リーズン, ラヂク |
| すじょう<br>素性 | nascimento m., origem f.<br>ナスィメント, オリージェィン | birth, origin<br>バース, オーリヂン |
| すす<br>煤 | fuligem f.<br>フリージェィン | soot<br>スト |
| すず<br>鈴 | guizo m.<br>ギーゾ | bell<br>ベル |
| すず<br>錫 | estanho m.<br>エスターニョ | tin<br>ティン |
| すずき<br>鱸 | nairo m.<br>ナィロ | perch<br>パーチ |
| すす<br>濯ぐ | enxaguar<br>エンシャグワール | rinse<br>リンス |
| すす<br>煤ける | escurecer com fuligem<br>エスクレセール コン フリージェィン | become sooty<br>ビカム スティ |
| すず<br>涼しい | fresco<br>フレスコ | cool<br>クール |
| すす<br>進む | avançar, ir para a frente<br>アヴァンサール, イール パラ ア フレンチ | go forward<br>ゴウ フォーワド |
| （進行） | progredir, avançar<br>プログレヂール, アヴァンサール | progress<br>プログレス |
| （時計が） | adiantar-se<br>アヂアンタールスィ | gain<br>ゲイン |
| すず<br>涼む | refrescar-se<br>ヘフレスカールスィ | enjoy the cool air<br>インヂョイ ザ クール エア |
| すずめ<br>雀 | pardal m.<br>パルダウ | sparrow<br>スパロウ |
| すずめばち<br>雀蜂 | vespa f.<br>ヴェスパ | wasp, hornet<br>ワスプ, ホーネト |
| すす<br>勧める | recomendar, aconselhar<br>ヘコメンダール, アコンセリャール | advise<br>アドヴァイズ |
| すす<br>進める | adiantar, avançar<br>アヂアンタール, アヴァンサール | advance, push on<br>アドヴァンス, プシュ オン |
| すす<br>薦める | recomendar<br>ヘコメンダール | recommend<br>レコメンド |

| 日 | 葡 | 英 |
|---|---|---|
| 鈴蘭 | lírio-do-vale *m.*<br>リーリオ ド ヴァーリ | lily of the valley<br>リリ オヴ ザ ヴァリ |
| 啜る | sorver<br>ソルヴェール | sip, slurp<br>スィプ, スラープ |
| (鼻水を) | fungar<br>フンガール | sniff<br>スニフ |
| 裾 | aba *f.*<br>アーバ | the skirt, the train<br>ザ スカート, ザ トレイン |
| (山の) | sopé *m.*, falda *f.*<br>ソペ, ファウダ | the foot<br>ザ フト |
| スター | | |
| (男の) | astro *m.*<br>アストロ | star<br>スター |
| (女の) | estrela *f.*<br>エストレーラ | star<br>スター |
| スタート | começo *m.*, partida *f.*<br>コメッソ, パルチーダ | start<br>スタート |
| 〜ライン | linha de partida *f.*<br>リーニャ ヂ パルチーダ | starting line<br>スターティング ライン |
| スタイリスト | estilista *m.f.*<br>エスチリスタ | stylist<br>スタイリスト |
| スタイル | estilo *m.*<br>エスチーロ | style<br>スタイル |
| (容姿) | forma *f.*<br>フォルマ | figure<br>フィギャ |
| スタジアム | estádio *m.*<br>エスターヂオ | stadium<br>ステイディアム |
| スタジオ | estúdio *m.*<br>エストゥーヂオ | studio<br>ステューディオウ |
| スタッフ | *staff m.*<br>スタッフィ | the staff<br>ザ スタフ |
| スタミナ | resistência física *f.*, vigor *m.*<br>ヘズィステンスィア フィズィカ, ヴィゴール | stamina<br>スタミナ |
| 廃れる | cair em desuso<br>カイール エィン デズーゾ | go out of use<br>ゴウ アウト オヴ ユース |
| スタンド | | |
| (飲食店の) | balcão *m.*<br>バウカオン | stand<br>スタンド |
| (スタジアムの) | arquibancada *f.*<br>アルキバンカーダ | stand, bleachers<br>スタンド, ブリーチャズ |

| 日 | 葡 | 英 |
|---|---|---|
| （電灯） | abajur de mesa *m.*<br>アバジュール チ メーザ | desk lamp<br>デスク ランプ |
| スタンプ | carimbo *m.*<br>カリンボ | stamp, postmark<br>スタンプ, ポウストマーク |
| スチーム | vapor *m.*<br>ヴァポール | steam<br>スティーム |
| スチュワーデス | aeromoça *f.*<br>アエロモッサ | flight attendant<br>フライト アテンダント |
| 頭痛<br><sub>ずつう</sub> | dor de cabeça *f.*<br>ドール チ カベッサ | headache<br>ヘデイク |
| スツール | tamborete *m.*<br>タンボレッチ | stool<br>ストゥール |
| すっかり | completamente,<br>コンプレタメンチ,<br>inteiramente<br>インテイラメンチ | all, entirely<br>オール, インタイアリ |
| ズック | lona *f.*<br>ローナ | canvas<br>キャンヴァス |
| 酢漬け<br><sub>すづ</sub> | picles *m.pl.*<br>ピックリス | pickling<br>ピクリング |
| ずっと | sem parar<br>セィン パラール | all the time<br>オール ザ タイム |
| 〜以前から | há muito tempo<br>ア ムィント テンポ | since a long time ago<br>スィンス ア ローング タイム アゴウ |
| 酸っぱい<br><sub>す</sub> | azedo, ácido<br>アゼード, アスィド | sour, acid<br>サウア, アスィド |
| 鼈<br><sub>すっぽん</sub> | cágado *m.*<br>カガド | soft-shelled turtle<br>ソフトシェルド タートル |
| ステーキ | bife *m.*<br>ビッフィ | steak<br>ステイク |
| ステージ | palco *m.*<br>パウコ | stage<br>ステイヂ |
| 素敵な<br><sub>すてき</sub> | bonito, maravilhoso<br>ボニット, マラヴィリョーゾ | great, fine<br>グレイト, ファイン |
| ステッカー | adesivo *m.*, autocolante *m.*<br>アデズィーヴォ, アウトコランチ | sticker<br>スティカ |
| ステッキ | bengala *f.*<br>ベンガーラ | cane<br>ケイン |

| 日 | 葡 | 英 |
|---|---|---|
| ステッチ | ponto *m.* <br> ポント | stitch <br> スティチ |
| ステップ | passo *m.* <br> パッソ | step <br> ステプ |
| 既<sup>すで</sup>に | já <br> ジャ | already <br> オールレディ |
| 捨<sup>す</sup>てる | jogar fora <br> ジョガール フォーラ | throw away, dump <br> スロウ アウェイ, ダンプ |
| ステレオ | estéreo *m.* <br> エステーリオ | stereo <br> スティアリオウ |
| ～タイプ | estereótipo *m.* <br> エステレオチポ | stereotype <br> ステリオタイプ |
| ステンドグラス | vitral *m.* <br> ヴィトラウ | stained glass <br> ステインド グラス |
| ステンレス | aço inoxidável *m.* <br> アッソ イノキシダーヴェウ | stainless steel <br> ステインレス スティール |
| スト | greve *f.* <br> グレーヴィ | strike <br> ストライク |
| ストーカー | maníaco *m.* <br> マニアコ | stalker <br> ストーカ |
| ストーブ | aquecedor *m.* <br> アケセドール | heater, stove <br> ヒータ, ストウヴ |
| ストール | estola *f.* <br> エストーラ | stole <br> ストウル |
| ストッキング | meia de seda *f.* <br> メィア ヂ セーダ | stockings <br> スタキングズ |
| ストック | estoque *m.* <br> エストッキ | stock <br> スタク |
| （スキーの） | bastão de esqui *m.* <br> バスタォン ヂ エスキ | stick <br> スティク |
| ストップウォッチ | cronômetro *m.* <br> クロノメトロ | stopwatch <br> スタプワチ |
| ストライキ | greve *f.* <br> グレーヴィ | strike <br> ストライク |
| ストライプ | listra *f.* <br> リストラ | stripes <br> ストライプス |
| ストリップ | *striptease m.* <br> ストリピチズィ | strip show, striptease <br> ストリプ ショウ, ストリプティーズ |

す

| 日 | 葡 | 英 |
|---|---|---|
| ストレス | estresse m. <br> エストレッスィ | stress <br> ストレス |
| ストレッチ | alongamento m. <br> アロンガメント | stretch <br> ストレチ |
| ストロー | canudo m. <br> カヌード | straw <br> ストロー |
| ストローク | braçada f. <br> ブラサーダ | stroke <br> ストロウク |
| ストロボ | estroboscópio m. <br> エストロボスコッピオ | strobe <br> ストロウブ |
| 砂 (すな) | areia f. <br> アレィア | sand <br> サンド |
| 素直な (すなおな) | obediente <br> オベヂエンチ | docile, obedient <br> ダスィル, オビーディエント |
| スナック | bar m., botequim m. <br> バール, ボテキン | snack (bar) <br> スナク (バー) |
| スナップ | foto instantânea f. <br> フォット インスタンターニア | snapshot <br> スナプシャト |
| （留め金） | colchete de pressão m. <br> コウシェッチ ヂ プレサォン | snap <br> スナプ |
| 則ち (すなわち) | isto é <br> イスト エ | namely, that is <br> ネイムリ, ザト イズ |
| スニーカー | tênis m. <br> テニス | sneakers <br> スニーカズ |
| 脛 (すね) | canela f. <br> カネーラ | the leg, the shin <br> ザ レグ, ザ シン |
| 拗ねる (すねる) | ficar de mau humor, amuar <br> フィカール チ マゥ ウモール, アムワール | be sulky, be cynical <br> ビ サルキ, ビ スィニカル |
| 頭脳 (ずのう) | inteligência f., cabeça f. <br> インテリジェンスィア, カベッサ | brains, head <br> ブレインズ, ヘド |
| スパーク | faísca f., chispa f., centelha f. <br> ファイスカ, シスパ, センテーリャ | spark <br> スパーク |
| スパークリングワイン | vinho espumante m. <br> ヴィーニョ エスプマンチ | sparkling wine <br> スパークリング ワイン |
| スパイ | | |
| （男の） | espião m. <br> エスピアォン | spy, secret agent <br> スパイ, スィークレト エイチェント |
| （女の） | espiã f. <br> エスピアン | spy, secret agent <br> スパイ, スィークレト エイチェント |

| 日 | 葡 | 英 |
|---|---|---|
| スパイク靴 | sapatos ferrados *m.pl.*<br>サパットス フェハードス | spiked shoes<br>スパイクト シューズ |
| スパイス | especiaria *f.*<br>エスペスィアリーア | spice<br>スパイス |
| スパゲッティ | macarrão *m.*, espaguete *m.*<br>マカハオン, エスパゲッチ | spaghetti<br>スパゲティ |
| すばしこい | rápido, ágil, esperto<br>ハピド, アージウ, エスペルト | nimble, agile<br>ニンブル, アヂル |
| 素肌 | pele nua *f.*<br>ペーリ ヌーア | bare skin<br>ベア スキン |
| スパナ | chave inglesa *f.*<br>シャーヴィ イングレーザ | wrench, spanner<br>レンチ, スパナ |
| ずば抜けて | extraordinariamente<br>エストラオルヂナリアメンチ | by far, exceptionally<br>バイ ファー, イクセプショナリ |
| 素早い | rápido, ágil, imediato<br>ハピド, アージウ, イメヂアット | nimble, quick<br>ニンブル, クウィク |
| 素晴らしい | maravilhoso, esplêndido<br>マラヴィリョーゾ, エスプレンヂド | wonderful, splendid<br>ワンダフル, スプレンディド |
| 図版 | ilustração *f.*<br>イルストラサオン | illustration<br>イラストレイション |
| スピーカー | alto-falante *m.*<br>アウト ファランチ | speaker<br>スピーカ |
| スピーチ | discurso *m.*<br>ヂスクルソ | speech<br>スピーチ |
| スピード | velocidade *f.*<br>ヴェロスィダーチ | speed<br>スピード |
| 図表 | gráfico *m.*<br>グラフィコ | chart, diagram<br>チャート, ダイアグラム |
| スピン | pirueta *f.*<br>ピルウェッタ | spin<br>スピン |
| スフィンクス | Esfinge *f.*<br>エスフィンジ | sphinx<br>スフィンクス |
| スプーン | colher *f.*<br>コリェール | spoon<br>スプーン |
| ずぶ濡れの | encharcado, ensopado<br>エンシャルカード, エンソパード | soaked to the skin<br>ソウクト トゥ ザ スキン |
| スプリンクラー | *sprinkler m.*,<br>スプリンクレル, | sprinkler<br>スプリンクラ |

| 日 | 葡 | 英 |
|---|---|---|
| | chuveiro automático *m.*<br>シュヴェイロ アウトマチコ | |
| スプレー | pulverizador *m.*<br>プウヴェリザドール | spray<br>スプレイ |
| スペア | extra *m.f.*, reserva *m.f.*<br>エストラ, ヘゼルヴァ | spare, refill<br>スペア, リーフィル |
| ～タイヤ | estepe *m.*<br>エステッピ | |
| スペイン | Espanha *f.*<br>エスパーニャ | Spain<br>スペイン |
| ～語 | espanhol *m.*<br>エスパニョール | Spanish<br>スパニシュ |
| スペース | espaço *m.*<br>エスパッソ | space<br>スペイス |
| スペード | espadas *f.pl.*<br>エスパーダス | spade<br>スペイド |
| スペクタクル | espetáculo *m.*<br>エスペタクロ | spectacle<br>スペクタクル |
| スペクトル | espectro *m.*<br>エスペクトロ | the spectrum<br>ザ スペクトラム |
| スペシャリスト | especialista *m.f.*<br>エスペスィアリスタ | specialist<br>スペシャリスト |
| すべすべした | macio, liso<br>マスィーオ, リーゾ | smooth, slippery<br>スムーズ, スリパリ |
| 全て | tudo<br>トゥード | everything, all<br>エヴリスィング, オール |
| ～の | todo<br>トード | all, every, whole<br>オール, エヴリ, ホウル |
| 滑る | escorregar, deslizar<br>エスコヘガール, デズリザール | slip, slide<br>スリプ, スライド |
| (スケートで) | patinar<br>パチナール | skate<br>スケイト |
| (床が) | ser escorregadiço<br>セール エスコヘガヂッソ | be slippery<br>ビ スリパリ |
| スペル | ortografia *f.*<br>オルトグラフィーア | spelling<br>スペリング |
| スポイト | conta-gotas *m.*<br>コンタ ゴッタス | syringe<br>スィリンヂ |
| スポークスマン | porta-voz *m.*<br>ポルタ ヴォィス | spokesman<br>スポウクスマン |

| 日 | 葡 | 英 |
|---|---|---|
| スポーツ | esporte *m.*, desporto *m.* <br> エスポルチ, デスポルト | sports <br> スポーツ |
| ～カー | carro esportivo *m.* <br> カッホ エスポルチーヴォ | sports car <br> スポーツ カー |
| ～マン | esportista *m.f.* <br> エスポルチスタ | sportsman, athlete <br> スポーツマン, アスリート |
| スポットライト | holofote *m.* <br> オロフォッチ | spotlight <br> スパトライト |
| ズボン | calças *f.pl.* <br> カウサス | trousers <br> トラウザズ |
| スポンサー | | |
| （男の） | patrocinador *m.* <br> パトロスィナドール | sponsor <br> スパンサ |
| （女の） | patrocinadora *f.* <br> パトロスィナドーラ | sponsor <br> スパンサ |
| スポンジ | esponja *f.* <br> エスポンジャ | sponge <br> スパンヂ |
| スマートな | esbelto <br> エズベウト | smart, stylish <br> スマート, スタイリシュ |
| 住まい | casa *f.*, moradia *f.* <br> カーザ, モラヂーア | house <br> ハウス |
| （住所） | endereço *m.* <br> エンデレッソ | address <br> アドレス |
| 済ます | acabar, terminar <br> アカバール, テルミナール | finish <br> フィニシュ |
| （なしで～） | passar sem <br> パサール セィン | do without <br> ドゥ ウィザウト |
| 隅 | canto *m.* <br> カント | nook, corner <br> ヌク, コーナ |
| 墨 | tinta da china *f.* <br> チンタ ダ シーナ | China ink <br> チャイナ インク |
| 炭 | carvão *m.* <br> カルヴァオン | charcoal <br> チャーコウル |
| 済みません | Desculpe. <br> デスクウピ | I'm sorry. <br> アイム サリ |
| （依頼・呼び掛け） | Com licença. <br> コン リセンサ | Excuse me. <br> イクスキューズ ミ |
| 菫 | violeta *f.* <br> ヴィオレッタ | violet <br> ヴァイオレト |

## ■スポーツ■ esporte *m.*, desporto *m.* /エスポルチ, デスポルト/

サッカー futebol /フチボウ/ *m.* (Ⓔsoccer, football)

ビーチ・サッカー futebol de areia /フチボウ チ アレイア/ *m.* (Ⓔbeach soccer)

ビーチ・バレー vôlei de praia /ヴォレイ チ プライア/ *m.* (Ⓔbeach volleyball)

ラグビー rugby /ラグビ/ *m.* (ⒺRugby)

アイスホッケー hóquei no gelo /オケイ [ホケイ] ノ ジェーロ/ *m.* (Ⓔice hockey)

ハンドボール handebol /アンヂボウ/ *m.* (Ⓔhandball)

バスケットボール basquetebol /バスケチボウ/ *m.* (Ⓔbasketball)

バレーボール voleibol /ヴォレイボウ/ *m.* (Ⓔvolleyball)

テニス tênis /テニス/ *m.* (Ⓔtennis)

バドミントン badminton /バヂミントン/ *m.* (Ⓔbadminton)

卓球(たっきゅう) pingue-pongue /ピンギポンギ/ *m.*, tênis de mesa /テニス チ メーザ/ *m.* (Ⓔtable tennis)

野球(やきゅう) beisebol /ベイズィボウ/ *m.* (Ⓔbaseball)

ゴルフ golfe /ゴウフィ/ *m.* (Ⓔgolf)

レスリング luta (livre) /ルッタ (リーヴリ)/ *f.* (Ⓔwresting)

カポエイラ capoeira /カポエイラ/ *f.* (Ⓔcapoeira)

柔道(じゅうどう) judô /ジュドー/ *m.* (Ⓔ*judo*)

ボクシング boxe /ボックスィ/ *m.* (Ⓔboxing)

体操(たいそう) ginástica /ヂナスチカ/ *f.* (Ⓔgymnastics)

水泳(すいえい) natação /ナタサォン/ *f.* (Ⓔswimming)

水球(すいきゅう) pólo aquático /ポーロ アクワチコ/ *m.* (Ⓔwater polo)

サーフィン surfe /スルフィ/ *m.* (Ⓔsurfing)

スキューバダイビング mergulho /メルグーリョ/ *m.* (Ⓔscuba diving)

スケート patinagem /パチナージェイン/ *f.* (Ⓔskating)

スキー esqui /エスキ/ *m.* (Ⓔskiing, ski)

陸上競技(りくじょうきょうぎ) atletismo /アチレチズモ/ *m.* (Ⓔathletic sports)

マラソン maratona /マラトーナ/ *f.* (Ⓔmarathon)

自転車競技(じてんしゃきょうぎ) ciclismo /スィクリズモ/ *m.* (Ⓔbicycle race)

| 日 | 葡 | 英 |
|---|---|---|
| 済む | acabar, terminar<br>アカバール, テルミナール | be finished<br>ビ フィニシュト |
| 住む | morar<br>モラール | live<br>リヴ |
| 澄む | ficar límpido [transparente]<br>フィカール リンピド [トランスパレンチ] | become clear<br>ビカム クリア |
| スムースに | sem nenhum problema,<br>セィン ネニュン プロブレーマ,<br>normalmente<br>ノルマウメンチ | smoothly<br>スムーズリ |
| スモークサーモン | salmão defumado *m.*<br>サウマォン デフマード | smoked salmon<br>スモウクト サモン |
| スモッグ | *smog m.*<br>スモッギ | smog<br>スマグ |
| 李 | espécie de ameixa *f.*<br>エスペスィイ チ アメィシャ | plum, damson<br>プラム, ダムゾン |
| スライス | fatia *f.* posta *f.*, rodela *f.*<br>ファチーア, ポスタ, ホデーラ | slice<br>スライス |
| スライド | diapositivo *m.*, *slide m.*<br>ヂアポズィチーヴォ, スラィヂ | slide<br>スライド |
| ずらす | deslocar<br>ヂズロカール | shift, move<br>シフト, ムーヴ |
| (時間を) | transferir<br>トランスフェリール | stagger<br>スタガ |
| スラックス | calças compridas *f.pl.*<br>カウサス コンプリーダス | slacks<br>スラクス |
| スラム | favela *f.*<br>ファヴェーラ | slum<br>スラム |
| スラング | gíria *f.*<br>ジーリア | slang<br>スラング |
| スランプ | depressão *f.*<br>デプレサォン | slump<br>スランプ |
| 掏摸 | | |
| (男の) | batedor de carteira *m.*<br>バテドール チ カルテイラ | pickpocket<br>ピクパケト |
| (女の) | batedora de carteira *f.*<br>バテドーラ チ カルテイラ | pickpocket<br>ピクパケト |
| スリーブ | manga *f.*<br>マンガ | sleeve<br>スリーヴ |

| 日 | 葡 | 英 |
|---|---|---|
| 擦り下ろす | ralar<br>ハラール | grind, grate<br>グラインド, グレイト |
| 擦り傷 | escoriação *f.*, arranhado *m.*<br>エスコリアサォン, アハニャード | abrasion<br>アブレイジョン |
| 擦り切れる | desgastar-se<br>ヂスガスタールスィ | wear out<br>ウェア アウト |
| スリット | abertura *f.*<br>アベルトゥーラ | slit<br>スリト |
| スリッパ | chinelas *f.pl.*<br>シネーラス | slippers<br>スリパズ |
| スリップ<br>(下着) | combinação *f.*<br>コンビナサォン | slip<br>スリプ |
| スリップする | escorregar<br>エスコヘガール | slip, skid<br>スリプ, スキド |
| スリムな | esbelto, magro<br>エズベウト, マーグロ | slim<br>スリム |
| スリル | medo *m.*<br>メード | thrill<br>スリル |
| 為る | fazer<br>ファゼール | do, try, play<br>ドゥ, トライ, プレイ |
| 擦る | esfregar<br>エスフレガール | rub, chafe<br>ラブ, チェイフ |
| 狡い | trapaceiro, malandro<br>トラパセィロ, マランドロ | sly<br>スライ |
| ずる賢い | astucioso, esperto<br>アストゥスィオーゾ, エスペルト | cunning<br>カニング |
| 鋭い | perspicaz<br>ペルスピカィス | sharp, pointed<br>シャープ, ポインテド |
| ずる休み | cábula *f.*, gazeta *f.*<br>カブラ, ガゼッタ | truancy<br>トルーアンスィ |
| スレート | ardósia *f.*<br>アルドッスィア | slate<br>スレイト |
| 擦れ違う | cruzar-se<br>クルザールスィ | pass each other<br>パス イーチ アザ |
| (行き違い) | desencontrar-se<br>デゼンコントラールスィ | miss each other<br>ミス イーチ アザ |
| ずれる | deslocar-se<br>ヂズロカールスィ | shift<br>シフト |

| 日 | 葡 | 英 |
|---|---|---|
| （逸脱） | desviar-se<br>ヂズヴィアールスィ | deviate<br>ディーヴィエイト |
| スローガン | *slogan* m., lema m.<br>イズローガン, レーマ | slogan, motto<br>スロウガン, マトウ |
| スロープ | declive m., rampa f.<br>デクリーヴィ, ハンパ | slope<br>スロウプ |
| スローモーション | câmara lenta f.<br>カマラ レンタ | slow motion<br>スロウ モウション |
| スロットマシン | caça-níqueis m.<br>カッサ ニケィス | slot machine<br>スラト マシーン |
| 座る<br><small>すわ</small> | sentar-se<br>センタールスィ | sit down, take a seat<br>スィト ダウン, テイク ア スィート |
| 寸法<br><small>すんぽう</small> | medida f., tamanho m.<br>メヂーダ, タマーニョ | measure, size<br>メジャ, サイズ |

## せ, セ

| 日 | 葡 | 英 |
|---|---|---|
| 背<br><small>せ</small> | costas f.pl.<br>コスタス | the back<br>ザ バク |
| （身長） | altura f., estatura f.<br>アゥトゥーラ, エスタトゥーラ | height<br>ハイト |
| 姓<br><small>せい</small> | nome de família m.<br>ノーミ ヂ ファミーリア | family name, surname<br>ファミリ ネイム, サーネイム |
| 性<br><small>せい</small> | sexo m.<br>セクソ | sex<br>セクス |
| 生<br><small>せい</small> | vida f.<br>ヴィーダ | life, living<br>ライフ, リヴィング |
| 税<br><small>ぜい</small> | imposto m.<br>インポスト | tax<br>タクス |
| 誠意<br><small>せいい</small> | sinceridade f.<br>スィンセリダーヂ | sincerity<br>スィンセリティ |
| 精一杯<br><small>せいいっぱい</small> | com toda a força<br>コン トーダ ア フォルサ | as hard as possible<br>アズ ハード アズ パスィブル |
| 星雲<br><small>せいうん</small> | nebulosa f.<br>ネブローザ | nebula<br>ネビュラ |
| 声援<br><small>せいえん</small> | grito de encorajamento m.,<br>グリット ヂ エンコラジャメント<br>apoio m.<br>アポィオ | encouragement<br>インカーリヂメント |

| 日 | 葡 | 英 |
|---|---|---|
| ～する | torcer<br>トルセール | encourage, cheer<br>インカーリヂ, チア |
| せいおう<br>西欧 | Europa Ocidental *f.*<br>エゥロッパ オスィデンタウ | West Europe<br>ウェスト ユアロプ |
| せいか<br>成果 | resultado *m.*, fruto *m.*<br>ヘズウタード, フルット | result, the fruits<br>リザルト, ザ フルーツ |
| せいかい<br>政界 | mundo da política *m.*<br>ムンド ダ ポリチカ | the political world<br>ザ ポリティカル ワールド |
| せいかい<br>正解 | resposta certa [correta] *f.*<br>ヘスポスタ セルタ ［コヘッタ］ | correct answer<br>カレクト アンサ |
| せいかく<br>性格 | caráter *m.*<br>カラッテル | character, personality<br>キャラクタ, パーソナリティ |
| せいがく<br>声楽 | música vocal *f.*<br>ムズィカ ヴォカウ | vocal music<br>ヴォウカル ミューズィク |
| せいかく<br>正確な | correto, exato<br>コヘット, エザット | exact, correct<br>イグザクト, カレクト |
| せいかつ<br>生活 | vida *f.*<br>ヴィーダ | life, livelihood<br>ライフ, ライヴリフド |
| ～する | viver<br>ヴィヴェール | live<br>リヴ |
| ぜいかん<br>税関 | alfândega *f.*<br>アウファンデガ | the customs<br>ザ カスタムズ |
| せいかん<br>静観する | deixar como está para ver como fica<br>デイシャール コモ エスタル パラ ヴェール コモ フィッカ | wait and see<br>ウェイト アンド スィー |
| せいき<br>世紀 | século *m.*<br>セクロ | century<br>センチュリ |
| せいぎ<br>正義 | justiça *f.*<br>ジュスチッサ | justice<br>ヂャスティス |
| せいきゅう<br>請求 | pedido *m.*, requisição *f.*<br>ペヂード, ヘキズィサォン | demand, claim<br>ディマンド, クレイム |
| ～書 | nota fiscal *f.*<br>ノッタ フィスカウ | bill<br>ビル |
| ～する | pedir, requisitar<br>ペヂール, ヘキズィタール | ask, claim, demand<br>アスク, クレイム, ディマンド |
| せいぎょ<br>制御 | controle *m.*, domínio *m.*<br>コントローリ, ドミーニオ | control<br>カントロウル |
| ～する | controlar<br>コントロラール | control<br>カントロウル |

| 日 | 葡 | 英 |
|---|---|---|
| せいきょく<br>政局 | situação política *f.*<br>スィトゥアサォン ポリチカ | the political situation<br>ザ ポリティカル スィチュエイション |
| ぜいきん<br>税金 | imposto *m.*<br>インポスト | tax<br>タクス |
| せいけい<br>生計 | meio de vida *m.*<br>メィオ ヂ ヴィーダ | living<br>リヴィング |
| せいけいげか<br>整形外科 | ortopedia *f.*<br>オルトペヂーア | plastic surgery<br>プラスティク サーヂャリ |
| せいけつ<br>清潔な | limpo, asseado<br>リンポ, アセアード | clean, neat<br>クリーン, ニート |
| せいけん<br>政権 | poder político *m.*, governo *m.*<br>ポデール ポリチコ, ゴヴェルノ | political power<br>ポリティカル パウア |
| せいげん<br>制限 | limitação *f.*, limite *m.*<br>リミタサォン, リミッチ | restriction, limit<br>リストリクション, リミト |
| ～する | limitar, restringir<br>リミタール, ヘストリンジール | limit, restrict<br>リミト, リストリクト |
| せいこう<br>成功 | sucesso *m.*, êxito *m.*<br>スセッソ, エズィト | success<br>サクセス |
| ～する | ter êxito, dar certo<br>テール エズィト, ダール セルト | succeed *in*<br>サクスィード |
| せいざ<br>星座 | constelação *f.*<br>コンステラサォン | constellation<br>カンステレイション |
| せいさい<br>制裁 | sanções *f.pl.*<br>サンソィンス | punishment, sanction<br>パニシュメント, サンクション |
| せいさく<br>制[製]作 | produção *f.*<br>プロドゥサォン | production, manufacture<br>プロダクション, マニュファクチャ |
| ～する | fazer, produzir<br>ファゼール, プロドゥズィール | make, produce<br>メイク, プロデュース |
| せいさく<br>政策 | política *f.*<br>ポリチカ | policy<br>パリスィ |
| せいさん<br>生産 | produção *f.*, fabricação *f.*<br>プロドゥサォン, ファブリカサォン | production, manufacture<br>プロダクション, マニュファクチャ |
| ～する | produzir, fabricar<br>プロドゥズィール, ファブリカール | produce, manufacture<br>プロデュース, マニュファクチャ |
| ～高 | produção total *f.*<br>プロドゥサォン トタウ | output<br>アウトプト |
| せいさん<br>精算 | acerto de contas *m.*<br>アセルト ヂ コンタス | accurate reckoning<br>アキュレト レカニング |

| 日 | 葡 | 英 |
|---|---|---|
| せいし<br>生死 | vida e morte<br>ヴィーダ イ モルチ | life and death<br>ライフ アンド デス |
| せいし<br>静止 | imobilidade *f.*<br>インモビリダーヂ | stillness, repose<br>スティルネス, リポウズ |
| ～する | estacionar, imobilizar-se<br>エスタスィオナール, イモビリザールスィ | rest, stand still<br>レスト, スタンド スティル |
| せいし<br>精子 | espermatozóide *m.*<br>エスペルマトゾィヂ | sperma<br>スパーム |
| せいじ<br>政治 | política *f.*<br>ポリチカ | politics<br>パリティクス |
| ～家 | | |
| （男の） | político *m.*<br>ポリチコ | statesman, politician<br>ステイツマン, パリティシャン |
| （女の） | política *f.*<br>ポリチカ | statesman, politician<br>ステイツマン, パリティシャン |
| せいしき<br>正式な | oficial<br>オフィスィアウ | formal, official<br>フォーマル, オフィシャル |
| せいしつ<br>性質 | natureza *f.*, caráter *m.*<br>ナトゥレーザ, カラッテル | nature, disposition<br>ネイチャ, ディスポズィション |
| せいじつ<br>誠実な | sincero<br>スィンセーロ | sincere, honest<br>スィンスィア, アニスト |
| せいじゃく<br>静寂 | silêncio *m.*<br>スィレンスィオ | stillness, silence<br>スティルネス, サイレンス |
| せいじゅく<br>成熟 | | |
| ～した | maduro<br>マドゥーロ | ripe<br>ライプ |
| ～する | amadurecer<br>アマドゥレセール | ripen, mature<br>ライプン, マテュア |
| せいしゅん<br>青春 | juventude *f.*<br>ジュヴェントゥーヂ | youth<br>ユース |
| せいしょ<br>清書 | ato de passar a limpo *m.*<br>アット ヂ パサール ア リンポ | fair copy<br>フェア カピ |
| せいしょ<br>聖書 | Bíblia *f.*<br>ビブリア | the Bible<br>ザ バイブル |
| せいじょう<br>正常な | normal<br>ノルマウ | normal<br>ノーマル |
| せいじょう<br>清浄な | puro<br>プーロ | pure, clean<br>ピュア, クリーン |

| 日 | 葡 | 英 |
|---|---|---|
| せいしょうねん<br>**青少年** | jovens *m.pl.*, juventude *f.*<br>ジョーヴェインス, ジュヴェントゥーチ | the younger generation<br>ザ ヤンガ チェナレイション |
| せいしょくき<br>**生殖器** | órgãos genitais<br>オルガオンス ジェニタイス<br>[reprodutores] *m.pl.*<br>[ヘプロドゥトーリス] | sexual organs<br>セクシュアル オーガンズ |
| せいしょくしゃ<br>**聖職者** | clérigo *m.*<br>クレリゴ | clergyman<br>クラーヂマン |
| せいしん<br>**精神** | espírito *m.*, mente *f.*<br>エスピリト, メンチ | spirit, mind<br>スピリト, マインド |
| せいじん<br>**成人** | | |
| (男の) | adulto *m.*<br>アドゥウト | adult, grown-up<br>アダルト, グロウナプ |
| (女の) | adulta *f.*<br>アドゥウタ | adult, grown-up<br>アダルト, グロウナプ |
| ～する | atingir a maioridade<br>アチンジール ア マイオリダーチ | grow up<br>グロウ アプ |
| せいじん<br>**聖人** | | |
| (男の) | santo *m.*<br>サント | saint<br>セイント |
| (女の) | santa *f.*<br>サンタ | saint<br>セイント |
| せいしんかい<br>**精神科医** | psiquiatra *m.f.*<br>ピスィキアトラ | psychiatrist<br>サイカイアトリスト |
| せいしんびょう<br>**精神病** | doença mental *f.*<br>ドエンサ メンタウ | mental disease<br>メンタル ディズィーズ |
| せいしんぶんせき<br>**精神分析** | psicanálise *f.*<br>ピスィカナリズィ | psychoanalysis<br>サイコウアナリスィス |
| せいず<br>**製図** | desenho *m.*<br>デゼーニョ | drafting, drawing<br>ドラフティング, ドローイング |
| せいすう<br>**整数** | número inteiro *m.*<br>ヌメロ インテイロ | integer<br>インティヂャ |
| せいせき<br>**成績** | nota *f.*<br>ノッタ | result, record<br>リザルト, レコード |
| せいせんしょくりょうひん<br>**生鮮食料品** | alimentos deterioráveis *m.pl.*<br>アリメントス デテリオラーヴェイス | perishables<br>ペリシャブルズ |
| せいぜん<br>**整然と** | de modo organizado<br>チ モード オルガニザード | in good order, regularly<br>イン グド オーダ, レギュラリ |

| 日 | 葡 | 英 |
|---|---|---|
| せいそう<br>清掃 | limpeza *f.*<br>リンペーザ | cleaning<br>クリーニング |
| せいぞう<br>製造 | fabricação *f.*, produção *f.*<br>ファブリカサォン, プロドゥサォン | manufacture, production<br>マニュファクチャ, プロダクション |
| ～業者 | fabricante *m.*<br>ファブリカンチ | manufacturer<br>マニュファクチャラ |
| ～する | manufaturar<br>マヌファトゥラール | manufacture, produce<br>マニュファクチャ, プロデュース |
| せいそうけん<br>成層圏 | estratosfera *f.*<br>エストラトスフェーラ | the stratosphere<br>ザ ストラトスフィア |
| せいそ<br>清楚な | asseado, limpo<br>アセアード, リンポ | neat<br>ニート |
| せいぞん<br>生存 | sobrevivência *f.*<br>ソブレヴィヴェンスィア | existence, life<br>イグズィステンス, ライフ |
| ～者 | sobrevivente *m.f.*<br>ソブレヴィヴェンチ | survivor<br>サヴァイヴァ |
| ～する | sobreviver<br>ソブレヴィヴェール | exist, survive<br>イグズィスト, サヴァイヴ |
| せいたい<br>政体 | regime *m.*<br>ヘジーミ | government<br>ガヴァンメント |
| せいたいがく<br>生態学 | ecologia *f.*<br>エコロジーア | ecology<br>イーカロヂィ |
| せいだい<br>盛大な | esplêndido, magnífico<br>エスプレンデド, マギニフィコ | prosperous, grand<br>プラスペラス, グランド |
| ぜいたく<br>贅沢な | luxuoso<br>ルシュオーゾ | luxurious<br>ラグジュアリアス |
| せいちょう<br>成長 | crescimento *m.*<br>クレスィメント | growth<br>グロウス |
| ～する | crescer<br>クレセール | grow<br>グロウ |
| せいつう<br>精通する | ser versado em<br>セール ヴェルサード エィン | be familiar *with*<br>ビ ファミリア |
| せいてい<br>制定する | legislar, promulgar<br>レジズラール, プロムウガール | establish<br>イスタブリシュ |
| せいてき<br>静的な | estático<br>エスタチコ | static<br>スタティク |
| せいてつ<br>製鉄 | siderurgia *f.*<br>スィデルルジーア | iron manufacture<br>アイアン マニュファクチャ |

| 日 | 葡 | 英 |
|---|---|---|
| <ruby>晴天<rt>せいてん</rt></ruby> | tempo bom *m.*<br>テンポ ボン | fine weather<br>ファイン ウェザ |
| <ruby>静電気<rt>せいでんき</rt></ruby> | eletricidade estática *f.*<br>エレトゥリスィダーチ エスタチカ | static electricity<br>スタティク イレクトリスィティ |
| <ruby>生徒<rt>せいと</rt></ruby> (男の) | aluno *m.*<br>アルーノ | student, pupil<br>ステューデント, ピューピル |
| (女の) | aluna *f.*<br>アルーナ | student, pupil<br>ステューデント, ピューピル |
| <ruby>制度<rt>せいど</rt></ruby> | sistema *m.*<br>スィステーマ | system, institution<br>スィスティム, インスティテューション |
| <ruby>政党<rt>せいとう</rt></ruby> | partido político *m.*<br>パルチード ポリチコ | political party<br>ポリティカル パーティ |
| <ruby>青銅<rt>せいどう</rt></ruby> | bronze *m.*<br>ブロンズィ | bronze<br>ブランズ |
| <ruby>正当な<rt>せいとうな</rt></ruby> | justo, legal, legítimo<br>ジュスト, レガウ, レジチモ | just, proper, legal<br>ヂャスト, プラパ, リーガル |
| <ruby>正当防衛<rt>せいとうぼうえい</rt></ruby> | legítima defesa *f.*<br>レジチマ デフェーザ | self-defense<br>セルフディフェンス |
| <ruby>整頓する<rt>せいとんする</rt></ruby> | pôr em ordem<br>ポール エィン オルデイン | put in order<br>プト イン オーダ |
| <ruby>青年<rt>せいねん</rt></ruby> | adolescente *m.f.*<br>アドレセンチ | young man, youth<br>ヤング マン, ユース |
| <ruby>成年<rt>せいねん</rt></ruby> | maior de idade *m.*<br>マィオール ヂ イダーチ | adult age<br>アダルト エイヂ |
| <ruby>生年月日<rt>せいねんがっぴ</rt></ruby> | data de nascimento *f.*<br>ダッタ ヂ ナスィメント | the date of birth<br>ザ デイト オヴ バース |
| <ruby>性能<rt>せいのう</rt></ruby> | capacidade *f.*, eficiência *f.*<br>カパスィダーヂ, エフィスィエンスィア | capacity, efficiency<br>カパスィティ, イフィシェンスィ |
| <ruby>正反対<rt>せいはんたい</rt></ruby> | exatamente contrário<br>エザタメンチ コントラーリオ | the exact opposit<br>ジ イグザクト アポズィト |
| <ruby>整備する<rt>せいび</rt></ruby> | fazer manutenção<br>ファゼール マヌテンサォン | arrange, adjust<br>アレインヂ, アヂャスト |
| <ruby>性病<rt>せいびょう</rt></ruby> | doença sexualmente<br>ドエンサ セクスァゥメンチ<br>transmissível (DST) *f.*<br>トランズミスィーヴェウ | venereal disease<br>ヴィニリアル ディズィーズ |
| <ruby>製品<rt>せいひん</rt></ruby> | produto *m.*<br>プロドゥット | product<br>プラダクト |

| 日 | 葡 | 英 |
|---|---|---|
| せいふ<br>政府 | governo *m.*<br>ゴヴェルノ | government<br>ガヴァンメント |
| せいふく<br>制服 | uniforme *m.*<br>ウニフォルミ | uniform<br>ユーニフォーム |
| せいふく<br>征服 | conquista *f.*<br>コンキスタ | conquest<br>カンクウェスト |
| 〜する | conquistar<br>コンキスタール | conquer<br>カンカ |
| せいぶつ<br>生物 | ser vivo *m.*<br>セール ヴィーヴォ | living thing, life<br>リヴィング スィング, ライフ |
| 〜学 | biologia *f.*<br>ビオロジーア | biology<br>バイアロヂィ |
| せいぶつが<br>静物画 | natureza-morta *f.*<br>ナトゥレーザ モルタ | still life<br>スティル ライフ |
| せいぶん<br>成分 | ingrediente *m.*, componente *m.*<br>イングレヂエンチ, コンポネンチ | ingredient<br>イングリーディエント |
| せいべつ<br>性別 | distinção de sexo *f.*<br>ヂスチンサォン ヂ セクソ | sex distinction<br>セクス ディスティンクション |
| せいほうけい<br>正方形 | quadrilátero regular *m.*<br>クァドリラテロ ヘグラール | square<br>スクウェア |
| せいほん<br>製本 | encadernação *f.*<br>エンカデルナサォン | binding<br>バインディング |
| せいみつな<br>精密な | preciso, minucioso<br>プレスィーゾ, ミヌスィオーゾ | precise, minute<br>プリサイス, マイニュート |
| ぜいむしょ<br>税務署 | coletoria *f.*<br>コレトリーア | tax office<br>タクス オーフィス |
| せいめい<br>姓名 | nome completo *m.*<br>ノーミ コンプレット | full name<br>フル ネイム |
| せいめい<br>生命 | vida *f.*<br>ヴィーダ | life<br>ライフ |
| 〜保険 | seguro de vida *m.*<br>セグーロ ヂ ヴィーダ | life insurance<br>ライフ インシュアランス |
| せいめい<br>声明 | declaração *f.*<br>デクララサォン | declaration<br>デクラレイション |
| せいやく<br>制約 | restrição *f.*<br>ヘストリサォン | restriction, limitation<br>リストリクション, リミテイション |
| せいやく<br>誓約 | juramento *m.*<br>ジュラメント | oath, pledge<br>オウス, プレヂ |

| 日 | 葡 | 英 |
|---|---|---|
| せいよう<br>西洋 | o Oeste *m.*<br>オ オエスチ | the West<br>ザ ウェスト |
| せいよう<br>静養する | repousar<br>ヘポウザール | take a rest<br>テイク ア レスト |
| せいり<br>整理 | arrumação *f.*<br>アフマサオン | arrangement<br>アレインヂメント |
| 〜する | arrumar, pôr em ordem<br>アフマール, ポール エィン オルデイン | put in order<br>プト イン オーダ |
| せいり<br>生理 | fisiologia *f.*<br>フィズィオロジーア | physiology<br>フィズィアロヂィ |
| （月経） | menstruação *f.*<br>メンストルアサオン | menstruation, period<br>メンストルエイション, ピアリオド |
| 〜学 | fisiologia *f.*<br>フィズィオロジーア | physiology<br>フィズィアロヂィ |
| 〜痛 | cólica menstrual *f.*<br>コリカ メンストルワウ | menstrual pain<br>メンストルアル ペイン |
| ぜいりし<br>税理士 | | |
| （男の） | consultor fiscal *m.*<br>コンスウトール フィスカウ | licensed tax accountant<br>ライセンスト タクス アカウンタント |
| （女の） | consultora fiscal *f.*<br>コンスウトーラ フィスカウ | licensed tax accountant<br>ライセンスト タクス アカウンタント |
| せいりつ<br>成立 | formação *f.*,<br>フォルマサオン,<br>estabelecimento *m.*<br>エスタベレスィメント | formation<br>フォーメイション |
| 〜する | formar-se, estabelecer-se<br>フォルマールスィ, エスタベレセールスィ | be formed<br>ビ フォームド |
| ぜいりつ<br>税率 | alíquota *f.*, taxa de imposto *f.*<br>アリクウォタ, タッシャ ヂ インポスト | tax rates<br>タクス レイツ |
| せいりょういんりょう<br>清涼飲料 | refrigerante *m.*<br>ヘフリジェランチ | soft drink, beverage<br>ソフト ドリンク, ベヴァリヂ |
| せいりようひん<br>生理用品 | absorvente higiênico *m.*,<br>アビゾルヴェンチ イジエニコ,<br>modess *m.*<br>モーヂス | sanitary napkin<br>サニテリ ナプキン |
| せいりょく<br>勢力 | influência *f.*, poder *m.*, força *f.*<br>インフルウェンスィア, ポデール, フォルサ | influence, power<br>インフルエンス, パウア |
| せいりょく<br>精力 | energia *f.*, vigor *m.*<br>エネルジーア, ヴィゴール | energy, vitality<br>エナヂ, ヴァイタリティ |

| 日 | 葡 | 英 |
|---|---|---|
| ～的な | enérgico, vigoroso<br>エネルジコ, ヴィゴローソ | energetic, vigorous<br>エナヂェティク, ヴィゴラス |
| せいれき<br>西暦 | a era cristã *f.*<br>ア エーラ クリスタン | the Christian Era<br>ザ クリスチャン イアラ |
| せいれつ<br>整列する | fazer fila<br>ファゼール フィーラ | stand in a row<br>スタンド イン ア ロウ |
| セーター | suéter *m.*<br>スウェテル | sweater, pullover<br>スウェタ, プロウヴァ |
| セール | liquidação *f.*, saldo *m.*<br>リキダサォン, サウド | sale<br>セイル |
| セールスマン<br>　　(男の) | vendedor *m.*<br>ヴェンデドール | salesman<br>セイルズマン |
| 　　(女の) | vendedora *f.*<br>ヴェンデドーラ | salesman<br>セイルズマン |
| せお<br>背負う | carregar às costas<br>カヘガール アス コスタス | carry on *one's* back<br>キャリ オン バク |
| せおよ<br>背泳ぎ | nado de costas *m.*<br>ナード ヂ コスタス | the backstroke<br>ザ バクストロウク |
| せかい<br>世界 | mundo *m.*<br>ムンド | the world<br>ザ ワールド |
| ～遺産 | patrimônio da humanidade *m.*<br>パトリモーニオ ダ ウマニダーヂ | the World Heritage<br>ザ ワールド ヘリティヂ |
| ～史 | história universal *f.*<br>イストーリア ウニヴェルサウ | world history<br>ワールド ヒストリ |
| ～的な | mundial<br>ムンヂアウ | worldwide<br>ワールドワイド |
| せ<br>急かす | apressar<br>アプレサール | expedite, hurry<br>エクスペダイト, ハーリ |
| せき<br>咳 | tosse *f.*<br>トッスィ | cough<br>コーフ |
| ～をする | tossir<br>トッスィール | cough<br>コーフ |
| せき<br>席 | assento *m.*, cadeira *f.*<br>アセント, カデイラ | seat<br>スィート |
| せきがいせん<br>赤外線 | raio infravermelho *m.*<br>ハイオ インフラヴェルメーリョ | infrared rays<br>インフラレド レイズ |
| せきじゅうじ<br>赤十字 | A Cruz Vermelha *f.*<br>ア クルイス ヴェルメーリャ | red cross<br>レド クロース |

| 日 | 葡 | 英 |
|---|---|---|
| 脊髄（せきずい） | medula espinhal *f.*<br>メドゥーラ エスピニャウ | spinal cord<br>スパイナル コード |
| 急き立てる（せきたてる） | apressar<br>アプレサール | hurry, hasten<br>ハーリ, ヘイスン |
| 石炭（せきたん） | carvão *m.*<br>カルヴァオン | coal<br>コウル |
| 赤道（せきどう） | equador *m.*<br>エクアドール | the equator<br>ジ イクウェイタ |
| 咳止め（せきどめ） | remédio contra tosse *m.*<br>ヘメーヂオ コントラ トッスィ | cough remedy<br>コーフ レメディ |
| 責任（せきにん） | responsabilidade *f.*<br>ヘスポンサビリダーヂ | responsibility<br>リスパンスィビリティ |
| 咳払い（せきばらい） | tosse *f.*<br>トッスィ | cough<br>コーフ |
| 石版画（せきはんが） | litografia *f.*<br>リトグラフィーア | lithograph<br>リソグラフ |
| 石碑（せきひ） | lápide *f.*<br>ラピヂ | stone monument<br>ストウン マニュメント |
| 積分（せきぶん） | cálculo integral *m.*<br>カウクロ インテグラウ | integral calculus<br>インテグラル キャルキュラス |
| 赤面する（せきめんする） | corar, ruborizar-se<br>コラール, フボリザールスィ | blush<br>ブラシュ |
| 石油（せきゆ） | petróleo *m.*<br>ペトローリオ | petroleum, oil<br>ピトロウリアム, オイル |
| セキュリティ | segurança *f.*<br>セグランサ | security<br>スィキュアリティ |
| 赤痢（せきり） | disenteria *f.*<br>ヂゼンテリーア | dysentery<br>ディセンテアリ |
| セクシーな | *sexy*<br>セクスィ | sexy<br>セクスィ |
| セクハラ | assédio sexual *f.*<br>アセーヂオ セクスワウ | sexual harassment<br>セクシュアル ハラスメント |
| 世間（せけん） | o mundo *m.*, a sociedade *f.*<br>ウ ムンド, ア ソスィエダーヂ | the world, society<br>ザ ワールド, ソサイエティ |
| セシウム | césio *m.*<br>セーズィオ | cesium<br>スィーズィアム |
| 世襲（せしゅう） | hereditário *m.*<br>エレヂターリオ | heredity<br>ヒレディティ |

| 日本語 | ポルトガル語 | 英語 |
|---|---|---|
| 是正する | retificar ヘチフィカール | correct カレクト |
| 世相 | sociedade atual *f.*, ソスィエダーチ アトゥワウ, realidade atual *f.* ヘアリダーチ アトゥワウ | social conditions ソウシャル カンディションズ |
| 世俗の | secular セクラール | worldly ワールドリ |
| 世代 | geração *f.* ジェラサォン | generation ヂェナレイション |
| 説 | opinião *f.* オピニアォン | opinion オピニオン |
| （理論） | teoria *f.* テオリーア | theory スィーオリ |
| 絶縁 | corte de relações *m.* コルチ ヂ ヘラソィンス | breaking the connection ブレイキング ザ カネクション |
| （電気） | isolamento *m.* イゾラメント | insulation インシュレイション |
| ～する | cortar relações com コルタール ヘラソィンス コン | break the connection ブレイク ザ カネクション |
| （電気） | isolar イゾラール | insulate インシュレイト |
| 石灰 | cal *f.* カウ | lime ライム |
| 折角 | com muito custo コン ムィント クスト | in spite of all *one's* trouble イン スパイト オヴ オール トラブル |
| せっかちな | apressado アプレサード | hasty, impetuous ヘイスティ, インペチュアス |
| 石器 | instrumentos de pedra *m.pl.* インストルメントズ ヂ ペードラ | stone implement ストウン インプレメント |
| ～時代 | Idade da Pedra *f.* イダーヂ ダ ペードラ | the Stone Age ザ ストウン エイヂ |
| 説教する | pregar o sermão プレガール ウ セルマォン | preach プリーチ |
| 積極 | | |
| ～性 | dinamismo *m.* ヂナミズモ | positiveness パズィティヴネス |
| ～的な | ativo, dinâmico アチーヴォ, ヂナミコ | positive, active パズィティヴ, アクティヴ |

| 日 | 葡 | 英 |
|---|---|---|
| せっきん<br>接近 | aproximação f.<br>アプロスィマサォン | approach<br>アプロウチ |
| ～する | aproximar-se, chegar perto<br>アプロスィマールスィ, シェガール ペルト | approach, draw near<br>アプロウチ, ドロー ニア |
| セックス | sexo m.<br>セクソ | sex<br>セクス |
| せっけい<br>設計 | plano m., desenho m.<br>プラーノ, デゼーニョ | plan, design<br>プラン, ディザイン |
| ～者 | desenhista m.f.<br>デゼニスタ | designer<br>ディザイナ |
| ～図 | planta f.<br>プランタ | plan, blueprint<br>プラン, ブループリント |
| ～する | desenhar, planejar<br>デゼニャール, プラネジャール | plan, design<br>プラン, ディザイン |
| せっけん<br>石鹸 | sabonete m., sabão m.<br>サボネッチ, サバォン | soap<br>ソウプ |
| せっこう<br>石膏 | gesso m.<br>ジェッソ | gypsum, plaster<br>チプサム, プラスタ |
| ぜっこう<br>絶交する | cortar relações<br>コルタール ヘラソィンス | cut contact with<br>カト カンタクト |
| ぜっこう<br>絶好の | ótimo<br>オチモ | best, ideal<br>ベスト, アイディアル |
| ぜっさん<br>絶賛する | elogiar, louvar, enaltecer<br>エロジアール, ロゥヴァール, エナウテセール | extol<br>イクストウル |
| せっしの<br>摂氏の | célsius, centígrado<br>セウスィウス, センチグラド | centigrade<br>センティグレイド |
| せっしゅ<br>摂取する | ingerir<br>インジェリール | take in<br>テイク イン |
| せっしょう<br>折衝 | negociação f.<br>ネゴスィアサォン | negotiation<br>ニゴウシエイション |
| ～する | negociar<br>ネゴスィアール | negotiate<br>ニゴウシエイト |
| せっしょく<br>接触 | | |
| （人との） | contato m.<br>コンタット | contact, touch<br>カンタクト, タチ |
| （物体の） | leve batida f., contato m.<br>レーヴィ バチーダ, コンタット | contact, touch<br>カンタクト, タチ |
| ～する | contatar, bater, tocar<br>コンタタール, バテール, トカール | touch, make contact with<br>タチ, メイク カンタクト |

| 日 | 葡 | 英 |
|---|---|---|
| せつじょく<br>雪辱 | vingança *f.*, desforra *f.*<br>ヴィンガンサ, デスフォッハ | revenge<br>リヴェンヂ |
| ぜっしょく<br>絶食 | jejum *m.*<br>ジェジュン | fasting, fast<br>ファスティング, ファスト |
| せっ<br>接する | ter relações [contato] com<br>テール ヘラソィンス [コンタット] コン | touch, make contact *with*<br>タチ, メイク カンタクト |
| （隣接） | ser adjacente<br>セール アヂジャセンチ | adjoin<br>アヂョイン |
| せっせい<br>節制 | moderação *f.*, abstinência *f.*<br>モデラサォン, アビスチネンスィア | temperance<br>テンパランス |
| ～する | moderar-se<br>モデラールスィ | be moderate *in*<br>ビ マダレト |
| せっせん<br>接戦 | disputa difícil *f.*, luta renhida *f.*<br>ヂスプタ ヂフィッスィウ, ルッタ ヘニィーダ | close game<br>クロウス ゲイム |
| せつぞく<br>接続 | ligação *f.*, conexão *f.*<br>リガサォン, コネキサォン | connection, joining<br>カネクション, ヂョイニング |
| ～する | ligar, conectar<br>リガール, コネキタール | join, connect *with*<br>ヂョイン, カネクト |
| せつぞくし<br>接続詞 | conjunção *f.*<br>コンジュンサォン | conjunction<br>カンヂャンクション |
| せったい<br>接待 | recepção *f.*, atendimento *m.*<br>ヘセピサォン, アテンヂメント | reception, welcome<br>リセプション, ウェルカム |
| ～する | receber, atender<br>ヘセベール, アテンデール | entertain<br>インタテイン |
| ぜつだい<br>絶大な | enorme<br>エノルミ | the greatest<br>ザ グレイティスト |
| ぜったい<br>絶対の | absoluto<br>アビソルット | absolute<br>アブソリュート |
| せつだん<br>切断する | cortar, mutilar, decepar<br>コルタール, ムチラール, デセパール | cut off<br>カト オフ |
| せっちゃくざい<br>接着剤 | cola *f.*<br>コーラ | adhesive<br>アドヒースィヴ |
| せっちゅうあん<br>折衷案 | comprometimento *m.*<br>コンプロメチメント | compromise<br>カンプロマイズ |
| ぜっちょう<br>絶頂 | | |
| （山頂） | cume *m.*<br>クーミ | summit, height<br>サミト, ハイト |
| （頂点） | auge *m.* apogeu *m.*, clímax *m.*<br>アウジ, アポジェウ, クリマックス | peak, zenith<br>ピーク, ズィーニス |

| 日 | 葡 | 英 |
|---|---|---|
| せってい<br>設定 | estabelecimento *m.*<br>エスタベレスィメント | setting up<br>セティング アプ |
| 〜する | estabelecer<br>エスタベレセール | establish, set up<br>イスタブリシュ, セト アプ |
| セット | jogo *m.*<br>ジョーゴ | set<br>セト |
| （スポーツ） | *set m.*<br>セッチ | set<br>セト |
| せつど<br>節度 | moderação *f.*, comedimento *m.*<br>モデラサォン, コメヂメント | moderation<br>モダレイション |
| せっとう<br>窃盗 | furto *m.*<br>フルト | theft<br>セフト |
| せっとく<br>説得する | persuadir, convencer<br>ペルスァヂール, コンヴェンセール | persuade<br>パスウェイド |
| せっぱく<br>切迫 | urgência *f.*, iminência *f.*<br>ウルジェンスィア, イミネンスィア | urgency<br>アーヂェンスィ |
| ぜっぱん<br>絶版 | edição esgotada *f.*<br>エヂサォン エズゴターダ | out of print<br>アウト オヴ プリント |
| せつび<br>設備 | equipamento *m.*<br>エキパメント | equipment<br>イクウィプメント |
| 〜投資 | investimento em instalações e equipamento *m.*<br>インヴェスチメント エイン インスタラソィンス イ エキパメント | plant and equipment investment<br>プラント アンド イクウィプメント インヴェストメント |
| ぜつぼう<br>絶望 | desespero *m.*<br>デゼスペーロ | despair<br>ディスペア |
| 〜する | desesperar<br>デゼスペラール | despair of<br>ディスペア |
| 〜的な | desesperador<br>デゼスペラドール | desperate<br>デスパレト |
| せつめい<br>説明 | explicação *f.*, instrução *f.*<br>エスプリカサォン, インストルサォン | explanation<br>エクスプロネイション |
| 〜書 | nota explicativa *f.*, instrução *f.*<br>ノッタ エスプリカチーヴァ, インストルサォン | explanatory note<br>イクスプラナトーリ ノウト |
| 〜する | explicar<br>エスプリカール | explain<br>イクスプレイン |
| ぜつめつ<br>絶滅 | extinção *f.*<br>エスチンサォン | extinction<br>イクスティンクション |

| 日 | 葡 | 英 |
|---|---|---|
| 〜する | extinguir-se<br>エスチンギールスィ | become extinct<br>ビカム イクスティンクト |
| せつやく<br>節約 | poupança f.<br>ポウパンサ | economy, saving<br>イカノミ, セイヴィング |
| 〜する | poupar, economizar<br>ポウパール, エコノミザール | economize in, save<br>イカノマイズ, セイヴ |
| せつりつ<br>設立する | fundar, criar<br>フンダール, クリアール | establish, found<br>イスタブリシュ, ファウンド |
| せともの<br>瀬戸物 | porcelana f., cerâmica f.<br>ポルセラーナ, セラミカ | earthenware, china<br>アースンウェア, チャイナ |
| せなか<br>背中 | costas f.pl.<br>コスタス | the back<br>ザ バク |
| ゼネスト | greve geral f.<br>グレーヴィ ジェラウ | general strike<br>ヂェナラル ストライク |
| せの<br>背伸びする | esticar-se, espreguiçar-se<br>エスチカールスィ, エスプレギザールスィ | stand on tiptoe<br>スタンド オン ティプトウ |
| ぜひ<br>是非 | bem e mal<br>ベィン イ マウ | right and wrong<br>ライト アンド ロング |
| 〜とも | sem falta, de qualquer maneira<br>セィン ファウタ, チ クァウケール マネィラ | by all means<br>バイ オール ミーンズ |
| セピア色<br>いろ | sépia f.<br>セッピア | sepia<br>スィーピア |
| せびる | pedinchar<br>ペヂンシャール | tease<br>ティーズ |
| せびろ<br>背広 | terno m.<br>テルノ | business suit<br>ビズネス スート |
| せぼね<br>背骨 | espinha dorsal f.<br>エスピーニャ ドルサウ | the backbone<br>ザ バクボウン |
| せま<br>狭い | estreito, apertado<br>エストレィト, アペルタード | narrow, small<br>ナロウ, スモール |
| せま<br>迫る | aproximar-se de, chegar perto de<br>アプロスィマールスィ ヂ, シェガール ペルト ヂ | approach<br>アプロウチ |
| (切迫) | estar a ponto de, estar prestes a<br>エスタール ア ポント ヂ, エスタール プレスチス ア | be on the verge of<br>ビ オン ザ ヴァーヂ |
| (強いる) | urgir, exigir<br>ウルジール, エズィジール | press, urge<br>プレス, アーヂ |
| せみ<br>蝉 | cigarra f.<br>スィガッハ | cicada<br>スィケイダ |

| 日 | 葡 | 英 |
|---|---|---|
| セミコロン | ponto e vírgula *m.* <br> ポント イ ヴィルグラ | semicolon <br> セミコウロン |
| セミナー | seminário *m.* <br> セミナーリオ | seminar <br> セミナー |
| 攻める | atacar <br> アタカール | attack, assault <br> アタク, アソールト |
| 責める | condenar, acusar, criticar <br> コンデナール, アクザール, クリチカール | blame, reproach <br> ブレイム, リプロウチ |
| セメント | cimento *m.* <br> スィメント | cement <br> スィメント |
| ゼラチン | gelatina *f.* <br> ジェラチーナ | gelatin <br> ヂェラティン |
| ゼラニウム | gerânio *m.* <br> ジェラーニオ | geranium <br> ヂレイニアム |
| セラピスト | terapeuta *m.f.* <br> テラペウタ | therapist <br> セラピスト |
| セラミック | cerâmica *f.* <br> セラミカ | ceramics <br> スィラミクス |
| ゼリー | geléia *f.* <br> ジェレィア | jelly <br> ヂェリ |
| 台詞 | fala *f.* <br> ファーラ | speech, dialogue <br> スピーチ, ダイアローグ |
| セルフサービス | auto-serviço *m.*, *self-service m.* <br> アウト セルヴィッソ, セルフィ サーヴィス | self-service <br> セルフサーヴィス |
| セルフタイマー | disparador automático *m.* <br> ヂスパラドール アウトマチコ | self-timer <br> セルフタイマ |
| セルロース | celulose *f.* <br> セルローズィ | cellulose <br> セリュロウス |
| ゼロ | zero *m.* <br> ゼーロ | zero <br> ズィアロウ |
| セロテープ | durex *m.*, fita adesiva *f.* <br> ドゥレックス, フィッタ アデズィーヴァ | Scotch tape <br> スカチ テイプ |
| セロハン | celofane *m.* <br> セロファーニ | cellophane <br> セロフェイン |
| セロリ | salsão *m.*, aipo *m.* <br> サウサォン, アイポ | celery <br> セラリ |
| 世話 | cuidado *m.* <br> クィダード | care, aid <br> ケア, エイド |

| 日 | 葡 | 英 |
|---|---|---|
| ～する | cuidar de<br>クィダール チ | take care<br>テイク ケア |
| せん<br>千 | mil<br>ミウ | thousand<br>サウザンド |
| せん<br>栓 | rolha f.<br>ホーリャ | stopper, plug<br>スタパ, プラグ |
| せん<br>線 | linha f.<br>リーニャ | line<br>ライン |
| （駅の） | linha f.<br>リーニャ | track<br>トラク |
| ぜん<br>善 | bem m.<br>ベィン | good, goodness<br>グド, グドネス |
| ぜん<br>膳 | mesa f.<br>メーザ | table, tray<br>テイブル, トレイ |
| せんい<br>繊維 | fibra f.<br>フィーブラ | fiber<br>ファイバ |
| ぜんい<br>善意 | boa vontade f., boa-fé f.<br>ボーア ヴォンターヂ, ボア フェ | goodwill<br>グドウィル |
| せんいん<br>船員 | marinheiro m.<br>マリニェィロ | crew, seaman<br>クルー, スィーマン |
| ぜんいん<br>全員 | todos os membros m.pl.<br>トードス ウズ メンブロス | all members<br>オール メンバズ |
| ぜんえい<br>前衛 | vanguarda f.<br>ヴァングワルダ | advanced guard<br>アドヴァンスト ガード |
| ぜんかい<br>前回 | última vez f.<br>ウゥチマ ヴェィス | last time<br>ラスト タイム |
| せんかん<br>戦艦 | navio de guerra m.<br>ナヴィーオ ヂ ゲッハ | battleship<br>バトルシプ |
| ぜんき<br>前期 | primeira metade f.<br>プリメィラ メターヂ | first term<br>ファースト ターム |
| せんきょ<br>選挙 | eleição f.<br>エレィサォン | election<br>イレクション |
| ～する | eleger<br>エレジェール | elect<br>イレクト |
| せんきょうし<br>宣教師 | | |
| （男の） | missionário m.<br>ミスィオナーリオ | missionary<br>ミショネリ |
| （女の） | missionária f.<br>ミスィオナーリア | missionary<br>ミショネリ |

| 日 | 葡 | 英 |
|---|---|---|
| **せんくしゃ先駆者** | | |
| （男の） | pioneiro m.<br>ピオネィロ | pioneer<br>パイオニア |
| （女の） | pioneira f.<br>ピオネィラ | pioneer<br>パイオニア |
| **せんげつ先月** | mês passado m.<br>メィス パサード | last month<br>ラスト マンス |
| **せんげん宣言** | declaração f., proclamação f.<br>デクララサォン, プロクラマサォン | declaration<br>デクラレイション |
| ～する | declarar<br>デクララール | declare, proclaim<br>ディクレア, プロクレイム |
| **せんご戦後** | pós-guerra m.<br>ポィス ゲッハ | after the war<br>アフタ ザ ウォー |
| **ぜんご前後** | frente e retaguarda<br>フレンチ イ ヘタグウルダ | front and rear<br>フラント アンド リア |
| （時間的な） | antes e depois<br>アンチス イ デポィス | before and after<br>ビフォー アンド アフタ |
| （順序） | ordem f., seqüência f.<br>オルデイン, セクウェンスィア | order, sequence<br>オーダ, スィークウェンス |
| （およそ） | aproximadamente<br>アプロスィマダメンチ | about, or so<br>アバウト, オー ソウ |
| **せんこう専攻** | especialização f.<br>エスペスィアリザサォン | special study<br>スペシャル スタディ |
| ～する | especializar-se<br>エスペスィアリザールスィ | major in<br>メイヂャ |
| **せんこく宣告する** | sentenciar<br>センテンスィアール | sentence<br>センテンス |
| **ぜんこくてき全国的な** | nacional<br>ナスィオナゥ | national<br>ナショナル |
| センサー | sensor m.<br>センソール | sensor<br>センサ |
| **せんさい戦災** | danos da guerra m.pl.<br>ダーノズ ダ ゲッハ | war damage<br>ウォ～ ダミヂ |
| **せんさい繊細な** | delicado, fino<br>デリカード, フィーノ | delicate<br>デリケト |
| **せんざい洗剤** | | |
| （洗濯用） | sabão em pó m.<br>サバォン エィン ポ | detergent<br>ディタ～ヂェント |
| （台所用） | detergente m.<br>デテルジェンチ | detergent, cleanser<br>ディタ～ヂェント, クレンザ |

| 日 | 葡 | 英 |
|---|---|---|
| ぜんさい<br>前菜 | entrada *f.*<br>エントラーダ | hors d'oeuvre<br>オー ダーヴル |
| せんし<br>戦死 | | |
| 〜者 | | |
| （男の） | morto na guerra *m.*<br>モルト ナ ゲッハ | the war dead<br>ザ ウォー デド |
| （女の） | morta na guerra *f.*<br>モルタ ナ ゲッハ | the war dead<br>ザ ウォー デド |
| 〜する | morrer na guerra<br>モヘール ナ ゲッハ | fall in battle<br>フォール イン バトル |
| せんしじだい<br>先史時代 | era pré-histórica *f.*<br>エーラ プレイストリカ | prehistory<br>プリヒストリ |
| せんしつ<br>船室 | camarote *m.*<br>カマロッチ | cabin<br>キャビン |
| せんじつ<br>先日 | outro dia<br>オゥトロ チーア | the other day<br>ジ アザ デイ |
| ぜんじつ<br>前日 | o dia anterior *m.*<br>ウ チーア アンテリオール | the day before<br>ザ デイ ビフォー |
| せんしゃ<br>戦車 | tanque *m.*<br>タンキ | tank<br>タンク |
| ぜんしゃ<br>前者 | o primeiro *m.*<br>ウ プリメィロ | the former<br>ザ フォーマ |
| せんしゅ<br>選手 | atleta *m.f.*<br>アトレッタ | athlete, player<br>アスリート, プレイア |
| （男の） | jogador *m.*<br>ジョガドール | athlete, player<br>アスリート, プレイア |
| （女の） | jogadora *f.*<br>ジョガドーラ | athlete, player<br>アスリート, プレイア |
| 〜権 | campeonato *m.*<br>カンピオナット | championship<br>チャンピオンシプ |
| せんしゅう<br>先週 | semana passada *f.*<br>セマーナ パサーダ | last week<br>ラスト ウィーク |
| ぜんしゅう<br>全集 | obras completas *f.pl.*<br>オーブラス コンプレッタス | the complete works<br>ザ カンプリート ワークス |
| せんじゅうみん<br>先住民 | indígena *m.f.*<br>インヂジェナ | aborigines<br>アボリヂニーズ |
| せんしゅつ<br>選出 | eleição *f.*, escolha *f.*<br>エレィサォン, エスコーリャ | election<br>イレクション |
| 〜する | eleger<br>エレジェール | elect<br>イレクト |

| 日 | 葡 | 英 |
|---|---|---|
| せんじゅつ<br>戦術 | tática f.<br>タチカ | tactics<br>タクティクス |
| ぜんじゅつの<br>前述の | acima mencionado<br>アスィーマ メンスィオナード | above-mentioned<br>アバヴメンションド |
| せんじょう<br>戦場 | campo de batalha m.<br>カンポ ヂ バターリャ | battlefield<br>バトルフィールド |
| せんしょく<br>染色 | tintura f.<br>チントゥーラ | dyeing<br>ダイイング |
| せんしょくたい<br>染色体 | cromossomo m.<br>クロモソーモ | chromosome<br>クロウモソウム |
| ぜんしん<br>前進 | progresso m., avanço m.<br>プログレッソ, アヴァンソ | progress, advance<br>プラグレス, アドヴァンス |
| ～する | progredir, avançar<br>プログレヂール, アヴァンサール | advance<br>アドヴァンス |
| ぜんしん<br>全身 | corpo todo m.<br>コルポ トード | the whole body<br>ザ ホウル バディ |
| せんしんこく<br>先進国 | país avançado m.<br>パイーズ アヴァンサード | developed countries<br>ディヴェロップト カントリズ |
| せんす<br>扇子 | leque m.<br>レッキ | folding fan<br>フォウルディング ファン |
| せんすいかん<br>潜水艦 | submarino m.<br>スビマリーノ | submarine<br>サブマリーン |
| せんすい<br>潜水する | mergulhar<br>メルグリャール | dive<br>ダイヴ |
| せんせい<br>先生 | | |
| （男の） | professor m.<br>プロフェソール | teacher, instructor<br>ティーチャ, インストラクタ |
| （女の） | professora f.<br>プロフェソーラ | teacher, instructor<br>ティーチャ, インストラクタ |
| せんせい<br>宣誓 | juramento m.<br>ジュラメント | oath<br>オウス |
| ～する | jurar<br>ジュラール | take an oath, swear<br>テイク アン オウス, スウェア |
| せんせい<br>専制 | despotismo m.<br>ヂスポチズモ | despotism, autocracy<br>デスパティズム, オータクラスィ |
| ぜんせい<br>全盛 | auge m., prosperidade f.<br>アウジ, プロスペリダーヂ | the height of prosperity<br>ザ ハイト オヴ プラスペリティ |
| せんせいじゅつ<br>占星術 | astrologia f.<br>アストロロジーア | astrology<br>アストラロヂィ |

| 日 | 葡 | 英 |
|---|---|---|
| センセーショナルな | sensacional<br>センサスィオナウ | sensational<br>センセイショナル |
| せんせん<br>戦線 | *front* m.<br>フロン | the front<br>ザ フラント |
| せんぜん<br>戦前 | antes da guerra<br>アンチス ダ ゲッハ | prewar<br>プリーウォー |
| ぜんせん<br>前線 | a frente f.<br>ア フレンチ | the front<br>ザ フラント |
| ぜんぜん<br>全然 | nada<br>ナーダ | *at* all<br>アト オール |
| せんせんしゅう<br>先々週 | semana retrasada f.<br>セマーナ ヘトラザーダ | the week before last<br>ザ ウィーク ビフォー ラスト |
| せんぞ<br>先祖 | ascendente m.f.<br>アセンデンチ | ancestor<br>アンセスタ |
| せんそう<br>戦争 | guerra f.<br>ゲッハ | war, warfare<br>ウォー, ウォーフェア |
| ぜんそうきょく<br>前奏曲 | prelúdio m.<br>プレルーヂオ | overture, prelude<br>オウヴァチャ, プレリュード |
| ぜんそく<br>喘息 | asma f.<br>アズマ | asthma<br>アズマ |
| センター | centro m.<br>セントロ | center<br>センタ |
| ぜんたい<br>全体 | inteiro m.<br>インテイロ | the whole<br>ザ ホウル |
| 〜の | inteiro<br>インテイロ | whole, general<br>ホウル, ヂェナラル |
| せんたく<br>洗濯 | lavagem de roupa f.<br>ラヴァージェイン ヂ ホゥパ | wash, laundry<br>ワシュ, ローンドリ |
| 〜機 | lavadora f., máquina de lavar f.<br>ラヴァドーラ, マキナ ヂ ラヴァール | washing machine<br>ワシング マシーン |
| 〜屋 | lavanderia f.<br>ラヴァンデリーア | laundry<br>ローンドリ |
| 〜する | lavar roupas<br>ラヴァール ホゥパス | wash, launder<br>ウォーシュ, ローンダ |
| せんたく<br>選択 | escolha f., seleção f.<br>エスコーリャ, セレサォン | selection, choice<br>スィレクション, チョイス |
| 〜する | escolher, selecionar<br>エスコリェール, セレスィオナール | select, choose<br>スィレクト, チューズ |

| 日 | 葡 | 英 |
|---|---|---|
| せんたん<br>先端 | ponta *f.*<br>ポンタ | the point, the tip<br>ザ ポイント, ザ ティプ |
| ぜんちし<br>前置詞 | preposição *f.*<br>プレポズィサォン | preposition<br>プレポズィション |
| センチメートル | centímetro *m.*<br>センチメトロ | centimeter<br>センチミータ |
| センチメンタルな | sentimental<br>センチメンタウ | sentimental<br>センティメンタル |
| せんちょう<br>船長 | capitão de navio *m.*<br>カピタォン ヂ ナヴィーオ | captain<br>キャプティン |
| ぜんちょう<br>前兆 | prenúncio *m.*, presságio *m.*<br>プレヌンスィオ, プレサージオ | omen, sign, symptom<br>オウメン, サイン, スィンプトム |
| ぜんてい<br>前提 | premissa *f.*<br>プレミッサ | premise<br>プレミス |
| せんでん<br>宣伝する | fazer propaganda<br>ファゼール プロパガンダ | advertise<br>アドヴァタイズ |
| ぜんと<br>前途 | futuro *m.*, perspectiva *f.*<br>フトゥーロ, ペルスペキチーヴァ | future, prospects<br>フューチャ, プラスペクツ |
| せんとう<br>戦闘 | batalha *f.*, luta *f.*<br>バターリャ, ルッタ | battle<br>バトル |
| せんとう<br>先頭 | cabeça *f.*, a frente *f.*<br>カベッサ, ア フレンチ | the head<br>ザ ヘド |
| せんどう<br>扇動する | incitar, instigar<br>インスィタール, インスチガール | stir up, agitate<br>スター アプ, アヂテイト |
| せんとうき<br>戦闘機 | avião de caça *m.*<br>アヴィアォン ヂ カッサ | fighter<br>ファイタ |
| セントラル<br>ヒーティング | aquecimento central *m.*<br>アケスィメント セントラウ | central heating<br>セントラル ヒーティング |
| せんにゅうかん<br>先入観 | preconceito *m.*<br>プレコンセイト | preconception<br>プリーコンセプション |
| ぜんにんしゃ<br>前任者 | | |
| （男の） | antecessor *m.*<br>アンテセソール | predecessor<br>プレディセサ |
| （女の） | antecessora *f.*<br>アンテセソーラ | predecessor<br>プレディセサ |
| せんぬき<br>栓抜き | abridor de garrafas *m.*<br>アブリドール ヂ ガハッファス | corkscrew, bottle opener<br>コークスクルー, バトル オウプナ |

| 日 | 葡 | 英 |
|---|---|---|
| ぜんねん<br>前年 | o ano anterior *m.*<br>ウ アーノ アンテリオール | the previous year<br>ザ プリーヴィアス イア |
| せんねん<br>専念する | dedicar-se<br>デヂカールスィ | devote *oneself to*<br>ディヴォウト |
| せんのう<br>洗脳する | fazer uma lavagem<br>ファゼール ウマ ラヴァージェィン<br>　cerebral<br>　セレブラウ | brainwash<br>ブレインウォシュ |
| せんばいとっきょ<br>専売特許 | patente *f.*<br>パテンチ | patent<br>パテント |
| せんぱい<br>先輩 | | |
| （男の） | mais velho *m.*<br>マィズ ヴェーリョ | senior, elder<br>スィーニア, エルダ |
| （女の） | mais velha *f.*<br>マィズ ヴェーリャ | senior, elder<br>スィーニア, エルダ |
| せんばつ<br>選抜する | selecionar<br>セレスィオナール | select, pick out<br>スィレクト, ピク アウト |
| せんばん<br>旋盤 | torno *m.*<br>トルノ | lathe<br>レイズ |
| ぜんはん<br>前半 | primeira metade *f.*<br>プリメィラ メターヂ | the first half<br>ザ ファースト ハフ |
| ぜんぱんの<br>全般の | geral<br>ジェラウ | whole<br>ホウル |
| せんび<br>船尾 | popa *f.*<br>ポッパ | the stern<br>ザ スターン |
| ぜんぶ<br>全部 | tudo<br>トゥード | all, the whole<br>オール, ザ ホウル |
| せんぷうき<br>扇風機 | ventilador *m.*<br>ヴェンチラドール | electric fan<br>イレクトレク ファン |
| せんぷくする<br>潜伏する | esconder-se<br>エスコンデールスィ | lie hidden<br>ライ ヒドン |
| ぜんぶん<br>全文 | texto integral *m.*<br>テスト インテグラウ | whole sentence<br>ホウル センテンス |
| せんぽう<br>先方 | outra parte interessada *f.*<br>オゥトラ パルチ インテレサーダ | the other party<br>ザ アザ パーティ |
| ぜんぽうの<br>前方の | dianteiro, à frente<br>ヂアンテイロ, ア フレンチ | before, in front of<br>ビフォー, イン フラント アヴ |

せ

| 日 | 葡 | 英 |
|---|---|---|
| せんめい<br>鮮明な | claro, nítido<br>クラーロ, ニチド | clear<br>クリア |
| ぜんめつ<br>全滅する | ser aniquilado,<br>セール アニキラード,<br>ser exterminado<br>セール エステルミナード | be annihilated<br>ビ アナイイレイテド |
| せんめんじょ<br>洗面所 | lavabo *m.*, banheiro *m.*<br>ラヴァーボ, バニェイロ | lavatory, toilet<br>ラヴァートーリ, トイレト |
| せんめんだい<br>洗面台 | lavatório *m.*<br>ラヴァトーリオ | washbasin<br>ワシュベイスン |
| せんもん<br>専門 | especialidade *f.*<br>エスペスィアリダーチ | specialty<br>スペシャルティ |
| ～家 | especialista *m.f.*<br>エスペスィアリスタ | specialist<br>スペシャリスト |
| ～学校 | escola técnica [profissional] *f.*<br>エスコーラ テキニカ [プロフィスィオナウ] | special school<br>スペシャル スクール |
| ～的な | especializado<br>エスペスィアリザード | special, professional<br>スペシャル, プロフェショナル |
| ぜんや<br>前夜 | a noite anterior *f.*<br>ア ノイチ アンテリオール | the previous night<br>ザ プリーヴィアス ナイト |
| せんやく<br>先約 | compromisso anterior *m.*<br>コンプロミッソ アンテリオール | previous engagement<br>プリーヴィアス インゲイヂメント |
| せんゆう<br>占有する | ocupar<br>オクパール | possess, occupy<br>ポゼス, アキュパイ |
| せんよう<br>専用の | exclusivo<br>エスクルズィーヴォ | exclusive<br>イクスクルースィヴ |
| せんりつ<br>旋律 | melodia *f.*<br>メロヂーア | melody<br>メロディ |
| ぜんりつせん<br>前立腺 | próstata *f.*<br>プロスタタ | prostate<br>プラステイト |
| せんりゃく<br>戦略 | estratégia *f.*<br>エストラテジア | strategy<br>ストラテヂィ |
| せんりょう<br>占領 | ocupação *f.*<br>オクパサォン | occupation<br>アキュペイション |
| ～する | ocupar<br>オクパール | occupy, capture<br>アキュパイ, キャプチャ |
| ぜんりょう<br>善良な | bom, de bom caráter<br>ボン, ヂ ボン カラッテル | good, virtuous<br>グド, ヴァーチュアス |

| 日 | 葡 | 英 |
|---|---|---|
| ぜんりょく<br>全力 | toda a força *f.*<br>トーダ ア フォルサ | all *one's* strength<br>オール ストレンクス |
| せんれい<br>洗礼 | batismo *m.*<br>バチズモ | baptism<br>バプティズム |
| ぜんれい<br>前例 | precedente *m.*<br>プレセデンチ | precedent<br>プレスィデント |
| せんれん<br>洗練 | | |
| ～された | sofisticado, refinado<br>ソフィスチカード, ヘフィナード | polishing, refinement<br>パリシング, リファインメント |
| ～する | refinar<br>ヘフィナール | refine<br>リファイン |
| せんろ<br>線路 | trilho *m.*<br>トリーリョ | railway line<br>レイルウェイ ライン |

## そ, ソ

| 日 | 葡 | 英 |
|---|---|---|
| そあく<br>粗悪な | de qualidade inferior<br>チ クァリダーヂ インフェリオール | of poor quality<br>オヴ プア クワリティ |
| そ<br>沿う | | |
| …に沿って | ao longo de<br>アオ ロンゴ ヂ | along..., on...<br>アロング, オン |
| そ<br>添う | acompanhar, casar com<br>アコンパニャール, カザール コン | accompany<br>アカンパニ |
| (期待に) | corresponder a<br>コヘスポンデール ア | meet<br>ミート |
| ぞう<br>象 | | |
| (雄の) | elefante *m.*<br>エレファンチ | elephant<br>エレファント |
| (雌の) | aliá *f.*<br>アリア | elephant<br>エレファント |
| ぞう<br>像 | imagem *f.* figura *f.*<br>イマージェイン, フィグーラ | image, figure<br>イミヂ, フィギャ |
| そうあん<br>草案 | minuta *f.*<br>ミヌッタ | draft<br>ドラフト |
| そうい<br>相異[違] | diferença *f.*, divergência *f.*<br>ヂフェレンサ, ヂヴェルジェンスィア | difference, variation<br>ディフレンス, ヴェアリエイション |
| ぞうお<br>憎悪 | ódio *m.*<br>オーヂオ | hatred<br>ヘイトリド |

| 日 | 葡 | 英 |
|---|---|---|
| <ruby>騒音<rt>そうおん</rt></ruby> | ruído *m.*, barulho *m.*<br>フイード, バルーリョ | noise<br>ノイズ |
| <ruby>増加<rt>ぞうか</rt></ruby> | aumento *f.*<br>アゥメント | increase<br>インクリース |
| 〜する | aumentar<br>アゥメンタール | increase, augment<br>インクリース, オーグメント |
| <ruby>総会<rt>そうかい</rt></ruby> | assembléia geral *f.*<br>アセンブレイア ジェラウ | general meeting<br>チェナラル ミーティング |
| <ruby>総額<rt>そうがく</rt></ruby> | total *m.*, soma *f.*<br>トタウ, ソーマ | the total (amount)<br>ザ トゥタル (アマウント) |
| <ruby>双眼鏡<rt>そうがんきょう</rt></ruby> | binóculo *m.*<br>ビノクロ | binoculars<br>バイナキュラズ |
| <ruby>葬儀<rt>そうぎ</rt></ruby> | funeral *m.*<br>フネラウ | funeral<br>フューネラル |
| <ruby>雑木林<rt>ぞうきばやし</rt></ruby> | mata *f.*, bosque *m.*<br>マッタ, ボスキ | coppice<br>カピス |
| <ruby>送金<rt>そうきん</rt></ruby> | remessa de dinheiro *f.*<br>ヘメッサ ヂ ヂニェイロ | remittance<br>リミタンス |
| 〜する | enviar dinheiro<br>エンヴィアール ヂニェイロ | send money<br>センド マニ |
| <ruby>雑巾<rt>ぞうきん</rt></ruby> | pano de chão *m.*<br>パーノ ヂ シャオン | dustcloth<br>ダストクロース |
| <ruby>象牙<rt>ぞうげ</rt></ruby> | marfim *m.*<br>マルフィン | ivory<br>アイヴォリ |
| <ruby>総計<rt>そうけい</rt></ruby> | soma total *f.*<br>ソーマ トタウ | total amount<br>トゥタル アマウント |
| <ruby>草原<rt>そうげん</rt></ruby> | pradaria *f.*, pampa *m.*<br>プラダリーア, パンパ | plain, prairie<br>プレイン, プレアリ |
| <ruby>倉庫<rt>そうこ</rt></ruby> | armazém *m.*<br>アルマゼィン | warehouse<br>ウェアハウス |
| <ruby>相互の<rt>そうご</rt></ruby> | mútuo<br>ムトゥオ | mutual, reciprocal<br>ミューチュアル, リスィプロカル |
| <ruby>総合<rt>そうごう</rt></ruby> | | |
| 〜する | sintetizar<br>スィンテチザール | synthesize<br>スィンセサイズ |
| 〜的な | sintético<br>スィンテチコ | synthetic<br>スィンセティク |
| <ruby>走行距離<rt>そうこうきょり</rt></ruby> | quilometragem do carro *f.*<br>キロメトラージェィン ド カッホ | mileage<br>マイリヂ |

| 日 | 葡 | 英 |
|---|---|---|
| 荘厳（そうごん）な | solene ソレーニ | solem, sublime サレム, サブライム |
| 捜査（そうさ） | investigação f. インヴェスチガサォン | investigation, search インヴェスティゲイション, サーチ |
| 〜する | investigar インヴェスチガール | look for ルク フォー |
| 操作（そうさ） | operação f., manobra f. オペラサォン, マノブラ | operation アペレイション |
| 〜する | operar, manobrar オペラール, マノブラール | operate アペレイト |
| 相殺（そうさい）する | compensar, contrabalançar コンペンサール, コントラバランサール | offset, setoff オーフセト, セトオーフ |
| 創作（そうさく） | criação f. クリアサォン | creation クリエイション |
| 〜する | criar クリアール | create, compose クリエイト, カンポウズ |
| 捜索（そうさく）する | fazer uma busca ファゼール ウマ ブスカ | search for サーチ フォー |
| 掃除（そうじ） | limpeza f. リンペーザ | cleaning クリーニング |
| 〜機 | aspirador de pó m. アスピラドール チ ポ | cleaner クリーナ |
| 〜する | limpar リンパール | clean, sweep クリーン, スウィープ |
| 葬式（そうしき） | funeral m. フネラウ | funeral フューネラル |
| 走者（そうしゃ） | | |
| （男の） | corredor m. コヘドール | runner ラナ |
| （女の） | corredora f. コヘドーラ | runner ラナ |
| 操縦（そうじゅう） | direção f. チレサォン | handling ハンドリング |
| （機械など） | manobra f. マノブラ | manipulation マニピュレイション |
| （乗り物） | pilotagem f. ピロタージェィン | drive ドライヴ |
| 〜士 | piloto m. ピロット | pilot パイロット |
| 〜する | dirigir チリジール | handle, operate ハンドル, アペレイト |

| 日 | 葡 | 英 |
|---|---|---|
| (飛行機・船を) | pilotar<br>ピロタール | pilot, steer<br>パイロト, スティア |
| そうじゅくな<br>早熟な | precoce<br>プレコッスィ | precocious<br>プリコウシャス |
| ぞうしょ<br>蔵書 | biblioteca *f.*<br>ビブリオテッカ | library<br>ライブラリ |
| そうしょく<br>装飾 | ornamento *m.*, decoração *f.*<br>オルナメント, デコラサォン | decoration<br>デコレイション |
| 〜する | adornar, decorar<br>アドルナール, デコラール | adorn, ornament<br>アドーン, オーナメント |
| そうしん<br>送信 | transmissão *f.*, emissão *f.*<br>トランズミサォン, エミサォン | transmission<br>トランズミション |
| 〜する | transmitir<br>トランズミチール | transmit<br>トランズミト |
| そうしんぐ<br>装身具 | acessório *m.*<br>アセソーリオ | accessories<br>アクセソリィズ |
| ぞうぜい<br>増税 | aumento de imposto *m.*<br>アウメント ヂ インポスト | tax increase<br>タクス インクリース |
| そうせつ<br>創設する | fundar<br>フンダール | found<br>ファウンド |
| ぞうせん<br>造船 | construção naval *f.*<br>コンストルサォン ナヴァウ | shipbuilding<br>シプビルディング |
| そうぞう<br>創造 | criação *f.*<br>クリアサォン | creation<br>クリエイション |
| 〜する | criar<br>クリアール | create<br>クリエイト |
| 〜的な | criativo<br>クリアチーヴォ | creative, original<br>クリエイティヴ, オリヂナル |
| そうぞう<br>想像 | imaginação *f.*<br>イマジナサォン | imagination, fancy<br>イマヂネイション, ファンスィ |
| 〜上の | imaginário<br>イマジナーリオ | imaginary<br>イマヂネリ |
| 〜する | imaginar<br>イマジナール | imagine, fancy<br>イマヂン, ファンスィ |
| そうぞうしい<br>騒々しい | barulhento, ruidoso<br>バルリェント, フィドーゾ | noisy, loud<br>ノイズィ, ラウド |
| そうぞく<br>相続 | herança *f.*, sucessão *f.*<br>エランサ, スセサォン | inheritance, succession<br>インヘリタンス, サクセション |
| 〜する | herdar<br>エルダール | inherit, succeed<br>インヘリト, サクスィード |

| 日 | 葡 | 英 |
|---|---|---|
| ～税 | imposto sobre herança *m.*<br>インポスト ソブリ エランサ | inheritance tax<br>インヘリタンス タクス |
| ～人 | | |
| （男の） | herdeiro *m.*, sucessor *m.*<br>エルデイロ, スセソール | heir, heiress<br>エア, エアレス |
| （女の） | herdeira *f.*, sucessora *f.*<br>エルデイラ, スセソーラ | heir, heiress<br>エア, エアレス |
| そうたいてき<br>相対的な | relativo<br>ヘラチーヴォ | relative<br>レラティヴ |
| そうだい<br>壮大な | magnificente, grandioso<br>マギニフィセンチ, グランヂオーゾ | magnificent, grand<br>マグニフィセント, グランド |
| そうだん<br>相談 | consulta *f.*<br>コンスウタ | consultation<br>カンスルテイション |
| ～する | consultar<br>コンスウタール | consult *with*<br>カンサルト |
| そうち<br>装置 | equipamento *m.*, dispositivo *m.*<br>エキパメント, ヂスポズィチーヴォ | device, equipment<br>ディヴァイス, イクウィプメント |
| そうちょう<br>早朝 | de manhã cedo<br>ヂ マニャン セード | early in the morning<br>アーリ イン ザ モーニング |
| ぞうてい<br>贈呈 | doação *f.*<br>ドアサォン | presentation<br>プリーゼンテイション |
| そうとう<br>相当 | | |
| ～する | | |
| （同等） | equivaler a<br>エキヴァレール ア | be equivalent [equal] to<br>ビ イクウィヴァレント [イークワル] トゥ |
| （相応） | corresponder a<br>コヘスポンデール ア | |
| ～な | considerável<br>コンスィデラーヴェウ | considerable, fair<br>コンスィダラブル, フェア |
| そうどう<br>騒動 | tumulto *m.*, confusão *f.*<br>トゥムウト, コンフザォン | disturbance, confusion<br>ディスターバンス, カンフュージョン |
| そうなん<br>遭難 | desastre *m.*<br>デザストリ | accident, disaster<br>アクスィデント, ディザスタ |
| （船の） | naufrágio *m.*<br>ナウフラージオ | shipwreck<br>シプレク |
| ～者 | vítima *f.*<br>ヴィチマ | victim, sufferer<br>ヴィクティム, サファラ |
| そうにゅう<br>挿入 | inserção *f.*<br>インセルサォン | insertion<br>インサーション |
| ～する | inserir<br>インセリール | insert<br>インサート |

| 日 | 葡 | 英 |
|---|---|---|
| そうば<br>**相場** | cotação *f.*<br>コタサォン | the market price<br>ザ マーケット プライス |
| （投機） | especulação *f.*<br>エスペクラサォン | speculation<br>スペキュレイション |
| そうび<br>**装備** | equipamento *m.*<br>エキパメント | equipment, outfit<br>イクウィプメント, アウトフィト |
| ～する | equipar<br>エキパール | equip *with*<br>イクウィプ |
| そうふ<br>**送付** | envio *m.*<br>エンヴィーオ | sending<br>センディング |
| ～先<br>（男の） | destinatário *m.*<br>デスチナターリオ | addressee<br>アドレスィー |
| （女の） | destinatária *f.*<br>デスチナターリア | addressee<br>アドレスィー |
| ～する | remeter<br>ヘメテール | send<br>センド |
| そうべつかい<br>**送別会** | festa de despedida *f.*<br>フェスタ チ チスペチーダ | farewell party<br>フェアウェル パーティ |
| そうほう<br>**双方** | ambas as partes *f.pl.*<br>アンバズ アス パルチス | both parties<br>ボウス パーティズ |
| そうめい<br>**聡明な** | inteligente, perspicaz<br>インテリジェンチ, ペルスピカィス | bright, intelligent<br>ブライト, インテリヂェント |
| ぞうもつ<br>**臓物** | miúdos *m.pl.*, vísceras *f.pl.*<br>ミウードス, ヴィセラス | entrails<br>エントレイルズ |
| ぞうよぜい<br>**贈与税** | imposto sobre doações *m.*<br>インポスト ソブリ ドアソインス | gift tax<br>ギフト タクス |
| そうりだいじん<br>**総理大臣**<br>（男の） | primeiro-ministro *m.*<br>プリメィロ ミニストロ | Prime Minister<br>プライム ミニスタ |
| （女の） | primeira-ministra *f.*<br>プリメィラ ミニストラ | Prime Minister<br>プライム ミニスタ |
| そうりつ<br>**創立** | fundação *f.*<br>フンダサォン | establishment<br>イスタブリシュメント |
| ～者<br>（男の） | fundador *m.*<br>フンダドール | founder<br>ファウンダ |
| （女の） | fundadora *f.*<br>フンダドーラ | founder<br>ファウンダ |
| ～する | fundar<br>フンダール | found, establish<br>ファウンド, イスタブリシュ |

412

| 日 | 葡 | 英 |
|---|---|---|
| そうりょ<br>僧侶 | | |
| (仏教の)(男の) | bonzo *m.*<br>ボンゾ | priest, bonze<br>プリースト, バンズ |
| (女の) | bonza *f.*<br>ボンザ | priest, bonze<br>プリースト, バンズ |
| そうりょう<br>送料 | porte *m.*, frete *m.*<br>ポルチ, フレッチ | postage, carriage<br>ポウスティヂ, キャリヂ |
| そうりょうじ<br>総領事 | | |
| (男の) | cônsul geral *m.*<br>コンスウ ジェラウ | consul general<br>カンスル チェナラル |
| (女の) | consulesa geral *f.*<br>コンスレーザ ジェラウ | consul general<br>カンスル チェナラル |
| そうわ<br>挿話 | episódio *m.*<br>エピゾーヂオ | episode<br>エピソウド |
| ぞうわい<br>贈賄 | corrupção ativa *f.*<br>コフピサォン アチーヴァ | bribery<br>ブライバリ |
| そ<br>添える | anexar, acrescentar<br>アネクサール, アクレセンタール | affix, attach<br>アフィクス, アタチ |
| ソース | molho *m.*<br>モーリョ | sauce<br>ソース |
| ソーセージ | salsicha *f.*, lingüiça *f.*<br>サウスィッシャ, リングウィッサ | sausage<br>ソスィヂ |
| ソーダ | soda *f.*<br>ソーダ | soda<br>ソウダ |
| ぞくご<br>俗語 | gíria *f.*<br>ジーリア | slang<br>スラング |
| そくし<br>即死する | ter morte instantânea<br>テール モルチ インスタンターニア | be killed on the spot<br>ビ キルド オン ザ スパト |
| そくしん<br>促進 | promoção *f.*<br>プロモサォン | promotion<br>プロモウション |
| 〜する | promover<br>プロモヴェール | promote<br>プロモウト |
| ぞく<br>属する | pertencer a<br>ペルテンセール ア | belong *to*<br>ビローング |
| そくせき<br>即席の | instantâneo<br>インスタンターニオ | instant<br>インスタント |
| ぞくぞくする | ficar arrepiado<br>フィカール アヘピアード | be thrilled *with*<br>ビ スリルド |

| 日 | 葡 | 英 |
|---|---|---|
| (寒さで) | tremer<br>トレメール | feel a chill<br>フィール ア チル |
| そくたつ<br>速達 | correio expresso *m.*<br>コヘイオ エスプレッソ | special delivery<br>スペシャル ディリヴァリ |
| そくてい<br>測定 | medição *f.*<br>メヂサォン | measurement<br>メジャメント |
| ～する | medir<br>メヂール | measure<br>メジャ |
| そくど<br>速度 | velocidade *f.*<br>ヴェロスィダーチ | speed, velocity<br>スピード, ヴィラスィティ |
| ～計 | velocímetro *m.*<br>ヴェロスィメトロ | speedometer<br>スピダメタ |
| ～制限 | limite de velocidade *m.*<br>リミッチ ヂ ヴェロスィダーチ | speed limit<br>スピード リミト |
| そくばい<br>即売 | venda durante a exposição *f.*<br>ヴェンダ ドゥランチ ア エスポズィサォン | spot sale<br>スパト セイル |
| そくばく<br>束縛 | restrição *f.*<br>ヘストリサォン | restraint, restriction<br>リストレイント, リストリクション |
| ～する | restringir, prender<br>ヘストリンジール, プレンデール | restrain, restrict<br>リストレイン, リストリクト |
| そくほう<br>速報 | notícia de última hora *f.*<br>ノチッスィア ヂ ウウチマ オーラ | prompt report<br>プランプト リポート |
| そくめん<br>側面 | lado *m.*<br>ラード | side<br>サイド |
| そくりょう<br>測量 | agrimensura *f.*, medição *f.*<br>アグリメンスーラ, メヂサォン | measurement<br>メジャメント |
| ～する | agrimensar, medir<br>アグリメンサール, メヂール | measure, survey<br>メジャ, サーヴェイ |
| そくりょく<br>速力 | velocidade *f.*<br>ヴェロスィダーチ | speed, velocity<br>スピード, ヴィラスィティ |
| ソケット | bocal *m.*, soquete *m.*<br>ボカウ, ソケッチ | socket<br>サケト |
| そこ<br>底 | fundo *m.*<br>フンド | the bottom<br>ザ バトム |
| (靴の) | sola *f.*<br>ソーラ | the sole<br>ザ ソウル |
| そこく<br>祖国 | pátria *f.*<br>パットリア | motherland, fatherland<br>マザランド, ファーザランド |
| そこぢから<br>底力 | força latente *f.*, potencial *m.*<br>フォルサ ラテンチ, ポテンスィアウ | latent power<br>レイテント パウア |

| 日 | 葡 | 英 |
|---|---|---|
| そこで (その時) | então, e aí <br> エンタォン, イ アイ | then <br> ゼン |
| (それゆえ) | por isso <br> ポル イッソ | so <br> ソウ |
| 損(そこ)なう | prejudicar <br> プレジュヂカール | hurt, harm <br> ハート, ハーム |
| そこに (聞き手の近く) | aí <br> アイ | there <br> ゼア |
| (聞き手・話し手から少し離れた所) | ali <br> アリ | there <br> ゼア |
| 素材(そざい) | material *m.*, matéria *f.* <br> マテリアウ, マテーリア | material <br> マティアリアル |
| 組織(そしき) | organização *f.* <br> オルガニザサォン | organization <br> オーガニゼイション |
| 〜する | organizar <br> オルガニザール | organize, form <br> オーガナイズ, フォーム |
| 阻止(そし)する | impedir <br> インペヂール | hinder, obstruct <br> ヒンダ, オブストラクト |
| 素質(そしつ) | aptidão *f.*, talento *m.* <br> アピチダォン, タレント | nature, gift <br> ネイチャ, ギフト |
| そして | e <br> イ | and, then <br> アンド, ゼン |
| 訴訟(そしょう) | ação judicial *f.*, litígio *m.* <br> アサォン ジュヂスィアウ, リチージオ | suit, action <br> スート, アクション |
| 〜を起こす | processar, <br> プロセサール, <br> propôr uma ação contra <br> プロポール ウマ アサォン コントラ | bring a suit *against* <br> ブリング ア スート |
| 粗食(そしょく) | refeição frugal *f.* <br> ヘフェイサォン フルガウ | simple diet <br> スィンプル ダイエト |
| 祖先(そせん) | antepassados *m.pl.* <br> アンテパサードス | ancestor <br> アンセスタ |
| 注(そそ)ぐ (川が) | desaguar, desembocar <br> デザグアール, デゼンボカール | flow *into* <br> フロウ |
| (液体を) | despejar <br> デスペジャール | pour <br> ポー |
| そそっかしい | desatento <br> デザテント | careless <br> ケアレス |

| 日 | 葡 | 英 |
|---|---|---|
| そそのか<br>唆す | induzir, incitar<br>インドゥズィール, インスィタール | tempt, seduce<br>テンプト, スィデュース |
| そだ<br>育つ | crescer<br>クレセール | grow<br>グロウ |
| そだ<br>育てる | criar<br>クリアール | bring up, rear, raise<br>ブリング アプ, リア, レイズ |
| （植物を） | cultivar<br>クウチヴァール | cultivate<br>カルティヴェイト |
| そち<br>措置 | medidas *f.pl.*<br>メヂーダス | measure, step<br>メジャ, ステプ |
| そちら | | |
| （それ） | esse, isso<br>エッスィ, イッソ | that<br>ザト |
| （方向） | essa direção *f.*<br>エッサ ヂレサォン | that way, there<br>ザト ウェイ, ゼア |
| そっき<br>速記 | estenografia *f.*<br>エステノグラフィーア | shorthand<br>ショートハンド |
| そっきょう<br>即興 | improvisação *f.*<br>インプロヴィザサォン | improvisation<br>インプロヴィゼイション |
| そつぎょう<br>卒業 | formatura *f.*<br>フォルマトゥーラ | graduation<br>グラヂュエイション |
| ～する | formar-se<br>フォルマールスィ | graduate *from*<br>グラヂュエイト |
| ～生 | | |
| （男の） | formado *m.*<br>フォルマード | graduate<br>グラヂュエト |
| （女の） | formada *f.*<br>フォルマーダ | graduate<br>グラヂュエト |
| ～論文 | monografia de bacharelado *f.*<br>モノグラフィーア ヂ バシャレラード | graduation thesis<br>グラヂュエイション スィースィス |
| ソックス | soquete *f.*<br>ソケッチ | socks<br>サクス |
| そっくり | muito parecido, igualzinho<br>ムィント パレスィード, イグァウズィーニョ | just like<br>ヂャスト ライク |
| （全部） | todo<br>トード | all, entirely<br>オール, インタイアリ |
| そっけない | seco, indiferente<br>セッコ, インヂフェレンチ | cold, blunt<br>コウルド, ブラント |
| そっちょく<br>率直な | franco, sincero<br>フランコ, スィンセーロ | frank, outspoken<br>フランク, アウトスポウクン |

| 日 | 葡 | 英 |
|---|---|---|
| そっと (静かに) | silenciosamente<br>スィレンスィオザメンチ | quietly<br>クワイエトリ |
| (軽く) | suavemente<br>スァヴィメンチ | softly<br>ソーフトリ |
| (ひそかに) | secretamente, à socapa<br>セクレタメンチ, ア ソカッパ | secretly<br>スィークレトリ |
| ぞっとする | estremecer-se<br>エストレメセールスィ | shudder, shiver<br>シャダ, シヴァ |
| 袖 | manga *f.*<br>マンガ | sleeve<br>スリーヴ |
| ソテー | *sauté m.*<br>ソテ | sauté<br>ソーテイ |
| 外 | exterior *m.*<br>エステリオール | the outside<br>ジ アウトサイド |
| 〜の | externo, de fora<br>エステルノ, チ フォーラ | outdoor, external<br>アウトドー, エクスターナル |
| 備える | equipar<br>エキパール | provide, equip<br>プロヴァイド, イクウィプ |
| (準備する) | preparar, aprontar<br>プレパラール, アプロンタール | prepare *oneself for*<br>プリペア |
| ソナタ | sonata *f.*<br>ソナッタ | sonata<br>ソーナタ |
| その | esse<br>エッスィ | that<br>ザト |
| その上 | e ainda por cima<br>イ アインダ ポル スィーマ | besides<br>ビサイヅ |
| その内 | um dia desses<br>ウン ヂーア デッスィス | one of these days<br>ワン オヴ ズィーズ デイズ |
| その代わり | em vez disso<br>エィン ヴェイス チッソ | instead<br>インステド |
| その後 | depois disso<br>デポィス チッソ | after that<br>アフタ ザト |
| その頃 | por esse tempo<br>ポル エッスィ テンポ | about that time<br>アバウト ザト タイム |
| その他 | resto *m.*, outros *m.pl.*<br>ヘスト, オゥトロス | the others, the rest<br>ジ アザズ, ザ レスト |
| その時 | nesse tempo [momento], então<br>ネッスィ テンポ [モメント], エンタォン | then, at that time<br>ゼン, アト ザト タイム |

| 日 | 葡 | 英 |
|---|---|---|
| そば<br>傍 | lado *m.*, perto<br>ラード，ペルト | the side<br>ザ サイド |
| 〜に | ao lado de, perto de<br>アオ ラード チ，ペルト チ | by, beside<br>バイ，ビサイド |
| そばかす<br>雀斑 | sarda *f.*<br>サルダ | freckles<br>フレクルズ |
| そび<br>聳える | erguer-se<br>エルゲールスィ | tower, rise<br>タウア，ライズ |
| そふ<br>祖父 | avô *m.*<br>アヴォ | grandfather<br>グランファーザ |
| ソファー | | sofa |
| （一人掛け） | poltrona *f.*<br>ポウトローナ | sofa<br>ソウファ |
| （二人以上） | sofá *m.*<br>ソファ | sofa<br>ソウファ |
| ソフトウェア | *software m.*, programa *m.*<br>ソフチウェァル，プログラーマ | software<br>ソーフトウェア |
| そふぼ<br>祖父母 | avós *m.pl.*<br>アヴォィス | grandparents<br>グランペアレンツ |
| ソプラノ | soprano *m.*<br>ソプラーノ | soprano<br>ソプラーノウ |
| そぶ<br>素振り | modos *m.pl.*<br>モードス | air, behavior<br>エア，ビヘイヴァ |
| そぼ<br>祖母 | avó *f.*<br>アヴォ | grandmother<br>グランマザ |
| そぼく<br>素朴な | simples, singelo<br>スィンプリス，スィンジェーロ | simple, artless<br>スィンプル，アートレス |
| そまつ<br>粗末な | modesto, humilde<br>モデスト，ウミウヂ | coarse, humble<br>コース，ハンブル |
| そむ<br>背く | desobedecer a, opor-se<br>デゾベデセール ア，オポールスィ | disobey, betray<br>ディスオベイ，ビトレイ |
| そむ<br>背ける | | |
| （顔など） | virar<br>ヴィラール | turn (one's face) away<br>ターン アウェイ |
| （目を） | desviar<br>チズヴィアール | avert<br>アヴァート |
| ソムリエ | *sommelier m.*<br>ソムリエ | sommelier<br>サマリエィ |

| 日 | 葡 | 英 |
|---|---|---|
| そ<br>染める | tingir<br>チンジール | dye, color<br>ダイ, カラ |
| そよかぜ<br>微風 | brisa *f.*<br>ブリーザ | breeze<br>ブリーズ |
| そよぐ | sussurrar<br>ススハール | rustle, wave<br>ラスル, ウェイヴ |
| そら<br>空 | céu *m.*<br>セウ | sky<br>スカイ |
| そらまめ<br>空豆 | fava *f.*<br>ファーヴァ | broad bean<br>ブロード ビーン |
| そり<br>橇 | trenó *m.*<br>トレノ | sled, sledge<br>スレド, スレヂ |
| そ<br>剃る | rapar<br>ハパール | shave<br>シェイヴ |
| それ | isso, esse<br>イッソ, エッスィ | it, that<br>イト, ザト |
| それから | depois disso, então<br>デポィス チッソ, エンタォン | and, since then<br>アンド, スィンス ゼン |
| それぞれ | respectivamente<br>ヘスペキチヴァメンチ | respectively<br>リスペクティヴリ |
| ～の | respectivo, cada<br>ヘスペキチーヴォ, カーダ | respective, each<br>リスペクティヴ, イーチ |
| それまで | até então<br>アテ エンタォン | till then<br>ティル ゼン |
| そ<br>逸れる | desviar-se<br>チズヴィアールスィ | turn away<br>ターン アウェイ |
| そろ<br>揃う | ficar uniforme, harmonizar-se<br>フィカール ウニフォルミ, アルモニザールスィ | be even<br>ビ イーヴン |
| （整う） | ficar completo, completar-se<br>フィカール コンプレット, コンプレタールスィ | become complete<br>ビカム カンプリート |
| （集まる） | reunir-se, ajuntar-se<br>ヘウニールスィ, アジュンタールスィ | gather<br>ギャザ |
| そろ<br>揃える | pôr em ordem<br>ポール エィン オルデイン | make even<br>メイク イーヴン |
| （まとめる） | completar<br>コンプレタール | complete, collect<br>カンプリート, カレクト |
| そろばん<br>算盤 | ábaco *m.*<br>アバコ | abacus<br>アバカス |

| 日 | 葡 | 英 |
|---|---|---|
| そわそわする | inquietar-se, ficar irrequieto<br>インキエタールスィ, フィカール イヘキエット | be nervous<br>ビ ナーヴァス |
| そん<br>損 | perda f., prejuízo m.<br>ペルダ, プレジュイーゾ | loss, disadvantage<br>ロス, ディサドヴァンティチ |
| ～をする | perder, ter prejuízo<br>ペルデール, テール プレジュイーゾ | lose<br>ルーズ |
| そんがい<br>損害 | dano m., prejuízo m.<br>ダーノ, プレジュイーゾ | damage, loss<br>ダミヂ, ロス |
| そんけい<br>尊敬 | respeito m., estima f.<br>ヘスペイト, エスチーマ | respect<br>リスペクト |
| ～する | respeitar<br>ヘスペイタール | respect, esteem<br>リスペクト, イスティーム |
| そんげん<br>尊厳 | dignidade f.<br>ヂギニダーヂ | dignity, prestige<br>ディグニティ, プレスティージ |
| そんざい<br>存在 | existência f., presença f.<br>エズィステンスィア, プレゼンサ | existence<br>イグズィステンス |
| ～する | existir<br>エズィスチール | exist, be existent<br>イグズィスト, ビ イグズィステント |
| ぞんざいな | descortês, grosseiro<br>ヂスコルティス, グロセィロ | impolite, rough<br>インポライト, ラフ |
| そんしつ<br>損失 | perda f.<br>ペルダ | loss, disadvantage<br>ロス, ディサドヴァンティチ |
| そんぞく<br>存続する | continuar, permanecer<br>コンチヌワール, ペルマネセール | continue<br>コンティニュー |
| そんだい<br>尊大な | arrogante<br>アホガンチ | arrogant<br>アロガント |
| そんちょう<br>尊重 | respeito m., estima f.<br>ヘスペイト, エスチーマ | respect, esteem<br>リスペクト, イスティーム |
| ～する | respeitar<br>ヘスペイタール | respect, esteem<br>リスペクト, イスティーム |
| そんちょう<br>村長 | chefe da aldeia m.f.<br>シェッフィ ダ アウデイア | village chief<br>ヴィリヂ チーフ |
| そんな | tal<br>タウ | such<br>サチ |

| 日 | 葡 | 英 |
|---|---|---|

## た, タ

| 田 | arrozal *m.* アホザウ | rice field ライス フィールド |
| ターゲット | alvo *m.* アウヴォ | target ターゲト |
| ダース | dúzia *f.* ドゥーズィア | dozen ダズン |
| タートルネック | gola alta *f.*, gola rulê *f.* ゴーラ アウタ, ゴーラ フレ | turtleneck タートルネク |
| タービン | turbina *f.* トゥルビーナ | turbine タービン |
| ターボ | turbocompressor *m.* トゥルボ コンプレソール | turbo ターボ |
| ターミナル | estação ferroviária *f.* エスタサォン フェホヴィアーリア | terminal ターミナル |
| ターンテーブル | mesa com centro giratório *f.* メーザ コン セントロ ジラトーリオ | turntable ターンテイブル |
| 鯛 | pargo *m.* パルゴ | sea bream スィー ブリーム |
| 台 | estante *f.*, suporte *m.*, mesinha *f.* エスタンチ, スポルチ, メズィーニャ | stand, pedestal スタンド, ペデスタル |
| (桁) | marca *f.*, nível *m.* マルカ, ニーヴェウ | level, mark レヴェル, マーク |
| 体当たりする | lançar-se ランサールスィ | throw *oneself* スロウ |
| タイアップ | associação *f.* アソスィアサォン | tie-up タイアプ |
| 体育 | educação física *f.* エドゥカサォン フィズィカ | physical education フィズィカル エヂュケイション |
| ～館 | ginásio *m.* ジナーズィオ | gymnasium ヂムネイズィアム |
| 第一の | primeiro プリメィロ | first ファースト |
| 退院する | receber alta ヘセベール アウタ | leave the hospital リーヴ ザ ハスピタル |

| 日 | 葡 | 英 |
|---|---|---|
| 退役する<br>たいえき | passar para a reserva<br>パサール パラ ア ヘゼルヴァ | retire<br>リタイア |
| ダイエットをする | fazer regime<br>ファゼール ヘジーミ | go on a diet<br>ゴウ オン ア ダイエト |
| 対応<br>たいおう | correspondência f.<br>コヘスポンデンスィア | correspondence<br>コレスパンデンス |
| ～する | corresponder a<br>コヘスポンデール ア | correspond to<br>コーレスパンド |
| ダイオキシン | dioxina f.<br>チオキスィーナ | dioxin<br>ダイアクスィン |
| 体温<br>たいおん | temperatura corporal f.<br>テンペラトゥーラ コルポラウ | temperature<br>テンパラチャ |
| ～計 | termômetro m.<br>テルモメトロ | thermometer<br>サマメタ |
| 大会<br>たいかい | congresso m.<br>コングレッソ | general meeting<br>チェナラル ミーティング |
| （スポーツの） | competição (esportiva) f.<br>コンペチサォン (エスポルチーヴァ) | meet<br>ミート |
| 体格<br>たいかく | constituição física f.<br>コンスチトゥイサォン フィズィカ | physique, build<br>フィズィーク, ビルド |
| 大学<br>だいがく | universidade f.<br>ウニヴェルスィダーチ | university, college<br>ユーニヴァースィティ, カリヂ |
| ～院 | curso de pós-graduação m.<br>クルソ チ ポスグラドゥアサォン ウニヴェルスィタリア | graduate school<br>グラヂュエト スクール |
| ～生<br>（男の） | estudante universitário m.<br>エストゥダンチ ウニヴェルスィターリオ | university student<br>ユーニヴァースィティ ステューデント |
| （女の） | estudante universitária f.<br>エストゥダンチ ウニヴェルスィターリア | university student<br>ユーニヴァースィティ ステューデント |
| 退学する<br>たいがく | abandonar a escola<br>アバンドナール ア エスコーラ | leave school<br>リーヴ スクール |
| 大気<br>たいき | ar m., atmosfera f.<br>アール, アチモスフェーラ | the air, the atmosphere<br>ジ エア, ジ アトモスフィア |
| ～汚染 | poluição do ar f.<br>ポルイサォン ド アール | air pollution<br>エア ポリューション |
| ～圏 | atmosfera f.<br>アチモスフェーラ | the atmosphere<br>ジ アトモスフィア |
| 代議士<br>だいぎし<br>（男の） | deputado m.<br>デプタード | Dietman<br>ダイエトマン |

| 日 | 葡 | 英 |
|---|---|---|
| (女の) | deputada *f.* <br> デプターダ | Dietwoman <br> ダイエトウマン |
| だいきぼ<br>大規模な | de grande escala <br> ヂ グランヂ エスカーラ | large-scale <br> ラーヂスケイル |
| たいきゃく<br>退却 | retirada *f.* <br> ヘチラーダ | retreat <br> リトリート |
| 〜する | recuar <br> ヘクワール | retreat *from* <br> リトリート |
| たいきゅうせい<br>耐久性 | durabilidade *f.* <br> ドゥラビリダーヂ | durability <br> デュアラビリティ |
| だいきん<br>代金 | preço *m.* <br> プレッソ | price, cost <br> プライス，コースト |
| だいく<br>大工 | carpinteiro *m.* <br> カルピンテイロ | carpenter <br> カーペンタ |
| たいぐう<br>待遇 | tratamento *m.* <br> トラタメント | treatment <br> トリートメント |
| たいくつ<br>退屈 | | |
| 〜する | entediar-se <br> エンテヂアールスィ | get bored *of* <br> ゲト ボード |
| 〜な | enfadonho , cansativo <br> エンファドーニョ，カンサチーヴォ | boring, tedious <br> ボーリング，ティーディアス |
| たいけい<br>体系 | sistema *m.* <br> スィステーマ | system <br> スィスティム |
| だいけい<br>台形 | trapézio *m.* <br> トラペーズィオ | trapezoid <br> トラペゾイド |
| たいけつ<br>対決する | confrontar-se <br> コンフロンタールスィ | confront <br> コンフラント |
| たいけん<br>体験 | experiência *f.* <br> エスペリエンスィア | experience <br> イクスピアリアンス |
| 〜する | experimentar <br> エスペリメンタール | experience, go through <br> イクスピアリアンス，ゴウ スルー |
| たいこ<br>太鼓 | tambor *m.* <br> タンボール | drum <br> ドラム |
| たいこう<br>対抗する | opor-se a <br> オポールスィ ア | oppose, cope *with* <br> オポウズ，コウプ |
| だいこう<br>代行する | substituir <br> スビスチトゥイール | act *for* <br> アクト |
| たいこく<br>大国 | grande país *m.*, potência *f.* <br> グランヂ パイース，ポテンスィア | great nation <br> グレイト ネイション |

| 日 | 葡 | 英 |
|---|---|---|
| だいこん<br>大根 | nabo *m.*<br>ナーボ | radish<br>ラディシュ |
| たいざい<br>滞在 | permanência *f.*, estada *f.*<br>ペルマネンスィア, エスターダ | stay<br>ステイ |
| 〜する | ficar, permanecer<br>フィカール, ペルマネセール | stay<br>ステイ |
| だいざい<br>題材 | tema *m.*, assunto *m.*<br>テーマ, アスント | subject, theme<br>サブヂクト, スィーム |
| たいさく<br>対策 | medidas *f.pl.*<br>メヂーダス | measures<br>メジャズ |
| たいし<br>大使 | | |
| （男の） | embaixador *m.*<br>エンバィシャドール | ambassador<br>アンバサダ |
| （女の） | embaixadora *f.*<br>エンバィシャドーラ | ambassador<br>アンバサダ |
| 〜館 | embaixada *f.*<br>エンバィシャーダ | embassy<br>エンバスィ |
| だいじ<br>大事 | | |
| 〜な | | |
| （重要な） | importante<br>インポルタンチ | important, precious<br>インポータント, プレシャス |
| （重大な） | grave, sério<br>グラーヴィ, セーリオ | grave, serious<br>グレイヴ, スィアリアス |
| （大切な） | precioso, valioso<br>プレスィオーソ, ヴァリオーゾ | precious, valued<br>プレシャス, ヴァリュード |
| 〜にする | | |
| （体を） | cuidar-se<br>クィダールスィ | take care of<br>テイク ケア アヴ |
| （扱い） | tratar com carinho [cuidado]<br>トラタール コン カリーニョ [クィダード] | treat with care<br>トリート ウィズ ケア |
| ダイジェスト | resumo *m.*<br>ヘズーモ | digest<br>ダイヂェスト |
| たい<br>大した | grande, formidável<br>グランヂ, フォルミダーヴェウ | great<br>グレイト |
| （重要） | importante<br>インポルタンチ | important<br>インポータント |
| たいしつ<br>体質 | biotipo *m.*<br>ビオチッポ | constitution<br>カンスティテューシュン |
| たい<br>大して | | |
| 〜…でない | não ... muito<br>ナォン ムィント | not very<br>ナト ヴェリ |

| 日 | 葡 | 英 |
|---|---|---|
| たいしゃくたいしょうひょう<br>貸借対照表 | balanço geral *m.*<br>バランソ ジェラウ | balance sheet<br>バランス シート |
| たいしゅう<br>大衆 | massas *f.pl.*<br>マッサス | the general public<br>ザ ヂェナラル パブリク |
| たいじゅう<br>体重 | peso *m.*<br>ペーゾ | weight<br>ウェイト |
| たいしょう<br>対照 | contraste *m.*, comparação *f.*<br>コントラスチ, コンパラサォン | contrast, comparison<br>カントラスト, カンパリスン |
| ～する | contrastar, cotejar, comparar<br>コントラスタール, コテジャール, コンパラール | contrast, compare<br>カントラスト, カンペア |
| たいしょう<br>対象 | objeto *m.*, alvo *m.*<br>オビジェット, アウヴォ | object<br>アブヂクト |
| だいしょう<br>代償 | compensação *f.*, reparação *f.*<br>コンペンササォン, ヘパラサォン | compensation<br>カンペンセイション |
| たいじょう<br>退場する | sair do lugar, retirar-se<br>サイール ド ルガール, ヘチラールスィ | leave, exit<br>リーヴ, エクスィト |
| だいじょうぶ<br>大丈夫 | sem problemas<br>セィン プロブレーマス | safe, secure<br>セイフ, スィキュア |
| たいしょく<br>退職 | aposentadoria *f.*<br>アポゼンタドリーア | retirement<br>リタイアメント |
| ～する | aposentar-se<br>アポゼンタールスィ | retire *from*<br>リタイア |
| たいしん<br>耐震の | resistente aos terremotos<br>ヘズィステンチ アオス テヘモットス | earthquake-proof<br>アースクウェイクプルーフ |
| だいじん<br>大臣 | | |
| （男の） | ministro *m.*<br>ミニストロ | minister<br>ミニスタ |
| （女の） | ministra *f.*<br>ミニストラ | minister<br>ミニスタ |
| だいず<br>大豆 | soja *f.*<br>ソージャ | soybean<br>ソイビーン |
| たいすい<br>耐水の | impermeável<br>インペルミアーヴェウ | waterproof<br>ウォータプルーフ |
| たいすう<br>対数 | logaritmo *m.*<br>ロガリチモ | logarithm<br>ロガリズム |
| だいすう<br>代数 | álgebra *f.*<br>アウジェブラ | algebra<br>アルヂブラ |

| 日 | 葡 | 英 |
|---|---|---|
| たいせい<br>体制 | regime *m.*<br>ヘジーミ | organization<br>オーガニゼイション |
| たいせい<br>大勢 | situação geral *f.*<br>スィトゥアサォン ジェラウ | the general trend<br>ザ ヂェナラル トレンド |
| だいせいどう<br>大聖堂 | catedral *f.*<br>カテドラウ | cathedral<br>カスィードラル |
| たいせいよう<br>大西洋 | Oceano Atlântico *m.*<br>オセアーノ アトランチコ | the Atlantic<br>ジ アトランティク |
| たいせき<br>体積 | volume *m.*<br>ヴォルーミ | volume<br>ヴァリュム |
| たいせつ<br>大切な | | |
| (貴重な) | precioso<br>プレスィオーゾ | important, precious<br>インポータント, プレシャス |
| (重要な) | importante<br>インポルタンチ | important<br>インポータント |
| たいせつ<br>大切に | com cuidado<br>コン クィダード | carefully, with care<br>ケアフリ, ウィズ ケア |
| たいせん<br>対戦する | jogar [lutar] com, combater<br>ジョガール [ルタール] コン, コンバテール | fight *with*<br>ファイト |
| たいそう<br>体操 | ginástica *f.*<br>ヂナスチカ | gymnastics<br>ヂムナスティクス |
| たいだ<br>怠惰な | preguiçoso<br>プレギソーゾ | lazy<br>レイズィ |
| だいたい<br>大体 | | |
| (およそ) | aproximadamente, mais ou menos<br>アプロスィマダメンチ, マイズ オゥ メーノス | about<br>アバウト |
| (一般に) | no geral<br>ノ ジェラウ | generally<br>ヂェナラリ |
| だいだいいろ<br>橙色 | alaranjado *m.*<br>アラランジャード | orange<br>オリンヂ |
| だいたすう<br>大多数 | a grande maioria<br>ア グランヂ マィオリーア | a large majority<br>ア ラーヂ マヂョリティ |
| たいだん<br>対談 | conversa *f.*, diálogo *m.*<br>コンヴェルサ, ヂアーロゴ | talk<br>トーク |
| 〜する | ter uma conversa com, dialogar com<br>テール ウマ コンヴェルサ コン, ヂアロガール コン | have a talk *with*<br>ハヴァ トーク |

| 日 | 葡 | 英 |
|---|---|---|
| 大胆な | audaz, ousado<br>アウダイズ, オウザード | bold, daring<br>ボウルド, デアリング |
| 台地 | chapada f.<br>シャパーダ | plateau, tableland<br>プラトウ, テイブルランド |
| 体調 | forma física f.,<br>condição física f.<br>フォルマ フィズィカ, コンヂサォン フィズィカ | physical condition<br>フィズィカル カンディション |
| ～がいい | estar em boa forma<br>エスタール エイン ボーア フォルマ | be in good shape<br>ビ イン グド シェイプ |
| 隊長 | comandante m.<br>コマンダンチ | commander, captain<br>カマンダ, キャプティン |
| 大腸 | intestino grosso m.<br>インテスチーノ グロッソ | the large intestine<br>ザ ラーヂ インテスティン |
| タイツ | meia-calça f.<br>メィア カウサ | tights<br>タイツ |
| 大抵 | geralmente<br>ジェラウメンチ | generally<br>ヂェナラリ |
| （大部分） | quase tudo<br>クワーズィ トゥード | almost<br>オールモウスト |
| 態度 | atitude f.<br>アチトゥーヂ | attitude, manner<br>アティテュード, マナ |
| 対等の | igual<br>イグワウ | equal, even<br>イークワル, イーヴン |
| 大動脈 | aorta f.<br>アオルタ | aorta<br>エイオータ |
| 大統領 | presidente m.f.<br>プレズィデンチ | president<br>プレズィデント |
| （女の） | presidenta f.<br>プレズィデンタ | president<br>プレズィデント |
| 台所 | cozinha f.<br>コズィーニャ | kitchen<br>キチン |
| タイトル | título m.<br>チトゥロ | title<br>タイトル |
| 台無しにする | estragar<br>エストラガール | ruin, spoil<br>ルーイン, スポイル |
| ダイナマイト | dinamite f.<br>ヂナミッチ | dynamite<br>ダイナマイト |
| ダイナミックな | dinâmico<br>ヂナミコ | dynamic<br>ダイナミク |

## ■台所用品■ utensílios da cozinha / ウテンスィーリオス ダ コズィーニャ /

ガスレンジ fogão / フォガォン / *m.* ([英]stove, cooker)

オーブン forno / フォルノ / *m.* ([英]oven)

鍋(なべ) panela / パネーラ / *f.* ([英]pan)

圧力鍋(あつりょくなべ) panela de pressão / パネーラ チ プレサォン / *f.* ([英]pressure cooker)



薬缶(やかん) chaleira / シャレィラ / *f.* ([英]kettle)

焼き網(やきあみ) grelha / グレーリャ / *f.* ([英]grill)

フライパン frigideira / フリジデイラ / *f.* ([英]frying pan)

杓子(しゃくし) concha / コンシャ / *f.* ([英]ladle)

泡立て器(あわたてき) batedor de ovos / バテドール チ オーヴォス / *m.* ([英]whisk)

包丁(ほうちょう) faca de cozinha / ファッカ チ コズィーニャ / *f.* ([英]kitchen knife)

調理(ちょうり)ばさみ tesoura de cozinha / テゾウラ チ コズィーニャ / *f.* ([英]poultry shears)

皮(かわ)むき器(き) descascador / ヂスカスカドール / *m.* ([英]peeler)

おろし金(がね) ralador / ハラドール / *m.* ([英]grater)

ミキサー batedeira / バテデイラ / *f.*, liquidificador / リキヂフィカドール / *m.* ([英]mixer)

俎(まないた) tábua de carne / タブア チ カルニ / *f.* ([英]cutting board)

ボウル tigela / チジェーラ / *f.* ([英]bowl)

計量(けいりょう)カップ copo de medida / コッポ チ メヂーダ / *m.* ([英]measuring cup)

秤(はかり) balança / バランサ / *f.* ([英]scales)

缶切り(かんきり) abridor de latas / アブリドール チ ラッタス / *m.* ([英]can opener)

コルク栓抜き(せんぬき) saca-rolhas / サッカ ホーリャス / *m.* ([英]corkscrew)

栓抜き(せんぬき) abridor de garrafas / アブリドール チ ガハッファス / *m.* ([英]bottle opener)

| 日 | 葡 | 英 |
|---|---|---|
| 第二の | segundo<br>セグンド | second<br>セコンド |
| 耐熱の | resistente ao calor<br>ヘズィステンチ アオ カロール | heatproof<br>ヒートプルーフ |
| ダイバー | | |
| （男の） | mergulhador *m.*<br>メルグリャドール | diver<br>ダイヴァ |
| （女の） | mergulhadora *f.*<br>メルグリャドーラ | diver<br>ダイヴァ |
| 退廃的な | degenerado<br>デジェネラード | decadent<br>デカダント |
| 体罰 | castigo corporal *m.*<br>カスチーゴ コルポラウ | corporal punishment<br>コーポラル パニシュメント |
| 大半 | a maior parte *f.*<br>ア マィオール パルチ | the greater part *of*<br>ザ グレイタ パート |
| 代表 | representante *m.f.*<br>ヘプレゼンタンチ | representative<br>レプリゼンタティヴ |
| ～する | representar<br>ヘプレゼンタール | represent<br>レプリゼント |
| ～団 | delegação *f.*<br>デレガサォン | delegation<br>デリゲイション |
| ～的な | representativo<br>ヘプレゼンタチーヴォ | representative<br>レプリゼンタティヴ |
| ～取締役 | | |
| （男の） | diretor presidente *m.*<br>ヂレトール プレズィデンチ | representative director<br>レプリゼンタティヴ ディレクタ |
| （女の） | diretora presidente *f.*<br>ヂレトーラ プレズィデンチ | representative director<br>レプリゼンタティヴ ディレクタ |
| タイピン | alfinete de gravata *m.*<br>アウフィネッチ ヂ グラヴァッタ | tiepin<br>タイピン |
| ダイビング | mergulho *m.*<br>メルグーリョ | diving<br>ダイヴィング |
| タイプ | tipo *m.*<br>チッポ | type<br>タイプ |
| ～ライター | máquina de escrever *f.*<br>マキナ ヂ エスクレヴェール | typewriter<br>タイプライタ |
| 大分 | bastante<br>バスタンチ | very, pretty<br>ヴェリ, プリティ |
| 台風 | tufão *m.*<br>トゥファォン | typhoon<br>タイフーン |

| 日 | 葡 | 英 |
|---|---|---|
| だいぶぶん<br>大部分 | a maior parte *f.*, maioria *f.*<br>ア マイオール パルチ, マイオリーア | the greater part<br>ザ グレイタ パート |
| たいへいよう<br>太平洋 | Oceano Pacífico *m.*<br>オセアーノ パスィフィコ | the Pacific<br>ザ パスィフィク |
| たいへん<br>大変 | muito<br>ムィント | very, extremely<br>ヴェリ, イクストリームリ |
| ～な | sério, grave<br>セーリオ, グラーヴィ | serious, grave<br>スィリアス, グレイヴ |
| (やっかいな) | trabalhoso, complicado, difícil<br>トラバリョーゾ, コンプリカード, ヂフィッスィウ | troublesome, hard<br>トラブルサム, ハード |
| だいべん<br>大便 | fezes *f.pl.*<br>フェーズィス | feces<br>フィースィーズ |
| たいほ<br>逮捕 | apreensão *f.*, captura *f.*<br>アプレエンソォン, カピトゥーラ | arrest, capture<br>アレスト, キャプチャ |
| ～する | prender<br>プレンデール | arrest, capture<br>アレスト, キャプチャ |
| たいほう<br>大砲 | canhão *m.*<br>カニャオン | gun, cannon<br>ガン, キャノン |
| たいぼう<br>待望の | tão esperado<br>タォン エスペラード | long-awaited<br>ロングアウェイテド |
| だいほん<br>台本 | roteiro *m.*<br>ホテイロ | playbook, scenario<br>プレイブク, スィネアリオウ |
| (歌劇の) | libreto *m.*<br>リブレット | libretto<br>リブレトウ |
| たいま<br>大麻 | | |
| (麻薬) | maconha *f.*<br>マコーニャ | marijuana<br>マリホワーナ |
| タイマー | cronômetro *m.*<br>クロノメトロ | timer<br>タイマ |
| たいまん<br>怠慢 | negligência *f.*, preguiça *f.*<br>ネグリジェンスィア, プレギッサ | negligence<br>ネグリヂェンス |
| ～な | negligente, preguiçoso<br>ネグリジェンチ, プレギソーゾ | negligent<br>ネグリヂェント |
| タイミング | | |
| (～を図ること) | escolha do momento *f.*<br>エスコーリャ ド モメント | timing<br>タイミング |
| タイム | | |
| (中断) | intervalo *m.*<br>インテルヴァーロ | time-out<br>タイムアウト |

| 日 | 葡 | 英 |
|---|---|---|
| (植物) | tomilho *m.* <br> トミーリョ | thyme <br> タイム |
| <ruby>題名<rt>だいめい</rt></ruby> | título *m.* <br> チトゥロ | title <br> タイトル |
| <ruby>代名詞<rt>だいめいし</rt></ruby> | pronome *m.* <br> プロノーミ | pronoun <br> プロウナウン |
| タイヤ | pneu *m.*, pneumático *m.* <br> ピネウ, ピネウマチコ | tire <br> タイア |
| ダイヤ | | |
| (列車の) | horário *m.* <br> オラーリオ | timetable <br> タイムテイブル |
| ダイヤモンド | diamante *m.* <br> ヂアマンチ | diamond <br> ダイアモンド |
| ダイヤル | dial *m.* <br> ヂァウ | dial <br> ダイアル |
| (ラジオなどの) | seletor *m.* <br> セレトール | dial <br> ダイアル |
| <ruby>太陽<rt>たいよう</rt></ruby> | sol *m.* <br> ソウ | the sun <br> ザ サン |
| ～系 | sistema solar *m.* <br> スィステーマ ソラール | the solar system <br> ザ ソウラ スィステム |
| ～電池 | bateria solar *f.* <br> バテリーア ソラール | solar cell <br> ソウラ セル |
| <ruby>代用<rt>だいよう</rt></ruby> | | |
| ～する | substituir <br> スビスチトゥイール | substitute *for* <br> サブスティテュート |
| ～品 | substituto *m.* <br> スビスチトゥット | substitute <br> サブスティテュート |
| <ruby>平らな<rt>たいら</rt></ruby> | plano <br> プラーノ | even, level, flat <br> イーヴン, レヴル, フラト |
| <ruby>代理<rt>だいり</rt></ruby> | | |
| (男の) | substituto *m.*, interino *m.* <br> スビスチトゥット, インテリーノ | deputy, agent <br> デピュティ, エイヂェント |
| (女の) | substituta *f.*, interina *f.* <br> スビスチトゥッタ, インテリーナ | deputy, agent <br> デピュティ, エイヂェント |
| ～店 | agência *f.* <br> アジェンスィア | agency <br> エイヂェンスィ |
| <ruby>大陸<rt>たいりく</rt></ruby> | continente *m.* <br> コンチネンチ | continent <br> カンティネント |

| 日 | 葡 | 英 |
|---|---|---|
| だいりせき<br>大理石 | mármore m.<br>マルモリ | marble<br>マーブル |
| たいりつ<br>対立 | oposição f.<br>オポズィサォン | opposition<br>アポズィション |
| 〜する | opor-se<br>オポールスィ | be opposed to<br>ビ オポウズド |
| たいりょう<br>大量 | grande quantidade f.<br>グランヂ クァンチダーヂ | mass, large quantities<br>マス, ラーヂ クワンティティズ |
| 〜生産 | produção em massa f.<br>プロドゥサォン エイン マッサ | mass production<br>マス プロダクション |
| たいりょく<br>体力 | força física f.<br>フォルサ フィズィカ | physical strength<br>フィズィカル ストレンクス |
| タイル | ladrilho m., azulejo m.<br>ラドリーリョ, アズレージョ | tile<br>タイル |
| ダイレクトメール | mala direta f.<br>マーラ ヂレッタ | direct mail<br>ディレクト メイル |
| たいわ<br>対話 | diálogo m.<br>ヂアーロゴ | dialogue<br>ダイアローグ |
| 〜する | dialogar<br>ヂアロガール | have a dialogue<br>ハヴ ア ダイアローグ |
| たいわん<br>台湾 | Taiwan m., Formosa f.<br>タイワン, フォルモーザ | Taiwan<br>タイワーン |
| ダウンタウン | centro comercial m.<br>セントロ コメルスィアウ | downtown<br>ダウンタウン |
| ダウンロードする | baixar, fazer download<br>バイシャール, ファゼール ダウンローヂ | download<br>ダウンロウド |
| だえき<br>唾液 | saliva f.<br>サリーヴァ | saliva<br>サライヴァ |
| た<br>絶えず | incessantemente, sem cessar<br>インセサンチメンチ, セイン セサール | always, all the time<br>オールウェイズ, オール ザ タイム |
| た<br>絶える | cessar, extinguir-se<br>セッサール, エスチンギールスィ | cease, die out<br>スィース, ダイ アウト |
| た<br>耐える | agüentar<br>アゲンタール | bear, stand<br>ベア, スタンド |
| (持ちこたえる) | resistir<br>ヘズィスチール | withstand<br>ウィズスタンド |
| だえん<br>楕円 | elipse f.<br>エリピスィ | ellipse, oval<br>イリプス, オウヴァル |

| 日 | 葡 | 英 |
|---|---|---|
| 倒す | derrubar デフバール | knock down, overthrow ナク ダウン, オウヴァスロウ |
| （負かす） | derrotar デホタール | defeat, beat ディフィート, ビート |
| タオル | toalha *f.* トアーリャ | towel タウエル |
| 倒れる | cair カイール | fall, break down フォール, ブレイク ダウン |
| 鷹 | falcão *m.* ファウカォン | hawk ホーク |
| 高い | alto, elevado アウト, エレヴァード | high, tall ハイ, トール |
| （値段が） | caro, dispendioso カーロ, ヂスペンヂオーゾ | expensive イクスペンスィヴ |
| （声が） | agudo アグード | loud ラウド |
| 互い | | |
| ～に | mutuamente ムトゥアメンチ | mutually ミューチュアリ |
| ～の | mútuo ムトゥオ | mutual ミューチュアル |
| 打開する | superar a dificuldade スペラール ア ヂフィクウダーヂ | break ブレイク |
| 高さ | altura *f.* アウトゥーラ | height, altitude ハイト, アルティテュード |
| 打楽器 | instrumento de percussão *m.* インストルメント ヂ ペルクサォン | percussion instrument パーカション インストルメント |
| 高まる | subir, elevar-se, aumentar スビール, エレヴァールスィ, アゥメンタール | rise ライズ |
| （感情が） | ficar excitado, emocionar-se フィカール エスィタード, エモスィオナールスィ | get excited ゲト イクサイテド |
| 高める | elevar エレヴァール | raise レイズ |
| （増大） | aumentar アゥメンタール | increase インクリース |
| （向上） | melhorar メリョラール | improve インプルーヴ |
| （価値） | enaltecer エナウテセール | elevate エレヴェイト |

| 日 | 葡 | 英 |
|---|---|---|
| <ruby>耕<rt>たがや</rt></ruby>す | cultivar<br>クウチヴァール | cultivate, plow<br>カルティヴェイト, プラウ |
| <ruby>宝<rt>たから</rt></ruby> | tesouro *m.*<br>テゾゥロ | treasure<br>トレジャ |
| <ruby>宝籤<rt>たからくじ</rt></ruby> | loteria *f.*<br>ロテリーア | public lottery<br>パブリク ラタリ |
| たかる<br>（ゆすり） | extorquir<br>エストルキール | blackmail<br>ブラクメイル |
| <ruby>滝<rt>たき</rt></ruby> | queda-d'água *f.*, cachoeira *f.*<br>ケーダ ダグァ, カショエイラ | waterfall, falls<br>ウォタフォール, フォールズ |
| <ruby>薪<rt>たきぎ</rt></ruby> | lenha *f.*<br>レーニャ | firewood<br>ファイアウド |
| タキシード | *smoking m.*<br>スモッキン | tuxedo<br>タクスィードウ |
| <ruby>焚<rt>た</rt></ruby>き<ruby>火<rt>び</rt></ruby> | fogueira *f.*<br>フォゲイラ | bonfire<br>バンファイア |
| <ruby>妥協<rt>だきょう</rt></ruby> | concessão *f.*<br>コンセサォン | compromise<br>カンプロマイズ |
| ～する | fazer concessão a<br>ファゼール コンセサォン ア | compromise *with*<br>カンプロマイズ |
| <ruby>炊<rt>た</rt></ruby>く | cozer<br>コゼール | cook, boil<br>クク, ボイル |
| <ruby>焚<rt>た</rt></ruby>く | queimar<br>ケイマール | make a fire<br>メイク ア ファイア |
| <ruby>抱<rt>だ</rt></ruby>く | abraçar<br>アブラサール | embrace<br>インブレイス |
| <ruby>卓越<rt>たくえつ</rt></ruby>した | excelente<br>エセレンチ | excellent<br>エクセレント |
| <ruby>沢山<rt>たくさん</rt></ruby>の | muito<br>ムイント | many, much<br>メニ, マチ |
| タクシー | táxi *m.*<br>タクスィ | taxi<br>タクスィ |
| <ruby>託児所<rt>たくじしょ</rt></ruby> | creche *f.*<br>クレッシ | day nursery<br>デイ ナ~サリ |
| <ruby>宅配<rt>たくはい</rt></ruby> | entrega a domicílio *f.*<br>エントレーガ ア ドミスィーリオ | door-to-door delivery<br>ドータド~ティリヴァリ |
| <ruby>逞<rt>たくま</rt></ruby>しい | robusto<br>ホブスト | sturdy, stout<br>スターディ, スタウト |

| 日 | 葡 | 英 |
|---|---|---|
| 巧(たく)み | hábil<br>アビウ | skillful<br>スキルフル |
| 企(たくら)む | tramar<br>トラマール | plan, design<br>プラン, ディザイン |
| 蓄(たくわ)[貯]え | provisão f., estoque m.<br>プロヴィザォン, エストッキ | store, reserve<br>ストー, リザーヴ |
| （貯金） | poupança f.<br>ポゥパンサ | savings<br>セイヴィングズ |
| 蓄(たくわ)[貯]える | acumular<br>アクムラール | store, keep<br>ストー, キープ |
| （貯金） | poupar<br>ポゥパール | save<br>セイヴ |
| 竹(たけ) | bambu m.<br>バンブ | bamboo<br>バンブー |
| 打撃(だげき) | golpe m.<br>ゴウピ | blow, shock<br>ブロウ, シャク |
| 妥結(だけつ)する | chegar a um acordo<br>シェガール ア ウン アコルド | reach an agreement<br>リーチ アン アグリーメント |
| 凧(たこ) | papagaio m., pipa f.<br>パパガィオ, ピッパ | kite<br>カイト |
| 蛸(たこ) | polvo m.<br>ポウヴォ | octopus<br>アクトパス |
| 多国籍(たこくせき)の | multinacional<br>ムウチナスィオナウ | multinational<br>マルティナショナル |
| 多彩(たさい)な | colorido<br>コロリード | colorful<br>カラフル |
| 打算的(ださんてき)な | calculista<br>カウクリスタ | calculating<br>キャルキュレイティング |
| 出(だ)し | caldo m.<br>カウド | broth, stock<br>ブロス, スタク |
| 確(たし)か | provavelmente,<br>  se não me engano<br>プロヴァヴェウメンチ, スィ ナォン ミ エンガーノ | probably<br>プラバブリ |
| 〜な | seguro, certo<br>セグーロ, セルト | sure, certain<br>シュア, サートン |
| 〜に | seguramente, realmente,<br>  com certeza<br>セグラメンチ, ヘアゥメンチ, コン セルテーザ | certainly<br>サートンリ |

| 日 | 葡 | 英 |
|---|---|---|
| 確(たし)かめる | confirmar<br>コンフィルマール | make sure *of*<br>メイク シュア |
| （真偽を） | verificar<br>ヴェリフィカール | verify<br>ヴェリファイ |
| 足(た)し算(ざん) | adição *f.*<br>アヂサォン | addition<br>アディション |
| 嗜(たしな)み | gosto *m.*<br>ゴスト | taste<br>テイスト |
| （素養） | conhecimento refinado *m.*<br>コニェスィメントス ヘフィナード | knowledge<br>ナリヂ |
| 打診(だしん)する | percutir<br>ペルクチール | examine by percussion<br>イグザミン バイ パーカション |
| （意向を） | sondar<br>ソンダール | sound out<br>サウンド アウト |
| 足(た)す | somar, acrescentar<br>ソマール, アクレセンタール | add<br>アド |
| 出(だ)す | pôr para fora<br>ポール パラ フォーラ | take out<br>テイク アウト |
| （提出） | entregar<br>エントレガール | hand in<br>ハンド イン |
| （露出） | expor, exibir<br>エスポール, エズィビール | expose<br>イクスポウズ |
| （手紙などを） | enviar, mandar<br>エンヴィアール, マンダール | mail, post<br>メイル, ポウスト |
| （お茶を） | servir, oferecer<br>セルヴィール, オフェレセール | serve<br>サーヴ |
| 多数(たすう) | maioria *f.*<br>マィオリーア | the majority<br>ザ マヂョリティ |
| ～決 | decisão por maioria *f.*<br>デスィザォン ポル マィオリーア | decision by majority<br>ディスィジョン バイ マヂョリティ |
| ～の | numeroso, muitos<br>ヌメローゾ, ムィントス | numerous, many<br>ニューメラス, メニ |
| 助(たす)かる |  |  |
| （助けになる） | ser de grande ajuda<br>セール ヂ グランヂ アジューダ | be helped<br>ビ ヘルプト |
| 助(たす)ける |  |  |
| （援助） | ajudar<br>アジュダール | help<br>ヘルプ |
| （救助） | salvar, socorrer<br>サウヴァール, ソコヘール | save<br>セイヴ |

| 日 | 葡 | 英 |
|---|---|---|
| 尋ねる | perguntar ペルグンタール | ask アスク |
| 訪ねる | visitar ヴィズィタール | visit ヴィズィト |
| 惰性 | inércia f. イネルスィア | inertia イナーシャ |
| 黄昏 | crepúsculo m. クレプスクロ | dusk, twilight ダスク, トワイライト |
| 唯 | somente, apenas ソメンチ, アペナス | only, just オウンリ, チャスト |
| ～の | ordinário, mero, simples オルヂナーリオ, メーロ, スィンプリス | ordinary オーディネリ |
| （無料） | grátis, de graça グラッチス, チ グラッサ | gratis グラティス |
| 唯[只]今 | agora アゴーラ | now ナウ |
| （すぐに） | já ジャ | soon スーン |
| （挨拶） | Oi! オィ | I'm home. アイム ホウム |
| 称える | elogiar, louvar エロジアール, ロウヴァール | praise プレイズ |
| 戦い | guerra f. batalha f., combate m., luta f. ゲッハ, バターリャ, コンバッチ, ルッタ | war, battle, fight ウォー, バトル, ファイト |
| 戦[闘]う | lutar, combater ルタール, コンバテール | fight ファイト |
| 叩く | bater バテール | strike, hit, knock ストライク, ヒト, ナク |
| 但し | mas, só que, todavia マィス, ソ キ, トダヴィーア | but, however バト, ハウエヴァ |
| 正しい | correto コヘット | right, correct ライト, カレクト |
| 正す | corrigir コヒジール | correct カレクト |
| 直ちに | imediatamente イメヂアタメンチ | at once アト ワンス |
| 畳む | dobrar ドブラール | fold フォウルド |

| 日 | 葡 | 英 |
|---|---|---|
| 漂う（ただよう） | flutuar<br>フルトゥアール | drift, float<br>ドリフト, フロウト |
| （波間に） | boiar<br>ボィアール | float<br>フロウト |
| 祟り（たたり） | malefício m., feifiço m.,<br>bruxaria f.<br>マレフィスィオ, フェィチッソ, ブルシャリーア | curse<br>カース |
| 爛れる（ただれる） | inflamar-se,<br>e ficar em carne viva<br>インフラマールスィ, フィカール エィン カルニ ヴィーヴァ | be inflamed<br>ビ インフレイムド |
| 立ち上がる（たちあがる） | levantar-se<br>レヴァンタールスィ | stand up<br>スタンド アプ |
| 立ち上げる（たちあげる） | ligar<br>リガール | start up<br>スタート アプ |
| 立入禁止（たちいりきんし） | Proibida a entrada.<br>プロイビーダ ア エントラーダ | No Admittance<br>ノウ アドミタンス |
| 立ち聞きする（たちぎきする） | escutar às portas<br>エスクタール アス ポルタス | overhear<br>オウヴァヒア |
| 立ち去る（たちさる） | partir<br>パルチール | leave<br>リーヴ |
| 立ち止まる（たちどまる） | parar, estacar<br>パラール, エスタカール | stop, halt<br>スタプ, ホールト |
| 立ち直る（たちなおる） | recobrar-se<br>ヘコブラールスィ | get over, recover<br>ゲト オウヴァ, リカヴァ |
| 立ち退く（たちのく） | desocupar, evacuar<br>チゾクパール, エヴァクワール | leave, move out<br>リーヴ, ムーヴ アウト |
| 立場（たちば） | posição f.<br>ポズィサォン | standpoint<br>スタンドポイント |
| 駝鳥（だちょう） | avestruz m.f.<br>アヴェストルィス | ostrich<br>オストリチ |
| 立ち寄る（たちよる） | passar em<br>パサール エィン | drop by<br>ドラプ バイ |
| 経つ（たつ） | passar<br>パサール | pass, go by<br>パス, ゴウ バイ |
| 建つ（たつ） | ser construído, edificar-se<br>セール コンストルイード, エヂフィカールスィ | be built<br>ビ ビルト |
| 発つ（たつ） | partir<br>パルチール | start, leave<br>スタート, リーヴ |

| 日 | 葡 | 英 |
|---|---|---|
| 立つ | levantar-se レヴァンタールスィ | stand, rise スタンド, ライズ |
| 卓球 | tênis de mesa *m.*, pingue-pongue *m.* テニス チ メーザ, ピンギポンギ | table tennis テイブル テニス |
| 脱臼 | deslocamento チズロカメント | dislocation ディスロケイション |
| ～する | deslocar-se チズロカールスィ | have dislocated ハヴ ディスロケイテド |
| だっこする | levar no colo, abraçar レヴァール ノ コーロ, アブラサール | carry キャリ |
| 脱脂乳 | leite desnatado *m.* レィチ チズナタード | skim milk スキム ミルク |
| 脱脂綿 | algodão hidrófilo *m.* アウゴダォン イドロフィロ | absorbent cotton アブソーベント カトン |
| 達者な (上手な) | perito, hábil ペリット, アービウ | good, skillful グド, スキルフル |
| ダッシュする | arrancar a toda velocidade アハンカール ア トーダ ヴェロスイダーチ | dash ダシュ |
| 脱出する | fugir, evadir-se フジール, エヴァチールスィ | escape *from* イスケイプ |
| 達する | atingir, chegar a アチンジール, シェガール ア | reach, arrive *at* リーチ, アライヴ |
| 達成 | realização *f.* ヘアリザサォン | accomplishment アカンプリシュメント |
| ～する | realizar, alcançar ヘアリザール, アウカンサール | accomplish, achieve アカンプリシュ, アチーヴ |
| 脱税する | sonegar imposto ソネガール インポスト | evade a tax イヴェイド ア タクス |
| 脱線する | descarrilar チスカヒラール | be derailed ビ ディレイルド |
| (話が) | desviar-se de デズヴィアールスィ チ | digress *from* ダイグレス |
| たった | somente ソメンチ | only, just オウンリ, チャスト |
| ～今 | agora mesmo, só agora アゴーラ メズモ, ソ アゴーラ | just now チャスト ナウ |

| 日 | 葡 | 英 |
|---|---|---|
| 脱退する<br>だったい | sair de, desligar-se de<br>サイール ヂ, ヂズリガールスィ ヂ | withdraw *from*<br>ウィズドロー |
| タッチ | toque *m.*<br>トッキ | touch<br>タチ |
| 脱腸<br>だっちょう | hérnia *f.*<br>エルニア | hernia<br>ハーニア |
| 手綱<br>たづな | rédea *f.*<br>ヘヂア | reins, bridle<br>レインズ, ブライドル |
| 脱皮<br>だっぴ | ecdise *f.*<br>エキヂーズィ | ecdysis<br>エクディスィス |
| 竜巻<br>たつまき | tornado *m.*<br>トルナード | tornado<br>トーネイドウ |
| 脱毛<br>だつもう | | |
| （除毛） | depilação *f.*<br>デピラサォン | depilation<br>デピレイション |
| 脱落<br>だつらく | omissão *f.*<br>オミサォン | omission<br>オウミション |
| ～する | desistir, abandonar<br>デズィスチール, アバントナール | be omitted, fall off<br>ビ オウミテド, フォール オフ |
| 縦<br>たて | comprimento *m.*<br>コンプリメント | length<br>レンクス |
| 盾<br>たて | escudo *m.*<br>エスクード | shield<br>シールド |
| 縦糸<br>たていと | urdidura *f.*<br>ウルヂドゥーラ | warp<br>ウォープ |
| 鬣<br>たてがみ | crina *f.*, juba *f.*<br>クリーナ, ジューバ | mane<br>メイン |
| 立て札<br>たてふだ | tabuleta *f.*<br>タブレッタ | bulletin board<br>ブレティン ボード |
| 建前<br>たてまえ | princípio político *m.*<br>プリンスィッピオ ポリチコ | professed intention<br>プロフェスト インテンション |
| 建物<br>たてもの | prédio *m.*<br>プレーヂオ | building<br>ビルディング |
| 建てる<br>たてる | construir<br>コンストルイール | build, construct<br>ビルド, カンストラクト |
| （設立） | estabelecer, fundar<br>エスタベレセール, フンダール | establish, found<br>イスタブリシュ, ファウンド |
| 立てる<br>たてる | levantar, erguer<br>レヴァンタール, エルゲール | stand, put up<br>スタンド, プト アプ |

| 日 | 葡 | 英 |
|---|---|---|
| （計画を） | fazer (um plano)<br>ファゼール（ウン プラーノ） | form, make<br>フォーム, メイク |
| 妥当な | apropriado<br>アプロプリアード | proper, appropriate<br>プラパ, アプロウプリエト |
| 打倒する | derrubar<br>デフバール | defeat<br>ディフィート |
| たとえ | mesmo que<br>メズモ キ | even if<br>イーヴン イフ |
| 例えば | por exemplo<br>ポール エゼンプロ | for example<br>フォー イグザンプル |
| 例える（比喩） | comparar<br>コンパラール | compare *to*<br>カンペア |
| （例示） | exemplificar<br>エゼンプリフィカール | exemplify<br>イグゼンプリファイ |
| 辿る | seguir<br>セギール | follow, trace<br>ファロウ, トレイス |
| 棚 | estante *f.*<br>エスタンチ | shelf, rack<br>シェルフ, ラク |
| 谷 | vale *m.*<br>ヴァーリ | valley<br>ヴァリ |
| だに | carrapato *f.*<br>カハパット | tick<br>ティク |
| 他人 | outrem *f.*<br>オゥトレィン | others<br>アザズ |
| 狸 | texugo *m.*<br>テシューゴ | raccoon dog<br>ラクーン ドグ |
| 種 | semente *f.*<br>セメンチ | seed<br>スィード |
| ～を蒔く | semear<br>セメアール | sow<br>ソウ |
| 楽しい | alegre, divertido<br>アレーグリ, ヂヴェルチード | happy, cheerful<br>ハピ, チアフル |
| 楽しみ | divertimento *m.*, prazer *m.*<br>ヂヴェルチメント, プラゼール | pleasure, joy<br>プレジャ, ヂョイ |
| 楽しむ | divertir-se<br>ヂヴェルチールスィ | enjoy<br>インヂョイ |
| 頼み | pedido *m.*<br>ペヂード | request, favor<br>リクウェスト, フェイヴァ |

| 日 | 葡 | 英 |
|---|---|---|
| (信頼) | confiança *f.*<br>コンフィアンサ | reliance, trust<br>リライアンス, トラスト |
| 頼む | pedir<br>ペチール | ask, request<br>アスク, リクウェスト |
| 頼もしい | digno, de confiança<br>チギノ, チ コンフィアンサ | reliable<br>リライアブル |
| (有望な) | promissor<br>プロミソール | promising<br>プロミスィング |
| 束 | feixe *m.*<br>フェイシ | bundle, bunch<br>バンドル, バンチ |
| 煙草 | cigarro *m.*<br>スィガッホ | tobacco<br>トバコウ |
| 旅 | viagem *f.*<br>ヴィアージェィン | travel, journey<br>トラヴル, チャーニ |
| 度々 | freqüentemente<br>フレクェンチメンチ | often<br>オーフン |
| ダビング | cópia *f.*<br>コーピア | dubbing<br>ダビング |
| ～する | copiar<br>コピアール | dub<br>ダブ |
| タフな | forte, vigoroso<br>フォルチ, ヴィゴローゾ | tough, hardy<br>タフ, ハーディ |
| タブー | tabu *m.*<br>タブ | taboo<br>タブー |
| だぶだぶの | (roupa) larga<br>ホゥパ ラルガ | loose-fitting<br>ルースフィティング |
| ダブる | sobrepor-se, justapor-se<br>ソブレポールスィ, ジェスタポールスィ | overlap<br>オウヴァラプ |
| ダブルの | trespassado<br>トレスパサード | double<br>ダブル |
| ダブルス | dupla<br>ドゥプラ | doubles<br>ダブルズ |
| 多分 | talvez, provavelmente<br>タウヴェィス, プロバアーヴェウメンチ | perhaps, maybe<br>パハプス, メイビ |
| タペストリー | tapeçaria *f.*<br>タペサリーア | tapestry<br>タピストリ |
| 食べ物 | comida *f.*, alimento *m.*<br>コミーダ, アリメント | food, provisions<br>フード, プロヴィジョンズ |

| 日 | 葡 | 英 |
|---|---|---|
| た<br>食べる | comer<br>コメール | eat<br>イート |
| たほう<br>他方 | por outro lado<br>ポル オゥトロ ラード | on the other hand<br>オン ザ アザ ハンド |
| たぼう<br>多忙な | muito ocupado<br>ムィント オクパード | busy<br>ビズィ |
| だぼく<br>打撲 | pancada *f.*<br>パンカーダ | bruise<br>ブルーズ |
| たま<br>球 | bola *f.*<br>ボーラ | ball, bulb<br>ボール，バルブ |
| たま<br>弾 | bala *f.*<br>バーラ | ball, shell<br>ボール，シェル |
| たまご<br>卵・玉子 | ovo *m.*<br>オーヴォ | egg<br>エグ |
| たましい<br>魂 | alma *f.*<br>アウマ | soul, spirit<br>ソウル，スピリト |
| だま<br>騙す | enganar, ludibriar<br>エンガナール，ルヂブリアール | deceive, cheat<br>ディスィーヴ，チート |
| だま<br>黙って | sem falar, calado<br>セィン ファラール，カラード | silently<br>サイレントリ |
| （無断で） | sem avisar, sem licença<br>セィン アヴィザール，セィン リセンサ | without leave<br>ウィザウト リーヴ |
| たまに | ocasionalmente,<br>　de vez em quando<br>オカズィオナウメンチ，チ ヴェィズ エィン クヮンド | occasionally<br>オケイジョナリ |
| たまねぎ<br>玉葱 | cebola *f.*<br>セボーラ | onion<br>アニオン |
| た<br>堪らない | insuportável, intolerável<br>インスポルターヴェゥ，イントレラーヴェゥ | unbearable<br>アンベアラブル |
| （渇望・切望） | estar ansioso para<br>エスタール アンスィオーゾ パラ | be anxious *for*<br>ビ アンクシャス |
| た<br>溜まる | acumular-se<br>アクムラールスィ | accumulate, gather<br>アキューミュレイト，ギャザ |
| だま<br>黙る | calar-se<br>カラールスィ | become silent<br>ビカム サイレント |
| ダミー | falso, imitado<br>ファウソ，イミタード | dummy<br>ダミ |
| ダム | represa *f.*, barragem *f.*<br>ヘプレーザ，バハージェィン | dam<br>ダム |

| 日 | 葡 | 英 |
|---|---|---|
| <ruby>為<rt>ため</rt></ruby> | | |
| …の〜の | para, por<br>パラ, ポール | for, to<br>フォー, トゥー |
| 〜になる | proveitoso, útil<br>プロヴェイトーゾ, ウッチウ | good for, profitable<br>グド フォー, プラフィタブル |
| <ruby>駄目<rt>だめ</rt></ruby>な | inútil<br>イヌッチウ | useless, no use<br>ユースレス, ノウ ユース |
| <ruby>溜<rt>た</rt></ruby>め<ruby>息<rt>いき</rt></ruby>をつく | suspirar<br>ススピラール | sigh<br>サイ |
| ダメージ | prejuízo m.<br>プレジュイーゾ | damage<br>ダミヂ |
| <ruby>試<rt>ため</rt></ruby>す | experimentar<br>エスペリメンタール | try, test<br>トライ, テスト |
| <ruby>躊躇<rt>ためら</rt></ruby>う | hesitar<br>エズィタール | hesitate<br>ヘズィテイト |
| <ruby>貯<rt>た</rt></ruby>める | juntar<br>ジュンタール | save, store<br>セイヴ, ストー |
| <ruby>溜<rt>た</rt></ruby>める | | |
| （蓄積） | acumular, juntar<br>アクムラール, ジュンタール | accumulate, collect<br>アキューミュレイト, カレクト |
| <ruby>保<rt>たも</rt></ruby>つ | manter, conservar<br>マンテール, コンセルヴァール | keep<br>キープ |
| <ruby>便<rt>たよ</rt></ruby>り | notícia f.<br>ノチッスィア | news<br>ニューズ |
| （手紙） | carta f.<br>カルタ | letter<br>レタ |
| <ruby>頼<rt>たよ</rt></ruby>り | confiança f.<br>コンフィアンサ | reliance, confidence<br>リライアンス, カンフィデンス |
| <ruby>頼<rt>たよ</rt></ruby>る | contar com, depender de<br>コンタール コン, デペンデール チ | rely on, depend on<br>リライ オン, ディペンド オン |
| <ruby>鱈<rt>たら</rt></ruby> | bacalhau m.<br>バカリャウ | cod<br>カド |
| <ruby>堕落<rt>だらく</rt></ruby> | degeneração f.,<br>    degradação f.<br>デジェネラサォン, デグラダサォン | degeneration<br>ディヂェナレイション |
| 〜する | degenerar<br>デジェネラール | degenerate *into*<br>ディヂェネレイト |
| だらける | desleixar, negligenciar-se<br>デズレィシャール, ネグリジェンスィアールスィ | be lazy<br>ビ レイズィ |

| 日 | 葡 | 英 |
|---|---|---|
| だらしない | desleixado, descuidado<br>ヂスレィシャード, ヂスクィダード | untidy, slovenly<br>アンタイディ, スラヴンリ |
| 垂らす | deixar suspenso, pendurar<br>ディシャール ススペンソ, ペンドゥラール | hang down<br>ハング ダウン |
| （こぼす） | pingar<br>ピンガール | drop, spill<br>ドラプ, スピル |
| タラップ | escada de embarque f.<br>エスカーダ ヂ エンバルキ | gangway, ramp<br>ギャングウェイ, ランプ |
| 足りない | faltar<br>ファウタール | be short of<br>ビ ショート |
| 多量に | em grande quantidade,<br>abundantemente<br>エィン グランヂ クァンチダーヂ, アブンダンチメンチ | abundantly<br>アバンダントリ |
| 足りる | ser suficiente, bastar<br>セール スフィスィエンチ, バスタール | be enough<br>ビ イナフ |
| 樽 | barril<br>バヒウ | barrel, cask<br>バレル, キャスク |
| だるい | lânguido,<br>estar com corpo pesado<br>ランギド, エスタール コン コルポ ペザード | feel heavy, be dull<br>フィール ヘヴィ, ビ ダル |
| 弛む | afrouxar<br>アフロゥシャール | be loose, slacken<br>ビ ルース, スラクン |
| 誰 | quem<br>ケィン | who<br>フー |
| ～か | alguém<br>アウゲィン | someone, somebody<br>サムワン, サムボディ |
| 垂れる | pender, ficar pendurado<br>ペンデール, フィカール ペンドゥラード | hang, drop<br>ハング, ドラプ |
| （滴る） | pingar<br>ピンガール | drop, drip<br>ドラプ, ドリプ |
| だれる | ficar mole, afrouxar-se<br>フィカール モーリ, アフロゥシャールスィ | dull<br>ダル |
| （退屈） | entediar-se<br>エンテヂアールスィ | be bored by<br>ビ ボード |
| タレント | artista m.f.<br>アルチスタ | personality<br>パーソナリティ |
| 撓む | curvar-se, arriar-se<br>クルヴァールスィ, アヒアールスィ | bend<br>ベンド |

| 日 | 葡 | 英 |
|---|---|---|
| <ruby>戯<rt>たわむ</rt></ruby>れる | brincar<br>ブリンカール | play<br>プレイ |
| <ruby>痰<rt>たん</rt></ruby> | escarro m.<br>エスカッホ | phlegm, sputum<br>フレム, スピュータム |
| <ruby>段<rt>だん</rt></ruby> | degrau m.<br>デグラゥ | step, stair<br>ステプ, ステア |
| <ruby>弾圧<rt>だんあつ</rt></ruby>する | reprimir, oprimir<br>ヘプリミール, オプリミール | suppress<br>サプレス |
| <ruby>単位<rt>たんい</rt></ruby> | unidade f.<br>ウニダーチ | unit<br>ユーニト |
| （授業の） | crédito m.<br>クレヂト | credit<br>クレヂィト |
| <ruby>単一<rt>たんいつ</rt></ruby>の | único<br>ウニコ | single, sole<br>スィングル, ソウル |
| <ruby>担架<rt>たんか</rt></ruby> | maca f.<br>マッカ | stretcher<br>ストレチャ |
| タンカー | petroleiro m.<br>ペトロレィロ | tanker<br>タンカ |
| <ruby>段階<rt>だんかい</rt></ruby> | classe f., grau m.<br>クラッスィ, グラゥ | step, stage<br>ステプ, ステイヂ |
| <ruby>断崖<rt>だんがい</rt></ruby> | precipício m.,<br>despenhadeiro m.<br>プレスィピッスィオ, ヂスペニャデイロ | cliff<br>クリフ |
| <ruby>弾丸<rt>だんがん</rt></ruby> | bala f.<br>バーラ | bullet, shell<br>ブレト, シェル |
| <ruby>短期<rt>たんき</rt></ruby> | curta duração f.,<br>curto prazo f.<br>クルタ ドゥラサォン, クルト プラーゾ | short term<br>ショート ターム |
| <ruby>短気<rt>たんき</rt></ruby>な | irritadiço, impaciente<br>イヒタヂッソ, インパスィエンチ | quick-tempered<br>クウィクテンパド |
| <ruby>探究<rt>たんきゅう</rt></ruby> | investigação f., pesquisa f.<br>インヴェスチガサォン, ペスキーザ | study, investigation<br>スタディ, インヴェスティゲイション |
| 〜する | investigar, pesquisar<br>インヴェスチガール, ペスキザール | study, investigate<br>スタディ, インヴェスティゲイト |
| <ruby>短距離競走<rt>たんきょりきょうそう</rt></ruby> | corrida de curta distância f.<br>コヒーダ ヂ クルタ ヂスタンスィア | short-distance race<br>ショートディスタンス レイス |
| タンク | tanque m.<br>タンキ | tank<br>タンク |

| 日 | 葡 | 英 |
|---|---|---|
| だんけつ<br>団結する | unir-se<br>ウニールスィ | unite<br>ユーナイト |
| たんけん<br>探検 | expedição f.<br>エスペヂサォン | exploration<br>エクスプロレイション |
| 〜する | explorar<br>エスプロラール | explore<br>イクスプロー |
| だんげん<br>断言 | afirmação f.<br>アフィルマサォン | assertion<br>アサーション |
| 〜する | afirmar<br>アフィルマール | assert, affirm<br>アサート, アファーム |
| たんご<br>単語 | palavra f.<br>パラーヴラ | word<br>ワード |
| だんごう<br>談合する | combinar previamente<br>コンビナール プレヴィアメンチ | rig a bid<br>リグ ア ビド |
| ダンサー | | |
| (男の) | dançarino m.<br>ダンサリーノ | dancer<br>ダンサ |
| (女の) | dançarina f.<br>ダンサリーナ | dancer<br>ダンサ |
| たんさん<br>炭酸 | ácido carbônico m.<br>アスィド カルボニコ | carbonic acid<br>カーボニク アスィド |
| 〜ガス | gás carbônico m.<br>ガィス カルボニコ | carbonic acid gas<br>カーボニク アスィド ギャス |
| 〜水 | água com gás f.<br>アーグァ コン ガィス | soda water<br>ソウダ ウォータ |
| たんしゅく<br>短縮する | encurtar, reduzir<br>エンクルタール, ヘドゥズィール | shorten, reduce<br>ショートン, リデュース |
| たんじゅん<br>単純な | simples<br>スィンプリス | plain, simple<br>プレイン, スィンプル |
| たんしょ<br>短所 | defeito m.<br>デフェィト | shortcoming<br>ショートカミング |
| たんじょう<br>誕生 | nascimento m.<br>ナスィメント | birth<br>バース |
| 〜する | nascer<br>ナセール | be born<br>ビ ボーン |
| 〜日 | aniversário (natalício) m.<br>アニヴェルサーリオ (ナタリッスィオ) | birthday<br>バースデイ |
| たんす<br>箪笥 | guarda-roupa m.<br>グワルダ ホゥパ | chest of drawers<br>チェスト オヴ ドローズ |

| 日 | 葡 | 英 |
|---|---|---|
| ダンス | dança *f.*<br>ダンサ | dancing, dance<br>ダンスィング, ダンス |
| たんすい<br>淡水 | água doce *f.*<br>アーグァ ドッスィ | fresh water<br>フレシュ ウォータ |
| たんすう<br>単数 | singular *m.*<br>スィングラール | singular<br>スィンギュラ |
| だんせい<br>男性 | homem *m.*<br>オーメィン | the male<br>ザ メイル |
| たんせき<br>胆石 | cálculo biliar *m.*<br>カウクロ ビリアール | bilestone<br>バイルストウン |
| だんぜん<br>断然 | indiscutivelmente,<br>    indubitavelmente<br>インヂスクチヴェウメンチ, インドゥビタヴェウメンチ | resolutely, firmly<br>レゾールトリ, ファームリ |
| たんそ<br>炭素 | carbono *m.*<br>カルボーノ | carbon<br>カーボン |
| だんそう<br>断層 | falha *f.*<br>ファーリャ | fault<br>フォルト |
| だんたい<br>団体 | grupo *m.*<br>グルッポ | party, organization<br>パーティ, オーガニゼイション |
| だんだん<br>段々 | gradualmente,<br>    pouco a pouco<br>グラドゥアウメンチ, ポウコ ア ポウコ | gradually<br>グラヂュアリ |
| だんち<br>団地 | conjunto residencial *m.*<br>コンジュント ヘズィデンスィアウ | housing development<br>ハウズィング ディヴェロプメント |
| たんちょう<br>短調 | escala menor *f.*<br>エスカーラ メノール | minor key<br>マイナ キー |
| たんちょうな<br>単調な | monótono<br>モノトノ | monotonous, dull<br>モナトナス, ダル |
| たんてい<br>探偵 | detetive *m.*<br>デテチーヴィ | detective<br>ディテクティヴ |
| たんとう<br>担当 | cargo *m.*, encargo *m.*<br>カルゴ, エンカルゴ | charge<br>チャ〜ヂ |
| 〜する | encarregar-se de<br>エンカヘガールスィ ヂ | take charge of<br>テイク チャーヂ |
| たんどくの<br>単独の | independente, individual<br>インデペンデンチ, インヂヴィドゥアウ | sole, individual<br>ソウル, インディヴィヂュアル |
| だんな<br>旦那 | | |
| (夫) | marido *m.*<br>マリード | husband<br>ハズバンド |

| 日 | 葡 | 英 |
|---|---|---|
| <ruby>単<rt>たん</rt></ruby>なる | simples<br>スィンプリス | mere, simple<br>ミア, スィンプル |
| <ruby>単<rt>たん</rt></ruby>に | simplesmente<br>スィンプリズメンチ | only, merely<br>オウンリ, ミアリ |
| <ruby>丹念<rt>たんねん</rt></ruby>な | cuidadoso, esmerado<br>クィダドーゾ, エズメラード | careful, elaborate<br>ケアフル, イラボレト |
| <ruby>断念<rt>だんねん</rt></ruby>する | desistir de<br>デズィスチール ヂ | give up, abandon<br>ギヴ アプ, アバンドン |
| <ruby>胆嚢<rt>たんのう</rt></ruby> | vesícula biliar *f.*<br>ヴェズィクラ ビリアール | the gall<br>ザ ゴール |
| <ruby>堪能<rt>たんのう</rt></ruby><br>〜する | ficar satisfeito com<br>フィカール サチスフェイト コン | be satisfied *with*<br>ビ サティスファイド |
| 〜な | hábil, ser forte em<br>アビウ, セール フォルチ エィン | good, proficient<br>グド, プロフィシェント |
| <ruby>短波<rt>たんぱ</rt></ruby> | onda curta *f.*<br>オンダ クルタ | shortwave<br>ショートウェイヴ |
| <ruby>蛋白質<rt>たんぱくしつ</rt></ruby> | proteína *f.*<br>プロテイーナ | protein<br>プロウティーイン |
| <ruby>淡白<rt>たんぱく</rt></ruby>な<br>(味・色が) | simples<br>スィンプリス | light, simple<br>ライト, スィンプル |
| タンバリン | pandeiro *m.*<br>パンデイロ | tambourine<br>タンブリーン |
| ダンピング | dumping *m.*<br>ダンピン | dumping<br>ダンピング |
| ダンプカー | caçamba basculante *f.*<br>カサンバ バスクランチ | dump truck<br>ダンプ トラク |
| <ruby>断片<rt>だんぺん</rt></ruby> | fragmento *m.*<br>フラギメント | fragment<br>フラグメント |
| <ruby>担保<rt>たんぽ</rt></ruby> | hipoteca *f.*<br>イポテッカ | security, mortgage<br>スィキュアリティ, モーギヂ |
| <ruby>暖房<rt>だんぼう</rt></ruby> | aquecimento *m.*<br>アケスィメント | heating<br>ヒーティング |
| <ruby>段<rt>だん</rt></ruby>ボール | papelão *m.*<br>パペラォン | corrugated paper<br>コラゲイティド ペイパ |
| <ruby>蒲公英<rt>たんぽぽ</rt></ruby> | dente-de-leão *m.*<br>デンチ ヂ レアォン | dandelion<br>ダンディライオン |

| 日 | 葡 | 英 |
|---|---|---|
| タンポン | tampão ginecológico *m.*, O.B. *m.*<br>タンパォン ジネコロジコ, オーベー | tampon<br>タンパン |
| 端末（たんまつ） | terminal *m.*<br>テルミナウ | terminal<br>ターミナル |
| 断面（だんめん） | seção *f.*<br>セサォン | section, phase<br>セクション, フェイズ |
| 弾薬（だんやく） | munições *f.pl.*<br>ムニソィンス | ammunition<br>アミュニション |
| 段落（だんらく） | parágrafo *m.*<br>パラグラフォ | paragraph<br>パラグラフ |
| 暖流（だんりゅう） | corrente (marítima) quente *f.*<br>コヘンチ（マリチマ）ケンチ | warm current<br>ウォーム カーレント |
| 弾力（だんりょく） | elasticidade *f.*<br>エラスチスィダーヂ | elasticity<br>イラスティスィティ |
| 暖炉（だんろ） | lareira *f.*<br>ラレィラ | fireplace<br>ファイアプレイス |
| 談話（だんわ） | conversa *f.*<br>コンヴェルサ | talk, conversation<br>トーク, カンヴァセイション |

## ち, チ

| 日 | 葡 | 英 |
|---|---|---|
| 血（ち） | sangue *m.*<br>サンギ | blood<br>ブラド |
| チアノーゼ | cianose *f.*<br>スィアノーズィ | cyanosis<br>サイアノウスィス |
| 治安（ちあん） | segurança [ordem] pública *f.*<br>セグランサ［オルデイン］プブリカ | public peace<br>パブリク ピース |
| 地位（ちい） | posição *f.*<br>ポズィサォン | position<br>ポズィション |
| 地域（ちいき） | área *f.*, região *f.*, zona *f.*<br>アーリア, ヘジアォン, ゾーナ | region, zone<br>リーヂョン, ゾウン |
| 小さい（ちいさい） | pequeno<br>ペケーノ | small, little<br>スモール, リトル |
| （微細な） | minucioso<br>ミヌスィオーゾ | minute, fine<br>マイニュート, ファイン |
| （音・声が） | baixo<br>バィショ | low<br>ロウ |

| 日 | 葡 | 英 |
|---|---|---|
| (幼い) | pequeno<br>ペケーノ | little, young<br>リトル, ヤング |
| チーズ | queijo *m.*<br>ケィジョ | cheese<br>チーズ |
| チーフ | chefe *m.f.*<br>シェッフィ | chief, head<br>チーフ, ヘド |
| チーム | equipe *f.*<br>エキッピ | team<br>ティーム |
| 知恵 | sabedoria *f.*, inteligência *f.*<br>サベドリーア, インテリジェンスィア | wisdom, intelligence<br>ウィズドム, インテリヂェンス |
| チェーン | cadeia *f.*, corrente *f.*<br>カデイア, コヘンテ | chain<br>チェイン |
| ～ソー | motosserra *f.*<br>モトセッハ | chain saw<br>チェイン ソー |
| ～店 | cadeia de lojas *f.*<br>カデイア チ ロージャス | chain store<br>チェイン ストー |
| チェス | xadrez *m.*<br>シャドレィス | chess<br>チェス |
| チェック | | |
| ～する | verificar, checar<br>ヴェリフィカール, シェカール | check<br>チェク |
| ～模様 | xadrez *m.*<br>シャドレィス | check, checker<br>チェク, チェカ |
| チェロ | violoncelo *m.*<br>ヴィオロンセーロ | cello<br>チェロウ |
| 地下 | subterrâneo *m.*<br>スビテハーニオ | underground<br>アンダグラウンド |
| 近い | perto<br>ペルト | near, close *to*<br>ニア, クロウス |
| 地階 | subterrâneo *m.*<br>スビテハーニオ | the basement<br>ザ ベイスメント |
| 違い | diferença *f.*<br>ヂフェレンサ | difference<br>ディフレンス |
| 違いない | deve ser<br>デーヴィ セール | must be, I am sure *that*<br>マスト ビー, アイ アム シュア |
| 誓う | jurar<br>ジュラール | vow, swear<br>ヴァウ, スウェア |
| 違う | diferir de, ser diferente de<br>ヂフェリール ヂ, セール ヂフェレンチ ヂ | differ *from*<br>ディファ |

| 日 | 葡 | 英 |
|---|---|---|
| ちかく<br>知覚 | percepção f.<br>ペルセピサオン | perception<br>パセプション |
| ちかごろ<br>近頃 | ultimamente, recentemente<br>ウウチマメンチ, ヘセンチメンチ | recently, these days<br>リーセントリ, ズィーズ デイズ |
| ちかしつ<br>地下室 | porão m., subsolo m.<br>ポラオン, スビソーロ | basement, cellar<br>ベイスメント, セラ |
| ちかづ<br>近付く | aproximar-se, chegar perto<br>アプロスィマールスィ, シェガール ペルト | approach<br>アプロウチ |
| ちかてつ<br>地下鉄 | metrô m.<br>メトロ | subway<br>サブウェイ |
| ちかどう<br>地下道 | passagem subterrânea f.<br>パサージェイン スビテハーニア | underpass, subway<br>アンダパス, サブウェイ |
| ちかみち<br>近道 | atalho m.<br>アターリョ | short cut<br>ショート カト |
| ちかよ<br>近寄る | aproximar-se, chegar perto<br>アプロスィマールスィ, シェガール ペルト | approach<br>アプロウチ |
| ちから<br>力 | força f.<br>フォルサ | power, energy<br>パウア, エナヂ |
| （能力） | capacidade f., habilidade f.<br>カパスィダーチ, アビリダーチ | ability, power<br>アビリティ, パウア |
| ちきゅう<br>地球 | Terra f.<br>テッハ | the earth<br>ジ アース |
| ～儀 | globo m.<br>グローボ | globe<br>グロウブ |
| ちぎ<br>千切る | rasgar, despedaçar com a mão<br>ハズガール, チスペダサール コン ア マオン | tear off<br>テア オフ |
| チキン | frango m.<br>フランゴ | chicken<br>チキン |
| ちく<br>地区 | zona f.<br>ゾーナ | district, section<br>ディストリクト, セクション |
| ちくさん<br>畜産 | pecuária f.<br>ペクワーリア | stockbreeding<br>スタクブリーディング |
| ちくしょう<br>畜生 | | |
| （ののしり） | Maldito seja!<br>マウヂット セージャ | Damn it!<br>ダム イト |
| ちくせき<br>蓄積 | acúmulo m., acumulação f.<br>アクムロ, アクムラサオン | accumulation<br>アキューミュレイション |
| ちくのうしょう<br>蓄膿症 | empiema m.<br>エンピエーマ | empyema<br>エンピイーマ |

| 日 | 葡 | 英 |
|---|---|---|
| 乳首（ちくび） | mamilo *m.*, bico *m.*<br>マミーロ, ビッコ | nipple, teat<br>ニプル, ティート |
| 地形（ちけい） | topografia *f.*<br>トポグラフィーア | landform<br>ランドフォーム |
| チケット | ingresso *m.*, bilhete *m.*<br>イングレッソ, ビリェッチ | ticket<br>ティケト |
| 遅刻（ちこく） | atraso *m.*<br>アトラーゾ | being late<br>ビーイング レイト |
| 〜する | chegar atrasado<br>シェガール アトラザード | be late *for*<br>ビ レイト |
| 知事（ちじ） | | |
| （男の） | governador *m.*<br>ゴヴェルナドール | governor<br>ガヴァナ |
| （女の） | governadora *f.*<br>ゴヴェルナドーラ | governor<br>ガヴァナ |
| 知識（ちしき） | conhecimento *m.*<br>コニェスィメント | knowledge<br>ナリヂ |
| 地質（ちしつ） | natureza do solo *f.*<br>ナトゥレーザ ド ソーロ | the nature of the soil<br>ザ ネイチャ オヴ ザ ソイル |
| 〜学 | geologia *f.*<br>ジェオロジーア | geology<br>ヂアロヂィ |
| 知人（ちじん） | conhecido *m.*<br>コニェスィード | acquaintance<br>アクウェインタンス |
| 地図（ちず） | mapa *m.*<br>マッパ | map, atlas<br>マプ, アトラス |
| 知性（ちせい） | inteligência *f.*, intelecto *m.*<br>インテリジェンスィア, インテレキト | intellect, intelligence<br>インテレクト, インテリヂェンス |
| 地層（ちそう） | estrato *m.*, camada *f.*<br>エストラット, カマーダ | stratum, layer<br>ストレイタム, レイア |
| 地帯（ちたい） | zona *f.*<br>ゾーナ | zone, region<br>ゾウン, リーヂョン |
| チタン | titânio *m.*<br>チターニオ | titanium<br>タイテイニアム |
| 乳（ちち） | leite *m.*<br>レィチ | mother's milk<br>マザズ ミルク |
| （乳房） | mama *f.*<br>マーマ | the breasts<br>ザ ブレスツ |
| 父・父親（ちち・ちちおや） | pai *m.*<br>パイ | father<br>ファーザ |

| 日 | 葡 | 英 |
|---|---|---|
| 父方(ちちかた) | lado paterno *m.*<br>ラード パテルノ | father's side<br>ファーザズ サイド |
| 縮まる(ちぢまる) | encolher, diminuir-se, ser reduzido<br>エンコリェール, ヂミヌイールスィ, セール ヘドゥズィード | be shortened<br>ビ ショートンド |
| 縮む(ちぢむ) | encolher, encurtar-se, diminuir-se<br>エンコリェール, エンクルタールスィ, ヂミヌイールスィ | shrink<br>シュリンク |
| 縮める(ちぢめる) | encurtar, diminuir, reduzir<br>エンクルタール, ヂミヌイール, ヘドゥズィール | shorten, abridge<br>ショートン, アブリヂ |
| 地中海(ちちゅうかい) | Mar Mediterrâneo *m.*<br>マール メヂテハーニオ | the Mediterranean<br>ザ メディタレイニアン |
| 縮れる(ちぢれる) | encrespar-se<br>エンクレスパールスィ | be curled, wrinkle<br>ビ カールド, リンクル |
| 膣(ちつ) | vagina *f.*<br>ヴァジーナ | the vagina<br>ザ ヴァヂャイナ |
| 秩序(ちつじょ) | ordem *f.*<br>オルデイン | order<br>オーダ |
| 窒素(ちっそ) | nitrogênio *m.*<br>ニトロジェーニオ | nitrogen<br>ナイトロヂェン |
| 窒息する(ちっそくする) | asfixiar-se<br>アスフィクスィアールスィ | be suffocated<br>ビ サフォケイテド |
| チップ | gorjeta *f.*<br>ゴルジェッタ | tip<br>ティプ |
| 知的な(ちてきな) | intelectual<br>インテレキトゥアウ | intellectual<br>インテレクチュアル |
| 知能(ちのう) | inteligência *f.*<br>インテリジェンスィア | intellect, intelligence<br>インテレクト, インテリヂェンス |
| 乳房(ちぶさ) | seio *m.*, busto *m.*<br>セィオ, ブスト | the breasts<br>ザ ブレスツ |
| チフス | tifo *m.*<br>チッフォ | typhoid, typhus<br>タイフォイド, タイファス |
| 地平線(ちへいせん) | horizonte *m.*<br>オリゾンチ | the horizon<br>ザ ホライズン |
| 地方(ちほう) | região *f.*<br>ヘジアオン | locality, the country<br>ロウキャリティ, ザ カントリ |
| 〜自治 | autonomia local *f.*<br>アウトノミーア ロカウ | local autonomy<br>ロウカル オータノミ |

| 日 | 葡 | 英 |
|---|---|---|
| ちみつ<br>緻密な | minucioso<br>ミヌスィオーゾ | minute, fine<br>マイニュート, ファイン |
| ちめい<br>地名 | topônimo *m.*<br>トポニモ | the name of a place<br>ザ ネイム オヴ ア プレイス |
| ちめいど<br>知名度 | renome *m.*, fama *f.*,<br>celebridade *f.*<br>ヘノーミ, ファーマ, セレブリダーヂ | celebrity<br>スィレブリティ |
| ちゃ<br>茶 | chá *m.*<br>シャ | tea<br>ティー |
| チャーターする | fretar<br>フレタール | charter<br>チャータ |
| チャーミングな | encantador, charmoso<br>エンカンタドール, シャルモーゾ | charming<br>チャーミング |
| チャイム | campainha *f.*<br>カンパイーニャ | chime<br>チャイム |
| ちゃいろ<br>茶色の | marrom<br>マホン | light brown<br>ライト ブラウン |
| ちゃくじつ<br>着実 | | |
| 〜な | constante, seguro, regular<br>コンスタンチ, セグーロ, ヘグラール | steady<br>ステデ |
| 〜に | com constância,<br>constantemente<br>コン コンスタンスィア, コンスタンチメンテ | steadily<br>ステディリ |
| ちゃくしゅ<br>着手する | começar<br>コメサール | start<br>スタート |
| ちゃくしょく<br>着色する | colorir<br>コロリール | color, paint<br>カラ, ペイント |
| ちゃくせき<br>着席する | sentar-se<br>センタールスィ | sit down<br>スィト ダウン |
| ちゃくち<br>着地する | tocar o chão<br>トカール ウ シャォン | land<br>ランド |
| ちゃくちゃく<br>着々と | firmemente<br>フィルミメンチ | steadily<br>ステディリ |
| ちゃくばら<br>着払い | encomenda a cobrar *f.*<br>エンコメンダ ア コブラール | collect on delivery<br>カレクト オン ディリヴァリ |
| ちゃくよう<br>着用する | trajar, usar (roupa)<br>トラジャール, ウザール (ホウパ) | wear<br>ウェア |
| ちゃくりく<br>着陸する | aterrisar<br>アテヒザール | land<br>ランド |

ち

| 日 | 葡 | 英 |
|---|---|---|
| チャック | zíper *m.*, fecho ecler *m.*<br>ズィペル, フェッショ エクレール | zipper<br>ズィパ |
| チャリティー | caridade *f.*<br>カリダーヂ | charity<br>チャリティ |
| チャレンジする | desafiar<br>デザフィアール | challenge<br>チャリンヂ |
| チャンス | oportunidade *f.*, chance *f.*<br>オポルトゥニダーヂ, シャンスィ | chance, opportunity<br>チャンス, アポチューニティ |
| ちゃんと | bem, direitinho<br>ベィン, ヂレィチーニョ | neatly<br>ニートリ |
| (正しく) | corretamente<br>コヘタメンチ | properly<br>プラパリ |
| (間違いなく) | sem falta<br>セィン ファウタ | without fail<br>ウィザウト フェイル |
| チャンネル | canal *m.*<br>カナウ | channel<br>チャネル |
| チャンピオン | | |
| (男の) | campeão *m.*<br>カンペアォン | champion<br>チャンピオン |
| (女の) | campeã *f.*<br>カンペアン | champion<br>チャンピオン |
| 中(ちゅう) | média *f.*<br>メーヂア | the average<br>ジ アヴァリヂ |
| 注(ちゅう) | nota *f.*<br>ノッタ | notes<br>ノウツ |
| 注意(ちゅうい) | atenção *f.*<br>アテンサォン | attention<br>アテンション |
| (警告) | advertência *f.*, alerta *m.*<br>アヂヴェルテンスィア, アレルタ | caution, warning<br>コーション, ウォーニング |
| (忠告) | aviso *m.*<br>アヴィーゾ | advice<br>アドヴァイス |
| 〜する | ter cuidado com<br>テール クィダード コン | pay attention *to*<br>ペイ アテンション |
| (警告) | advertir<br>アヂヴェルチール | warn<br>ウォーン |
| (忠告) | aconselhar<br>アコンセリャール | advise<br>アドヴァイズ |
| チューインガム | goma de mascar *f.*, chiclete *m.*<br>ゴーマ ヂ マスカール, シクレッチ | chewing gum<br>チューイング ガム |

| 日 | 葡 | 英 |
|---|---|---|
| ちゅうおう<br>中央 | o centro *m.*<br>ウ セントロ | the center<br>ザ センタ |
| ちゅうかい<br>仲介 | mediação *f.*<br>メヂアサォン | mediation<br>ミーディエイション |
| ～者 | | |
| （男の） | mediador *m.*<br>メヂアドール | mediator<br>ミーディエイタ |
| （女の） | mediadora *f.*<br>メヂアドーラ | mediator<br>ミーディエイタ |
| ～する | mediar<br>メヂアール | mediate *between*<br>ミーディエイト |
| ちゅうがえ<br>宙返り | salto mortal *m.*<br>サウト モルタウ | somersault<br>サマソールト |
| （飛行機の） | acrobacia aérea *f.*<br>アクロバスィーア アエーリア | loop<br>ループ |
| ちゅうがく<br>中学 | curso ginasial *m.*<br>クルソ ジナズィアウ | junior high school<br>ヂューニア ハイ スクール |
| ちゅうかん<br>中間 | meio *m.*<br>メィオ | middle<br>ミドル |
| ちゅうきゅう<br>中級の | de nível intermediário<br>ヂ ニーヴェウ インテルメヂアーリオ | intermediate<br>インタミーディエト |
| ちゅうけい<br>中継 | | |
| ～する | transmitir<br>トランズミチール | relay<br>リーレイ |
| ～放送 | retransmissão *f.*<br>ヘトランズミサォン | relay<br>リーレイ |
| ちゅうこ<br>中古 | | |
| ～車 | carro usado *m.*<br>カッホ ウザード | used car<br>ユーズド カー |
| ～の | usado, de segunda mão<br>ウザード, ヂ セグンダ マォン | used, secondhand<br>ユーズド, セコンドハンド |
| ちゅうこく<br>忠告 | conselho *m.*<br>コンセーリョ | advice<br>アドヴァイス |
| ～する | aconselhar<br>アコンセリョール | advise<br>アドヴァイズ |
| ちゅうごく<br>中国 | China *f.*<br>シーナ | China<br>チャイナ |
| ～語 | chinês *m.*<br>シネィス | Chinese<br>チャイニーズ |

| 日 | 葡 | 英 |
|---|---|---|
| <ruby>仲裁<rt>ちゅうさい</rt></ruby> | arbitragem *f.*, mediação *f.*<br>アルビトラージェイン, メヂアサォン | arbitration<br>アービトレイション |
| ～する | arbitrar, intervir<br>アルビトラール, インテルヴィール | arbitrate<br>アービトレイト |
| <ruby>駐在<rt>ちゅうざい</rt></ruby> | residência *f.*<br>ヘズィデンスィア | residence<br>レズィデンス |
| <ruby>中止<rt>ちゅうし</rt></ruby> | cancelamento *m.*<br>カンセラメント | suspension<br>サスペンション |
| ～する | suspender<br>ススペンデール | stop, suspend<br>スタプ, サスペンド |
| <ruby>中耳炎<rt>ちゅうじえん</rt></ruby> | otite média *f.*<br>オチッチ メーヂア | tympanitis<br>ティンパナイティス |
| <ruby>忠実な<rt>ちゅうじつ</rt></ruby> | fiel<br>フィエウ | faithful<br>フェイスフル |
| <ruby>注射<rt>ちゅうしゃ</rt></ruby> | injeção *f.*<br>インジェサォン | injection, shot<br>インヂェクション, シャト |
| ～器 | seringa *f.*<br>セリンガ | syringe<br>スィリンヂ |
| ～する | injetar, aplicar uma injeção<br>インジェタール, アプリカール ウマ インジェサォン | inject<br>インヂェクト |
| <ruby>駐車<rt>ちゅうしゃ</rt></ruby> | estacionamento *m.*<br>エスタスィオナメント | parking<br>パーキング |
| ～禁止 | proibido estacionar<br>プロイビード エスタスィオナール | No Parking<br>ノウ パーキング |
| ～場 | estacionamento *m.*<br>エスタスィオナメント | parking lot<br>パーキング ラト |
| ～する | estacionar<br>エスタスィオナール | park<br>パーク |
| <ruby>注釈<rt>ちゅうしゃく</rt></ruby> | nota *f.*, anotação *f.*<br>ノッタ, アノタサォン | notes, annotation<br>ノウツ, アノテイション |
| <ruby>中旬<rt>ちゅうじゅん</rt></ruby> | meados de<br>ミアードズ ヂ | the middle *of*<br>ザ ミドル |
| <ruby>中傷<rt>ちゅうしょう</rt></ruby> | calúnia *f.*, difamação *f.*<br>カルーニア, ヂファマサォン | slander<br>スランダ |
| ～する | caluniar<br>カルニアール | speak ill *of*<br>スピーク イル |
| <ruby>抽象<rt>ちゅうしょう</rt></ruby> | abstração *f.*<br>アビストラサォン | abstraction<br>アブストラクション |
| ～画 | pintura abstrata *f.*<br>ピントゥーラ アビストラッタ | abstract painting<br>アブストラクト ペインティング |

| 日 | 葡 | 英 |
|---|---|---|
| ～的な | abstrato<br>アビストラット | abstract<br>アブストラクト |
| ちゅうしょく<br>昼食 | almoço m.<br>アウモッソ | lunch<br>ランチ |
| ちゅうしん<br>中心 | centro m.<br>セントロ | the center, the core<br>ザ センタ, ザ コー |
| ちゅうすいえん<br>虫垂炎 | apendicite f.<br>アペンヂスィッチ | appendicitis<br>アペンディサイティス |
| ちゅうすう<br>中枢 | centro m.<br>セントロ | the center<br>ザ センタ |
| ちゅうせい<br>中世の | medieval<br>メヂエヴァウ | medieval<br>メディイーヴァル |
| ちゅうせいし<br>中性子 | nêutron m.<br>ネゥトロン | neutron<br>ニュートラン |
| ちゅうぜつ<br>中絶 | | |
| （妊娠中絶） | aborto provocado m.<br>アボルト プロヴォカード | abortion<br>アボーション |
| 妊娠～する | fazer um aborto<br>ファゼール ウン アボルト | have an abortion<br>ハヴ アン ナボーション |
| ちゅうせん<br>抽選 | sorteio m.<br>ソルテイオ | lottery<br>ラタリ |
| ～する | sortear<br>ソルチアール | draw lots *for*<br>ドロー ラツ |
| ちゅうぞう<br>鋳造する | cunhar<br>クニャール | cast, mint<br>キャスト, ミント |
| ちゅうたい<br>中退する | interromper os estudos<br>インテホンペール ウズ エストゥードス | dropout, leave school<br>ドラパウト, リーヴ スクール |
| ちゅうだん<br>中断 | interrupção f.<br>インテフピサォン | interruption<br>インタラプション |
| ～する | interromper<br>インテホンペール | interrupt<br>インタラプト |
| ちゅうちょ<br>躊躇 | hesitação f.<br>エズィタサォン | hesitation<br>ヘズィテイション |
| ～する | hesitar<br>エズィタール | hesitate<br>ヘズィテイト |
| ちゅうと<br>中途で | no meio, do caminho<br>ノ メィオ, ド カミーニョ | halfway<br>ハフウェイ |
| ちゅうとう<br>中東 | Oriente Médio m.<br>オリエンチ メヂオ | the Middle East<br>ザ ミドル イースト |

| 日 | 葡 | 英 |
|---|---|---|
| ちゅうとうきょういく<br>中等教育 | ensino secundário *m.*<br>エンスィーノ セクンダーリオ | secondary education<br>セコンデリ エヂュケイション |
| ちゅうどく<br>中毒 | intoxicação *f.*<br>イントクスィカサォン | poisoning<br>ポイズニング |
| ～を起こす | ficar intoxicado<br>フィカール イントクスィカード | be poisoned *by*<br>ビ ポイズンド |
| チューナー | sintonizador *m.*<br>スィントニザドール | tuner<br>テューナ |
| チューニング | sintonização *f.*<br>スィントニザサォン | tuning<br>テューニング |
| ちゅうねん<br>中年 | meia-idade *f.*<br>メイア イダーヂ | middle age<br>ミドル エイヂ |
| チューブ | tubo *m.*<br>トゥーボ | tube<br>テューブ |
| ちゅうぼう<br>厨房 | cozinha *f.*<br>コズィーナ | kitchen<br>キチン |
| ちゅうもく<br>注目 | atenção *f.*<br>アテンサォン | notice<br>ノウティス |
| ～する | prestar atenção<br>プレスタール アテンサォン | take notice *of*<br>テイク ノウティス |
| ちゅうもん<br>注文 | pedido *m.*, encomenda *f.*<br>ペヂード，エンコメンダ | order, request<br>オーダ，リクウェスト |
| ～する | encomendar<br>エンコメンダール | order<br>オーダ |
| ちゅうようの<br>中庸の | no meio-termo<br>ノ メイオ テルモ | moderate<br>マダレト |
| ちゅうりつ<br>中立 | neutralidade *f.*<br>ネゥトラリダーヂ | neutrality<br>ニュートラリティ |
| ～の | neutro<br>ネゥトロ | neutral<br>ニュートラル |
| チューリップ | tulipa *f.*<br>トゥリッパ | tulip<br>テューリプ |
| ちゅうりゅう<br>中流 | | |
| （階級） | a classe média *f.*<br>ア クラッスィ メーヂア | the middle classes<br>ザ ミドル クラスィズ |
| ちゅうわする<br>中和する | neutralizar-se<br>ネゥトラリザールスィ | neutralize<br>ニュートラライズ |
| ちょう<br>腸 | intestino *m.*<br>インテスチーノ | the intestines<br>ジ インテスティンズ |

| 日 | 葡 | 英 |
|---|---|---|
| <ruby>蝶<rt>ちょう</rt></ruby> | borboleta *f.*<br>ボルボレッタ | butterfly<br>バタフライ |
| <ruby>調印<rt>ちょういん</rt></ruby> | assinatura *f.*<br>アスィナトゥーラ | signing<br>サイニング |
| 〜する | assinar<br>アスィナール | sign<br>サイン |
| <ruby>懲役<rt>ちょうえき</rt></ruby> | pena de prisão *f.*<br>ペーナ ヂ プリザォン | imprisonment<br>インプリズンメント |
| <ruby>超越する<rt>ちょうえつ</rt></ruby> | transcender<br>トランセンデール | rise above<br>ライズ アバヴ |
| <ruby>超音波<rt>ちょうおんぱ</rt></ruby> | ondas ultra-sônicas *f.pl.*<br>オンダス ウウトラソニカス | ultrasound<br>アルトラサウンド |
| 〜診断法 | ultra-sonografia *f.*<br>ウウトラソノグラフィーア | ultrasonography<br>アルトラソノグラフィ |
| <ruby>超過<rt>ちょうか</rt></ruby> | excesso *m.*<br>エセッソ | excess<br>イクセス |
| 〜する | ultrapassar, exceder<br>ウウトラパサール, エセデール | exceed<br>イクスィード |
| <ruby>聴覚<rt>ちょうかく</rt></ruby> | audição *f.*<br>アウヂサォン | hearing<br>ヒアリング |
| <ruby>腸カタル<rt>ちょう</rt></ruby> | enterite *f.*<br>エンテリッチ | intestinal catarrh<br>インテスティナル カター |
| <ruby>朝刊<rt>ちょうかん</rt></ruby> | (jornal) matutino *m.*<br>(ジョルナウ) マトゥチーノ | morning paper<br>モーニング ペイパ |
| <ruby>長期の<rt>ちょうき</rt></ruby> | a longo prazo<br>ア ロンゴ プラーソ | long term<br>ローング ターム |
| <ruby>調教<rt>ちょうきょう</rt></ruby> | domação *f.*<br>ドマサォン | training<br>トレイニング |
| 〜する | domar<br>ドマール | train *in*<br>トレイン |
| <ruby>長距離電話<rt>ちょうきょりでんわ</rt></ruby> | ligação de longa distância *f.*<br>リガサォン ヂ ロンガ ヂスタンスィア | long-distance call<br>ローングディスタンス コール |
| <ruby>聴講する<rt>ちょうこう</rt></ruby> | freqüentar a aula<br>フレクェンタール ア アウラ | audit<br>オーディト |
| <ruby>聴講生<rt>ちょうこうせい</rt></ruby> | ouvinte *m.f.*<br>オウヴィンチ | auditor<br>オーディタ |
| <ruby>調合<rt>ちょうごう</rt></ruby> | manipulação *f.*<br>マニプラサォン | mixing, preparation<br>ミクスィング, プレパレイション |

| 日 | 葡 | 英 |
|---|---|---|
| ～する | manipular<br>マニプラール | prepare, mix<br>プリペア, ミクス |
| ちょうこうそう<br>超高層ビル | arranha-céu *m.*<br>アハーニャ セウ | skyscraper<br>スカイスクレイパ |
| ちょうこく<br>彫刻 | escultura *f.*<br>エスクウトゥーラ | sculpture<br>スカルプチャ |
| ～家 | | |
| (男の) | escultor *m.*<br>エスクウトール | sculptor, carver<br>スカルプタ, カーヴァ |
| (女の) | escultora *f.*<br>エスクウトーラ | sculptor, carver<br>スカルプタ, カーヴァ |
| ～する | esculpir<br>エスクウピール | sculpture, carve<br>スカルプチャ, カーヴ |
| ちょうさ<br>調査 | investigação *f.*, pesquisa *f.*<br>インヴェスチガサォン, ペスキーザ | examination<br>イグザミネイション |
| ～する | investigar, pesquisar<br>インヴェスチガール, ペスキザール | examine, investigate<br>イグザミン, インヴェスティゲイト |
| ちょうし<br>調子 | tom *m.*<br>トン | tune<br>テューン |
| (拍子) | ritmo *m.*<br>ヒチモ | time, rhythm<br>タイム, リズム |
| (具合) | estado *m.*, condição *f.*<br>エスタード, コンヂサォン | condition<br>カンディション |
| ちょうしゅ<br>聴取 | audição *f.*<br>アウヂサォン | hearing, audition<br>ヒアリング, オーディション |
| ちょうしゅう<br>聴衆 | auditório *m.*<br>アウヂトーリオ | audience<br>オーディエンス |
| ちょうしょ<br>長所 | o forte *m.*, ponto forte *m.*<br>ウ フォルチ, ポント フォルチ | strong point, merit<br>ストローング ポイント, メリト |
| ちょうじょ<br>長女 | a filha mais velha *f.*<br>ア フィーリャ マイズ ヴェーリャ | oldest daughter<br>オルディスト ドータ |
| ちょうしょう<br>嘲笑 | escárnio *m.*<br>エスカルニオ | ridicule<br>リディキュール |
| ～する | escarnecer, ridicularizar<br>エスカルネセール, ヒヂクラリザール | laugh at, ridicule<br>ラフ アト, リディキュール |
| ちょうじょう<br>頂上 | pico *m.*, cume *m.*<br>ピッコ, クーミ | the summit<br>ザ サミト |
| ちょうしょく<br>朝食 | café da manhã *m.*<br>カフェ ダ マニャン | breakfast<br>ブレクファスト |

| 日 | 葡 | 英 |
|---|---|---|
| ちょうせい<br>調整 | ajuste *m.*, ajustamento *m.*<br>アジュスチ, アジュスタメント | regulation<br>レギュレイション |
| ～する | ajustar<br>アジュスタール | regulate, adjust<br>レギュレイト, アヂャスト |
| ちょうせつ<br>調節 | controle *m.*<br>コントローリ | regulation, control<br>レギュレイション, カントロウル |
| ～する | controlar<br>コントロラール | regulate, control<br>レギュレイト, カントロウル |
| ちょうせん<br>挑戦 | desafio *m.*<br>デザフィーオ | challenge<br>チャリンヂ |
| ～者 | desafiante *m.f.*<br>デザフィアンチ | challenger<br>チャレンヂャ |
| ～する | desafiar<br>デザフィアール | challenge<br>チャリンヂ |
| ちょうぞう<br>彫像 | estátua *f.*<br>エスタトゥア | statue<br>スタチュー |
| ちょうたつ<br>調達する | prover-se de, suprir<br>プロヴェールスィ ヂ, スプリール | supply, provide<br>サプライ, プロヴァイド |
| ちょう<br>腸チフス | tifo *m.*<br>チッフォ | typhoid<br>タイフォイド |
| ちょうつがい<br>蝶番 | dobradiça *f.*<br>ドブラヂッサ | hinge<br>ヒンヂ |
| ちょうてい<br>調停 | mediação *f.*<br>メヂアサォン | arbitration<br>アービトレイション |
| ～する | arbitrar<br>アルビトラール | arbitrate<br>アービトレイト |
| ちょうてん<br>頂点 | cume *m.*, topo *m.*<br>クーミ, トッポ | top, summit<br>タプ, サミト |
| （絶頂） | apogeu *m.*, auge *m.*<br>アポジェゥ, アゥジ | the peak<br>ザ ピーク |
| ちょうど<br>丁度 | exatamente, justamente<br>エザタメンチ, ジュスタメンチ | just, exactly<br>ヂャスト, イグザクトリ |
| ちょうなん<br>長男 | o filho mais velho *m.*<br>オ フィーリョ マィズ ヴェーリョ | oldest son<br>オルディスト サン |
| ちょう<br>蝶ネクタイ | gravata-borboleta *f.*<br>グラヴァッタ ボルボレッタ | bow tie<br>ボウ タイ |
| ちょうねんてん<br>腸捻転 | obstrução intestinal *f.*<br>オビストルサォン インテスチナゥ | twist in the intestines<br>トウィスト イン ザ インテスティンズ |
| ちょうのうりょく<br>超能力 | percepção extra-sensorial *f.*<br>ペルセピサォン エストラセンソリアゥ | extrasensory perception<br>エクストラセンソリ パセプション |

| 日 | 葡 | 英 |
|---|---|---|
| ちょうばつ<br>懲罰 | punição *f.*, castigo *m.*<br>プニサォン, カスチーゴ | punishment<br>パニシュメント |
| ちょうふく<br>重複 | repetição *f.*<br>ヘペチサォン | repetition<br>レペティション |
| 〜する | estar repetido<br>エスタール ヘペチード | be repeated<br>ビ リピーテド |
| ちょうへい<br>徴兵 | recrutamento *m.*<br>ヘクルタメント | conscription, draft<br>カンスクリプション, ドラフト |
| ちょうぼ<br>帳簿 | livro de contas *m.*<br>リーヴロ ヂ コンタス | account book<br>アカウント ブク |
| ちょうほうな<br>重宝な | conveniente, prático<br>コンヴェニエンチ, プラチコ | handy, convenient<br>ハンディ, コンヴィーニェント |
| ちょうぼう<br>眺望 | vista *f.*<br>ヴィスタ | view<br>ヴュー |
| ちょうほうけい<br>長方形 | retângulo *m.*<br>ヘタングロ | rectangle<br>レクタングル |
| ちょうみりょう<br>調味料 | tempero *m.*<br>テンペーロ | seasoning<br>スィーズニング |
| ちょうやく<br>跳躍 | salto *m.*<br>サウト | jump<br>ヂャンプ |
| 〜する | saltar<br>サウタール | jump<br>ヂャンプ |
| ちょうり<br>調理 | cozinha *f.*<br>コズィーニャ | cooking<br>クキング |
| 〜する | cozinhar<br>コズィニャール | cook<br>クク |
| ちょうりつ<br>調律 | afinação *f.*<br>アフィナサォン | tuning<br>テューニング |
| ちょうりゅう<br>潮流 | corrente marítima *f.*<br>コヘンチ マリッチマ | current, tide<br>カーレント, タイド |
| ちょうりょく<br>聴力 | audição *f.*<br>アゥヂサォン | hearing<br>ヒアリング |
| ちょうわ<br>調和 | harmonia *f.*<br>アルモニーア | harmony<br>ハーモニ |
| 〜する | harmonizar-se<br>アルモニザールスィ | be in harmony *with*<br>ビ イン ハーモニ |
| チョーク | giz *m.*<br>ジース | chalk<br>チョーク |

| 日 | 葡 | 英 |
|---|---|---|
| 貯金 (ちょきん) | poupança *f.* ポウパンサ | savings, deposit セイヴィングズ, ディパズィト |
| 〜する | poupar ポウパール | save セイヴ |
| 直進する (ちょくしん) | ir em frente イール エィン フレンチ | go straight ahead ゴウ ストレイト アヘド |
| 直接 (ちょくせつ) | diretamente ヂレタメンチ | directly ディレクトリ |
| 〜税 | imposto direto *m.* インポスト ヂレット | direct tax ディレクト タクス |
| 〜の | direto ヂレット | direct ディレクト |
| 直線 (ちょくせん) | reta *f.* ヘッタ | straight line ストレイト ライン |
| 直腸 (ちょくちょう) | (intestino) reto *m.* (インテスチーノ) ヘット | rectum レクタム |
| 直通の (ちょくつう) | direto ヂレット | direct, nonstop ディレクト, ナンスタプ |
| 直面する (ちょくめん) | enfrentar エンフレンタール | face, confront フェイス, コンフラント |
| 直訳 (ちょくやく) | tradução literal *f.* トラドゥサォン リテラウ | literal translation リタラル トランスレイション |
| 直立の (ちょくりつ) | vertical, ereto ヴェルチカウ, エレット | vertical, erect ヴァーティカル, イレクト |
| 直流 (ちょくりゅう) | corrente contínua *f.* コヘンチ コンチーヌア | direct current, DC ディレクト カーレント |
| チョコレート | chocolate *m.* ショコラッチ | chocolate チャコレト |
| 著作権 (ちょさくけん) | direito autoral *m.* ヂレィト アウトラウ | copyright カピライト |
| 著者 (ちょしゃ) | | |
| (男の) | autor *m.* アゥトール | author, writer オーサ, ライタ |
| (女の) | autora *f.* アゥトーラ | author, writer オーサ, ライタ |
| 貯水池 (ちょすいち) | tanque *m.*, reservatório *m.* タンキ, ヘゼルヴァトーリオ | reservoir レザヴワー |
| 貯蔵 (ちょぞう) | armazenagem *f.* アルマゼナージェィン | storage ストーリヂ |

| 日 | 葡 | 英 |
|---|---|---|
| ～する | armazenar<br>アルマゼナール | store, keep<br>ストー, キープ |
| ちょちく<br>貯蓄 | poupança *f.*<br>ポウパンサ | savings, deposit<br>セイヴィングズ, ディパズィト |
| ～する | poupar<br>ポウパール | save<br>セイヴ |
| ちょっかく<br>直角 | ângulo reto *m.*<br>アングロ ヘット | right angle<br>ライト アングル |
| ちょっかん<br>直感 | intuição *f.*<br>イントゥィサオン | intuition<br>インテュイション |
| ちょっかん<br>直観 | intuição *f.*<br>イントゥィサオン | intuition<br>インテュイション |
| ～的な | intuitivo<br>イントゥィチーヴォ | intuitive<br>インテューイティヴ |
| チョッキ | colete *m.*<br>コレッチ | vest<br>ヴェスト |
| ちょっけい<br>直径 | diâmetro *m.*<br>ヂアメトロ | diameter<br>ダイアメタ |
| ちょっと | um momento, um instante<br>ウン モメント, ウン インスタンチ | for a moment<br>フォー ア モウメント |
| (少し) | um pouco<br>ウン ポウコ | a little<br>ア リトル |
| (呼びかけ) | Ei!<br>エィ | Hey!, Say!<br>ヘイ, セイ |
| ちょめい<br>著名な | famoso, célebre<br>ファモーゾ, セレブリ | famous<br>フェイマス |
| ち<br>散らかる | estar em desordem,<br>ficar bagunçado<br>エスタール エィン デゾルデイン, フィカール バグンサード | be scattered<br>ビ スキャタド |
| ち<br>散らし | folheto *m.*, panfleto *m.*<br>フォリェット, パンフレット | leaflet, handbill<br>リーフレト, ハンドビル |
| ち<br>散らばる | espalhar-se<br>エスパリヤールスィ | scatter<br>スキャタ |
| ちり<br>塵 | pó *m.*, poeira *f.*<br>ポ, ポエィラ | dust, dirt<br>ダスト, ダート |
| ちり<br>地理 | geografia *f.*<br>ジオグラフィーア | geography<br>ヂアグラフィ |
| ちりょう<br>治療 | tratamento médico *m.*<br>トラタメント メヂコ | medical treatment<br>メディカル トリートメント |

| 日 | 葡 | 英 |
|---|---|---|
| ～する | tratar, fazer tratamento de<br>トラタール, ファゼール トラタメント ヂ | treat, cure<br>トリート, キュア |
| 散る | espalhar-se, dispersar-se<br>エスパリャールスィ, ヂスペルサールスィ | scatter, disperse<br>スキャタ, ディスパース |
| (花が) | cair<br>カイール | fall<br>フォール |
| 賃上げ | aumento de salário *m.*<br>アゥメント ヂ サラーリオ | wage increase<br>ウェイヂ インクリース |
| 沈下する | afundar<br>アフンダール | sink<br>スィンク |
| 賃貸し〔借り〕する | alugar<br>アルガール | rent, lease<br>レント, リース |
| 賃金 | salário *m.*<br>サラーリオ | wages, pay<br>ウェイヂズ, ペイ |
| 陳述する | alegar, depor<br>アレガール, デポール | state<br>ステイト |
| 陳情 | petição *f.*<br>ペチサォン | petition<br>ピティション |
| ～する | fazer petição<br>ファゼール ペチサォン | make a petition<br>メイク ア ピティション |
| 鎮静剤 | sedativo *m.*, calmante *m.*<br>セダチーヴォ, カゥマンチ | sedative<br>セダティヴ |
| 賃貸 | aluguel<br>アルゲウ | rent<br>レント |
| 鎮痛剤 | analgésico *m.*<br>アナゥジェズィコ | analgesic<br>アナルヂーズィク |
| 沈殿する | sedimentar<br>セヂメンタール | settle<br>セトル |
| 沈没 | afundamento *m.*<br>アフンダメント | sinking<br>スィンキング |
| ～する | afundar-se<br>アフンダールスィ | sink<br>スィンク |
| 沈黙 | silêncio *m.*<br>スィレンスィオ | silence<br>サイレンス |
| ～する | calar-se<br>カラールスィ | be silent<br>ビ サイレント |
| 陳列 | exibição *f.*<br>エズィビサォン | exhibition<br>エクスィビション |

| 日 | 葡 | 英 |
|---|---|---|
| ～する | exibir, mostrar, expor<br>エズィビール, モストラール, エスポール | exhibit, display<br>イグズィビト, ディスプレイ |

## つ, ッ

| 日 | 葡 | 英 |
|---|---|---|
| ツアー | viagem *f.*, excursão *f.*<br>ヴィアージェイン, エスクルサォン | tour<br>トゥア |
| 対（つい） | par *m.*<br>パール | pair, couple<br>ペア, カプル |
| 追加（ついか） | acréscimo, adicional *m.*<br>アクレスィモ, アヂスィオナウ | addition<br>アディション |
| ～する | adicionar, acrescentar<br>アヂスィオナール, アクレセンタール | add to<br>アド |
| 追及（ついきゅう） | indagação *f.*<br>インダガサォン | questioning<br>クウェスチョニング |
| ～する | indagar<br>インダガール | cross-examine<br>クロースイグザミン |
| 追求（ついきゅう） | procura *f.*, busca *f.*<br>プロクーラ, ブスカ | pursuit<br>パスート |
| ～する | procurar, buscar<br>プロクラール, ブスカール | pursue, seek after<br>パスー, スィーク アフタ |
| 追究（ついきゅう） | averiguação *f.*, pesquisa *f.*<br>アヴェリグァサォン, ペスキーザ | investigation<br>インヴェスティゲイション |
| ～する | averiguar, pesquisar<br>アヴェリグワール, ペスキザール | investigate<br>インヴェスティゲイト |
| 追伸（ついしん） | pós-escrito *m.*<br>ポズエスクリット | postscript, P.S.<br>ポウストスクリプト |
| 追跡（ついせき） | perseguição *f.*<br>ペルセギサォン | pursuit, chase<br>パスート, チェイス |
| ～する | perseguir<br>ペルセギール | pursue, chase<br>パスー, チェイス |
| 一日（ついたち） | primeiro dia do mês *m.*<br>プリメィロ チーア ド メィス | the first day of the month<br>ザ ファースト デイ オヴ ザマンス |
| 次いで（ついで） | em seguida<br>エィン セギーダ | next, after that<br>ネクスト, アフタ ザト |
| ついている | estar com sorte<br>エスタール コン ソルチ | be lucky<br>ビ ラキ |

| 日 | 葡 | 英 |
|---|---|---|
| ついとう 追悼する | lamentar a morte de<br>ラメンタール ア モルチ チ | mourn<br>モーン |
| ついとつ 追突 | colidir por trás<br>コリヂール ポル トライス | crash into the rear *of*<br>クラシュ イントゥ ザ リア |
| つい 遂に | finalmente<br>フィナウメンチ | at last<br>アト ラスト |
| ついほう 追放する | banir, expulsar<br>バニール, エスプウサール | banish, expel<br>バニシュ, イクスペル |
| つい 費やす | gastar, consumir<br>ガスタール, コンスミール | spend<br>スペンド |
| ついらく 墜落 | queda *f.*<br>ケーダ | fall, drop, crash<br>フォール, ドラプ, クラシュ |
| ～する | cair<br>カイール | fall, drop, crash<br>フォール, ドラプ, クラシュ |
| ツインルーム | quarto com duas camas *m.*<br>クワルト コン ドゥアス カーマス | twin room<br>トウィン ルーム |
| つうか 通貨 | moeda corrente *f.*<br>モエーダ コヘンチ | currency<br>カーレンスィ |
| つうか 通過する | passar<br>パサール | pass by<br>パス バイ |
| つうがく 通学する | ir para a escola<br>イール パラ ア エスコーラ | go to school<br>ゴウ トゥ スクール |
| つうかん 通関 | despacho alfandegário *m.*<br>ヂスパッショ アウファンデガーリオ | customs clearance<br>カスタムズ クリアランス |
| つうきん 通勤する | ir para o trabalho<br>イール パラ ウ トラバーリョ | go to the office<br>ゴウ トゥー ザ オーフィス |
| つうこうにん 通行人 | pedestre *m.*<br>ペデストリ | passer-by<br>パサバイ |
| つうしょう 通商 | comércio *m.*<br>コメルスィオ | commerce, trade<br>カマス, トレイド |
| つうじょう 通常 | normalmente<br>ノルマウメンチ | usually<br>ユージュアリ |
| ～の | normal, ordinário<br>ノルマウ, オルヂナーリオ | usual, ordinary<br>ユージュアル, オーディネリ |
| つう 通じる | levar a<br>レヴァール ア | go *to*, lead *to*<br>ゴウ, リード |
| (知る) | ser versado em<br>セール ヴェルサード エィン | be familiar *with*<br>ビ ファミリア |

| 日 | 葡 | 英 |
|---|---|---|
| つうしん<br>通信 | comunicação f.,<br>correspondência f.<br>コムニカサォン, コヘスポンデンスィア | communication<br>カミューニケイション |
| ～社 | agência de notícias f.<br>アジェンスィア ヂ ノチッスィアス | news agency<br>ニューズ エイヂェンスィ |
| と～する | comunicar-se<br>[corresponder-se] com<br>コムニカールスィ [コヘスポンデールスィ] コン | communicate *with*<br>カミューニケイト |
| ～販売 | venda por correspondência f.<br>ヴェンダ ポル コヘスポンデンスィア | mail order<br>メイル オーダ |
| つうち<br>通知 | notícia f., aviso m.<br>ノチッスィア, アヴィーゾ | notice<br>ノウティス |
| ～する | notificar, informar, avisar<br>ノチフィカール, インフォルマール, アヴァザール | inform, notify<br>インフォーム, ノウティファイ |
| つうちょう<br>通帳 | caderneta f.<br>カデルネッタ | passbook<br>パスブク |
| ツーピース | traje de duas peças m.<br>トラージ ヂ ドゥアス ペッサス | two-piece<br>トゥーピース |
| つうふう<br>痛風 | gota f.<br>ゴッタ | gout<br>ガウト |
| つうやく<br>通訳 | intérprete m.f.<br>インテルプレチ | interpreter<br>インタープリタ |
| ～する | traduzir<br>トラドゥズィール | interpret<br>インタープリト |
| つうよう<br>通用する | ser válido, passar por<br>セール ヴァリド, パサール ポル | pass *for*, be in use<br>パス, ビ イン ユース |
| ツーリスト | turista m.f.<br>トゥリスタ | tourist<br>トゥアリスト |
| つうれつ<br>痛烈な | severo, duro<br>セヴェーロ, ドゥーロ | severe, bitter<br>スィヴィア, ビタ |
| つうろ<br>通路 | passagem f.<br>パサージェィン | passage, path<br>パスィヂ, パス |
| ～側の席 | assento do lado<br>do corredor m.<br>アセント ド ラード ド コヘドール | aisle seat<br>アイル スィート |
| つうわ<br>通話 | telefonema m.,<br>ligação telefônica f.<br>テレフォネーマ, リガサォン テレフォニカ | call<br>コール |
| つえ<br>杖 | bengala f.<br>ベンガーラ | stick, cane<br>スティク, ケイン |

| 日 | 葡 | 英 |
|---|---|---|
| 使い | | |
| （男の） | mensageiro *m.* <br> メンサジェィロ | messenger <br> メスィンヂャ |
| （女の） | mensageira *f.* <br> メンサジェィラ | messenger <br> メスィンヂャ |
| 使い方 | modo de usar *m.* <br> モード ヂ ウザール | how to use <br> ハウ トゥー ユーズ |
| 使い切りカメラ | câmera descartável *f.* <br> カメラ ヂスカルターヴェウ | single-use camera <br> スィングルユース キャメラ |
| 使いこなす | ser perito no uso de, dominar <br> セール ペリット ノ ウーゾ ヂ, ドミナール | have a good command <br> ハヴ ア グド カマンド |
| 使う | usar <br> ウザール | use, employ <br> ユーズ, インプロイ |
| （費やす） | gastar <br> ガスタール | spend <br> スペンド |
| 仕える | servir a <br> セルヴィール ア | serve <br> サーヴ |
| 束の間の | efêmero, fugaz <br> エフェメロ, フガィス | momentary <br> モウメンテリ |
| 掴[捕]まえる | prender <br> プレンデール | catch <br> キャチ |
| （捕獲する） | capturar <br> カピトゥラール | capture <br> キャプチャ |
| 掴[捕]まる | ser apanhado, ser preso <br> セール アパニャード, セール プレゾ | be caught <br> ビ コート |
| （すがる） | apoiar-se em <br> アポィアールスィ エィン | grasp, hold on *to* <br> グラスプ, ホウルド オン |
| 掴む | pegar <br> ペガール | seize, catch <br> スィーズ, キャチ |
| 浸かる | submergir-se, banhar-se <br> スビメルジールスィ, バニャールスィ | be soaked <br> ビ ソウクト |
| 疲れ | cansaço *m.* <br> カンサッソ | fatigue <br> ファティーグ |
| 疲れる | cansar-se <br> カンサールスィ | be tired <br> ビ タィアド |
| 月 | Lua *f.* <br> ルーア | the moon <br> ザ ムーン |
| （暦の） | mês *m.* <br> メィス | month <br> マンス |

| 日 | 葡 | 英 |
|---|---|---|
| 継ぎ | remendo *m.*<br>ヘメンド | patch<br>パチ |
| 次 | o próximo *m.*, o seguinte *m.*<br>ウ プロッスィモ, ウ セギンチ | the next one<br>ザ ネクスト ワン |
| 〜に | em seguida<br>エィン セギーダ | next, secondly<br>ネクスト, セコンドリ |
| 〜の | seguinte, próximo<br>セギンチ, プロスィモ | next, following<br>ネクスト, ファロウイング |
| 付き合い | relacionamento *m.*, amizade *f.*<br>ヘラスィオナメント, アミザーヂ | association<br>アソウスィエイション |
| 付き合う | manter relações, ter amizade com<br>マンテール ヘラソィンス, テール アミザーヂ コン | keep company *with*<br>キープ カンパニ |
| （男女が） | namorar com<br>ナモラール コン | go out *with*<br>ゴウ アウト |
| 突き当たり | fim de uma rua *m.*<br>フィン ヂ ウマ フーア | the end<br>ジ エンド |
| 突き当たる | esbarrar com<br>エズバハール コン | run against<br>ラン アゲンスト |
| 突き刺す | espetar, cravar<br>エスペタール, クラヴァール | thrust, pierce<br>スラスト, ピアス |
| 付き添い | companhia *f.*<br>コンパニィーア | attendance<br>アテンダンス |
| （人） | acompanhante *m.f.*<br>アコンパニャンチ | attendant, escort<br>アテンダント, エスコート |
| 付き添う | acompanhar, fazer companhia<br>アコンパニャール, ファゼール コンパニィーア | attend *on*, accompany<br>アテンド, アカンパニ |
| 突き出す | empurrar para fora<br>エンプハール パラ フォーラ | thrust out<br>スラスト アウト |
| 継ぎ足す | acrescentar<br>アクレセンタール | add *to*<br>アド |
| 月々 | mensalmente<br>メンサウメンチ | every month<br>エヴリ マンス |
| 次々と | um após o outro, sucessivamente<br>ウン アポィズ ウ オゥトロ, スセスィヴァメンチ | one after another<br>ワン アフタ アナザ |

| 日 | 葡 | 英 |
|---|---|---|
| 突き付ける (ピストルなど) | apontar アポンタール | point, thrust ポイント, スラスト |
| 突き出る | projetar-se, salientar-se プロジェタールスィ, サリエンタールスィ | stick out, project スティク アウト, プロチェクト |
| 突き止める | averiguar アヴェリグワール | find out, trace ファインド アウト, トレイス |
| 月並みな | banal バナウ | common カモン |
| 月日 | dias *m.pl.*, data *f.* チーアス, ダッタ | days, time デイズ, タイム |
| 継ぎ目 | juntura *f.* ジュントゥーラ | joint, juncture チョイント, チャンクチャ |
| 尽きる | esgotar エズゴタール | be exhausted ビ イグゾーステド |
| 就く (仕事に) | empregar-se エンプレガールスィ | get a job ゲト ア チャブ |
| 着く | chegar シェガール | arrive *at, in* アライヴ |
| (席に) | sentar-se センタールスィ | take *one's* seat テイク スィート |
| 突く | espetar, cravar, picar エスペタール, クラヴァール, ピカール | thrust, pierce スラスト, ピアス |
| 付く | aderir アデリール | stick *to* スティク |
| 継ぐ | suceder a スセデール ア | succeed, inherit サクスィード, インヘリト |
| 注ぐ | verter, despejar ヴェルテール, デスペジャール | pour ポー |
| 机 | escrivaninha *f.* エスクリヴァニーニャ | desk, bureau デスク, ビュアロウ |
| 尽くす | exaurir, gastar tudo エザウリール, ガスタール トゥード | exhaust イグゾースト |
| (尽力) | dedicar-se a, servir a デチカールスィ ア, セルヴィール ア | serve, endeavor サーヴ, インデヴァ |
| 償う | compensar コンペンサール | compensate *for* カンペンセイト |

| 日 | 葡 | 英 |
|---|---|---|
| つぐみ<br>鶫 | tordo *m.*<br>トルド | thrush<br>スラシュ |
| つく<br>作る | fazer<br>ファゼール | make<br>メイク |
| （創造） | criar<br>クリアール | create<br>クリエイト |
| （製造・産出） | fabricar, produzir<br>ファブリカール, プロドゥズィール | manufacture, produce<br>マニュファクチャ, プロデュース |
| （形成） | formar<br>フォルマール | form, organize<br>フォーム, オーガナイズ |
| （建設） | construir<br>コンストルイール | build, construct<br>ビルド, カンストラクト |
| つくろ<br>繕う | remendar<br>ヘメンダール | repair, mend<br>リペア, メンド |
| （体裁を） | remediar<br>ヘメヂアール | save<br>セイヴ |
| つ あ<br>付け合わせ | guarnição *f.*<br>グァルニサォン | garnish<br>ガーニシュ |
| つ くわ<br>付け加える | adicionar<br>アヂスィオナール | add<br>アド |
| つ こ<br>付け込む | aproveitar, abusar<br>アプロヴェイタール, アブザール | take advantage *of*<br>テイク アドヴァンティヂ |
| つけもの<br>漬物 | picles *m.pl.*<br>ピクリス | pickles<br>ピクルズ |
| つ<br>付ける | colocar, pôr<br>コロカール, ポール | put, attach<br>プト, アタチ |
| つ<br>着ける | vestir<br>ヴェスチール | put on, wear<br>プト オン, ウェア |
| つ<br>点ける | acender<br>アセンデール | light, set fire<br>ライト, セト ファイア |
| （スイッチを入れて） | ligar<br>リガール | switch on<br>スウィチ オン |
| つ<br>告げる | informar<br>インフォルマール | tell, inform<br>テル, インフォーム |
| つごう<br>都合のよい | conveniente<br>コンヴェニエンチ | convenient<br>コンヴィーニェント |
| つじつま あ<br>辻褄が合う | ser coerente<br>セール コエレンチ | be consistent *with*<br>ビ コンスィステント |
| つた<br>蔦 | hera *f.*<br>エーラ | ivy<br>アイヴィ |

| 日 | 葡 | 英 |
|---|---|---|
| 伝える | transmitir トランズミチール | transmit トランスミト |
| （伝達） | comunicar コムニカール | tell, report テル, リポート |
| （伝承） | transmitir トランズミチール | hand down *to* ハンド ダウン |
| 伝わる | | |
| （伝承） | ser transmitido セール トランズミチード | be handed down *from* ビ ハンディド ダウン |
| （噂が） | ser propagado, espalhar-se セール プロパガード, エスパリァールスィ | spread, pass スプレド, パス |
| 土 | terra *f.*, barro *m.* テッハ, バッホ | earth, soil アース, ソイル |
| 培う | cultivar クウチヴァール | cultivate, foster カルティヴェイト, フォスタ |
| 筒 | tubo *m.* トゥーボ | pipe, tube パイプ, テューブ |
| 続き | continuação *f.*, seqüência *f.* コンチヌァサォン, セクウェンスィア | sequel スィークウェル |
| 突付く | tocar, cutucar トカール, クトゥカール | poke *at* ポウク |
| 続く | continuar コンチヌワール | continue, last カンティニュー, ラスト |
| （後に） | seguir セギール | follow, succeed *to* ファロウ, サクスィード |
| 続ける | continuar コンチヌワール | continue カンティニュー |
| 突っ込む | enfiar, meter エンフィアール, メテール | thrust... into スラスト イントゥ |
| 躑躅 | azaléia *f.* アザレァイア | azalea アゼイリァ |
| 慎む | ser prudente, moderar-se セール プルデンチ, モデラールスィ | refrain *from* リフレイン |
| 慎ましい | modesto モデスト | modest, humble マディスト, ハンブル |
| 包み | pacote *m.*, embrulho *m.* パコッチ, エンブルーリョ | package, parcel パキヂ, パースル |
| 包む | embrulhar エンブルリャール | wrap, envelop *in* ラプ, インヴェロプ |

| 日 | 葡 | 英 |
|---|---|---|
| 翼（つばさ） | asa f. アーザ | wing ウィング |
| 燕（つばめ） | andorinha f. アンドリーニャ | swallow スワロウ |
| 粒（つぶ） | grão m. グラォン | grain, drop グレイン, ドラプ |
| 潰す（つぶす） | esmagar エズマガール | break, crush ブレイク, クラシュ |
| （暇・時間を） | matar マタール | waste, kill ウェイスト, キル |
| 呟く（つぶやく） | murmurar ムルムラール | murmur マーマ |
| 瞑る（つぶる） | fechar フェシャール | shut, close シャト, クロウズ |
| 潰れる（つぶれる） | ser esmagado セール エズマガード | break, be crush ブレイク, ビ クラシュ |
| （破産） | falir ファリール | go bankrupt ゴウ バンクラプト |
| 壺（つぼ） | pote m., vaso m. ポッチ, ヴァーゾ | jar, pot チャー, パト |
| （急所） | ponto vital m. ポント ヴィタウ | the point ザ ポイント |
| 蕾（つぼみ） | botão m. ボタォン | bud バド |
| 妻（つま） | esposa f. エスポーザ | wife ワイフ |
| 爪先（つまさき） | ponta do pé f. ポンタ ド ペ | tiptoe ティプトウ |
| 倹しい（つましい） | frugal, modesto フルガウ, モデスト | frugal フルーガル |
| 躓く（つまずく） | tropeçar トロペサール | stumble スタンブル |
| 摘まみ（つまみ） | botão m., maçaneta f. ボタォン, マサネッタ | knob ナブ |
| （一つまみ） | uma pitada f. ウマ ピターダ | a pinch ア ピンチ |
| （酒の） | petisco m. ペチスコ | relish レリシュ |

| 日 | 葡 | 英 |
|---|---|---|
| 摘まむ | apanhar<br>アパニャール | pick, pinch<br>ピク，ピンチ |
| 爪楊枝(つまようじ) | palito *m.*<br>パリット | toothpick<br>トゥースピク |
| 詰まらない | insignificante, trivial<br>インスィギニフィカンチ，トリヴィアウ | worthless, trivial<br>ワースレス，トリヴィアル |
| 詰まり | quer dizer, ou seja, isto é<br>ケール デゼール，オゥ セージャ，イスト エ | after all, in short<br>アフタ オール，イン ショート |
| 詰まる | entupir<br>エントゥピール | be stuffed<br>ビ スタフト |
| （充満） | ficar cheio<br>フィカール シェイオ | be packed<br>ビ パクト |
| 罪(つみ) | pecado *m.*<br>ペカード | sin<br>スィン |
| （犯罪） | crime *m.*<br>クリーミ | crime, offense<br>クライム，オフェンス |
| ～を犯す | pecar, cometer um crime<br>ペカール，コメテール ウン クリーミ | commit a crime<br>カミト ア クライム |
| 積み重ねる(つみかさねる) | acumular<br>アクムラール | pile up<br>パイル アプ |
| 積み木(つみき) | blocos de madeira *m.pl.*<br>ブロッコズ デ マデイラ | blocks, bricks<br>ブラクス，ブリクス |
| 積み込む(つみこむ) | carregar<br>カヘガール | load<br>ロウド |
| 積み出す(つみだす) | despachar<br>デスパシャール | send, forward<br>センド，フォーワド |
| 積み立てる(つみたてる) | reservar, poupar, juntar<br>ヘゼルヴァール，ポウパール，ジュンタール | deposit<br>ディパズィト |
| 積み荷(つみに) | carga *f.*<br>カルガ | load, freight, cargo<br>ロウド，フレイト，カーゴウ |
| 積む(つむ) | empilhar<br>エンピリャール | pile, lay<br>パイル，レイ |
| （積載） | carregar<br>カヘガール | load<br>ロウド |
| 摘む(つむ) | apanhar, colher<br>アパニャール，コリェール | pick, pluck<br>ピク，プラク |
| 紡ぐ(つむぐ) | fiar, urdir<br>フィアール，ウルヂール | spin<br>スピン |

| 日 | 葡 | 英 |
|---|---|---|
| 爪（つめ） | unha *f.* ウーニャ | nail, claw ネイル, クロー |
| ～切り | cortador de unha *m.* コルタドール デ ウーニャ | nail clipper ネイル クリパ |
| 詰め合わせ（つめあわせ） | sortido *m.* ソルチード | assortment アソートメント |
| 詰め込む（つめこむ） | encher, abarrotar エンシェール, アバホタール | pack *with*, cram パク, クラム |
| 冷たい（つめたい） | frio フリーオ | cold, chilly コウルド, チリ |
| 詰める（つめる） | encher エンシェール | stuff, fill スタフ, フィル |
| （席を） | apertar o espaço アペルタール ウ エスパッソ | make room メイク ルーム |
| 積もり（つもり） | intenção *f.* インテンサォン | intention インテンション |
| 積もる（つもる） | acumular-se アクムラールスィ | accumulate アキューミュレイト |
| 艶（つや） | lustre *m.*, brilho *m.* ルストリ, ブリーリョ | gloss, luster グロス, ラスタ |
| 露（つゆ） | orvalho *m.* オルヴァーリョ | dew, dewdrop デュー, デュードラブ |
| 強い（つよい） | forte フォルチ | strong, powerful ストローング, パウアフル |
| 強気の（つよきの） | agressivo, seguro de si アグレスィーヴォ, セグーロ デ スィ | strong, aggressive ストローング, アグレスィヴ |
| 強さ（つよさ） | força *f.* フォルサ | strength ストレンクス |
| 強火（つよび） | fogo forte *m.*, fogo alto *m.* フォーゴ フォルチ, フォーゴ アウト | high flame ハイ フレイム |
| 強まる（つよまる） | ganhar força, reforçar-se ガニャール フォルサ, ヘフォルサールスィ | become strong ビカム ストローング |
| 強める（つよめる） | pôr mais forte, intensificar ポール マィス フォルチ, インテンスィフィカール | strengthen ストレンクスン |
| 辛い（つらい） | duro ドゥーロ | hard, painful ハード, ペインフル |
| 連なる（つらなる） | alinhar, enfileirar アリニャール, エンフィレィラール | stretch, run ストレチ, ラン |

| 日 | 葡 | 英 |
|---|---|---|
| 貫く（つらぬく） | trespassar, atravessar<br>トレスパサール, アトラヴェサール | pierce, penetrate<br>ピアス, ペネトレイト |
| （目的を） | cumprir<br>クンプリール | accomplish, achieve<br>アカンプリシュ, アチーヴ |
| 氷柱（つらら） | sincelo *m.*<br>スィンセーロ | icicle<br>アイスィクル |
| 釣り（つり） | pesca *f.*<br>ペスカ | fishing<br>フィシング |
| 〜糸 | linha de pesca *f.*<br>リーニャ チ ペスカ | line<br>ライン |
| 〜竿 | vara de pesca *f.*<br>ヴァーラ チ ペスカ | fishing rod<br>フィシング ラド |
| 〜針 | anzol *m.*<br>アンゾウ | fishhook<br>フィシュフク |
| 釣り合い（つりあい） | balanço *m.*, equilíbrio *m.*<br>バランソ, エキリーブリオ | balance<br>バランス |
| 〜をとる | balançar, manter equilíbrio<br>バランサール, マンテール エキリーブリオ | balance, harmonize<br>バランス, ハーモナイズ |
| 釣り合う（つりあう） | balançar, equilibrar-se<br>バランサール, エキリブラールスィ | balance, match<br>バランス, マチ |
| 釣り鐘（つりがね） | sino *m.*<br>スィーノ | temple bell<br>テンプル ベル |
| 釣り銭（つりせん） | troco *m.*<br>トロッコ | change<br>チェインヂ |
| 吊り橋（つりばし） | ponte pênsil *f.*,<br>　　　ponte suspensa *f.*<br>ポンチ ペンスィウ, ポンチ ススペンサ | suspension bridge<br>サスペンション ブリヂ |
| 釣る（つる） | pescar<br>ペスカール | fish<br>フィシュ |
| 鶴（つる） | grou *m.*<br>グロゥ | crane<br>クレイン |
| 吊るす（つるす） | pendurar<br>ペンドゥラール | hang, suspend<br>ハング, サスペンド |
| 鶴嘴（つるはし） | picareta *f.*<br>ピカレッタ | pickax<br>ピクアクス |
| 連れ（つれ） | | |
| （男の） | companheiro *m.*<br>コンパニェィロ | companion<br>カンパニオン |
| （女の） | companheira *f.*<br>コンパニェィラ | companion<br>カンパニオン |

| 日 | 葡 | 英 |
|---|---|---|
| 連(つ)れて行(い)く | levar レヴァール | take テイク |
| 連(つ)れて来(く)る | trazer トラゼール | bring ブリング |
| 悪阻(つわり) | enjôo de gravidez *m.* エンジョーオ ヂ グラヴィディス | morning sickness モーニング スィクネス |

## て, テ

| 日 | 葡 | 英 |
|---|---|---|
| 手(て) | mão *f.* マォン | hand, arm ハンド, アーム |
| (手段・方法) | meio *m.* メィオ | way, means ウェイ, ミーンズ |
| 出会(であ)う | encontrar エンコントラール | meet, come across ミート, カム アクロス |
| 手足(てあし) | mãos e pés マォンズ イ ペィス | hands and feet ハンヅ アンド フィート |
| 手厚(てあつ)い | cordial, caloroso, hospitaleiro コルヂアウ, カロローゾ, オスピタレィロ | cordial, warm コーヂャル, ウォーム |
| 手当(てあ)て | tratamento *m.* トラタメント | medical treatment メディカル トリートメント |
| 手洗(てあら)い | banheiro *m.* バニェイロ | washroom, lavatory ワシュルム, ラヴァトーリ |
| 提案(ていあん) | proposta *f.* プロポスタ | proposal プロポウザル |
| ～する | propor プロポール | propose, suggest プロポウズ, サグチェスト |
| ティー | chá *m.* シャ | tea ティー |
| (ゴルフの) | *tee m.* チー | tee ティー |
| ～カップ | xícara *f.* シカラ | teacup ティーカプ |
| ～バッグ | saquinho de chá *m.* サキーニョ ヂ シャ | teabag ティーバグ |
| ～ポット | bule de chá *m.* ブーリ ヂ シャ | teapot ティーパト |
| Tシャツ(てぃーしゃつ) | camiseta *f.* カミゼッタ | T-shirt ティーシャート |

| 日 | 葡 | 英 |
|---|---|---|
| ディーゼルエンジン | motor a *diesel* m.<br>モトール ア ヂゼウ | diesel engine<br>ディーゼル エンヂン |
| ディーブイディー<br>DVD | *DVD* m.<br>デー ヴェー デー | DVD<br>ディーヴィーディー |
| ていいん<br>定員 | lotação f.<br>ロタサォン | capacity<br>カパスィティ |
| ていえん<br>庭園 | jardim m.<br>ジャルヂン | garden<br>ガードン |
| ていおうせっかい<br>帝王切開 | cesariana f.<br>セザリアーナ | Caesarean operation<br>スィゼアリアン アペレイション |
| ていか<br>定価 | preço fixo m.<br>プレッソ フィクソ | fixed price<br>フィクスト プライス |
| ていかん<br>定款 | estatutos m.pl.<br>エスタトゥットス | the articles of association<br>ジ アーティクルズ オヴ アソウスィエイション |
| ていき<br>定期 | | |
| （預金） | aplicação de prazo fixo f.<br>アプリカサォン チ プラーゾ フィクソ | deposit account<br>ディパズィット アカウント |
| 〜券 | passe m.<br>パッスィ | commutation ticket<br>カミュテイション ティケット |
| 〜的な | regular<br>ヘグラール | regular, periodic<br>レギュラ, ピアリアディク |
| 〜的に | regularmente,<br>periodicamente<br>ヘグラルメンチ, ペリオヂカメンチ | regularly<br>レギュラリ |
| ていぎ<br>定義 | definição f.<br>デフィニサォン | definition<br>デフィニション |
| 〜する | definir<br>デフィニール | define<br>ディファイン |
| ていきあつ<br>低気圧 | baixa pressão atmosférica f.<br>バィシャ プレサォン アチモスフェリカ | low pressure, depression<br>ロウ プレシャ, ディプレション |
| ていきゅうな<br>低級な | inferior, vulgar<br>インフェリオール, ヴウガール | inferior, low<br>インフィアリア, ロウ |
| ていきゅうび<br>定休日 | dia de descanso regular m.<br>チーア チ ヂスカンソ ヘグラール | regular holiday<br>レギュラ ハリデイ |
| ていきょう<br>提供 | oferta f.<br>オフェルタ | offer<br>オファ |
| 〜する | oferecer<br>オフェレセール | offer, supply<br>オファ, サプライ |

| 日 | 葡 | 英 |
|---|---|---|
| テイクアウトの | para viagem, para levar<br>パラ ヴィアージェィン, パラ レヴァール | takeout<br>テイカウト |
| 提携 | coligação f., cooperação f.<br>コリガサォン, コオペラサォン | tie-up<br>タイアプ |
| ～する | cooperar<br>コオペラール | cooperate *with*<br>コウアペレイト |
| 低血圧 | hipotensão f.,<br>pressão baixa f.<br>イポテンサォン, プレサォン バィシャ | low blood pressure<br>ロウ ブラド プレシャ |
| 抵抗 | resistência f.<br>ヘズィステンスィア | resistance<br>リズィスタンス |
| ～する | resistir<br>ヘズィスチール | resist, oppose<br>リズィスト, オポウズ |
| 帝国 | império m.<br>インペーリオ | empire<br>エンパイア |
| 体裁 | aparência f.<br>アパレンスィア | appearance<br>アピアランス |
| 偵察する | reconhecer<br>ヘコニェセール | reconnoiter<br>リーコノイタ |
| 停止 | parada f., suspenção f.<br>パラーダ, ススペンサォン | stop, suspension<br>スタプ, サスペンション |
| ～する | parar, suspender<br>パラール, ススペンデール | stop, suspend<br>スタプ, サスペンド |
| 定時 | horário fixo m.<br>オラーリオ フィクソ | fixed time<br>フィクスト タイム |
| 停車 | parada f.<br>パラーダ | stop<br>スタプ |
| ～する | parar<br>パラール | stop<br>スタプ |
| 定住する | fixar residência, radicar-se<br>フィクサール ヘズィデンスィア, ハヂカールスィ | settle<br>セトル |
| 提出 | apresentação f., entrega f.<br>アプレゼンタサォン, エントエーガ | presentation<br>プリゼンテイション |
| ～する | apresentar, entregar<br>アプレゼンタール, エントレガール | present, submit<br>プレゼント, サブミト |
| 提唱する | propor<br>プロポール | advocate, propose<br>アドヴォケイト, プロポウズ |
| 定数 | número fixo m.<br>ヌメロ フィクソ | fixed number<br>フィクスト ナンバ |

| 日 | 葡 | 英 |
|---|---|---|
| （数学） | constante *f.*<br>コンスタンチ | constant<br>カンスタント |
| ディスカウント | desconto *m.*<br>デスコント | discount<br>ディスカウント |
| 〜ショップ | loja de descontos *f.*<br>ロージャ デ デスコントス | discount store<br>ディスカウント ストー |
| ディスク | disco *m.*<br>ヂスコ | disk<br>ディスク |
| ディスコ | danceteria *f.*, discoteca *f.*<br>ダンセテリーア, ヂスコテッカ | disco, discotheque<br>ディスコウ, ディスコテク |
| ディスプレイ | *display m.*<br>ヂスプレイ | display<br>ディスプレイ |
| ていせい<br>訂正 | correção *f.*<br>コヘサォン | correction<br>コレクション |
| 〜する | corrigir<br>コヒジール | correct, revise<br>カレクト, リヴァイズ |
| ていせつ<br>定説 | teoria vigente *f.*<br>テオリーア ヴィジェンチ | established theory<br>イスタブリシュト スィオリ |
| ていせん<br>停戦 | cessar-fogo *m.*, armistício *m.*<br>セサール フォーゴ, アルミスチッスィオ | truce, cease-fire<br>トルース, スィースファイア |
| ていそ<br>提訴する | processar<br>プロセサール | file a suit<br>ファイル ア スート |
| ていぞく<br>低俗な | vulgar<br>ヴゥガール | vulgar, lowbrow<br>ヴァルガ, ロウブラウ |
| ていたい<br>停滞する | estagnar-se<br>エスタギナールスィ | stagnate<br>スタグネイト |
| ていたく<br>邸宅 | residência<br>ヘズィデンスィア | residence<br>レズィデンス |
| ていちゃく<br>定着 | fixação *f.*<br>フィクササォン | fixing<br>フィクスィング |
| 〜する | fixar-se<br>フィクサールスィ | fix<br>フィクス |
| ていちょう<br>丁重な | polido<br>ポリード | polite, courteous<br>ポライト, カーティアス |
| ていちょう<br>低調な | inativo, inanimado<br>イナチーヴォ, イナニマード | inactive, dull<br>イナクティヴ, ダル |
| ティッシュ | lenço de papel *m.*<br>レンソ デ パペウ | tissue<br>ティシュー |

| 日 | 葡 | 英 |
|---|---|---|
| ていでん<br>停電 | corte de eletricidade *m.*,<br>blecaute *m.*<br>コルチ ヂ エレトリスィダーヂ, ブレカゥチ | power failure<br>パウア フェイリュア |
| ていど<br>程度 | grau *m.*, nível *m.*<br>グラゥ, ニーヴェウ | degree, grade<br>ディグリー, グレイド |
| ていとう<br>抵当 | hipoteca *f.*<br>イポテッカ | mortgage<br>モーギヂ |
| 〜に入れる | hipotecar<br>イポテカール | mortgage<br>モーギヂ |
| ディナー | jantar *m.*<br>ジャンタール | dinner<br>ディナ |
| ていねい<br>丁寧 | | |
| 〜な<br>(丁重) | polido, educado<br>ポリード, エドゥカード | polite, courteous<br>ポライト, カーティアス |
| (念入り) | esmerado<br>エズメラード | scrupulous<br>スクルービュラス |
| (注意深い) | cuidadoso<br>クィダドーゾ | careful<br>ケアフル |
| 〜に | polidamente<br>ポリダメンチ | politely, courteously<br>ポライトリ, カーティアスリ |
| ていねん<br>定年 | idade de aposentadoria *f.*<br>イダーヂ ヂ アポゼンタドリーア | the retirement age<br>ザ リタイアメント エイヂ |
| ていはく<br>停泊する | ancorar, atracar<br>アンコラール, アトラカール | anchor<br>アンカ |
| ていひょう<br>定評のある | conceituado<br>コンセイトゥワード | acknowledged<br>アクナリヂド |
| ディフェンス | defesa *f.*<br>デフェーザ | defense<br>ディフェンス |
| ていぼう<br>堤防 | barreira *f.*, dique *m.*<br>バヘイラ, ヂッキ | bank, embankment<br>バンク, インバンクメント |
| ていめい<br>低迷する | estagnar<br>エスタギナール | be sluggish<br>ビ スラギシュ |
| ていり<br>定理 | teorema *m.*<br>テオレーマ | theorem<br>スィオレム |
| ていりゅうじょ<br>停留所 | parada *f.*<br>パラーダ | stop<br>スタプ |
| てい<br>手入れ | manutenção *f.*, cuidado *m.*<br>マヌテンサォン, クィダード | maintenance<br>メインテナンス |

| 日 | 葡 | 英 |
|---|---|---|
| 〜する | cuidar de<br>クィダール ヂ | take care of<br>テイク ケア |
| ディレクター | | |
| （男の） | diretor m.<br>ヂレトール | director<br>ディレクタ |
| （女の） | diretora f.<br>ヂレトーラ | director<br>ディレクタ |
| ティンパニー | tímpano m.<br>チンパノ | timpani<br>ティンパニ |
| テーゼ | tese f.<br>テーズィ | thesis<br>スィースィス |
| データ | dado m.<br>ダード | data<br>デイタ |
| 〜ベース | banco de dados m.<br>バンコ ヂ ダードス | data base<br>デイタ ベイス |
| デート | | |
| （男性と） | encontro com o namorado m.<br>エンコントロ コン ウ ナモラード | date<br>デイト |
| （女性と） | encontro com a namorada m.<br>エンコントロ コン ア ナモラーダ | date<br>デイト |
| 〜する | namorar<br>ナモラール | date with<br>デイト |
| テープ | fita f.<br>フィッタ | tape<br>テイプ |
| 〜レコーダー | gravador m.<br>グラヴァドール | tape recorder<br>テイプ リコーダ |
| テーブル | mesa f.<br>メーザ | table<br>テイブル |
| 〜クロス | toalha de mesa f.<br>トアーリャ ヂ メーザ | tablecloth<br>テイブルクロス |
| テーマ | tema m.<br>テーマ | theme, subject<br>スィーム, サブヂクト |
| テールランプ | farol de retaguarda m.<br>ファロウ ヂ ヘタグワルダ | taillight<br>テイルライト |
| 手遅れである | já ser tarde<br>ジャ セール タルヂ | be too late<br>ビ トゥー レイト |
| 手掛かり | chave f., pista f.<br>シャーヴィ, ピスタ | clue, key<br>クルー, キー |
| 出掛ける | sair<br>サイール | go out<br>ゴウ アウト |

486

| 日 | 葡 | 英 |
|---|---|---|
| 手形 (てがた) | título *m.* <br> チトゥロ | note, bill <br> ノウト, ビル |
| 手紙 (てがみ) | carta *f.* <br> カルタ | letter <br> レタ |
| 手柄 (てがら) | mérito *m.*, façanha *f.*, proeza *f.* <br> メリト, ファサーニャ, プロエーザ | exploit <br> イクスプロイト |
| 手軽な (てがるな) | prático, leve, fácil <br> プラチコ, レーヴィ, ファッスィウ | easy, light <br> イーズィ, ライト |
| 敵 (てき) | | |
| （男の） | inimigo *m.* <br> イニミーゴ | enemy, opponent <br> エネミ, オポウネント |
| （女の） | inimiga *f.* <br> イニミーガ | enemy, opponent <br> エネミ, オポウネント |
| 出来上がる (できあがる) | ficar pronto, completar-se, concluir <br> フィカール プロント, コンプレタールスィ, コンクルイール | be completed <br> ビ カンプリーテド |
| 敵意 (てきい) | hostilidade *f.* <br> オスチリダーヂ | hostility <br> ハスティリティ |
| 適応 (てきおう) | adaptação *f.* <br> アダピタサォン | adjustment <br> アヂャストメント |
| ～する | adaptar-se a <br> アダピタールスィ ア | adjust *oneself to* <br> アヂャスト |
| 的確な (てきかくな) | preciso, exato <br> プレスィーゾ, エザット | precise, exact <br> プリサイス, イグザクト |
| 適合 (てきごう) | conformidade *f.* <br> コンフォルミダーヂ | fitness <br> フィトネス |
| ～する | adaptar-se a <br> アダピタールスィ ア | conform *to* <br> コンフォーム |
| 出来事 (できごと) | acontecimento *m.* <br> アコンテスィメント | event, incident <br> イヴェント, インスィデント |
| 敵視する (てきしする) | ser hostil a <br> セール オスチウ ア | be hostile *to* <br> ビ ハスト ル |
| 摘出する (てきしゅつする) | extrair <br> エストライール | remove, extract <br> リムーヴ, イクストラクト |
| テキスト | texto *m.* <br> テスト | text <br> テクスト |

| 日 | 葡 | 英 |
|---|---|---|
| <ruby>適<rt>てき</rt></ruby>する | ser adequado para<br>セール アデクワード パラ | fit, suit<br>フィト, スート |
| <ruby>適性<rt>てきせい</rt></ruby> | aptidão *f.*<br>アピチダォン | aptitude<br>アプティテュード |
| <ruby>適切<rt>てきせつ</rt></ruby>な | adequado, apropriado<br>アデクワード, アプロプリアード | proper, adequate<br>プラパ, アディクウェット |
| <ruby>出来高<rt>できだか</rt></ruby> | volume de negócio *m.*<br>ヴォルーミ ヂ ネゴッスィオ | output, yield<br>アウトプト, イールド |
| 〜<ruby>払<rt>はら</rt></ruby>いで | por empreitada, por tarefa<br>ポル エンプレイターダ, ポル タレッファ | on a piece rate<br>オン ナ ピース レイト |
| <ruby>適当<rt>てきとう</rt></ruby>な | adequado<br>アデクワード | fit *for*, suitable *to, for*<br>フィト, スータブル |
| <ruby>適度<rt>てきど</rt></ruby>の | moderado<br>モデラード | moderate, temperate<br>マダレト, テンプレト |
| てきぱきと | prontamente, com agilidade<br>プロンタメンチ, コン アジリダーヂ | promptly<br>プランプトリ |
| <ruby>出来物<rt>できもの</rt></ruby> | espinha *f.*, furúnculo *m.*<br>エスピーニャ, フルンクロ | swelling, eruption<br>スウェリング, イラプション |
| <ruby>適用<rt>てきよう</rt></ruby> | aplicação *f.*<br>アプリカサォン | application<br>アプリケイション |
| 〜する | aplicar<br>アプリカール | apply<br>アプライ |
| <ruby>出来<rt>でき</rt></ruby>る | saber, fazer<br>サベール, ファゼール | can<br>キャン |
| (可能) | ser possível, poder<br>セール ポスィーヴェウ, ポデール | be possible<br>ビ パスィブル |
| (生産・産出) | ser produzido<br>セール プロドゥズィード | be produced<br>ビ プロデュースト |
| (完成) | ficar pronto<br>フィカール プロント | be finished<br>ビ フィニシュト |
| (形成) | ser feito<br>セール フェイト | be made, be formed<br>ビ メイド, ビ フォームド |
| (生じる) | surgir<br>スルジール | be born, form<br>ビ ボーン, フォーム |
| (能力がある) | hábil, ser capaz<br>アビウ, セール カパイス | able, good<br>エイブル, グド |
| <ruby>手際<rt>てぎわ</rt></ruby>のよい | jeitoso<br>ジェイトーゾ | skillful<br>スキルフル |
| <ruby>出口<rt>でぐち</rt></ruby> | saída *f.*<br>サイーダ | exit, way out<br>エクスィト, ウェイ アウト |

| 日 | 葡 | 英 |
|---|---|---|
| テクニック | técnica *f.*<br>テキニカ | technique<br>テクニーク |
| 手首 (てくび) | pulso *m.*<br>プウソ | wrist<br>リスト |
| 梃子 (てこ) | alavanca *f.*<br>アラヴァンカ | lever<br>レヴァ |
| 手心を加える (てごころをくわえる) | ser tolerante com<br>セール トレランチ コン | use *one's* discretion<br>ユーズ ディスクレション |
| てこずる | ter dificuldades, estar em apuros<br>テール ヂフィクウダーヂス, エスタール エィン アプーロス | have trouble *with*<br>ハヴ トラブル |
| 手応えがある (てごたえがある) | ter efeito, sentir reação<br>テール エフェイト, センチール ヘアサォン | have effect<br>ハヴ イフェクト |
| 凸凹な (でこぼこな) | irregular, com altos e baixos<br>イヘグラール, コン アウトズ イ バィショス | uneven, bumpy<br>アニーヴン, バンピ |
| デコレーション | decoração *f.*<br>デコラサォン | decoration<br>デコレイション |
| 手頃な (てごろな) | razoável, apropriado<br>ハゾアーヴェウ, アプロプリアード | handy, reasonable<br>ハンディ, リーズナブル |
| デザート | sobremesa *f.*<br>ソブリメーザ | dessert<br>ディザート |
| デザイナー | desenhista *m.f.*<br>デゼニィスタ | designer<br>ディザイナ |
| デザイン | desenho *m.*<br>デゼーニョ | design<br>ディザイン |
| 手先 (てさき) | dedos *m.pl.*<br>デードス | fingers<br>フィンガズ |
| 手探りする (てさぐりする) | tatear, apalpar<br>タチアール, アパルパール | grope<br>グロウプ |
| 手提げ鞄 (てさげかばん) | bolsa *f.*<br>ボウサ | briefcase<br>ブリーフケイス |
| 手触り (てざわり) | tato *m.*<br>タット | touch, feel<br>タチ, フィール |
| 弟子 (でし) | | |
| （男の） | discípulo *m.*<br>ヂスィプロ | pupil, disciple<br>ピューピル, ディサイプル |
| （女の） | discípula *f.*<br>ヂスィプラ | pupil, disciple<br>ピューピル, ディサイプル |

| 日 | 葡 | 英 |
|---|---|---|
| てしごと<br>手仕事 | trabalho manual *m.*<br>トラバーリョ マヌアウ | manual work<br>マニュアル ワーク |
| デジタルカメラ | câmera digital *f.*<br>カメラ ヂジタウ | digital camera<br>ディヂトル キャメラ |
| デジタルの | digital<br>ヂジタウ | digital<br>ディヂタル |
| てじな<br>手品 | truque *m.*, mágica *f.*<br>トルッキ, マジカ | magic, tricks<br>マヂク, トリクス |
| で<br>出しゃばる | intrometer-se em,<br>meter o nariz em<br>イントロメテールスィ エイン, メテール ウ ナリーズ エイン | thrust *one's* nose *into*<br>スラスト ノウズ |
| てじゅん<br>手順 | ordem *f.*, processo *m.*, plano *m.*<br>オルデイン, プロセッソ, プラーノ | order, process<br>オーダ, プラセス |
| てじょう<br>手錠 | algema *f.*<br>アウジェーマ | handcuffs<br>ハンドカフズ |
| てすうりょう<br>手数料 | comissão *f.*<br>コミサォン | commission<br>カミション |
| デスク | escrivaninha *f.*<br>エスクリヴァニーニャ | desk<br>デスク |
| ～トップ | *desktop m.*<br>デスキトッピ | desk-top<br>デスクタプ |
| テスト | teste *m.*<br>テスチ | test<br>テスト |
| てすり<br>手摺 | corrimão *m.*<br>コヒマォン | handrail<br>ハンドレイル |
| でたらめ<br>出鱈目な | disparatado<br>ヂスパラタード | irresponsible<br>イリスパンスィブル |
| てちが<br>手違い | erro *m.*<br>エッホ | mistake<br>ミステイク |
| てちょう<br>手帳 | agenda *f.*, caderneta *f.*<br>アジェンダ, カデルネッタ | notebook<br>ノウトブク |
| てつ<br>鉄 | ferro *m.*<br>フェッホ | iron<br>アイアン |
| てっかい<br>撤回する | revogar, anular<br>ヘヴォガール, アヌラール | withdraw<br>ウィズドロー |
| てつがく<br>哲学 | filosofia *f.*<br>フィロゾフィーア | philosophy<br>フィラソフィ |

| 日 | 葡 | 英 |
|---|---|---|
| ～者 | | |
| （男の） | filósofo *m.*<br>フィロゾフォ | philosopher<br>フィラソファ |
| （女の） | filósofa *f.*<br>フィロゾファ | philosopher<br>フィラソファ |
| 鉄筋コンクリート | concreto armado *m.*<br>コンクレット アルマード | ferroconcrete<br>フェロウカンクリート |
| 手作りの | feito à mão<br>フェイト ア マォン | handmade<br>ハンドメイド |
| 手付け金 | depósito *m.*, sinal *m.*<br>デポズィト, スィナウ | earnest money<br>アーニスト マニ |
| 鉄鋼 | ferro e aço<br>フェッホ イ アッソ | iron and steel<br>アイアン アンド スティ |
| 鉄鉱石 | minério de ferro *m.*<br>ミネーリオ チ フェッホ | iron ore<br>アイアン オー |
| 鉄骨 | arcabouço de ferro *m.*<br>アルカボウソ チ フェッホ | iron frame<br>アイアン フレイム |
| デッサン | esboço *m.*<br>エズボッソ | sketch<br>スケチ |
| 撤退する | retirar<br>ヘチラール | withdraw, pull out<br>ウィズドロー, プル アウト |
| 手伝い | ajuda *f.*<br>アジュダ | help<br>ヘルプ |
| （人） | ajudante *m.f.*<br>アジュダンチ | help, assistant<br>ヘルプ, アスィスタント |
| 手伝う | ajudar, auxiliar<br>アジュダール, アウスィリアール | help, assist<br>ヘルプ, アスィスト |
| 手続き | processo *m.*, trâmites *m.pl.*<br>プロセッソ, トラミッチス | the procedure<br>ザ プロスィーヂャ |
| 徹底的な | perfeito, completo<br>ペルフェイト, コンプレイト | thorough, complete<br>サロ, コンプリート |
| 徹底的に | perfeiramente, até o fim<br>ペルフェイタメンチ, アテ ウ フィン | thoroughly<br>サーロウリ |
| 鉄道 | estrada de ferro *f.*, ferrovia *f.*<br>エストラーダ チ フェッホ, フェホヴィーア | railroad<br>レイルロウド |
| デッドヒート | competição muito disputada *f.*<br>コンペチサォン ムイント ヂスプターダ | dead heat<br>デド ヒート |

| 日 | 葡 | 英 |
|---|---|---|
| 鉄板（てっぱん） | chapa de ferro f.<br>シャッパ デ フェッホ | iron plate<br>アイアン プレイト |
| 鉄棒（てつぼう） | barra de ferro f.<br>バッハ デ フェッホ | iron bar<br>アイアン バー |
| （体操の） | barra fixa f.<br>バッハ フィクサ | horizontal bar<br>ホリザンタル バー |
| 鉄砲（てっぽう） | espingarda f.<br>エスピンガルダ | gun<br>ガン |
| 徹夜（てつや） | virar a noite<br>ヴィラール ア ノイチ | stay up all night<br>ステイ アプ オール ナイト |
| テナント | | |
| （男の） | inquilino m.<br>インキリーノ | tenant<br>テナント |
| （女の） | inquilina f.<br>インキリーナ | tenant<br>テナント |
| テニス | tênis m.<br>テニス | tennis<br>テニス |
| ～コート | quadra de tênis f.<br>クワドラ デ テーニス | tennis court<br>テニス コート |
| 手荷物（てにもつ） | bagagem de mão f.<br>バガージェイン デ マォン | baggage<br>バギヂ |
| ～預かり所 | guarda-volumes m.<br>グワルダ ヴォルーミス | baggage room<br>バギヂ ルーム |
| ～預かり証 | comprovante de bagagem m.<br>コンプロヴァンチ デ バガージェイン | claim tag<br>クレイム タグ |
| 手拭い（てぬぐい） | toalha f.<br>トアーリャ | hand towel<br>ハンド タウエル |
| テノール | tenor m.<br>テノール | tenor<br>テナ |
| 手の甲（てのこう） | dorso da mão m.<br>ドルソ ダ マォン | the back of the hand<br>ザ バク オヴ ザ ハンド |
| 掌・手の平（てのひら・てのひら） | palma da mão f.<br>パウマ ダ マォン | the palm of the hand<br>ザ パーム オヴ ザ ハンド |
| デノミネーション | mudança da moeda f.<br>ムダンサ ダ モエーダ | redenomination<br>リーディナミネイション |
| デパート | loja de departamentos f.<br>ロージャ デ デパルタメントス | department store<br>ディパートメント ストー |
| 手配（てはい） | arranjar, preparar<br>アハンジャール, プレパラール | arrange<br>アレインヂ |

| 日 | 葡 | 英 |
|---|---|---|
| 手放す | largar, abandonar<br>ラルガール, アバンドナール | dispose *of*<br>ディスポウズ |
| （売却する） | vender<br>ヴェンデール | sell<br>セル |
| デビュー | estréia *f.*<br>エストレィア | debut<br>デイビュー |
| 〜する | estrear<br>エストレアール | make *one's* debut<br>メイク デビュー |
| 手袋 | luva *f.*<br>ルーヴァ | gloves<br>グラヴズ |
| 手ぶらで | de mãos vazias<br>ヂ マォンス ヴァズィーアス | empty-handed<br>エンプティハンディド |
| デフレ | deflação *f.*<br>デフラサォン | deflation<br>ディフレイション |
| 手本 | modelo *m.*, exemplo *m.*<br>モデーロ, エゼンプロ | example, model<br>イグザンプル, マドル |
| 手間 | trabalho *m.*<br>トラバーリョ | time and labor<br>タイム アンド レイバ |
| デマ | falso rumor *m.*, boato *m.*<br>ファウソ フモール, ボアット | false rumor<br>フォルス ルーマ |
| 出迎える | receber<br>ヘセベール | meet, receive<br>ミート, リスィーヴ |
| デメリット | desvantagem *f.*<br>ヂスヴァンタージェン | demerit<br>ディーメリト |
| デモ | passeata *f.*<br>パセアッタ | demonstration<br>デモンストレイション |
| デモクラシー | democracia *f.*<br>デモクラスィーア | democracy<br>ディマクラスィ |
| 手許[元]に | à mão, à disposição<br>ア マォン, ア ヂスポズィサォン | at hand<br>アト ハンド |
| デュエット | dueto *m.*<br>ドゥウェット | duet<br>デュエト |
| 寺 | templo budista *m.*<br>テンプロ ブヂスタ | temple<br>テンプル |
| 照らす | iluminar<br>イルミナール | light, illuminate<br>ライト, イリューミネイト |
| デラックスな | de luxo<br>ヂ ルーショ | deluxe<br>デルクス |

| 日 | 葡 | 英 |
|---|---|---|
| デリケートな | delicado<br>デリカード | delicate<br>デリケト |
| テリトリー | território *m.*<br>テヒトーリオ | territory<br>テリトーリ |
| 照る | brilhar<br>ブリリャール | shine<br>シャイン |
| 出る | sair<br>サイール | go out<br>ゴウ アウト |
| （出席・参加） | assistir a, estar presente a<br>アスィスチール ア, エスタール プレゼンチ ア | attend, join<br>アテンド, ヂョイン |
| （現れる） | aparecer, sair<br>アパレセール, サイール | come out, appear<br>カム アウト, アピア |
| テレビ | televisão *f.*, televisor *m.*<br>テレヴィザォン, テレヴィゾール | television<br>テレヴィジョン |
| ～ゲーム | *videogame* *m.*<br>ヴィヂオゲィミ | video game<br>ヴィディオウ ゲイム |
| ～電話 | videofone *m.*<br>ヴィヂオフォーニ | videophone<br>ヴィディオウフォウン |
| テレフォンカード | cartão telefônico *m.*<br>カルタォン テレフォニコ | telephone card<br>テレフォウン カード |
| 照れる | envergonhar-se<br>エンヴェルゴニャールスィ | be shy<br>ビ シャイ |
| テロリスト | terrorista *m.f.*<br>テホリスタ | terrorist<br>テラリスト |
| テロリズム | terrorismo *m.*<br>テホリズモ | terrorism<br>テラリズム |
| テロップ | legenda *f.*<br>レジェンダ | telop<br>テロウプ |
| 手渡す | entregar em mãos<br>エントレガール エィン マォンス | hand<br>ハンド |
| 天 | | |
| （天国・神） | Céu *m.*<br>セゥ | Heaven, God<br>ヘヴン, ガド |
| 点 | ponto *m.*<br>ポント | dot, point<br>ダト, ポイント |
| （点数） | nota *f.*<br>ノッタ | score, point<br>スコー, ポイント |
| （品物の数） | peça *f.*, exemplar *m.*<br>ペッサ, エゼンプラール | piece, item<br>ピース, アイテム |

| 日 | 葡 | 英 |
|---|---|---|
| <ruby>電圧<rt>でんあつ</rt></ruby> | voltagem *f.*<br>ヴォウタージェイン | voltage<br>ヴォウルティヂ |
| <ruby>転移<rt>てんい</rt></ruby> | metástase *f.*<br>メタスタズィ | metastasis<br>メタスタスィス |
| ～する | transferir-se<br>トランスフェリールスィ | metastasize<br>メタスタサイズ |
| <ruby>店員<rt>てんいん</rt></ruby> | balconista *m.f.*<br>バウコニスタ | clerk<br>クラーク |
| （男の） | vendedor *m.*<br>ヴェンデドール | clerk<br>クラーク |
| （女の） | vendedora *f.*<br>ヴェンデドーラ | clerk<br>クラーク |
| <ruby>田園<rt>でんえん</rt></ruby> | campo *m.*<br>カンポ | the country<br>ザ カントリ |
| <ruby>点火<rt>てんか</rt></ruby> | ignição *f.*<br>イギニサォン | ignition<br>イグニション |
| ～する | acender<br>アセンデール | ignite, light<br>イグナイト, ライト |
| <ruby>電化<rt>でんか</rt></ruby> | eletrificação *f.*<br>エレトリフィカサォン | electrification<br>イレクトリフィケイション |
| <ruby>展開<rt>てんかい</rt></ruby> | desenvolvimento *m.*, desenrolamento *m.*<br>デゼンヴォウヴィメント, デゼンホラメント | development<br>ディヴェロプメント |
| ～する | desenvolver-se, desenrolar-se<br>デゼンヴォウヴェールスィ, デゼンホラールスィ | develop<br>ディヴェロプ |
| <ruby>添加物<rt>てんかぶつ</rt></ruby> | aditivo *m.*<br>アヂチーヴォ | additive<br>アディティヴ |
| <ruby>癲癇<rt>てんかん</rt></ruby> | epilepsia *f.*<br>エピレプスィーア | epilepsy<br>エピレプスィ |
| <ruby>天気<rt>てんき</rt></ruby> | tempo *m.*, clima *m.*<br>テンポ, クリーマ | weather<br>ウェザ |
| （晴天） | tempo bom *m.*<br>テンポ ボン | fine weather<br>ファイン ウェザ |
| ～予報 | previsão do tempo *f.*<br>プレヴィザォン ド テンポ | the weather forecast<br>ザ ウェザ フォーキャスト |
| <ruby>伝記<rt>でんき</rt></ruby> | biografia *f.*<br>ビオグラフィーア | biography<br>バイアグラフィ |
| <ruby>電気<rt>でんき</rt></ruby> | eletricidade *f.*<br>エレトリスィダーヂ | electricity<br>イレクトリスィティ |

# ■電気製品■ artigos elétricos /アルチーゴス エレトリコス/

ライト　　　lâmpada /ランパダ/ f. (㋩light)
電気スタンド　　abajur /アバジュール/ m. (㋩table lamp)
<small>でんき</small>
<small>けいこうとう</small>
蛍光灯　　lâmpada fluorescente /ランパダ フルオレセンチ/ f. (㋩fluorescent lamp)
<small>せんぷうき</small>
扇風機　　ventilador /ヴェンチラドール/ m. (㋩electric fan)
エアコン　　ar-condicionado /アル コンヂスィオナード/ m. (㋩air conditioning)
ストーブ　　aquecedor /アケセドール/ m. (㋩heater, stove)
<small>そうじき</small>
掃除機　　aspirador de pó /アスピラドール チ ポ/ m. (㋩vacuum cleaner)
<small>せんたくき</small>
洗濯機　　máquina de lavar /マキナ チ ラヴァール/ f., lavadora /ラヴァドーラ/ f. (㋩washing machine)
<small>かんそうき</small>
乾燥機　　secadora /セカドーラ/ f. (㋩desiccator)
ドライヤー　　secador de cabelo /セカドール チ カベーロ/ m. (㋩drier)
<small>れいぞうこ</small>
冷蔵庫　　refrigerador /ヘフリジェラドール/ m., geladeira /ジェラデイラ/ f. (㋩refrigerator)
<small>れいとうこ</small>
冷凍庫　　freezer /フリーゼル/ m., congelador /コンジェラドール/ m. (㋩freezer)
<small>でんし</small>
電子レンジ　　micro-ondas /ミクロオンダス/ m. (㋩microwave oven)
<small>しょっきあら　き</small>
食器洗い機　　máquina de lavar louça /マキナ チ ラヴァール ロウサ/ f., lavadora de louça /ラヴァドーラ チ ロウサ/ f. (㋩dishwasher)
テレビ　　televisor /テレヴィゾール/ m., televisão /テレヴィザォン/ f. (㋩television)
ビデオデッキ　　vídeo /ヴィヂオ/ m. (㋩video tape racorder)
<small>しーでぃー</small>
ＣＤラジカセ　　aparelho de CD /アパレーリョ チ セーデー/ m. (㋩CD player)
ステレオ　　estéreo /エステーリオ/ f. (㋩stereo)
ファックス　　fax /ファックス/ m. (㋩fax)
<small>き</small>
コピー機　　fotocopiadora /フォトコピアドーラ/ f., xerox /シェロックス/ m. (㋩copier)

| 日 | 葡 | 英 |
|---|---|---|
| （電灯） | luz elétrica *f.* | electric light |
| ～スタンド | abajur *m.* | desk lamp |
| でんきゅう<br>電球 | lâmpada *f.* | electric bulb |
| てんきん<br>転勤 | transferência *f.* | transference |
| ～する | ser transferido | change jobs |
| てんけい<br>典型 | protótipo *m.* | model, type |
| ～的な | típico | typical, ideal |
| てんけん<br>点検 | exame *m.*, inspeção *f.*, revisão *f.* | inspection, check |
| ～する | examinar, fazer revisão | inspect, check |
| でんげん<br>電源 | tomada *f.*, fonte de energia elétrica *f.* | power supply |
| てんこう<br>天候 | tempo *m.*, clima *m.* | weather |
| でんこう<br>電光 | relâmpago *m.* | flash of lightning |
| てんこう<br>転向する | converter-se | be converted *to* |
| てんこう<br>転校する | mudar de escola | change *one's* school |
| てんごく<br>天国 | Paraíso *m.* | Heaven, Paradise |
| でんごん<br>伝言 | recado *m.* | message |
| ～する | dar um recado | give a message |
| てんさい<br>天才 | gênio *m.* | genius |
| てんさい<br>天災 | calamidade natural *f.* | calamity, disaster |

| 日 | 葡 | 英 |
|---|---|---|
| <ruby>添削<rt>てんさく</rt></ruby>する | corrigir<br>コヒジール | correct<br>カレクト |
| <ruby>天使<rt>てんし</rt></ruby> | anjo *m.*<br>アンジョ | angel<br>エインジェル |
| <ruby>展示<rt>てんじ</rt></ruby> | exibição *f.*<br>エズィビサォン | exhibition<br>エクスィビション |
| 〜会 | exposição *f.*<br>エスポズィサォン | exhibition, show<br>エクスィビション, ショウ |
| 〜する | exibir<br>エズィビール | exhibit<br>イグズィビト |
| <ruby>点字<rt>てんじ</rt></ruby> | braile *m.*<br>ブライリ | braille<br>ブレイル |
| <ruby>電子<rt>でんし</rt></ruby> | elétron *m.*<br>エレトロン | electron<br>イレクトラン |
| 〜工学 | eletrônica *f.*<br>エレトロニカ | electronics<br>イレクトラニクス |
| 〜マネー | dinheiro eletrônico *m.*<br>ヂニェイロ エレトロニコ | electronic money<br>イレクトラニク マニ |
| 〜レンジ | microondas *m.*<br>ミクロオンダス | electronic oven<br>イレクトラニク アヴン |
| <ruby>電磁<rt>でんじ</rt></ruby> | | |
| 〜石 | eletroímã *m.*<br>エレトロイマン | electromagnet<br>イレクトロウマグネト |
| 〜波 | ondas eletromagnéticas *f.pl.*<br>オンダス エレトロマギネチカス | electromagnetic wave<br>イレクトロウマグネティク ウェイヴ |
| <ruby>電車<rt>でんしゃ</rt></ruby> | trem elétrico *m.*<br>トレィン エレトリコ | electric train<br>イレクトレク トレイン |
| <ruby>天井<rt>てんじょう</rt></ruby> | teto *m.*<br>テット | the ceiling<br>ザ スィーリング |
| 〜桟敷 | galeria *f.*<br>ガレリーア | gallery<br>ギャラリ |
| <ruby>伝承<rt>でんしょう</rt></ruby> | tradição oral *f.*, lenda *f.*<br>トラヂサォン オラウ, レンダ | tradition<br>トラディション |
| <ruby>添乗員<rt>てんじょういん</rt></ruby> | acompanhante *m.f.*, guia *m.f.*<br>アコンパニャンチ, ギーア | tour conductor<br>トゥア カンダクタ |
| <ruby>転職<rt>てんしょく</rt></ruby>する | mudar de emprego<br>ムダール ヂ エンプレーゴ | change *one's* occupation<br>チェインヂ アキュペイション |
| <ruby>点数<rt>てんすう</rt></ruby> | nota *f.*<br>ノッタ | marks, score<br>マークス, スコー |

| 日 | 葡 | 英 |
|---|---|---|
| てんせいの<br>天性の | natural, inato<br>ナトゥラウ, イナット | natural<br>ナチュラル |
| でんせつ<br>伝説 | lenda f., mito m.<br>レンダ, ミット | legend<br>レヂェンド |
| てんせん<br>点線 | linha pontilhada f.<br>リーニャ ポンチリャーダ | dotted line<br>ダテド ライン |
| でんせん<br>伝染 | contágio m., infecção f.<br>コンタージオ, インフェキサォン | infection, contagion<br>インフェクション, カンテイヂョン |
| ～する | contagiar<br>コンタジアール | be infectious<br>ビ インフェクシャス |
| ～病 | doença contagiosa f.<br>ドエンサ コンタジオーザ | infectious disease<br>インフェクシャス ディズィーズ |
| でんせん<br>電線 | cabo de eletricidade m.<br>カーボ チ エレトリスィダーヂ | electric wire<br>イレクトレク ワイア |
| てんそうする<br>転送する | reexpedir, reenviar<br>ヘエスペヂール, ヘエンヴィアール | forward<br>フォーワド |
| てんたい<br>天体 | astro m., corpo celeste m.<br>アストロ, コルポ セレスチ | heavenly body<br>ヘヴンリ バディ |
| でんたく<br>電卓 | calculadora f.<br>カウクラドーラ | calculator<br>キャルキュレイタ |
| でんたつ<br>伝達 | comunicação f., transmissão f.<br>コムニカサォン, トランズミサォン | communication<br>カミューニケイション |
| ～する | comunicar, transmitir<br>コムニカール, トランズミチール | communicate<br>コミューニケイト |
| デンタルフロス | fio dental m.<br>フィーオ デンタウ | dental floss<br>デンタル フロース |
| てんち<br>天地<br>（上と下） | topo e base<br>トッポ イ バーズィ | top and bottom<br>タプ アンド バトム |
| でんち<br>電池 | pilha f., bateria f.<br>ピーリャ, バテリーア | electric cell<br>イレクトレク セル |
| でんちゅう<br>電柱 | poste de eletricidade m.<br>ポスチ ヂ エレトリスィダーヂ | telegraph pole<br>テレグラフ ポウル |
| てんてき<br>点滴 | instilação f., colocação de soro f.<br>インスチラサォン, コロカサォン ヂ ソーロ | intravenous drip injection<br>イントラヴィーナス ドリプ インチェクション |
| テント | barraca f., tenda f., toldo m.<br>バハッカ, テンダ, トウド | tent<br>テント |

| 日 | 葡 | 英 |
|---|---|---|
| 転倒する | cair<br>カイール | fall down<br>フォール ダウン |
| 伝統 | tradição f.<br>トラヂサォン | tradition<br>トラディション |
| 〜の | tradicional<br>トラヂスィオナウ | traditional<br>トラディショナル |
| 電灯 | luz elétrica<br>ルィス エレトリカ | electric light<br>イレクトレク ライト |
| 伝導 | evangelização f., condução f.<br>エヴァンジェリザサォン, コンドゥサォン | conduction<br>カンダクション |
| 伝道 | missão f.<br>ミサォン | mission<br>ミション |
| 天道虫 | joaninha f.<br>ジョアニーニャ | ladybug, ladybird<br>レイディバグ, レイディバード |
| 電熱器 | fogão elétrico m.<br>フォガォン エレトリコ | electric heater<br>イレクトレク ヒータ |
| 天然 | | |
| 〜ガス | gás natural m.<br>ガィス ナトゥラウ | natural gas<br>ナチュラル ギャス |
| 〜の | natural<br>ナトゥラウ | natural<br>ナチュラル |
| 天然痘 | varíola f.<br>ヴァリオラ | smallpox<br>スモールパクス |
| 天皇 | imperador m.<br>インペラドール | emperor<br>エンペラ |
| 天王星 | Urano m.<br>ウラーノ | Uranus<br>ユアラナス |
| 電波 | onda elétrica f.<br>オンダ エレトリカ | electric wave<br>イレクトレク ウェイヴ |
| 天火 | forno m.<br>フォルノ | oven<br>アヴン |
| 天引 | | |
| 〜する | deduzir na fonte<br>デドゥズィール ナ フォンチ | deduct<br>ディダクト |
| 伝票 | fatura f., nota f.<br>ファトゥーラ, ノッタ | slip<br>スリプ |
| 天秤座 | Libra f.<br>リーブラ | the Balance, Libra<br>ザ バランス, ライブラ |

| 日 | 葡 | 英 |
|---|---|---|
| <ruby>転覆<rt>てんぷく</rt></ruby> | capotagem *f.*<br>カポタージェィン | overturn<br>オウヴァターン |
| 〜する | virar-se, capotar<br>ヴィラールスィ, カポタール | turn over<br>ターン オウヴァ |
| <ruby>添付<rt>てんぷ</rt></ruby>する | anexar<br>アネクサール | attach<br>アタチ |
| <ruby>天分<rt>てんぶん</rt></ruby> | dom *m.*, dotes *m.pl.*<br>ドン, ドッチス | gift<br>ギフト |
| <ruby>澱粉<rt>でんぷん</rt></ruby> | amido *m.*<br>アミード | starch<br>スターチ |
| テンポ | tempo *m.*, ritmo *m.*,<br>　　　　　　velocidade *f.*<br>テンポ, ヒッチモ, ヴェロスィダーチ | tempo<br>テンポウ |
| <ruby>展望<rt>てんぼう</rt></ruby> | vista *f.*, panorama *m.*<br>ヴィスタ, パノラーマ | view<br>ヴュー |
| 〜する | dar uma visão geral,<br>　　passar em revista<br>ダール ウマ ヴィザォン ジェラウ,<br>　　　　パサール エィン ヘヴィスタ | view<br>ヴュー |
| <ruby>電報<rt>でんぽう</rt></ruby> | telegrama *m.*<br>テレグラーマ | telegram<br>テレグラム |
| 〜を打つ | passar um telegrama<br>パサール ウン テレグラーマ | send a telegram<br>センド ア テレグラム |
| <ruby>顛末<rt>てんまつ</rt></ruby> (事情) | todos os detalhes *m.pl.*,<br>　　toda a história *f.*<br>トードズ ウズ デターリィス, トーダ ア イストーリア | the whole circumstances<br>ザ ホウル サーカムスタンスィズ |
| <ruby>天窓<rt>てんまど</rt></ruby> | clarabóia *f.*<br>クララボィア | skylight<br>スカイライト |
| <ruby>点滅<rt>てんめつ</rt></ruby>する | piscar<br>ピスカール | blink<br>ブリンク |
| <ruby>天文学<rt>てんもんがく</rt></ruby> | astronomia *f.*<br>アストロノミーア | astronomy<br>アストラノミ |
| <ruby>天文台<rt>てんもんだい</rt></ruby> | observatório astronômico *m.*<br>オビセルヴァトーリオ アストロノミコ | astronomical observatory<br>アストロナミカル オブザヴァートリ |
| <ruby>転落<rt>てんらく</rt></ruby> | caída *f.*, queda *f.*<br>カイーダ, ケーダ | fall<br>フォール |
| 〜する | cair<br>カイール | fall<br>フォール |

| 日 | 葡 | 英 |
|---|---|---|
| <ruby>展覧会<rt>てんらんかい</rt></ruby> | exposição f.<br>エスポズィサォン | exhibition<br>エクスィビション |
| <ruby>電流<rt>でんりゅう</rt></ruby> | corrente elétrica f.<br>コヘンチ エレトリカ | electric current<br>イレクトレク カーレント |
| <ruby>電力<rt>でんりょく</rt></ruby> | energia elétrica f.<br>エネルジーア エレトリカ | electric power<br>イレクトレク パウア |
| <ruby>電話<rt>でんわ</rt></ruby> | telefonema m.<br>テレフォネーマ | |
| （電話機） | telefone m.<br>テレフォーニ | telephone<br>テレフォウン |
| ～局 | estação telefônica f.<br>エスタサォン テレフォニカ | telephone exchange<br>テレフォウン イクスチェインヂ |
| ～交換手 | telefonista m.f.<br>テレフォニスタ | telephone operator<br>テレフォウン アペレイタ |
| ～する | telefonar, ligar<br>テレフォナール, リガール | call<br>コール |
| ～帳 | lista telefônica f.<br>リスタ テレフォニカ | telephone book<br>テレフォウン ブク |
| ～番号 | número de telefone m.<br>ヌメロ ヂ テレフォーニ | telephone number<br>テレフォウン ナンバ |
| ～ボックス | cabine telefônica f.<br>カビーニ テレフォニカ | telephone booth<br>テレフォウン ブース |

## と，ト

| 日 | 葡 | 英 |
|---|---|---|
| <ruby>戸<rt>と</rt></ruby> | porta f.<br>ポルタ | door<br>ドー |
| <ruby>度<rt>ど</rt></ruby> | vez f.<br>ヴェイス | time<br>タイム |
| （角度・温度） | grau m.<br>グラウ | degree<br>ディグリー |
| （程度） | grau m., nível m.<br>グラウ, ニーヴェウ | degree, extent<br>ディグリー, イクステント |
| ドア | porta f.<br>ポルタ | door<br>ドー |
| <ruby>問<rt>と</rt></ruby>い | pergunta f.<br>ペルグンタ | question<br>クウェスチョン |
| <ruby>問<rt>と</rt></ruby>い<ruby>合<rt>あ</rt></ruby>わせる | perguntar<br>ペルグンタール | inquire<br>インクワイア |

| 日 | 葡 | 英 |
|---|---|---|
| といし<br>砥石 | mó f.<br>モ | whetstone<br>ホウェトストウン |
| ドイツ | Alemanha f.<br>アレマーニャ | Germany<br>ヂャーマニ |
| ～語 | alemão m.<br>アレマォン | German<br>ヂャーマン |
| トイレ(ット) | banheiro m.<br>バニェイロ | toilet<br>トイレト |
| ～ペーパー | papel higiênico m.<br>パペウ イジエニコ | toilet paper<br>トイレト ペイパ |
| とう<br>党 | partido<br>パルチード | party<br>パーティ |
| とう<br>塔 | torre f.<br>トッヒ | tower<br>タウア |
| とう<br>等 | classe f., grau m.<br>クラッスィ, グラウ | grade<br>グレイド |
| (賞) | prêmio m.<br>プレーミオ | prize<br>プライズ |
| (など) | etc.<br>エチ セテラ | etc.<br>エトセトラ |
| どう<br>胴 | tronco m.<br>トロンコ | trunk<br>トランク |
| どう<br>銅 | cobre m.<br>コーブリ | copper<br>カパ |
| どうい<br>同意 | consentimento m.<br>コンセンチメント | agreement<br>アグリーメント |
| ～する | concordar, consentir<br>コンコルダール, コンセンチール | agree *with*, consent<br>アグリー, カンセント |
| とういつ<br>統一 | unidade f., unificação f.<br>ウニダーヂ, ウニフィカサォン | unity, unification<br>ユーニティ, ユーニフィケイション |
| ～する | unificar<br>ウニフィカール | unite, unify<br>ユーナイト, ユーニファイ |
| どういつ<br>同一 | | |
| ～性 | identidade f.<br>イデンチダーヂ | identity<br>アイデンティティ |
| ～の | mesmo, idêntico<br>メズモ, イデンチコ | the same, identical<br>ザ セイム, アイデンティカル |
| とういん<br>党員 | | |
| (男の) | partidário m.<br>パルチダーリオ | party member<br>パーティ メンバ |

| 日 | 葡 | 英 |
|---|---|---|
| (女の) | partidária *f.*<br>パルチダーリア | party member<br>パーティ メンバ |
| どういん<br>動員 | mobilização *f.*<br>モビリザサォン | mobilization<br>モウビリゼイション |
| 〜する | mobilizar<br>モビリザール | mobilize<br>モウビライズ |
| どうか<br>同化 | assimilação *f.*<br>アスィミラサォン | assimilation<br>アスィミレイション |
| 〜する | assimilar<br>アスィミラール | assimilate<br>アスィミレイト |
| どうかく<br>同格 | a mesma posição *f.*,<br>    mesmo grau *m.*<br>ア メズマ ポズィサォン, メズモ グラゥ | the same rank<br>ザ セイム ランク |
| うがらし<br>唐辛子 | pimenta *f.*<br>ピメンタ | red pepper<br>レド ペパ |
| どうかん<br>同感である | concordar com,<br>    ser da mesma opinião<br>コンコルダール コン, セール ダ メズマ オピニアォン | agree *with*<br>アグリー |
| とうかん<br>投函する | pôr carta no correio<br>ポール カルタ ノ コヘィオ | mail a letter<br>メイル ア レタ |
| とうき<br>投機 | especulação *f.*<br>エスペクラサォン | speculation<br>スペキュレイション |
| とうき<br>陶器 | cerâmica *f.*<br>セラミカ | earthenware<br>アースンウェア |
| とうぎ<br>討議 | discussão *f.*, debate *m.*<br>ヂスクサォン, デバチ | discussion<br>ディスカション |
| 〜する | discutir, debater<br>ヂスクチール, デバテール | discuss<br>ディスカス |
| どうき<br>動機 | motivo *m.*<br>モチーヴォ | motive<br>モウティヴ |
| どうぎ<br>動議 | moção *f.*<br>モサォン | motion<br>モウション |
| どうぎご<br>同義語 | sinônimo *m.*<br>スィノニモ | synonym<br>スィノニム |
| とうきゅう<br>等級 | classe *f.*, grau *m.*, categoria *f.*<br>クラッスィ, グラゥ, カテゴリーア | class, rank<br>クラス, ランク |
| とうぎゅう<br>闘牛 | tourada *f.*<br>トウラーダ | bullfight<br>ブルファイト |
| (牛) | touro *m.*<br>トウロ | fighting bull<br>ファイティング ブル |

| 日 | 葡 | 英 |
|---|---|---|
| ～士 | toureiro *m.*, matador *m.*<br>トウレイロ, マタドール | bullfighter, matador<br>ブルファイタ, マタドー |
| ～場 | praça de touros *f.*<br>プラッサ ヂ トウロス | bullring<br>ブルリング |
| どうきゅうせい<br>同級生 | colega de sala *m.f.*<br>コレーガ ヂ サーラ | classmate<br>クラスメイト |
| どうきょ<br>同居する | coabitar, morar junto com<br>コアビタール, モラール ジュント コン | live with...<br>リヴ ウィズ |
| とうきょく<br>当局 | autoridades *f.pl.*<br>アウトリダーヂス | the authorities<br>ジ オサリティズ |
| どうぐ<br>道具 | instrumento *m.*<br>インストルメント | tool<br>トゥール |
| どうくつ<br>洞窟 | caverna *f.*<br>カヴェルナ | cave<br>ケイヴ |
| とうげ<br>峠 | desfiladeiro *m.*<br>ヂスフィラデイロ | pass<br>パス |
| とうけい<br>統計 | estatística *f.*<br>エスタチスチカ | statistics<br>スタティスティクス |
| どうけし<br>道化師 | palhaço *m.*<br>パリャッソ | clown, buffoon<br>クラウン, バフーン |
| とうけつ<br>凍結 | congelamento *m.*<br>コンジェラメント | freezing<br>フリーズィング |
| ～する | congelar<br>コンジェラール | freez<br>フリーズ |
| とうごう<br>統合 | integração *f.*, unificação *f.*<br>インテグラサォン, ウニフィカサォン | unity, unification<br>ユーニティ, ユーニフィケイション |
| ～する | unificar<br>ウニフィカール | unite, unify<br>ユーナイト, ユーニファイ |
| どうこう<br>動向 | tendência *f.*<br>テンデンスィア | trend, tendency<br>トレンド, テンデンスィ |
| どうこう<br>同行する | acompanhar<br>アコンパニャール | go together<br>ゴウ トゲザ |
| どうさ<br>動作 | movimento *m.*<br>モヴィメント | action<br>アクション |
| どうさつりょく<br>洞察力 | perspicácia *f.*<br>ペルスピカッスィア | insight<br>インサイト |
| とうざよきん<br>当座預金 | depósito em conta corrente *m.*<br>デポズィト エィン コンタ コヘンチ | current deposit<br>カーレント ディパズィト |

| 日 | 葡 | 英 |
|---|---|---|
| 倒産（とうさん） | falência f., bancarrota f.<br>ファレンスィア, バンカホッタ | bankruptcy<br>バンクラプトスィ |
| ～する | falir, ir à bancarrota<br>ファリール, イール ア バンカホッタ | go bankrupt<br>ゴウ バンクラプト |
| 動産（どうさん） | bens móveis m.pl.<br>ベィンス モーヴェィス | movables<br>ムーヴァブルズ |
| 投資（とうし） | investimento m.<br>インヴェスチメント | investment<br>インヴェストメント |
| ～家 (男の) | investidor m.<br>インヴェスチドール | investor<br>インヴェスタ |
| (女の) | investidora f.<br>インヴェスチドーラ | investor<br>インヴェスタ |
| ～する | investir<br>インヴェスチール | invest<br>インヴェスト |
| 闘志（とうし） | espírito combativo m., garra f.<br>エスピリト コンバチーヴォ, ガッハ | fighting spirit<br>ファイティング スピリト |
| 冬至（とうじ） | solstício de inverno m.<br>ソウスチッスィオ チ インヴェルノ | the winter solstice<br>ザ ウィンタ サルスティス |
| 当時（とうじ） | naquela época<br>ナケーラ エポカ | at that time<br>アト ザト タイム |
| ～の | desse tempo<br>デッスィ テンポ | of those days<br>オヴ ゾウズ デイズ |
| 動詞（どうし） | verbo m.<br>ヴェルボ | verb<br>ヴァーブ |
| 同志（どうし） | camarada m.f.<br>カマラーダ | friends, comrades<br>フレンヅ, カムラヅ |
| 陶磁器（とうじき） | louças e porcelanas<br>ロウサズ イ ポルセラーナス | pottery, ceramics<br>パタリ, スィラミクス |
| 凍死する（とうしする） | morrer de frio<br>モヘール チ フリーオ | be frozen to death<br>ビ フロウズン トゥ デス |
| 同時代の（どうじだいの） | contemporâneo<br>コンテンポラーニオ | contemporary<br>コンテンポレリ |
| 同時に（どうじに） | simultaneamente,<br>　　　ao mesmo tempo<br>スィムウタニアメンチ, アオ メズモ テンポ | at the same time<br>アト ザ セイム タイム |
| ～の | simultâneo<br>スィムウターニオ | simultaneous<br>サイマルテイニアス |
| 当日（とうじつ） | esse dia<br>エッスィ チーア | that day<br>ザト デイ |

| 日 | 葡 | 英 |
|---|---|---|
| どうしつ<br>同質の | homogêneo<br>オモジェーニオ | homogeneous<br>ホウモチーニアス |
| どうして | por que<br>ポル ケ | why<br>ホワイ |
| （如何にして） | como<br>コーモ | how<br>ハウ |
| どうしても | de qualquer maneira<br>チ クァウケール マネィラ | by all means<br>バイ オール ミーンズ |
| とうじょう<br>登場 | entrada em cena *f.*<br>エントラーダ エィン セーナ | entering<br>エンタリング |
| ～する | entrar em cena, aparecer, surgir<br>エントラール エィン セーナ, アパレセール, スルジール | enter, appear<br>エンタ, アピア |
| とうじょう<br>搭乗 | embarque *m.*<br>エンバルキ | boarding<br>ボーディング |
| ～ゲート | portão de embarque *m.*<br>ポルタォン チ エンバルキ | boarding gate<br>ボーディング ゲイト |
| ～券 | cartão de embarque *m.*<br>カルタォン チ エンバルキ | boarding pass<br>ボーディング パス |
| ～する | embarcar<br>エンバルカール | board<br>ボード |
| どうじょう<br>同情 | compaixão *f.*<br>コンパィシャォン | sympathy<br>スィンパスィ |
| ～する | comiserar-se, compadecer-se<br>コミゼラールスィ, コンパテセールスィ | sympathize *with*<br>スィンパサイズ |
| とうしょする<br>投書する | remeter carta ao editor<br>ヘメテール カルタ アオ エヂトール | contribute *to*<br>カントリビュト |
| とうすい<br>陶酔 | embriaguez *f.*, êxtase *m.*<br>エブリアグィス, エスタズィ | intoxication<br>インタクスィケイション |
| ～する | embriagar-se, extasiar-se<br>エンブリアガールスィ, エスタズィアールスィ | be intoxicated *with*<br>ビ インタクスィケイテド |
| どうせ | em todo o caso, de qualquer forma<br>エィン トード オ カーゾ, チ クゥアケール フォルマ | anyway<br>エニウェイ |
| （結局） | enfim, afinal<br>エンフィン, アフィナウ | after all<br>アフタ オール |
| とうせい<br>統制 | controle *m.*, regulamentação *f.*<br>コントロリ, ヘグラメンタサォン | control, regulation<br>カントロウル, レギュレイション |
| ～する | controlar, regulamentar<br>コントロラール, ヘグラメンタール | control, regulate<br>カントロウル, レギュレイト |

| 日 | 葡 | 英 |
|---|---|---|
| どうせい<br>同棲する | viver em concubinato<br>ヴィヴェール エィン コンクビナット | cohabit *with*<br>コウハビト |
| とうぜん<br>当然 | naturalmente<br>ナトゥラウメンチ | naturally<br>ナチュラリ |
| 〜の | natural<br>ナトゥラウ | natural, right<br>ナチュラル, ライト |
| とうせん<br>当選する | ser eleito<br>セール エレイト | be elected<br>ビ イレクテド |
| (懸賞に) | acertar no sorteio<br>アセルタール ノ ソルテイオ | win the prize<br>ウィン ザ プライズ |
| どうぞ | por favor<br>ポル ファヴォール | please<br>プリーズ |
| とうそう<br>闘争 | luta *f.*, combate *m.*<br>ルッタ, コンバッチ | fight, struggle<br>ファイト, ストラグル |
| どうそうせい<br>同窓生 | | |
| (男の) | ex-aluno da escola *m.*<br>エズアルーノ ダ エスコーラ | alumnus<br>アラムナス |
| (女の) | ex-aluna da escola *f.*<br>エズアルーナ ダ エスコーラ | alumna<br>アラムナ |
| とうだい<br>灯台 | farol *m.*<br>ファロウ | lighthouse<br>ライトハウス |
| どうたい<br>胴体 | tronco *m.*<br>トロンコ | body, trunk<br>バディ, トランク |
| とうち<br>統治 | governo *m.* reinado *m.*, domínio *m.*<br>ゴヴェルノ, ヘイナード, ドミーニオ | government<br>ガヴァンメント |
| 〜する | governar, reinar<br>ゴヴェルナール, ヘイナール | govern<br>ガヴァン |
| とうち<br>倒置する | inverter<br>インヴェルテール | invert<br>インヴァート |
| とうちゃく<br>到着 | chegada *f.*<br>シェガーダ | arrival<br>アライヴァル |
| 〜する | chegar<br>シェガール | arrive *at*<br>アライヴ |
| とうちょう<br>盗聴する | escutar secretamente<br>エスクタール セクレタメンチ | tap<br>タプ |
| (電波を) | interceptar<br>インテルセピタール | intercept<br>インタセプト |
| とうてい<br>到底 | de jeito nenhum<br>ヂ ジェイト ネニュン | at all<br>アト オール |

| 日 | 葡 | 英 |
|---|---|---|
| 同点(どうてん) | mesma nota *f.*, empate *m.* <br> メズマ ノッタ, エンパッチ | tie <br> タイ |
| 尊い(とうとい) | nobre <br> ノーブリ | noble <br> ノウブル |
| (貴重な) | precioso, valioso <br> プレスィオーゾ, ヴァリオーゾ | precious <br> プレシャス |
| 到頭(とうとう) | por fim, finalmente <br> ポル フィン, フィナウメンチ | at last <br> アト ラスト |
| 同等(どうとう) | igualdade *f.* <br> イグァウダーヂ | equality <br> イクワリティ |
| ～の | igual <br> イグワウ | equal <br> イークワル |
| 堂々(どうどう) | | |
| ～たる | imponente, majestoso <br> インポネンチ, マジェストーゾ | stately, magnificent <br> ステイトリ, マグニフィセント |
| ～と <br> (立派に) | majestosamente <br> マジェストザメンチ | with great dignity <br> ウィズ グレイト ディグニティ |
| (隠すことなく) | às claras, francamente <br> アス クラーラス, フランカメンチ | fairly <br> フェアリ |
| 道徳(どうとく) | moral *f.* <br> モラウ | morality <br> モラリティ |
| ～的な | moral <br> モラウ | moral <br> モラル |
| 東南(とうなん)アジア | Sudeste da Ásia *m.* <br> スデスチ ダ アズィア | Southeast Asia <br> サウスイースト エイジャ |
| 盗難(とうなん) | roubo *m.* <br> ホゥボ | robbery <br> ラバリ |
| ～保険 | seguro contra roubos *m.* <br> セグーロ コントラ ホゥボス | burglary insurance <br> バーグラリ インシュアランス |
| 導入(どうにゅう) | *introdução f.* <br> イントロドゥサォン | introduction <br> イントロダクション |
| ～する | introduzir <br> イントロドゥズィール | introduce <br> イントロデュース |
| 糖尿病(とうにょうびょう) | diabetes *f.pl.* <br> ヂアベッチス | diabetes <br> ダイアビーティーズ |
| 当番(とうばん) | turno *m.* <br> トゥルノ | turn <br> ターン |
| 同伴(どうはん) | companhia *f.* <br> コンパニィア | company <br> カンパニ |

| 日 | 葡 | 英 |
|---|---|---|
| ～する | acompanhar, fazer companhia<br>アコンパニャール, ファゼール コンパニーア | bring<br>ブリング |
| どうはんが<br>銅版画 | calcografia f.<br>カウコグラフィーア | drypoint<br>ドライポイント |
| とうひ<br>逃避する | fugir<br>フジール | escape from<br>イスケイプ |
| とうひょう<br>投票 | votação f.<br>ヴォタサォン | voting<br>ヴォウティング |
| ～者 (男の) | eleitor m.<br>エレイトール | voter<br>ヴォウタ |
| (女の) | eleitora f.<br>エレイトーラ | voter<br>ヴォウタ |
| ～する | votar<br>ヴォタール | vote for<br>ヴォウト |
| ～箱 | urna f.<br>ウルナ | ballot box<br>バロト バクス |
| ～用紙 | cédula eleitoral f.<br>セドゥラ エレイトラウ | voting paper<br>ヴォウティング ペイパ |
| とうぶ<br>東部 | parte leste f.<br>パルチ レスチ | the eastern part<br>ザ イースタン パート |
| どうふう<br>同封する | incluir no mesmo envelope<br>インクルイール ノ メズモ エンヴェロッピ | enclose<br>インクロウズ |
| どうぶつ<br>動物 | animal m.<br>アニマウ | animal<br>アニマル |
| ～園 | jardim zoológico m.<br>ジャル**ヂ**ン ゾオロジコ | zoo<br>ズー |
| とうぶん<br>当分 | por enquanto<br>ポル エンクワント | for the time being<br>フォー ザ タイム ビーイング |
| とうぶん<br>糖分 | teor de açúcar m.<br>テオール チ アスッカル | sugar<br>シュガ |
| とうぼう<br>逃亡 | fuga f.<br>フーガ | escape<br>イスケイプ |
| ～する | fugir<br>フジール | escape from<br>イスケイプ |
| どうみゃく<br>動脈 | artéria f.<br>アルテーリア | artery<br>アータリ |
| ～硬化 | arteriosclerose f.<br>アルテリオスクレローズィ | arteriosclerosis<br>アーティアリオスクレロウスィス |

## ■動物■ animal m. /アニマウ/

犬 cão /カォン/ m., cachorro /カショッホ/ m. (㊤dog)
猫 gato /ガット/ m. (㊤cat)
馬 (雄の)cavalo /カヴァーロ/ m., (雌の)égua /エグァ/ f. (㊤horse)
驢馬 (雄の)burro /ブッホ/ m., (雌の)mula /ムーラ/ f. (㊤donkey)
牛 (雄の)boi /ボィ/ m., (雌の)vaca /ヴァッカ/ f. (㊤cattle)
羊 (雄の)carneiro /カルネィロ/ m., (雌の)ovelha /オヴェーリャ/ f. (㊤sheep)
山羊 (雄の)bode /ボーヂ/ m., (雌の)cabra /カーブラ/ f. (㊤goat)
豚 (雄の)porco /ポルコ/ m., (雌の)porca /ポルカ/ f. (㊤pig)
兎 lebre /レブリ/ f., coelho /コエーリョ/ m. (㊤rabbit)
鼠 (雄の)rato /ハット/ m., (雌の)rata /ハッタ/ f. (㊤rat, mouse)
栗鼠 esquilo /エスキーロ/ m. (㊤squirrel)
いたち doninha /ドニーニャ/ f. (㊤weasel)
狐 raposa /ハポーザ/ f. (㊤fox)
狼 (雄の)lobo /ローボ/ m., (雌の)loba /ローバ/ f. (㊤wolf)
熊 (雄の)urso /ウルソ/ m., (雌の)ursa /ウルサ/ f. (㊤bear)
鹿 (雄の)veado /ヴェアード/ m., (雌の)veada /ヴェアーダ/ f. (㊤deer)
ワニ crocodilo /クロコヂーロ/ m., jacaré /ジャカレー/ m. (㊤alligator, crocodile)
蛇 serpente /セルペンチ/ f., cobra /コーブラ/ f. (㊤snake)
蛙 sapo /サッポ/ m., rã /ハン/ f. (㊤frog)
亀 tartaruga /タルタルーガ/ f. (㊤turtle)
トカゲ lagarto /ラガルト/ m. (㊤lizard)
ライオン (雄の)leão /レアォン/ m., (雌の)leoa /レオーア/ f. (㊤lion)
虎 tigresa /チグレーザ/ f., tigre /チーグリ/ m. (㊤tiger)
象 (雄の)elefante /エレファンチ/ m., (雌の)aliá /アリア/ f. (㊤elephant)
猿 macaco /マカッコ/ m. (㊤monkey, ape)
チンパンジー chimpanzé /シンパンゼ/ m. (㊤chimpanzee)
鯨 baleia /バレィア/ f. (㊤whale)
海豚 golfinho /ゴウフィーニョ/ m. (㊤dolphin)

| 日 | 葡 | 英 |
|---|---|---|
| とうみん<br>冬眠 | hibernação f.<br>イベルナサォン | hibernation<br>ハイバネイション |
| とうめい<br>透明 | transparência f.<br>トランスパレンスィア | transparency<br>トランスペアレンスィ |
| 〜な | transparente<br>トランスパレンチ | transparent<br>トランスペアレント |
| どうめい<br>同盟 | aliança f.<br>アリアンサ | alliance<br>アライアンス |
| 〜する | aliar-se<br>アリアールスィ | form an alliance *with*<br>フォーム アン ナライアンス |
| とうめん<br>当面 | para já, por enquanto<br>パラ ジャ, ポル エンクワント | for the present<br>フォー ザ プレズント |
| どうもうな<br>獰猛な | feroz<br>フェロイス | fierce<br>フィアス |
| とうもろこし<br>玉蜀黍 | milho m.<br>ミーリョ | corn<br>コーン |
| とうゆ<br>灯油 | querosene m.<br>ケロゼーニ | kerosene<br>ケロスィーン |
| とうよう<br>東洋 | Oriente m.<br>オリエンチ | the East, the Orient<br>ジ イースト, ジ オリエント |
| どうよう<br>動揺 | agitação f., perturbação f.<br>アジタサォン, ペルトゥルバサォン | agitation<br>アヂテイション |
| 〜する | abalar-se, ficar perturbado<br>アバラールスィ, フィカール ペルトゥルバード | be agitated<br>ビ アヂテイテド |
| どうよう<br>同様 |  |  |
| 〜の | semelhante, parecido<br>セメリャンチ, パレスィード | similar, like<br>スィミラ, ライク |
| 〜に | na mesma maneira,<br>assim como<br>ナ メズマ マネィラ, アスィン コモ | in the same way<br>イン ザ セイム ウェイ |
| どうらく<br>道楽 | passatempo m.<br>パサテンポ | hobby, pastime<br>ハビ, パスタイム |
| （放蕩） | libertinagem f.<br>リベルチナージェィン | dissipation<br>ディスィペイション |
| どうり<br>道理 | razão f.<br>ハザォン | reason<br>リーズン |
| どうりょう<br>同僚 | colega de trabalho m.f.<br>コレーガ デ トラバーリョ | colleague<br>カリーグ |

| 日 | 葡 | 英 |
|---|---|---|
| <ruby>動力<rt>どうりょく</rt></ruby> | energia *f.*<br>エネルジーア | power<br>パウア |
| <ruby>道路<rt>どうろ</rt></ruby> | estrada *f.*, rua *f.*, caminho *m.*<br>エストラーダ, フーア, カミーニョ | road<br>ロウド |
| ～交通法 | código de trânsito *m.*<br>コヂゴ ヂ トランズィト | the Road Traffic Control Law<br>ザ ロウド トラフィク カントロウル ロー |
| <ruby>登録<rt>とうろく</rt></ruby> | registro *m.*<br>ヘジストロ | registration<br>レヂストレイション |
| ～する | registrar<br>ヘジストラール | register, enter *in*<br>レヂスタ, エンタ |
| <ruby>討論<rt>とうろん</rt></ruby> | debate *m.*<br>デバッチ | discussion<br>ディスカション |
| ～する | discutir<br>ヂスクチール | discuss<br>ディスカス |
| <ruby>童話<rt>どうわ</rt></ruby> | conto infantil *m.*<br>コント インファンチウ | fairy tale<br>フェアリ テイル |
| <ruby>当惑<rt>とうわく</rt></ruby> | embaraço *m.*, perplexidade *f.*<br>エンバラッソ, ペルプレキスィダーヂ | embarrassment<br>インバラスメント |
| ～する | ficar embaraçado [perplexo]<br>フィカール エンバラサード [ペルプレクソ] | be embarrassed<br>ビ インバラスト |
| <ruby>遠い<rt>とお</rt></ruby> | longe<br>ロンジ | far, distant<br>ファー, ディスタント |
| <ruby>遠ざかる<rt>とお</rt></ruby> | afastar-se, ficar longe<br>アファスタールスィ, フィカール ロンジ | go away<br>ゴウ アウェイ |
| <ruby>遠ざける<rt>とお</rt></ruby> | afastar<br>アファスタール | keep away<br>キープ アウェイ |
| <ruby>通す<rt>とお</rt></ruby> | deixar passar<br>デイシャール パサール | pass through<br>パス スルー |
| （部屋に） | deixar entrar<br>デイシャール エントラール | show in<br>ショウ イン |
| トースター | torradeira *f.*<br>トハデイラ | toaster<br>トウスタ |
| トースト | torrada *f.*<br>トハーダ | toast<br>トウスト |
| ドーナツ | rosca *f.*<br>ホスカ | doughnut<br>ドウナト |
| トーナメント | torneio *m.*<br>トルネイオ | tournament<br>トゥアナメント |
| ドーピング | *doping m.*<br>ドッピン | doping<br>ドウピング |

| 日 | 葡 | 英 |
|---|---|---|
| 遠回しに | indiretamente, com rodeios<br>インヂレタメンチ, コン ホデイオス | indirectly<br>インディレクトリ |
| 遠回りする | dar muita volta<br>ダール ムィンタ ヴォウタ | make a detour<br>メイク ア ディートゥア |
| ドーム | cúpula f.<br>クプラ | dome<br>ドウム |
| 通り | rua f.<br>フーア | road, street<br>ロウド, ストリート |
| 通り過ぎる | passar<br>パサール | pass by<br>パス バイ |
| 通り抜ける | passar por, atravessar<br>パサール ポル, アトラヴェサール | pass through<br>パス スルー |
| 通り道 | passagem f.<br>パサージェィン | the way to<br>ザ ウェイ |
| 通る | passar<br>パサール | pass<br>パス |
| 都会 | metrópole f.<br>メトロポリ | city, town<br>スィティ, タウン |
| 蜥蜴 | lagarto m.<br>ラガルト | lizard<br>リザド |
| 溶かす | dissolver<br>ヂソウヴェール | melt, dissolve<br>メルト, ディザルヴ |
| (液状にする) | fazer derreter<br>ファゼール デヘテール | melt, dissolve<br>メルト, ディザルヴ |
| 梳かす | pentear<br>ペンチアール | comb<br>コウム |
| 尖った | pontiagudo<br>ポンチアグード | pointed<br>ポインテド |
| 咎める | censurar, repreender<br>センスラール, ヘプレエンデール | blame<br>ブレイム |
| 気が〜 | ficar com sentimento de culpa<br>フィカール コン センチメント ヂ クウパ | feel guilty<br>フィール ギルティ |
| 時 | tempo m.<br>テンポ | time, hour<br>タイム, アウア |
| …する〜 | quando<br>クワンド | when<br>(ホ)ウェン |
| どぎつい | berrante, extravagante<br>ベハンチ, エストラヴァガンチ | loud<br>ラウド |

| 日 | 葡 | 英 |
|---|---|---|
| どきっとする | tomar um soco no coração<br>トマール ウン ソッコ ノ コラサォン | be shocked<br>ビ シャクド |
| 時々 | às vezes, de vez em quando<br>アズ ヴェーズィス, チ ヴェィズ エィン クワンド | sometimes<br>サムタイムズ |
| どきどきする | palpitar<br>パウピタール | beat, throb<br>ビート, スラブ |
| ドキュメンタリー | documentário *m.*<br>ドクメンターリオ | documentary<br>ダキュメンタリ |
| 度胸 | coragem *f.*, ousadia *f.*<br>コラージェィン, オウザチーア | courage, bravery<br>カーリヂ, ブレイヴァリ |
| 途切れる | interromper-se<br>インテホンペールスィ | break, stop<br>ブレイク, スタブ |
| 解く | desatar<br>デザタール | untie, undo<br>アンタイ, アンドゥー |
| （解除） | desfazer<br>ヂスファゼール | cancel, release<br>キャンセル, リリース |
| （解きあかす） | resolver, decifrar<br>ヘゾウヴェール, デスィフラール | solve, answer<br>サルヴ, アンサ |
| 得 | ganho *m.*, lucro *m.*<br>ガーニョ, ルクロ | profit, gains<br>プラフィト, ゲインズ |
| （有利） | vantagem *f.*<br>ヴァンタージェィン | advantage, benefit<br>アドヴァンティヂ, ベニフィト |
| 説く | | |
| （説教） | pregar<br>プレガール | preach<br>プリーチ |
| 研ぐ | afiar, amolar<br>アフィアール, アモラール | grind, whet<br>グラインド, ホウェト |
| 退く | retirar, dar passagem<br>ヘチラール, ダール パサージェィン | get out of the way<br>ゲト アウト オヴ ザ ウェイ |
| 毒 | veneno *m.*<br>ヴェネーノ | poison<br>ポイズン |
| 特異 | | |
| 〜体質 | idiossincrasia *f.*<br>イヂオスィンクラズィーア | idiosyncrasy<br>イディオスィンクラスィ |
| 〜な | peculiar, singular<br>ペクリアール, スィングラール | peculiar<br>ピキューリア |
| 得意 | orgulho *m.*, empáfia *f.*<br>オルグーリョ, エンパッフィア | pride<br>プライド |
| （得手） | ponto forte *m.*<br>ポント フォルチ | strong point<br>ストローング ポイント |

| 日 | 葡 | 英 |
|---|---|---|
| ～先 | cliente preferencial *m.f.*<br>クリエンチ プレフェレンスィアウ | customer, patron<br>カスタマ、ペイトロン |
| ～である | ser forte em<br>セール フォルチ エィン | be good *at*<br>ビ グド |
| とくぎ<br>特技 | destreza *f.*, perícia *f.*<br>デストレーザ、ペリッスィア | specialty<br>スペシャルティ |
| どくさいしゃ<br>独裁者 | | |
| (男の) | ditador *m.*<br>ヂタドール | dictator<br>ディクテイタ |
| (女の) | ditadora *f.*<br>ヂタドーラ | dictator<br>ディクテイタ |
| とくさんひん<br>特産品 | produto especial *m.*<br>プロドゥット エスペスィアウ | special product<br>スペシャル プラダクト |
| どくじ<br>独自の | original<br>オリジナウ | original, unique<br>オリジナル、ユーニーク |
| どくしゃ<br>読者 | | |
| (男の) | leitor *m.*<br>レィトール | reader<br>リーダ |
| (女の) | leitora *f.*<br>レィトーラ | reader<br>リーダ |
| とくしゅう<br>特集 | cobertura especial *f.*<br>コベルトゥーラ エスペスィアウ | feature articles<br>フィーチャ アーティクルズ |
| とくしゅな<br>特殊な | especial, singular<br>エスペスィアウ、スィングラール | special, unique<br>スペシャル、ユーニーク |
| どくしょ<br>読書 | leitura *f.*<br>レィトゥーラ | reading<br>リーディング |
| ～する | ler<br>レール | read<br>リード |
| とくしょく<br>特色 | característica *f.*,<br>peculialidade *f.*<br>カラキテリスチカ、ペクァリダーヂ | characteristic<br>キャラクタリスティク |
| どくしんの<br>独身の | solteiro<br>ソゥテイロ | celibate, single<br>セリベト、スィングル |
| どくせん<br>独占 | monopólio *m.*<br>モノポーリオ | monopoly<br>モナポリ |
| ～する | monopolizar<br>モノポリザール | monopolize<br>モナポライズ |
| どくそう<br>独創 | originalidade *f.*,<br>criatividade *f.*<br>オリジナリダーヂ、クリアチヴィダーヂ | originality<br>オリヂナリティ |

| 日 | 葡 | 英 |
|---|---|---|
| 〜的な | original, criativo<br>オリジナウ, クリアチーヴォ | original<br>オリヂナル |
| とくそく<br>督促する | requerer<br>ヘケレール | press, urge<br>プレス, アーヂ |
| どくだん<br>独断で | por decisão própria<br>ポル デスィザォン プロップリア | on *one's* own judgment<br>オン オウン チャヂメント |
| とくちょう<br>特徴 | característica *f.*<br>カラキテリスチカ | characteristic<br>キャラクタリスティク |
| とくちょう<br>特長 | ponto forte *m.*<br>ポント フォルチ | strong point<br>ストローング ポイント |
| とくてい<br>特定の | específico<br>エスペスィフィコ | specific, specified<br>スピスィフィク, スペスィファイド |
| とくてん<br>得点 | ponto *m.*<br>ポント | score, runs<br>スコー, ランズ |
| 〜する | marcar pontos<br>マルカール ポントス | score<br>スコー |
| どくとく<br>独特の | original, singular, único<br>オリジナウ, スィングラール, ウニコ | unique, peculiar<br>ユーニーク, ピキューリア |
| とく<br>特に | especialmente, sobretudo<br>エスペスィアウメンチ, ソブレトゥード | especially<br>イスペシャリ |
| とくばい<br>特売 | liquidação *f.*<br>リキダサォン | sale<br>セイル |
| とくはいん<br>特派員 | correspondente especial *m.f.*<br>コヘスポンデンチ エスペスィアウ | correspondent<br>コレスパンデント |
| とくべつ<br>特別の | especial<br>エスペスィアウ | special, exceptional<br>スペシャル, イクセプショナル |
| どくへび<br>毒蛇 | serpente venenosa *f.*<br>セルペンチ ヴェネノーザ | venomous snake<br>ヴェノマス スネイク |
| とくめい<br>匿名 | anonimato *m.*<br>アノニマット | anonymity<br>アノニミティ |
| とくゆう<br>特有の | peculiar<br>ペクリアール | peculiar *to*<br>ピキューリア |
| どくりつ<br>独立 | independência *f.*<br>インデペンデンスィア | independence<br>インディペンデンス |
| 〜する | tornar-se independente<br>トルナールスィ インデペンデンチ | become independent *of*<br>ビカム インディペンデント |
| 〜の | independente<br>インデペンデンチ | independent<br>インディペンデント |

| 日 | 葡 | 英 |
|---|---|---|
| 独力で<br>どくりょく | pelo próprio esforço<br>ペロ プロップリオ エスフォルソ | by *oneself*<br>バイ |
| 刺<br>とげ | espinho *m.*<br>エスピーニョ | thorn, prickle<br>ソーン, プリクル |
| 時計<br>とけい | relógio *m.*<br>ヘロージオ | watch, clock<br>ワチ, クラク |
| 解ける<br>と | desatar-se, desfazer-se<br>デザタールスィ, デスファゼールスィ | get loose<br>ゲト ルース |
| （問題が） | resolver-se<br>ヘゾウヴェールスィ | be solved<br>ビ サルヴド |
| （疑いが） | dissipar-se<br>ヂスィパールスィ | be dispelled<br>ビ ディスペルド |
| 溶ける<br>と | derreter-se<br>デヘテールスィ | melt, dissolve<br>メルト, ディザルヴ |
| 遂げる<br>と | realizar, cumprir, alcançar<br>ヘアリザール, クンプリール, アラカンサール | accomplish, complete<br>アカンプリシュ, カンプリート |
| 退ける<br>ど | tirar, remover<br>チラール, ヘモヴェール | remove<br>リムーヴ |
| どこ | onde<br>オンヂ | where<br>ホウェア |
| どこか | algum lugar<br>アウグン ルガール | somewhere<br>サムホウェア |
| 床屋<br>とこや | barbearia *f.*<br>バルベアリーア | barbershop<br>バーバシャプ |
| 所<br>ところ | lugar *m.*, local *m.*<br>ルガール, ロカウ | place, spot<br>プレイス, スパト |
| （点） | ponto *m.*<br>ポント | point<br>ポイント |
| （部分） | parte *f.*<br>パルチ | part<br>パート |
| （時） | hora *f.*<br>オーラ | time<br>タイム |
| （状況） | situação *f.*<br>スィトゥアサォン | situation<br>スィチュエイション |
| ところが | mas, porém<br>マス, ポレィン | however<br>ハウエヴァ |
| ところで | a propósito<br>ア プロポズィト | by the way<br>バイ ザ ウェイ |
| 所々<br>ところどころ | aqui e ali<br>アキー イ アリー | here and there<br>ヒア アンド ゼア |

| 日 | 葡 | 英 |
|---|---|---|
| とさか<br>鶏冠 | crista *f.*<br>クリスタ | crest<br>クレスト |
| と<br>閉ざす | fechar, cerrar<br>フェシャール, セハール | shut, close<br>シャト, クロウズ |
| とざん<br>登山 | alpinismo *m.*<br>アウピニズモ | mountain climbing<br>マウンティン クライミング |
| ～家 | alpinista *m.f.*<br>アウピニスタ | mountaineer<br>マウティニア |
| ～する | escalar<br>エスカラール | climb<br>クライム |
| とし<br>都市 | cidade *f.*<br>スィダーヂ | city<br>スィティ |
| とし<br>年 | ano *m.*<br>アーノ | year<br>イア |
| （年齢） | idade *f.*<br>イダーヂ | age, years<br>エイヂ, イアズ |
| ～を取る | ficar velho, envelhecer<br>フィカール ヴェーリョ, エンヴェリェセール | grow old<br>グロウ オウルド |
| としうえ<br>年上の | mais velho<br>マィズ ヴェーリョ | older<br>オウルダ |
| と こ<br>閉じ込める | encerrar, confinar,<br>aprisionar<br>エンセハール, コンフィナール, アプリズィオナール | shut, imprison<br>シャト, インプリズン |
| と こ<br>閉じ籠もる | fechar-se<br>フェシャールスィ | shut *oneself* up<br>シャト アプ |
| としした<br>年下の | mais novo<br>マィズ ノーヴォ | younger<br>ヤンガ |
| としつき<br>年月 | tempo *m.*, os anos *m.pl.*<br>テンポ, ウズ アーノス | years<br>イアズ |
| としと<br>年取った | idoso, velho<br>イドーゾ, ヴェーリョ | old<br>オウルド |
| とじ<br>戸締まりする | trancar as portas<br>トランカール アス ポルタス | lock the doors<br>ラク ザ ドーズ |
| どしゃくず<br>土砂崩れ | desabamento de terras *m.*,<br>deslizamento *m.*<br>デザバメント チ テッハス, チズリザメント | landslide<br>ランドスライド |
| としょ<br>図書 | livros *m.pl.*<br>リーヴロス | books<br>ブクス |

| 日 | 葡 | 英 |
|---|---|---|
| 土壌(どじょう) | solo *m.* <br> ソーロ | soil <br> ソイル |
| 泥鰌(どじょう) | cadoz *m.* <br> カドィス | loach <br> ロウチ |
| 図書館(としょかん) | biblioteca *f.* <br> ビブリオテッカ | library <br> ライブラリ |
| 綴(と)じる | encadernar <br> エンカデルナール | bind, file <br> バインド, ファイル |
| 閉(と)じる | fechar, cerrar <br> フェシャール, セハール | shut, close <br> シャト, クロウズ |
| 都心(としん) | centro da cidade *m.* <br> セントロ ダ スィダーヂ | the center of a city <br> ザ センタ オヴ ア スィティ |
| 土星(どせい) | Saturno *m.* <br> サトゥルノ | Saturn <br> サタン |
| 塗装(とそう) | pintura *f.*, <br> ピントゥーラ | painting, coating <br> ペインティング, コウティング |
| 土葬(どそう)する | enterrar <br> エンテハール | bury... in the ground <br> ベリ イン ザ グラウンド |
| 土台(どだい) | fundação *f.*, base *m.* <br> フンダサォン, バーズィ | the foundation, the base <br> ザ ファウンデイション, ザ ベイス |
| 途絶(とだ)える | interromper-se, extinguir-se <br> インテホンペールスィ, エスチンギールスィ | stop, cease <br> スタプ, スィース |
| 戸棚(とだな) | armário *m.* <br> アルマーリオ | cabinet, locker <br> キャビネト, ラカ |
| 土壇場(どたんば) | momento crítico *m.*, <br> último momento *m.* <br> モメント クリチコ, ウウチモ モメント | the last moment <br> ザ ラスト モウメント |
| 土地(とち) | terreno *m.* <br> テヘーノ | land <br> ランド |
| 途中(とちゅう)で | no meio do caminho <br> ノ メィオ ド カミーニョ | on *one's* way <br> オン ウェイ |
| どちら | qual <br> クワウ | which <br> ホウィチ |
| (場所) | onde <br> オンヂ | where <br> ホウェア |
| 特価(とっか) | preço especial *m.* <br> プレッソ エスペスィアウ | special price <br> スペシャル プライス |

| 日 | 葡 | 英 |
|---|---|---|
| <ruby>読解力<rt>どっかいりょく</rt></ruby> | capacidade de leitura *f.*<br>カパスィダーヂ ヂ レイトゥーラ | reading ability<br>リーディング アビリティ |
| <ruby>特急<rt>とっきゅう</rt></ruby> | expresso especial *m.*<br>エスプレッソ エスペスィアウ | special express<br>スペシャル イクスプレス |
| <ruby>特許<rt>とっきょ</rt></ruby> | patente *f.*<br>パテンチ | patent<br>パテント |
| ドック | doca *f.*<br>ドッカ | dock<br>ダク |
| <ruby>特訓<rt>とっくん</rt></ruby> | treinamento intensivo *m.*<br>トレィナメント インテンスィーヴォ | special training<br>スペシャル トレイニング |
| <ruby>特権<rt>とっけん</rt></ruby> | privilégio *m.*<br>プリヴィレージオ | privilege<br>プリヴィリヂ |
| どっしりした | pesado, maciço<br>ペザード, マスィッソ | heavy, dignified<br>ヘヴィ, ディグニファイド |
| <ruby>突進する<rt>とっしん</rt></ruby> | avançar, lançar-se em<br>アヴァンサール, ランサールスィ エイン | rush *at*, dash *at*<br>ラシュ, ダシュ |
| <ruby>突然<rt>とつぜん</rt></ruby> | subitamente, de repente<br>スビタメンチ, ヂ ヘペンチ | suddenly<br>サドンリ |
| <ruby>取っ手<rt>と て</rt></ruby> | cabo *m.*, punho *m.*,<br>maçaneta *f.*<br>カーボ, プーニョ, マサネッタ | handle, knob<br>ハンドル, ナブ |
| <ruby>取って来る<rt>と く</rt></ruby> | ir buscar<br>イール ブスカール | bring, fetch<br>ブリング, フェチ |
| ドット | ponto *m.*<br>ポント | dot<br>ダト |
| <ruby>突入する<rt>とつにゅう</rt></ruby> | irromper em<br>イホンペール エイン | rush into<br>ラシュ イントゥ |
| <ruby>突破する<rt>とっぱ</rt></ruby> | romper<br>ホンペール | break through<br>ブレイク スルー |
| <ruby>突飛な<rt>とっぴ</rt></ruby> | extravagante, disparatado<br>エストラヴァガンチ, ヂスパラタード | extravagant<br>イクストラヴァガント |
| トッピング | cobertura *f.*<br>コベルトゥーラ | topping<br>タピング |
| トップ | primeiro lugar *m.*, topo *m.*<br>プリメィロ ルガール, トッポ | the top<br>ザ タプ |
| <ruby>凸レンズ<rt>とつ</rt></ruby> | lente convexa *f.*<br>レンチ コンヴェキサ | convex lens<br>カンヴェクス レンズ |

| 日 | 葡 | 英 |
|---|---|---|
| 土手(どて) | ribanceira *f.* <br> ヒバンセイラ | bank, embankment <br> バンク, インバンクメント |
| 徒弟(とてい) | aprendiz *m.* <br> アプレンチース | apprentice <br> アプレンティス |
| とても | muito <br> ムィント | very <br> ヴェリ |
| 届く(とどく) | alcançar, atingir <br> アウカンサール, アチンジール | reach <br> リーチ |
| (到着) | chegar a <br> シェガール ア | arrive *at* <br> アライヴ |
| 届け(とどけ) | notificação *f.*, registro *m.*, aviso *m.* <br> ノチフィカサォン, ヘジストロ, アヴィーゾ | report, notice <br> リポート, ノウティス |
| 届ける(とどける) | notificar, registrar, avisar <br> ノチフィカール, ヘジストラール, アヴィザール | report *to*, notify <br> リポート, ノウティファイ |
| (送る) | enviar, mandar <br> エンヴィアール, マンダール | send, deliver <br> センド, ディリヴァ |
| 滞る(とどこおる) | atrasar-se <br> アトラザールスィ | be delayed <br> ビ ディレイド |
| 整う(ととのう) | estar arranjado, ficar em ordem <br> エスタール アハンジャード, フィカール エィン オルデイン | be in good order <br> ビ イン グド オーダ |
| (準備が) | estar pronto <br> エスタール プロント | be ready <br> ビ レディ |
| 整える(ととのえる) | pôr em ordem <br> ポール エィン オルデイン | put in order <br> プト イン オーダ |
| (調整) | ajustar <br> アジュスタール | adjust, fix <br> アヂャスト, フィクス |
| (準備) | preparar, arranjar <br> プレパラール, アハンジャール | prepare <br> プリペア |
| 止[留]まる(とどまる) | ficar, permanecer <br> フィカール, ペルマネセール | stay, remain <br> ステイ, リメイン |
| 止[留]める(とどめる) | | |
| (保つ) | deter <br> デテール | retain <br> リテイン |
| 轟く(とどろく) | retumbar, ribombar <br> ヘトゥンバール, ヒボンバール | roar, thunder <br> ロー, サンダ |

| 日 | 葡 | 英 |
|---|---|---|
| ドナー | | |
| （男の） | doador *m.*<br>ドアドール | donor<br>ドウナ |
| （女の） | doadora *f.*<br>ドアドーラ | donor<br>ドウナ |
| 唱える | recitar<br>ヘスィタール | recite, chant<br>リサイト, チャント |
| 隣 | | |
| 〜近所 | vizinhança *f.*<br>ヴィズィニャンサ | neighborhood<br>ネイバフド |
| 〜の | vizinho<br>ヴィズィーニョ | next<br>ネクスト |
| 怒鳴る | gritar, berrar<br>グリタール, ベハール | cry, yell<br>クライ, イェル |
| 兎に角 | em todo caso<br>エィン トード カーゾ | anyway<br>エニウェイ |
| どの | qual<br>クワウ | which<br>ホウィチ |
| どのくらい | quanto<br>クワント | how<br>ハウ |
| どのように | como, de que forma<br>コーモ, チ キ フォルマ | in what manner, how<br>イン ワト マナ, ハウ |
| トパーズ | topázio *m.*<br>トパーズィオ | topaz<br>トウパズ |
| 賭博 | jogo de azar *m.*<br>ジョーゴ チ アザール | gambling<br>ギャンブリング |
| 飛ばす | fazer voar, lançar, arremessar<br>ファゼール ヴォワール, ランサール, アヘメサール | fly<br>フライ |
| （省く） | pular, saltar<br>プラール, サウタール | skip<br>スキプ |
| （車を） | dirigir em alta velocidade<br>チリジール エィン アウタ ヴェロスィダーチ | drive fast<br>ドライヴ ファスト |
| 鳶 | milhafre *m.*<br>ミリャーフリ | kite<br>カイト |
| 跳び上がる | pular<br>プラール | jump up, leap<br>チャンプ アプ, リープ |
| 飛魚 | peixe voador *m.*<br>ペィシ ヴォアドール | flying fish<br>フライイング フィシュ |

| 日 | 葡 | 英 |
|---|---|---|
| 飛び降りる | saltar<br>サウタール | jump down<br>ヂャンプ ダウン |
| 跳び越える | pular por cima de<br>プラール ポル スィーマ チ | jump over<br>ヂャンプ オウヴァ |
| 飛び込み | salto *m.*<br>サウト | diving, plunge<br>ダイヴィング, プランヂ |
| 飛び込む | atirar-se<br>アチラールスィ | jump *into*, dive *into*<br>ヂャンプ, ダイヴ |
| 飛び出す | pular para fora,<br>　　　　　sair correndo<br>プラール パラ フォーラ, サイール コヘンド | fly out, jump out *of*<br>フライ アウト, ヂャンプ アウト |
| 飛び立つ | levantar vôo<br>レヴァンタール ヴォーオ | fly away<br>フライ アウェイ |
| （飛行機が） | decolar<br>デコラール | take off<br>テイク オフ |
| 飛び散る | espalhar<br>エスパリャール | scatter<br>スキャタ |
| 飛び付く | lançar-se sobre, atirar-se a<br>ランサールスィ ソブリ, アチラールスィ ア | jump *at*, fly *at*<br>ヂャンプ, フライ |
| トピック | tópico *m.*<br>トピコ | topic<br>タピク |
| 飛び乗る | saltar para<br>サウタール パラ | jump *into*, hop<br>ヂャンプ, ハプ |
| 飛び跳ねる | pular<br>プラール | hop, jump<br>ハプ, ヂャンプ |
| 扉 | porta *f.*<br>ポルタ | door<br>ドー |
| 跳ぶ | pular, saltar<br>プラール, サウタール | jump, leap<br>ヂャンプ, リープ |
| 飛ぶ | voar<br>ヴォワール | fly, soar<br>フライ, ソー |
| 溝 | vala *f.*<br>ヴァーラ | ditch<br>ディチ |
| 徒歩で | a pé<br>ア ペ | on foot<br>オン フト |
| 惚[恍]ける | fingir não perceber, simular<br>フィンジール ナォン ペルセベール, スィムラール | pretend not to know<br>プリテンド ナト トゥ ノウ |

| 日 | 葡 | 英 |
|---|---|---|
| とぼ<br>乏しい | precário, escasso<br>プレカーリオ, エスカッソ | scarce, scanty<br>スケアス, スキャンティ |
| トマト | tomate *m.*<br>トマッチ | tomato<br>トメイトウ |
| とまど<br>戸惑う | ficar perplexo<br>フィカール ペルプレキソ | be at a loss<br>ビ アト ア ロス |
| と<br>止まる | parar<br>パラール | stop, halt<br>スタプ, ホールト |
| と<br>泊まる | hospedar-se<br>オスペダールスィ | stay *at*<br>ステイ |
| とみ<br>富 | riqueza *f.*, fortuna *f.*<br>ヒケーザ, フォルトゥーナ | wealth<br>ウェルス |
| と<br>富む | enriquecer-se<br>エンヒケセールスィ | become rich<br>ビカム リチ |
| とむら<br>弔う | sufragar o morto<br>スフラガール ウ モルト | hold a funeral<br>ホウルド ア フューネラル |
| と がね<br>留め金 | fivela *f.*<br>フィヴェーラ | clasp, hook<br>クラスプ, フク |
| と<br>止める | parar<br>パラール | stop<br>スタプ |
| (抑止) | impedir, dissuadir<br>インペチール, チスアチール | hold, check<br>ホウルド, チェク |
| (禁止) | proibir<br>プロイビール | forbid, stop<br>フォビド, スタプ |
| (電気などを) | cortar<br>コルタール | turn off<br>ターン オフ |
| (車を) | estacionar<br>イスタスィオナール | park<br>パーク |
| と<br>泊める | hospedar<br>オスペダール | take... in<br>テイク イン |
| と<br>留める | fixar<br>フィキサール | fasten, fix<br>ファスン, フィクス |
| とも<br>灯[点]す | acender<br>アセンデール | burn, light<br>バーン, ライト |
| ともだち<br>友達 | | |
| (男の) | amigo *m.*<br>アミーゴ | friend<br>フレンド |
| (女の) | amiga *f.*<br>アミーガ | friend<br>フレンド |

| 日 | 葡 | 英 |
|---|---|---|
| 伴(ともな)う | trazer consigo<br>トラゼール コンスィーゴ | accompany, follow<br>アカンパニ, ファロウ |
| …を伴って | com, acompanhado de<br>コン, アコンパニャード ヂ | with...<br>ウィズ |
| 共(とも)に | ambos<br>アンボス | both<br>ボウス |
| （一緒に） | juntamente, juntos<br>ジュンタメンチ, ジュントス | with<br>ウィズ |
| 土曜日(どようび) | sábado *m.*<br>サバド | Saturday<br>サタディ |
| 虎(とら) | | |
| （雄） | tigre *m.*<br>チーグリ | tiger<br>タイガ |
| （雌） | tigresa *f.*<br>チグレーザ | tiger<br>タイガ |
| 銅鑼(どら) | gongo *m.*<br>ゴンゴ | gong<br>ゴング |
| トライする | tentar<br>テンタール | score a try<br>スコー ア トライ |
| トライアングル | triângulo *m.*<br>トリアングロ | triangle<br>トライアングル |
| ドライ<br>　クリーニング | lavagem a seco *f.*<br>ラヴァージェィン ア セッコ | dry cleaning<br>ドライ クリーニング |
| ドライバー | motorista *m.f.*<br>モトリスタ | driver<br>ドライヴァ |
| （ねじ回し） | chave de fenda *f.*<br>シャーヴィ ヂ フェンダ | screwdriver<br>スクルードライヴァ |
| （ゴルフの） | *driver m.*<br>ドライヴェール | driver<br>ドライヴァ |
| ドライブ | passeio de carro *m.*<br>パセィオ ヂ カーホ | drive<br>ドライヴ |
| ～イン | *drive-in m.*<br>ドライヴィン | drive-in<br>ドライヴイン |
| ドライヤー | secador *m.*<br>セカドール | drier<br>ドライア |
| 捕(とら)える | capturar<br>カピトゥラール | catch, capture<br>キャチ, キャプチャ |
| トラクター | trator *m.*<br>トラトール | tractor<br>トラクタ |

| 日 | 葡 | 英 |
|---|---|---|
| トラック | caminhão *m.*<br>カミニャォン | truck<br>トラク |
| (競走路) | pista *f.*<br>ピスタ | track<br>トラク |
| トラブル | problema *m.*<br>プロブレーマ | trouble<br>トラブル |
| トラベラーズチェック | *traveler's check* m.,<br>cheque de viagem *m.*<br>トラヴェラース チェッキ,<br>シェッキ ヂ ヴィアージェィン | traveler's check<br>トラヴラズ チェク |
| トラホーム | tracoma *m.*<br>トラコーマ | trachoma<br>トラコウマ |
| ドラマ | drama *m.*<br>ドラーマ | drama<br>ドラーマ |
| ドラマティックな | dramático<br>ドラマチコ | dramatic<br>ドラマティク |
| ドラム | bateria *f.*<br>バテリーア | drum<br>ドラム |
| トランク | mala grande *f.*<br>マーラ グランヂ | trunk, suitcase<br>トランク, スートケイス |
| (車の) | porta-malas *m.*<br>ポルタ マーラス | trunk<br>トランク |
| トランクス | samba-canção *m.pl.*<br>サンバ カンサォン | trunks<br>トランクス |
| トランジット | trânsito *m.*<br>トランズィト | transit<br>トランスィト |
| トランプ | baralho *m.*<br>バラーリョ | cards<br>カーヅ |
| トランペット | trombeta *f.*<br>トロンベッタ | trumpet<br>トランペト |
| 鳥 | ave *f.*, pássaro *m.*<br>アーヴィ, パサロ | bird<br>バード |
| 取り上げる | tomar, pegar<br>トマール, ペガール | take up<br>テイク アプ |
| (奪う) | tirar<br>チラール | take away<br>テイク アウェイ |
| (採用) | adotar<br>アドタール | adopt<br>アダプト |

## ■鳥■　ave f., pássaro m. /アーヴィ, パサロ/

とり
鳥　pássaro /パサロ/ m., ave /アーヴィ/ f. (英bird)
おんどり
雄鶏　galo /ガーロ/ m. (英cock)
めんどり
雌鶏　galinha /ガリーニャ/ f. (英hen)
しちめんちょう
七面鳥　peru /ペルー/ m. (英turkey)
かも
鴨　marreco /マヘッコ/ m. (英duck)
アヒル　pato /パット/ m. (英(domestic) duck)
すずめ
雀　pardal /パルダウ/ m. (英sparrow)
つばめ
燕　andorinha /アンドリーニャ/ f. (英swallow)
はと
鳩　pomba /ポンバ/ f. (英pigeon, dove)
からす
烏　corvo /コルヴォ/ m. (英crow)
ひばり
雲雀　cotovia /コトヴィーア/ f. (英lark)
カナリア　canário /カナーリオ/ m. (英canary)
インコ　periquito /ペリキット/ m. (英parakeet)
コンゴウインコ　arara /アラーラ/ f. (英macaw)
おうむ
鸚鵡　papagaio /パパガィオ/ m. (英parrot)
コウノトリ　cegonha /セゴーニャ/ f. (英stork)
かもめ
鴎　gaivota /ガィヴォッタ/ f. (英sea gull)
アホウドリ　albatroz /アウバトロィス/ m. (英albatross)
きつつき
啄木鳥　pica-pau /ピッカ パウ/ m. (英woodpecker)
かっこう
郭公　cuco /クッコ/ m. (英cuckoo)
ふくろう
梟　coruja /コルージャ/ f. (英owl)
たか
鷹　falcão /ファウカォン/ m. (英hawk)
わし
鷲　águia /アーギア/ f. (英eagle)
コンドル　condor /コンドール/ m. (英condor)
つる
鶴　grou /グロゥ/ m. (英crane)
はくちょう
白鳥　cisne /スィズニ/ m. (英swan)
ペリカン　pelicano /ペリカーノ/ m. (英pelican)
ペンギン　pingüim /ピングウィン/ m. (英penguin)

| 日 | 葡 | 英 |
|---|---|---|
| (話題を) | abordar<br>アボルダール | broach<br>ブロウチ |
| 取り扱い | tratamento *m.*<br>トラタメント | handling, treatment<br>ハンドリング, トリートメント |
| 取り扱う | tratar de<br>トラタール ヂ | handle, treat<br>ハンドル, トリート |
| 取り入れる<br>(受け入れる) | adotar<br>アドタール | adopt<br>アダプト |
| 取り柄 | ponto forte *m.*, valor *m.*<br>ポント フォルチ, ヴァロール | merit<br>メリト |
| 取り返す | recuperar<br>ヘクペラール | take back, recover<br>テイク バク, リカヴァ |
| 取り替える | trocar, substituir<br>トロカール, スビスチトゥイール | exchange, replace<br>イクスチェインヂ, リプレイス |
| 取り交わす | trocar<br>トロカール | exchange<br>イクスチェインヂ |
| 取り決め | acordo *m.*, pacto *m.*, convênio *m.*<br>アコルド, パクト, コンヴェーニォ | agreement<br>アグリーメント |
| 取り決める | ajustar, decidir<br>アジュスタール, デスィヂール | arrange, agree *on*<br>アレインヂ, アグリー |
| 取り組む | lidar com, enfrentar<br>リダール コン, エンフレンタール | tackle<br>タクル |
| 取り消す | cancelar, anular<br>カンセラール, アヌラール | cancel<br>キャンセル |
| 取り締まる | controlar, regulamentar<br>コントロラール, ヘグラメンタール | control, regulate<br>カントロウル, レギュレイト |
| 取り調べる | fazer investigação<br>ファゼール インヴェスチガサォン | investigate, inquire<br>インヴェスティゲイト, インクワイア |
| 取り出す | tirar, extrair<br>チラール, エストライール | take out<br>テイク アウト |
| 取り立てる | cobrar<br>コブラール | collect<br>カレクト |
| 取り違える | entender mal, confundir<br>エンテンデール マウ, コンフンヂール | take... *for*<br>テイク |
| トリック | truque *m.*<br>トルッキ | trick<br>トリク |

| 日 | 葡 | 英 |
|---|---|---|
| 取り付ける | instalar / インスタラール | install / インストール |
| 砦（とりで） | forte m. / フォルチ | fortress / フォートレス |
| 取り留めのない | incoerente, sem nexo / インコエレンチ, セィン ネクソ | incoherent / インコウヒアレント |
| 鶏肉（とりにく） | carne de frango f. / カルニ ヂ フランゴ | chicken / チキン |
| 取り除く | eliminar, retirar / エリミナール, ヘチラール | remove / リムーヴ |
| 取引（とりひき） | negócio m., comércio m. / ネゴッスィオ, コメルスィオ | transactions / トランサクションズ |
| ～する | negociar, comerciar / ネゴスィアール, コメルスィアール | do business *with* / ドゥ ビズネス |
| ドリブル | drible m. / ドリブリ | dribble / ドリブル |
| 取り分 | cota f. / コッタ | share / シェア |
| 取り巻く | rodear, cercar / ホヂアール, セルカール | surround / サラウンド |
| 取り乱す | estar perturbado / エスタール ペルトゥルバード | be confused / ビ カンフューズド |
| トリミング | recorte m. / ヘコルチ | trimming / トリミング |
| 取り戻す | recuperar, retomar / ヘクペラール, ヘトマール | take back, recover / テイク バク, リカヴァ |
| 取り止める | cancelar / カンセラール | cancel, call off / キャンセル, コール オフ |
| トリュフ | trufa f. / トルーファ | truffle / トラフル |
| 塗料（とりょう） | tinta f. / チンタ | paint / ペイント |
| 努力（どりょく） | esforço m. / エスフォルソ | effort / エファト |
| ～する | esforçar-se / エスフォルサールスィ | make an effort / メイク アン エファト |
| 取り寄せる | encomendar, mandar vir / エンコメンダール, マンダール ヴィール | order / オーダ |

| 日 | 葡 | 英 |
|---|---|---|
| ドリル (錐) | broca *f.* ブロッカ | drill ドリル |
| 取り分け | especialmente エスペスィアウメンチ | above all アバヴ オール |
| 取り分ける | distribuir, separar ヂストリブイール, セパラール | distribute, serve ディストリビュト, サーヴ |
| ドリンク | bebida *f.* ベビーダ | drink ドリンク |
| 捕[獲]る | caçar, pegar カサール, ペガール | catch, capture キャチ, キャプチャ |
| 採る | adotar, escolher アドタール, エスコリェール | adopt, take アダプト, テイク |

## ■度量衡■ pesos e medidas /ペーゾス イ メヂーダス/

ミリメートル　milímetro /ミリメトロ/ *m.* (🇺🇸millimeter)

センチメートル　centímetro /センチメトロ/ *m.* (🇺🇸centimeter)

メートル　metro /メトロ/ *m.* (🇺🇸meter)

キロメートル　quilômetro /キロメトロ/ *m.* (🇺🇸kilometer)

マイル　milha /ミーリャ/ *f.* (🇺🇸mile)

平方メートル　metro quadrado /メトロ クァドラード/ *m.* (🇺🇸square meter)

平方キロメートル　quilômetro quadrado /キロメトロ クァドラード/ *m.* (🇺🇸square kilometer)

アール　are /アーリ/ *f.* (🇺🇸are)

ヘクタール　hectare /エクターリ/ *m.* (🇺🇸hectare)

立方センチ　centímetro cúbico /センチメトロ クビコ/ *m.* (🇺🇸cubic centimeter)

リットル　litro /リトロ/ *m.* (🇺🇸liter)

立方メートル　metro cúbico /メトロ クビコ/ *m.* (🇺🇸cubic meter)

グラム　grama /グラーマ/ *m.* (🇺🇸gram)

キログラム　quilograma /キログラーマ/ *m.* (🇺🇸kilogram)

ポンド　libra /リーブラ/ *f.* (🇺🇸pound)

トン　tonelada /トネラーダ/ *f.* (🇺🇸ton)

| 日 | 葡 | 英 |
|---|---|---|
| （採集） | coletar<br>コレタール | gather, pick<br>ギャザ, ピク |
| 取る | pegar, tomar<br>ペガール, トマール | take, hold<br>テイク, ホウルド |
| （受け入れ） | aceitar, assumir<br>アセィタール, アスミール | get, receive<br>ゲト, リスィーヴ |
| （除去） | retirar, eliminar<br>ヘチラール, エリミナール | take off, remove<br>テイク オフ, リムーヴ |
| （盗む） | roubar<br>ホゥバール | steal, rob<br>スティール, ラブ |
| 撮る | fotografar, tirar foto<br>フォトグラファール, チラール フォット | photograph<br>フォウトグラフ |
| ドル | dólar *m.*<br>ドーラル | dollar<br>ダラ |
| どれ | qual<br>クワウ | which<br>ホウィチ |
| 奴隷 | | |
| （男の） | escravo *m.*<br>エスクラーヴォ | slave<br>スレイヴ |
| （女の） | escrava *f.*<br>エスクラーヴァ | slave<br>スレイヴ |
| トレード | | |
| （スポーツ選手） | troca *f.*<br>トロッカ | trading<br>トレイディング |
| トレーナー | | |
| （男の） | treinador *m.*<br>トレィナードール | trainer<br>トレィナ |
| （女の） | treinadora *f.*<br>トレィナドーラ | trainer<br>トレィナ |
| （シャツ） | moletom *m.*<br>モレトン | sweat shirt<br>スウェト シャート |
| トレーニング | treino *m.*<br>トレィノ | training<br>トレイニング |
| トレーラー | reboque *m.*, *trailer m.*<br>ヘボッキ, トレィレル | trailer<br>トレイラ |
| ドレス | vestido *m.*<br>ヴェスチード | dress<br>ドレス |
| ドレッサー | penteadeira *f.*<br>ペンチアデイラ | dresser<br>ドレサ |

| 日 | 葡 | 英 |
|---|---|---|
| ドレッシング | molho para salada *m.*<br>モーリョ パラ サラーダ | dressing<br>ドレスィング |
| と<br>取れる | desprender, despegar-se<br>ヂスプレンデール, ヂスペガールスィ | loosen<br>ルースン |
| (脱落) | cair<br>カイール | come off<br>カム オフ |
| (しみが) | sair<br>サイール | be removed<br>ビ リムーヴド |
| トレンチコート | impermeável *m.*, *trench coat m.*<br>インペルメアーヴェウ, トレンチ コート | trench coat<br>トレンチ コウト |
| どろ<br>泥 | lama *f.*<br>ラーマ | mud, dirt<br>マド, ダート |
| とろう お<br>徒労に終わる | ser em vão<br>セール エィン ヴァオン | come to nothing<br>カム トゥ ナスィング |
| トローチ | pastilha *f.*<br>パスチーリャ | troche<br>トロウキ |
| トロッコ | vagonete *f.*<br>ヴァゴネッチ | truck<br>トラク |
| ドロップ | bala *f.*<br>バーラ | drop<br>ドラプ |
| どろどろの | enlameado<br>エンラメアード | muddy, pasty<br>マディ, パスティ |
| (液体が) | espesso, grosso<br>エスペッソ, グロッソ | mushy, thick<br>マーシ, スィク |
| トロフィー | troféu do campeonato *m.*<br>トロフェウ ド カンピオナット | trophy<br>トロウフィ |
| どろぼう<br>泥棒 | | |
| (男の) | ladrão *m.*<br>ラドラォン | thief, burglar<br>スィーフ, バーグラ |
| (女の) | ladra *f.*<br>ラードラ | thief, burglar<br>スィーフ, バーグラ |
| トロリーバス | trólebus *m.*, ônibus elétrico *m.*<br>トロレブス, オニブス エレトリコ | trolleybus<br>トラリバス |
| トロンボーン | trombone *m.*<br>トロンボーニ | trombone<br>トランボウン |
| トン | tonelada *f.*<br>トネラーダ | ton<br>タン |
| どんかん<br>鈍感な | estúpido, incapaz de perceber<br>エストゥピド, インカパイス ヂ ペルセベール | stupid, dull<br>ステュービド, ダル |

| 日 | 葡 | 英 |
|---|---|---|
| 団栗(どんぐり) | carvalho *m.*<br>カルヴァーリョ | acorn<br>エイコーン |
| 鈍行(どんこう) | trem comum *m.*<br>トレィン コムン | local train<br>ロウカル トレイン |
| 鈍痛(どんつう) | dor surda *f.*<br>ドール スルダ | dull pain<br>ダル ペイン |
| とんでもない | inesperado, absurdo<br>イネスペラード, アビスルド | surprising, shocking<br>サプライズィング, シャキング |
| (大変な) | terrível<br>テヒーヴェゥ | awful, terrible<br>オーフル, テリブル |
| (否定) | Nem pense nisso!, Nunca!<br>ネィン ペンスィ ニッソ, ヌンカ | Of course not!<br>オフ コース ナト |
| どんな | que<br>キ | what<br>ホワト |
| どんなに | por mais que<br>ポル マィス キ | however<br>ハウエヴァ |
| トンネル | túnel *m.*<br>トゥーネゥ | tunnel<br>タネル |
| 蜻蛉(とんぼ) | libélula *f.*<br>リベルラ | dragonfly<br>ドラゴンフライ |
| 問屋(とんや) | atacadista *m.f.*<br>アタカヂスタ | wholesale store<br>ホウルセイル ストー |
| 貪欲(どんよく)な | avaro, ávido, ganancioso<br>アヴァーロ, アヴィド, ガナンスィオーゾ | greedy<br>グリーディ |

## な, ナ

| 日 | 葡 | 英 |
|---|---|---|
| 名 | nome *m.* ノーミ | name ネイム |
| 無い | Não tem..., Não há... ナォン テイン, ナォン アー | There is no... ゼア イズ ノウ |
| (持っていない) | não ter... ナォン テール | have no... ハヴ ノウ |
| 内科 | clínica geral *f.* クリニカ ジェラウ | internal medicine インターナル メディスィン |
| ～医 (男の) | clínico geral *m.* クリニコ ジェラウ | physician フィズィシャン |
| (女の) | médica de clínica geral *f.* メヂカ ヂ クリニカ ジェラウ | physician フィズィシャン |
| 内閣 | gabinete *m.* ガビネッチ | Cabinet, Ministry キャビネト, ミニストリ |
| 内向的な | introvertido イントロヴェルチード | introverted イントロヴァーテド |
| 内需 | demanda interna *f.* デマンダ インテルナ | domestic demand ドメスティク ディマンド |
| 内緒 | segredo *m.* セグレード | secret スィークレト |
| 内職 | biscate *m.* ビスカッチ | side job サイド ヂャブ |
| 内心 | por dentro ポル デントロ | *one's* mind, *one's* heart マインド, ハート |
| 内政 | assuntos internos *m.pl.* アスントズ インテルノス | domestic affairs ドメスティク アフェアズ |
| 内線 | ramal *m.* ハマウ | extension イクステンション |
| 内戦 | guerra civil *f.* ゲッハ スィヴィウ | civil war スィヴィル ウォー |
| 内臓 | órgão interno *m.* オルガォン インテルノ | the internal organs ザ インターナル オーガンズ |
| 内定 | informação oficiosa *f.* インフォルマサォン オフィスィオーザ | unofficial decision アナフィシャル ディスィジョン |
| 内的な | interno, mental インテルノ, メンタウ | inner, internal イナ, インターナル |

| 日 | 葡 | 英 |
|---|---|---|
| ナイトガウン | roupão *m.*<br>ホゥパオン | dressing gown<br>ドレスィング ガウン |
| ナイトクラブ | clube noturno *m.*, boate *f.*<br>クルービ ノトゥルノ, ボアッチ | nightclub<br>ナイトクラブ |
| ナイフ | faca *f.*<br>ファッカ | knife<br>ナイフ |
| 内部（ないぶ） | interior *m.*<br>インテリオール | inside<br>インサイド |
| 内服薬（ないふくやく） | remédio por via oral *m.*<br>ヘメーヂオ ポル ヴィーア オラウ | internal medicine<br>インターナル メディスィン |
| 内紛（ないふん） | luta interna *f.*<br>ルッタ インテルナ | internal trouble<br>インターナル トラブル |
| 内面（ないめん） | lado de dentro *m.*<br>ラード ヂ デントロ | inside<br>インサイド |
| 内容（ないよう） | conteúdo *m.*<br>コンテウード | contents, substance<br>カンテンツ, サブスタンス |
| 内乱（ないらん） | guerra civil *f.*<br>ゲーハ スィヴィウ | civil war<br>スィヴィル ウォー |
| ナイロン | náilon *m.*<br>ナィロン | nylon<br>ナイラン |
| 苗（なえ） | muda *f.*<br>ムーダ | seedling<br>スィードリング |
| 尚更（なおさら） | ainda mais<br>アインダ マイス | still more<br>スティル モー |
| 等閑にする（なおざりにする） | descuidar de,<br>　fazer pouco caso de<br>ヂスクィダール ヂ, ファゼール ポゥコ カーゾ ヂ | neglect<br>ニグレクト |
| 直す（なおす） | corrigir, emendar<br>コヒジール, エメンダール | correct, reform<br>カレクト, リフォーム |
| （修理） | consertar<br>コンセルタール | mend, repair<br>メンド, リペア |
| 治す（なおす） | curar<br>クラール | cure<br>キュア |
| 直る（なおる） | ser corrigido<br>セール コヒジード | be corrected<br>ビ カレクテド |
| （修理して） | ser consertado<br>セール コンセルタード | be repaired<br>ビ リペアド |
| 治る（なおる） | curar-se<br>クラールスィ | get well<br>ゲト ウェル |

| 日 | 葡 | 英 |
|---|---|---|
| なか<br>中 | interior *m.*<br>インテリオール | inside<br>インサイド |
| 〜に | dentro<br>デントロ | in, within<br>イン, ウィズィン |
| なか<br>仲 | relações *f.pl.*<br>ヘラソィンス | relations<br>リレイションズ |
| なが<br>長い | longo, comprido<br>ロンゴ, コンプリード | long<br>ローング |
| ながい<br>長生きする | ser longevo, ter vida longa<br>セール ロンジェーヴォ, テール ヴィーダ ロンガ | live long<br>リヴ ローング |
| ながいす<br>長椅子 | sofá *m.*<br>ソファ | sofa, couch<br>ソウファ, カウチ |
| なかがいにん<br>仲買人 | | |
| （男の） | corretor *m.*<br>コヘトール | broker<br>ブロウカ |
| （女の） | corretora *f.*<br>コヘトーラ | broker<br>ブロウカ |
| なが<br>長さ | comprimento *m.*<br>コンプリメント | length<br>レンクス |
| なが<br>流し | pia *f.*<br>ピーア | sink<br>スィンク |
| なが<br>流す | jogar na água<br>ジョガール ナ アグァ | pour, drain<br>ポー, ドレイン |
| （物を） | fazer flutuar<br>ファゼール フルトゥアール | float<br>フロウト |
| ながそで<br>長袖 | manga comprida *f.*<br>マンガ コンプリーダ | long sleeves<br>ローング スリーヴズ |
| なかたが<br>仲違いする | indispor-se<br>インヂスポールスィ | quarrel *with*<br>クウォレル |
| なかなお<br>仲直りする | reconciliar-se<br>ヘコンスィリアールスィ | get reconciled *with*<br>ゲト レコンサイルド |
| なかなか<br>中々 | | |
| （かなり） | bastante, muito<br>バスタンチ, ムィント | very<br>ヴェリ |
| （なかなか〜しない） | (não...)facilmente<br>(ナォン)ファスィウメンチ | very, quite<br>ヴェリ, クワイト |
| なかにわ<br>中庭 | pátio *m.*<br>パチオ | courtyard<br>コートヤード |

| 日 | 葡 | 英 |
|---|---|---|
| 長年（ながねん） | por longo tempo, por muitos anos<br>ポル ロンゴ テンポ, ポル ムィントズ アーノス | for years<br>フォー イアズ |
| 半ば（なかば） | meio<br>メィオ | half<br>ハフ |
| （中頃） | meados<br>ミアードス | half<br>ハフ |
| 長引く（ながびく） | prolongar-se, demorar<br>プロロンガールスィ, デモラール | be prolonged<br>ビ プロロングド |
| 仲間（なかま） | | |
| （男の） | companheiro m.<br>コンパニェィロ | comrade<br>カムラド |
| （女の） | companheira f.<br>コンパニェィラ | comrade<br>カムラド |
| 中身（なかみ） | conteúdo m.<br>コンテウード | contents, substance<br>カンテンツ, サブスタンス |
| 眺め（ながめ） | vista f.<br>ヴィスタ | view<br>ヴュー |
| 眺める（ながめる） | olhar, ver<br>オリャール, ヴェール | see, look at<br>スィー, ルク アト |
| 長持ちする（ながもちする） | durar muito<br>ドゥラール ムィント | be durable<br>ビ デュアラブル |
| 中指（なかゆび） | dedo médio m.<br>デード メーヂオ | the middle finger<br>ザ ミドル フィンガ |
| 流れ（ながれ） | corrente f., fluxo m.<br>コヘンチ, フルクソ | stream, current<br>ストリーム, カーレント |
| 流れ星（ながれぼし） | estrela cadente f.<br>エストレーラ カデンチ | shooting star<br>シューティング スター |
| 流れる（ながれる） | correr, fluir<br>コヘール, フルイール | flow, run<br>フロウ, ラン |
| （時が） | passar<br>パサール | pass<br>パス |
| 泣き声（なきごえ） | choro m.<br>ショーロ | cry<br>クライ |
| 鳴き声（なきごえ） | voz dos animais f.<br>ヴォィズ ドズ アニマィス | twitter<br>トゥィタ |
| 泣き虫（なきむし） | | |
| （男の） | chorão m.<br>ショラォン | crybaby<br>クライベイビ |

| 日 | 葡 | 英 |
|---|---|---|
| (女の) | chorona *f.*<br>ショローナ | crybaby<br>クライベイビ |
| 泣き喚く | gritar e chorar<br>グリタール イ ショラール | scream<br>スクリーム |
| 泣く | chorar<br>ショラール | cry, weep<br>クライ, ウィープ |
| 鳴く | gritar, berrar<br>グリタール, ベハール | cry<br>クライ |
| (小鳥が) | cantar<br>カンタール | sing<br>スィング |
| (犬が) | latir<br>ラチール | bark<br>バーク |
| (猫が) | miar<br>ミアール | mew<br>ミュー |
| 慰め | consolo *m.*, conforto *m.*<br>コンソーロ, コンフォルト | comfort, solace<br>カムファト, サリス |
| 慰める | consolar, confortar<br>コンソラール, コンフォルタール | console, comfort<br>カンソウル, カムファト |
| 亡[無]くす | perder<br>ペルデール | lose<br>ルーズ |
| 無くなる | desaparecer, sumir<br>デザパレセール, スミール | get lost, disappear<br>ゲト ロスト, ディサピア |
| (尽きる) | acabar<br>アカバール | run short<br>ラン ショート |
| 殴り合い | briga com socos *f.*<br>ブリーガ コン ソッコス | fight<br>ファイト |
| 殴り倒す | derrubar com socos<br>デフバール コン ソッコス | knock down<br>ナク ダウン |
| 殴る | dar um soco em, bater<br>ダール ウン ソッコ エィン, バテール | strike, beat<br>ストライク, ビート |
| 嘆かわしい | lamentável<br>ラメンターヴェウ | deplorable<br>ディプローラブル |
| 嘆く | lamentar, lastimar, deplorar<br>ラメンタール, ラスチマール, デプロラール | lament, grieve<br>ラメント, グリーヴ |
| 投げ捨てる | jogar fora<br>ジョガール フォーラ | throw away<br>スロウ アウェイ |
| 投げる | lançar, arremessar<br>ランサール, アヘメサール | throw, cast<br>スロウ, キャスト |

| 日 | 葡 | 英 |
|---|---|---|
| (放棄) | desistir, largar, abandonar<br>デズィス**チ**ール, ラル**ガ**ール, アバン**ド**ナール | give up<br>**ギ**ヴ **ア**プ |
| なこうど<br>仲人 | | |
| (結婚の) | | |
| (男の) | casamenteiro *m.*<br>カザメン**ティ**ロ | matchmaker<br>**マ**チメイカ |
| (女の) | casamenteira *f.*<br>カザメン**ティ**ラ | matchmaker<br>**マ**チメイカ |
| なご<br>和やかな | pacífico, amistoso<br>パ**スィ**フィコ, アミス**ト**ーゾ | peaceful, friendly<br>**ピ**ースフル, **フ**レンドリ |
| なごり<br>名残 | vestígio *m.*<br>ヴェス**チ**ージオ | trace, vestige<br>ト**レ**イス, **ヴェ**スティヂ |
| なさ<br>情け | | |
| (哀れみ) | compaixão *f.*, dó *m.*<br>コンパイ**シャ**ォン, **ド** | pity<br>**ピ**ティ |
| (慈悲) | caridade *f.*<br>カリ**ダ**ーヂ | mercy<br>**マ**ースィ |
| なさ な<br>情け無い | lamentável, vergonhoso<br>ラメン**タ**ーヴェウ, ヴェルゴ**ニョ**ーゾ | miserable, lamentable<br>**ミ**ザラブル, **ラ**メンタブル |
| なし<br>梨 | pêra *f.*<br>**ペ**ーラ | pear<br>**ペ**ア |
| な と<br>成し遂げる | realizar, cumprir,<br>　　　　　levar a cabo<br>ヘアリ**ザ**ール, クンプ**リ**ール, レ**ヴァ**ール ア **カ**ーボ | accomplish<br>ア**カ**ンプリシュ |
| なじ<br>馴染む | acostumar-se a<br>アコストゥ**マ**ールスィ ア | become attached *to*<br>ビ**カ**ム ア**タ**チト |
| ナショナリズム | nacionalismo *m.*<br>ナスィオナ**リ**ズモ | nationalism<br>**ナ**ショナリズム |
| なじ<br>詰る | repreender, recriminar<br>ヘプレエン**デ**ール, ヘクリミ**ナ**ール | rebuke, blame<br>リ**ビュ**ーク, ブ**レ**イム |
| なす<br>茄子 | beringela *f.*<br>ベリン**ジェ**ーラ | eggplant, aubergine<br>**エ**グプラント, **オ**ウバジーン |
| なぜ<br>何故 | por que<br>ポル **キ** | why<br>**ホ**ワイ |
| なぜ<br>何故なら | porque<br>ポル**キ** | because, for<br>ビ**コ**ズ, **フォ**ー |
| なぞ<br>謎 | mistério *m.*, enigma *m.*<br>ミス**テ**ーリオ, エ**ニ**グマ | riddle, mystery<br>**リ**ドル, **ミ**スタリ |

な

| 日 | 葡 | 英 |
|---|---|---|
| なぞなぞ<br>謎々 | adivinhação *f.*, enigma *m.*<br>アヂヴィニャサォン，エニギマ | riddle<br>リドル |
| なた<br>鉈 | machadinha *f.*<br>マシャヂーニャ | hatchet<br>ハチト |
| なだか<br>名高い | famoso, célebre<br>ファモーゾ，セレブリ | famous, well-known<br>フェイマス，ウェルノウン |
| なたね<br>菜種 | semente de colza *f.*<br>セメンチ ヂ コウザ | rape<br>レイプ |
| なだ<br>宥める | acalmar, tranqüilizar<br>アカウマール，トランクィリザール | calm, soothe<br>カーム，スーズ |
| なだらかな | suave<br>スワーヴィ | gentle, fluent<br>チェントル，フルエント |
| なだれ<br>雪崩 | avalanche *f.*<br>アヴァランシ | avalanche<br>アヴァランチ |
| なつ<br>夏 | verão *m.*<br>ヴェラオン | summer<br>サマ |
| なついん<br>捺印する | carimbar<br>カリンバール | seal<br>スィール |
| なつ<br>懐かしい | saudoso<br>サゥドーゾ | sweet<br>スウィート |
| なつ<br>懐かしむ | sentir saudades<br>センチール サゥダーヂス | long for<br>ローング フォー |
| なづ おや<br>名付け親 | | |
| （男の） | padrinho *m.*<br>パドリーニョ | godfather<br>ガドファーザ |
| （女の） | madrinha *f.*<br>マドリーニャ | godmother<br>ガドマザ |
| なづ<br>名付ける | batizar, denominar,<br>　　　　　　　 dar nome<br>バチザール，デノミナール，ダール ノーミ | name, call<br>ネイム，コール |
| ナッツ | noz *f.*<br>ノィス | nut<br>ナト |
| なっとく<br>納得する | convencer-se<br>コンヴェンセールスィ | consent *to*<br>カンセント |
| なつめ<br>棗 | jujuba *f.*<br>ジュジューバ | jujube<br>チューヂュブ |
| ナツメグ | noz-moscada *f.*<br>ノィス モスカーダ | nutmeg<br>ナトメグ |

| 日 | 葡 | 英 |
|---|---|---|
| <ruby>撫子<rt>なでしこ</rt></ruby> | cravina *f.*, cravo-renda *m.*<br>クラヴィーナ, クラーヴォ ヘンダ | pink<br>ピンク |
| <ruby>撫<rt>な</rt></ruby>でる | passar a mão em<br>パサール ア マォン エイン | stroke, pat<br>ストロウク, パト |
| （愛撫） | afagar, acariciar<br>アファガール, アカリスィアール | caress<br>カレス |
| <ruby>等<rt>など</rt></ruby> | etc., e outros<br>エチセテラ, イ オゥトロス | and so on<br>アンド ソウ オン |
| ナトリウム | sódio *m.*<br>ソーヂオ | sodium<br>ソウディアム |
| <ruby>斜<rt>なな</rt></ruby>めの | oblíquo<br>オブリクオ | slant, oblique<br>スラント, オブリーク |
| <ruby>何<rt>なに</rt></ruby> | o que<br>ウ キ | what<br>ホワト |
| （聞き返し） | Como?<br>コーモ | What?<br>ホワト |
| <ruby>何<rt>なに</rt></ruby>か | algo, alguma coisa<br>アウゴ, アゥグマ コイザ | something<br>サムスィング |
| <ruby>何気<rt>なにげ</rt></ruby>ない | involuntário, sem intenção<br>インヴォルンターリオ, セィン インテンサォン | casual<br>キャジュアル |
| <ruby>何<rt>なに</rt></ruby>より | antes de mais nada<br>アンチス ヂ マィズ ナーダ | above all<br>アバヴ オール |
| <ruby>名乗<rt>なの</rt></ruby>る | dizer o seu nome<br>ヂゼール ウ セゥ ノーミ | introduce *oneself as*<br>イントロデュース |
| （称する） | chamar-se<br>シャマールスィ | call *oneself*<br>コール |
| <ruby>靡<rt>なび</rt></ruby>く | ondular, flutuar<br>オンドゥラール, フルトゥワール | flutter<br>フラタ |
| （引かれる） | ser atraído<br>セール アトライード | bend *for*<br>ベンド |
| ナビゲーター | navegador *m.*<br>ナヴェガドール | navigator<br>ナヴィゲイタ |
| ナプキン | | |
| （食卓用） | guardanapo *m.*<br>グァルダナッポ | napkin<br>ナプキン |
| （生理用） | absorvente higiênico *m.*, modess *m.*<br>アビソルヴェンチ イジエニコ, モーヂス | sanitary napkin<br>サニテリ ナプキン |
| <ruby>名札<rt>なふだ</rt></ruby> | etiqueta *f.*<br>エチケッタ | name tag<br>ネイム タグ |

| 日 | 葡 | 英 |
|---|---|---|
| ナフタリン | naftalina *f.*<br>ナフタリーナ | naphthalene<br>ナフサリーン |
| 鍋<br>なべ | panela *f.*<br>パネーラ | pan<br>パン |
| 生暖かい<br>なまあたた | morno, tépido<br>モルノ, テピド | uncomfortably warm<br>アンカムフォタブリ ウォーム |
| 生意気な<br>なまいき | insolente, inconveniente<br>インソレンチ, インコンヴェニエンチ | insolent, saucy<br>インソレント, ソースィ |
| 名前<br>なまえ | nome *m.*<br>ノーミ | name<br>ネイム |
| 生臭い<br>なまぐさ | ter cheiro de peixe [carne crua]<br>テール シェイロ ヂ ペイシ [カルニ クルーア] | fishy<br>フィシ |
| 怠け者<br>なま もの | | |
| (男の) | preguiçoso *m.*<br>プレギソーゾ | lazy person<br>レイズィ パースン |
| (女の) | preguiçosa *f.*<br>プレギソーザ | lazy person<br>レイズィ パースン |
| 怠ける<br>なま | ser preguiçoso, descuidar<br>セール プレギソーゾ, ヂスクィダール | be idle<br>ビ アイドル |
| 海鼠<br>なまこ | holotúria *f.*, pepino-do-mar *m.*<br>オロトゥーリア, ペピーノ ド マール | sea cucumber<br>スィー キューカンバ |
| 鯰<br>なまず | bagre *m.*<br>バーグリ | catfish<br>キャトフィシュ |
| 生々しい<br>なまなま | fresco, vívido<br>フレスコ, ヴィヴィド | fresh, vivid<br>フレシュ, ヴィヴィド |
| 生温い<br>なまぬる | morno<br>モルノ | lukewarm<br>ルークウォーム |
| 生の<br>なま | cru<br>クル | raw<br>ロー |
| 生ビール<br>なま | chope *m.*<br>ショッピ | draft beer<br>ドラフト ビア |
| 生放送<br>なまほうそう | transmissão ao vivo *f.*<br>トランズミサォン アオ ヴィーヴォ | live broadcast<br>ライヴ ブロードキャスト |
| 鉛<br>なまり | chumbo *m.*<br>シュンボ | lead<br>レド |
| 波<br>なみ | onda *f.*<br>オンダ | wave<br>ウェイヴ |
| 並木<br>なみき | fileira de árvores *f.*<br>フィレイラ ヂ アルヴォリス | roadside trees<br>ロウドサイド トリーズ |

| 日 | 葡 | 英 |
|---|---|---|
| 涙（なみだ） | lágrima f. <br> ラグリマ | tears <br> ティアズ |
| 〜を流す | derramar lágrimas <br> デハマール ラグリマス | shed tears <br> シェド ティアズ |
| 並（なみ）の | ordinário, medíocre, vulgar <br> オルヂナリオ, メヂオクリ, ヴウガール | ordinary, common <br> オーディネリ, カモン |
| 並（なみ）外（はず）れた | extraordinário <br> エストラオルヂナーリオ | extraordinary <br> イクストローディネリ |
| 蛞蝓（なめくじ） | lesma f. <br> レズマ | slug <br> スラグ |
| 鞣（なめ）し革（がわ） | couro m. <br> コウロ | leather <br> レザ |
| 鞣（なめ）す | curtir <br> クルチール | tan <br> タン |
| 滑（なめ）らかな | liso <br> リーゾ | smooth <br> スムーズ |
| 舐（な）める | lamber <br> ランベール | lick, lap <br> リク, ラプ |
| （侮る） | desprezar, fazer pouco caso <br> デスプレザール, ファゼール ポウコ カーゾ | despise <br> ディスパイズ |
| 納屋（なや） | depósito m. <br> デポズィト | barn, shed <br> バーン, シード |
| 悩（なや）ます | atormentar <br> アトルメンタール | torment, worry <br> トーメント, ワーリ |
| 悩（なや）み | sofrimento m., preocupação f. <br> ソフリメント, プレオクパサォン | anxiety, worry <br> アングザイエティ, ワーリ |
| 悩（なや）む | afligir-se, angustiar-se <br> アフリジールスィ, アングスチアールスィ | suffer from <br> サファ |
| 習（なら）う | aprender <br> アプレンデール | learn <br> ラーン |
| 慣（なら）らす | acostumar, habituar <br> アコストゥマール, アビトゥアール | accustom <br> アカスタム |
| 鳴（な）らす | tocar <br> トカール | sound, ring <br> サウンド, リング |
| 並（なら）ぶ | ficar na fila <br> フィカール ナ フィーラ | line up <br> ライン アプ |
| 並（なら）べる | enfileirar <br> エンフィレィラール | arrange <br> アレインヂ |

| 日 | 葡 | 英 |
|---|---|---|
| (列挙) | enumerar<br>エヌメラール | enumerate<br>イニューマレイト |
| 習わし | costume *m.*<br>コストゥーミ | custom<br>カスタム |
| 成り金 | novo-rico *m.*<br>ノーヴォ ヒッコ | upstart<br>アプスタート |
| 成り立ち | formação *f.*, construção *f.*<br>フォルマサォン, コンストルサォン | formation<br>フォーメイション |
| 成り行き | conseqüência *f.*,<br>desdobramento *m.*<br>コンセクウェンスィア, チズドブラメント | the course *of*<br>ザ コース |
| 成る (変わる) | ficar, tornar-se,<br>transformar-se<br>フィカール, トルナールスィ, トランスフォルマールスィ | become, turn *into*<br>ビカム, ターン |
| (構成) | consistir em, ser composto de<br>コンスィスチール エイン, セール コンポスト チ | consist of<br>コンスィスト オヴ |
| (実が) 生る | dar (fruto), frutificar<br>ダール (フルト), フルチフィカール | grow, bear<br>グロウ, ベア |
| 鳴る | soar<br>ソアール | sound, ring<br>サウンド, リング |
| ナルシスト | narcisista *m.f.*<br>ナルスィズィスタ | narcissist<br>ナースィスィスト |
| 成る可く | se [tanto quanto] possível<br>スィ [タント クワント] ポスィーヴェウ | if possible<br>イフ パスィブル |
| 成る程 | Realmente., Entendi.<br>ヘアウメンチ, エンテンチ | I see.<br>アイ スィー |
| ナレーション | narração *f.*, narrativa *f.*<br>ナハサォン, ナハチーヴァ | narration<br>ナレイション |
| ナレーター (男の) | narrador *m.*<br>ナハドール | narrator<br>ナレイタ |
| (女の) | narradora *f.*<br>ナハドーラ | narrator<br>ナレイタ |
| 馴れ馴れしい | familiar demais<br>ファミリアール チマィス | familiar<br>ファミリア |
| 慣れる | acostumar-se, habituar-se a<br>アコストゥマールスィ, アビトゥワールスィ ア | get used *to*<br>ゲト ユースト |
| 縄 | corda *f.*<br>コルダ | rope<br>ロウプ |

| 日 | 葡 | 英 |
|---|---|---|
| なわと<br>縄跳び | | |
| ～をする | pular corda<br>プラール コルダ | jump rope<br>ヂャンプ ロウプ |
| なわば<br>縄張り | território *m.*<br>テヒトーリオ | territory<br>テリトーリ |
| なんかい<br>難解な | difícil de entender, hermético<br>ヂフィスィウ ヂ エンテンデール, エルメチコ | very difficult<br>ヴェリ ディフィカルト |
| なんきょく<br>南極 | pólo Sul *m.*<br>ポーロ スウ | the South Pole<br>ザ サウス ポウル |
| なんきんまめ<br>南京豆 | amendoim *m.*<br>アメンドウィン | peanut<br>ピーナト |
| なんきんむし<br>南京虫 | percevejo *m.*<br>ペルセヴェージョ | bedbug<br>ベドバグ |
| なんこう<br>軟膏 | ungüento *m.*, pomada *f.*<br>ウングウェント, ポマーダ | ointment<br>オイントメント |
| なんじ<br>何時 | que horas<br>キー オーラス | what time, when<br>ホワト タイム, ホウェン |
| なんせい<br>南西 | sudoeste *m.*<br>スドウェスチ | southwest<br>サウスウェスト |
| ナンセンス | disparate *m.*, *nonsense m.*<br>ヂスパラッチ, ナンセンス | nonsense<br>ナンセンス |
| なんたいどうぶつ<br>軟体動物 | molusco *m.*<br>モルスコ | mollusc<br>マラスク |
| なんちょう<br>難聴 | bradiacusia *f.*<br>ブラヂアクズィーア | difficulty in hearing<br>ディフィカルティ イン ヒアリング |
| なん<br>何と | que, como<br>キ, コーモ | what, how<br>ホワト, ハウ |
| なんとう<br>南東 | sudeste *m.*<br>スデスチ | the southeast<br>ザ サウスイースト |
| なんぱ<br>難破 | naufrágio *m.*<br>ナゥフラージオ | wreck<br>レク |
| ～する | naufragar<br>ナゥフラガール | be wrecked<br>ビ レクド |
| ナンバー | número *m.*<br>ヌメロ | number<br>ナンバ |
| ～プレート | placa de carro *f.*<br>プラッカ ヂ カッホ | license plate<br>ライセンス プレイト |
| ～ワン | o número um *m.*<br>ウ ヌメロ ウン | Number 1<br>ナンバ ワン |

| 日 | 葡 | 英 |
|---|---|---|
| <ruby>難病<rt>なんびょう</rt></ruby> | doença incurável *f.*<br>ドウェンサ インクラーヴェウ | incurable disease<br>インキュアラブル ディズィーズ |
| <ruby>南氷洋<rt>なんびょうよう</rt></ruby> | Oceano Glacial Antártico *m.*<br>オセアーノ グラスィアウ アンタルチコ | the Antarctic Ocean<br>ジ アンタークティク オウシャン |
| <ruby>南部<rt>なんぶ</rt></ruby> | a região sul *f.*<br>ア ヘジアォン スウ | the southern part<br>ザ サザン パート |
| <ruby>南米<rt>なんべい</rt></ruby> | América do Sul *f.*<br>アメリカ ド スウ | South America<br>サウス アメリカ |
| <ruby>南北<rt>なんぼく</rt></ruby> | norte e sul *m.*<br>ノルチ イ スウ | north and south<br>ノース アンド サウス |
| <ruby>難民<rt>なんみん</rt></ruby> | | |
| （男の） | refugiado *m.*<br>ヘフジアード | refugees<br>レフュチーズ |
| （女の） | refugiada *f.*<br>ヘフジアーダ | refugees<br>レフュチーズ |

## に, ニ

| 日 | 葡 | 英 |
|---|---|---|
| <ruby>荷<rt>に</rt></ruby> | carga *f.*<br>カルガ | load<br>ロウド |
| <ruby>似合う<rt>にあ</rt></ruby> | ficar bem, combinar com<br>フィカール ベィン, コンビナール コン | become, suit<br>ビカム, シュート |
| <ruby>荷揚げ<rt>にあ</rt></ruby> | descarregamento *m.*<br>チスカヘガメント | unload<br>アンロウド |
| ニアミス | perigo de colisão *m.*<br>ペリーゴ チ コリザォン | near miss<br>ニア ミス |
| ニーズ | necessidade *f.*<br>ネセスィダーチ | necessity, need<br>ニセスィティ, ニード |
| <ruby>煮え切らない<rt>に き</rt></ruby> | vago, ambíguo<br>ヴァーゴ, アンビーグォ | vague<br>ヴァーグ |
| （不決断） | indeciso<br>インデスィーゾ | irresolute<br>イレゾルート |
| <ruby>煮える<rt>に</rt></ruby> | estar cozido<br>エスタール コズィード | boil<br>ボイル |
| <ruby>匂い<rt>にお</rt></ruby> | cheiro *m.*<br>シェイロ | smell, odor<br>スメル, オウダ |
| <ruby>匂う<rt>にお</rt></ruby> | cheirar<br>シェイラール | smell<br>スメル |

| 日 | 葡 | 英 |
|---|---|---|
| 臭（にお）う | cheirar mal, feder<br>シェイラール マウ，フェデール | stink<br>スティンク |
| 二階（にかい） | primeiro andar *m.*<br>プリメィロ アンダール | the second floor<br>ザ セコンド フロー |
| 苦（にが）い | amargo<br>アマルゴ | bitter<br>ビタ |
| 逃（に）がす | soltar, deixar ir<br>ソゥタール，デイシャール イール | let go, set free<br>レト ゴウ，セト フリー |
| （取り逃がす） | deixar fugir, deixar escapar<br>デイシャール フジール，デイシャール エスカパール | let... escape, miss<br>レト イスケイプ，ミス |
| 二月（にがつ） | fevereiro *m.*<br>フェヴェレィロ | February<br>フェブルエリ |
| 苦手（にがて）である | não ter jeito para,<br>　　　　ser ruim em<br>ナォン テール ジェイト パラ，セール フィン エイン | be weak *in*<br>ビ ウィーク |
| 苦々（にがにが）しい | desagradável, fastidioso<br>デザグラダーヴェウ，ファスチヂオーゾ | unpleasant<br>アンプレザント |
| 膠（にかわ） | grude *m.*<br>グルーヂ | glue<br>グルー |
| 苦笑（にがわら）いする | sorrir amarelo<br>ソヒール アマレーロ | smile bitterly<br>スマイル ビタリ |
| 面皰（にきび） | espinha *f.*<br>エスピーニャ | pimple<br>ピンプル |
| 賑（にぎ）やかな | | |
| （町などが） | movimentado<br>モヴィメンタード | crowded<br>クラウディド |
| （活気のある） | animado<br>アニマード | lively<br>ライヴリ |
| 握（にぎ）る | agarrar, segurar na mão<br>アガハール，セグラール ナ マォン | grasp<br>グラスプ |
| 賑（にぎ）わう | ficar movimentado<br>フィカール モヴィメンタード | be crowded<br>ビ クラウデド |
| 肉（にく） | carne *f.*<br>カルニ | flesh, meat<br>フレシュ，ミート |
| 憎（にく）い | odioso, execrável<br>オヂオーゾ，エゼクラーヴェウ | hateful, detestable<br>ヘイトフル，ディテスタブル |
| 肉眼（にくがん） | olho nu *m.*<br>オーリョ ヌ | naked eye<br>ネィキド アイ |

| 日 | 葡 | 英 |
|---|---|---|
| 憎しみ | ódio *m.* <br> オーヂオ | hatred <br> ヘイトリド |
| 肉親 | parentesco *m.*, consangüinidade *f.* <br> パレンテスコ, コンサングィニダーヂ | near relatives <br> ニア レラティヴズ |
| 肉体 | corpo *m.* <br> コルポ | the body, the flesh <br> ザ バディ, ザ フレシュ |
| ～労働 | trabalho braçal *m.* <br> トラバーリョ ブラサウ | physical labor <br> フィズィカル レイバ |
| 肉離れ | distensão muscular *f.* <br> ヂステンサォン ムスクラール | torn muscle <br> トーン マスル |

## ■肉■ carne *f.* /カルニ/

**牛肉** carne de vaca /カルニ チ ヴァッカ/ *f.* (⊛beef)
**子牛** vitela /ヴィテーラ/ *f.* (⊛veal)
**豚肉** carne de porco /カルニ チ ポルコ/ *f.* (⊛pork)
**羊の肉** carne de carneiro /カルニ チ カルネィロ/ *f.* (⊛ram)
**子羊の肉** carne de cordeiro /カルニ チ コルディロ/ *f.* (⊛lamb)
**鶏肉** carne de frango /カルニ チ フランゴ/ *f.* (⊛chicken)
**鴨** carne de pato selvagem /カルニ チ パット セウヴァージェィン/ *f.* (⊛duck)
**挽肉** carne moída /カルニ モイーダ/ *f.* (⊛ground meat)
**赤身** carne magra /カルニ マーグラ/ *f.* (⊛lean)
**ロイン** lombo /ロンボ/ *m.* (⊛loin)
**ヒレ肉** filé /フィレー/ *m.* (⊛fillet)
**あばら肉** costela /コステーラ/ *f.* (⊛rib)
**タン** língua /リングァ/ *f.* (⊛tongue)
**レバー** fígado /フィガド/ *m.* (⊛liver)
**ハム** presunto /プレズント/ *m.* (⊛ham)
**薫製の** defumado /デフマード/ (⊛smoked)
**ベーコン** toicinho /トイスィーニョ/ *m.* (⊛bacon)
**ソーセージ** lingüiça /リングウィッサ/ *f.*, salsicha /サウスィッシャ/ *f.* (⊛sausage)
**サラミ** salame /サラーミ/ *m.* (⊛salami)

| 日 | 葡 | 英 |
|---|---|---|
| 憎む | odiar / オヂアール | hate / ヘイト |
| 肉屋 (店) | açougue *m.* / アソウギ | meat shop / ミート シャプ |
| 憎らしい | odiento, abominável / オヂエント, アボミナーヴェウ | hateful, detestable / ヘイトフル, ディテスタブル |
| 荷車 | carroça *f.* / カホッサ | cart / カート |
| ニクロム | nicromo *m.* / ニクローモ | Nichrome / ナイクロウム |
| 逃げる | fugir, escapar / フジール, エスカパール | run away, escape / ラン アウェイ, イスケイプ |
| 濁す | turvar / トゥルヴァール | make... muddy / メイク マディ |
| 言葉を～ | falar de maneira ambígua / ファラール ヂ マネイラ アンビーグァ | speak ambiguously / スピーク アンビギュアスリ |
| ニコチン | nicotina *f.* / ニコチーナ | nicotine / ニコティーン |
| にこにこする | sorrir / ソヒール | smile / スマイル |
| にこやかな | risonho / ヒゾーニョ | cheerful, smiling / チアフル, スマイリング |
| 濁る | turvar-se / トゥルヴァールスィ | become muddy / ビカム マディ |
| 二酸化炭素 | dióxido de carbono *m.* / ヂオキスィド ヂ カルボーノ | carbon dioxide / カーボン ダイアクサイド |
| 西 | oeste *m.* / オウェスチ | the west / ザ ウェスト |
| 虹 | arco-íris *m.* / アルコ イーリス | rainbow / レインボウ |
| 虹鱒 | truta arco-íris *f.* / トルッタ アルコ イーリス | rainbow trout / レインボウ トラウト |
| 滲む | manchar, borrar / マンシャール, ボハール | blot / ブラト |
| 二重の | duplo / ドゥップロ | double, dual / ダブル, デュアル |
| 鰊 | arenque *m.* / アレンキ | herring / ヘリング |

| 日 | 葡 | 英 |
|---|---|---|
| ニス | verniz *m.* ヴェル**ニー**ス | varnish ヴァー二シュ |
| にせ<br>偽 | | |
| 〜の | falso ファウソ | imitation イミテイション |
| 〜物 | imitação *f.*, falsificação *f.* イミタ**サ**ォン, ファウスィフィカ**サ**ォン | imitation, counterfeit イミテイション, カウンタフィト |
| にせい<br>二世 | segunda geração *f.*, nissei *m.f.* セグンダ ジェラ**サ**ォン, ニセィ | the second generation ザ セコンド ヂェナレイション |
| にちじ<br>日時 | data e hora ダッタ イ オーラ | the time, the date ザ タイム, ザ デイト |
| にちじょうの<br>日常の | cotidiano コチヂ**アー**ノ | daily デイリ |
| にちぼつ<br>日没 | pôr-do-sol *m.* **ポー**ル ド ソウ | sunset サンセト |
| にちや<br>日夜 | dia e noite, noite e dia **チ**ーア イ **ノ**ィチ, **ノ**ィチ イ **チ**ーア | night and day ナイト アンド デイ |
| にちようだいく<br>日曜大工 | carpintaria aos domingos *f.* カルピンタ**リー**ア アオス ド**ミ**ンゴス | do-it-yourself ドゥーイトユアセルフ |
| にちようび<br>日曜日 | domingo *m.* ド**ミ**ンゴ | Sunday サンディ |
| にちようひん<br>日用品 | artigos de uso diário *m.pl.* アル**チ**ーゴス ヂ **ウ**ーゾ ヂ**アー**リオ | daily necessaries デイリ ネセセリズ |
| にっか<br>日課 | | |
| (仕事) | exercício diário *m.* エゼル**スィー**スィオ ヂ**アー**リオ | daily work デイリ ワーク |
| (習慣) | atividade cotidiana *f.* アチヴィ**ダー**ヂ コチヂ**アー**ナ | routine ルーティーン |
| にっかん<br>日刊 | publicação diária *f.* ププリカ**サ**ォン ヂ**アー**リア | daily デイリ |
| にっき<br>日記 | diário *m.* ヂ**アー**リオ | diary ダイアリ |
| にっきゅう<br>日給 | salário diário *m.* サ**ラー**リオ ヂ**アー**リオ | day's wage デイズ ウェイヂ |
| ニックネーム | apelido *m.* アペ**リー**ド | nickname ニクネイム |
| にづくり<br>荷造り | empacotamento *m.*, embalagem *f.* エンパコタ**メ**ント, エンバ**ラー**ジェィン | packing パキング |

| 日 | 葡 | 英 |
|---|---|---|
| 〜する | encaixotar<br>エンカィショタール | pack<br>パク |
| ニッケル | níquel *m.*<br>ニッケウ | nickel<br>ニクル |
| にっこう<br>日光 | raio solar *m.*<br>ハィオ ソラール | sunlight, sunshine<br>サンライト, サンシャイン |
| にっし<br>日誌 | diário *m.*<br>ヂアーリオ | diary, journal<br>ダイアリ, チャーナル |
| にっしゃびょう<br>日射病 | insolação *f.*<br>インソラサォン | sunstroke<br>サンストロウク |
| にっしょく<br>日食 | eclipse solar *m.*<br>エクリプスィ ソラール | solar eclipse<br>ソウラ イクリプス |
| にってい<br>日程 | programação *f.*<br>プログラマサォン | day's program<br>デイズ プロウグラム |
| （旅行の） | itinerário *m.*<br>イチネラーリオ | itinereary<br>アイティナレリ |
| にっとう<br>日当 | diária *f.*<br>ヂアーリア | daily allowance<br>デイリ アラウアンス |
| ニットウエア | malhas *f.pl.*<br>マーリャス | knitwear<br>ニトウェア |
| につ<br>煮詰める | engrossar<br>エングロサール | boil down<br>ボイル ダウン |
| にとう<br>二等 | a segunda classe *f.*<br>ア セグンダ クラッスィ | the second class<br>ザ セコンド クラス |
| にな<br>担う | levar nos ombros<br>レヴァール ノズ オンブロス | carry, bear<br>キャリ, ベア |
| にばい<br>二倍 | dobro *m.*<br>ドーブロ | double<br>ダブル |
| にばん<br>二番 | número dois *m.*<br>ヌメロ ドィス | number two<br>ナンバ トゥー |
| ニヒルな | niilista<br>ニイリスタ | nihilistic<br>ナイイリスティク |
| にぶ<br>鈍い | estúpido, bronco<br>エストゥピド, ブロンコ | dull, blunt<br>ダル, ブラント |
| （刃物が） | embotado<br>エンボタード | blunt<br>ブラント |
| にふだ<br>荷札 | etiqueta *f.*<br>エチケッタ | tag<br>タグ |

| 日 | 葡 | 英 |
|---|---|---|
| にほん<br>日本 | Japão *m.*<br>ジャパォン | Japan<br>チャパン |
| ～海 | o Mar do Japão *m.*<br>ウ マール ド ジャパォン | the Sea of Japan<br>ザ スィー オヴ チャパン |
| ～語 | japonês *m.*<br>ジャポネィス | Japanese<br>チャパニーズ |
| ～酒 | saquê *m.*<br>サケ | saké<br>サーキ |
| ～人<br>（男の） | japonês *m.*<br>ジャポネィス | Japanese<br>チャパニーズ |
| （女の） | japonesa *f.*<br>ジャポネーザ | Japanese<br>チャパニーズ |
| ～料理 | comida japonesa *f.*<br>コミーダ ジャポネーザ | Japanese cooking<br>チャパニーズ クキング |
| にもつ<br>荷物 | bagagem *f.*<br>バガージェィン | baggage<br>バギヂ |
| にやにやする | dar riso escarninho<br>ダール ヒーゾ エスカルニーニョ | grin<br>グリン |
| にゅういん<br>入院する | hospitalizar-se<br>オスピタリザールスィ | enter hospital<br>エンタ ハスピタル |
| にゅうか<br>入荷 | entrada de mercadoria *f.*<br>エントラーダ ヂ メルカドリーア | arrival of goods<br>アライヴァル オヴ グヅ |
| ～する | (mercadoria) chegar<br>メルカドリーア シェガール | arrive<br>アライヴ |
| にゅうかい<br>入会 | entrada *f.*<br>エントラーダ | admission<br>アドミション |
| ～する | entrar para<br>エントラール パラ | join<br>チョイン |
| にゅうがく<br>入学 | admissão escolar *f.*<br>アヂミサォン エスコラール | entrance<br>エントランス |
| ～金 | taxa de entrada na escola *f.*<br>タッシャ ヂ エントラーダ ナ エスコーラ | entrance fee<br>エントランス フィー |
| ～する | ser admitido na escola<br>セール アヂミチード ナ エスコーラ | enter a school<br>エンタ ア スクール |
| にゅうぎゅう<br>乳牛 | vaca leiteira *f.*<br>ヴァッカ レィテイラ | milch cow<br>ミルチ カウ |
| にゅうきん<br>入金 | receita *f.*<br>ヘセィタ | money received<br>マニ リスィーヴド |
| にゅうこく<br>入国 | entrada no país *f.*<br>エントラーダ ノ パイース | entry into a country<br>エントリ イントゥ ア カントリ |

| 日 | 葡 | 英 |
|---|---|---|
| ～管理 | imigração f. | immigration |
| ～する | entrar no país | enter a country |
| 入札 | licitação f. | bid, tender |
| ～する | licitar | bid, tender |
| 乳酸菌 | bacilo láctico m. | lactic acid bacteria |
| 入試 | exame de admissão m. | entrance examination |
| （大学の） | vestibular m. | entrance examination |
| 入社する | entrar numa firma | join a company |
| 入手する | obter, adquirir | get, acquire |
| 入場 | entrada f. | entrance |
| ～券 | bilhete de entrada m. | admission ticket |
| ～する | entrar | enter, get in |
| ～料 | preço de entrada m. | admission fee |
| ニュース | noticiário f. | news |
| ～キャスター | | |
| （男の） | locutor do noticiário m. | newscaster |
| （女の） | locutora do noticiário f. | newscaster |
| 乳製品 | laticínios m.pl. | dairy products |
| ニューフェイス | cara nova f. | new face |
| 入門する | tornar-se discípulo, iniciar-se em | become a pupil of |

| 日 | 葡 | 英 |
|---|---|---|
| にゅうよく<br>入浴する | tomar banho<br>トマール バーニョ | take a bath<br>テイク ア バス |
| にゅうりょく<br>入力 | entrada *f.*, *input m.*<br>エントラーダ, インプッチ | input<br>インプト |
| (データなどの) | digitação *f.*<br>チジタサォン | input<br>インプト |
| ～する | digitar<br>チジタール | input<br>インプト |
| にょう<br>尿 | urina *f.*<br>ウリーナ | urine<br>ユアリン |
| ～毒症 | uremia *f.*<br>ウレミーア | uremia<br>ユアリーミア |
| にょうぼう<br>女房 | esposa *f.*<br>エスポーザ | wife<br>ワイフ |
| にら<br>韮 | alho-porro *m.*<br>アーリョ ポッホ | leek<br>リーク |
| にら<br>睨む | olhar fixamente<br>オリャール フィキサメンチ | glare *at*<br>グレア |
| にりゅう<br>二流 | segunda classe [categoria] *f.*<br>セグンダ クラッスィ [カテゴリーア] | second-rate<br>セコンドレイト |
| に<br>似る | ser parecido com,<br>　　　parecer-se com<br>セール パレスィード コン, パレセールスィ コン | resemble<br>リゼンブル |
| (親に) | puxar a<br>プシャール ア | take after<br>テイク アフタ |
| に<br>煮る | cozinhar<br>コズィニャール | boil, cook<br>ボイル, クク |
| にれ<br>楡 | olmo *m.*<br>オウモ | elm<br>エルム |
| にわ<br>庭 | jardim *m.*<br>ジャルヂン | garden, yard<br>ガードン, ヤード |
| にわ あめ<br>俄か雨 | pancada de chuva *f.*<br>パンカーダ ヂ シューヴァ | shower<br>シャウア |
| にわとり<br>鶏 | | |
| (雄鳥) | galo *m.*<br>ガーロ | fowl, chicken<br>ファウル, チキン |
| (雌鳥) | galinha *f.*<br>ガリーニャ | fowl, chicken<br>ファウル, チキン |
| ～小屋 | galinheiro *m.*<br>ガリニェイロ | coop, henhouse<br>クープ, ヘンハウス |

| 日 | 葡 | 英 |
|---|---|---|
| にんか<br>認可する | autorizar<br>アゥトリザール | authorize<br>オーソライズ |
| にんき<br>人気 | popularidade *f.*<br>ポプラリダーチ | popularity<br>パピュラリティ |
| 〜のある | popular<br>ポプラール | popular<br>パピュラ |
| にんぎょ<br>人魚 | sereia *f.*<br>セレィア | mermaid<br>マーメイド |
| にんぎょう<br>人形 | boneca *f.*<br>ボネッカ | doll<br>ダル |
| 〜劇 | teatro de marionetes [fantoches] *m.*<br>チアトロ ヂ マリオネッチス [ファントッシス] | puppet show<br>パペト ショウ |
| にんげん<br>人間 | homem *m.*, ser humano *m.*<br>オーメィン, セール ウマーノ | human being<br>ヒューマン ビーイング |
| にんしき<br>認識 | cognição *f.*<br>コギニサォン | recognition<br>レコグニション |
| 〜する | perceber, reconhecer<br>ペルセベール, ヘコニェセール | recognize<br>レコグナイズ |
| にんじょう<br>人情 | sentimentos humanos *m.pl.*<br>センチメントズ ウマーノス | human nature<br>ヒューマン ネイチャ |
| (人情味) | humanidade *f.*<br>ウマニダーチ | humanity<br>ヒューマニティ |
| (なさけ) | compaixão *f.*, dó *m.*<br>コンパィシャォン, ド | compassion<br>コンパション |
| にんしん<br>妊娠 | gravidez *f.*<br>グラヴィデイス | conception<br>カンセプション |
| 〜する | engravidar<br>エングラヴィダール | conceive<br>カンスィーヴ |
| にんじん<br>人参 | cenoura *f.*<br>セノゥラ | carrot<br>キャロト |
| にんずう<br>人数 | número de pessoas *m.*<br>ヌメロ ヂ ペソーアス | the number<br>ザ ナンバ |
| にんそう<br>人相 | fisionomia *f.*<br>フィズィオノミーア | physiognomy<br>フィズィアグノミ |
| にんたい<br>忍耐 | paciência *f.*<br>パスィエンスィア | patience<br>ペイシェンス |
| 〜する | ter paciência<br>テール パスィエンスィア | be patient *with*<br>ビ ペイシェント |

| 日 | 葡 | 英 |
|---|---|---|
| にんてい<br>認定する | autorizar, aprovar, reconhecer<br>アゥトリザール, アプロヴァール, ヘコニェセール | authorize, recognize<br>オーソライズ, レコグナイズ |
| にんにく<br>大蒜 | alho *m.*<br>アーリョ | garlic<br>ガーリク |
| にんぷ<br>妊婦 | mulher grávida *f.*<br>ムリェール グラヴィダ | pregnant woman<br>プレグナント ウマン |
| にんむ<br>任務 | encargo *m.*, função *f.*, dever *m.*<br>エンカルゴ, フンサォン, デヴェール | duty, office<br>デューティ, オフィス |
| にんめい<br>任命 | nomeação *f.*<br>ノミアサォン | appointment<br>アポイントメント |
| 〜する | nomear<br>ノミアール | appoint<br>アポイント |

## ぬ, ヌ

| 日 | 葡 | 英 |
|---|---|---|
| ぬ<br>縫いぐるみ | bicho de pelúcia<br>ビッショ ヂ ペルスィア | stuffed toy<br>スタフト トイ |
| ぬ め<br>縫い目 | sutura *f.*<br>ストゥーラ | seam<br>スィーム |
| ぬ<br>縫う | costurar<br>コストゥラール | sew, stitch<br>ソウ, スティチ |
| ヌード | nu *m.*<br>ヌ | nude<br>ヌード |
| ぬか<br>糠 | farelo de arroz *m.*<br>ファレーロ ヂ アホィス | rice bran<br>ライス ブラン |
| ぬかるみ<br>泥濘 | lamaçal *m.*, atoleiro *m.*<br>ラマサウ, アトレィロ | mud<br>マド |
| ぬ で<br>抜きん出る | exceder-se em, destacar-se em<br>エセデールスィ エィン, チスタカールスィ エィン | surpass, excel<br>サーパス, イクセル |
| ぬ<br>抜く | tirar, arrancar, extrair<br>チラール, アハンカール, エストライール | pull out<br>プル アウト |
| (除く) | retirar<br>ヘチラール | remove<br>リムーヴ |
| (省く) | omitir<br>オミチール | omit, skip<br>オウミット, スキプ |
| (追い抜く) | ultrapassar<br>ウゥトラパサール | outrun<br>アウトラン |

| 日 | 葡 | 英 |
|---|---|---|
| 脱ぐ | despir, tirar<br>デスピール, チラール | put off<br>プト オフ |
| （靴を） | descalçar<br>ヂスカウサール | put off<br>プト オフ |
| 拭う | enxugar<br>エンシュガール | wipe<br>ワイプ |
| 脱け殻 | exúvia *f.*<br>エズヴィア | cast-off skin<br>キャストフ スキン |
| 抜ける<br>（髪や歯などが） | cair<br>カイール | come off<br>カム オフ |
| （脱出） | sair, escapar-se de<br>サイール, エスカパールスィ ヂ | leave, withdraw<br>リーヴ, ウィズドロー |
| （脱落） | faltar<br>ファウタール | be missing<br>ビ ミスィング |
| （通過） | atravessar, passar por<br>アトラヴェサール, パサール ポル | go by, pass through<br>ゴウ バイ, パース スルー |
| 盗み | roubo *m.*, furto *m.*<br>ホゥボ, フルト | theft<br>セフト |
| 盗む | roubar, furtar<br>ホゥバール, フルタール | steal, rob<br>スティール, ラブ |
| （剽窃） | plagiar<br>プラジアール | plagiarize<br>プレイヂアライズ |
| 布 | tecido *m.*, pano *m.*<br>テスィード, パーノ | cloth<br>クロス |
| 沼 | brejo *m.*, charco *m.*<br>ブレージョ, シャルコ | marsh, bog<br>マーシュ, バグ |
| 濡らす | molhar<br>モリャール | wet, moisten<br>ウェト, モイスン |
| 塗る | pintar<br>ピンタール | paint<br>ペイント |
| （薬などを） | aplicar, passar<br>アプリカール, パサール | apply<br>アプライ |
| （バターなどを） | passar<br>パサール | spread<br>スプレド |
| 温い | morno<br>モルノ | tepid, lukewarm<br>テピド, ルークウォーム |
| 濡れた | molhado<br>モリャード | wet<br>ウェト |

| 日 | 葡 | 英 |
|---|---|---|
| 濡れる | molhar-se, ficar molhado モリャールスィ, フィカール モリャード | get wet ゲト ウェト |

## ね, ネ

| 日 | 葡 | 英 |
|---|---|---|
| 根 | raiz f. ハイース | root ルート |
| 値上がり | aumento do preço m. アウメント ド プレッソ | rise in price ライズ イン プライス |
| 値上げする | aumentar o preço アウメンタール ウ プレッソ | raise the price レイズ ザ プライス |
| 値打ち | valor m. ヴァロール | value, merit ヴァリュ, メリト |
| ネームバリュー | renome m., notabilidade f. ヘノーミ, ノタビリダーヂ | celebrity スィレブリティ |
| ネオン | neon m. ネオン | neon ニーアン |
| ネガ | negativo m. ネガチーヴォ | negative ネガティヴ |
| 願い | pedido m., desejo m., aspiração f. ペヂード, デゼージョ, アスピラソォン | wish, desire ウィシュ, ディザイア |
| 願う | desejar, pedir デゼジャール, ペヂール | wish ウィシュ |
| 寝かす | adormecer アドルメセール | put to bed プト トゥ ベド |
| (横にする) | pôr no chão, deitar ポール ノ シャォン, デイタール | lay down レイ ダウン |
| (熟成・発酵) | deixar fermentar ディシャール フェルメンタール | mature, age マチュア, エイヂ |
| 葱 | alho-porro m., cebolinha f. アーリョ ポッホ, セボリーニャ | leek リーク |
| 値切る | pedir desconto, pechinchar ペヂール ヂスコント, ペシンシャール | bargain バーギン |
| ネクタイ | gravata f. グラヴァッタ | necktie, tie ネクタイ, タイ |
| 〜ピン | alfinete de gravata m. アウフィネッチ ヂ グラヴァッタ | tiepin タイピン |

| 日 | 葡 | 英 |
|---|---|---|
| ネグリジェ | camisola *f.*<br>カミゾーラ | night gown<br>ナイト ガウン |
| 猫 (ねこ) | gato *m.*<br>ガット | cat<br>キャト |
| 寝言を言う (ねごとをいう) | falar durante o sono<br>ファラール ドゥランチ ウ ソーノ | talk in *one's* sleep<br>トーク イン スリープ |
| 寝込む (ねこむ) | adormecer<br>アドルメセール | fall asleep<br>フォール アスリープ |
| （病気で） | ficar de cama<br>フィカール ヂ カーマ | be ill in bed<br>ビ イル イン ベド |
| 寝転ぶ (ねころぶ) | estender-se ao comprido<br>エステンデールスィ アオ コンプリード | lie down<br>ライ ダウン |
| 値下がり (ねさがり) | descida do preço *f.*<br>デスィーダ ド プレッソ | fall in price<br>フォール イン プライス |
| 値下げ (ねさげ) | redução do preço *f.*<br>ヘドゥサォン ド プレッソ | reduction<br>リダクション |
| 〜する | baixar o preço<br>バイシャール ウ プレッソ | reduce the price<br>リデュース ザ プライス |
| 螺子 (ねじ) | parafuso *m.*<br>パラフーゾ | screw<br>スクルー |
| 〜回し | chave de fenda *f.*<br>シャーヴィ ヂ フェンダ | screwdriver<br>スクルードライヴァ |
| 捻る (ねじる) | torcer<br>トルセール | twist, turn<br>トウィスト, ターン |
| 寝過ごす (ねすごす) | dormir demais<br>ドルミール デマィス | oversleep<br>オウヴァスリープ |
| 鼠 (ねずみ) | | |
| （雄の） | rato *m.*<br>ハット | rat, mouse<br>ラト, マウス |
| （雌の） | rata *f.*<br>ハッタ | rat, mouse<br>ラト, マウス |
| 妬む (ねたむ) | ter inveja<br>テール インヴェージャ | be jealous *of*, envy<br>ビ ヂェラス, エンヴィ |
| 値段 (ねだん) | preço *m.*<br>プレッソ | price<br>プライス |
| 熱 (ねつ) | febre *f.*<br>フェーブリ | heat, fever<br>ヒート, フィーヴァ |
| 熱意 (ねつい) | entusiasmo *m.*<br>エントゥズィアズモ | zeal, eagerness<br>ズィール, イーガネス |

| 日 | 葡 | 英 |
|---|---|---|
| ネッカチーフ | echarpe *f.*, foulard *m.*<br>エシャルピ, フラール | neckerchief<br>ネカチフ |
| ねっききゅう<br>熱気球 | balão *m.*<br>バラオン | hot-air balloon<br>ホッテア バルーン |
| ねっきょう<br>熱狂 | | |
| ～する | entusiasmar-se<br>エントゥズィアズマールスィ | get excited<br>ゲト イクサイテド |
| ～的な | fanático<br>ファナチコ | enthusiastic<br>インスューズィアスティク |
| ねづ<br>根付く | enraizar<br>エンハイザール | take root<br>テイク ルート |
| ネックレス | colar *m.*<br>コラール | necklace<br>ネクリス |
| ねっしん<br>熱心な | dedicado, aplicado, devotado<br>デヂカード, アプリカード, デヴォタード | eager, ardent<br>イーガ, アーデント |
| ねっ<br>熱する | aquecer, esquentar<br>アケセール, エスケンタール | heat<br>ヒート |
| ねったい<br>熱帯 | zona tórrida *f.*, trópicos *m.pl.*<br>ゾーナ トヒダ, トロピコス | the Torrid Zone<br>ザ トリド ゾウン |
| ～の | tropical<br>トロピカウ | tropical<br>トラピカル |
| ねっちゅう<br>熱中する | entusiasmar-se por, ficar absorto em<br>エントゥズィアズマールスィ ポル, フィカール アビソルト エィン | be absorbed *in*<br>ビ アブソーブド |
| ネット | rede *f.*<br>ヘーヂ | net<br>ネト |
| ～サーフィン | navegação pela *internet*<br>ナヴェガサオン ペラ インテルネッチ | net-surfing<br>ネトサーフィング |
| ～ワーク | rede *f.*<br>ヘーヂ | network<br>ネトワーク |
| ねっとう<br>熱湯 | água fervente *f.*<br>アーグァ フェルヴェンチ | boiling water<br>ボイリング ウォータ |
| ねつびょう<br>熱病 | febre *f.*<br>フェーブリ | fever<br>フィーヴァ |
| ねづよ<br>根強い | fortemente enraizado<br>フォルチメンチ エンハイザード | deep-rooted<br>ディープルーテド |
| ねつれつ<br>熱烈な | apaixonado, fervoroso<br>アパイショナード, フェルヴォローゾ | passionate, ardent<br>パショネト, アーデント |

| 日 | 葡 | 英 |
|---|---|---|
| ねばねばの | viscoso, pegajoso<br>ヴィスコーゾ, ペガジョーゾ | sticky<br>スティキ |
| 粘り | viscosidade f.<br>ヴィスコズィダーヂ | stickiness<br>スティキネス |
| 粘り強い | persistente, perseverante<br>ペルスィステンチ, ペルセヴェランチ | tenacious, persistent<br>ティネイシャス, パスィステント |
| 粘る | ser viscoso<br>セール ヴィスコーゾ | be sticky<br>ビ スティキ |
| （根気よく） | agarrar-se, perseverar<br>アガハールスィ, ペルセヴェラール | persevere<br>パースィヴィア |
| 値引き | desconto m.<br>ヂスコント | discount<br>ディスカウント |
| ～する | descontar, fazer desconto<br>ヂスコンタール, ファゼール ヂスコント | discount<br>ディスカウント |
| 寝袋 | saco de dormir m.<br>サッコ ヂ ドルミール | sleeping-bag<br>スリーピングバグ |
| 寝不足 | sono atrasado m.<br>ソーノ アトラザード | want of sleep<br>ワント オヴ スリープ |
| 値札 | etiqueta f.<br>エチケッタ | price tag<br>プライス タグ |
| 寝坊する | acordar tarde<br>アコルダール タルヂ | get up late<br>ゲト アプ レイト |
| 寝惚ける | estar meio adormecido<br>エスタール メィオ アドルメスィード | be half asleep<br>ビ ハフ アスリープ |
| 寝巻 | pijama m.<br>ピジャーマ | pajamas<br>パヂャーマズ |
| 根回し | negociações prévias f.pl.<br>ネゴスィアソィンス プレヴィアス | groundwork<br>グラウンドワーク |
| 眠い | ter sono, estar com sono<br>テール ソーノ, エスタール コン ソーノ | be sleepy<br>ビ スリーピ |
| 眠気 | sono m.<br>ソーノ | drowsiness<br>ドラウズィネス |
| 眠り | sono m.<br>ソーノ | sleep<br>スリープ |
| 眠る | dormir, adormecer<br>ドルミール, アドルメセール | sleep<br>スリープ |
| 狙い | pontaria f.<br>ポンタリーア | target<br>ターゲト |

| 日 | 葡 | 英 |
|---|---|---|
| （目標） | meta *f.*, intenção *f.*, objetivo *m.* メッタ, インテンサォン, オビジェチーヴォ | aim エイム |
| ねら<br>狙う | alvejar, apontar para アウヴェジャール, アポンタール パラ | aim *at* エイム |
| ね はみが<br>練り歯磨き | pasta de dentes *f.*, creme dental *m.* パスタ ヂ デンチス, クレーミ デンタウ | toothpaste トゥースペイスト |
| ね<br>寝る | dormir ドルミール | sleep スリープ |
| （寝床に入る） | meter-se na cama メテールスィ ナ カーマ | go to bed ゴウ トゥ ベド |
| （横になる） | deitar-se デイタールスィ | lie down ライ ダウン |
| ね<br>練る | amassar, sovar アマサール, ソヴァール | knead ニード |
| （文章などを） | apurar アプラール | polish パリシュ |
| ねん<br>年 | ano *m.* アーノ | year イア |
| ねんい<br>念入りな | cuidadoso, esmerado クィダドーゾ, エズメラード | careful, deliberate ケアフル, ディリバレイト |
| ねんがじょう<br>年賀状 | cartão de Ano Novo *m.* カルタォン ヂ アーノ ノーヴォ | New Year's card ニュー イアズ カード |
| ねんがっぴ<br>年月日 | data *f.* ダッタ | date デイト |
| ねんかん<br>年鑑 | almanaque *m.* アウマナッキ | almanac オールマナク |
| ねんかん<br>年間の | anual アヌワウ | annual, yearly アニュアル, イアリ |
| ねんきん<br>年金 | *aposentadoria f.*, pensão *f.* アポゼンタドリーア, ペンサォン | pension, annuity パーンスィアン, アニュイティ |
| ねんげつ<br>年月 | anos *m.pl.*, tempo *m.* アーノス, テンポ | time, years タイム, イアズ |
| ねんざ<br>捻挫する | torcer トルセール | sprain スプレイン |
| ねんしゅう<br>年収 | receita anual *f.* ヘセイタ アヌワウ | annual income アニュアル インカム |
| ねんじゅう<br>年中 | todo o ano トード オ アーノ | all the year オール ザ イア |

| 日 | 葡 | 英 |
|---|---|---|
| ねんしゅつ<br>捻出する | conseguir depois de muito trabalho<br>コンセギール デポイズ チ ムィント トラバーリョ | manage to raise<br>マニヂ トゥ レイズ |
| ねんしょう<br>燃焼 | combustão f.<br>コンブスタォン | combustion<br>カンバスチョン |
| 〜する | arder, queimar-se<br>アルデール, ケィマールスィ | burn<br>バーン |
| ねんすう<br>年数 | número de anos m.<br>ヌメロ チ アーノス | years<br>イアズ |
| ねんだい<br>年代 | | |
| (時代) | época f.<br>エポカ | age, era<br>エイヂ, イアラ |
| (年号) | data f.<br>ダッタ | the name of an era<br>ザ ネイム オヴ アン イアラ |
| (年齢層) | faixa etária f.<br>ファィシャ エターリア | age group<br>エイヂ グループ |
| ねんちゃく<br>粘着 | adesão f.<br>アデザォン | adhesion<br>アドヒージョン |
| ねんちゅうぎょうじ<br>年中行事 | acontecimentos anuais m.pl.<br>アコンテスィメントズ アヌヮィス | annual event<br>アニュアル イヴェント |
| ねんちょう<br>年長の | mais velho<br>マィズ ヴェーリョ | senior<br>スィーニア |
| ねんど<br>粘土 | argila f.<br>アルジーラ | clay<br>クレイ |
| ねんぱい<br>年配の | de idade avançada<br>ヂ イダーヂ アヴァンサーダ | elderly, middle-aged<br>エルダリ, ミドルエイヂド |
| ねんぴょう<br>年表 | tábua cronológica f.<br>タブァ クロノロジカ | chronological table<br>クラノラヂカル テイブル |
| ねんぽう<br>年俸 | vencimento anual m.<br>ヴェンスィメント アヌワウ | annual salary<br>アニュアル サラリ |
| ねんまつ<br>年末 | final do ano m., fim do ano m.<br>フィナウ ド アーノ, フィン ド アーノ | the end of the year<br>ジ エンド オヴ ザ イア |
| ねんりょう<br>燃料 | combustível m.<br>コンブスチーヴェウ | fuel<br>フュエル |
| ねんりん<br>年輪 | anel dos troncos m.<br>アネウ ドス トロンコス | annual ring<br>アニュアル リング |
| ねんれい<br>年齢 | idade f.<br>イダーヂ | age<br>エイヂ |

| 日 | 葡 | 英 |
|---|---|---|

## の, ノ

| ノイローゼ | neurose *f.* ネゥローズィ | neurosis ニュアロウスィス |
| のう 脳 | cérebro *m.* セレブロ | brain ブレイン |
| ～溢血 | derrame cerebral *m.* デハーミ セレブラウ | cerebral hemorrhage セリーブラル ヘモリヂ |
| のうえん 農園 | | |
| (大) | fazenda *f.* ファゼンダ | plantation プランテイション |
| (小) | sítio *m.* スィッチオ | farm ファーム |
| のうがく 農学 | agronomia *f.* アグロノミーア | agriculture アグリカルチャ |
| のうき 納期 | prazo de entrega *m.* プラーゾ ヂ エントレーガ | the delivery date ザ ディリヴァリ デイト |
| (金の) | prazo de pagamento *m.* プラーゾ ヂ パガメント | the date of payment ザ デイト オヴ ペイメント |
| のうぎょう 農業 | agricultura *f.* アグリクゥトゥーラ | agriculture アグリカルチャ |
| のうぐ 農具 | utensílio agrícola *m.* ウテンスィーリオ アグリコラ | farming tool ファーミング トゥール |
| のうこう 農耕 | agricultura *f.*, lavoura *f.* アグリクゥトゥーラ, ラヴォゥラ | farming ファーミング |
| のうさんぶつ 農産物 | produtos agrícolas *m.pl.* プロドゥッツ アグリコラス | farm produce ファーム プロデュース |
| のうしゅく 濃縮する | concentrar, condensar コンセントラール, コンデンサール | concentrate カンセントレイト |
| のうじょう 農場 | fazenda *f.* ファゼンダ | farm ファーム |
| のうしんとう 脳震盪 | concussão cerebral *f.* コンクサォン セレブラウ | concussion of the brain カンカション オヴ ザ ブレイン |
| のうぜい 納税 | pagamento de impostos *m.* パガメント ヂ インポストス | payment of taxes ペイメント オヴ タクスィズ |
| のうそっちゅう 脳卒中 | apoplexia *f.* アポプレキスィーア | apoplexy アポプレクスィ |
| のうそん 農村 | vila agrícola *f.* ヴィーラ アグリコラ | farm village ファーム ヴィリヂ |

| 日 | 葡 | 英 |
|---|---|---|
| のうたん<br>濃淡 | matiz *m.*, tom *m.*<br>マチス, トン | light and shade<br>ライト アンド シェイド |
| のうち<br>農地 | terra para cultivo *f.*,<br>terra arável *f.*<br>テッハ パラ クウチーヴォ, テッハ アラーヴェウ | agricultural land<br>アグリカルチュラル ランド |
| のうど<br>濃度 | densidade *f.*<br>デンスィダーチ | density<br>デンスィティ |
| のうどう<br>能動 | | |
| ～態 | voz ativa *f.*<br>ヴォイス アチーヴァ | the active voice<br>ザ アクティヴ ヴォイス |
| ～的な | ativo<br>アチーヴォ | active<br>アクティヴ |
| のうにゅう<br>納入する | | |
| （商品を） | entregar (a mercadoria)<br>エントレガール (ア メルカドリーア) | deliver<br>ディリヴァ |
| （金銭を） | pagar<br>パガール | pay<br>ペイ |
| ノウハウ | know-how *m.*<br>ノウハウ | know-how<br>ノウハウ |
| のうはず<br>脳波図 | eletroencefalograma *m.*<br>エレトロエンセファログラーマ | electroencephalogram<br>イレクトロインセファログラム |
| のうみん<br>農民 | | |
| （男の） | lavrador *m.*, agricultor *m.*<br>ラヴラドール, アグリクウトール | peasant, farmer<br>ペザント, ファーマ |
| （女の） | lavradora *f.*, agricultora *f.*<br>ラヴラドーラ, アグリクウトーラ | peasant, farmer<br>ペザント, ファーマ |
| のうむ<br>濃霧 | cerração forte *f.*, fog *m.*<br>セハサォン フォルチ, フォッギ | dense fog<br>デンス フォーグ |
| のうやく<br>農薬 | inseticida *m.*<br>インセチスィーダ | agricultural chemicals<br>アグリカルチュラル ケミカルズ |
| のうりつ<br>能率 | eficiência *f.*<br>エフィスィエンスィア | efficiency<br>イフィシェンスィ |
| ～的な | eficiente<br>エフィスィエンチ | efficient<br>イフィシェント |
| のうりょく<br>能力 | capacidade *f.*, habilidade *f.*<br>カパスィダーチ, アビリダーチ | ability, capacity<br>アビリティ, カパスィティ |
| ノーコメント | sem comentários<br>セィン コメンターリオス | No comment.<br>ノウ カメント |
| ノート | caderno *m.*<br>カデルノ | notebook<br>ノウトブク |

| 日 | 葡 | 英 |
|---|---|---|
| <ruby>逃<rt>のが</rt></ruby>す (取り損なう) | deixar fugir, escapar<br>デイシャール フジール, エスカパール | fail to catch<br>フェイル トゥ キャチ |
| <ruby>逃<rt>のが</rt></ruby>れる | fugir, escapar<br>フジール, エスカパール | escape, get off<br>イスケイプ, ゲト オフ |
| (避ける) | esquivar-se, evitar<br>エスキヴァールスィ, エヴィタール | avoid<br>アヴォイド |
| (解放される) | livrar-se de<br>リヴラールスィ ヂ | be relieved of<br>ビ リリーヴド オヴ |
| <ruby>軒<rt>のき</rt></ruby> | beiral *m.*<br>ベイラウ | eaves<br>イーヴズ |
| <ruby>鋸<rt>のこぎり</rt></ruby> | serra *f.*<br>セッハ | saw<br>ソー |
| <ruby>遺<rt>のこ</rt></ruby>す | legar, deixar como herança<br>レガール, デイシャール コモ エランサ | bequeath<br>ビクウィーズ |
| <ruby>残<rt>のこ</rt></ruby>す (置いてゆく) | deixar<br>デイシャール | leave behind, save<br>リーヴ ビハインド, セイヴ |
| (とっておく) | reservar, quardar<br>ヘゼルヴァール, グァルダール | keep<br>キープ |
| <ruby>残<rt>のこ</rt></ruby>り | o resto<br>ウ ヘスト | the rest<br>ザ レスト |
| <ruby>残<rt>のこ</rt></ruby>る | ficar, sobrar, restar<br>フィカール, ソブラール, ヘスタール | stay, remain<br>ステイ, リメイン |
| ノズル | agulheta *f.*, válvura *f.*<br>アグリェッタ, ヴァウヴラ | nozzle<br>ナズル |
| <ruby>載<rt>の</rt></ruby>せる | colocar [pôr] em cima<br>コロカール [ポール] エィン スィーマ | put, set<br>プト, セト |
| (積む) | carregar<br>カヘガール | load *on*<br>ロウド |
| (記載) | publicar<br>ププリカール | record, publish<br>リコード, パブリシュ |
| <ruby>乗<rt>の</rt></ruby>せる | levar<br>レヴァール | give a lift, pick up<br>ギヴ ア リフト, ピク アプ |
| <ruby>除<rt>のぞ</rt></ruby>く | retirar, remover<br>ヘチラール, ヘモヴェール | remove<br>リムーヴ |
| (除外) | excluir, omitir<br>エスクルイール, オミチール | exclude, omit<br>イクスクルード, オウミト |
| <ruby>覗<rt>のぞ</rt></ruby>く | espiar<br>エスピアール | peep<br>ピープ |

| 日 | 葡 | 英 |
|---|---|---|
| 望(のぞ)み | desejo *m.*<br>デゼージョ | wish, desire<br>ウィシュ, ディザイア |
| （期待） | esperança *f.*, expectativa *f.*<br>エスペランサ, エスペキタチーヴァ | hope, expectation<br>ホウプ, エクスペクテイション |
| （見込み） | possibilidade *f.*, chance *f.*<br>ポシビリダーヂ, シャンスィ | prospect, chance<br>プラスペクト, チャンス |
| 望(のぞ)む | querer, desejar<br>ケレール, デゼジャール | want, wish<br>ワント, ウィシュ |
| （期待） | esperar<br>エスペラール | hope, expect<br>ホウプ, イクスペクト |
| 後(のち) | | |
| 〜に | depois, posteriormente<br>デポイス, ポステリオルメンチ | afterward, later<br>アフタワド, レイタ |
| 〜ほど | depois<br>デポイス | later<br>レイタ |
| ノック | batida (na porta) *f.*<br>バチーダ ナ ポルタ | knock<br>ナク |
| 〜する | bater (na porta)<br>バテール ナ ポルタ | knock<br>ナク |
| ノックアウト | nocaute *m.*<br>ノカウチ | knockout<br>ナクアウト |
| 乗(の)っ取(と)る | apoderar-se<br>アポデラールスィ | take over<br>テイク オウヴァ |
| （飛行機を） | seqüestrar<br>セクェストラール | hijack<br>ハイヂャク |
| のっぽ | varapau *m.*<br>ヴァラパウ | tall person<br>トール パースン |
| 喉(のど) | garganta *f.*<br>ガルガンタ | throat<br>スロウト |
| 長閑(のどか)な | plácido, aprazível<br>プラスィド, アプラズィーヴェウ | peaceful, quiet<br>ピースフル, クワイエト |
| 罵(ののし)る | insultar, injuriar<br>インスウタール, インジュリアール | abuse<br>アビューズ |
| 延(の)ばす | prolongar<br>プロロンガール | lengthen, extend<br>レンクスン, イクステンド |
| （延期） | adiar, prorrogar<br>アヂアール, プロホガール | put off, delay<br>プト オフ, ディレイ |
| 伸(の)ばす | estender, esticar<br>エステンデール, エスチカール | lengthen, stretch<br>レンクスン, ストレチ |

| 日 | 葡 | 英 |
|---|---|---|
| (まっすぐにする) | endireitar<br>エンヂレィタール | straighten<br>ストレイトン |
| (才能を) | cultivar, desenvolver<br>クウチヴァール, デゼンヴォウヴェール | develop<br>ディヴェロプ |
| 野原 | campos *m.pl.*<br>カンポス | fields<br>フィールヅ |
| 伸び伸びと | em liberdade, à vontade<br>エィン リベルダーヂ, ア ヴォンターヂ | free and easy<br>フリー アンド イーズィ |
| 延びる | | |
| (延期) | ser adiado, ser prorrogado<br>セール アヂアード, セール プロホガード | be put off<br>ビ プト オフ |
| (期間・距離が) | prolongar-se<br>プロロンガールスィ | be prolonged<br>ビ プロロングド |
| 伸びる | estender-se, esticar-se<br>エステンデールスィ, エスチカールスィ | extend, stretch<br>イクステンド, ストレチ |
| (発展・成長) | fazer progressos,<br>desenvolver-se<br>ファゼール プログレッソス, デゼンヴォウヴェールスィ | develop, grow<br>ディヴェロプ, グロウ |
| (疲弊する) | prostrar-se<br>プロストラールスィ | become groggy<br>ビカム グラギ |
| ノブ | maçaneta *f.*<br>マサネッタ | knob<br>ナブ |
| 延べ | no total<br>ノ トタウ | total<br>トウタル |
| 述べる | dizer, proferir<br>ヂゼール, プロフェリール | tell, state<br>テル, ステイト |
| のぼせる | ficar afogueado<br>フィカール アフォゲアード | be flushed<br>ビ フラシュト |
| (夢中) | apaixonar-se,<br>ficar louco por<br>アパイショナールスィ, フィカール ロゥコ ポル | be crazy *about*<br>ビ クレイズィ |
| 上[昇]り | subida *f.*<br>スビーダ | rise, ascent<br>ライズ, アセント |
| 昇る | subir<br>スビール | rise<br>ライズ |
| (昇進) | ascender<br>アセンデール | be promoted<br>ビ プロモウテド |
| 上る | subir<br>スビール | go up<br>ゴウ アプ |

| 日 | 葡 | 英 |
|---|---|---|
| (ある数量に) | alcançar, chegar a<br>アウカンサール, シェガール ア | amount *to*, reach<br>アマウント, リーチ |
| 登る | subir<br>スビール | climb<br>クライム |
| 蚤 | pulga *f.*<br>プゥガ | flea<br>フリー |
| 飲み薬 | remédio de ingerir *m.*<br>ヘメーヂオ ヂ インジェリール | internal medicine<br>インターナル メディスィン |
| 飲み込む | engolir<br>エンゴリール | swallow<br>スワロウ |
| (理解) | compreender<br>コンプレエンデール | understand<br>アンダスタンド |
| ノミネートする | nomear<br>ノメアール | nominate<br>ナミネイト |
| 飲み干す | escorropichar<br>エスコホピシャール | gulp down<br>ガルプ ダウン |
| 飲み水 | água potável *f.*<br>アーグァ ポターヴェウ | drinking water<br>ドリンキング ウォータ |
| 飲み物 | bebida *f.*<br>ベビーダ | drink, beverage<br>ドリンク, ベヴァリヂ |
| 飲み屋 | bar *m.*, taberna *f.*<br>バール, タベルナ | tavern, bar<br>タヴァン, バー |
| 飲む | beber, tomar<br>ベベール, トマール | drink, take<br>ドリンク, テイク |
| 糊 | cola *f.*<br>コーラ | paste, starch<br>ペイスト, スターチ |
| 乗り遅れる | perder<br>ペルデール | miss<br>ミス |
| (時代に) | ficar ultrapassado<br>フィカール ウウトラパサード | be left behind<br>ビ レフト ビハインド |
| 乗り換え | baldeação *f.*<br>バウヂアサォン | change<br>チェインヂ |
| 乗り換える | fazer baldeação<br>ファゼール バウヂアサォン | change<br>チェインヂ |
| 乗組員 | tripulação *f.*<br>トリプラサォン | crew<br>クルー |
| 乗り越す | passar (da estação)<br>パサール ダ エスタサォン | pass<br>パス |

## ■飲み物■　bebida *f.* /ベビーダ/

水（みず）　água /アグァ/ *f.* ([英]water)

ミネラルウォーター　água mineral /アグァ　ミネラウ/ *f.* ([英]mineral water)

炭酸水（たんさんすい）　água com gás /アーグヮ　コン　ガース/ *f.* ([英]soda water)

ジュース　suco /スッコ/ *m.* ([英]juice)

オレンジジュース　suco de laranja /スッコ　ヂ　ラランジャ/ *m.* ([英]orange juice)

コーラ　coca /コッカ/ *f.* ([英]coke)

ジンジャーエール　*ginger ale* /ジンジェル　エィル/ ([英]ginger ale)

ミルク　leite /レィチ/ *m.* ([英]milk)

コーヒー　café /カフェ/ *m.* ([英]coffee)

ミルクコーヒー　café com leite /カフェ　コン　レィチ/ *m.* ([英]coffee with milk)

紅茶（こうちゃ）　chá preto /シャ　プレット/ *m.* ([英]tea)

緑茶（りょくちゃ）　chá verde /シャ　ヴェルヂ/ *m.* ([英]green tea)

ココア　chocolate quente /ショコラッチ　ケンチ/ *m.* ([英]cocoa)

ビール　cerveja /セルヴェージャ/ *f.* ([英]beer)

生（なま）ビール　chope /ショッピ/ *m.* ([英]draft beer)

ラム酒（しゅ）　pinga /ピンガ/ *f.* ([英]rum)

ウォツカ　vodca /ヴォヂカ/ *f.* ([英]vodka)

ウイスキー　uísque /ウイースキ/ *m.* ([英]whiskey)

リキュール　licor /リコール/ *m.* ([英]liqueur)

カクテル　coquetel /コキテウ/ *m.* ([英]cocktail)

バチーダ　batida /バチーダ/ *f.*

ワイン　vinho /ヴィーニョ/ *m.* ([英]wine)

赤（あか）ワイン　vinho tinto /ヴィーニョ　チント/ *m.* ([英]red wine)

白（しろ）ワイン　vinho branco /ヴィーニョ　ブランコ/ *m.* ([英]white wine)

ロゼ　vinho rosé /ヴィーニョ　ホゼ/ *m.* ([英]rosé )

スパークリングワイン　espumante /エスプマンチ/ *m.* ([英]sparkling wine)

シャンパン　champanhe /シャンパーニィ/ *m.* ([英]champagne)

| 日 | 葡 | 英 |
|---|---|---|
| 乗り場 | parada f., plataforma f.<br>パラーダ, プラタフォルマ | stop, platform<br>スタプ, プラトフォーム |
| 乗り物 | veículo m.<br>ヴェイクロ | vehicle<br>ヴィーイクル |
| 載る | sair, ser divulgado<br>サイール, セール ヂヴウガード | be mentioned<br>ビ メンションド |
| 乗る | subir em cima<br>スビール エィン スィーマ | get on<br>ゲト オン |
| (乗り物に) | embarcar em, pegar, subir em<br>エンバルカール エィン, ペガール, スビール エィン | ride, take<br>ライド, テイク |
| ノルマ | tarefa f., empreitada f.<br>タレッファ, エンプレィタ―ダ | assignment<br>アサインメント |
| 呪い | maldição f., praga f.<br>マウヂサォン, プラーガ | curse<br>カース |
| 呪う | amaldiçoar, jogar praga<br>アマウヂソアール, ジョガール プラーガ | curse<br>カース |
| 鈍間な | lerdo<br>レルド | stupid, dull<br>ステューピド, ダル |
| 暢気な | despreocupado<br>ヂスプレオクパード | easy, carefree<br>イーズィ, ケアフリー |
| のんびりと | sem preocupações, tranqüilamente<br>セィン プレオクパソィンス, トランクィーラメンチ | free from care<br>フリー フラム ケア |
| ノンフィクション | não-ficção f.<br>ナォン フィクサォン | nonfiction<br>ナンフィクション |

| 日 | 葡 | 英 |
|---|---|---|

## は, ハ

| 歯 | dente *m.* デンチ | tooth トゥース |
| 刃 | lâmina *f.*, gume *f.* ラミナ, グーミ | edge, blade エヂ, ブレイド |
| 葉 | folha *f.* フォーリャ | leaf, blade リーフ, ブレイド |
| 場 | local *m.*, lugar *m.* ロカウ, ルガール | place, the field プレイス, ザ フィールド |
| バー | bar *m.* バール | bar バー |
| (高跳びなどの) | barra *f.* バッハ | bar バー |
| 場合 | caso *m.*, ocasião *f.* カーゾ, オカズィアォン | case, occasion ケイス, オケイジョン |
| パーキング | estacionamento *m.* エスタスィオナメント | parking パーキング |
| 把握する | agarrar, pegar アガハール, ペガール | grasp グラスプ |
| (理解) | compreender, captar コンプレエンデール, カピタール | understand アンダスタンド |
| バーゲン | liquidação *f.* リキダサォン | bargain sale バーギン セイル |
| バーコード | código de barras *m.* コヂゴ ヂ バッハス | bar code バー コウド |
| バージョン | versão *f.* ヴェルサォン | version ヴァージョン |
| パーセント | porcentagem *f.* ポルセンタージェイン | percent パセント |
| バーター取引 | comércio de troca direta *m.* コメルスィオ ヂ トロッカ ヂレッタ | barter バータ |
| バーチャルな | virtual ヴィルトゥワウ | virtual ヴァーチュアル |
| パーティー | festa *f.* フェスタ | party パーティ |
| バーテン | garçom *m.* ガルソン | bartender, barman バーテンダ, バーマン |

| 日 | 葡 | 英 |
|---|---|---|
| ハート | coração *m.*<br>コラサォン | heart<br>ハート |
| ハードウェア | *hardware m.*<br>ハルヂウェアル | hardware<br>ハードウェア |
| パートタイマー | | |
| (男の) | trabalhador de período parcial *m.*<br>トラバリャドール チ ペリオド パルスィアウ | part-timer<br>パートタイマ |
| (女の) | trabalhadora de período parcial *f.*<br>トラバリャドーラ チ ペリオド パルスィアウ | part-timer<br>パートタイマ |
| パートナー | | |
| (男の) | parceiro *m.*<br>パルセィロ | partner<br>パートナ |
| (女の) | parceira *f.*<br>パルセィラ | partner<br>パートナ |
| ハードル | barreira *f.*<br>バヘィラ | hurdle<br>ハードル |
| バーナー | bico de Bunsen *m.*<br>ビッコ チ ブンセィン | burner<br>バーナ |
| ハーフ | metade *f.*<br>メターヂ | half<br>ハフ |
| ハーブ | erva<br>エルヴァ | herb<br>アーブ |
| ハープ | harpa *f.*<br>アルパ | harp<br>ハープ |
| バーベキュー | churrasco *m.*<br>シュハスコ | barbecue<br>バービキュー |
| バーボン | *bourbon m.*<br>ブルボン | bourbon<br>ブアボン |
| パーマ | permanente *m.*<br>ペルマネンチ | permanent<br>パーマネント |
| ハーモニー | harmonia *f.*<br>アルモニーア | harmony<br>ハーモニ |
| ハーモニカ | gaita *f.*<br>ガィタ | harmonica<br>ハーマニカ |
| 灰 | cinza *f.*<br>スィンザ | ash<br>アシュ |
| 肺 | pulmão *m.*<br>プウマォン | lung<br>ラング |

| 日 | 葡 | 英 |
|---|---|---|
| 胚（はい） | embrião *m.*<br>エンブリアォン | embryo<br>エンブリオウ |
| 倍（ばい） | vez<br>ヴェィス | time<br>タイム |
| （2倍） | dobro *m.*<br>ドーブロ | twice, double<br>トワイス, ダブル |
| パイ | torta *f.*<br>トルタ | pie, tart<br>パイ, タート |
| バイアスロン | biatlo *m.*<br>ビアトロ | biathlon<br>バイアスロン |
| 灰色（はいいろ） | cor cinza *f.*<br>コール スィンザ | gray<br>グレイ |
| ハイウェイ | auto-estrada *f.*<br>アゥト エストラーダ | expressway<br>イクスプレスウェイ |
| 背泳（はいえい） | nado de costas *m.*<br>ナード ヂ コスタス | the backstroke<br>ザ バクストロウク |
| 肺炎（はいえん） | pneumonia *f.*<br>ピネウモニーア | pneumonia<br>ニュモウニア |
| バイオテクノロジー | biotecnologia *f.*<br>ビオテキノロジーア | biotechnology<br>バイオウテクナロヂィ |
| パイオニア | | |
| （男の） | pioneiro *m.*<br>ピオネィロ | pioneer<br>パイオニア |
| （女の） | pioneira *f.*<br>ピオネィラ | pioneer<br>パイオニア |
| バイオリン | violino *m.*<br>ヴィオリーノ | violin<br>ヴァイオリン |
| 媒介する（ばいかいする） | mediar, ser intermediário<br>メヂアール, セール インテルメヂアーリオ | mediate<br>ミーディエイト |
| 肺活量（はいかつりょう） | capacidade respiratória *f.*<br>カパスィダーヂ ヘスピラトーリア | the breathing capacity<br>ザ ブリーズィング カパスィティ |
| 肺癌（はいがん） | câncer pulmonar *m.*<br>カンセル プウモナール | lung cancer<br>ラング キャンサ |
| 排気ガス（はいきガス） | gás de escapamento *m.*<br>ガィス ヂ エスカパメント | exhaust gas<br>イグゾースト ギャス |
| 廃棄物（はいきぶつ） | resíduo *m.*<br>ヘズィードゥオ | waste<br>ウェイスト |

| 日 | 葡 | 英 |
|---|---|---|
| はいきょ<br>廃虚 | ruínas *f.pl.*<br>フイーナス | ruins<br>ルーインズ |
| ばいきん<br>黴菌 | micróbio patogênico *m.*<br>ミクロービオ パトジェニコ | bacteria, germ<br>バクティアリア, ヂャーム |
| ハイキング | excursão a pé *f.*<br>エスクルサォン ア ペ | hiking<br>ハイキング |
| ばいきん<br>バイキング料理 | bufê *m.*<br>ブフェ | smorgasbord<br>スモールガスボード |
| バイク | motocicleta *f.*<br>モトスィクレッタ | motorbike<br>モウタバイク |
| はいぐうしゃ<br>配偶者 | cônjuge *m.f.*<br>コンジュジ | spouse<br>スパウズ |
| はいけい<br>背景 | fundo *m.*<br>フンド | background<br>バクグラウンド |
| （舞台の） | cenário *m.*<br>セナーリオ | setting<br>セティング |
| はいけっかく<br>肺結核 | tuberculose *f.*<br>トゥベルクローズィ | tuberculosis<br>テュバーキュロウスィス |
| はいけつしょう<br>敗血症 | septicemia *f.*<br>セピチセミーア | septicemia<br>セプティスィーミア |
| はいご<br>背後に | atrás de<br>アトラィズ ヂ | behind<br>ビハインド |
| はいざら<br>灰皿 | cinzeiro *m.*<br>スィンゼィロ | ashtray<br>アシュトレイ |
| はいし<br>廃止する | abolir, revogar<br>アボリール, ヘヴォガール | abolish, repeal<br>アバリシュ, リピール |
| はいしゃ<br>歯医者 | dentista *m.f.*<br>デンチスタ | dentist<br>デンティスト |
| ハイジャック | seqüestro de avião *m.*<br>セクウェストロ ヂ アヴィアォン | hijack<br>ハイヂャク |
| ばいしゅん<br>売春 | prostituição *f.*<br>プロスチトゥイサォン | prostitution<br>プラスティテューション |
| ～婦 | prostituta *f.*<br>プロスチトゥッタ | prostitute<br>プラスティテュート |
| ばいしょう<br>賠償 | indenização *f.*,<br>compensação *f.*<br>インデニザサォン, コンペンササォン | reparation, compensation<br>レパレイション, カンペンセイション |
| ～する | indenizar, compensar,<br>reparar<br>インデニザール, コンペンサール, ヘパラール | compensate<br>カンペンセイト |

は

576

| 日 | 葡 | 英 |
|---|---|---|
| はいしょく<br>配色 | combinação de cores *f.*<br>コンビナサォン デ コーリス | color scheme<br>カラ スキーム |
| ばいしんいん<br>陪審員 | | |
| （男の） | júri *m.*, jurado *m.*<br>ジューリ, ジュラード | juryman, juror<br>チュアリマン, チュアラ |
| （女の） | jurada *f.*<br>ジュラーダ | juryman, juror<br>チュアリマン, チュアラ |
| はいすい<br>排水 | escoamento *m.*,<br>drenagem *f.*<br>エスコアメント, ドレナージェィン | drainage<br>ドレイニヂ |
| はいせき<br>排斥する | excluir, eliminar<br>エスクルイール, エリミナール | exclude<br>イクスクルード |
| はいせつ<br>排泄 | excreção *f.*, evacuação *f.*<br>エスクレサォン, エヴァクアサォン | excretion<br>イクスクリーション |
| ～する | excretar, evacuar<br>エスクレタール, エヴァクワール | excrete<br>イクスクリート |
| ～物 | excremento *m.*<br>エスクレメント | excrement<br>エクスクレメント |
| はいせん<br>敗戦 | derrota *f.*<br>デホッタ | defeat<br>ディフィート |
| はいた<br>歯痛 | dor de dentes *f.*<br>ドール デ デンチス | toothache<br>トゥースエイク |
| ばいたい<br>媒体 | meio *m.*<br>メィオ | medium<br>ミーディアム |
| はいたつ<br>配達 | entrega *f.*, distribuição *f.*<br>エントレーガ, ヂストリブィサォン | delivery<br>ディリヴァリ |
| ～する | entregar a domicílio<br>エントレガール ア ドミスィーリオ | deliver<br>ディリヴァ |
| はいたてき<br>排他的な | exclusivo<br>エスクルズィーヴォ | exclusive<br>イクスクルースィヴ |
| バイタリティー | vitalidade *f.*, vigor *m.*<br>ヴィタリダーチ, ヴィゴール | vitality<br>ヴァイタリティ |
| はいち<br>配置 | disposição *f.*,<br>distribuição *f.*<br>ヂスポヂサォン, ヂストリブィサォン | arrangement<br>アレインヂメント |
| ～する | dispor, distribuir<br>ヂスポール, ヂストリブイール | arrange, dispose<br>アレインヂ, ディスポウズ |
| ハイテク | tecnologia de ponta *f.*<br>テキノロジーア デ ポンタ | high tech<br>ハイ テク |

| 日 | 葡 | 英 |
|---|---|---|
| ばいてん<br>売店 | loja *f.*, quiosque *m.*<br>ロージャ, キオスキ | kiosk<br>キーアスク |
| （新聞スタンド） | banca de jornal *f.*<br>バンカ ヂ ジョルナウ | stall, stand<br>ストール, スタンド |
| バイト | bico *m.*, biscate *m.*<br>ビッコ, ビスカッチ | part-time job<br>パートタイム チャブ |
| はいとう<br>配当 | dividendo *m.*<br>ヂヴィデンド | dividend<br>ディヴィデンド |
| ばいどく<br>梅毒 | sífilis *f.*<br>スィフィリス | syphilis<br>スィフィリス |
| パイナップル | abacaxi *m.*, ananás *m.*<br>アバカシ, アナナィス | pineapple<br>パイナプル |
| ばいばい<br>売買する | comprar e vender, negociar<br>コンプラール イ ヴェンデール, ネゴスィアール | deal *in*<br>ディール |
| バイパス | desvio *m.*<br>ヂズヴィーオ | bypass<br>バイパス |
| ハイヒール | sapato de salto alto *m.*<br>サパット ヂ サウト アウト | high-heeled shoes<br>ハイヒールド シューズ |
| はいびょう<br>肺病 | tuberculose *f.*<br>トゥベルクローズィ | tuberculosis<br>テュバーキュロウスィス |
| はいふ<br>配布 | distribuição *f.*<br>ヂストリブイサォン | distribution<br>ディストリビューション |
| ～する | distribuir<br>ヂストリブイール | distribute<br>ディストリビュート |
| パイプ | | |
| （煙草の） | cachimbo *m.*<br>カシンボ | pipe<br>パイプ |
| （管） | tubo *m.*, cano *m.*<br>トゥーポ, カーノ | pipe, tube<br>パイプ, テューブ |
| ～オルガン | órgão de tubos *m.*<br>オルガォン ヂ トゥーボス | pipe organ<br>パイプ オーガン |
| はいぶつ<br>廃物 | sucata *f.*<br>スカッタ | waste materials<br>ウェイスト マティアリアルズ |
| パイプライン | oleoduto *m.*<br>オレオドゥット | pipeline<br>パイプライン |
| ハイフン | hífen *m.*<br>イーフェイン | hyphen<br>ハイフン |
| はいぼく<br>敗北 | derrota *f.*<br>デホッタ | defeat<br>ディフィート |

| 日 | 葡 | 英 |
|---|---|---|
| 〜する | sofrer derrota<br>ソフレール デホッタ | be defeated<br>ビ ディフィーテド |
| ハイヤー | carro de aluguel *m.*<br>カッホ チ アルゲウ | hired car<br>ハイアド カー |
| 配役<br>はいやく | elenco *m.*<br>エレンコ | the cast<br>ザ キャスト |
| 俳優<br>はいゆう | | |
| （男の） | ator *m.*<br>アトール | actor, actress<br>アクタ, アクトレス |
| （女の） | atriz *f.*<br>アトリース | actor, actress<br>アクタ, アクトレス |
| 配慮する<br>はいりょ | dar atenção,<br>　　ter em consideração<br>ダール アテンサォン, テール エィン コンスィデラサォン | take into consideration<br>テイク イントゥ カンスィダレイション |
| 入る<br>はい | entrar em<br>エントラール エィン | enter, go in<br>エンタ, ゴウ イン |
| （加入） | entrar em , participar de<br>エトラール エィン, パルチスィパール チ | join<br>ヂョイン |
| （収容できる） | caber<br>カベール | accommodate<br>アカモデイト |
| （中にある） | conter , incluir<br>コンテール, インクルイール | contain, include<br>コンテイン, インクルード |
| 配列<br>はいれつ | disposição *f.* colocação *f.*,<br>　　　　　　　　ordem *f.*<br>チスポズィサォン, コロカサォン, オルデイン | arrangement<br>アレインヂメント |
| パイロット | piloto *m.*<br>ピロット | pilot<br>パイロト |
| バインダー | pasta *f.*<br>パスタ | binder<br>バインダ |
| 這う<br>は | arrastar-se , engatinhar<br>アハスタールスィ, エンガチニャール | crawl, creep<br>クロール, クリープ |
| パウダー | pó *m.*<br>ポ | powder<br>パウダ |
| バウンドする | saltar<br>サウタール | bound<br>バウンド |
| 蠅<br>はえ | mosca *f.*<br>モスカ | fly<br>フライ |
| 生える<br>は | | |
| （芽が出る） | brotar , nascer<br>ブロタール, ナセール | spring up, sprout<br>スプリング アプ, スプラウト |

| 日 | 葡 | 英 |
|---|---|---|
| <ruby>墓<rt>はか</rt></ruby> | túmulo *m.*, sepultura *f.*<br>トゥムロ, セプウトゥーラ | grave, tomb<br>グレイヴ, トーム |
| <ruby>馬鹿<rt>ばか</rt></ruby>な | tolo , estúpido<br>トーロ, エストゥピド | foolish<br>フーリシュ |
| <ruby>破壊<rt>はかい</rt></ruby> | destruição *f.*<br>ヂストルィサォン | destruction<br>ディストラクション |
| 〜する | destruir<br>ヂストルイール | destroy<br>ディストロイ |
| <ruby>葉書<rt>はがき</rt></ruby> | cartão para pequenas mensagens *m.*<br>カルタォン パラ ペケーナズ メンサージェィンス | postal card<br>ポウスタル カード |
| <ruby>剥<rt>は</rt></ruby>がす | desprender, arrancar, descolar<br>ヂスプレンデール, アハンカール, ヂスコラール | tear, peel<br>テア, ピール |
| <ruby>博士<rt>はかせ</rt></ruby> | | |
| （男の） | doutor *m.*<br>ドウトール | doctor<br>ダクタ |
| （女の） | doutora *f.*<br>ドウトーラ | doctor<br>ダクタ |
| <ruby>捗<rt>はか</rt></ruby>る | avançar bem , adiantar-se bem<br>アヴァンサール ベィン, アヂアンタールスィ ベィン | make progress<br>メイク プラグレス |
| <ruby>儚<rt>はかな</rt></ruby>い | efêmero , fugaz , passageiro<br>エフェメロ, フガィス, パサジェィロ | transient, vain<br>トランシェント, ヴェイン |
| <ruby>歯痒<rt>はがゆ</rt></ruby>い | impaciente , irritado<br>インパスィエンチ, イヒタード | be impatient<br>ビ インペイシェント |
| <ruby>計<rt>はか</rt></ruby>らう | tratar de , providenciar<br>トラタール ヂ, プロヴィデンスィアール | manage, arrange<br>マニヂ, アレインヂ |
| <ruby>秤<rt>はかり</rt></ruby> | balança *f.*<br>バランサ | balance, scales<br>バランス, スケイルズ |
| <ruby>計<rt>はか</rt></ruby>り<ruby>売<rt>う</rt></ruby>り | venda a peso *f.*<br>ヴェンダ ア ペーゾ | sale by measure<br>セイル バイ メジャ |
| <ruby>計<rt>はか</rt></ruby>る | medir<br>メヂール | |
| （重さを） | pesar<br>ペザール | measure, weigh<br>メジャ, ウェイ |
| <ruby>図<rt>はか</rt></ruby>る | planejar , tentar<br>プラネジャール, テンタール | plan, attempt<br>プラン, アテンプト |
| (好ましくないこと) | tramar , conspirar<br>トラマール, コンスピラール | plan, attempt<br>プラン, アテンプト |

| 日 | 葡 | 英 |
|---|---|---|
| バカンス | férias *f.pl.*<br>フェーリアス | vacation<br>ヴェイケイション |
| 破棄 | cancelamento *m.*, rompimento *m.*<br>カンセラメント, ホンピメント | cancellation<br>キャンセレイション |
| （判決の） | anulação *f.*, revogação *f.*<br>アヌラサオン, ヘヴォガサオン | reversal<br>リヴァーサル |
| ～する | cancelar, romper, rescindir<br>カンセラール, ホンペール, ヘスィンヂール | cancel<br>キャンセル |
| （判決を） | anular, revogar<br>アヌラール, ヘヴォガール | reverse<br>リヴァース |
| 吐き気 | vômito *m.*, náusea *f.*<br>ヴォミト, ナウズィア | nausea<br>ノーズィア |
| 履き物 | calçado *m.*<br>カウサード | footwear<br>フトウェア |
| 波及する | estender-se, espalhar-se<br>エステンデールスィ, エスパリャールスィ | spread, influence<br>スプレド, インフルエンス |
| 破局 | catástrofe *f.*, colapso *m.*<br>カタストロフィ, コラピソ | catastrophe<br>カタストロフィ |
| 掃く | varrer<br>ヴァヘール | sweep, clean<br>スウィープ, クリーン |
| 吐く | cuspir<br>クスピール | spit<br>スピト |
| （へどを） | vomitar<br>ヴォミタール | vomit<br>ヴァミト |
| 履く | calçar<br>カウサール | put on, wear<br>プト オン, ウェア |
| 剥ぐ | arrancar<br>アハンカール | bark, skin<br>バーク, スキン |
| 麦芽 | malte *m.*<br>マウチ | malt<br>モルト |
| 迫害する | perseguir<br>ペルセギール | persecute<br>パースィキュート |
| 歯茎 | gengiva *f.*<br>ジェンジーヴァ | gums<br>ガムズ |
| 爆撃 | | |
| ～機 | bombardeiro *m.*<br>ボンバルデイロ | bomber<br>バマ |
| ～する | bombardear<br>ボンバルヂアール | bomb<br>バム |

| 日 | 葡 | 英 |
|---|---|---|
| <ruby>白<rt>はく</rt></ruby><ruby>紙<rt>し</rt></ruby> | folha branca *f.*<br>フォーリャ ブランカ | blank paper<br>ブランク ペイパ |
| <ruby>博士課程<rt>はくしかてい</rt></ruby> | curso de doutoramento *m.*<br>クルソ ヂ ドウトラメント | doctor's course<br>ダクタズ コース |
| <ruby>博士号<rt>はくしごう</rt></ruby> | doutorado *m.*<br>ドウトラード | doctorate<br>ダクタレト |
| <ruby>伯爵<rt>はくしゃく</rt></ruby> | conde *m.*<br>コンヂ | count<br>カウント |
| <ruby>拍手<rt>はくしゅ</rt></ruby>する | bater palmas , aplaudir<br>バテール パウマス, アプラウヂール | clap *one's* hands<br>クラブ ハンゾ |
| <ruby>白書<rt>はくしょ</rt></ruby> | livro branco *m.*<br>リーヴロ ブランコ | white book<br>ホワイト ブク |
| <ruby>白状<rt>はくじょう</rt></ruby>する | confessar<br>コンフェサール | confess<br>カンフェス |
| <ruby>薄情<rt>はくじょう</rt></ruby>な | insensível , frio , cruel<br>インセンスィーヴェウ, フリーオ, クルエウ | coldhearted<br>コウルドハーテド |
| <ruby>白人<rt>はくじん</rt></ruby> | | |
| （男の） | branco *m.*<br>ブランコ | white<br>ホワイト |
| （女の） | branca *f.*<br>ブランカ | white<br>ホワイト |
| <ruby>漠然<rt>ばくぜん</rt></ruby> | | |
| ～と | vagamente<br>ヴァガメンチ | vaguely<br>ヴェイグリ |
| ～とした | vago, confuso, ambíguo<br>ヴァーゴ, コンフーゾ, アンビーグォ | vague, obscure<br>ヴァーグ, オブスキュア |
| <ruby>莫大<rt>ばくだい</rt></ruby>な | enorme , imenso<br>エノルミ, イメンソ | vast, immense<br>ヴァスト, イメンス |
| <ruby>爆弾<rt>ばくだん</rt></ruby> | bomba *f.*<br>ボンバ | bomb<br>バム |
| <ruby>白鳥<rt>はくちょう</rt></ruby> | cisne *m.*<br>スィズニ | swan<br>スワン |
| バクテリア | bactéria *f.*<br>バキテーリア | bacterium<br>バクティアリアム |
| <ruby>爆破<rt>ばくは</rt></ruby>する | dinamitar<br>ヂナミタール | blast<br>ブラスト |
| <ruby>白髪<rt>はくはつ</rt></ruby> | cabelo branco *m.*<br>カベーロ ブランコ | white hair<br>ホワイト ヘア |

| 日 | 葡 | 英 |
|---|---|---|
| ばくはつ<br>爆発 | explosão *f.*<br>エスプロザォン | explosion<br>イクスプロウジョン |
| 〜する | explodir<br>エスプロチール | explode<br>イクスプロウド |
| はくぶつがく<br>博物学 | história natural *f.*<br>イストーリア ナトゥラウ | natural history<br>ナチュラル ヒストリ |
| はくぶつかん<br>博物館 | museu *m.*<br>ムゼゥ | museum<br>ミューズィアム |
| はくぼく<br>白墨 | giz *m.*<br>ジース | chalk<br>チョーク |
| はくらんかい<br>博覧会 | exposição *f.*<br>エスポズィサォン | exposition<br>エクスポズィション |
| はぐるま<br>歯車 | engrenagem *f.*<br>エングレナージェィン | cogwheel, gear<br>カグホウィール, ギア |
| はけ<br>刷毛 | brocha *f.*, pincel *m.*<br>ブロッシャ, ピンセウ | brush<br>ブラシュ |
| は<br>禿げた | calvo , careca<br>カウヴォ, カレッカ | bald<br>ボールド |
| はげ<br>激しい | forte , violento<br>フォルチ, ヴィオレント | violent, intense<br>ヴァイオレント, インテンス |
| はげたか<br>禿鷹 | urubu *m.*<br>ウルブ | vulture<br>ヴァルチャ |
| バケツ | balde *m.*<br>バウヂ | pail, bucket<br>ペイル, バケト |
| はげ<br>励ます | animar , encorajar<br>アニマール, エンコラジャール | encourage<br>インカーリヂ |
| はげ<br>励む | dedicar-se a,<br>   trabalhar com afinco<br>デチカールスィア, トラバリャール コン アフィンコ | work hard<br>ワーク ハード |
| は<br>禿げる | ficar calvo<br>フィカール カウヴォ | become bald<br>ビカム ボールド |
| は<br>剥げる | desprender , descascar<br>チスプレンデール, チスカスカール | come off<br>カム オフ |
| (色あせる) | desbotar-se<br>チズボタールスィ | fade, discolor<br>フェイド, ディスカラ |
| はけん<br>覇権 | hegemonia *f.*<br>エジェモニーア | hegemony<br>ヒヂェモニ |
| はけん<br>派遣 | envio *m.*, expedição *f.*<br>エンヴィーオ, エスペチサォン | dispatch<br>ディスパチ |

| 日 | 葡 | 英 |
|---|---|---|
| ～する | enviar , expedir<br>エンヴィアール, エスペチール | send, dispatch<br>センド, ディスパチ |
| 箱 | caixa *f.*<br>カィシャ | box, case<br>バクス, ケイス |
| 運ぶ | transportar<br>トランスポルタール | carry<br>キャリ |
| バザー | bazar *m.*<br>バザール | charity bazaar<br>チャリティ バザー |
| 挟まる | prender-se , ficar preso em<br>プレンデールスィ, フィカール プレーゾ エィン | get in *between*<br>ゲト イン |
| 鋏 | tesoura *f.*<br>テゾウラ | scissors<br>スィザズ |
| 挟む | prender<br>プレンデール | put, hold<br>プト, ホウルド |
| （指などで） | segurar (com os dedos)<br>セグラール (コン ウズ デードス) | hold, nip<br>ホウルド, ニプ |
| （間に置く） | pôr entre<br>ポール エントリ | put between<br>プト ビトウィーン |
| 破産 | falência *f.*<br>ファレンスィア | bankruptcy<br>バンクラプトスィ |
| ～する | falir<br>ファリール | go bankrupt<br>ゴウ バンクラプト |
| 橋 | ponte *f.*<br>ポンチ | bridge<br>ブリヂ |
| 端 | ponta *f.*<br>ポンタ | end, tip<br>エンド, ティプ |
| （縁） | borda *f.*<br>ボルダ | edge, corner<br>エヂ, コーナ |
| 箸 | pauzinhos *m.pl.*<br>palitinhos *m.pl.*<br>パウズィーニョス, パリチーニョス | chopsticks<br>チャプスティクス |
| 恥 | vergonha *f.*, pudor *m.*<br>ヴェルゴーニャ, プドール | shame, humiliation<br>シェイム, ヒューミリエイション |
| ～をかく | passar uma vergonha<br>パサール ウマ ヴェルゴーニャ | be put to shame<br>ビ プト トゥ シェイム |
| 麻疹 | sarampo *m.*<br>サランポ | the measles<br>ザ ミーズルズ |
| 艀 | barcaça *f.*<br>バルカッサ | barge<br>バーヂ |

| 日 | 葡 | 英 |
|---|---|---|
| <ruby>梯子<rt>はしご</rt></ruby> | escada portátil *f.*<br>エスカーダ ポルターチウ | ladder<br>ラダ |
| <ruby>始<rt>はじ</rt></ruby>まる | começar , iniciar<br>コメサール, イニスィアール | begin, start<br>ビギン, スタート |
| <ruby>初<rt>はじ</rt></ruby>め | princípio *m.*, começo *m.*, início *m.*<br>プリンスィッピオ, コメッソ, イニッスィオ | the beginning, the start<br>ザ ビギニング, ザ スタート |
| <ruby>初<rt>はじ</rt></ruby>めて | pela primeira vez<br>ペラ プリメィラ ヴェィス | for the first time<br>フォー ザ ファースト タイム |
| ～の | primeiro<br>プリメィロ | first<br>ファースト |
| <ruby>始<rt>はじ</rt></ruby>める | começar , iniciar<br>コメサール, イニスィアール | begin, start, open<br>ビギン, スタート, オウプン |
| <ruby>馬車<rt>ばしゃ</rt></ruby> | coche *m.*<br>コッシ | carriage<br>キャリヂ |
| パジャマ | pijama *m.*<br>ピジャーマ | pajamas<br>パヂャーマズ |
| <ruby>馬術<rt>ばじゅつ</rt></ruby> | equitação *f.*<br>エキタサォン | horsemanship<br>ホースマンシプ |
| <ruby>派出所<rt>はしゅつじょ</rt></ruby> | posto de polícia *m.*<br>ポスト ヂ ポリッスィア | police box<br>ポリース バクス |
| <ruby>場所<rt>ばしょ</rt></ruby> | lugar *m.*, local *m.*<br>ルガール, ロカウ | place, site<br>プレイス, サイト |
| （余地） | espaço *m.*<br>エスパッソ | room, space<br>ルーム, スペイス |
| <ruby>柱<rt>はしら</rt></ruby> | coluna *f.*<br>コルーナ | pillar, post<br>ピラ, ポウスト |
| <ruby>走<rt>はし</rt></ruby>り<ruby>高跳<rt>たかと</rt></ruby>び | salto em altura *m.*<br>サウト エィン アウトゥーラ | high jump<br>ハイ ヂャンプ |
| <ruby>走<rt>はし</rt></ruby>り<ruby>幅跳<rt>はばと</rt></ruby>び | salto em distância *m.*<br>サウト エィン ヂスタンスィア | broad jump<br>ブロード ヂャンプ |
| <ruby>走<rt>はし</rt></ruby>る | correr<br>コヘール | run, dash<br>ラン, ダシュ |
| <ruby>恥<rt>は</rt></ruby>じる | envergonhar-se<br>エンヴェルゴニャールスィ | be ashamed<br>ビ アシェイムド |
| <ruby>蓮<rt>はす</rt></ruby> | loto *m.*<br>ロット | lotus<br>ロウタス |
| バス | ônibus *m.*<br>オニブス | bus<br>バス |

| 日 | 葡 | 英 |
|---|---|---|
| (風呂) | banho *m.*<br>バーニョ | bath<br>バス |
| (音楽) | baixo *m.*<br>バイショ | bass<br>ベイス |
| パス | passe *m.*<br>パッスィ | pass<br>パス |
| ～する | passar<br>パサール | pass<br>パス |
| 恥ずかしい | estar envergonhado<br>エスタール エンヴェルゴニャード | be ashamed<br>ビ アシェイムド |
| (恥ずべき) | vergonhoso , indecoroso<br>ヴェルゴニョーゾ, インデコローゾ | shameful<br>シェイムフル |
| (気恥ずかしい) | acanhado , tímido<br>アカニャード, チミド | be ashamed<br>ビ アシェイムド |
| 辱める | humilhar , desonrar<br>ウミリャール, デゾンハール | humiliate, insult<br>ヒューミリエイト, インサルト |
| ハスキーな | rouco<br>ホウコ | husky<br>ハスキ |
| バスケットボール | basquetebol *m.*<br>バスケチボウ | basketball<br>バスケトボール |
| 外す | tirar, desprender, despegar<br>チラール, デスプレンデール, デスペガール | take off, remove<br>テイク オフ, リムーヴ |
| (ボタンを) | desabotoar<br>デザボトワール | unbutton<br>アンバトン |
| (席を) | ausentar-se , sair do lugar<br>アウゼンタールスィ, サイール ド ルガール | leave<br>リーヴ |
| パスタ | massa *f.*<br>マッサ | pasta<br>パースタ |
| バスターミナル | rodoviária *f.*<br>ホドヴィアーリア | bus terminal<br>バス ターミナル |
| バスタオル | toalha de banho *f.*<br>トワーリャ チ バーニョ | bath towel<br>バス タウエル |
| バス停 | ponto de ônibus *m.*<br>ポント チ オニブス | bus stop<br>バス スタプ |
| バスト | busto *m.*<br>ブスト | bust<br>バスト |
| パスポート | passaporte *m.*<br>パサポルチ | passport<br>パスポート |

| 日 | 葡 | 英 |
|---|---|---|
| <ruby>弾<rt>はず</rt></ruby>み | salto *m.*<br>サウト | bound, momentum<br>バウンド, モウメンタム |
| (勢い) | impulso *m.*<br>インプウソ | impulse<br>インパルス |
| <ruby>弾<rt>はず</rt></ruby>む | pular , saltar<br>プラール, サウタール | bounce, bound<br>バウンス, バウンド |
| パズル | quebra-cabeças *m.*<br>ケーブラ カベッサス | puzzle<br>パズル |
| バスルーム | banheiro *m.*<br>バニェィロ | bathroom<br>バスルム |
| <ruby>外<rt>はず</rt></ruby>れ | falha *f.*<br>ファーリャ | blank<br>ブランク |
| <ruby>外<rt>はず</rt></ruby>れる | soltar-se<br>ソウタールスィ | come off<br>カム オフ |
| | desprender-se<br>ヂズプレンデールスィ | |
| (当たらない) | falhar , não acertar<br>ファリャール, ナォン アセルタール | miss, fail<br>ミス, フェイル |
| バスローブ | roupão de banho *m.*<br>ホウパォン ヂ バーニョ | bathrobe<br>バスロウブ |
| パスワード | senha *f.*<br>セーニャ | password<br>パスワード |
| <ruby>派生<rt>はせい</rt></ruby> | derivação *f.*<br>デリヴァサォン | derivation<br>デリヴェイション |
| ～する | derivar-se<br>デリヴァールスィ | derive *from*<br>ディライヴ |
| パセリ | salsa *f.*<br>サウサ | parsley<br>パースリ |
| パソコン | computador pessoal *m., PC m.*<br>コンプタドール ペソワウ, ペーセー | personal computer<br>パーソナル カンピュータ |
| <ruby>破損<rt>はそん</rt></ruby>する | avariar-se , estragar-se<br>アヴァリアールスィ, エストラガールスィ | be damaged<br>ビ ダミヂド |
| <ruby>旗<rt>はた</rt></ruby> | bandeira *f.*<br>バンデイラ | flag, banner<br>フラグ, バナ |
| <ruby>肌<rt>はだ</rt></ruby> | pele *f.*<br>ペーリ | skin<br>スキン |
| バター | manteiga *f.*<br>マンテイガ | butter<br>バタ |
| パターン | padrão *m.*, modelo *m.*<br>パドラォン, モデーロ | pattern<br>パタン |

| 日 | 葡 | 英 |
|---|---|---|
| 機織(はたお)り | tecelagem *f.*<br>テセラージェィン | weaving<br>ウィーヴィング |
| 裸(はだか) | nudez *f.*<br>ヌデイス | nakedness<br>ネイキドネス |
| ～の | nu<br>ヌ | naked<br>ネイキド |
| 肌着(はだぎ) | roupa de baixo *f.*,<br>roupa íntima *f.*<br>ホウパ ヂ バイショ, ホウパ インチマ | underwear<br>アンダウェア |
| 畑(はたけ) | campo *m.*, horta *f.*<br>カンポ, オルタ | field, farm<br>フィールド, ファーム |
| 肌寒(はだざむ)い | um pouco frio<br>ウン ポウコ フリーオ | chilly<br>チリ |
| 裸足(はだし)で | descalço<br>ヂスカウソ | barefoot<br>ベアフト |
| 果(は)たす | cumprir<br>クンプリール | realize, carry out, achieve<br>リーアライズ, キャリ アウト, アチーヴ |
| 二十歳(はたち) | vinte anos *m.pl.*<br>ヴィンチ アーノス | twenty years old<br>トウェンティ イアズ オウルド |
| バタフライ | nado borboleta *m.*<br>ナード ボルボレッタ | the butterfly stroke<br>ザ バタフライ ストロウク |
| はためく | tremular<br>トレムラール | flutter<br>フラタ |
| 働(はたら)き | trabalho *m.*, esforço *m.*<br>トラバーリョ, エスフォルソ | work, labor<br>ワーク, レイバ |
| (活動) | ação *f.*, atividade *f.*<br>アサォン, アチヴィダーヂ | action, activity<br>アクション, アクティヴィティ |
| (機能) | função *f.*<br>フンサォン | function<br>ファンクション |
| (功績) | mérito *m.*, desempenho *m.*<br>メリト, デセンペーニョ | achievement<br>アチーヴメント |
| 働(はたら)く | trabalhar<br>トラバリャール | work<br>ワーク |
| (作用) | funcionar<br>フンスィオナール | act *on*<br>アクト |
| 鉢(はち) | vaso *m.*<br>ヴァーゾ | bowl, pot<br>ボウル, パト |
| 蜂(はち) | vespa *f.*, abelha *f.*<br>ヴェスパ, アベーリャ | bee<br>ビー |

| 日 | 葡 | 英 |
|---|---|---|
| 〜の巣 | colméia f., ninho de vespas m. コウメイア, ニーニョ デ ヴェスパス | beehive, honeycomb ビーハイヴ, ハニコウム |
| 〜蜜 | mel m. メウ | honey ハニ |
| 八月(はちがつ) | agosto m. アゴスト | August オーガスト |
| 爬虫類(はちゅうるい) | réptil m. ヘピチウ | the reptiles ザ レプタイルズ |
| 波長(はちょう) | comprimento de onda m. コンプリメント デ オンダ | wavelength ウェイヴレンクス |
| 罰(ばつ) | punição f. プニサォン | punishment, penalty パニシュメント, ペナルティ |
| 発育する(はついく) | crescer , desenvolver-se クレセール, デゼンヴォウヴェールスィ | grow グロウ |
| 発音(はつおん) | pronúncia f. プロヌンスィア | pronunciation プロナンスィエイション |
| 〜する | pronunciar プロヌンスィアール | pronounce プロナウンス |
| 薄荷(はっか) | hortelã f. オルテラン | peppermint ペパミント |
| 発芽(はつが) | germinação f. ジェルミナサォン | germination ヂャーミネイション |
| 二十日鼠(はつかねずみ) | comundongo m. カムンドンゴ | mouse マウス |
| 発揮する(はっき) | demonstrar, revelar, provar デモンストラール, ヘヴェラール, プロヴァール | display, show ディスプレイ, ショウ |
| はっきり | claramente クララメンチ | clearly クリアリ |
| 〜する | ficar claro , esclarecer フィカール クラーロ, エスクラレセール | become clear ビカム クリア |
| 罰金(ばっきん) | multa f., pena pecuniária f. ムウタ, ペーナ ペクニアーリア | fine ファイン |
| パッキング | embalagem f., empacotamento m. エンバラージェイン, エンパコタメント | packing パキング |
| (漏れ防止の) | borracha para vedar f. ボハッシャ パラ ヴェダール | packing パキング |

| 日 | 葡 | 英 |
|---|---|---|
| バック | parte traseira f., retaguarda f. パルチ トラゼィラ, ヘタグワルダ | the back, the rear ザ バク, ザ リア |
| （背景） | fundo m. フンド | background バクグラウンド |
| （後援） | patrocínio m. パトロスィーニオ | backing, support バキング, サポート |
| ～アップ | back-up m. バッカピ | backup バカプ |
| バッグ | bolsa f. ボウサ | bag バグ |
| 発掘 | escavação f. エスカヴァサォン | excavation エクスカヴェイション |
| ～する | escavar エスカヴァール | excavate エクスカヴェイト |
| 抜群の | proeminente, destacado プロエミネンチ, デスタカード | outstanding アウトスタンディング |
| パッケージ | pacote m. パコッチ | package パキヂ |
| 白血球 | glóbulo branco m. グロブロ ブランコ | white blood cell ホワイト ブラド セル |
| 白血病 | leucemia f. レゥセミーア | leukemia ルーキーミア |
| 発見 | descoberta f., descobrimento m. デスコベルタ, デスコブリメント | discovery ディスカヴァリ |
| ～する | descobrir デスコブリール | discover, find out ディスカヴァ, ファインド アウト |
| 発言する | falar, tomar a palavra, proferir ファラール, トマール ア パラーヴラ, プロフェリール | speak スピーク |
| 初恋 | primeiro amor m. プリメィロ アモール | first love ファースト ラヴ |
| 発行 | publicação f. プブリカサォン | publication, issue パブリケイション, イシュー |
| ～する | publicar プブリカール | publish, issue パブリシュ, イシュー |
| ～部数 | tiragem f. チラージェイン | circulation サーキュレイション |
| 発光 | radiação f. ハヂアサォン | radiation レイディエイション |

| 日 | 葡 | 英 |
|---|---|---|
| はっこう<br>発酵 | fermentação f.<br>フェルメンタサォン | fermentation<br>ファーメンテイション |
| はっさん<br>発散 | exalação f., emanação f.,<br>emissão f.<br>エザラサォン, エマナサォン, エミサォン | emit<br>イミット |
| ～する | exalar, emanar, emitir<br>エザラール, エマナール, エミチール | give forth, emit, exhale<br>ギヴ フォース, イミット, エクスヘイル |
| バッジ | distintivo m.<br>ヂスチンチーヴォ | badge<br>バヂ |
| はっしゃする<br>発射する | disparar, lançar<br>ヂスパラール, ランサール | fire, shoot<br>ファイア, シュート |
| はっしゃ<br>発車 | partida f.<br>パルチーダ | departure<br>ディパーチャ |
| ～する | partir<br>パルチール | leave, start<br>リーヴ, スタート |
| はっしん<br>発信 | transmissão f., remessa f.<br>トランズミサォン, ヘメッサ | transmission<br>トランスミション |
| ～する | expedir, remeter<br>エスペヂール, ヘメテール | transmit<br>トランスミット |
| ～人 | remetente m.f.<br>ヘメテンチ | sender<br>センダ |
| バッシングする | criticar violentamente<br>クリチカール ヴィオレンタメンテ | bash<br>バシュ |
| ばっすい<br>抜粋 | extrato m.<br>エストラット | extract<br>エクストラクト |
| ～する | extrair<br>エストライール | extract<br>イクストラクト |
| はっ<br>発する | soltar<br>ソウタール | discharge<br>ディスチャーヂ |
| (光・熱など) | emitir, irradiar<br>エミチール, イハヂアール | give off, emit<br>ギヴ オフ, イミット |
| (香りなど) | exalar, emanar<br>エザラール, エマナール | shed, emanate<br>シェド, エマネイト |
| (声を) | soltar<br>ソウタール | utter<br>アタ |
| ばっ<br>罰する | punir, castigar<br>プニール, カスチガール | punish<br>パニシュ |
| はっせい<br>発生 | | |
| (物事の) | ocorrência f.,<br>acontecimento m.<br>オコヘンスィア, アコンテスィメント | outbreak, birth<br>アウトブレイク, バース |

| 日 | 葡 | 英 |
|---|---|---|
| (熱などの) | geração f.<br>ジェラサオン | generation<br>ヂェネレイション |
| ～する<br>(事件が) | ocorrer , acontecer<br>オコヘール, アコンテセール | occur, happen<br>オカー, ハプン |
| (熱などが) | gerar-se<br>ジェラールスィ | be generated<br>ビ ヂェネレイテド |
| 発送 | despacho m., remessa f.,<br>envio m.<br>ヂスパッショ, ヘメッサ, エンヴィーオ | sending out<br>センディング |
| ～する | enviar, despachar, mandar<br>エンヴィアール, ヂスパシャール, マンダール | send out<br>センド アウト |
| 飛蝗 | gafanhoto m.<br>ガファニョット | grasshopper<br>グラスハパ |
| 発達 | desenvolvimento m.,<br>progresso m.<br>デゼンヴォウヴィメント, プログレッソ | develop<br>ディヴェロプメント |
| ～する | desenvolver , progredir<br>デゼンヴォウヴェール, プログレヂール | develop, advance<br>ディヴェロプ, アドヴァンス |
| 発注 | encomenda f.<br>エンコメンダ | order<br>オーダ |
| ～する | encomendar<br>エンコメンダール | order<br>オーダ |
| パッチワーク | colcha de retalhos f.<br>コウシャ ヂ ヘターリョス | patchwork<br>パチワーク |
| バッテリー | bateria f.<br>バテリーア | battery<br>バタリ |
| 発展 | desenvolvimento m.,<br>progresso m.<br>デゼンヴォウヴィメント, プログレッソ | development<br>ディヴェロプメント |
| ～する | desenvolver-se , progredir<br>デゼンヴォウヴェールスィ, プログレヂール | develop<br>ディヴェロプ |
| ～途上国 | país em desenvolvimento m.<br>パイーズ エイン デゼンヴォウヴィメント | developing country<br>ディヴェロピング カントリ |
| 発電 | | |
| ～機 | gerador m.<br>ジェラドール | dynamo<br>ダイナモウ |
| ～所 | usina f.<br>ウズィーナ | power plant<br>パウア プラント |
| ハットトリック | três gols consecutivos m.pl.<br>トレイス ゴウス コンセクチーヴォス | hat trick<br>ハト トリク |

| 日 | 葡 | 英 |
|---|---|---|
| はっぱ<br>発破 | dinamitação *f.*<br>ヂナミタサォン | blast<br>ブラスト |
| はつばい<br>発売 | venda *f.*<br>ヴェンダ | sale<br>セイル |
| 〜する | vender<br>ヴェンデール | put on sale<br>プト オン セイル |
| はつびょう<br>発病 | | |
| 〜する | adoecer<br>アドエセール | get sick<br>ゲト スィク |
| はっぴょう<br>発表 | apresentação *f.*, anúncio *m.*<br>アプレゼンタサォン, アヌンスィオ | announcement<br>アナウンスメント |
| （刊行） | publicação *f.*<br>プブリカサォン | publication<br>パブリケイション |
| （研究などの） | apresentação *f.*<br>アプレゼンタサォン | presentation<br>プリゼンテイション |
| 〜する | anunciar, divulgar, declarar<br>アヌンスィアール, ヂヴゥガール, デクララール | announce<br>アナウンス |
| （刊行） | publicar<br>プブリカール | publish<br>パブリシュ |
| （研究などを） | apresentar<br>アプレゼンタール | present<br>プリゼント |
| はつめい<br>発明 | invenção *f.*<br>インヴェンサォン | invention<br>インヴェンション |
| 〜する | inventar<br>インヴェンタール | invent, devise<br>インヴェント, ディヴァイズ |
| パテ | massa de vidraceiro *f.*<br>マッサ ヂ ヴィドラセィロ | putty<br>パティ |
| は<br>果てしない | infinito , sem fim<br>インフィニット, セィン フィン | endless<br>エンドレス |
| はで<br>派手な | *vistoso*, chamativo, berrante<br>ヴィストーゾ, シャマチーヴォ, ベハンテ | gay, showy<br>ゲイ, ショウイ |
| パテント | patente *f.*<br>パテンチ | patent<br>パテント |
| はと<br>鳩 | pomba *f.*<br>ポンバ | pigeon, dove<br>ピヂョン, ダヴ |
| ばとう<br>罵倒する | insultar , xingar<br>インスゥタール, シンガール | denounce<br>ディナウンス |

| 日 | 葡 | 英 |
|---|---|---|
| パトカー | radiopatrulha *f.*<br>ハーヂオパトルーリャ | squad car<br>スクワド カー |
| パドック | *paddock m.*<br>パドッキ | paddock<br>パドク |
| 波止場 | cais *m.*<br>カィス | wharf, pier<br>ホウォーフ, ピア |
| バドミントン | *badminton m.*<br>バヂミントン | badminton<br>バドミントン |
| パトロールする | patrulhar<br>パトルリャール | patrol<br>パトロウル |
| パトロン | | |
| （男の） | patrocinador *m.*<br>パトロスィナドール | patron<br>ペイトロン |
| （女の） | patrocinadora *f.*<br>パトロスィナドーラ | patron<br>ペイトロン |
| バトン | bastão *m.*<br>バスタォン | baton<br>バトン |
| 花 | flor *f.*<br>フロール | flower<br>フラウア |
| 鼻 | nariz *m.*<br>ナリース | nose<br>ノウズ |
| 話 | conversa *f.*<br>コンヴェルサ | talk, conversation<br>トーク, カンヴァセイション |
| （おしゃべり） | bate-papo *m.*<br>バチ パッポ | chat<br>チャト |
| （物語） | história *f.*<br>イストーリア | story<br>ストーリ |
| 話し合い | conversação *f.*, discussão *f.*<br>コンヴェルザサォン, ヂスクサォン | talk, discussion<br>トーク, ディスカション |
| （交渉） | negociação *f.*<br>ネゴスィアサォン | negotiations<br>ニゴウシエイションズ |
| 話し合う | falar com, conversar com<br>ファラール コン, コンヴェルサール コン | talk *with*, discuss *with*<br>トーク, ディスカス |
| 話し好きな | loquaz, conversador<br>ロクワィス, コンヴェルサドール | talkative<br>トーカティヴ |
| 話し中の | ocupado<br>オクパード | busy<br>ビズィ |
| 放す | soltar<br>ソウタール | free, release<br>フリー, リリース |

| 日 | 葡 | 英 |
|---|---|---|
| 離す | separar セパラール | separate, detach セパレイト ディタチ |
| （遠ざける） | afastar アファスタール | distance ディスタンス |
| 話す | falar ファラール | speak, talk スピーク トーク |
| 花束 | buquê *m.* ブケ | bouquet ブーケイ |

## ■ 花 ■ flor *f.* / フロール /

朝顔　bons-dias / ボンズ チーアス / *m.pl.*, campainha / カンパイーニャ / *f.* (⊛morning glory)

紫陽花　hortência / オルテンスィア / *f.* (⊛hydrangea)

菖蒲　íris / イーリス / *m.* (⊛flag, iris)

カーネーション　cravo / クラーヴォ / *m.* (⊛carnation)

菊　crisântemo / クリザンテモ / *m.* (⊛chrysanthemum)

クローバー　trevo / トレーヴォ / *m.* (⊛clover)

コスモス　cosmos / コズモス / *m.* (⊛cosmos)

サボテン　cacto / カクト / *m.* (⊛cactus)

シクラメン　ciclâmen / スィクラメィン / *m.* (⊛cyclamen)

水仙　narciso / ナルスィーゾ / *m.* (⊛narcissus)

睡蓮　nenúfar / ネヌーファル / *m.* (⊛water lily)

菫　violeta / ヴィオレッタ / *f.* (⊛violet)

ゼラニウム　gerânio / ジェラーニオ / *m.* (⊛geranium)

タンポポ　dente-de-leão / デンチ チ レアォン / *m.* (⊛dandelion)

チューリップ　tulipa / トゥリッパ / *f.* (⊛tulip)

椿　camélia / カメーリア / *f.* (⊛camellia)

薔薇　rosa / ホーザ / *f.* (⊛rose)

パンジー　amor-perfeito / アモール ペルフェイト / *m.* (⊛pansy)

ひなげし　papoula / パポゥラ / *f.* (⊛red poppy)

向日葵　girassol / ジラソウ / *m.* (⊛sunflower)

百合　lírio / リーリオ / *f.* (⊛lily)

蘭　orquídea / オルキーヂア / *f.* (⊛orchid)

| 日 | 葡 | 英 |
|---|---|---|
| <ruby>鼻血<rt>はなぢ</rt></ruby> | hemorragia nasal *f.*<br>エモハジーア ナザウ | nosebleed<br>ノウズブリード |
| バナナ | banana *f.*<br>バナーナ | banana<br>バナナ |
| <ruby>鼻の穴<rt>はな あな</rt></ruby> | narina *f.*<br>ナリーナ | nostril<br>ナストリル |
| <ruby>甚だしい<rt>はなは</rt></ruby> | intenso , grave , sério<br>インテンソ, グラーヴィ, セーリオ | gross<br>グロウス |
| <ruby>華々しい<rt>はなばな</rt></ruby> | brilhante , magnífico<br>ブリリャンチ, マギニフィコ | brilliant<br>ブリリアント |
| <ruby>花火<rt>はなび</rt></ruby> | fogos de artifício *m.pl.*<br>フォーゴズ チ アルチフィスィオ | fireworks<br>ファイアワークス |
| <ruby>花びら<rt>はな</rt></ruby> | pétala *f.*<br>ペタラ | petal<br>ペタル |
| <ruby>鼻水<rt>はなみず</rt></ruby> | coriza *f.*<br>コリーザ | snivel<br>スニヴル |
| <ruby>花婿<rt>はなむこ</rt></ruby> | noivo *m.*<br>ノィヴォ | bridegroom<br>ブライドグルーム |
| <ruby>鼻持ちならない<rt>はなも</rt></ruby> | presunçoso<br>プレズンソーゾ | intolerable<br>インタララブル |
| <ruby>花模様<rt>はなもよう</rt></ruby> | padrão de flores *m.*<br>パドラォン チ フローリス | floral pattern<br>フローラル パタン |
| <ruby>花屋<rt>はなや</rt></ruby> | loja de flores *f.*<br>ロージャ チ フローリス | flower shop<br>フラウア シャプ |
| <ruby>華やかな<rt>はな</rt></ruby> | resplandecente , brilhante<br>ヘスプランデセンチ, ブリリャンチ | gorgeous, bright<br>ゴーヂャス, ブライト |
| <ruby>花嫁<rt>はなよめ</rt></ruby> | noiva *f.*<br>ノィヴァ | bride<br>ブライド |
| <ruby>離れる<rt>はな</rt></ruby> | | |
| （分かれる） | separar-se<br>セパラールスィ | leave, go away *from*<br>リーヴ, ゴウ アウェイ |
| （遠ざかる） | afastar-se de<br>アファスタールスィ チ | go away *from*<br>ゴウ アウェイ |
| <ruby>花輪<rt>はなわ</rt></ruby> | coroa de flores *f.*<br>コローア チ フローリス | wreath<br>リース |
| はにかむ | acanhar-se<br>アカニャールスィ | be shy<br>ビ シャイ |
| パニック | pânico *m.*<br>パニコ | panic<br>パニク |

| 日 | 葡 | 英 |
|---|---|---|
| バニラ | baunilha *f.* バウニーリャ | vanilla ヴァニラ |
| 羽(はね) | pena *f.* ペーナ | feather, plume フェザ, プルーム |
| （翼） | asa *f.* アーザ | wing ウィング |
| ばね | mola *f.* モーラ | spring スプリング |
| ハネムーン | lua-de-mel *f.* ルーア デ メウ | honeymoon ハニムーン |
| 跳(は)ねる | pular プラール | leap, jump リープ, チャンプ |
| （泥・水が） | espirrar エスピハール | splash スプラシュ |
| パネル | painel *m.* パィネウ | panel パネル |
| パノラマ | panorama *m.* パノラーマ | panorama パノラマ |
| 母(はは)・母親(ははおや) | mãe *f.* マィン | mother マザ |
| 幅(はば)・巾 | largura *f.* ラルグーラ | width, breadth ウィドス, ブレドス |
| パパイヤ | papaia *f.*, mamão *m.* パパィア, ママォン | papaya パパイア |
| 母方(ははかた) | lado materno *m.* ラード マテルノ | mother's side マザズ サイド |
| 羽(は)ばたく | bater as asas バテール アズ アーザス | flutter, flap フラタ, フラプ |
| 派閥(はばつ) | facção *f.* ファキサォン | faction ファクション |
| 幅跳(はばと)び | salto em comprimento *m.* サウト エィン コンプリメント | broad jump ブロード チャンプ |
| 幅広(はばひろ)い | largo ラルゴ | wide, broad ワイド, ブロード |
| 阻(はば)む | impedir , barrar , estorvar インペチール, バハール, エストルヴァール | prevent *from*, block プリヴェント, ブラク |
| ババロア | creme bávaro *m.* クレーミ ババロ | Bavarian cream ババリアン クリーム |

| 日 | 葡 | 英 |
|---|---|---|
| パビリオン | pavilhão *m.* パヴィリャオン | pavilion パヴィリオン |
| パフォーマンス | representação *f.* ヘプレゼンタサオン | performance パフォーマンス |
| 省く | cortar , omitir , suprimir コルタール, オミチール, スプリミール | omit, exclude オウミット, イクスクルード |
| （削減） | reduzir ヘドゥズィール | save, reduce セイヴ, リデュース |
| 歯ブラシ | escova de dente *f.* エスコーヴァ チ デンチ | toothbrush トゥースブラシュ |
| パプリカ | páprica *f.* パプリカ | paprika パプリカ |
| 葉巻 | charuto *m.* シャルット | cigar スィガー |
| 蛤 | amêijoa *f.* アメィジョア | clam クラム |
| 浜辺 | praia *f.* プライア | beach, seashore ビーチ, スィーショー |
| 嵌まる | encaixar-se , ajustar-se エンカィシャールスィ, アジュスタールスィ | fit *into* フィト |
| （罠など） | cair em カイール エィン | fall into フォール イントゥ |
| 歯磨き | pasta de dente *f.* パスタ チ デンチ | toothpaste トゥースペイスト |
| ハミング | cantarola *f.* カンタローラ | humming ハミング |
| ハム | presunto *m.* プレズント | ham ハム |
| 破滅 | destruição *f.* チストルィサオン | ruin, destruction ルーイン, ディストラクション |
| ～する | arruinar-se , destruir-se アフィナールスィ, チストルイールスィ | be ruined ビ ルーインド |
| 嵌める | encaixar エンカィシャール | put in, set プト イン, セト |
| （着用） | pôr , colocar ポール, コロカール | wear, put on ウェア, プト オン |
| 場面 | cena *f.* セーナ | scene スィーン |
| 刃物 | instrumento cortante *m.* インストルメント コルタンチ | edged tool エヂド トゥール |

は

| 日 | 葡 | 英 |
|---|---|---|
| 波紋(はもん) | ondulação f. <br> オンドゥラサォン | ripple <br> リプル |
| （影響） | repercussão f. <br> ヘペルクサォン | repercussion <br> リーパカション |
| 早(はや)い | cedo <br> セード | early <br> アーリ |
| 速(はや)い | rápido <br> ハピド | quick, fast <br> クウィク, ファスト |
| 早起(はやお)きする | levantar-se cedo <br> レヴァンタールスィ セード | get up early <br> ゲト アプ アーリ |
| 早(はや)く | cedo <br> セード | early, soon <br> アーリ, スーン |
| 速(はや)く | rapidamente <br> ハピダメンチ | quickly, fast <br> クウィクリ, ファスト |
| 速(はや)さ | velocidade f., rapidez f. <br> ヴェロスィダーヂ, ハピデイス | quickness, speed <br> クウィクネス, スピード |
| 林(はやし) | bosque m. <br> ボスキ | forest, wood <br> フォリスト, ウド |
| 生(は)やす | deixar , crescer <br> デイシャール, クレセール | grow, cultivate <br> グロウ, カルティヴェイト |
| 早寝(はやね)する | dormir cedo <br> ドルミール セード | go to bed early <br> ゴウ トゥ ベド アーリ |
| 早(はや)めに | cedinho , um pouco antes <br> セヂーニョ, ウンポウコ アンチス | early, in advance <br> アーリ, イン アドヴァンス |
| 早(はや)める | adiantar <br> アヂアンタール | quicken, hasten <br> クウィクン, ヘイスン |
| （速める） | acelerar <br> アセレラール | accelerate <br> アクセレレイト |
| 流行(はや)る | entrar na moda <br> エントラール ナ モーダ | be in fashion, be popular <br> ビ イン ファション, ビ パピュラ |
| （音楽などが） | fazer sucesso <br> ファゼール スセッソ | be popular <br> ビ パピュラ |
| （繁盛） | prosperar <br> プロスペラール | be prosperous <br> ビ プラスペラス |
| （病気などが） | grassar , alastrar-se <br> グラサール, アラストラールスィ | be prevalent <br> ビ プレヴァレント |
| 腹(はら) | barriga f. <br> バヒーガ | the belly <br> ザ ベリ |
| （腸） | intestinos m.pl. <br> インテスチーノス | the bowels <br> ザ バウエルズ |

| 日 | 葡 | 英 |
|---|---|---|
| （胃） | estômago *m.*<br>エストマゴ | the stomach<br>ザ スタマク |
| 薔薇（ばら） | rosa *f.*<br>ホーザ | rose<br>ロウズ |
| 払い戻し（はらいもどし） | reembolso *m.*<br>ヘエンボウソ | repayment, refund<br>リペイメント, リファンド |
| 払い戻す（はらいもどす） | restituir , reembolsar<br>ヘスチトゥイール, ヘエンボウサール | refund, repay<br>リファンド, リペイ |
| 払う（はらう） | pagar<br>パガール | pay<br>ペイ |
| （埃を） | espanar<br>エスパナール | dust<br>ダスト |
| バラエティー | variedade *f.*<br>ヴァリエダーヂ | variety<br>ヴァライエティ |
| パラシュート | pára-quedas *m.*<br>パラ ケーダス | parachute<br>パラシュート |
| 晴らす（はらす） | dissipar, esclarecer<br>ヂスィパール, エスクラレセール | dispel<br>ディスペル |
| （うさを） | esquecer as tristezas, distrair-se<br>エスケセール アス トリステーザス, チストライールスィ | divert<br>ディヴァート |
| （恨みを） | vingar-se<br>ヴィンガールスィ | revenge *oneself*<br>リヴェンヂ |
| ばらす | desmontar , decompor<br>ヂズモンタール, デコンポール | take to pieces<br>テイク トゥ ピースィズ |
| （暴露） | revelar<br>ヘヴェラール | disclose, expose<br>ディスクロウズ, イクスポウズ |
| パラソル | guarda-sol *m.*<br>グワルダ ソウ | parasol<br>パラソル |
| パラドックス | paradoxo *m.*<br>パラドクソ | paradox<br>パラドクス |
| ばらばらの | separado , em pedaços<br>セパラード, エィン ペダッソス | separate, scattered<br>セパレイト, スキャタド |
| パラフィン | parafina *f.*<br>パラフィーナ | paraffin<br>パラフィン |
| パラボラ | antena parabólica *f.*<br>アンテーナ パラボリカ | parabola<br>パラボラ |
| ばら撒く（ばらまく） | esparramar , espalhar<br>エスパハマール, エスパリャール | scatter<br>スキャタ |

| 日 | 葡 | 英 |
|---|---|---|
| 腸（はらわた） | intestinos *m.pl.*<br>インテスチーノス | bowels, intestines<br>バウエルズ, インテスティンズ |
| （動物の） | tripas *f.pl.*, vísceras *f.pl.*,<br>miúdos *m.pl.*<br>トリッパス, ヴァセラス, ミウードス | entrails<br>エントレイルズ |
| バランス | equilíbrio *m.*<br>エキリーブリオ | balance<br>バランス |
| 針（はり） | agulha *f.*<br>アグーリャ | needle<br>ニードル |
| （釣り針） | anzol *m.*<br>アンゾウ | hook<br>フク |
| （時計の） | ponteiro *m.*<br>ポンテイロ | hand<br>ハンド |
| バリウム | bário *m.*<br>バーリオ | barium<br>ベアリアム |
| バリエーション | variação *f.*<br>ヴァリアサォン | variation<br>ヴェアリエイション |
| 針金（はりがね） | arame *m.*<br>アラーミ | wire<br>ワイア |
| 張り紙（はりがみ） | cartaz *m.*<br>カルタィス | bill, poster<br>ビル, ポウスタ |
| 馬力（ばりき） | cavalo-força *m.*<br>カヴァーロ フォルサ | horsepower<br>ホースパウア |
| 張り切る（はりきる） | entusiasmar-se,<br>ficar animado<br>エントゥズィアズマールスィ, フィカール アニマード | be vigorous<br>ビ ヴィゴラス |
| バリケード | barricada *f.*<br>バヒカーダ | barricade<br>バリケイド |
| ハリケーン | ciclone *m.*, furacão *m.*<br>スィクローニ, フラカォン | hurricane<br>ハーリケイン |
| 張り出す（はりだす） | sobressair-se<br>ソブリサイールスィ | stand out<br>スタンド アウト |
| 貼り出す（はりだす） | afixar, anunciar por escrito<br>アフィキサール, アヌンスィアール ポル エスクリット | put up, post<br>プト アプ, ポウスト |
| バリトン | barítono *m.*<br>バリトノ | baritone<br>バリトウン |
| 針鼠（はりねずみ） | porco-espinho *m.*<br>ポルコ エスピーニョ | hedgehog<br>ヘヂホグ |

| 日 | 葡 | 英 |
|---|---|---|
| 春(はる) | primavera f.<br>プリマヴェーラ | spring<br>スプリング |
| 張(は)る | | |
| （延び広がる） | estender, tender<br>エステンデール, テンデール | stretch, extend<br>ストレチ, イクステンド |
| （緊張する） | ficar tenso<br>フィカール テンソ | become tense<br>ビカム テンス |
| （覆う） | cobrir<br>コブリール | cover<br>カヴァ |
| 貼(は)る | colar<br>コラール | stick, put on<br>スティク, プト オン |
| 遥(はる)か | | |
| 〜な | distante, remoto<br>ヂスタンチ, ヘモット | distant, far-off<br>ディスタント, ファーロフ |
| 〜に | longe<br>ロンジ | far, far away<br>ファー, ファーラウェイ |
| （ずっと） | muito mais<br>ムィント マイス | much<br>マチ |
| バルコニー | sacada f.<br>サカーダ | balcony<br>バルコニ |
| 遥々(はるばる) | de muito longe<br>ヂ ムィント ロンジ | all the way from<br>オール ザ ウェイ |
| バルブ | válvula f.<br>ヴァウヴラ | valve<br>ヴァルヴ |
| パルプ | polpa f.<br>ポウパ | pulp<br>パルプ |
| 晴(は)れ | tempo bom m.<br>テンポ ボン | fine weather<br>ファイン ウェザ |
| バレエ | balé m.<br>バレ | ballet<br>バレイ |
| ハレー彗星(すいせい) | cometa Halley m.<br>コメッタ ハリ | Halley's comet<br>ハリズ カメト |
| パレード | parada f., desfile m.<br>パラーダ, デスフィーリ | parade<br>パレイド |
| バレーボール | voleibol m.<br>ヴォレィボウ | volleyball<br>ヴァリボール |
| 破裂(はれつ) | explosão f.<br>エスプロザォン | explosion<br>イクスプロウジョン |
| 〜する | explodir<br>エスプロヂール | explode, burst<br>イクスプロウド, バースト |

| 日 | 葡 | 英 |
|---|---|---|
| パレット | paleta *f.*<br>パレッタ | palette<br>パレト |
| 腫れ物 (はれもの) | espinha *f.*, furúnculo *m.*<br>エスピーニャ, フルンクロ | swelling, boil<br>スウェリング, ボイル |
| バレリーナ | bailarina *f.*<br>バィラリーナ | ballerina<br>バレリーナ |
| 腫れる (はれる) | inchar<br>インシャール | become swollen<br>ビカム スウォウルン |
| 晴れる (はれる) | abrir o tempo<br>アブリール ウ テンポ | clear up<br>クリア アプ |
| （容疑が） | desfazer-se, dissipar-se<br>チスファゼールスィ, チスィパールスィ | be cleared<br>ビ クリアド |
| ばれる | ser descoberto<br>セール チスコベルト | be exposed, come out<br>ビ イクスポウズド, カム アウト |
| 破廉恥な (はれんちな) | infame, descarado<br>インファーミ, チスカラード | infamous, shameless<br>インフェマス, シェイムレス |
| バロック | Barroco *m.*<br>バホッコ | Baroque<br>バロウク |
| パロディー | paródia *f.*<br>パローヂア | parody<br>パロディ |
| バロメーター | barômetro *m.*<br>バロメトロ | barometer<br>バラミタ |
| パワー | poder *m.*<br>ポデール | power<br>パウア |
| 判 (はん) | carimbo *m.*<br>カリンボ | seal, stamp<br>スィール, スタンプ |
| 半 (はん) | meio<br>メィオ | half<br>ハフ |
| 晩 (ばん) | noite *f.*<br>ノィチ | evening, night<br>イーヴニング, ナイト |
| パン | pão *m.*<br>パォン | bread<br>ブレド |
| 範囲 (はんい) | | |
| （限界） | limites *m.pl.*<br>リミッチス | limit, sphere<br>リミト, スフィア |
| （広がり） | extensão *f.*<br>エステンサォン | extent<br>イクステント |

| 日 | 葡 | 英 |
|---|---|---|
| はんいご<br>反意語 | antônimo *m.*<br>アントニモ | antonym<br>アントニム |
| はんえい<br>繁栄 | prosperidade *f.*<br>プロスペリダーヂ | prosperity<br>プラスペリティ |
| 〜する | prosperar<br>プロスペラール | be prosperous<br>ビ プラスペラス |
| はんが<br>版画 | gravura *f.*<br>グラヴーラ | print, woodcut<br>プリント, ウドカト |
| ハンガー | cabide *m.*<br>カビーヂ | hanger<br>ハンガ |
| はんがく<br>半額 | metade do preço *f.*<br>メターヂ ド プレッソ | half the price<br>ハフ ザ プライス |
| ハンカチ | lenço *m.*<br>レンソ | handkerchief<br>ハンカチフ |
| バンガロー | bangalô *m.*<br>バンガロー | bungalow<br>バンガロウ |
| はんかん<br>反感 | antipatia *f.*, inimizade *f.*<br>アンチパチーア, イニミザーヂ | antipathy<br>アンティパスィ |
| はんぎゃくする<br>反逆する | rebelar-se<br>ヘベラール スィ | rebel<br>リベル |
| はんきょうする<br>反響する | repercutir, fazer eco<br>ヘペルクチール, ファゼール エコ | echo, resound<br>エコウ, リザウンド |
| パンク | furo *m.*<br>フーロ | puncture<br>パンクチャ |
| ばんぐみ<br>番組 | programa *m.*<br>プログラーマ | program<br>プログラム |
| はんけい<br>半径 | raio *m.*<br>ハィオ | radius<br>レイディアス |
| はんげきする<br>反撃する | contra-atacar<br>コントラアタカール | strike back<br>ストライク バク |
| はんけつ<br>判決 | sentença *f.*<br>センテンサ | judgment<br>チヂメント |
| はんげつ<br>半月 | meia-lua *f.*<br>メィア ルーア | half-moon<br>ハフムーン |
| ばんけん<br>番犬 | cão de guarda *m.*<br>カォン チ グワルダ | watchdog<br>ワチドーグ |
| はんこ<br>判子 | carimbo *m.*<br>カリンボ | seal, stamp<br>スィール, スタンプ |

| 日 | 葡 | 英 |
|---|---|---|
| <ruby>反語<rt>はんご</rt></ruby> | pergunta retórica *f.*<br>ペルグンタ ヘトリカ | rhetorical question<br>リトリカル クウェスチョン |
| <ruby>反抗<rt>はんこう</rt></ruby> | resistência *f.*, oposição *f.*<br>ヘズィステンスィア, オポズィサォン | resistance<br>リズィスタンス |
| 〜する | resistir , opor-se a<br>ヘズィスチール, オポールスィ ア | resist, oppose<br>リズィスト, オポウズ |
| <ruby>番号<rt>ばんごう</rt></ruby> | número *m.*<br>ヌメロ | number<br>ナンバ |
| <ruby>犯罪<rt>はんざい</rt></ruby> | crime *m.*<br>クリーミ | crime<br>クライム |
| 〜者 | | |
| (男の) | criminoso *m.*<br>クリミノーゾ | criminal<br>クリミナル |
| (女の) | criminosa *f.*<br>クリミノーザ | criminal<br>クリミナル |
| <ruby>万歳<rt>ばんざい</rt></ruby> | Viva!<br>ヴィーヴァ | cheers<br>チアズ |
| ハンサムな | bonito<br>ボニット | handsome<br>ハンサム |
| <ruby>反作用<rt>はんさよう</rt></ruby> | reação *f.*<br>ヘアサォン | reaction<br>リアクション |
| <ruby>晩餐<rt>ばんさん</rt></ruby> | ceia *f.*<br>セィア | dinner<br>ディナ |
| <ruby>判事<rt>はんじ</rt></ruby> | | |
| (男の) | juiz *m.*<br>ジュイース | judge<br>チャヂ |
| (女の) | juíza *f.*<br>ジュイーザ | judge<br>チャヂ |
| パンジー | amor-perfeito *m.*<br>アモール ペルフェイト | pansy<br>パンズィ |
| <ruby>反射<rt>はんしゃ</rt></ruby> | reflexo *m.*, reflexão *f.*<br>ヘフレクソ, ヘフレキサォン | reflection, reflex<br>リフレクション, リーフレクス |
| 〜する | refletir<br>ヘフレチール | reflect<br>リフレクト |
| <ruby>半熟卵<rt>はんじゅくたまご</rt></ruby> | ovo quente *m.*<br>オーヴォ ケンチ | soft-boiled egg<br>ソフトボイルド エグ |
| <ruby>繁盛する<rt>はんじょう</rt></ruby> | prosperar<br>プロスペラール | be prosperous<br>ビ プラスペラス |
| <ruby>繁殖<rt>はんしょく</rt></ruby> | procriação *f.*, reprodução *f.*<br>プロクリアサォン, ヘプロドゥサォン | propagation<br>プラパゲイション |

| 日 | 葡 | 英 |
|---|---|---|
| ～する | multiplicar-se, reproduzir-se ムウチプリカールスイ, ヘプロドゥズィールスイ | propagate プラパゲイト |
| ハンスト | greve de fome f. グレーヴィ ヂ フォーミ | hunger strike ハンガ ストライク |
| パンスト | meia-calça f. メィア カウサ | pantyhose パンティホウズ |
| 半ズボン | calção m., shorts m.pl. カウサォン, ショルチ | shorts, knee pants ショーツ, ニー パンツ |
| 反する | ir contra, ser contrário a イール コントラ, セール コントラーリオ ア | be contrary to ビ カントレリ |
| （違反する） | infringir インフリンジール | infringe インフリンヂ |
| 反省する | fazer um exame de consciência ファゼール ウン エザーミ ヂ コンスィエンスィア | reflect on リフレクト オン |
| 帆船 | barco à vela m. バルコ ア ヴェーラ | sailer セイラ |
| 伴奏 | acompanhamento m. アコンパニャメント | accompaniment アカンパニメント |
| ～する | acompanhar アコンパニャール | accompany アカンパニ |
| 絆創膏 | esparadrapo m. エスパラドラッポ | plaster プラスタ |
| 反則 | infração f. インフラサォン | foul ファウル |
| 半袖 | manga curta f. マンガ クルタ | short sleeves ショート スリーヴズ |
| パンダ | panda m. パンダ | panda パンダ |
| ハンター | | |
| （男の） | caçador m. カサドール | hunter ハンタ |
| （女の） | caçadora f. カサドーラ | hunter ハンタ |
| 反対 | o contrário m., oposto ウ コントラーリオ, オポスト | the opposite, the contrary ジ アポズィット, ザ カントレリ |
| （抵抗・異議） | objeção f., protesto m. オビジェサォン, プロテスト | opposition, objection アポズィション, オブヂェクション |

| 日 | 葡 | 英 |
|---|---|---|
| 〜側 | lado oposto *m.*<br>ラード オポスト | the opposite side<br>ジ アポズィト サイド |
| 〜する | opor-se a , fazer objeção a<br>オポールスィア, ファゼール オビジェソォン ア | oppose, object *to*<br>オポウズ, オブチェクト |
| パンタロン | pantalonas *f.pl.*<br>パンタローナス | pantaloons<br>パンタルーンズ |
| 判断<br>はんだん | julgamento *m.*<br>ジュウガメント | judgment<br>チャチメント |
| 〜する | julgar<br>ジュウガール | judge<br>チャヂ |
| 番地<br>ばんち | número da quadra *m.*<br>ヌメロ ダ クワードラ | street number<br>ストリート ナンバ |
| 範疇<br>はんちゅう | categoria *f.*<br>カテゴリーア | category<br>キャティゴーリ |
| パンツ | | |
| （男性の） | cueca *f.*<br>クウェッカ | briefs, shorts<br>ブリーフス, ショーツ |
| （ズボン） | calças *f.pl.*<br>カウサス | pants<br>パンツ |
| 判定<br>はんてい | julgamento *m.*, decisão *f.*<br>ジュウガメント, デスィザォン | decision<br>ディスィジョン |
| （試合の） | decisão por pontos *f.*<br>デスィザォン ポル ポントス | judgment, decision<br>チャチメント, ディスィジョン |
| 〜する | julgar , decidir<br>ジュウガール, デスィチール | judge<br>チャヂ |
| パンティー | calcinhas *f.pl.*<br>カウスィーニャス | panties<br>パンティズ |
| 〜ストッキング | meia-calça *f.*<br>メィア カウサ | pantihose<br>パンティホウズ |
| ハンディキャップ | desvantagem *f.*<br>デズヴァンタージェイン | handicap<br>ハンディキャプ |
| 斑点<br>はんてん | malha *f.*<br>マーリャ | spot, speck<br>スパト, スペク |
| バンド | cinto *m.*<br>スィント | strap, belt<br>ストラプ, ベルト |
| （楽隊） | banda *f.*<br>バンダ | band<br>バンド |
| 半島<br>はんとう | península *f.*<br>ペニンスラ | peninsula<br>ペニンシュラ |

| 日 | 葡 | 英 |
|---|---|---|
| 半導体（はんどうたい） | semiconductor *m.*<br>セミコンドゥトール | semiconductor<br>セミコンダクタ |
| ハンドバッグ | bolsa *f.*<br>ボウサ | handbag, purse<br>ハンドバグ, パース |
| ハンドブック | manual *m.*<br>マヌワウ | handbook<br>ハンドブク |
| ハンドボール | handebol *m.*<br>アンヂボウ | handball<br>ハンドボール |
| パントマイム | pantomima *f.*<br>パントミーマ | pantomime<br>パントマイム |
| ハンドル |  |  |
| （自動車の） | volante *m.*<br>ヴォランチ | wheel<br>(ホ)ウィール |
| （自転車の） | guidom (de bicicleta) *m.*<br>ギドン (ヂ ビスィクレッタ) | handlebar<br>ハンドルバー |
| 半日（はんにち） | meio dia *m.*<br>メィオ ヂーア | half a day<br>ハフ ア デイ |
| 犯人（はんにん） |  |  |
| （男の） | criminoso *m.*<br>クリミノーゾ | offender, criminal<br>オフェンダ, クリミナル |
| （女の） | criminosa *f.*<br>クリミノーザ | offender, criminal<br>オフェンダ, クリミナル |
| 番人（ばんにん） | guarda *m.*<br>グワルダ | watch, guard<br>ワチ, ガード |
| 晩年（ばんねん） | últimos anos de vida *m.pl.*<br>ウウチモズ アーノス ヂ ヴィーダ | last years<br>ラスト イアズ |
| 反応（はんのう） | reação *f.*<br>ヘアサォン | reaction, response<br>リアクション, リスパンス |
| ～する | reagir a<br>ヘアジール ア | react *to*, respond *to*<br>リアクト, リスパンド |
| 万能の（ばんのうの） | onipotência *f.*<br>オニポテンスィア | almighty<br>オールマイティ |
| 半端な（はんぱな） | incompleto<br>インコンプレット | odd<br>アド |
| バンパー | pára-choque *m.*<br>パラ ショッキ | bumper<br>バンパ |
| ハンバーガー | hambúrguer *m.*<br>アンブルゲル | hamburger<br>ハンバーガ |

| 日 | 葡 | 英 |
|---|---|---|
| はんばい<br>販売 | venda *f.*<br>ヴェンダ | sale<br>セイル |
| ～する | vender<br>ヴェンデール | sell, deal *in*<br>セル, ディール |
| はんぱつ<br>反発 | repulsa *f.*<br>ヘプウサ | repulsion<br>リパルション |
| (反抗) | revolta *f.*, rebeldia *f.*<br>ヘヴォウタ, ヘベウヂーア | opposition, rebellion<br>アポズィション, リベリョン |
| ～する | repelir<br>ヘペリール | repulse, repel<br>リパルス, リペル |
| はんぷく<br>反復する | repetir<br>ヘペチール | repeat<br>リピート |
| パンプス | escarpim *m.*<br>エスカルピン | pumps<br>パンプス |
| パンフレット | folheto *m.*<br>フォリェット | pamphlet, brochure<br>パンフレト, ブロウシュア |
| はんぶん<br>半分 | metade *f.*<br>メターヂ | half<br>ハフ |
| ハンマー | martelo *m.*<br>マルテーロ | hammer<br>ハマ |
| ～投げ | arremesso de martelo *m.*<br>アヘメッソ ヂ マルテーロ | hammer throw<br>ハマ スロウ |
| はんもく<br>反目 | hostilidade *f.*, antagonismo *m.*<br>オスチリダーヂ, アンタゴニズモ | antagonism<br>アンタゴニズム |
| ハンモック | rede *f.*<br>ヘーヂ | hammock<br>ハモク |
| や<br>パン屋 | padaria *f.*<br>パダリーア | bakery<br>ベイカリ |
| はんらん<br>反乱 | revolta *f.*<br>ヘヴォウタ | revolt<br>リヴォウルト |
| ～を起こす | revoltar<br>ヘヴォウタール | rebel *against*<br>リベル |
| はんらん<br>氾濫する | transbordar<br>トランズボルダール | flood, overflow<br>フラド, オウヴァフロウ |
| はんれい<br>凡例 | notas introdutórias *f.pl.*<br>ノッタズ イントロドゥトーリアス | explanatory notes<br>イクスプラナトーリ ノウツ |
| はんろん<br>反論 | objeção *f.*, refutação *f.*<br>オビジェサォン, ヘフタサォン | refutation<br>レフュテイション |
| ～する | refutar, objetar<br>ヘフタール, オビジェタール | argue *against*<br>アーギュー |

| 日 | 葡 | 英 |
|---|---|---|
| **ひ, ヒ** | | |
| 火 (ひ) | fogo *m.* フォーゴ | fire ファイア |
| 日 (ひ) | sol *m.* ソウ | the sun, sunlight ザ サン, サンライト |
| （時間） | dia *m.* チーア | day, date デイ, デイト |
| 美 (び) | beleza *f.* ベレーザ | beauty ビューティ |
| 悲哀 (ひあい) | tristeza *f.*, melancolia *f.* トリステーザ, メランコリーア | sadness サドネス |
| ピアニスト | pianista *m.f.* ピアニスタ | pianist ピアニスト |
| ピアノ | piano *m.* ピアーノ | piano ピアーノウ |
| ヒアリング | compreensão oral *f.* コンプレエンサォン オラウ | listening comprehension リスニング カンプリヘンション |
| （公聴会） | audiência pública *f.* アウヂエンスィア ププリカ | hearing ヒアリング |
| ピーアールする | fazer publicidade ファゼール ププリスィダーヂ | do publicity ドゥー パブリスィティ |
| ビーカー | béquer *m.* ベーケル | beaker ビーカ |
| 贔屓する (ひいきする) | favorecer ファヴォレセール | favor フェイヴァ |
| ピーク | pico *m.* ピッコ | peak ピーク |
| 美意識 (びいしき) | senso estético *m.* センソ エステチコ | sense of beauty センス オヴ ビューティ |
| ビーズ | miçanga *f.* ミサンガ | beads ビーヅ |
| ヒーター | aquecedor *m.* アケセドール | heater ヒータ |
| ビーチパラソル | guarda-sol *m.* グワルダ ソウ | beach umbrella ビーチ アンブレラ |
| 秀でる (ひいでる) | sobressair, exceder ソブレサイール, エセデール | excel イクセル |

| 日 | 葡 | 英 |
|---|---|---|
| ピーナッツ | amendoim *m.*<br>アメンドイン | peanut<br>ピーナト |
| ビーバー | castor *m.*<br>カストール | beaver<br>ビーヴァ |
| ビーフ | carne de vaca *f.*, bife *m.*<br>カルニ チ ヴァッカ, ビッフィ | beef<br>ビーフ |
| ～シチュー | bife de panela<br>ビッフィ チ パネーラ | beef stew<br>ビーフ ステュー |
| ～ステーキ | bife *m.*<br>ビッフィ | beefsteak<br>ビーフステイク |
| ピーマン | pimentão *m.*<br>ピメンタォン | green pepper<br>グリーン ペパ |
| ビール | cerveja *f.*<br>セルヴェージャ | beer<br>ビア |
| ヒーロー | herói *m.*<br>エロイ | hero<br>ヒアロウ |
| 冷え込む | esfriar<br>エスフリアール | get very cold<br>ゲト ヴェリ コウルド |
| 冷えた | gelado<br>ジェラード | cold<br>コウルド |
| 冷える | esfriar<br>エスフリアール | get cold<br>ゲト コウルド |
| ピエロ | pierrô *m.*<br>ピエホー | pierrot<br>ピエロウ |
| 鼻炎 | rinite *f.*<br>ヒニッチ | nasal inflammation<br>ネイザル インフラメイション |
| ビオラ | viola *f.*<br>ヴィオーラ | viola<br>ヴァイオラ |
| 被害 | dano *m.*, prejuízo *m.*<br>ダーノ, プレジュイーゾ | damage<br>ダミヂ |
| ～者 | vítima *f.*<br>ヴィチマ | sufferer, victim<br>サファラ, ヴィクティム |
| 控え | cópia *f.*<br>コーピア | copy, duplicate<br>カピ, デュープリケト |
| （ノート） | nota *f.*, anotação *f.*<br>ノッタ, アノタサォン | note<br>ノウト |
| （引換券） | comprovante *m.*<br>コンプロヴァンチ | exchange ticket<br>イクスチェインヂ ティケト |
| （備え） | reserva *f.*<br>ヘゼルヴァ | reserve<br>リザーヴ |

| 日 | 葡 | 英 |
|---|---|---|
| 控え目な<br>ひかえめな | reservado, modesto, recatado<br>ヘゼルヴァード, モデスト, ヘカタード | moderate<br>マダレト |
| 日帰り旅行<br>ひがえりりょこう | viagem de um dia *f.*<br>ヴィアージェイン ヂ ウン ヂーア | day trip<br>デイ トリプ |
| 控える<br>ひかえる | abster-se, evitar<br>アビステールスィ, エヴィタール | refrain *from*<br>リフレイン |
| （書き留める） | anotar<br>アノタール | write down<br>ライト ダウン |
| （待機する） | esperar, aguardar<br>エスペラール, アグァルダール | wait<br>ウェイト |
| 比較<br>ひかく | comparação *f.*<br>コンパラサォン | comparison<br>カンパリスン |
| 〜する | comparar<br>コンパラール | compare<br>カンペア |
| 美学<br>びがく | estética *f.*<br>エステチカ | aesthetics<br>エスセティクス |
| 日陰<br>ひかげ | sombra *f.*<br>ソンブラ | the shade<br>ザ シェイド |
| 東<br>ひがし | leste *m.*<br>レスチ | the east<br>ジ イースト |
| 〜側 | leste *m.*<br>レスチ | the east side<br>ジ イースト サイド |
| ぴかぴかする | brilhar, reluzir<br>ブリリャール, ヘルズィール | glitter, twinkle<br>グリタ, トウィンクル |
| 光<br>ひかり | luz *f.*<br>ルィス | light, ray<br>ライト, レイ |
| 光る<br>ひかる | brilhar, luzir<br>ブリリャール, ルズィール | shine, flash<br>シャイン, フラシュ |
| 引かれる<br>ひかれる | ser atraído<br>セール アトライード | be charmed *with, by*<br>ビ チャームド |
| 悲観<br>ひかん（主義） | pessimismo *m.*<br>ペスィミズモ | pessimism<br>ペスィミズム |
| 〜する | ser pessimista<br>セール ペスィミスタ | be pessimistic *about*<br>ビ ペスィミスティク |
| 〜的な | pessimista<br>ペスィミスタ | pessimistic<br>ペスィミスティク |
| 引き上[揚]げる<br>ひきあげる | puxar para cima<br>プシャール パラ スィーマ | pull up<br>プル アプ |

| 日 | 葡 | 英 |
|---|---|---|
| （値段を） | elevar<br>エレヴァール | raise<br>レイズ |
| （戻る） | retornar , retirar-se<br>ヘトルナール, ヘチラールスィ | return<br>リターン |
| 率いる | dirigir , conduzir , guiar<br>チリジール, コンドゥズィール, ギアール | lead, conduct<br>リード, カンダクト |
| 引き受ける | assumir , encarregar-se de<br>アスミール, エンカヘガールスィ チ | undertake<br>アンダテイク |
| （受託） | aceitar<br>アセィタール | accept<br>アクセプト |
| 引き起こす | levantar<br>レヴァンタール | raise<br>レイズ |
| （惹起） | provocar , causar<br>プロヴォカール, カゥザール | cause<br>コーズ |
| 引き換え | troca _f._<br>トロッカ | exchange<br>イクスチェインヂ |
| 引き返す | voltar para trás , retornar<br>ヴォゥタール パラ トラィス, ヘトルナール | return<br>リターン |
| 引き換える | trocar<br>トロカール | exchange<br>イクスチェインヂ |
| 蟇 | sapo _m._<br>サッポ | toad<br>トゥド |
| 引き金 | gatilho _m._<br>ガチーリョ | trigger<br>トリガ |
| 引き裂く | rasgar<br>ハズガール | tear up<br>テア アプ |
| 引き下げる | puxar para baixo<br>プシャール パラ バィショ | pull down<br>プル ダウン |
| （値段を） | reduzir , abaixar<br>ヘドゥズィール, アバィシャール | reduce<br>リデュース |
| 引き算 | subtração _f._<br>スビトラサォン | subtraction<br>サブトラクション |
| 〜する | subtrair<br>スビトライール | subtract _from_<br>サブトラクト |
| 引き潮 | maré baixa _f._<br>マレ バィシャ | the ebb tide<br>ジ エブ タイド |
| 引き締める | apertar<br>アペルタール | tighten<br>タイトン |
| 引き摺る | arrastar<br>アハスタール | trail, drag<br>トレイル, ドラグ |

| 日 | 葡 | 英 |
|---|---|---|
| 引き出し | gaveta *f.*<br>ガヴェッタ | drawer<br>ドローア |
| （預金の） | retirada *f.*<br>ヘチラーダ | withdrawal<br>ウィズドローアル |
| 引き出す | tirar , sacar , extrair<br>チラール, サカール, エストライール | draw out<br>ドロー アウト |
| （預金を） | retirar , sacar<br>ヘチラール, サカール | withdraw<br>ウィズドロー |
| 引き立てる | proteger , favorecer<br>プロテジェール, ファヴォレセール | favor<br>フェイヴァ |
| 引き継ぐ | suceder<br>スセデール | succeed *to*<br>サクスィード |
| （人に） | entregar , passar<br>エントレガール, パサール | hand over<br>ハンド オウヴァ |
| 引き付ける | atrair<br>アトライール | attract<br>アトラクト |
| 引き留[止]める | deter<br>デテール | keep, stop<br>キープ, スタプ |
| 引き取る | receber<br>ヘセベール | receive<br>リスィーヴ |
| ビギナー | principiante *m.f.*<br>プリンスィピアンチ | beginner<br>ビギナ |
| ビキニ | biquíni *m.*<br>ビキーニ | bikini<br>ビキーニ |
| 挽き肉 | carne moída *f.*<br>カルニ モイーダ | minced meat<br>ミンスト ミート |
| 引き抜く | arrancar<br>アハンカール | pull out<br>プル アウト |
| 引き延[伸]ばす | esticar<br>エスチカール | stretch<br>ストレチ |
| （写真を） | ampliar<br>アンプリアール | enlarge<br>インラーヂ |
| （期間を） | prolongar , prorrogar<br>プロロンガール, プロホガール | prolong<br>プロローング |
| 引き払う | desocupar<br>デゾクパール | move out<br>ムーヴ アウト |
| 卑怯な | covarde<br>コヴァルヂ | mean, foul<br>ミーン, ファウル |
| 引き分け | empate *m.*<br>エンパッチ | draw, drawn game<br>ドロー, ドローン ゲイム |

| 日 | 葡 | 英 |
|---|---|---|
| 引き渡す | entregar<br>エントレガール | hand over, deliver<br>ハンド オウヴァ, ディリヴァ |
| 引く | puxar<br>プシャール | pull, draw<br>プル, ドロー |
| （注意などを） | atrair<br>アトライール | attract<br>アトラクト |
| （辞書を） | consultar<br>コンスウタール | consult<br>カンサルト |
| （差し引く） | subtrair<br>スビトライール | deduct<br>ディダクト |
| （電話などを） | instalar<br>インスタラール | install<br>インストール |
| （後退する） | recuar<br>ヘクワール | move back<br>ムーヴ バク |
| 弾く | tocar (um instrumento musical)<br>トカール（ウン インストルメント ムズィカウ） | play<br>プレイ |
| 轢く | atropelar<br>アトロペラール | run over, hit<br>ラン オウヴァ, ヒト |
| 低い | baixo<br>バイショ | low<br>ロウ |
| （背が） | baixo<br>バイショ | short<br>ショート |
| 卑屈な | servil<br>セルヴィウ | servile<br>サーヴァル |
| ピクニック | piquenique m.<br>ピキニッキ | picnic<br>ピクニク |
| びくびくする | ter medo<br>テール メード | be scared of<br>ビ スケアド |
| 日暮れ | anoitecer m., pôr-do-sol m.<br>アノィテセール, ポール ド ソウ | evening, dusk<br>イーヴニング, ダスク |
| 髭 | barba f.<br>バルバ | beard<br>ビアド |
| （口ひげ） | bigode m.<br>ビゴーヂ | mustache<br>マスタシュ |
| （あごひげ） | cavanhaque m.<br>カヴァニャッキ | beard<br>ビアド |
| （頬ひげ） | suíças f.pl.<br>スウィッサス | whiskers<br>(ホ)ウィスカズ |
| 〜を剃る | fazer a barba<br>ファゼール ア バルバ | shave<br>シェイヴ |

| 日 | 葡 | 英 |
|---|---|---|
| 悲劇(ひげき) | tragédia f.<br>トラジェーヂア | tragedy<br>トラヂェディ |
| 卑下(ひげ)する | humilhar-se , rebaixar-se<br>ウミリヤールスィ、ヘバイシャールスィ | humble *oneself*<br>ハンブル |
| 秘訣(ひけつ) | segredo m.<br>セグレード | secret<br>スィークレト |
| 否決(ひけつ)する | desaprovar , rejeitar<br>デサプロヴァール、ヘジェイタール | reject<br>リチェクト |
| 庇護(ひご)する | proteger<br>プロテジェール | protect<br>プロテクト |
| 飛行(ひこう) | vôo m.<br>ヴォーオ | flight<br>フライト |
| ～機 | avião m.<br>アヴィアオン | airplane, plane<br>エアプレイン、プレイン |
| ～場 | aeroporto m.<br>アエロポルト | airport, airfield<br>エアポト、エアフィールド |
| ～船 | (balão) dirigível m.<br>(バラオン) チリジーヴェウ | airship<br>エアシプ |
| 尾行(びこう)する | perseguir<br>ペルセギール | follow<br>ファロウ |
| 非公式(ひこうしき)の | não oficial , informal<br>ナオン オフィスィアウ、インフォルマウ | unofficial, informal<br>アナフィシャル、インフォーマル |
| 非合法(ひごうほう)の | ilegal<br>イレガウ | illegal<br>イリーガル |
| 被告(ひこく) | | |
| (男の) | réu m., acusado m.<br>ヘウ、アクザード | defendant, the accused<br>ディフェンダント、ジアキューズド |
| (女の) | ré f., acusada f.<br>ヘ、アクザーダ | defendant, the accused<br>ディフェンダント、ジ アキューズド |
| 日頃(ひごろ) | usualmente , normalmente<br>ウズァウメンチ、ノルマウメンチ | usually, always<br>ユージュアリ、オールウェイズ |
| 膝(ひざ) | joelho m.<br>ジョエーリョ | knee, lap<br>ニー、ラブ |
| ビザ | visto m.<br>ヴィスト | visa<br>ヴィーザ |
| ピザ | pizza f.<br>ピッツァ | pizza<br>ピーツァ |
| 被災者(ひさいしゃ) | vítima do desastre f.<br>ヴィチマ ド デザストリ | sufferer<br>サファラ |

| 日 | 葡 | 英 |
|---|---|---|
| 庇（ひさし） | toldo *m.* トウド | eaves イーヴズ |
| （帽子の） | pala *f.* パーラ | visor ヴァイザ |
| 日差し（ひざし） | raios de sol *m.pl.* ハィオス ヂ ソウ | the sunlight ザ サンライト |
| 久し振りに（ひさしぶりに） | depois de muito tempo デポィス ヂ ムィント テンポ | after a long time アフタ ア ローング タイム |
| 跪く（ひざまずく） | ajoelhar-se アジョエリャールスィ | kneel down ニール ダウン |
| 悲惨な（ひさんな） | trágico トラジコ | miserable, wretched ミザラブル, レチド |
| 肘（ひじ） | cotovelo *m.* コトヴェーロ | elbow エルボウ |
| 肘掛け椅子（ひじかけいす） | poltrona *f.* ポウトローナ | armchair アームチェア |
| 菱形（ひしがた） | losango *m.* ロザンゴ | rhombus, lozenge ランバス, ラズィンヂ |
| ビジネス | negócio *m.* ネゴッスィオ | business ビズネス |
| 〜マン | homem de negócios *m.* オーメィン ヂ ネゴスィオス | businessman ビズネスマン |
| 柄杓（ひしゃく） | concha *f.* コンシャ | dipper, ladle ディパ, レイドル |
| 比重（ひじゅう） | peso específico *m.* ペーゾ エスペスィフィコ | specific gravity スピスィフィク グラヴィティ |
| 美術（びじゅつ） | artes plásticas *f.pl.* アルチス プラスチカス | art, the fine arts アート, ザ ファイン アーツ |
| 〜館 | museu de arte *m.* ムゼゥ ヂ アルチ | art museum アート ミューズィアム |
| 批准する（ひじゅんする） | ratificar ハチフィカール | ratify ラティファイ |
| 秘書（ひしょ） | | |
| （男の） | secretário *m.* セクレターリオ | secretary セクレタリ |
| （女の） | secretária *f.* セクレターリア | secretary セクレタリ |
| 非常（ひじょう） | emergência *f.* エメルジェンスィア | emergency イマーヂェンスィ |

| 日 | 葡 | 英 |
|---|---|---|
| 〜階段 | escadas de emergência *f.pl.*<br>エスカーダス ヂ エメルジェンスィア | emergency staircase<br>イマーヂェンスィ ステアケイス |
| 〜口 | saída de emergência *f.*<br>サイーダ ヂ エメルジェンスィア | emergency exit<br>イマーヂェンスィ エクスィト |
| 〜な | extraordinário<br>エストラオルヂナーリオ | unusual<br>アニュージュアル |
| 〜に | muito<br>ムィント | very, unusually<br>ヴェリ, アニュージュアリ |
| ひじょう<br>非情な | cruel, sem piedade<br>クルエウ, セィン ピエダーヂ | heartless<br>ハートレス |
| びしょう<br>微笑 | sorriso *m.*<br>ソヒーゾ | smile<br>スマイル |
| ひじょうきん<br>非常勤の | em tempo parcial<br>エィン テンポ パルスィアウ | part-time<br>パートタイム |
| ひじょうしき<br>非常識な | que falta de bom senso<br>キ ファウタ ヂ ボン センソ | absurd, unreasonable<br>アブサード, アンリーズナブル |
| ひしょち<br>避暑地 | estância de veraneio *f.*<br>エスタンスィア ヂ ヴェラネィオ | summer resort<br>サマ リゾート |
| びしょ濡れの | ensopado, empapado<br>エンソパード, エンパパード | wet through<br>ウェト スルー |
| ビジョン | visão *f.*<br>ヴィザオン | vision<br>ヴィジョン |
| ひすい<br>翡翠 | jade *m.*<br>ジャーヂ | jade<br>チェイド |
| ビスケット | biscoito *m.*<br>ビスコィト | biscuit<br>ビスキト |
| ヒステリックな | histérico<br>イステリコ | hysterical<br>ヒステリカル |
| ピストル | pistola *f.*<br>ピストーラ | pistol<br>ピストル |
| ピストン | pistão *m.*<br>ピスタオン | piston<br>ピストン |
| ひず<br>歪む | entortar-se, deformar-se<br>エントルタールスィ, デフォルマールスィ | be warped<br>ビ ウォープト |
| びせいぶつ<br>微生物 | microorganismo *m.*<br>ミクロオルガニズモ | microorganism<br>マイクロウオーガニズム |
| ひそ<br>砒素 | arsênico *m.*<br>アルセニコ | arsenic<br>アースニク |

| 日 | 葡 | 英 |
|---|---|---|
| 悲壮な（ひそう） | patético<br>パテチコ | pathetic, grievous<br>パセティク, グリーヴァス |
| 脾臓（ひぞう） | baço *m.*<br>バッソ | spleen<br>スプリーン |
| 密かな（ひそ） | secreto, oculto<br>セクレット, オクウト | secret, private<br>スィークレット, プライヴェト |
| 襞（ひだ） | prega *f.*<br>プレーガ | fold<br>フォウルド |
| 額（ひたい） | testa *f.*<br>テスタ | the forehead<br>ザ フォリド |
| 浸す（ひた） | embeber, deixar de molho<br>エンベベール, デイシャール チ モーリョ | soak *in*, dip *in*<br>ソウク, ディプ |
| ビタミン | vitamina *f.*<br>ヴィタミーナ | vitamin<br>ヴァイタミン |
| 左（ひだり） | esquerda *f.*<br>エスケルダ | the left<br>ザ レフト |
| ～側 | lado esquerdo *m.*<br>ラード エスケルド | the left side<br>ザ レフト サイド |
| ～に曲がる | virar à esquerda<br>ヴィラール ア エスケルダ | turn left<br>ターン レフト |
| 悲痛な（ひつう） | doloroso, aflitivo<br>ドロローゾ, アフリチーヴォ | grievous, sorrowful<br>グリーヴァス, サロウフル |
| 引っ掛かる（ひ か） | ficar preso em, enganchar-se<br>フィカール プレーゾ エイン, エンガンシャールスィ | get caught *in, on*<br>ゲト コート |
| 引っ掻く（ひ か） | arranhar<br>アハニャール | scratch<br>スクラチ |
| 引っ掛ける（ひ か） | prender, enganchar<br>プレンデール, エンガンシャール | hang<br>ハング |
| 筆記（ひっき） | | |
| ～試験 | prova escrita *f.*<br>プローヴァ エスクリッタ | written examination<br>リトン イグザミネイション |
| ～する | tomar nota, escrever, anotar<br>トマール ノッタ, エスクレヴェール, アノタール | write down<br>ライト ダウン |
| 棺（ひつぎ） | ataúde *m.*<br>アタウーチ | coffin<br>コフィン |
| 引っ繰り返す（ひ く かえ） | virar<br>ヴィラール | overturn<br>オウヴァターン |

| 日 | 葡 | 英 |
|---|---|---|
| 引っ繰り返る | virar-se<br>ヴィラールスィ | overturn<br>オウヴァターン |
| （倒れる） | cair para trás<br>カイール パラ トゥラス | fall over<br>フォール オウヴァ |
| びっくりする | assustar-se<br>アススタールスィ | be surprised<br>ビ サプライズド |
| 日付 | data *f.*<br>ダッタ | date<br>デイト |
| ピッケル | picão *m.*<br>ピカオン | ice-ax<br>アイスアクス |
| 引っ越し | mudança de casa *f.*<br>ムダンサ デ カーザ | moving<br>ムーヴィング |
| 引っ越す | mudar-se<br>ムダールスィ | move, remove<br>ムーヴ, リムーヴ |
| 引っ込む | retirar-se , recolher-se<br>ヘチラールスィ, ヘコリェールスィ | retire<br>リタイア |
| 引っ込める | retirar , encolher<br>ヘチラール, エンコリェール | take back<br>テイク バク |
| ピッコロ | piccolo *m.*<br>ピッコロ | piccolo<br>ピコロウ |
| 羊 | | |
| （雄の） | carneiro *m.*<br>カルネィロ | sheep<br>シープ |
| （雌の） | ovelha *f.*<br>オヴェーリャ | sheep<br>シープ |
| 必死の | desesperado<br>デゼスペラード | desperate<br>デスパレト |
| 必修の | obrigatório<br>オブリガトーリオ | compulsory<br>カンパルソリ |
| 必需品 | artigo indispensável *m.*<br>アルチーゴ インヂスペンサーヴェウ | necessaries<br>ネセセリズ |
| 必須の | indispensável,<br>　　　　　imprescindível<br>インヂスペンサーヴェウ, インプレスィンチーヴェウ | indispensable<br>インディスペンサブル |
| ひっそりと | silenciosamente<br>スィレンスィオザメンチ | quietly<br>クワイアトリ |
| ひったくる | arrebatar<br>アヘバタール | snatch<br>スナチ |

| 日 | 葡 | 英 |
|---|---|---|
| ヒッチハイク | carona *f.*<br>カローナ | hitchhike<br>ヒチハイク |
| ピッチャー（水差し） | jarro *m.*<br>ジャッホ | pitcher<br>ピチャ |
| 匹敵する | igualar a<br>イグァラール ア | be equal *to*<br>ビ イークワル |
| ヒット（成功） | sucesso *m.*, êxito *m.*<br>スセッソ, エズィト | hit, success<br>ヒト, サクセス |
| 逼迫する | ficar tenso<br>フィカール テンソ | be pressed<br>ビ プレスト |
| 引っ張る | puxar<br>プシャール | stretch<br>ストレチ |
| ヒップ | quadris *m.pl.*<br>クゥドリース | the hip<br>ザ ヒプ |
| 蹄 | casco *m.*<br>カスコ | hoof<br>フーフ |
| 必要 | necessidade *f.*<br>ネセスィダーチ | necessity, need<br>ニセスィティ, ニード |
| 〜な | necessário<br>ネセサーリオ | necessary<br>ネセセリ |
| ビデ | bidê *m.*<br>ビデ | bidet<br>ビデイ |
| 否定 | negação *f.*<br>ネガサォン | negation<br>ニゲイション |
| 〜する | negar<br>ネガール | deny<br>ディナイ |
| ビデオ | vídeo *m.*<br>ヴィチオ | video<br>ヴィディオウ |
| 〜テープ | fita de vídeo *f.*<br>フィッタ チ ヴィチオ | videotape<br>ヴィディオウテイプ |
| 美的な | estético<br>エステチコ | aesthetic<br>エスセティク |
| 日照り | seca *f.*<br>セッカ | drought<br>ドラウト |
| 秘伝 | segredo *m.*<br>セグレード | secret<br>スィークレト |
| 人 | homem *m.*, ser humano *m.*<br>オーメィン, セール ウマーノ | person, one<br>パーソン, ワン |

| 日 | 葡 | 英 |
|---|---|---|
| （人類） | humanidade f. <br> ウマニダーチ | mankind <br> マンカインド |
| （他人） | outrem <br> オゥトレィン | others, other people <br> アザズ, アザ ピープル |
| ひどい<br>酷い | cruel <br> クルエウ | cruel, terrible <br> クルーエル, テリブル |
| ひといき<br>一息で | de um único fôlego <br> チ ウン ウニコ フォレゴ | at a breath <br> アト ア ブレス |
| ひとがら<br>人柄 | personalidade f. <br> ペルソナリダーチ | character <br> キャラクタ |
| ひとき<br>一切れ | um pedaço m. <br> ウン ペダッソ | a piece of <br> ア ピース |
| びとく<br>美徳 | virtude f. <br> ヴィルトゥーチ | virtue <br> ヴァーチュー |
| ひとくち<br>一口 | uma bocada f. <br> ウマ ボカーダ | a mouthful <br> ア マウスフル |
| （飲み物） | um gole m. <br> ウン ゴーリ | a gulp <br> ア ガルプ |
| （出資など） | uma quota f. <br> ウマ クォッタ | a share <br> ア シェア |
| ひどけい<br>日時計 | relógio de sol m. <br> ヘロージオ チ ソウ | sundial <br> サンダイアル |
| ひとご<br>人込み | multidão f. <br> ムウチダォン | crowd <br> クラウド |
| ひとごろ<br>人殺し | assassinato m. <br> アサスィナット | murder <br> マーダ |
| ひとさ ゆび<br>人差し指 | (dedo) indicador m. <br> （デード）インヂカドール | forefinger <br> フォーフィンガ |
| ひと<br>等しい | ser igual <br> セール イグワウ | be equal to <br> ビ イークワル |
| ひとじち<br>人質 | refém m.f. <br> ヘフェィン | hostage <br> ハスティヂ |
| ひとそろ<br>一揃い | um jogo m. <br> ウン ジョーゴ | a set <br> ア セト |
| ひと<br>人だかり | multidão f. <br> ムウチダォン | crowd <br> クラウド |
| ひと<br>一つ | um <br> ウン | one <br> ワン |

| 日 | 葡 | 英 |
|---|---|---|
| ひとで<br>海星 | estrela-do-mar f.<br>エストレーラ ド マール | starfish<br>スターフィシュ |
| ひとで<br>人手 | | |
| （他人の力） | ajuda f.<br>アジューダ | help, hand<br>ヘルプ, ハンド |
| （働き手） | mão-de-obra f.<br>マォン ヂ オーブラ | hand<br>ハンド |
| ひとなつ<br>人懐っこい | comunicativo , sociável<br>コムニカチーヴォ, ソスィアーヴェウ | amiable<br>エイミアブル |
| ひとな<br>人並みの | ordinário , médio<br>オルヂナーリオ, メーヂオ | ordinary, average<br>オーディネリ, アヴァリヂ |
| ひとびと<br>人々 | gente f.<br>ジェンチ | people, men<br>ピープル, メン |
| ひとまえ<br>人前で | em público,<br>　　　diante dos outros<br>エィン プブリコ, ヂアンチ ドズ オウトロス | in public<br>イン パブリク |
| ひとみ<br>瞳 | pupila f.<br>プピーラ | the pupil<br>ザ ピュービル |
| ひとみしり<br>人見知りする | estranhar , esquivar-se<br>エストラニャール, エスキヴァールスィ | be shy<br>ビ シャイ |
| ひとめ<br>一目で | à primeira vista<br>ア プリメィラ ヴィスタ | at a glance<br>アト ア グランス |
| ひとやす<br>一休み | pequeno intervalo m.,<br>　　　　　　　pausa f.<br>ペケーノ インテルヴァーロ, パウザ | rest, break<br>レスト, ブレイク |
| ひとり<br>一人で | sozinho<br>ソズィーニョ | alone, by oneself<br>アロウン, バイ |
| ひと ごと い<br>独り言を言う | falar consigo mesmo<br>ファラール コンスィーゴ メズモ | talk to oneself<br>トーク トゥ |
| ひと よ<br>独り善がり | arbítrio m.<br>アルビトリオ | self-satisfaction<br>セルフサティスファクション |
| ひな<br>雛 | pinto m.<br>ピント | chick<br>チク |
| ひなぎく<br>雛菊 | margarida f.<br>マルガリーダ | daisy<br>デイズィ |
| ひなた<br>日向で | ao sol, em lugar ensolarado<br>アオ ソウ, エィン ルガール エンソララード | in the sun<br>イン ザ サン |

| 日 | 葡 | 英 |
|---|---|---|
| 鄙びた (ひな) | rústico フスチコ | rural ルアラル |
| 避難 (ひなん) | refúgio *m.*, abrigo *m.* ヘフージオ, アブリーゴ | refuge, shelter レフュージ, シェルタ |
| ～する | refugiar-se ヘフジアールスィ | take refuge *in, from* テイク レフュージ |
| ～民 (男の) | refugiado *m.* ヘフジアード | refugee レフュヂー |
| (女の) | refugiada *f.* ヘフジアーダ | refugee レフュヂー |
| 非難する (ひなん) | criticar クリチカール | blame, accuse ブレイム, アキューズ |
| ビニール | plástico *m.* プラスチコ | vinyl ヴァイニル |
| ～ハウス | estufa de plástico *f.* エストゥッファ ヂ プラスチコ | vinyl house ヴァイニル ハウス |
| ～袋 | saco plástico *m.* サッコ プラスチコ | plastic bag プラスティク バグ |
| 皮肉 (ひにく) | sarcasmo *m.*, ironia *f.* サルカズモ, イロニーア | sarcasm, irony サーキャズム, アイアロニ |
| ～な | irônico イロニコ | sarcastic, ironical サーキャスティク, アイラニカル |
| 泌尿器 (ひにょうき) | urologia *f.* ウロロジーア | urinary organs ユアリネリ オーガンズ |
| 否認する (ひにん) | negar ネガール | deny ディナイ |
| 避妊 (ひにん) | contracepção *f.* コントラセピサォン | contraception カントラセプション |
| 微熱 (びねつ) | febre ligeira *f.* フェブリ リジェィラ | slight fever スライト フィーヴァ |
| 捻る (ひね) | torcer トルセール | twist, twirl トウィスト, トワール |
| 日の入り (ひ い) | pôr-do-sol *m.* ポール ド ソウ | sunset サンセト |
| 日の出 (ひ で) | nascer do sol *m.* ナセール ド ソウ | sunrise サンライズ |
| 火鉢 (ひばち) | braseiro *m.* ブラゼィロ | brazier ブレイジャ |

| 日 | 葡 | 英 |
|---|---|---|
| ひばな<br>火花 | faísca *f.*, chispa *f.*, centelha *f.*<br>ファイスカ, シスパ, センテーリャ | spark<br>スパーク |
| ひばり<br>雲雀 | espécie de calhandra *f.*<br>エスペスィイ ヂ カリャンドラ | lark<br>ラーク |
| ひはん<br>批判 | crítica *f.*<br>クリチカ | criticism<br>クリティスィズム |
| 〜する | criticar<br>クリチカール | criticize<br>クリティサイズ |
| ひばん<br>非番 | folga *f.*<br>フォウガ | off duty<br>オーフ デューティ |
| ひび<br>皹 | pele rachada *f.*<br>ペーリ ハシャーダ | chap<br>チャプ |
| ひび<br>罅 | rachadura *f.*<br>ハシャドゥーラ | crack<br>クラク |
| ひび<br>響き | | |
| （音色） | som *m.*, timbre *m.*<br>ソン, チンブリ | sound<br>サウンド |
| （音響） | ressonância *f.*<br>ヘソナンスィア | resonance<br>レザナンス |
| ひび<br>響く | ressoar, ecoar<br>ヘソワール, エコワール | sound, resound<br>サウンド, リザウンド |
| ひひょう<br>批評 | crítica *f.*, comentário *m.*<br>クリチカ, コメンターリオ | criticism, comment<br>クリティスィズム, カメント |
| 〜する | criticar, comentar<br>クリチカール, コメンタール | criticize, comment *on*<br>クリティサイズ, カメント |
| ひふ<br>皮膚 | pele *f.*<br>ペーリ | the skin<br>ザ スキン |
| 〜科 | dermatologia *f.*<br>デルマトロジーア | dermatology<br>デーマタロディ |
| ビフテキ | bife *m.*<br>ビッフィ | beefsteak<br>ビーフステイク |
| ひぼう<br>誹謗する | difamar, caluniar<br>ヂファマール, カルニアール | slander<br>スランダ |
| びぼう<br>美貌 | beleza *f.*, formosura *f.*<br>ベレーザ, フォルモズーラ | beauty<br>ビューティ |
| ひぼん<br>非凡な | extraordinário<br>エストラオルヂナーリオ | exceptional<br>イクセプショナル |

| 日 | 葡 | 英 |
|---|---|---|
| <ruby>暇<rt>ひま</rt></ruby> | folga *f.*, tempo livre *m.*<br>フォウガ, テンポ リーヴリ | time, leisure<br>タイム, リージャ |
| 〜な | livre , folgado<br>リーヴリ, フォウガード | free, not busy<br>フリー, ナト ビズィ |
| <ruby>曾孫<rt>ひまご</rt></ruby> | | |
| （男の） | bisneto *m.*<br>ビズネット | great-grandchild<br>グレイト グランチャイルド |
| （女の） | bisneta *f.*<br>ビズネッタ | great-grandchild<br>グレイト グランチャイルド |
| <ruby>向日葵<rt>ひまわり</rt></ruby> | girassol *m.*<br>ジラソウ | sunflower<br>サンフラウア |
| <ruby>肥満<rt>ひまん</rt></ruby> | obesidade *f.*<br>オベズィダーチ | obesity<br>オウビースィティ |
| <ruby>美味<rt>びみ</rt></ruby> | sabor delicioso *m.*<br>サボール デリスィオーゾ | delicacy<br>デリカスィ |
| <ruby>秘密<rt>ひみつ</rt></ruby> | segredo *m.*<br>セグレード | secret<br>スィークレト |
| 〜の | secreto<br>セクレット | secret<br>スィークレト |
| <ruby>微妙<rt>びみょう</rt></ruby>な | delicado , sutil<br>デリカード, スチウ | subtle, delicate<br>サトル, デリケト |
| <ruby>悲鳴<rt>ひめい</rt></ruby> | grito de desespero *m.*<br>グリット チ デゼスペーロ | scream, cry<br>スクリーム, クライ |
| 〜を上げる | gritar , berrar<br>グリタール, ベハール | scream, cry<br>スクリーム, クライ |
| <ruby>罷免<rt>ひめん</rt></ruby>する | exonerar , demitir<br>エゾネラール, デミチール | dismiss<br>ディスミス |
| <ruby>紐<rt>ひも</rt></ruby> | corda *f.*<br>コルダ | string, cord<br>ストリング, コード |
| <ruby>冷<rt>ひ</rt></ruby>やかす | zombar<br>ゾンバール | banter, tease<br>バンタ, ティーズ |
| <ruby>百<rt>ひゃく</rt></ruby> | cem<br>セィン | hundred<br>ハンドリド |
| <ruby>飛躍<rt>ひやく</rt></ruby>する | saltar<br>サウタール | leap, jump<br>リープ, チャンプ |
| <ruby>百万<rt>ひゃくまん</rt></ruby> | um milhão *m.*<br>ウン ミリャォン | million<br>ミリオン |
| <ruby>白夜<rt>びゃくや</rt></ruby> | sol da meia-noite *m.*<br>ソウ ダ メィア ノィチ | the midnight sun<br>ザ ミドナイト サン |

| 日 | 葡 | 英 |
|---|---|---|
| 日焼け(ひやけ) | queimadura de sol *f.*<br>ケィマドゥーラ ヂ ソウ | sunburn, suntan<br>サンバーン, サンタン |
| ～する | queimar-se ao sol<br>ケィマールスィ アオ ソウ | get sunburnt<br>ゲト サンバーント |
| ～止め | protetor solar *m.*,<br>filtro solar *m.*<br>プロテトール ソラール, フィウトロ ソラール | sunscreen<br>サンスクリーン |
| ヒヤシンス | jacinto *m.*<br>ジャスィント | hyacinth<br>ハイアスィンス |
| 冷やす(ひやす) | esfriar<br>エスフリアール | cool, ice<br>クール, アイス |
| 百科事典(ひゃっかじてん) | enciclopédia *f.*<br>エンスィクロペーヂア | encyclopedia<br>エンサイクロウピーディア |
| 百貨店(ひゃっかてん) | loja de departamentos *f.*<br>ロージャ ヂ デパルタメント | department store<br>ディパートメント ストー |
| ビヤホール | cervejaria *f.*<br>セルヴェジャリーア | beer hall<br>ビア ホール |
| 冷ややかな(ひややかな) | frio, indiferente<br>フリーオ, インヂフェレンチ | cold, indifferent<br>コウルド, インディファレント |
| 比喩(ひゆ) | figura de retórica *f.*<br>フィグーラ ヂ ヘトリカ | figure of speech<br>フィギャ オヴ スピーチ |
| （隠喩） | metáfora *f.*<br>メタフォラ | metaphor<br>メタフォー |
| ～的な | figurado<br>フィグラード | figurative<br>フィギュラティヴ |
| ヒューズ | fusível *m.*<br>フズィーヴェウ | fuse<br>フューズ |
| ヒューマニズム | humanismo *m.*<br>ウマニズモ | humanism<br>ヒューマニズム |
| ビュッフェ | bufê *m.*<br>ブフェ | buffet<br>バフェト |
| 票(ひょう) | voto *m.*<br>ヴォット | vote<br>ヴォウト |
| 表(ひょう) | tabela *f.*, diagrama *m.*<br>タベーラ, ヂアグラーマ | table, diagram<br>テイブル, ダイアグラム |
| 雹(ひょう) | granizo *m.*<br>グラニーゾ | hail<br>ヘイル |
| 費用(ひよう) | despesa *f.*, custo *m.*<br>ヂスペーザ, クスト | cost<br>コスト |

| 日 | 葡 | 英 |
|---|---|---|
| びょう<br>秒 | segundo *m.*<br>セグンド | second<br>セコンド |
| びよういん<br>美容院 | salão de beleza *m.*<br>サラオン ヂ ベレーザ | beauty salon<br>ビューティ サラン |
| びょういん<br>病院 | hospital *m.*<br>オスピタウ | hospital<br>ハスピタル |
| ひょうか<br>評価 | avaliação *f.*<br>アヴァリアサォン | estimation<br>エスティメイション |
| 〜する | avaliar<br>アヴァリアール | estimate, evaluate<br>エスティメイト, イヴァリュエイト |
| ひょうが<br>氷河 | geleira *f.*<br>ジェレィラ | glacier<br>グレイシャ |
| びょうき<br>病気 | doença *f.*<br>ドエンサ | sickness, disease<br>スィックネス, ディズィーズ |
| 〜になる | adoecer , ficar doente<br>アドエセール, フィカール ドエンチ | get ill<br>ゲト イル |
| ひょうぎかい<br>評議会 | conselho *m.*<br>コンセーリョ | council<br>カウンスィル |
| ひょうきんな<br>飄軽な | engraçado , brincalhão<br>エングラサード, ブリンカリャォン | facetious, funny<br>ファスィーシャス, ファニ |
| ひょうけつ<br>票決 | votação *f.*<br>ヴォタサォン | vote<br>ヴォウト |
| ひょうげん<br>表現 | expressão *f.*<br>エスプレサォン | expression<br>イクスプレション |
| 〜する | expressar<br>エスプレサール | express<br>イクスプレス |
| びょうげんきん<br>病原菌 | germe patogênico *m.*<br>ジェルミ パトジェニコ | disease germ<br>ディズィーズ チャーム |
| ひょうご<br>標語 | lema *m.*<br>レーマ | slogan<br>スロウガン |
| ひょうさつ<br>表札 | placa com o nome *f.*<br>プラッカ コン ウ ノーミ | doorplate<br>ドープレイト |
| ひょうし<br>表紙 | capa *f.*<br>カッパ | cover<br>カヴァ |
| ひょうじ<br>表示 | indicação *f.*<br>インヂカサォン | indication<br>インディケイション |
| 〜する | indicar , mostrar<br>インヂカール, モストラール | indicate<br>インディケイト |

## ■病院■ hospital *m.* / オスピタウ /

クリニック clínica / クリニカ / *f.* ([英]clinic)

びょういん
病院 hospital / オスピタウ / *m.* ([英]hospital)

きゅうきゅうびょういん
救急病院 pronto-socorro / プロント ソコッホ / *m.* ([英]emergency hospital)

いしゃ
医者 (男の)médico / メヂコ / *m.*, (女の)médica / メヂカ / *f.* ([英]doctor)

かんごし
看護師 (男の)enfermeiro / エンフェルメイロ / *m.*, (女の)enfermeira / エンフェルメイラ / *f.* ([英]nurse)

しんさつ
診察 consulta / コンスウタ / *f.* ([英]medical examination)

しんだんしょ
診断書 atestado médico / アテスタード メヂコ / *m.* ([英]medical certificate)

けんさ
検査 exame / エザーミ / *m.* ([英]examination)

せんけんさ
X線検査 exame de raio X / エザーミ ヂ ハイオ シース / *m.* ([英]X-ray examination)

しーてぃー
CTスキャン tomografia computadorizada / トモグラフィーアコンプタドリザーダ / *f.* ([英]CT scanning)

しょうどく
消毒 esterilização / エステリリザサォン / *f.* ([英]sterilization)

ちゅうしゃ
注射 injeção / インジェサォン / *f.* ([英]injection)

てんてき
点滴 colocação de soro / コロカサォン ヂ ソーロ / *f.*, instilação / インスチラサォン / *f.* ([英]intravenous drip)

ますい
麻酔 anestesia / アネステズィーア / *f.* ([英]anesthesia)

しゅじゅつ
手術 operação / オペラサォン / *f.* ([英]operation)

ゆけつ
輸血 transfusão de sangue / トランスフザォン ヂ サンギ / *f.* ([英]blood transfusion)

けつえきがた
血液型 grupo sanguíneo / グルッポ サンギーニオ / *m.* ([英]blood type)

しゅうちゅうちりょうしつ
集中治療室 UTI / ウーテーイー / *f.*, unidade de terapia intensiva / ウニダーヂ ヂ テラピーア インテンスィーヴァ / *f.* ([英]intensive care unit)

くすり
薬 medicamento / メヂカメント / *m.*, remédio / ヘメーヂオ / *m.* ([英]medicine, drug)

こうせいぶっしつ
抗生物質 antibiótico / アンチビオチコ / *m.* ([英]antibiotic)

やっきょく
薬局 farmácia / ファルマッスィア / *f.* ([英]pharmacist's office, dispensary)

ひ

| 日 | 葡 | 英 |
|---|---|---|
| びようし<br>美容師 | | |
| （男の） | cabeleireiro m.<br>カベレイレイロ | beautician<br>ビューティシャン |
| （女の） | cabeleireira f.<br>カベレイレイラ | beautician<br>ビューティシャン |
| ひょうしき<br>標識 | sinal m., sinalização f.<br>スィナウ，スィナリザサォン | sign, mark<br>サイン，マーク |
| びょうしつ<br>病室 | quarto de paciente m.<br>クワルト デ パスィエンチ | sickroom, ward<br>スィクルーム，ウォード |
| びょうしゃ<br>描写 | descrição f.<br>デスクリサォン | description<br>ディスクリプション |
| ～する | descrever, delinear<br>デスクレヴェール，デリネアール | describe<br>ディスクライブ |

ひ

## ■病気・けが■ doença f./ferida f., lesão f. /ドエンサ/フェリーダ, レザォン/

びょうき
**病気** doença /ドエンサ/ f. (㊀disease, sickness)

**けが** lesão /レザォン/ f., ferida /フェリーダ/ f. (㊀injury, wound)

だぼく
**打撲** contusão /コントゥゾァン/ f. (㊀bruise)

ねんざ
**捻挫** distensão /ヂステンサォン/ f. (㊀sprain)

こっせつ
**骨折** fratura /フラトゥーラ/ f. (㊀fracture)

だっきゅう
**脱臼** deslocamento /デズロカメント/ m. (㊀dislocation)

しっしん
**湿疹** eczema /エキゼーマ/ m. (㊀eczema)

はしょうふう
**破傷風** tétano /テタノ/ m. (㊀tetanus)

むしば
**虫歯** cárie /カリイ/ f. (㊀bad tooth)

やけど
**火傷** queimadura /ケイマドゥーラ/ f. (㊀burn, scald)

**アトピー性皮膚炎** dermatite atópica /デルマチッチ アトピカ/ f. (㊀atopic dermatitis)

かふんしょう
**花粉症** alergia a pólen /アレルジーア ア ポーレィン/ f. (㊀hay fever, pollinosis)

ぜんそく
**喘息** asma /アズマ/ f. (㊀asthma)

かぜ
**風邪** constipação /コンスチパサォン/ f., gripe /グリッピ/ f. (㊀cold, flu)

かぜ
**おたふく風邪** caxumba /カシュンバ/ f. (㊀mumps)

**インフルエンザ** gripe forte /グリッピ フォルチ/ f. (㊀influenza, flu)

はしか
**麻疹** sarampo /サランポ/ m. (㊀the measles)

| 日 | 葡 | 英 |
|---|---|---|
| びょうじゃく<br>病弱な | doentio , enfermiço<br>ドエンチーオ， エンフェルミッソ | sickly<br>スィクリ |
| ひょうじゅん<br>標準 | padrão *m.*<br>パドラォン | standard<br>スタンダド |
| ～的な | normal , médio<br>ノルマウ， メーヂオ | standard, normal<br>スタンダド, ノーマル |
| ひょうしょう<br>表彰する | premiar , condecorar<br>プレミアール， コンデコラール | commend, honor<br>カメンド, アナ |
| ひょうじょう<br>表情 | expressão *f.*<br>エスプレサォン | expression<br>イクスプレション |
| びょうしょう<br>病床にある | estar acamado, estar de cama<br>エスタール アカマード, エスタール ヂ カーマ | be sick in bed<br>ビ スィク イン ベド |



けっかく
結核 tuberculose /トゥベルクローズィ/ *f.* ([英]tuberculosis)

はいえん
肺炎 pneumonia /ピネウモニーア/ *f.* ([英]pneumonia)

マラリア malária /マラーリア/ *f.* ([英]malaria)

ねつ
デング熱 dengue /デンギ/ *f.* ([英]dengue)

おうねつびょう
黄熱病 febre amarela /フェーブリ アマレーラ/ *f.* ([英]yellow fever)

コレラ cólera /コレラ/ *m. f.* ([英]cholea)

せきり
赤痢 disenteria /ヂゼンテリーア/ *f.* ([英]dysentery)

チフス tifo /チーフォ/ *m.* ([英]typhoid, typhus)

てんねんとう
天然痘 varíola /ヴァリオラ/ *f.* ([英]smallpox)

しょくちゅうどく
食中毒 intoxicação alimentar /イントクスィカサォン アリメンタール/ *f.* ([英]food poisoning)

かいよう
潰瘍 úlcera /ウウセラ/ *f.* ([英]ulcer)

ちゅうすいえん
虫垂炎 apendicite /アペンヂスィッチ/ *f.* ([英]appendicitis)

じ
痔 hemorróidas /エモホイダス/ *f. pl.* ([英]hemorrhoids)

しんぞうびょう
心臓病 doença do coração /ドエンサ ド コラサォン/ *f.*, cardiopatia /カルヂオパチーア/ *f.* ([英]heart disease)

かんえん
肝炎 hepatite /エパチッチ/ *f.* ([英]hepatitis)

とうにょうびょう
糖尿病 diabetes /ヂアベッチス/ *f. pl.* ([英]diabetes)

癌 câncer /カンセル/ *m.* ([英]cancer)

エイズ AIDS /アィヂス/ *f.* ([英]AIDS(acquired immunodeficiency syndrome))

| 日 | 葡 | 英 |
|---|---|---|
| びょうじょう<br>病状 | estado de enfermidade *m.*<br>エスタード ヂ エンフェルミダーヂ | condition<br>カンディション |
| びょうしん<br>秒針 | ponteiro dos segundos *m.*<br>ポンテイロ ドス セグンドス | the second hand<br>ザ セコンド ハンド |
| ひょうせつ<br>剽窃 | plágio *m.*<br>プラージオ | plagiarism<br>プレイヂアリズム |
| ひょうたん<br>瓢箪 | cabaça *f.*<br>カバッサ | gourd<br>グアド |
| ひょうてき<br>標的 | alvo *m.*<br>アウヴォ | target<br>ターゲト |
| びょうてき<br>病的な | mórbido<br>モルビド | morbid<br>モービド |
| ひょうてんか<br>氷点下 | abaixo de zero<br>アバィショ ヂ ゼーロ | below zero<br>ビロウ ズィアロウ |
| びょうどう<br>平等 | igualdade *f.*<br>イグァウダーヂ | equality<br>イクワリティ |
| ～の | eqüitativo , igual<br>エクィタチーヴォ, イグワウ | equal<br>イークワル |
| びょうにん<br>病人 | doente *m.f.*<br>ドエンチ | sick person<br>スィク パースン |
| ひょうはく<br>漂白 | | |
| ～剤 | alvejante *m.*<br>アウヴェジャンチ | bleach<br>ブリーチ |
| ～する | branquear<br>ブランキアール | bleach<br>ブリーチ |
| ひょうばん<br>評判 | reputação *f.*, fama *f.*<br>ヘプタサォン, ファーマ | reputation<br>レピュテイション |
| ひょうほん<br>標本 | espécime *f.*, amostra *f.*<br>エスペスィミ, アモストラ | specimen, sample<br>スペスィメン, サンプル |
| ひょうめい<br>表明 | manifestação *f.*<br>マニフェスタサォン | manifestation<br>マニフェステイション |
| ～する | manifestar<br>マニフェスタール | manifest<br>マニフェスト |
| ひょうめん<br>表面 | superfície *f.*<br>スペルフィースィイ | the surface<br>ザ サーフェス |
| びょうりがく<br>病理学 | patologia *f.*<br>パトロジーア | pathology<br>パサロヂィ |
| ひょうりゅう<br>漂流する | ficar à deriva<br>フィカール ア デリーヴァ | drift<br>ドリフト |

| 日 | 葡 | 英 |
|---|---|---|
| ひょうろん<br>評論 | crítica *f.*<br>クリチカ | criticism, review<br>クリティスィズム, リヴュー |
| ～家<br>（男の） | crítico *m.*<br>クリチコ | critic, reviewer<br>クリティク, リヴューア |
| （女の） | crítica *f.*<br>クリチカ | critic, reviewer<br>クリティク, リヴューア |
| ひよく<br>肥沃な | fértil<br>フェルチウ | fertile<br>ファーティル |
| びよく<br>尾翼 | empenagem *f.*<br>エンペナージェィン | the tail of a plane<br>ザ テイル オヴ ア プレイン |
| ひよ<br>日除け | toldo *m.*<br>トウド | sunshade<br>サンシェイド |
| ひよこ<br>雛 | pinto *m.*<br>ピント | chick<br>チク |
| ビラ | cartaz de anúncio *m.*,<br>prospecto *m.*<br>カルタィス チ アヌンスィオ, プロスペクト | bill, handbill<br>ビル, ハンドビル |
| ひらおよ<br>平泳ぎ | nado de peito *m.*<br>ナード チ ペイト | the breast stroke<br>ザ ブレスト ストロウク |
| ひら<br>開く | abrir<br>アブリール | open<br>オウプン |
| （開始） | iniciar, começar<br>イニスィアール, コメサール | open, start<br>オウプン, スタート |
| ひら<br>開ける | abrir-se<br>アブリールスィ | open up<br>オウプン アプ |
| (近代化・<br>開化する) | modernizar-se, civilizar-se<br>モデルニザールスィ, スィヴィリザールスィ | become civilized<br>ビカム スィヴィライズド |
| （発展） | desenvolver-se<br>デゼンヴォウヴェールスィ | develop<br>ディヴェロプ |
| （広がる） | estender-se<br>エステンデールスィ | spread, open<br>スプレド, オウプン |
| ひら<br>平たい | plano, liso<br>プラーノ, リーゾ | flat, level<br>フラト, レヴル |
| ピラニア | piranha *f.*<br>ピラーニャ | piranha<br>ピラニア |
| ピラフ | pilafe *m.*<br>ピラフィ | pilaf<br>ピラーフ |

| 日 | 葡 | 英 |
|---|---|---|
| ピラミッド | pirâmide *f.*<br>ピラミヂ | pyramid<br>ピラミド |
| 平目(ひらめ) | espécie de linguado *m.*<br>エスペスィイ ヂ リングワード | flatfish<br>フラトフィシュ |
| 閃き(ひらめ) | lampejo *m.*, fulgor *m.*<br>ランページョ, フルゴール | flash<br>フラシュ |
| 閃く(ひらめ) | brilhar<br>ブリリャール | flash, gleam<br>フラシュ, グリーム |
| （考えが） | ocorrer<br>オコヘール | flash<br>フラシュ |
| ピリオド | ponto final *m.*<br>ポント フィナウ | period<br>ピアリオド |
| 比率(ひりつ) | razão *f.* taxa *f.*,<br>　　　　 proporção *f.*<br>ハザォン, タッシャ, プロポルサォン | ratio<br>レイシオウ |
| ビリヤード | bilhar *m.*<br>ビリャール | billiards<br>ビリアヅ |
| 肥料(ひりょう) | estrume *m.*, adubo *m.*<br>エストルーミ, アドゥーボ | fertilizer, manure<br>ファーティライザ, マニュア |
| 昼(ひる) | dia *m.*<br>ヂーア | the daytime, noon<br>ザ デイタイム, ヌーン |
| 蛭(ひる) | sanguessuga *f.*<br>サンギスーガ | leech<br>リーチ |
| ピル | pílula *f.*<br>ピルラ | the pill<br>ザ ピル |
| 翻る(ひるがえ) | ondular, tremular<br>オンドゥラール, トレムラール | flutter<br>フラタ |
| 昼御飯(ひるごはん) | almoço *m.*<br>アウモッソ | lunch<br>ランチ |
| ビルディング | prédio *m.*, edifício *m.*<br>プレーヂオ, エヂフィッスィオ | building<br>ビルディング |
| 昼寝(ひるね) | sesta *f.*<br>セスタ | afternoon nap<br>アフタヌーン ナプ |
| ～する | fazer a sesta,<br>　　　tirar uma soneca<br>ファゼール ア セスタ, チラール ウマ ソネッカ | have a nap<br>ハヴ ア ナプ |
| 昼間(ひるま) | de dia<br>ヂ ヂーア | the daytime<br>ザ デイタイム |

| 日 | 葡 | 英 |
|---|---|---|
| 昼休み(ひるやすみ) | intervalo para o almoço *m.*<br>インテルヴァーロ パラ ウ アウモッソ | noon recess<br>ヌーン リセス |
| 鰭(ひれ) | barbatana *f.*<br>バルバターナ | fin<br>フィン |
| 比例(ひれい) | proporção *f.*<br>プロポルサォン | proportion<br>プロポーション |
| ～する | ser proporcional a<br>セール プロポルスィオナウ ア | be in proportion *to*<br>ビ イン プロポーション |
| 卑劣な(ひれつな) | vil , abjeto , ignóbil<br>ヴィウ, アビジェット, イギノービル | mean<br>ミーン |
| ヒレ肉(にく) | filé *m.*<br>フィレ | fillet<br>フィレト |
| 広い(ひろい) | | |
| (幅が) | largo , amplo<br>ラルゴ, アンプロ | wide, broad<br>ワイド, ブロード |
| (広大な) | extenso , vasto<br>エステンソ, ヴァスト | vast<br>ヴァスト |
| ヒロイン | heroína *f.*<br>エロイーナ | heroine<br>ヘロウイン |
| 疲労(ひろう) | cansaço *m.*, fadiga *f.*,<br>　　　　exaustão *f.*<br>カンサッソ, ファチーガ, エザゥスタォン | fatigue<br>ファティーグ |
| 拾う(ひろう) | apanhar , catar<br>アパニャール, カタール | pick up<br>ピク アプ |
| (タクシー) | pegar<br>ペガール | pick up<br>ピク アプ |
| (落とし物を) | encontrar , achar<br>エンコントラール, アシャール | find<br>ファインド |
| ビロード | veludo *m.*<br>ヴェルード | velvet<br>ヴェルヴェト |
| 広がる(ひろがる) | estender-se<br>エステンデールスィ | extend, expand<br>イクステンド, イクスパンド |
| (散乱する) | espalhar-se<br>エスパリャールスィ | disperse<br>ディスパース |
| (流布する) | propagar-se , difundir-se<br>プロパガールスィ, チフンチールスィ | circulate<br>サーキュレイト |
| 広げる(ひろげる) | | |
| (巾を) | ampliar<br>アンプリアール | extend, enlarge<br>イクステンド, インラーヂ |

| 日 | 葡 | 英 |
|---|---|---|
| (規模を) | expandir / エスパンヂール | expand / イクスパンド |
| (物を散らす) | espalhar / エスパリャール | scatter / スキャタ |
| 広さ | extensão f., vastidão f. / エステンサォン, ヴァスチダォン | extent / イクステント |
| (巾) | largura / ラルグーラ | width / ウィドス |
| 広場 | praça f., largo m. / プラッサ, ラルゴ | open space / オウプン スペイス |
| 広間 | sala f. / サーラ | hall, saloon / ホール, サルーン |
| 広まる | espalhar-se, propagar-se / エスパリャールスィ, プロパガールスィ | spread / スプレド |
| 広める | espalhar, difundir, propagar / エスパリャール, ヂフンヂール, プロパガール | spread / スプレド |
| 品 | distinção f., nobreza f., elegância f. / ヂスチンサォン, ノブレーザ, エレガンスィア | elegance / エリガンス |
| 瓶 | garrafa f. / ガハッファ | bottle / バトル |
| 便 | vôo m. / ヴォーオ | flight / フライト |
| ピン | alfinete m. / アウフィネッチ | pin / ピン |
| 敏感な | sensível / センスィーヴェウ | sensitive to / センスィティヴ |
| ピンク | cor-de-rosa m. / コール ヂ ホーザ | pink / ピンク |
| 貧血 | anemia f. / アネミーア | anemia / アニーミア |
| 貧困 | pobreza f. / ポブレーザ | poverty / パヴァティ |
| 品詞 | categoria gramatical f. / カデゴリーア グラマチカウ | part of speech / パート オヴ スピーチ |
| 瀕死の | da morte, moribundo / ダ モルチ, モリブンド | dying / ダイイング |

| 日 | 葡 | 英 |
|---|---|---|
| ひんしつ<br>品質 | qualidade *f.*<br>クァリダーヂ | quality<br>クワリティ |
| ひんじゃく<br>貧弱な | pobre , débil<br>ポーブリ，デビウ | poor, meager<br>プア，ミーガ |
| ひんしゅ<br>品種 | espécie *f.*<br>エスペースィイ | kind, variety<br>カインド，ヴァライエティ |
| びんしょう<br>敏捷な | ágil<br>アージウ | agile<br>アヂル |
| ピンセット | pinça *f.*<br>ピンサ | tweezers<br>トウィーザズ |
| びんせん<br>便箋 | papel de carta *m.*<br>パペウ ヂ カルタ | letter paper<br>レタ ペイパ |
| ピンチ | apuros *m.pl.*<br>アプーロス | pinch<br>ピンチ |
| ビンテージ | safra (de vinho) *f.*<br>サーフラ（ヂ ヴィーニョ） | vintage<br>ヴィンティヂ |
| ヒント | dica *f.*<br>ヂッカ | hint<br>ヒント |
| ひんど<br>頻度 | freqüência *f.*<br>フレクウンスィア | frequency<br>フリークウェンスィ |
| ピント | foco *m.*<br>フォッコ | focus<br>フォウカス |
| ひんぱん<br>頻繁 | | |
| 〜な | freqüente<br>フレクウェンチ | frequent<br>フリークウェント |
| 〜に | com freqüência<br>コン フレクウェンスィア | frequently<br>フリークウェントリ |
| びんぼう<br>貧乏 | pobreza *f.*<br>ポブレーザ | poverty<br>パヴァティ |
| 〜な | pobre<br>ポーブリ | poor<br>プア |

## ふ, フ

| | | |
|---|---|---|
| ぶ<br>部 | departamento *m.*<br>デパルタメント | section<br>セクション |
| ファーストフード | *fast-food f.*<br>ファスト フーヂ | fast food<br>ファスト フード |

| 日 | 葡 | 英 |
|---|---|---|
| ぶあい<br>歩合 | taxa *f.*<br>タッシャ | rate, percentage<br>レイト, パセンティヂ |
| ぶあいそう<br>無愛想な | desagradável<br>デサグラダーヴェウ | unsociable<br>アンソウシャブル |
| ファイト | espírito de luta *m.*<br>エスピリット チ ルッタ | fighting spirits<br>ファイティング スピリツ |
| ファイル | arquivo *m.*<br>アルキーヴォ | file<br>ファイル |
| ファインダー | visor *m.*<br>ヴィゾール | viewfinder<br>ヴューファインダ |
| ファインプレー | bela jogada *f.*<br>ベーラ ジョガーダ | fine play<br>ファイン プレイ |
| ファウル | falta *f.*, infração *f.*<br>ファウタ, インフラサォン | foul<br>ファウル |
| ファクシミリ | fac-símile *m.*<br>ファキスィミリ | facsimile<br>ファクスィミリ |
| ファジーな | (lógica) fuzzy<br>ロジカ フーズィ | fuzzy<br>ファズィ |
| ファシズム | facismo *m.*<br>ファスィズモ | fascism<br>ファシズム |
| ファスナー | zíper *m.*, fecho ecler *m.*<br>ズィッペル, フェッショ エクレール | fastener<br>ファスナ |
| ぶあつ<br>分厚い | grosso<br>グロッソ | thick<br>スィク |
| ファックス | fax *m.*<br>ファックス | fax<br>ファクス |
| ファッション | moda *f.*<br>モーダ | fashion<br>ファション |
| ファド | fado *m.*<br>ファード | fado<br>フェイド |
| ファミコン | *videogame* *m.*<br>ヴィヂオゲィミ | video game<br>ヴィディオウ ゲイム |
| ファン | fã *m.f.*<br>ファン | fan<br>ファン |
| ふあん<br>不安 | ansiedade *f.*, inquietação *f.*<br>アンスィエダーデ, インキエタサォン | uneasiness<br>アニーズィネス |
| 〜な | ansioso, preocupado, inseguro<br>アンスィオーゾ, プレオクパード, インセグーロ | uneasy, anxious<br>アニーズィ, アンクシャス |

| 日 | 葡 | 英 |
|---|---|---|
| ふあんてい<br>不安定な | instável<br>インスターヴェウ | unstable<br>アンステイブル |
| ファンデーション | base f.<br>バーズィ | foundation<br>ファウンデイション |
| ファンファーレ | fanfarra f.<br>ファンファッハ | fanfare<br>ファンフェア |
| ブイ | bóia f.<br>ボィア | buoy<br>ブーイ |
| ふい<br>不意の | inesperado, imprevisto<br>イネスペラード, インプレヴィスト | sudden, unexpected<br>サドン, アニクスペクティド |
| フィアンセ<br>（男の） | noivo m.<br>ノィヴォ | fiancé<br>フィアーンセイ |
| （女の） | noiva f.<br>ノィヴァ | fiancée<br>フィアーンセイ |
| フィート | pé m.<br>ペ | feet<br>フィート |
| フィーリング | sensibilidade f., impressão f.<br>センスィビリダーヂ, インプレサォン | feeling<br>フィーリング |
| フィールド | campo m.<br>カンポ | field<br>フィールド |
| 〜ワーク | investigação de campo f.<br>インヴェスチガサォン ヂ カンポ | fieldwork<br>フィールドワーク |
| フィクション | ficção f.<br>フィクサォン | fiction<br>フィクション |
| ふいご<br>鞴 | fole m.<br>フォーリ | bellows<br>ベロウズ |
| ふいちょう<br>吹聴する | fazer propaganda, espalhar<br>ファゼール プロパガンダ, エスパリャール | announce, trumpet<br>アナウンス, トランペト |
| ふいっち<br>不一致 | divergência f., desacordo m.<br>ヂヴェルジェンスィア, デザコルド | disagreement<br>ディサグリーメント |
| フィットネスクラブ | clube de ginástica m.<br>クルービ ヂ ジナスチカ | fitness center<br>フィトネス センタ |
| フィルター | filtro m.<br>フィウトロ | filter<br>フィルタ |
| フィルム | filme m.<br>フィウミ | film<br>フィルム |

| 日 | 葡 | 英 |
|---|---|---|
| ふうあつ<br>風圧 | pressão do vento *f.*<br>プレサォン ド ヴェント | wind pressure<br>ウィンド プレシャ |
| ふうかする<br>風化する | sofrer a erosão eólica<br>ソフレール ア エロザォン エオリカ | weather<br>ウェザ |
| ふうがわりな<br>風変わりな | excêntrico , singular<br>エセントリコ, スィングラール | curious<br>キュアリアス |
| ふうき<br>風紀 | moralidade *f.*,<br>　　　　　moral pública *f.*<br>モラリダーチ, モラウ プブリカ | discipline<br>ディスィプリン |
| ふうきり<br>封切 | estréia *f.*<br>エストレィア | release<br>リリース |
| ブーケ | buquê *m.*<br>ブケ | bouquet<br>ブーケイ |
| ふうけい<br>風景 | paisagem *f.*, panorama *m.*,<br>　　　　　　　　vista *f.*<br>パイザージェイン, パノラーマ, ヴィスタ | scenery<br>スィーナリ |
| ふうさ<br>封鎖 | bloqueio *m.*<br>ブロケィオ | blockade<br>ブラケイド |
| ～する | bloquear<br>ブロキアール | blockade<br>ブラケイド |
| ふうさい<br>風采 | aparência *f.*, figura *f.*<br>アパレンスィア, フィグーラ | appearance<br>アピアランス |
| ふうし<br>風刺 | sátira *f.*<br>サチラ | satire<br>サタイア |
| ～する | satirizar<br>サチリザール | satirize<br>サタライズ |
| ふうしゃ<br>風車 | moinho de vento *m.*<br>モイーニョ ヂ ヴェント | windmill<br>ウィンドミル |
| ふうしゅう<br>風習 | costume *m.*, uso *m.*,<br>　　　　　　　　hábito *m.*<br>コストゥーミ, ウーゾ, アビト | customs<br>カスタムズ |
| ふうしん<br>風疹 | rubéola *f.*<br>フベオラ | rubella<br>ルーベラ |
| ふうせん<br>風船 | balão *m.*<br>バラオン | balloon<br>バルーン |
| ふうそく<br>風速 | velocidade do vento *f.*<br>ヴェロスィダーヂ ド ヴェント | wind velocity<br>ウィンド ヴィラスィティ |
| ふうぞく<br>風俗 | costumes *m.pl.*<br>コストゥーミス | customs, manners<br>カスタムズ, マナズ |

| 日 | 葡 | 英 |
|---|---|---|
| ふうちょう<br>風潮 | corrente *f.*, tendência *f.*<br>コヘンチ, テンデンスィア | the stream<br>ザ ストリーム |
| ブーツ | bota *f.*<br>ボッタ | boots<br>ブーツ |
| ふうど<br>風土 | clima *m.*, meio *m.*<br>クリーマ, メィオ | climate<br>クライメト |
| ふうとう<br>封筒 | envelope *m.*<br>エンヴェロッピ | envelope<br>エンヴェロウプ |
| ふうひょう<br>風評 | rumor *m.*, boato *m.*<br>フモール, ボワット | rumor<br>ルーマ |
| ふうふ<br>夫婦 | casal *m.*<br>カザウ | couple<br>カプル |
| ふうみ<br>風味 | sabor *m.*, gosto *m.*<br>サボール, ゴスト | flavor, taste<br>フレイヴァ, テイスト |
| ブーム | moda *f.*<br>モーダ | boom<br>ブーム |
| ブーメラン | bumerangue *m.*<br>ブメランギ | boomerang<br>ブーマラング |
| ふうりょく<br>風力 | força do vento *f.*<br>フォルサ ド ヴェント | the force of the wind<br>ザ フォース オヴ ザ ウィンド |
| プール | piscina *f.*<br>ピスィーナ | swimming pool<br>スウィミング プール |
| ふうん<br>不運な | infeliz, desafortunado<br>インフェリース, デザフォルトゥナード | unlucky<br>アンラキ |
| ふえ<br>笛 | apito *m.*<br>アピット | whistle<br>ホウィスル |
| フェイント | finta *f.*<br>フィンタ | feint<br>フェイント |
| フェスティバル | festival *m.*<br>フェスチヴァウ | festival<br>フェスティヴァル |
| フェミニスト | feminista *m.f.*<br>フェミニスタ | feminist<br>フェミニスト |
| フェミニズム | feminismo *m.*<br>フェミニズモ | feminism<br>フェミニズム |
| フェリー | balsa *f.*, barca *f.*<br>バウサ, バルカ | ferry<br>フェリ |
| ふ<br>増える | aumentar<br>アウメンタール | increase *in*<br>インクリース |

| 日 | 葡 | 英 |
|---|---|---|
| フェルト | feltro *m.* <br> フェウトロ | felt <br> フェルト |
| フェンシング | esgrima *f.* <br> エズグリーマ | fencing <br> フェンスィング |
| フェンス | cerca *f.* <br> セルカ | fence <br> フェンス |
| 無遠慮な（ぶえんりょ） | descarado, sem-cerimônia <br> デスカラード, セィン セリモーニア | rude <br> ルード |
| フォアグラ | *foie gras* *m.* <br> フォア グラ | foie gras <br> フワー グラー |
| フォーク | garfo *m.* <br> ガルフォ | fork <br> フォーク |
| フォーマット | formato *m.* <br> フォルマット | format <br> フォーマト |
| フォーム | forma *f.* <br> フォルマ | form <br> フォーム |
| フォーラム | foro *m.* <br> フォーロ | forum <br> フォーラム |
| フォルマリン | formol *m.* <br> フォルモウ | formalin <br> フォーマリン |
| フォワード | atacante *m.* <br> アタカンチ | forward <br> フォーワド |
| 不穏な（ふおん） | inquietante, ameaçador <br> インキエタンチ, アメアサドール | threatening <br> スレトニング |
| 孵化（ふか） | incubação *f.* <br> インクバサォン | incubation <br> インキュベイション |
| 部下（ぶか） | | |
| （男の） | subordinado *m.* <br> スボルヂナード | subordinate <br> サブオーディネト |
| （女の） | subordinada *f.* <br> スボルヂナーダ | subordinate <br> サブオーディネト |
| 深い（ふか） | fundo, profundo <br> フンド, プロフンド | deep, profound <br> ディープ, プロファウンド |
| 不快な（ふかい） | desagradável, incômodo <br> デザグラダーヴェウ, インコモド | unpleasant <br> アンプレザント |
| 不可解な（ふかかい） | incompreensível, enigmático <br> インコンプレエンスィーヴェウ, エニギマチコ | incomprehensible <br> インカンプリヘンスィブル |

| 日 | 葡 | 英 |
|---|---|---|
| ふかけつ<br>不可欠な | imprescindível, indispensável<br>インプレスィンヂーヴェウ, インヂスペンサーヴェウ | indispensable<br>インディスペンサブル |
| ふか<br>深さ | profundidade *f.*<br>プロフンヂダーヂ | depth<br>デプス |
| ぶかっこう<br>不格好な | deselegante, feio<br>デゼレガンチ, フェイオ | unshapely<br>アンシェイプリ |
| ふかのう<br>不可能な | impossível<br>インポスィーヴェウ | impossible<br>インパスィブル |
| ふかんぜん<br>不完全な | imperfeito, incompleto<br>インペルフェイト, インコンプレット | imperfect<br>インパーフィクト |
| ふき<br>蕗 | ruibarbo *m.*<br>フィバルド | coltsfoot<br>コウルツフト |
| ぶき<br>武器 | arma *f.*<br>アルマ | arms, weapon<br>アームズ, ウェポン |
| ふ か<br>吹き替え | dublagem *f.*<br>ドゥブラージェイン | stand-in<br>スタンディン |
| ふきげん<br>不機嫌な | mal-humorado<br>マウ ウモラード | bad-tempered<br>バドテンパド |
| ふきそく<br>不規則な | irregular<br>イヘグラール | irregular<br>イレギュラ |
| ふ だ<br>噴き出す | jorrar, esguichar<br>ジョハール, エズギシャール | spout<br>スパウト |
| (笑い出す) | explodir de rir<br>エスプロヂール ヂ ヒール | burst out laughing<br>バースト アウト ラフィング |
| ふきつ<br>不吉な | funesto, sinistro, agourento<br>フネスト, スィニストロ, アゴゥレント | ominous<br>アミナス |
| ふ でもの<br>吹き出物 | erupção *f.*<br>エルピサォン | pimple<br>ピンプル |
| ぶきみ<br>不気味な | sinistro, estranho, lúgubre<br>スィニストロ, エストラーニョ, ルグブリ | weird, uncanny<br>ウィアド, アンキャニ |
| ふきゅう<br>普及する | difundir, divulgar<br>ヂフンヂール, ヂヴウガール | spread, diffuse<br>スプレド, ディフューズ |
| ふきょう<br>不況 | depressão econômica *f.*<br>デプレサォン エコノミカ | depression, slump<br>ディプレション, スランプ |
| ぶきよう<br>不器用な | desajeitado, inábil<br>デザジェイタード, イナービウ | clumsy, awkward<br>クラムズィ, オークワド |

| 日 | 葡 | 英 |
|---|---|---|
| <ruby>付近<rt>ふきん</rt></ruby> | vizinhança *f.*, proximidades *f.pl.*<br>ヴィズィニャンサ, プロスィミダーデス | the neighborhood<br>ザ ネイバフド |
| <ruby>不均衡<rt>ふきんこう</rt></ruby> | desequilíbrio *m.*<br>デゼキリーブリオ | imbalance<br>インバランス |
| <ruby>拭く<rt>ふく</rt></ruby> | limpar, enxugar<br>リンパール, エンシュガール | wipe<br>ワイプ |
| <ruby>吹く<rt>ふく</rt></ruby> | soprar<br>ソプラール | blow<br>ブロウ |
| <ruby>服<rt>ふく</rt></ruby> | roupa *f.*, vestido *m.*<br>ホゥパ, ヴェスチード | clothes<br>クロウズズ |
| <ruby>河豚<rt>ふぐ</rt></ruby> | baiacu *m.*<br>バィヤクー | globefish<br>グロウブフィシュ |
| <ruby>復員<rt>ふくいん</rt></ruby> | desmobilização *f.*<br>デズモビリザサォン | demobilization<br>ディーモウビリゼイション |
| <ruby>福音書<rt>ふくいんしょ</rt></ruby> | Evangelho *m.*<br>エヴァンジェーリョ | the Gospels<br>ザ ガスペルズ |
| <ruby>服役する<rt>ふくえき</rt></ruby> | cumprir a pena<br>クンプリール ア ペーナ | serve *one's* term<br>サーヴ ターム |
| <ruby>復元<rt>ふくげん</rt></ruby> | | |
| （修復） | restauração *f.*<br>ヘスタゥラサォン | restoration<br>レストレイション |
| （再建） | reconstrução *f.*<br>ヘコンストルサォン | reconstruction<br>リーコンストラクション |
| （再現） | reprodução *f.*<br>ヘプロドゥサォン | reproduction<br>リープロダクション |
| ～する | restaurar, reconstruir<br>ヘスタゥラール, ヘコンストルイール | restore<br>リストー |
| <ruby>複合<rt>ふくごう</rt></ruby> | composto *m.*, complexo *m.*<br>コンポスト, コンプレクソ | complex<br>カンプレクス |
| <ruby>複雑な<rt>ふくざつ</rt></ruby> | complicado<br>コンプリカード | complicated<br>カンプリケイテド |
| <ruby>副作用<rt>ふくさよう</rt></ruby> | efeito colateral *m.*<br>エフェイト コラテラゥ | side effect<br>サイド イフェクト |
| <ruby>副産物<rt>ふくさんぶつ</rt></ruby> | subproduto *m.*, derivado *m.*<br>スビプロドゥット, デリヴァード | by-product<br>バイプロダクト |
| <ruby>副詞<rt>ふくし</rt></ruby> | advérbio *m.*<br>アヂヴェルビオ | adverb<br>アドヴァーブ |

| 日 | 葡 | 英 |
|---|---|---|
| ふくし<br>福祉 | bem-estar *m*.,<br>　　assistência social *f*.<br>ベィン エスタール, アスィステンスィア ソスィアウ | welfare<br>ウェルフェア |
| ふくしゃ<br>複写 | reprodução *f*., cópia *f*.<br>ヘプロドゥサォン, コピア | duplication<br>デュープリケイション |
| 〜する | reproduzir, copiar<br>ヘプロドゥズィール, コピアール | copy, duplicate<br>カピ, デュープリケト |
| ふくしゅう<br>復讐 | vingança *f*., desforra *f*.<br>ヴィンガンサ, デスフォッハ | revenge<br>リヴェンヂ |
| 〜する | vingar-se<br>ヴィンガールスィ | revenge *on*<br>リヴェンヂ |
| ふくしゅうする<br>復習する | recapitular, fazer revisão<br>ヘカピトゥラール, ファゼール ヘヴィザォン | review<br>リヴュー |
| ふくじゅうする<br>服従する | submeter-se a,<br>　　obedecer a<br>スビメテールスィ ア, オベデセール ア | obey, submit *to*<br>オベイ, サブミト |
| ふくすう<br>複数 | plural *m*.<br>プルラウ | the plural<br>ザ プルアラル |
| ふくせい<br>複製 | reprodução *f*.<br>ヘプロドゥサォン | reproduction<br>リープロダクション |
| 〜画 | réplica *f*.<br>ヘプリカ | replica<br>レプリカ |
| ふくそう<br>服装 | traje *m*., vestuário *m*.<br>トラージ, ヴェストゥワーリオ | dress, clothes<br>ドレス, クロウズズ |
| ふくだい<br>副題 | subtítulo *m*.<br>スビチトゥロ | sub-title<br>サブタイトル |
| ふくつう<br>腹痛 | dor de barriga *f*., cólica *f*.<br>ドール ヂ バヒーガ, コリカ | stomachache<br>スタマケイク |
| ふくまくえん<br>腹膜炎 | peritonite *f*.<br>ペリトニッチ | peritonitis<br>ペリトナイティス |
| ふく<br>含む | incluir, conter<br>インクルイール, コンテール | contain, include<br>カンテイン, インクルード |
| ふく<br>含める | incluir<br>インクルイール | include<br>インクルード |
| ふくよう<br>服用 | | |
| 〜する | tomar remédios<br>トマール ヘメーヂオス | take medicine<br>テイク メディスィン |
| 〜量 | dose *f*., posologia *f*.<br>ドーズィ, ポゾロジーア | dose<br>ドウス |

| 日 | 葡 | 英 |
|---|---|---|
| 脹ら脛 (ふくらはぎ) | panturrilha *f.*, barriga da perna *f.*<br>パントゥヒーリャ, バヒーガ ダ ペルナ | calf<br>キャフ |
| 脹[膨]らます (ふくらます) | inflar, encher<br>インフラール, エンシェール | swell<br>スウェル |
| 脹[膨]らむ (ふくらむ) | inflar, encher<br>インフラール, エンシェール | swell<br>スウェル |
| 複利 (ふくり) | juros compostos *m.pl.*<br>ジューロス コンポストス | compound interest<br>カンパウンド インタレスト |
| 膨れる (ふくれる) | inchar<br>インシャール | swell<br>スウェル |
| 袋 (ふくろ) | saco *m.*, sacola *f.*<br>サッコ, サコーラ | bag, sac<br>バグ, サク |
| 梟 (ふくろう) | coruja *f.*<br>コルージャ | owl<br>アウル |
| 袋小路 (ふくろこうじ) | beco sem saída *m.*<br>ベッコ セィン サイーダ | blind alley<br>ブラインド アリ |
| 腹話術 (ふくわじゅつ) | ventriloquia *f.*<br>ヴェントリロキーア | ventriloquism<br>ヴェントリロクウィズム |
| 不景気 (ふけいき) | depressão econômica *f.*<br>デプレサォン エコノミカ | depression<br>ディプレション |
| 不経済な (ふけいざいな) | antieconômico<br>アンチエコノミコ | uneconomical<br>アンイーコナミカル |
| 不潔な (ふけつな) | sujo, imundo, anti-higiênico<br>スージョ, イムンド, アンチ イジエニコ | unclean, dirty<br>アンクリーン, ダーティ |
| 老ける (ふける) | envelhecer<br>エンヴェリェセール | grow old<br>グロウ オウルド |
| 不幸な (ふこうな) | infeliz<br>インフェリース | unhappy<br>アンハピ |
| 符号 (ふごう) | sinal *m.*, símbolo *m.*<br>スィナウ, スィンボロ | sign<br>サイン |
| 不合格 (ふごうかく) | reprovação *f.*<br>ヘプロヴァサォン | failure<br>フェイリュア |
| 不公平な (ふこうへいな) | injusto, desigual, parcial<br>インジュスト, デスィグワウ, パルスィアウ | unfair, partial<br>アンフェア, パーシャル |
| 不合理な (ふごうりな) | irracional<br>イハスィオナウ | unreasonable<br>アンリーズナブル |

| 日 | 葡 | 英 |
|---|---|---|
| ふさ<br>房 | borla *f.*<br>ボルラ | tuft, tassel<br>タフト, タセル |
| （果実の） | cacho *m.*<br>カッショ | bunch<br>バンチ |
| ブザー | campainha *f.*<br>カンパイーニャ | buzzer<br>バザ |
| ふざい<br>不在 | ausência *f.*<br>アウゼンスィア | absence<br>アブセンス |
| ふさ<br>塞がる<br>（閉じられる） | fechar<br>フェシャール | be closed<br>ビ クロウズド |
| （穴などが） | entupir<br>エントゥピール | close up<br>クロウズ アプ |
| （部屋・席などが） | ficar ocupado<br>フィカール オクパード | be occupied<br>ビ アキュパイド |
| ふさ<br>塞ぐ | fechar, tapar, bloquear,<br>フェシャール, タパール, ブロキアール,<br>obstruir<br>オビストルイール | close, block<br>クロウズ, ブラク |
| （占める） | ocupar<br>オクパール | occupy<br>アキュパイ |
| ふざける | brincar<br>ブリンカール | joke, jest<br>ヂョウク, ヂェスト |
| ぶさほう<br>無作法な | mal-educado<br>マウ エドゥカード | rude<br>ルード |
| ふさわ<br>相応しい | adequado , apropriado<br>アデクワード, アプロプリアード | suitable, becoming<br>スータブル, ビカミング |
| ふし<br>節 | nó *m.*<br>ノ | knot, gnarl<br>ナト, ナール |
| （歌の） | melodia *f.*<br>メロヂーア | tune, melody<br>テューン, メロディ |
| ぶじ<br>無事に | sem problemas<br>セィン プロブレーマス | safely<br>セイフリ |
| ふしぎ<br>不思議 | mistério *m.*<br>ミステーリオ | wonder, mystery<br>ワンダ, ミスタリ |
| ～な | misterioso , estranho<br>ミステリオーゾ, エストラーニョ | mysterious, strange<br>ミスティアリアス, ストレインヂ |
| ふしぜん<br>不自然な | artificial, estranho, forçado<br>アルチフィスィアウ, エストラーニョ, フォルサード | unnatural<br>アンナチャラル |

| 日 | 葡 | 英 |
|---|---|---|
| 不死鳥(ふしちょう) | fênix *f.*<br>フェニキス | phoenix<br>フィーニクス |
| 不死身の(ふじみ) | imortal<br>イモルタウ | immortal<br>イモータル |
| 不自由な(ふじゆう) | inconveniente<br>インコンヴェニエンチ | inconvenient<br>インコンヴィーニェント |
| 不十分な(ふじゅうぶん) | insuficiente , incompleto<br>インスフィスィエンチ, インコンプレット | insufficient<br>インサフィシェント |
| 部署(ぶしょ) | posto *m.*<br>ポスト | post<br>ポウスト |
| 負傷(ふしょう) | ferimento *m.*<br>フェリメント | wound<br>ウーンド |
| 〜者 (男の) | ferido *m.*<br>フェリード | injured person<br>インヂャド パースン |
| (女の) | ferida *f.*<br>フェリーダ | injured person<br>インヂャド パースン |
| 〜する | ferir-se , machucar-se<br>フェリールスィ, マシュカールスィ | be injured<br>ビ インヂャド |
| 不[無]精な(ぶしょう) | preguiçoso<br>プレギソーゾ | lazy<br>レイズィ |
| 腐食(ふしょく) | corrosão *f.*<br>コホザォン | corrosion<br>カロウジョン |
| 〜する | corroer<br>コホエール | corrode<br>コロウド |
| 侮辱(ぶじょく) | insulto *m.*, ofensa *f.*<br>インスウト, オフェンサ | insult<br>インサルト |
| 〜する | insultar<br>インスウタール | insult<br>インサルト |
| 不信(ふしん) (不信感) | desconfiança *f.*<br>ヂスコンフィアンサ | distrust<br>ディストラスト |
| 夫人(ふじん) | esposa *f.*<br>エスポーザ | wife<br>ワイフ |
| 婦人(ふじん) | senhora *f.*<br>セニョーラ | woman, lady<br>ウマン, レイディ |
| 不親切な(ふしんせつ) | pouco prestativo [atencioso]<br>ポウコ プレスタチーヴォ [アテンスィオーゾ] | unkind<br>アンカインド |

| 日 | 葡 | 英 |
|---|---|---|
| ふしんにん<br>不信任 | não-confiança *f.*<br>ナォン コンフィアンサ | nonconfidence<br>ナンカンフィデンス |
| ぶすい<br>無粋な | deselegante<br>デゼレガンチ | inelegant<br>インエリガント |
| ふせい<br>不正 | injustiça *f.*, ilegalidade *f.*<br>インジュスチッサ, イレガリダーヂ | injustice<br>インチャスティス |
| ～な | injusto , ilegal<br>インジュスト, イレガウ | unjust, foul<br>アンチャスト, ファウル |
| ふせいかく<br>不正確な | incorreto<br>インコヘット | inaccurate<br>イナキュレト |
| ふせ<br>防ぐ | impedir<br>インペヂール | defend, protect<br>ディフェンド, プロテクト |
| （防止） | prevenir-se,<br>プレヴェニールスィ, | |
| | tomar precaução contra<br>トマール プレカウサォン コントラ | prevent<br>プリヴェント |
| ふ<br>伏せる | virar para baixo<br>ヴィラール パラ バイショ | turn down<br>ターン ダウン |
| ぶそう<br>武装 | armamento *m.*<br>アルマメント | armaments<br>アーマメンツ |
| ～解除 | desarmamento *m.*<br>デザルマメント | disarmament<br>ディサームメント |
| ～する | armar-se<br>アルマールスィ | arm<br>アーム |
| ふそく<br>不足 | falta *f.*, insuficiência *f.*,<br>carência *f.*<br>ファウタ, インスフィスィエンスィア, カレンスィア | want, lack<br>ワント, ラク |
| ～する | faltar<br>ファウタール | be short *of*, lack<br>ビ ショート, ラク |
| ふそく<br>不測の | imprevisto , inesperado<br>インプレヴィスト, イネスペラード | unforeseen<br>アンフォースィーン |
| ふぞく<br>付属の | anexo<br>アネクソ | attached<br>アタチト |
| ふた<br>蓋 | tampa *f.*<br>タンパ | lid<br>リド |
| ふだ<br>札 | etiqueta *f.*, rótulo *m.*<br>エチケッタ, ホトゥロ | label, tag<br>レイベル, タグ |
| ぶた<br>豚 | | |
| （雄の） | porco *m.*<br>ポルコ | pig<br>ピグ |

| 日 | 葡 | 英 |
|---|---|---|
| (雌の) | porca *f.*<br>ポルカ | pig<br>ピグ |
| ぶたい<br>舞台 | palco *m.*<br>パウコ | the stage<br>ザ ステイヂ |
| ふたご<br>双子<br>(男2人,<br>男1人女1人の) | gêmeo *m.*<br>ジェーミオ | twins<br>トウィンズ |
| (女2人の) | gêmea *f.*<br>ジェーミア | twins<br>トウィンズ |
| ふたしか<br>不確かな | incerto , inseguro<br>インセルト，インセグーロ | uncertain<br>アンサートン |
| ふたた<br>再び | novamente, de novo,<br>　　　　　　　outra vez<br>ノヴァメンチ, ヂ ノーヴォ, オゥトラ ヴェイス | again, once more<br>アゲイン, ワンス モー |
| ぶたにく<br>豚肉 | carne de porco *f.*<br>カルニ ヂ ポルコ | pork<br>ポーク |
| ふたりべや<br>二人部屋 | quarto com duas camas *m.*<br>クワルト コン ドゥーワス カーマス | twin room<br>トウィン ルーム |
| ふたん<br>負担 | carga *f.*, ônus *m.*, peso *m.*<br>カルガ, オーヌス, ペーゾ | burden<br>バードン |
| 〜する | encarregar-se de<br>エンカヘガールスィ ヂ | bear, share<br>ベア, シェア |
| ふだん<br>普段 | | |
| 〜の | habitual , de sempre<br>アビトゥアウ, ヂ センプリ | usual<br>ユージュアル |
| 〜は | normalmente , sempre<br>ノルマウメンチ, センプリ | usually<br>ユージュアリ |
| ふち<br>縁 | borda *f.*, beira *f.*<br>ボルダ, ベイラ | edge, brink<br>エヂ, ブリンク |
| ぶち<br>斑 | mancha *f.*, malha *f.*<br>マンシャ, マーリャ | spots<br>スパッ |
| ふちゅうい<br>不注意な | descuidado , distraído<br>ヂスクィダード, ヂストライード | careless<br>ケアレス |
| ぶちょう<br>部長 | chefe de departamento *m.*<br>シェッフィ ヂ デパルタメント | director<br>ディレクタ |
| ふつう<br>普通 | | |
| 〜選挙 | sufrágio universal<br>スフラージオ ウニヴェルサウ | universal suffrage<br>ユーニヴァーサル サフリヂ |

| 日 | 葡 | 英 |
|---|---|---|
| 〜の | ordinário, comum, normal<br>オルヂナーリオ, コムン, ノルマウ | usual, general<br>ユージュアル, ヂェネラル |
| 〜は | geralmente, normalmente<br>ジェラウメンチ, ノルマウメンチ | usually<br>ユージュアリ |
| 〜預金 | conta corrente f.<br>コンタ コヘンチ | ordinary deposit<br>オーディネリ ディパズィット |
| 物価 | preço da mercadoria m.<br>プレッソ ダ メルカドリーア | prices<br>プライスィズ |
| 復活 | renascença f.<br>ヘナセンサ | revival<br>リヴァイヴァル |
| （宗教の） | ressurreição f.<br>ヘスヘィサォン | resurrection<br>レザレクション |
| 〜祭 | Páscoa f.<br>パスコア | Easter<br>イースタ |
| 〜する | ressuscitar, renascer<br>ヘススィタール, ヘナセール | revive<br>リヴァイヴ |
| 二日酔い | ressaca f.<br>ヘサッカ | hangover<br>ハンゴウヴァ |
| ぶつかる | chocar-se, bater em<br>ショカールスィ, バテール エィン | hit, strike<br>ヒト, ストライク |
| 復旧する | voltar ao normal, restabelecer<br>ヴォウタール アオ ノルマウ, ヘスタベレセール | be restored<br>ビ リストード |
| 仏教 | budismo m.<br>ブヂズモ | Buddhism<br>ブディズム |
| 〜徒 | budista m.f.<br>ブヂスタ | Buddhist<br>ブディスト |
| ぶつける | atirar contra, lançar contra<br>アチラール コントラ, ランサール コントラ | throw *at*<br>スロウ |
| （衝突） | bater<br>バテール | bump *against*<br>バンプ |
| 復興 | reconstrução f.<br>ヘコンストルサォン | reconstruction<br>リーコンストラクション |
| 〜する | reconstruir<br>ヘコンストルイール | reconstruct<br>リーコンストラクト |
| 不都合 | inconveniência f.<br>インコンヴェニエンスィア | inconvenience<br>インコンヴィーニェンス |
| 物質 | matéria f.<br>マテーリア | matter, substance<br>マタ, サブスタンス |
| 〜的な | material<br>マテリアウ | material<br>マティアリアル |

| 日 | 葡 | 英 |
|---|---|---|
| プッシュホン | telefone de botões m. <br> テレフォーニ デ ボトィンス | push-button telephone <br> プシュバトン テレフォウン |
| 物色する | revirar <br> ヘヴィラール | look for <br> ルク フォー |
| 弗素 | flúor m. <br> フルーオル | fluorine <br> フルオリーン |
| 物騒な | perigoso <br> ペリゴーゾ | dangerous <br> デインヂャラス |
| 物体 | objeto m., corpo m. <br> オビジェット，コルポ | object, thing <br> アブヂクト，スィング |
| 沸騰する | ferver <br> フェルヴェール | boil <br> ボイル |
| フットライト | ribalta f. <br> ヒバウタ | footlights <br> フトライツ |
| フットワーク | habilidade das pernas f. <br> アビリダーヂ ダス ペルナス | footwork <br> フトワーク |
| ぶつぶつ言う | murmurar <br> ムルムラール | murmur <br> マーマ |
| (文句を言う) | resmungar <br> ヘズムンガール | grumble <br> グランブル |
| 物々交換する | barganhar <br> バルガニャール | barter <br> バータ |
| 物理 | física f. <br> フィズィカ | physics <br> フィズィクス |
| ～学者 | | |
| (男の) | físico m. <br> フィズィコ | physicist <br> フィズィスィスト |
| (女の) | física f. <br> フィズィカ | physicist <br> フィズィスィスト |
| 筆 | pincel m. <br> ピンセウ | writing brush <br> ライティング ブラシ |
| 不定 | | |
| ～冠詞 | artigo indefinido m. <br> アルチーゴ インデフィニード | indefinite article <br> インデフィニット アーティクル |
| ～詞 | infinitivo m. <br> インフィニチーヴォ | infinitive <br> インフィニティヴ |
| ～の | indefinido, indeterminado <br> インデフィニード，インデテルミナード | indefinite <br> インデフィニット |

| 日 | 葡 | 英 |
|---|---|---|
| ブティック | butique *f.*<br>ブチッキ | boutique<br>ブーティーク |
| プディング | pudim *m.*<br>プヂン | pudding<br>プディング |
| ふてきとう<br>不適当な | inapropriado, inadequado<br>イナプロプリアード, イナデクワード | unsuitable<br>アンスータブル |
| ふと | de repente, subitamente<br>ヂ ヘペンチ, スビタメンチ | suddenly, by chance<br>サドンリ, バイ チャンス |
| （偶然） | por acaso<br>ポル アカーゾ | by chance<br>バイ チャンス |
| ふと<br>太い | grosso<br>グロッソ | big, thick<br>ビグ, スィク |
| ふとう<br>不当な | injusto , indevido<br>インジュスト, インデヴィード | unjust<br>アンチャスト |
| ぶどう<br>葡萄 | uva *f.*<br>ウーヴァ | grapes<br>グレイプス |
| ～酒 | vinho *m.*<br>ヴィーニョ | wine<br>ワイン |
| ふどうさん<br>不動産 | bens imóveis<br>　　　[imobiliários] *m.pl.*<br>ベンス イモーヴェイス ［イモビリアーリオス］ | immovables<br>イムーヴァブルズ |
| ～屋 | imobiliária *f.*<br>イモビリアーリア | real estate agent<br>リーアル イステイト エイチェント |
| ふところ<br>懐 | peito *m.*<br>ペイト | the breast<br>ザ ブレスト |
| ふと<br>太さ | grossura *f.*<br>グロスーラ | thickness<br>スィクネス |
| ふと<br>太った | gordo<br>ゴルド | fat<br>ファト |
| ふともも<br>太股 | *coxa f.*<br>コッシャ | thigh<br>サイ |
| ふと<br>太［肥］る | engordar<br>エンゴルダール | grow fat<br>グロウ ファト |
| ふとん<br>布団 | colchão *m.*, edredom *m.*<br>コウシャオン, エドレドン | bedclothes<br>ベドクロウズズ |
| ふなの<br>船乗り | marinheiro *m.*<br>マリニェイロ | sailor<br>セイラ |
| ふなびん<br>船便で | por via marítima<br>ポル ヴィーア マリチマ | by surface mail<br>バイ サーフィス メイル |

| 日 | 葡 | 英 |
|---|---|---|
| ふなよ<br>船酔い | enjôo de barco *m.*<br>エンジョーオ ヂ バルコ | seasickness<br>スィースィクネス |
| ぶなん<br>無難な | sem perigo , mais seguro<br>セィン ペリーゴ, マィス セグーロ | safe, pretty good<br>セイフ, プリティ グド |
| ふにんしょう<br>不妊症 | esterilidade *f.*<br>エステリリダーヂ | sterility<br>ステリリティ |
| ふね<br>船・舟 | navio *m.*, barco *m.*<br>ナヴィーオ, バルコ | boat, ship<br>ボウト, シプ |
| ふねんせい<br>不燃性の | não inflamável<br>ナォン インフラマーヴェウ | nonflammable<br>ナンフラマブル |
| ふはい<br>腐敗 | apodrecimento *m.*,<br>            putrefação *f.*<br>アポドレスィメント, プトレファサォン | putrefaction<br>ピュートレファクション |
| （精神の） | depravação *f.*, perversão *f.*<br>デプラヴァサォン, ペルヴェルサォン | corruption<br>カラプション |
| ～する | apodrecer , putrefazer-se<br>アポドレセール, プトレファゼールスィ | rot<br>ラト |
| ぶひん<br>部品 | peça (de uma máquina) *f.*<br>ペッサ (ヂ ウマ マキナ) | parts<br>パーツ |
| ぶぶん<br>部分 | parte *f.*<br>パルチ | part<br>パート |
| ふへい い<br>不平を言う | reclamar , queixar-se de<br>ヘクラマール, ケイシャールスィ ヂ | grumble<br>グランブル |
| ぶべつ<br>侮蔑 | desprezo *m.*<br>ヂスプレーゾ | contempt<br>コンテンプト |
| ふへんてき<br>普遍的な | universal<br>ウニヴェルサウ | universal<br>ユーニヴァーサル |
| ふべん<br>不便 | inconveniência *f.*<br>インコンヴェニエンスィア | inconvenience<br>インコンヴィーニェンス |
| ～な | incômodo , inconveniente<br>インコモド, インコヴェニエンチ | inconvenient<br>インコンヴィーニェント |
| ふほう<br>不法な | ilegal<br>イレガウ | unlawful<br>アンローフル |
| ふまん<br>不満 | insatisfação *f.*,<br>    descontentamento *m.*<br>インサチスファサォン, ヂスコンテンタメント | discontent<br>ディスコンテント |
| ～な | insatisfeito, descontente<br>インサチスフェイト, ヂスコンテンチ | discontented<br>ディスコンテンテド |

| 日 | 葡 | 英 |
|---|---|---|
| ふみきり<br>踏切 | passagem de nível *f.*<br>パサージェイン デ ニーヴェウ | crossing<br>クロースィング |
| ふ だい<br>踏み台 | banco *m.*,<br>　　　pequena escada *f.*<br>バンコ，ペケーナ エスカーダ | footstool<br>フトストゥール |
| ふみんしょう<br>不眠症 | insônia *f.*<br>インソーニア | insomnia<br>インサムニア |
| ふ<br>踏む | pisar<br>ピザール | step, tread<br>ステプ，トレド |
| （手続きなどを） | cumprir, seguir<br>クンプリール，セギール | go through<br>ゴウ スルー |
| ふめい<br>不明な | desconhecido, obscuro,<br>　　　　　　　　　incerto<br>ヂスコニェスィード，オビスクーロ，インセルト | unknown<br>アンノウン |
| ふめいよ<br>不名誉な | desonroso<br>デゾンホーゾ | dishonorable<br>ディサナラブル |
| ふめいりょう<br>不明瞭な | pouco claro, obscuro<br>ポゥコ クラーロ，オビスクーロ | not clear<br>ナト クリア |
| ふもう<br>不毛な | estéril, árido<br>エステーリウ，アリド | sterile<br>ステリル |
| ふもと<br>麓 | sopé da montanha *m.*<br>ソペ ダ モンターニャ | the foot<br>ザ フト |
| ぶもん<br>部門 | seção *f.*<br>セサォン | section<br>セクション |
| ふ<br>増やす | aumentar<br>アウメンタール | increase<br>インクリース |
| ふゆ<br>冬 | inverno *m.*<br>インヴェルノ | winter<br>ウィンタ |
| ふゆかい<br>不愉快な | desagradável<br>ヂザグラダーヴェウ | disagreeable<br>ディサグリーアブル |
| ふよう<br>扶養 | | |
| 〜家族 | familiares dependentes *m.pl.*<br>ファミリアーリス デペンデンチス | dependent<br>ディペンデント |
| 〜する | sustentar<br>ススタンタール | support<br>サポート |
| ふよう<br>不用な | inútil, desnecessário<br>イヌーチウ，ヂズネセサーリオ | disuse<br>ディスユース |
| ぶよう<br>舞踊 | dança *f.*<br>ダンサ | dance<br>ダンス |

| 日 | 葡 | 英 |
|---|---|---|
| フライ | frito<br>フリット | fry<br>フライ |
| フライト | vôo *m.*<br>ヴォーオ | flight<br>フライト |
| プライド | orgulho *m.*, brio *m.*<br>オルグーリョ, ブリーオ | pride<br>プライド |
| プライバシー | privacidade *f.*<br>プリヴァスィダーヂ | privacy<br>プライヴァスィ |
| フライパン | frigideira *f.*<br>フリジデイラ | frying pan<br>フライイング パン |
| プライベートな | privado , particular<br>プリヴァード, パルチクラール | private<br>プライヴェト |
| フライング | saída antes da hora *f.*<br>サイーダ アンチス ダ オーラ | false start<br>フォールス スタート |
| ブラインド | persiana *f.*<br>ペルスィアーナ | blind<br>ブラインド |
| ブラウス | blusa *f.*<br>ブルーザ | blouse<br>ブラウズ |
| ブラウン管<br>（かん） | tubo de raios catódicos *m.*<br>トゥーボ デ ハイオス カトヂコス | tube<br>テューブ |
| プラカード | cartaz *m.*<br>カルタィス | placard<br>プラカード |
| プラグ | tomada *f.*<br>トマーダ | plug<br>プラグ |
| ぶら下がる<br>（さ） | pendurar-se<br>ペンドゥラールスィ | hang, dangle<br>ハング, ダングル |
| ぶら下げる<br>（さ） | pendurar<br>ペンドゥラール | hang, suspend<br>ハング, サスペンド |
| ブラシ | escova *f.*<br>エスコーヴァ | brush<br>ブラシュ |
| ブラジャー | sutiã *m.*<br>スチヤン | brassiere, bra<br>ブラズィア, ブラー |
| ブラジル | Brasil *m.*<br>ブラズィウ | Brazil<br>ブラズィル |
| プラス | mais<br>マィス | plus<br>プラス |
| （電気） | pólo positivo *m.*<br>ポーロ ポズィチーヴォ | positive pole<br>パズィティヴ ポウル |

| 日 | 葡 | 英 |
|---|---|---|
| フラスコ | frasco *m.*<br>フラスコ | flask<br>フラスク |
| プラスチック | plástico *m.*<br>プラスチコ | plastic<br>プラスティク |
| フラストレーション | frustração *f.*<br>フルストラサォン | frustration<br>フラストレイション |
| プラズマ | plasma *m.*<br>プラズマ | plasma<br>プラズマ |
| プラタナス | plátano *m.*<br>プラタノ | plane tree<br>プレイン トリー |
| プラチナ | platina *f.*<br>プラチーナ | platinum<br>プラティナム |
| ぶらつく | dar uma volta,<br>　　　　　passear por<br>ダール ウマ ヴォウタ, パセアール ポル | walk about<br>ウォーク アバウト |
| フラッシュ | *flash m.*<br>フラッシュ | flashlight<br>フラシュライト |
| プラットホーム | plataforma *f.*<br>プラタフォルマ | platform<br>プラトフォーム |
| ぶらぶらする | balançar<br>バランサール | swing, dangle<br>スウィング, ダングル |
| （さまよう） | vaguear , passear à toa<br>ヴァギアール, パスィアール ア トーア | wander<br>ワンダ |
| （怠ける） | viver ocioso , viver à toa<br>ヴィヴェール オスィオーゾ, ヴィヴェール ア トーア | be lazy<br>ビ レイズィ |
| フラミンゴ | flamingo *m.*<br>フラミンゴ | flamingo<br>フラミンゴウ |
| プラム | ameixa *f.*<br>アメイシャ | plum<br>プラム |
| フラメンコ | flamenco *m.*<br>フラメンコ | flamenco<br>フラメンコウ |
| プラン | plano *m.*<br>プラーノ | plan<br>プラン |
| ブランク | espaço em branco *m.*<br>エスパッソ エィン ブランコ | blank<br>ブランク |
| プランクトン | plâncton *m.*<br>プランキトン | plankton<br>プランクトン |
| ぶらんこ | balanço *m.*<br>バランソ | swing, trapeze<br>スウィング, トラピーズ |

| 日 | 葡 | 英 |
|---|---|---|
| フランス | França f.<br>フランサ | France<br>フランス |
| ～人 (男の) | francês m.<br>フランセィス | Frenchman<br>フレンチマン |
| (女の) | francesa f.<br>フランセーザ | Frenchwoman<br>フレンチウマン |
| ～語 | francês m.<br>フランセィス | French<br>フレンチ |
| ～の | francês<br>フランセィス | French<br>フレンチ |
| プランター | vaso retangular para flores m.<br>ヴァーゾ ヘタングラール パラ フローリス | planter<br>プランタ |
| フランチャイズ | *franchise* f., franquia f.<br>フランチャイズ, フランキーア | franchise<br>フランチャイズ |
| ブランデー | *brandy* m.<br>ブランヂ | brandy<br>ブランディ |
| ブランド | grife f., marca f.<br>グリッフィ, マルカ | brand<br>ブランド |
| 不利 | desvantagem f.<br>ヂズヴァンタージェィン | disadvantage<br>ディサドヴァンティチ |
| ～な | desvantajoso<br>ヂズヴァンタジョーゾ | disadvantageous<br>ディサドヴァンテイチャス |
| フリーの | livre<br>リーヴリ | free<br>フリー |
| フリーザー | congelador m.<br>コンジェラドール | freezer<br>フリーザ |
| プリーツ | prega f.<br>プレーガ | pleat<br>プリート |
| ブリーフ | cueca f.<br>クウェッカ | briefs<br>ブリーフス |
| ブリーフケース | pasta para documentos f.<br>パスタ パラ ドクメントス | briefcase<br>ブリーフケイス |
| 不利益 | desvantagem f.<br>ヂズヴァンタージェィン | disadvantage<br>ディサドヴァンティチ |
| 振替 | transferência f.<br>トランスフェレンスィア | transfer<br>トランスファー |
| 振り返る | voltar-se, virar-se para trás<br>ヴォウタールスィ, ヴィラールスィ パラ トラィス | look back *at, upon*<br>ルク バク |

| 日 | 葡 | 英 |
|---|---|---|
| ブリキ | lata *f.*, folha-de-flandres *f.*<br>ラッタ, フォーリャ チ フランドリス | tinplate<br>ティンプレイト |
| 振り子 | pêndulo *m.*<br>ペンドゥロ | pendulum<br>ペンヂュラム |
| 振り込む | depositar,<br>  transferir (dinheiro)<br>デポズィタール, トランスフェリール (ヂニェイロ) | transfer *to*<br>トランス**ファ**ー |
| プリズム | prisma *m.*<br>プリズマ | prism<br>プリズム |
| プリペイド | pré-pago<br>プレパーゴ | prepaid<br>プリーペイド |
| プリマドンナ | prima-dona *f.*<br>プリーマ ドーナ | prima donna<br>プリーマ ダナ |
| 振り向く | voltar-se, virar-se para trás<br>ヴォウタールスィ, ヴィラールスィ パラ トライス | turn *to*, look back<br>ターン, ルク バク |
| 不良 | delinqüente juvenil *m.*<br>デリンクウェンチ ジュヴェニウ | juvenile delinquent<br>チューヴィナイル<br>ディリンクウェント |
| 武力 | poder militar *m.*,<br>  força militar *f.*<br>ポデール ミリタール, フォルサ ミリタール | military power<br>ミリテリ パウア |
| フリル | babado *m.*<br>ババード | frill<br>フリル |
| 不倫 | adultério *m.*<br>アドゥウテーリオ | adultery<br>ア**ダ**ルタリ |
| プリンス | príncipe *m.*<br>プリンスィピ | prince<br>プリンス |
| プリンセス | princesa *f.*<br>プリンセーザ | princess<br>プリンセス |
| プリンター | impressora *f.*<br>インプレソーラ | printer<br>プリンタ |
| プリント | impressão *f.*<br>インプレサォン | copy, print<br>カピ, プリント |
| 降る | cair<br>カイール | fall<br>フォール |
| 雨が〜 | chover<br>ショヴェール | rain<br>レイン |
| 雪が〜 | nevar<br>ネヴァール | snow<br>スノウ |

| 日 | 葡 | 英 |
|---|---|---|
| 振る | agitar , sacudir アジタール, サクヂール | shake, wave シェイク, ウェイヴ |
| 古い | velho , antigo ヴェーリョ, アンチーゴ | old, ancient オウルド, エインシェント |
| フルーツ | fruta f. フルッタ | fruit フルート |
| フルート | flauta f. フラウタ | flute フルート |
| ブルーベリー | espécie de mirtilo f. エスペースィイ ヂ ミルチーロ | blueberry ブルーベリ |
| 震える | tremer , estremecer トレメール, エストレメセール | tremble, shiver トレンブル, シヴァ |
| プルオーバー | pulôver m. プローヴェル | pullover プロウヴァ |
| 古臭い | antiquado アンチクワード | old-fashioned オウルドファションド |
| フルコース | refeição completa f. ヘフェイサォン コンプレッタ | six-course dinner スィクスコース ディナ |
| 故郷 | terra natal f. テッハ ナタウ | home, hometown ホウム, ホウムタウン |
| ブルジョア (階級) | burguesia f. ブルゲズィーア | bourgeoisie ブアジュワーズィー |
| ブルドーザー | trator de lâmina m. トラトール ヂ ラミナ | bulldozer ブルドウザ |
| ブルドッグ | buldogue m. ブウドーギ | bulldog ブルドグ |
| プルトニウム | plutônio m. プルトーニオ | plutonium プルートウニアム |
| 振る舞う | comportar-se, proceder, agir コンポルタールスィ, プロセデール, アジール | behave ビヘイヴ |
| 古めかしい | antiquado アンチクワード | old-fashioned オウルドファションド |
| 震わせる | tremer , estremecer トレメール, エストレメセール | shake, tremble with シェイク, トレンブル |
| 無礼な | descortês , mal-educado ヂスコルティス, マウ エドゥカード | impolite, rude インポライト, ルード |

| 日 | 葡 | 英 |
|---|---|---|
| プレー | jogo *m.*<br>ジョーゴ | play<br>プレイ |
| ～オフ | *play-off* *m.*<br>プレィ オフィ | play-off<br>プレイオフ |
| ブレーキ | freio *m.*, breque *m.*<br>フレィオ, ブレッキ | brake<br>ブレイク |
| ～をかける | frear<br>フレアール | put on the brake<br>プト オン ザ ブレイク |
| プレート | placa *f.*<br>プラッカ | plate<br>プレイト |
| フレーム | armação *f.*, moldura *f.*<br>アルマサォン, モウドゥーラ | frame<br>フレイム |
| プレーヤー | | |
| （男の） | jogador *m.*<br>ジョガドール | player<br>プレイア |
| （女の） | jogadora *f.*<br>ジョガドーラ | player<br>プレイア |
| ブレーン | | |
| （男の） | assessor *m.*<br>アセソール | brains<br>ブレインズ |
| （女の） | assessora *f.*<br>アセソーラ | brains<br>ブレインズ |
| ブレザー | *blazer* *m.*<br>ブレィゼール | blazer<br>ブレイザ |
| プレス | | |
| （報道機関） | imprensa *f.*<br>インプレンサ | the press<br>ザ プレス |
| フレスコ画 | afresco *m.*<br>アフレスコ | fresco<br>フレスコウ |
| ブレスレット | pulseira *f.*, bracelete *m.*<br>プウセィラ, ブラセレッチ | bracelet<br>ブレイスレト |
| プレゼンテーション | apresentação *f.*<br>アプレゼンタサォン | presentation<br>プリーゼンテイション |
| プレゼント | presente *m.*<br>プレゼンチ | present<br>プレズント |
| ～する | presentear<br>プレゼンチアール | present<br>プリゼント |
| プレタポルテ | *prêt-à-porter* *m.*<br>プレタポルテール | prêt-à-porter<br>プレターポテイ |

ふ

| 日 | 葡 | 英 |
|---|---|---|
| フレックスタイム | horário flexível *m.*<br>オラーリオ フレキスィーヴェウ | flextime<br>フレクスタイム |
| プレッシャー | pressão *f.*<br>プレサォン | pressure<br>プレシャ |
| プレハブ住宅（じゅうたく） | casa pré-fabricada *f.*<br>カーザ プレファブリカーダ | prefabricated house<br>プリーファブリケイテド ハウス |
| プレミアム | prêmio *m.*<br>プレーミオ | premium<br>プリーミアム |
| 触（ふ）れる | tocar<br>トカール | touch<br>タチ |
| （言及） | mencionar , referir-se a<br>メンスィオナール, レフェリールスィ ア | mention<br>メンション |
| 不連続（ふれんぞく） | descontinuidade *f.*<br>ヂスコンチヌィダーヂ | discontinuity<br>ディスコンティニューイティ |
| フレンチ<br>　ドレッシング | vinagrete *m.*<br>ヴィナグレッチ | French dressing<br>フレンチ ドレスィング |
| ブレンド | *blend m.*<br>ブレンヂ | blending<br>ブレンディング |
| 風呂（ふろ） | banho *m.*<br>バーニョ | bath<br>バス |
| （風呂桶） | banheira *f.*<br>バニェィラ | bathtub<br>バスタブ |
| 〜に入る | tomar banho<br>トマール バーニョ | take a bath<br>テイク ア バス |
| プロ | profissional *m.f.*<br>プロフィスィオナウ | pro<br>プロウ |
| 〜の | profissional<br>プロフィスィオナウ | pro<br>プロウ |
| フロア | soalho *m.*, piso *m.*<br>ソアーリョ, ピーゾ | floor<br>フロー |
| ブロイラー | galeto *m.*<br>ガレット | broiler<br>ブロイラ |
| ブローカー | | |
| （男の） | corretor *m.*<br>コヘトール | broker<br>ブロウカ |
| （女の） | corretora *f.*<br>コヘトーラ | broker<br>ブロウカ |
| ブローチ | broche *m.*<br>ブロッシ | brooch<br>ブロウチ |

| 日 | 葡 | 英 |
|---|---|---|
| 付録(ふろく) | suplemento *m.*, apêndice *m.*<br>スプリメント, アペンヂスィ | supplement<br>サプリメント |
| プログラミング | programação *f.*<br>プログラマサォン | programming<br>プロウグラミング |
| プログラム | programa *m.*<br>プログラーマ | program<br>プロウグラム |
| プロジェクト | projeto *m.*<br>プロジェット | project<br>プロヂェクト |
| プロセス | processo *m.*<br>プロセッソ | process<br>プラセス |
| プロダクション | produtora *f.*<br>プロドゥトーラ | production<br>プロダクション |
| ブロック | bloqueio *m.*<br>ブロケィオ | block<br>ブラク |
| フロックコート | sobrecasaca *f.*<br>ソブレカザッカ | frock coat<br>フラク コウト |
| ブロッコリー | brócolis *m.pl.*<br>ブロコリス | broccoli<br>ブラコリ |
| フロッピー | disquete *m.*<br>ヂスケッチ | floppy<br>フラピ |
| プロテクター | protetor *m.*<br>プロテトール | protector<br>プロテクタ |
| プロテスタント | protestantismo *m.*<br>プロテスタンチズモ | Protestantism<br>プラティスタンティズム |
| (信者) | protestante *m.f.*<br>プロテスタンチ | Protestant<br>プラティスタント |
| プロデューサー | | |
| (男の) | produtor *m.*<br>プロドゥトール | producer<br>プロデューサ |
| (女の) | produtora *f.*<br>プロドゥトーラ | producer<br>プロデューサ |
| プロバイダー | provedor *m.*<br>プロヴェドール | provider<br>プロヴァイダ |
| プロパン | propano *m.*<br>プロパーノ | propane<br>プロウペイン |
| プロフィール | perfil *m.*<br>ペルフィウ | profile<br>プロウファイル |
| プロペラ | hélice *f.*<br>エリスィ | propeller<br>プロペラ |

| 日 | 葡 | 英 |
|---|---|---|
| プロポーション | proporção *f.*<br>プロポルサォン | proportion<br>プロポーション |
| プロポーズする | pedir em casamento<br>ペヂール エィン カザメント | propose marriage *to*<br>プロポウズ マリヂ |
| ブロマイド | retratos de ídolos *m.pl.*<br>ヘトラットズ ヂ イドロス | bromide<br>ブロウマイド |
| プロムナード | passeio *m.*<br>パセィオ | promenade<br>プラメネイド |
| プロモーション | promoção *f.*<br>プロモサォン | promotion<br>プロモウション |
| プロモーター<br>(男の) | patrocinador *m.*<br>パトロスィナドール | promoter<br>プロモウタ |
| (女の) | patrocinadora *f.*<br>パトロスィナドーラ | promoter<br>プロモウタ |
| プロレス | luta livre *f.*<br>ルッタ リーヴリ | professional wrestling<br>プロフェショナル レスリング |
| プロローグ | prólogo *m.*<br>プロロゴ | prologue<br>プロウログ |
| ブロンズ | bronze *m.*<br>ブロンズィ | bronze<br>ブランズ |
| フロント | recepção *f.*<br>ヘセピサォン | front desk<br>フラント デスク |
| ～ガラス | pára-brisas *m.*<br>パーラ ブリーザス | windshield<br>ウィンシールド |
| ブロンド | cabelo louro *m.*<br>カベーロ ロゥロ | blonde<br>ブランド |
| 不和 | discórdia *f.*<br>ヂスコルヂア | discord<br>ディスコード |
| 不渡り | sem fundo<br>セィン フンド | dishonor<br>ディスアナ |
| 分 | minuto *m.*<br>ミヌット | minute<br>ミヌト |
| 糞 | excremento *m.*, fezes *m.pl.*<br>エスクレメント, フェーズィス | feces, excrements<br>フィースィーズ, エクスクレメンツ |
| 文 | oração *f.*, frase *f.*<br>オラサォン, フラーズィ | sentence<br>センテンス |
| 雰囲気 | ambiente *m.*, atmosfera *f.*<br>アンビエンチ, アチモスフェーラ | atmosphere<br>アトモスフィア |

| 日 | 葡 | 英 |
|---|---|---|
| ふんか<br>噴火 | erupção (vulcânica) *f.*<br>エルピサォン（ヴルカニカ） | eruption<br>イラプション |
| ～する | entrar em erupção<br>エントラール エィン エルピサォン | erupt<br>イラプト |
| ぶんか<br>文化 | cultura *f.*<br>クウトゥーラ | culture<br>カルチャ |
| ～的な | cultural<br>クウトゥラウ | cultural<br>カルチャラル |
| ふんがいする<br>憤慨する | indignar-se , enfurecer-se<br>インヂギナールスィ, エンフレセールスィ | be indignant *at*<br>ビ インディグナント |
| ぶんかい<br>分解 | decomposição *f.*<br>デコンポズィサォン | decomposition<br>ディーカンポズィション |
| ～する | decompor<br>デコンポール | resolve *into*, decompose<br>リザルヴ, ディーコンポウズ |
| ぶんがく<br>文学 | literatura *f.*, letras *f.pl.*<br>リテラトゥーラ, レトラス | literature<br>リテラチャ |
| ～の | literário<br>リテラーリオ | literary<br>リタレリ |
| ぶんかつ<br>分割 | divisão *f.*<br>ヂヴィザォン | division<br>ディヴィジョン |
| ～する | dividir<br>ヂヴィヂール | divide<br>ディヴァイド |
| ふんきゅうする<br>紛糾する | complicar-se<br>コンプリカールスィ | become complicated<br>ビカム カンプリケイテド |
| ぶんげい<br>文芸 | arte e literatura<br>アルチ イ リテラトゥーラ | arts and literature<br>アーツ アンド リテラチャ |
| ぶんけん<br>文献 | documentos *m.pl.*,<br>referências *f.pl.*<br>ドクメントス, ヘフェレンスィアス | literature, documents<br>リテラチャ, ダキュメンツ |
| ぶんこ<br>文庫 | arquivo *m.*, biblioteca *f.*<br>アルキーヴォ, ビブリオテッカ | library<br>ライブラリ |
| ぶんご<br>文語 | linguagem literária *f.*<br>リングワージェィン リテラーリア | literary language<br>リタレリ ラングウィヂ |
| ふんさいする<br>粉砕する | esmigalhar<br>エズミガリャール | smash, crush<br>スマシュ, クラシュ |
| ぶんし<br>分子 | molécula *f.*<br>モレクラ | molecule<br>マレキュール |
| （数学） | numerador *m.*<br>ヌメラドール | numerator<br>ニューマレイタ |

## ■文具■ artigos de papelaria /m.pl/ アルチーゴス ヂ パペラリーア/

文房具 artigos de escritório /アルチーゴス ヂ エスクリトーリオ / m.pl. (㊍stationery)

鉛筆 lápis /ラピス / m. (㊍pencil)

シャープペンシル lapiseira /ラピゼィラ / f. (㊍mechanical pencil)

消しゴム borracha /ボハッシャ / f. (㊍eraser, rubber)

ボールペン caneta esferográfica /カネッタ エスフェログラフィカ / f. (㊍ball-point)

サインペン pincel atômico /ピンセゥ アトミコ / m. (㊍fiber-tipped pen)

マーカー marca-texto /マルカ テスト / m., lumicolor /ルミコロール / m. (㊍marker)

万年筆 caneta-tinteiro /カネッタ チンティロ / f. (㊍fountain pen)

インク tinta /チンタ / f. (㊍ink)

筆 pincel /ピンセゥ / m. (㊍brush)

絵の具 tinta /チンタ / f. (㊍paints, colors)

色鉛筆 lápis de cor /ラピス ヂ コール / m. (㊍colored pencil)

クレヨン creiom /クレィオン / m. (㊍crayon)

ノート caderno /カデルノ / m. (㊍notebook)

スケッチブック caderno de esboços /カデルノ ヂ エズボッソス / m. (㊍sketchbook)

便箋 papel de carta /パペゥ ヂ カルタ / m. (㊍letter paper)

封筒 envelope /エンヴェロッピ / m. (㊍envelope)

バインダー pasta /パスタ / f. (㊍binder)

糊 cola /コーラ / f. (㊍paste, starch)

接着剤 cola /コーラ / f. (㊍adhesive)

セロテープ fita adesiva /フィッタ アデズィーヴァ / f., durex /ドゥレックス / m. (㊍Scotch tape)

ガムテープ fita para empacotamento /フィッタ パラ エンパコタメント / f. (㊍packaging tape)

ホッチキス grampeador /グランピアドール / m. (㊍stapler)

クリップ clipe /クリッピ / m. (㊍clip)

はさみ tesoura /テゾッラ / f. (㊍scissors)

カッター cortador /コルタドール / m. (㊍cutter)

| 日 | 葡 | 英 |
|---|---|---|
| ふんしつ<br>紛失 | perda *f.*<br>ペルダ | loss<br>ロース |
| ～する | perder<br>ペルデール | lose<br>ルーズ |
| ～物 | objeto perdido *m.*<br>オビジェット ペルヂード | lost article<br>ロースト アーティクル |
| ぶんしょ<br>文書 | escrito *m.*, escritura *f.*, documento *m.*<br>エスクリット, エスクリトゥーラ, ドクメント | document<br>ダキュメント |
| ぶんしょう<br>文章 | texto *m.*<br>テスト | sentence<br>センテンス |
| ふんすい<br>噴水 | fonte *f.*, chafariz *m.*<br>フォンチ, シャファリース | fountain<br>ファウンティン |
| ぶんすう<br>分数 | fração *f.*<br>フラサォン | fraction<br>フラクション |
| ぶんせき<br>分析 | análise *f.*<br>アナリズィ | analysis<br>アナリスィス |
| ～する | analisar<br>アナリザール | analyze<br>アナライズ |
| ふんそう<br>紛争 | conflito *m.*<br>コンフリット | conflict<br>カンフリクト |
| ぶんたい<br>文体 | estilo *m.*<br>エスチーロ | style<br>スタイル |
| ぶんたん<br>分担する | compartilhar<br>コンパルチリャール | share<br>シェア |
| ぶんつう<br>文通する | corresponder-se com<br>コヘスポンデールスィ コン | correspond *with*<br>コレスパンド |
| ぶんどき<br>分度器 | transferidor *m.*<br>トランスフェリドール | protractor<br>プロトラクタ |
| ぶんぱい<br>分配 | distribuição *f.*<br>ヂストリブィサォン | distribution<br>ディストリビューション |
| ～する | distribuir<br>ヂストリブイール | distribute<br>ディストリビュート |
| ぶんぴつ<br>分泌 | secreção *f.*<br>セクレサォン | secretion<br>スィクリーション |
| ぶんぷ<br>分布する | distribuir-se<br>ヂストリブイールスィ | be distributed<br>ビ ディストリビューテド |
| ぶんべん<br>分娩 | parto *m.*<br>パルト | childbirth<br>チャイルドバース |

| 日 | 葡 | 英 |
|---|---|---|
| 〜する | dar à luz<br>ダール ア ルィス | be delivered *of*<br>ビ ディリヴァド |
| ぶんぼ<br>分母 | denominador *m.*<br>デノミナドール | denominator<br>ディナミネイタ |
| ぶんぽう<br>文法 | gramática *f.*<br>グラマチカ | grammar<br>グラマ |
| ぶんぼうぐ<br>文房具 | artigos de papelaria [escritório] *m.pl.*<br>アルチーゴス チ パペラリーア [エスクリトーリオ] | stationery<br>ステイショネリ |
| 〜店 | papelaria *f.*<br>パペラリーア | stationery store<br>ステイショネリ ストー |
| ふんまつ<br>粉末 | pó *m.*<br>ポ | powder<br>パウダ |
| ぶんみゃく<br>文脈 | contexto *m.*<br>コンテスト | context<br>カンテクスト |
| ふんむき<br>噴霧器 | vaporizador *m.*, borrifador *m.*<br>ヴァポリザドール, ボヒファドール | spray<br>スプレイ |
| ぶんめい<br>文明 | civilização *f.*<br>スィヴィリザサオン | civilization<br>スィヴィリゼイション |
| ぶんや<br>分野 | campo *m.*, área *f.*<br>カンポ, アーリア | field, line<br>フィールド, ライン |
| ぶんり<br>分離 | separação *f.*<br>セパラサオン | separation<br>セパレイション |
| 〜する | separar<br>セパラール | separate<br>セパレイト |
| ぶんりょう<br>分量 | quantidade *f.*<br>クァンチダーヂ | quantity<br>クワンティティ |
| （薬の） | dose *f.*<br>ドーズィ | dose<br>ドウス |
| ぶんるい<br>分類 | classificação *f.*<br>クラスィフィカサオン | classification<br>クラスィフィケイション |
| 〜する | classificar<br>クラスィフィカール | classify *into*<br>クラスィファイ |
| ぶんれつ<br>分裂 | divisão *f.*, desunião *f.*, cisão *f.*<br>チヴィザオン, デズニアオン, スィザオン | split, division<br>スプリット, ディヴィジョン |
| 〜する | desagregar<br>デザグレガール | split *into*<br>スプリット |

| 日 | 葡 | 英 |
|---|---|---|
| **へ, ヘ** | | |
| 屁 | ventosidade f., flato m.<br>ヴェントスィダーヂ, フラット | wind<br>ウィンド |
| ヘア | cabelo m.<br>カベーロ | hair<br>ヘア |
| ～スタイル | penteado m.<br>ペンチアード | hairstyle<br>ヘアスタイル |
| ～トニック | tônico capilar m.<br>トニコ カピラール | hair tonic<br>ヘア タニク |
| ～ネット | rede de cabelo f.<br>ヘーヂ ヂ カベーロ | hairnet<br>ヘアネト |
| ～ピース | aplique m.<br>アプリッキ | hairpiece<br>ヘアピース |
| ～ピン | grampo m.<br>グランポ | hairpin<br>ヘアピン |
| ～ブラシ | escova f.<br>エスコーヴァ | hairbrush<br>ヘアブラシュ |
| ペア | par m.<br>パール | pair<br>ペア |
| ベアリング | rolimã m., rolamento m.<br>ホリマン, ホラメント | bearing<br>ベアリング |
| 塀 | muro m.<br>ムーロ | wall, fence<br>ウォール, フェンス |
| 兵役 | serviço militar m.<br>セルヴィッソ ミリタール | military service<br>ミリテリ サーヴィス |
| 平穏な | tranqüilo, calmo<br>トランクウィーロ, カウモ | calm<br>カーム |
| 閉会する | encerrar (a seção)<br>エンセハール (ア セサォン) | close<br>クロウズ |
| 弊害 | dano m., prejuízo m.<br>ダーノ, プレジュイーゾ | evil, abuse<br>イーヴル, アビューズ |
| 兵器 | arma f.<br>アルマ | arms, weapon<br>アームズ, ウェポン |
| ～庫 | arsenal m.<br>アルセナウ | arsenal<br>アースィナル |
| 平気 (平静) | calma f.<br>カウマ | composure<br>カンポウジャ |

| 日 | 葡 | 英 |
|---|---|---|
| (無頓着) | despreocupação f.<br>ヂスプレオクパサォン | indifference<br>インディファレンス |
| (動じない) | impassibilidade f.<br>インパスィビリダーヂ | impassivity<br>インパスィヴィティ |
| 〜な | calmo, despreocupado, impassível<br>カウモ, ヂスプレオクパード, インパスィーヴェウ | calm<br>カーム |
| へいきん<br>平均 | média f.<br>メーヂア | average<br>アヴァリヂ |
| 〜する | tirar a média<br>チラール ア メーヂア | average<br>アヴァリヂ |
| 〜台 | trave de equilíbrio f.<br>トラーヴィ ヂ エキリーブリオ | balance beam<br>バランス ビーム |
| へいげん<br>平原 | planície f.<br>プラニスィイ | plain<br>プレイン |
| へいこう<br>平行 | | |
| 〜している | paralelo<br>パラレーロ | parallel to<br>パラレル |
| 〜四辺形 | paralelogramo m.<br>パラレログラーモ | parallelogram<br>パラレレグラム |
| 〜線 | paralela f.<br>パラレーラ | parallel lines<br>パラレル ラインズ |
| 〜棒 | barras paralelas f.pl.<br>バッハス パラレーラス | parallel bars<br>パラレル バーズ |
| へいこう<br>平衡 | equilíbrio m., balança f.<br>エキリーブリオ, バランサ | equilibrium<br>イークウィリブリアム |
| へいごう<br>併合 | fusão f.<br>フザォン | absorption<br>アブソープション |
| 〜する | fundir-se<br>フンヂールスィ | absorb<br>アブソーブ |
| へいこう<br>閉口する | ficar de saco cheio,<br>フィカール ヂ サッコ シェイオ,<br>não suportar<br>ナォン スポルタール | be embarrassed at, by<br>ビ インバラスト |
| へいさ<br>閉鎖 | fechamento m., bloqueio m.<br>フェシャメント, ブロケィオ | closing<br>クロウズィング |
| 〜する | fechar, bloquear<br>フェシャール, ブロキアール | close<br>クロウズ |
| へいし<br>兵士 | soldado m.<br>ソウダード | soldier<br>ソウルヂャ |

| 日 | 葡 | 英 |
|---|---|---|
| 平日(へいじつ) | dia de semana *m.*, dia útil *m.* <br> チーア ヂ セマーナ, チーア ウッチウ | weekday <br> ウィークデイ |
| 平常の(へいじょうの) | normal <br> ノルマウ | normal <br> ノーマル |
| 平然(へいぜん) | | |
| 〜と | com calma, impassivelmente <br> コン カウマ, インパスィーヴェウメンチ | calmly <br> カームリ |
| 〜とした | imperturbável <br> インペルトゥルバーヴェウ | calm, cool <br> カーム, クール |
| 閉店する(へいてん する) | fechar (a loja) <br> フェシャール (ア ロージャ) | close <br> クロウズ |
| 平熱(へいねつ) | temperatura normal *f.* <br> テンペラトゥーラ ノルマウ | normal temperature <br> ノーマル テンパラチャ |
| 平年(へいねん) | ano comum *m.* <br> アーノ コムン | ordinary year <br> オーディネリ イア |
| 平服(へいふく) | traje esporte *m.* <br> トラージ エスポルチ | plain clothes <br> プレイン クロウズズ |
| 平方(へいほう) | quadrado *m.* <br> クァドラード | square <br> スクウェア |
| 〜キロメートル | quilômetro quadrado *m.* <br> キロメトロ クァドラード | square kilometer <br> スクウェア キロミタ |
| 〜根 | raiz quadrada *f.* <br> ハイース クァドラーダ | square root <br> スクウェア ルート |
| 〜メートル | metro quadrado *m.* <br> メトロ クァドラード | square meter <br> スクウェア ミータ |
| 平凡な(へいぼんな) | comum, banal <br> コムン, バナウ | common, ordinary <br> カモン, オーディネリ |
| 平面(へいめん) | plano *m.*, superfície *f.* <br> プラーノ, スペルフィッスィイ | plane <br> プレイン |
| 平野(へいや) | planície *f.* <br> プラニッスィイ | plain <br> プレイン |
| 平和(へいわ) | paz *f.* <br> パィス | peace <br> ピース |
| 〜な | pacífico <br> パスィフィコ | peaceful <br> ピースフル |
| ペイント | tinta *f.* <br> チンタ | paint <br> ペイント |
| ベーカリー | padaria *f.* <br> パダリーア | bakery <br> ベイカリ |

| 日 | 葡 | 英 |
|---|---|---|
| ベーキングパウダー | fermento em pó m. (フェルメント エィン ポ) | baking powder (ベイキング パウダ) |
| ベーコン | toicinho m., bacon m. (トィスィーニョ, ベィコン) | bacon (ベイコン) |
| ページ | página f. (パジナ) | page (ペイヂ) |
| ベージュ | bege (ベージ) | beige (ベイジュ) |
| ベース | base f. (バーズィ) | base (ベイス) |
| （音楽） | baixo m. (バィショ) | bass (バス) |
| ペース | passo m. (パッソ) | pace (ペイス) |
| ペースト | patê m. (パテ) | paste (ペイスト) |
| ペースメーカー | marca-passo cardíaco artificial m. (マルカ パッソ カルヂアコ アルチフィスィアウ) | pacemaker (ペイスメイカ) |
| ペーパーバック | brochura f. (ブロシューラ) | paperback (ペイパバク) |
| ベール | véu m. (ヴェゥ) | veil (ヴェイル) |
| 壁画 | mural m. (ムラゥ) | mural (ミュアラル) |
| 僻地 | lugar remoto m., recanto m. (ルガール ヘモット, ヘカント) | remote place (リモウト プレイス) |
| ヘクタール | hectare m. (エキターリ) | hectare (ヘクテア) |
| ベクトル | vetor m. (ヴェトール) | vector (ヴェクタ) |
| 凹む | afundar, amassar-se (アフンダール, アマサールスィ) | be dented, sink (ビ デンテド, スィンク) |
| 凹んだ | côncavo, amassado (コンカヴォ, アマサード) | dented (デンテド) |
| 舳先 | proa f. (プローア) | the prow (ザ プラウ) |

| 日 | 葡 | 英 |
|---|---|---|
| ベスト | | |
| （衣服の） | colete *m.*<br>コレッチ | vest<br>ヴェスト |
| ペスト | peste *f.*<br>ペスチ | the plague<br>ザ プレイグ |
| ベストセラー | os mais vendidos *m.pl.*<br>ウズ マイズ ヴェンヂードス | best seller<br>ベスト セラ |
| 臍 | umbigo *m.*<br>ウンビーゴ | the navel<br>ザ ネイヴェル |
| 下手な | inábil,<br>que não sabe fazer bem<br>イナービウ, キ ナォン サービ ファゼール ベィン | clumsy, poor<br>クラムズィ, プア |
| 隔たり | distância *f.*<br>ヂスタンスィア | distance<br>ディスタンス |
| （差異） | diferença *f.*, discrepância *f.*<br>ヂフェレンサ, ヂスクレパンスィア | difference<br>ディフレンス |
| 隔たる | ficar longe de,<br>フィカール ロンジ ヂ,<br>ficar afastado de<br>フィカール アファスタード ヂ | be away *from*<br>ビ アウェイ |
| 隔てる | separar<br>セパラール | partition<br>パーティション |
| ペダル | pedal *m.*<br>ペダウ | pedal<br>ペドル |
| 別館 | edifício *m.*, anexo *m.*<br>エヂフィッスィオ, アネキソ | annex<br>アネクス |
| 別居する | viver separadamente<br>ヴィヴェール セパラダメンチ | live separately<br>リヴ セパレトリ |
| 別荘 | casa de campo *f.*,<br>chácara *f.*<br>カーザ ヂ カンポ, シャカラ | villa<br>ヴィラ |
| ベッド | cama *f.*<br>カーマ | bed<br>ベド |
| ～カバー | colcha *f.*<br>コウシャ | bedspread<br>ベドスプレド |
| ペット | animal de estimação *m.*<br>アニマウ ヂ エスチマサォン | pet<br>ペト |
| ヘッドホン | fone de ouvido *m.*<br>フォーニ ヂ オゥヴィード | headphone<br>ヘドフォウン |

| 日 | 葡 | 英 |
|---|---|---|
| ヘッドライト | farol *m.* ファロウ | headlight ヘドライト |
| 別(べつ)に | à parte, separadamente ア パルチ, セパラダメンチ | apart アパート |
| (取り立てて) | em particular, em especial エィン パルチクラール, エィン エスペスィアウ | in particular イン パティキュラ |
| 別(べつ)の | outro オゥトロ | different, another ディフレント, アナザ |
| 別々(べつべつ)の | separado, respectivo セパラード, ヘスペキチーヴォ | separate, respective セパレイト, リスペクティヴ |
| 諂(へつら)う | adular, lisonjear アドゥラール, リゾンジアール | flatter フラタ |
| 別離(べつり) | separação *f.*, despedida *f.* セパラサォン, デスペチーダ | separation セパレイション |
| ヘディング | cabeçada *f.* カベサーダ | heading ヘディング |
| ベテラン | | |
| (男の) | veterano *m.* ヴェテラーノ | veteran, expert ヴェテラン, エクスパート |
| (女の) | veterana *f.* ヴェテラーナ | veteran, expert ヴェテラン, エクスパート |
| ペテン | fraude *m.* フラウヂ | fraud フロード |
| へどろ | lodo *m.* ロード | colloidal sediment カロイドル セディメント |
| ペナルティー | pênalti *m.* ペナウチ | penalty ペナルティ |
| ～エリア | área de pênalti *f.* アリア ヂ ペナウチ | penalty area ペナルティ エアリア |
| ～キック | pênalti *m.* ペナウチ | penalty kick ペナルティ キク |
| ペニシリン | penicilina *f.* ペニスィリーナ | penicillin ペニスィリン |
| ペニス | pênis *m.* ペーニス | the penis ザ ピーニス |
| ベニヤ板(いた) | compensado *m.*, aglomerado *m.* コンペンサード, アグロメラード | plywood プライウド |
| ペパーミント | hortelã-pimenta *f.* オルテラン ピメンタ | peppermint ペパミント |

| 日 | 葡 | 英 |
|---|---|---|
| 蛇(へび) | cobra f., serpente f.<br>コーブラ, セルペンチ | snake, serpent<br>スネイク, サーペント |
| ベビーカー | carrinho de bebê m.<br>カヒーニョ チ ベベ | baby carriage<br>ベイビ キャリヂ |
| へま | gafe f.<br>ガッフィ | blunder, goof<br>ブランダ, グーフ |
| ヘモグロビン | hemoglobina f.<br>エモグロビーナ | hemoglobin<br>ヒーモグロウビン |
| 部屋(へや) | quarto m.<br>クワルト | room<br>ルーム |
| 減(へ)らす | diminuir, reduzir<br>チミヌイール, ヘドゥズィール | decrease, reduce<br>ディクリース, リデュース |
| ベランダ | varanda f., sacada f.<br>ヴァランダ, サカーダ | veranda<br>ヴェランダ |
| 縁(へり) | beira f., margem f.<br>ベィラ, マルジェィン | edge, border<br>エヂ, ボーダ |
| ヘリウム | hélio m.<br>エーリオ | helium<br>ヒーリアム |
| ペリカン | pelicano m.<br>ペリカーノ | pelican<br>ペリカン |
| 謙[遜](へりくだ)る | humilhar-se, mostrar-se modesto<br>ウミリャールスィ, モストラールスィ モデスト | be humble<br>ビ ハンブル |
| ヘリコプター | helicóptero m.<br>エリコピテロ | helicopter<br>ヘリカプタ |
| ヘリポート | heliporto m.<br>エリポルト | heliport<br>ヘリポート |
| 経(へ)る | passar<br>パサール | pass, go by<br>パス, ゴウ バイ |
| 減(へ)る | diminuir<br>チミヌイール | decrease, diminish<br>ディークリース, ディミニシュ |
| ベル | campainha f.<br>カンパイーニャ | bell<br>ベル |
| ヘルツ | hertz m.<br>エルツ | hertz<br>ハーツ |
| ベルト | cinto m.<br>スィント | belt<br>ベルト |
| 〜コンベアー | esteira rolante f.<br>エステイラ ホランチ | belt conveyor<br>ベルト カンヴェイア |

| 日 | 葡 | 英 |
|---|---|---|
| ヘルニア | hérnia *f.*<br>エルニア | hernia<br>ハーニア |
| ヘルメット | capacete *m.*<br>カパセッチ | helmet<br>ヘルメト |
| ヘロイン | heroína *f.*<br>エロイーナ | heroin<br>ヘロウイン |
| へん<br>辺 | redor *m.*, proximidades *f.pl.*<br>ヘドール, プロスィミダーデス | neighborhood<br>ネイバフド |
| （図形の） | lado *m.*<br>ラード | side<br>サイド |
| べん<br>便 | conveniência *f.*<br>コンヴェニエンスィア | convenience<br>カンヴィーニェンス |
| （大便） | fezes *f.pl.*<br>フェーズィス | bowel movement<br>バウエル ムーヴメント |
| べん<br>弁 | válvula *f.*<br>ヴァウヴラ | valve<br>ヴァルヴ |
| ペン | caneta *f.*<br>カネッタ | pen<br>ペン |
| へんあつき<br>変圧器 | transformador *m.*<br>トランスフォルマドール | transformer<br>トランスフォーマ |
| へんか<br>変化 | mudança *f.*, alteração *f.*<br>ムダンサ, アウテラサォン | change<br>チェインヂ |
| （変形） | transformação *f.*<br>トランスフォルマサォン | transformation<br>トランスフォメイション |
| ～する | mudar, alterar<br>ムダール, アウテラール | change<br>チェインヂ |
| （変形する） | transformar-se<br>トランスフォルマールスィ | transform<br>トランスフォーム |
| べんかい<br>弁解 | desculpa *f.*, justificativa *f.*<br>ヂスクウパ, ジュスチフィカチーヴァ | excuse<br>イクスキュース |
| ～する | justificar, desculpar-se<br>ジュスチフィカール, ヂスクウパールスィ | excuse *oneself*<br>イクスキューズ |
| へんかく<br>変革 | reforma *f.*<br>ヘフォルマ | change, reform<br>チェインヂ, リフォーム |
| ～する | reformar, fazer reforma<br>ヘフォルマール, ファゼール ヘフォルマ | change<br>チェインヂ |
| へんかん<br>返還する | devolver<br>デヴォウヴェール | return<br>リターン |

| 日 | 葡 | 英 |
|---|---|---|
| 便宜(べんぎ) | conveniência *f.*<br>コンヴェニエンスィア | convenience<br>カンヴィーニェンス |
| ペンキ | tinta *f.*<br>チンタ | paint<br>ペイント |
| 返却(へんきゃく)する | devolver, restituir<br>デヴォウヴェール, ヘスチトゥイール | return<br>リターン |
| 勉強(べんきょう) | estudo *m.*<br>エストゥード | study, work<br>スタディ, ワーク |
| 〜する | estudar<br>エストゥダール | study, work<br>スタディ, ワーク |
| 編曲(へんきょく) | arranjo *m.*<br>アハンジョ | arrangement<br>アレインヂメント |
| 〜する | arranjar<br>アハンジャール | arrange<br>アレインヂ |
| ペンギン | pingüim *m.*<br>ピングウィン | penguin<br>ペングウィン |
| 偏見(へんけん) | preconceito *m.*<br>プレコンセイト | prejudice, bias<br>プレヂュディス, バイアス |
| 弁護(べんご) | defesa *f.*<br>デフェーザ | defense<br>ディフェンス |
| 〜士 (男の) | advogado *m.*<br>アヂヴォガード | lawyer, barrister<br>ローヤ, バリスタ |
| (女の) | advogada *f.*<br>アヂヴォガーダ | lawyer, barrister<br>ローヤ, バリスタ |
| 〜する | defender<br>デフェンデール | plead, defend<br>プリード, ディフェンド |
| 変更(へんこう) | mudança *f.*, alteração *f.*<br>ムダンサ, アウテラサォン | change<br>チェインヂ |
| 〜する | mudar, alterar<br>ムダール, アウテラール | change, alter<br>チェインヂ, オルタ |
| 返済(へんさい) | quitação *f.*, devolução *f.*<br>キタサォン, デヴォルサォン | repayment<br>リペイメント |
| 編纂(へんさん) | compilação *f.*<br>コンピラサォン | compilation<br>カンピレイション |
| 〜する | compilar<br>コンピラール | edit, compile<br>エディト, コンパイル |
| 返事(へんじ) | resposta *f.*<br>ヘスポスタ | answer, reply<br>アンサ, リプライ |

| 日 | 葡 | 英 |
|---|---|---|
| 〜をする | responder<br>ヘスポンデール | answer, reply<br>アンサ, リプライ |
| 偏執狂 (へんしつきょう) | monomania f.<br>モノマニーア | monomania<br>マノメイニア |
| 編集 (へんしゅう) | edição f.<br>エヂサォン | editing<br>エディティング |
| 〜者 (男の) | editor m.<br>エヂトール | editor<br>エディタ |
| (女の) | editora f.<br>エヂトーラ | editor<br>エディタ |
| 〜する | editar<br>エヂタール | edit<br>エディト |
| 〜長 | chefe de redação m.f.<br>シェッフィ ヂ ヘダサォン | editor in chief<br>エディタ イン チーフ |
| 便所 (べんじょ) | sanitário m., banheiro m.<br>サニターリオ, バニェィロ | lavatory, toilet<br>ラヴァトーリ, トイレト |
| 弁償 (べんしょう) | compensação f., indenização f.<br>コンペンササォン, インデニザサォン | reparation<br>レパレイション |
| 〜する | indenizar, compensar, reparar<br>インデニザール, コンペンサール, ヘパラール | pay for<br>ペイ フォー |
| 変色 (へんしょく) (化学変化などで) | mudança de cor f.<br>ムダンサ ヂ コール | change of color<br>チェインヂ オヴ カラ |
| ペンション | pensão f.<br>ペンサォン | pension<br>パーンスィアン |
| 変人 (へんじん) | pessoa excêntrica f.<br>ペソーア エセントリカ | eccentric person<br>イクセントリク パースン |
| ベンジン | benzina f.<br>ベンズィーナ | benzine<br>ベンズィーン |
| 偏頭痛 (へんずつう) | enxaqueca f.<br>エンシャケッカ | migraine<br>マイグレイン |
| 編成 (へんせい) (形成) | formação f.<br>フォルマサォン | formation<br>フォーメイション |
| (構成) | composição f.<br>コンポズィサォン | composition<br>カンポズィション |
| (組織) | organização f.<br>オルガニザサォン | organization<br>オーガニゼイション |

| 日 | 葡 | 英 |
|---|---|---|
| ～する | formar, compor, organizar<br>フォルマール, コンポール, オルガニザール | form, organize<br>フォーム, オーガナイズ |
| <ruby>変装<rt>へんそう</rt></ruby>する | disfarçar-se (de)<br>ヂスファルサールスィ (ヂ) | disguise *oneself as*<br>ディスガイズ |
| ペンダント | pingente *m.*, pendente *m.*<br>ピンジェンチ, ペンデンチ | pendant<br>ペンダント |
| ベンチ | banco *m.*<br>バンコ | bench<br>ベンチ |
| ペンチ | alicate *m.*<br>アリカッチ | pincers<br>ピンサズ |
| <ruby>変動<rt>へんどう</rt></ruby> | variação *f.*, alteração *f.*<br>ヴァリアサォン, アウテラサォン | change<br>チェインヂ |
| (物価などの) | flutuação *f.*<br>フルトゥアサォン | fluctuations<br>フラクチュエイションズ |
| <ruby>弁当<rt>べんとう</rt></ruby> | marmita *f.*<br>マルミッタ | lunch<br>ランチ |
| <ruby>扁桃腺<rt>へんとうせん</rt></ruby> | amígdalas *f.pl.*<br>アミギダラス | the tonsils<br>ザ タンスィルズ |
| ～炎 | amigdalite *f.*<br>アミギダリッチ | tonsillitis<br>タンスィライティス |
| <ruby>変<rt>へん</rt></ruby>な | estranho<br>エストラーニョ | strange, peculiar<br>ストレインヂ, ピキューリア |
| ペンネーム | pseudônimo *m.*<br>プセウドニモ | pen name<br>ペン ネイム |
| <ruby>辺鄙<rt>へんぴ</rt></ruby>な | remoto , retirado<br>ヘモット, ヘチラード | remote<br>リモウト |
| <ruby>便秘<rt>べんぴ</rt></ruby> | prisão de ventre *f.*<br>プリザォン ヂ ヴェントリ | constipation<br>カンスティペイション |
| ～する | ter prisão de ventre<br>テール プリザォン ヂ ヴェントリ | be constipated<br>ビ カンスティペイテド |
| <ruby>返品<rt>へんぴん</rt></ruby> | devolução *f.*<br>デヴォルサォン | returned goods<br>リターンド グヅ |
| ～する | devolver<br>デヴォウヴェール | return<br>リターン |
| <ruby>変貌<rt>へんぼう</rt></ruby> | transformação *f.*<br>トランスフォルマサォン | transfiguration<br>トランスフィギュレイション |
| <ruby>便利<rt>べんり</rt></ruby>な | conveniente<br>コンヴェニエンチ | convenient<br>カンヴィーニェント |

| 日 | 葡 | 英 |
|---|---|---|
| **弁論**(べんろん) | | discussion, debate<br>ディスカション, ディベイト |
| （法廷） | alegação *f.*<br>アレガサォン | |

## ほ, ホ

| 日 | 葡 | 英 |
|---|---|---|
| **帆**(ほ) | vela *f.*<br>ヴェーラ | sail<br>セイル |
| **穂**(ほ) | espiga *f.*<br>エスピーガ | ear<br>イア |
| **保安**(ほあん) | segurança *f.*<br>セグランサ | security<br>スィキュアリティ |
| **補遺**(ほい) | suplemento *m.*<br>スプレメント | supplement<br>サプリメント |
| **保育所**(ほいくしょ) | creche *f.*<br>クレッシ | day nursery<br>デイ ナーサリ |
| ボイコット | boicote *m.*<br>ボイコッチ | boycott<br>ボイカト |
| 〜する | boicotar<br>ボイコタール | boycott<br>ボイカト |
| ボイスレコーダー | *voice recorder* *m.*,<br>ヴォイス レコルデール,<br>gravador de voz *m.*<br>グラヴァドール デ ヴォイス | voice recorder<br>ヴォイス リコーダ |
| ホイッスル | apito *m.*<br>アピット | whistle<br>ホウィスル |
| ボイラー | caldeira *f.*<br>カウデイラ | boiler<br>ボイラ |
| **母音**(ぼいん) | vogal *f.*<br>ヴォガウ | vowel<br>ヴァウエル |
| **拇印**(ぼいん) | impressão digital do polegar *f.*<br>インプレサォン ヂジタウ ド ポレガール | thumb impression<br>サム インプレション |
| ポイント | ponto *m.*<br>ポント | point<br>ポイント |
| **方**(ほう) | direção *f.*, lado *m.*<br>ヂレサォン, ラード | direction, side<br>ディレクション, サイド |

680

| 日 | 葡 | 英 |
|---|---|---|
| 棒（ぼう） | pau *m.*, vara *f.*<br>パウ, ヴァーラ | stick, rod<br>スティク, ラド |
| 方位（ほうい） | direção *f.*<br>ヂレサォン | direction<br>ディレクション |
| 放映する（ほうえいする） | transmitir, televisar<br>トランスミチール, テレヴィザール | telecast<br>テレキャスト |
| 防衛（ぼうえい） | defesa *f.*<br>デフェーザ | defense<br>ディフェンス |
| 〜する | defender<br>デフェンデール | defend<br>ディフェンド |
| 貿易（ぼうえき） | comércio exterior *m.*<br>コメルスィオ エステリオール | trade, commerce<br>トレイド, カマス |
| 〜する | negociar, fazer comércio com<br>ネゴスィアール, ファゼール コメルスィオ コン | trade *with*<br>トレイド |
| 望遠鏡（ぼうえんきょう） | telescópio *m.*<br>テレスコッピオ | telescope<br>テレスコウプ |
| 望遠レンズ（ぼうえんレンズ） | lente teleobjetiva *f.*<br>レンチ テレオビジェチーヴァ | telephoto lens<br>テレフォウトウ レンズ |
| 防音の（ぼうおんの） | à prova de som<br>アー プローヴァ ヂ ソン | soundproof<br>サウンドプルーフ |
| 放火する（ほうかする） | incendiar<br>インセンヂアール | set fire *to*<br>セト ファイア |
| 防火（ぼうか） | proteção contra o fogo *f.*<br>プロテサォン コントラ ウ フォーゴ | fire prevention<br>ファイア プリヴェンション |
| 崩壊する（ほうかいする） | desmoronar<br>ヂズモロナール | collapse<br>カラプス |
| 妨害（ぼうがい） | obstrução *f.*, impedimento *m.*<br>オビストルサォン, インペヂメント | obstruction<br>オブストラクション |
| 〜する | *impedir*<br>インペチール | disturb, hinder<br>ディスターブ, ハインダ |
| 方角（ほうがく） | direção *f.*<br>ヂレサォン | direction<br>ディレクション |
| 放課後（ほうかご） | depois das aulas<br>デポィス ダズ アゥラス | after school<br>アフタ スクール |
| 傍観する（ぼうかんする） | ver sem fazer nada, não interferir<br>ヴェール セィン ファゼール ナーダ, ナォン インテルフェリール | look on<br>ルク オン |

| 日 | 葡 | 英 |
|---|---|---|
| <ruby>砲丸投げ<rt>ほうがんなげ</rt></ruby> | arremesso de peso *m.*<br>アヘメッソ デ ペーゾ | the shot put<br>ザ シャト プト |
| <ruby>箒<rt>ほうき</rt></ruby> | vassoura *f.*<br>ヴァソウラ | broom<br>ブルム |
| <ruby>俸給<rt>ほうきゅう</rt></ruby> | salário *m.*<br>サラーリオ | pay, salary<br>ペイ, サラリ |
| <ruby>防御<rt>ぼうぎょ</rt></ruby> | defesa *f.*<br>デフェーザ | defense<br>ディフェンス |
| ～する | defender<br>デフェンデール | defend, protect<br>ディフェンド, プロテクト |
| <ruby>防空壕<rt>ぼうくうごう</rt></ruby> | abrigo antiaéreo *m.*<br>アブリーゴ アンチアエーリオ | air-raid shelter<br>エアレイド シェルタ |
| <ruby>暴君<rt>ぼうくん</rt></ruby> | tirano *m.*<br>チラーノ | tyrant<br>タイアラント |
| <ruby>放言<rt>ほうげん</rt></ruby> | palavras indiscretas *f.pl.*<br>パラーヴラス インヂスクレッタス | unreserved talk<br>アンリザーヴド トーク |
| <ruby>方言<rt>ほうげん</rt></ruby> | dialeto *m.*<br>ヂアレット | dialect<br>ダイアレクト |
| <ruby>冒険<rt>ぼうけん</rt></ruby> | aventura *f.*<br>アヴェントゥーラ | adventure<br>アドヴェンチャ |
| ～する | aventurar-se<br>アヴェントゥラールスィ | run the risk<br>ラン ザ リスク |
| <ruby>暴言<rt>ぼうげん</rt></ruby> | palavras violentas *f.pl.*<br>パラーヴラス ヴィオレンタス | abusive words<br>アビュースィヴ ワーヅ |
| <ruby>封建的な<rt>ほうけんてき</rt></ruby> | feudal<br>フェウダウ | feudal<br>フューダル |
| <ruby>方向<rt>ほうこう</rt></ruby> | direção *f.*<br>ヂレサォン | direction<br>ディレクション |
| <ruby>暴行<rt>ぼうこう</rt></ruby> | violência *f.*<br>ヴィオレンスィア | violence, outrage<br>ヴァイオレンス, アウトレイヂ |
| <ruby>膀胱<rt>ぼうこう</rt></ruby> | bexiga *f.*<br>ベシーガ | bladder<br>ブラダ |
| <ruby>報告<rt>ほうこく</rt></ruby> | informe *m.*, informação *f.*, relato *m.*<br>インフォルミ, インフォルマサォン, ヘラート | report<br>リポート |
| ～する | informar<br>インフォルマール | report, inform<br>リポート, インフォーム |

| 日 | 葡 | 英 |
|---|---|---|
| ぼうさい<br>防災 | prevenção contra acidentes *f.*<br>プレヴェンサォン コントラ アスィデンチス | prevention of disasters<br>プリヴェンション オヴ ディザスタズ |
| ほうさん<br>硼酸 | ácido bórico<br>アスィド ボリコ | boric acid<br>ボーリク アスィド |
| ほうし<br>奉仕 | serviço *m.*<br>セルヴィッソ | service<br>サーヴィス |
| 〜する | servir a<br>セルヴィール ア | serve<br>サーヴ |
| ぼうし<br>帽子 | chapéu *m.*, boné *m.*<br>シャペウ, ボネ | hat, cap<br>ハト, キャプ |
| ほうしき<br>方式 | sistema *m.*, modo *m.*<br>スィステーマ, モード | form, method<br>フォーム, メソド |
| ほうしゃ<br>放射 | irradiação *f.*<br>イハヂアサォン | radiation<br>レイディエイション |
| 〜する | irradiar<br>イハヂアール | radiate<br>レイディエイト |
| 〜線 | raios radioativos *m.pl.*<br>ハィオス ハヂアチーヴォス | radiant rays<br>レイディアント レイズ |
| 〜線治療 | radioterapia *f.*<br>ハヂオテラピーア | radiotherapy<br>レイディオウセラピ |
| 〜能 | radioatividade *f.*<br>ハヂオアチヴィダーヂ | radioactivity<br>レイディオウアクティヴィティ |
| ほうしゅう<br>報酬 | remuneração *f.*<br>ヘムネラサォン | remuneration<br>リミューナレイション |
| ほうしん<br>方針 | princípio *m.*, política *f.*, linha *f.*<br>プリンスィッピオ, ポリチカ, リーニャ | course, policy<br>コース, パリスィ |
| ほうじん<br>法人 | pessoa jurídica *f.*<br>ペソーア ジュリヂカ | juridical person<br>ヂュアリディカル パースン |
| ぼうすい<br>防水の | impermeável<br>インペルミアーヴェウ | waterproof<br>ウォータプルーフ |
| ほうせき<br>宝石 | pedra preciosa *f.*<br>ペドラ プレスィオーザ | jewel<br>ヂューエル |
| ぼうぜんと<br>茫然と | aturdidamente, atordoadamente<br>アトゥルヂダメンチ, アトルドアダメンチ | blankly<br>ブランクリ |
| ほうそう<br>包装 | embrulho *m.*<br>エンブルーリョ | wrapping<br>ラピング |

| 日 | 葡 | 英 |
|---|---|---|
| 〜する | embrulhar<br>エンブルリャール | wrap<br>ラプ |
| ほうそう<br>放送 | transmissão *f.*<br>トランズミサォン | broadcast<br>ブロードキャスト |
| 〜局 | estação transmissora *f.*<br>エスタサォン トランズミソーラ | broadcasting station<br>ブロードキャスティング ステイション |
| 〜する | transmitir<br>トランズミチール | broadcast<br>ブロードキャスト |
| ほうそく<br>法則 | lei *f.*<br>レィ | law, rule<br>ロー, ルール |
| ほうたい<br>包帯 | atadura *f.*<br>アタドゥーラ | bandage<br>バンディチ |
| 〜をする | enfaixar,<br>　aplicar uma atadura<br>エンフィシャール, アプリカール ウマ アタドゥーラ | bandage, dress<br>バンディチ, ドレス |
| ぼうだい<br>膨大な | enorme<br>エノルミ | enormous, huge<br>イノーマス, ヒューヂ |
| ぼうたかと<br>棒高跳び | salto de vara *m.*<br>サウト ヂ ヴァーラ | pole vault<br>ポウル ヴォールト |
| ほうち<br>放置する | abandonar<br>アバンドナール | leave... alone<br>リーヴ アロウン |
| ぼうちゅうざい<br>防虫剤 | naftalina *f.*, cânfora *f.*<br>ナフタリーナ, カンフォラ | insecticide<br>インセクティサイド |
| ほうちょう<br>包丁 | faca de cozinha *f.*<br>ファッカ ヂ コズィーニャ | kitchen knife<br>キチン ナイフ |
| ぼうちょう<br>膨張 | expansão *f.*, dilatação *f.*<br>エスパンサォン, チラタサォン | expansion,<br>イクスパンション<br><br>dilatation<br>ディラティション |
| 〜する | expandir-se, dilatar-se<br>エスパンヂールスィ, ヂラタールスィ | expand, swell<br>イクスパンド, スウェル |
| ほう　お<br>放って置く | abandonar,<br>　deixar como está<br>アバンドナール, デイシャール コモ エスタ | leave... alone<br>リーヴ アロウン |
| ほうてい<br>法廷 | *tribunal m.*<br>トリブナウ | court<br>コート |
| ほうていしき<br>方程式 | equação *f.*<br>エクァサォン | equation<br>イクウェイション |

| 日 | 葡 | 英 |
|---|---|---|
| ほうてき<br>法的な | legal<br>レガウ | legal<br>リーガル |
| ほうどう<br>報道 | reportagem *f.*<br>ヘポルタージェィン | news, report<br>ニューズ, リポート |
| 〜機関 | mídia *f.*<br>ミーヂア | media<br>ミーディア |
| 〜する | divulgar , informar<br>ヂヴゥガール, インフォルマール | report, inform<br>リポート, インフォーム |
| ぼうどう<br>暴動 | revolta *f.*, rebelião *f.*,<br>motim *m.*<br>ヘヴォウタ, ヘベリアォン, モチン | riot<br>ライオト |
| ぼうとく<br>冒涜 | blasfêmia *f.*<br>ブラスフェーミア | profanity<br>プロファニティ |
| ほうにんする<br>放任する | deixar como está<br>デイシャール コモ エスタ | leave<br>リーヴ |
| ぼうはてい<br>防波堤 | quebra-mar *m.*<br>ケブラ マール | breakwater<br>ブレイクウォータ |
| ぼうはん<br>防犯 | prevenção de crimes *f.*<br>プレヴェンサォン ヂ クリーミス | crime prevention<br>クライム プリヴェンション |
| 〜ベル | alarme *m.*<br>アラルミ | burglar alarm<br>バーグラ アラーム |
| ほうび<br>褒美 | prêmio *m.*<br>プレーミオ | reward<br>リウォード |
| ほうふ<br>抱負 | aspiração *f.*<br>アスピラサォン | ambition<br>アンビション |
| ほうふな<br>豊富な | abundante<br>アブンダンチ | rich *in*, abundant *in*<br>リチ, アバンダント |
| ぼうふう<br>暴風 | ventania *f.*<br>ヴェンタニーア | storm, gale<br>ストーム, ゲイル |
| 〜雨 | tempestade *f.*<br>テンペスターヂ | storm, rainstorm<br>ストーム, レインストーム |
| ぼうふうりん<br>防風林 | quebra-vento *m.*<br>ケブラ ヴェント | windbreak<br>ウィンドブレイク |
| ほうふくする<br>報復する | retaliar<br>ヘタリアール | retaliate<br>リタリエイト |
| ぼうふざい<br>防腐剤 | conservante *m.*<br>コンセルヴァンチ | preservative<br>プリザーヴァティヴ |
| ほうぶつせん<br>放物線 | parábola *f.*<br>パラボラ | parabola<br>パラボラ |

| 日 | 葡 | 英 |
|---|---|---|
| ほうべん<br>方便 | expediente *m.*, recurso *m.*<br>エスペヂエンチ, ヘクルソ | expedient<br>イクスピーディエント |
| ほうほう<br>方法 | método *m.*, maneira *f.*<br>メトド, マネィラ | way, method<br>ウェイ, メソド |
| ほうぼく<br>放牧 | pastagem *f.*<br>パスタージェィン | pasturage<br>パスチャリヂ |
| ほうまん<br>豊満な | opulento<br>オプレント | plump<br>プランプ |
| ほうむ<br>葬る | enterrar<br>エンテハール | bury<br>ベリ |
| ぼうめい<br>亡命 | exílio voluntário *m.*<br>エズィーリオ ヴォルンターリオ | political asylum<br>ポリティカル アサイラム |
| ～する | exilar-se<br>エズィラールスィ | seek refuge *in*<br>スィーク レフューヂ |
| ほうめん<br>方面 | | |
| (方向) | direção *f.*<br>ヂレサォン | direction<br>ディレクション |
| (側面) | aspecto *m.*<br>アスペキト | aspect<br>アスペクト |
| ほうもん<br>訪問 | visita *f.*<br>ヴィズィッタ | visit, call<br>ヴィズィト, コール |
| ～する | visitar<br>ヴィズィタール | visit<br>ヴィズィト |
| ほうよう<br>抱擁する | abraçar<br>アブラサール | embrace<br>インブレイス |
| ぼうらく<br>暴落する | sofrer queda brusca<br>ソフレール ケーダ ブルスカ | fall heavily<br>フォール ヘヴィリ |
| ぼうり<br>暴利 | lucro excessivo *m.*, usura *f.*<br>ルックロ エセスィーヴォ, ウズーラ | excessive profits<br>イクセスィヴ プラフィッツ |
| ほう だ<br>放り出す | largar, jogar fora<br>ラルガール, ジョガール フォーラ | throw out<br>スロウ アウト |
| (放棄) | abandonar<br>アバンドナール | abandon<br>アバンドン |
| ほうりつ<br>法律 | lei *f.*<br>レィ | law<br>ロー |
| ほう な<br>放り投げる | lançar<br>ランサール | throw, toss<br>スロウ, トス |
| ぼうりゃく<br>謀略 | conspiração *f.*<br>コンスピラサォン | plot<br>プラト |

| 日 | 葡 | 英 |
|---|---|---|
| ほうりゅう<br>放流する | deixar correr a água<br>ディシャール コヘール ア アグァ | discharge<br>ディスチャーヂ |
| （魚を） | soltar no rio<br>ソウタール ノ ヒーオ | stock<br>スタク |
| ぼうりょく<br>暴力 | violência f.<br>ヴィオレンスィア | violence<br>ヴァイオレンス |
| ～団 | quadrilha f.<br>クァドリーリャ | gang<br>ギャング |
| ボウリング | boliche m.<br>ボリッシ | bowling<br>ボウリング |
| ほう<br>放る | | |
| （投げる） | atirar, jogar<br>アチラール，ジョガール | throw, toss<br>スロウ，トス |
| （やめる） | abandonar, desistir, largar<br>アバンドナール，デズィスチール，ラルガール | abandon<br>アバンドン |
| ボウル | tigela f.<br>チジェーラ | bowl<br>ボウル |
| ほうれい<br>法令 | lei f., decreto m.<br>レィ，デクレット | law, ordinance<br>ロー，オーディナンス |
| ほうれんそう<br>菠薐草 | espinafre m.<br>エスピナッフリ | spinach<br>スピニチ |
| ほうろう<br>放浪 | vadiagem f., vagabundagem f.<br>ヴァヂアージェィン，ヴァガブンダージェィン | wandering<br>ワンダリング |
| ～する | vadiar, vaguear<br>ヴァヂアール，ヴァギアール | wander<br>ワンダ |
| ほうろう<br>琺瑯 | esmalte m.<br>エズマウチ | enamel<br>イナメル |
| ほ<br>吠える | latir<br>ラチール | bark, howl, roar<br>バーク，ハウル，ロー |
| ほお<br>頬 | bochecha f.<br>ボシェッシャ | cheek<br>チーク |
| ボーイ | garçom m.<br>ガルソン | waiter, bellboy<br>ウェイタ，ベルボイ |
| ～フレンド | namorado m.<br>ナモラード | boyfriend<br>ボイフレンド |
| ポーカー | pôquer m.<br>ポッケル | poker<br>ポウカ |

| 日 | 葡 | 英 |
|---|---|---|
| ボーキサイト | bauxita *f.*<br>バウシッタ | bauxite<br>ボークサイト |
| ホース | mangueira *f.*<br>マンゲィラ | hose<br>ホウズ |
| ポーズ（姿勢） | pose *f.*, postura *f.*<br>ポーズィ, ポストゥーラ | pose<br>ポウズ |
| ～をとる | posar<br>ポザール | pose<br>ポウズ |
| ポーター | carregador *m.*<br>カヘガドール | porter<br>ポータ |
| ポータブルの | portátil<br>ポルターチウ | portable<br>ポータブル |
| ボート | barco *m.*<br>バルコ | boat<br>ボウト |
| ポートレート | retrato *m.*<br>ヘトラット | portrait<br>ポートレイト |
| ボーナス | bônus *m.*<br>ボーヌス | bonus<br>ボウナス |
| 頬紅（ほおべに） | *blush* *m.*, ruge *m.*<br>ブラッシ, フージ | rouge<br>ルージュ |
| 頬骨（ほおぼね） | malares *m.pl.*,<br>maçã do rosto *f.*<br>マラーリス, マサン ド ホスト | cheekbones<br>チークボウンズ |
| ホーム | lar *m.*<br>ラール | home<br>ホウム |
| （駅の） | plataforma *f.*<br>プラタフォルマ | platform<br>プラトフォーム |
| ホームシック | nostalgia *f.*<br>ノスタウジーア | homesickness<br>ホウムスィクネス |
| ホームステイ | *homestay* *f.*<br>ホームステイ | homestay<br>ホウムステイ |
| ホームページ | *home page* *f.*<br>ホム ペィヂ | home-page<br>ホウムペイヂ |
| ホームレス | sem-teto *m.f.*<br>セィンテット | the homeless<br>ザ ホウムレス |
| ボーリング | perfuração *f.*<br>ペルフラサォン | boring<br>ボーリング |

| 日 | 葡 | 英 |
|---|---|---|
| ホール | salão *m.* サラォン | hall ホール |
| (ゴルフの) | buraco do golfe *m.* ブラッコ ド ゴウフィ | hole ホウル |
| ～インワン | *hole-in-one m.* ホール イン ワン | hole in one ホウル イン ワン |
| ボール | bola *f.* ボーラ | ball ボール |
| ポール | vara *f.*, haste *f.* ヴァーラ, アスチ | pole ポウル |
| ボール紙 | papelão *m.* パペラォン | cardboard カードボード |
| ボールペン | caneta esferográfica *f.* カネッタ エスフェログラフィカ | ball-point ボールポイント |
| 捕獲する | capturar カピトゥラール | capture キャプチャ |
| 暈す | esfumar エスフマール | shade off シェイド オフ |
| 外に | além disso アレィン チッソ | besides, else ビサイヅ, エルス |
| 外の | outro オゥトロ | another, other アナザ, アザ |
| 朗らかな | alegre アレーグリ | cheerful チアフル |
| 保管 | guarda *f.* グワルダ | storage ストーリヂ |
| ～する | guardar グァルダール | keep, store キープ, ストー |
| 簿記 | contabilidade *f.* コンタビリダーチ | bookkeeping ブクキーピング |
| ボキャブラリー | vocabulário *m.* ヴォカブラーリオ | vocabulary ヴォウキャビュレリ |
| 補給する | abastecer アバステセール | supply, replenish サプライ, リプレニシュ |
| 募金 | coleta de fundos *f.* コレッタ チ フンドス | fund raising ファンド レイズィング |
| 僕 | eu エゥ | I, me アイ, ミー |

| 日 | 葡 | 英 |
|---|---|---|
| ボクサー | boxeador *m.* <br> ボキスィアドール | boxer <br> バクサ |
| 牧師 | | |
| （男の） | pastor *m.* <br> パストール | pastor, parson <br> パスタ, パースン |
| （女の） | pastora *f.* <br> パストーラ | pastor, parson <br> パスタ, パースン |
| 牧場 | pasto *m.* <br> パスト | pasture, ranch <br> パスチャ, ランチ |
| ボクシング | boxe *m.* <br> ボキスィ | boxing <br> バクスィング |
| 北西 | noroeste *m.* <br> ノロエスチ | northwest <br> ノースウェスト |
| 牧草 | capim *m.* <br> カピン | grass <br> グラス |
| ～地 | pastagem *f.* <br> パスタージェイン | pasture, meadow <br> パスチャ, メドウ |
| 牧畜 | criação de gado *f.* <br> クリアサォン チ ガード | stock farming <br> スタク ファーミング |
| 北東 | nordeste *m.* <br> ノルデスチ | northeast <br> ノースイースト |
| 北斗七星 | Ursa Maior *f.* <br> ウルサ マィオール | the Big Dipper <br> ザ ビグ ディパ |
| 北部 | norte *m.* <br> ノルチ | the northern part <br> ザ ノーザン パート |
| 撲滅する | exterminar , acabar com <br> エステルミナール, アカバール コン | exterminate <br> イクスターミネイト |
| 黒子 | pinta *f.* <br> ピンタ | mole <br> モウル |
| 捕鯨 | pesca da baleia *f.* <br> ペスカ ダ バレィア | whale fishing <br> ホウェイル フィシング |
| 母系 | linha materna *f.* <br> リーニャ マテルナ | the maternal line <br> ザ マターナル ライン |
| 補欠 | reserva *m.f.* <br> ヘゼルヴァ | substitute <br> サブスティテュート |
| ポケット | bolso *m.* <br> ボウソ | pocket <br> パケト |
| 惚ける | caducar <br> カドゥカール | grow senile <br> グロウ スィーナイル |

| 日 | 葡 | 英 |
|---|---|---|
| 保健(ほけん) | saúde f. サウーヂ | health, hygiene ヘルス, ハイヂーン |
| 保険(ほけん) | seguro m. セグーロ | insurance インシュアランス |
| 〜会社 | companhia de seguros f. コンパニィーア ヂ セグーロス | insurance company インシュアランス カンパニ |
| 〜金 | valor do seguro m. ヴァロール ド セグーロ | insurance money インシュアランス マニ |
| 〜を掛ける | fazer um seguro ファゼール ウン セグーロ | insure インシュア |
| 保護(ほご) | proteção f. プロテサォン | protection プロテクション |
| 〜色 | mimetismo m. ミメチズモ | protective coloration プロテクティヴ カラレイション |
| 〜する | proteger プロテジェール | protect プロテクト |
| 〜貿易主義 | protecionismo m. プロテスィオニズモ | protectionism プロテクショニズム |
| 母校(ぼこう) | escola que se cursou f. エスコーラ キ スィ クルソゥ | alma mater アルマ メイタ |
| 歩行者(ほこうしゃ) | pedestre m. ペデストリ | walker, pedestrian ウォーカ, ペデストリアン |
| 母国(ぼこく) | país natal m., pátria f. パイーズ ナタゥ, パトリア | mother country マザ カントリ |
| 誇り(ほこり) | orgulho m., brio m. オルグーリョ, ブリーオ | pride プライド |
| 誇る(ほこる) | orgulhar-se, ter orgulho de オルグリャールスィ, テール オルグーリョ ヂ | be proud of ビ プラウド |
| 綻びる(ほころびる) | descosturar-se デスコストゥラールスィ | be rent ビ レント |
| ボサノバ | bossa nova f. ボッサ ノーヴァ | bossa nova バサ ノヴァ |
| 星(ほし) | estrela f. エストレーラ | star スター |
| ポジ | positivo m. ポズィチーヴォ | positive パズィティヴ |

| 日 | 葡 | 英 |
|---|---|---|
| 欲しい | querer, desejar<br>ケレール, デゼジャール | want, wish *for*<br>ワント, ウィシュ |
| 星占い | horóscopo *m.*<br>オロスコポ | horoscope<br>ホロスコウプ |
| 欲しがる | querer, desejar<br>ケレール, デゼジャール | want, wish *for*<br>ワント, ウィシュ |
| 干し草 | feno *m.*, capim seco *m.*<br>フェーノ, カピン セッコ | hay<br>ヘイ |
| 穿る | cavar<br>カヴァール | pick<br>ピク |
| (詮索) | bisbilhotar<br>ビズビリョタール | pry *into*<br>プライ |
| 保釈金 | fiança *f.*<br>フィアンサ | bail<br>ベイル |
| 保守 | conservadorismo *m.*<br>コンセルヴァドリズモ | conservatism<br>カンサーヴァティズム |
| 〜的な | conservador<br>コンセルヴァドール | conservative<br>コンサーヴァティヴ |
| 補充 | complementar *m.*<br>コンプレメンタール | supplement<br>サプリメント |
| 〜する | suplementar<br>スプレメンタール | supplement<br>サプリメント |
| 募集 | recrutamento *m.*,<br>          concorrência *f.*<br>ヘクルタメント, コンコヘンスィア | invitation<br>インヴィテイション |
| (寄付などの) | subscrição *f.*<br>スビスクリサォン | collection<br>カレクション |
| 〜する | recrutar, alistar<br>ヘクルタール, アリスタール | invite<br>インヴァイト |
| (寄付などを) | abrir subscrição<br>アブリール スビスクリサォン | collect<br>カレクト |
| 補助 | ajuda *f.*, assistência *f.*,<br>          apoio *m.*<br>アジューダ, アスィステンスィア, アポィオ | assistance<br>アスィスタンス |
| 〜する | *assistir*, ajudar, apoiar<br>アスィスチール, アジュダール, アポィアール | assist<br>アスィスト |
| 保証 | garantia *f.*<br>ガランチーア | guarantee<br>ギャランティー |
| 〜書 | certificado de garantia *m.*<br>セルチフィカード デ ガランチーア | written guarantee<br>リトン ギャランティー |

| 日 | 葡 | 英 |
|---|---|---|
| ～する | garantir<br>ガランチール | guarantee, assure<br>ギャランティー, アシュア |
| ～人 (男の) | fiador *m.*<br>フィアドール | guarantor, surety<br>ギャラントー, シュアティ |
| （女の） | fiadora *f.*<br>フィアドーラ | guarantor, surety<br>ギャラントー, シュアティ |
| 乾[干]す | secar<br>セカール | dry, air<br>ドライ, エア |
| ボス | chefe *m.*<br>シェッフィ | boss<br>バス |
| ポスター | cartaz *m.*<br>カルタィス | poster<br>ポウスタ |
| ホステス | garçonete das boates *f.*<br>ガルソネッチ ダズ ボアッチス | hostess<br>ホウステス |
| ホスト | anfitrião *m.*<br>アンフィトリアォン | host<br>ホウスト |
| ポスト | caixa de coleta (postal) *f.*<br>カィシャ ヂ コレッタ (ポスタウ) | mailbox<br>メイルバクス |
| 母性 | maternidade *f.*<br>マテルニダーヂ | motherhood<br>マザフド |
| 細い | fino, estreito<br>フィーノ, エストレィト | thin, small<br>スィン, スモール |
| 舗装 | pavimento *m.*<br>パヴィメント | pavement<br>ペイヴメント |
| 補足 | complemento *m.*<br>コンプレメント | supplement<br>サプリメント |
| ～する | complementar<br>コンプレメンタール | supplement<br>サプリメント |
| 細長い | longo e fino<br>ロンゴ イ フィーノ | long and slender<br>ローング アンド スレンダ |
| 保存 | preservação *f.*,<br>conservação *f.*<br>プレゼルヴァサォン, コンセルヴァサォン | preservation<br>プレザヴェイション |
| ～する | preservar, conservar<br>プレゼルヴァール, コンセルヴァール | preserve, keep<br>プリザーヴ, キープ |
| （パソコン） | salvar<br>サウヴァール | save<br>セイヴ |

| 日 | 葡 | 英 |
|---|---|---|
| ポタージュ | sopa cremosa f., sopa grossa f. ソッパ クレモーザ，ソッパ グロッサ | potage ポウタージュ |
| 母胎(ぼたい) | matriz f. マトリース | the mother's womb ザ マザズ ウーム |
| 菩提樹(ぼだいじゅ) | tília f. チーリア | linden リンデン |
| 帆立貝(ほたてがい) | leque m., concha de romeiro f. レッキ，コンシャ チ ホメィロ | scallop スカロプ |
| 蛍(ほたる) | pirilampo m., vaga-lume m. ピリランポ，ヴァーガ ルーミ | firefly ファイアフライ |
| ボタン | botão m. ボタォン | button バトン |
| 墓地(ぼち) | cemitério m. セミテーリオ | graveyard グレイヴヤード |
| 歩調(ほちょう) | passo m. パッソ | pace, step ペイス，ステプ |
| 勃起する(ぼっきする) | ficar ereto , ter ereção フィカール エレット，テール エレサォン | erect イレクト |
| 発起人(ほっきにん) | | |
| (男の) | promotor m. プロモトール | promoter プロモウタ |
| (女の) | promotora f. プロモトーラ | promoter プロモウタ |
| 北極(ほっきょく) | pólo Norte m. ポーロ ノルチ | the North Pole ザ ノース ポウル |
| 〜星 | estrela polar f. エストレーラ ポラール | the polestar ザ ポウルスター |
| ホック | colchete de gancho m. コウシェッチ チ ガンショ | hook フク |
| ホッケー | hóquei m. オケィ，ホケィ | hockey ハキ |
| 発作(ほっさ) | ataque m. アタッキ | fit, attack フィト，アタク |
| 〜的な | espasmódico, por impulso エスパズモチコ，ポル インプウソ | fitful フィトフル |
| 没収する(ぼっしゅうする) | apreender アプレエンデール | confiscate カンフィスケイト |

| 日 | 葡 | 英 |
|---|---|---|
| 没する | afundar-se<br>アフンダール スィ | sink<br>スィンク |
| 発足 | fundação f., inauguração f.<br>フンダサォン, イナゥグラサォン | inauguration<br>イノーギュレイション |
| ホッチキス | grampeador m.<br>グランピアドール | stapler<br>ステイプラ |
| ポット | chaleira f.<br>シャレィラ | pot<br>パト |
| （魔法瓶） | garrafa térmica f.<br>ガハッファ テルミカ | thermos<br>サーモス |
| 没頭する | concentrar-se em<br>コンセントラールスィ エィン | be absorbed *in*<br>ビ アブソーブド |
| ほっとする | sentir alívio<br>センチール アリーヴィオ | feel relieved<br>フィール リリーヴド |
| ホットドッグ | cachorro-quente m.<br>カショッホ ケンチ | hot dog<br>ハト ドグ |
| ホットニュース | linha direta f.<br>リーニャ ヂレッタ | hot news<br>ハト ニューズ |
| ポップコーン | pipoca f.<br>ピポッカ | popcorn<br>パプコン |
| ポップス | *pop* m.<br>ポッピ | pop music<br>パプ ミューズィク |
| 没落する | arruinar-se<br>アフイナールスィ | be ruined<br>ビ ルーインド |
| ボディーガード | guarda-costas m.<br>グワルダ コスタス | bodyguard<br>バディガード |
| ボディーチェック | revista (do corpo) f.<br>ヘヴィスタ (ド コルポ) | body search<br>バディ サーチ |
| ボディービル | musculação f.<br>ムスクラサォン | body building<br>バディ ビルディング |
| ホテル | hotel m.<br>オテウ | hotel<br>ホウテル |
| 火照る | | |
| （顔が） | sentir calor (no rosto)<br>センチール カロール (ノ ホスト) | feel hot<br>フィール ハト |
| 程 | nível m., grau m.<br>ニーヴェウ, グラゥ | degree<br>ディグリー |

ほ

| 日 | 葡 | 英 |
|---|---|---|
| （限度） | limite *m.*<br>リミッチ | bounds, limit<br>バウンヅ, リミト |
| 舗道（ほどう） | rua pavimentada *f.*<br>フーア パヴィメンターダ | paved road<br>ペイヴド ロウド |
| 歩道（ほどう） | calçada *f.*, passeio *m.*<br>カウサーダ, パセイオ | sidewalk<br>サイドウォーク |
| ～橋 | passarela *f.*<br>パサレーラ | footbridge<br>フトブリヂ |
| 解く（ほどく） | desatar, soltar<br>デザタール, ソウタール | untie, unfasten<br>アンタイ, アンファスン |
| 仏（ほとけ） | Buda *m.*<br>ブーダ | Buddha<br>ブダ |
| 施す（ほどこす） | dar<br>ダール | give<br>ギヴ |
| 時鳥（ほととぎす） | cuco *m.*<br>クッコ | cuckoo<br>ククー |
| 辺（ほとり） | beira *f.*, margem *f.*<br>ベイラ, マルジェイン | by, near<br>バイ, ニア |
| ボトル | garrafa *f.*<br>ガハッファ | bottle<br>バトル |
| 殆ど（ほとんど） | quase<br>クワーズィ | almost, nearly<br>オールモウスト, ニアリ |
| （否定） | pouco<br>ポウコ | hardly<br>ハードリ |
| ポニーテール | rabo-de-cavalo *m.*<br>ハーボ デ カヴァーロ | ponytail<br>ポウニテイル |
| 母乳（ぼにゅう） | leite materno *m.*<br>レィヂ マテルノ | mother's milk<br>マザズ ミルク |
| 哺乳動物（ほにゅうどうぶつ） | mamífero *m.*<br>マミフェロ | mammal<br>ママル |
| 骨（ほね） | osso *m.*<br>オッソ | bone<br>ボウン |
| 骨折り（ほねおり） | trabalho árduo *m.*, labuta *f.*<br>トラバーリョ アルドゥオ, ラブッタ | pains<br>ペインズ |
| 骨組み（ほねぐみ） | estrutura *f.*<br>エストルトゥーラ | frame, structure<br>フレイム, ストラクチャ |
| 骨休め（ほねやすめ） | repouso *m.*<br>ヘポウゾ | rest<br>レスト |

| 日 | 葡 | 英 |
|---|---|---|
| ほのお<br>炎・焰 | chama *f.*<br>シャーマ | flame<br>フレイム |
| ほの<br>仄かな | vago<br>ヴァーゴ | faint<br>フェイント |
| ほの<br>仄めかす | insinuar<br>インスィヌワール | hint, suggest<br>ヒント, サグチェスト |
| ポピュラーな | popular<br>ポプラール | popular<br>パピュラ |
| ポプラ | álamo *m.*<br>アラモ | poplar<br>パプラ |
| ほぼ<br>保母 | crecheira *f.*<br>クレシェィラ | nurse<br>ナース |
| ほほ<br>微笑ましい | enternecedor<br>エンテルネセドール | pleasing<br>プリーズィング |
| ほほえ<br>微笑み | sorriso *m.*<br>ソヒーゾ | smile<br>スマイル |
| ほほえ<br>微笑む | sorrir<br>ソヒール | smile *at*<br>スマイル |
| ポマード | brilhantina *f.*<br>ブリリャンチーナ | pomade<br>ポウメイド |
| ほ<br>褒める | elogiar<br>エロジアール | praise<br>プレイズ |
| ホモ<br>セクシュアル | homossexualismo *m.*<br>オモセスァリズモ | homosexuality<br>ホウモセクシュアリティ |
| （人） | homossexual *m.*<br>オモセスワゥ | homosexual<br>ホウモセクシュアル |
| ぼやく | resmungar, queixar-se<br>ヘズムンガール, ケィシャールスィ | complain<br>カンプレイン |
| ぼやける | desfocar-se, esfumar-se<br>デスフォカールスィ, エスフマールスィ | grow dim<br>グロウ ディム |
| ほよう<br>保養 | descanso *m.*,<br>　　restabelecimento *m.*<br>デスカンソ, ヘスタベレスィメント | rest<br>レスト |
| ～地 | *spa m.*<br>スパ | health resort<br>ヘルス リゾート |
| ほら<br>法螺 | | |
| （貝） | búzio *m.*<br>ブーズィオ | triton<br>トライトン |

| 日 | 葡 | 英 |
|---|---|---|
| (大言) | gabarolice *f.*, fanfarrice *f.* <br> ガバロリッスィ, ファンファヒッスィ | brag, boast <br> ブラグ, ボウスト |
| ～を吹く | contar vantagem <br> コンタール ヴァンタージェィン | talk big <br> トーク ビグ |
| 鯔(ぼら) | tainha *f.* <br> タイーニャ | gray mullet <br> グレイ マレト |
| 洞穴(ほらあな) | caverna *f.* <br> カヴェルナ | cave <br> ケイヴ |
| ボランティア (男の) | voluntário *m.* <br> ヴォルンターリオ | volunteer <br> ヴァランティア |
| (女の) | voluntária *f.* <br> ヴォルンターリア | volunteer <br> ヴァランティア |
| 堀(ほり) | fosso *m.*, canal *m.* <br> フォッソ, カナウ | moat, ditch <br> モウト, ディチ |
| ポリープ | pólipo *m.* <br> ポリポ | polyp <br> パリプ |
| ポリエステル | poliéster *m.* <br> ポリエステル | polyester <br> パリエスタ |
| ポリエチレン | polietileno *m.* <br> ポリエチレーノ | polyethylene <br> パリエスィリーン |
| ポリオ | poliomielite *f.* <br> ポリオミエリッチ | polio <br> ポウリオウ |
| ポリシー | política *f.* <br> ポリチカ | policy <br> パリスィ |
| 掘(ほ)り出(だ)し物(もの) | tesouro encontrado *m.* <br> チゾゥロ エンコントラード | find <br> ファインド |
| 掘(ほ)り出(だ)す | escavar <br> エスカヴァール | dig out <br> ディグ アウト |
| ポリ袋(ぶくろ) | saco plástico *m.* <br> サッコ プラスチコ | poly bag <br> パリ バグ |
| 保留(ほりゅう)する | deixar em aberto <br> デイシャール エィン アベルト | reserve <br> リザーヴ |
| ボリューム | volume *m.* <br> ヴォルーミ | volume <br> ヴァリュム |
| 捕虜(ほりょ) (男の) | prisioneiro de guerra *m.* <br> プリズィオネィロ チ ゲッハ | prisoner <br> プリズナ |

| 日 | 葡 | 英 |
|---|---|---|
| (女の) | prisioneira de guerra *f.*<br>プリズィオネィラ ヂ ゲッハ | prisoner<br>プリズナ |
| 掘る | cavar<br>カヴァール | dig, excavate<br>ディグ, エクスカヴェイト |
| 彫る | esculpir<br>エスクウピール | carve, engrave<br>カーヴ, イングレイヴ |
| ぼる | depenar<br>デペナール | charge high<br>チャーヂ ハイ |
| ボルト | parafuso de porca *m.*<br>パラフーゾ ヂ ポルカ | bolt<br>ボウルド |
| (電圧) | volt *m.*<br>ヴォウチ | volt<br>ヴォウルト |
| ポルトガル | Portugal *m.*<br>ポルトゥガウ | Portugal<br>ポーチュガル |
| ～語 | português *m.*<br>ポルトゥゲィス | Portuguese<br>ポーチュギーズ |
| ポルノ | pornografia *f.*<br>ポルノグラフィーア | pornography<br>ポーナグラフィ |
| ホルマリン | formol *m.*<br>フォルモウ | formalin<br>フォーマリン |
| ホルモン | hormônio *m.*<br>オルモーニオ | hormone<br>ホーモウン |
| ホルン | trompa *f.*<br>トロンパ | horn<br>ホーン |
| 惚れる | apaixonar-se<br>アパィショナールスィ | fall in love *with*<br>フォール イン ラヴ |
| 襤褸 | trapo *m.*<br>トラッポ | rags<br>ラグズ |
| ポロシャツ | camisa pólo *f.*<br>カミーザ ポーロ | polo shirt<br>ポウロウ シャート |
| ほろ苦い | ligeiramente amargo<br>リジェィラメンチ アマルゴ | slightly bitter<br>スライトリ ビタ |
| 亡[滅]びる | arruinar-se<br>アフィナールスィ | fall, perish<br>フォール, ペリシュ |
| 亡[滅]ぼす | arruinar , exterminar<br>アフィナール, エステルミナール | ruin, destroy<br>ルーイン, ディストロイ |
| ぼろぼろの | em trapos<br>エィン トラッポス | ragged<br>ラギド |

| 日 | 葡 | 英 |
|---|---|---|
| ほん<br>本 | livro m.<br>リーヴロ | book<br>ブク |
| ぼん<br>盆 | bandeja f.<br>バンデージャ | tray<br>トレイ |
| ほんかくてき<br>本格的な | sério, verdadeiro<br>セーリオ, ヴェルダデイロ | real, genuine<br>リーアル, チェニュイン |
| ほんき<br>本気 | | |
| 〜で | seriamente,<br>com toda a seriedade<br>セリアメンチ, コン トーダ ア セリエダーヂ | seriously<br>スィリアスリ |
| 〜の | sério<br>セーリオ | serious<br>スィリアス |
| ほんきょち<br>本拠地 | sede f.<br>セーヂ | base<br>ベイス |
| ほんしつ<br>本質 | essência f., substância f.<br>エセンスィア, スビスタンスィア | essence,<br>エセンス<br><br>substance<br>サブスタンス |
| 〜的な | essencial, intrínseco<br>エセンスィアウ, イントリンセコ | essential<br>イセンシャル |
| ほんしゃ<br>本社 | matriz f.<br>マトリース | the head office<br>ザ ヘド オーフィス |
| ほんしょう<br>本性 | verdadeiro caráter m.<br>ヴェルダデイロ カラッテル | nature<br>ネイチャ |
| ほんしん<br>本心 | verdadeira intenção f.<br>ヴェルダデイラ インテンサォン | real intention<br>リーアル インテンション |
| ほんせき<br>本籍 | domicílio oficial m.<br>ドミスィーリオ オフィスィアウ | registered domicile<br>レヂスタド ダミサイル |
| ほんそう<br>奔走する | esforçar-se<br>エスフォルサールスィ | make efforts<br>メイク エファツ |
| ほんたい<br>本体 | corpo principal m.<br>コルポ プリンスィパウ | main body<br>メイン バディ |
| ほんだな<br>本棚 | estante de livro f.<br>エスタンチ ヂ リーヴロ | bookshelf<br>ブクシェルフ |
| ぼんち<br>盆地 | bacia f.<br>バスィーア | basin<br>ベイスン |
| ほんてん<br>本店 | sede f., matriz f.<br>セーヂ, マトリース | the head office<br>ザ ヘド オーフィス |

| 日 | 葡 | 英 |
|---|---|---|
| 本土(ほんど) | território principal *m.*<br>テヒトーリオ プリンスィパウ | the mainland<br>ザ メインランド |
| 本当(ほんとう) | verdade *f.*<br>ヴェルダーヂ | truth<br>トルース |
| 〜に | realmente<br>ヘアウメンチ | truly, really<br>トルーリ, リーアリ |
| 〜の | verdadeiro<br>ヴェルダデイロ | true, real<br>トルー, リーアル |
| 本人(ほんにん) | a própria pessoa *f.*<br>ア プロプリア ペソーア | the person in question<br>ザ パースン イン クウェスチョン |
| ボンネット | touca *f.*<br>トウカ | bonnet<br>バネト |
| (自動車の) | capota *f.*<br>カポッタ | hood, bonnet<br>フド, バネト |
| ほんの | só, apenas, mero<br>ソ, アペーナス, メーロ | just, only<br>ヂャスト, オウンリ |
| 〜少し | um pouquinho<br>ウン ポウキーニョ | just a little<br>ヂャスト ア リトル |
| 本能(ほんのう) | instinto *m.*<br>インスチント | instinct<br>インスティンクト |
| 〜的な | instintivo<br>インスチンチーヴォ | instinctive<br>インスティンクティヴ |
| ほんのり | ligeiramente, levemente<br>リジェイラメンチ, レーヴィメンチ | faintly, slight<br>フェイントリ |
| 本部(ほんぶ) | sede *f.*, matriz *f.*<br>セーヂ, マトリース | the head office<br>ザ ヘド オフィス |
| ポンプ | bomba *f.*<br>ボンバ | pump<br>パンプ |
| 本文(ほんぶん) | texto *m.*<br>テスト | text<br>テクスト |
| ボンベ | bujão *m.*, botijão *m.*<br>ブジャォン, ボチジャォン | gas cylinder<br>ギャス スィリンダ |
| 本名(ほんみょう) | nome verdadeiro *m.*<br>ノーミ ヴェルダデイロ | real name<br>リーアル ネイム |
| 本物(ほんもの) | autêntico<br>アゥテンチコ | genuine article<br>チェニュイン アーティクル |
| 本屋(ほんや) | livraria *f.*<br>リヴラリーア | bookstore<br>ブクストー |

| 日 | 葡 | 英 |
|---|---|---|
| ほんやく<br>翻訳 | tradução f.<br>トラドゥサォン | translation<br>トランスレイション |
| ～家 | | |
| （男の） | tradutor m.<br>トラドゥトール | translator<br>トランスレイタ |
| （女の） | tradutora f.<br>トラドゥトーラ | translator<br>トランスレイタ |
| ～する | traduzir<br>トラドゥズィール | translate *into*<br>トランスレイト |
| ぼんやり | | |
| ～した | vago, obscuro<br>ヴァーゴ, オビスクーロ | dim, vague<br>ディム, ヴェイグ |
| （呆然とした） | distraído<br>ヂストライード | absent-minded<br>アブセントマインデド |
| ～と | vagamente,<br>　　indistintamente<br>ヴァガメンチ, インヂスチンタメンチ | dimly, vaguely<br>ディムリ, ヴェイグリ |
| （呆然と） | distraidamente<br>ヂストライダメンチ | absent-mindedly<br>アブセントマインデドリ |

| 日 | 葡 | 英 |
|---|---|---|

## ま, マ

**間**
espaço *m.*
エスパッソ
space, room
スペイス, ルーム

（時間的）
tempo *m.*, intervalo *m.*, pausa *f.*
テンポ, インテルヴァーロ, パウザ
time, interval
タイム, インタヴァル

**マーカー**
*lumicolor m.*, marca-texto *m.*
ルミコロール, マルカ テスト
marker
マーカ

**マーガリン**
margarina *f.*
マルガリーナ
margarine
マーヂャリン

**マーク**
marca *f.*, sinal *m.*, marcação *f.*
マルカ, スィナウ, マルカサォン
mark
マーク

　〜する
marcar
マルカール
mark
マーク

**マーケット**
mercado *m.*
メルカード
market
マーケト

**麻雀**
majongue *m.*
マジョンギ
mah-jong
マーチャング

**マージン**
margem de lucro *f.*
マルジェィン ヂ ルクロ
margin
マーヂン

**マーマレード**
marmelada *f.*
マルメラーダ
marmalade
マーマレイド

**枚**
folha *f.*
フォーリャ
sheet, piece
シート, ピース

**毎**
cada
カーダ
every, each
エヴリ, イーチ

**毎朝**
todas as manhãs, toda manhã
トーダズ アス マニャンス, トーダ マニャン
every morning
エヴリ モーニング

**マイク**
microfone *m.*
ミクロフォーニ
microphone
マイクロフォウン

**マイクロバス**
microônibus *m.*
ミクロオニブス
minibus
ミニバス

**マイクロフィルム**
microfilme *m.*
ミクロフィウミ
microfilm
マイクロウフィルム

**迷子**
criança perdida *f.*
クリアンサ ペルヂーダ
stray child
ストレイ チャイルド

| 日 | 葡 | 英 |
|---|---|---|
| 毎時(まいじ) | a cada hora<br>ア カーダ オーラ | every hour<br>エヴリ ナウア |
| 毎週(まいしゅう) | todas as semanas, semanalmente<br>トーダズ アス セマーナス, セマナウメンチ | every week<br>エヴリ ウィーク |
| 埋葬(まいそう) | enterro *m.*, sepultamento *m.*<br>エンテッホ, セプウタメント | burial<br>ベリアル |
| ～する | enterrar, sepultar<br>エンテハール, セプウタール | bury<br>ベリ |
| 毎月(まいつき) | todos os meses, mensalmente<br>トードズ ウズ メーズィス, メンサウメンチ | every month<br>エヴリ マンス |
| 毎年(まいとし) | todos os anos, anualmente<br>トードズ ウズ アーノス, アヌアウメンチ | every year<br>エヴリ イア |
| マイナーな | de pouca importância, menos popular<br>チ ポウカ インポルタンスィア, メーノス ポプラール | minor<br>マイナ |
| マイナス | menos<br>メーノス | minus<br>マイナス |
| 毎日(まいにち) | todos os dias, diariamente<br>トードズ ウズ チーアス, チアリアメンチ | every day<br>エヴリ デイ |
| 毎年(まいねん) | todos os anos, anualmente<br>トードズ ウズ アーノス, アヌアウメンチ | every year<br>エヴリ イア |
| 毎晩(まいばん) | todas as noites, toda noite<br>トーダズ アズ ノィチス, トーダ ノィチ | every evening<br>エヴリ イーヴニング |
| マイペースで | no próprio ritmo<br>ノ プロプリオ ヒチモ | at *one's* own pace<br>アト オウン ペイス |
| マイル | milha *f.*<br>ミーリャ | mile<br>マイル |
| 舞(ま)う | dançar, bailar<br>ダンサール, バィラール | dance<br>ダンス |
| 真上(まうえ)に | por cima, justamente em cima de<br>ポル スィーマ, ジュスタメンチ エィン スィーマ チ | right above<br>ライト アバヴ |
| マウス | *mouse m.*<br>マゥズィ | mouse<br>マウス |
| マウンテンバイク | *mountain bike*<br>マゥンテイン バィキ | mountain bike<br>マゥンティン バイク |

| 日 | 葡 | 英 |
|---|---|---|
| 前（まえ） | a frente *f.* <br> ア フレンチ | the front <br> ザ フラント |
| ～に（時間） | anteriormente, antes <br> アンテリオルメンチ, アンチス | before, ago <br> ビフォー, アゴウ |
| ～に（場所） | na frente <br> ナ フレンチ | in front <br> イン フラント |
| ～の | da frente, anterior <br> ダ フレンチ, アンテリオール | front, former <br> フラント, フォーマ |
| 前売り（まえうり）～券 | ingresso de venda antecipada *m.* <br> イングレッソ チ ヴェンダ アンテスィパーダ | advance ticket <br> アドヴァンス ティケト |
| ～する | vender antecipadamente <br> ヴェンデール アンテスィパダメンチ | sell in advance <br> セル イン アドヴァンス |
| 前書き（まえがき） | prefácio *m.*, prólogo *m.* <br> プレファッスィオ, プロロゴ | preface <br> プレフィス |
| 前髪（まえがみ） | franja *f.* <br> フランジャ | the forelock <br> ザ フォーラク |
| 前金（まえきん） | adiantamento (de dinheiro) *m.* <br> アヂアンタメント (チ ヂニェィロ) | advance <br> アドヴァンス |
| 前歯（まえば） | dentes da frente *m.pl.* <br> デンチス ダ フレンチ | front tooth <br> フラント トゥース |
| 前払い（まえばらい） | pagamento adiantado *m.* <br> パガメント アヂアンタード | advance payment <br> アドヴァンス ペイメント |
| 前向きの（まえむき）（処し方が） | positivo <br> ポズィチーヴォ | positive <br> パズィティヴ |
| 前以て（まえもって） | antecipadamente, de antemão <br> アンテスィパダメンチ, チ アンチマォン | beforehand <br> ビフォーハンド |
| 任せる（まかせる） | confiar a, deixar por conta de <br> コンフィアール ア, デイシャール ポル コンタ チ | leave, entrust <br> リーヴ, イントラスト |
| 曲がった（まがった） | curvo, torto <br> クルヴォ, トルト | curved <br> カーヴド |
| 曲がり角（まがりかど） | esquina *f.* <br> エスキーナ | corner <br> コーナ |
| 曲がる（まがる） | curvar, dobrar-se <br> クルヴァール, ドブラールスィ | bend, curve <br> ベンド, カーヴ |

| 日 | 葡 | 英 |
|---|---|---|
| (道を) | dobrar, virar<br>ドブラール, ヴィラール | turn *to*<br>ターン |
| マカロニ | macarrão *m.*<br>マカハォン | macaroni<br>マカロウニ |
| 薪<br>まき | lenha *f.*<br>レーニャ | firewood<br>ファイアウド |
| 巻き尺<br>まじゃく | trena *f.*<br>トレーナ | tape measure<br>テイプ メジャ |
| 紛らわしい<br>まぎ | confuso, equívoco<br>コンフーゾ, エキヴォコ | confusing<br>カンフューズィング |
| 紛れる<br>まぎ | confundir-se<br>コンフンヂールスィ | be confused *with*<br>ビ カンフューズド |
| (気が) | distrair-se, espairecer<br>ヂストライールスィ, エスパィレセール | be diverted *by*<br>ビ ディヴァーテド |
| 幕<br>まく | | |
| (芝居) | ato *m.*<br>アット | act<br>アクト |
| 巻く<br>ま | enrolar<br>エンホラール | roll<br>ロウル |
| 撒く<br>ま | espalhar, dispersar<br>エスパリャール, ヂスペルサール | sprinkle, scatter<br>スプリンクル, スキャタ |
| (水を) | regar<br>ヘガール | sprinkle, water<br>スプリンクル, ウォータ |
| 蒔く<br>ま | semear, disseminar<br>セメアール, ヂセミナール | sow<br>ソウ |
| 幕間<br>まくあい | intervalo *m.*<br>インテルヴァーロ | intermission<br>インタミション |
| 秣<br>まぐさ | forragem *f.*<br>フォハージェィン | fodder<br>ファダ |
| マグニチュード | magnitude *f.*<br>マギニトゥーヂ | magnitude<br>マグニテュード |
| マグネシウム | magnésio *m.*<br>マギネズィオ | magnesium<br>マグニーズィアム |
| マグマ | magma *m.*<br>マギマ | magma<br>マグマ |
| 枕<br>まくら | travesseiro *m.*<br>トラヴェセィロ | pillow<br>ピロウ |
| 捲る<br>まく | arregaçar<br>アヘガサール | turn up<br>ターン ナプ |

| 日 | 葡 | 英 |
|---|---|---|
| まぐれ | casualidade *f.*, acaso *m.*<br>カザァリダーチ, アカーゾ | fluke<br>フルーク |
| まぐろ<br>鮪 | atum *m.*<br>アトゥン | tuna<br>テューナ |
| ま<br>負け | derrota *f.*<br>デホッタ | defeat<br>ディフィート |
| ま<br>負ける | perder, ser derrotado<br>ペルデール, セール デホタード | be defeated, lose<br>ビ ディフィーテド, ルーズ |
| ま<br>曲げる | dobrar, entortar, curvar<br>ドブラール, エントルタール, クルヴァール | bend<br>ベンド |
| まご<br>孫 | | |
| （男の） | neto *m.*<br>ネット | grandson<br>グランサン |
| （女の） | neta *f.*<br>ネッタ | granddaughter<br>グランドータ |
| まごころ<br>真心 | sinceridade *f.*,<br>todo o coração *m.*<br>スィンセリダーヂ, トード オ コラサォン | sincerity<br>スィンセリティ |
| まごつく | ficar confuso,<br>ficar embaraçado<br>フィカール コンフーゾ, フィカール エンバラサード | be embarrassed<br>ビ インバラスト |
| まさつ<br>摩擦 | fricção *f.*<br>フリキサォン | friction<br>フリクション |
| （人間関係の） | atrito *m.*, conflito *m.*<br>アトリット, コンフリット | friction<br>フリクション |
| ～する | esfregar<br>エスフレガール | rub *against*<br>ラブ |
| まさ<br>正に | exatamente, precisamente<br>エザタメンチ, プレスィザメンチ | just, exactly<br>ヂャスト, イグザクトリ |
| まさ<br>勝[優]る | ser superior, exceder, superar<br>セール スペリオール, エセデール, スペラール | be superior *to*<br>ビ シュピアリア |
| マジック | mágico *m.*<br>マジコ | magic<br>マヂク |
| まじな<br>呪い | magia *f.*, feitiço *m.*<br>マジーア, フェイチッソ | charm, spell<br>チャーム, スペル |
| まじめ<br>真面目な | sério<br>セーリオ | serious<br>スィリアス |
| まじゅつ<br>魔術 | magia *f.*<br>マジーア | magic<br>マヂク |

| 日 | 葡 | 英 |
|---|---|---|
| ～師 | | |
| （男の） | mágico m.<br>マジコ | magician<br>マヂシャン |
| （女の） | mágica f.<br>マジカ | magician<br>マヂシャン |
| 魔女（まじょ） | bruxa f., feiticeira f.<br>ブルッシャ，フェイチセィラ | witch<br>ウィチ |
| 混[交]じる（ま） | misturar-se<br>ミストゥラールスィ | be mixed *with*<br>ビ ミクスト |
| （加わる） | juntar-se a, participar de<br>ジュンタールスィ ア，パルチスィパール チ | join<br>ヂョイン |
| 交わる（まじ） | cruzar-se<br>クルザールスィ | cross<br>クロース |
| 鱒（ます） | truta f.<br>トルッタ | trout<br>トラウト |
| 増す（ま） | aumentar, crescer<br>アゥメンタール，クレセール | increase<br>インクリース |
| 麻酔（ますい） | anestesia f.<br>アネステズィーア | anesthesia<br>アニス**スィ**ージャ |
| 不味い（まず） | de sabor ruim<br>チ サボール フイン | not good<br>ナト グド |
| （拙い） | ruim<br>フイン | poor<br>プア |
| （得策でない） | imprudente, não é bom<br>インプルデンチ，ナォン エ ボン | unwise<br>アンワイズ |
| マスカット | uva moscatel f.<br>ウーヴァ モスカテウ | muscat<br>マスカト |
| マスク | máscara f.<br>マスカラ | mask<br>マスク |
| マスコット | mascote m.<br>マスコッチ | mascot<br>マスコト |
| 貧しい（まず） | pobre<br>ポーブリ | poor<br>プア |
| マスターキー | chave-mestra f.<br>シャーヴィ メストラ | master key<br>マスタ キー |
| マスタード | mostarda f.<br>モスタルダ | mustard<br>マスタド |
| マスト | mastro m.<br>マストロ | mast<br>マスト |

| 日 | 葡 | 英 |
|---|---|---|
| 益々 (ますます) | cada vez mais <br> カーダ ヴェィス マィス | more and more <br> モー アンド モー |
| マスメディア | mídia f. <br> ミーヂア | mass media <br> マス ミーディア |
| ませた | precoce, prematuro <br> プレコッスィ, プレマトゥーロ | precocious <br> プリコウシャス |
| 混[交]ぜる (まぜる) | misturar, combinar <br> ミストゥラール, コンビナール | mix, blend <br> ミクス, ブレンド |
| マゾ (人) | masoquista m.f. <br> マゾキスタ | masochist <br> マゾキスト |
| 股 (また) | virilha f. <br> ヴィリーリャ | the crotch <br> ザ クラチ |
| 又 (また) | de novo, outra vez <br> ヂ ノーヴォ, オゥトラ ヴェィス | again <br> アゲイン |
| (その上) | além disso <br> アレィン ヂッソ | moreover, besides <br> モーロウヴァ, ビサイヅ |
| …も〜 | também <br> タンベィン | too, also <br> トゥー, オールソウ |
| 未だ (まだ) | ainda <br> アインダ | yet, still <br> イェト, スティル |
| 跨る (またがる) | montar <br> モンタール | mount <br> マウント |
| 跨ぐ (またぐ) | transpor <br> トランスポール | step over, cross <br> ステプ オウヴァ, クロース |
| 股下 (またした) | comprimento das pernas das calças m. <br> コンプリメント ダス ペルナス ダス カゥサス | inside leg <br> インサイド レグ |
| 待たせる (またせる) | fazer esperar <br> ファゼール エスペラール | keep waiting <br> キープ ウェイティング |
| 瞬く (またたく) | piscar, cintilar <br> ピスカール, スィンチラール | wink, blink <br> ウィンク, ブリンク |
| マタニティードレス | vestido de gestante m. <br> ヴェスチード ヂ ジェスタンチ | maternity wear <br> マターニティ ウェァ |
| 又は (または) | ou <br> オゥ | or <br> オー |
| 斑 (まだら) | malha f., mancha f. <br> マーリャ, マンシャ | spots <br> スパッツ |

| 日 | 葡 | 英 |
|---|---|---|
| まち<br>街 | cidade f.<br>スィダーヂ | town, city<br>タウン, スィティ |
| まちあいしつ<br>待合室 | sala de espera f.<br>サーラ ヂ エスペーラ | waiting room<br>ウェイティング ルーム |
| ま あ<br>待ち合わせる | combinar um encontro num lugar<br>コンビナール ウン エンコントロ ヌン ルガール | wait for<br>ウェイト |
| まちが<br>間違い | erro m., engano m.<br>エッホ, エンガーノ | mistake, error<br>ミステイク, エラ |
| （過失） | falha f.<br>ファーリャ | fault, slip<br>フォルト, スリプ |
| まちが<br>間違える | errar<br>エハール | make a mistake<br>メイク ア ミステイク |
| （取り違える） | confundir<br>コンフンヂール | take for<br>テイク |
| まちかど<br>街角 | esquina f.<br>エスキーナ | street corner<br>ストリート コーナ |
| ま どお<br>待ち遠しい | esperar com impaciência<br>エスペラール コン インパスィエンスィア | be looking forward to<br>ビ ルキング フォーワド |
| まつ<br>松 | pinheiro m.<br>ピニェィロ | pine<br>パイン |
| ま<br>待つ | esperar, aguardar<br>エスペラール, アグァルダール | wait<br>ウェイト |
| まっき<br>末期 | fase final f., etapa final f.<br>ファーズィ フィナウ, エタッパ フィナウ | end, last stage<br>エンド, ラスト ステイヂ |
| ま くら<br>真っ暗な | escuro como breu<br>エスクーロ コモ ブレゥ | pitch-dark<br>ピチダーク |
| まつげ<br>睫毛 | cílios m.pl.<br>スィーリオス | the eyelashes<br>ジ アイラシズ |
| マッサージ | massagem f.<br>マサージェィン | massage<br>マサージュ |
| ～する | fazer uma massagem<br>ファゼール ウマ マサージェィン | massage<br>マサージュ |
| ま さお<br>真っ青な | completamente azul<br>コンプレタメンチ アズゥ | deep blue<br>ディープ ブルー |
| （顔の色が） | pálido<br>パリド | pale<br>ペイル |
| ま さき<br>真っ先に | primeiro, antes de mais nada<br>プリメィロ, アンチズ ヂ マィズ ナーダ | first of all<br>ファースト オヴ オール |

| 日 | 葡 | 英 |
|---|---|---|
| マッシュルーム | cogumelo *m.*<br>コグメーロ | mushroom<br>マシュルム |
| 真っ直ぐ<br>〜な | reto<br>ヘット | straight<br>ストレイト |
| （髪が） | liso<br>リーゾ | lank<br>ランク |
| 〜に | diretamente<br>ヂレタメンチ | straight<br>ストレイト |
| 全く | completamente,<br>inteiramente<br>コンプレタメンチ, インテイラメンチ | quite, entirely<br>クワイト, インタイアリ |
| （本当に） | realmente<br>ヘアウメンチ | really, truly<br>リーアリ, トルーリ |
| （否定で） | em absoluto,<br>de jeito nenhum<br>エィン アビソルット, ヂ ジェイト ネニュン | at all<br>アト オール |
| 末端 | extremidade *f.*<br>エストレミダーヂ | the end<br>ジ エンド |
| マッチ | palito de fósforo *m.*<br>パリット ヂ フォスフォロ | match<br>マチ |
| （試合） | jogo *m.*<br>ジョーゴ | match<br>マチ |
| マット | esteira *f.*<br>エステイラ | mat<br>マト |
| （靴用の） | capacho *m.*<br>カパッショ | doormat<br>ドーマト |
| マットレス | colchão *m.*<br>コウシャォン | mattress<br>マトレス |
| 松葉杖 | muleta *f.*<br>ムレッタ | crutches<br>クラチズ |
| 松脂 | resina de pinheiro *f.*<br>ヘズィーナ ヂ ピンニェィロ | pine resin<br>パイン レズィン |
| 祭り | festa *f.*, festival *m.*<br>フェスタ, フェスチヴァゥ | festival<br>フェスティヴァル |
| まで | até<br>アテ | to, as far as, until<br>トゥー, アズ ファー アズ, アンティル |
| 的 | alvo *m.*, mira *f.*<br>アゥヴォ, ミーラ | mark, target<br>マーク, ターゲト |

| 日 | 葡 | 英 |
|---|---|---|
| <ruby>窓<rt>まど</rt></ruby> | janela *f.*<br>ジャネーラ | window<br>ウィンドウ |
| 〜枠 | esquadria de janela *f.*<br>エスクァドリーア ヂ ジャネーラ | window frame<br>ウィンドウ フレイム |
| <ruby>窓口<rt>まどぐち</rt></ruby> | guichê *m.*<br>ギシェ | window<br>ウィンドウ |
| <ruby>纏まる<rt>まと</rt></ruby> | juntar-se, ficar unido<br>ジュンタールスィ, フィカール ウニード | be collected<br>ビ カレクテド |
| （整理される） | ser organizado<br>セール オルガニザード | be well arranged<br>ビー ウェル アレインヂド |
| （交渉などが） | chegar a um acordo<br>シェガール ア ウン アコルド | come to an agreement<br>カム トゥー アン アグリーメント |
| <ruby>纏め<rt>まと</rt></ruby> | sumário *m.*, recapitulação *f.*<br>スマーリオ, ヘカピトゥラサォン | summary<br>サマリ |
| <ruby>纏める<rt>まと</rt></ruby> | juntar, compilar, reunir<br>ジュンタール, コンピラール, ヘウニール | collect, get together<br>カレクト, ゲト トゲザ |
| （整える） | arranjar, organizar, coordenar<br>アハンジャール, オルガニザール, コオルデナール | adjust, arrange<br>アヂャスト, アレインヂ |
| （解決する） | conciliar<br>コンスィリアール | settle<br>セトル |
| <ruby>微睡む<rt>まどろ</rt></ruby> | tirar uma soneca<br>チラール ウマ ソネッカ | take a nap<br>テイク ア ナプ |
| マナー | etiqueta *f.*<br>エチケッタ | manners<br>マナズ |
| <ruby>俎<rt>まないた</rt></ruby> | tábua de carne *f.*<br>タブア ヂ カルニ | cutting board<br>カティング ボード |
| <ruby>眼差し<rt>まなざ</rt></ruby> | olhar *m.*<br>オリャール | look<br>ルク |
| <ruby>真夏<rt>まなつ</rt></ruby> | pleno verão *m.*,<br>meio do verão *m.*<br>プレーノ ヴェラォン, メィオ ド ヴェラォン | midsummer<br>ミドサマ |
| <ruby>学ぶ<rt>まな</rt></ruby> | aprender, estudar, instruir-se<br>アプレンデール, エストゥダール, インストルイールスィ | learn, study<br>ラーン, スタディ |
| マニア | mania *f.*<br>マニーア | maniac<br>メイニアク |

712

| 日 | 葡 | 英 |
|---|---|---|
| 間に合う (遅刻しない) | chegar a tempo シェガール ア テンポ | be in time *for* ビ イン タイム |
| (満たす) | ser suficiente セール スフィスィエンチ | answer, be enough アンサ, ビ イナフ |
| 間に合わせ | recurso temporário *m.* ヘクルソ テンポラーリオ | makeshift メイクシフト |
| 間に合わせる | conformar-se com コンフォルマールスィ コン | make... do メイク ドゥ |
| (期日に) | aprontar até アプロンタール アテ | have (a thing) ready ハヴ (ア スィング) レディ |
| マニキュア | manicure *f.* マニクーリ | manicure マニキュア |
| マニュアル | manual *m.* マヌアウ | manual マニュアル |
| 免れる | escapar, salvar-se de エスカパール, サウヴァールスィ ヂ | escape イスケイプ |
| (回避) | evitar エヴィタール | avoid, evade アヴォイド, イヴェイド |
| 間抜けな | tolo, estúpido トーロ, エストゥピド | stupid, silly ステューピド, スィリィ |
| マネージャー | *manager* m.f. マネィジェール | manager マニヂャ |
| マネキン | manequim *m.* マネキン | manikin マニキン |
| 招く | convidar コンヴィダール | invite インヴァイト |
| (招来) | provocar, causar プロヴォカール, カゥザール | cause コーズ |
| 真似る | *imitar* イミタール | imitate イミテイト |
| 疎らな | disperso, espalhado ヂスペルソ, エスパリャード | scattered スキャタド |
| 麻痺 | paralisia *f.* パラリズィーア | paralysis パラリスィス |
| ～する | paralisar パラリザール | be paralyzed ビ パララライズド |
| 真昼 | meio-dia *m.* メィオ ヂーア | midday, noon ミドデイ, ヌーン |

ま

| 日 | 葡 | 英 |
|---|---|---|
| マフィア | máfia f.<br>マフィア | the Mafia<br>ザ マーフィア |
| 眩しい | ofuscante<br>オフスカンチ | glaring, dazzling<br>グレアリング, ダズリング |
| 瞼(まぶた) | pálpebra f.<br>パウペブラ | eyelid<br>アイリド |
| マフラー | cachecol m.<br>カシェコウ | muffler<br>マフラ |
| 魔法 | magia f.<br>マジーア | magic<br>マヂク |
| マホガニー | mogno m.<br>モギノ | mahogany<br>マハガニ |
| 幻(まぼろし) | espectro m., ilusão f.<br>エスペキトロ, イルザォン | phantom<br>ファントム |
| 真水 | água doce f.<br>アーグァ ドッスィ | fresh water<br>フレシュ ウォータ |
| 蝮(まむし) | víbora f.<br>ヴィボラ | viper<br>ヴァイパ |
| 豆 | espécie de leguminosas f.<br>エスペスィイ チ レグミノーザス | bean<br>ビーン |
| 摩滅する | desgastar-se<br>デズガスタールスィ | be defaced<br>ビ ディフェイスド |
| 間も無く | em breve, brevemente<br>エィン ブレーヴィ, ブレーヴィメンチ | soon<br>スーン |
| 守り | defesa f.<br>デフェーザ | defense<br>ディフェンス |
| 守る | proteger, defender<br>プロテジェール, デフェンデール | defend, protect<br>ディフェンド, プロテクト |
| 麻薬 | droga f., tóxico m.<br>ドローガ, トキスィコ | narcotic, drug<br>ナーカティク, ドラグ |
| ～中毒 | toxicomania f.<br>トキスィコマニーア | drug addiction<br>ドラグ アディクション |
| 眉 | sobrancelhas f.<br>ソブランセーリャス | eyebrow<br>アイブラウ |
| ～墨 | lápis para sobrancelha m.<br>ラピス パラ ソブランセーリャ | eyebrow pencil<br>アイブラウ ペンスル |
| 迷う | ficar indeciso, hesitar<br>フィカール インデスィーゾ, エズィタール | hesitate<br>ヘズィテイト |

| 日 | 葡 | 英 |
|---|---|---|
| 道に〜 | perder-se<br>ペルデールスィ | lose *one's* way<br>ルーズ ウェイ |
| 真夜中 | meia-noite *f.*<br>メィア ノィチ | midnight<br>ミドナイト |
| マヨネーズ | maionese *f.*<br>マィヨネーズィ | mayonnaise<br>メイオネイズ |
| マラソン | maratona *f.*<br>マラトーナ | marathon<br>マラソン |
| マラリア | malária *f.*<br>マラーリア | malaria<br>マレアリア |
| 鞠 | bola *f.*<br>ボーラ | ball<br>ボール |
| マリネ | marinado *m.*<br>マリナード | marinade<br>マリネイド |
| マリファナ | maconha *f.*<br>マコーニャ | marihuana<br>マリホワーナ |
| 丸 | círculo *m.*<br>スィルクロ | circle, ring<br>サークル, リング |
| 円[丸]い | redondo, circular<br>ヘドンド, スィルクラール | round, circular<br>ラウンド, サーキュラ |
| 丸首の | de decote redondo<br>チ デコッチ ヘドンド | round-neck<br>ラウンドネク |
| 丸太 | tronco *m.*<br>トロンコ | log<br>ログ |
| まるで（全く） | completamente, totalmente<br>コンプレッタメンチ, トタウメンチ | completely, quite<br>カンプリートリ, クワイト |
| （あたかも） | como se fosse<br>コモ スィ フォッスィ | just as if<br>チャスト アズ イフ |
| 丸々 | totalmente, inteiramente<br>トタウメンチ, インテイラメンチ | completely<br>カンプリートリ |
| 〜とした | roliço, rechonchudo<br>ホリッソ, ヘションシュード | plump<br>プランプ |
| 丸み | redondeza *f.*<br>ヘドンデーザ | roundishness<br>ラウンディシュネス |
| 丸屋根 | cúpula *f.*, abóbada *f.*<br>クプラ, アボバダ | dome<br>ドウム |

| 日 | 葡 | 英 |
|---|---|---|
| <ruby>稀<rt>まれ</rt></ruby> | | |
| ～な | raro ハーロ | rare レア |
| ～に | raramente ハラメンチ | rarely, seldom レアリ, セルドム |
| <ruby>回<rt>まわ</rt></ruby>す | fazer girar, rodar ファゼール ジラール, ホダール | turn, spin ターン, スピン |
| （順に渡す） | passar パサール | pass パス |
| （転送） | reenviar ヘエンヴィアール | forward フォーワド |
| <ruby>真綿<rt>まわた</rt></ruby> | seda crua *f.* セーダ クルーア | floss フロス |
| <ruby>回<rt>まわ</rt></ruby>[周]り | circunferência *f.* スィルクンフェレンスィア | circumference サカムファレンス |
| （付近） | arredores *m.pl.* アヘドーリス | the neighborhood ザ ネイバフド |
| <ruby>回<rt>まわ</rt></ruby>り<ruby>道<rt>みち</rt></ruby> | volta *f.*, desvio *m.* ヴォウタ, チズヴィーオ | detour ディートゥア |
| <ruby>回<rt>まわ</rt></ruby>る | girar, rodar ジラール, ホダール | turn round, spin ターン ラウンド, スピン |
| （循環） | circular スィルクラール | circulate サーキュレイト |
| <ruby>万<rt>まん</rt></ruby> | dez mil ディズ ミウ | ten thousand テン サウザンド |
| <ruby>万一<rt>まんいち</rt></ruby> | se por acaso スィ ポル アカーゾ | by any chance バイ エニ チャンス |
| <ruby>満員<rt>まんいん</rt></ruby> | | |
| （掲示） | lotação esgotada ロタサォン エズゴターダ | House Full ハウス フル |
| ～である | estar apinhado [cheio, lotado] エスタール アピニャード [シェィオ, ロタード] | be full ビ フル |
| <ruby>蔓延<rt>まんえん</rt></ruby>する | grassar, propagar-se グラサール, プロパガールスィ | spread スプレド |
| <ruby>漫画<rt>まんが</rt></ruby> | história em quadrinhos *f.* イストーリア エィン クァドリーニョス | cartoon, the comics カートゥーン, ザ カミクス |
| <ruby>満開<rt>まんかい</rt></ruby>の | em plena florescência エィン プレーナ フロレセンスィア | in full bloom イン フル ブルーム |

| 日 | 葡 | 英 |
|---|---|---|
| マンガン | manganês *m.* <br> マンガネィス | manganese <br> マンガニーズ |
| 満期 | vencimento *f.* <br> ヴェンスィメント | expiration <br> エクスピレイション |
| 〜になる | vencer, expirar <br> ヴェンセール, エズピラール | expire <br> イクスパイア |
| 満喫する | regalar-se, desfrutar <br> ヘガラールスィ, デスフルタール | enjoy fully <br> インヂョイ フリ |
| 万華鏡 | caleidoscópio *m.* <br> カレィドスコピオ | kaleidoscope <br> カライドスコウプ |
| 満月 | lua cheia *f.* <br> ルーア シェィア | full moon <br> フル ムーン |
| マンゴー | manga *f.* <br> マンガ | mango <br> マンゴウ |
| 満場一致で | unanimemente <br> ウナニミメンチ | unanimously <br> ユーナニマスリ |
| マンション | apartamento *m.*, condomínio *m.* <br> アパルタメント, コンドミーニオ | condominium <br> カンドミニアム |
| 慢性の | crônico <br> クロニコ | chronic <br> クラニク |
| 満足 | satisfação *f.* <br> サチスファサォン | satisfaction <br> サティスファクション |
| 〜する | ficar satisfeito <br> フィカール サチスフェイト | be satisfied *with* <br> ビ サティスファイド |
| 〜な | satisfeito, satisfatório <br> サチスフェイト, サチスファトーリオ | satisfactory <br> サティスファクトリ |
| 満潮 | maré alta *f.*, preamar *f.* <br> マレ アウタ, プレアマール | high tide <br> ハイ タイド |
| 満点 | nota máxima *f.* <br> ノッタ マスィマ | perfect mark <br> パーフィクト マーク |
| マント | manto *m.* <br> マント | mantle, cloak <br> マントル, クロウク |
| マンドリン | bandolim *m.* <br> バンドリン | mandolin <br> マンドリン |
| 真ん中 | meio *m.*, centro *m.* <br> メィオ, セントロ | the center *of* <br> ザ センタ |
| マンネリ | rotina *f.* <br> ホチーナ | mannerism <br> マナリズム |

| 日 | 葡 | 英 |
|---|---|---|
| まんねんひつ<br>万年筆 | caneta-tinteiro *f.*<br>カネッタ チンテイロ | fountain pen<br>ファウンティン ペン |
| まんび<br>万引きする | surripiar nas lojas<br>スヒピアール ナス ロージャス | shoplift<br>シャプリフト |
| まんぷく<br>満腹する | ficar satisfeito<br>フィカール サチスフェイト | have eaten enough<br>ハヴ イートン イナフ |
| まんべん<br>万遍なく | uniformemente<br>ウニフォルミメンチ | evenly<br>イーヴンリ |
| （もれなく） | sem exceção<br>セィン エセサォン | without exception<br>ウィザウト イクセプション |
| マンホール | bueiro *m.*<br>ブエィロ | manhole<br>マンホウル |
| まんぽけい<br>万歩計 | podômetro *m.*, conta-passos *m.*<br>ポドメトロ, コンタパッソス | pedometer<br>ピダメタ |

## み, ミ

| 日 | 葡 | 英 |
|---|---|---|
| み<br>実 | fruto *m.*<br>フルット | fruit, nut<br>フルート, ナト |
| み<br>身 | corpo *m.*<br>コルポ | the body<br>ザ バディ |
| みあ<br>見飽きる | cansar-se de ver<br>カンサールスィ チ ヴェール | be sick of seeing<br>ビ スィク オヴ スィーイング |
| みあ<br>見上げる | olhar para cima<br>オリャール パラ スィーマ | look up *at, to*<br>ルク アプ |
| みあ<br>見合わせる | | |
| （延期） | adiar, protelar<br>アヂアール, プロテラール | put off<br>プト オフ |
| （断念） | desistir de<br>デズィスチール チ | give up<br>ギヴ アプ |
| ミーティング | reunião *f.*<br>ヘウニアォン | meeting<br>ミーティング |
| みいら<br>木乃伊 | múmia *f.*<br>ムーミア | mummy<br>マミ |
| みうしな<br>見失う | perder de vista<br>ペルデール チ ヴィスタ | miss<br>ミス |

| 日 | 葡 | 英 |
|---|---|---|
| みうち<br>身内 | | |
| （男の） | parente *m.*<br>パレンチ | relatives<br>レラティヴズ |
| （女の） | parenta *f.*<br>パレンタ | relatives<br>レラティヴズ |
| みえ<br>見栄 | vaidade *f.*<br>ヴァイダーチ | show, vanity<br>ショウ, ヴァニティ |
| み<br>見える | enxergar, avistar-se<br>エンシェルガール, アヴィスタルスィ | see, be seen<br>スィー, ビ スィーン |
| （…のように） | parecer, aparentar<br>パレセール, アパレンタール | look, seem<br>ルク, スィーム |
| みおく<br>見送る | ir se despedir<br>イール スィ デスペチール | see off, see<br>スィー オフ |
| みお<br>見落とす | deixar escapar,<br>　　　　não perceber<br>ディシャール エスカパール, ナォン ペルセベール | overlook, miss<br>オウヴァルク, ミス |
| みお<br>見下ろす | olhar para baixo<br>オリャール パラ バイショ | look down<br>ルク ダウン |
| みかい<br>未開の | primitivo, selvagem<br>プリミチーヴォ, セウヴァージェィン | primitive, uncivilized<br>プリミティヴ, アンスィヴィライズド |
| みかいけつ<br>未解決の | ainda não solucionado<br>アインダ ナォン ソルスィオナード | unsolved<br>アンサルヴド |
| みかえ<br>見返り | recompensa *f.*<br>ヘコンペンサ | rewards<br>リウォーヅ |
| みかく<br>味覚 | paladar *m.*<br>パラダール | taste, palate<br>テイスト, パレト |
| みが<br>磨く | polir<br>ポリール | polish, brush<br>パリシュ, ブラシュ |
| （技能を） | aperfeiçoar<br>アペルフェイソアール | improve, train<br>インプルーヴ, トレイン |
| （歯を） | escovar<br>エスコヴァール | brush<br>ブラシュ |
| （靴を） | engraxar<br>エングラシャール | shine<br>シャイン |
| みか<br>見掛け | aparência *f.*<br>アパレンスィア | appearance<br>アピアランス |
| みかた<br>味方 | aliado *m.*, amigo *m.*<br>アリアード, アミーゴ | friend, ally<br>フレンド, アライ |

| 日 | 葡 | 英 |
|---|---|---|
| みかづき<br>三日月 | lua crescente f.<br>ルーア クレセンチ | crescent<br>クレセント |
| みかん<br>蜜柑 | mexerica f., tangerina f.<br>メシェリッカ, タンジェリーナ | mandarin<br>マンダリン |
| みかんせい<br>未完成の | incompleto, inacabado<br>インコプレット, イナカバード | unfinished, incomplete<br>アンフィニシュト, インコンプリート |
| みき<br>幹 | tronco m.<br>トロンコ | trunk<br>トランク |
| みぎ<br>右 | direita f.<br>ヂレイタ | the right<br>ザ ライト |
| みぎうで<br>右腕 | braço direito m.<br>ブラッソ ヂレイト | the right arm<br>ザ ライト アーム |
| ミキサー | liquidificador m.<br>リキヂフィカドール | mixer, blender<br>ミクサ, ブレンダ |
| みぐる<br>見苦しい | feio<br>フェイオ | unsightly, indecent<br>アンサイトリ, インディーセント |
| （恥ずべき） | vergonhoso<br>ヴェルゴニョーゾ | indecent<br>インディーセント |
| みごと<br>見事な | espetacular, magnífico<br>エスペタクラール, マギニフィコ | beautiful, fine<br>ビューティフル, ファイン |
| みこ<br>見込み | previsão f., suposição f.<br>プレヴィザォン, スポズィサォン | prospect<br>プラスペクト |
| （有望） | esperança f., expectativa f.<br>エスペランサ, エスペキタチーヴァ | promise, hope<br>プラミス, ホウプ |
| （可能性） | possibilidade f.<br>ポスィビリダーヂ | possibility<br>パスィビリティ |
| みこん<br>未婚の | solteiro<br>ソウテイロ | unmarried, single<br>アンマリド, スィングル |
| ミサ | missa f.<br>ミッサ | mass<br>マス |
| ミサイル | míssil m.<br>ミスィウ | missile<br>ミスィル |
| みさき<br>岬 | cabo m.<br>カーボ | cape<br>ケイプ |
| みじか<br>短い | curto<br>クルト | short, brief<br>ショート, ブリーフ |
| みじ<br>惨めな | miserável, lamentável<br>ミゼラーヴェウ, ラメンターヴェウ | miserable<br>ミザラブル |

| 日 | 葡 | 英 |
|---|---|---|
| 未熟な | imaturo, prematuro, precoce<br>イマトゥーロ，プレマトゥーロ，プレコッスィ | unripe<br>アンライプ |
| (技能が) | inexperiente, verde<br>イネスペリエンチ，ヴェルヂ | immature<br>イマテュア |
| 見知らぬ | estranho, desconhecido<br>エストラーニョ，ヂスコニェスィード | strange, unfamiliar<br>ストレインヂ，アンファミリア |
| ミシン | máquina de costura f.<br>マキナ ヂ コストゥーラ | sewing machine<br>ソウイング マシーン |
| ミス | senhorita f.<br>セニョリッタ | Miss<br>ミス |
| (誤り) | erro m.<br>エーホ | mistake<br>ミステイク |
| 水 | água f.<br>アーグァ | water<br>ウォータ |
| 未遂の | fracassado, malogrado<br>フラカッサード，マログラード | attempted<br>アテンプティド |
| 水色 | azul claro m.<br>アズウ クラーロ | light blue<br>ライト ブルー |
| 湖 | lago m.<br>ラーゴ | lake<br>レイク |
| 水瓶座 | Aquário m.<br>アクワーリオ | Aquarius<br>アクウェアリアス |
| 自ら | pessoalmente, em pessoa<br>ペソアウメンチ，エィン ペソーア | personally, in person<br>パーソナリ，イン パーソン |
| (進んで) | por iniciativa própria<br>ポル イニスィアチーヴァ プロプリア | voluntary<br>ヴァランタリ |
| 水着 | traje de banho m.<br>トラージ ヂ バーニョ | swimming suit<br>スウィミング スート |
| 水臭い | cerimonioso<br>セリモニオーゾ | reserved, cold<br>リザーヴド，コウルド |
| 水差し | jarro m., cântaro m., bilha f.<br>ジャッホ，カンタロ，ビーリャ | pitcher<br>ピチャ |
| 水玉模様 | desenho de bolinhas m.<br>デゼーニョ ヂ ボリーニャス | polka dots<br>ポウルカ ダッツ |
| 水溜まり | poça de água f.<br>ポッサ ヂ アーグッ | pool, puddle<br>プール，パドル |
| 水っぽい | aguado<br>アグワード | watery, diluted<br>ウォータリ，ダイリューテド |

| 日 | 葡 | 英 |
|---|---|---|
| ミステリー | mistério *m.*<br>ミステーリオ | mystery<br>ミスタリ |
| 見捨てる | abandonar<br>アバンドナール | abandon<br>アバンドン |
| 水脹れ | bolha d'água *f.*<br>ボーリャ ダーグァ | blister<br>ブリスタ |
| ミスプリント | erro de impressão *m.*<br>エーホ ヂ インプレサォン | misprint<br>ミスプリント |
| 水辺 | beira d'água *f.*<br>ベィラ ダーグァ | the waterside<br>ザ ウォータサイド |
| 水疱瘡 | catapora *f.*, varicela *f.*<br>カタポーラ, ヴァリセーラ | chicken pox<br>チキン パクス |
| みすぼらしい | maltrapilho, esfarrapado<br>マゥトラピーリョ, エスファハパード | shabby<br>シャビ |
| 瑞々しい | fresco<br>フレスコ | fresh<br>フレシュ |
| 水虫 | pé de atleta *m.*, frieira *f.*<br>ペー ヂ アトレッタ, フリエィラ | water eczema<br>ウォータ イグズィーマ |
| 店 | loja *f.*<br>ロージャ | store, shop<br>ストー, シャプ |
| 未成年 | menor de idade *m.f.*<br>メノール ヂ イダーヂ | minority<br>マイノリティ |
| 見せ掛け | aparência *f.*, fingimento *m.*<br>アパレンスィア, フィンジメント | show, pretense<br>ショウ, プリテンス |
| ～の | fingido, dissimulado<br>フィンジード, ヂスィムラード | make-believe<br>メイクビリーヴ |
| 見せ掛ける | aparentar, fingir, simular<br>アパレンタール, フィンジール, スィムラール | pretend, feign<br>プリテンド, フェイン |
| 見せびらかす | exibir, ostentar<br>エズィビール, オステンタール | show off<br>ショウ オフ |
| 店開き | inauguração de loja *f.*<br>イナゥグラサォン ヂ ロージャ | opening<br>オウプニング |
| 見世物 | exibição *f.*, espetáculo *m.*<br>エズィビサォン, エスペタクロ | show<br>ショウ |
| 見せる | mostrar, exibir<br>モストラール, エズィビール | show, display<br>ショウ, ディスプレイ |
| 溝 | valeta *f.*, rego *m.*, fosso *m.*<br>ヴァレッタ, ヘーゴ, フォッソ | ditch, gutter<br>ディチ, ガタ |

## ■店■ loja *f.* /ロージャ/

新聞スタンド　banca de jornal /バンカ ヂ ジョルナウ/ *f.* (Ⓔnewsstand)

キオスク　quiosque /キオスキ/ *m.* (Ⓔkiosk)

市場　mercado /メルカード/ *m.* (Ⓔmarket)

スーパー　supermercado /スペルメルカード/ *m.* (Ⓔsupermarket)

ショッピングセンター　shopping /ショッピン/ *m.* (Ⓔshopping center)

デパート　loja de departamentos /ロージャ ヂ デパルタメントス/ *f.* (Ⓔdepartment store)

食料品店　mercearia /メルセアリーア/ *f.* (Ⓔgrocery store)

八百屋　quitanda /キタンダ/ *f.* (Ⓔvegetable store)

パン屋　padaria /パダリーア/ *f.* (Ⓔbakery)

肉屋　açougue /アソウギ/ *m.* (Ⓔmeat shop)

魚屋　peixaria /ペイシャリーア/ *f.* (Ⓔfish shop)

酒屋　loja de bebidas /ロージャ ヂ ベビーダス/ *f.* (Ⓔliquor store)

パイ屋　pastelaria /パステラリーア/ *f.* (Ⓔpastry shop)

ピッツァ屋　pizzaria /ピツァリーア/ *f.* (Ⓔpizzeria)

菓子屋　confeitaria /コンフェイタリーア/ *f.* (Ⓔpatisserie)

薬屋　drogaria /ドロガリーア/ *f.*, farmácia /ファルマスィア/ *f.* (Ⓔpharmacy, drugstore)

花屋　floricultura /フロリクウトゥーラ/ *f.* (Ⓔflower shop)

文房具店　papelaria /パペラリーア/ *f.* (Ⓔstationery store)

靴屋　sapataria /サパタリーア/ *f.*, loja de calçados /ロージャ ヂ カウサードス/ *f.* (Ⓔshoe store)

ブティック　butique /ブチッキ/ *f.* (Ⓔboutique)

貴金属店　joalheria /ジョアリェリーア/ *f.* (Ⓔjeweller's shop)

本屋　livraria /リヴラリーア/ *f.* (Ⓔbookstore)

クリーニング店　lavanderia /ラヴァンデリーア/ *f.* (Ⓔlaundry)

不動産屋　imobiliária /イモビリアーリア/ *f.* (Ⓔreal estate agent)

| 日 | 葡 | 英 |
|---|---|---|
| (隔たり) | fosso *m.*, abismo *m.*<br>フォッソ, アビズモ | gap<br>ギャップ |
| みぞおち<br>鳩尾 | boca do estômago *f.*<br>ボッカ ド エストマゴ | the pit<br>ザ ピト |
| みそこ<br>見損なう | deixar de ver, ver mal<br>ディシャール チ ヴェール, ヴェール マウ | fail to see<br>フェイル トゥー スィー |
| (評価を誤る) | enganar-se, julgar mal<br>エンガナールスィ, ジュウガール マウ | misjudge<br>ミスヂャヂ |
| みぞれ<br>霙 | chuva acompanhada de neve *f.*<br>シューヴァ アコンパニャーダ チ ネーヴィ | sleet<br>スリート |
| みだ<br>見出し | manchete *f.*<br>マンシェッチ | heading<br>ヘディング |
| み<br>満たす | encher<br>エンシェール | fill<br>フィル |
| みだ<br>乱す | desarrumar, desorganizar<br>デザフマール, チゾルガニザール | throw into disorder<br>スロウ イントゥ ディスオーダ |
| みだ<br>乱れる | ficar desarrumado<br>フィカール デザフマード | be out of order<br>ビ アウト オヴ オーダ |
| みち<br>道 | rua *f.*, caminho *m.*<br>フーア, カミーニョ | way, road<br>ウェイ, ロウド |
| みちが<br>見違える | confundir, não reconhecer<br>コンフンチール, ナォン ヘコニェセール | take *for*<br>テイク |
| みちくさ く<br>道草を食う | vadiar no meio do caminho<br>ヴァヂアール ノ メィオ ド カミーニョ | loiter about on the way<br>ロイタ アバウト オン ザ ウェイ |
| みちじゅん<br>道順 | caminho *m.*, roteiro *m.*<br>カミーニョ, ホテイロ | route, course<br>ルート, コース |
| みちしるべ<br>道標 | sinalização da rua *f.*<br>スィナリザサォン ダ フーア | guide, signpost<br>ガイド, サインポウスト |
| みちすう<br>未知数 | incógnita *f.*<br>インコギニタ | unknown quantity<br>アンノウン クワンティティ |
| みちのり<br>道程 | percurso *m.*, trajeto *m.*<br>ペルクルソ, トラジェット | distance<br>ディスタンス |
| みちび<br>導く | guiar, conduzir<br>ギアール, コンドゥズィール | lead, guide<br>リード, ガイド |
| み<br>満ちる | estar pleno de, ficar cheio<br>エスタール プレーノ チ, フィカール シェイオ | be filled *with*<br>ビ フィルド |
| (潮が) | (maré) estar alta<br>(マレ) エスタール アウタ | rise, flow<br>ライズ, フロウ |

み

| 日 | 葡 | 英 |
|---|---|---|
| 蜜（みつ） | mel *m.* メウ | honey ハニ |
| 見（み）つかる | ser descoberto [encontrado] セール デスコベルト ［エンコントラード］ | be found ビ ファウンド |
| 見（み）つける | encontrar, achar, descobrir エンコントラール, アシャール, デスコブリール | find, discover ファインド, ディスカヴァ |
| 密航（みっこう） | viagem clandestina *f.* ヴィアージェイン クランデスチーナ | secret passage スィークレト パスィヂ |
| 密告（みっこく）する | denunciar デヌンスィアール | inform *against* インフォーム |
| 密接（みっせつ）な | íntimo, estreito インチモ, エストレイト | close, intimate クロウス, インティメイト |
| 密度（みつど） | densidade *f.* デンスィダーヂ | density デンスィティ |
| みっともない | feio, infame, vergonhoso フェイオ, インファーミ, ヴェルゴニョーゾ | disgraceful ディスグレイスフル |
| 密入国（みつにゅうこく） | entrada clandestina em um país *f.* エントラーダ クランデスチーナ エィン ウン パイース | illegal entry into a country イリーガル エントリ イントゥ ア カントリ |
| 密売（みつばい） | venda ilícita *f.* ヴェンダ イリスィタ | illicit sale イリスィト セイル |
| 蜜蜂（みつばち） | abelha *f.* アベーリャ | bee ビー |
| 密閉（みっぺい）する | fechar completamente フェシャール コンプレタメンチ | close up クロウズ アプ |
| 見詰（みつ）める | encarar, olhar fixamente エンカラール, オリャール フィキサメンチ | gaze *at* ゲイズ |
| 見積（みつ）もり | estimativa *f.*, cálculo *m.* エスチマチーヴァ, カウクロ | estimate エスティメイト |
| 見積（みつ）もる | estimar, calcular エスチマール, カウクラール | estimate エスティメイト |
| 密約（みつやく） | acordo secreto *m.* アコルド セクレット | secret understanding スィークレト アンダスタンディング |
| 密輸（みつゆ） | contrabando *m.* コントラバンド | smuggling スマグリング |
| 〜する | contrabandear コントラバンデアール | smuggle スマグル |

| 日 | 葡 | 英 |
|---|---|---|
| 密漁（みつりょう） | pesca ilegal *f.* <br> ペスカ イレガウ | poaching <br> ポウチング |
| ～する | pescar ilegalmente <br> ペルカール イレガウメンチ | poach <br> ポウチ |
| 密猟（みつりょう） | caça ilegal *f.* <br> カッサ イレガウ | poaching <br> ポウチング |
| ～する | caçar ilegalmente <br> カサール イレガウメンチ | poach <br> ポウチ |
| 密林（みつりん） | selva *f.*, floresta *f.*, mata *f.* <br> セウヴァ, フロレスタ, マッタ | dense forest <br> デンス フォリスト |
| 未定の（みてい） | indeterminado <br> インデテルミナード | undecided <br> アンディサイデド |
| 未踏の（みとう） | virgem, inexplorado <br> ヴィルジェイン, イネスプロラード | unexplored <br> アニクスプロード |
| 見通し（みとおし） | | |
| （眺望） | visibilidade *f.* <br> ヴィズィビリダーヂ | visibility <br> ヴィズィビリティ |
| （予定） | perspectiva *f.*, previsão *f.* <br> ペルスペキチーヴァ, プレヴィザォン | prospect <br> プラスペクト |
| 認める（みとめる） | reconhecer <br> ヘコニェセール | recognize <br> レコグナイズ |
| （承認） | aprovar, admitir <br> アプロヴァール, アヂミチール | accept, acknowledge <br> アクセプト, アクナリヂ |
| 緑（みどり） | verde <br> ヴェルヂ | green <br> グリーン |
| 見取り図（みとりず） | esboço *m.*, planta *f.* <br> エズボッソ, プランタ | sketch <br> スケチ |
| 見とれる（みとれる） | ficar encantado, ficar fascinado <br> フィカール エンカンタード, フィカール ファスィナード | look admiringly at <br> ルク アドマイアリングリ |
| 皆（みな） | todo o mundo *m.* <br> トード オ ムンド | all <br> オール |
| 見直す（みなおす） | ver de novo <br> ヴェール ヂ ノーヴォ | look at... again <br> ルク アト アゲイン |
| （再検討） | reconsiderar, reexaminar <br> ヘコンスィデラール, ヘエザミナール | reexamine <br> リーイグザミン |
| （再認識） | reconhecer o valor <br> ヘコニェセール ウ ヴァロール | think better of <br> スィンク ベタ オヴ |
| 見なす（みなす） | considerar, julgar <br> コンスィデラール, ジュウガール | think of... as <br> スィンク オヴ |

| 日 | 葡 | 英 |
|---|---|---|
| みなと<br>港 | porto *m.*<br>ポルト | harbor, port<br>ハーバ, ポート |
| みなみ<br>南 | sul *m.*<br>スウ | the south<br>ザ サウス |
| 〜アメリカ | América do Sul *f.*<br>アメリカ ド スウ | South America<br>サウス アメリカ |
| 〜十字星 | Cruzeiro do Sul *m.*<br>クルゼィロ ド スウ | the Southern Cross<br>ザ サザン クロース |
| 〜半球 | hemisfério sul [austral] *m.*<br>エミスフェーリオ スウ [アゥストラウ] | the Southern Hemisphere<br>ザ サザン ヘミスフィア |
| みなもと<br>源 | origem *f.*, fonte *f.*<br>オリージェイン, フォンチ | the source<br>ザ ソース |
| みなら<br>見習い | aprendizagem *f.*<br>アプレンヂザージェイン | apprenticeship<br>アプレンティスシプ |
| 〜期間 | período probatório *m.*,<br>estágio *m.*<br>ペリオド プロバトーリオ, エスタージオ | probationary period<br>プロウベイショナリ ピアリオド |
| みなら<br>見習う | tomar como exemplo,<br>imitar<br>トマール コモ エゼンプロ, イミタール | learn, imitate<br>ラーン, イミテイト |
| みなり<br>身形 | aparência *f.*, trajes *m.pl.*<br>アパレンスィア, トラージス | dress, appearance<br>ドレス, アピアランス |
| みな<br>見慣れた | familiar<br>ファミリアール | familiar<br>ファミリア |
| みにく<br>見難い | difícil de ver<br>ヂフィースィウ チ ヴェール | hard to see<br>ハード トゥ スィー |
| みにく<br>醜い | feio<br>フェイオ | ugly<br>アグリ |
| ミニスカート | minissaia *f.*<br>ミニサィヤ | mini<br>ミニ |
| ミニチュア | miniatura *f.*<br>ミニアトゥーラ | miniature<br>ミニアチャ |
| みぬ<br>見抜く | adivinhar, perceber<br>アヂヴィニャール, ペルセベール | see through<br>スィー スルー |
| みね<br>峰 | pico *m.* cume *m.*, cimo *m.*<br>ピッコ, クーミ, スィーモ | peak, top<br>ピーク, タプ |
| ミネラル | mineral *m.*<br>ミネラウ | mineral<br>ミナラル |
| 〜ウォーター | água mineral *f.*<br>アーグァ ミネラウ | mineral water<br>ミナラル ウォタ |

| 日 | 葡 | 英 |
|---|---|---|
| <ruby>未納<rt>みのう</rt></ruby>の | não pago, por pagar<br>ナォン パーゴ, ポル パガール | unpaid<br>アンペイド |
| <ruby>見逃<rt>みのが</rt></ruby>す | não perceber<br>ナォン ペルセベール | overlook<br>オウヴァルク |
| （黙認） | fazer vista grossa<br>ファゼール ヴィスタ グロッサ | connive *at*<br>カナイヴ |
| <ruby>身代金<rt>みのしろきん</rt></ruby> | resgate *m.*<br>ヘズガッチ | ransom<br>ランソム |
| <ruby>身<rt>み</rt></ruby>の<ruby>回<rt>まわ</rt></ruby>り<ruby>品<rt>ひん</rt></ruby> | pertences *m.pl.*<br>ペルテンスィス | belongings<br>ビローンギングズ |
| <ruby>実<rt>みの</rt></ruby>る | frutificar, dar fruto<br>フルチフィカール, ダール フルット | ripen, bear fruit<br>ライプン, ベア フルート |
| （結果を出す） | dar resultado<br>ダール ヘズウタード | have good results<br>ハヴ グド リザルツ |
| <ruby>見晴<rt>みは</rt></ruby>らし | vista *f.*, panorama *m.*<br>ヴィスタ, パノラーマ | view<br>ヴュー |
| <ruby>見張<rt>みは</rt></ruby>る | vigiar, tomar conta de, zelar<br>ヴィジアール, トマール コンタ ヂ, ゼラール | watch<br>ワチ |
| <ruby>身振<rt>みぶ</rt></ruby>り | gesto *m.*<br>ジェスト | gesture<br>チェスチャ |
| <ruby>身分<rt>みぶん</rt></ruby> | posição social *f.*, identidade *f.*<br>ポズィサォン ソスィアウ, イデンチダーヂ | social status<br>ソウシャル ステイタス |
| 〜証明書 | carteira de identidade *f.*<br>カルテイラ ヂ イデンチダーヂ | identity card<br>アイデンティティ カード |
| <ruby>未亡人<rt>みぼうじん</rt></ruby> | viúva *f.*<br>ヴィウーヴァ | widow<br>ウィドウ |
| <ruby>見本<rt>みほん</rt></ruby> | amostra *f.*, modelo *m.*<br>アモストラ, モデーロ | sample<br>サンプル |
| 〜市 | feira industrial *f.*<br>フェイラ インドゥストリアウ | trade fair<br>トレイド フェア |
| <ruby>見舞<rt>みま</rt></ruby>い | visita a um doente *f.*<br>ヴィズィッタ ア ウン ドエンチ | inquiry<br>インクワイアリ |
| <ruby>見舞<rt>みま</rt></ruby>う | visitar um doente<br>ヴィズィタール ウン ドエンチ | visit, inquire after<br>ヴィズィト, インクワイア アフタ |
| <ruby>見守<rt>みまも</rt></ruby>る | proteger, observar<br>プロテジェール, オビセルヴァール | keep *one's* eyes *on*<br>キープ アイズ |
| <ruby>見回<rt>みまわ</rt></ruby>す | olhar em volta<br>オリャール エィン ヴォウタ | look about<br>ルク アバウト |

| 日 | 葡 | 英 |
|---|---|---|
| み まん<br>未満 | menos de<br>メーノス ヂ | under, less than<br>アンダ, レス ザン |
| みみ<br>耳 | orelha *f.*, ouvido *m.*<br>オリェーリャ, オゥヴィード | ear<br>イア |
| みみか<br>耳掻き | bastonete para ouvido *m.*<br>バストネッチ パラ オゥヴィード | earpick<br>イアピク |
| みみず<br>蚯蚓 | minhoca *f.*<br>ミニョッカ | earthworm<br>アースワーム |
| みみずく<br>木菟 | coruja *f.*, mocho *m.*<br>コルージャ, モッショ | horned owl<br>ホーンド アウル |
| みめい<br>未明 | madrugada *f.*<br>マドルガーダ | before daybreak<br>ビフォー デイブレイク |
| みもと<br>身元 | identidade *f.*<br>イデンチダーヂ | identity<br>アイデンティティ |
| みゃく<br>脈 | pulso *m.*<br>プウソ | pulse<br>パルス |
| (脈動) | pulsação *f.*<br>プウササォン | pulsation<br>パルセイション |
| みやげ<br>土産 | lembrança *f.*, presente *m.*<br>レンブランサ, プレゼンチ | souvenir<br>スーヴニア |
| ミュージカル | musical *m.*<br>ムズィカウ | musical<br>ミューズィカル |
| ミュージシャン<br>(男の) | músico *m.*<br>ムズィコ | musician<br>ミューズィシャン |
| (女の) | música *f.*<br>ムズィカ | musician<br>ミューズィシャン |
| みょうごにち<br>明後日 | depois de amanhã<br>デポィス ヂ アマニャン | the day after tomorrow<br>ザ デイ アフタ トマロウ |
| みょうじ<br>苗[名]字 | sobrenome *m.*<br>ソブレノーミ | family name, surname<br>ファミリ ネイム, サーネイム |
| みょうじょう<br>明星 | Vênus *f.*<br>ヴェーヌス | Venus<br>ヴィーナス |
| みょう<br>妙な | estranho<br>エストラーニョ | strange<br>ストレインヂ |
| みょうにち<br>明日 | amanhã<br>アマニャン | tomorrow<br>トマロウ |
| みょうばん<br>明礬 | alume *m.*, pedra-ume *f.*<br>アルーミ, ペドラ ウーミ | alum<br>アラム |

み

| 日 | 葡 | 英 |
|---|---|---|
| みょうみ<br>妙味 | encanto *m.*, charme *m.*<br>エンカント, シャルミ | charm, beauty<br>チャーム, ビューティ |
| みらい<br>未来 | futuro *m.*<br>フトゥーロ | future<br>フューチャ |
| ミリグラム | miligrama *m.*<br>ミリグラーマ | milligram<br>ミリグラム |
| ミリメートル | milímetro *m.*<br>ミリメトロ | millimeter<br>ミリミータ |
| みりょう<br>魅了する | fascinar, cativar<br>ファスィナール, カチヴァール | fascinate<br>ファスィネイト |
| みりょく<br>魅力 | atração *f.*, encanto *m.*<br>アトラサォン, エンカント | charm<br>チャーム |
| ～的な | atraente<br>アトラエンチ | charming<br>チャーミング |
| み　見る | ver, olhar<br>ヴェール, オリャール | see, look *at*<br>スィー, ルク |
| （世話） | cuidar de, tomar conta de<br>クィダール チ, トマール コンタ チ | look after<br>ルク アフタ |
| ミルク | leite *m.*<br>レィチ | milk<br>ミルク |
| ～セーキ | batido com sorvete *m.*<br>バチード コン ソルヴェッチ | milk shake<br>ミルク シェイク |
| ミレニアム | milênio *m.*<br>ミレーニオ | millennium<br>ミレニアム |
| みれん<br>未練 | apego *m.*<br>アペーゴ | attachment, regret<br>アタチメント, リグレト |
| みわ<br>見分ける | distinguir<br>ヂスチンギール | distinguish *from*<br>ディスティングウィシュ |
| みわた<br>見渡す | abranger com o olhar<br>アブランジェール コン ウ オリャール | look out *over*<br>ルク アウト |
| みんえい<br>民営 | administração privada *f.*<br>アヂミニストラサォン プリヴァーダ | private management<br>プライヴェト マニヂメント |
| ～化 | privatização *f.*<br>プリヴァチザサォン | privatization<br>プライヴァタイゼイション |
| ～の | privado<br>プリヴァード | private<br>プライヴェト |
| みんかん<br>民間の | privado<br>プリヴァード | private, civil<br>プライヴェト, スィヴィル |

| 日 | 葡 | 英 |
|---|---|---|
| ミンク | pele de marta *f.*<br>ペーリ ヂ マルタ | mink<br>ミンク |
| みんげいひん<br>民芸品 | artesanato *m.*<br>アルテザナット | folk-art article<br>フォウクアート アーティクル |
| みんじそしょう<br>民事訴訟 | processo civil *m.*<br>プロセッソ スィヴィウ | civil action<br>スィヴィル アクション |
| みんしゅう<br>民衆 | povo *m.*<br>ポーヴォ | the people<br>ザ ピープル |
| みんしゅか<br>民主化 | democratização *f.*<br>デモクラチザサゥン | democratization<br>ディマクラティゼイション |
| みんしゅく<br>民宿 | pousada *f.*<br>ポウザーダ | tourist home<br>トゥアリスト ホウム |
| みんしゅしゅぎ<br>民主主義 | democracia *f.*<br>デモクラスィーア | democracy<br>ディマクラスィ |
| みんぞく<br>民俗 | folclore *m.*<br>フォウクローリ | folk customs<br>フォウク カスタムズ |
| みんぞく<br>民族 | etnia *f.*<br>エチニーア | race, nation<br>レイス, ネイション |
| みんぽう<br>民法 | direito civil *m.*<br>ヂレイト スィヴィウ | the civil law<br>ザ スィヴィル ロー |
| みんよう<br>民謡 | canção folclórica *f.*<br>カンサゥン フォウクロリカ | folk song<br>フォウク ソーング |
| みんわ<br>民話 | lenda *f.*, conto popular *m.*<br>レンダ, コント ポプラール | folk tale<br>フォウク テイル |

## む, ム

| 日 | 葡 | 英 |
|---|---|---|
| む<br>無 | nada *m.*<br>ナーダ | nothing<br>ナスィング |
| むいしき<br>無意識に | inconscientemente<br>インコンスィエンチメンチ | unconsciously<br>アンカンシャスリ |
| むいちもん<br>無一文の | sem dinheiro, sem vintém<br>セイン ヂニェイロ, セイン ヴィンテイン | penniless<br>ペニレス |
| むいみ<br>無意味な | sem sentido, insignificante<br>セイン センチード, インスィギニフィカンチ | meaningless<br>ミーニングレス |
| ムース | *musse f.*<br>ムースィ | mousse<br>ムース |

| 日 | 葡 | 英 |
|---|---|---|
| ムード | ambiente *m.*<br>アンビエンチ | mood<br>ムード |
| 無益な | inútil<br>イヌッチウ | futile<br>フューティル |
| 無害な | inofensivo<br>イノフェンスィーヴォ | harmless<br>ハームレス |
| 向かい合う | encarar, ficar cara a cara<br>エンカラール, フィカール カーラ ア カーラ | face<br>フェイス |
| 向かい側 | outro lado *m.*, lado oposto *m.*<br>オゥトロ ラード, ラード オポスト | the opposite side<br>ジ アポズィト サイド |
| 向かう | olhar para, voltar-se para<br>オリャール パラ, ヴォウタールスィ パラ | face, look *on*<br>フェイス, ルク |
| （進む） | ir para, dirigir-se para<br>イール パラ, ヂリジールスィ パラ | go *to*, leave *for*<br>ゴウ, リーヴ |
| 迎える | receber, acolher<br>ヘセベール, アコリェール | meet, welcome<br>ミート, ウェルカム |
| 昔 | tempos antigos *m.pl.*<br>テンポズ アンチーゴス | old times<br>オウルド タイムズ |
| （かつて） | antigamente<br>アンチガメンチ | long ago<br>ローング アゴウ |
| むかつく | ter vontade de vomitar<br>テール ヴォンターヂ ヂ ヴォミタール | feel sick<br>フィール スィク |
| （腹が立つ） | ficar mal disposto,<br>　　　　　　ficar irritado<br>フィカール マウ ヂスポスト, フィカール イヒタード | get disgusted<br>ゲト ディスガステド |
| 百足 | centopéia *f.*<br>セントペィア | centipede<br>センティピード |
| 無関係な | sem relação<br>セィン ヘラサォン | irrelevant<br>イレレヴァント |
| 無関心 | indiferença *f.*,<br>　　　　　desinteresse *m.*<br>インヂフェレンサ, デズィンテレッスィ | indifference<br>インディファレンス |
| 向き | direção *f.*<br>ヂレサォン | direction<br>ディレクション |
| …～の | próprio para<br>プロプリオ パラ | for<br>フォー |
| 麦 | trigo *m.*<br>トリーゴ | wheat<br>ホウィート |
| （大麦） | cevada *f.*<br>セヴァーダ | barley<br>バーリ |

| 日 | 葡 | 英 |
|---|---|---|
| 無期限の むきげん | sem prazo セィン プラーゾ | indefinite インデフィニット |
| 剥き出しの む だ | nu, descoberto, exposto ヌー, デスコベルト, エスポスト | bare, naked ベア, ネイキド |
| 無期懲役 むきちょうえき | prisão perpétua *f.* プリザォン ペルペートゥア | life imprisonment ライフ インプリズンメント |
| 無気力な むきりょく | langoroso, inerte, inativo ランゴローゾ, イネルチ, イナチーヴォ | inactive, lazy イナクティヴ, レイズィ |
| 麦藁 むぎわら | palha *f.* パーリャ | straw ストロー |
| 無菌の むきん | asséptico アセピチコ | germ-free ヂャームフリー |
| 向く む | virar ヴィラール | turn *to* ターン |
| （適する） | ser apropriado para セール アプロプリアード パラ | suit スート |
| 剥く む | descascar デスカスカール | peel, pare ピール, ペア |
| 報いる むく | recompensar, retribuir ヘコンペンサール, ヘトリブイール | reward *for* リウォード |
| 無口な むくち | quieto, calado キエット, カラード | taciturn, silent タスィターン, サイレント |
| 椋鳥 むくどり | estorninho *m.* エストルニーニョ | starling スターリング |
| むくむ | ter hidropisia, inchar テール イドロピズィーア, インシャール | swell スウェル |
| 無形の むけい | intangível, imaterial インタンジーヴェウ, イマテリアウ | intangible インタンヂブル |
| 向ける む | virar para, dirigir para ヴィラール パラ, チリヂール パラ | turn *to*, direct *to* ターン, ディレクト |
| 無限の むげん | infinito, sem limite インフィニット, セィン リミッチ | infinite インフィニット |
| 婿 むこ | noivo *m.* ノィヴォ | bridegroom ブライドグルーム |
| 向こう む （向かい側） | o outro lado *m.*, o lado oposto *m.* ウ オゥトロ ラード, ウ ラード オポスト | the opposite side ジ アポズィット サイド |

| 日 | 葡 | 英 |
|---|---|---|
| (の向こうに) | para lá (de), além (de)<br>パラ ラ (ヂ), アレィン (ヂ) | on the opposite side *of*<br>オン ズィー アポズィット サイド |
| (先方) | o outro *m.*<br>ウ オゥトロ | the other party<br>ジ アザ パーティ |
| むこう<br>無効 | nulidade *f.*<br>ヌリダーヂ | invalidity<br>インヴァリディティ |
| ～の | nulo, inválido<br>ヌーロ, インヴァリド | invalid<br>インヴァリド |
| む こう ずね<br>向こう脛 | canela *f.*<br>カネーラ | shin<br>シン |
| む こう み<br>向こう見ずな | atrevido, ousado<br>アトレヴィード, オゥザード | reckless<br>レクレス |
| むこくせき<br>無国籍の | desnacionalizado, apátrida<br>デズナスィオナリザード, アパトリダ | stateless<br>ステイトレス |
| むごん<br>無言 | silêncio *m.*, mudez *f.*<br>スィレンスィオ, ムデース | silence<br>サイレンス |
| むざい<br>無罪 | inocência *f.*<br>イノセンスィア | innocence<br>イノセンス |
| むざん<br>無惨な | cruel, horrível<br>クルエウ, オヒーヴェウ | miserable, cruel<br>ミザラブル, クルーエル |
| (悲惨な) | trágico<br>トラジコ | tragic<br>トラヂク |
| むし<br>虫 | inseto *m.*<br>インセット | insect<br>インセクト |
| (みみずなど) | verme *m.*<br>ヴェルミ | worm<br>ワーム |
| むじ<br>無地の | liso, sem estampa<br>リーゾ, セィン エスタンパ | plain<br>プレイン |
| む あつ<br>蒸し暑い | abafado, sufocante<br>アバファード, スフォカンチ | sultry<br>サルトリ |
| むし<br>無視する | ignorar, não fazer caso<br>イギノラール, ナォン ファゼール カーゾ | ignore<br>イグノー |
| むじつ<br>無実の | inocente<br>イノセンチ | innocent<br>イノセント |
| むしば<br>虫歯 | cárie *f.*<br>カリイ | decayed tooth<br>ディケイド トゥース |
| むしば<br>蝕む | carcomer, roer<br>カルコメール, ホエール | eat<br>イート |

| 日 | 葡 | 英 |
|---|---|---|
| (害する) | corroer, danificar<br>コホエール, ダニフィカール | spoil, affect<br>スポイル, アフェクト |
| むじひ<br>無慈悲な | cruel, impiedoso<br>クルエウ, インピエドーゾ | merciless<br>マースィレス |
| むしめがね<br>虫眼鏡 | lupa f., lente de aumento f.<br>ルッパ, レンチ ヂ アウメント | magnifying glass<br>マグニファイイング グラス |
| むじゃきな<br>無邪気な | ingênuo<br>インジェーヌオ | innocent<br>イノセント |
| むじゅん<br>矛盾 | contradição f.<br>コントラヂサォン | contradiction<br>カントラディクション |
| ～する | contradizer-se<br>コントラヂゼールスィ | be inconsistent *with*<br>ビ インコンスィステント |
| むしょうの<br>無償の | gratuito, voluntário<br>グラトゥイト, ヴォルンターリオ | gratis, voluntary<br>グラティス, ヴァランテリ |
| むじょう<br>無常 | mutabilidade f.,<br>　　　　inestabilidade f.<br>ムタビリダーヂ, イネスタビリダーヂ | mutability<br>ミュータビリティ |
| むじょうな<br>無情な | sem coração, desumano<br>セィン コラサォン, デズマーノ | heartless, cold<br>ハートレス, コウルド |
| むじょうけんの<br>無条件の | incondicional<br>インコンヂスィオナウ | unconditional<br>アンコンディショナル |
| むしょくの<br>無色の | incolor<br>インコロール | colorless<br>カラレス |
| むしょくの<br>無職の | desempregado,<br>　　　　sem emprego<br>デゼンプレガード, セィン エンプレーゴ | without occupation<br>ウィザウト アキュペイション |
| むしる<br>毟る | arrancar<br>アハンカール | pluck, pick<br>プラク, ピク |
| むし<br>寧ろ | pelo contrário, antes<br>ペロ コントラーリオ, アンチス | rather *than*<br>ラザ |
| むしんに<br>無心に | inocentemente,<br>　　　　ingenuamente<br>イノセンチメンチ, インジェヌアメンチ | innocently<br>イノセントリ |
| むしんけいな<br>無神経な | insensível, indelicado<br>インセンスィーヴェウ, インデリカード | insensible<br>インセンスィブル |
| むじんぞうの<br>無尽蔵の | inesgotável<br>イネズゴターヴェウ | inexhaustible<br>イニグゾースティブル |
| むしんろん<br>無神論 | ateísmo m.<br>アテイズモ | atheism<br>エイスィイズム |

む

| 日 | 葡 | 英 |
|---|---|---|
| 蒸す | cozinhar a vapor<br>コズィニャール ア ヴァポール | steam<br>スティーム |
| 無数の | inumerável, inúmero<br>イヌメラーヴェウ, イヌメロ | innumerable<br>イニューマラブル |
| 難しい | difícil<br>ヂフィースィウ | difficult, hard<br>ディフィカルト, ハード |
| 息子 | filho *m.*<br>フィーリョ | son<br>サン |
| 結び付く | atar-se, unir-se<br>アタールスィ, ウニールスィ | be tied up *with*<br>ビ タイド アプ |
| （関係し合う） | ligar-se, associar-se, relacionar-se<br>リガールスィ, アソスィアールスィ, ヘラスィオナールスィ | be linked (up) *with*<br>ビ リンクト (アプ) |
| 結び目 | nó *m.*<br>ノ | knot<br>ナト |
| 結ぶ | dar um nó<br>ダール ウン ノ | tie, bind<br>タイ, バインド |
| （繋ぐ） | atar, unir<br>アタール, ウニール | link *with*<br>リンク |
| （契約を） | firmar<br>フィルマール | make, conclude<br>メイク, カンクルード |
| 娘 | filha *f.*<br>フィーリャ | daughter<br>ドータ |
| 無制限の | sem limite<br>セィン リミッチ | free, unrestricted<br>フリー, アンリストリクティド |
| 無責任な | irresponsável<br>イヘスポンサーヴェウ | irresponsible<br>イリスパンスィブル |
| 噎せる | engasgar<br>エンガズガール | be choked *by, with*<br>ビ チョウクト |
| 無線 | sem fios<br>セィン フィーオス | wireless<br>ワイアレス |
| 無駄 | desperdício *m.*<br>デスペルヂッスィオ | waste<br>ウェイスト |
| （無益） | inutilidade *f.*<br>イヌチリダーヂ | uselessness<br>ユースレスネス |
| 〜な | inútil<br>イヌッチウ | useless, futile<br>ユースレス, フューティル |
| 無駄骨を折る | cansar-se inutilmente<br>カンサールスィ イヌチウメンチ | make vain efforts<br>メイク ヴェイン エファツ |

| 日 | 葡 | 英 |
|---|---|---|
| むだん<br>無断で | sem avisar, sem permissão<br>セィン アヴィザール, セィン ペルミサォン | without notice<br>ウィザウト ノウティス |
| むたんぽ<br>無担保で | sem caução, sem fiança<br>セィン カゥサォン, セィン フィアンサ | without security<br>ウィザウト スィキュアリティ |
| むち<br>無知な | ignorante<br>イギノランチ | ignorant<br>イグノラント |
| むちゃ<br>無茶な | exorbitante, absurdo<br>エゾルビタンチ, アビスルド | unreasonable<br>アンリーズナブル |
| むちゅう<br>夢中である | estar absorto em<br>エスタール アビソルト エィン | be absorbed *in*<br>ビ アブソーブド |
| むてんか<br>無添加の | sem aditivos<br>セィン アヂチーヴォス | additive-free<br>アディティヴフリー |
| むとんちゃく<br>無頓着な | despreocupado, indiferente<br>ヂスプレオクパード, インヂフェレンチ | indifferent<br>インディファレント |
| むな<br>虚[空]しい | oco, vão<br>オッコ, ヴァォン | empty, vain<br>エンプティ, ヴェイン |
| （無駄な） | inútil<br>イヌッチウ | fruitless<br>フルートレス |
| （はかない） | efêmero, fugaz<br>エフェメロ, フガィス | fugitive<br>フューヂティヴ |
| むね<br>胸 | peito *m.*<br>ペィト | the breast, the chest<br>ザ ブレスト, ザ チェスト |
| ～焼け | azia *f.*<br>アズィーア | heartburn<br>ハートバーン |
| むのう<br>無能な | incapaz, incompetente<br>インカパィス, インコンペテンチ | incompetent<br>インカンピテント |
| むのうやく<br>無農薬の | sem inseticida<br>セィン インセチスィーダ | organic<br>オーギャニク |
| むふんべつ<br>無分別な | *i*mprudente, sem juízo<br>インプルデンチ, セィン ジュイーゾ | imprudent<br>インプルーデント |
| むほう<br>無法な | injusto<br>インジュスト | unjust, unlawful<br>アンヂャスト, アンローフル |
| （乱暴な） | brutal<br>ブルタゥ | outrageous<br>アウトレイヂャス |
| むぼう<br>無謀な | imprudente<br>インプルデンチ | reckless<br>レクレス |
| むほん<br>謀叛 | rebelião *f.*, revolta *f.*<br>ヘベリアォン, ヘヴォウタ | rebellion<br>リベリオン |

| 日 | 葡 | 英 |
|---|---|---|
| 無名の（むめい） | anônimo<br>アノニモ | nameless, unknown<br>ネイムレス, アンノウン |
| 夢遊病（むゆうびょう） | sonambulismo m.<br>ソナンブリズモ | somnambulism<br>サムナンビュリズム |
| 村（むら） | vila f.<br>ヴィーラ | village<br>ヴィリヂ |
| 群がる（むら） | aglomerar-se<br>アグロメラールスィ | crowd, flock<br>クラウド, フラク |
| 紫（むらさき） | roxo m., violeta f.<br>ホッショ, ヴィオレッタ | purple, violet<br>パープル, ヴァイオレト |
| 無理な（むり） | irrazoável, irracional<br>イハゾアーヴェウ, イハスィオナウ | unreasonable<br>アンリーズナブル |
| （不可能） | impossível, inadmissível<br>インポスィーヴェウ, イナヂミスィーヴェウ | impossible<br>インパスィブル |
| 無料の（むりょう） | grátis, gratuito, de graça<br>グラッチス, グラトゥィト, チ グラッサ | free<br>フリー |
| 無力な（むりょく） | impotente<br>インポテンチ | powerless<br>パウアレス |
| 群（むれ） | | |
| （群集） | aglomeração f., multidão f.<br>アグロメラサォン, ムウチダォン | throng, multitude<br>スローング, マルティテュード |
| （家畜） | rebanho m.<br>ヘバーニョ | herd<br>ハード |
| （鳥） | bando m.<br>バンド | flock<br>フラク |
| （魚） | cardume m.<br>カルドゥーミ | school, shoal<br>スクール, ショウル |

## め, メ

| 日 | 葡 | 英 |
|---|---|---|
| 芽（め） | broto m.<br>ブロット | bud<br>バド |
| 目（め） | olho m.<br>オーリョ | eye<br>アイ |
| 目当て（めあ） | objetivo m., alvo m.<br>オビジェチーヴォ, アウヴォ | aim<br>エイム |
| （目印） | guia m.<br>ギーア | guide<br>ガイド |

| 日 | 葡 | 英 |
|---|---|---|
| めい<br>姪 | sobrinha *f.*<br>ソブリーニャ | niece<br>ニース |
| めいあん<br>名案 | boa idéia *f.*<br>ボーア イディア | good idea<br>グド アイディーア |
| めいおうせい<br>冥王星 | Plutão *m.*<br>プルタォン | Pluto<br>プルートウ |
| めいかいな<br>明快な | claro, lúcido, inequívoco<br>クラーロ, ルスィド, イネキヴォコ | clear, lucid<br>クリア, ルースィド |
| めいかくな<br>明確な | claro, preciso, exato<br>クラーロ, プレスィーゾ, エザット | clear, accurate<br>クリア, アキュレト |
| めいがら<br>銘柄 | título (de bolsa)<br>チトゥロ (チ ボウサ) | brand, description<br>ブランド, ディスクリプション |
| めいぎ<br>名義 | nome *m.*, título *m.*<br>ノーミ, チトゥロ | name<br>ネイム |
| めいさい<br>明細 | detalhe *m.*<br>デターリィ | details<br>ディーテイルズ |
| めいさく<br>名作 | obra-prima *f.*<br>オーブラ プリーマ | masterpiece<br>マスタピース |
| めいし<br>名刺 | cartão de visita *m.*<br>カルタォン チ ヴィズィッタ | visiting card<br>ヴィズィティング カード |
| めいし<br>名詞 | substantivo *m.*<br>スビスタンチーヴォ | noun<br>ナウン |
| めいしょ<br>名所 | lugar famoso *m.*,<br>　　ponto turístico *m.*<br>ルガール ファモーゾ, ポント トゥリスチコ | noted place<br>ノウティド プレイス |
| めいしょう<br>名称 | nome *m.*<br>ノーミ | name, appellation<br>ネイム, アペレイション |
| めいじる<br>命じる | ordenar, mandar<br>オルデナール, マンダール | order<br>オーダ |
| めいしん<br>迷信 | superstição *f.*<br>スペルスチサォン | superstition<br>スーパスティション |
| めいじん<br>名人 | mestre *m.f.*, perito *m.*,<br>　　　　*expert m.f.*<br>メストリ, ペリット, エキスペルト | master, expert<br>マスタ, エクスパート |
| めいせい<br>名声 | reputação *f.*, fama *f.*,<br>　　renome *m.*<br>ヘプタサォン, ファーマ, ヘノーミ | fame, reputation<br>フェイム, レピュテイション |

| 日 | 葡 | 英 |
|---|---|---|
| めいそう<br>瞑想 | meditação f.<br>メヂタサオン | meditation<br>メディテイション |
| めいだい<br>命題 | proposição f.<br>プロポズィサオン | proposition<br>プラポズィション |
| めいちゅう<br>命中する | acertar no alvo<br>アセルタール ノ アウヴォ | hit<br>ヒト |
| めいはく<br>明白な | claro, evidente<br>クラーロ, エヴィデンチ | clear, evident<br>クリア, エヴィデント |
| めいぶつ<br>名物 | produto famoso m.<br>プロドゥット ファモーゾ | special product<br>スペシャル プラダクト |
| めいぼ<br>名簿 | lista de nomes f.<br>リスタ ヂ ノーミス | list of names<br>リスト オヴ ネイムズ |
| めいめい<br>銘々 | cada um, respectivo<br>カーダ ウン, ヘスペキチーヴォ | each, everyone<br>イーチ, エヴリワン |
| めいよ<br>名誉 | honra f.<br>オンハ | honor<br>アナ |
| 〜毀損 | difamação f., calúnia f.<br>ヂファマサオン, カルーニア | libel, slander<br>ライベル, スランダ |
| めいりょう<br>明瞭な | claro, inequívoco<br>クラーロ, イネキヴォコ | clear, plain<br>クリア, プレイン |
| めい<br>滅入る | ficar deprimido<br>フィカール デプリミード | feel depressed<br>フィール ディプレスト |
| めいれい<br>命令 | ordem f.<br>オルデイン | order, command<br>オーダ, カマンド |
| 〜する | ordenar, dar ordem<br>オルデナール, ダール オルデイン | order<br>オーダ |
| めいろ<br>迷路 | labirinto m.<br>ラビリント | maze<br>メイズ |
| めいろう<br>明朗な | alegre<br>アレーグリ | cheerful, bright<br>チアフル, ブライト |
| めいわく<br>迷惑 | incomodidade f., incômodo m.<br>インコモヂダーチ, インコモド | trouble, nuisance<br>トラブル, ニューサンス |
| 〜する | ser incomodado<br>セール インコモダード | be troubled *with, by*<br>ビ トラブルド |
| 〜をかける | incomodar<br>インコモダール | trouble, bother<br>トラブル, バザ |
| メーカー | fabricante m.<br>ファブリカンチ | maker<br>メイカ |

| 日 | 葡 | 英 |
|---|---|---|
| メーキャップ | maquilagem *f.*<br>マキラージェィン | makeup<br>メイカプ |
| メーター | medidor *m.*<br>メヂドール | meter<br>ミータ |
| （タクシーの） | taxímetro *m.*<br>タクスィメトロ | taximeter<br>タクスィミータ |
| メートル | metro *m.*<br>メトロ | meter<br>ミータ |
| 〜法 | sistema métrico *m.*<br>スィステーマ メトリコ | the metric system<br>ザ メトリク スィスティム |
| メールアドレス | endereço eletrônico *m.*<br>エンデレッソ エレトロニコ | e-mail address<br>イーメイル アドレス |
| 目隠し | venda *f.*<br>ヴェンダ | blindfold<br>ブラインドフォウルド |
| 目が覚める | acordar<br>アコルダール | wake up<br>ウェイク アプ |
| 目方 | peso *m.*<br>ペーゾ | weight<br>ウェイト |
| メカニズム | mecanismo *m.*<br>メカニズモ | mechanism<br>メカニズム |
| 眼鏡 | óculos *m.pl.*<br>オクロス | glasses<br>グラスィズ |
| メガヘルツ | megahertz *m.*<br>メガヘーツ | megahertz<br>メガハーツ |
| メガホン | megafone *m.*<br>メガフォーニ | megaphone<br>メガフォウン |
| 女神 | deusa *f.*<br>デゥザ | goddess<br>ガデス |
| 芽キャベツ | couve-de-bruxelas *f.*<br>コゥヴィ チ ブルシェーラス | Brussels sprouts<br>ブラスルズ スプラウツ |
| 目薬 | colírio *m.*<br>コリーリオ | eye lotion<br>アイ ロウション |
| 目配せ | piscadela *f.*<br>ピスカデーラ | wink<br>ウィンク |
| 恵まれる | ser dotado de, ser rico em<br>セール ドタード チ, セール ヒッコ エィン | be blessed *with*<br>ビ ブレスィド |
| 恵み<br>　（天の） | graça *f.*<br>グラッサ | blessing<br>ブレスィング |

| 日 | 葡 | 英 |
|---|---|---|
| (恩恵) | favor *m.*, benevolência *f.*<br>ファヴォール, ベネヴォレンスィア | favor<br>フェイヴァ |
| 巡らす | cercar, circundar, rodear<br>セルカール, スィルクンダール, ホデアール | surround<br>サラウンド |
| 捲る | virar<br>ヴィラール | turn over<br>ターン オウヴァ |
| 巡る | percorrer<br>ペルコヘール | travel around<br>トラヴル アラウンド |
| 目指す | visar, ter como objetivo<br>ヴィザール, テール コモ オビジェチーヴォ | aim *at*<br>エイム |
| 目覚ましい | notável<br>ノターヴェウ | remarkable<br>リマーカブル |
| 目覚まし時計 | despertador *m.*<br>ヂスペルタドール | alarm clock<br>アラーム クラク |
| 目覚める | acordar, despertar<br>アコルダール, ヂスペルタール | awake<br>アウェイク |
| 飯 | | |
| (食糧) | comida *f.*<br>コミーダ | food<br>フード |
| (食事) | refeição *f.*<br>ヘフェイサォン | meal<br>ミール |
| (米飯) | arroz *m.*<br>アホィス | rice<br>ライス |
| 雌蕊 | pistilo *m.*<br>ピスチーロ | pistil<br>ピスティル |
| 目印 | marca *f.*, sinal *m.*<br>マルカ, スィナウ | sign, mark<br>サイン, マーク |
| 雌 | fêmea *f.*<br>フェーミア | female<br>フィーメイル |
| 珍しい | raro<br>ハーロ | rare<br>レア |
| (目新しい) | novo<br>ノーヴォ | novel<br>ナヴェル |
| (結構な) | precioso<br>プレスィオーゾ | nice<br>ナイス |
| 目立つ | destacar-se, chamar a atenção<br>ヂスタカールスィ, シャマール ア アテンサォン | be conspicuous<br>ビ カンスピキュアス |

| 日 | 葡 | 英 |
|---|---|---|
| 目玉（めだま） | globo ocular *m.*<br>グローボ オクラール | eyeball<br>アイボール |
| 〜商品 | chamariz *m.*<br>シャマリース | loss leader<br>ロス リーダ |
| 〜焼き | ovo frito *m.*<br>オーヴォ フリット | sunny-side up<br>サニサイド アプ |
| メダル | medalha *f.*<br>メダーリャ | medal<br>メドル |
| メタン | metano *m.*<br>メターノ | methane<br>メセイン |
| 滅茶苦茶な（めちゃくちゃな） | absurdo, insensato<br>アビスルド, インセンサット | absurd<br>アブサード |
| （支離滅裂な） | incoerente<br>インコエレンチ | incoherent<br>インコウヒアレント |
| （混乱） | desorganizado, confuso<br>デゾルガニザード, コンフーゾ | confused<br>コンフューズド |
| メチルアルコール | álcool metílico *m.*<br>アウコオウ メチリコ | methyl alcohol<br>メスィル アルコホル |
| 鍍金（めっき） | revestimento *m.*, banho *m.*<br>ヘヴェスチメント, バーニョ | plating<br>プレイティング |
| 〜する | revestir<br>ヘヴェスチール | plate, gild<br>プレイト, ギルド |
| 目付き（めつき） | olhar *m.*, expressão dos olhos *f.*<br>オリャール, エスプレサォン ドズ オーリョス | eyes, look<br>アイズ, ルク |
| メッセージ | mensagem *f.*<br>メンサージェイン | message<br>メスィヂ |
| メッセンジャー | mensageiro *m.*<br>メンサジェィロ | messenger<br>メスィンヂャ |
| 滅多に（めったに） | raramente<br>ハラメンチ | seldom, rarely<br>セルドム, レアリ |
| 滅亡（めつぼう） | extinção *f.*<br>エスチンサォン | ruin, destruction<br>ルーイン, ディストラクション |
| 〜する | extinguir-se<br>エスチンギールスィ | be ruined<br>ビ ルーインド |
| メディア | mídia *f.*<br>ミーヂア | media<br>ミーディア |
| 目出度い（めでたい） | feliz<br>フェリース | good, happy<br>グド, ハピ |

め

| 日 | 葡 | 英 |
|---|---|---|
| 目処 (めど) | perspectiva *f.*, meta *f.*<br>ペルスペキチーヴァ, メッタ | prospect<br>プラスペクト |
| メドレー | *pot-pourri m.*<br>ポプヒ | medley<br>メドリ |
| メニュー | cardápio *m.*, menu *m.*<br>カルダッピオ, メヌ | menu<br>メニュー |
| 瑪瑙 (めのう) | ágata *f.*<br>アガタ | agate<br>アゲト |
| 芽生え (めばえ) | germinação *f.*<br>ジェルミナサォン | sprout<br>スプラウト |
| 芽生える (めばえる) | brotar, germinar<br>ブロタール, ジェルミナール | sprout<br>スプラウト |
| 目眩い (めまい) | vertigem *f.*, tontura *f.*<br>ヴェルチージェイン, トントゥーラ | dizziness<br>ディズィネス |
| 〜がする | ter vertigens, ficar tonto<br>テール ヴェルチージェインス, フィカール トント | be dizzy<br>ビ ディズィ |
| 目まぐるしい (めまぐるしい) | vertiginoso<br>ヴェルチジノーゾ | bewildering, rapid<br>ビウィルダリング, ラピド |
| メモ | memorando *m.*<br>メモランド | memo<br>メモウ |
| 目盛り (めもり) | graduação *f.*, escala *f.*<br>グラドゥアサォン, エスカーラ | graduation<br>グラヂュエイション |
| メモリー | memória *f.*<br>メモーリア | memory<br>メモリ |
| 目安 (めやす) | ponto de referência *m.*, meta *f.*<br>ポント チ ヘフェレンスィア, メッタ | standard, aim<br>スタンダド, エイム |
| 目脂 (めやに) | remela *f.*<br>ヘメーラ | eye mucus<br>アイ ミューカス |
| メリーゴーラウンド | carrossel *m.*<br>カホセウ | merry-go-round<br>メリゴウラウンド |
| メリケン粉 (メリケンこ) | farinha de trigo *f.*<br>ファリーニャ チ トリーゴ | flour<br>フラウア |
| 減り込む (めりこむ) | afundar-se<br>アフンダールスィ | sink *into*<br>スィンク |
| メリット | vantagem *f.*<br>ヴァンタージェイン | merit<br>メリト |

| 日 | 葡 | 英 |
|---|---|---|
| メルヘン | conto de fadas *m.*<br>コント ヂ ファーダス | fairy tale<br>フェアリ テイル |
| メレンゲ | merengue *m.*<br>メレンギ | meringue<br>メラング |
| メロディー | melodia *f.*<br>メロヂーア | melody<br>メロディ |
| メロドラマ | melodrama *m.*<br>メロドラーマ | melodrama<br>メロドラーマ |
| メロン | melão *m.*<br>メラォン | melon<br>メロン |
| め<br>芽を出す | brotar, germinar<br>ブロタール, ジェルミナール | bud<br>バド |
| めん<br>綿 | algodão *m.*<br>アウゴダォン | cotton<br>カトン |
| めん<br>面 | máscara *f.*<br>マスカラ | mask<br>マスク |
| （表面） | face *f.*<br>ファッスィ | the face<br>ザ フェイス |
| （側面） | lado *m.*, aspecto *m.*<br>ラード, アスペクト | aspect, side<br>アスペクト, サイド |
| めんえき<br>免疫 | imunidade *f.*<br>イムニダーヂ | immunity<br>イミューニティ |
| めんかい<br>面会 | entrevista *f.*, visita *f.*<br>エントレヴィスタ, ヴィズィッタ | interview<br>インタヴュー |
| 〜する | visitar, encontrar<br>ヴィズィタール, エンコントラール | meet, see<br>ミート, スィー |
| めんきょ<br>免許 | licença *f.*, certificado *m.*<br>リセンサ, セルチフィカード | license<br>ライセンス |
| 〜証 | licença *f.*<br>リセンサ | license<br>ライセンス |
| めんく<br>面食らう | ficar desconcertado<br>フィカール ヂスコンセルタード | be bewildered<br>ビ ビウィルダド |
| めんしき<br>面識 | conhecimento pessoal *m.*<br>コニェスィメント ペソワウ | acquaintance<br>アクウェインタンス |
| めんじょう<br>免状 | diploma *m.*, licença *f.*<br>ヂプローマ, リセンサ | diploma, license<br>ディプロウマ, ライセンス |
| めんじょ<br>免除する | dispensar, isentar<br>ヂスペンサール, イゼンタール | exempt<br>イグゼンプト |

| 日 | 葡 | 英 |
|---|---|---|
| メンス | menstruação f. <br> メンストルァサォン | period <br> ピアリオド |
| 面する | dar para <br> ダール パラ | face, look <br> フェイス, ルク |
| 免税 | isenção de imposto f. <br> イゼンサォン ヂ インポスト | tax exemption <br> タクス イグゼンプション |
| ～店 | *free shop* m. <br> フリー ショッピ | duty-free shop <br> デューティフリー シャプ |
| ～品 | artigos isentos de imposto m.pl. <br> アルチーゴス イゼントズ ヂ インポスト | tax-free articles <br> タクスフリー アーティクルズ |
| 面積 | área f., superfície f. <br> アーリア, スペルフィースィイ | area <br> エアリア |
| 面接 | entrevista f. <br> エントレヴィスタ | interview <br> インタヴュー |
| メンテナンス | manutenção f. <br> マヌテンサォン | maintenance <br> メインテナンス |
| 面倒な | difícil, incômodo, complicado <br> ヂフィースィウ, インコモド, コンプリカード | troublesome, difficult <br> トラブルサム, ディフィカルト |
| 雌鳥 | galinha f. <br> ガリーニャ | hen <br> ヘン |
| メンバー | membro m. <br> メンブロ | member <br> メンバ |
| 綿密な | meticuloso, minucioso <br> メチクローゾ, ミヌスィオーゾ | close, minute <br> クロウス, マイニュート |
| 面目 | honra f. <br> オンハ | honor, credit <br> アナ, クレディト |
| 麺類 | macarrão m. <br> マカハォン | noodles <br> ヌードルズ |

# も, モ

| 日 | 葡 | 英 |
|---|---|---|
| 喪 | luto m. <br> ルット | mourning <br> モーニング |
| もう | já <br> ジャ | now <br> ナウ |
| （既に） | já <br> ジャ | already <br> オールレディ |
| （まもなく） | daqui a pouco <br> ダキ ア ポゥコ | soon <br> スーン |

| 日 | 葡 | 英 |
|---|---|---|
| もう<br>儲かる | ser rentável, ser lucrativo<br>セール ヘンターヴェウ, セール ルクラチーヴォ | be profitable<br>ビ プラフィタブル |
| もう<br>儲け | lucro *m.*<br>ルックロ | profit, gains<br>プラフィト, ゲインズ |
| もう<br>儲ける | ganhar dinheiro<br>ガニャール ヂニェィロ | make a profit, gain<br>メイク ア プラフィト, ゲイン |
| もう あ<br>申し合わせ | acordo *m.*, combinação *f.*<br>アコルド, コンビナサォン | agreement<br>アグリーメント |
| もう い<br>申し入れ | proposta *f.*<br>プロポスタ | proposition<br>プラポズィション |
| もう こ<br>申し込み | pedido *m.*, requerimento *m.*<br>ペヂード, ヘケリメント | request *for*<br>リクウェスト |
| （応募の） | inscrição *f.*<br>インスクリサォン | subscription<br>サブスクリプション |
| もう こ<br>申し込む | pedir, solicitar, requerer<br>ペヂール, ソリスィタール, ヘケレール | apply *for, to*<br>アプライ |
| （予約などを） | inscrever-se<br>インスクレヴェールスィ | book, subscribe<br>ブク, サブスクライブ |
| もう た<br>申し立てる | declarar, alegar, requerer<br>デクララール, アレガール, ヘケレール | state, allege<br>ステイト, アレヂ |
| もう で<br>申し出る | propor, declarar, manifestar<br>プロポール, デクララール, マニフェスタール | offer, propose<br>オファ, プロポウズ |
| もうじゅう<br>猛獣 | animal feroz *m.*<br>アニマウ フェロィス | fierce animal<br>フィアス アニマル |
| もうしん<br>盲信する | confiar cegamente<br>コンフィアール セガメンチ | believe blindly<br>ビリーヴ ブラインドリ |
| もうすぐ | logo, em breve<br>ローゴ, エィン ブレーヴィ | soon<br>スーン |
| もうぜん<br>猛然と | ferozmente, violentamente<br>フェロズメンチ, ヴィオレンタメンチ | fiercely<br>フィアスリ |
| もうそう<br>妄想 | obsessão *f.*<br>オビセサォン | delusion<br>ディルージョン |
| もうどうけん<br>盲導犬 | cão-guia *m.*<br>カォン ギーア | seeing-eye dog<br>スィーイングアイ ドーグ |
| もうどく<br>猛毒 | veneno mortífero *m.*<br>ヴェネーノ モルチフェロ | deadly poison<br>デドリ ポイズン |
| もうふ<br>毛布 | cobertor *m.*, manta *f.*<br>コベルトール, マンタ | blanket<br>ブランケト |

| 日 | 葡 | 英 |
|---|---|---|
| 網膜（もうまく） | retina f. <br> ヘチーナ | retina <br> レティナ |
| 盲目の（もうもくの） | cego <br> セーゴ | blind <br> ブラインド |
| 猛烈な（もうれつな） | intenso, violento, furioso <br> インテンソ, ヴィオレント, フリオーゾ | violent, furious <br> ヴァイオレント, フュアリアス |
| 朦朧とした（もうろうとした） | atordoado <br> アトルドアード | dim, indistinct <br> ディム, インディスティンクト |
| （意識） | tonto, ter consciência confusa <br> トント, テール コンスィエンスィア コンフーザ | fuzzy <br> ファズィ |
| （記憶） | vago <br> ヴァーゴ | vague <br> ヴェイグ |
| 燃え尽きる（もえつきる） | queimar-se completamente <br> ケィマールスィ コンプレタメンチ | burn out <br> バーン ナウト |
| 燃える（もえる） | pegar fogo <br> ペガール フォーゴ | burn, blaze <br> バーン, ブレイズ |
| モーター | motor elétrico m. <br> モトール エレトリコ | motor <br> モウタ |
| 〜ボート | barco a motor m. <br> バルコ ア モトール | motorboat <br> モウタボウト |
| モード | moda f. <br> モーダ | fashion <br> ファション |
| もがく | contorcer-se, debater-se <br> コントルセールスィ, デバテールスィ | struggle, writhe <br> ストラグル, ライズ |
| 目撃（もくげき） | | |
| 〜者 | testemunha ocular f. <br> テステムーニャ オクラール | eyewitness <br> アイウィトネス |
| 〜する | testemunha f. <br> テステムーニャ | see, witness <br> スィー, ウィトネス |
| 木材（もくざい） | madeira f. <br> マデイラ | wood, lumber <br> ウド, ランバ |
| 目次（もくじ） | sumário m. <br> スマーリオ | contents <br> カンテンツ |
| 木星（もくせい） | Júpiter m. <br> ジュピテル | Jupiter <br> チュピタ |
| 木造の（もくぞうの） | de madeira <br> チ マデイラ | wooden <br> ウドン |
| 木炭（もくたん） | carvão m. <br> カルヴァオン | charcoal <br> チャーコウル |

| 日 | 葡 | 英 |
|---|---|---|
| もくちょう<br>木彫 | entalhe *m.*<br>エンターリェ | wood carving<br>ウド カーヴィング |
| もくてき<br>目的 | finalidade *f.*, objetivo *m.*, fim *m.*<br>フィナリダーチ, オビジェチーヴォ, フィン | purpose<br>パーパス |
| ～地 | destino *m.*<br>デスチーノ | destination<br>デスティネイション |
| もくにん<br>黙認する | consentir tacitamente<br>コンセンチール タスィタメンチ | give a tacit consent<br>ギヴ ア タスィト カンセント |
| もくば<br>木馬 | cavalo de madeira *m.*<br>カヴァーロ チ マデイラ | wooden horse<br>ウドン ホース |
| もくはんが<br>木版画 | xilografia *f.*, xilogravura *f.*<br>シログラフィーア, シログラヴーラ | woodcut<br>ウドカト |
| もくひけん<br>黙秘権 | direito de permanecer calado *m.*<br>チレィト チ ペルマネセール カラード | the right of silence<br>ザ ライト オヴ サイレンス |
| もくひょう<br>目標 | alvo *m.*, meta *f.*<br>アウヴォ, メッタ | mark, target<br>マーク, ターゲト |
| もくもく<br>黙々と | em silêncio, caladamente<br>エィン スィレンスィオ, カラダメンチ | silently<br>サイレントリ |
| もくようび<br>木曜日 | quinta-feira *f.*<br>キンタ フェイラ | Thursday<br>サーズディ |
| もぐら<br>土竜 | toupeira *f.*<br>トウペィラ | mole<br>モウル |
| もぐ<br>潜る | mergulhar<br>メルグリャール | dive *into*<br>ダイヴ |
| もくろく<br>目録 | catálogo *m.*<br>カタロゴ | list, catalog<br>リスト, キャタローグ |
| もけい<br>模型 | modelo *m.*<br>モデーロ | model<br>マドル |
| モザイク | mosaico *m.*<br>モザィコ | mosaic<br>モウゼイイク |
| もし | se<br>スィ | if<br>イフ |
| もじ<br>文字 | letra *f.*, caracteres *m.pl.*<br>レトラ, カラクテーリス | letter<br>レタ |
| もしもし | Alô.<br>アロ | Hello!<br>ヘロウ |
| もしゃ<br>模写 | reprodução *f.*, cópia *f.*<br>へプロドゥサォン, コーピア | copy<br>カピ |

| 日 | 葡 | 英 |
|---|---|---|
| モスク | mesquita *f.*<br>メスキッタ | mosque<br>マスク |
| モスリン | musselina *f.*<br>ムセリーナ | muslin<br>マズリン |
| 模造 | imitação *f.*<br>イミタサォン | imitation<br>イミテイション |
| 凭せ掛ける | encostar, apoiar<br>エンコスタール, アポイアール | rest... *against*<br>レスト |
| 齎す | trazer<br>トラゼール | bring<br>ブリング |
| 凭れる | apoiar-se, recostar-se<br>アポイアールスィ, ヘコスタールスィ | lean *on*, against, rest<br>リーン, レスト |
| 持ち上げる | levantar, erguer<br>レヴァンタール, エルゲール | lift, raise<br>リフト, レイズ |
| 持ち味 | sabor natural *m.*<br>サボール ナトゥラウ | peculiar flavor<br>ピキューリア フレイヴァ |
| （特色） | caraterística *f.*<br>カラテリスチカ | characteristic<br>キャラクタリスティク |
| 持ち歩く | levar consigo<br>レヴァール コンスィーゴ | carry about<br>キャリ アバウト |
| 用いる | usar, utilizar<br>ウザール, ウチリザール | use<br>ユーズ |
| 持ち帰る | levar para casa<br>レヴァール パラ カーザ | bring... home<br>ブリング ホウム |
| 持ち堪える | agüentar, suportar<br>アゲンタール, スポルタール | hold on, endure<br>ホウルド オン, インデュア |
| 持ち込む | levar para dentro<br>レヴァール パラ デントロ | carry in<br>キャリ イン |
| 持ち逃げする | roubar e fugir<br>ホウバール イ フジール | go away *with*<br>ゴウ アウェイ |
| 持ち主 | | |
| （男の） | proprietário *m.*, dono *m.*<br>プロプリエタリーオ, ドーノ | owner<br>オウナ |
| （女の） | proprietária *f.*, dona *f.*<br>プロプリエタリーア, ドーナ | owner<br>オウナ |
| 持ち運ぶ | levar consigo, carregar<br>レヴァール コンスィーゴ, カヘガール | carry<br>キャリ |
| 持ち物 | pertences *m.pl.*<br>ペルテンスィス | belongings<br>ビローンギングズ |

| 日 | 葡 | 英 |
|---|---|---|
| (所有物) | propriedade *f.*<br>プロプリエダーヂ | property<br>プラパティ |
| もちろん<br>勿論 | naturalmente, sem dúvida<br>ナトゥラウメンチ, セィン ドゥヴィダ | of course<br>アヴ コース |
| も<br>持つ | | |
| (所有) | ter, possuir<br>テール, ポスイール | have, possess<br>ハヴ, ポゼス |
| (携帯) | levar consigo<br>レヴァール コンスィーゴ | carry (with *one*)<br>キャリ |
| (手に) | segurar, ter na mão<br>セグラール, テール ナ マォン | hold<br>ホウルド |
| (持続する) | durar<br>ドゥラール | last<br>ラスト |
| もっかんがっき<br>木管楽器 | instrumento de sopro de madeira *m.*<br>インストルメント ヂ ソッブロ ヂ マデイラ | the woodwind<br>ザ ウドウィンド |
| もっきん<br>木琴 | xilofone *m.*<br>シロフォーニ | xylophone<br>ザイロフォウン |
| もったい<br>勿体ぶる | dar ares de importância<br>ダール アーリス ヂ インポルタンスィア | give *oneself* airs<br>ギヴ エアズ |
| も い<br>持って行く | levar<br>レヴァール | take, carry<br>テイク, キャリ |
| も く<br>持って来る | trazer<br>トラゼール | bring, fetch<br>ブリング, フェチ |
| もっと | mais<br>マィス | more<br>モー |
| モットー | lema *m.*, mote *m.*, divisa *f.*<br>レーマ, モッチ, ヂヴィーザ | motto<br>マトウ |
| もっと<br>最も | o mais<br>ウ マィス | most<br>モウスト |
| もっと<br>尤もな | razoável, plausível<br>ハゾアーヴェウ, プラウズィーヴェウ | reasonable, natural<br>リーズナブル, ナチュラル |
| もっぱ<br>専ら | | |
| (主に) | principalmente<br>プリンスィパウメンチ | chiefly, mainly<br>チーフリ, メインリ |
| (とくに) | especialmente, exclusivamente<br>エスペスィアウメンチ, エスクルズィヴァメンチ | specially<br>スペシャリ |
| モップ | esfregão *m.*<br>エスフレガォン | mop<br>マプ |

| 日 | 葡 | 英 |
|---|---|---|
| もつれる<br>縺れる | enlaçar-se, entrelaçar-se<br>エンラサールスィ, エントレラサールスィ | be tangled<br>ビ タングルド |
| もてあそ<br>弄ぶ | burlar de<br>ブルラール デ | play *with*<br>プレイ |
| もてな<br>持て成す | acolher, dar boa hospitalidade a<br>アコリェール, ダール ボーア オスピタリダーヂ ア | entertain<br>エンタテイン |
| も はや<br>持て囃す | fazer grande elogio<br>ファゼール グランヂ エロジーオ | talk much *about*<br>トーク マチ |
| モデム | *modem* m.<br>モーディン | modem<br>モウデム |
| も<br>持てる | ser muito cobiçado<br>セール ムィント コビサード | be popular *with*<br>ビ パピュラ |
| モデル | modelo m.f.<br>モデーロ | model<br>マドル |
| 〜チェンジ | mudança de modelo f.<br>ムダンサ ヂ モデーロ | model changeover<br>マドル チェインヂョウヴァ |
| もと<br>元 | origem f. causa f., fonte f.<br>オリージェイン, カウザ, フォンチ | the origin<br>ジ オーリヂン |
| （基礎） | base f.<br>バーズィ | the foundation<br>ザ ファウンデイション |
| もど<br>戻す | devolver, restituir<br>デヴォウヴェール, ヘスチトゥイール | return<br>リターン |
| （吐く） | vomitar<br>ヴォミタール | throw up, vomit<br>スロウ アプ, ヴァミト |
| もとせん<br>元栓 | registro m.<br>ヘジストロ | main cock<br>メイン カク |
| もと<br>基づく | ter origem em, resultar de<br>テール オリージェイン エイン, ヘズウタール デ | come *from*<br>カム |
| （根拠） | basear-se em<br>バゼアールスィ エイン | be based *on*<br>ビ ベイスド |
| もと<br>求める | pedir, solicitar<br>ペヂール, ソリスィタール | want<br>ワント |
| （要求） | requerer, demandar<br>ヘケレール, デマンダール | ask, demand<br>アスク, ディマンド |
| （捜す） | procurar<br>プロクラール | look *for*<br>ルク |
| もともと<br>元々 | | |
| （元来） | originariamente<br>オリジナリアメンチ | originally<br>オリヂナリ |

| 日 | 葡 | 英 |
|---|---|---|
| (生来) | por natureza<br>ポル ナトゥレーザ | by nature<br>バイ ネイチャ |
| (初めから) | desde o começo<br>デスヂ ウ コメッソ | |
| 戻る | voltar, retornar, regressar<br>ヴォウタール, ヘトルナール, ヘグレサール | return, come back<br>リターン, カム バク |
| (引き返す) | voltar, retornar<br>ヴォウタール, ヘトルナール | turn back<br>ターン バク |
| モニター | monitor m.<br>モニトール | monitor<br>マニタ |
| 者 | pessoa f.<br>ペソーア | person<br>パースン |
| 物 | coisa f., objeto m.<br>コィザ, オビジェット | thing, object<br>スィング, アブヂクト |
| 物置 | depósito m., despensa f.<br>デポズィト, デスペンサ | storeroom<br>ストールーム |
| 物音 | ruído m., barulho m.<br>フイード, バルーリョ | noise, sound<br>ノイズ, サウンド |
| 物語 | história f., relato m.<br>イストーリア, ヘラット | story<br>ストーリ |
| モノクロの | monocromo m.<br>モノクローモ | monochrome<br>マノクロウム |
| 物事 | coisas f.pl.<br>コィザス | things<br>スィングズ |
| 物差し | régua f.<br>ヘーグァ | rule, measure<br>ルール, メジャ |
| (基準) | padrão m., critério m.<br>パドラォン, クリテーリオ | standard, criterion<br>スタンダド, クライティアリオン |
| 物知り | sabe-tudo m., sabichão m.<br>サービ トゥード, サビシャォン | learned man<br>ラーニド マン |
| 物好きな | excêntrico<br>エセントリコ | curious<br>キュアリアス |
| 物凄い | terrível, horrível<br>テヒーヴェゥ, オヒーヴェゥ | terrible, horrible<br>テリブル, ホリブル |
| (素晴らしい) | esplêndido<br>エスプレンヂド | wonderful, great<br>ワンダフル, グレイト |
| 物足りない | insatisfatório, insuficiente<br>インサチスファトーリオ, インスフィスィエンチ | be not satisfied *with*<br>ビ ナト サティスファイド |

| 日 | 葡 | 英 |
|---|---|---|
| 物干し | varal *f.* <br> ヴァラウ | clothesline <br> クロウズライン |
| 物真似 | mímica *f.*, imitação *f.* <br> ミミカ, イミタサォン | mimicry <br> ミミクリ |
| モノレール | monotrilho *m.* <br> モノトリーリョ | monorail <br> マノレイル |
| モノローグ | monólogo *m.* <br> モノロゴ | monolog <br> マノログ |
| 物分かりのよい | compreensivo <br> コンプレエンスィーヴォ | sensible <br> センスィブル |
| モバイルの | móbile <br> モービリ | mobile <br> モウビル |
| 模範 | modelo *m.*, exemplo *m.* <br> モデーロ, エゼンプロ | example, model <br> イグザンプル, マドル |
| 喪服 | traje de luto *m.* <br> トラージ チ ルット | mourning dress <br> モーニング ドレス |
| 模倣 | imitação *f.* <br> イミタサォン | imitation <br> イミテイション |
| ～する | imitar <br> イミタール | imitate <br> イミテイト |
| 樅 | abeto *m.* <br> アベット | fir <br> ファー |
| 揉む | fazer massagem em, massagear <br> ファゼール マサージェィン エィン, マサジアール | rub, massage <br> ラブ, マサージュ |
| 揉め事 | problema *m.*, confusão *f.* <br> プロブレーマ, コンフザォン | trouble <br> トラブル |
| 揉める | fazer confusão <br> ファゼール コンフザォン | get into trouble <br> ゲト イントゥ トラブル |
| 木綿 | algodão *m.* <br> アウゴダォン | cotton <br> カトン |
| 股 | coxa *f.* <br> コッシャ | the thigh <br> ザ サイ |
| 桃 | pêssego *m.* <br> ペッスィゴ | peach <br> ピーチ |
| 靄 | névoa *f.*, neblina *f.* <br> ネヴォア, ネブリーナ | haze, mist <br> ヘイズ, ミスト |

| 日 | 葡 | 英 |
|---|---|---|
| 萌やし | broto de feijão *m.* ブロット ヂ フェイジャォン | bean sprout ビーン スプラウト |
| 燃やす | queimar ケィマール | burn バーン |
| 模様 | estampa *f.*, desenho *m.*, figura *f.* エスタンパ, デゼーニョ, フィグーラ | pattern, design パタン, ディザイン |
| （様子） | sinal *m.*, indício *m.* スィナウ, インヂスィオ | air エア |
| 催す | realizar ヘアリザール | hold, give ホゥルド, ギヴ |
| （感じる） | sentir センチール | feel フィール |
| 最寄りの | mais próximo マィス プロスィモ | nearby ニアバイ |
| 貰う | receber, ganhar ヘセベール, ガニャール | get, receive ゲト, リスィーヴ |
| 洩[漏]らす | verter, deixar vazar ヴェルテール, ディシャール ヴァザール | leak リーク |
| （秘密を） | revelar ヘヴェラール | let out, leak レト アウト, リーク |
| モラル | moral *f.* モラウ | morals モラルズ |
| 森 | floresta *f.*, mata *f.*, bosque *m.* フロレスタ, マッタ, ボスキ | woods, forest ウッヅ, フォリスト |
| 盛る | amontoar, empilhar アモントアール, エンピリャール | pile up パイル アプ |
| （食べ物を） | pôr no prato ポール ノ プラット | dish up ディシュ アプ |
| モルタル | argamassa *f.* アルガマッサ | mortar モータ |
| モルヒネ | morfina *f.* モルフィーナ | morphine モーフィーン |
| モルモット | cobaia *f.*, porquinho-da-Índia *m.* コバイア, ポルキーニョ ダ インヂア | guinea pig ギニ ピグ |
| 洩[漏]れる | vazar, verter ヴァザール, ヴェルテール | leak, come through リーク, カム スルー |
| （秘密が） | tornar-se público トルナールスィ プブリコ | leak out リーク アウト |

| 日 | 葡 | 英 |
|---|---|---|
| もろ<br>脆い | frágil<br>フラージゥ | fragile<br>フラヂル |
| もん<br>紋 | brasão de família *m.*<br>ブラザォン ヂ ファミーリア | family crest<br>ファミリ クレスト |
| もん<br>門 | portão *m.*<br>ポルタォン | gate<br>ゲイト |
| もんく<br>文句 | frase *f.*, expressão *f.*<br>フラーズィ, エスプレサォン | expression, phrase<br>イクスプレション, フレイズ |
| （不平） | queixa *f.*, reclamação *f.*<br>ケィシャ, ヘクラマサォン | complaint<br>カンプレイント |
| 〜を言う | queixar-se, reclamar<br>ケィシャールスィ, ヘクラマール | complain<br>コンプレイン |
| もんげん<br>門限 | hora de fechar *f.*<br>オーラ ヂ フェシャール | curfew<br>カーフュー |
| もんしょう<br>紋章 | brasão *m.*<br>ブラザォン | crest<br>クレスト |
| モンタージュ | montagem *f.*<br>モンタージェィン | montage<br>マンタージュ |
| もんだい<br>問題 | pergunta *f.*, questão *f.*<br>ペルグンタ, ケスタォン | question, problem<br>クウェスチョン, プラブレム |
| もんもう<br>文盲 | analfabetismo *m.*<br>アナゥファベチズモ | illiteracy<br>イリタラスィ |

| 日 | 葡 | 英 |
|---|---|---|

## や, ヤ

| 矢 | flecha f., seta f.<br>フレッシャ, セッタ | arrow<br>アロウ |
| 八百長をする | trapacear no jogo<br>トラパセアール ノ ジョーゴ | fix a game<br>フィクス ア ゲイム |
| 八百屋 | quitanda f.<br>キタンダ | vegetable store<br>ヴェヂタブル ストー |
| 野外で | no campo, ao ar livre<br>ノ カンポ, アオ アール リーヴリ | outdoor, open-air<br>アウトドー, オウプンエア |
| やがて | logo, em breve<br>ローゴ, エィン ブレーヴィ | soon<br>スーン |
| (いつか) | algum tempo, um dia<br>アウグン テンポ, ウン チーア | some time<br>サム タイム |
| 喧しい | ruidoso, barulhento<br>フィドーゾ, バルリェント | noisy, clamorous<br>ノイズィ, クラモラス |
| 夜間 | de noite, à noite, durante a noite<br>チ ノィチ, ア ノィチ, ドゥランチ ア ノィチ | night, nighttime<br>ナイト, ナイトタイム |
| 薬缶 | chaleira f.<br>シャレィラ | kettle<br>ケトル |
| 山羊 | | |
| (雄の) | bode m.<br>ボーヂ | goat<br>ゴウト |
| (雌の) | cabra f.<br>カーブラ | goat<br>ゴウト |
| 焼き網 | grelha f.<br>グレーリャ | grill<br>グリル |
| 焼き魚 | peixe assado m.<br>ペィシ アサード | grilled fish<br>グリルド フィシュ |
| 焼き付け | revelação (fotográfica) f.<br>ヘヴェラサォン フォトグラーフィカ | printing<br>プリンティング |
| 焼き肉 | carne assada f.<br>カルニ アサーダ | roast meat<br>ロウスト ミート |
| 焼き増し | cópia fotográfica f.<br>コピア チ フォトグラフィカ | extra print<br>エクストラ プリント |
| 焼き餅を焼く | ter ciúmes<br>テール スィウーミス | be jealous *of*<br>ビ ヂェラス |

| 日 | 葡 | 英 |
|---|---|---|
| 野球(やきゅう) | beisebol *m.* <br> ベイズィボウ | baseball <br> ベイスボール |
| 夜勤(やきん) | trabalho noturno *m.* <br> トラバーリョ ノトゥルノ | night duty <br> ナイト デューティ |
| 焼く(やく) | queimar <br> ケィマール | |
| (肉など) | assar <br> アサール | burn, bake <br> バーン, ベイク |
| 役(やく) | posição *f.*, posto *m.* <br> ポズィサォン, ポスト | post, position <br> ポウスト, ポズィション |
| (任務) | cargo *m.*, serviço *m.* <br> カルゴ, セルヴィッソ | duty, service <br> デューティ, サーヴィス |
| (劇の) | papel *m.*, parte *f.* <br> パペウ, パルチ | part, role <br> パート, ロウル |
| 約(やく) | aproximadamente, mais ou menos <br> アプロスィマダメンチ, マィズ オゥ メーノス | about <br> アバウト |
| 訳(やく) | tradução *f.* <br> トラドゥサォン | translation <br> トランスレイション |
| 役員(やくいん) | executivo *m.* <br> エゼクチーヴォ | officer, official <br> オーフィサ, オフィシャル |
| 薬学(やくがく) | farmácia *f.* <br> ファルマッスィア | pharmacy <br> ファーマスィ |
| やくざ | bandido *m.* <br> バンヂード | gangster, hoodlum <br> ギャングスタ, フードラム |
| 薬剤師(やくざいし) | | |
| (男の) | farmacêutico *m.* <br> ファルマセゥチコ | pharmacist <br> ファーマスィスト |
| (女の) | farmacêutica *f.* <br> ファルマセゥチカ | pharmacist <br> ファーマスィスト |
| 役者(やくしゃ) | | |
| (男の) | ator *m.* <br> アトール | actor <br> アクタ |
| (女の) | atriz *f.* <br> アトリース | actress <br> アクトレス |
| 役所(やくしょ) | repartição pública *f.* <br> ヘパルチサォン プブリカ | public office <br> パブリク オーフィス |
| 躍進する(やくしんする) | avançar rapidamente <br> アヴァンサール ハピダメンチ | make progress <br> メイク プラグレス |

| 日 | 葡 | 英 |
|---|---|---|
| 訳す | traduzir トラドゥズィール | translate *into* トランスレイト |
| 薬草 | ervas medicinais *f.pl.* エルヴァス メヂスィナィス | medicinal herb メディスィナル アーブ |
| 約束 | compromisso *m.*, promessa *f.* コンプロミッソ, プロメッサ | promise プラミス |
| 〜する | prometer プロメテール | promise プラミス |
| 〜手形 | nota promissória *f.* ノッタ プロミソーリア | promissory note プラミソーリ ノゥト |
| 役立つ | ser útil セール ウッチウ | be useful ビ ユースフル |
| 役人 | | |
| （男の） | funcionário público *m.* フンスィオナーリオ プブリコ | government official ガヴァンメント オフィシャル |
| （女の） | funcionária pública *f.* フンスィオナーリア プブリカ | government official ガヴァンメント オフィシャル |
| 薬品 | remédio *m.*, medicamento *m.* ヘメーヂオ, メヂカメント | medicines メディスィンズ |
| 薬味 | cheiro-verde *m.* シェィロ ヴェルヂ | spice スパイス |
| 役目 | dever *m.*, cargo *m.* デヴェール, カルゴ | duty デューティ |
| 役割 | papel *m.*, parte *f.* パペゥ, パルチ | part, role パート, ロゥル |
| 夜景 | vista noturna *f.* ヴィスタ ノトゥルナ | night view ナイト ヴュー |
| 火傷 | queimadura *f.* ケィマドゥーラ | burn バーン |
| 〜する | queimar-se ケィマールスィ | burn, get burned バーン, ゲト バーンド |
| 焼ける | queimar-se ケィマールスィ | be burned ビ バーンド |
| （肉・魚などが） | assar アサール | be roasted, be broiled ビ ロウステド, ビ ブロイルド |
| （肌が） | queimar-se ao sol ケィマールスィ アオ ソウ | tan タン |
| 夜行性の | noturno ノトゥルノ | nocturnal ナクターナル |

| 日 | 葡 | 英 |
|---|---|---|
| 夜光塗料(やこうとりょう) | tinta fosforescente f. チンタ フォスフォレセンチ | luminous paint ルーミナス ペイント |
| 夜行列車(やこうれっしゃ) | trem noturno m. トレイン ノトゥルノ | night train ナイト トレイン |
| 野菜(やさい) | verdura f., legume m. ヴェルドゥーラ, レグーミ | vegetables ヴェヂタブルズ |
| 易(やさ)しい | fácil, simples ファッスィウ, スィンプリス | easy, plain イーズィ, プレイン |
| 優(やさ)しい | carinhoso, amável カリニョーゾ, アマーヴェウ | gentle, kind チェントル, カインド |
| 椰子(やし) | palmeira f., coqueiro m. パウメィラ, コケィロ | palm パーム |
| 〜の実 | coco m. コッコ | coconut コウコナト |
| 野次(やじ) | vaia f. ヴァィア | catcall キャトコール |
| 養(やしな)う | sustentar, alimentar ススステンタール, アリメンタール | support, keep サポート, キープ |
| 野獣(やじゅう) | animal selvagem m. アニマウ セウヴァージェイン | wild beast ワイルド ビースト |
| 野次(やじ)る | vaiar ヴァィアール | hoot, catcall フート, キャトコール |
| 矢印(やじるし) | seta f. セッタ | arrow アロウ |
| 野心(やしん) | ambição f. アンビサォン | ambition アンビション |
| 〜的な | ambicioso アンビスィオーゾ | ambitious アンビシャス |
| 安(やす)い | barato バラット | cheap, inexpensive チープ, イニクスペンスィヴ |
| 易(やす)い | | |
| 〜しやすい | fácil de ファッスィウ ヂ | be apt to ビ アプト |
| 安売(やすう)り | liquidação f. リキダサォン | bargain sale バーギン セイル |
| 安(やす)っぽい | barato バラット | cheap, flashy チープ, フラシ |
| 安値(やすね) | preço baixo m. プレッソ バィショ | low price ロウ プライス |

| 日 | 葡 | 英 |
|---|---|---|
| 休み | descanso *m.*, repouso *m.*<br>デスカンソ, ヘポウゾ | rest<br>レスト |
| （休日） | folga *f.*, feriado *m.*<br>フォウガ, フェリアード | holiday<br>ハリデイ |
| （休暇） | férias *f.pl.*<br>フェリアス | vacation<br>ヴェイケイション |
| 休む | descansar<br>デスカンサール | rest<br>レスト |
| （欠席） | faltar a<br>ファウタール ア | be absent *from*<br>ビ アブセント |

■野菜■ verdura *f.*, legume *m.* /ヴェルドゥーラ, レグーミ/

キャベツ　　repolho /ヘポーリョ/ *m.* (㊊cabbage)
レタス　　alface /アウファッスィ/ *f.* (㊊lettuce)
胡瓜（きゅうり）　pepino /ペピーノ/ *m.* (㊊cucumber)
人参（にんじん）　cenoura /セノウラ/ *f.* (㊊carrot)
ホウレンソウ　　espinafre /エスピナッフリ/ *m.* (㊊spinach)
玉葱（たまねぎ）　cebola /セボーラ/ *f.* (㊊onion)
ニンニク　　alho /アーリョ/ *m.* (㊊garlic)
トマト　　tomate /トマッチ/ *m.* (㊊tomato)
ピーマン　　pimentão /ピメンタォン/ *m.* (㊊green pepper)
アスパラガス　　aspargo /アスパルゴ/ *m.* (㊊asparagus)
茄子（なす）　beringela /ベリンジェーラ/ *f.* (㊊eggplant, aubergine)
カリフラワー　　couve-flor /コウヴィ フロール/ *f.* (㊊cauliflower)
ブロッコリー　　brócolis /ブロコリス/ *m.* (㊊broccoli)
セロリ　　aipo /アイポ/ *m.*, salsão /サウサォン/ *m.* (㊊celery)
パセリ　　salsa /サウサ/ *f.* (㊊parsley)
茸（きのこ）　cogumelo /コグメーロ/ *m.* (㊊mushroom)
ズッキーニ　　abobrinha /アボブリーニャ/ *f.* (㊊zucchini)
カボチャ　　abóbora /アボボラ/ *f.* (㊊pumpkin)
じゃが芋（いも）　batata (inglesa) /バタータ (イングレーザ)/ *f.* (㊊potato)
玉蜀黍（とうもろこし）　milho /ミーリョ/ *m.* (㊊corn)
米（こめ）　arroz /アホイス/ *m.* (㊊rice)
いんげん豆（まめ）　feijão /フェイジャォン/ *m.* (㊊bean)

| 日 | 葡 | 英 |
|---|---|---|
| (休み時間) | fazer uma pausa, fazer um intervalo<br>ファゼール ウマ パウザ, ファゼール ウン インテルヴァーロ | take breath, take a rest<br>テイク ブレス, テイク ア レスト |
| 安らかな | sereno, calmo<br>セレーノ, カウモ | peaceful, quiet<br>ピースフル, クワイアト |
| 安らぎ | paz de espírito *f.*, conforto *m.*<br>パィス チ エスピリト, コンフォルト | peace<br>ピース |
| 鑢 | lima *f.*<br>リーマ | file<br>ファイル |
| 野生の | selvagem<br>セウヴァージェイン | wild<br>ワイルド |
| 痩せた | magro<br>マーグロ | thin, slim<br>スィン, スリム |
| (土地が) | estéril<br>エステーリウ | poor, barren<br>プア, バレン |
| 痩せる | emagrecer<br>エマグレセール | become thin<br>ビカム スィン |
| 野草 | erva silvestre *f.*<br>エルヴァ スィウヴェストリ | wild grass<br>ワイルド グラス |
| 屋台 | *stand m.*<br>スタンヂ | stall, stand<br>ストール, スタンド |
| 家賃 | aluguel *m.*<br>アルゲウ | rent<br>レント |
| 奴 | cara *m.*<br>カーラ | fellow, chap<br>フェロウ, チャプ |
| 厄介な | incômodo, chato<br>インコモド, シャット | troublesome, annoying<br>トラブルサム, アノイイング |
| 薬局 | farmácia *f.*<br>ファルマッスィア | drugstore<br>ドラグストー |
| 遣っ付ける | atacar, arrasar, derrotar<br>アタカール, アハザール, デホタール | beat, defeat<br>ビート, ディフィート |
| (処理) | acabar<br>アカバール | finish, fix<br>フィニシュ, フィクス |
| やっと | enfim, finalmente<br>エィンフィン, フィナウメンチ | at last<br>アト ラスト |
| (かろうじて) | por pouco<br>ポル ポゥコ | barely<br>ベアリ |
| やつれる | emagrecer, ficar abatido<br>エマグレセール, フィカール アバチード | be worn out<br>ビ ウォーン アウト |

| 日 | 葡 | 英 |
|---|---|---|
| 雇い主 | | |
| (男の) | empregador m.<br>エンプレガドール | employer<br>インプロイア |
| (女の) | empregadora f.<br>エンプレガドーラ | employer<br>インプロイア |
| 雇う | empregar, contratar<br>エンプレガール、コントラタール | employ<br>インプロイ |
| 野党 | partido da oposição m.<br>パルチード ダ オポズィサオン | opposition party<br>アポズィション パーティ |
| 宿帳 | livro de registro do hotel m.<br>リーヴロ チ ヘジストロ ド オテウ | hotel register<br>ホウテル レヂスタ |
| 宿屋 | hospedaria f.<br>オスペダリーア | inn, hotel<br>イン、ホウテル |
| 柳 | salgueiro m.<br>サウゲィロ | willow<br>ウィロウ |
| 脂 | resina f.<br>ヘズィーナ | resin<br>レズィン |
| 家主 | proprietário de casa m.<br>プロプリエターリオ ヂ カーザ | the owner of a house<br>ジ オウナ オヴ ア ハウス |
| 屋根 | telhado m.<br>テリャード | roof<br>ルーフ |
| ～裏 | sótão m.<br>ソタォン | garret, attic<br>ギャレト、アティク |
| ～瓦 | telha f.<br>テーリャ | roof tile<br>ルーフ タイル |
| 矢張り | também<br>タンベィン | too, also<br>トゥー、オールソウ |
| (依然として) | todavia, ainda<br>トダヴィーア、アインダ | still<br>スティル |
| (結局) | por fim<br>ポル フィン | after all<br>アフタ オール |
| (思ったとおり) | Como se esperava., Eu sabia.<br>コモ スィ エスペラーヴァ、エゥ サビーア | as expected<br>アズ エクスペクテド |
| 野蛮な | bárbaro, selvagem<br>バルバロ、セウヴァージェイン | barbarous, savage<br>バーバラス、サヴィヂ |
| 藪 | matagal m.<br>マタガウ | bush<br>ブシュ |
| 破る | rasgar<br>ハズガール | tear<br>テア |

| 日 | 葡 | 英 |
|---|---|---|
| 敗る | derrotar<br>デホタール | defeat<br>ディフィート |
| 破れる | rasgar-se<br>ハズガールスィ | be torn<br>ビ トーン |
| 敗れる | ser derrotado<br>セール デホタード | be beaten<br>ビ ビートン |
| 野暮な | de mau gosto<br>ヂ マウ ゴスト | tasteless<br>テイストレス |
| 野望 | ambição f.<br>アンビサォン | ambition<br>アンビション |
| 山 | montanha f., monte m.<br>モンターニャ, モンチ | mountain<br>マウンティン |
| 疾しい | sentir remorsos<br>センチール ヘモルソス | feel guilty<br>フィール ギルティ |
| 山登り | montanhismo m., alpinismo m.<br>モンタニィズモ, アゥピニズモ | mountaineering<br>マウンティニアリング |
| 山彦 | eco m.<br>エッコ | echo<br>エコウ |
| 闇 | escuridão f., treva f.<br>エスクリダォン, トレーヴァ | darkness<br>ダークネス |
| 闇雲に | ao acaso, às cegas, à toa<br>アオ アカーゾ, アス セーガス, ア トーア | at random, rashly<br>アト ランダム, ラシュリ |
| 止む | parar<br>パラール | stop, be over<br>スタプ, ビ オウヴァ |
| 止める | parar<br>パラール | stop, end<br>スタプ, エンド |
| 辞める | renunciar<br>ヘヌンスィアール | resign, leave<br>リザイン, リーヴ |
| （退職） | demitir-se<br>デミチールスィ | retire<br>リタイア |
| 鰥夫 | | |
| （男の） | viúvo m.<br>ヴィウーヴォ | widower<br>ウィドワー |
| 守宮 | legartixa f.<br>レガルチッシャ | gecko<br>ゲコウ |
| やや | um pouco, levemente<br>ウン ポゥコ, レヴィメンチ | a little, somewhat<br>ア リトル, サムホワト |
| ややこしい | complicado<br>コンプリカード | complicated<br>カンプリケイテド |

| 日 | 葡 | 英 |
|---|---|---|
| 槍 | lança f. <br> ランサ | spear, lance <br> スピア, ランス |
| 遣り損なう | falhar <br> ファリャール | fail <br> フェイル |
| 遣り遂げる | realizar, cumprir <br> ヘアリザール, クンプリール | accomplish <br> アカンプリシュ |
| 遣り直す | refazer, começar de novo <br> ヘファゼール, コメサール チ ノーヴォ | try again <br> トライ アゲイン |
| 槍投げ | lançamento de dardo m. <br> ランサメント チ ダルド | the javelin throw <br> ザ チャヴェリン スロウ |
| 遣る | dar <br> ダール | give <br> ギヴ |
| （行かせる） | mandar <br> マンダール | send <br> センド |
| （する） | fazer <br> ファゼール | do <br> ドゥ |
| 遣る気 | vontade f., disposição f. <br> ヴォンターチ, チスポズィサォン | will, drive <br> ウィル, ドライヴ |
| 柔らかい | macio, mole <br> マスィーオ, モーリ | soft, tender <br> ソーフト, テンダ |
| 和らぐ | abrandar-se, suavizar-se <br> アブランダールスィ, スァヴィザールスィ | soften <br> ソーフン |
| （苦痛などが） | aliviar, atenuar-se <br> アリヴィアール, アテヌアールスィ | lessen <br> レスン |
| （心が） | acalmar-se <br> アカウマールスィ | calm down <br> カーム ダウン |
| 和らげる | abrandar, suavizar <br> アブランダール, スァヴィザール | soften <br> ソーフン |
| （苦痛などを） | atenuar, aliviar <br> アテヌアール, アリヴィアール | allay, ease <br> アレイ, イーズ |
| （心を） | acalmar <br> アカウマール | soothe, calm <br> スーズ, カーム |
| やんちゃな | travesso <br> トラヴェッソ | naughty <br> ノーティ |

## ゆ, ユ

| 日 | 葡 | 英 |
|---|---|---|
| 湯 | água quente f. <br> アーグァ ケンチ | hot water <br> ハト ウォータ |

| 日 | 葡 | 英 |
|---|---|---|
| 唯一の (ゆいいつ) | único ウニコ | only, unique オウンリ, ユーニーク |
| 遺言 (ゆいごん) | testamento *m.*, última vontade *f.* テスタメント, ウチマ ヴォンターヂ | will ウィル |
| 優位 (ゆうい) | superioridade *f.*, vantagem *f.* スペリオリダーヂ, ヴァンタージェイン | advantage アドヴァンティヂ |
| 有意義な (ゆういぎ) | significativo, frutífero スィギニフィカチーヴォ, フルチフェロ | significant スィグニフィカント |
| 憂鬱な (ゆううつ) | melancólico, deprimente メランコリコ, デプリメンチ | melancholy, gloomy メランカリ, グルーミ |
| 有益な (ゆうえき) | vantajoso ヴァンタジョーソ | useful, beneficial ユースフル, ベニフィシャル |
| 優越感 (ゆうえつかん) | complexo de superioridade *m.* コンプレキソ ヂ スペリオリダーヂ | sense of superiority センス オヴ シュピアリオリティ |
| 遊園地 (ゆうえんち) | parque de diversões *m.* パルキ ヂ ヂヴェルソィンス | amusement park アミューズメント パーク |
| 誘拐 (ゆうかい) | seqüestro *m.* セクウェストロ | abduction アブダクション |
| (子供の) | seqüestro *m.*, rapto *m.* セクウェストロ, ハピト | kidnapping キドナピング |
| ～する | seqüestrar, raptar セクェストラール, ハピタール | kidnap, abduct キドナプ, アブダクト |
| 有害な (ゆうがい) | nocivo, prejudicial ノスィーヴォ, プレジュチスィアウ | bad, harmful バド, ハームフル |
| 有価証券 (ゆうかしょうけん) | títulos de crédito *m.pl.* チトゥロズ ヂ クレヂト | valuable securities ヴァリュアブル スィキュアリティズ |
| 夕方 (ゆうがた) | tardinha *f.* タルチーニャ | evening イーヴニング |
| 優雅な (ゆうが) | elegante エレガンチ | graceful, elegant グレイスフル, エリガント |
| ユーカリ | eucalipto *m.* エウカリピト | eucalyptus ユーカリプタス |
| 夕刊 (ゆうかん) | (jornal) vespertino *m.* (ジョルナウ) ヴェスペルチーノ | evening paper イーヴニング ペイパ |
| 勇敢な (ゆうかん) | corajoso コラジョーソ | brave, courageous ブレイヴ, カレイヂャス |
| 勇気 (ゆうき) | coragem *f.*, bravura *f.* コラージェイン, ブラヴーラ | courage, bravery カーリヂ, ブレイヴァリ |

| 日 | 葡 | 英 |
|---|---|---|
| <ruby>遊戯<rt>ゆうぎ</rt></ruby> | brincadeira *f.*, recreio *m.*<br>ブリンカデイラ, ヘクレイオ | play, game<br>プレイ, ゲイム |
| <ruby>有給休暇<rt>ゆうきゅうきゅうか</rt></ruby> | férias remuneradas *f.pl.*<br>フェリアス ヘムネラーダス | paid holiday<br>ペイド ハリデイ |
| <ruby>優遇する<rt>ゆうぐう</rt></ruby> | favorecer<br>ファヴォレセール | treat warmly<br>トリート ウォームリ |
| <ruby>有権者<rt>ゆうけんしゃ</rt></ruby> | eleitorado *m.*<br>エレイトラード | the electorate<br>ジ イレクトレト |
| <ruby>有効<rt>ゆうこう</rt></ruby> | validade *f.*, eficiência *f.*<br>ヴァリダーヂ, エフィスィエンスィア | validity<br>ヴァリディティ |
| ～な | válido, eficiente<br>ヴァリド, エフィスィエンチ | valid, effective<br>ヴァリド, イフェクティヴ |
| <ruby>友好関係<rt>ゆうこうかんけい</rt></ruby> | relações amistosas *f.*<br>ヘラソィンズ アミストーザス | friendly relations *with*<br>フレンドリ リレイションズ |
| <ruby>融合する<rt>ゆうごう</rt></ruby> | fundir-se<br>フンヂールスィ | fuse<br>フューズ |
| ユーザー | | |
| （男の） | usuário *m.*<br>ウズアーリオ | user<br>ユーザ |
| （女の） | usuária *f.*<br>ウズアーリア | user<br>ユーザ |
| <ruby>有罪<rt>ゆうざい</rt></ruby> | punibilidade *f.*<br>プニビリダーヂ | guilt<br>ギルト |
| ～の | culpado<br>クウパード | guilty<br>ギルティ |
| <ruby>有志<rt>ゆうし</rt></ruby> | | |
| （男の） | voluntário *m.*, interessado *m.*<br>ヴォルンターリオ, インテレサード | volunteer<br>ヴァランティア |
| （女の） | voluntária *f.*, interessada *f.*<br>ヴォルンターリア, インテレサーダ | volunteer<br>ヴァランティア |
| <ruby>融資<rt>ゆうし</rt></ruby> | financiamento *m.*<br>フィナンスィアメント | financing<br>フィナンスィング |
| ～する | financiar<br>フィナンスィアール | finance<br>フィナンス |
| <ruby>優秀な<rt>ゆうしゅう</rt></ruby> | excelente, brilhante<br>エセレンチ, ブリリャンチ | excellent<br>エクセレント |
| <ruby>優勝する<rt>ゆうしょう</rt></ruby> | ser campeão<br>セール カンピアォン | win a championship<br>ウィン ア チャンピオンシプ |
| <ruby>友情<rt>ゆうじょう</rt></ruby> | amizade *f.*<br>アミザーヂ | friendship<br>フレンシプ |

ゆ

| 日 | 葡 | 英 |
|---|---|---|
| 夕食（ゆうしょく） | jantar m. ジャンタール | supper, dinner サパ, ディナ |
| 友人（ゆうじん） | | |
| （男の） | amigo m. アミーゴ | friend フレンド |
| （女の） | amiga f. アミーガ | friend フレンド |
| 融通（ゆうずう） | flexibilidade f. フレキスィビリダーヂ | flexibility フレクスィビリティ |
| （金の） | financiamento m. フィナンスィアメント | finance フィナンス |
| 〜する | financiar フィナンスィアール | lend レンド |
| ユースホステル | albergue m. アウベルギ | youth hostel ユース ハステル |
| 優勢な（ゆうせい） | superior, predominante スペリオール, プレドミナンチ | superior, predominant スーピアリア, プリダミナント |
| 優先（ゆうせん） | prioridade f. プリオリダーヂ | priority プライアリティ |
| 〜する | dar prioridade ダール プリオリダーヂ | have priority ハヴ プライオーリティ |
| 悠然と（ゆうぜん） | calmamente, com calma カウマメンチ, コン カウマ | composedly カンポウズィドリ |
| 有線放送（ゆうせんほうそう） | transmissão por cabo f. トランズミサォン ポル カーボ | wired radio system ワイアド レイディオウ スィスティム |
| 郵送（ゆうそう） | | |
| 〜する | enviar pelo correio エンヴィアール ペロ コヘイオ | send by mail センド バイ メイル |
| 〜料 | tarifa postal f. タリーファ ポスタウ | postage ポウスティヂ |
| 勇壮な（ゆうそう） | heróico, bravo エロイコ, ブラーヴォ | brave, heroic ブレイヴ, ヒロウイク |
| ユーターンする | fazer retorno ファゼール ヘトルノ | take a U-turn テイク ア ユーターン |
| 優待券（ゆうたいけん） | cupom de desconto m. クポン ヂ デスコント | complimentary ticket カンプリメンタリ ティケット |
| 雄大な（ゆうだい） | magnífico マギニフィコ | grand, magnificent グランド, マグニフィセント |
| 夕立（ゆうだち） | aguaceiro m. アグァセイロ | shower シャウア |

| 日 | 葡 | 英 |
|---|---|---|
| ゆうどう<br>誘導する | orientar, guiar<br>オリエンタール, ギアール | lead<br>リード |
| ゆうどく<br>有毒な | venenoso<br>ヴェネノーゾ | poisonous<br>ポイズナス |
| ユートピア | utopia f.<br>ウトピーア | Utopia<br>ユートウピア |
| ゆうのう<br>有能な | competente, capaz<br>コンペテンチ, カパイス | able, capable<br>エイブル, ケイパブル |
| ゆうはつ<br>誘発する | provocar<br>プロヴォカール | cause<br>コーズ |
| ゆうひ<br>夕日 | sol poente m.<br>ソウ ポエンチ | the setting sun<br>ザ セティング サン |
| ゆうび<br>優美な | elegante, gracioso, refinado<br>エレガンチ, グラスィオーゾ, ヘフィナード | graceful, elegant<br>グレイスフル, エリガント |
| ゆうびん<br>郵便 | serviços postais m.pl.<br>セルヴィッソス ポスタィス | mail, post<br>メイル, ポウスト |
| ～受け | caixa do correio f.<br>カィシャ ド コヘィオ | letter box<br>レタ バクス |
| ～為替 | vale postal m.<br>ヴァーリ ポスタウ | money order<br>マニ オーダ |
| ～局 | correio m.<br>コヘィオ | post office<br>ポウスト オーフィス |
| ～貯金 | depósito nos correios m.<br>デポズィト ノス コヘィオス | post-office saving<br>ポウスト オフィス セイヴィング |
| ～配達人 | carteiro m.<br>カルテイロ | mailman<br>メイルマン |
| ～番号 | código postal m.<br>コヂゴ ポスタウ | zip code<br>ズィプ コウド |
| ～物 | correio m., correspondência f.<br>コヘィオ, コヘスポンデンスィア | mail matter<br>メイル マタ |
| ～ポスト | caixa de coleta (postal) f.<br>カィシャ ヂ コレッタ ポスタウ | mailbox<br>メイルバクス |
| ～料金 | tarifa postal f.<br>タリッファ ポスタウ | postage, postal charges<br>ポウスティヂ, ポウストル チャーヂズ |
| ユーフォー | óvni m.<br>オヴィニ | UFO<br>ユーエフオウ |
| ゆうふく<br>裕福な | rico<br>ヒッコ | rich, wealthy<br>リチ, ウェルスィ |
| ゆうべ<br>昨夜 | ontem à noite f.<br>オンテイン ア ノィチ | last night<br>ラスト ナイト |

| 日 | 葡 | 英 |
|---|---|---|
| ゆうべん<br>雄弁な | eloqüente<br>エロクウェンチ | eloquent<br>エロクウェント |
| ゆうぼう<br>有望な | promissor<br>プロミソール | promising, hopeful |
| ゆうぼくみん<br>遊牧民 | nômade *m.f.*<br>ノマヂ | nomad<br>ノウマド |
| ゆうほどう<br>遊歩道 | passeio *m.*<br>パセイオ | promenade<br>プラメネイド |
| ゆうめい<br>有名な | famoso, conhecido<br>ファモーゾ, コニェスィード | famous, well-known<br>フェイマス, ウェルノウン |
| ユーモア | humor *m.*<br>ウモール | humor<br>ヒューマ |
| ユーモラスな | humorístico<br>ウモリスチコ | humorous<br>ヒューマラス |
| ゆうや<br>夕焼け | arrebol (da tarde) *m.*<br>アヘボウ (ダ タルヂ) | evening glow<br>イーヴニング グロウ |
| ゆうやみ<br>夕闇 | crepúsculo *m.*<br>クレプスクロ | dusk, twilight<br>ダスク, トワイライト |
| ゆうよ<br>猶予 | adiamento *m.*, prorrogação *f.*<br>アヂアメント, プロホガサォン | delay, grace<br>ディレイ, グレイス |
| ～期間 | período de carência *m.*<br>ペリオド ヂ カレンスィア | grace period<br>グレイス ピアリアド |
| ゆうらんせん<br>遊覧船 | cruzeiro *m.*<br>クルゼイロ | pleasure boat<br>プレジャ ボウト |
| ゆうり<br>有利な | vantajoso<br>ヴァンタジョーゾ | advantageous<br>アドヴァンテイヂャス |
| ゆうりょう<br>優良な | excelente, superior<br>エセレンチ, スペリオール | superior, excellent<br>スーピアリア, エクセレント |
| ゆうりょう<br>有料の | pago<br>パーゴ | pay<br>ペイ |
| ゆうりょく<br>有力な | forte, poderoso<br>フォルチ, ポデローゾ | strong, powerful<br>ストロング, パウアフル |
| ゆうれい<br>幽霊 | fantasma *m.*, assombração *f.*<br>ファンタズマ, アソンブラサォン | ghost<br>ゴウスト |
| ユーロ | euro *m.*<br>エウロ | Euro<br>ユアロ |
| ゆうわく<br>誘惑 | tentação *f.*, sedução *f.*<br>テンタサォン, セドゥサォン | temptation<br>テンプテイション |

| 日 | 葡 | 英 |
|---|---|---|
| ～する | tentar, seduzir<br>テンタール，セドゥズィール | tempt, seduce<br>テンプト，スィデュース |
| ゆか<br>床 | assoalho *m.*, piso *m.*, chão *m.*<br>アソアーリョ，ピーゾ，シャォン | floor<br>フロー |
| ゆかい<br>愉快な | divertido, alegre, engraçado<br>ディヴェルチード，アレーグリ，エングラサード | pleasant, cheerful<br>プレザント，チアフル |
| ゆが<br>歪む | deformar-se, torcer-se<br>デフォルマールスィ，トルセールスィ | be distorted<br>ビ ディストーテド |
| ゆが<br>歪める | distorcer, deformar<br>ディストルセール，デフォルマール | distort, bend<br>ディストート，ベンド |
| ゆき<br>雪 | neve *f.*<br>ネーヴィ | snow<br>スノウ |
| ～が降る | nevar<br>ネヴァール | It snows.<br>イト スノウズ |
| ゆくえふめい<br>行方不明の | desaparecido<br>デザパレスィード | missing<br>ミスィング |
| ゆげ<br>湯気 | vapor *m.*<br>ヴァポール | steam, vapor<br>スティーム，ヴェイパ |
| ゆけつ<br>輸血 | transfusão de sangue *f.*<br>トランスフザォン ヂ サンギ | blood transfusion<br>ブラド トランスフュージョン |
| ～する | fazer transfusão de sangue<br>ファゼール トランスフザォン ヂ サンギ | transfuse blood<br>トランスフューズ ブラド |
| ゆ<br>揺さぶる | agitar, sacudir<br>アジタール，サクヂール | shake, move<br>シェイク，ムーヴ |
| ゆしゅつ<br>輸出 | exportação *f.*<br>エスポルタサォン | export<br>エクスポート |
| ～国 | país exportador *m.*<br>パイーズ エスポルタドール | exporting country<br>エクスポーティング カントリ |
| ～する | exportar<br>エスポルタール | export<br>エクスポート |
| ゆす<br>濯ぐ | enxaguar<br>エンシャグワール | rinse<br>リンス |
| ゆすり<br>強請 | chantagem *f.*<br>シャンタージェイン | blackmail<br>ブラクメイル |
| ゆず う<br>譲り受ける | herdar<br>エルダール | take over<br>テイク オウヴァ |
| ゆす<br>強請る | chantagear, extorquir<br>シャンタジアール，エストルキール | extort, blackmail<br>イクストート，ブラクメイル |

| 日 | 葡 | 英 |
|---|---|---|
| ゆず<br>譲る | transferir<br>トランスフェリール | hand over, give<br>ハンド オウヴァ, ギヴ |
| (売る) | vender<br>ヴェンデール | sell<br>セル |
| (譲歩) | ceder<br>セデール | concede *to*<br>カンスィード |
| ゆせい<br>油性の | oleoso<br>オレオーゾ | oily<br>オイリ |
| ゆそう<br>輸送 | transporte *m.*<br>トランスポルチ | transport<br>トランスポート |
| ～する | transportar, conduzir<br>トランスポルタール, コンドゥズィール | transport, carry<br>トランスポート, キャリ |
| ゆた<br>豊かな | rico, abundante, afluente<br>ヒッコ, アブンダンチ, アフルエンチ | abundant, rich<br>アバンダント, リチ |
| ゆだ<br>委ねる | encarregar, deixar a cargo de<br>エンカヘガール, デイシャール ア カルゴ ヂ | entrust *with*<br>イントラスト |
| ユダヤ | | |
| ～教 | judaísmo *m.*<br>ジュダイズモ | Judaism<br>ヂューダイズム |
| ～人 | | |
| (男の) | judeu *m.*<br>ジュデゥ | Jew<br>ヂュー |
| (女の) | judia *f.*<br>ジュヂーア | Jew<br>ヂュー |
| ゆだん<br>油断する | descuidar-se, desprevenir-se<br>ヂスクィダールスィ, ヂスプレヴェニールスィ | be off *one's* guard<br>ビ オフ ガード |
| ゆちゃく<br>癒着する | aglutinar-se<br>アグルチナールスィ | adhere<br>アドヒア |
| ゆっくり | devagar, lentamente<br>ヂヴァガール, レンタメンチ | slowly<br>スロウリ |
| ゆ たまご<br>茹で卵 | ovo cozido *m.*<br>オーヴォ コズィード | boiled egg<br>ボイルド エグ |
| ゆ<br>茹でる | cozinhar com água<br>コズィニャール コン アーグァ | boil<br>ボイル |
| ゆでん<br>油田 | campo petrolífero *m.*<br>カンポ ペトロリフェロ | oil field<br>オイル フィールド |
| ゆとり | espaço *m.*<br>エスパッソ | room<br>ルーム |
| (時間) | tempo extra *m.*<br>テンポ エストラ | time (to spare)<br>タイム (トゥ スペア) |

| 日 | 葡 | 英 |
|---|---|---|
| （気持ちの） | disponibilidade *f.*<br>ヂスポニビリダーヂ | time to spare<br>タイム トゥ スペア |
| ユニット | unidade *f.*<br>ウニダーヂ | unit<br>ユーニト |
| ユニフォーム | uniforme *m.*<br>ウニフォルミ | uniform<br>ユーニフォーム |
| 輸入(ゆにゅう) | importação *f.*<br>インポルタサォン | import<br>インポート |
| 〜する | importar<br>インポルタール | import, introduce<br>インポート, イントロデュース |
| 指(ゆび) | dedo *m.*<br>デード | finger<br>フィンガ |
| 指輪(ゆびわ) | anel *m.*<br>アネウ | ring<br>リング |
| 弓(ゆみ) | arco *m.*<br>アルコ | bow<br>ボウ |
| 夢(ゆめ) | sonho *m.*<br>ソーニョ | dream<br>ドリーム |
| 由来(ゆらい) | origem *f.*<br>オリージェィン | the origin<br>ジ オーリヂン |
| 百合(ゆり) | lírio *m.*<br>リーリオ | lily<br>リリ |
| 揺り椅子(ゆ いす) | cadeira de balanço *f.*<br>カデイラ ヂ バランソ | rocking chair<br>ラキング チェア |
| 揺り籠(ゆ かご) | berço *m.*<br>ベルソ | cradle<br>クレイドル |
| 緩い(ゆるい) | frouxo, largo<br>フロゥショ, ラルゴ | loose<br>ルース |
| （規制が） | moderado<br>モデラード | lenient<br>リーニエント |
| 揺るがす(ゆ) | sacudir, abalar, agitar<br>サクヂール, アバラール, アジタール | shake, swing<br>シェイク, スウィング |
| 許し(ゆる) | permissão *f.*<br>ペルミサォン | permission<br>パミション |
| 許す(ゆる) | permitir<br>ペルミチール | allow, permit<br>アラウ, パミト |
| （容赦する） | perdoar<br>ペルドワール | forgive, pardon<br>フォギヴ, パードン |

ゆ

| 日 | 葡 | 英 |
|---|---|---|
| 緩む | afrouxar, desatar アフロゥシャール, デザタール | loosen ルースン |
| (気が) | relaxar ヘラシャール | relax リラクス |
| 緩める | afrouxar アフロゥシャール | loosen, unfasten ルースン, アンファスン |
| (速度を) | diminuir ヂミヌイール | slow down スロウ ダウン |
| 緩やかな | | |
| (ゆとり) | folgado フォウガード | loose ルース |
| (傾斜が) | suave スワーヴィ | gentle チェントル |
| (スピード) | lento レント | slow スロウ |
| 揺れ | abalo m. アバーロ | shaking シェイキング |
| 揺れる | balançar, oscilar バランサール, オスィラール | shake, sway シェイク, スウェイ |
| 湯沸し器 | chaleira f. シャレィラ | water heater ウォータ ヒータ |

## よ, ヨ

| | | |
|---|---|---|
| 夜明け | amanhecer m., madrugada f. アマニェセール, マドルガーダ | dawn, daybreak ドーン, デイブレイク |
| ～前 | antes do amanhecer アンチス ド アマニェセール | before dawn ビフォー ドーン |
| 酔い | embriaguez f. エンブリアゲィス | drunkenness ドランクンネス |
| (乗り物の) | enjôo m. エンジョーオ | carsickness, seasickness カースィクネス, スィースィクネス |
| 良[善]い | bom ボン | good グド |
| 余韻 | reverberação f. ヘヴェルベラサォン | reverberations リヴァーバレイションズ |
| 酔う | embriagar-se, ficar bêbado エンブリアガールスィ, フィカール ベバド | get drunk ゲト ドランク |

| 日 | 葡 | 英 |
|---|---|---|
| 乗り物に〜 | enjoar de<br>エンジョワール ヂ | be carsick[seasick, airsick]<br>ビ カースィク, スィースィク, エアスィク |
| よう<br>用 | negócios *m.pl.*, assunto *m.*<br>ネゴスィオス, アスント | business<br>ビズネス |
| ようい<br>用意 | preparação *f.*, preparativos *m.pl.*<br>プレパラサォン, プレパラチーヴォス | preparations<br>プレパレイションズ |
| 〜する | preparar<br>プレパラール | prepare<br>プリペア |
| ようい<br>容易な | fácil, simples<br>ファッスィウ, スィンプリス | easy, simple<br>イーズィ, スィンプル |
| よういん<br>要因 | fator *m.*<br>ファトール | factor<br>ファクタ |
| ようえき<br>溶液 | solução *f.*<br>ソルサォン | solution<br>ソルーション |
| ようかい<br>溶解する | solver, dissolver, liquefazer<br>ソウヴェール, ヂソウヴェール, リケファゼール | melt<br>メルト |
| ようがん<br>溶岩 | lava *f.*<br>ラーヴァ | lava<br>ラーヴァ |
| ようき<br>容器 | recipiente *m.*<br>ヘスィピエンチ | receptacle<br>リセプタクル |
| ようぎ<br>容疑 | suspeição *f.*, suspeita *f.*<br>ススペイサォン, ススペイタ | suspicion<br>サスピション |
| 〜者 (男の) | suspeito *m.*<br>ススペイト | suspect<br>サスペクト |
| (女の) | suspeita *f.*<br>ススペイタ | suspect<br>サスペクト |
| ようき<br>陽気な | alegre, animado<br>アレーグリ, アニマード | cheerful, lively<br>チアフル, ライヴリ |
| ようきゅう<br>要求 | pedido *m.*, demanda *f.*<br>ペヂード, デマンダ | demand, request<br>ディマンド, リクウェスト |
| 〜する | pedir, demandar, exigir<br>ペヂール, デマンダール, エズィジール | demand, require<br>ディマンド, リクワイア |
| ようぐ<br>用具 | instrumento *m.*, ferramenta *f.*<br>インストルメント, フェハメンタ | tools<br>トゥールズ |
| ようけん<br>用件 | negócio *m.*, assunto *m.*<br>ネゴッスィオ, アスント | business<br>ビズネス |
| ようご<br>用語 | uso das palavras *m.*<br>ウーソ ダス パラーヴラス | wording<br>ワーディング |

| 日 | 葡 | 英 |
|---|---|---|
| （術語） | termo *m.*, terminologia *f.*<br>テルモ, テルミノロジーア | term, terminology<br>ターム, ターミナロヂィ |
| ようさい<br>要塞 | fortaleza *f.*, forte *m.*<br>フォルタレーザ, フォルチ | fortress<br>フォートレス |
| ようし<br>用紙 | formulário *m.*<br>フォルムラーリオ | form<br>フォーム |
| ようし<br>養子 | filho adotivo *m.*<br>フィーリョ アドチーヴォ | adopted child<br>アダプテド チャイルド |
| ようじ<br>幼児 | criança *f.*<br>クリアンサ | baby, child<br>ベイビ, チャイルド |
| ようじ<br>用事 | negócio *m.*<br>ネゴッスィオ | business<br>ビズネス |
| ようしき<br>様式 | estilo *m.*, modo *m.*, maneira *f.*<br>エスチーロ, モード, マネィラ | mode, style<br>モウド, スタイル |
| ようしゃ<br>容赦する | perdoar, desculpar<br>ペルドワール, デスクウパール | pardon, forgive<br>パードン, フォギヴ |
| ようじょ<br>養女 | filha adotiva *f.*<br>フィーリャ アドチーヴァ | adopted daughter<br>アダプティド ドータ |
| ようしょく<br>養殖 | cultura *f.*, criação *f.*<br>クウトゥーラ, クリアサォン | cultivation<br>カルティヴェイション |
| ～する | criar<br>クリアール | cultivate, raise<br>カルティヴェイト, レイズ |
| ようじん<br>要人 | pessoa muito importante *f.*<br>ペソーア ムィント インポルタンチ | important person<br>インポータント パースン |
| ようじん<br>用心 | precaução *f.*, cuidado *m.*<br>プレカゥサォン, クィダード | attention<br>アテンション |
| ～する | tomar cuidado com<br>トマール クィダード コン | be careful *of, about*<br>ビ ケアフル |
| ようす<br>様子 | estado das coisas *m.*<br>エスタード ダス コィザス | the state of affairs<br>ザ ステイト オヴ アフェアズ |
| （外見） | aparência *f.*, ar *m.*<br>アパレンスィア, アール | appearance<br>アピアランス |
| （態度） | atitude *f.*<br>アチトゥーヂ | attitude<br>アティテュード |
| よう<br>要する | requerer, precisar<br>ヘケレール, プレスィザール | require, need<br>リクワイア, ニード |
| よう<br>要するに | em resumo, em suma<br>エイン ヘズーモ, エイン スーマ | in short<br>イン ショート |

| 日 | 葡 | 英 |
|---|---|---|
| ようせい<br>要請 | pedido *m.*, exigência *f.*<br>ペヂード, エズィジェンスィア | demand, request<br>ディマンド, リクウェスト |
| 〜する | pedir, exigir<br>ペヂール, エズィジール | demand<br>ディマンド |
| ようせき<br>容積 | capacidade *f.*<br>カパスィダーヂ | capacity, volume<br>カパスィティ, ヴァリュム |
| ようせつする<br>溶接する | soldar<br>ソウダール | weld<br>ウェルド |
| ようそ<br>要素 | elemento *m.*, fator *m.*<br>エレメント, ファトール | element, factor<br>エレメント, ファクタ |
| ようそう<br>様相 | aspecto *m.*<br>アスペクト | aspect, phase<br>アスペクト, フェイズ |
| ようだい<br>容体 | estado *m.*, condição *f.*<br>エスタード, コンヂサォン | condition<br>カンディション |
| ようちえん<br>幼稚園 | jardim-de-infância *m.*<br>ジャルチン ヂ インファンスィア | kindergarten<br>キンダガートン |
| ようち<br>幼稚な | infantil<br>インファンチウ | childish<br>チャイルディシュ |
| ようちゅう<br>幼虫 | larva *f.*<br>ラルヴァ | larva<br>ラーヴァ |
| ようつう<br>腰痛 | dor lombar *f.*<br>ドール ロンバール | lumbago<br>ランベイゴウ |
| ようてん<br>要点 | o ponto principal *m.*<br>ウ ポント プリンスィパウ | the point, the gist<br>ザ ポイント, ザ ヂスト |
| ようと<br>用途 | finalidade de uso *f.*<br>フィナリダーヂ ヂ ウーゾ | use, purpose<br>ユース, パーパス |
| ようねん<br>幼年 | infância *f.*<br>インファンスィア | early childhood<br>アーリ チャイルドフド |
| ようばい<br>溶媒 | solvente *m.*<br>ソウヴェンチ | solvent<br>サルヴェント |
| ようび<br>曜日 | dia da semana *m.*<br>ヂーア ダ セマーナ | day<br>デイ |
| ようふ<br>養父 | pai adotivo *m.*<br>パィ アドチーヴォ | foster father<br>フォスタ ファーザ |
| ようふく<br>洋服 | roupa *f.*, vestido *m.*<br>ホゥパ, ヴェスチード | clothes, dress<br>クロウズ, ドレス |
| ようぶん<br>養分 | nutrição *f.*<br>ヌトリサォン | nourishment<br>ナーリシュメント |

| 日 | 葡 | 英 |
|---|---|---|
| ようぼ<br>養母 | mãe adotiva *f.*<br>マィン アドチーヴァ | foster mother<br>フォスタ マザ |
| ようぼう<br>容貌 | *look m.* visual *m.*, aspecto *m.*<br>ルッキ, ヴィズワウ, アスペクト | looks<br>ルクス |
| ようもう<br>羊毛 | lã *f.*<br>ラン | wool<br>ウル |
| ようやく<br>要約 | resumo *m.*<br>ヘズーモ | summary<br>サマリ |
| 〜する | resumir<br>ヘズミール | summarize<br>サマライズ |
| ようや<br>漸く | por fim, finalmente<br>ポル フィン, フィナウメンチ | at last<br>アト ラスト |
| ようりょう<br>要領 | | |
| (要点) | ponto essencial *m.*<br>ポント エセンスィアウ | the point, the gist<br>ザ ポイント, ザ ヂスト |
| (器用さ) | habilidade *f.*, jeito *m.*<br>アビリダーチ, ジェイト | the knack<br>ザ ナク |
| ようりょくそ<br>葉緑素 | clorofila *f.*<br>クロロフィーラ | chlorophyll<br>クローラフィル |

## ■曜日■ dia da semana *m.* /チーア ダ セマーナ/

| | | |
|---|---|---|
| にちようび<br>日曜日 | domingo /ドミンゴ/ *m.* (⊛Sunday) | |
| げつようび<br>月曜日 | segunda-feira /セグンダ フェイラ/ *f.* (⊛Monday) | |
| かようび<br>火曜日 | terça-feira /テルサ フェイラ/ *f.* (⊛Tuesday) | |
| すいようび<br>水曜日 | quarta-feira /クワルタ フェイラ/ *f.* (⊛Wednesday) | |
| もくようび<br>木曜日 | quinta-feira /キンタ フェイラ/ *f.* (⊛Thursday) | |
| きんようび<br>金曜日 | sexta-feira /セスタ フェイラ/ *f.* (⊛Friday) | |
| どようび<br>土曜日 | sábado /サバド/ *m.* (⊛Saturday) | |
| しゅう<br>週 | semana /セマーナ/ *f.* (⊛week) | |
| しゅうまつ<br>週末 | fim de semana /フィン チ セマーナ/ *m.* (⊛weekend) | |
| へいじつ<br>平日 | dia de semana /チーア チ セマーナ/ *m.* (⊛weekday) | |
| きゅうじつ<br>休日 | feriado /フェリアード/ *m.*, dia de folga /チーア チ フォウガ/ *m.* (⊛holiday, vacation) | |
| きねんび<br>記念日 | dia comemorativo /チーア コメモラチーヴォ/ *m.*, aniversário /アニヴェルサーリオ/ *m.* (⊛anniversary) | |

| 日 | 葡 | 英 |
|---|---|---|
| 用例(ようれい) | exemplo *m.* エゼンプロ | example イグザンプル |
| ヨーグルト | iogurte *m.* イヨグルチ | yoghurt ヨウガト |
| ヨード | iodo *m.* イオード | iodine アイオダイン |
| ～チンキ | tintura de iodo *f.* チントゥーラ ヂ イオード | tincture of iodine ティンクチャ オヴ アイオダイン |
| ヨーロッパ | Europa *f.* エウロッパ | Europe ユアロプ |
| 余暇(よか) | tempo livre *m.*, lazer *m.* テンポ リーヴリ, ラゼール | leisure リージャ |
| ヨガ | ioga *f.* イオーガ | yoga ヨウガ |
| 予感(よかん) | pressentimento *m.* プレセンチメント | presentiment プリゼンティメント |
| ～する | ter o pressentimento テール ウ プレセンチメント | have a hunch ハヴ ア ハンチ |
| 予期(よき)する | esperar, prever エスペラール, プレヴェール | anticipate アンティスィペイト |
| 預金(よきん) | depósito *m.* デポズィト | savings, deposit セイヴィングズ, ディパズィト |
| ～する | depositar dinheiro デポズィタール ヂニェイロ | deposit money *in* ディパズィト マニ |
| 欲(よく) | desejo *m.* デゼージョ | desire ディザイア |
| 良(よ)く | bem ベィン | well ウェル |
| （十分に） | completamente コンプレタメンチ | fully, well フリ, ウェル |
| （しばしば） | freqüentemente フレクェンチメンチ | often, frequently オーフン, フリークウェントリ |
| 翌朝(よくあさ) | a manhã seguinte *f.* ア マニャン セギンチ | the next morning ザ ネクスト モーニング |
| 抑圧(よくあつ)する | oprimir オプリミール | oppress オプレス |
| 翌月(よくげつ) | o mês seguinte *m.* ウ メィス セギンチ | next month ネクスト マンス |
| 浴室(よくしつ) | banheiro *m.* バニェイロ | bathroom バスルム |

| 日 | 葡 | 英 |
|---|---|---|
| 翌日(よくじつ) | o dia seguinte *m.*<br>ウ ヂーア セギンチ | the next day<br>ザ ネクスト デイ |
| 抑制する(よくせい) | reprimir, conter, controlar<br>ヘプリミール, コンテール, コントロラール | control<br>カントロウル |
| 浴槽(よくそう) | banheira *f.*<br>バニェィラ | bathtub<br>バスタブ |
| 翌年(よくねん) | o ano seguinte *m.*<br>ウ アーノ セギンチ | the next year<br>ザ ネクスト イア |
| 欲張りな(よくばり) | avarento<br>アヴァレント | greedy<br>グリーディ |
| 欲望(よくぼう) | desejo *m.*, ambição *f.*<br>デゼージョ, アンビサォン | desire, ambition<br>ディザイア, アンビション |
| 抑揚(よくよう) | entoação *f.*<br>エントアサォン | intonation<br>イントゥネイション |
| 抑留(よくりゅう) | detenção *f.*, internação *f.*<br>デテンサォン, インテルナサォン | detention<br>ディテンション |
| 余計な(よけい) | excessivo<br>エセスィーヴォ | excessive, surplus<br>イクセスィヴ, サープラス |
| （不必要な） | desnecessário<br>デズネセサーリオ | unnecessary<br>アンネスィセリ |
| 避[除]ける(よ) | evitar<br>エヴィタール | avoid<br>アヴォイド |
| 予[預]言(よげん) | profecia *f.*, predição *f.*<br>プロフェスィーア, プレヂサォン | prediction<br>プリディクション |
| 預言者 | profeta *m.*<br>プロフェッタ | prophet<br>プラフェト |
| ～する | predizer, pressagiar<br>プレヂゼール, プレサジアール | predict, foretell<br>プリディクト, フォーテル |
| 予見する(よけん) | prever, antever<br>プレヴェール, アンチヴェール | foresee<br>フォースィー |
| 横(よこ) | o lado *m.*<br>ウ ラード | the side<br>ザ サイド |
| （幅） | largura *f.*<br>ラルグーラ | the width<br>ザ ウィドス |
| 予行(よこう) | ensaio *m.*<br>エンサィオ | rehearsal<br>リハーサル |
| 横顔(よこがお) | perfil *m.*<br>ペルフィウ | profile<br>プロウファイル |

| 日 | 葡 | 英 |
|---|---|---|
| 横切る | atravessar アトラヴェサール | cross クロース |
| 予告 | aviso prévio *m.* アヴィーゾ プレーヴィオ | previous notice プリーヴィアス ノウティス |
| 〜する | notificar previamente ノチフィカール プレヴィアメンチ | announce beforehand アナウンス ビフォーハンド |
| 汚す | sujar, manchar, borrar スジャール, マンシャール, ボハール | soil, stain ソイル, ステイン |
| 横たえる | deitar デイタール | lay down レイ ダウン |
| （身を） | deitar-se デイタールスィ | lie down ライ ダウン |
| 横たわる | deitar-se デイタールスィ | lie down ライ ダウン |
| 汚れ | sujidade *f.*, mancha *f.* スジダーチ, マンシャ | dirt, stain ダート, ステイン |
| 汚れる | sujar-se スジャールスィ | become dirty ビカム ダーティ |
| 予算 | orçamento *m.*, verba *f.* オルサメント, ヴェルバ | budget バヂェト |
| 予習する | preparar as lições プレパラール アズ リソィンス | prepare *one's* lessons プリペア レスンズ |
| 捩る | torcer, retorcer トルセール, ヘトルセール | twist トウィスト |
| 止す | parar パラール | stop スタプ |
| 寄せる | aproximar アプロスィマール | draw up ドロー アプ |
| （脇へ動かす） | encostar エンコスタール | put aside プト アサイド |
| 予選 | eliminatória *f.* エリミナトーリア | preliminary contest プリリミネリ カンテスト |
| 余所 | outro lugar *m.* オゥトロ ルガール | another place アナザ プレイス |
| 予想 | expectativa *f.* エスペキタチーヴァ | expectation エクスペクテイション |
| 〜する | esperar, presumir エスペラール, プレズミール | expect, anticipate イクスペクト, アンティスィペイト |

| 日 | 葡 | 英 |
|---|---|---|
| 装う | vestir-se<br>ヴェスチールスィ | wear<br>ウェア |
| (ふりをする) | fingir, simular<br>フィンジール, スィムラール | pretend<br>プリテンド |
| 予測 | previsão f., prognóstico m.<br>プレヴィザォン, プロギノスチコ | prediction<br>プリディクション |
| ～する | prever, predizer<br>プレヴェール, プレヂゼール | forecast<br>フォーキャスト |
| 余所見する | olhar para o lado<br>オリャール パラ ウ ラード | look away<br>ルク アウェイ |
| 余所者 | | |
| (男の) | forasteiro m.<br>フォラステイロ | stranger<br>ストレインヂャ |
| (女の) | forasteira f.<br>フォラステイラ | stranger<br>ストレインヂャ |
| よそよそしい | frio<br>フリーオ | cold<br>コウルド |
| (無関心な) | indiferente<br>インヂフェレンチ | indifferent<br>インディファレント |
| 涎 | baba f.<br>バーバ | slaver<br>スラヴァ |
| 余地 | lugar m., espaço m.<br>ルガール, エスパッソ | room, space<br>ルーム, スペイス |
| 四つ角 | cruzamento m.<br>クルザメント | crossing<br>クロースィング |
| 欲求 | desejo m.<br>デゼージョ | desire<br>ディザイア |
| ヨット | iate m.<br>イアッチ | yacht<br>ヤト |
| 酔っ払い | | |
| (男の) | bêbado m.<br>ベバド | drunk<br>ドランク |
| (女の) | bêbada f.<br>ベバダ | drunk<br>ドランク |
| 酔っ払う | ficar bêbado, embriagar-se<br>フィカール ベバド, エンブリアガールスィ | get drunk<br>ゲト ドランク |
| 予定 | plano m., programa m.<br>プラーノ, プログラーマ | plan, program<br>プラン, プロウグラム |
| 与党 | partido situacionista m.<br>パルチード スィトゥアスィオニスタ | the Government party<br>ザ ガヴァンメント パーティ |

| 日 | 葡 | 英 |
|---|---|---|
| 淀む | | |
| （水など） | estar estagnado<br>エスタール エスタギナード | be stagnant<br>ビ スタグナント |
| （かすなど） | sedimentar-se<br>セヂメンタールスィ | be sedimented<br>ビ セディメンテド |
| 夜中に | às altas horas da noite<br>アズ アウタズ オーラス ダ ノイチ | at midnight<br>アト ミドナイト |
| 世の中 | mundo *m.*<br>ムンド | the world, life<br>ザ ワールド, ライフ |
| 余白 | espaço em branco *m.*<br>エスパッソ エィン ブランコ | blank, space<br>ブランク, スペイス |
| 予備 | reserva *f.*<br>ヘゼルヴァ | reserve, spare<br>リザーヴ, スペア |
| 〜の | de reserva<br>ヂ ヘゼルヴァ | reserve, spare<br>リザーヴ, スペア |
| （事前の） | preliminar<br>プレリミナール | preliminary<br>プリリミネリ |
| 呼び掛ける | chamar<br>シャマール | call<br>コール |
| 呼び鈴 | campainha *f.*<br>カンパイーニャ | ring, bell<br>リング, ベル |
| 呼ぶ | chamar<br>シャマール | call<br>コール |
| （招く） | convidar<br>コンヴィダール | invite *to*<br>インヴァイト |
| （〜と称する） | chamar de<br>シャマール ヂ | call, name<br>コール, ネイム |
| 余分な | excessivo<br>エセスィーヴォ | extra, surplus<br>エクストラ, サープラス |
| 予報 | previsão *f.*<br>プレヴィザォン | forecast<br>フォーキャスト |
| 予防 | prevenção *f.*<br>プレヴェンサォン | prevention<br>プリヴェンション |
| 〜する | prevenir<br>プレヴェニール | prevent *from*<br>プリヴェント |
| 〜注射 | vacinação *f.*<br>ヴァスィナサォン | preventive injection<br>プリヴェンティヴ インチェクション |
| 蘇る | renascer, ressuscitar, reviver<br>ヘナセール, ヘススィタール, ヘヴィヴェール | revive<br>リヴァイヴ |

よ

| 日 | 葡 | 英 |
|---|---|---|
| 読み物 | leitura *f.* <br> レイトゥーラ | reading <br> リーディング |
| 読む | ler <br> レール | read <br> リード |
| 嫁 | noiva *f.* <br> ノイヴァ | bride <br> ブライド |
| （妻） | esposa *f.* <br> エスポーザ | wife <br> ワイフ |
| （息子の妻） | nora *f.* <br> ノーラ | daughter-in-law <br> ドータインロー |
| 予約 | reserva *f.* <br> ヘゼルヴァ | reservation <br> レザヴェイション |
| ～する | reservar <br> ヘゼルヴァール | reserve, book <br> リザーヴ, ブク |
| 余裕 | margem *f.*, lugar *m.*, espaço *m.* <br> マルジェイン, ルガール, エスパッソ | room <br> ルーム |
| （時間） | tempo de sobra *m.* <br> テンポ チ ソブラ | time to spare <br> タイム トゥ スペア |
| （金銭） | dinheiro sobrante *m.* <br> ヂニェイロ ソブランチ | money to spare <br> マニ トゥ スペア |
| 寄り掛かる | apoiar-se em <br> アポイアールスィ エイン | lean *against* <br> リーン |
| （頼る） | depender de <br> デペンデール ヂ | depend *on* <br> ディペンド |
| 寄り添う | estreitar-se <br> エストレイタールスィ | draw close <br> ドロー クロウス |
| 寄り道する | parar pelo caminho <br> パラール ペロ カミーニョ | stop on *one's* way <br> スタプ オン ウェイ |
| 依る | embasar-se em <br> エンバザールスィ エイン | be based *on* <br> ビ ベイスト |
| 因る | ser causado por <br> セール カウザード ポル | be due *to* <br> ビ デュー |
| 寄る | aproximar <br> アプロスィマール | approach <br> アプロウチ |
| （脇へ） | chegar-se para o lado <br> シェガールスィ パラ ウ ラード | step aside <br> ステプ アサイド |
| （立ち寄る） | passar em <br> パサール エイン | call *at, on* <br> コール |
| 夜 | noite *f.* <br> ノイチ | night <br> ナイト |

| 日 | 葡 | 英 |
|---|---|---|
| よろい<br>鎧 | armadura *f.*<br>アルマドゥーラ | armor<br>アーマ |
| よろいど<br>鎧戸 | venezinana *f.*<br>ヴェネズィアーナ | shutter<br>シャタ |
| よろこ<br>喜ばす | agradar, alegrar<br>アグラダール, アレグラール | please, delight<br>プリーズ, ディライト |
| よろこ<br>喜び | alegria *f.*, prazer *m.*<br>アレグリーア, プラゼール | joy, delight<br>ヂョイ, ディライト |
| よろこ<br>喜ぶ | estar contente, alegrar-se<br>エスタール コンテンチ, アレグラールスィ | be glad, be pleased<br>ビ グラド, ビ プリーズド |
| よろめく | cambalear, vacilar<br>カンバレアール, ヴァスィラール | stagger<br>スタガ |
| よろん<br>世論 | opinião pública *f.*<br>オピニアォン プブリカ | public opinion<br>パブリク オピニオン |
| よわ<br>弱い | fraco<br>フラッコ | weak, delicate<br>ウィーク, デリケト |
| （気が） | tímido<br>チミド | timid<br>ティミド |
| （光などが） | fraco<br>フラッコ | feeble, faint<br>フィーブル, フェイント |
| よわ<br>弱さ | fraqueza *f.*<br>フラケーザ | weakness<br>ウィークネス |
| よわ<br>弱まる | abrandar, enfraquecer<br>アブランダール, エンフラケセール | weaken<br>ウィークン |
| よわ<br>弱み | ponto fraco *m.*, fraqueza *f.*<br>ポント フラッコ, フラケーザ | weak point<br>ウィーク ポイント |
| よわむし<br>弱虫 | covarde *m.f.*<br>コヴァルヂ | coward<br>カウアド |
| よわ<br>弱める | atenuar, enfraquecer<br>アテヌワール, エンフラケセール | weaken, enfeeble<br>ウィークン, インフィーブル |
| よわ<br>弱る | debilitar-se, enfraquecer<br>デビリタールスィ, エンフラケセール | grow weak<br>グロウ ウィーク |
| （困る） | estar perdido<br>エスタール ペルヂード | be worried<br>ビ ワーリド |

# ら, ラ

| | | |
|---|---|---|
| ラード | banha de porco *f.*<br>バーニャ ヂ ポルコ | lard<br>ラード |

| 日 | 葡 | 英 |
|---|---|---|
| らいう<br>雷雨 | trovoada com chuva *f.*<br>トロヴォアーダ コン シューヴァ | thunderstorm<br>サンダストーム |
| ライオン | | |
| （雄の） | leão *m.*<br>レアオン | lion<br>ライオン |
| （雌の） | leoa *f.*<br>レオーア | lioness<br>ライオネス |
| らいげつ<br>来月 | mês que vem *m.*, próximo mês *m.*<br>メイス キ ヴェイン, プロッスィモ メイス | next month<br>ネクスト マンス |
| らいしゅう<br>来週 | semana que vem *f.*,<br>　　próxima semana *f.*<br>セマーナ キ ヴェイン, プロッスィマ セマーナ | next week<br>ネクスト ウィーク |
| ライセンス | licença *f.*<br>リセンサ | license<br>ライセンス |
| ライター | isqueiro *m.*<br>イスケイロ | lighter<br>ライタ |
| ライト | | |
| （明かり） | luz *f.*, iluminação *f.*<br>ルィス, イルミナサォン | light<br>ライト |
| ライトバン | perua *f.*<br>ピルーア | van, station wagon<br>ヴァン, ステイション ワゴン |
| らいねん<br>来年 | próximo ano *m.*, ano que vem *m.*<br>プロッスィモ アーノ, アーノ キ ヴェイン | next year<br>ネクスト イア |
| ライバル | rival *m.*<br>ヒヴァウ | rival<br>ライヴァル |
| らいひん<br>来賓 | | |
| （男の） | convidado especial *m.*<br>コンヴィダード エスペスィアウ | guest<br>ゲスト |
| （女の） | convidada especial *f.*<br>コンヴィダーダ エスペスィアウ | guest<br>ゲスト |
| ライブ | ao vivo<br>アオ ヴィーヴォ | live<br>ライヴ |
| ライフスタイル | estilo de vida *m.*<br>エスチーロ ヂ ヴィーダ | lifestyle<br>ライフスタイル |
| ライフル | rifle *m.*<br>ヒフリ | rifle<br>ライフル |
| ライフワーク | trabalho de toda uma vida *m.*<br>トラバーリョ ヂ トーダ ウマ ヴィーダ | lifework<br>ライフワーク |
| むぎ<br>ライ麦 | centeio *m.*<br>センテイオ | rye<br>ライ |

| 日 | 葡 | 英 |
|---|---|---|
| らいめい<br>雷鳴 | trovoada *f.*<br>トロヴォアーダ | roll of thunder<br>ロウル オヴ サンダ |
| ライラック | lilás *m.*<br>リライス | lilac<br>ライラク |
| らくえん<br>楽園 | paraíso *m.*<br>パライーゾ | paradise<br>パラダイス |
| らくがき<br>落書き | pichação *f.*, rabisco *m.*<br>ピシャサォン, ハビスコ | scribble, graffiti<br>スクリブル, グラフィーティ |
| ～する | pichar, rabiscar<br>ピシャール, ハビスカール | scribble<br>スクリブル |
| らくご<br>落伍する | desistir, fracassar<br>デズィスチール, フラカサール | drop out *of*<br>ドラプ アウト |
| らくさ<br>落差 | desnível *m.*<br>ヂズニーヴェウ | gap<br>ギャプ |
| らくさつ<br>落札する | vencer os concorrentes<br>ヴェンセール ウス コンコヘンチス | make a successful bid<br>メイク ア サクセスフル ビド |
| らくせん<br>落選する | perder as eleições<br>ペルデール アズ エレイソィンス | be defeated *in*<br>ビ ディフィーテド |
| らくだい<br>落第する | repetir o ano, ser reprovado<br>ヘペチール ウ アーノ, セール ヘプロヴァード | fail<br>フェイル |
| らくたん<br>落胆する | ficar desanimado<br>フィカール デザニマード | be discouraged<br>ビ ディスカーリヂド |
| らくてんしゅぎ<br>楽天主義 | otimismo *m.*<br>オチミズモ | optimism<br>アプティミズム |
| らく<br>楽な | fácil<br>ファッスィウ | easy<br>イーズィ |
| （安楽な） | confortável<br>コンフォルターヴェウ | comfortable<br>カンフォタブル |
| らくのう<br>酪農 | indústria de laticínios *f.*<br>インドゥストリア ヂ ラチスィーニオス | dairy<br>デアリ |
| らくよう<br>落葉 | folhas caídas *f.pl.*<br>フォーリャス カイーダス | fallen leaves<br>フォールン リーヴズ |
| ～樹 | árvore de folhas caducas *f.*<br>アルヴォリ ヂ フォーリャス カドゥッカス | deciduous tree<br>ディスィヂュアス トリー |
| らくらい<br>落雷 | queda de raio *m.*<br>ケーダ ヂ ハィオ | thunderbolt<br>サンダボウルト |
| ラケット | raquete *f.*<br>ハケッチ | racket<br>ラケト |

| 日 | 葡 | 英 |
|---|---|---|
| ラジウム | rádio *m.* <br> ハーヂオ | radium <br> レイディアム |
| ラジエーター | radiador *m.* <br> ハヂアドール | radiator <br> レイディエイタ |
| ラジオ | rádio *m.* <br> ハーヂオ | radio <br> レイディオウ |
| ラジカセ | toca-fitas *m.*, gravador *m.* <br> トカ フィッタス, グラヴァドール | boom box <br> ブーム バクス |
| ラジコン | comando pelo rádio *m.* <br> コマンド ペロ ハーヂオ | radio control <br> レイディオウ カントロウル |
| らしんばん<br>羅針盤 | bússola *f.* <br> ブソラ | compass <br> カンパス |
| ラズベリー | framboesa *f.* <br> フランボエーザ | raspberry <br> ラズベリ |
| らせん<br>螺旋 | espiral *f.* <br> エスピラウ | spiral <br> スパイアラル |
| らたい<br>裸体の | nu, despido <br> ヌー, ヂスピード | naked, nude <br> ネイキド, ヌード |
| らち<br>拉致する | raptar, seqüestrar <br> ハピタール, セクェストラール | take away <br> テイク アウェイ |
| ラッカー | laca *f.* <br> ラッカ | lacquer <br> ラカ |
| らっかさん<br>落下傘 | pára-quedas *m.* <br> パラ ケーダス | parachute <br> パラシュート |
| らっか<br>落下する | cair <br> カイール | drop, fall <br> ドラプ, フォール |
| らっかせい<br>落花生 | amendoim *m.* <br> アメンドイン | peanut <br> ピーナト |
| らっかん<br>楽観 | | |
| 〜する | ser otimista <br> セール オチミスタ | be optimistic *about* <br> ビ アプティミスティク |
| 〜的な | otimista <br> オチミスタ | optimistic <br> アプティミスティク |
| らっきょう<br>辣韭 | chalota *f.* <br> シャロッタ | shallot <br> シャラト |
| ラッシュアワー | hora do *rush f.*, hora do pico *f.* <br> オーラ ド ハッシ, オーラ ド ピッコ | the rush hour <br> ザ ラシュ アウア |
| らっぱ<br>喇叭 | trombeta *f.* <br> トロンベッタ | trumpet, bugle <br> トランペト, ビューグル |

| 日 | 葡 | 英 |
|---|---|---|
| ラップ | filme *m.* <br> フィウミ | wrap <br> ラプ |
| （音楽） | *rap m.* <br> ハッピ（ラッピ） | rap music <br> ラプ ミューズィク |
| ラップタイム | tempo por volta *m.* <br> テンポ ポル ヴォウタ | lap time <br> ラプ タイム |
| 辣腕の（らつわん） | de grande capacidade <br> チ グランチ カパスィダーチ | shrewd, able <br> シュルード，エイブル |
| ラテン | | |
| 〜語 | latim *m.* <br> ラチン | Latin <br> ラティン |
| 〜の | latino <br> ラチーノ | Latin <br> ラティン |
| 騾馬（らば） | mula *f.* <br> ムーラ | mule <br> ミュール |
| ラフな | tosco, áspero <br> トスコ，アスペロ | rough <br> ラフ |
| （服装） | esporte <br> エスポルチ | casual <br> キャジュアル |
| ラブレター | carta de amor *f.* <br> カルタ チ アモール | love letter <br> ラヴ レタ |
| ラベル | rótulo *m.* <br> ホトゥロ | label <br> レイベル |
| ラベンダー | alfazema *f.* <br> アウファゼーマ | lavender <br> ラヴィンダ |
| ラム | cordeiro *m.* <br> コルデイロ | lamb <br> ラム |
| （ラム酒） | rum *m.* <br> フン | rum <br> ラム |
| ラリー | rali *m.* <br> ハリ | rally <br> ラリ |
| 欄（らん） | seção *f.*, coluna *f.* <br> セサォン，コルーナ | column <br> カラム |
| 蘭（らん） | orquídea *f.* <br> オルキーデア | orchid <br> オーキド |
| 卵黄（らんおう） | gema *f.* <br> ジェーマ | the yolk <br> ザ ヨウク |
| 欄外（らんがい） | margem *f.* <br> マルジェイン | the margin <br> ザ マーヂン |

ら

| 日 | 葡 | 英 |
|---|---|---|
| ランキング | *ranking* m., classificação f.<br><sub>ハンキン, クラスィフィカサォン</sub> | ranking<br><sub>ランキング</sub> |
| ランク | classe f., categoria f., grau m.<br><sub>クラッスィ, カテゴリーア, グラウ</sub> | rank<br><sub>ランク</sub> |
| らんざつ<br>乱雑な | desarrumado, bagunçado<br><sub>デザフマード, バグンサード</sub> | disorderly<br><sub>ディスオーダリ</sub> |
| らんし<br>乱視 | astigmatismo m.<br><sub>アスチギマチズモ</sub> | astigmatism<br><sub>アスティグマティズム</sub> |
| らんし<br>卵子 | óvulo m.<br><sub>オヴロ</sub> | ovum<br><sub>オウヴァム</sub> |
| ランジェリー | roupa de baixo f.<br><sub>ホゥパ チ バイショ</sub> | lingerie<br><sub>ランジェリー</sub> |
| らんそう<br>卵巣 | ovário m.<br><sub>オヴァーリオ</sub> | ovary<br><sub>オウヴァリ</sub> |
| ランチ | almoço m.<br><sub>アウモッソ</sub> | lunch<br><sub>ランチ</sub> |
| らんとう<br>乱闘 | luta confusa f., rolo m., briga f.<br><sub>ルッタ コンフーザ, ホーロ, ブリーガ</sub> | confused fight<br><sub>カンフューズド ファイト</sub> |
| ランドリー | lavanderia f.<br><sub>ラヴァンデリーア</sub> | laundry<br><sub>ローンドリ</sub> |
| ランナー | | |
| (男の) | corredor m.<br><sub>コヘドール</sub> | runner<br><sub>ラナ</sub> |
| (女の) | corredora f.<br><sub>コヘドーラ</sub> | runner<br><sub>ラナ</sub> |
| ランニング | corrida f.<br><sub>コヒーダ</sub> | running<br><sub>ラニング</sub> |
| らんぱく<br>卵白 | clara f.<br><sub>クラーラ</sub> | albumen<br><sub>アルビューメン</sub> |
| ランプ | | |
| (明かり) | lampião m.<br><sub>ランピアォン</sub> | lamp<br><sub>ランプ</sub> |
| (高速道路の) | via de acesso f.<br><sub>ヴィア チ アセッソ</sub> | ramp<br><sub>ランプ</sub> |
| らんぼう<br>乱暴 | | |
| ～する | agredir, usar violência<br><sub>アグレチール, ウザール ヴィオレンスィア</sub> | do violence<br><sub>ドゥ ヴァイオレンス</sub> |
| ～な | agressivo, violento<br><sub>アグレスィーヴォ, ヴィオレント</sub> | violent, rough<br><sub>ヴァイオレント, ラフ</sub> |
| らんよう<br>濫用する | abusar<br><sub>アブザール</sub> | abuse<br><sub>アビューズ</sub> |

| 日 | 葡 | 英 |
|---|---|---|

## り, リ

| | | |
|---|---|---|
| リアリズム | realismo *m.*<br>ヘアリズモ | realism<br>リーアリズム |
| リアルな | real<br>ヘアウ | real<br>リーアル |
| リアルタイム | tempo real<br>テンポ ヘアウ | real time<br>リーアル タイム |
| リーグ | liga *f.*<br>リーガ | league<br>リーグ |
| ～戦 | campeonato *m.*, liga *f.*<br>カンピオナット, リーガ | the league series<br>ザ リーグ スィアリーズ |
| リース | locação *f.*, aluguel *m.*<br>ロカサオン, アルゲウ | lease<br>リース |
| リーダー | chefe *m.f.*<br>シェッフィ | leader<br>リーダ |
| ～シップ | liderança *f.*, iniciativa *f.*<br>リデランサ, イニスィアチーヴァ | leadership<br>リーダシプ |
| リードする | liderar<br>リデラール | lead *by*<br>リード |
| リール | carretel *m.*<br>カヘテウ | reel<br>リール |
| 利益 (りえき) | lucro *m.*<br>ルックロ | profit, return<br>プラフィト, リターン |
| 理科 (りか) | ciências *f.pl.*<br>スィエンスィアス | science<br>サイエンス |
| 理解 (りかい) | compreensão *f.*, entendimento *m.*<br>コンプレエンサオン, エンテンヂメント | comprehension<br>カンプリヘンション |
| ～する | compreender, entender<br>コンプレエンデール, エンテンデール | understand<br>アンダスタンド |
| 利害 (りがい) | interesses *m.pl.*<br>インテレッスィス | interests<br>インタレスツ |
| 力学 (りきがく) | dinâmica *f.*<br>ヂナミカ | dynamics<br>ダイナミクス |
| 力説する (りきせつする) | enfatizar, ressaltar<br>エンファチザール, ヘサウタール | emphasize<br>エンファサイズ |
| リキュール | licor *m.*<br>リコール | liqueur<br>リカー |
| 力量 (りきりょう) | capacidade *f.*, habilidade *f.*<br>カパスィダーヂ, アビリダーヂ | ability<br>アビリティ |

| 日 | 葡 | 英 |
|---|---|---|
| 陸(りく) | terra *f.*<br>テッハ | land<br>ランド |
| リクエスト | pedido *m.*<br>ペヂード | request<br>リクウェスト |
| 陸軍(りくぐん) | Exército *m.*<br>エゼルスィト | army<br>アーミ |
| 陸上競技(りくじょうきょうぎ) | atletismo *m.*<br>アトレチズモ | athletic sports<br>アスレティク スポーツ |
| 陸地(りくち) | terra *f.*<br>テッハ | land<br>ランド |
| 理屈(りくつ) | | |
| (道理) | razão *f.*, lógica *f.*<br>ハザォン, ロジカ | reason, logic<br>リーズン, ラヂク |
| (理論) | teoria *f.*<br>テオリーア | theory<br>スィーアリ |
| (口実) | pretexto *m.*<br>プレテスト | pretext<br>プリーテクスト |
| リクライニングシート | poltrona reclinável *f.*<br>ポウトローナ ヘクリナーヴェウ | reclining seat<br>リクライニング スィート |
| 陸路(りくろ)で | por via terrestre<br>ポル ヴィーア テヘストリ | by land<br>バイ ランド |
| 利権(りけん) | direito *m.*, concessão *f.*<br>ヂレィト, コンセサォン | rights, concessions<br>ライツ, カンセションズ |
| 利己的(りこてき)な | egoístico<br>エゴイスチコ | egoistic<br>イーゴウイスティク |
| 利口(りこう)な | inteligente, esperto<br>インテリジェンチ, エスペルト | clever, bright<br>クレヴァ, ブライト |
| リコール | revogação *f.*, *impeachment* *m.*<br>ヘヴォガサォン, インピーチメント | recall<br>リコール |
| ～する | revogar<br>ヘヴォガール | recall<br>リコール |
| 離婚(りこん) | divórcio *m.*<br>ヂヴォルスィオ | divorce<br>ディヴォース |
| ～する | divorciar-se<br>ヂヴォルスィアールスィ | divorce<br>ディヴォース |
| リサイクル | reciclagem *f.*<br>ヘスィクラージェィン | recycling<br>リーサイクリング |
| リサイタル | recital *m.*<br>ヘスィタウ | recital<br>リサイタル |

| 日 | 葡 | 英 |
|---|---|---|
| 利鞘 (りざや) | margem de lucro f.<br>マルジェイン ヂ ルックロ | margin<br>マーヂン |
| 離散する (りさんする) | dispersar-se<br>ヂスペルサールスィ | be scattered<br>ビ スキャタド |
| 利子 (りし) | juro m.<br>ジューロ | interest<br>インタレスト |
| 理事 (りじ) | | |
| （男の） | diretor-gerente m.<br>ヂレトール ジェレンチ | director, manager<br>ディレクタ, マニヂャ |
| （女の） | diretora-gerente f.<br>ヂレトーラ ジェレンチ | director, manager<br>ディレクタ, マニヂャ |
| 利潤 (りじゅん) | lucro m., ganho m.<br>ルックロ, ガーニョ | profit, gain<br>プラフィト, ゲイン |
| 利殖 (りしょく) | aplicação f., investimento m.<br>アプリカサォン, インヴェスチメント | money-making<br>マニメイキング |
| 栗鼠 (りす) | esquilo m.<br>エスキーロ | squirrel<br>スクワーレル |
| リスク | risco m.<br>ヒスコ | risk<br>リスク |
| リスト | lista f.<br>リスタ | list<br>リスト |
| リストラ | redução de pessoal f.<br>ヘドゥサォン ヂ ペソアウ | restructuring<br>リーストラクチャリング |
| リズミカルな | rítmico<br>ヒチミコ | rhythmical<br>リズミカル |
| リズム | ritmo m.<br>ヒチモ | rhythm<br>リズム |
| 理性 (りせい) | razão f.<br>ハザォン | reason<br>リーズン |
| 〜的な | racional<br>ハスィオナウ | rational<br>ラショナル |
| 理想 (りそう) | ideal m.<br>イデアウ | ideal<br>アイディーアル |
| 〜郷 | utopia f.<br>ウトピーア | Utopia<br>ユートウピア |
| 〜主義 | idealismo m.<br>イデアリズモ | idealism<br>アイディーアリズム |
| 〜的な | ideal<br>イデアウ | ideal<br>アイディーアル |
| リゾート | local de lazer m., resort m.<br>ロカウ ヂ ラゼール, リゾーツ | resort<br>リゾート |

| 日 | 葡 | 英 |
|---|---|---|
| りそく<br>利息 | juro *m.*<br>ジューロ | interest<br>インタレスト |
| リチウム | lítio *m.*<br>リッチオ | lithium<br>リスィアム |
| りちぎ<br>律儀な | honesto, reto, íntegro<br>オネスト, ヘット, インテグロ | honest<br>アニスト |
| りちてき<br>理知的な | intelectual<br>インテレキトゥワウ | intellectual<br>インテレクチュアル |
| りつ<br>率 | proporção *f.*, taxa *f.*<br>プロポルサォン, タッシャ | rate<br>レイト |
| りっきょう<br>陸橋 | viaduto *m.*<br>ヴィアドゥット | viaduct<br>ヴァイアダクト |
| りっこうほ<br>立候補 | | |
| （男の） | candidato *m.*<br>カンヂダット | candidate<br>キャンディデイト |
| （女の） | candidata *f.*<br>カンヂダッタ | candidate<br>キャンディデイト |
| ～する | candidatar-se<br>カンヂダタールスィ | run for<br>ラン フォー |
| りっしょう<br>立証する | provar, comprovar<br>プロヴァール, コンプロヴァール | prove<br>プルーヴ |
| りっしんしゅっせ<br>立身出世 | sucesso na vida *m.*<br>スセッソ ナ ヴィーダ | success in life<br>サクセス イン ライフ |
| りったい<br>立体 | sólido *m.*<br>ソリド | solid<br>サリド |
| ～的な | sólido<br>ソリド | solid<br>サリド |
| りっちじょうけん<br>立地条件 | condições do lugar *f.pl.*<br>コンヂソィンス ド ルガール | conditions of location<br>コンディションズ オヴ ロウケイション |
| リットル | litro *m.*<br>リトロ | liter<br>リータ |
| りっぱ<br>立派な | magnífico, esplêndido<br>マギニフィコ, エスプレンヂド | excellent, splendid<br>エクセレント, スプレンディド |
| りっぽう<br>立法 | legislação *f.*<br>レジズラサォン | legislation<br>レヂスレイション |
| ～権 | poder legislativo *m.*<br>ポデール レジズラチーヴォ | legislative power<br>レヂスレイティヴ パウア |
| りっぽう<br>立方 | cubo *m.*<br>クーボ | cube<br>キューブ |

| 日 | 葡 | 英 |
|---|---|---|
| ～根 | raiz cúbica f.<br>ハイース クビカ | the cube root of<br>ザ キューブ ルート |
| ～体 | cubo m.<br>クーボ | cube<br>キューブ |
| ～メートル | metro cúbico m.<br>メトロ クビコ | cubic meter<br>キュービック ミータ |
| 利点 | vantagem f.<br>ヴァンタージェイン | advantage<br>アドヴァンティヂ |
| リトグラフ | litografia f.<br>リトグラフィーア | lithograph<br>リソグラフ |
| リトマス試験紙 | papel de tornassol m.<br>パペウ ヂ トルナソウ | litmus paper<br>リトマス ペイパ |
| リニアモーターカー | trem movido à força magnética m.<br>トレィン モヴィード ア フォルサ マギネチカ | linear motorcar<br>リニア モウタカー |
| 離乳食 | papinha f.<br>パピーニャ | baby food<br>ベイビ フード |
| 理念 | idéia f., filosofia f.<br>イデイア, フィロゾフィーア | idea<br>アイディーア |
| リハーサル | ensaio m.<br>エンサィオ | rehearsal<br>リハーサル |
| 理髪店 | barbearia f.<br>バルベアリーア | barbershop<br>バーバシャプ |
| リハビリ | reabilitação f.<br>ヘアビリタサォン | rehabilitation<br>リハビリテイション |
| 離反する | afastar-se, alhear-se<br>アファスタールスィ, アリェアールスィ | be estranged from<br>ビ イストレインヂド |
| リビングルーム | sala de estar f., living m.<br>サーラ ヂ エスタール, リヴィン | living room<br>リヴィング ルーム |
| リフォームする | reformar<br>ヘフォルマール | remodel<br>リーマドル |
| 理不尽な | absurdo, irracional<br>アビスルド, イハスィオナウ | unreasonable<br>アンリーズナブル |
| リベート | comissão f., ágio m.<br>コミサォン, アージオ | rebate<br>リーベイト |
| 離別する | separar-se, despedir-se<br>セパラールスィ, ヂスペヂールスィ | separate<br>セパレイト |
| リベラルな | liberal<br>リベラウ | liberal<br>リベラル |
| リポート | relatório m.<br>ヘラトーリオ | report<br>リポート |

り

| 日 | 葡 | 英 |
|---|---|---|
| リボン | fita *f.* フィッタ | ribbon リボン |
| 利回り | rentabilidade *f.* ヘンタビリダーヂ | yield イールド |
| リムジン | limusine *f.* リムズィーニ | limousine リムズィーン |
| 裏面 | o lado oposto *m.*, o inverso *m.* ウ ラード オポスト, ウ インヴェルソ | the back ザ バク |
| リモコン | controle remoto *m.* コントローリ ヘモット | remote control リモゥト カントロウル |
| 略 | omissão *f.* オミサォン | omission オウミション |
| 略語 | abreviatura *f.* アブレヴィアトゥーラ | abbreviation アブリヴィエイション |
| 略式の | informal, simplificado インフォルマウ, スィンプリフィカード | informal インフォーマル |
| 略す | abreviar, encurtar アブレヴィアール, エンクルタール | abridge, abbreviate アブリヂ, アブリーヴィエイト |
| （省く） | omitir オミチール | omit オウミト |
| 略奪する | saquear, pilhar サケアール, ピリャール | plunder, pillage プランダ, ピリヂ |
| 竜 | dragão *m.* ドラガォン | dragon ドラゴン |
| 理由 | razão *f.*, causa *f.*, motivo *m.* ハザォン, カゥザ, モチーヴォ | reason, cause リーズン, コーズ |
| 流域 | bacia fluvial *f.* バスィーア フルヴィアウ | valley, basin ヴァリ, ベイスン |
| 留意する | atentar, ter atenção por アテンタール, テール アテンサォン ポル | pay attention *to* ペイ アテンション |
| 留学 | estudos no estrangeiro *m.pl.* エストゥードズ ノ エストランジェィロ | studying abroad スタディング アブロード |
| 〜する | estudar no estrangeiro エストゥダール ノ エストランジェィロ | study abroad スタディ アブロード |
| 〜生 | bolsista *m.f.* ボウスィスタ | foreign student フォリン ステューデント |
| 流感 | *influenza f.* インフルエンザ | influenza インフルエンザ |
| 流行 | moda *f.* モーダ | fashion, vogue ファション, ヴォウグ |

| 日 | 葡 | 英 |
|---|---|---|
| (病気・思想などの) | propagação f., divulgação f.<br>プロパガサォン, ヂヴウガサォン | prevalence<br>プレヴァレンス |
| 〜歌 | canção da moda f.<br>カンサォン ダ モーダ | popular song<br>パピュラ ソング |
| 〜する | estar em moda<br>エスタール エイン モーダ | be in fashion<br>ビ イン ファション |
| 〜の | na moda<br>ナ モーダ | in fashion<br>イン ファション |
| 硫酸<br>りゅうさん | ácido sulfúrico m.<br>アスィド スウフリコ | sulfuric acid<br>サルフュアリク アスィド |
| 流産<br>りゅうざん | aborto espontâneo m.<br>アボルト エスポンターニオ | abortion<br>アボーション |
| 〜する | abortar<br>アボルタール | have a miscarriage<br>ハヴ ア ミスキャリヂ |
| 粒子<br>りゅうし | partícula f.<br>パルチクラ | particle<br>パーティクル |
| 流出する<br>りゅうしゅつ | derramar-se, sair<br>デハマールスィ, サイール | flow out<br>フロウ アウト |
| 隆盛<br>りゅうせい | prosperidade f.<br>プロスペリダーヂ | prosperity<br>プラスペリティ |
| 流線型の<br>りゅうせんけい | aerodinâmico<br>アエロヂナミコ | streamlined<br>ストリームラインド |
| 流暢に<br>りゅうちょう | fluentemente<br>フルエンチメンチ | fluently<br>フルエントリ |
| 流通<br>りゅうつう | circulação f.<br>スィルクラサォン | circulation<br>サーキュレイション |
| (物流) | distribuição f.<br>ヂストリブィサォン | distribution<br>ディストリビューション |
| 〜する | circular<br>スィルクラール | circulate<br>サーキュレイト |
| 流動的な<br>りゅうどうてき | fluido, instável, oscilante<br>フルイド, インスターヴェウ, オスィランチ | fluid<br>フルーイド |
| 流入する<br>りゅうにゅう | afluir<br>アフルイール | flow in<br>フロウ イン |
| 留年する<br>りゅうねん | repetir o ano escolar<br>ヘペチール ウ アーノ エスコラール | remain in the same class<br>リメイン イン ザ セイム クラス |
| 流派<br>りゅうは | escola f.<br>エスコーラ | school<br>スクール |

| 日 | 葡 | 英 |
|---|---|---|
| リューマチ | reumatismo *m.*<br>ヘゥマチズモ | rheumatism<br>ルーマティズム |
| リュックサック | mochila *f.*<br>モシーラ | rucksack<br>ラクサク |
| 漁<br><sup>りょう</sup> | pesca *f.*<br>ペスカ | fishing<br>フィシング |
| 寮<br><sup>りょう</sup> | alojamento *m.*, dormitório *m.*<br>アロジャメント, ドルミトーリオ | dormitory<br>ドーミトリ |
| 猟<br><sup>りょう</sup> | caça *f.*<br>カッサ | hunting, shooting<br>ハンティング, シューティング |
| 量<br><sup>りょう</sup> | quantidade *f.*<br>クァンチダーヂ | quantity<br>クワンティティ |
| 理容師<br><sup>りようし</sup> | | |
| (男の) | cabeleireiro *m.*<br>カベレィレィロ | hairdresser<br>ヘアドレサ |
| (女の) | cabeleireira *f.*<br>カベレィレィラ | hairdresser<br>ヘアドレサ |
| 利用<br><sup>りよう</sup> | uso *m.*<br>ウーソ | usage<br>ユースィヂ |
| ～する | usar, utilizar<br>ウザール, ウチリザール | use, utilize<br>ユーズ, ユーティライズ |
| 領域<br><sup>りょういき</sup> | território *m.*, domínio *m.*<br>テリトーリオ, ドミーニオ | domain<br>ドウメイン |
| 陵駕する<br><sup>りょうが</sup> | sobrepujar, exceder, superar<br>ソブレプジャール, エセデール, スペラール | surpass<br>サーパス |
| 了解する<br><sup>りょうかい</sup> | | |
| (理解する) | entender, compreender<br>エンテンデール, コンプレエンデール | |
| (承認) | consentir, admitir<br>コンセンチール, アヂミチール | understand<br>アンダスタンド |
| 両替<br><sup>りょうがえ</sup> | câmbio *m.*, troco de dinheiro *m.*<br>カンビオ, トロッコ ヂ ヂニェイロ | exchange<br>イクスチェインヂ |
| ～機 | máquina de câmbio *f.*<br>マキナ ヂ カンビオ | money changer<br>マニ チェインヂャ |
| ～する | *trocar dinheiro*<br>トロカール ヂニェイロ | change, exchange *into*<br>チェインヂ, イクスチェインヂ |
| 両側に<br><sup>りょうがわ</sup> | em ambos os lados<br>エィン アンボズ ウズ ラードス | both sides<br>ボウス サイヅ |
| 料金<br><sup>りょうきん</sup> | preço *m.*, taxa *f.*<br>プレッソ, タッシャ | charge, fee<br>チャーヂ, フィー |

| 日 | 葡 | 英 |
|---|---|---|
| ～所 | pedágio *m.*<br>ペダージオ | tollbooth<br>トゥルブース |
| りょうくう<br>領空 | espaço territorial aéreo *m.*<br>エスパッソ テヒトリアウ アエーリオ | airspace<br>エアスペイス |
| りょうし<br>漁師 | | |
| （男の） | pescador *m.*<br>ペスカドール | fisherman<br>フィシャマン |
| （女の） | pescadora *f.*<br>ペスカドーラ | fisherman<br>フィシャマン |
| りょうし<br>猟師 | | |
| （男の） | caçador *m.*<br>カサドール | hunter<br>ハンタ |
| （女の） | caçadora *f.*<br>カサドーラ | hunter<br>ハンタ |
| りょうじ<br>領事 | | |
| （男の） | cônsul *m.*<br>コンスウ | consul<br>カンスル |
| （女の） | consulesa *f.*<br>コンスレーザ | consul<br>カンスル |
| ～館 | consulado *m.*<br>コンスラード | consulate<br>カンスレト |
| りょうしき<br>良識 | bom senso *m.*<br>ボン センソ | good sense<br>グド センス |
| りょうしゅうしょ<br>領収書 | recibo *m.*<br>ヘスィーボ | receipt<br>リスィート |
| りょうしょう<br>了承する | concordar, aprovar<br>コンコルダール, アプロヴァール | consent<br>コンセント |
| りょうじょく<br>凌辱 | | |
| （性的） | defloração *f.*, estupro *m.*<br>デフロラサォン, エストゥプロ | violation, rape<br>ヴァイオレイション, レイプ |
| ～する | desflorar<br>デスフロラール | insult, violate<br>インサルト, ヴァイオレイト |
| りょうしん<br>両親 | pais *m.pl.*<br>パイス | parents<br>ペアレンツ |
| りょうしん<br>良心 | consciência *f.*<br>コンスィエンスィア | conscience<br>カンシェンス |
| りょうせいの<br>良性の | benigno<br>ベニギノ | benign<br>ビナイン |
| りょうせいるい<br>両生類 | anfíbio *m.*<br>アンフィビオ | Amphibia<br>アンフィビア |

| 日 | 葡 | 英 |
|---|---|---|
| りょうて<br>両手 | ambas as mãos *f.pl.*<br>アンバス アズ マォンス | both hands<br>ボウス ハンヅ |
| りょうど<br>領土 | território *m.*<br>テヒトーリオ | territory<br>テリトーリ |
| りょうほう<br>両方 | ambos, os dois<br>アンボス, オズ ドイス | both<br>ボウス |
| りょうめん<br>両面 | ambos os lados *m.pl.*<br>アンボス ウズ ラードス | both sides<br>ボウス サイヅ |
| りょうよう<br>療養する | recuperar-se<br>ヘクペラールスィ | recuperate<br>リキューパレイト |
| りょうり<br>料理 | cozinha *f.*<br>コズィーニャ | cooking<br>クキング |
| ～する | cozinhar<br>コズィニャール | cook<br>クク |
| りょうりつ<br>両立する | ser compatível<br>セール コンパチーヴェウ | be compatible *with*<br>ビ カンパティブル |
| りょかく<br>旅客 | | |
| （男の） | passageiro *m.*<br>パサジェィロ | passenger<br>パセンチャ |
| （女の） | passageira *f.*<br>パサジェィラ | passenger<br>パセンチャ |
| ～機 | avião de passageiros *m.*<br>アヴィアォン チ パサジェィロス | passenger plane<br>パセンチャ プレイン |
| りょかん<br>旅館 | pousada *f.*<br>ポウザーダ | hotel, inn<br>ホウテル, イン |
| りょくちゃ<br>緑茶 | chá verde *m.*<br>シャ ヴェルヂ | green tea<br>グリーン ティー |
| りょけん<br>旅券 | passaporte *m.*<br>パサポルチ | passport<br>パスポート |
| りょこう<br>旅行 | viagem *f.*<br>ヴィアージェィン | travel, trip<br>トラヴル, トリプ |
| ～者 | viajante *m.f.*<br>ヴィアジャンチ | traveler, tourist<br>トラヴラ, トゥアリスト |
| ～代理店 | agência de turismo *f.*<br>アジェンスィア チ トゥリズモ | travel agency<br>トラヴル エイヂェンスィ |
| ～する | viajar<br>ヴィアジャール | travel<br>トラヴル |
| りょひ<br>旅費 | despesas de viagem *f.pl.*<br>ヂスペーザス チ ヴィアージェィン | traveling expenses<br>トラヴリング イクスペンスィヅ |

| 日 | 葡 | 英 |
|---|---|---|
| リラックス | descanso *m.*, relaxamento *m.* <br> ヂスカンソ, ヘラシャメント | relaxation <br> リーラクセイション |
| 〜する | relaxar-se, descontrair-se <br> ヘラシャールスィ, ヂスコントライールスィ | relax <br> リラクス |
| りりく<br>離陸 | decolagem *f.* <br> デコラージェイン | takeoff <br> テイコーフ |
| 〜する | decolar <br> デコラール | take off <br> テイク オフ |
| りりつ<br>利率 | taxa dos juros *f.* <br> タッシャ ドズ ジューロス | the rate of interest <br> ザ レイト オヴ インタレスト |
| リレー | corrida de revezamento *f.* <br> コヒーダ ヂ ヘヴェザメント | relay <br> リーレイ |
| りれきしょ<br>履歴書 | *curriculum vitae m.* <br> クヒクルン ヴィタィ | curriculum vitae <br> カリキュラム ヴィータイ |
| りろん<br>理論 | teoria *f.* <br> テオリーア | theory <br> スィオリ |
| 〜的な | teórico <br> テオリコ | theoretical <br> スィオレティカル |
| りん<br>燐 | fósforo *m.* <br> フォスフォロ | phosphorus <br> ファスフォラス |
| りんかく<br>輪郭 | contorno *m.* <br> コントルノ | outline <br> アウトライン |
| りんぎょう<br>林業 | silvicultura *f.* <br> スィウヴィクトゥーラ | forestry <br> フォリストリ |
| リング | ringue *m.* <br> ヒンギ | ring <br> リング |
| （指輪） | anel *m.* <br> アネウ | ring <br> リング |
| りんご<br>林檎 | maçã *f.* <br> マサン | apple <br> アプル |
| りんこく<br>隣国 | país vizinho *m.* <br> パイーズ ヴィズィーニョ | neighboring country <br> ネイバリング カントリ |
| りんじの<br>臨時の | extraordinário, temporário <br> エストラオルヂナーリオ, テンポラーリオ | temporary, special <br> テンポレリ, スペシャル |
| りんしょうの<br>臨床の | clínico <br> クリニコ | clinical <br> クリニカル |
| りんじん<br>隣人 | | |
| （男の） | vizinho *m.* <br> ヴィズィーニョ | neighbor <br> ネイバ |

| 日 | 葡 | 英 |
|---|---|---|
| (女の) | vizinha *f.* ヴィズィーニャ | neighbor ネイバ |
| リンスする | rinçar ヒンサール | rinse リンス |
| 隣接の | adjacente, contíguo アヂジャセンチ, コンチーグォ | neighboring, adjacent ネイバリング, アヂェイセント |
| リンチ | linchamento *m.* リンシャメント | lynch リンチ |
| 輪転機 | rotativa *f.* ホタチーヴァ | rotary press ロウタリ プレス |
| 輪廻 | metempsicose *f.* メテンプスィコーズィ | metempsychosis メテンプスィコウスィス |
| リンネル | artigo de linho *m.* アルチーゴ ヂ リーニョ | linen リネン |
| リンパ腺 | glândula linfática *f.* グランドゥラ リンファチカ | lymph gland リンフ グランド |
| 倫理 | ética *f.* エチカ | ethics エスィクス |
| ～的な | ético エチコ | ethical, moral エスィカル, モラル |

## る, ル

| 日 | 葡 | 英 |
|---|---|---|
| 類 | espécie *f.* エスペスィイ | kind, sort カインド, ソート |
| 類型 | tipo *m.* チッポ | type, pattern タイプ, パタン |
| 類語 | sinônimo *m.* スィノーニモ | synonym スィノニム |
| 類似 | semelhança *f.* セメリャンサ | resemblance リゼンブランス |
| ～する | ser semelhante a セール セメリャンチ ア | resemble リゼンブル |
| 類推する | *inferir, raciocinar* por analogia インフェリール, ハスィオスィナール ポル アナロジーア | infer インファー |
| 累積する | acumular アクムラール | accumulate アキューミュレイト |
| ルーズな | descuidado ヂスクィダード | loose ルース |

| 日 | 葡 | 英 |
|---|---|---|
| (道徳) | relaxado<br>ヘラシャード | sloppy, slovenly<br>スラピ, スラヴァンリ |
| (仕事) | mal-feito, imperfeito<br>マウ フェィト, インペルフェィト | imperfect<br>インパーフィクト |
| (人) | desatento, distraído<br>デザテント, ヂストライード | inattentive<br>イナテンティヴ |
| ルーズリーフ | caderno de folhas soltas *m.*<br>カデルノ ヂ フォーリャス ソウタス | loose-leaf notebook<br>ルースリーフ ノウトブク |
| ルーツ | origem *f.*<br>オリージェィン | roots<br>ルーツ |
| ルート | via *f.*<br>ヴィーア | route, channel<br>ルート, チャネル |
| (平方根) | raiz *f.*<br>ハイース | root<br>ルート |
| ルーペ | lupa *f.*<br>ルッパ | loupe<br>ループ |
| ルームメイト | | |
| (男の) | companheiro de quarto *m.*<br>コンパニェィロ ヂ クワルト | roommate<br>ルームメイト |
| (女の) | companheira de quarto *f.*<br>コンパニェィラ ヂ クワルト | roommate<br>ルームメイト |
| ルール | regra *f.*<br>ヘーグラ | rule<br>ルール |
| ルーレット | roleta *f.*<br>ホレッタ | roulette<br>ルーレト |
| 留守 | ausência *f.*<br>アゥゼンスィア | absence<br>アブセンス |
| ～にする | ausentar-se, sair<br>アゥゼンタールスィ, サイール | be out<br>ビ アウト |
| ～番 | vigia *f.*, guarda *f.*<br>ヴィジーア, グワルダ | caretaking<br>ケアテイキング |
| (人) | pessoa que guarda a casa *f.*<br>ペソーア キ グワルダ ア カーザ | caretaker<br>ケアテイカ |
| ～番電話 | secretária eletrônica *f.*<br>セクレタ―リア エレトロニカ | answerphone<br>アンサフォウン |
| ルネッサンス | Renascimento *m.*<br>ヘナスィメント | the Renaissance<br>ザ レネサーンス |
| ルビー | rubi *m.*<br>フビ | ruby<br>ルービ |

| 日 | 葡 | 英 |
|---|---|---|

## れ, レ

| | | |
|---|---|---|
| レアル | real *m.*<br>ヘアウ | real<br>リーアル |
| 〜建ての | cotado em real<br>コタード エィン ヘアウ | on a real base<br>オン ア リーアル ベイス |
| 例<br><small>れい</small> | exemplo *m.*<br>エゼンプロ | example<br>イグザンプル |
| 礼<br><small>れい</small> | cumprimento *m.*<br>クンプリメント | bow, salutation<br>バウ, サリュテイション |
| （礼儀） | etiqueta *f.*<br>エチケッタ | etiquette, manners<br>エティケト, マナズ |
| （感謝） | agradecimento *m.*<br>アグラデスィメント | thanks<br>サンクス |
| レイアウト | *layout m.*<br>レィアウト | layout<br>レイアウト |
| 霊園<br><small>れいえん</small> | cemitério *m.*<br>セミテーリオ | cemetery<br>セミテリ |
| レイオフ | férias coletivas *f.pl.*<br>フェリアス コレチーヴァス | lay-off<br>レイオーフ |
| 零下<br><small>れいか</small> | abaixo de zero<br>アバィショ チ ゼーロ | below zero<br>ビロウ ズィアロウ |
| 例外<br><small>れいがい</small> | exceção *f.*<br>エセサォン | exception<br>イクセプション |
| 霊感<br><small>れいかん</small> | inspiração espiritual *f.*<br>インスピラサォン エスピリトゥアウ | inspiration<br>インスピレイション |
| 冷気<br><small>れいき</small> | ar frio *m.*<br>アール フリーオ | chill, cold<br>チル, コウルド |
| 礼儀<br><small>れいぎ</small> | etiqueta *f.*, boas maneiras *f.pl.*<br>エチケッタ, ボアス マネィラス | etiquette, manners<br>エティケト, マナズ |
| 冷却する<br><small>れいきゃく</small> | refrescar, resfrigerar<br>ヘフレスカール, ヘスフリジェラール | cool<br>クール |
| 霊柩車<br><small>れいきゅうしゃ</small> | carro funerário *m.*<br>カーホ フネラーリオ | hearse<br>ハース |
| 冷遇する<br><small>れいぐう</small> | tratar friamente<br>トラタール フリアメンチ | treat coldly<br>トリート コウルドリ |
| 冷酷な<br><small>れいこく</small> | cruel<br>クルエウ | cruel<br>クルーエル |

| 日 | 葡 | 英 |
|---|---|---|
| れいこん<br>霊魂 | alma *f.*<br>アウマ | soul<br>ソウル |
| れいじょう<br>礼状 | carta de agradecimento *f.*<br>カルタ ヂ アグラデスィメント | letter of thanks<br>レタ オヴ サンクス |
| れいじょう<br>令状 | mandato *m.*<br>マンダット | warrant<br>ウォラント |
| れいせい<br>冷静な | sereno, tranqüilo, calmo<br>セレーノ, トランクウィーロ, カウモ | cool, calm<br>クール, カーム |
| れいせん<br>冷戦 | guerra fria *f.*<br>ゲッハ フリーア | cold war<br>コウルド ウォー |
| れいぞうこ<br>冷蔵庫 | geladeira *f.*, refrigerador *m.*<br>ジェラデイラ, ヘフリジェラドール | refrigerator<br>リフリヂャレイタ |
| れいたん<br>冷淡な | frio, indiferente<br>フリーオ, インヂフェレンチ | cold, indifferent<br>コウルド, インディファレント |
| れいとう<br>冷凍 | congelação *f.*<br>コンジェラサォン | freezing<br>フリーズィング |
| ～庫 | congelador *m.*, *freezer m.*<br>コンジェラドール, フリーゼル | freezer<br>フリーザ |
| ～食品 | comida congelada *f.*<br>コミーダ コンジェラーダ | frozen foods<br>フロウズン フーヅ |
| ～する | congelar<br>コンジェラール | freeze<br>フリーズ |
| ～の | congelado<br>コンジェラード | frozen<br>フロウズン |
| れいはい<br>礼拝 | culto *m.*<br>クウト | worship, service<br>ワーシプ, サーヴィス |
| ～する | adorar a<br>アドラール ア | worship<br>ワーシプ |
| ～堂 | capela *f.*<br>カペーラ | chapel<br>チャペル |
| れいふく<br>礼服 | traje de cerimônia *m.*<br>トラージ ヂ セリモーニア | full dress<br>フル ドレス |
| れいぼう<br>冷房 | ar-condicionado *m.*<br>アル コンヂスィオナード | air conditioning<br>エア カンディショニング |
| レインコート | capa de chuva *f.*<br>カッパ ヂ シューヴァ | raincoat<br>レインコウト |
| レーザー | laser *m.*<br>ラゼール | laser<br>レイザ |

| 日 | 葡 | 英 |
|---|---|---|
| レース | renda *f.*<br>ヘンダ | lace<br>レイス |
| （競走） | corrida *f.*<br>コヒーダ | race<br>レイス |
| レーズン | passa *f.*<br>パッサ | raisin<br>レイズン |
| レーダー | radar *m.*<br>ハダール | radar<br>レイダー |
| レート | taxa *f.*<br>タッシャ | rate<br>レイト |
| レール | trilho *m.*<br>トリーリョ | rail<br>レイル |
| レオタード | malha *f.*, *collant m.*<br>マーリャ，コラン | leotard<br>リーオタード |
| 歴史 | história *f.*<br>イストーリア | history<br>ヒストリ |
| ～の | histórico<br>イストリコ | historic, historical<br>ヒストーリク, ヒストーリカル |
| 歴代の | sucessivo<br>スセスィーヴォ | successive<br>サクセスィヴ |
| レギュラーの | regular<br>ヘグラール | regular<br>レギュラ |
| （スポーツ選手） | titular<br>チトゥラール | regular<br>レギュラ |
| レクリエーション | recreação *f.*<br>ヘクリアサォン | recreation<br>レクリエイション |
| レコーディング | gravação *f.*<br>グラヴァサォン | recording<br>リコーディング |
| レコード | | |
| （記録） | recorde *m.*<br>ヘコルチ | record<br>レコド |
| （音盤） | disco *m.*<br>チスコ | record, disk<br>レコド, ディスク |
| レジ | caixa (registradora) *f.*<br>カイシャ（ヘジストラドーラ） | cash register<br>キャシュ レヂスタ |
| レシート | recibo *m.*<br>ヘスィーポ | receipt<br>リスィート |
| レシーバー | auscultador *m.*<br>アゥスクゥタドール | receiver<br>リスィーヴァ |

| 日 | 葡 | 英 |
|---|---|---|
| レシーブする | receber ヘセベール | receive リスィーヴ |
| レジスタンス | resistência f. ヘズィステンスィア | resistance レズィスタンス |
| レシピ | receita f. ヘセイタ | recipe レスィピ |
| レジャー | diversão f., lazer m. チヴェルサォン, ラゼール | leisure リージャ |
| レジュメ | resumo m. ヘズーモ | résumé レズュメイ |
| レストラン | restaurante m. ヘスタゥランチ | restaurant レストラント |
| レズビアン | lésbica f. レズビカ | lesbian レズビアン |
| レスリング | luta livre f. ルッタ リーヴリ | wrestling レスリング |
| レセプション | recepção f. ヘセピサォン | reception リセプション |
| レタス | alface f. アウファッスィ | lettuce レティス |
| 列 | fila f. フィーラ | line, row, queue ライン, ラウ, キュー |
| ～を作る | enfileirar-se エンフィレイラールスィ | form a line フォーム ア ライン |
| 劣悪な | inferior, de má qualidade インフェリオール, チ マ クァリダーチ | inferior, poor インフィアリア, プア |
| レッカー車 | guincho m. ギンショ | wrecker レカ |
| 列挙する | enumerar エヌメラール | enumerate イニューメレイト |
| 列車 | trem m. トレィン | train トレイン |
| レッスン | lição f. リサォン | lesson レスン |
| 列席する | assistir a アスィスチール ア | attend アテンド |
| レッテル | rótulo m. ホトゥロ | label レイベル |

| 日 | 葡 | 英 |
|---|---|---|
| <ruby>列島<rt>れっとう</rt></ruby> | arquipélago *m.*<br>アルキペラゴ | islands<br>アイランヅ |
| レトリック | retórica *f.*<br>ヘトリカ | rhetoric<br>レトリク |
| レトロな | passadista<br>パサヂスタ | retrospective<br>レトロスペクティヴ |
| レバー | fígado *m.*<br>フィガド | liver<br>リヴァ |
| （取っ手） | alavanca *f.*<br>アラヴァンカ | lever<br>レヴァ |
| レパートリー | repertório *m.*<br>ヘペルトーリオ | repertory<br>レパトーリ |
| レフェリー | árbitro *m.*<br>アルビトロ | referee<br>レファリー |
| レベル | nível *m.*<br>ニーヴェウ | level<br>レヴル |
| レポーター | repórter *m.f.*<br>ヘポルテル | reporter<br>リポータ |
| レポート | relatório *m.*<br>ヘラトーリオ | report<br>リポート |
| レモネード | limonada *f.*<br>リモナーダ | lemonade<br>レモネイド |
| レモン | limão *m.*<br>リマォン | lemon<br>レモン |
| レリーフ | relevo *m.*<br>ヘレーヴォ | relief<br>リリーフ |
| <ruby>恋愛<rt>れんあい</rt></ruby> | namoro *m.*<br>ナモーロ | love<br>ラヴ |
| <ruby>煉瓦<rt>れんが</rt></ruby> | tijolo *m.*<br>チジョーロ | brick<br>ブリク |
| <ruby>連休<rt>れんきゅう</rt></ruby> | feriados seguidos *m.pl.*<br>フェリアードス セギードス | consecutive holidays<br>カンセキュティヴ ハリデイズ |
| <ruby>連携<rt>れんけい</rt></ruby> | *colaboração f.*<br>コラボラサォン | cooperation, tie-up<br>コウアパレイション, タイアプ |
| <ruby>連結<rt>れんけつ</rt></ruby> | ligação *f.*, conexão *f.*<br>リガサォン, コネキサォン | connection<br>カネクション |
| ～する | ligar<br>リガール | connect<br>コネクト |

れ

| 日 | 葡 | 英 |
|---|---|---|
| <ruby>連合<rt>れんごう</rt></ruby> | união *f.*, aliança *f.*<br>ウニアォン, アリアンサ | union<br>ユーニョン |
| 〜する | unir-se, aliar-se<br>ウニールスィ, アリアールスィ | be united<br>ビ ユーナイテド |
| <ruby>連載<rt>れんさい</rt></ruby> | publicação em série *f.*<br>プブリカサォン エィン セリイ | serial publication<br>スィリアル パブリケイション |
| <ruby>連鎖反応<rt>れんさはんのう</rt></ruby> | reação em cadeia *f.*<br>ヘアサォン エィン カデイア | chain reaction<br>チェイン リアクション |
| レンジ | fogão de cozinha *m.*<br>フォガォン ヂ コズィーニャ | range<br>レインヂ |
| 電子〜 | forno de microondas *m.*<br>フォルノ ヂ ミクロオンダス | microwave oven<br>マイクロウェイヴ アヴン |
| <ruby>連日<rt>れんじつ</rt></ruby> | todos os dias, dia após dia<br>トードズ ウズ ヂーアス, ヂーア アポィス ヂーア | every day<br>エヴリ デイ |
| <ruby>練習<rt>れんしゅう</rt></ruby> | exercício *m.*, treinamento *m.*<br>エゼルスィースィオ, トレイナメント | practice, exercise<br>プラクティス, エクササイズ |
| 〜する | exercitar-se, praticar, treinar<br>エゼルスィタールスィ, プラチカール, トレイナール | practice, train<br>プラクティス, トレイン |
| レンズ | lente *f.*<br>レンチ | lens<br>レンズ |
| レンズ<ruby>豆<rt>まめ</rt></ruby> | lentilha *f.*<br>レンチーリャ | lentil<br>レンティル |
| <ruby>連想<rt>れんそう</rt></ruby> | associação de idéias *f.*<br>アソスィアサォン ヂ イデイアス | association of ideas<br>アソウシエイション オヴ アイディアズ |
| 〜する | associar idéias<br>アソスィアール イデイアス | associate *with*<br>アソウシエイト |
| <ruby>連続<rt>れんぞく</rt></ruby> | continuação *f.*<br>コンチヌアサォン | continuation<br>カンティニュエイション |
| 〜する | continuar<br>コンチヌアール | continue<br>カンティニュー |
| <ruby>連帯<rt>れんたい</rt></ruby> | solidariedade *f.*<br>ソリダリエダーヂ | solidarity<br>サリダリティ |
| 〜保証人<br>(男の) | co-fiador *m.*<br>コフィアドール | joint surety<br>ヂョイント シュアティ |
| (女の) | co-fiadora *f.*<br>コフィアドーラ | joint surety<br>ヂョイント シュアティ |
| レンタカー | carro de aluguel *m.*<br>カッホ ヂ アルゲウ | rent-a-car<br>レンタカー |

| 日 | 葡 | 英 |
|---|---|---|
| レンタル | aluguel *m.* <br> アルゲウ | rental <br> レンタル |
| レントゲン | raio X *m.* <br> ハィオ シース | X rays <br> エクス レイズ |
| れんぽう<br>連邦 | federação *f.* <br> フェデラサォン | federation <br> フェデレイション |
| れんめい<br>連盟 | liga *f.*, união *f.*, aliança *f.* <br> リーガ, ウニアォン, アリアンサ | league <br> リーグ |
| れんらく<br>連絡 | comunicação *f.*, contato *m.* <br> コムニカサォン, コンタット | liaison, contact <br> リエイゾーン, カンタクト |
| ～する | comunicar, contatar <br> コムニカール, コンタタール | connect *with* <br> カネクト |
| ～を取る | entrar em contato <br> エントラール エィン コンタット | get in touch *with* <br> ゲト イン タチ |
| れんりつ<br>連立 | coalizão *f.*, coligação *f.* <br> コアリザォン, コリガサォン | coalition <br> コウアリション |
| ～政権 | governo de coligação *m.* <br> ゴヴェルノ ヂ コリガサォン | coalition government <br> コウアリション ガヴァンメント |

## ろ, ロ

| 日 | 葡 | 英 |
|---|---|---|
| ろ<br>炉 | lareira *f.* <br> ラレィラ | fireplace <br> ファイアプレイス |
| 原子～ | reator nuclear *m.* <br> ヘアトール ヌクレアール | nuclear reactor <br> ニュークリア リアクタ |
| ろ<br>櫓 | remo *m.* <br> ヘーモ | oar <br> オー |
| ロイヤリティー | *royalty m.* <br> ロヤウティ | royalty <br> ロイアルティ |
| ろう<br>蝋 | cera *f.* <br> セーラ | wax <br> ワクス |
| ろうあしゃ<br>聾唖者 | surdo-mudo *m.* <br> スルド ムード | deaf-mute <br> デフミュート |
| ろうか<br>廊下 | corredor *m.* <br> コヘドール | corridor <br> コリダ |
| ろうか<br>老化する | envelhecer <br> エンヴェリェセール | age <br> エイヂ |

| 日 | 葡 | 英 |
|---|---|---|
| ろうがん<br>**老眼** | presbiopia *f.*<br>プレズビオピーア | presbyopia<br>プレズビオウピア |
| ろうきゅうかした<br>**老朽化した** | decrépito<br>デクレピト | old, decrepit<br>オウルド, ディクレピト |
| ろうご<br>**老後** | velhice *f.*, terceira idade *f.*<br>ヴェリィッスィ, テルセィラ イダーチ | old age<br>オウルド エイヂ |
| ろうごく<br>**牢獄** | prisão *f.*<br>プリザォン | prison, jail<br>プリズン, チェイル |
| ろうじん<br>**老人** | pessoa idosa *f.*<br>ペソーア イドーザ | old peaple<br>オウルド ピープル |
| （男の） | velho *m.*<br>ヴェーリョ | old man<br>オウルド マン |
| （女の） | velha *f.*<br>ヴェーリャ | old woman<br>オウルド ウマン |
| ろうすい<br>**老衰** | senilidade *f.*, decrepitude *f.*<br>セニリダーチ, デクレピトゥーヂ | senility<br>スィニリティ |
| ろうそく<br>**蝋燭** | vela *f.*<br>ヴェーラ | candle<br>キャンドル |
| ろうどう<br>**労働** | trabalho *m.*<br>トラバーリョ | labor, work<br>レイバ, ワーク |
| ～組合 | sindicato de trabalhadores *m.*<br>スィンヂカット ヂ トラバリャドーリス | labor union<br>レイバ ユーニオン |
| ～時間 | horário de trabalho *m.*<br>オラーリオ ヂ トラバーリョ | working hours<br>ワーキング アウアズ |
| ～者 | | |
| （男の） | trabalhador *m.*, operário *m.*<br>トラバリャドール, オペラーリオ | laborer, worker<br>レイバラ, ワーカ |
| （女の） | trabalhadora *f.*, operária *f.*<br>トラバリャドーラ, オペラーリア | laborer, worker<br>レイバラ, ワーカ |
| ～する | trabalhar<br>トラバリャール | labor, work<br>レイバ, ワーク |
| ～争議 | conflito trabalhista *m.*<br>コンフリット トラバリィスタ | labor dispute<br>レイバ ディスピュート |
| ～力 | mão-de-obra *f.*<br>マォン ヂ オーブラ | manpower, labor<br>マンパウア, レイバ |
| ろうどくする<br>**朗読する** | ler em voz alta<br>レール エィン ヴォィズ アウタ | read, recite<br>リード, リサイト |
| ろうねん<br>**老年** | terceira idade *f.*, velhice *f.*<br>テルセィラ イダーチ, ヴェリィッスィ | old age<br>オウルド エイヂ |

| 日 | 葡 | 英 |
|---|---|---|
| <ruby>狼狼<rt>ろうばい</rt></ruby>する | embaraçar-se, ficar atônito<br>エンバラサールスィ, フィカール アトニト | be upset<br>ビ アプセト |
| <ruby>浪費<rt>ろうひ</rt></ruby>する | desperdiçar<br>ヂスペルヂサール | waste<br>ウェイスト |
| <ruby>労力<rt>ろうりょく</rt></ruby> | trabalho *m.*, esforço *m.*<br>トラバーリョ, エスフォルソ | pains, trouble<br>ペインズ, トラブル |
| <ruby>老齢<rt>ろうれい</rt></ruby> | velhice *f.*<br>ヴェリィッスィ | old age<br>オウルド エイヂ |
| ローション | loção *f.*<br>ロサォン | lotion<br>ロウション |
| ロース | lombo *m.*<br>ロンボ | sirloin<br>サーロイン |
| ロースト | assado *m.*<br>アサード | roast<br>ロウスト |
| 〜ビーフ | rosbife *m.*<br>ホズビッフィ | roast beef<br>ロウスト ビーフ |
| ロータリー | rotunda *f.*<br>ホトゥンダ | rotary, roundabout<br>ロウタリ, ラウンダバウト |
| 〜エンジン | motor rotativo *m.*<br>モトール ホタチーヴォ | rotary engine<br>ロウタリ エンヂン |
| ローテーション | rotação *f.*, turno *m.*<br>ホタサォン, トゥルノ | rotation<br>ロウテイション |
| ロードショー | estréia *f.*<br>エストレィア | road show<br>ロウド ショウ |
| ロープ | corda *f.*<br>コルダ | rope<br>ロウプ |
| 〜ウエイ | teleférico *m.*<br>テレフェリコ | ropeway<br>ロウプウェイ |
| ローラースケート | patim *m.*<br>パチン | roller skating<br>ロウラ スケイティング |
| ローン | empréstimo *m.*<br>エンプレスチモ | loan<br>ロウン |
| <ruby>濾過<rt>ろか</rt></ruby>する | filtrar<br>フィウトラール | filter<br>フィルタ |
| <ruby>録音<rt>ろくおん</rt></ruby> | gravação *f.*<br>グラヴァサォン | recording<br>リコーディング |
| 〜する | gravar<br>グラヴァール | record, tape<br>リコード, テイプ |

| 日 | 葡 | 英 |
|---|---|---|
| 録画する | registrar imagens ヘジストラール イマージェインス | record *on* リコード |
| 六月 | junho *m.* ジューニョ | June チューン |
| 緑青 | azinhavre *m.* アズィニャーヴリ | green rust グリーン ラスト |
| 肋膜炎 | pleurisia *f.* プレゥリズィーア | pleurisy プルアリスィ |
| 轆轤 | torno *m.* トルノ | potter's wheel パタズ ホウィール |
| ロケーション | filmagem em locação *f.* フィウマージェイン エィン ロカサォン | location ロウケイション |
| ロケット | foguete *m.* フォゲッチ | rocket ラケト |
| 露骨な | aberto, franco アベルト, フランコ | plain, blunt プレイン, ブラント |
| 路地 | beco *m.* ベッコ | alley, lane アリ, レイン |
| ロシア | Rússia *f.* フッスィア | Russia ラシャ |
| ～語 | russo *m.* フッソ | Russian ラシャン |
| 露出 | exibição *f.*, mostra *f.* エズィビサォン, モストラ | exposure イクスポウジャ |
| (カメラの) | exposição *f.* エスポズィサォン | exposure イクスポウジャ |
| ～する | exibir エズィビール | expose イクスポウズ |
| 路線 | rota *f.* ホッタ | route, line ルート, ライン |
| ～図 | mapa com a rota *m.* マッパ コン ア ホッタ | route map ルート マプ |
| ロッカー | armário *m.* アルマーリオ | locker ラカ |
| ロッキングチェア | cadeira de balanço *f.* カデイラ ヂ バランソ | rocking chair ラキング チェア |
| ロック | rock *m.* ホッキ | rock ラク |

| 日 | 葡 | 英 |
|---|---|---|
| ロッククライミング | alpinismo *m.*<br>アルピニズモ | rock-climbing<br>ラククライミング |
| <ruby>肋骨<rt>ろっこつ</rt></ruby> | costela *f.*<br>コステーラ | rib<br>リブ |
| ロッジ | cabana *f.*<br>カバーナ | lodge<br>ラヂ |
| <ruby>露店<rt>ろてん</rt></ruby> | barraca de feira *f.*<br>バハッカ チ フェイラ | stall, booth<br>ストール, ブース |
| <ruby>驢馬<rt>ろば</rt></ruby> | | |
| （雄の） | burro *m.*<br>ブッホ | ass, donkey<br>アス, ダンキ |
| （雌の） | mula *f.*<br>ムーラ | ass, donkey<br>アス, ダンキ |
| ロビー | saguão *m.*, vestíbulo *m.*<br>サグアォン, ヴェスチブロ | lobby<br>ラビ |
| ロブスター | lagostim *m.*<br>ラゴスチン | lobster<br>ラブスタ |
| ロボット | máquina automática *f.*, robô *m.*<br>マキナ アウトマチカ, ホボ | robot<br>ロウボト |
| ロマン<ruby>主義<rt>しゅぎ</rt></ruby> | Romantismo *m.*<br>ロマンチズモ | romanticism<br>ロウマンティスィズム |
| ロマンス | romance de amor *m.*<br>ホマンスィ チ アモール | romance<br>ロウマンス |
| ロマンチスト | | |
| （男の） | romântico *m.*<br>ホマンチコ | romanticist<br>ロウマンティスィスト |
| （女の） | romântica *f.*<br>ホマンチカ | romanticist<br>ロウマンティスィスト |
| <ruby>路面電車<rt>ろめんでんしゃ</rt></ruby> | bonde *m.*<br>ボンチ | streetcar<br>ストリートカー |
| <ruby>論議<rt>ろんぎ</rt></ruby> | discussão *f.*, debate *m.*<br>ヂスクサォン, デバッチ | discussion, argument<br>ディスカション, アーギュメント |
| ～する | discutir<br>ヂスクチール | discuss, argue *about*<br>ディスカス, アーギュー |
| <ruby>論拠<rt>ろんきょ</rt></ruby> | base do argumento *f.*<br>バーズィ ド アルグメント | basis of an argument<br>ベイスィス オヴ アン ナーギュメント |
| ロングセラー | sucesso duradouro *m.*<br>スセッソ ドゥラドゥロ | longtime seller<br>ローングタイム セラ |

| 日 | 葡 | 英 |
|---|---|---|
| 論じる | discutir<br>ヂスク**チ**ール | discuss, argue<br>ディス**カ**ス, **アー**ギュー |
| 論争 | disputa f., polêmica f.<br>ヂス**プ**ッタ, ポ**レ**ミカ | dispute, controversy<br>ディス**ピュー**ト, カントロ**ヴァー**スィ |
| ～する | disputar<br>ヂスプ**タ**ール | argue, dispute<br>**アー**ギュー, ディス**ピュー**ト |
| 論点 | ponto em questão m.<br>**ポ**ント エィン ケス**タ**オン | the point at issue<br>ザ **ポ**イント アト **イ**シュー |
| 論文 | artigo m.<br>アル**チ**ーゴ | essay, thesis<br>**エ**セイ, **スィー**スィス |
| 論理 | lógica f.<br>**ロ**ジカ | logic<br>**ラ**ヂク |
| ～的な | lógico<br>**ロ**ジコ | logical<br>**ラ**ヂカル |

## わ, ワ

| 日 | 葡 | 英 |
|---|---|---|
| 輪 | círculo m., roda f., anel m.<br>ス**ィ**ルクロ, **ホー**ダ, ア**ネ**ウ | circle, ring<br>**サー**クル, **リ**ング |
| 和 | soma f., total m.<br>**ソー**マ, ト**タ**ウ | the sum<br>ザ **サ**ム |
| （調和） | harmonia f.<br>アルモ**ニー**ア | harmony<br>**ハー**モニ |
| ワープロ | processador de texto m.<br>プロフェサ**ドー**ル ヂ **テ**スト | word processor<br>**ワー**ド プ**ラ**セサ |
| ワールドカップ | Copa do Mundo f.<br>**コ**ッパ ド **ム**ンド | the World Cup<br>ザ **ワー**ルド **カ**プ |
| ワイシャツ | camisa social f.<br>カ**ミー**ザ ソスィア**ウ** | shirt<br>**シャー**ト |
| 猥褻な | indecente, obsceno<br>インデ**セ**ンチ, オビ**セー**ノ | indecent, obscene<br>イン**ディー**セント, オブ**スィー**ン |
| ワイパー | limpador de pára-brisa m.<br>リンパ**ドー**ル ヂ パラブ**リー**ザ | wiper<br>**ワ**イパ |
| ワイヤー | arame m.<br>ア**ラ**ーミ | wire<br>**ワ**イア |
| 賄賂 | suborno m.<br>ス**ボ**ルノ | bribery, bribe<br>ブ**ラ**イバリ, ブ**ラ**イブ |

| 日 | 葡 | 英 |
|---|---|---|
| ワイン | vinho *m.* <br> ヴィーニョ | wine <br> ワイン |
| 〜グラス | taça de vinho *f.* <br> タッサ ヂ ヴィーニョ | wineglass <br> ワイングラス |
| 和音(わおん) | acorde *m.* <br> アコルヂ | harmony <br> ハーモニ |
| 若い(わか) | jovem, moço, novo <br> ジョーヴェイン, モッソ, ノーヴォ | young <br> ヤング |
| 和解する(わかい) | reconciliar-se <br> ヘコンスィリアール スィ | be reconciled *with* <br> ビ レコンサイルド |
| 若返る(わかがえ) | rejuvenescer, remoçar <br> ヘジュヴェネセール, ヘモサール | grow younger <br> グロウ ヤンガ |
| 若さ(わか) | juventude *f.*, mocidade *f.* <br> ジュヴェントゥーヂ, モスィダーヂ | youth <br> ユース |
| 沸かす(わ) | ferver <br> フェルヴェール | boil <br> ボイル |
| 若葉(わかば) | folhas tenras [novas] *f.pl.* <br> フォーリャス テンラス [ノーヴァス] | young leaves <br> ヤング リーヴズ |
| 我が儘な(わがまま) | egoísta, voluntarioso <br> エゴイスタ, ヴォルンタリオーゾ | selfish, willful <br> セルフィシュ, ウィルフル |
| 若者(わかもの) | jovem *m.f.* <br> ジョーヴェイン | young people <br> ヤング ピープル |
| (男の) | moço *m.* <br> モッソ | young man <br> ヤング マン |
| (女の) | moça *f.* <br> モッサ | young girl <br> ヤング ガール |
| 分からず屋(わ)(や) | cabeça-dura *m.f.* <br> カベッサ ドゥーラ | blockhead <br> ブラクヘド |
| 分かり難い(わ)(にく) | difícil de entender, complicado <br> ヂフィッスィウ ヂ エンテンデール, コンプリカード | hard to understand <br> ハード トゥー アンダスタンド |
| 分かり易い(わ)(やす) | fácil de entender, simples <br> ファッスィウ ヂ エンテンデール, スィンプリス | easy, simple <br> イーズィ, スィンプル |
| 分かる(わ) | entender, compreender <br> エンテンデール, コンプレエンデール | understand, realize <br> アンダスタンド, リーアライズ |
| 別れ(わか) | despedida *f.* <br> ヂスペヂーダ | parting, farewell <br> パーティング, フェアウェル |
| 分かれる(わ) | ramificar-se <br> ハミフィカール スィ | branch off *from* <br> ブランチ オフ |

| 日 | 葡 | 英 |
|---|---|---|
| (2つに) | bifurcar-ce<br>ビフルカールスィ | separate<br>セパレイト |
| (区分) | dividir-se<br>ヂヴィヂール スィ | be divided *into*<br>ビ ディヴァイデド |
| (分離) | separar-se<br>セパラールスィ | separate<br>セパレイト |
| 別(わか)れる | despedir-se de, separar-se de<br>ヂスペヂールスィ ヂ, セパラールスィ ヂ | part *from*<br>パート |
| 若々(わかわか)しい | juvenil<br>ジュヴェニウ | young and fresh<br>ヤング アンド フレシュ |
| 脇(わき) | o lado *m.*<br>ウ ラード | the side<br>ザ サイド |
| 脇(わき)の下(した) | axila *f.*, sovaco *m.*<br>アキスィーラ, ソヴァッコ | armpit<br>アームピト |
| 脇腹(わきばら) | flanco *m.*, lado *m.*<br>フランコ, ラード | side<br>サイド |
| 脇道(わきみち) | ruela *f.* travessa *f.*, viela *f.*<br>フエーラ, トラヴェッサ, ヴィエーラ | bypath<br>バイパス |
| (本筋でない道) | desvio *m.*<br>ヂスヴィーオ | digression<br>ダイグレション |
| 脇役(わきやく) | | |
| (男の) | ator secundário *m.*<br>アトール セクンダーリオ | supporting player<br>サポーティング プレイア |
| (女の) | atriz secundária *f.*<br>アトリース セクンダーリア | supporting player<br>サポーティング プレイア |
| 沸(わ)く | ferver<br>フェルヴェール | boil<br>ボイル |
| 湧(わ)く | nascer, brotar<br>ナセール, ブロタール | gush, flow<br>ガシュ, フロウ |
| 枠(わく) | armação *f.*, moldura *f.*<br>アルマサォン, モウドゥーラ | frame, rim<br>フレイム, リム |
| (範囲) | limite *m.*<br>リミッチ | framework, limit<br>フレイムワーク, リミト |
| 惑星(わくせい) | planeta *m.*<br>プラネッタ | planet<br>プラネト |
| ワクチン | vacina *f.*<br>ヴァスィーナ | vaccine<br>ヴァクスィン |
| 訳(わけ) | razão *f.*, motivo *m.*, causa *f.*<br>ハザォン, モチーヴォ, カウザ | reason, cause<br>リーズン, コーズ |

| 日 | 葡 | 英 |
|---|---|---|
| 分け前 | porção f., parcela f.<br>ポルサォン, パルセーラ | share<br>シェア |
| 分ける (分割) | dividir, partir<br>ヂヴィチール, パルチール | divide, part<br>ディヴァイド, パート |
| (分離) | separar<br>セパラール | separate, part<br>セパレイト, パート |
| (区別) | distinguir<br>ヂスチンギール | distinguish<br>ディスティングウィシュ |
| (分配) | distribuir<br>ヂストリブイール | distribute, share<br>ディストリビュト, シェア |
| (分類) | classificar<br>クラスィフィカール | classify<br>クラスィファイ |
| 輪ゴム | elástico m.<br>エラスチコ | rubber band<br>ラバ バンド |
| ワゴン | carrinho m.<br>カヒーニョ | wagon<br>ワゴン |
| (自動車) | perua f.<br>ピルーア | station wagon<br>ステイション ワゴン |
| 技 | arte f., técnica f.<br>アルチ, テキニカ | performance<br>パフォーマンス |
| 業 | feito m., ação f.<br>フェイト, アサォン | act, work<br>アクト, ワーク |
| わざと | de propósito<br>ヂ プロポズィト | on purpose<br>オン パーパス |
| 山葵 | rábano-silvestre m.<br>ハバノ スィウヴェストリ | horseradish<br>ホースラディシュ |
| 災い | desgraça f.<br>ヂズグラッサ | misfortune<br>ミスフォーチュン |
| 鷲 | águia f.<br>アーギア | eagle<br>イーグル |
| 話術 | arte da narração f.<br>アルチ ダ ナハサォン | art of talking<br>アート オヴ トーキング |
| 和食 | *comida japonesa* f.<br>コミーダ ジャポネーザ | Japanese food<br>チャパニーズ フード |
| 僅かな | pouco<br>ポウコ | a few, a little<br>ア フュー, ア リトル |
| 煩わしい | trabalhoso, complicado<br>トラバリョーゾ, コンプリカード | troublesome<br>トラブルサム |

| 日 | 葡 | 英 |
|---|---|---|
| <ruby>煩<rt>わずら</rt></ruby>わす | | |
| （手数をかける） | importunar, incomodar<br>インポルトゥナール, インコモダール | trouble<br>トラブル |
| （悩ます） | aborrecer<br>アボヘセール | worry *oneself*<br>ワリ |
| <ruby>忘<rt>わす</rt></ruby>れっぽい | ser esquecido<br>セール エスケスィード | have a poor memory<br>ハヴ ア プア メモリ |
| <ruby>忘<rt>わす</rt></ruby>れ<ruby>物<rt>もの</rt></ruby> | coisa esquecida *f.*<br>コィザ エスケスィーダ | thing left behind<br>スィング レフト ビハインド |
| ～をする | perder<br>ペルデール | forget, leave<br>フォゲト, リーヴ |
| <ruby>忘<rt>わす</rt></ruby>れる | esquecer<br>エスケセール | forget<br>フォゲト |
| <ruby>和声<rt>わせい</rt></ruby> | harmonia *f.*<br>アルモニーア | harmony<br>ハーモニ |
| ワセリン | vaselina *f.*<br>ヴァセリーナ | vaseline<br>ヴァセリーン |
| <ruby>綿<rt>わた</rt></ruby> | algodão *m.*<br>アウゴダォン | cotton<br>カトン |
| <ruby>話題<rt>わだい</rt></ruby> | tópico *m.* assunto *m.*, tema *m.*<br>トピコ, アスント, テーマ | topic<br>タピク |
| <ruby>蟠<rt>わだかま</rt></ruby>り | constrangimento *m.*<br>コンストランジメント | bad feelings<br>バド フィーリングズ |
| <ruby>私<rt>わたし</rt></ruby> | eu<br>エゥ | I, myself<br>アイ, マイセルフ |
| ～の | meu<br>メゥ | my<br>マイ |
| <ruby>私<rt>わたし</rt></ruby>たち | nós<br>ノィス | we<br>ウィー |
| ～の | nosso<br>ノッソ | our<br>アウア |
| <ruby>渡<rt>わた</rt></ruby>す | entregar<br>エントレガール | hand<br>ハンド |
| <ruby>轍<rt>わだち</rt></ruby> | rastro de uma roda *m.*<br>ハストロ チ ウマ ホーダ | rut, track<br>ラト, トラク |
| <ruby>渡<rt>わた</rt></ruby>り<ruby>鳥<rt>どり</rt></ruby> | ave migratória *f.*<br>アーヴィ ミグラトーリア | migratory bird<br>マイグラトーリ バード |
| <ruby>渡<rt>わた</rt></ruby>る | atravessar, cruzar<br>アトラヴェサール, クルザール | cross, go over<br>クロース, ゴウ オウヴァ |

わ

| 日 | 葡 | 英 |
|---|---|---|
| ワックス | cera *f.*<br>セーラ | wax<br>ワクス |
| ワット | watt *m.*<br>ヴァッチ | watt<br>ワト |
| 罠(わな) | armadilha *f.*<br>アルマヂーリャ | trap<br>トラプ |
| （人に対して） | cilada *f.*, ardil *m.*<br>スィラーダ, アルヂウ | trap<br>トラプ |
| 〜を掛ける | colocar uma armadilha<br>コロカール ウマ アルマヂーリャ | set a trap<br>セト ア トラプ |
| 鰐(わに) | crocodilo *m.*, jacaré *m.*<br>クロコヂーロ, ジャカレ | crocodile, alligator<br>クラカダイル, アリゲイタ |
| 侘(わび)しい | solitário, só, triste<br>ソリターリオ, ソ, トリスチ | lonely<br>ロウンリ |
| （みすぼらしい） | pobre, miserável<br>ポーブリ, ミゼラーヴェウ | poor, miserable<br>プア, ミザラブル |
| 詫(わ)びる | pedir perdão [desculpa]<br>ペヂール ペルダォン [ヂスクウパ] | apologize *to*<br>アパロヂャイズ |
| 和風(わふう)の | do estilo japonês<br>ド エスチーロ ジャポネィス | Japanese<br>ヂャパニーズ |
| 和平交渉(わへいこうしょう) | negociações de paz *f.pl.*<br>ネゴスィアソィンス ヂ パイス | peace negotiation<br>ピース ニゴウシエイション |
| 喚(わめ)く | gritar, berrar<br>グリタール, ベハール | give a cry<br>ギヴ ア クライ |
| 和訳(わやく)する | traduzir em japonês<br>トラドゥズィール エィン ジャポネィス | translate into Japanese<br>トランスレイト イントゥ ヂャパニーズ |
| 藁(わら) | palha *f.*<br>パーリャ | straw<br>ストロー |
| 笑(わら)い | riso *m.*<br>ヒーゾ | laugh, laughter<br>ラフ, ラフタ |
| 〜話 | anedota *f.*, piada *f.*<br>アネドッタ, ピアーダ | funny story<br>ファニ ストーリ |
| 笑(わら)う | rir<br>ヒール | laugh<br>ラフ |
| 笑(わら)わせる | fazer rir<br>ファゼール ヒール | make laugh<br>メイク ラフ |
| （滑稽） | ridículo<br>ヒヂクロ | ridiculous, absurd<br>リディキュラス, アブサード |

| 日 | 葡 | 英 |
|---|---|---|
| わりあい<br>割合 | razão *f.*, proporção *f.*<br>ハザォン, プロポルサォン | rate, ratio<br>レイト, レイシオウ |
| わ あ<br>割り当て | atribuição *f.* distribuição *f.*<br>アトリヴィサォン, ヂストリブィサォン, タレッファ | assignment<br>アサインメント |
| わ あ<br>割り当てる | distribuir, atribuir<br>ヂストリブイール, アトリブイール | assign<br>アサイン |
| わ かん<br>割り勘にする | rachar a conta, dividir a conta<br>ハシャール ア コンタ, ヂヴィチール ア コンタ | go Dutch *for*<br>ゴウ ダチ |
| わ こ<br>割り込む | meter-se, pôr-se<br>メテールスィ, ポールスィ | cut in<br>カト イン |
| わ ざん<br>割り算 | divisão *f.*<br>ヂヴィザォン | division<br>ディヴィジョン |
| わりびき<br>割引 | desconto *m.*<br>ヂスコント | discount<br>ディスカウント |
| わ び<br>割り引く | fazer um desconto<br>ファゼール ウン ヂスコント | discount, reduce<br>ディスカウント, リデュース |
| わ ま<br>割り増し | prêmio *m.*, acréscimo *m.*<br>プレーミオ, アクレスィモ | premium<br>プリーミアム |
| ～料金<br>(タクシーの) | bandeira 2 *f.*<br>バンデイラ ドイス | extra charge<br>エクストラ チャーヂ |
| わ<br>割る | partir, quebrar<br>パルチール, ケブラール | break, crack<br>ブレイク, クラク |
| (分割) | dividir<br>ヂヴィチール | divide *into*<br>ディヴァイド |
| (裂く) | rachar<br>ハシャール | split, chop<br>スプリト, チャプ |
| わる<br>悪い | mau, ruim<br>マゥ, フイン | bad, wrong<br>バド, ロング |
| わるがしこ<br>悪賢い | astuto, sagaz<br>アストゥット, サガィス | cunning, sly<br>カニング, スライ |
| わるくち<br>悪口 | maledicência *f.*<br>マレヂセンスィア | abuse<br>アビュース |
| ～を言う | falar mal de<br>ファラール マゥ ヂ | speak ill *of*<br>スピーク イル |
| ワルツ | valsa *f.*<br>ヴァゥサ | waltz<br>ウォールツ |
| わるもの<br>悪者 | homem mau *m.*, patife *m.*<br>オーメイン マゥ, パチッフィ | bad guy, villain<br>バド ガイ, ヴィリン |

| 日 | 葡 | 英 |
|---|---|---|
| 悪酔いする | ficar de ressaca フィカール デ ヘサッカ | get sick from drink ゲト スィク フラム ドリンク |
| 割れ目 | fenda f., abertura f. フェンダ, アベルトゥーラ | crack, split クラク, スプリト |
| 割れる | quebrar-se, partir-se ケブラールスィ, パルチールスィ | break ブレイク |
| （裂ける） | rachar, fender ハシャール, フェンデール | crack, split クラク, スプリト |
| 湾 | baía f. バイーア | bay, gulf ベイ, ガルフ |
| 湾岸 | costa f. コスタ | coast コウスト |
| 湾曲する | curvar-se, dobra-se クルヴァールスィ, ドブラールスィ | curve, bend カーヴ, ベンド |
| 腕章 | braçadeira f. ブラサデイラ | arm band アーム バンド |
| 腕白な | travesso, levado, traquinas トラヴェッソ, レヴァード, トラキーナス | naughty ノーティ |
| ワンピース | vestido m. ヴェスチード | dress, one-piece ドレス, ワンピース |
| ～水着 | maiô m. マイヨ | swimsuit スウィムスート |
| 腕力 | força muscular do braço フォルサ ムスクラール ド ブラッソ | physical strength フィズィカル ストレンクス |

わ

# 日常会話表現

| | |
|---|---|
| あいさつ......... 823 | 電話............... 834 |
| お礼を言う....... 825 | 道を尋ねる......... 835 |
| 謝る............. 826 | 交通機関の利用...... 836 |
| 肯定・同意....... 826 | 食事............... 837 |
| 否定・拒否....... 827 | 買い物............. 840 |
| 尋ねる........... 827 | トラブル........... 842 |
| 問い返す......... 829 | 助けを求める....... 842 |
| 許可・依頼....... 829 | 苦情を言う......... 843 |
| 紹介............. 831 | 宿泊............... 844 |
| 誘う............. 832 | 病院・薬局......... 845 |
| 感情・好み....... 832 | 時刻・日にち・曜日・月・季節 |
| 約束・予約....... 833 | ............ 847 |

## ■あいさつ■

● おはようございます.
Good morning.
**Bom dia.**
ボン チーア

● こんにちは.
Good afternoon.
**Boa tarde.**
ボア タルヂ

● こんばんは.
Good evening.
**Boa noite.**
ボア ノィチ

● おやすみなさい.
Good night.
**Boa noite.**
ボア ノィチ

● (親しい人に) やあ.
Hello!/ Hi!
**Olá!/ Oi!**
オラ オィ

● はじめまして.
How do you do?/ Nice to meet you.
**Prazer em conhecê-lo[a].**
プラゼール エィン コニェセーロ[ラ]

● お元気ですか.
How are you?
**Como vai você?**
コモ ヴァィ ヴォセ

- ●調子はどう？
  How are you doing?
  Como está você?
  コモ エスタ ヴォセ

- ●はい，元気です．あなたは？
  I'm fine. And you?
  Bem. E você?
  ベィン イ ヴォセ

- ●まあどうということもなくやってます．
  Nothing to complain about.
  Não tenho porque reclamar.
  ナォン テーニョ ポルキ ヘクラマール

- ●まあまあです．
  So-so.
  Assim assim.
  アスィン アスィン

- ●お久しぶりです．
  I haven't seen you for a long time.
  Faz tempo que não nos vemos.
  ファィス テンポ キ ナォン ノス ヴェーモス

- ●会えてうれしいです．
  Nice Good to see you.
  Prazer em vê-lo[a].
  プラゼール エィン ヴェーロ[ラ]

- ●またいつかお会いしたいです．
  I hope to see you again sometime.
  Espero vê-lo[a] novamente.
  エスペーロ ヴェーロ[ラ] ノーヴァメンチ

- ●また明日．
  See you tomorrow.
  Até amanhã.
  アテ アマニャン

- ●また近いうちに．
  See you soon.
  Até logo.
  アテ ローゴ

- ●じゃあまたあとで．
  See you later.
  Até mais tarde.
  アテ マィス タルチ

- ●よい1日を．
  Have a nice day!
  Tenha um bom dia!
  テーニャ ウン ボン チーア

- ●よい週末を．
  Have a nice weekend!
  Bom fim de semana!
  ボン フィン チ セマーナ

- ●どうぞ，楽しい旅を！
  Have a nice trip!
  Boa viagem!
  ボア ヴィアージェィン

日常会話

- あなたもね！
  You too!/ The same to you!
  (Obrigado,) igualmente!
  オブリガード　イグァウメンチ

- さようなら．
  Good-bye./ See you.
  Até logo.
  アテ　ローゴ

- バイバイ．
  bye(-bye).
  Tchau.
  チャゥ

### ■お礼を言う■

- ありがとう．
  Thank you./ Thanks.
  Obrigado[a].
  オブリガード[ダ]

- どうもありがとう．
  Thanks a lot.
  Muito obrigado[a].
  ムィント　オブリガード[ダ]

- どうもありがとうございます．
  Thank you very much.
  Muito obrigado[a].
  ムィント　オブリガード[ダ]

- いろいろとお世話になりました．
  Thank you for everything.
  Obrigado[a] por tudo.
  オブリガード[ダ]　ポル　トゥード

- ご親切にありがとう．
  Thank you for your kindness.
  Obrigado[a] por sua gentileza.
  オブリガード[ダ]　ポル　スア　ジェンチレーザ

- おみやげをありがとう．
  Thank you for the present.
  Obrigado[a] pelo presente.
  オブリガード[ダ]　ペロ　プレゼンチ

- お礼の申し上げようもありません．
  I can't thank you enough.
  Eu não sei como agradecer.
  エゥ　ナォン　セィ　コモ　アグラデセール

- どういたしまして．
  You are welcome.
  De nada.
  チ　ナーダ

- こちらこそ．
  The pleasure is mine./ My pleasure.
  O prazer é todo meu.
  ウ　プラゼール　エ　トード　メゥ

日常会話

## ■謝る■

● ごめんなさい.
Excuse me.
Desculpe-me.
デスクウピミ

● どうもすみません.
Excuse me./ Pardon me!
Desculpe-me. / Perdão!
デスクウピミ　ペルダオン

● だいじょうぶですか.
Are you all right?
Você está bem?
ヴォセ　エスタ　ベイン

● だいじょうぶです.
That's all right.
Eu estou bem.
エゥ　エストゥ　ベイン

● 気にしなくていいです.
Don't worry about it.
Não se preocupe.
ナオン　スィ　プレオクッピ

● 遅れてすみません.
Sorry [I'm sorry] I'm late.
Desculpe, eu me atrasei.
デスクウピ　エゥ　ミ　アトラゼィ

● 待たせてすみません.
I'm sorry to have kept you waiting.
Desculpe por tê-lo[a] feito esperar.
デスクウピ　ポル　テーロ[ラ]　フェイト　エスペラール

## ■肯定・同意■

● はい（そうです）.
Yes.
Sim.
スィン

● そのとおりです.
That's right./ Exactly!
É isso mesmo./Exatamente!
エ　イッソ　メズモ　エザタメンチ

● そうだと思います.
I think so.
Também acho.
タンベイン　アーショ

● わかりました.
I understand.
Entendi.
エンテンチ

● まったく同感です.
I quite agree./ I couldn't agree with you more.
Concordo plenamente.
コンコルド　プレーナメンチ

● いいですよ.
All right.
Tudo bem.
トゥード　ベイン

● 時と場合によります.
That depends.
Depende.
デペンチ

## ■否定・拒否■

● いいえ．
No.
Não.
ナォン

● いいえ，結構です．
No, thank you.
Não, obrigado[a].
ナォン オブリガード[ダ]

● もう十分です．
That's enough.
Estou satisfeito[a].
エストゥ サチスフェイト[タ]

● それは別の問題です．
That's another matter thing.
Esse é outro problema.
エッスィ エ オゥトロ プロブレーマ

● 知りません．
I don't know.
Não sei.
ナォン セイ

● そうは思いません．
I don't think so.
Eu não acho.
エゥ ナォン アーショ

● 今は忙しいのです．
I'm busy now.
Eu estou ocupado agora.
エゥ エストゥ オクパード アゴーラ

● 急いでいますので．
I'm in a hurry.
Estou com pressa.
エストゥ コン プレッサ

● 先約があります．
I have an appointment.
Tenho um compromisso.
テーニョ ウン コンプロミッソ

## ■尋ねる■

● すみませんが….
Excuse me, but...
Com lincença, mas...
コン リセンサ マィス

● ちょっとお尋ねしたいのですが．
May I ask you a question?
Posso fazer uma pergunta?
ポッソ ファゼール ウマ ペルグンタ

● 最寄の駅はどこですか．
Where is the nearest station?
Onde é a estação mais próxima?
オンヂ エ ア エスタサォン マィス プロッスィマ

- ●ラフェルさんではありませんか.
  Aren't you Mr. Lafer?
  Você é o Sr. Lafer?
  ヴォセ エ オ セニョール ラフェール

- ●私を覚えていらっしゃいますか.
  Do you remember me?
  Você se lembra de mim?
  ヴォセ スィ レンブラ ヂ ミン

- ●お名前はなんとおっしゃいますか.
  May I have your name please?
  Qual é o seu nome, por favor?
  クワウ エ ウ セゥ ノーミ ポル ファヴォール

- ●お名前はどう書きますか.
  How do you spell your name?
  Como se soletra o seu nome?
  コモ スィ ソレトラ ウ セゥ ノーミ

- ●どこからいらしたのですか.
  Where are you from?
  De onde você é?
  ヂ オンヂ ヴォセ エ

- ●お仕事は何をなさっていますか.
  What do you do?
  O que você faz?
  ウ キ ヴォセ ファイス

- ●これは何ですか.
  What's this?
  O que é isto?
  ウ キ エ イスト

- ●何時まであいていますか.
  Until what time are you open?
  Até que horas está aberto?/ A que horas vocês fecham?
  アテ キ オーラス エスタ アベルト / ア キ オーラス ヴォセ フェーシャオン

- ●それはどこにあるのですか.
  Where is it?
  Onde é isso?
  オンヂ エ イッソ

- ●この席はあいていますか.
  Is this seat taken?
  Este lugar está ocupado?
  エスチ ルガール エスタ オクパード

- いいレストランを教えてくれませんか.
  Could you recommend a good restaurant?
  Você poderia sugerir um bom restaurante?/ Você conhece um bom restaurante?
  ヴォセ ポデリーア スジェリール ウン ボン ヘスタゥランチ / ヴォセ コニェースィ ウン ボン ヘスタゥランチ

- トイレはどこですか.
  Where is the rest room?
  Onde é o banheiro?
  オンヂ エ ウ バニェイロ

- それはどういう意味ですか.
  What does that mean?
  O que isso significa?
  ウ キ イッソ スィギニフィッカ

- なぜですか.
  Why?
  Por quê?
  ポル ケ

## ■問い返す■

- もう一度おっしゃってください.
  Could you say that again, please?
  Você pode repetir, por favor?
  ヴォセ ポーヂ ヘペチール ポル ファヴォール

- なに？
  What?
  O quê?
  ウ ケ

- よく聞こえません.
  I can't hear you.
  Não consigo ouvi-lo[a] [ouvir].
  ナォン コンスィーゴ オゥヴィーロ[ラ] [オゥヴィール]

- ちょっと待って.
  Wait a minute.
  Um momento.
  ウン モメント

- なるほど.
  Well, I see.
  Sim, entendo.
  スィン エンテンド

## ■許可・依頼■

- たばこを吸ってもいいですか.
  Do you mind if I smoke?
  Você se importa que eu fume?/ Eu posso fumar?
  ヴォセ スィ インポルタ キ エゥ フーミ / エゥ ポッソ フマール

- これをもらってもいいですか.
  May I have this?
  Posso ficar com isto?
  ポッソ フィカール コン イスト

日常会話

● お願いがあるのですが．
Can I ask you a favor?
**Posso pedir um favor?**
エゥ ポッソ ペヂール ウン ファヴォール

● ちょっと２，３分いいですか．
Can you spare me a few minutes?
**Você pode esperar mais um pouco?**
ヴォセ ポーヂ エスペラール マィズ ウン ポゥコ

● ここで写真を撮ってもいいですか．
Is it all right to take pictures here?
**Eu posso fotografar aqui?**
エゥ ポッソ フォトグラファール アキ

● 中に入ってもいいですか．
May I go inside?
**Posso entrar?**
ポッソ エントラール

● 写真を撮っていただけませんか．
Could you please take a photo of us?
**Por favor, você poderia tirar uma foto nossa?**
ポル ファヴォール ヴォセ ポデリーア チラール ウマ フォット ノッサ

● ここに書いてください．
Could you write that down?
**Você poderia escrever aqui?**
ヴォセ ポデリーア エスクレヴェール アキ

● 急いでください．
Please hurry.
**Depressa, por favor.**
ヂプレッサ ポル ファヴォール

● 砂糖を取ってください．
Could you pass me the sugar?
**Você poderia passar o açúcar, por favor?**
ヴォセ ポデリーア パサール ウ アスッカル ポル ファヴォール

● もう少しゆっくり話してください．
Speak more slowly, please.
**Fale mais devagar, por favor.**
ファーリ マィズ ヂヴァガール ポル ファヴォール

● 会社へ電話してください．
Call me at the office, please.
**Ligue[telefone]-me no escritório, por favor.**
リーギ[テレフォーニ]ミ ノ エスクリトーリオ ポル ファヴォール

- 書類をファックスしてくれませんか.
  Would you fax that document, please?
  Você poderia passar esse fax, por favor?
  ヴォセ ポデリーア パサール エッスィ ファックス ポル ファヴォール

- メールで連絡してもらえますか.
  Could you send me a message by e-mail?
  Você poderia me enviar um e-mail, por favor?
  ヴォセ ポデリーア ミ エンヴィアール ウン イーメィウ ポル ファヴォール

## ■紹介■

- 私は鈴木健次です.
  My name is Kenji Suzuki.
  Meu nome é Kenji Suzuki.
  メゥ ノーミ エ ケンジ スズキ

- 日本から来ました.
  I'm from Japan.
  Eu vim do Japão. [Eu sou japonês.]
  エゥ ヴィン ド ジャパォン [エゥ ソゥ ジャポネィス]

- 友人の田中君を紹介します
  Can I introduce my friend Tanaka?
  Posso apresentar meu amigo Tanaka?
  ポッソ アプレゼンタール メゥ アミーゴ タナカ

- こちらは斉藤さんの奥さんです.
  This is Mrs Saito.
  Ela é a esposa do Sr. Saito.
  エラ エ ア エスポーザ ド セニョール サイトー

- 学生［看護師］です.
  I am a student [nurse].
  Eu sou estudante [enfermeira[o]].
  エゥ ソゥ エストゥダンチ ［エンフェルメィラ［ロ］］

- 銀行［コンピューター会社］に勤めています.
  I work in a bank [for a computer firm].
  Eu trabalho em um banco [em uma firma [empresa) de computadores/para uma firma [empresa] de computadores].
  エゥ トラバーリョ エィン ウン バンコ ［エィン ウマ フィルマ ［エンプレーザ］ チ コンプタドーリス / パラ ウマ フィルマ ［エンプレーザ］ チ コンプタドーリス］

- こちらへは休暇で来ました.
  I am on vacation here.
  Eu vim passar férias aqui./ Eu estou de férias aqui.
  エゥ ヴィン パサール フェリアス アキ / エゥ エストゥ チ フェリアス アキ

日常会話

- ●仕事で来ています．
  I am here on business.
  Eu vim por trabalho.
  エゥ ヴィン ポル トラバーリョ

## ■誘う■

- ●映画に行きませんか．
  Shall we go to the movies?
  Vamos ao cinema?
  ヴァーモス アオ スィネーマ

- ●コーヒーでも飲みませんか．
  Would you like a cup of coffee?
  Você gostaria de uma xícara de café?
  ヴォセ ゴスタリーア ヂ ウマ シカラ ヂ カフェ

- ●いっしょに行きませんか．
  Won't you come along?
  Você não quer ir conosco [com a gente]?
  ヴォセ ナォン ケール イール コノスコ ［コン ア ジェンチ］

- ●あなたもどうですか．
  How about you?
  O que você acha?
  ウ キ ヴォセ アッシャ

- ●はい，もちろん．
  Yes, I'd love to.
  Sim, eu gostaria muito.
  スィン エゥ ゴスタリーア ムィント

- ●ぜひうちにいらしてください．
  Please come to visit me.
  Por favor, venha me visitar.
  ポル ファヴォール ヴェーニャ ミ ヴィズィタール

## ■感情・好み■

- ●来てくれるとうれしいのですが．
  I'd be glad [happy] if you could come.
  Eu ficaria feliz se você viesse.
  エゥ フィカリーア フェリース スィ ヴォセ ヴィエッスィ

- ●楽しかった．
  I've had a good time.
  Foi muito divertido.
  フォィ ムィント ヂヴェルチード

- わあ，おいしい．
  How delicious!
  Está delicioso!
  エスタ デリスィオーゾ

- おもしろい．
  What fun!
  Que legal [interessante]!
  キ レガウ ［インテレサンチ］

- わくわくします．
  I'm so excited!
  Estou muito ansioso.
  エストゥ ムィント アンスィオーゾ

- どうしよう．
  What shall [should] I do?
  O que eu faço?
  ウ キ エゥ ファッソ

- 寂しいです．
  I'm lonely.
  Eu me sinto sozinho[a].
  エゥ ミ スィント ソズィーニョ［ニャ］

- 悲しいです．
  I feel sad.
  Estou triste.
  エストゥ トリスチ

- 心配です．
  I'm worried.
  Estou preocupado[a].
  エストゥ プレオクパード［ダ］

- 気に入りました．
  I like it.
  Eu gostei...
  エゥ ゴスティ

- すごい．
  Great!/ Terrific!
  Incrível!
  インクリーヴェゥ

- 感動しました．
  That's very moving.
  Isso é muito comovente.
  イッソ エ ムィント コモヴェンチ

- 信じられません．
  I can't believe it!
  Eu não posso acreditar!
  エゥ ナォン ポッソ アクレヂタール

- 驚きました．
  What a surprise!
  Que surpresa!
  キ スルプレーザ

- 怖いです．
  I'm scared.
  Estou com medo.
  エストゥ コン メード

- 残念です．
  That's too bad.
  Que pena.
  キ ペーナ

- 気に入りません．
  I don't like it.
  Eu não gostei...
  エゥ ナォン ゴスティ

### ■約束・予約■

- いつお会いしましょうか．
  When shall we meet?
  Quando podemos nos encontrar?
  クワンド ポデーモス ノス エンコトラール

- 5時でご都合はいかがでしょうか．
  Would 5 o'clock be a convenient time to meet?
  Às 5 horas está bom para você?
  アス スィンコ オーラス エスタ ボン パラ ヴォセ

●何曜日がいいですか.
What day will suit you?
Que dia da semana é melhor para você?
キ チーア ダ セマーナ エ メリョール パラ ヴォセ

●金曜日はいかがですか.
How about Friday?
Sexta-feira está bom para você?
セスタ フェィラ エスタ ボン パラ ヴォセ

●私はそれで結構です.
That suits me fine.
Para mim está bom.
パラ ミン エスタ ボン

●レストランに電話して席を予約したら？
Why don't you call the restaurant and reserve a table?
Por que você não liga para o restaurante e reserva uma mesa?
ポル キ ヴォセ ナォン リーガ パラ ウ ヘスタゥランチ イ ヘゼルヴァ ウマ メーザ

●お約束ですか.
Do you have an appointment?
Você fez uma reserva?
ヴォセ フェィス ウマ ヘゼルヴァ

●予約が必要ですか.
Is an appointment necessary?
Eu preciso fazer uma reserva?
エゥ プレスィーゾ ファゼール ウマ ヘゼルヴァ

●4時に歯医者の予約があります.
I've got a dental appointment at 4 o'clock.
Eu tenho uma consulta no dentista às 4 horas.
エゥ テーニョ ウマ コンスウタ ノ デンチスタ アス クワトロ オーラス

## ■電話■

●もしもし，ジーコさんはいらっしゃいますか.
Hello. Is Mr. Zico there?
Alô. Por favor, o Sr. Zico está?
アロ ポル ファヴォール ウ セニョール ズィッコ エスタ

●私は田中と申します.
My name is Tanaka.
Meu nome é Tanaka.
メゥ ノーミ エ タナカ

- カルロスさんをお願いしたいのですが.
  May I speak to Mr. Carlos?
  Por favor, eu gostaria de falar com o Carlos?

- 何番におかけですか.
  What number are you calling?
  Que número você discou?

- そのままでお待ちください.
  Please hold (the line).
  Aguarde um momento, por favor.

- ただ今ほかの電話に出ております.
  She is on another line right now.
  Ele [Ela] está atendendo outra ligação no momento.

- 電話があったことをお伝えください.
  Please tell her I called.
  Por favor, avise-o[a] que eu telefonei.

- あとでこちらからかけなおします.
  I'll call you back later.
  Eu telefono depois [mais tarde].

## ■道を尋ねる■

- …はどこでしょうか.
  Where's …?
  Onde é …?

- …に行きたいのですが.
  I'd like to go to …
  Eu gostaria de ir a…

- ここはどこでしょうか.
  Where am I?
  Onde eu estou?

- この道は市庁舎へ行けますか.
  Does this street lead to City Hall?
  Esta rua vai até a prefeitura?

- 遠いですか.
  Is it far from here?
  É longe daqui?

- 歩いて行けますか.
  Can I walk there?
  Dá para ir a pé?
  ダ パラ イール ア ペ

- すぐそこですよ.
  It's only a short distance.
  É logo ali.
  エ ローゴ アリ

- ここからだとかなりありますよ.
  It's quite a distance from here.
  É bem longe daqui.
  エ ベィン ロンジ ダキ

## ■交通機関の利用■

- 地下鉄の駅はどこですか.
  Where is the subway station?
  Onde é a estação de metrô?
  オンヂ エ ア エスタサオン ヂ メトロ

- 切符売り場はどこですか.
  Where is the ticket office?
  Onde é a bilheteria?
  オンヂ エ ア ビリェテリーア

- この電車は…に行きますか.
  Does this train stop at...?
  Este trem vai para...?
  エスチ トレィン ヴァィ パラ

- 乗り換えが必要ですか.
  Do I need to transfer?
  É preciso fazer baldeação?
  エ プレスィーゾ ファゼール バウデアサォン

- どこで乗り換えるのですか.
  At which station do I transfer?
  Em que estação eu faço baldeação?
  エィン キ エスタサォン エゥ ファッソ バウデアサォン

- どこで降りたらいいですか.
  Where should I get off?
  Onde eu desço?
  オンヂ エゥ デッソ

- タクシー乗り場はどこですか.
  Where can I get a taxi?
  Onde é o ponto de táxi?
  オンヂ エゥ ポント ヂ タクスィ

- …ホテルまでお願いします.
  To the Hotel..., please.
  Hotel..., por favor.
  オテウ ポル ファヴォール

- いくらですか.
  How much is the fare?
  Quanto é?
  クワント エ

- おつりは取っておいてください.
  Keep the change.
  Guarde o troco.
  グワルヂ ウ トロッコ

- リオまで2枚ください.
  Two round-trip tickets to Rio de Janeiro, please.
  Por favor, duas passagens para o Rio de Janeiro.
  ポル ファヴォール ドゥアス パサージェィンス パラ ウ ヒオ ヂ ジャネィロ

- 片道です / 往復です.
  One way, please./ Round-trip, please.
  Só ida, por favor./ Ida e volta, por favor.
  ソ イーダ ポル ファヴォール イーダ イ ヴォウタ ポル ファヴォール

## ■食事■

- 夕食はふだんは何時ごろですか.
  When do you usually eat dinner?
  A que horas você costuma jantar?
  ア キ オーラス ヴォセ コストゥーマ ジャンタール

- お昼は何を食べようか.
  What shall we eat for lunch?
  O que nós vamos comer no almoço?
  ウ キ ノース ヴァーモス コメール ノ アウモッソ

- 食事に行きませんか.
  Shall we go and eat together?
  Vamos almoçar juntos?/ Você não quer almoçar conosco?
  ヴァーモス アウモサール ジュントス / ヴォセ ナォン ケール アウモサール コノスコ

- イタリア料理なんかどうですか.
  How about Italian dishes?
  Que tal comida italiana?
  キ タウ コミーダ イタリアーナ

- ごちそうしますよ.
  I'll treat you.
  Eu pago.
  エゥ パーゴ

- サラダをどうぞ.
  Help yourself to the salad.
  Sirva-se de salada.
  スィルヴァスィ ヂ サラーダ

日常会話

- スープの味はいかがですか.
  What do you think of the soup?
  Você gostou da sopa?
  ヴォセ ゴストゥ ダ ソッパ

- たいへんおいしかったです，ごちそうさま.
  The meal was delicious, thank you.
  A comida estava deliciosa, obrigado.
  ア コミーダ エスターヴァ デリスィオーザ オブリガード

- 気に入ってもらえてうれしいです.
  I'm glad you liked it.
  Eu fico feliz por você ter gostado.
  エゥ フィッコ フェリース ポル ヴォセ テール ゴスタード

- コーヒーはブラック［甘いの］がいいです.
  I'd like my coffee black [sweet].
  Eu gostaria do meu café sem [com] açúcar [adoçante].
  エゥ ゴスタリーア ド メゥ カフェ セィン ［コン］ アスッカル ［アドサンチ］

- この店は食べ物はおいしくて値段も手ごろだよ.
  The food in this restaurant is good and the prices aren't bad.
  Este restaurante é bom e barato.
  エスチ ヘスタゥランチ エ ボン イ バラット

- 7時に予約をしました.
  I have a reservation for seven o'clock.
  Eu fiz uma reserva para as sete horas.
  エゥ フィース ウマ ヘゼルヴァ パラ アス セッチ オーラス

- 2［3］人です.
  Do you have a table for two [three]?
  Você tem uma mesa para duas [três] pessoas?
  ヴォセ ティン ウマ メーザ パラ ドゥアス ［トレィス］ ペソーアス

- メニューを見せてください.
  Could I have a menu, please?
  Por favor, o cardápio.
  ポル ファヴォール ウ カルダピオ

- お勧めはなんですか.
  What do you recommend?
  O que você recomenda?
  ウ キ ヴォセ ヘコメンダ

- この店の自慢料理は何ですか.
  What's your specialty?
  Qual é a especialidade da casa?
  クワゥ エ ア エスペスィアリダーチ ダ カーザ

- ハム・ソーセージの盛り合わせをください.
  I'd like a sausage plate, please.
  Por favor, eu gostaria de uma porção de calabresa.
  ポル　ファヴォール　エゥ　ゴスタリーア　チ　ウマ　ポルサォン　チ　カラブレーザ

- 魚［肉］のほうにします.
  I'd like the fish [meat].
  Eu gostaria de peixe [carne].
  エゥ　ゴスタリーア　チ　ペィシ　［カルニ］

- ステーキの焼き具合はどのようにしましょうか.
  How would you like your steak?
  Como você prefere seu bife?
  コモ　ヴォセ　プレフェーリ　セゥ　ビッフィ

- ミディアム［レア, ウエルダン］にしてください.
  Medium [Rare, Well-done], please.
  Ao ponto [mal passado, bem passado], por favor.
  アオ　ポント　［マウ　パサード　ベィン　パサード］　ポル　ファヴォール

- ミックスサラダもください.
  I'd like a mixed salad too, please.
  Eu também gostaria de uma salada mista, por favor.
  エゥ　タンベィン　ゴスタリーア　チ　ウマ　サラーダ　ミスタ　ポル　ファヴォール

- デザートには何がありますか.
  What do you have for dessert?
  O que você tem de sobremesa?
  ウ　キ　ヴォセ　ティン　チ　ソブレメーザ

- 私はアイスクリームにします.
  I'd like some ice-cream.
  Eu gostaria de um sorvete.
  エゥ　ゴスタリーア　チ　ウン　ソルヴェッチ

- ワインをグラスでください.
  A glass of wine please.
  Um copo de vinho, por favor.
  ウン　コッポ　チ　ヴィーニョ　ポル　ファヴォール

- お勘定をお願いします.
  Check, please.
  Por favor, a conta.
  ポル　ファヴォール　ア　コンタ

- クレジットカードでお願いします.
  By credit card, please.
  Cartão de crédito, por favor.
  カルタォン　チ　クレヂト　ポル　ファヴォール

日常会話

日常会話

- テイクアウトでハンバーガー２個をお願いします.
  Two hamburgers to go, please.
  Por favor, dois hambúrgueres para viagem.
  ポル ファヴォール ドイス アンブルゲリス パラ ヴィアージェイン

- サンドイッチとオレンジジュースをください.
  A sandwich and an orange juice, please.
  Um sanduíche e um suco de laranja, por favor.
  ウン サドゥイッシ イ ウン スッコ ヂ ラランジャ ポル ファヴォール

- スモール［ミディアム，ラージ］をお願いします.
  A small [Medium, Large], please.
  Pequeno[a] [Médio[a], Grande], por favor.
  ペケーノ［ア］ ［メヂオ［ア］ グランヂ］ ポル ファヴォール

- ここで食べます.
  I'll eat it here.
  Eu vou comer aqui.
  エゥ ヴォゥ コメール アキ

- 持ち帰ります.
  I'd like this to go, please.
  É para viagem, por favor.
  エ パラ ヴィアージェイン ポル ファヴォール

■買い物■

- いらっしゃいませ.
  May I help you?
  Posso ajudá-lo?
  ポッソ アジュダーロ

- ちょっと見ているだけです.
  I'm just looking, thank you.
  Eu estou só olhando, obrigado[a].
  エゥ エストゥ ソ オリャンド オブリガード［ダ］

- …はありますか.
  Do you have ...?
  Você tem ...?
  ヴォセ ティン

- あれ［あの時計 / あのシャツ］を見せてくださいますか.
  Could you show me that one, please?
  *Por favor, você poderia* me mostrar aquele / aquela [aquele relógio / aquela camisa] ?
  ポル ファヴォール ヴォセ ポデリーア ミ モストラール アケーリ / アケーラ ［アケーリ ヘロージオ / アケーラ カミーザ］

- ほかのを見せてくださいますか.
  Could you show me another one, please?
  Você poderia me mostrar outro[a]..., por favor?
  ヴォセ ポデリーア ミ モストラール オゥトロ[ラ] ポル ファヴォール

- サイズがわかりません.
  I don't know my size.
  Eu não sei o meu tamanho.
  エゥ ナォン セィ ウ メゥ タマーニョ

- 素材はなんですか.
  What kind of fabric is this?
  Qual é o tipo de tecido?
  クワゥ エ ウ チッポ デ テスィード

- 色違いのものはありますか.
  Do you have another color?
  Você tem outra cor?
  ヴォセ ティン オゥトラ コール

- 違うデザインはありますか.
  Do you have another style?
  Você tem outro modelo?
  ヴォセ ティン オゥトロ モデーロ

- 試着してもいいですか.
  Can I try this on?
  Posso experimentar?
  ポッソ エスペリメンタール

- ぴったりです.
  It fits me perfectly!
  Ficou bom.
  フィコゥ ボン

- ちょっときつい [ゆるい] です.
  It's a bit tight [loose].
  Está um pouco apertado [largo, folgado].
  エスタ ウン ポッコ アペルタード [ラルゴ フォゥガード]

- いくらですか.
  How much (is it)?
  Quanto é?
  クワント エ

- 気に入りましたが値段がちょっと高すぎます.
  I like it but the price is a bit too high.
  Eu gostei deste[a], mas é um pouco caro[a] demais.
  エゥ ゴスティ デスチ[タ] マィス エ ウン ポッコ カーロ[ラ] デマィス

- ●シャワーが出ません.
  The shower doesn't work.
  O chuveiro está quebrado.
  ウ シュヴェイロ エスタ ケブラード

- ●この部屋はうるさいです
  This room is too noisy.
  Faz muito barulho neste quarto.
  ファイス ムイント バルーリョ ネスチ クワルト

## ■宿泊■

- ●1泊200レアル以下のホテルを紹介してください.
  Could you recommend a hotel less than 200 real per night?
  Você poderia sugerir um hotel com uma diária abaixo de 200 reais?
  ヴォセ ポデリーア スジェリール ウン オテウ コン ウマ ヂアリア アバイショ ヂ ドゥゼントス ヘアイス

- ●今晩は部屋はありますか.
  Do you have a room for the night?
  Você tem um quarto para esta noite?
  ヴォセ ティン ウン クワルト パラ エスタ ノイチ

- ●ツイン[シングル]をお願いします.
  A twin [single] room, please.
  Um quarto de casado [solteiro], por favor.
  ウン クワルト ヂ カザード [ソウティロ] ポル ファヴォール

- ●バス[シャワー]付きの部屋をお願いします.
  I'd like a room with a bath [shower].
  Eu gostaria de um quarto com banheira [chuveiro].
  エゥ ゴスタリーア ヂ ウン クワルト コン バニェィラ [シュヴェイロ]

- ●眺めのいい部屋をお願いします.
  I'd like a room with a nice view.
  Eu gostaria de um quarto com uma linda vista.
  エゥ ゴスタリーア ヂ ウン クワルト コン ウマ リンダ ヴィスタ

- ●1泊です. / 2[3]泊です.
  One night./ Two [Three] nights.
  Uma noite./ Duas [Três] noites.
  ウマ ノイチ ドゥアス [トレイス] ノイチス

- ●朝食は付いてますか.
  Is breakfast included?
  O café da manhã está incluído?
  ウ カフェ ダ マニャン エスタ インクルイーゾ

- 木村です．チェックインをお願いします．
  I'd like to check in. My name is Kimura.
  Eu gostaria de fazer o check in. Meu nome é Kimura.
  エウ ゴスタリーア ヂ ファゼール ウ チェッキン メウ ノーミ エ キムラ

- 日本から予約しました．
  I made a reservation in Japan.
  Eu fiz uma reserva do Japão.
  エウ フィース ウマ ヘゼルヴァ ド ジャパォン

- 部屋を見せてください．
  Please show me the room.
  Mostre-me o quarto, por favor.
  モストリミ ウ クワルト ポル ファヴォール

- もっと静かな部屋はありますか．
  Do you have any quieter rooms?
  Você teria um quarto mais silencioso?
  ヴォセ テリーア ウン クワルト マイス スィレンスィオーゾ

- この部屋にします．
  I'll take this room.
  Eu fico com o quarto.
  エウ フィッコ コン ウ クワルト

- クレジットカードは使えますか．
  Can I use a credit card?
  Vocês aceitam cartão de crédito?
  ヴォセス アセイタォン カルタォン ヂ クレヂト

- 朝食はどこでできますか．
  Where can I have breakfast?
  Onde eu tomo o café da manhã?
  オンヂ エウ トーモ ウ カフェ ダ マニャン

- チェックアウトは何時ですか．
  What time is check-out?
  A que horas é o check-out?
  ア キ オーラス エ ウ チェカウチ

### ■病院・薬局■

- この近くに病院［薬局］はありますか．
  Is there a hospital [drugstore] near here?
  Há um hospital [uma farmácia] aqui perto?
  ア ウン オスピタウ ［ウマ ファルマスィア］ アキ ペルト

- 病院に連れて行ってください．
  Please take me to a hospital.
  Por favor, leve-me ao hospital.
  ポル ファヴォール レーヴィミ アオ オスピタウ

- 日本語の話せる医師はいますか.
  Is there a Japanese-speaking doctor?
  Há algum médico que fale japonês?
  ア　アウグン　メヂコ　キ　ファーリ　ジャポネィス

- 気分が悪いのですが.
  I don't feel well.
  Eu não me sinto bem.
  エゥ　ナォン　ミ　スィント　ベィン

- 下痢をしています.
  I have diarrhea.
  Eu estou com diarréia.
  エゥ　エストゥ　コン　チアヘィア

- 胃が痛みます.
  My stomach hurts.
  Eu estou com dor de estômago.
  エゥ　エストゥ　コン　ドール　チ　エストマゴ

- 頭［喉］が痛いです.
  I have a headache [a sore throat].
  Eu estou com dor de cabeça [dor de garganta].
  エゥ　エストゥ　コン　ドール　チ　カベッサ　［ドール　チ　ガルガンタ］

- ここがとても痛いんです.
  It hurts a lot here.
  Dói muito aqui.
  ドィ　ムィント　アキ

- 熱があります.
  I have a fever.
  Eu estou com febre.
  エゥ　エストゥ　コン　フェーブリ

- 咳がひどいんです.
  I'm coughing a lot.
  Eu estou tossindo muito.
  エゥ　エストゥ　トスィンド　ムィント

- けがをしました.
  I've injured myself.
  Eu me machuquei.
  エゥ　ミ　マシュケィ

- 目に何か入りました.
  I have something in my eye.
  Entrou algo no meu olho.
  エントロゥ　アウゴ　ノ　メゥ　オーリョ

- やけどをしました.
  I've burned myself.
  Eu me queimei.
  エゥ　ミ　ケィメィ

- 風邪薬をください.
  I'd like some medicine for a cold, please.
  Eu queria algo para resfriado, por favor.
  エゥ　ケリーア　アウゴ　パラ　ヘスフリアード　ポル　ファヴォール

- 頭痛薬はありますか.
  Do you have medicine for a headache?
  Você tem algum remédio para dor de cabeça?
  ヴォセ　ティン　アウグン　ヘメヂオ　パラ　ドール　チ　カベッサ

日常会話

- 眠くならないのにしてください。
  I'd like something that won't make me sleepy.
  Eu gostaria de algo para não dormir.
  エゥ ゴスタリーア ヂ アウゴ パラ ナォン ドルミール

- 便秘の薬をください。
  I'd like a laxative, please.
  Eu gostaria de um laxante, por favor.
  エゥ ゴスタリーア ヂ ウン ラシャンチ ポル ファヴォール

- 私はアレルギー体質です。
  I have allergies.
  Eu sou alérgico a ...
  エゥ ソゥ アレルジコ ア

- 1日に何回飲むのですか。
  How many times a day should I take this?
  Quantas vezes ao dia eu tomo este remédio?
  クワンタス ヴェーズィス アオ ヂーア エゥ トーモ エスチ ヘメヂオ

## ■時刻・日にち・曜日・月・季節■

- （今）何時ですか。
  What time is it (now)?
  Que horas são?
  キ オーラス サォン

- 2時です。
  It's two o'clock.
  São duas horas.
  サォン ドゥアズ オーラス

- 3時を回ったところです。
  It's just after three (o'clock).
  São três horas (em ponto).
  サォン トレィズ オーラス （エィン ポント）

- 1時半です。
  Half past one.
  São uma e meia.
  サォン ウマ イ メィア

- 4時15分です。
  Quarter past four./ Four fifteen.
  São quatro e quinze.
  サォン クワルト イ キンズィ

- 6時10分前です。
  Ten to six.
  São seis menos dez.
  サォン セィス メノス ディス

- 私の時計は少し進んで［遅れて］います。
  My watch is a little fast [slow].
  Meu relógio está um pouco adiantado [atrasado].
  メゥ ヘロージオ エスタ ウン ポッコ アヂアンタード ［アトラザード］

日常会話

- 今日は何日ですか.
  What's the date (today)?
  Que dia é hoje?
  キ チーア エ オージ

- 4月18日です.
  It's April 18th.
  Hoje é dezoito de abril.
  オージ エ ヂゾィト チ アブリウ

- こちらへは3月2日に来ました.
  I got here on 2nd of March.
  Eu cheguei no dia dois de março.
  エゥ シェゲィ ノ チーア ドィス チ マルソ

- 今日は何曜日ですか.
  What day (of the week) is it today?
  Que dia da semana é hoje?
  キ チーア ダ セマーナ エ オージ

- 火曜です.
  Tuesday.
  Terça-feira.
  テルサ フェィラ

- 彼とは木曜日に会います.
  I'll meet him on Thursday.
  Eu vou encontrá-lo na quinta-feira.
  エゥ ヴォゥ エンコントラーロ ナ キンタ フェィラ

- 先週の金曜日は大雨[大雪]でした.
  We had heavy rain [snow] last Friday.
  Choveu [Nevou] muito na sexta-feira passada.
  ショヴェゥ [ネヴォゥ] ムィント ナ セスタ フェィラ パサーダ

- 5月に[の上旬に]マナオスへ発ちます.
  I'll leave for Manaus in [at the beginning of] May.
  Eu irei para Manaus [em maio / no início de maio].
  エゥ イレィ パラ マナウス [エィン マィオ / ノ イニスィオ チ マィオ]

- 季節でいちばん好きなのはどれですか.
  Which season do you like best?
  Que estação do ano você gosta mais?
  キ エスタサォン ド アーノ ヴォセ ゴスタ マィス

- 春[秋]がいちばん好きです.
  I like spring [fall] best.
  Eu gosto mais da primavera [do outono].
  エゥ ゴスト マィス ダ プリマヴェーラ [ド オゥトーノ]

# 葡日英
## 辞典

*PORTUGUÊS-JAPONÊS-INGLÊS*

# A, a

**a** /ア/ 冠(®the) (定冠詞女性単数形)

**a** /ア/ 前(®to) …へ，…に，…まで；…で；…から ◆ **~ uma hora** 1時に **de três ~ sete** 3から7まで **ir ao Brasil** ブラジルへ行く **três vezes ao dia** 日に3回

**a** /ア/ 代(®her, you, it (pl. them, you)) 彼女を，あなたを；それを

**abacaxi** /アバカシ/ 男(®pineapple) パイナップル

**abade** /アバーヂ/ 男(®abbot) 修道院長，司祭長

**abafar** /アバファール/ 動(®to stifle) 窒息させる［する］；絞め殺す；隠匿する

**abaixar** /アバイシャール/ 動(®to lower) 下がる；下げる

**abaixo** /アバイショ/ 副(®down) 下に，下方に ◆ **~ de** …以下 **pôr ~** 下に置く

**abalar** /アバラール/ 動(®to shake) 揺り動かす；動揺させる；去る

**abanar** /アバナール/ 動(®to shake) 振る；扇ぐ；ゆれる

**abandonar** /アバンドナール/ 動(®to leave) 見捨てる；放棄する；あきらめる

**abandono** /アバンドーノ/ 男(®desertion) 放棄，断念

**abarcar** /アバルカール/ 動(®to comprise) 抱え込む；含む

**abastado(-a)** /アバスタード/ 形(®wealthy) 豊富な；裕福な

**abastar** /アバスタール/ 動(®to supply) 供給する；豊かにする

**abastecer** /アバステセール/ 動(®to supply) 供給する；補給する

**abastecimento** /アバステスィメント/ 男(®supply) 供給

**abater** /アバテール/ 動(®to let down) 下げる；倒す；割り引く；衰弱させる

**abatimento** /アバチメント/ 男(®abatement) 衰弱；割引；沈下

**abdicar** /アビヂカール/ 動(®to abdicate) 辞任する，譲位する

**abdome** /アビドーミ/ [*abdómen] 男(®abdomen) 腹部

**abecedário(-a)** /アベセダリオ/ 形(®alphabetically arranged) アルファベット順の

**abelha** /アベーリャ/ 女(®bee) 蜜蜂

**aberto(-a)** /アベルト/ 形(®open) 開いた，覆いのない；公然の；率直な

**abertura** /アベルトゥーラ/ 女(®opening) 開くこと；穴；序曲

**abismo** /アビズモ/ 男(®abyss) 絶壁；深淵

**abjeto(-a)** /アビジェット/ [*abjecto] 形(®abject) 卑しい，卑劣な

**abolição** /アボリサォン/ 女(®abolition) 廃止；免除

**abolir** /アボリール/ 動(®to abolish) 廃止する

**abominável** /アボミナーヴェウ/ 形(®abominable) 厭わしい，憎むべき

**abonar** /アボナール/ 動(®to guarantee) 保証する；前金を払う

**abordar** /アボルダール/ 動(®to approach the edge of) (岸などに)近づく；(問題に)取り組む；話しかける

**aborrecer** /アボヘセール/ 動(®to bore) うんざりさせる

**aborrecido(-a)** /アボヘスィード/ 形(®tedious) うんざりした，つまらない

**abotoar** /アボトアール/ 動(®to button up) ボタンをかける；芽が出る ◆ **~-se** 横領する

**abraçar** /アブラサール/ 動(®to embrace) 抱きしめる；受け入れる

**abraço**/アブラソ/[男]([英]embrace) 抱擁
**abrandar**/アブランダール/[動]([英]to soften) 柔らかくする；緩和する
**abranger**/アブランジェール/[動]([英]to include) 含む；抱える；包み込む
**abreviação**/アブレヴィアサォン/[女]([英]abbreviation) 省略；短縮；略語；要約
**abreviar**/アブレヴィアール/[動]([英]to abbreviate) 短縮する，要約する
**abridor**/アブリドール/[男]([英]opener) 開ける道具 ◆ ~ *de garrafas* 栓抜き ~ *de latas* 缶切り
**abrigar**/アブリガール/[動]([英]to shelter) （風雨から）保護する，庇護する
**abrigo**/アブリーゴ/[男]([英]shelter) 庇護，避難所
**abril**/アブリゥ/[* Abril] [男]([英]April) 四月
**abrir**/アブリール/[動]([英]to open) 開く；広げる；（電灯を）つける；開始する
**absoluto(-a)**/アビソルット/[形]([英]absolute) 絶対の；完全な；絶対温度の
**absolver**/アビソウヴェール/[動]([英]to absolve) 放免する，許す，無罪を言い渡す
**absorto(-a)**/アビソルト/[形]([英]absorbed) 吸収された；夢中になった
**absorver**/アビソルヴェール/[動]([英]to absorb) 吸収する；消費する；夢中にさせる
**abstenção**/アビステンサォン/[女]([英]abstention) 棄権
**abster**/アビステール/[動]([英]to abstain) やめさせる，妨げる ◆ *~-se de* （酒など）を断つ；…を控える
**abstinência**/アビスチネンスィア/[女]([英]abstinence) 節制
**abstrair**/アビストライール/[動]([英]to abstract) 抽象する；分離する
**abstrato(-a)**/アビストラット/[*abstracto] [形]([英]abstract) 抽象的な；放心した
**absurdo(-a)**/アビスルド/[形]([英]absurd) ばかげた，不合理な
**abundância**/アブンダンスィア/[女]([英]abundance) 豊富
**abundante**/アブンダンチ/[形]([英]abundant) 豊富な，肥沃な
**abundar** /アブンダール/[動]([英]to abound) 豊富である，十分である
**abusar**/アブザール/[動]([英]to abuse) 濫用する；度をこす
**abuso**/アブーゾ/[男]([英]abuse) 濫用，悪用，虐待
**acabado(-a)**/アカバード/[形]([英]finished) 終えられた；完成した，完全な；使い古された
**acabar**/アカバール/[動]([英]to finish) 完成する，終える；終わる，死ぬ ◆ *~ de* +不定詞 …したばかりである
**academia**/アカデミーア/[女]([英]academy) 学会，アカデミー
**acalentar**/アカレンタール/[動]([英]to rock to sleep) あやして眠らせる；落ち着かせる；（考えなどを）抱く
**acalmar** /アカウマール/[動]([英]to calm) 穏やかにする，落ち着かせる；緩和する
**acalorado(-a)**/アカロラード/[形]([英]heated) 活発な，白熱した
**acampar** /アカンパール/[動]([英]to camp) 野宿させる，野営させる ◆ *~-se* 野営する
**ação**/アサォン/[*acção] [女]([英]action) 行為；行動，活動；作用；影響；株
**acariciar**/アカリスィアール/[動]([英]to caress) 愛撫する；機嫌をとる
**acarretar**/アカヘタール/[動]([英]to result in) 運送する；引き起こす

A

**acaso** /アカーゾ/ [男] ([英] chance) 偶然, 偶然の出来事; 運 — [副]([英]by chance) 偶然に, たぶん ◆ ***por ~*** ひょっとして, 偶然に
**acautelar** /アカウテラール/ [動]([英]to warn) 用心する, 用心させる; 予防する
**aceder** /アセデール/ [動]([英]to agree) 同意する, 付け加える
**aceitação** /アセィタサォン/ [女]([英]aceptance) 受け入れること, 信用; 同意
**aceitar** /アセィタール/ [動]([英]to accept) 受け取る, 受理する; 同意する
**aceitável** /アセィターヴェウ/ [形]([英]acceptable) 受諾できる, 容認できる
**acelerador** /アセレラドール/ [男]([英]accelerator) アクセル
**acelerar** /アセレラール/ [動]([英]to accelerate) 加速する; 促進する
**acenar** /アセナール/ [動]([英]to wave) 合図する, ほのめかす
**acender** /アセンデール/ [動]([英]to light) 点火する; 電灯を灯す; かきたてる, 熱狂させる
**acento** /アセント/ [男]([英]accent) アクセント
**acepção** /アセピサォン/ [女]([英]sense) 語義, 解釈
**acerca** /アセルカ/ [副]([英]near) ◆ ***~ de*** …について［関して］
**acercar** /アセルカール/ [動]([英]to draw near) 近づける, 取り囲む
**acertar** /アセルタール/ [動]([英]to put right) 的中する; 調整する, 思いつく ◆ ***~ em*** …に的中させる
**acerto** /アセルト/ [男] ([英] *discretion) 思慮分別*; 幸運; 的中
**acessível** /アセスィーヴェウ/ [形]([英]accessible) 近づきやすい, 近づける; 理解しやすい
**acesso** /アセッソ/ [男]([英]access) アクセス, 接近; 通路, 入り口
**acessório(-a)** /アセソーリオ/ [形]([英]accessory) 付属の, 二次的な — [男]アクセサリー
**achado(-a)** /アシャード/ [男] ([英]finding, bargain) 発見(物), 掘り出し物, バーゲン
**achar** /アシャール/ [動]([英]to think, to find) (…であると) 思う; …に感じる; 見つける, 出会う ◆ ***~-se*** …にいる, ある
**achegar** /アシェガール/ [動]([英]to bring near) 接近させる; 結びつける
**acidental** /アスィデンタウ/ [形]([英]accidental) 偶然の, 思いがけない
**acidente** /アスィデンチ/ [男] ([英]accident) 事故; 偶然の出来事; 土地の起伏
**ácido(-a)** /アスィド/ [形]([英]acid) すっぱい — [男]〖化学〗酸
**acima** /アスィーマ/ [副]([英]above) 上部に, 上方に ◆ ***~ de*** …より上に
**acionar** /アスィオナール/ [* accionar] [動]([英]to set in motion) 動かす, 身振りをつかう; 裁判をおこす
**acionista** /アスィオニスタ/ [* accionista] [男]([英]shareholder) 株主
**aclamação** /アクラマサォン/ [女]([英]acclamation) 喝采
**aclamar** /アクラマール/ [動]([英]to acclaim) 喝采する, 歓呼で迎える
**aclarar** /アクララール/ [動]([英]to clarify) 明白にする, 説明する
**aço** /アッソ/ [男]([英]steel) 鋼鉄
**açoite** /アソィチ/ [男]([英]whip) 鞭; 懲罰
**acolá** /アコラー/ [副]([英]over there) あそこで[へ], 向こうで[へ]
**acolher** /アコリェール/ [動]([英]to welcome) 迎える; 宿泊させる; 受け入れる

**acometer** /アコメテール/ 動 (㊎to attack) 襲撃する, 攻撃する; 企てる; 侮辱する

**acomodar** /アコモダール/ 動 (㊎to accommodate) 順応させる; 宿泊させる; 整理する; なだめる

**acompanhamento** /アコンパニャメント/ 男 (㊎accompanying) 同伴, 付加物; 随員; (料理の)付け合せ; 伴奏

**acompanhar** /アコンパニャール/ 動 (㊎to accompany) …と同行する 伴奏する; (進展を) 見守る

**aconselhar** /アコンセリャール/ 動 (㊎to advise) 忠告する; 推薦する

**acontecer** /アコンテセール/ 動 (㊎to happen) 起こる, 生じる

**acontecimento** /アコンテスィメント/ 男 (㊎event) 出来事, 事件

**acordar** /アコルダール/ 動 (㊎to wake up) 調和させる, 調整する; 目覚ます; 思い出させる

**acorde** /アコルヂ/ 男 (㊎chord) 和音

**acordo** /アコルド/ 男 (㊎agreement) 協定; 合意; 一致 ◆ *de ~ com* …に従って

**acorrer** /アコヘール/ 動 (㊎to run to the aid of) 助けに行く; 駆けつける

**acossar** /アコサール/ 動 (㊎to pursue) 追跡する, 悩ます

**acostumar** /アコストゥマール/ 動 (㊎to accustom) 慣れさせる ◆ *~ ... a* …を…に慣らす *~-se a* …に慣れる

**açougue** /アソゥギ/ 男 (㊎butcher's shop) 肉屋(店), 屠殺場

**açougueiro** /アソゥゲィロ/ 男 (㊎butcher) 肉屋(人)

**acreditar** /アクレヂタール/ 動 (㊎to believe) 信用する; 保証する; 信任する

**acrescentar** /アクレセンタール/ 動 (㊎to add) 追加する

**acrescer** /アクレセール/ 動 (㊎to increase) 増加する, 増加させる

**açúcar** /アスーカル/ 男 (㊎sugar) 砂糖

**açude** /アスーヂ/ 男 (㊎dam) ダム, 堰, 貯水池

**acudir** /アクヂール/ 動 (㊎to go to help) 助けに行く; (呼びかけに) 応じる; 答える ◆ *~ por* …側につく

**acumular** /アクムラール/ 動 (㊎to accumulate) 蓄積する, 積み上げる

**acúmulo** /アクムロ/ 男 (㊎accumulation) 蓄積, 堆積

**acusação** /アクザサォン/ 女 (㊎accusation) 告発, 起訴

**acusado(-a)** /アクザード/ 形 (㊎accused) 訴えられた — 男 被告

**acusador(-ra)** /アクザドール/ 男女 (㊎accuser) 原告

**acusar** /アクザール/ 動 (㊎to accuse) 告発する, 起訴する; 非難する ◆ *~ ... de* …を…の罪で告訴する *~ quarenta* 役に立たない

**adágio** /アダージオ/ 男 (㊎adage) 格言, 諺;〖音楽〗アダージオ

**adaptar** /アダピタール/ 動 (㊎to adapt) 適合させる, 順応させる ◆ *~-se a* …に順応する

**adensar** /アデンサール/ 動 (㊎to densify) 濃くする, 濃縮する; 濁る

**adepto** /アデプト/ 男 (㊎follower) 信奉者

**adequado(-a)** /アデクヮード/ 形 (㊎appropriate) 適切な, ふさわしい

**adequar** /アデクヮール/ 動 (㊎to adapt) 適合させる, 一致させる

**aderente** /アデレンチ/ 形 (㊎adherent) 粘着する — 男女 支持者

**aderir** /アデリール/ 動(㊥to adhere) 粘着する；従う

**adeus** /アデゥス/ 間(㊥goodby) さようなら

**adiamento** /アヂアメント/ 男(㊥postponement) 延期

**adiantado(-a)** /アヂアンタード/ 形(㊥advanced) 進んだ，進歩した ◆ *dinheiro* ~ 前金

**adiantamento** /アヂアンタメント/ 男(㊥progress) 前進；進歩；先取り

**adiantar** /アヂアンタール/ 動(㊥to advance) 進める；進む；進歩させる；急がせる，先取りする，前倒しにする；(金を) 前払いする

**adiante** /アヂアンチ/ 副(㊥in front) 先に，前方に，後で

**adiar** /アヂアール/ 動(㊥to postpone) 延期する

**adição** /アヂサォン/ 女(㊥addition) 付加，添加；足し算

**adicional** /アヂスィオナウ/ 形(㊥additional) 付加の

**adicionar** /アヂスィオナール/ 動(㊥to add) 加える，加算する

**adivinhar** /アヂヴィニャール/ 動(㊥to guess) 推測する，判断する；占う，予言する

**adjacente** /アヂジャセンチ/ 形(㊥adjacent) 隣接した

**adjetivo** /アヂジェチーヴォ/ [*adjectivo]男(㊥adjective) 形容詞

**adjunto(-a)** /アヂジュント/ 形(㊥joined) 結合した；補助の，補佐の

**administração** /アヂミニストラサォン/ 女(㊥administration) 管理，経営；行政

**administrador(-ra)** /アヂミニストラドール/ 男女(㊥administrator) 経営者，管理者，理事

**administrar** /アヂミニストラール/ 動(㊥administer) 管理する；統治する

**admiração** /アヂミラサォン/ 女(㊥wonder) 感嘆，賛美

**admirar** /アヂミラール/ 動(㊥to admire) 感嘆する；驚く，あきれる

**admirável** /アヂミラーヴェウ/ 形(㊥amazing) 見事な，驚くべき

**admissão** /アヂミサォン/ 女(㊥admission) 入学許可，入学；承認

**admitir** /アヂミチール/ 動(㊥to admit) 認める；採用する

**adoção** /アドサォン/ [*adopção]女(㊥adoption) 採択

**adoecer** /アドエセール/ 動(㊥to fall ill) 病気になる；病気にする

**adolescência** /アドレセンスィア/ 女(㊥adolescence) 青年期，思春期

**adolescente** /アドレセンチ/ 形(㊥adolescent) 青年期の，思春期の ― 男女 青年

**adorar** /アドラール/ 動(㊥to adore) 崇拝する；熱愛する

**adormecer** /アドルメセール/ 動(㊥to fall asleep) 眠る，寝入る；眠らせる

**adornar** /アドルナール/ 動(㊥to adorn) 飾る；装備をつける

**adorno** /アドルノ/ 男(㊥adornment) 装飾；装飾品

**adotar** /アドタール/ [*adoptar]動(㊥to adopt) 採用する；養子にする

**adotivo(-a)** /アドチーヴォ/ [*adoptivo](㊥adopted) 養子縁組の

**adquirir** /アヂキリール/ 動(㊥to acquire) 獲得する，取得する

**aduaneiro(-a)** /アドゥアネィロ/ 形(㊥customs) 税関の，関税の

**adubo** /アドゥーポ/ 男(㊥fertilizer) 肥料，堆肥

**adular** /アドゥラール/ 動(㊥to flatter) 機嫌をとる，へつらう

**adulto(-a)** /アドゥウト/ 形

(英adult) 成人した ― [男] 成人，大人

**advento** /アヂヴェント/ [男] (英advent) 出現，到来；((A～)) 待降節

**advérbio** /アヂヴェルビオ/ [男] (英adverb) 副詞

**adversário(-a)** /アヂヴェルサリオ/ [形] (英adversary) 反対する，逆の ― [男] 敵対者

**adversidade** /アヂヴェルスィダーヂ/ [女] (英adversity) 逆境；不満

**adverso(-a)** /アヂヴェルソ/ [形] (英adverse) 反対の；敵の

**advertência** /アヂヴェルテンスィア/ [女] (英warning) 警告；注意報；通告

**advertir** /アヂヴェルチール/ [動] (英to warn) 警告する；注意する；気づく

**advogado(-a)** /アヂヴォガード/ [男] (英lawyer) 弁護士，弁護人

**advogar** /アヂヴォガール/ [動] (英to advocate) 弁護する

**aéreo(-a)** /アエリオ/ [形] (英air) 空気の；航空の

**aeródromo** /アエロドロモ/ [男] (英airfield) 飛行場

**aeromoço(-a)** /アエロモッソ/ [男][女] (英steward, steward-ess) スチュワード，スチュワーデス

**aeroplano** /アエロプラーノ/ [男] (英airplane) 飛行機

**aeroporto** /アエロポルト/ [男] (英airport) 空港

**afagar** /アファガール/ [動] (英to caress) 愛撫する；可愛がる

**afamado(-a)** /アファマード/ [形] (英renowned) 名高い，有名な

**afastado(-a)** /アファスタード/ [形] (英remote) 離れた，遠い

**afastamento** /アファスタメント/ [男] (英separation) 遠ざけること，分離；退去，引退

**afastar** /アファスタール/ [動] (英to remove) 遠ざける，わきにのける

**afável** /アファーヴェウ/ [形] (英friendly) 愛想のよい

**afecção** /アフェサウン/ [女] (英disease) 疾患

**afeiçoar** /アフェイソアール/ [女] (英to form) 形づくる；愛情を掻き立てる

**afetar** /アフェタール/ [*afectar] [動] (英to affect) 装う，ふりをする；影響する；(病気が) 侵す

**afeto(-a)** /アフェット/ [*afecto] [形] (英affectionate) 愛情を抱いた；味方の

**afetuoso(-a)** /アフェトゥオーゾ/ [*afectuoso] [形] (英affectionate) 情愛のある

**afim** /アフィン/ [形] (英similar) 同類の，親戚の

**afinal** /アフィナウ/ [副] (英at last) とうとう，ついに ◆ *～ de contas* 結局のところ

**afinar** /アフィナール/ [動] (英to tune) 調律する；仕上げる 怒る

**afinidade** /アフィニダーヂ/ [女] (英affinity) 類似；姻戚関係

**afirmação** /アフィルマサォン/ [女] (英affirmation) 肯定，断言，確認

**afirmar** /アフィルマール/ [動] (英to affirm) 断言する ◆ *～-se* 確立する

**afixar** /アフィキサール/ [動] (英to stick) 固定する，貼る

**aflição** /アフリサォン/ [女] (英affliction) 苦痛，苦悩；不安

**afligir** /アフリジール/ [動] (英to distress) 苦しめる，悩ます；困らせる

**aflito(-a)** /アフリット/ [形] (英afflicted) 苦しめられた

**afluência** /アフルエンスィア/ [女] (英affluence) 流れ込むこと；合流点；殺到

**afluente** /アフルエンチ/ [形] (英copious) 流れ込む

**afluir** /アフルイール/ [動] (英to flow) 流れ込む；殺到する

[A]

**afogar** / アフォガール / [動] (英 to drown, to suffocate) 溺死させる[する]; 窒息させる[する]; 浸す

**afortunado(-a)** / アフォルトゥナード / [形] (英 fortunate) 幸運な

**África** / アフリカ / [女] (英 Africa) アフリカ

**africano(-a)** / アフリカーノ / [形] (英 African) アフリカ(人)の — [男][女] アフリカ人

**afrontar** / アフロンタール / [動] (英 to insult) 面する, 直面する; 侮辱する; 苦しめる ◆ **~-se** 対峙する

**afrouxar** / アフロゥシャール / [動] (英 to slacken) ゆるめる, 和らげる, 弱める

**afundar** / アフンダール / [動] (英 to sink) 沈める; 掘り下げる; 沈む; 潜む

**agarrar** / アガハール / [動] (英 to seize) 掴む, 捉える; しがみつく

**agasalhar** / アガザリャール / [動] (英 to welcome, to shelter) 泊める, 歓迎する; 保護する

**agasalho** / アガザーリョ / [男] (英 lodgement) 宿泊させること, 歓迎; 防寒着

**agência** / アジェンスィア / [女] (英 agency) 代理業; 代理店; 支店

**agente** / アジェンチ / [男][女] (英 agent) 活動する人; 代理人; 仲介業者; 作因; 〖文法〗動作主

**ágil** / アージウ / [形] (英 agile) 敏捷な, 気軽な; 活動的な

**agilidade** / アジリダーヂ / [女] (英 agility) 敏捷, 鋭敏, 器用さ

**agir** / アジール / [動] (英 to act) 行う, ふるまう; 働きかける

**agitação** / アジタサォン / [女] (英 agitation) 揺り動かすこと; 動揺, 不安; 動乱

**agitar** / アジタール / [動] (英 to agitate) 揺り動かす; 煽動する, 反乱を起こす

**aglutinar** / アグルチナール / [動] (英 to agglutinate) 粘着させる; 接合する

**agonia** / アゴニーア / [女] (英 agony) 苦しみ; 断末魔; 苦悩

**agonizar** / アゴニザール / [動] (英 to agonize) 苦しめる, 悩ます; 臨終をむかえる

**agora** / アゴーラ / [副] (英 now) 今; 現在 ◆ ***~ mesmo*** たった今 ***até ~*** これまで ***de ~ em diante*** 今後, これから

**agosto** / アゴスト / [* Agosto] [男] (英 August) 八月

**agradar** / アグラダール / [動] (英 to please) 喜ばせる ◆ ***~ a*** …に喜ばれる ***~-se de*** …に好意を抱く

**agradável** / アグラダーヴェウ / [形] (英 pleasant) 快い, 心地よい

**agradecer** / アグラデセール / [動] (英 to thank) 感謝する

**agradecimento** / アグラデスィメント / [男] (英 gratitude) 感謝; 報酬, 謝礼

**agrário(-a)** / アグラリオ / [形] (英 agrarian) 農業の, 田舎の

**agravar** / アグラヴァール / [動] (英 to aggravate) 重くする; 悪化させる

**agredir** / アグレヂール / [動] (英 to attack) 攻撃する; 襲う, 傷つける

**agregação** / アグレガサォン / [女] (英 aggregation) 入会, 入団; 集合; 集合体

**agregar** / アグレガール / [動] (英 to collect) 入会する, 参加する; 集める; 付加する

**agressão** / アグレサォン / [女] (英 agression) 攻撃; 侵略

**agressivo(-a)** / アグレスィーヴォ / [形] (英 aggressive) 攻撃的な, 敵対的な

**agrícola** / アグリコラ / [形] (英 agricultural) 農業の

**agricultor** / アグリクルトール / [男] (英 farmer) 農民

**agricultura**/アグリクゥトゥーラ/囡(英agriculture) 農業；耕作

**agrupamento**/アグルパメント/男(英grouping) グループにまとめること，集まり

**agrupar**/アグルパール/動(英to group) 集める

**água**/アグァ/囡(英water) 水；水分 ◆ **~ doce** 淡水 **~ mineral** ミネラルウォーター **~ quente** 湯 **~s termais** 温泉 **ir por ~ abaixo** 失敗する，水泡に帰す

**aguardar**/アグァルダール/動(英to wait for) 待つ；従う；見張る

**aguardente**/アグァルデンチ/囡(英spirit) 火酒，蒸留酒

**agudeza**/アグデーザ/囡(英sharpness) 鋭利；鋭敏

**agudo(-a)**/アグード/形(英sharp) 鋭利な；鋭敏な；鋭い；〖医学〗急性の

**agüentar**/アゲンタール/[*aguentar]動(英to hold up) 支える；耐える

**águia**/アギア/囡(英eagle) 鷲

**agulha**/アグーリャ/囡(英needle) 針；針仕事

**aí**/アイ/副(英there) そこに［で］◆ **por ~** そのあたりに，だいたい，どこかに

**ai**/アイ/男(英woe) 嘆きの声，— 間 あ～！，痛い！

**ainda**/アインダ/副(英still) なお，まだ；また；さらに ◆ **~ bem** 幸いにも **~ que**+接続法 たとえ…しても **~ assim** それにもかかわらず

**ajoelhar**/アジョエリャール/動(英to kneel down) 跪かせる ◆ **~-se** 屈服する

**ajuda**/アジューダ/囡(英help, aid) 援助

**ajudante**/アジュダンチ/男囡(英assistant) 助手；援助者

**ajudar**/アジュダール/動(英to help) 助ける；手伝う；援助する

**ajuizar**/アジュイザール/動(英to judge) 判断する

**ajuntamento**/アジュンタメント/男(英gathering) 集合；群集

**ajuntar**/アジュンタール/動(英to join) 加える；集める；近づける

**ajustamento**/アジュスタメント/男(英adjustment) 調整；精算；取り決め

**ajustar**/アジュスタール/動(英to adjust) 調整する；適合させる；取り決める

**ala**/アーラ/囡(英row) 列；(建物の) 翼

**alagar**/アラガール/動(英to flood) 浸水させる；一面に広がる

**alarde**/アラルヂ/男(英ostentation) 誇示；ほら

**alargamento**/アラルガメント/男(英enlargement) 広げること，拡大，膨張

**alargar**/アラルガール/動(英to extend) 広げる，拡大する；伸ばす；ゆるめる

**alarmante**/アラルマンチ/形(英alarming) 警報の，危険な

**alarmar**/アラルマール/動(英to alarm) 驚かす；警報を出す；不安にさせる

**alarme**/アラルミ/男(英alarm) 警報；危険，驚愕

**albergue**/アウベルギ/男(英inn) 宿屋；簡易宿泊所

**álbum**/アウブン/男(英album) アルバム；〖古ローマ〗告知板

**alçada**/アウサーダ/囡(英competency) 権限；管轄；司法権

**alcançar**/アウカンサール/動(英to reach) 到着する；達する；理解する；妊娠する

**alcance**/アウカンスィ/男(英reach) 到達；届く範囲；重要性；知性；横領

**alçar**/アウサール/動(英to lift up) 高くする，上げる；建てる；賞賛する

**álcool** /アウコオウ/ 男(㊐alcohol) アルコール

**alcoólico(-a)** /アウコオリコ/ 形(㊐alcoholic) アルコールの

**alcoolismo** /アウコオリズモ/ 男(㊐alcoholism) アルコール中毒

**alcova** /アウコーヴァ/ 女(㊐bedroom) (家の奥の)寝室

**alcunha** /アウクーニャ/ 女(㊐nickname) あだ名

**aldeia** /アウデイア/ 女(㊐village) 小村

**alegação** /アレガサォン/ 女(㊐allegation) 申したて；弁解

**alegar** /アレガール/ 動(㊐to allege) 申したてる；主張する

**alegrar** /アレグラール/ 動(㊐to cheer) 楽しませる；喜ばす

**alegre** /アレーグリ/ 形(㊐cheerful) 楽しい，愉快な

**alegria** /アレグリーア/ 女(㊐joy) 喜び；陽気，快活

**aleitar** /アレイタール/ 動(㊐to breast-feed) 授乳する

**além** /アレィン/ 副(㊐over there) 向こうに[で]；遠くに[で] ◆ ~ *de* …の他に ~ *disso* その他に，そのうえ

**Alemanha** /アレマーニャ/ 女(㊐Germany) ドイツ

**alemão(-ã)** /アレマォン/ 形男女(㊐German) ドイツ(人)の；ドイツ人 ― 男 ドイツ語

**alentar** /アレンタール/ 動(㊐to encourage) 活気づける

**alento** /アレント/ 男(㊐breath) 呼吸；元気，活力

**alergia** /アレルジーア/ 女(㊐allergy) アレルギー

**alérgico(-a)** /アレルジコ/ 形(㊐allergic) アレルギーの

**alerta** /アレルタ/ 副 警戒して ― 男(㊐alert) 警報

**alfabeto** /アウファベット/ 男(㊐alphabet) アルファベット

**alfaiate** /アウファイアッチ/ 男女(㊐tailor) 洋服屋；仕立て屋

**alfândega** /アウファンデガ/ 女(㊐customs) 税関；関税

**alfinete** /アウフィネッチ/ 男(㊐pin) ピン，ネクタイピン ◆ *para os ~s* 小さな出費のために

**álgebra** /アウジェブラ/ 女(㊐algebra) 代数学

**algema** /アウジェーマ/ 女(㊐handcuff) 手錠；威圧

**algibeira** /アウジベィラ/ 女(㊐pocket) ポケット ◆ *andar de mãos nas ~s* ひまである

**algo** /アウゴ/ 代(㊐something) 何か，あるもの；少し

**algodão** /アウゴダォン/ 男(㊐cotton) 綿，木綿；綿布；綿の木

**alguém** /アウゲィン/ 代(㊐someone) だれか，ある人

**algum(alguma)** /アウグン/ 形(㊐some) ある，いくらかの；いくつかの ◆ *~ dia* いつか；かつて

**algures** /アウグーリス/ 副(㊐somewhere) どこかに[で]

**alheio(-a)** /アリェイオ/ 形(㊐someone else's) 他人の；外国の

**alho** /アーリョ/ 男(㊐garlic) ニンニク

**ali** /アリ/ 代(㊐there) あそこに[へ] そこに[へ]；

**aliado(-a)** /アリアード/ 形(㊐allied) 同盟を結んだ ― 男女 同盟者

**aliança** /アリアンサ/ 女(㊐alliance) 同盟；協定；結婚指輪

**aliar** /アリアール/ 動(㊐to ally) 同盟させる；◆ *~-se* 結びつく；同盟する

**aliás** /アリアース/ 副(㊐otherwise) そうでなければ；しかも；それにもかかわらず

**alicate** /アリカッチ/ 男(㊐pliers) ペンチ，やっとこ

**alicerce** /アリセルスィ/ 男(㊐foundation) 土台；基礎；根本

**aliciar** /アリスィアール/ 動(㊐to

**entice)** 誘惑する；買収する

**alienar** /アリエナール/ **動**(英to alienate) 手放す；譲渡する；遠ざける；発狂させる

**alimentação** /アリメンタサォン/ **女**(英nourishment) 栄養，食物摂取

**alimentar** /アリメンタール/ **動**(英to feed) 食物を与える；養う ── **形** 食物の

**alimento** /アリメント/ **男**(英food) 栄養物

**alinhar** /アリニャール/ **動**(英to align) 一列にする

**alisar** /アリザール/ **動**(英to smooth) 滑らかにする；(髪をくしで)とかす

**alistar** /アリスタール/ **動**(英to recruit) 登録する；徴兵する

**aliviar** /アリヴィアール/ **動**(英to relieve) 軽減する；緩和する；気を楽にさせる

**alívio** /アリヴィオ/ **男**(英relief) 軽減；緩和；安堵；気晴らし

**alma** /アウマ/ **女**(英soul) 霊魂；精神；

**almanaque** /アウマナッキ/ **男**(英almanac) 暦；年鑑

**almoçar** /アウモサール/ **動**(英to have lunch) 昼食をとる

**almoço** /アウモッソ/ **男**(英lunch) 昼食

**almofada** /アウモファーダ/ **女**(英cushion) クッション，パッド，枕

**alô** /アロー/ **間**(英hello) (電話で)もしもし；(驚いて)おや

**alojar** /アロジャール/ **動**(英to lodge) 宿泊させる；倉庫に入れる；吐く

**alta** /アウタ/ **女**(英rise) 値上り，騰貴；退院許可

**altar** /アウタール/ **男**(英altar) 祭壇

**alteração** /アウテラサォン/ **女**(英alteration) 変化，変質

**alterar** /アウテラール/ **動**(英to alter) 変化させる；悪くする，改悪する

**altercar** /アウテルカール/ **動**(英to quarrel) 論争する；口論する

**alternar** /アウテルナール/ **動**(英to alternate) 交互に行う；交替する

**alternativa** /アウテルナチーヴァ/ **女**(英alternative) 交替；二者択一

**alteza** /アウテーザ/ **女**(英loftiness) 高いこと；気高さ

**altitude** /アウチトゥーヂ/ **女**(英altitude) 高度；標高

**altivez** /アウチヴェィス/ **女**(英haughtiness) 気高さ；高慢，傲慢

**alto(-a)** /アウト/ **形**(英high) 高い；高度な；高尚な；すぐれた；(値段が)高い ── **副** 大声で，高く ── **間** ((~!)) 止まれ，やめ ── **男** 高さ；高所 ◆ **alta noite** 真夜中

**altura** /アウトゥーラ/ **女**(英height) 高さ，高度；身長；時期 ◆ **estar à ~ de** …する条件がある，…出来る

**alucinar** /アルスィナール/ **動**(英to hallucinate) 錯乱させる；惑わせる

**aludir** /アルヂール/ **動**(英to allude) 言及する；ほのめかす

**alugar** /アルガール/ **動**(英to rent) 賃借[賃貸]する

**aluguel** /アルゲウ/ [*aluguer] **男**(英rent) 賃借，賃貸；賃貸[借]料

**alumiar** /アルミアール/ **動**(英to light up) 照らす，明るくする；点灯する；啓蒙する

**aluno(-a)** /アルーノ/ **男女**(英pupil, student) 生徒，学生

**alusão** /アルザォン/ **女**(英allusion) ほのめかし，暗示

**alvejar** /アウヴェジャール/ **動**(英to whiten) 白くする，漂白する；狙いを定める；命中させる

**alvo(-a)** /アウヴォ/ **形**(英white) 白い；純粋な

男 白；標的；目的

**orada** /アウヴォラーダ/
女(㊙dawn) 暁，曙

**(e-)brecer** /アウヴォレセール/
動(㊙to dawn) 夜が明け始める

**alvoroçar** /アウヴォロサール/
動(㊙to stir up) 動揺させる；
熱狂させる

**alvoroço** /アウヴォロッソ/
男(㊙commotion) 暴動；動
揺；熱狂

**ama** /アーマ/ 女(㊙nurse) 乳母

**amabilidade** /アマビリダー
チ/ 女(㊙kindness) 親切；優
しさ

**amaciar** /アマスィアール/ 動
(㊙to soften) 柔らかにする；
穏やかにする，和らげる；飼
いならす

**amador(-ra)** /アマドール/
形(㊙amateur) 愛好する
— 男 愛好者；素人，アマ
チュア

**amadurecer** /アマドゥレセー
ル/ 動(㊙to ripen) 熟す［させ
る］；熟考する

**amaldiçoar** /アマウヂソアー
ル/ 動(㊙to curse) 呪う；の
のしる；忌み嫌う

**amamentar** /アマメンタール/
動(㊙to breast-feed) 授乳す
る；培う，養う

**amanhã** /アマニャン/ 副
(㊙tomorrow) 明日；やがて
— 男 明日；(近い)将来 ◆ ~ *à
noite* 明晩 *~ de manhã* 明朝
*depois de* ~ あさって

**amanhecer** /アマニェセール/
動(㊙to dawn) 夜が明ける；
夜明けを迎える

**amansar** /アマンサール/
動(㊙to tame) 飼い馴らす；
鎮める，和らげる

**amante** /アマンチ/ 形 愛好
する — 男女 (㊙ lover)
愛好者；愛人

**amar** /アマール/ 動(㊙to love)
愛する；恋をする；好きである

**amarelo(-a)** /アマレーロ/
形(㊙yellow) 黄色い —

男 黄色

**amargar** /アマルガール/ 動
(㊙to make bitter) にがくす
る；苦しめる；苦しむ

**amargo(-a)** /アマルゴ/ 形
(㊙bitter) にがい；つらい，
厳しい — 名 苦み

**amargura** /アマルグーラ/ 女
(㊙bitterness) 苦さ，苦渋

**amargurar** /アマルグラール/
動(㊙to embitter) 苦しめる，
悩ます；にがくする

**amarrar** /アマハール/ 動(㊙to
tie) 繋ぐ，結びつける，し
ばる

**amarrotar** /アマホタール/
動(㊙to crease) しわくちゃ
にする；やりこめる

**amável** /アマーヴェウ/ 形
(㊙kind) 愛すべき；親切な，
優しい

**ambição** /アンビサォン/ 女
(㊙ambition) 野望，野心

**ambicionar** /アンビスィオナー
ル/ 動(㊙to aspire to) 野心を
抱く；強く望む

**ambicioso(-a)** /アンビスィ
オーソ/ 形(㊙ambitious) 野心
的な

**ambiente** /アンビエンチ/
男(㊙environment) 環境；場
所；境遇

**ambigüidade** /アンビグィ
ダーヂ/ [* ambiguidade]
女(㊙ambiguity) 両義性，曖
昧さ

**ambíguo(-a)** /アンビーグォ/
形(㊙ambiguous) 両義的な，
曖昧な，不明確な

**âmbito** /アンビト/ 男 (㊙
ambit) 境界線；周囲；行動
範囲

**ambos** /アンボス/ 形(㊙both)
両方の，両者の — 代 両方

**ambulância** /アンブランスィ
ア/ 女(㊙ambulance) 救急車

**ambulante** /アンブランチ/
形(㊙roving) 巡回する；歩く

**ameaça** /アメアッサ/ 女
(㊙threat) 脅迫；前兆

**ameaçar**／アメアサール／ 動(㊇threaten) 脅迫する；威嚇する；(危険が) 迫

**amém**／アメィン／ 間(㊇amen) アーメン ― 男 同意

**amêndoa**／アメンドア／ 女 (㊇almond) アーモンド ◆ *as ~s* 復活祭の贈り物

**amendoim**／アメンドイン／ 男(㊇peanut) ピーナッツ

**amenizar**／アメニザール／動 (㊇to make pleasant) 楽にする；温和にする

**ameno(-a)**／アメーノ／ 形(㊇pleasant) 快適な；愛想のよい

**América**／アメリカ／ 女 (㊇America) アメリカ ◆ *~ do Sul* 南アメリカ

**americano(-a)**／アメリカーノ／形男女(㊇American) アメリカ (人) の；アメリカ人

**amigável**／アミガーヴェウ／形(㊇amicable) 友情のある，親しげな；和解的な

**amigo(-a)**／アミーゴ／ 男女 (㊇friend) 友人；味方 ― 形(㊇friendly) 味方の；親しい

**amiúde**／アミウーヂ／ 副(㊇often) 頻繁に，たびたび

**amizade**／アミザーヂ／ 女 (㊇friendship) 友情；社交；親切，好意

**amnésia**／アミネズィア／ 女 (㊇amnesia) 記憶喪失；健忘症

**amofinar**／アモフィナール／ 動 (㊇to trouble) 苦しめる

**amolecer**／アモレセール／ 動(㊇to soften) 柔らかくする；(感情を) 和らげる；感動させる

**amontoar**／アモントアール／ 動(㊇to pile up) 積み上げる；蓄える；貯蓄する

**amor**／アモール／ 男 (㊇ love) 愛，恋；愛情；愛好；情事 ◆ *por ~ de* …のために

**amoral**／アモラウ／ 形(㊇

---

amoral) 背徳的な

**amoroso(-a)**／アモローゾ／ 形(㊇loving) 愛情のこもった；恋愛の

**amortecer**／アモルテセール／ 動(㊇to deaden) 死んだようにする；弱める；麻痺させる

**amostra**／アモストラ／ 女 (㊇sample) 見本，標本

**amparar**／アンパラール／ 動 (㊇to support) 支える；支援する；保護する

**amparo**／アンパーロ／ 男(㊇support) 支え；支持；保護

**ampliação**／アンプリアサォン／女(㊇amplification) 増幅，拡張

**ampliar**／アンプリアール／ 動(㊇to enlarge) 拡大する；広げる；延ばす

**amplidão**／アンプリダォン／ 女 (㊇vastness) 広大さ；広さ

**amplificar**／アンプリフィカール／ 動(㊇to amplify) 拡大する；誇張する

**amplitude**／アンプリトゥーヂ／ 男(㊇amplitude) 広さ，広がり；射程距離

**amplo(-a)**／アンプロ／ 形(㊇spacious) 広い；ゆったりした；豊かな

**amuar**／アムアール／ 動(㊇to sulk) 不機嫌にする；不機嫌になる；うまく行かない

**analfabetismo**／アナウファベチズモ／男(㊇illiteracy) 文盲

**analfabeto(-a)**／アナウファベット／形(㊇illiterate) 文盲の

**analisar**／アナリザール／ 動(㊇to analyse) 分析する；注意深く調べる

**análise**／アナリズィ／ 女 (㊇analysis) 分析；〖数学〗解析；精神分析

**análogo(-a)**／アナロゴ／ 形(㊇analogous) 類似の，相似の

**anarquia**／アナルキーア／ 女(㊇anarchy) 無政府状態；混乱，無秩序

**anca** /アンカ/ 女(㊦hip) 臀部, 尻

**ancestral** /アンセストラウ/ 形(㊦ancestral) 祖先の, 先祖の

**ancião(-ciã)** /アンスィアォン/ 形(㊦old) 高齢の; 古い — 男 老人

**âncora** /アンコラ/ 女(㊦anchor) 錨; よりどころ, (商売の)目玉

**ancorar** /アンコラール/ 動(㊦to anchor) 投錨する; 基づく

**andar** /アンダール/ 動(㊦to walk) 歩く; 行く; (時が)経過する; (機械が)動く — 男(㊦floor)(建物の)階層 ◆ ~ *doente* 病気である *primeiro* ~ 2階

**andebol** /アンデボール/ 男 (㊦handball) ハンドボール

**andorinha** /アンドリーニャ/ 女(㊦swallow) 燕

**andrajo** /アンドラージョ/ 男 (㊦rags)((普通~s)) ぼろ切れ

**anedota** /アネドッタ/ 女 (㊦anecdote) 逸話; 小話

**anel** /アネウ/ 男(㊦ring) 指輪; 輪

**anelo** /アネーロ/ 男(㊦longing) 熱望, 渇望

**anestesia** /アネステズィーア/ 女(㊦anesthesia) 麻酔

**anexar** /アネキサール/ 動(㊦to annex) 併合する; 添える; 付加する

**anexo(-a)** /アネキソ/ 形 (㊦attached) 隣接の; 付属の — 男 付属物

**anfíbio** /アンフィビオ/ 形 水陸両用の, 両生類の — 男(㊦amphibian)((~s))両生類

**anfitrião(-oa)** /アンフィトリアォン/ 男/女(㊦host, hostess) 主人役

**ângulo** /アングロ/ 男(㊦angle) 角(かど), 隅; 角度 ◆ ~ *reto* 直角

**angústia** /アングスチア/ 女(㊦anguish) 苦悩, 苦悶

**angustiante** /アングスチアンチ/ 形(㊦distressing) 苦悶させる

**animação** /アニマサォン/ 女(㊦liveliness) 生気; 元気づけ

**animado(-a)** /アニマード/ 形(㊦animated) 生き生きした, 熱中した

**animal** /アニマウ/ 男 (㊦animal) 動物

**animar** /アニマール/ 動(㊦to liven up) 生気を与える; 激励する

**ânimo** /アニモ/ 男(㊦courage) 勇気; 魂, 精神

**aninhar** /アニニャール/ 動(㊦to nestle) 巣に入れる; 収容する

**aniquilar** /アニキラール/ 動 (㊦to annihilate) 絶滅させる, 抹殺する; 侮辱する

**anistia** /アニスチーア/ [*amnistia] 女(㊦amnesty) 大赦, 特赦

**aniversário** /アニヴェルサーリオ/ 男(㊦anniversary) 記念日; 誕生日

**anjo** /アンジョ/ 男(㊦angel) 天使 ◆ ~ *custódio, ~ da guarda* 守護神

**ano** /アーノ/ 男(㊦year) 年; 歳 ◆ ~ *novo* 正月 *~ passado* 去年 *~ que vem; próximo ~* 来年 *~ retrasado* 一昨年 *~ sim ~ não* 1年おきに *de quatro em quatro ~s* 4年ごとに *este ~* 今年 *todos os ~s* 毎年

**anoitecer** /アノイテセール/ 動(㊦to grow dark) 夜になる, 日が暮れる

**anomalia** /アノマリーア/ 女(㊦anomaly) 異常; 変則

**anônimo(-a)** /アノニモ/ [*anónimo] 形(㊦anonymous) 匿名の; 無名の

**anormal** /アノルマウ/ 形(㊦abnormal) 異常な; 変則の

**anotar** /アノタール/ 動(㊦to

どこへ、どこで

**apagar** /アパガール/ 動(㊀to put out) 消す; 鎮める ◆ **~-se** 消える

**apaixonado(-a)** /アパイショナード/ 形(㊀passionate) 夢中になった, 惚れた

**apaixonar** /アパイショナール/ 動(㊀to fill with passion) 熱中させる; 夢中にさせる; 悲しませる

**apanhar** /アパニャール/ 動(㊀to catch) 摘む; 捕える, 採集する; つかむ

**aparador** /アパラドール/ 男(㊀sideboard) 食器棚

**aparar** /アパラール/ 動(㊀to trim) 刈りそろえる;（鉛筆を）削る; 受けとめる;（打撃を）かわす

**aparecer** /アパレセール/ 動(㊀to appear) 現れる; 起こる

**aparecimento** /アパレスィメント/ 男(㊀appearance) 出現

**aparelho** /アパレーリョ/ 男(㊀apparatus) 装置一式; 機械, 器具, 器官; 準備, 支度

**aparência** /アパレンスィア/ 女(㊀appearance) 見かけ, 外観; 様子

**aparição** /アパリソァン/ 女(㊀apparition)（幽霊などの）出現, 亡霊, 幻影

**apartamento** /アパルタメント/ 男(㊀apartment) 分離;（集合住宅の）一区画

**apartar** /アパルタール/ 動(㊀to separate) 分ける, 分離する

**apático(-a)** /アパチコ/ 形(㊀apathetic) 無感情な; 無感覚な

**apavorar** /アパヴォラール/ 動(㊀to terrify) おびえさせる

**apear** /アペアール/ 動(㊀to dismount)（乗り物・地位から）降ろす; 降りる

**apegar** /アペガール/ 動(㊀to attach to) くっつける; 感染させる

**apelação** /アペラサァン/ 女(㊀appeal) 控訴

**apelar** /アペラール/ 動(㊀to appeal) 上訴する; 訴える

**apelido** /アペリード/ 男(㊀cognomen) 通称, 姓

**apenas** /アペーナス/ 副(㊀only) やっと, 辛うじて; …するとすぐ

**apêndice** /アペンヂスィ/ 男(㊀appendix) 付録, 補遺; 付属物; 虫垂

**aperceber** /アペルセベール/ 動(㊀to equip) 備える, 用意する; 知らせる ◆ **~-se de** …に気づく

**aperfeiçoamento** /アペルフェイソアメント/ 男(㊀perfection) 完成させること, 改良; 仕上げ

**aperfeiçoar** /アペルフェイソアール/ 動(㊀to perfect) 完成する; 仕上げる

**aperitivo** /アペリチーヴォ/ 男(㊀aperitif) 食前酒

**apertado(-a)** /アペルタード/ 形(㊀tight) 締めつけられた; 窮屈な; 狭い

**apertar** /アペルタール/ 動(㊀to hold tight) 締めつける; 狭める; 握り締める;（費用を）切り詰める; 圧迫する ◆ **~ as mãos** 握手する

**aperto** /アペルト/ 男(㊀pressure) 握り締めること; 圧迫, 苦悩, 緊急; 苦境

**apesar** /アペザール/ 副(㊀in spite of) ◆ **~ de** …にもかかわらず **~ disso** それにもかかわらず

**apetecer** /アペテセール/ 動(㊀to be appetizing) 食欲をそそる; 関心を抱かせる; 切望する; 食べたがる

**apetite** /アペチッチ/ 男(㊀appetite) 食欲; 欲望

**ápice** /アピスィ/ 男(㊀summit) 頂上, 頂点; 絶頂 ◆ **num ~** 一瞬に **por um ~** すんでのところで

**apinhar** /アピニャール/ 動(㊀to

note down) 書き込みをする; 書きとめる; 注釈する

**anseio** /アンセィオ/ [男] ([英]longing) 熱望, 切望

**ânsia** /アンスィア/ [女] ([英]anxiety) 苦悩, 不安; 熱望; 吐き気

**ansiar** /アンスィアール/ [動] ([英]to crave for) 苦しめる, 強く望む ◆ ~ *por* …を熱望する

**ansiedade** /アンスィエダーヂ/ [女] ([英]anxiety) 苦悩; 心配; 熱望

**ansioso(-a)** /アンスィオーゾ/ [形] ([英]anxious) 不安な; 切望する

**antagonista** /アンタゴニスタ/ [女] ([英]antagonist) 敵, 反対者; 拮抗筋

**antártico(-a)** /アンタルチコ/ [形] ([英]antarctic) 南極(地方)の

**antecedente** /アンテセデンチ/ [形] ([英]preceding) 先行する

**anteceder** /アンテセデール/ [動] ([英]to precede) 先行する; 先んずる; 予見する

**antecessor(-ra)** /アンテセソール/ [男][女] ([英]predecessor) 先行者; ((~es)) 祖先

**antemão** /アンテマォン/ [副] ([英]previously) ◆ *de* ~ 前もって, あらかじめ

**antena** /アンテーナ/ [女] ([英]antenna) アンテナ; 触角

**anteontem** /アンチオンテイン/ [副] ([英]the day before yesterday) 一昨日, おととい

**antepassado(-a)** /アンテパサード/ [男] ([英]ancestor) 祖先 — [形] 過ぎ去った

**anterior** /アテリオール/ [形] ([英]previous) 前の, 先の ◆ *a noite* ~ 前の晩

**anteriormente** /アンテリオルメンチ/ [副] ([英] previously) 前に

**antes** /アンチス/ [副] ([英]before) 前に, 以前に; 手前に; むしろ ◆ ~ *de* …の前に *pouco* ~ 少し前に *quanto* ~ できるだけ早く ~ *que* +接続法 ~する前に

**antever** /アンテヴェール/ [動] ([英]to anticipate) 予見する

**antibiótico** /アンチビオチコ/ [男] ([英]antibiotic) 抗生物質

**antídoto** /アンチドト/ [男] ([英]antidote) 解毒剤

**antigamente** /アンチガメンチ/ [副] ([英]in the past) 昔, 以前に

**antigo(-a)** /アンチーゴ/ [形] ([英]ancient) 古代の; 昔の

**antiguidade** /アンチギダーヂ/ [女] ([英]antiquity) 古さ; 古代

**antipatia** /アンチパチーア/ [女] ([英]antipathy) 反感, 嫌悪

**antiquado** /アンチクワード/ [男] ([英]antiquated) 古くなった, 廃れた

**antítese** /アンチテズィ/ [女] ([英]antithesis) アンチテーゼ

**antologia** /アントロジーア/ [女] ([英]anthology) 詞華集

**antônimo** /アントーニモ/ [* antónimo] [男] ([英]antonym) 反意語

**antropologia** /アントロポロジーア/ [女] ([英]anthropology) 人類学

**anual** /アヌアウ/ [形] ([英]annual) 一年間の; 例年の

**anualmente** /アヌアウメンチ/ [副] ([英]annually) 毎年

**anuário** /アヌアリオ/ [男] ([英]yearbook) 年鑑

**anuência** /アヌエンスィア/ [女] ([英]assent) 同意; 承諾

**anular** /アヌラール/ [動] ([英]to cancel) 無効にする; 取り消す; 廃止する

**anunciar** /アヌンスィアール/ [動] ([英]to announce) 広告する; 告知する; 予告する

**anúncio** /アヌンスィオ/ [男] ([英]announcement) 広告; 告示; 発表

**ânus** /アーヌス/ [男] ([英]anus) 肛門

**aonde** /アオンヂ/ [副] ([英]where)

判, 裁定; 為替の介入

**arbitrar**/アルビトラール/動(㊀to arbitrate) 審判を務める; 仲裁する, 調停する

**arbitrário(-a)**/アルビトラリオ/形(㊀arbitrary) 勝手な, 恣意的な

**arca**/アルカ/女(㊀chest) 金庫, 長持, 大箱

**arcaico(-a)**/アルカイコ/形(㊀archaic) 古風な; 廃れた

**arco**/アルコ/男(㊀bow, arch) 弓; アーチ; 円弧

**arco-íris**/アルコ イーリス/男(㊀rainbow) 虹

**arder**/アルデール/動(㊀to burn) 燃える, 焼ける; かっとなる; 暑くてひりひりする; 輝く

**ardil**/アルヂウ/男(㊀trick) 計略, 策略

**ardor**/アルドール/男(㊀ardour) 灼熱; 熱情

**árduo**/アルドゥオ/男(㊀arduous) 険しい, 急勾配の; 困難な, 苦しい

**área**/アーリア/女(㊀area) 面積; 地所; 領域, 分野 ◆ *grande ~* ペナルティエリア

**areia**/アレイア/女(㊀sand) 砂; 粒

**arejar**/アレジャール/動(㊀to air) 風を通す, 換気する

**aresta**/アレスタ/女(㊀corner) 縁, 角; 尾根

**arfar**/アルファール/動(㊀to pant) 喘ぐ; 動悸がする

**Argentina**/アルジェンチーナ/女(㊀Argentina) アルゼンチン

**argentino(-a)**/アルジェンチーノ/形(㊀Argentinian) アルゼンチン(人)の

**argila**/アルジーラ/女(㊀clay) 粘土; 人間の弱さ

**argúcia**/アルグスィア/女(㊀subtlety) 明敏, 鋭敏

**argüir**/アルグィール/[*arguir] 動(㊀to reprehend) 叱責する; 非難する, 責める; 論破する

**argumentar**/アルグメンタール/動(㊀to argue) 議論する; 論証する

**argumento**/アルグメント/男(㊀argument) 議論; 論拠, 要旨; 要素, 項

**arguto(-a)**/アルグット/形(㊀subtle) 鋭敏な

**árido(-a)**/アリド/形(㊀arid) 乾燥した; 不毛な

**aristocrático(-a)**/アリストクラチコ/形(㊀aristocratic) 貴族階級の; 貴族的な

**aritmética**/アリチメチカ/女(㊀arithmetic) 算数, 代数

**arma**/アルマ/女(㊀weapon) 武器, 兵器; ((~s)) 軍隊; 紋章 ◆ *~ branca* 刀剣

**armado(-a)**/アルマード/形(㊀armed) 武装した, 準備の出来た ◆ *à mão armada* 暴力的に *~ e equipado* 準備万端の

**armamento**/アルマメントス/男(㊀armaments) 軍備, 武装; 兵器; 船装

**armar**/アルマール/動(㊀to arm) 武装させる, 装備させる; 構える

**armário**/アルマリオ/男(㊀cupboard, wardrobe) 戸棚, ロッカー, 箪笥

**armazém**/アルマゼィン/男(㊀warehouse) 倉庫; 食料雑貨店, デパート

**armazenar**/アルマゼナール/動(㊀store) 倉庫にしまう, 保管する; (データを)格納する; 心に留める

**armistício**/アルミスチスィオ/男(㊀armistice) 休戦

**aro**/アーロ/男(㊀ring) 輪, 環

**aroma**/アローマ/女(㊀aroma) 芳香; 香料

**aromático(-a)**/アロマチコ/形(㊀aromatic) 芳香性の, 芳しい

**arquejar**/アルケジャール/動(㊀to pant) 息切れする, 喘ぐ

**arqueologia**/アルケオロジー

**arquipélago** /ア(女)(㊊archaeology) 考古学

**arquipélago** /アルキペラゴ/ 男(㊊archipelago) 群島

**arquiteto** /アルキテット/ [*arquitecto] 男(㊊architect) 建築家

**arquitetura** /アルキテトゥーラ/ [*arquitectura] 女(㊊architecture) 建築術；建築物

**arquivar** /アルキヴァール/ 動(㊊to file) 記録保管所にしまう；(文書を)保管する

**arquivo** /アルキーヴォ/ 男(㊊file) 公文書類；ファイル；古文書館

**arrancar** /アハンカール/ 動(㊊to pull out) 引き抜く；根絶する；奪い取る；惹起する

**arranha-céu** /アhaー二ャセゥ/ [*arranha-céus] 男(㊊skyscraper) 超高層建築

**arranhar** /アハニャール/ 動(㊊to scratch) ひっかく；(知識などを) かじる

**arranjar** /アハンジャール/ 動(㊊to arrange) 片付ける，整頓する；手に入れる；処理する ◆ ~-se 身を立てる，結婚[就職]する

**arranjo** /アハンジョ/ 男(㊊arrangement) 整理，整頓；家事，家政；不倫

**arrasar** /アハンザール/ 動(㊊to devastate) 破壊する，荒廃させる；辱める；平らにする；(液体などで)一杯にする

**arrastar** /アハスタール/ 動(㊊to drag) 引きずる，引っ張る；引きずり込む

**arrebatar** /アヘバタール/ 動(㊊to snatch) 奪い取る；恍惚とさせる；熱狂させる

**arrebentar** /アヘベンタール/ 動(㊊to smash) 破裂させる[する]

**arrecadar** /アヘカダール/ 動(㊊to collect) 保管する；徴収する，取り立てる

**arredar** /アヘダール/ 動(㊊to move away) 遠ざける；離す

**arredio(-a)** /アヘヂーオ/ 形(㊊withdrawn) 遠ざかった

**arredondar** /アヘドンダール/ 動(㊊to round off) 丸くする；完全にする；端数をなくする

**arredor** /アヘドール/ 副(㊊around) 周囲に

**arredores** /アヘドーリス/ 男複(㊊suburbs) 近郊

**arrefecer** /アヘフェセール/ 動(㊊to cool) 冷やす；冷える；冷淡になる

**arregaçar** /アヘガサール/ 動(㊊to roll up) (袖などを)まくり上げる

**arregalar** /アヘガラール/ 動(㊊to stare) (目を)見開く

**arrematar** /アヘマタール/ 動(㊊to buy [sell] by auction) 競売で売る[買う]；結末をつける；しめくくる

**arremedar** /アヘメダール/ 動(㊊to mimic) 模倣する；似る

**arremedo** /アヘメード/ 男(㊊mimicry) 猿真似，模倣

**arremessar** /アヘメサール/ 動(㊊to throw) 投げつける；拒絶する，退ける

**arremeter** /アヘメテール/ 動(㊊to lunge) 突進する；攻撃する

**arrendar** /アヘンダール/ 動(㊊o lease) 賃貸する；賃借する

**arrepender-se** /アヘペンデール スィ/ 動(㊊to repent) 悔いる，後悔する

**arrependimento** /アヘペンヂメント/ 男(㊊regret) 後悔

**arrepio** /アヘピーオ/ 男(㊊shiver) 身震い；悪寒 ◆ ao ~ 逆方向に

**arriscar** /アヒスカール/ 動(㊊to risk) 危険にさらす；危険を冒す；賭ける

**arrogante** /アホガンチ/ 形(㊊arrogant) 傲慢な

**arroio** /アホィオ/ 男(㊊stream) 小川

**arrojar** /アホジャール/ 動(㊊to

hurl) 投げつける；引きずる
**arrojo** /アホージョ/ 男(®boldness) 大胆，向こう見ずなこと；投げつけること
**arrombar** /アホンバール/ 動(®to break down) こじ開ける；破壊する，荒廃させる
**arrostar** /アホスタール/ 動(®to face) 面と向かう，立ち向かう
**arroto** /アホット/ 男(®burp) げっぷ
**arroz** /アホース/ 男(®rice) 稲，米 ◆ *dar o ~ a* …を叱責する
**arrozal** /アホザウ/ 男(®rice field) 田，稲作地
**arruinar** /アフイナール/ 動(®to ruin) 荒廃させる，破壊する
**arrumar** /アフマール/ 動(®to put in order) 整理する，整頓する；就職させる
**arte** /アルチ/ 女(®art) 技術；芸術，美術 ◆ *~s liberais* 学芸
**artefato** /アルテファット/ [*artefacto] 男(®article) 加工品，工芸品
**artéria** /アルテリア/ 女(®artery) 動脈；(交通・通信などの) 幹線
**artesão(-ã)** /アルテザォン/ 男女(®artisan) 工芸家，職人
**articulação** /アルチクラサォン/ 女(®articulation) 関節；接合部；分節；調音；逐条的叙述
**articular** /アルチクラール/ 形(®articular) 関節の ― 動(®to articulate) 連絡する，つなぐ；分節する，発音する
**artífice** /アルチフィスィ/ 男女(® craftsman[-woman]) 職工，職人；作者，著者；芸術家
**artificial** /アルチフィスィアウ/ 形(®artificial) 人造の，人工的な
**artigo** /アルチーゴ/ 男(®article) 条項，箇条，項目；記事；商品，品物；冠詞 ◆ *~ de fundo* 社説 *em ~ de morte* 臨終のとき
**artista** /アルチスタ/ 男女(®artist) 芸術家，アーチスト
**artístico(-a)** /アルチスチコ/ 形(®artistic) 芸術的な
**arvorar** /アルヴォラール/ 動(®to raise) 掲げる，立てる；木を植える；逃げる ◆ *~-se em* …の役割を果たす
**árvore** /アルヴォリ/ 女(®tree) 樹木，木；軸
**arvoredo** /アルヴォレード/ 男(®grove of trees) 小さい森
**asa** /アーザ/ 女(®wing) (鳥・飛行機の) 翼，羽；(昆虫の) 翅
**ascender** /アセンデール/ 動(®to ascend) 上昇する
**ascensor** /アセンソール/ 男(®elevator) エレベーター
**asfalto** /アスファウト/ 男(®asphalt) アスファルト
**asfixiar** /アスフィキスィアール/ 動(®to suffocate) 窒息させる；抑圧する
**Ásia** /アズィア/ 女(®Asia) アジア
**asiático(-a)** /アズィアチコ/ 形(®Asian) アジア(人)の
**asilo** /アズィーロ/ 男(®refuge) 保護施設；養老院；避難所；保護，庇護
**asneira** /アズネィラ/ 女(®stupidity) 愚行，愚言
**asno** /アズノ/ 男(®donkey) ロバ；馬鹿者
**aspereza** /アスペレーザ/ 女(®roughness) ざらざら，でこぼこ；荒さ；粗野
**áspero(-a)** /アスペロ/ 形(®rough) 起伏の多い；ざらざらした；渋い
**aspeto** /アスペット/ [*aspecto] 男(®aspect) 見かけ，外観，外面；様子；局面；見地
**aspiração** /アスピラサォン/ 女(®aspiration) 吸気，吸

い込むこと；熱望
**aspirar**/アスピラール/動(㊥to breathe in) 吸う，吸い上げる；熱望する

**assado(-a)**/アサード/形(㊥roasted) 焼いた，焦げた ─ 男(魚や肉の) 焼いた料理 ◆ *assim e ~* 是が非でも

**assalariar**/アサラリアール/動(㊥to hire for wages) 賃金を払う；買収する

**assaltar**/アサウタール/動(㊥to attack) 襲いかかる，急襲する，攻撃する；(考えが) 急に浮かぶ

**assar**/アサール/動(㊥to roast) (肉を) 焼く；あぶる；(陽射しが) 暑く感じる

**assassinar**/アサスィナール/動(㊥to murder) 暗殺する；圧殺する

**assassínio**/アサスィーニオ/男(㊥murder) 暗殺；殺人

**assassino(-a)**/アサスィーノ/男女(㊥murderer) 暗殺者，殺人者

**assaz**/アサィス/副(㊥ sufficiently) 十分に，かなり

**asseado(-a)**/アセアード/形(㊥clean) 清潔な

**assear**/アセアール/動(㊥to clean up) 清潔にする

**assédio**/アセーヂオ/男(㊥siege) 包囲，攻囲

**assegurar**/アセグラール/動(㊥to secure) 保証する；確言する

**asseio**/アセィオ/男(㊥cleanliness) 清潔さ；身だしなみ

**assembléia**/アセンブレィア/[\*assembleia] 女(㊥assembly) 集会，会議；組合；議会 ◆ *~ geral* 総会

**assemelhar**/アセメリャール/動(㊥to liken) 似せる ◆ *~-se a* …に似る

**assentar**/アセンタール/動(㊥to seat) 座らせる；積む，置く；設置する；規定する；決意する

**assento**/アセント/男(㊥seat) 座席，腰掛け；基礎；思慮

**asserção**/アセルサォン/女(㊥assertion) 断言；主張

**asseverar**/アセヴェラール/動(㊥to affirm) 確言する；証明する

**assíduo(-a)**/アスィドゥオ/形(㊥assiduous) 足しげく通う；勤勉な；熱心な

**assim**/アスィン/副(㊥like this) このように，そのように；同様に ◆ *~~* だいたい *como ~* このように *~ que* …するとすぐ，…するやいなや

**assimilação**/アスィミラサォン/女(㊥assimilation) 同化作用，消化吸収；同一視

**assimilar**/アスィミラール/動(㊥to assimilate) 同化する；自分のものにする

**assinalar**/アスィナラール/動(㊥to mark) 印をつける；(印が) 表す；区別する

**assinar**/アスィナール/動(㊥to sign) 署名する；指示する

**assinatura**/アスィナトゥーラ/女(㊥signature) 署名，サイン；定期，定期購読

**assistência**/アスィステンスィア/女(㊥presence) 出席，列席；助力，救助，補佐

**assistir**/アスィスチール/動(㊥to assist) 出席する，参加する；援助する；住む ◆ *~ a* …に出席 [参加] する

**assoar-se**/アソアール スィ/動(㊥to blow one's nose) (鼻を) かむ

**assobiar**/アソビアール/動(㊥to whistle) 口笛を吹く

**assobio**/アソビーオ/男(㊥whistle) 口笛；呼子

**associação**/アソシアサォン/女(㊥association) 協会，団体，組合；連合；連想

**associar**/アソシアール/動(㊥to associate) 結びつける；連合させる；加入させる

**assolar** /アソラール/ 動(㊧to devastate) 荒廃させる，荒らす，破壊する

**assombrar** /アソンブラール/ 動(㊧to astonish) 陰にする；暗くする；驚嘆させる

**assumir** /アスミール/ 動(㊧to assume) 引き受ける，負う

**assunto** /アスント/ 男(㊧subject) 事柄，問題；論題，主題

**assustar** /アススタール/ 動(㊧to frighten) 驚かす，脅えさせる

**astro** /アストロ/ 男(㊧star) 星，天体；（男性の）スター

**astronomia** /アストロノミーア/ 女(㊧astronomy) 天文学

**astrônomo (-a)** [*astrónomo*] /アストロノモ/ 男女(㊧astronomer) 天文学者

**astúcia** /アストゥスィア/ 女(㊧cunning) 狡猾，計略

**atacar** /アタカール/ 動(㊧to attack) 攻撃する；非難する；（ひもを）結ぶ；満たす

**atadura** /アタドゥーラ/ 女(㊧bandage) 包帯；結び目

**atalhar** /アタリャール/ 動(㊧to prevent) 妨げる，遮る；短縮する，近道をする

**atalho** /アターリョ/ 男(㊧short cut) 近道；阻止，妨害

**ataque** /アタッキ/ 男(㊧attack) 攻撃，アタック；非難，オフェンス；発作

**atar** /アタール/ 男(㊧to tie up) 結ぶ，縛る；つなぐ

**ataúde** /アタウーデ/ 男(㊧coffin) 棺，ひつぎ；墓

**até** /アテー/ 前(㊧up to) …まで；…さえ ◆ *Até a vista.* また会う時まで，さようなら *Até logo.* ではまた，さようなら

**atenção** /アテンサォン/ 女(㊧attention) 注意；配慮，気配り；謝礼 ◆ *prestar ~ a* …に注意を払う

**atender** /アテンデール/ 動(㊧to attend to) 注意を払う，考慮する；応接する

**atentado** /アテンタード/ 男(㊧attack) 犯罪，侵犯 ◆ *~ ao pudor* 猥褻物陳列罪

**atentar** /アテンタール/ 動(㊧to undertake) 試みる；注視する；考慮する；実行する，侵害する

**atento(-a)** /アテント/ 形(㊧attentive) 注意深い，気のきいた；勤勉な

**atenuar** /アテヌアール/ 動(㊧to reduce) 薄くする；減ずる；衰弱させる

**aterrar** /アテハール/ 動(㊧to cover with earth) 着陸する；埋めたてる；恐がらせる

**aterrorizar** /アテホリザール/ 動(㊧to terrorize) 恐れさす

**atestado** /アテスタード/ 男(㊧certificate) 証明書

**atestar** /アテスタール/ 動(㊧to certify) 証明する；証言する；満たす

**atinar** /アチナール/ 動(㊧to guess correctly) 思いつく；推測する；発見する

**atingir** /アチンジール/ 動(㊧to reach) 到達する，届く；獲得する；理解する

**atirar** /アチラール/ 動(㊧to throw) 投げる，投げつける；撃つ；（脚などを）投げ出す

**atitude** /アチトゥーヂ/ 女(㊧attitude) 姿勢；態度

**ativar** /アチヴァール/ [*activar*] 動(㊧to activate) 活発にする，活動させる；促進する

**atividade** /アチヴィダーヂ/ [*actividade*] 女(㊧activity) 活動，働き；活発

**ativo(-a)** [*activo*] /アチーヴォ/ 形(㊧active) 活発な，活動的な；積極的な，能動的な — 男 資産

**atlântico(-a)** /アチランチコ/ 形(㊧Atlantic) 大西洋の

**atlas** /アチラス/ 男(㊧atlas) 地図帳

**atleta** /アトレッタ/ 男女(㊀athlete) 競技者, (陸上競技の)選手; 闘技者, レスラー

**atletismo** /アトレチズモ/ 男(㊀athletics) 陸上競技

**atmosfera** /アチモスフェーラ/ 女(㊀atmosphere) 大気, 空気; 雰囲気

**ato** /アト/ [*acto] 男(㊀action) 行為, 行い; 行事; (劇の)幕; 法令 ◆ ~ *contínuo* ただちに

**atômico(-a)** /アトミコ/ [*atómico] 形(㊀atomic) 原子の, 原子力の

**átomo** /アトモ/ 男(㊀atom) 原子; 微粒子

**atônito(-a)** /アトニト/ [*atónito] 形(㊀astonished) 呆気にとられた; うろたえた

**ator** /アトール/ [*actor] 男(㊀actor) 俳優; 行為者

**atordoar** /アトルドアール/ 動 (㊀to daze) 無感覚にする, ぼーっとさせる, 困惑させる

**atormentar** /アトルメンタール/ 動(㊀to torment) 拷問にかける; 苦しめる, 悩ます

**atração** /アトラサオン/ 女(㊀attraction) 引きつけること; 引力; 魅力; 娯楽, アトラクション

**atraente** /アトラエンチ/ 形(㊀attractive) 魅力的な

**atrair** /アトライール/ 動(㊀to attract) 引きつける; (注意を)引く; 魅惑する

**atrapalhar** /アトラパリャール/ 動(㊀to confuse) 当惑させる, 混乱させる, 困らせる

**atrás** /アトラース/ 副(㊀behind) ((場所)) 後ろに; ((時間)) 後で[に] ◆ ~ *de* ((場所))…の後ろに; ((時間))…の後で *dois anos* ~ 2年前に

**atrasado(-a)** /アトラザード/ 形(㊀late) 遅れた; 時代遅れの ── 男((~s)) 遅配金 ◆ *chegar* ~ *a* …に遅刻する

**atrasar** /アトラザール/ 動(㊀to delay) 遅らせる; 遅延させる; 延期する

**atraso** /アトラーソ/ 男(㊀delay) 遅れ

**através** /アトラヴェイス/ 副 (㊀across) 横切って; 通して ◆ ~ *de* …を横切って

**atravessar** /アトラヴェサール/ 動(㊀to cross) 横断する; 横切って置く; 邪魔する; (ある時期を)経る

**atrever-se** /アトレヴェールスィ/ 動(㊀to dare to) ◆ ~*-se a* 敢えて…する

**atrevido(-a)** /アトレヴィード/ 形(㊀daring) 大胆な; 生意気な

**atribuir** /アトリブイール/ 動 (㊀to attribute) 帰する, …のせいにする

**atributo** /アトリブット/ 男 (㊀attribute) 属性, 特性

**atrito** /アトリット/ 男(㊀friction) 摩擦; 軋轢

**atriz** /アトリース/ [*actriz] 女(㊀actress) 女優

**atrocidade** /アトロスィダーヂ/ 女(㊀atrocity) 残忍さ; 残酷な行為

**atropelar** /アトロペラール/ 動 (㊀to knock down) 踏みつける; 軽視する

**atroz** /アトロイス/ 形 (㊀merciless) 残虐な, 残酷な

**atuação** /アトゥサオン/ [*actuação] 女(㊀acting) 動き, 活動; 作用

**atual** /アトゥアウ/ [*actual] 形(㊀current) 現在の, 今の; 現実の

**atualidade** /アトゥアリダーチ/ [*actualidade] 女 (㊀present) 今日性; 現在; 機会

**atualização** /アトゥアリザサオン/ [*actualização] 女 (㊀update) アップグレード

**atuar** /アトゥアール/ [*to actuar] 動(㊀act) 行なう, 行動する, 作用する

**atum** /アトゥーン/ 男(㊀tuna)

マグロ

**aturar** /アトゥラール/ 動(英to endure) 我慢する,辛抱する;持続する

**aturdir** /アトゥヂール/ 動(英to stun) 呆然とさせる,驚かす

**audácia** /アウダスィア/ 女(英boldness) 大胆,勇気

**audaz** /アウダース/ 形(英daring) 大胆な;あつかましい

**audição** /アウヂサォン/ 女(英audition) 聴覚;オーディション

**audiência** /アウヂエンスィア/ 女(英 audience) 会見,謁見,法廷;聴くこと;聴取

**auditório** /アウヂトリオ/ 男(英audience) 聴衆;講堂

**auferir** /アウフェリール/ 動(英to derive) 得る,手に入れる

**auge** /アウジ/ 男(英height) 絶頂;極み

**augusto(-a)** /アウグスト/ 形(英august) おごそかな;尊い ― 男 (サーカス) 道化師

**aula** /アウラ/ 女(英classroom) 教室;講義,授業

**aumentar** /アウメンタール/ 動(英to increase) 増やす,増進させる,増大する

**aumento** /アウメント/ 男(英increase) 増加,増大,増進

**aurora** /アウローラ/ 女(英dawn) 夜明け;オーロラ

**auscultador** /アウスクウタドール/ 男(英telephone receiver) 受話器

**ausência** /アウゼンスィア/ 女(英absence) 不在,留守,欠席;欠如

**ausentar-se** /アウゼンタールスィ/ 動(英to stay away) 留守にする;欠席する

**ausente** /アウゼンチ/ 形(英absent) 不在の,留守の,欠席の ― 男女 不在者

**auspício** /アウスピスィオ/ 男(英auspice) 前兆,きざし; ((~s)) 庇護,援助,後援

**austeridade** /アウステリダーヂ/ 女(英austerity) 厳格;いかめしさ

**austero(-a)** /アウステーロ/ 形(英austere) 厳しい,厳格な

**austral** /アウストラウ/ 形(英southern) 南の

**Austrália** /アウストラーリア/ 女(英Australia) オーストラリア

**australiano(-a)** /アウストラリアーノ/ 形(英Australian) オーストラリア(人)の ― 男女 オーストラリア人

**autêntico(-a)** /アウテンチコ/ 形(英authentic) 本物の,真実の;信用できる

**autocarro** /アウトカッホ/ 男(英omnibus) 乗り合いバス

**autoestrada** /アウトエストラーダ/ [*auto-estrada] 女(英expressway) 高速道路

**autógrafo(-a)** /アウトグラフォ/ 形(英autograph) 自筆の ― 男 サイン

**automático(-a)** /アウトマチコ/ 形(英automatic) 自動的な,自動の,機械的な

**automatização** /アウトマチザサォン/ 女(英automation) オートメーション

**autômato** /アウトマト/ [*autómato] 男(英automaton) 自動装置,ロボット

**automobilista** /アウトモビリスタ/ 男女(英driver) 運転者,ドライバー,カーレーサー

**automóvel** /アウトモーヴェウ/ 形(英automotive) 自動の;自動車の ― 男(英 automobile) 自動車

**autonomia** /アウトノミーア/ 女(英autonomy) 自治,自治権;自律;航続[走行]距離

**autor(-ra)** /アウトール/ 男女(英author) 作者,著者;創立者,創始者;発明者;(事故・犯罪などの) 張本人

**autoridade** /アウトリダーヂ/

**autoritário(-a)** 女(英authority) 権威, 権威者; 当局

**autoritário(-a)** /アウトリターリオ/ 形(英authoritarian) 専制的な, 独善的な, 傲慢な; 独裁的な

**autorização** /アウトリザサォン/ 女(英permission) 許可, 認可

**autorizar** /アウトリザール/ 動(英to authorize) 権限を与える, 認可する, 許可する

**auxiliar** /アウスィリアール/ 形(英 auxiliary) 助力する; 補助の ― 男女 補助する人

**auxílio** /アウスィーリオ/ 男(英help) 助け, 助力, 援助

**avalancha** /アヴァランシャ/ 女(英avalanche) なだれ

**avaliação** /アヴァリアサォン/ 女(英valuation) 評価, 査定; 評価額

**avaliar** /アヴァリアール/ 動(英to value) 評価する, 査定する, 見積もる

**avalizar** /アヴァリザール/ 動(英to guarantee) 保証する, 裏書する

**avançado(-a)** /アヴァンサード/ 形(英advanced) 進んだ, 前方の, (ス) フォワード ◆ ~ em idade 年とった

**avançar** /アヴァンサール/ 動(英to move forward) 前進させる[する]; まさる

**avanço** /アヴァンソ/ 男(英advancement) 前進, 進行; 進歩

**avantajar** /アヴァンタジャール/ 動(英to surpass) まさる; 益する

**avante** /アヴァンチ/ 副(英forward) 前に, 前方に ― 間 進め!

**avarento(-a)** /アヴァレント/ 形(英mean) 貪欲な; けちな

**avariar** /アヴァリアール/ 動(英to damage) 損害を与える, いためる; 故障する

**avassalar** /アヴァサラール/ 動(英to subdue) 服従させる

**ave** /アーヴィ/ 女(英bird) 鳥

**avenida** /アヴェニーダ/ 女(英avenue) 大通り, 並木道

**aventura** /アヴェントゥーラ/ 女(英adventure) 冒険; 偶発事; 危険

**aventurar** /アヴェントゥラール/ 動(英to risk) 危険にさらす; 賭ける; 敢えて言う[行う]

**averiguar** /アヴェリグァール/ 動(英to investigate) 調査する; 確かめる

**aversão** /アヴェルサォン/ 女(英aversion) 反感, 憎しみ, 嫌悪

**avesso(-a)** /アヴェッソ/ 形(英opposite) 反対の, 逆の ― 男 裏側

**aviação** /アヴィアサォン/ 女(英aviation) 航空, 飛行

**aviador(-ra)** /アヴィアドール/ 男女(英aviator) 飛行士

**avião** /アヴィアォン/ 男(英airplane) 飛行機

**aviar** /アヴィアール/ 動(英to dispatch) 実行する, 準備する, 送る; 片付ける; 応対する; 急がせる; 殺す

**ávido(-a)** /アヴィド/ 形(英greedy) 渇望する; 欲の深い

**avisado(-a)** /アヴィザード/ 形(英sensible) 慎重な, 思慮深い

**avisar** /アヴィザール/ 動(英to warn) 知らせる, 通告する; 警告する, 忠告する

**aviso** /アヴィーソ/ 男(英notice) 通知, 告知; 忠告, 注意; ((海)) 通報艇

**avistar** /アヴィスタール/ 動(英to catch sight of) 遠くに見る, 目にとめる

**avivar** /アヴィヴァール/ 動(英to intensify) 活気づける, 元気づける; 鮮明にする

**avô** /アヴォ/ 男(英grand-

father) 祖父; ((~s)) 祖父母; 祖先
**avó** /アヴォ/ [女]([英]grandmother) 祖母
**avulso(-a)** /アヴゥソ/ [形]([英]detached) 引き離した
**axioma** /アスィオーマ/ [男]([英]axiom) 自明の理; 公理
**azar** /アザール/ [男]([英]bad luck) 不幸, 不運
**azedar** /アゼダール/ [動]([英]to turn sour) 酸っぱくする; 不機嫌にする
**azedo** /アゼード/ [男]([英]sour) 酸っぱい; 無愛想な, 不機嫌な
**azeite** /アゼィチ/ [男]([英]olive oil) オリーブ油
**azeitona** /アゼィトーナ/ [女]([英]olive) オリーブ (の実)
**azo** /アーゾ/ [男]([英]opportunity) 機会; 理由, 口実
**azul** /アズゥ/ [形]([英]blue) 青い ― [男] 青
**azulejo** /アズレージョ/ [男]([英]tile) 彩色タイル

# B, b

**bacalhau** /バカリャゥ/ [男]([英]cod) 鱈 (たら)
**bacharel** /バシャレウ/ [男]([英]bachelor) 学士
**bacia** /バスィーア/ [女]([英]bowl, basin) 洗面器, たらい; 盆地; 流域; (船の) ドック; 骨盤
**bactéria** /バキテリア/ [女]([英]germ, bacterium) 細菌
**badalar** /バダラール/ [動]([英]to ring) (鐘を) 鳴らす; (時計などが) 時をうつ; ぺちゃくちゃしゃべる, 触れ回る
**bafejar** /バフェジャール/ [動]([英]to blow) 息を吹きかけて温める; 可愛がる, (考えなどを) 吹き込む
**bafo** /バッフォ/ [男]([英]breath) 吐く息; 微風
**bagagem** /バガージェイン/ [女]([英]luggage) 手荷物; (今まで得た) 知識, 経験; (作家などの) 全作品
**bagatela** /バガテーラ/ [女]([英]trifle) つまらないこと[物]
**baía** /バイーア/ [女]([英]bay) 湾
**bailar** /バィラール/ [動]([英]to dance) 踊る, 舞う
**bailarino** /バィラリーノ/ [男]([英]dancer) ダンサー
**baile** /バィリ/ [男]([英]dance) 舞踏会, ダンスパーティー
**bainha** /バイーニャ/ [女]([英]sheath) 鞘; (豆の) さや; (ズボンの) 折り返し
**bairro** /バィホ/ [男]([英]district) (都市の) 地区
**baixa** /バィシャ/ [女]([英]decrease) 低下; 下落; 低地, 窪地; 除隊, 病気休暇; 繁華街; (戦いでの) 死者
**baixar** /バィシャール/ [動]([英]to lower) 低くする; 下げる, 下がる; ダウンロードする
**baixeza** /バィシェーザ/ [女]([英]meanness) 低いこと; 卑下
**baixio** /バィシォ/ [男]([英]sandbank) 浅瀬
**baixo(-a)** /バィショ/ [形]([英]low) 低い, 浅い, 背が低い; (地位などが) 低い; 下等な; 安価な ― [副] 低く ◆ ***em ~ (de)*** (…の) 下に
**bala** /バーラ/ [女]([英]bullet) 弾丸; キャラメル
**balança** /バランサ/ [女]([英]scales) 天秤, はかり; 平衡 ◆ ***~ comercial*** 貿易収支
**balançar** /バランサール/ [動]([英]to swing) 揺り動かす; 釣り合わせる; 比較する
**balanço** /バランソ/ [男]([英]swinging) 揺れ, 震動; 動揺; 精算; 収支; ブランコ
**balão** /バラォン/ [男]([英]balloon) 気球; 風船
**balbuciar** /バウブスィアール/ [動]([英]to babble) どもる; どもりながら言う, 口籠もる
**balcão** /バウカォン/ [男]([英]

B

**baldar ▶**

balcony) バルコニー; カウンター, 売り台

**baldar** /バウダール/ 動(㊧to frustrate) 失敗させる ◆ **~-se** 欠席する, 逃れる

**balde** /バウヂ/ 男(㊧bucket) バケツ

**baldeação** /バウヂアサォン/ 女(㊧transfer) (液体の) 入れ替え; 積み替え; 乗り換え

**baldear** /バウヂアール/ 動(㊧to transfuse) (液体を) 移し替える; 乗り換える; 堕落する, 失業する

**baldo(-a)** /バウド/ 形 (㊧lacking) 不足している; 無駄な; 組札を欠く

**balé** /バレー/ 男(㊧ballet) バレエ

**baleia** /バレィア/ 女(㊧whale) 鯨

**baliza** /バリーザ/ 女(㊧post, buoy) 目印, ブイ, 境界標識, 境界線

**balneário** /バウネアリオ/ 男 (㊧bathing resort) 海水浴場; 湯治場, 温泉場;* 更衣室

**bálsamo** /バウサモ/ 男(㊧balm) バルサム; 芳香; 慰め

**bambear** /バンベアール/ 動 (㊧to loosen) 弛める

**bambo(-a)** /バンボ/ 形 (㊧slack) 弛んだ, たるんだ

**bambolear** /バンボリアール/ 動(㊧to swing) 揺り動かす

**bambu** /バンブ/ 男 (㊧bamboo) 竹

**banal** /バナウ/ 形(㊧banal) 平凡な, 陳腐な; 領主所有の

**banana** /バナーナ/ 女(㊧banana) バナナ ― 名 臆病者

**banca** /バンカ/ 女(㊧bench) 仕事机; テーブル; 弁護士事務所; 胴元 ◆ **~ de jornal** 売店

**bancário(-a)** /バンカリオ/ 形 (㊧bank) 銀行の ― 男女 銀行員

**bancarrota** /バンカホッタ/ 女 (㊧bankruptcy) 破産, 倒産

**banco** /バンコ/ 男(㊧bench)

ベンチ, 腰掛け; 作業台; 売り台; 銀行; 浅瀬 ◆ **~ de dados** データベース

**banda** /バンダ/ 女(㊧band) 側面; 方面, 方向; 楽団; (衣類の) 縁飾り

**banda desenhada** /バンダデゼニャーダ/ 女(㊧ cartoon) 漫画

**bandeira** /バンディラ/ 女(㊧flag) 旗, 花房; 明かり取り窓; (ブラジルの) 奥地探検隊; (公共交通の) 行き先標示板 ◆ **~ dois** (タクシーの) 割増料金

**bando** /バンド/ 男(㊧band) 群れ, 一派, 隊

**banha** /バーニャ/ 女(㊧lard) (主に豚の) 獣脂, ポマード

**banhar** /バニャール/ 動(㊧to dip) 浸す, 浴びさせる, 入浴させる

**banheira** /バニェィラ/ 女 (㊧bath) 浴槽

**banheiro** /バニェイロ/ 男 (㊧bathroom) 浴室, トイレ; (海水浴場の) 監視員

**banho** /バーニョ/ 男(㊧bath) 入浴, 水浴び; ((~s)) 婚姻公告 ◆ **~ de mar** 海水浴 **tomar ~** 入浴する

**banir** /バニール/ 動(㊧to banish) (国外に) 追放する

**banqueiro** /バンケィロ/ 男(㊧banker) 銀行家; 頭取

**banquete** /バンケッチ/ 男 (㊧banquet) 饗宴, 宴会

**bar** /バール/ 男(㊧bar) (バーやホテルなどの) カウンター; バー, 酒場

**barata** /バラッタ/ 女(㊧cockroach) ゴキブリ

**baratear** /バラテアール/ 動 (㊧to cut the price of) 安価で売る; 値下げ[値下がり]する; 軽視する

**barato(-a)** /バラット/ 形 (㊧cheap) 安い, 安価な; 容易な ― 男 寺銭, 恩恵

**barba** /バルバ/ 女(㊧beard) ひ

**barbaridade** /バルバリダーヂ/ 女(㊀barbarity) 野蛮な行為，非道

**bárbaro(-a)** /バルバロ/ 形(㊀barbaric) 野蛮な，残忍な；((古)) 異国の；((口俗)) すてきな

**barbear** /バルベアール/ 動(㊀to shave) ひげを剃る

**barbearia** /バルベアリーア/ 女(㊀barber's shop) 理髪店 [業]

**barbeiro(-ra)** /バルベイロ/ 男女(㊀barber) 理髪師；寒風，未熟者

**barca** /バルカ/ 女(㊀ferry) フェリー，渡し船，(大きな)船

**barco** /バルコ/ 男(㊀boat) 小舟，船

**barômetro** /バロメトロ/ [*barómetro] 男(㊀barometer) 気圧計，バロメーター

**barra** /バッハ/ 女(㊀bar) (金属などの)棒，棒状のもの，バール；寝台，寝台の枠；区切り，境界線 ◆ ~s paralelas 平行棒

**barraca** /バハッカ/ 女(㊀tent, stall) テント；仮小屋 ◆ armar ~ バカ騒ぎをする

**barragem** /バハージェィン/ 女(㊀dam) ダム；やな；障害(物)；煙幕

**barreira** /バヘィラ/ 女(㊀barrier) 採土場，粘土，柵，塹壕；関所，料金所 ◆ ~ do som 音速の壁

**barricada** /バヒカーダ/ 女(㊀barricade) バリケード

**barriga** /バヒーガ/ 女(㊀belly) 腹，腹部；ふくらみ ◆ ~ da perna ふくらはぎ

**barril** /バヒウ/ 男(㊀barrel) 樽

**barro** /バーホ/ 男(㊀clay) 粘土；((~s)) にきび

**barulhento(-a)** /バルリェント/ 形(㊀noisy) 騒々しい；騒ぎを起こす

**barulho** /バルーリョ/ 男(㊀noise) 騒音；大騒ぎ ◆ fazer ~ 騒ぐ

**base** /バーズィ/ 女(㊀basis) 基礎，土台；基地，基盤；根拠，語基

**basear** /バゼアール/ 動(㊀to base) 基礎を置く；基礎となる

**básico(-a)** /バズィコ/ 形(㊀basic) 基礎的な，基礎の；根本的な；アルカリ性の

**basquetebol** /バスケチボウ/ 男(㊀basketball) バスケットボール

**bastante** /バスタンチ/ 形(㊀enough) 十分な ― 副(㊀sufficiently) 十分に

**bastar** /バスタール/ 動(㊀to be enough) 十分である，足りる ◆ Basta! もうたくさんだ！

**bastardo(-a)** /バスタルド/ 形(㊀bastard) 庶出の ― 男女 庶子

**bata** /バータ/ 女(㊀smock) 作業服 ◆ ~ branca 白衣

**batalha** /バターリャ/ 女(㊀battle) 戦い，戦闘；奮闘；論争

**batalhão** /バタリャォン/ 男(㊀battalion) 大隊；群れ

**batata** /バターダ/ 女(㊀potato) ジャガイモ；イモ ◆ ~ doce サツマイモ

**batedeira** /バテデイラ/ 女(㊀beater) ミキサー

**bater** /バテール/ 動(㊀to beat) 打つ，叩く；(キーなどを)打つ；(リズムを)打つ；負かす；ぶつかる

**bateria** /バテリーア/ 女(㊀battery) 蓄電池，バッテリー

**batismo** /バチズモ/ [*baptismo] 男(㊀baptism) 洗礼；命名

**batizar** /バチザール/ [*baptizar] 動(㊀baptize) 洗礼を受けさせる，命名する；(ワインや牛乳を)水で薄める

**batom** /バトン/ 男 (㉿lipstick) 口紅

**batuta** /バトゥータ/ 女 (㉿baton) 指揮棒

**beato(-a)** /ベアット/ 形 (㉿blessed) 信心深い; 幸福な; 列福された

**bebê** /ベベ/ [*bebé] 男女 (㉿baby) 赤ちゃん

**bebedeira** /ベベディラ/ 女 (㉿drunkenness) 酒に酔うこと

**bêbedo [bêbado](-a)** /ベベド/ 形 (㉿drunk) 酔っ払った; 酒飲みの

**beber** /ベベール/ 動 (㉿to drink) 飲む; 吸い取る, 吸収する

**bebida** /ベビーダ/ 女 (㉿drink) 飲み物; 酒類; 飲むこと

**beiço** /ベイソ/ 男 (㉿lip) 唇 ◆ *fazer* ~ 膨れっ面をする

**beijar** /ベイジャール/ 動 (㉿to kiss) キスする

**beijo** /ベイジョ/ 男 (㉿kiss) キス

**beira** /ベイラ/ 女 (㉿edge) 縁, へり; 岸; 瀬戸際; *(雨漏りの) 雫

**beira-mar** /ベイラ マール/ 女 (㉿seaside) 海岸, 浜

**belas-artes** /ベラス アルチス/ 女複 (㉿fine arts) 美術

**belchior** /ベウシオール/ 男 (㉿junkman) 古道具屋; 古本屋

**beleza** /ベレーザ/ 女 (㉿beauty) 美; 美しい人; ((~s)) 巻き毛 ◆ *salão de* ~ 美容院

**belicoso(-a)** /ベリコーゾ/ 形 (㉿bellicose) 好戦的な

**beliscar** /ベリスカール/ 動 (㉿to pinch) つねる; 刺激する

**belo(-a)** /ベーロ/ 形 (㉿beautiful) 美しい, きれいな; 良い

**bem** /ベイン/ 副 (㉿well) よく, 上手に, 適切に; 十分に, かなり; 元気で ― 男 (㉿good) 善; 幸福; 恩恵; ((複数形で)) 財産 ◆ *bens imóveis* 不動産 (se) ~ *que*+接続法 …ではあるが

**bem-aventurado(-a)** /ベイン アヴェントゥラード/ 形 (㉿blessed) 至福の, 祝福された

**bem-estar** /ベイン エスタール/ 男 (㉿well-being) 満足感, 充足; 安楽

**bênção** /ベンサォン/ 女 (㉿blessing) 祝福; 恵み

**beneficiar** /ベネフィスィアール/ 動 (㉿to benefit) 利する; 改修する, 改良する

**benefício** /ベネフィスィオ/ 男 (㉿benefit) 恵み, 恩恵, 利益; 慈善

**benevolência** /ベネヴォレンスィア/ 女 (㉿benevolence) 慈悲; 好意

**benévolo(-a)** /ベネヴォロ/ 形 (㉿benevolent) 親切な, 慈悲深い

**benfeitor(-ra)** /ベンフェイトール/ 男女 (㉿benefactor, benefactress) 慈善家, 善行家

**bengala** /ベンガーラ/ 女 (㉿walking stick) ステッキ, 杖

**benigno(-a)** /ベニギノ/ 形 (㉿kind) 親切な, 好意的な, 優しい; 良性の

**benzer** /ベンゼール/ 動 (㉿to bless) 祝福する, 十字を切る

**berço** /ベルソ/ 男 (㉿cradle) 揺り篭; 出生[発祥]地; 幼時

**berrar** /ベハール/ 動 (㉿to bellow) (山羊・牛などが) 鳴く; どなる, 叫ぶ

**berro** /ベーホ/ 男 (㉿yell) (動物の) 鳴き声, 叫び声

**besta** /ベスタ/ 女 (㉿beast) 獣; 愚かな人

**Bíblia** /ビブリア/ 女 (㉿Bible) 聖書

**biblioteca** /ビブリオテッカ/ 女 (㉿library) 図書館, 図書室; 蔵書

**bica**/ビッカ/女(英tap)（樽・水道の）飲み口，蛇口
**bicar**/ビカール/動(英to peck)（嘴で）つつく
**bicho**/ビッショ/男(英animal)動物，けもの
**bicicleta**/ビスィクレッタ/女(英bicycle)自転車 ◆ ***ir de ~*** 自転車で行く
**bico**/ビッコ/男(英beak)嘴；家禽；先端；ペン先；アルバイト
**bienal**/ビエナウ/形(英biennal)二年間の；二年毎の —女 ビエンナーレ
**bife**/ビッフィ/男(英beef steak)ビーフステーキ
**bigode**/ビゴッチ/男(英moustache)口髭
**bilhar**/ビリャール/男(英billiards)ビリヤード
**bilhete**/ビリェッチ/男(英ticket)切符，乗車券，入場券；短い手紙 ◆ ***~ de entrada*** 入場券 ***~ de ida*** 片道切符 ***~ de ida e volta*** 往復切符
**bilheteria**/ビリェテリーア/女(英ticket office)切符売り場，名刺受け
**binóculo**/ビノクロ/男(英binoculars)双眼鏡
**biografia**/ビオグラフィーア/女(英biography)伝記
**biologia**/ビオロジーア/女(英biology)生物学
**biquíni**/ビキーニ/男(英bikini)ビキニ
**birra**/ビーハ/女(英obstinacy)強情，頑固；反感
**biscate**/ビスカッチ/男(英odd job)副業
**biscoito**/ビスコィト/男(英biscuit)ビスケット，クッキー
**bisnaga**/ビズナーガ/女(英tube)（絵の具・歯磨きの）チューブ
**bisneto(-a)**/ビズネット/男女(英great-grandson [-granddaughter])曾孫
**bispo**/ビスポ/男(英bishop)司教
**bissexto(-a)**/ビセスト/形(英bissextile)閏年の —男 閏の日 ◆ ***ano ~*** 閏年
**bitola**/ビトーラ/女(英standard)標準，基準
**bizarria**/ビザヒーア/女(英gallantry)高貴；上品，優雅
**blasonar**/ブラゾナール/動(英to boast of)誇示する；自慢する
**bloco**/ブロッコ/男(英block)塊；パッド；集団 ◆ ***em ~*** ひとまとめにして，丸ごと
**bloquear**/ブロキアール/動(英to blockade)封鎖する；包囲する
**blusa**/ブルーザ/女(英blouse)（芸術家・医師などの）仕事着；ブラウス
**boato**/ボアト/男(英rumor)噂，流言
**bobo(-a)**/ボーボ/形(英silly)愚かな —男 愚か者
**boca**/ボッカ/女(英mouth)口；口状のもの；（路地などの）入り口；（筒状のものの）開口部；河口 —間 静かに！ ◆ ***à ~ pequena*** 小声で ***abrir a ~*** 話す；あくびをする ***bater ~*** 口論する ***~ da noite*** 夕暮れ ***tapar a ~*** 黙る
**bocejar**/ボセジャール/動(英to yawn)あくびをする
**bocejo**/ボセージョ/男(英yawn)あくび
**bochecha**/ボシェッシャ/女(英cheek)頬
**boda**/ボーダ/女(英wedding)((一般に~s))結婚(式)；（洗礼や結婚の）祝宴
**bode**/ボーヂ/男(英goat)雄ヤギ ◆ ***~ expiatório*** 犠牲，贖罪のヤギ
**boêmio(-a)**/ボエミオ/男女(英Bohemian)奔放な生活をする人，ボヘミアン

**bofetada** /ボフェターダ/ 女 (㊤slap) 平手打ち；侮辱

**boi** /ボィ/ 男 (㊤ox) 雄牛

**boiar** /ボィアール/ 動 (㊤to float) 浮く；浮かぶ；浮きをつける；ためらう

**boina** /ボィナ/ 女 (㊤beret) ベレー帽

**bola** /ボーラ/ 女 (㊤ball) ボール，球

**boletim** /ボレチン/ 男 (㊤newsletter) 公報，会報

**Bolívia** /ボリーヴィア/ 女 (㊤Bolivia) ボリビア

**bolo** /ボーロ/ 男 (㊤cake) ケーキ；雑踏，混乱；掛け金

**bolsa** /ボウサ/ 女 (㊤bag, scholarship) 財布，小銭入れ；奨学金；家計；株式市場

**bolsista** /ボウスィスタ/ 男女 (㊤scholarship holder) 奨学生 証券[株式]仲買人

**bolso** /ボウソ/ 男 (㊤pocket) ポケット；家計

**bom(boa)** /ボン/ 形 (㊤good) 良い，善い，善良な；上手な；役に立つ；的確な；十分な ― 男 善人 ◆ *Bom dia.* (午前に)おはよう，こんにちは *Boa noite.* こんばんは；おやすみなさい *Boa tarde.* (午後に)こんにちは

**bomba** /ボンバ/ 女 (㊤bomb, pump) 爆弾；ポンプ；((口))落第，欠点だらけの人，がらくた (タイヤの)空気入れ ◆ *~ de incêndio* 消防ポンプ

**bombeiro** /ボンベィロ/ 男 (㊤fireman) 消防士

**bonança** /ボナンサ/ 女 (㊤fair weather) 凪；平穏 ― 形 穏やかな

**bondade** /ボンダーヂ/ 女 (㊤goodness) 善良さ；親切 ◆ *Tenha a ~!* どうぞ！，おねがいします

**bonde** /ボンヂ/ 男 (㊤tram) 路面電車

**bondoso(-a)** /ボンドーソ/ 形 (㊤kind) 親切な，情け深い

**boné** /ボネ/ 男 (㊤cap) ひさしのある帽子

**boneco** /ボネッコ/ 男 (㊤dummy) 人形

**bonito(-a)** /ボニット/ 形 (㊤pretty, nice) きれいな，美しい，可愛らしい；立派な；よい，すばらしい

**bonomia** /ボノミーア/ 女 (㊤bonhomie) 善良さ；正直

**bônus** /ボーヌス/ 男 [* bónus ] (㊤bonus) ボーナス，割増

**boquiaberto(-a)** /ボキアベルト/ 形 (㊤dumbfounded) 口を開いた；唖然とした

**borboleta** /ボルボレッタ/ 女 (㊤butterfly) 蝶；* 蛾

**borda** /ボルダ/ 女 (㊤edge) へり，縁；岸

**bordar** /ボルダール/ 動 (㊤to embroider) 刺繍する；縁をつける

**bordo** /ボルド/ 男 (㊤side) 舷側，舷；気分

**borracha** /ボハーシャ/ 女 (㊤rubber) ゴム；消しゴム

**bosque** /ボスキ/ 男 (㊤wood) 林，森，森林

**bosquejo** /ボスケージョ/ 男 (㊤sketch) スケッチ，下書き，草案；概要

**bota** /ボッタ/ 女 (㊤boot) ブーツ，長靴 ◆ *bater a(s) ~(s)* 死ぬ *meter as ~s em* …の悪口を言う

**botão** /ボタォン/ 男 (㊤button) 芽，つぼみ；乳首；ボタン；つまみ，スイッチ

**botar** /ボタール/ 動 (㊤to throw) 投げ出す；着る；準備する；置く；設立する

**bote** /ボッチ/ 男 (㊤boat) ボート，小舟；切り傷

**botelha** /ボテーリャ/ 女 (㊤bottle) 壜，フラスコ

**boticário** /ボチカリオ/ 男 (㊤pharmacist) 薬剤師

**brabo(-a)** /ブラーボ/ 形 (㊤fierce) 気性の烈しい，怒った，大胆な

**bracelete** / ブラセレッチ / [男] ([英]bracelet) ブレスレット

**braço** / ブラッソ / [男]([英]arm) 腕 ◆ ***de ~s dados*** 腕を組み合って ***meter o ~ em*** …を殴る

**bradar** / ブラダール / [動]([英]to shout) 呼ぶ; 大声で要求する

**brado** / ブラード / [男]([英]shout) (抗議・嘆願の) 叫び声; 大声の要求

**bramido** / ブラミード / [男] ([英]roar) 唸り声; 怒号

**bramir** / ブラミール / [動]([英]to roar) 唸る; 吠える; 怒号を発する

**branco(-a)** / ブランコ / [形]([英]white) 白い; 青白い, 蒼白の; 白髪の白 — [男][女] 白人

**brando(-a)** / ブランド / [形] ([英]gentle) 優しい, 柔順な; 柔かい

**branquear** / ブランケアール / [動]([英]to whiten) 白くする, 漂白する

**brasa** / ブラーザ / [女] ([英]burning coal) (真っ赤に焼けた) 炭, (炭の) 熾き; 強い熱 ◆ ***estar sobre ~s*** 気をもんでいる ***ir na ~*** スピードを出す ***passar pelas ~s*** ほとんど眠らない

**Brasil** / ブラズィウ / [男]([英]Brazil) ブラジル

**brasileiro(-a)** / ブラズィレィロ / [形]([英]Brazilian) ブラジル (人) の — [男][女] ブラジル人

**bravio(-a)** / ブラヴィーオ / [形] ([英]wild) 野性の; 自生の; 乱暴な, 野蛮な

**bravo(-a)** / ブラーヴォ / [形] ([英]brave) 勇ましい; 大胆な

**bravura** / ブラヴーラ / [女] ([英]courage) 勇敢さ; 大胆

**brecha** / ブレッシャ / [女] ([英]breach) 割れ目, 裂け目; 損害

**breve** / ブレーヴィ / [形]([英]short, brief) 短い; 簡潔な, 手短な; 束の間の; 軽い — [副]([英]soon) 早く ◆ ***Até ~.*** ではまた, さようなら ***dentro em ~*** 間もなく

**brevidade** / ブレヴィダーヂ / [女]([英]brevity) 短さ; 簡潔

**briga** / ブリーガ / [女]([英]fight) 争い, けんか; 口論

**brigar** / ブリガール / [動]([英]to fight) 争う, 格闘する; 口論する

**brilhante** / ブリリャンチ / [形] ([英]brilliant) 光り輝く; 輝かしい — [男] (ブリリアンカットの) ダイヤモンド

**brilhar** / ブリリャール / [動]([英]to shine) 輝く, 光る; 際立つ

**brilho** / ブリーリョ / [男]([英]brilliance) 輝き, きらめき

**brincadeira** / ブリンカディラ / [女]([英]badinage) いたずら, 冗談

**brincar** / ブリンカール / [動]([英]to play) 遊ぶ, 楽しむ; ; 冗談を言う

**brinco** / ブリンコ / [男] ([英]earring) イヤリング

**brindar** / ブリンダール / [動]([英]to drink to) 乾杯する

**brinde** / ブリンヂ / [男]([英]toast) 乾杯

**brinquedo** / ブリンケード / [男]([英]toy) 玩具; 娯楽

**brio** / ブリーオ / [男] ([英]self-respect) プライド; 勇気; 活気

**brioso(-a)** / ブリオーゾ / [形] ([英]self-respecting) プライドの高い; 勇気のある

**brisa** / ブリーザ / [女]([英]breeze) そよ風, 微風

**broca** / ブロッカ / [女]([英]drill) 錐; ドリル

**broche** / ブロッシェ / [男]([英]brooch) ブローチ

**bronze** / ブロンズィ / [男] ([英]bronze) ブロンズ, 青銅

**bronzeado(-a)** / ブロンゼアード / [形]([英]bronze) ブロンズ色の; 日焼けした

B

**brotar** /ブロタール/ 動(⊛to sprout) (芽・花を) 出す; 噴き出す; 出現する

**broto** /ブロット/ 男(⊛ bud) 芽, つぼみ

**bruma** /ブルーマ/ 女(⊛mist) 濃霧; 不明瞭

**brunir** /ブルニール/ 動(⊛to polish) アイロンをかける, 磨く

**brutal** /ブルタウ/ 形(⊛brutal) 獣のような; 粗暴な, 乱暴な

**brutalidade** /ブルタリダーヂ/ 女(⊛brutality) 獣性; 粗暴

**bruto(-a)** /ブルット/ 形(⊛brutish) 野蛮な; 粗暴な; 未加工の

**budismo** /ブヂズモ/ 男 (⊛Buddhism) 仏教

**budista** /ブヂスタ/ 男女 (⊛Buddhist) 仏教徒

**bufar** /ブファール/ 動(⊛to puff) 強く息を吐く; 威張る

**buliçoso(-a)** /ブリソーゾ/ 形(⊛restless) 騒々しい; 落ち着きのない; 活発な

**bulir** /ブリール/ 動(⊛to move) 揺する; 動く; 揺れる

**buquê** /ブケー/ 男(⊛ bouquet) 花束, ブーケ

**buraco** /ブラッコ/ 男(⊛hole) 孔, 穴; 洞 ◆ *tapar um* ~ 借金を返す, 取り繕う

**burguês(-guesa)** /ブルゲィス/ 形(⊛middle-class) ブルジョワの ― 男女 ブルジョワ

**burlar** /ブルラール/ 動(⊛to cheat) だます, 欺く

**burlesco(-a)** /ブルレスコ/ 形(⊛burlesque) 喜劇の; おどけた, 滑稽な

**burocracia** /ブロクラスィーア/ 女(⊛bureaucracy) 官僚制度[政治・主義]; 官僚

**burocrata** /ブロクラッタ/ 男女(⊛bureaucrat) 官僚, 役人

**burocrático(-a)** /ブロクラチズモ/ 形(⊛bureaucratic) 官僚的な

**burro(-a)** /ブーホ/ 形 (⊛stupid) 愚かな ― 男 (⊛donkey) ロバ; 愚かな人

**busca** /ブスカ/ 女(⊛search) 捜索; 探索, 調査 ◆ *à [em]* ~ *de* …を捜して

**buscar** /ブスカール/ 動(⊛to fetch) 捜す; 連れて[持って]来る[行く]; 調査する, 調べる

**bússola** /ブソラ/ 女(⊛ compass) 羅針盤, コンパス; 指針

**busto** /ブスト/ 男(⊛bust) 上半身; 胸像

**busto** /ブスト/ 男(⊛bust) 上半身; 胸像

**buzina** /ブズィーナ/ 女(⊛ horn) クラクション

# C, c

**cá** /カー/ 副(⊛here) こちら側, ここに[へ]; この時 ◆ *Venha* ~. ここへ来なさい

**cabal** /カバウ/ 形(⊛ complete) 完全な; 十分な

**cabana** /カバーナ/ 女(⊛hut) 小屋, 掘建て小屋; 田舎家

**cabeça** /カベッサ/ 女(⊛head) 頭, 頭部; 指導者, 長; 頭脳 ◆ *meter na* ~ 暗記する

**cabeceira** /カベセイラ/ 女 (⊛top) 枕, (寝台の) 頭部; 先頭, (テーブルの) 上席; (川の) 水源

**cabedal** /カベダウ/ 男(⊛ wealth) 財産; 資本, 資金; 学識; *なめし皮

**cabeleira** /カベレィラ/ 女 (⊛head of hair) 頭髪, 鬘

**cabeleireiro** /カベレィレィロ/ 男(⊛hairdresser) 美容師; かつら職人

**cabelo** /カベーロ/ 男(⊛hair) 頭髪, 髪の毛; (時計の) ひげぜんまい ◆ *em* ~ 無帽で *pelos* ~s いやいやながら *por um* ~ すんでのところで *ter* ~s *no coração* 勇敢

な, 残酷な
**caber** /カベール/ 動(㊀to fit) ((a)) …に帰する, …の義務がある, …に適当である, ふさわしい; ((em)) …に収容される, おさまる
**cabide** /カビーヂ/ 男(㊀hanger) ハンガー; 帽子掛け
**cabina** /カビーナ/ 女(㊀cabin) (船や鉄道の) 客室, キャビン; コックピット; 電話ボックス
**cabo** /カーボ/ 男(㊀end) 末端; 岬, 長; 隊長, 伍長 ◆ *de ~ a ~* [*rabo*] 端から端まで; 始めから終りまで *dar ~ de* 殺す, 破壊する *levar a ~* 終える, 遂行する
**caboclo(-a)** /カボックロ/ 男女 (㊀mestizo) 白人とインディオとの混血の人
**cabra** /カーブラ/ 女(㊀goat) 牝山羊
**cabrito** /カブリット/ 男(㊀kid) 子山羊, 若い山羊
**cábula** /カブラ/ 女(㊀class cutting) (授業の) 欠席, ずる休み; *カンニング
**caça** /カッサ/ 女(㊀hunting) 狩り, (狩りの) 獲物; 調査, 追及; 戦闘機, 追撃機, 駆潜艇
**caçador** /カサドール/ 男(㊀hunter) 狩人; 狙撃兵
**caçar** /カサール/ 動 (㊀to hunt) 狩猟する; 捕える
**cacau** /カカウ/ 男(㊀cacao, cocoa) カカオの実; ココア; ((俗)) お金
**cacete** /カセッチ/ 形(㊀tiresome) うんざりさせる; うるさい ― 男(㊀club) 棍棒
**cachecol** /カシェコウ/ 男 (㊀scarf) スカーフ
**cachimbo** /カシンボ/ 男 (㊀pipe) (タバコの) パイプ
**cachoeira** /カショエィラ/ 女(㊀waterfall) 滝
**cachorro** /カショーホ/ 男 (㊀dog) 犬; 子犬

**cacique** /カスィッキ/ 男 (㊀chief) (インディオの) 族長; ボス
**caçoar** /カソアール/ 動(㊀to mock) からかう; 冷やかす
**caçula** /カスーラ/ 男女 (㊀youngest child) 末っ子 ― 女 (穀物などを) 乾燥[脱穀]すること
**cada** /カーダ/ 形(㊀each) それぞれの, 各々の; …ごとに ◆ *a ~ dois anos* [*dias*] 1年 [日] おきに *~ um; ~ qual* 各自, それぞれ *~ dia* 毎日 *~ vez* 毎回 *~ vez que* …する時はいつも *~ vez mais* ますます
**cadáver** /カダーヴェル/ 男 (㊀corpse) 死体, 遺体
**cadeia** /カデイア/ 女(㊀chain) 鎖; 留置所, 牢屋
**cadeira** /カデイラ/ 女 (㊀chair) (背のある) 椅子; 講座; 職; ((~s)) 腰, 尻
**cadela** /カデーラ/ 女(㊀she-dog) メス犬; 売春婦
**cadência** /カデンスィア/ 女 (㊀cadence) 抑揚, リズム, 律動, 拍子, 韻律
**caderneta** /カデルネッタ/ 女(㊀notebook) 手帳, 通帳
**caderno** /カデルノ/ 男 (㊀notebook) ノート, 帳面
**caduco(-a)** /カドゥッコ/ 形 (㊀senile) 老衰した; 老朽の; 落葉性の
**café** /カフェ/ 男(㊀coffee, café) コーヒー (豆); 喫茶店 ◆ *~ da manhã* 朝食
**cafeeiro** /カフェエィロ/ 男 (㊀coffee plant) コーヒーの木
**cafeteira** /カフェテイラ/ 女(㊀coffee pot) コーヒーポット
**cafezal** /カフェザウ/ 男 (㊀coffee plantation) コーヒー園
**caída** /カイーダ/ 女(㊀fall) 落下, 降下; 衰退
**caído(-a)** /カイード/ 形(㊀fallen) 倒れた; 衰えた; 支

払い期間の過ぎた
**cair** /カイール/ [動]([英]to fall) 落ちる; (雨・雪が) 降る; 低下する, 弱まる; 陥る; (好ましくない状態に) なる; (人・ものに) 降りかかる

C

**cais** /カィス/ [男]([英]quay) 波止場, 船着場; * (鉄道・地下鉄の) ホーム
**caixa** /カィシャ/ [女]([英] box) 箱, ケース; 容器; 金庫; 帳場; 金融機関 — [男] レジ係, 帳簿 ◆ *~ de música* オルゴール *~ de segurança* 金庫
**caixão** /カイシャォン/ [男]([英]coffin) 大きな箱, 棺桶
**caixeiro(-a)** /カィシェイロ/ [男][女]([英] shop assistant) 店員, 売り子
**caixilho** /カィシーリョ/ [男]([英]frame) (窓の) 枠, 縁
**caixote** /カィショッチ/ [男]([英]chest) 箱, ケース
**cal** /カウ/ [女]([英]lime) 石灰
**calabouço** /カラボゥソ/ [男]([英]dungeon) 地下牢; 留置場
**calado(-a)** /カラード/ [形]([英]quiet) 無口な — [男] 船足, 喫水
**calafrio** /カラフリーオ/ [男]([英]shiver) 悪寒, 寒け
**calamidade** /カラミダーヂ/ [女]([英]calamity) 災難, 惨禍
**calar** /カラール/ [動]([英]to keep quiet about) 黙る, 沈黙する; 黙らせる; 抑制する
**calçada** /カウサーダ/ [女]([英]roadway) 舗装道路, 歩道
**calçado(-a)** /カウサード/ [形]([英]paved) 舗装した — [男]([英]footwear) はきもの
**calcanhar** /カウカニャール/ [男]([英]heel) かかと ◆ *~ de Aquiles* アキレス腱, 弱点 *~ do mundo* 遠い所
**calção** /カウサォン/ [男]([英]shorts) 半ズボン, ショートパンツ ◆ *~ de banho* 海水パンツ
**calçar** /カウサール/ [動]([英]to put on) (靴・ズボンを) はく; (手袋を) はめる; 舗装する
**calças** /カウサス/ [女複]([英]trousers) ズボン
**calcular** /カウクラール/ [動]([英]to calculate) 計算する; 数える; 予想する, 推測する
**cálculo** /カウクロ/ [男]([英]calculation) 計算; 見積もり, 予想
**caldeira** /カウディラ/ [女]([英]boiler) 釜, ボイラー
**caldo** /カウド/ [男]([英]broth) 煮出し汁, ブイヨン, スープ
**calendário** /カレンダーリオ/ [男]([英]calendar) カレンダー
**calhar** /カリャール/ [動]([英]suit) 適する, ぴったりである, 起こる ◆ *se ~* おそらく
**calibre** /カリブリ/ [男]([英]caliber) (銃の) 口径
**cálice** /カリスィ/ [男]([英]chalice) 杯
**calma** /カウマ/ [女]([英]calm) 凪; 静穏, 落ち着き; (太陽・空間の) 熱, 暑さ
**calmar** /カウマール/ [動]([英]to calm) 穏やかにする; なだめる
**calmo(-a)** /カウモ/ [形]([英]calm) 暑い; 凪いだ; 平静な, 穏やかな
**caloiro** /カロィロ/ [男]([英]novice) (大学などの) 新入生, 新参者, 初心者
**calor** /カロール/ [男]([英]heat) 熱; 熱さ, 暑さ; 活気 ◆ *fazer ~* 暑い
**caloria** /カロリーア/ [女]([英]calorie) カロリー
**calúnia** /カルーニア/ [女]([英]slander) 誹謗, 中傷
**caluniar** /カルニアール/ [動]([英]to slander) 中傷する
**calva** /カウヴァ/ [女]([英]baldness) 禿; 禿げ頭
**calvo(-a)** /カウヴォ/ [形]([英]bald) 禿げた; 草木のない; 不毛の — [男][女] 禿げた人
**cama** /カーマ/ [女]([英]bed) 寝場

所；ベッド；層，層状になったもの ◆ **cair [ficar] de ~** 病床につく **ir para a ~** 寝に行く **fazer a ~** ベッドを整える **fazer a ~ a** …に嫌がらせをする

**camada** /カマーダ/ 囡 (㊆layer) 層，段，階級；多量

**câmara** /カマラ/ 囡 (㊆chamber) 部屋，寝室；議会，議場；会議所；*市役所，役場；箱；カメラ ◆ **Câmara Alta** 上院 **Câmara Baixa [dos Deputados]** 下院 **música de ~** 室内楽

**camarada** /カマラーダ/ 男囡 (㊆comrade) 仲間，同僚，学友；（農場の）臨時雇い

**camarão** /カマラォン/ 男 (㊆shrimp) （小）エビ

**camarário(-a)** /カマラーリオ/ 形 (㊆of the Town Hall) 市役所の，市議会の；内々の

**camarote** /カマロッチ/ 男 (㊆cabin) 船室；仕切り席

**cambalear** /カンバレアール/ 動 (㊆to stagger) よろよろ歩く

**cambial** /カンビアウ/ 形 (㊆exchange) 為替の，手形の ― 囡 外国為替手形

**cambiar** /カンビアール/ 動 (㊆to change) 両替する；変化させる；色を変える

**câmbio** /カンビオ/ 男 (㊆exchange) 両替；交換；為替；ギヤ，ギヤボックス

**camelo** /カメーロ/ 男 (㊆camel) ラクダ；愚か者，粗忽者

**camião-cisterna** /カミアゥン スィシュテルナ/ 男 (㊆tank truck) タンクローリー

**caminhada** /カミニャーダ/ 囡 (㊆walk) 散歩，ハイキング

**caminhão** /カミニャォン/ [*camião] 男 (㊆truck) トラック

**caminhar** /カミニャール/ 動 (㊆to walk) 歩く；進む

**caminho** /カミーニョ/ 男 (㊆way) 道，道路；道筋；行先 ◆ **a ~ de** …へ行く途中で **~ de ferro** 鉄道 **de ~** ただちに，すぐに

**caminhonete** /カミニョネッチ/ 囡 (㊆van) 軽トラック，バン；ワゴン車

**camioneta** /カミオネッタ/ 囡 (㊆bus) *長距離バス，軽トラック

**camisa** /カミーザ/ 囡 (㊆shirt) シャツ，ワイシャツ；シュミーズ；*ネグリジェ

**camiseta** /カミゼッタ/ 囡 (㊆T-shirt) 半そでシャツ；シュミゼット

**camisola** /カミゾーラ/ 囡 (㊆nightdress) ネグリジェ；*セーター

**campainha** /カンパイーニャ/ 囡 (㊆bell) 鈴，呼び鈴，ベル；口蓋垂

**campanha** /カンパーニャ/ 囡 (㊆campaign) 軍事行動，遠征；キャンペーン；平原

**campeão(-ã)** /カンペアォン/ 男囡 (㊆champion) チャンピオン，優勝者；擁護者

**campeonato** /カンペオナット/ 男 (㊆championship) 選手権(大会)

**campestre** /カンペストリ/ 形 (㊆rural) 田園の；田舎の

**campo** /カンポ/ 男 (㊆field) 野原，畑，郊外；田舎；競技場；党派；活動分野；【物理】場

**camponês(-nesa)** /カンポネィス/ 男囡 (㊆countryman[-woman]) 田舎の人

**camuflagem** /カムフラージェイン/ 囡 (㊆camouflage) カモフラージュ，偽装

**cana** /カーナ/ 囡 (㊆cane) （サトウキビなどの）茎

**Canadá** /カナダ/ 囡 (㊆Canada) カナダ

**cana-de-açúcar** /カーナ チ アスッカル/ 囡 (㊆sugar cane) サトウキビ

**canal** /カナウ/ 男(㊀canal, channel) 運河, 用水路; 海峡; 管

**canalha** /カナーリャ/ 形(㊀wretch) 卑しい, さもしい ― 男女 下層民

**canalização** /カナリザサオン/ 女(㊀canalization) (水道やガスの)配管, 水道, 灌漑(システム)

**canalizar** /カナリザール/ 動(㊀to canalize) 配管する, 水路をつける; (ある方向に)向ける

**canapé** /カナペー/ 男(㊀sofa) ソファー, 長椅子

**canário** /カナリオ/ 男(㊀canary) カナリヤ

**canção** /カンサォン/ 女(㊀song) 歌, 歌謡

**cancelamento** /カンセラメント/ 男(㊀cancellation) 取り消し, キャンセル

**cancelar** /カンセラール/ 動(㊀to cancel) 無効にする, 取り消す; (字を)抹消する

**câncer** /カンセル/ 男(㊀cancer) 癌; カニ座

**cancro** /カンクロ/ 男(㊀cancer) 性病; *癌

**candeeiro** /カンデエィロ/ 男(㊀oil-lamp) 台つきランプ, 吊りランプ

**candidatar-se** /カンヂダタール スィ/ 動(㊀to apply for) 立候補する; 志願する

**candidato(-a)** /カンヂダット/ 男女(㊀candidate) 候補者; 志願者

**candidatura** /カンヂダトゥーラ/ 女(㊀candidacy) 立候補

**cândido(-a)** /カンヂド/ 形(㊀innocent) 純真な, 無邪気な; 純白の

**candura** /カンドゥーラ/ 女(㊀innocence) 純真, 無邪気; 純白

**caneca** /カネッカ/ 女(㊀mug) マグ, ジョッキ

**canela** /カネーラ/ 女(㊀cinnamon) シナモン

**caneta** /カネッタ/ 女(㊀pen) ペン軸; ペン

**caneta-tinteiro** /カネッタ チンテイロ/ 女(㊀fountain pen) 万年筆

**canhão** /カニャォン/ 男(㊀cannon, canyon) 大砲; 峡谷

**canhoto(-a)** /カニョット/ 形(㊀left-handed) 左利きの; 不器用な

**caniço** /カニッソ/ 男(㊀reed) 細い茎; 釣り竿

**canil** /カニウ/ 男(㊀kennel) 犬小屋

**canivete** /カニヴェッチ/ 男(㊀penknife) 小型ナイフ

**cano** /カーノ/ 男(㊀pipe) (ガス・下水などの)管, パイプ

**canoa** /カノーア/ 女(㊀canoe) 丸木舟, カヌー

**cânone** /カノニ/ 男(㊀canon) 規範; 目録; 規準

**cansaço** /カンサッソ/ 男(㊀tiredness) 疲労

**cansado(-a)** /カンサード/ 形(㊀tired) 疲れた; うんざりした, 退屈した

**cansar** /カンサール/ 動(㊀to tire) 疲れさせる; 退屈させる; 疲れる ◆ **~-se** 疲れる; うんざりする

**cansativo(-a)** /カンサチーヴォ/ 形(㊀tiring) 疲れさせる, たいくつな

**cantar** /カンタール/ 動(㊀to sing) 歌う; (鳥・虫が)鳴く; 唱える

**cantarolar** /カンタロラール/ 動(㊀to hum) 小声で歌う; 口ずさむ

**canteiro** /カンティロ/ 男(㊀flower bed) 花壇; 石切り工; (酒蔵の中の) 棚

**cântico** /カンチコ/ 男(㊀canticle) 賛歌

**cantiga** /カンチーガ/ 女(㊀song) 歌, 民衆歌謡

**cantil** /カンチウ/ 男(㊀canteen) 水筒; かんなの一種

**cantina** /カンチーナ/ 女 (㋓canteen) (会社・学校などの) 食堂

**canto** /カント/ 男 (㋓corner) 角 (かど), 隅; 曲がり角; 片隅; 歌声, 歌

**cantor(-ra)** /カントール/ 男女 (㋓singer) 歌手

**canudo** /カヌード/ 男 (㋓tube) 筒, 管; ストロー

**cão** /カゥン/ 男 (㋓dog) 犬 ◆ ~ *de fila*, ~ *de guarda* 番犬

**caolho(-a)** /カオーリョ/ 形 (㋓cross-eyed) 斜視の, 片目の

**caos** /カオス/ 男 (㋓chaos) 混沌, 無秩序

**capa** /カッパ/ 女 (㋓cape) マント, ケープ; 覆い; 表紙 ◆ ~ *de chuva* レインコート

**capacete** /カパセッチ/ 男 (㋓helmet) ヘルメット

**capacho** /カパッショ/ 男 (㋓door mat) ドアマット

**capacidade** /カパスィダーチ/ 女 (㋓capacity) 容積; 能力, 性能; 資格

**capacitar** /カパスィタール/ 動 (㋓to convince) 納得させる; 可能にする

**capaz** /カパース/ 形 (㋓able) 有能な ◆ ~ *de* … (することが) できる, ~であり得る

**capcioso(-a)** /カプスィオーソ/ 形 (㋓trick) 狡猾な

**capela** /カペーラ/ 女 (㋓chapel) 礼拝堂; 聖歌隊; 花輪; 小間物屋

**capim** /カピン/ 男 (㋓grass) 雑草; 牧草

**capinar** /カピナール/ 動 (㋓to weed) 除草する

**capital** /カピタウ/ 形 (㋓capital) 主要な ― 女 首都; 大文字 ― 男 (㋓capital) 資本 (金) ◆ *pena* ~ 死刑

**capitalismo** /カピタリズモ/ 男 (㋓capitalism) 資本主義

**capitalista** /カピタリスタ/ 男女 (㋓capitalist) 資本家

**capitão** /カピタォン/ 男 (㋓captain) キャプテン, 船長, 隊長, 大尉

**capítulo** /カピトゥロ/ 男 (㋓chapter) 章; 項目, 条項

**capricho** /カプリッショ/ 男 (㋓whim) 気紛れ, 移り気; 凝ること ◆ *a* ~ ていねいに

**caprichoso(-a)** /カプリショーソ/ 形 (㋓capricious) 気紛れな, 移り気な; 意地っ張りの; 突飛な

**cápsula** /カピスラ/ 女 (㋓capsule) カプセル

**captação** /カピタサォン/ 女 (㋓catch) 捕らえること, 採取, 株の公開による資本の増資

**captar** /カピタール/ 動 (㋓to catch) 捕まえる; 魅惑する, 夢中にさせる; (ラジオなどを) 受信する

**captura** /カピトゥーラ/ 女 (㋓capture) 捕獲; 逮捕

**capturar** /カピトゥラール/ 動 (㋓to capture) 逮捕する; 捕獲する

**cara** /カーラ/ 女 (㋓face) 顔; 外見, 様子; 勇気 ◆ ~ *a* ~ 向き合って *dar as* ~*s* 顔を出す, 現れる *de meia* ~ 無料で *fazer* ~ いやな顔をする *na* ~ *de* …の面前で *tirar* ~ *ou coroa* コインの裏表で決める

**carabina** /カラビーナ/ 女 (㋓rifle) カービン銃

**caracol** /カラコウ/ 男 (㋓snail) カタツムリ ◆ *escada de* ~ 螺旋階段

**caracteres** /カラキテーリス/ 男複 (㋓characters) 字体; 文字; 活字; 性格, 特質

**característica** /カラキテリスチカ/ 女 特徴; 特質

**característico(-a)** /カラキテリスチコ/ 形 (㋓characteristic) 特徴的な, 特有の, 独特の

**caracterização** /カラクテリ

**caracterizar ▶**

ザサォン/ 女(英characterization) 特徴づけ；(役作りの) 衣装，性格描写

**caracterizar**/カラキテリザール/ 動(英to characterize) 特徴づける；特徴を表す

**caranguejo**/カランゲージョ/ 男(英crab) 蟹

**carapinha**/カラピーニャ/ 女(英kinky hair) 縮れ毛

**caráter** /カラッテル/ [*carácter] 男(英character) 性格，性質；人格；印字，文字 (複 caracteres) ◆ *~ de substituição* ワイルドカード

**caravana**/カラヴァーナ/ 女 (英caravan) キャラバン(隊)

**carbonizar**/カルボニザール/ 動(英to carbonize) 炭化する

**carbono**/カルボーノ/ 男(英carbon) 炭素；カーボン紙

**cárcere**/カルセリ/ 男 (英prison) 地下牢；刑務所

**cardápio**/カルダピオ/ 男 (英menu) メニュー

**cardeal**/カルデアウ/ 形 (英cardinal) 基本的な ― 男 枢機卿

**cardíaco(-a)**/カルチアコ/ 形(英cardiac) 心臓の

**cardinal**/カルヂナウ/ 形(英cardinal) 基本的な；主要な

**careca**/カレッカ/ 形(英baldness) 禿げた ― 女 禿

**carecer**/カレセール/ 動(英to lack) 必要とする；欠く，足りない

**carência**/カレンスィア/ 女(英lack) 不足，欠乏；債務超過，支払不能

**carenciado(-a)**/カレンスィアード/形(英deficient) 欠乏している，(…が) 必要な

**carestia** /カレスチーア/ 女(英high cost) 高値，騰貴；欠乏

**carga**/カルガ/ 女(英load) 積荷；積載量；負担，重荷 ◆ *voltar à ~* 再び試みる；固執する

**cargo** /カルゴ/ 男 (英responsibility) 責任，任務，役目，担任 ◆ *a ~ de* …の責任で，…に託されて

**caricatura**/カリカトゥーラ/ 女(英 caricature) 戯画

**carícia**/カリスィア/ 女(英caress) 愛撫，なでること

**caridade**/カリダーチ/ 女(英charity) 思いやり；慈善；愛

**caridoso(-a)**/カリドーソ/ 形(英charitable) 思いやりのある；情け深い

**cárie**/カリエ/ 女(英caries) 虫歯

**carimbo**/カリンボ/ 男(英stamp) はんこ

**carinho** /カリーニョ/ 男 (英affection) 愛撫；かわいがること；優しさ

**carinhoso(-a)**/カリニョーソ/ 形(英affectionate) 優しい，愛情ある，親切な

**carioca**/カリオッカ/ 形(英of Rio de Janeiro) リオ・デ・ジャネイロ市の ― 男女 リオ・デ・ジャネイロ市民

**carnal** /カルナウ/ 形(英carnal) 肉体の；肉の；肉欲の，官能的な

**carnaval**/カルナヴァウ/ 男 (英carnival) カーニバル

**carne** /カルニ/ 女 (英flesh) 肉，食肉 ◆ *em ~ e osso* 自分自身で，本人が

**carneiro**/カルネィロ/ 男 (英sheep) 牡羊

**carnívoro(-a)**/カルニヴォロ/ 形(英carnivorous) 肉食の ― 男 肉食動物

**caro(-a)**/カーロ/ 形(英dear) 高価な；親愛なる，親しい

**caroço**/カロッソ/ 男(英stone) (モモ・ブドウなどの) 種，核；((俗)) お金

**carpa**/カルパ/ 女(英carp) 鯉

**carpinteiro**/カルピンティロ/ 男(英carpenter) 大工

**carregado(-a)**/カヘガード/

**carregado(-a)** /カヘガード/ 形(㊍loaded) 積まれた; 弾丸を込めた; 重苦しい; 陰気な

**carregador** /カヘガドール/ 男(㊍porter) 運搬人, ポーター; 赤帽

**carregar** /カヘガール/ 動(㊍to load) 荷を積む; 運ぶ, 運搬する; 充満する; 充電する; 装填する; (責任・罪を)負わせる

**carreira** /カヘイラ/ 女(㊍run) 走ること; 道; 職業, 経歴

**carril** /カヒウ/ 男(㊍rail) (車の)わだち, (線路の)軌道; ＊狭い道

**carrinha** /カリーニャ/ 女(㊍lorry) ステーションワゴン, (小さな)トラック, ハッチバック

**carrinho de bebê** /カヒーニョ ヂ ベベー/ 男(㊍small cart) ベビーカー

**carro** /カーホ/ 男(㊍car) 自動車, 車; 車両 ◆ **~ de patrulha** パトカー

**carroça** /カホッサ/ 女(㊍cart) 荷車

**carruagem** /カフアージェィン/ 女(㊍carriage) 車両, 客車

**carta** /カルタ/ 女(㊍letter) 手紙, 書簡; 地図; 免状, 証書 ◆ **~ aérea** 航空便 **~ registrada** 書留 **~ topográfica** 地形図

**cartão** /カルタォン/ 男(㊍card) ボール紙, 厚紙; 名刺 ◆ **~ de Natal** クリスマスカード **~ de crédito** クレジットカード **~ de visita** 名刺

**cartão-postal** /カルタォン ポスタウ/ 男(㊍postcard) 絵はがき

**cartaz** /カルタィス/ 男(㊍poster) 張り紙, ポスター; 掲示 ◆ **ter ~** 人気がある, 有名である

**carteira** /カルテイラ/ 女(㊍wallet) 財布, 札入れ; 手帳 ◆ **~ de motorista** 運転免許証

**carteiro** /カルティロ/ 男(㊍mailman) 郵便配達人

**carvão** /カルヴァォン/ 男(㊍coal) 石炭; (デッサン用の)木炭; 木炭画

**cãs** /カンス/ 女複(㊍white hair) 白髪

**casa** /カーザ/ 女(㊍house) 家, 住宅, 住居; 家庭, 家族; 建物; 会社, 商店; ボタンの穴

**casaca** /カザッカ/ 女(㊍tails) 燕尾服 ◆ **cortar na ~ de** …の悪口を言う

**casacão** /カザサオン/ 男(㊍overcoat) コート

**casaco** /カザーコ/ 男(㊍coat) 上着, ジャケット; オーバー

**casado(-a)** /カザード/ 形(㊍married) 既婚の

**casal** /カザウ/ 男(㊍couple) 夫婦; 小村落

**casamento** /カザメント/ 男(㊍marriage) 結婚, 結婚式; 調和

**casar** /カザール/ 動(㊍to marry) 結婚する[させる]; 組み合わせる, 一対にする

**casca** /カスカ/ 女(㊍bark) 樹皮; 外皮; 果物の皮; 殻; 外見 ◆ **~s de alho** ささいなこと, つまらないもの

**cascata** /カスカッタ/ 女(㊍waterfall) 小さい滝

**casco** /カスコ/ 男(㊍skull) 頭蓋骨, 殻, 筐体, 船体; 機知, ウイット

**casebre** /カゼブリ/ 男(㊍hut) 掘っ立て小屋, あばら家

**casimira** /カズィミーラ/ 女(㊍cashmere) カシミヤ

**caso** /カーゾ/ 男(㊍case) 事件, 出来事; 場合, 状況; 〖文法〗格 ◆ **em todo o ~** ともかく, いずれにしても **fazer ~ de** …を考慮する **no ~ de [que]** …の場合には

**caspa** /カスパ/ 女(㊍dandruff) ふけ

**cassino** /カシーノ/ [＊casino]

**casta** /カスタ/ 女(㊦caste) カースト, 階級; 血筋

**castanha** /カスターニャ/ 女(㊦chestnut) 栗の実

**castanheiro** /カスタニェイロ/ 男(㊦chestnut tree) 栗の木

**castanho(-a)** /カスターニョ/ 形(㊦brown) 栗色の, 茶色の ― 男 栗の木

**castelo** /カステーロ/ 男(㊦castle) 城, 城塞, 砦 ◆ **~ no ar** 空中楼閣

**castigar** /カスチガール/ 動(㊦to punish) 罰する; 懲らしめる

**castigo** /カスチーゴ/ 男(㊦punishment) 罰; 処罰

**casto(-a)** /カスト/ 形(㊦chaste) 純粋の; 純潔な; 禁欲する

**casual** /カズアウ/ 形(㊦chance) 偶然の, 不慮の

**casualidade** /カズアリダーヂ/ 女(㊦chance) 偶然 ◆ **por ~** 偶然に

**cataclismo** /カタクリズモ/ 男(㊦cataclysm) 地殻変動, 地震, 大洪水; 大変動

**catálogo** /カタロゴ/ 男(㊦catalogue) 目録, カタログ

**catar** /カタール/ 動(㊦to look for) 捜す; 調べる

**catarata** /カタラッタ/ 女(㊦waterfall) 滝; 白内障

**catástrofe** /カタストロフィ/ 女(㊦catastrophe) 悲劇的結末; 大惨事, 破局

**cata-vento** /カタヴェント/ 男(㊦weathercock) 風見

**catedral** /カテドラウ/ 女(㊦cathedral) 司教座聖堂, 大聖堂, カテドラル

**catedrático(-a)** /カテドラチコ/ 男女(㊦professor) 主任教授 ― 形 司教座の, 講座の

**categoria** /カテゴリーア/ 女(㊦category) 範疇; 種類

**categórico(-a)** /カテゴリコ/ 形(㊦categorical) 範疇の; 断定的な, 明確な

**cativar** /カチヴァール/ 動(㊦to enslave) 捕虜にする, 捕える; 誘惑する

**cativo(-a)** /カチーヴォ/ 形(㊦captive) 捕虜になった, 捕われた ― 男女 捕虜

**catolicismo** /カトリスィズモ/ 男(㊦catholicism) カトリック(の教義)

**católico(-a)** /カトリコ/ 形(㊦catholic) カトリックの ― 男女 カトリック教徒

**catorze** /カトルズィ/ ((数))(㊦fourteen) 14 (の)

**caução** /カウサオン/ 女(㊦security) 警戒; 保証; 保証金

**cauda** /カウダ/ 女(㊦tail) 尾; (ドレスなどの長い)裾, (列などの)後部

**caudal** /カウダウ/ 形(㊦caudal) 尾の, 後部の ― 男(㊦flow) (川の)流量

**caule** /カウリ/ 男(㊦stalk) 茎; 軸; 幹

**causa** /カウザ/ 女(㊦cause) 原因, 理由; 動機; 主義; 訴訟 ◆ **por ~ de** …のゆえに, …のために

**causar** /カウザール/ 動(㊦to cause) 引き起こす, 原因となる

**cautela** /カウテーラ/ 女(㊦caution) 慎重; 警戒, 用心; 質札, 宝くじ ◆ **à [por] ~** 念のために

**cauteloso(-a)** /カウテローゾ/ 形(㊦cautious) 慎重な, 用心深い

**cavalaria** /カヴァラリーア/ 女(㊦cavalry) 騎兵隊; 馬術

**cavaleiro(-a)** /カヴァレイロ/ 形(㊦rider) ― 男 騎兵 ◆ **a ~ (de)** …の上に

**cavalete** /カヴァレッチ/ 男(㊦easel) 画架, イーゼル

**cavalgar** /カヴァウガール/ 動(㊦to ride) (馬などに)乗る; またぐ

**cavalheiro** /カヴァリェィロ/ 男(㊀gentleman) 紳士，騎士

**cavalo** /カヴァーロ/ 男(㊀horse) 馬；雄馬 ◆ *abrir o ~* 前言を撤回させる *andar no ~ dos frades* 徒歩で行く *tirar o ~ da chuva* 断念する

**cavalo-vapor** /カヴァーロヴァポール/ 男(㊀horsepower)〖物理〗馬力

**cavar** /カヴァール/ 動(㊀to dig) 掘る，掘り起こす；穴を開ける；逃げる

**cave** /カーヴィ/ 女(㊀basement) 地下室，ワインの貯蔵庫

**cear** /セアール/ 動(㊀to dine) 夜食をとる

**cebola** /セボーラ/ 女(㊀onion) タマネギ；球根

**ceder** /セデール/ 動(㊀to give up) 譲る，譲渡する；譲歩する

**cedo** /セード/ 副(㊀early) 早く，早期に；朝早く；ただちに

**cédula** /セドゥラ/ 女(㊀banknote) 紙幣；投票用紙；債券

**cegar** /セガール/ 動(㊀to blind) 盲目にする[なる]，失明させる；迷わす

**cego(-a)** /セーゴ/ 形(㊀blind) 盲目の；無分別な；盲目的な ― 男女 盲人

**ceia** /セィァ/ 女(㊀supper) 夜食，夕食

**ceifa** /セィファ/ 女(㊀harvest) 収穫；収穫期

**ceifar** /セィファール/ 動(㊀to reap) 収穫する，刈り入れる；薙ぎ倒す

**cela** /セーラ/ 女(㊀cell) (修道院の)庵，個室，(刑務所などの)独房；(蜂の巣の) 穴

**celebração** /セレブラサォン/ 女(㊀celebration) 祝賀，儀式；(ミサなどの)執行

**celebrar** /セレブラール/ 動(㊀to celebrate) 開催する；挙行する，祝う

**célebre** /セレブリ/ 形(㊀famous) 有名な，際立った

**celeste** /セレスチ/ 形(㊀celestial) 天の，天空の

**célula** /セルラ/ 女(㊀cell) 細胞

**celulóide** /セルロィヂ/ 男(㊀Celluloid) セルロイド

**cem** /セィン/ ((数))(㊀hundred) 100 の ◆ *~ por cento* 100 パーセント

**cemitério** /セミテリオ/ 男(㊀cemetery) 墓地，墓場

**cena** /セーナ/ 女(㊀scene) 舞台；場面，シーン；風景 ◆ *fazer ~s* 騒ぎを起こす

**cenário** /セナーリオ/ 男(㊀scenery) 背景，舞台面；シナリオ ― 形 晩餐の

**cenoura** /セノゥラ/ 女(㊀carrot) ニンジン

**censo** /センソ/ 男(㊀census) 国勢調査

**censura** /センスーラ/ 女(㊀censorship) 検閲，報道管制；非難

**censurar** /セスラール/ 動(㊀to censure) 検閲する；批判する；非難する

**centavo** /センターヴォ/ 男(㊀cent)〖通貨〗センターヴォ (100 分の 1)

**centeio** /センティオ/ 男(㊀rye) ライ麦

**centelha** /セテーリャ/ 女(㊀spark) 火花；きらめき

**centena** /センテーナ/ 女(㊀hundred) 何百の

**centenário** /センテナリオ/ 男(㊀centenary) 百年祭

**centésimo(-a)** /センテズィモ/ 形(㊀hundredth) 100 番目の ― 男 100 分の 1

**centímetro** /センチメトロ/ 男(㊀centimeter) センチメートル

**cento** /セント/ ((数))(㊀hundred) 100 (の)

**central** /セントラゥ/ 形(㊀

**centro ▶**

central) 中央の, 中心の; 主要な

**centro** /セントロ/ 男 (㊤center) 中心, 中央, 中心地, 中心街;〖政治〗中道 ◆ *no ~ de* …の中心に

**cera** /セーラ/ 女 (㊤wax) 蝋, ワックス ◆ *fazer ~* 働くふりをする, なまける

**cerâmica** /セラミカ/ 女 (㊤pottery) 陶芸; 陶磁器

**cerca** /セルカ/ 女 (㊤fence) 垣, 塀, 囲い ◆ *~ de* 約…, およそ…

**cercanias** /セルカニーアス/ 女複 (㊤outskirts) 周囲, 付近, 近隣

**cercar** /セルカール/ 動 (㊤to enclose) 囲いをする, (柵で) 囲む; 包囲する

**cerco** /セルコ/ 男 (㊤encirclement) 囲むこと, 包囲; 周囲

**cereal** /セレアウ/ 形 (㊤cereal) 穀類の ── 男 ((複数形で)) 穀類

**cerebral** /セレブラウ/ 形 (㊤cerebral) 脳の, 知的な

**cérebro** /セレブロ/ 男 (㊤brain) 脳, 大脳; 知力

**cereja** /セレージャ/ 女 (㊤cherry) サクランボ

**cerimônia** /セリモニア/ [*cerimónia] 女 (㊤ceremony) 儀式, 式典 ◆ *fazer ~* 儀式ばる *sem ~* 格式ばらずに, くつろいで

**cerração** /セハサォン/ 女 (㊤fog) 濃霧; 暗黒

**cerrar** /セハール/ 動 (㊤to close) 閉じる; 終える

**certa** /セルタ/ 女 (㊤certainty) 確信, 確かさ ◆ *à ~, pela ~, na ~* 確かに *levar à ~* だます, 欺く

**certame** /セルターミ/ 男 (㊤contest) 争い; 論争

**certeza** /セルテーザ/ 女 (㊤certainty) 確かさ, 確実性; 確信 ◆ *com ~* 確かに; たぶん

**certidão** /セルチダォン/ 女 (㊤certificate) 証明書

**certificado** /セルチフィカード/ 男 (㊤certificate) 証明書 ── 形 証明された

**certificar** /セルチフィカール/ 動 (㊤to certify) 証明する ◆ *~-se* 納得する

**certo(-a)** /セルト/ 形 (㊤certain) 確かな; 正確な; ある, いくらかの; 取り決められた ◆ *ao ~* 正確に *certa vez* ある時 *~ dia* ある日 *por ~* きっと, 正確に

**cerveja** /セルヴェージャ/ 女 (㊤beer) ビール

**cessar** /セサール/ 動 (㊤to cease) 中止する, やめる; 終わる

**cesta** /セスタ/ 女 (㊤basket) かご, バスケット

**cesto** /セスト/ 男 (㊤bascket) 籠 ◆ *~ de papéis* くずかご

**céu** /セウ/ 男 (㊤sky) 空, 天; 天国 ◆ *~ de rosas* 穏やかな晴天

**cevada** /セヴァーダ/ 女 (㊤barley) 大麦

**cevar** /セヴァール/ 動 (㊤to feed) 太らせる, 栄養を与える; 餌を仕掛ける

**chá** /シャー/ 男 (㊤tea) 茶, 紅茶; 茶の木; 茶会 ◆ *~ verde* 緑茶

**chácara** /シャカラ/ 女 (㊤farm) 小農園; 別荘

**chafariz** /シャファリース/ 男 (㊤fountain) 噴水; 公共の水場

**chaga** /シャーガ/ 女 (㊤wound) 傷; 傷跡

**chaleira** /シャレィラ/ 女 (㊤kettle) 湯沸し, やかん

**chama** /シャーマ/ 女 (㊤flame) 炎, 火炎; 情熱

**chamar** /シャマール/ 動 (㊤to call) 呼ぶ, 呼び出す; 命名する ◆ *~-se* …という名である, …と称する

**chaminé** /シャミネ/ 女(㊌chimney) 煙突, 暖炉

**champanhe** /シャンパーニィ/ 女(㊌champagne) シャンパン

**chamuscar** /シャムスカール/ 動(㊌to scorch) 焦がす

**chancelaria** /シャンセラリーア/ 女(㊌chancellery) 外務[法務]省

**chantagem** /シャンタージェィン/ 女(㊌blackmail) 恐喝, ゆすり

**chão(chã)** /シャォン/ 形(㊌level) 平らな, 平坦な; 平滑な; 率直な ― 男(㊌level ground) 地面; 床

**chapa** /シャッパ/ 女(㊌plate) (金属などの)板, プレート, ナンバープレート; 印画紙

**chapelaria** /シャペラリーア/ 女(㊌hatshop) 帽子店

**chapéu** /シャペゥ/ 男(㊌hat) 帽子; (キノコの)カサ ◆ ~ **de palha** むぎわら帽子

**charada** /シャラーダ/ 女(㊌puzzle) 文字あてのなぞなぞ; 曖昧な言葉

**charla** /シャルラ/ 女(㊌chatter) 雑談, おしゃべり

**charneca** /シャルネッカ/ 女(㊌moor) 荒地, 荒野

**charrua** /シャフーア/ 女(㊌moldboard) (馬にひかせる)鋤

**charuto** /シャルット/ 男(㊌cigar) 葉巻きタバコ

**chatear** /シャテアール/ 動(㊌to bother)((俗)) うるさがらせる; うんざりさせる

**chato(-a)** /シャット/ 形(㊌flat) 平らな; 平凡な;((俗))くだらない, つまらない

**chave** /シャーヴィ/ 女(㊌key) 鍵, キー; スパナ ◆ ~ **inglesa** モンキースパナ

**chávena** /シャヴェナ/ 女(㊌cup) カップ, 茶碗

**chefe** /シェッフィ/ 男(㊌chief) 長, 指導者, かしら, 課長

**chefia** /シェフィーア/ 女(㊌leadership) 指導(力), 指揮

**chefiar** /シェフィアール/ 動(㊌to lead) 指導する, 率いる; 治める

**chegada** /シェガーダ/ 女(㊌arrival) 到着; 接近

**chegar** /シェガール/ 動(㊌to arrive) 到着する, 着く; 達する; 足りる, 十分である

**cheia** /シェィア/ 女(㊌flood) 大水, 洪水

**cheio(-a)** /シェィオ/ 形(㊌full) 満ちた, いっぱいの;* 満腹した ◆ ~ **de** …でいっぱいの, 満ちた ~ **de vida** 元気一杯の **em ~** 完全に, すっかり *lua cheia* 満月

**cheirar** /シェィラール/ 動(㊌to smell) 嗅ぐ; 嗅ぎつける; 推測する; 匂いがする

**cheiro** /シェィロ/ 男(㊌smell) 匂い, 芳香; 様子

**cheque** /シェッキ/ 男(㊌cheque) 小切手

**chicle** /シックリ/ 男(㊌chewing gum) チューインガム

**chicote** /シコッチ/ 男(㊌whip) 鞭

**chifre** /シッフリ/ 男(㊌horn) 角(つの)

**Chile** /シーリ/ 男(㊌Chile) チリ

**chileno(-a)** /シレーノ/ 形(㊌Chilean) チリ(人)の

**chilrear** /シウレアール/ 動(㊌to twitter) さえずる; ぺちゃくちゃしゃべる

**China** /シーナ/ 女(㊌China) 中国

**chinela** /シネーラ/ 女(㊌house slipper) スリッパ

**chinês(-nesa)** /シネス/ 形(㊌Chinese) 中国(人・語)の ― 男女 中国人 ― 男 中国語

**chique** /シッキ/ 形(㊌stylish) 粋な, しゃれた, シックな

**chispa** /シスパ/ 女(㊌spark) 火花; きらめき; 才知

**choça** /ショッサ/ 囡(®shack) 丸太小屋, あばら家

**chocar** /ショカール/ 動(®to shock) 衝突する, ぶつかる; (卵を) かえす

**chocolate** /ショコラッチ/ 男 (®chocolate) チョコレート;【飲料】ココア

**chofer** /ショフェール/ 男囡 (®driver) 運転手

**chope** /ショッピ/ 男 (®draught beer) 生ビール

**choque** /ショッキ/ 男 (®shock) 衝突; 衝撃, ショック ◆ *levar um ~* ショックを受ける

**chorar** /ショラール/ 動(®to weep) 涙を流す; 嘆く

**choro** /ショーロ/ 男(®crying) 泣くこと; 悲嘆; ショーロ (リオ・デ・ジャネイロの民衆音楽)

**chover** /ショヴェール/ 動(®to rain) 雨が降る ◆ *~ a cântaros* どしゃぶりに降る

**chulo** /シューロ/ 形(®vulgar) 下品な, 下劣な ── 男 (娼婦の) ヒモ

**chumbar** /シュンバール/ 動 (®to cover with lead) (鉛で) 覆う, つめる; 銃弾を受ける; 錘で沈める; 落第させる, (試験を) 落とす

**chumbo** /シュンボ/ 男(®lead) 鉛; 弾丸; おもり; 思慮

**chupar** /シュパール/ 動(®to suck) 吸う, 吸収する

**churrasco** /シュハスコ/ 男(®barbecue) シュラスコ, 焼肉, バーベキュー

**chutar** /シュタール/ 動(®to kick) (ボールを) 蹴る

**chuva** /シューヴァ/ 囡(®rain) 雨

**chuveiro** /シュヴェィロ/ 男 (®shower) にわか雨; シャワー

**cicatriz** /スィカトリース/ 囡 (®scar) 傷跡; 心の痛手

**cicerone** /スィセローニ/ 男(®tourist guide) 観光ガイド

**ciciar** /スィスィアール/ 動(®to whisper) ささやく

**ciclista** /スィクリスタ/ 男囡 (®cyclist) サイクリスト

**ciclo** /スィックロ/ 男(®cycle) 周期, サイクル; 一時代

**ciclone** /スィクローニ/ 男 (®cyclone) サイクロン, 暴風

**cidadania** /スィダダニーア/ 囡(®citizenship) 市民権, 公民権

**cidadão** /スィダダオン/ 男 (®citizen) 公民, 市民; 自由民

**cidade** /スィダーチ/ 囡(®city) 都市, 市 ◆ *~ alta [baixa]* 山の手 [下町]

**ciência** /スィエンスィア/ 囡(®science) 科学, 学問; 知識

**ciente** /スィエンチ/ 形 (®aware) 知っている; 博学な ◆ *estar ~ de* …を知っている, 承知している

**científico(-a)** /スィエンチフィコ/形(®scientific) 科学的な

**cifra** /スィッフラ/ 囡(®cipher) ゼロ; 総額; 暗号

**cigano(-a)** /スィガーノ/ 形(®Gypsy) ジプシー (語) の, ロマーニの

**cigarra** /スィガッハ/ 囡 (®cicada) 蝉

**cigarreira** /スィガヘィラ/ 囡(®cigarette case) シガレットケース

**cigarro** /スィガッホ/ 男 (®cigarette) 紙巻きタバコ

**cilindro** /スィリンドロ/ 男(®cylinder) 円筒; シリンダー

**cílio** /スィリオ/ 男(®eyelash) まつげ

**cima** /スィーマ/ 囡(®top) 頂, 頂上; 高み ◆ *em ~ (de)* (…の) 上に *ao [de] ~* 表面で *por ~* 上の方に; そのうえ

**cimeira** /スィメイラ/ 女 (㊤summit) サミット；頂上

**cimento** /スィメント/ 男 (㊤cement) セメント ◆ **~ armado** 鉄筋コンクリート

**cimo** /スィーモ/ 男 (㊤top) トップ，頂上；絶頂

**cinco** /スィンコ/ ((数)) (㊤five) 5 (の)

**cinema** /スィネーマ/ 男 (㊤cinema) 映画；映画館

**cingir** /スィンジール/ 動 (㊤to encircle) 取り囲む；(からだに) 帯びさせる

**cinismo** /スィニズモ/ 男 (㊤cynicism) 犬儒哲学；冷笑的な態度

**cinqüenta** /スィンクェンタ/ [*cinquenta] ((数)) (㊤fifty) 50 (の)

**cinta** /スィンタ/ 女 (㊤sash) 帯，ベルト；胴，ウエスト

**cintilar** /スィンチラール/ 動 (㊤to sparkle) きらめく；輝く

**cinto** /スィント/ 男 (㊤belt) 帯，ベルト；地帯 ◆ **~ de segurança** シートベルト

**cintura** /スィントゥーラ/ 女 (㊤waist) 胴，ウエスト

**cinza** /スィンザ/ 女 (㊤ash) 灰；壊滅；((~s)) 焼け跡

**cinzeiro** /スィンゼイロ/ 男 (㊤ashtray) 灰皿

**cinzento(-a)** /スィンゼント/ 形 (㊤gray) 灰色の —男 灰色

**cioso(-a)** /スィオーゾ/ 形 (㊤conscientious) 嫉妬深い；うらやんだ；熱望している

**circo** /スィルコ/ 男 (㊤circus) サーカス

**circuito** /スィルクイト/ 男 (㊤circuit) 周囲，輪郭；回路，回線；ひとまわり

**circulação** /スィルクラサォン/ 女 (㊤circulation) 循環，流通 (量)，発行部数

**circular** /スィルクラール/ 形 (㊤circular) 取り巻く；一周する；円形の

**círculo** /スィルクロ/ 男 (㊤circle) 円；周；輪；区域，領域，界

**circundar** /スィルクンダール/ 動 (㊤to surround) 取り巻く，(~のまわりを) 歩く

**circunferência** /スィルクンフェレンスィア/ 女 (㊤circumference) 円周；周囲

**circunscrever** /スィルクンスクレヴェール/ 動 (㊤to circumscribe) 周りに線を引く；包含する，含む

**circunspeto(-a)** /スィルクンスペット/ [*circunspecto] 形 (㊤serious) 用心深い，慎重な

**circunstância** /スィルクンスタンスィア/ 女 (㊤circumstance) 環境；情勢，状況

**circunvizinho(-a)** /スィルクンヴィズィーニョ/ 形 (㊤neighboring) 周囲の，付近の

**cirurgia** /スィルルジーア/ 女 (㊤surgery) 外科；手術

**cirurgião(-ã)** /スィルルジアォン/ 男女 (㊤surgeon) 外科医

**cisma** /スィズマ/ 女 (㊤musing) 夢想；心配 —男 (㊤schism) 分派

**cismar** /スィズマール/ 動 (㊤to think hard) 考え込む；心配している；疑う ◆ **~ em** …について考え込む

**cisne** /スィズニ/ 男 (㊤swan) 白鳥；((Cisne)) 白鳥座；名声のある詩人

**citação** /スィタサォン/ 女 (㊤citation) 引用，言及；召喚

**citar** /スィタール/ 動 (㊤to quote) 引用する；召喚する

**ciúme** /スィウーミ/ 男 (㊤jealousy) 嫉妬，やきもち；羨望 ◆ **ter ~s** 嫉妬する

**civil** /スィヴィウ/ 形 (㊤civil) 市民の，民事の，民間の；文民の；礼儀正しい ◆ **guerra ~** 内戦

**civilização** /スィヴィリザサォン

ン / [女] ([英]civilization) 文明
**civilizar** / スィヴィリザール / [動] ([英]to civilize) 文明化する，開化する
**civismo** / スィヴィズモ / [男] ([英]public spirit) 公徳心
**clamar** / クラマール / [動] ([英]to clamour) 叫ぶ，わめく
**clamor** / クラモール / [男] ([英]outcry) 叫び，嘆願
**clarear** / クラレアール / [動] ([英]to clear up) 明るくする[なる]；明晰になる；晴れる
**clareza** / クラレーザ / [女] ([英]clarity) 明晰さ，明解さ；明るいこと；透明さ
**claridade** / クラリダーヂ / [女] ([英]brightness) 明るさ，明度；明かり
**claro(-a)** / クラーロ / [形] ([英]clear) 明るい；澄んだ；鮮明な；澄み渡った ◆ ***passar a noite em ~*** 眠らずに夜を明かす
**classe** / クラッスィ / [女] ([英]class) 階級，部類，等級；学級；授業
**clássico(-a)** / クラスィコ / [形] ([英]classical) 古典の，古典的な — [男] 古典作家
**classificação** / クラスィフィカサォン / [女] ([英]classification) 分類，区分；格付け
**classificar** / クラスィフィカール / [動] ([英]to classify) 分類する，整理する；等級に分ける
**claudicar** / クラウヂカール / [動] ([英]to limp) 片足をひきずる
**cláusula** / クラウズラ / [女] ([英]clause) （契約書などの）条項，約款
**clemência** / クレメンスィア / [女] ([英]mercy) 寛大，温和
**clemente** / クレメンチ / [形] ([英]merciful) 寛大な，温和な
**clérigo** / クレリゴ / [男] ([英]clergyman) 聖職者，司祭
**clicar** / クリカール / [動] ([英]to click) クリックする
**cliente** / クリエンチ / [男][女] ([英]client) 顧客；患者；（弁護士の）依頼人
**clientela** / クリエンテーラ / [女] ([英]clientele) ((集合)) 顧客；患者；（弁護士の）依頼人；
**clima** / クリーマ / [男] ([英]climate) 気候；風土
**clínica** / クリニカ / [女] ([英]clinic) 医療，診療；診療所
**clínico(-a)** / クリニコ / [形] ([英]clinical) 臨床の — [男][女] 臨床医
**clube** / クルービ / [男] ([英]club) クラブ，会
**coação** / コアサォン / [女] ([英]coercion, filtering) 強制；濾過
**coagir** / コアジール / [動] ([英]to coerce) 強いる
**coagular** / コアグラール / [動] ([英]to coagulate) 凝結させる，凝固させる
**coalhado(-a)** / コアリャード / [形] ([英]curdled) 凝固した
**coar** / コアール / [動] ([英]to strain) 漉す，濾過する
**co-autor(-ra)** / コアゥトール / [男][女] ([英]co-author) 共著者
**cobaia** / コバィア / [女] ([英]guinea pig) モルモット
**cobarde** / コバルヂ / [形] ([英]coward) covarde
**coberta** / コベルタ / [女] ([英]cover) 覆い，カバー；保証金；保護
**coberto** / コベルト / [男][女] ([英]covered) 覆われた；服を着た；保護された
**cobertor** / コベルトール / [男] ([英]blanket) 毛布，掛け布団
**cobertura** / コベルトゥーラ / [女] ([英]covering) 覆い，蓋；天蓋，屋根；取材；資金 ◆ ***dar ~ a*** 承認する
**cobiça** / コビッサ / [女] ([英]greed) 貪欲；野心
**cobra** / コーブラ / [女] ([英]snake) 蛇；陰険な人；（詩の）連
**cobrar** / コブラール / [動] ([英]to collect) （借金などを）取り

**cobre** /コーブレ/ 男(㊥copper) 銅；銅貨 ◆ *cair com os ~s* 支払う

**cobrir** /コブリール/ 動(㊥to cover) 覆う，包む；隠す；埋める；隠蔽する；保護する

**coçar** /コサール/ 動(㊥to scratch) 掻く

**cócegas** /コセガス/ 女複(㊥ticklishness) くすぐったさ ◆ *ter ~* くすぐったい

**cochichar** /コシシャール/ 動(㊥to whisper) ひそひそ声で話す，囁く

**cochilar** /コシラール/ 動(㊥to snooze) 居眠りする

**coco** /コッコ/ 男(㊥coconut) 椰子の木；椰子の実

**código** /コヂゴ/ 男(㊥code) 法典；信号[暗号](表) ◆ *~ civil [penal]* 民[刑]法典

**coelho** /コエーリョ/ 男(㊥rabbit) ウサギ

**coerência** /コエレンスィア/ 女(㊥coherence) (論理の)一貫性，まとまり；密着性

**coerente** /コエレンチ/ 形(㊥coherent) 首尾一貫した；密着した；凝集性の

**coexistência** /コエズィステンスィア/ 女(㊥coexistence) 共存

**cofre** /コーフリ/ 男(㊥chest) 金庫；公庫

**cogitar** /コジタール/ 動(㊥to contemplate) 思いを巡らす，熟考する

**cognição** /コグニサォン/ 女(㊥cognition) 認識

**cogumelo** /コグメーロ/ 男(㊥mushroom) キノコ，マッシュルーム

**coice** /コイスィ/ 男(㊥kick) (馬などが)後足で後ろに蹴ること；(行列などの)後部 ◆ *dar ~s em* 蹴る

**coincidência** /コインスィデンスィア/ 女(㊥coincidence) 一致，合致；(偶然の)巡り合わせ

**coincidir** /コインスィヂール/ 動(㊥to coincide) 一致する，等しい；同時に起こる

**coisa** /コイザ/ 女(㊥thing) 物，物体，事，事柄；事情，事態 ◆ *alguma ~* 何か；多少

**coitado(-a)** /コイタード/ 形(㊥poor) かわいそうな ─ 男女 かわいそうな人

**cola** /コーラ/ 女(㊥glue) 糊；カンニング

**colaboração** /コラボラサォン/ 女(㊥collaboration) 協力；共同作業

**colaborador(,ra)** /コラボラドール/ 男女(㊥collaborator) 協力者

**colaborar** /コラボラール/ 動(㊥to collaborate) 協力する；貢献する

**colar** /コラール/ 動(㊥to stick) 糊づけする，貼る ─ 男(㊥necklace) ネックレス

**colarinho** /コラリーニョ/ 男(㊥collar) (ワイシャツの)カラー

**colcha** /コウシャ/ 女(㊥bedspread) ベッドカバー

**colchão** /コウシャォン/ 男(㊥mattress) 敷布団，マット

**colchete** /コウシェッチ/ 女(㊥clasp) フック；鉤；止め金

**coleção** /コレサォン/ [*colecção] 女(㊥collection) 収集(品)；選集

**colecionar** /コレスィオナール/ [*coleccionar] 動(㊥to collect) 収集する；採集する

**colega** /コレーガ/ 男女(㊥colleague) 同僚；同業者；同級生

**colegial** /コレジアウ/ 形(㊥school) 初等・中等学校の

**colégio** /コレージョ/ 男(㊥school) 初等・中等学校

**cólera** /コレラ/ 女(㊥anger, cholera) 怒り；コレラ

**colete** /コレッチ/ 男(㊥vest) チョッキ；コルセット

**coletivo(-a)** / コレチーヴォ / [*colectivo] 形 (㊞collective) 集団の; 共同の

**coletor(-ra)** / コレトール / [*colector] 男女 (㊞collector) 集金人; 編纂者

**coletoria** / コレトリーア / [*colectoria] 女 (㊞tax office) 税務署

**colheita** / コリェイタ / 女 (㊞harvest) 収穫; 作物

**colher** / コリェール / 女 (㊞spoon) スプーン ◆ *meter a ~* でしゃばる

**colher** / コリェール / 動 (㊞to gather) 採る, 摘む; 収穫する; (水を) すくう; 収集する, 回収する; 手に入れる

**colidir** / コリヂール / 動 (㊞to collide) 衝突させる[する]; 矛盾する

**coligação** / コリガサォン / 女 (㊞coalition) 結合; 提携, 連合

**coligir** / コリジール / 動 (㊞to collect) 収集する; 抜粋する

**colina** / コリーナ / 女 (㊞hill) 丘

**colisão** / コリザォン / 女 (㊞collision) 衝突; 抗争, 争い

**colocação** / コロカサォン / 女 (㊞placing) 配置

**colocar** / コロカール / 動 (㊞to put) 置く, 据える; 配置する; 設立する; 就職させる

**Colômbia** / コロンビア / 女 (㊞Colombia) コロンビア

**colombiano(-a)** / コロンビアーノ / 形 (㊞Colombian) コロンビア (人) の ― 男女 コロンビア人

**colônia** / コローニア / [*colónia] 女 (㊞colony) 入植地, 植民地; ((集合)) 植民者, 移民

**colonizar** / コロニザール / 動 (㊞to colonize) 植民する, 入植する

**colono(-a)** / コローノ / 男女 (㊞settler) 入植者, 植民者; 農業労働者

**colóquio** / コロキオ / 男 (㊞conversation) 対話; 討議

**colossal** / コロサウ / 形 (㊞colossal) 巨大な, 大規模な, 非常に広い

**coluna** / コルーナ / 女 (㊞column) 円柱, 柱; (新聞などの) 欄; 記事, コラム ◆ *~ vertebral* 脊柱

**com** / コン / 前 (㊞with) …とともに, …といっしょに, …のついた; …を使って, …で

**comandante** / コマンダンチ / 男 (㊞commander) 指揮官

**comandar** / コマンダール / 動 (㊞to command) 指揮する, 命じる, 支配する

**comando** / コマンド / 男 (㊞command) 指揮, 制御, 命令 ◆ *~ a distância* *リモコン

**comarca** / コマルカ / 女 (㊞judicial district) 司法区

**combate** / コンバッチ / 男 (㊞combat) 戦い, 戦闘; 闘争; 衝突

**combater** / コンバテール / 動 (㊞to fight) 戦う

**combinação** / コンビナサォン / 女 (㊞combination) 組み合わせ; 結合; 取り合わせ; 調和; 女性用下着

**combinar** / コンビナール / 動 (㊞to combine) 組み合わせる; 配置する; 打ち合わせる; 調和させる

**comboio** / コンボイオ / 男 (㊞train) 船団, 車列, 隊列; *列車

**combustível** / コンブスチーヴェウ / 形 (㊞fuel) 可燃性の ― 男 燃料

**começar** / コメサール / 動 (㊞to begin) ((a, por)) 始める, 始まる, 開始する

**começo** / コメッソ / 男 (㊞commencement) 始まり, 起源; ((~s)) 試み ◆ *dar ~* …を始める *do ~ ao fim* 始めから終りまで *no ~* 当初は

**comédia** / コメーヂア / 女

**(㋶comedy)** 喜劇

**comediante** /コメヂアンチ/ 男女(㋶comic actor [actress]) コメディアン

**comemoração** /コメモラサォン/ 女(㋶commemoration) 記念(祭)

**comemorar** /コメモラール/ 動(㋶to commemorate) 記念する; 祝う

**comentar** /コメンタール/ 動(㋶to comment on) 注釈する; 批評する

**comentário** /コメンタリオ/ 男(㋶comment) 注釈; 批評 ◆ *fazer ~ a* …を批評する

**comer** /コメール/ 動(㋶to eat) 食べる, 食事をする; ((俗))(性的に)征服する, 誘惑する

**comercial** /コメルスィアウ/ 形(㋶commercial) 商業の ― 男 コマーシャル

**comerciante** /コメルスィアンチ/ 男女(㋶trader) 商人

**comerciar** /コメルスィアール/ 動(㋶to trade) 商売をする

**comércio** /コメルスィオ/ 男(㋶commerce) 商業; 商取引, 交易 ◆ *fazer ~* 商売をする

**cometa** /コメッタ/ 男(㋶comet) 彗星

**cometer** /コメテール/ 動(㋶to commit) 行う, 企てる; 犯す; 委ねる

**cômico(-a)** /コミコ/ [*cómico*] 形(㋶comical) 喜劇の; 滑稽な ― 男女 喜劇俳優

**comida** /コミーダ/ 女(㋶food) 食べ物, 料理; 食事

**comigo** /コミーゴ/ 代(㋶with me) 私といっしょに[に対して, のために]

**comiserar** /コミゼラール/ 動(㋶to move to pity) 同情を引く

**comissão** /コミサォン/ 女(㋶commission) 委任, 委託;((集合)) 委員; 委員会

**comitê** /コミテー/ 男(㋶committee) 委員会

**como** /コーモ/ 接(㋶as, since) …のように; …なので; …として ― 副(㋶how) どのように;((感嘆)) なんと ◆ *A ~ vende?* いくらですか *assim ~* いずれにせよ *Como?* 何とおっしゃいましたか? *Como vai?* お元気ですか

**comoção** /コモサォン/ 女(㋶distress) (精神の) 動揺; (社会の) 激動

**comodidade** /コモヂダーヂ/ 女(㋶convenience) 便利さ

**cômodo(-a)** /コモド/ [*cómodo*] 形(㋶convenient) 便利な; 快適な, 安楽な ― 男 便利; 部屋

**comover** /コモヴェール/ 動(㋶to move) 感動させる; 動揺させる

**compadecer** /コンパデセール/ 動(㋶pity) 同情を起こさせる, 感動させる

**compaixão** /コンパイシャォン/ 女(㋶compassion) 憐れみ; 同情

**companheiro** /コンパニェィロ/ 男(㋶companion) 連れ, 仲間, 同僚

**companhia** /コンパニーア/ 女(㋶company) 会社; 仲間; 同伴 ◆ *fazer ~* つきあう

**comparação** /コンパラサォン/ 女(㋶comparison) 比較, 対照; 類似

**comparar** /コンパラール/ 動(㋶to compare) 比較する, 対比する ◆ *~ a* …にたとえる;…と比較する *~ com* …と比較する

**compartimento** /コンパルチメント/ 男(㋶compartment) 仕切り; 区分

**compartir** /コンパルチール/ 動(㋶to share out) 分配する; 分かちあう; 区分する

**compasso** /コンパッソ/ 男

([英]a pair of compasses) コンパス；羅針盤；〖音楽〗拍子

**compatível** / コンパチーヴェウ / [形]([英]compatible) 両立しうる；互換性のある ◆ *~ com* …と両立しうる

**compelir** / コンペリール / [動]([英]to force) 強いる，強制する

**compêndio** / コンペンヂオ / [男]([英]compendium) 概要，要約；概論書

**compensaçâo** / コンペンササォン / [女]([英]compensation) 償い，代償，賠償

**compensar** / コンペンサール / [動]([英]to make up for) 補償する，埋め合わせる，償う

**competência** / コンペテンスィア / [女]([英]competence) 権限，管轄；能力；競争

**competente** / コンペテンチ / [形]([英]competent) 権限のある；能力のある

**competição** / コンペチサォン / [女]([英]competition) 競争；試合

**competir** / コンペチール / [動]([英]to compete) 競う

**compilar** / コンピラール / [動]([英]to compile) 編纂する

**complacência** / コンプラセンスィア / [女]([英]complaisance) 好意；満足；愛想

**complemento** / コンプレメント / [男]([英]complement) 補うもの，補足；補語

**completar** / コンプレタール / [動]([英]to complete) 補完する，補充する；完了する

**completo(-a)** / コンプレット / [形]([英]complete) 完全な

**complexo(-a)** / コンプレキソ / [形]([英]complex) 複合の；複雑な — [男] 複合体；〖心理〗コンプレックス

**complicação** / コンプリカサォン / [女]([英]complication) 複雑；錯綜

**complicado(-a)** / コンプリカード / [形]([英]intricate) 複雑な，入り組んだ；難しい

**complicar** / コンプリカール / [動]([英]to complicate) 複雑にする，錯綜させる

**componente** / コンポネンチ / [形]([英]component) 構成する，要素の — [男][女] 構成要素

**compor** / コンポール / [動]([英]to compose) 構成する；組み立てる；作る；作曲する；修理する

**comportamento** / コンポルタメント / [男]([英]behavior) ふるまい，行儀

**comportar** / コンポルタール / [動]([英]to put up with) 耐える；容認する；支える

**composição** / コンポズィサォン / [女]([英]composition) 構成，組み立て，組成；作文；作曲，作詞

**compositor** / コンポズィトール / [男]([英]composer) 作曲家

**compra** / コンプラ / [女]([英]purchase) 買うこと，購入；買ったもの ◆ *fazer ~s* 買い物をする

**comprar** / コンプラール / [動]([英]to buy) 買う，購入する

**comprazer** / コンプラゼール / [動]([英]to please) 喜ばせる

**compreender** / コンプレエンデール / [動]([英]to understand) 理解する，分かる；含む；言及する

**compreensão** / コンプレエンサォン / [女]([英]understanding) 理解（力）

**compreensivo(-a)** / コンプレエンスィーヴォ / [形]([英]comprehensive) 包括的な；物わかりのよい

**compressão** / コンプレサォン / [女]([英]compression) 圧縮；圧迫

**comprido(-a)** / コンプリード / [形]([英]long) 長い

**comprimento** / コンプリメント / [男]([英]length) 長さ；距離

**comprimir** / コンプリミール / [動]([英]to compress) 圧縮す

**comprometer** /コンプロメテール/ 動(㊀to compromise) 妥協させる, 関わらせる; 危険にさらす, 汚す

**compromisso** /コンプロミッソ/ 男(㊀ promise) 約束, 誓約

**compulsório(-a)** /コンプウソリオ/ 形(㊀compulsory) 強制的な; 義務的な

**compungir** /コンプンジール/ 動(㊀to move to compunction) 後悔させる[する]

**computador** /コンプタドール/ 男(㊀computer) コンピュータ ◆ **~ pessoal** パソコン

**comum** /コムン/ 男(㊀ common) 共通の; 共同の, 共有の; 普通の ◆ **senso ~** 常識 **em ~** 共通して[の]

**comunicação** /コムニカサォン/ 女(㊀communication) コミュニケーション, 伝達, 通知; 交通

**comunicado** /コムニカード/ 男(㊀announcement) 公式声明, 発表

**comunicar** /コムニカール/ 動(㊀to communicate) 通知する, 伝える

**comunidade** /コムニダーチ/ 女(㊀community) 共同体; 共通性, 共有

**comunismo** /コムニズモ/ 男(㊀communism) 共産主義

**comunista** /コムニスタ/ 男女(㊀communist) 共産主義者

**côncavo(-a)** /コンカヴォ/ 形(㊀concave) 凹んだ; 凹面の

**conceber** /コンセベール/ 動(㊀to conceive) 心に抱く, 構想する; 妊娠する

**conceder** /コンセデール/ 動(㊀to allow) 承認する; 与える, 同意する

**conceito** /コンセイト/ 男(㊀concept) 概念; 考え, 意見

**concelho** /コンセーリョ/ 男(㊀municipality) 地方自治体

**concentração** /コンセントラサォン/ 女(㊀concentration) 集結, 集中, 専念; 濃縮

**concentrar** /コンセントラール/ 動(㊀to concentrate) 集中する, 集める

**concepção** /コンセプサォン/ 女(㊀conception) 妊娠; 概念(化); 理解

**concertar** /コンセルタール/ 動(㊀to adjust) 整頓する, 整える; 調和させる; 協議する

**concerto** /コンセルト/ 男(㊀concert) コンサート, 音楽会; 協奏曲; 協調

**concessão** /コンセサォン/ 女(㊀concession) 許可, 認可; 委譲

**concha** /コンシャ/ 女(㊀shell) 貝殻

**conchegar** /コンシェガール/ 動(㊀to bring close) 近づける, 接近させる

**conciliação** /コンスィリアサォン/ 女(㊀reconcilliation) 和解, 示談

**conciliar** /コンスィリアール/ 動(㊀to reconcile) 和解させる, 調停する

**conciso(-a)** /コンスィーゾ/ 形(㊀concise) 簡潔な

**concluir** /コンクルイール/ 動(㊀to conclude) 終える; 終結させる; 締結する; 結論づける; 終わる; 決定的である

**conclusão** /コンクルザォン/ 女(㊀conclusion) 結論; 終了 ◆ **tirar uma ~** 結論を引き出す

**concordância** /コンコルダンスィア/ 女(㊀agreement) 一致; 調和

**concordar** /コンコルダール/ 動(㊀to agree) 一致させる; 調和させる; 同意する

**concorrência** /コンコヘンスィア/ 女(㊀competition) 競

**concorrente** /コンコヘンチ/ 動(㊥concordant) 競争する ― 男女 競争相手

**concorrer** /コンコヘール/ 動(㊥to compete) 競争する; 協力する

**concretizar** /コンクレチザール/ 動(㊥to make real) 具体化する; 実現させる

**concreto** /コンクレット/ 動(㊥concrete) 具体的な; 具象的な; 実質的な コンクリート

**concurso** /コンクルソ/ 男(㊥contest) コンクール, 選抜試験, 公募

**condenar** /コンデナール/ 動(㊥to condemn) (刑を)宣告する; 非難する

**condensar** /コンデンサール/ 動(㊥to condense) 濃縮する; 液化させる; 簡約する

**condição** /コンヂサォン/ 女(㊥condition) 条件; 状態; 事情 ◆ *com a ~ de [que]* …という条件で *sob a ~ de* …という条件で *~ sine qua non* 不可欠の条件

**condicionar** /コンヂスィオナール/ 動(㊥to subject to conditions) 条件づける

**condimento** /コンヂメント/ 男(㊥seasoning) 調味料

**condiscípulo** /コンヂスィプロ/ 男(㊥classmate) 学友, 同級生

**condolência** /コンドレンスィア/ 女(㊥condolence) 同情; ((~s)) 悔やみ

**condução** /コンドゥサォン/ 女(㊥driving) 運転; 交通機関;〖物理〗伝導

**conduta** /コンドゥッタ/ 女(㊥conduct) 素行, 品行

**condutor** /コンドゥトール/ 男(㊥conductor) 伝導体, 導線; 運転手, 車掌

**conduzir** /コンドゥズィール/ 動(㊥to lead) 導く, 案内する; 操縦する, 運転する; 伝導する

**cone** /コーニ/ 男(㊥cone) 円錐

**conexão** /コネクサォン/ 女(㊥connection) 連結; 連絡; 関連

**confeitaria** /コンフェイタリーア/ 女(㊥patisserie) 菓子店

**confeiteiro** /コンフェイティロ/ 男(㊥confectioner) 菓子製造業者

**conferência** /コンフェレンスィア/ 女(㊥conference) 協議; 会議; 講演; 照合

**conferir** /コンフェリール/ 動(㊥to check) 照合する; 調べる

**confessar** /コンフェサール/ 動(㊥to confess) 告白する; 自白する; 告解する

**confiança** /コンフィアンサ/ 女(㊥confidence) 信頼, 信用; 確信

**confiar** /コンフィアール/ 動(㊥to entrust) 信頼する; 打ち明ける; 委任する

**confidencial** /コンフィデンスィアウ/ 形(㊥confidential) 内密の, 秘密の

**confirmação** /コンフィルマサォン/ 女(㊥confirmation) 確認, リコンファーム; 堅信

**confirmar** /コンフィルマール/ 動(㊥to confirm) 確認する; 承認する

**confissão** /コンフィサォン/ 女(㊥confession) 告白; 自白;〖カトリック〗告解

**conflito** /コンフリット/ 男(㊥conflict) 紛争; 衝突

**conformar** /コンフォルマール/ 動(㊥to form) 形成する; 一致させる; 順応させる

**conforme** /コンフォルミ/ 形(㊥conformable) 同じ形の; 一致した ― 接(㊥according to what) …に従って; …によれば; …するとすぐに

**confortável** /コンフォルターヴェウ/ 形(㊥comfortable) 快

適な，気持ちのよい
**conforto**/コンフォルト/ 男(㋻comfort) 快適；慰め
**confrontar**/コンフロンタール/動(㋻to confront) 立ち向かう，直面する；比較する
**confundir**/コンフンヂール/動(㋻to confuse) 混ぜる；混同する；当惑させる
**confusão**/コンフザォン/女(㋻confusion) 混同；混乱
**confuso(-a)**/コンフーゾ/形(㋻confused) 混乱した，当惑した
**congelador**/コンジェラドール/男(㋻freezer) 冷凍庫
**congelar**/コンジェラール/動(㋻to freeze) 凍結させる，冷凍する
**congênere**/コンジェネリ/[*congénere]形(㋻similar) 同種の，同様の
**congênito(-a)**/コンジェニト/[*congénito]形(㋻congenital) 生来の，先天的な
**congratular**/コングラトゥラール/動(㋻to congratulate) 祝う，祝福する
**congregação**/コングレガサォン/女(㋻congregation) 会合，集会；集合
**congresso**/コングレッソ/男(㋻congress) 会議；議会；国際会議
**conhaque**/コニャッキ/男(㋻cognac) コニャック
**conhecer**/コニェセール/動(㋻to know) 知る，知っている；見分ける，識別する；知り合いである
**conhecido(-a)**/コニェスィード/形(㋻known) 既知の；有名な；精通している
**conhecimento**/コニェスィメント/男(㋻knowledge) 知識；認識；知り合い；《商業》領収書
**conjetura**/コンジュトゥーラ/[*conjectura]女(㋻conjecture) 推測，仮定

**conjeturar**/コンジェトゥラール/[*conjecturar]動(㋻to guess at) 推測する
**cônjuge**/コンジュジ/男(㋻spouse) 配偶者
**conjunção**/コンジュンサォン/女(㋻union) 結合；出会い；接続詞
**conjunto(-a)**/コンジュント/形(㋻joint) 結合した；隣接した —男 全体
**conjurar**/コンジュラール/動(㋻to conspire) 陰謀を企てる[そそのかす]
**conosco** /コノスコ/[*connosco]代(㋻with us) 私たちといっしょに[に関して，に適した]
**conquanto**/コンクヮント/接(㋻although) たとえても，…にもかかわらず
**conquista**/コンキスタ/女(㋻conquest) 征服 (地)；獲得 (物)
**conquistar**/コンキスタール/動(㋻to conquer) 征服する；獲得する
**consagrar**/コンサグラール/動(㋻to consecrate) 奉献する；聖別する，捧げる
**consciência**/コンスィエンスィア/女(㋻conscience) 意識；自覚；良心 ◆ **em ~** 良心に恥じるところなく **ter ~ de** …に気づいている
**consciencioso(-a)**/コンスィエンスィオーゾ/形(㋻conscientious) 良心的な
**conseguir**/コンセギール/動(㋻to obtain) 獲得する；成し遂げる；出来る
**conselheiro**/コンセリェィロ/男(㋻counselor) 顧問
**conselho** /コンセーリョ/男(㋻advice) 助言，忠告；評議会
**consentimento**/コンセンチメント/男(㋻consent) 承諾
**consentir**/コンセンチール/動(㋻to allow) 許可する；同意

する

**consequência**/コンセクェンスィア/[\*consequência] 囡(㋛consequence) 結果; 重要性 ◆ em ~ 結果として por ~ 従って

**consequente**/コンセクェンチ/[\*consequente] 形(㋛consequent) 結果として生ずる; 首尾一貫した

**consertar**/コンセルタール/動(㋛to mend) 修理する, 繕う

**conserto**/コンセルト/男(repair) 修理, 修繕

**conservador(-ra)**/コンセルヴァドール/形(㋛conservative) 保守的な

**conservar**/コンセルヴァール/動(㋛to preserve) 保存する; 保つ; 維持する

**conservatório(-a)**/コンセルヴァトリオ/形(㋛conservatory) 保存の ― 男 音楽学校

**consideração**/コンスィデラサォン/囡(㋛consideration) 考慮, 配慮; 尊重 ◆ em ~ de …を考慮して tomar em ~ 考慮する

**considerar**/コンスィデラール/動(㋛to consider) 考慮する, よく考える; 見なす

**considerável**/コンスィデラーヴェウ/形(㋛considerable) かなりの, 重要な; たくさんの

**consignar**/コンスィギナール/動(㋛to dispatch) (商品を)発送する, 委託する; 供託する

**consigo**/コンスィーゴ/代(㋛with him(self) [her(self), them(selves), you, yourself]) 自分とともに [で, に対して]

**consistência**/コンスィステンスィア/囡(㋛consistency) 堅牢さ; 堅実さ

**consistir**/コンスィスチール/動(㋛to consist)((em)) …から成る, 構成されている; …に基づく, …にある

**consolar**/コンソラール/動(to console) 慰める; (苦しみを) 和らげる

**consolidar**/コンソリダール/動(㋛to consolidate) 確立する; 強化する, 補強する

**conspícuo(-a)**/コンスピクォ/形(㋛conspicuous) 目立つ, 顕著な; 名高い

**conspirar**/コンスピラール/動(㋛to plot) 共謀する

**constância**/コンスタンスィア/囡(㋛constancy) 不変性, 恒常性; 粘り強さ

**constante**/コンスタンチ/形(㋛constant) 恒常的な

**constar**/コンスタール/動(㋛to be in) はっきりしている, 確実である ◆ ~ de …から成る, 構成される ~ que …ということである

**constelação**/コンステラサォン/囡(㋛constellation) 星座

**constipado(-a)**/コンスチパード/形(㋛suffering from a cold) 鼻づまりの, 糞づまりの

**constipar-se**/コンスチパールスィ/動(㋛to catch a cold) 便秘する; \*風邪をひく

**constituição**/コンスチトゥイサォン/囡(㋛constitution) 構成; 制定; 組成; 憲法; 体格

**constituir**/コンスチトゥイール/動(㋛to constitute) 構成する; 制定する, 設ける

**constranger**/コンストランジェール/動(㋛to constrain) 拘束する; 締めつける; 強いる

**construção**/コンストルサォン/囡(㋛building) 建設, 建造(物); 構造 ◆ em ~ 工事中

**construir**/コンストルイール/動(㋛to build) 建設する, 建造する; 製造する, 組み立てる

**cônsul**/コンスウ/男(㋛consul) 領事

**consulado**/コンスラード/男(㋛consulate) 領事館

**consulta**/コンスウタ/囡

**consultar** /コンスウタール/ 動(⊛to consult) 相談する; 参照する; 診察をうける

**consultor(-ra)** /コンスウトール/ 男女(⊛adviser) 助言を与える人

**consultório** /コンスウトーリォ/ 男(⊛doctor's office) 診察所; (弁護士の)事務所

**consumidor(-ra)** /コンスミドール/ 男女(⊛consumer) 消費者

**consumir** /コンスミール/ 動(⊛to consume) 消費する; 消耗する

**consumo** /コンスーモ/ 男(⊛consumption) 消費

**conta** /コンタ/ 女(⊛count, account) 計算; 会計; 請求書, 勘定書; 注意; (数珠・首飾りなどの)玉 ◆ **à ~ de** …のために **dar ~ de** …を注意する; …を報告する **ter em ~** 考慮に入れる **tomar ~ de** …の世話をする

**contagem** /コンタージェィンドズ ヴォットス/ 女(⊛counting) 計算; 得点, スコア

**contagiar** /コンタジアール/ 動(⊛to infect) 感染させる

**contágio** /コンタジオ/ 男(⊛infection) 感染, 伝染

**contagioso(-a)** /コンタジオーゾ/ 形(⊛contagious) 伝染性の

**contanto que** /コンタントキ/ 接(⊛provided that) もし…ならば

**contar** /コンタール/ 動(⊛to count) 数える; 計算する; 語る ◆ **~ com** …に期待する, 当てにする

**contatar** /コンタタール/ [*contactar] 動(⊛to contact) 接触する, 連絡する

**contato** /コンタット/ [*contacto] 男(⊛contact) 接触; 交際 ◆ **ao ~ com** …と接触して **entrar em ~** 連絡をとる

**contemplação** /コンテンプラサォン/ 女(⊛contemplation) 凝視; 沈思黙考

**contemplar** /コンテンプラール/ 動(⊛to contemplate) 凝視する, 観察する; 熟考する

**contemporâneo(-a)** /コンテンポラニオ/ 形(⊛contemporary) 同時代の; 現代の

**contender** /コンテンデール/ 動(⊛to contend) 争う; 口論する

**contentar** /コンテンタール/ 動(⊛to please) 満足させる

**contente** /コンテンチ/ 形(⊛satisfied) 満足した, うれしい

**contento** /コンテント/ 男(⊛contentment) 満足; 内容(物)

**conter** /コンテール/ 動(⊛to contain) 含む, 入れる

**contestar** /コンテスタール/ 動(⊛to dispute) 反駁する; 断言する; 立証する

**conteúdo** /コンテウード/ 男(⊛contents) 内容(物)

**contexto** /コンテスト/ 男(⊛context) 文脈, 状況

**contigo** /コンチーゴ/ 代(⊛with you) 君といっしょに[に関して, のために]

**contíguo(-a)** /コンチーグォ/ 形(⊛contiguous) 隣接している

**continente** /コンチネンチ/ 男(⊛continent) 大陸 ── 形 含んでいる

**contingente** /コンチンジェンチ/ 形(⊛uncertain) 不確実な; 偶然の ── 男 (軍隊の)部隊, 割り当て

**continuar** /コンチヌアール/ 動(⊛to continue) 続ける, 継続する

**contínuo(-a)** /コンチーヌォ/ 形(⊛continual) 継続的な

**conto** /コント/ 男(⊛story) 短

編小説，コント
**contorno** /コントルノ/ 男 (㊂outline) 輪郭; 周囲
**contra** /コントラ/ 前 (㊂against) …に反して; …に対して; …に向かって
**contrabando** /コントラバンド/ 男 (㊂smuggling) 密輸
**contracepção** /コントラセピサォン/ 女 (㊂contraception) 避妊
**contradição** /コントラヂサォン/ 女 (㊂contradiction) 矛盾
**contradizer** /コントラヂゼール/ 動 (㊂to contradict) 反駁する, 反論する
**contrair** /コントライール/ 動 (㊂to contract) 収縮させる; (契約を)結ぶ; (責任を)負う; (習慣を)得る
**contrariar** /コントラリアール/ 動 (㊂to contradict) 意に反したことを行なう, 反対する
**contrário(-a)** /コントラリオ/ 形 (㊂opposite) 反対の, 逆の; 異なる ― 男 反対; 敵 ◆ *ao [pelo]* ~ 反対に, それどころか *do* ~ さもなければ
**contra-senso** /コントラセンソ/ 男 (㊂nonsense) 非常識
**contraste** /コントラスチ/ 男 (㊂contrast) 対照, 対比
**contratar** /コントラタール/ 動 (㊂to contract) 契約する
**contrato** /コントラット/ 男 (㊂contract) 契約, 契約書
**contribuição** /コントリブイサォン/ 女 (㊂contribution) 貢献; 寄付; 寄付金; 税金
**contribuir** /コントリブイール/ 動 (㊂to contribute) 貢献する; 寄付する; (税を)払う
**controlar** /コントロラール/ 動 (㊂to control) 管理する, 監督する
**controle** /コントローリ/ [*controlo] 男 (㊂control) 統制; 制御, 調節; 監督
**controvérsia** /コントロヴェルスィア/ 女 (㊂controversy) 論争
**contudo** /コントゥード/ 接 (㊂nevertheless) しかしながら
**contusão** /コントゥザォン/ 女 (㊂bruise) 打撲傷
**convalescença** /コンヴァレセンサ/ 女 (㊂convalescence) (病気の) 回復; 回復期
**convenção** /コンヴェンサォン/ 女 (㊂convention) 協定, 取り決め; 慣習, 因襲
**convencer** /コンヴェンセール/ 動 (㊂to convince) 納得させる, 説得する ◆ ~ *a [de]*+不定詞 …するよう納得させる
**convencido(-a)** /コンヴェンスィード/ 形 (㊂convinced) 確信を抱いた, 自信を持った
**conveniência** /コンヴェニエンスィア/ 女 (㊂convenience) 好都合, 便利
**conveniente** /コンヴェニエンチ/ 形 (㊂convenient) 好都合な, 便利な; ふさわしい
**convênio** /コンヴェーニオ/ [*convénio] 男 (㊂convention) 協定
**convento** /コンヴェント/ 男 (㊂convent) 修道院
**conversação** /コンヴェルササォン/ 女 (㊂conversation) 会話; 親交
**conversão** /コンヴェルサォン/ 女 (㊂conversion) 転換; 改宗
**conversar** /コンヴェルサール/ 動 (㊂to talk) 会話をする
**converter** /コンヴェルテール/ 動 (㊂to convert) 改宗させる; 変換する, 変える
**convexo(-a)** /コンヴェキソ/ 形 (㊂convex) 凸状の
**convicção** /コンヴィクサォン/ 女 (㊂conviction) 説得; 信念
**convidado(-a)** /コンヴィダード/ 男女 (㊂guest) 招待客 ― 形 招待された
**convidar** /コンヴィダール/ 動 (㊂to invide) 招待する, 招

**convir** /コンヴィール/ 動(㊀to suit) 適する, 都合がよい; 同意する

**convite** /コンヴィッチ/ 男 (㊀invitation) 招待(状)

**conviver** /コンヴィヴェール/ 動(㊀to live together) 同居する, 同棲する

**convocar** /コンヴォカール/ 動 (㊀to summon) 召集する, 召喚する

**convosco** /コンヴォスコ/ 代 (㊀with you) ＊お前たちと

**convulsão** /コンヴウサォン/ 女(㊀convulsion) 痙攣, 社会的混乱

**cooperação** /コオペラサォン/ 女(㊀cooperation) 協力, 協同

**cooperar** /コオペラール/ 動 (㊀to cooperate) 協力する, 協同する

**cooperativo(-a)** /コオペラチーヴォ/ 形(㊀cooperative) 協力的な, 協同の

**coordenador(-ra)** /コオルデナドール/ 男女(㊀co-ordinator) コーディネーター, 責任者

**coordenar** /コオルデナール/ 動(㊀to co-ordinate) 連携させる; 配置する

**cópia** /コピア/ 女(㊀copy) 写し, コピー; 模倣; 大量 ◆ ~ de たくさんの…

**copiar** /コピアール/ 動(㊀to copy) 書き写す; 複写する; 模倣する

**copo** /コッポ/ 男 (㊀glass) コップ

**cor** /コール/ 女(㊀color) 色, 色彩; 顔料, 絵の具; 顔色, 様子 ◆ ~ local 地方色 sob ~ de …を口実にして

**coração** /コラサォン/ 男 (㊀heart) 心臓; 心; 中心

**coragem** /コラージェイン/ 女 (㊀courage) 勇気, 度胸

**corajoso(-a)** /コラジョーゾ/ 形(㊀courageous) 勇敢な

**coral** /コラウ/ 男(㊀ coral) 珊瑚

**corar** /コラール/ 動 (㊀to paint) 着色する, 彩る; 漂白する

**corda** /コルダ/ 女(㊀rope, string) 綱, 縄; (楽器の)弦; (時計などの)ぜんまい ◆ tocar a ~ sensível 心の琴線に触れる

**cordial** /コルヂアウ/ 形(㊀ cordial) 心臓の; 心からの

**cordialidade** /コルヂアリダーヂ/ 女(㊀cordiality) 誠実, 真摯

**coreano(-a)** /コレアーノ/ 形 (㊀Korean) 韓国[朝鮮](人・語)の ― 男女 韓国[朝鮮]人 ― 男 韓国[朝鮮]語

**Coréia** /コレィア/[＊Coreia] 女(㊀Korea) 韓国, 朝鮮

**coro** /コーロ/男(㊀chorus) 合唱; 合唱曲[隊] ◆ em ~ 声を合わせて, 異口同音に

**coroa** /コローア/ 女(㊀crown) 冠; 王権, 王位; 国王; 栄冠

**coroar** /コロアール/ 動(㊀to crown) 冠[王冠]を戴かせる; 王位につける

**corpo** /コルポ/ 男(㊀body) 身体, からだ; 物体; 本体; 団体 ◆ ~ a ~ 取っ組み合って

**correção** /コヘサォン/ 女 (㊀correction) 訂正, 修正, 校正; 正確さ

**corredor** /コヘドール/ 男 (㊀runner) 廊下, 回廊

**correia** /コヘィア/ 女(㊀ strap) バンド; 革ひも

**correio** /コヘィオ/男(㊀post office, mail) 郵便局; 郵便物;郵便配達人 ◆ ~ expresso 速達 ~ registrado 書留

**correlativo(-a)** /コヘラチーヴォ/ 形(㊀correlative) 相互関係の, 相関的な

**corrente** /コヘンチ/ 形 (㊀current) 流れている, 走っている; 流通している;

(年・月が) 今の ― [女] 流れ; 電流 ◆ *~ elétrica* 電流

**correr** / コヘール / [動]([英]to run) 走る, 駆ける; 流れる; (時が) 過ぎる

**correspondência** / コヘスポンデンスィア / [女]([英]correspondence) 一致, 対応; 通信; 文通, 投書

**correspondente** / コレスポンデンチ / [男][女]([英]correspondent) 特派員, 通信員

**corresponder** / コヘスポンデール / [動]([英]to correspond) 対応する, 一致する; 応える

**correto(-a)** / コヘット / [*correcto] [形]([英]correct) 正しい, 正確な; 訂正された

**corrida** / コヒーダ / [男]([英]running) 走ること; 競争

**corrigir** / コヒジール / [動]([英]to correct) 訂正する, 直す, 修正する

**corrimão** / コヒマォン / [男]([英]handrail) 手すり, 欄干

**corromper** / コホンペール / [動]([英]to corrupt) 腐らせる, 腐敗させる; 堕落させる, 悪化させる

**corrupção** / コフピサォン / [女]([英]corruption) 腐敗; 堕落; 買収

**corrupto(-a)** / コフピト / [形]([英]corrupt) 腐った; 堕落した

**cortante** / コルタンチ / [形]([英]cutting) 切断する; 鋭い; (寒さが) 身を切るような

**cortar** / コルタール / [動]([英]to cut) 切る, 切断する, 断つ; 裁断する; 刈る; 中断する; 遮る

**corte** / コルチ / [男]([英]cut) 切断; 切り傷; 伐採; 削除

**corte** / コルチ / [女]([英]court) 宮廷; ご機嫌取り; 身分制議会

**cortejar** / コルテジャール / [動]([英]to court) 求愛する; おべっかを使う

**cortês** / コルティス / [形]([英]polite) 礼儀正しい; 丁寧な

**cortesia** / コルテズィーア / [女]([英]politeness) 礼儀 (正しさ), 丁寧, おじぎ

**cortina** / コルチーナ / [女]([英]curtain) カーテン, 幕

**corvo** / コルヴォ / [男]([英]crow) カラス

**coser** / コゼール / [動]([英]to sew) 縫う, 裁縫する

**cosmético(-a)** / コズメチコ / [形]([英]cosmetic) 化粧用の ― [男] 化粧品

**cosmo** / コズモ / [男]([英]cosmos) 宇宙

**cosmopolita** / コズモポリッタ / [男][女]([英]cosmopolitan) コスモポリタン

**costa** / コスタ / [女]([英]coast) 海岸, 沿岸; 斜面; ((~ s)) 背 ◆ *estar de ~s* 仰向けに寝ている *nas ~s de* (人) の背後で, …の陰で

**costela** / コステーラ / [女]([英]rib) 肋骨

**costumar** / コストゥマール / [動]([英]to be accustomed to) 習慣である, 慣れる, 慣らす

**costume** / コストゥーミ / [男]([英]custom) 習慣, 風習, 習性; 服装 ◆ *como de ~* いつものように

**costura** / コストゥーラ / [女]([英]sewing) 裁縫; 縫い目

**costurar** / コストゥラール / [動]([英]to sew) 裁縫をする, 縫う

**cotação** / コタサォン / [女]([英]quotation) 相場

**cotidiano(-a)** / コチヂアーノ / [*quotidiano] [形]([英]daily) 毎日の, 日々の; 日常の

**cotovelo** / コトヴェーロ / [男]([英]elbow) 肘

**couro[coiro]** / コゥロ / [男]([英]leather) 皮革, 革, 皮

**couve** / コーヴィ / [女]([英]spring greens) キャベツ (の一種)

**cova** / コーヴァ / [女]([英]pit) 孔, 穴; くぼみ

**covarde** / コヴァルヂ / [形]([英]

**cowardly**) 臆病な；卑怯な

**coxa**/コッシャ/ 女(㊉thigh) 股

**cozer**/コゼール/ 動(㊉to cook) 料理する，煮炊きする，焼く

**cozinha**/コズィーニャ/ 女(㊉kitchen) 台所，炊事場；料理（法）

**cozinhar**/コズィニャール/ 動(㊉to cook) 料理する，煮る，焼く

**cozinheiro(-a)**/コズィニェィロ/ 男女(㊉cook) 料理人

**cravar**/クラヴァール/ 動(㊉to drive in) 打ち込む；固定させる

**crédito** /クレヂト/ 男(㊉credit) 信用；名声；信任；評判 ◆ *a* ～ ローン［分割払い］で

**credor(-ra)**/クレドール/ 男女(㊉creditor) 債権者，貸し主；貸方

**crédulo(-a)**/クレドゥロ/ 形(㊉credulous) 軽信な，信じやすい

**creme**/クレーミ/ 男(㊉cream-colored)（菓子・化粧品の）クリーム

**crença**/クレンサ/ 女(㊉belief) 信仰，信条；信頼

**crente** /クレンチ/ 男女(㊉believer) 信者

**crepúsculo**/クレプスクロ/ 男(㊉dusk)（朝夕の）薄明；衰退

**crer** /クレール/ 動（㊉to believe）信ずる，思う ◆ *Creio que sim [não].* そうだ［違う］と思う

**crescente**/クレスセンチ/ 形(㊉increasing) 増加する，成長する ― 男 三日月

**crescer**/クレセール/ 動(㊉to grow) 成長する；増大する，増加する

**crescimento**/クレスィメント/ 男(㊉growth) 成長；増大

**crespo(-a)**/クレスポ/ 形(㊉curly) 縮れた；ざらざらした

**cria**/クリーア/ 女(㊉young of animals) 動物の子

**criação**/クリアサォン/ 女(㊉creation) 創造；創造物；創作；創設

**criado(-a)**/クリアード/ 男女(㊉servant) 召使い，奉公人

**criador(-ra)**/クリアドール/ 男女(㊉creator) 創造者 ◆ *o Criador* 創造主，神

**criança**/クリアンサ/ 女(㊉child) 子供，小児 ◆ ～ *de peito* 乳飲み子

**criar** /クリアール/ 動 (㊉to create) 創造する，創り出す；創立する；飼育［栽培］する

**criatura**/クリアトゥーラ/ 女(㊉creature) 創造物；被造物；人間

**crime**/クリーミ/ 男(㊉crime) 犯罪

**criminoso(-a)**/クリミノーゾ/ 形(㊉criminal) 犯罪の，刑事上の ― 男女 犯罪人

**crise**/クリーズィ/ 女(㊉crisis) 危機；難局；発作，危篤

**cristal** /クリスタウ/ 男(㊉crystal) 水晶

**cristão(-tã)**/クリスタォン/ 男女(㊉Christian) キリスト教徒 ― 形 キリスト教の

**cristianismo**/クリスチアニズモ/ 男(㊉Christianity) キリスト教

**Cristo**/クリスト/ 男(㊉Christ) キリスト

**critério**/クリテリオ/ 男(㊉criterion) 基準；判断力

**crítica** /クリチカ/ 女(㊉criticism) 批評，批判，評論；非難

**criticar**/クリチカール/ 動(㊉to criticize) 批評する，批判する；非難する

**crítico(-a)**/クリチコ/ 男女(㊉critic) 批評家，評論家 ― 形 批評の；危機の，臨界の

**crível** /クリーヴェウ/ 形(㊉credible) 信じられる，信頼

**cromossomo** /クロモソーモ/ [*cromossoma] 男(㊟chromosome) 染色体

**crônico(-a)** /クロニコ/ [*crónico] 形(㊟chronic) 慢性の

**cru(crua)** /クルー/ 形(㊟raw) 生の, 未加工の

**cruel** /クルエウ/ 形(㊟cruel) 残酷な, むごたらしい; 過酷な

**crueldade** /クルエウダーヂ/ 女(㊟cruelty) 残酷 (な行為)

**cruz** /クルイス/ 女(㊟cross) 十字架; 十字形; 苦難 ◆ ~ **vermelha** 赤十字

**cruzamento** /クルザメント/ 男(㊟crossroads, cross) 交差 (点); 交配

**cruzar** /クルザール/ 動(㊟to cross) 十字に組む; 交差させる; 横切る

**cruzeiro** /クルゼイロ/ 男(㊟cruzeiro) クルゼイロ (ブラジルの旧通貨単位); 十字星

**cubo** /クーボ/ 男(㊟cube) 立方体

**cuecas** /クエッカ/ 女複(㊟underpants) パンツ

**cuidado** /クイダード/ 男(㊟care) 注意, 用心; 世話

**cuidadoso(-a)** /クィダドーソ/ 形(㊟careful) 注意深い, 慎重な, 入念な

**cuidar** /クィダール/ 動(㊟to consider) 熟考する; 考慮する, 思う; 注意を払う; 世話をする

**cujo** /クージョ/ 代(㊟whose) ((関係形容詞)) その

**culpa** /クウパ/ 女(㊟guilt) 罪悪, 罪; 過失, 落ち度

**culpar** /クウパール/ 動(㊟to blame) 罪を着せる, 非難する

**cultivar** /クウチヴァール/ 動(㊟to cultivate) 耕す; 栽培する

**cultivo** /クウチーヴォ/ 男(㊟cultivation) 耕作, 栽培; 養成

**culto(-a)** /クウト/ 形(㊟cultured) 教養のある — 男 崇拝; 礼拝; 信仰

**cultura** /クウトゥーラ/ 女(㊟culture) 文化; 教養; 耕作, 栽培, 養殖

**cultural** /クルトゥラウ/ 形(㊟cultural) 文化の, 教養の

**cume** /クーミ/ 男(㊟top, summit) 頂上, 頂点

**cúmplice** /クンプリスィ/ 男女(㊟accomplice) 共犯者

**cumprimentar** /クンプリメンタール/ 動(㊟to greet) 挨拶する; ほめる

**cumprimento** /クンプリメント/ 男(㊟fulfilment) 実行; 履行; 挨拶

**cumprir** /クンプリール ア ペーナ/ 動(㊟to carry out) 実行する, 果たす; 必要である

**cunhado(-a)** /クニャード/ 男女(㊟brother[sister]-in-law) 義兄[弟], 義姉[妹]

**cupidez** /クピデス/ 女(㊟cupidity) 貪欲

**cúpido(-a)** /クピド/ 形(㊟greedy) 貪欲な

**cupom** /クポン/ [*cupão] 男(㊟coupon) クーポン; 利札

**cura** /クーラ/ 女(㊟cure) 治療; 治癒, 回復

**curar** /クラール/ 動(㊟to cure) 治療する, 治癒させる

**curiosidade** /クリオズィダーヂ/ 女(㊟curiosity) 好奇心

**curioso(-a)** /クリオーゾ/ 形(㊟curious) 好奇心のある, 詮索好きな; 珍しい

**curriculum vitae** [**currículo**] /クヒクルン ヴィタィ/ 男(㊟curriculm vitae) 履歴書

**cursar** /クルサール/ 動(㊟to attend) 講義を受ける

**curso** /クルソ/ 男(㊟course) 講義; 課程; 走ること; 流れ, 進路; (時の) 経過; 流通

**curto(-a)** /クルト/ 形(㊟short) 短い; 簡単な

**curva** /クルヴァ/ 女(㊥curve) 曲線、カーブ

**curvo(-a)** /クルヴォ/ 形 (㊥curved) 曲がった

**cuspir** /クスピール/ 動(㊥to spit) つばを吐く；侮辱する

**cuspo** /クスポ/ 男(㊥spit) つば、唾液

**custa** /クスタ/ 女(㊥cost)((古語)) 費用；骨折り ◆ *à ~ de* …を犠牲として

**custar** /クスタール/ 動(㊥to cost) 費用がかかる；困難である ◆ *Quanto custa?* いくらですか？ *custe o que ~* どんな犠牲を払ってでも、ぜひとも

**custo** /クスト/ 男(㊥cost) 代価、原価；費用；困難 ◆ *a ~* やっと *pelo preço de ~* 原価で

**custoso(-a)** /クストーゾ/ 形 (㊥costly) 高価な；困難な

**cútis** /クッチス/ [* cute] 女 (㊥skin) 皮膚、肌

## D, d

**dádiva** /ダヂヴァ/ 女(㊥donation) 贈り物

**dado** /ダード/ 男(㊥piece of data) データ、資料；さいころ ◆ *~ que* …であるので

**dama** /ダーマ/ 女(㊥lady) 淑女、貴婦人

**dança** /ダンサ/ 女(㊥dance) ダンス、舞踊、舞踏

**dançar** /ダンサール/ 動(㊥to dance) ダンスをする、踊る

**danificar** /ダニフィカール/ 動(㊥to damage) 害を加える

**dano** /ダーノ/ 男(㊥damage) 損害、被害

**dantes** /ダンチス/ 副(㊥before) 以前に；昔

**dar** /ダール/ 動(㊥to give) 与える、あげる；渡す；もたらす；催す；許す；充分である ◆ *~ para* …のほうを向いている *~-se bem* 健康で過ごす *~-se bem [mal] com* (人) とうまくいく［仲が悪い］

**data** /ダッタ/ 女(㊥date) 日付、年月日；時代

**datar** /ダタール/ 動(㊥to date) 日付をつける、年代を定める；(から) 始まる

**de** /チ/ 前(㊥of, from) …の；…から；…について

**debaixo** /デバイショ/ 副(㊥below) 下に；下方に ◆ *~ de* …の下に

**debalde** /デバウヂ/ 副(㊥in vain) 無駄に

**debandar** /デバンダール/ 動 (㊥to disperse) 追い払う、逃げる

**debate** /デバッチ/ 男(㊥discussion) 討論、議論；論争

**debater** /デバテール/ 動(㊥to debate) 討論する

**débil** /デービウ/ 形(㊥weak) 弱い、虚弱な、力のない

**debilitar** /デビリタール/ 動 (㊥to weaken) 衰弱させる

**débito** /デビト/ 男(㊥debit) 負債、債務；借方；(川などの) 流量

**debruçar** /デブルサール/ 動 (㊥to stoop) かがみ込む

**década** /デカダ/ 女(㊥decade) 10年間

**decadência** /デカデンスィア/ 女(㊥decadence) 衰微、衰退；堕落、デカダン

**decadente** /デカデンチ/ 形 (㊥decadent) 衰えている、落ちぶれた；退廃した

**decair** /デカイール/ 動(㊥to decline) 下がる；しおれる；衰える、零落する

**decente** /デセンチ/ 形(㊥decent) 礼儀正しい；清潔な；相応の、品行方正な

**decerto** /デセルト/ 副(㊥certainly) 確かに、もちろん

**decidir** /デスィチール/ 動(㊥to decide) 決める、決定する；

**decimal ▶**

決着をつける，解決する；決心させる ◆ **~-se** 決心する

**decimal** /デスィマウ/ 女(㊍ decimal) 小数

**décimo(-a)** /デスィモ/ 形 (㊍ tenth) 第10の ── 男 10分の1

**decisão** /デスィザオン/ 女 (㊍ decision) 決定；判定；決心，決断

**decisivo(-a)** /デスィスィーヴォ/ 形 (㊍ decisive) 決定的な，明白な

**declamar** /デクラマール/ 動 (㊍ to recite) 朗読する；朗詠する

**declaração** /デクララサオン/ 女(㊍ declaration) 表明，宣言；申告

**declarar** /デクララール/ 動 (㊍ to declare) 表明する，宣言する；申告する

**declinar** /デクリナール/ 動 (㊍ to decline) 傾く；衰える；それる；逸脱する

**decomposição** /デコンポズィサオン/ 女(㊍ decomposition) 分解

**decoração** /デコラサオン/ 女(㊍ decoration) 装飾；記憶にとどめること

**decorar** /デコラール/ 動(㊍ to decorate) 飾る；暗記する

**decoro** /デコーロ/ 男 (㊍ decency) 礼儀；名誉，面目

**decorrer** /デコヘール/ 動(㊍ to pass) (時が)経過する；推移する

**decrescer** /デクレセール/ 動 (㊍ to decrease) 減少する，弱くなる

**decretar** /デクレタール/ 動 (㊍ to decree) 命令する；布告する

**decreto** /デクレット/ 男(㊍ decree) 命令

**dedicação** /デヂカサオン/ 女(㊍ dedication) 献納；献身

**dedicar** /デヂカール/ 動(㊍ to dedicate) 捧げる

**dedo** /デード/ 男(㊍ finger) 指 ◆ *cheio de* **~s** 困惑して **(~) anular** 薬指 **(~) indicador** 人差し指 **~ médio** 中指 **(~) mínimo** 小指 **(~) polegar** 親指 **ter ~s para** …が得意[器用]である

**dedução** /デドゥサオン/ 女 (㊍ deduction) 差し引き；割り引き；推論，演繹法

**deduzir** /デドゥズィール/ 動 (㊍ deduct) 推論する；差し引く，割引する，控除する

**defeito** /デフェイト/ 男(㊍ defect) 欠点，不備，欠陥

**defender** /デフェンデール/ 動(㊍ to defend) 守る，保護する；防衛する；弁護する

**defensor(-ra)** /デフェンソール/ 男女(㊍ defender) 守備者；保護者

**deferir** /デフェリール/ 動(㊍ grant) 認める，許可する

**defesa** /デフェーザ/ 女(㊍ defence) 防御，防衛；保護；擁護，弁護(人)

**défice** /デフィスィ/ 男(㊍ deficit) 赤字，不足

**deficiência** /デフィスィエンスィア/ 女(㊍ deficiency) 欠点；不足

**déficit** /デフィスィッチ/ [\*défice] 男(㊍ deficit) 赤字

**definição** /デフィニサオン/ 女(㊍ definition) 定義，規定；限定；精細度

**definir** /デフィニール/ 動(㊍ to define) 定義する，規定する；限定する

**definitivo(-a)** /デフィニチーヴォ/ 形(㊍ definitive) 決定的な，最終的な

**deflação** /デフラサオン/ 女 (㊍ deflation) デフレーション

**deformar** /デフォルマール/ 動 (㊍ to deform) 変形する；歪曲する

**defrontar** /デフロンタール/ 動(㊍ to face) 面する，対抗

する
**defronte** / デフロンチ / 副 (英opposite) 向かって；対して ◆ *~ de* …の前に
**defunto(-a)** / デフンド / 形 (英dead) 死んだ
**degelo** / デジェーロ / 男 (英thaw) 解凍
**degeneração** / デジェネラサォン / 女 (英degeneration) 退化
**degenerar** / デジェネラール / 動 (英to degenerate) 退化する，変質する，堕落する
**degrau** / デグラゥ / 男 (英step) 階梯；段，ステップ
**degredar** / デグレダール / 動 (英to exile) 追放する
**deitar** / ディタール / 動 (英to lay down) 横たえる，寝かせる；倒す，落とす；放つ ◆ *~-se* 寝る
**deixar** / ディシャール / 動 (英to leave) 出る；離れる；捨てる；別れる；断念する；(去って) 残す；((+ 不定詞)) …させる ◆ *~ de* … (すること) をやめる
**delegação** / デレガサォン / 女 (英delegation) 委任；代表団
**delegado** / デレガード / 男 (英delegate) 代表者；委員
**delegar** / デレガール / 動 (英to delegate) 委任する；(代表として) 派遣する
**deleitar** / デレィタール / 動 (英to delight) 楽しませる
**deletar** / デレタール / 動 (英to delete)〖コンピュータ〗削除する
**delgado(-a)** / デウガード / 形 (英thin) 薄い，細い
**deliberação** / デリベラサォン / 女 (英deliberation) 審議；熟考
**deliberar** / デリベラール / 動 (英to deliberate) 熟慮する；決定する；審議する
**delicado(-a)** / デリカード / 形 (英delicate) 繊細な，か弱い；微妙な；優しい，優雅な
**delícia** / デリスィア / 女 (英delight) 歓喜；快楽；快感
**delicioso(-a)** / デリスィオーゾ / 形 (英delicious) おいしい；快適な
**delirar** / デリラール / 動 (英to be delirious) 錯乱する，逆上する，興奮する
**delírio** / デリリオ / 男 (英delirium) 精神錯乱，妄想
**demagogia** / デマゴジーア / 女 (英demagogy) 民衆煽動，デマ；衆愚政治
**demais** / デマィス / 副 (英too much) 過度に；更に，その上
**demanda** / デマンダ / 女 (英demand) 需要；訴訟；論争 ◆ *em ~ de* …を求めて
**demandar** / デマンダール / 動 (英to demand) 要求する；探求する；必要とする；訴える
**demasiado(-a)** / デマズィアード フォルチ / 形 (英too much [many]) 過度の；不節制な
**demissão** / デミサォン / 女 (英demissal) 解雇
**demitir** / デミチール / 動 (英to dismiss) 解雇する，解任する
**democracia** / デモクラスィーア / 女 (英 democracy) 民主制，民主政治，民主主義
**democrático(-a)** / デモクラチコ / 形 (英democratic) 民主的な，民主主義の
**demolir** / デモリール / 動 (英to demolish) 取り壊す；損なう
**demonstrar** / デモンストラール / 動 (英to demonstrate) 論証する，証明する；示す
**demora** / デモーラ / 女 (英delay) 遅滞，遅延 ◆ *sem ~* すぐに
**demorar** / デモラール / 動 (英to delay) 遅らせる，遅れる；遅刻する；手間取る；滞在する
**denominar** / デノミナール / 動 (英to denominate) 命名する；呼ぶ
**denotar** / デノタール / 動 (英to

show) 示す, 表す; 表示する

**densidade** /デンスィダーヂ/ 囡(㉺density) 濃さ; 密度

**denso(-a)** /デンソ/ 形(㉺dense) 濃い, 濃密な; 密集した; (闇などが) 深い

**dentadura** /デンタドゥーラ/ 囡(㉺dentures) 入れ歯, 歯列

**dente** /デンチ/ 男(㉺tooth) 歯; 牙; (ニンニクなどの) 鱗茎 ◆ **~ de leite** 乳歯 *falar entre os ~s* 口篭もりながら言う *mostrar os ~s a* …を脅かす

**dentista** /デンチスタ/ 男囡 (㉺dentist) 歯科医

**dentro** /デントロ/ 副 (㉺inside) 中に; 中から ◆ **~ de [em]** …の中に **para ~** …の中へ

**denunciar** /デヌンスィアール/ 動 (㉺to denounce) 公表する, 通知する; 暴露する

**deparar** /デパラール/ 動(㉺to reveal) (突然に) もたらす; (不意に) 出会う

**departamento** /デパルタメント/ 男(㉺department) 部, 課, 部門

**dependência** /デペンデンスィア/ 囡(㉺dependence) 依存, 従属, 付属物; 支店

**dependente** /デペンデンチ/ 形(㉺dependant) 従属した

**depender** /デペンデール/ 動 (㉺to depend on)((de)) …に従属する; …に依存する

**deplorar** /デプロラール/ 動 (㉺to lament) 嘆く; 悲しむ

**depoimento** /デポイメント/ 男(㉺testimony) 供述

**depois** /デポイス/ 副 (㉺afterwards) その後で; 後に ◆ **~ de** …の後に **~ disso** それから **~ que** …した後で

**depor** /デポール/ 動 (㉺to place) 下[わき]に置く; 捨てる; 証言する

**depositar** /デポズィタール/ 動(㉺to deposit) 預ける, 託す; 貯蔵する

**depósito** /デポズィト/ 男 (㉺deposit) 預けること; 預けた[預かった]物; 預金; 保管所, 倉庫

**depravar** /デプラヴァール/ 動(㉺to deprave) 悪くする, 害する; 堕落させる, 腐敗させる

**depreciar** /デプレスィアール/ 動(㉺to devalue) 価値を減ずる; 価格を下げる; 軽視する

**depressa** /デプレッサ/ 副 (㉺fast) 急いで, 早く ◆ *Depressa!* 急げ!

**depressão** /デプレサォン/ 囡(㉺depression) 不況, 不景気

**deprimir** /デプリミール/ 動 (㉺to depress) 押し下げる; 抑圧する; 衰弱させる

**deputado(-a)** /デプタード/ 男囡(㉺deputy) 代議士, 議員; 代表; 使節

**derivar** /デリヴァール/ 動(㉺to divert) 流れを変える; (水などを) 引く; 由来する

**derradeiro(-a)** /デハヂィロ/ 形(㉺last) 最後の ◆ **por ~** 最後に

**derramar** /デハマール/ 動 (㉺to spill) (液体を) こぼす, 散布する ◆ **~-se** 怒る

**derreter** /デヘテール/ 動(㉺to melt) 溶かす, 液化する; 感動させる

**derribar** /デヒバール/ 動(㉺to fell) 倒す, 破壊する; 屈服させる

**derrota** /デホッタ/ 囡(㉺route) 敗北; 航路; 進路

**derrotar** /デホタール/ 動(㉺to defeat) 敗北させる; (試合・議論で) 勝つ

**derrubar** /デフバール/ 動(㉺to knock down) 倒す; 破壊する; 征服する

**desabafar** /デザバファール/ 動(㉺to free) 栓を抜く; 障

害を除く；覆いを取る

**desabitado(-a)**/デザビタード/形(㋸uninhabited) 人の住んでいない，無人の

**desabonar**/デザボナール/動(㋸to discredit) (信用・名声を)傷つける；価値を落とす

**desabotoar**/デザボトアール/動(㋸to unbutton) ボタンをはずす；開ける

**desacordar**/デザコルダール/動(㋸to be discordant) 調和を乱す；不和にする

**desacordo** /デザコルド/男(㋸disagreement) 不一致；不調和；仲たがい；気絶

**desacreditar**/デザクレヂタール/動(㋸to discredit) 信用[名声]を傷つける；見くびる；信じない

**desafiar**/デザフィアール/動(㋸to challenge) 挑戦する，挑む；刺激する

**desafinar**/デザフィナール/動(㋸to put out of tune) 調子を狂わせる；調子が狂う

**desafio**/デザフィーオ/男(㋸challenge) 挑戦，挑発，決闘，競技

**desafogar**/デザフォガール/動(㋸to free) (苦痛から)解放する；楽にする；軽くする

**desagradar**/デザグラダール/動(㋸to displease) 感情を害する，不愉快にする

**desagradável**/デザグラダーヴェウ/形(㋸unpleasant) 不愉快な，嫌な

**desagradecido(-a)**/デザグラデスィード/形(㋸ungrateful) 恩知らずの

**desajuizado(-a)**/デザジュイザード/形(㋸unwise) 思慮のない，分別を失った

**desalentar**/デザレンタール/動(㋸to discourage) 落胆させる，がっかりさせる

**desalento**/デザレント/男(㋸discouragement) 落胆，失望

**desamparar**/デザンパラール/動(㋸to abandon) 見捨てる，援助しない

**desamparo**/デザンパーロ/男(㋸helplessness) 見捨てられること，孤立無縁 ◆ ao ~ 見捨てられて

**desanimar**/デザニマール/動(㋸to dishearten) 活気[勇気]を失わせる；落胆させる

**desaparecer**/デザパレセール/動(㋸to disappear) 見えなくなる，隠れる，消える；死ぬ

**desapego** /デザペーゴ/男(㋸indifference) 愛着のないこと，冷淡；無関心

**desapertar**/デザペルタール/動(㋸to loosen) 緩める，緩和する；ボタンを外す

**desapontamento**/デザンポンタメント/男(㋸disappointment) 失望

**desapontar**/デザポンタール/動(㋸to disappoint) 失望させる，的をはずす

**desaprazer**/デザプラゼール/動(㋸to displease) 不愉快な思いをさせる

**desaprovar**/デザプロヴァール/動(㋸to disapprove of) 非難する；認めない，賛成しない

**desarmar**/デザルマール/動(㋸to disarm) 武装解除する；取り払う；解体する；(感情を)和らげる

**desarranjar**/デザハンジャール/動(㋸to disarrange) 散らかす，乱雑にする；調子を乱す

**desarranjo**/デザハンジョ/男(㋸disorder) 散らかすこと；混乱；狂い

**desarrumar**/デザフマール/動(㋸to mess up) 乱す

**desastre** /デザストリ/男(㋸disaster) 災害，災難

**desatar**/デザタール/動(㋸to undo) 解く，緩める；((a+不定詞)) 突然…しはじめる

**desatento(-a)**/デザテント/

**desavença ▶**

形(㋕inattentive) 不注意な, ぼんやりした

**desavença** /デザヴェンサ/ 女(㋕quarrel) 不和, 軋轢

**desavir** /デザヴィール/ 動(㋕to make inimical) 不和にさせる

**desbotar** /デズボタール/ 動(㋕to discolor) 退色[変色]させる, 衰えさせる

**desbravar** /デズブラヴァール/ 動(㋕to explore) 開墾する; 飼い馴らす

**descabido(-a)** /デスカビード/ 形(㋕improper) 不適当な; 収まらない

**descansar** /デスカンサール/ 動(㋕to rest) 休息させる, 休ませる; 安心させる

**descanso** /デスカンソ/ 男(㋕rest) 休息, 休憩, 休養, 安心; 支え

**descarado(-a)** /デスカラード/ 形(㋕cheeky) あつかましい, 厚顔な

**descarga** /デスカルガ/ 女(㋕unloading, discharge) 荷揚げ; 射撃; 放電

**descargo** /デスカルゴ/ 男(㋕discharge) 責任免除

**descarregar** /デスカヘガール/ 動(㋕to unload) 荷を降ろす; 弾丸を抜く; (砲などを)発射させる; 放出する; 免除する; (悩みなどを)軽くする

**descascar** /デスカスカール/ 動(㋕to peel) 皮をむく; 脱穀する

**descendência** /デセンデンスィア/ 女(㋕descendants) 子孫, 後裔

**descendente** /デセンデンチ/ 男女(㋕descendant) 子孫

**descer** /デセール/ 動(㋕to go down) 下りる, 降りる; (乗り物から)降りる; 傾く; 減少する, 下落する

**descida** /デスィーダ/ 女(㋕descent) 降下; 下り坂; 低下, 下落

**descoberta** /デスコベルタ/ 女(㋕discovery) 発見物; 発見地; 発明品

**descobrimento** /デスコブリメント/ 男(㋕discovery) 発見

**descobrir** /デスコブリール/ 動(㋕to discover) 覆いを取る; 発見する; 発明する

**descolagem** /デスコラージェイン/ 女(㋕takeoff) 離陸

**descompor** /デスコンポール/ 動(㋕to disarrange) 乱す, 混乱させる; 変質させる

**descomunal** /デスコムナウ/ 形(㋕extraordinary) 法外な; 巨大な

**desconcertar** /デスコンセルタール/ 動(㋕to baffle) 調子を狂わせる, まごつかせる

**desconcerto** /デスコンセルト/ 男(㋕disorder) 混乱; 不一致, 不調和

**desconfiado(-a)** /デスコンフィアード/ 形(㋕distrustful) 信じない, 疑い深い

**desconfiar** /デスコンフィアール/ 動(㋕to be suspicious) 信用しない; 憶測する

**desconforto** /デスコンフォルト/ 男(㋕discomfort) 便利さを欠くこと, 不愉快; 落胆

**desconhecer** /デスコニェセール/ 動(㋕not to know) 知らない; 無視する; 覚えていない

**desconhecido(-a)** /デスコニェスィード/ 形(㋕unknown) 見知らぬ

**desconsolar** /デスコンソラール/ 動(㋕to sadden) 悲嘆に暮れさせる, 嘆かす

**descontar** /デスコンタール/ 動(㋕to deduct) 割り引く

**desconto** /デスコント/ 男(㋕discount) 割引; 値引き; 手形割引

**descorar** /デスコラール/ 動(㋕to discolor) 変色させる; 色を失わせる; 蒼ざめさせる; 忘れる

**descortês** /デスコルティス/ 形(㊟rude) 粗野な，無作法な

**descrédito** /デスクレヂト/ 男(㊟discredit) (信用・評判の)失墜，不名誉

**descrever** /デスクレヴェール/ 動(㊟to describe) 描写する；記述する

**descrição** /デスクリサォン/ 動(㊟description) 描写；叙述，記述

**descuido** /デスウィド/ 男(㊟carelessness) 不注意

**descuidoso(-a)** /デスクィドーゾ/ 形(㊟careless) 不注意な，軽率な；無頓着な

**desculpa** /デスクウパ/ 女(㊟excuse) 容赦，許し；言い訳，弁解

**desculpar** /デスクウパール/ 動(㊟to excuse) 許す，弁解する ◆ **~-se de** …を謝る，わびる **Desculpe.** すみません

**desde** /デスヂ/ 前(㊟from, since) (時間・空間・順序)…から，…以来 ◆ **~ já** 今から；すぐに **~ há muito** ずっと以前から **~ que** …して以来；…であるから

**desdém** /デズヂィン/ 男(㊟scorn) 軽蔑 ◆ **ao ~** ぞんざいに；気さくに

**desdenhar** /デスデニャール/ 動(㊟to scorn) 軽蔑する，さげすむ

**desejar** /デゼジャール/ 動(㊟to want) 欲する，望む，願う

**desejável** /デゼジャーヴェウ/ 形(㊟desirable) 望ましい

**desejo** /デゼージョ/ 男(㊟desire) 欲望，願望，欲求

**desembaraçar** /デゼンバラサール/ 動(㊟to clear) 取り除く；片づける；自由にする

**desembarcar** /デゼンバルカール/ 動(㊟to unload) 陸揚げする；上陸させる[する]

**desembrulhar** /デゼンブルリャール/ 動(㊟to unwrap) 包みを解く；解明する

**desempenhar** /デゼンペニャール/ 動(㊟to carry out) 履行する，果たす；(抵当物を)請け戻す

**desempregado(-a)** /デゼンプレガード/ 男女(㊟unemployed person) 失業者

**desemprego** /デゼンプレーゴ/ 男(㊟unemployment) 失業

**desenganar** /デゼンガナール/ 動(㊟to disillusion) 幻滅させる，誤りを悟らせる

**desengano** /デゼンガーノ/ 男(㊟disillusionment) 誤りを悟ること，幻滅，率直

**desenhar** /デゼニャール/ 動(㊟to draw, to design) デッサンする，描く；記述する；立案する；デザインする

**desenho** /デゼーニョ/ 男(㊟drawing, design) デッサン，素描；設計図；デザイン；構想

**desenlace** /デゼンラッスィ/ 男(㊟outcome) (物語の)大詰め，終局

**desenlear** /デゼンレアール/ 動(㊟to untangle) (結んだものを)ほどく；解放する；解決する

**desenterrar** /デゼンテハール/ 動(㊟to exhume) 発掘する；発見する

**desenvolver** /デゼンヴォウヴェール/ 動(㊟to develop) 成長させる；発達させる，発展させる；詳説する

**desenvolvimento** /デゼンヴォウヴィメント/ 男(㊟development) 発達，発展；成長，発育；展開

**desertar** /デゼルタール/ 動(㊟to desert) 見捨てる；放棄する，(兵役から)脱走する

**deserto(-a)** /デゼルト/ 形(㊟deserted) 無人の，人のいない；淋しい ─ 男(㊟desert) 砂漠

D

**desesperar** / デゼスペラール / [動] ([英]to drive to despair) 絶望させる，落胆させる
**desespero** / デゼスペーロ / [男] ([英]despair) 絶望
**desfalecer** / デスファレセール / [動] ([英]to weaken) 衰弱させる；落胆させる
**desfavorável** / デスファヴォラーヴェウ / [形] ([英]unfavorable) 不都合な，不利な
**desfazer** / デスファゼール / [動] ([英]to undo) 解体する，壊す；乱す；無効にする
**desfeito(-a)** / デスフェイト / [形] ([英]undone) 解体した；壊れた；変形した
**desfilar** / デスフィラール / [動] ([英]to parade) 列を作って進む
**desforçar** / デスフォルサール / [動] ([英]to redress) 報復する
**desfrutar** / デスフルタール / [動] ([英]to enjoy) 享受する；果実を収穫する
**desgarrar** / デズガハール / [動] ([英]to stray) 針路から逸らせる；迷わせる
**desgostar** / デズゴスタール / [動] ([英]to wear out) 嫌気をおこさせる；うんざりさせる
**desgosto** / デズゴスト / [男] ([英]displeasure) 不快，嫌悪
**desgraça** / デズグラッサ / [女] ([英]misfortune) 不幸，不運；苦しみ
**desgraçar** / デズグラサール / [動] ([英]to disgrace) 不幸にする
**designação** / デズィグナサォン / [女] ([英]designation) 指定，指名，選択
**designar** / デズィギナール / [動] ([英]to designate) 指示する；指名する
**desígnio** / デズィギニオ / [男] ([英]intention) 意図，意向；計画
**desigual** / デズィグワウ / [形] ([英]unequal) 等しくない，むらのある；不均衡な
**desiludir** / デズィルヂール / [動] ([英]to disillusion) 迷いから覚めさせる；幻滅させる
**desinfeccionar** / デズィンフェクスィオナール / [動] ([英]to disinfect) 消毒する
**desinfetar** / デズィンフェタンチ / [* desinfectar] [動] ([英]to disinfect) 消毒する；駆除する
**desinteligência** / デズィンテリジェンスィア / [女] ([英]disagreement) 不和；相違
**desinteressado(-a)** / デズィンテレサード / [形] ([英]disinterested) 利害関係のない；私心のない，公平な
**desinteresse** / デズィンテレッスィ / [男] ([英]lack of interest) 無関心；無私，無欲
**desistência** / デズィステンスィア / [女] ([英]giving up) 断念，放棄
**desistir** / デズィスチール / [動] ([英]to give up) ((de)) …を断念［放棄］する
**desleal** / デズレアウ / [形] ([英]disloyal) 不誠実な
**deslealdade** / デズレアウダーヂ / [女] ([英]disloyalty) 不誠実
**desligar** / ヂズリガール / [動] ([英]to disconnect) （スイッチを）切る；ほどく，離す；解雇する
**deslocação** / デスロカサォン / [女] ([英]displacement) 転地，移動，出張
**deslocar** / デズロカメント / [動] ([英]to move) 移動させる；配置転換する；脱臼させる
**deslumbrar** / デズルンブラール / [動] ([英]to dazzle) まぶしくする；魅了する
**desmaiar** / デズマィアール / [動] ([英]to faint) 退色させる；蒼白にする；気を失う ◆ **~-se** 色があせる；気絶する
**desmaio** / デスマィオ / [男] ([英]faint) 気絶，失神；落胆
**desmontar** / デズモンタール / [動] ([英]to dismount) （馬から）

降ろす；分解する；降りる

**desmoralizar** / デズモラリザール / 動(㋐to demoralize) 風紀を乱す，退廃させる

**desnaturado(-a)** / デズナトゥラード / 形(㋐inhumane) 自然に反した，非道な；変質した

**desnecessário(-a)** / デズネセサリオ / 形(㋐unnecessary) 不必要な

**desnudar** / デズヌダール / 動(㋐to strip) 裸にする

**desobedecer** / デゾベデセール / 動(㋐to disobey) 従わない，そむく

**desocupado(-a)** / デゾクパード / 形(㋐free) 用事がない，暇な；拘束されない

**desocupar** / デゾクパール / 動(㋐to vacate) 立ち退く，空ける；解雇する

**desolação** / デゾラサォン / 女(㋐desolation) 荒廃，悲嘆

**desolar** / デゾラール / 動(㋐to devastate) 荒廃させる；悲しませる

**desonesto(-a)** / デゾネスト / 形(㋐dishonest) 不誠実な

**desonra** / デゾンハ / 女(㋐dishonor) 不名誉，不面目

**desordem** / デゾルデイン / 女(㋐disorder) 無秩序，混乱

**desordenar** / デゾルデナール / 動(㋐to put out of order) 秩序を乱す，混乱させる

**desorganizar** / デゾルガニザール / 動(㋐to disorganize) (組織を)破壊する；(社会を)混乱させる；(秩序を)乱す

**desorientar** / デゾリエンタール / 動(㋐to throw off course) 方向を見失わせる；当惑させる

**despachar** / デスパシャール / 動(㋐to deal with) 処理する；発送する；任命する，派遣する

**despedaçar** / デスペダサール / 動(㋐to smash) 細かく砕く，割る；寸断する

**despedir** / デスペチール / 動(㋐to dismiss) 追い出す；解雇する；終わる；立ち去る
◆ **~-se à francesa** こっそり立ち去る

**despeito** / デスペイト / 男(㋐spite) 悔しさ；不満 ◆ **a ~ de** …にかかわらず

**despejar** / デスペジャール / 動(㋐to empty) 空にする；立ち退く

**despender** / デスペンデール / 動(㋐to spend) (金・力・時間を)費やす

**despertador** / デスペルタドール / 男(㋐alarm clock) 目覚し時計

**despertar** / デスペルタール / 動(㋐to wake) 起こす，目覚めさせる

**despesa** / デスペーザ / 女(㋐expense) 費用，経費，支出

**despir** / デスピール / 動(㋐to undress) 衣服を脱がす，裸にする；カバーを取る

**despojar** / デスポジャール / 動(㋐to rob) 奪う，はぎとる，掠奪する

**despojo** / デスポージョ / 男(㋐loot) 略奪物

**desporte** / デスポルチ / [＊desporto]男(㋐sport) スポーツ；娯楽

**desportivo(-a)** / デスポルティーヴォ / 形(㋐sporting) ＊スポーツの

**desposar** / デスポザール / 動(㋐to marry) 結婚する；婚約する

**desprender** / デスプレンデール / 動(㋐to loosen) ほどく；解放する；(光を)発する

**despretencioso(-a)** / デスプレテンスィオーゾ / 形(㋐unpretentious) 謙虚な

**desprezar** / デスプレザール / 動(㋐to dispise) 軽蔑する

**desprezo** / デスプレーゾ / 男(㋐scorn) 軽蔑，軽侮

**desregrado(-a)** / デスヘグラード / 形(㋐disorderly) 不規

則な; 節度のない, 放縦な

**destacar** /デスタカール/ 動 (㊊to detail, to detach) 派遣する; 分離する; 際立つ; 強調する

**destaque** /デスタッキ/ 男 (㊊prominence) 顕著, 卓越, 強調; 1面トップ

**desterrar** /デステハール/ 動 (㊊to exile) 国外に追放する; 土をどける

**desterro** /デステーホ/ 男 (㊊exile) 国外追放; 亡命

**destilar** /デスチラール/ 動 (㊊to distill) 蒸留する

**destinar** /デスチナール/ 動 (㊊to destine) 前もって決めておく; 割り当てる, 充当する

**destinatário(-a)** /デスチナターリオ/ 男女 (㊊addressee) 受取人

**destino** /デスチーノ/ 男 (㊊destiny) 運命, 前途; 目的 (地) ◆ *sem ~* 偶然に

**destituir** /デスチトゥイール/ 動 (㊊to dsimiss) 免職する; 奪う

**destroçar** /デストロサール/ 動 (㊊to destroy) 負かす, 破る; 破壊する ◆ *~-se* 散り散りになる

**destruição** /デストルイサォン/ 女 (㊊destruction) 破壊; 荒廃; 破棄

**destruir** /デストルイール/ 動 (㊊to destroy) 破壊する; 滅ぼす; 荒廃させる

**desumano(-a)** /デズマーノ/ 形 (㊊inhuman) 非人道的な

**desunião** /デズニアォン/ 女 (㊊disunity) 分離; 分裂

**desunir** /デズニール/ 動 (㊊to separate) 分離させる; 分裂させる; 不和にする

**desuso** /デズーソ/ 男 (㊊disuse) 使われないこと; 廃止 ◆ *cair em ~* 使われなくなる

**desvalorizar** /デズヴァロリザール/ 動 (㊊to devalue) (価値・価格を) 下げる

**desvanecer** /デズヴァネセール/ 動 (㊊to dispel) 消失させる; 消滅させる; うぬぼれさせる

**desvantagem** /デズヴァンタージェィン/ 女 (㊊disadvantage) 不利; 不便; 短所

**desventura** /デズヴェントゥーラ/ 女 (㊊misfortune) 不運

**desviar** /デズヴィアール/ 動 (㊊to divert) (方向を) そらせる; 遠ざける

**desvio** /デズヴィーオ/ 男 (㊊detour) 迂回, バイパス, ぬけ道; 入れ換え線; 横領, 着服

**detalhar** /デタリャール/ 動 (㊊to detail) 詳細に述べる

**detalhe** /デターリ/ 男 (㊊detail) 詳細 ◆ *em ~* 詳細に

**detectar** /デテクタール/ 動 (㊊to detect) 看破する, 発見する, 検出する

**detenção** /デテンサォン/ 女 (㊊detention) 停止; 制止; 拘置 (所)

**deter** /デテール/ 動 (㊊to stop) 停止させる; 制止する, 抑える; 保持する; 拘留する

**deteriorar** /デテリオラール/ 動 (㊊to spoil) 悪化させる, 害する; 堕落させる

**determinado(-a)** /デテルミナード/ 形 (㊊determined) 決定された; 断固たる; 特定の

**determinar** /デテルミナール/ 動 (㊊to determine) 決定する, 確定する; 限定する

**detestar** /デテスタール/ 動 (㊊to hate) 嫌う

**detetivo(-a)** /デテチーヴォ/ [*detective] 男女 (㊊detective) 刑事

**deus / deusa** /デウス/ 男女 (㊊god, goddess) 神/女神 ◆ *graças a Deus* おかげさまで *Meu Deus!* おお, あらまあ *por amor de Deus* お願いだから, 後生だから

**devagar** /デヴァガール/ 副 (㊎slowly) ゆっくりと，少しずつ

**devasso(-a)** /デヴァッソ/ 形 (㊎dissolute) 放縦な

**devastar** /デヴァスタール/ 動 (㊎to devastate) 荒廃させる

**dever** /デヴェール/ 動 (㊎ should, ought to) …しなければならない，…すべきである; …に違いない; ((a)) (…に)負っている，借りている — 男 (㊎duty) 義務

**devido(-a)** /デヴィード/ 形 (㊎due) 支払うべき; 義務のある; 当然の — 男 負債 ◆ **~ a** …のために

**devoção** /デヴォサォン/ 女 (㊎devotion) 信仰, 信心; 献身; 愛情

**devolver** /デヴォウヴェール/ 動 (㊎to give back) 返す，戻す

**devorar** /デヴォラール/ 動 (㊎to devour) むさぼり食う; むさぼり読む; 滅ぼす ◆ **~ com os olhos** じっと[なめるようにして]見る

**devotar** /デヴォタール/ 動 (㊎to devote) 捧げる，奉献する

**devoto(-a)** /デヴォット/ 形 (㊎devout) 献身的な

**dez** /ディス/ ((数)) (㊎ten) 10, 10の

**dezembro** /デゼンブロ/ [*Dezembro] 男 (㊎December) 12月

**dezena** /デゼーナ/ 女 (㊎ten) 10

**dezenove** /デゼノーヴィ/ [*dezanove] ((数)) (㊎nineteen) 19, 19の

**dezesseis** /デゼセイス/ [*dezasseis] ((数)) (㊎sixteen) 16, 16の

**dezessete** /デゼセッチ/ [*dezassete] ((数)) (㊎seventeen) 17, 17の

**dezoito** /デゾイト/ ((数)) (㊎eighteen) 18, 18の

**dia** /ヂーア/ 男 (㊎day) 日, 一日; 日中, 昼間; 昼 ◆ **Bom ~.** こんにちは, おはよう **cada ~** 毎日 **de ~** 日中 **de dois em dois ~s** 二日毎に **~ a ~** 日々 **~ de Ano-Bom** 元旦 **~ de anos** 誕生日 **~ de folga** 休日 **~ de semana** 週日, 平日 **~ sim ~ não** 一日おきに **hoje em ~** 今日 (こんにち) **o ~ inteiro** 一日中 **todo o ~** 一日中 **todos os ~s** 毎日 **um [algum] ~** ある日

**diabo** /ヂアーボ/ 男 (㊎devil) 悪魔; 悪い人 ◆ **enquanto o ~ esfrega o olho** 一瞬 **pobre ~** かわいそうな奴 **Com os ~s!** えっ, ちくしょう **como (o) ~** 非常に

**diagnóstico** /ヂアギノスチコ/ 男 (㊎diagnosis) 診断

**diagonal** /ヂアゴナウ/ 男 (㊎diagonal) 対角線

**dialeto** /ヂアレット/ [*dialecto] 男 (㊎dialect) 方言

**diálogo** /ヂアーロゴ/ 男 (㊎dialogue) 対話, 話し合い

**diamante** /ヂアマンチ/ 男 (㊎diamond) ダイヤモンド

**diâmetro** /ヂアメトロ/ 男 (㊎diameter) 直径, 口径

**diante** /ヂアンチ/ 副 (㊎before) 前に; 先方に ◆ **daqui em ~** これ以後 **~ de** …の面前で **para ~** 前方に

**diariamente** /ヂアリアメンチ/ 副 (㊎daily) 毎日

**diário(-a)** /ヂアリオ/ 形 (㊎daily) 毎日の, 日々の — 男 日記; 日刊紙

**diarréia** /ヂアヘイア/ [*diarreia] 女 (㊎diarrhea) 下痢

**dicionário** /ヂスィオナーリオ/ 男 (㊎dictionary) 辞書, 辞典 ◆ **~ vivo** 生き字引

**didático(-a)** /ヂダチコ/ [*didáctico] 形 (㊎educa-

**dieta** /チエッタ/ 囡(㊧diet) 議会; 食餌療法; 規定食

**difamar** /チファマール/ 動(㊧to slander) 名誉[信用]を傷つける, 中傷する

**diferença** /チフェレンサ/ 囡(㊧difference) 相違, 差異; 差, 余剰; 釣り銭 ◆ *fazer uma ~* 差をつける

**diferente** /チフェレンチ/ 形(㊧different) 異なった, 違った, 別の; 種々の

**difícil** /チフィースィウ/ 形(㊧difficult) 難しい, 困難な

**dificuldade** /チフィクウダーチ/ 囡(㊧difficulty) 困難, 難点, 障害 ◆ *com ~* かろうじて *sem ~* 易々と

**difundir** /チフンチール/ 動(㊧to diffuse) 拡散させる, 散布する; 流布する

**digerir** /チジェリール/ 動(㊧to digest) 消化する; 理解する

**digestão** /チジェスタォン/ 囡(㊧digestion) 消化

**digital** /チジタウ/ 形(㊧digital) デジタルの, 指の

**dignar-se** /チギナール スィ/ 動(㊧to design to) ◆((de+不定詞)) …してください

**dignidade** /チギニダーチ/ 囡(㊧dignity) 威厳, 尊厳

**digno(-a)** /チギノ/ 形(㊧worthy) (…に)値する; ふさわしい; 立派な

**dilatar** /チラタール/ 動(㊧to dilate) 膨張させる; 拡大する

**dilema** /チレーマ/ 男(㊧dilemma) ジレンマ

**diligência** /チリジェンスィア/ 囡(㊧diligence) 勤勉, 熱意; 処置; 調査; 乗り合い馬車

**diligente** /チリジェンチ/ 形(㊧industrious) 勤勉な; 熱心な; 敏速な

**diluir** /チルイール/ 動(㊧to dilute) (水で)薄める, 割る; 溶かす

**dilúvio** /チルーヴィオ/ 男(㊧deluge) (ノアの)大洪水; 多量

**dimensão** /チメンサォン/ 囡(㊧dimension) 寸法, 大きさ; 次元

**diminuição** /チミヌィサォン/ 囡(㊧reduction) 減少, 縮小; 引き算

**diminuir** /チミヌイール/ 動(㊧to reduce) 減らす; 縮小する; 差し引く

**dinâmico(-a)** /チナミコ/ 形(㊧dynamic) 活動的な, ダイナミックな; 力学の

**dinamite** /チナミッチ/ 囡(㊧dynamite) ダイナマイト

**dinastia** /チナスチーア/ 囡(㊧dynasty) 王朝, 王家

**dinheiro** /チニェイロ/ 男(㊧money) 金(かね), 金銭; 金額 ◆ *a ~* 現金で

**diploma** /チプローマ/ 男(㊧diploma) 免状, 免許状, 卒業証書, 公式文書

**diplomacia** /チプロマスィーア/ 囡(㊧diplomacy) 外交; 駆け引き

**diplomata** /チプロマッタ/ 男囡(㊧diplomat) 外交官

**diplomático(-a)** /チプロマチコ/ 形(㊧diplomatic) 外交(上)の; 慎重な; 慇懃な; 古文書(学)の

**direção** /チレサォン/ [*direcção] 囡(㊧direction) 指揮, 管理, 指導; 方向; 方針; 操縦装置 ◆ *em ~a* …の方向に

**direita** /チレイタ/ 囡(㊧right hand) 右手; 右側; (政治)右翼 ◆ *a ~* 右側に

**direito(-a)** /チレイト/ 形(㊧right) 右の; 右手の; まっすぐな; 正しい ──男 権利; 法律, 法; ((~s)) 税

**direto(-a)** /チレット/ [*directo] 形(㊧straight) まっすぐな, 直線の; 直接の ◆ *vôo [voo] ~* 直行便

**diretor(-ra)** /チレトール/

[*director] 男女(㉘director) 指揮者; 所長, 校長; 支配人; 重役, 取締役; 部長

**dirigente** /ヂリジェンチ/ 男女(㉘director) 指導者, 指揮者

**dirigir** /ヂリヂール/ 動(㉘to direct) 指導する, 指揮する; 運営する; 運転する

**dirigível** /ヂリジーヴェウ/ 男(㉘dirigible) 飛行船 形 指導可能な

**discernir** /ヂセルニール/ 動(㉘to discern) 見分ける, 識別する

**disciplina** /ヂスィプリーナ/ 女(㉘discipline) 訓練; 規律; 学科; 躾, 訓育, 修養

**discípulo(-a)** /ヂスィプロ/ 男女(㉘disciple) 生徒; 弟子

**disco** /ヂスコ/ 男(㉘disk) 円盤; ディスク, レコード

**discordar** /ヂスコルダール/ 動(㉘to disagree) 一致しない, 合わない; (楽器などの)調子が狂う

**discórdia** /ヂスコルヂア/ 女(㉘discord) 不和; 相違

**discorrer** /ヂスコヘール/ 動(㉘to talk) 語る; 走り[歩き]回る

**discreto(-a)** /ヂスクレット/ 形(㉘discreet) 控え目な, 慎重な, 思慮のある; 散在性の

**discriminação** /ヂスクリミナサォン/ 女(㉘discrimination) 差別, 区別, 分割

**discriminar** /ヂスクリミナール/ 動(㉘to distinguish) 区別する; 識別する, 見分ける

**discurso** /ヂスクルソ/ 男(㉘speech) 講演, 演説; 談話, ディスクール

**discussão** /ヂスクサォン/ 女(㉘discussion) 論議, 討議, 論争

**discutir** /ヂスクチール/ 動(㉘discuss) 討議する

**disfarçar** /ヂスファルサール/ 動(㉘to disguise) 隠す, 隠蔽する; 変装する, 見せかける

**disparador** /ヂスパラドール/ 男(㉘shutter) (カメラの)シャッター

**disparar** /ヂスパラール/ 動(㉘to shoot) 投げる; (銃を)射つ; 駆け出す

**disparate** /ヂスパラッチ/ 男(㉘nonsense) 無分別; でたらめな言行

**dispendioso(-a)** /ヂスペンヂオーソ/ 形(㉘costly) 費用のかかる; 高価な

**dispensar** /ヂスペンサール/ 動(㉘to do without) 必要としない; 分け与える

**disponível** /ヂスポニーヴェウ/ 形(㉘available) 利用できる

**dispor** /ヂスポール/ 動(㉘to arrange) 配置する; 準備する; 規定する; 処理する; 整理する; 自由にする

**disposição** /ヂスポズィサォン/ 女(㉘arrangement) 配置, 配列; 傾向; 素質; 精神[健康]状態; 自由に(使用・処分)出来ること

**disposto(-a)** /ヂスポスト/ 形(㉘arranged) 配置された; 準備した ◆ *estar ~ a*+不定詞 …する気でいる

**disputa** /ヂスプッタ/ 女(㉘dispute) 討論; 口論

**disputar** /ヂスプタール/ 動(㉘to dispute) 討論する, 論争する

**dissimular** /ヂスィムラール/ 動(㉘to hide) (欠点・気持ちを)隠す; ふりをする

**dissipar** /ヂスィパール/ 動(㉘to disperse) 消散させる; 浪費する

**dissolução** /ヂソルサォン/ 女(㉘dissolution) 解約; 解消; 解散; 溶解(液)

**dissolver** /ヂソウヴェール/ 動(㉘to dissolve) 溶解させる, 溶かす; 取り消す; 消散させる; 解散する

**dissonância** /ヂソナンスィ

ア/囡(㊥dissonance) 不協和音; 不調和

**dissuadir**/チスアヂール/動(㊥to dissuade) 思い止まらせる, 断念させる

**distância**/チスタンスィア/囡(㊥distance) 距離; 間隔, へだたり

**distante**/チスタンチ/形(㊥distant) 離れた, 遠い

**distinguir**/チスチンギール/動(㊥to distinguish) 区別する; 識別する; 見分ける; 特徴づける

**distinto(-a)**/チスチント/形(㊥different) 異なった; はっきりした; 卓越した, すぐれた

**distração**/チストラサォン/囡(㊥absent-mindedness) 不注意; 放心; 気晴らし

**distrair**/チストライール/動(㊥to distract) 気をそらせる, 紛らす; 楽しませる

**distribuição**/チストリブィサォン/囡(㊥distribution) 分配; 配達

**distribuir**/チストリブイール/動(㊥to distribute) 分配する, 配る; 分類する

**distrito**/チストリット/男(㊥district) 管轄区; 地区;＊県

**disturbar**/チストゥルバール/動(㊥to disturb) 乱す; 騒がす, 動揺させる

**ditar**/ヂタール/動(㊥to dictate) 書き取らせる; 口述する; 示唆する

**divergência**/ヂヴェルジェンスィア/囡(㊥divergence) (意見などの)相違, 対立

**diversão**/ヂヴェルサォン/囡(㊥amusement) 気晴らし, 娯楽; 転換

**diverso(-a)**/ヂヴェルソ/形(㊥different) 異なる, 相違する; 種々の

**divertido(-a)**/ヂヴェルチード/形(㊥amusing) 喜んでいる, 面白い, 楽しい

**divertimento**/ヂヴェルチメント/男(㊥amusement) 気晴らし, 娯楽

**divertir**/ヂヴェルチール/動(㊥to amuse) 楽しませる; (注意を)そらす ◆ **~-se** 楽しむ

**dívida**/ヂヴィダ/囡(㊥debt) 債務; 負債, 借金; 義務 ◆ **~ ativa [passiva]** 受取[支払]勘定

**dividendo**/ヂヴィデンド/男(㊥dividend) (株の)配当金

**dividir**/ヂヴィチール/動(㊥to divide) 分割する, 分ける

**divindade**/ヂヴィンダーヂ/囡(㊥divinity) 神性, 神格; 神

**divino(-a)**/ヂヴィーノ/形(㊥divine) 神の, 崇高な

**divisão**/ヂヴィザォン/囡(㊥division) 分割; 区分, 仕切り; 境界線

**divisar**/ヂヴィザール/動(㊥to see) 遠くに見る; 見分ける

**divórcio**/ヂヴォルスィオ/男(㊥divorce) 離婚, 分離, 決別

**divulgação**/ヂヴウガサォン/囡(㊥divulging) 暴露, 宣伝

**divulgar**/ヂヴウガール/動(㊥to divulge) 公表する, あばく; 普及させる

**dizer**/ヂゼール/動(㊥to say) 言う, 述べる, 語る; 示す ◆ **até ~ basta [chega]** 嫌というほど, 極度に **por assim ~** いわば **quer ~** つまり **querer ~ que** …を意味する

**doação**/ドアサォン/囡(㊥donation) 贈与(物)

**dobrar**/ドブラール/動(㊥to double) 倍加する; 折り重ねる

**dobro**/ドーブロ/男(㊥double) 2倍

**doce**/ドースィ/形(㊥sweet) 甘い; 甘美な, 優しい ― 男 菓子

**dócil**/ドースィウ/形(㊥docile) おとなしい; 素直な; 従順な

**documento**/ドクメント/男(㊥document) 文書, 文献

**doença** /ドエンサ/ 女(㊈ illness) 病気, 疾患

**doente** /ドエンチ/ 形(㊈ill, sick) 病気の; 病弱な — 男女 病人 ◆ *estar [ficar] ~* 病気である[になる]

**doer** /ドエール/ 動(㊈to hurt, to ache) 痛む ◆ *Dói-me o estômago.* 胃が痛む

**doido(-a)** /ドイド/ 形(㊈mad) 気の狂った — 男女 狂人

**dois (duas)** /ドイス/ ((数)) (㊈two) 2つの, 2

**dólar** /ドーラル/ 男(㊈dollar) ドル

**dom** /ドン/ 男(㊈gift) 贈り物; 天賦の才, 才能; 長所

**domesticar** /ドメスチカール/ 動(㊈to domesticate) 飼いならす; 手なづける, 教化する

**doméstico(-a)** /ドメスチコ/ 形(㊈domestic) 家庭の, 家庭内の; 国内の — 男女 奉公人, 召し使い

**domicílio** /ドミスィリオ/ 男 (㊈residence) 住所; 本籍

**dominante** /ドミナンチ/ 形 (㊈dominant) 支配的な, 指導層の

**dominar** /ドミナール/ 動(㊈to dominate) 支配する, 統治する; 制御する

**domingo** /ドミンゴ/ 男 (㊈Sunday) 日曜日

**domínio** /ドミーニオ/ 男(㊈ domain) 領域, 分野; 支配

**donativo** /ドナチーヴォ/ 男 (㊈gift) 贈り物

**dono(-a)** /ドーノ/ 男女(㊈ owner) 主人

**dor** /ドール/ 女(㊈ache) 苦痛, 痛み; 苦悩 ◆ *ter ~ de dentes* 歯が痛い

**dormir** /ドルミール/ 動(㊈to sleep) 眠る, 寝る ◆ *~ como uma pedra* ぐっすり眠る

**dormitório** /ドルミトリオ/ 男 (㊈dormitory) 寄宿舎; 寝室

**dorso** /ドルソ/ 男(㊈ back) 背, 背中 ◆ *~ de mão* 手の甲

**dose** /ドーズィ/ 女(㊈dose) (1回の) 分量

**dotar** /ドタール/ 動(㊈endow) 持参金を与える, 財産を与える, 与える

**dote** /ドッチ/ 男(㊈dowry) 持参金; 天賦の才

**dourado(-a)** /ドウラード/ 形 (㊈golden) 金色の

**doutor(-ra)** /ドットール/ 男女 (㊈doctor) 博士; 医者; (文系の) 学士

**doutrina** /ドットリーナ/ 女(㊈doctrine) 教義, 教理; 説, 学説; 主張

**doze** /ドーズィ/ ((数)) (㊈ twelve) 12, 12の

**drama** /ドラーマ/ 男 (㊈ drama) ドラマ, 演劇, 戯曲

**dramático(-a)** /ドラマチコ/ 形(㊈dramatic) 劇的な; 演劇の

**drástico(-a)** /ドラスチコ/ 形(㊈drastic) 徹底的な

**droga** /ドローガ/ 女(㊈drug) 薬物; 麻薬

**ducha** /ドゥッシャ/ [*duche] 女(㊈shower) シャワー

**duelo** /ドゥエーロ/ 男(㊈duel) 決闘; 対決

**dueto** /ドゥエット/ 男(㊈duet) 2重唱, 2重奏

**duna** /ドゥーナ/ 女(㊈dune) 砂丘

**duplo(-a)** /ドゥプロ/ 形 (㊈double) 二重の

**durante** /ドゥランチ/ 前 (㊈during) …の間に; …を通じて

**durar** /ドゥラール/ 動(㊈to last) 続く, 持続する

**duro(-a)** /ドゥーロ/ 形(㊈hard) 硬い, 固い; 冷淡な; 困難な ◆ *~ de ouvido* 難聴の *~ de gente* 人で一杯で, 満員で *no ~* 疑いなく

**dúvida** /ドゥヴィダ/ 女(㊈ doubt) 疑い, 疑念, 疑惑 ◆ *sem ~* 疑いもなく, もちろん *não há ~ alguma* それは

確かです *ter ~ em* +不定詞 …することをためらう

**duvidar** / ドゥヴィダール / [動] (㊮to doubt) 疑う；信じない，信用しない

**duvidoso(-a)** / ドゥヴィドーゾ / [形] (㊮doubtful) 疑わしい，怪しげな，曖昧な

**duzentos** / ドゥゼントス / ((数)) (㊮two hundred) 200, 200 の

**dúzia** / ドゥズィア / [女] (㊮dozen) ダース；12 ◆ *às ~s* 多量に

E

# E, e

**e** / イ / [接] (㊮and) そして，…と；それで

**ébrio(-a)** / エブリオ / [形] (㊮drunk) 飲んだくれの

**echarpe** / エシャルピ / [* écharpe] [女] (㊮scarf) スカーフ

**eclipse** / エクリプスィ / [男] (㊮eclipse)〖天文〗食

**eco** / エッコ / [男] (㊮echo) こだま，山彦；反響；名声

**ecologia** / エコロジーア / [女] (㊮ecology) エコロジー

**economia** / エコノミーア / [女] (㊮economy) 経済；経済学；節約，倹約

**econômico(-a)** / エコノミコ / [* económico] [形] (㊮economical) 経済的な；安上がりの；経済（学）の

**economizar** / エコノミザール / [動] (㊮to economize) 倹約する，節約する

**edição** / エヂサォン / [女] (㊮publication) 出版，発行；版

**edificar** / エヂフィカール / [動] (㊮to build) 建てる，建設する；教化する

**edifício** / エヂフィスィオ / [男] (㊮building) 建物，ビル

**editar** / エヂタール / [動] (㊮to publish) 出版する，発行する，刊行する

**editor(-ra)** / エヂトール / [男][女] (㊮publisher) 出版者，編者 — [形] 出版の

**editora** / エヂトーラ / [女] (㊮publishing company) 出版社

**editorial** / エヂトリアウ / [男] (㊮publishing) 社説 — [女] 出版社 — [形] 出版の，社説の

**educação** / エドゥカサォン / [女] (㊮education) 教育，躾

**educar** / エドゥカール / [動] (㊮to educate) 教育する；訓練する；養育する

**efeito** / エフェイト / [男] (㊮effect) 結果；影響；効果，作用；実現，実行；手形 ◆ *com ~* 実際に

**efetivo(-a)** / エフェチーヴォ / [* efectivo] [形] (㊮effective) 効力のある，実効性のある

**efetuar** / エフェトゥアール / [* efectuar] [動] (㊮to execute) 実行する，効果を持たせる

**eficácia** / エフィカースィア / [女] (㊮efficacy) 有効性，効能

**eficaz** / エフィカィス / [形] (㊮efficient) 有効な；効果的な

**eficiência** / エフィスィエンスィア / [女] (㊮efficiency) 効力；効率，能率

**eficiente** / エフィスィエンチ / [形] (㊮efficient) 有効な，効果的な

**egoísmo** / エゴイズモ / [男] (㊮egoism) 利己主義

**egoísta** / エゴイスタ / [男][女] (㊮egoist) 利己主義者

**eis** / エィス / [副] (㊮here is [are]) ここ[そこ]に…がある

**eixo** / エィショ / [男] (㊮axle) 軸；車軸；心棒

**ela** / エラ / [代] (㊮she [her], it (pl. they [them])) 彼女；それ

**elaboração** / エラボラサォン / [女] (㊮elaboration) 仕上げ，入念(にすること)；推敲

**elaborar** / エラボラール / [動]

**elástico(-a)** /エラスチコ/ 形(㊥elastic) 弾力性のある

**ele** /エリ/ 代(㊥he [him], it (pl. they [them])) 彼; それ

**elefante** /エレファンチ/ 男 (㊥elephant) 象

**elegante** /エレガンチ/ 形(㊥elegant) 優美な, 優雅な

**eleger** /エレジェール/ 動(㊥to elect) (選挙で) 選ぶ, 選挙する

**eleição** /エレイサォン/ 女(㊥election) 選挙; 選出; 選択

**eleito(-a)** /エレイト/ 形 (㊥elected) 選ばれた, 選出された

**eleitor(-ra)** /エレイトール/ 男女(㊥voter) 有権者

**eleitoral** /エレイトラウ/ 形 (㊥electoral) 選挙の, 選挙人の

**elementar** /エレメンタール/ 形(㊥elementary) 基本の, 基礎の; 初歩の

**elemento** /エレメント/ 男(㊥element) 要素, 成分, 元素; ((~s)) 初歩

**elenco** /エレンコ/ 男(㊥list) 目録, 名簿, 表, リスト

**eletricidade** /エレトリスィダーチ/ [* electricidade] 女(㊥electricity) 電気

**elétrico(-a)** /エレトリコ/ [* eléctrico] 形(㊥electric) 電気の; 電気で動く — 男 * 電車 ◆ *corrente elétrica* 電流

**elevador** /エレヴァドール/ 男 (㊥elevator) エレベーター

**elevar** /エレヴァール/ 動(㊥to lift up) 上げる, 高める; 掲げる; 建てる, 築く

**eliminar** /エリミナール/ 動 (㊥to remove) 取り除く, 除去する; 排除する

**elipse** /エリプスィ/ 女(㊥ellipse) 楕円

**elogiar** /エロジャール/ 動(㊥to praise) 称賛する

**elogio** /エロジーオ/ 男(㊥praise) 称賛

**eloqüente** /エロクェンチ/ [* eloquente] 形(㊥eloquent) 雄弁な

**em** /エィン/ 前(㊥in, on) ((場所・時間)) …に; …の中に; ((時間)) …かかって; ((状態)) …で

**emaciar** /エマスィアール/ 動(㊥to emaciate) やせ細らせる

**emagrecer** /エマグレセール/ 動(㊥to grow thin) 痩せる

**embaixada** /エンバイシャーダ/ 女(㊥embassy) 大使館, 外国使節

**embaixador(-ra)** /エンバイシャドール/ 男女(㊥ambassador) 大使; 使節

**embalar** /エンバラール/ 動 (㊥to pack) (子供を揺すって) 眠らせる; 惑わせる; まぎらす; 包装する

**embaraçar** /エンバラサール/ 動(㊥to hinder) 妨げる; 邪魔する; 困惑させる

**embarcar** /エンバルカール/ 動(㊥to embark) (船・飛行機などに) 乗せる[乗る]; 積み込む

**embargar** /エンバルガール/ 動(㊥to hinder) 邪魔する, 妨げる; 抑制する

**embargo** /エンバルゴ/ 男 (㊥impediment) 妨害; 差し押さえ; (船舶の) 出[入]港禁止 ◆ *sem ~* しかしながら

**embarque** /エンバルキ/ 男 (㊥boarding) 搭乗

**embeber** /エンベベール/ 動 (㊥to soak up) 吸収する; 浸す; 使い果たす, 消費する

**embelezar** /エンベレザール/ 動(㊥to make beautiful) 美しくする; 美化する

**emblema** /エンブレーマ/ 女 (㊥emblem) 標章, 紋章; 記章; 象徴, 表象

**embora** /エンボーラ/ 接 (㊕though) たとえ…でも ◆ *ir-se* ~ 立ち去る

**embranquecer** /エンブランケセール/ 動 (㊕to turn white) 白くする[なる]; 漂白する

**embriagar** /エンブリアガール/ 動 (㊕to make drunk) 酔わせる; 夢中にさせる

**embrulhar** /エンブルリャール/ 動 (㊕to wrap) 包む, 包装する; 混乱させる, 乱す

**embrulho** /エンブルーリョ/ 男 (㊕package) 包み; 混乱

**emenda** /エメンダ/ 女 (㊕correction) 訂正, 修正

**emendar** /エメンダール/ 動 (㊕to correct) 直す, 訂正する, 修正する; 改良する

**emergência** /エメルジェンスィア/ 女 (㊕emergence) 現れること, 出現; 非常事態, 危急

**emergir** /エメルジール/ 動 (㊕to emerge) 出現する, 浮かび出る; 発生する

**emigrante** /エミグランチ/ 男女 (㊕emigrant) (外国への)移住者; 移民

**emigrar** /エミグラール/ 動 (㊕to emigrate) (外国へ)移住する; 移民する

**eminente** /エミネンチ/ 形 (㊕eminent) 突き出た, 高い; 卓越した, 優れた

**emissão** /エミサォン/ 女 (㊕emission) 発出, 放出; (紙幣・株などの)発行

**emissor** /エミソール/ 男 (㊕emitter) 発行者, ＊放送局

**emitir** /エミチール/ 動 (㊕to give out) (光・音などを)発する; 発行する

**emoção** /エモサォン/ 女 (㊕emotion) 感動, 感情

**empalidecer** /エンパリデセール/ 動 (㊕to turn pale) 色を失わせる[失う]; 蒼白になる

**empapelar** /エンパペラール/ 動 (㊕to wrap in paper) 紙に包む; 大切にしまう

**empate** /エンパッチ/ 男 (㊕draw) 引き分け

**empecilho** /エンペスィーリョ/ 男 (㊕obstacle) 障害物

**empedrar** /エンペドラール/ 動 (㊕to pave) (石で)舗装する

**empenhar** /エンペニャール/ 動 (㊕to pawn) 質[抵当]に入れる; 余儀なくさせる, 強いる; (注意を)引く

**empenho** /エンペーニョ/ 男 (㊕pawning) 質[抵当]に入れること; 約束; 熱望

**empinado(-a)** /エンピナード/ 形 (㊕upright) 直立した

**empossar** /エンポサール/ 動 (㊕to appoint) 地位につける[つく]

**empreendedor(-ra)** /エンプレエンデドール/ 男女 (㊕entrepreneur) 企業家

**empreender** /エンプレエンデール/ 動 (㊕to undertake) 企てる, …しようと試みる

**empreendimento** /エンプレエンヂメント/ 男 (㊕undertaking) 企画; 企業

**empregado** /エンプレガード/ 男 (㊕employee) 使用人, 従業員

**empregar** /エンプレガール/ 動 (㊕to employ) 使用する, 利用する; 雇う, 雇用する

**emprego** /エンプレーゴ/ 男 (㊕use) 使用; 雇用

**empresa** /エンプレーザ/ 女 (㊕undertaking) 企て, 企図; 事業; 企業, 会社

**empresarial** /エンプレザリアウ/ 形 (㊕business-related) 企業(家)の, 会社の

**empresário** /エンプレザーリオ/ 男 (㊕businessman [-woman]) 企業家

**emprestar** /エンプレスタール/ 動 (㊕to lend) 貸す ◆ *pedir emprestado* 借りる

**empréstimo** /エンプレスチモ/ 男 (㊕loan) 貸すこと; 貸

付け金

**empurrar** /エンプハール/ 動 (㉻to push) 押す，押しやる

**emudecer** /エムデセール/ 動 (㉻to silence) 沈黙させる; 沈黙する

**enamorar** /エナモラール/ 動 (㉻to charm) 魅する，夢中にさせる

**encadernação** /エンカデルナサォン/ 女(㉻binding) 製本; 装丁; 本のカバー

**encaminhar** /エンカミニャール/ 動(㉻to direct) 道を教える; 導く; 善導する

**encantador(-ra)** /エンカンタドール/ 形(㉻charming) 魅惑する，うっとりさせる

**encantar** /エンカンタール/ 動(㉻to bewitch) 魔法にかける，魅する; 熱狂させる

**encanto** /エンカント/ 男 (㉻delight) 魅力，魅惑

**encarar** /エンカラール/ 動(㉻to face) 面と向かわせる; 直面する; 分析する

**encarecer** /エンカレセール/ 動(㉻to raise the price of) 値上げする; 騰貴させる

**encargo** /エンカルゴ/ 男(㉻assignment) 任務，義務; 責任; 税

**encarregado(-a)** /エンカヘガード/ 男女(㉻person in charge) 担当者 ― 形 担当の，責任の

**encarregar** /エンカヘガール/ 動(㉻to charge) 委任する，委託する

**encenar** /エンセナール/ 動 (㉻to stage) 上演する; 演出する

**encerramento** /エンセラメント/ 男(㉻closing) 閉会

**encerrar** /エンセハール/ 動 (㉻to shut in) 含む; しまっておく; 閉じ込める; 終わらせる

**encher** /エンシェール/ 動(㉻to fill up) 満たす，いっぱいにする; 占める

**enciclopédia** /エンスィクロペヂア/ 女(㉻encyclopedia) 百科事典

**encoberto(-a)** /エンコベルト/ 形(㉻concealed) 隠れた; 隠された; 曇った; 神秘的な

**encobrir** /エンコブリール/ 動(㉻to conceal) 隠す; 偽る; 言わない

**encolerizar** /エンコレリザール/ 動(㉻to irritate) 怒らせる

**encolher** /エンコリェール/ 動 (㉻to shrink) 締める; 狭くする[なる]

**encomenda** /エンコメンダ/ 女(㉻order) 注文; 注文品

**encomendar** /エンコメンダール/ 動(㉻to order) 注文する; 依頼する; 委任する

**encontrar** /エンコントラール/ 動(㉻to find) 出会う，見つける; 衝突する

**encontro** /エンコントロ/ 男 (㉻meeting) 出会い，遭遇; 衝突 ◆ *ao ~ de* …を迎えに; …の方向に *de ~ a* …と反対の方向に

**encorajar** /エンコラジャール/ 動(㉻to encourage) 勇気づける，元気づける，励ます

**encostar** /エンコスタール/ 動 (㉻to lean) よりかかる; もたせかける; 支える

**encravar** /エンクラヴァール/ 動(㉻to nail) 釘づけにする，固定する

**encruzar** /エンクルザール/ 動 (㉻to cross) 交差させる; 横切る

**encurtar** /エンクルタール/ 動 (㉻to shorten) 短くする，短縮する; 省略する; 縮める

**endemia** /エンデミーア/ 女 (㉻endemic disease) 風土病

**endereçar** /エンデレセール/ 動(㉻to address) 宛名を書く; 送る

**endereço** /エンデレッソ/ 男 (㉻address) 宛名; 住所

**endireitar** /エンヂレイタール/ 動(㊉to straighten) まっすぐにする; 直す, 矯正する; 改まる; 直行する

**endividar** /エンヂヴィダール/ 動(㊉to put into debt) 借金させる

**endossar** /エンドサール/ 動(㊉to endorse) (手形に) 裏書する

**endosso** /エンドッソ/ 男(㊉endorsement) 裏書き

**endurecer** /エンドゥレセール/ 動(㊉to harden) 硬くする; 強固にする

**energia** /エネルジーア/ 女(㊉energy) エネルギー, 活力, 精力

**enérgico(-a)** /エネルジコ/ 形(㊉energetic) エネルギッシュな, 精力的な

**enervar** /エネルヴァール/ 動(㊉to annoy) 元気をなくさせる, 弱らせる; いらいらさせる

**enfadar** /エンファダール/ 動(㊉to bore) 退屈させる

**enfartar** /エンファルタール/ 動(㊉to gorge) 満腹させる; (通路を) ふさぐ

**ênfase** /エンファズィ/ 女(㊉emphasis) 強調; 誇張

**enfastiar** /エンファスチアール/ 動(㊉to bore) 退屈させる; うんざりさせる

**enfático(-a)** /エンファチコ/ 形(㊉emphatic) 強調された

**enfeitar** /エンフェイタール/ 動(㊉to decorate) 飾る; (欠点・失敗を) ごまかす; 不倫する

**enfermar** /エンフェルマール/ 動(㊉to become sick) 病気になる; 病気にする

**enfermaria** /エンフェルマリーア/ 女(㊉ward) 病室, 病舎

**enfermeiro(-a)** /エンフェルメィラ/ 男女(㊉nurse) 看護士[婦]; (病人の) 付き添い

**enfermidade** /エンフェルミダーチ/ 女(㊉illness) 病気, 疾患; 持病

**enfermo(-a)** /エンフェルモ/ 形(㊉ill, sick) 病気の; 病弱な ── 男女 病人

**enfiar** /エンフィアール/ 動(㊉to thread) (針に) 糸を通す; 差し込む; 着る; 続ける

**enfim** /エィンフィン/ 副(㊉finally) とうとう, ついに

**enforcar** /エンフォルカール/ 動(㊉to hang) 絞首刑にする; 投げ売りする

**enfraquecer** /エンフラケセール/ 動(㊉to weaken) 弱める

**enfrentar** /エンフレンタール/ 動(㊉to confront) 面と向かう; 対抗する; 正面攻撃をする

**enfurecer** /エンフレセール/ 動(㊉to infuriate) 激怒させる[する]

**enganado** /エンガナード/ 男(㊉mistaken) 誤解している; 間違っている

**enganar** /エンガナール/ 動(㊉to deceive) 誤らせる, 間違えさせる; だます

**engano** /エンガーノ/ 男(㊉mistake) 誤り, 思い違い, 間違い

**engenharia** /エンジェニャリーア/ 女(㊉engineering) 工学

**engenheiro** /エンジェニェィロ/ 男(㊉engineer) 技師

**engenho** /エンジェーニョ/ 男(㊉talent) 発明の才; 技能

**engodo** /エンゴード/ 男(㊉bait) (魚・鳥を捕る) 餌

**engolir** /エンゴリール/ 動(㊉to swallow) 呑みこむ; 我慢する

**engordar** /エンゴルダール/ 動(㊉to fatten) 太らせる

**engraçado(-a)** /エングラサード/ 形(㊉funny) 滑稽な; かわいらしい; 機知に富んだ

**engrandecer** /エングランデセール/ 動(㊉to grow) 大きくする, 拡大する; 偉大にする

**engraxar** /エングラシャール/ 動(㊉to polish) (靴などを) 磨く

**engrenagem** /エングレナージェィン/ 女(㉺gear) 歯車(装置), ギア

**enguiçar** /エンギサール/ 動(㉺to break down) 故障させる; 萎縮させる; 発育を妨げる

**enigma** /エニギマ/ 男(㉺enigma) 謎; 難問

**enjeitar** /エンジェィタール/ 動(㉺to reject) 拒否する, 拒絶する; (子を)捨てる

**enjôo** /エンジォーオ/ [*enjoo] 男(㉺sickness) 吐き気; (乗り物の)酔い; つわり; 嫌気

**enlaçar** /エンラサール/ 動(㉺to tie) (紐・リボンで)結ぶ, くくる; 捕える

**enlace** /エンラッスィ/ 男(㉺link) 結合; 関係

**enlatado(-a)** /エンラタード/ 形(㉺canned) 缶詰の

**enlevar** /エンレヴァール/ 動(㉺to enrapture) 魅了する

**enlouquecer** /エンロゥケセール/ 動(㉺to drive mad) 気を狂わせる

**enorme** /エノルミ/ 形(㉺enormous) 並外れた, 桁外れの, 法外な; 巨大な

**enquanto** /エンクヮント/ 接(㉺while) …する間に; …であるのに ◆ *por ~* 当分, さしあたり

**enredo** /エンヘード/ 男(㉺plot) もつれ, 紛糾, 陰謀; (劇・小説の)筋

**enrijar** /インヒジャール/ 動(㉺to harden) 強くする[なる]; 固くする[なる]

**enriquecer** /エンヒケセール/ 動(㉺to make rich) 豊かにする, 金持ちにする

**enrolar** /エンホラール/ 動(㉺to roll up) 巻く, 包む; 隠す

**ensaboar** /エンサボアール/ 動(㉺to wash with soap) 石鹸で洗う; 叱る

**ensaiar** /エンサィアール/ 動(㉺to test) 試験する; 試みる; …しようと務める ◆ *não se ~ para* ためらわずに…する

**ensaio** /エンサィオ/ 男(㉺test, attempt) 試験; 実験; 試み; 随筆, エッセイ; 小論文

**enseada** /エンセアーダ/ 女(㉺inlet) 入り江

**ensejo** /エンセージョ/ 男(㉺chance) 好機, 機会

**ensinar** /エンスィナール/ 動(㉺to teach) 教える

**ensino** /エンスィーノ/ 男(㉺teaching) 教育

**ensopar** /エンソパール/ 動(㉺to soak) 浸す; スープにする

**entalhar** /エンタリャール/ 動(㉺to carve) 彫る, 刻む

**então** /エンタォン/ 副(㉺then) そのとき; 当時; その場合; それでは ◆ *desde ~* その時以来

**entender** /エンテンデール/ 動(㉺to understand) 理解する, 分かる; 思う, 判断する

**entendimento** /エンテンヂメント/ 男(㉺understanding) 理解(力), 知性; 見解, 同意

**enternecer** /エンテルネセール/ 動(㉺to move) 感動させる; 柔らかくする, 優しくする

**enterrar** /エンテハール/ 動(㉺to bury) 埋葬する; 隠す

**enterro** /エンテーホ/ 男(㉺burial) 土に埋めること; 埋葬; 葬式

**entidade** /エンチダーヂ/ 女(㉺entity) 実在; 実体; 団体; 重要な人物

**entoação** /エントアサォン/ 女(㉺intonation) イントネーション

**entornar** /エントルナール/ 動(㉺to spill) あふれさせる; (音・光を)浴びせる; 傾ける; (大量に)飲む

**entortar** /エントルタール/ 動(㉺to warp) ねじる, くじく, 曲げる

**entrada** /エントラーダ/ 女

**entranhas** (㊊entry, entrance) 入ること，入場；入会，入学；入り口；入場料[券]

**entranhas** /エントラーニャ/ 女複(㊊bowels) 内蔵

**entrar** /エントラール/ 動 (㊊enter)((em)) (…に)入る，侵入する；はまる

**entre** /エントリ/ 前(㊊between, among) …の間に；…の中に ◆ ~ *nós* ここだけの話だが

**entrega** /エントレーガ/ 女 (㊊delivery) 引き渡し；交付；譲渡；裏切り

**entregar** /エントレガール/ 動 (㊊to hand over) 引き渡す，手渡す；配達する；支払う；裏切る

**entretanto** /エントレタント/ 接(㊊however) しかしながら ― 副 その間に

**entretenimento** /エントレテニメント/ [*entretimento*] 男(㊊entertainment) 娯楽，楽しみ，余興；引き延ばし

**entreter** /エントレテール/ 動(㊊entertain) 楽しませる；維持する；引き留める；遅らせる

**entrevista** /エントレヴィスタ/ 女(㊊interview) インタビュー

**entristecer** /エントリステセール/ 動(㊊to sadden) 悲しませる，寂しくする

**entupir** /エントゥピール/ 動 (㊊to block) 妨げる；ふさぐ

**entusiasmo** /エントゥズイアズモ/ 男 (㊊enthusiasm) 熱心，熱情，熱狂

**entusiástico(-a)** /エントゥズィアスチコ/ 形(㊊enthusiastic) 熱狂的な

**enumerar** /エヌメラール/ 動 (㊊to enumerate) 数え上げる，列挙する

**enunciar** /エヌンスィアール/ 動(㊊to express) 表明する；述べる

**envelhecer** /エンヴェリェセール/ 動(㊊to age) 年を取らせる[取る]

**envelope** /エンヴェロッピ/ 男 (㊊envelope) 封筒

**envenenar** /エンヴェネナール/ 動(㊊to poison) 毒を入れる，毒を盛る；腐敗させる

**envergonhar** /エンヴェルゴニャール/ 動(㊊to shame) 恥ずかしがらせる

**enviar** /エンヴィアール/ 動(㊊to send) 送る，発送する；派遣する

**envio** /エンヴィーオ/ 男(㊊sending) 送付，送信；派遣

**envolver** /エンヴォウヴェール/ 動(㊊to wrap) 包む；巻き込む；含む；含意する

**enxaguar** /エンシャグワール/ 動(㊊to rinse) すすぐ

**enxame** /エンシャーミ/ 男 (㊊swarm) (蜜蜂・ハエ・蝶などの)群れ

**enxergar** /エンシェルガール/ 動(㊊to catch sight of) ほのかに見える；気づく

**enxugar** /エンシュガール/ 動 (㊊to dry) 乾燥する，乾かす；乾く

**enzima** /エンズィーマ/ 女 (㊊enzyme) 酵素

**épico(-a)** /エピコ/ 形(㊊epic) 叙事詩の；英雄的な，雄壮な

**epidemia** /エピデミーア/ 女 (㊊epidemic) 流行病

**episódio** /エピソチオ/ 男 (㊊episode) 挿話，エピソード

**época** /エポカ/ 女(㊊period, epoch) 時代，時期；季節 ◆ *fazer ~ em* …に新時代を開く，一時代を画する

**epopéia** /エポペイア/ [*epopeia*] 女(㊊epic) 叙事詩

**equação** /エクワサォン/ 女 (㊊equation) 等しくすること，均等化；同一視；等式

**equador** /エクアドール/ 男 (㊊equator) 赤道

**equatoriano(-a)** /エクワトリアーノ/ 形(英Ecuadorian) エクアドル(人)の ― 男女 エクアドル人

**eqüidade** /エクィダーチ/ [*equidade] 女(英equity) 公平, 公正

**equilíbrio** /エキリブリオ/ 男(英balance) 均衡, 平衡, バランス; 落ち着き

**equipamento** /エキパメント/ 男(英equipement) 準備, 装備, 設備

**equipe** /エキッピ/ [*equipa] 女(英team) チーム

**equitação** /エキタサォン/ 女(英riding) 乗馬, 馬術

**equivalente** /エキヴァレンチ/ 形(英equivalent) 同等の, 等価の ― 男 同等のもの

**equivaler** /エキヴァレール/ 動(英equal) (…に) 等しい, 同等である

**era** /エーラ/ 女(英era) 紀元; 時代, 時期, 年代

**ereto(-a)** /エレット/ [*erecto] 形(英erect) 建てられた; 直立した

**erguer** /エルゲール/ 動(英to raise) 上げる; 挙げる; 立てる; 建てる

**erigir** /エリジール/ 動(英to erect) 建てる; 設立する

**ermo(-a)** /エルモ/ 形(英uninhabited) 人の住まない; 寂しい ― 男 荒地

**erosão** /エロザォン/ 女(英erosion) 浸食; 腐食

**errado(-a)** /エハード/ 形(英wrong) 間違った, 誤った

**errar** /エハール/ 動(英to miss) 間違える, 誤る; 流浪する

**erro** /エーホ/ 男(英mistake) 間違い, 誤り ◆ *cair num ~* 誤りに陥る

**erudição** /エルヂサォン/ 女(英erudition) 学識, 博識

**erudito(-a)** /エルヂット/ 形(英learned) 博識な, 博学な ― 男女 碩学

**erupção** /エルピサォン/ 女(英eruption) 発疹; 噴火

**erva** /エルヴァ/ 女(英herb) 草, 草本, 麻薬

**esbelto(-a)** /エズベウト/ 形(英svelte) すらりとした; 優美な, 優雅な

**esboçar** /エズボサール/ 動(英to sketch) 素描する, スケッチする; 下書きをする

**esboço** /エズボッソ/ 男(英sketch) 素描, スケッチ; 下書き; 大要

**escada** /エスカーダ/ 女(英staircase) 階段; はしご ◆ *~ rolante* エスカレーター

**escala** /エスカーラ/ 女(英scale) 縮尺; 等級; 目盛 ◆ *em grande ~* 大規模に ~ *musical* 音階

**escaldar** /エスカウダール/ 動(英to scald) (熱い液体や蒸気で) 火傷をさせる; 滅菌消毒する

**escândalo** /エスカンダロ/ 男(英scandal) スキャンダル

**escandaloso(-a)** /エスカンダローゾ/ 形(英scandalous) 恥ずべき, 破廉恥な

**escapar** /エスカパール/ 動(英to escape from) 逃げる, 脱出する; 逃れる; 忘れる

**escapatória** /エスカパトリア/ 女(英excuse) 口実; 言い逃れ

**escapulir** /エスカプリール/ 動(英to get away) 逃げる; 逃がす

**escarlate** /エスカルラッチ/ 女(英scarlet) 緋色の

**escárnio** /エスカルニオ/ 男(英mockery) 嘲笑, からかい, 揶揄

**escarro** /エスカーホ/ 男(英phlegm) 痰

**escassez** /エスカセイス/ 女(英shortage) 欠乏, 不足

**escasso(-a)** /エスカッソ/ 形(英scarce) 乏しい

**esclarecer** /エスクラレセール/ 動(英to explain) 明らかにす

**esclarecimento** /エスクラレスィメント/ 男(㊛explanation) 説明, 注釈; 照らすこと

**escoar** /エスコアール/ 動(㊛to drain off) 消失する; 流出させる; 滴らす

**escola** /エスコーラ/ 女(㊛school) 学校; 学派

**escolar** /エスコラール/ 形(㊛school) 学校の ── 男女 生徒

**escolha** /エスコーリャ/ 女(㊛choice) 選択, 選定, 精選

**escolher** /エスコリェール/ 動(㊛to choose) 選ぶ, 選び取る, 選択する; 選別する ◆ **~ entre A e B** AかBかを選ぶ

**escoltar** /エスコウタール/ 動(㊛to escort) 護衛する, 護送する

**esconder** /エスコンデール/ 動(㊛to hide) 隠す; かくまう; 覆う

**escorar** /エスコラール/ 動(㊛to support) 支える; 待ち伏せる

**escorregar** /エスコヘガール/ 動(㊛to slip) 滑る; (時が)速く経過する

**escorrer** /エスコヘール/ 動(㊛to pour out) (液体を)滴らせる

**escova** /エスコーヴァ/ 女(㊛brush) ブラシ, 刷毛 ◆ **~ de dente** 歯ブラシ

**escovar** /エスコヴァール/ 動(㊛to brush) ブラシをかける

**escravo(-a)** /エスクラーヴォ/ 男女(㊛slave) 奴隷

**escrever** /エスクレヴェール/ 動(㊛to write) 書く; 著述する; 綴る; 手紙を書く

**escrito(-a)** /エスクリット/ 形(㊛written) 書かれた ── 男 書きつけ; 著作

**escritor(-ra)** /エスクリトール/ 男女(㊛writer) 作家, 著者

**escritório** /エスクリトリオ/ 男(㊛office) 事務室, 書斎; 書き物机

**escrivaninha** /エスクリヴァニーニャ/ 女(㊛writing desk) 事務机, デスク

**escrutar** /エスクルタール/ 動(㊛to scrutinize) 吟味する

**escudo** /エスクード/ 男(㊛shield, escudo) 盾; 紋章; 保護;【通貨】エスクード(ポルトガルの旧通貨単位)

**esculpir** /エスクウピール/ 動(㊛to carve) 彫る, 彫刻する

**escultor(-ra)** /エスクウトール/ 男女(㊛sculptor) 彫刻家

**escultura** /エスクウトゥーラ/ 女(㊛sculpture) 彫刻, 彫像

**escurecer** /エスクレセール/ 動(㊛to darken) 暗くする; 暮らせる

**escuridão** /エスクリダオン/ 女(㊛dark) 暗さ, 暗闇; 無知

**escuro(-a)** /エスクーロ/ 形(㊛dark) 暗い; はっきりしない; 憂鬱な, 悲しい

**escusa** /エスクーザ/ 女(㊛excuse) 弁明, 言い訳

**escusar** /エスクザール/ 動(㊛to excuse) 弁明する, 言い訳する; 許す

**escutar** /エスクタール/ 動(㊛to listen to) 耳を傾ける, 聞く; 聞き入れる

**esfera** /エスフェーラ/ 女(㊛sphere) 球, 球面; 範囲

**esfolar** /エスフォラール/ 動(㊛to skin) 皮をはぐ; 引っかく, すりむく

**esfomear** /エスフォメアール/ 動(㊛to starve) 飢えさせる

**esforçar** /エスフォルサール/ 動(㊛to strengthen) 強くする, 丈夫にする; 補強する; 励ます ◆ **~-se para** +不定詞 …しようと努める

**esforço** /エスフォルソ/ 女(㊛effort) 力; 体力; 気力, 元気; 努力; 勇気 ◆ **sem ~** 難なく

**esfregar** /エスフレガール/ 動(㊄to rub) こする, 擦る; 磨く

**esfriar** /エスフリアール/ 動(㊄to cool) 冷やす, 冷ます; 冷淡にする

**esgotado(-a)** /エズゴタード/ 形(㊄exhausted) 尽きた; 使い尽くした; 品切れの; 疲れた

**esgotar** /エズゴタール/ 動(㊄to drain) 汲み尽す; 空にする

**esgoto** /エズゴット/ 男(㊄drain) 枯渇; 下水道

**esgrima** /エズグリーマ/ 女(㊄fencing) フェンシング

**esguichar** /エズギシャール/ 動(㊄to squirt) 噴出させる; 噴出する

**esguio(-a)** /エズギーオ/ 形(㊄slender) 細長い, ほっそりした, (女性の) 尻ののっぺりした

**esmagar** /エズマガール/ 動(㊄to crush) 圧しつぶす; 踏みつぶす; 粉砕する

**esmerado(-a)** /エズメラード/ 形(㊄careful) 入念な; 洗練された

**esmero** /エズメーロ/ 男(㊄care) 丹精; 配慮; 念入り

**esmola** /エズモーラ/ 女(㊄alms) 施し; 施し物; 慈善, 恩恵

**esmolar** /エズモラール/ 動(㊄to beg) 施しを乞う; 施す

**esmorecer** /エズモレセール/ 動(㊄to discourage) 元気をなくさせる, 勇気をくじく

**esmurrar** /エズムハール/ [*esmurraçar] 動(㊄to punch) 拳で殴る

**esôfago** /エゾファゴ/ 男(㊄esophagus) 食道

**espaço** /エスパッソ/ 男(㊄space) 空間, 広がり; (空間・時間の) 間隔; 空地; 空席; 宇宙 ◆ *a ~, de ~* ゆっくりと, 間を置いて

**espaçoso(-a)** /エスパソーゾ/ 形(㊄spacious) 広い

**espada** /エスパーダ/ 女(㊄sword) 刀, 剣 ◆ *passar à ~* 刺し殺す

**espalhafato** /エスパリャファット/ 男(㊄commotion) 大騒ぎ; 騒音

**espalhar** /エスパリャール/ 動(㊄to scatter) 撒布する, ばらまく, 散乱させる

**espancar** /エスパンカール/ 動(㊄to beat up) 殴る, 打つ; 追い払う

**Espanha** /エスパーニャ/ 女(㊄Spain) スペイン

**espanhol(-la)** /エスパニョウ/ 形(㊄Spanish) スペイン (語・人) の ― 男女 スペイン人 ― 男 スペイン語

**espantar** /エスパンタール/ 動(㊄to frighten) 驚かせる, 驚嘆させる

**espanto** /エスパント/ 男(㊄fright) 驚き, 驚嘆

**esparadrapo** /エスパラドラッポ/ 男(㊄bandaid) ばんそう膏

**esparso(-a)** /エスパルソ/ 形(㊄scattered) まき散らされた; 注がれた; 散らばった

**espasmar** /エスパズマール/ 動(㊄to cause a spasm) 痙攣させる[する]

**espasmo** /エスパズモ/ 男(㊄spasm) 痙攣; 陶酔, 忘我

**espavorir** /エスパヴォリール/ 動(㊄to terrify) 恐がらせる

**especial** /エスペシィアウ/ 形(㊄special) 特別の; 特殊な ◆ *em ~* 特別に, わざわざ

**especialidade** /エスペシィアリダーデ/ 女(㊄speciality) 特性性, 特質; 専門; 特産品

**especialista** /エスペシィアリスタ/ 男女(㊄specialist) 専門家, スペシャリスト

**especialização** /エスペシィアリザサォン/ 女(㊄specialization) 専門化, 分業

**especiaria** /エスペシィアリーア/ 女(㊄spice) 香辛料

**espécie** /エスペシィイ/ 女

(英sort, species) 種類;〖生物〗種; 性質; 似たもの; 現金 ◆ *uma ~ de* …の一種, 一種の…

**específico(-a)** / エスペスィフィコ / [形](英specific) 特殊な; 特有の, 特定の

**espécime** / エスペスィミ / [男](英specimen) 見本, 標本

E

**espectador(-ra)** / エスペクタドール / [男][女](英onlooker) 見物人; 目撃者

**espectro** / エスペキトロ / [男](英spectre)〖物理〗スペクトル; 幽霊

**especulação** / エスペラクサォン / [女](英speculation) 思索; 熟考; 投機

**especular** / エスペクラール / [形](英to speculate) 熟考する; 観察する; 投機する

**espelho** / エスペーリョ / [男](英mirror) 鏡

**espera** / エスペーラ / [女](英waiting) 待つこと, 待ち合せ場所, 遅れ; 刻み目; 罠

**esperança** / エスペランサ / [女](英hope) 希望, 期待 ◆ *na ~ de* …を期待して *ter ~ em* …に期待する *andar de ~s* 妊娠する

**esperar** / エスペラール / [動](英to expect) 希望する, 期待する; 待つ; 予測する; 思う

**esperteza** / エスペルテーザ / [女](英cleverness) 利発, 賢明; 機敏

**esperto(-a)** / エスペルト / [形](英clever) 利発な, 賢明な; 機敏な

**espesso(-a)** / エスペッソ / [形](英thick) 濃い; 密生した

**espetáculo** / エスペタクロ / [*espectáculo] [男](英show, spectacle) 見物, スペクタクル; 光景; 見世物

**espetar** / エスペタール / [動](英to put on a stick) 串に刺す; 突き刺す

**espia** / エスピーア / [女](英spy) スパイ, 探偵

**espiar** / エスピアール / [動](英to spy on) ひそかに調べる, 探る

**espiga** / エスピーガ / [女](英ear) 穂; 不愉快, 障害

**espinafre** / エスピナッフリ / [男](英spinach) ホウレンソウ

**espingarda** / エスピンガルダ / [女](英shotgun) 銃, 鉄砲

**espinha** / エスピーニャ / [女](英spine) 脊柱, 脊椎; にきび

**espinho** / エスピーニョ / [男](英thorn) 棘; 棘のある植物; 困難, 労苦

**espionar** / エスピオナール / [動](英to spy on) スパイする, (密かに) 探る

**espiral** / エスピラウ / [形](英spiral) らせん状の

**espirar** / エスピラール / [動](英to breathe out) 息を吐く, 呼吸する; 発散させる

**espírito** / エスピリト / [男](英spirit) 精神, 心; 霊, 霊魂; 気風; 真髄; 人物; アルコール

**espiritual** / エスピリトゥアウ / [形](英spiritual) 精神の; 精神的な; 霊的な

**espirro** / エスピッホ / [男](英sneeze) くしゃみ

**esplêndido(-a)** / エスプレンヂド / [形](英splendid) 輝かしい, すばらしい, 華々しい

**esplendor** / エスプレンドール / [男](英splendour) 輝き, 光輝, 立派さ

**esponja** / エスポンジャ / [女](英sponge) 海綿, スポンジ ◆ *passar uma ~ em [sobre]* 忘れる; 許す

**espontâneo(-a)** / エスポンタニオ / [形](英spontaneous) 自発的な, 随意の, 任意の

**esporte** / エスポルチ / [*desporto] [男](英sport) スポーツ

**esportivo(-a)** / エスポルチーヴォ / [形](英sporting) スポーツの; スポーツマンの

**esposa** /エスポーザ/ 囡(㊀wife) 妻

**esposo** /エスポーゾ/ 男(㊀husband) 夫

**espreguiçar-se**/エスプレギサール スィ/動(㊀to stretch) あくびをしながら伸びをする

**espreitar** /エスプレイタール/ 動(㊀to observe) 見張る, 観察する

**espuma** /エスプーマ/ 囡(㊀foam) 泡, あぶく

**espumante** /エスプマンチ/ 形(㊀frothy) 発泡性の; 怒っている — 男 シャンパン

**esquadra** /エスクアドラ/ 囡(㊀fleet) 艦隊; 警察署

**esquecer** /エスケセール/ 動(㊀to forget) 忘れる, ないがしろにする; 忘れさせる ◆ **~-se de** …を忘れる

**esqueleto** /エスケレット/ 男(㊀skeleton) 骨格, 骸骨

**esquema**/エスケーマ/ 男(㊀outline) 図解, 図式; 概要

**esquentar** /エスケンタール/ 動(㊀to heat up) 温める, 熱する

**esquerda** /エスケルダ/ 囡(㊀left) 左, 左側; 左手; 左翼 ◆ **à ~** 左側に

**esquerdo(-a)** /エスケルド/ 形(㊀left) 左の, 左側の; 不器用な

**esqui**/エスキ/ 男(㊀ski) スキー

**esquina**/エスキーナ/ 囡(㊀corner) 角(かど); 曲がり角; 街角 ◆ **virar a ~** 角を曲がる

**esse(essa)** /エッスィ/ 形(㊀that (pl. those)) その

**essência** /エセンスィア/ 囡(㊀essence) 本質, 本性; 実在; 精髄, エキス

**essencial** /エセンスィアウ/ 形(㊀essential) 本質的な; 必須の, 必要不可欠な — 男 要点

**estabelecer**/エスタベレセール/ 動(㊀to establish) 確立する; 設立する; 制定する

**estabelecimento** /エスタベレスィメント/ 男(㊀establishment) 確立; 設立, 制定; 施設, 営業所; 住所

**estabilidade** /エスタビリダーチ/ 囡(㊀stability) 不変性; 安定性, 持続性

**estábulo** /エスタブロ/ 男(㊀cow-shed) 畜舎

**estação** /エスタサォン/ 囡(㊀station) 駅, 停車場; 季節 ◆ **~ do ano** 季節

**estacar**/エスタカール/動(㊀to stop short) 急に立ち止まる; 当惑する; 杭で支える

**estacionamento** /エスタスィオナメント/ 男(㊀parking) 駐車(場)

**estacionar** /エスタスィオナール/ 動(㊀to park) 停止する; 進まない, 滞留する

**estádio** /エスタヂオ/ 男(㊀stadium) 競技場, スタジアム; 段階; 時期

**estadista** /エスタヂスタ/ 男囡(㊀statesman[-woman]) 政治家

**estado** /エスタード/ 男(㊀state) 状態, 形勢; 身分, 地位; 国家, 州 ◆ **Estados Unidos da América** アメリカ合衆国 **tomar [mudar de] ~** 結婚する

**estágio** /エスタジオ/ 男(㊀traineeship) 見習い

**estagnar** /エスタギナール/ 動(㊀to make stagnant) 淀ませる, 停滞させる, 滞らせる

**estalagem** /エスタラージェィン/ 囡(㊀inn) 旅館, 宿屋

**estalar** /エスタラール/ 動(㊀to break) 砕く, 割る; 割れる; 爆発する, 破裂する

**estaleiro** /エスタレィロ/ 男(㊀shipyard) 造船所

**estame** /エスターミ/ 男(㊀stamen) 雄しべ

**estampa** /エスタンパ/ 女 (㊥print) 版画, 挿絵; 痕跡 ◆ *dar à ~* 印刷する

**estampar** /エスタンパール/ 動(㊥to print) 印刷する, プリントする; 捺染する

**estância** /エスタンスィア/ 女 (㊥ranch) 大牧場, 大農場

**estanco** /エスタンコ/ 男 (国家の)専売; 専売品販売所, タバコ屋

**estanho** /エスターニョ/ 男 (㊥tin) 錫

**estante** /エスタンチ/ 女 (㊥bookcase) 本棚, 書棚

**estar** /エスタール/ 動(㊥to be) ある, 居る; …(の状態)である ◆ *~ +現在分詞 /a +* 不定詞 …している *~ para [a] +*不定詞 今…するところである *~ por +*不定詞 まだ…していない

**estático(-a)** /エスタチコ/ 形(㊥static) 静止した; 静的な, 静態の

**estatística** /エスタチスチカ/ 女(㊥statistic) 統計(表); 統計学

**estátua** /エスタトゥア/ 女 (㊥statue) 彫像, 像

**estatuto** /エスタトゥット/ 男 (㊥statute) 決まり, 法令, 慣例; 身分

**estável** /エスターヴェウ/ 形 (㊥stable) 安定した

**este** /エスチ/ 形(㊥east) 東の ― 男 東; 東部; 東風

**este(esta)** /エスチ/ 形(㊥this (pl. these) この; 今の ― 代 これ; 後者

**estender** /エステンデール/ 動(㊥to extend) 拡大する, 広げる, 伸ばす; 普及させる ◆ *~-se* 広がる; 伝播する

**estéril** /エステーリウ/ 形(㊥sterile) 不毛な, 実のならない; 不妊の

**esterilização** /エステリリザサォン/ 女(㊥sterilization) 殺菌, 消毒

**estético(-a)** /エステチカ/ 形 (㊥esthetic) 審美的な, 美的な; 美容の

**esticar** /エスチカール/ 動(㊥to stretch) (手足を) 伸ばす

**estilo** /エスチーロ/ 男(㊥style) スタイル, 様式; 文体, 語法

**estima** /エスチーマ/ 女 (㊥esteem) 尊敬, 尊重; 愛好, 愛情; 評価, 見積もり

**estimar** /エスチマール/ 動(㊥to appreciate) 評価する; 尊重する, 尊敬する; 珍重する; 見積もる

**estimativa** /エスチマチーヴァ/ 女(㊥estimate) 評価, 見積り

**estimável** /エスチマーヴェウ/ 形(㊥decent) 尊敬に値する; 評価のできる

**estimulante** /エスチムランチ/ 形(㊥stimulating) 刺激する, 興奮させる

**estimular** /エスチムラール/ 動(㊥to stimulate) 刺激する; 奨励する, 励ます

**estímulo** /エスチムロ/ 男 (㊥stimulus) 刺激, 奨励

**estio** /エスチーオ/ 男 (㊥summer) 夏

**estipêndio** /エスチペンヂオ/ 男(㊥pay) 給料, 賃金

**estirar** /エスチラール/ 動(㊥to stretch) 引っ張る, ぴんと張る; (手足を) 伸ばす; 引き延ばす

**estivador(-ra)** /エスチヴァドール/ 男女(㊥docker) 沖仲士; 食料品卸売商

**estômago** /エストマゴ/ 男 (㊥stomach) 胃; 食欲

**estontear** /エストンテアール/ 動(㊥to stun) 失神させる; 茫然とさせる

**estoque** /エストッキ/ 男 (㊥stock) 在庫品, ストック

**estorvar** /エストルヴァール/ 動(㊥to hinder) 妨げる, 妨害する; 困らせる

**estourar** /エストゥラール/ 動 (㊥to explode) 破裂する, 爆発する[させる]; とどろく;

怒らせる

**estrada** / エストラーダ / 女 (㉻road) 道路, 街道

**estragar** / エストラガール / 動 (㉻to spoil) 損ずる, 駄目にする; 乱費する; 堕落させる

**estrangeiro(-a)** / エストランジェイロ / 形 (㉻foreign) 外国(人)の ― 男女 外国人 ― 男 外国

**estranhar** / エストラニャール / 動 (㉻to find strange) 不思議[奇異]に思う; 驚かす

**estranho(-a)** / エストラーニョ / 形 (㉻strange) 変な, 奇異な, 変わった ― 男 知らない人

**estratégia** / エストラテジア / 女 (㉻strategy) 戦略, 作戦

**estratégico(-a)** / エストラテジコ / 形 (㉻strategic) 戦略(上)の, 巧妙な

**estrear** / エストレアール / 動 (㉻to use for the first time) 初めて用いる; 始める ◆ ~-se 初演する

**estréia** / エストレィア / [*estreia] 女 (㉻ debut) 開始, デビュー; 処女作

**estreitar** / エストレィタール / 動 (㉻to narrow) 狭くする; 縮小する, 縮める; 締めつける; 抱き締める

**estreito(-a)** / エストレィト / 形 (㉻narrow) 狭い, 細い; 窮屈な; 乏しい ― 男 海峡

**estrela** / エストレーラ / 女 (㉻star) 星, 恒星; (女性の) スター

**estremecer** / エストレメセール / 動 (㉻to shake) 振動させる, ゆさぶる; 恐がらせる; 深く愛する

**estresse** / エストレスィ / 男 (㉻stress) ストレス

**estrondo** / エストロンド / 男 (㉻rumble) 大音響; 大騒ぎ

**estropiar** / エストロピアール / 動 (㉻to maim) からだに障害を与える; 疲れさせる

**estrume** / エストルーミ / 男 (㉻manure) 肥料

**estrutura** / エストルトゥーラ / 女 (㉻structure) 構造, 組織, 仕組み, 構成

**estrutural** / エストルトゥラゥ / 形 (㉻structural) 構造(上)の, 組織(的)な

**estudante** / エストゥダンチ / 男女 (㉻student) 学生, 生徒

**estudar** / エストゥダール / 動 (㉻to study) 勉強する, 学習する; 研究する

**estudioso(-a)** / エストゥヂオーソ / 形 (㉻studious) 勉強好きな; 勤勉な

**estudo** / エストゥード / 男 (㉻study) 勉強, 学習, 研究;【美術】習作

**estufa** / エストゥッファ / 女 (㉻stove) ストーブ; 温室

**estúpido(-a)** / エストゥーピド / 形 (㉻stupid) 愚かな, 愚鈍な, 馬鹿げた

**esvaecer** / エスヴァエセール / 動 (㉻to vanish) 消す, 消散させる; 消失させる; うぬぼれさせる; 取り消す

**etapa** / エタッパ / 女 (㉻stage) 段階, 行程; (部隊の) 口糧

**eternamente** / エテルナメンチ / 副 (㉻eternally) 永遠に

**eternidade** / エテルニダーヂ / 女 (㉻eternity) 永遠(性), 永劫; 来世

**eternizar** / エテルニザール / 動 (㉻to make eternal) 永遠にする, 不滅にする

**eterno(-a)** / エテルノ / 形 (㉻eternal) 永遠の, 永久の, 不朽の

**ética** / エチカ / 女 (㉻ethics) 倫理学

**etiqueta** / エチケッタ / 女 (㉻etiquette) エチケット

**étnico(-a)** / エチニーア / 形 (㉻ethnic) 民族の

**eu** / エゥ / 代 (㉻I) わたし

**Europa** / エウロッパ / 女 (㉻Europe) ヨーロッパ

**europeu(-péia [-eia])** /エウロペウ/ 形(㉘European) ヨーロッパ(人)の ― 男女 ヨーロッパ人

**evacuar** /エヴァクワール/ 動(㉘to evacuate) 空にする; …から出る; 明け渡す; 排泄する

**evadir** /エヴァヂール/ 動(㉘to evade) 避ける, 回避する; 逃避する

**evangelho** /エヴァンジェーリョ/ [*Evangelho] 男(㉘gospel) 福音; 福音書

**evaporar** /エヴァポラール/ 動(㉘to evaporate) 蒸発させる, 気化させる; 使い果たす

**evento** /エヴェント/ 男(㉘occurrence) 出来事, 事件, 発生

**eventual** /エヴェントゥアウ/ 男女(㉘fortuitous) 偶然の

**evidência** /エヴィデンスィア/ 女(㉘evidence) 明白さ

**evidenciar** /エヴィデンスィアール/ 動(㉘to show) 見せる, 明らかにする, 証明する

**evidente** /エヴィデンチ/ 形(㉘evident) 明白な ◆ *é ~ que* …は明白である

**evitar** /エヴィタール/ 動(㉘to avoid) 避ける, 回避する

**evocar** /エヴォカール/ 動(㉘to evoke) (霊を)呼び出す; 思い起こす

**evolução** /エヴォルサォン/ 女(㉘development) 進化; 発展, 進歩

**evolucionar** /エヴォルスィオナール/ 動(㉘to evolutionize) 進化する; 進歩する

**evoluir** /エヴォルイール/ 動(㉘evolve) 発展する, 進化する, 展開する

**exagerar** /エザジェラール/ 動(㉘to exaggerate) 誇張する

**exagero** /エザジェーロ/ 男(㉘exaggeration) 誇張

**exalar** /エザラール/ 動(㉘to give off) 発散する

**exaltado(-a)** /エザウタード/ 形(㉘fanatical) 熱烈な, 激した; 誇張された

**exaltar** /エザウタール/ 動(㉘to exalt) 高揚させる; 褒める; 興奮させる

**exame** /エザーミ/ 男(㉘examination) 試験; 診察, 検診; 調査 ◆ *fazer um ~* 試験をする *passar no ~* 試験に合格する

**examinar** /エザミナール/ 動(㉘to examine) 試験する; 診察する, 検診する; 調査する

**exatidão** /エザチダォン/ [*exactidão] 女(㉘accuracy) 正確; 厳守, 厳格 ◆ *com ~* 正確に

**exato(-a)** /エザット/ [*exacto] 形(㉘correct) 正確な; 厳密な, 几帳面な

**exausto(-a)** /エザウスト/ 形(㉘exhausted) 使い果たされた; 消耗した, 疲れきった

**exceção** /エセサォン/ 女(㉘exception) 例外 ◆ *abrir uma ~* 例外を作る

**exceder** /エセデール/ 動(㉘to exceed) 越える, 超過する

**excelência** /エセレンスィア/ 女(㉘excellence) 卓越, すばらしさ ◆ *por ~* とりわけ; すぐれて

**excelente** /エセレンチ/ 形(㉘excellent) 優れた, 卓越した, 極上の

**excêntrico(-a)** /エセントリコ/ 形(㉘eccentric) 中心から離れた; 風変わりな

**excepcional** /エセピスィオナウ/ 形(㉘exceptional) 例外的な, 異例の

**excessivo(-a)** /エセスィーヴォ/ 形(㉘excessive) 過度の, 法外な, 極度の

**excesso** /エセッソ/ 男(㉘excess) 超過(分), 余り

**excetuar** /エセトゥアール/ [*exceptuar] 動(㉘to except) 除外する; 例外とする

**excitação** /エスィタサォン/ 女 (㊧excitement) 興奮, 刺激

**excitar** /エスィタール/ 動 (㊧to excite) 刺激する, 興奮させる; 励ます, 活気づける

**exclamação** /エスクラマサォン/ 女 (㊧ exclamation) 叫び, 感嘆

**exclamar** /エスクラマール/ 動 (㊧to exclaim) 叫ぶ

**excluir** /エスクルイール/ 動 (㊧to exclude) 排除する, 締め出す; 両立しない

**exclusão** /エスクウサォン/ 女 (㊧exclusion) 排除; 除名

**exclusivo(-a)** /エスクルスィーヴォ/ 形 (㊧exclusive) 排他的な, 独占的な

**excursão** /エスクルサォン アベ/ 女 (㊧excursion) 遠足

**execução** /エゼクサォン/ 女 (㊧execution) 実行, 遂行, 執行; 処刑

**executar** /エゼクタール/ 動 (㊧to execute) 実行する, 実施する, 執行する; 処刑する

**executivo(-a)** /エゼクチーヴォ/ 形 (㊧executive) 実行する, 遂行する, 行政上の ― 男 管理職員

**exemplar** /エゼンプラール/ 形 (㊧exemplary) 模範的な ― 男 見本, 手本; 冊

**exemplo** /エゼンプロ/ 男 (㊧example) 例, 実例; 模範, 手本 ◆ *a ~ de* …を手本にして *por ~* たとえば *sem ~* 比類のない

**exercer** /エゼルセール/ 動 (㊧to exercise) 行なう, 行使する; 従事する

**exercício** /エゼルスィスィオ/ 男 (㊧exercise) 実行, 行使; 営業; 運動; 練習

**exército** /エゼルスィト/ 男 (㊧army) 陸軍, 軍隊; 群集

**exibição** /エズィビサォン/ 女 (㊧show, display) 展示会

**exibir** /エズィビール/ 動 (㊧to show, to display) 提示する; 展示する; 見せびらかす

**exigência** /エズィジェンスィア/ 女 (㊧demand) 要求, 必要, 緊急性

**exigir** /エズィジール/ 動 (㊧to demand) 請求する, 要求する; 必要とする

**exíguo(-a)** /エズィーグォ/ 形 (㊧scanty) 乏しい, わずかな; 狭い

**exilar** /エズィラール/ 動 (㊧to exile) (国外に) 追放する ◆ *~-se* 亡命する

**existência** /エズィステンスィア/ 女 (㊧existence) 存在, 実在; 人生; 実存

**existente** /エズィステンチ/ 形 (㊧existent) 現存する

**existir** /エズィスチール/ 動 (㊧to exist) 存在する; 生存する

**êxito** /エズィト/ 男 (㊧result) 結果, 成果; 出口 ◆ *dar bom ~* 成功する

**exótico(-a)** /エゾチコ/ 形 (㊧exotic) 外国産の; 異国的な

**expandir** /エスパンヂール/ 動 (㊧to expand) 広げる, 拡張する; 広める

**expansão** /エスパンサォン/ 女 (㊧expansion) 拡大, 膨張; 発展; 普及; (感情の) 表出

**expectativa** /エスペキタチーヴァ/ 女 (㊧ expectation) 予想, 見込み; 期待 ◆ *na ~ de* …を期待して

**expedição** /エスペヂサォン/ 女 (㊧expedition) 発送, 送付; 派遣, 遠征, 探検

**expedir** /エスペチール/ 動 (㊧to despatch) 派遣する; 発送する, 送る

**expelir** /エスペリール/ 動 (㊧to expel) 追い払う, 追い出す; 吐き出す; (言葉を) 放つ

**experiência** /エスペリエンスィア/ 女 (㊧experience) 経験, 体験; 実験 ◆ *meter [pôr] em ~* 実験する *pessoa de muita ~* 経験豊かな人 *por ~* 経験により

**experimentar** /エスペリメンタール/ 動 (㊥to test) 実験する, 試験する; 体験する, 経験する

**experto(-a)** /エスペルト/ 形 (㊥expert) 熟達した, 精通した ― 男女 ベテラン

**expirar** /エスピラール/ 動 (㊥to exhale) (息を) 吐く; (香りを) 放つ; 死ぬ; 満期になる

**explanar** /エスプラナール/ 動 (㊥to explain) 説明する, 詳述する

**explicação** /エスプリカサォン/ 女 (㊥explanation) 説明, 解説; 解釈; 釈明, 弁明

**explicar** /エスプリカール/ 動 (㊥to explain) 説明する, 解説する; 解釈する; 釈明する

**explícito(-a)** /エスプリスィト/ 形 (㊥explicit) 明白な, 明瞭な

**exploração** /エスプロラサォン/ 女 (㊥exploration) 探検, 探査; 探究; 開発

**explorar** /エスプロラール/ 動 (㊥to explore) 探検する, 探査する; 探究する; 開発する

**explosão** /エスプロザォン/ 女 (㊥explosion) 爆発

**expor** /エスポール/ 動 (㊥to expose) (危険に) さらす; 説明する, 述べる; 展示する; (日光に) さらす

**exportação** /エスポルタサォン/ 女 (㊥exporting) 輸出; 輸出品

**exportar** /エスポルタール/ 動 (㊥to export) 輸出する

**exposição** /エスポズィサォン/ 女 (㊥exhibition) 展示, 陳列; 展示品; 展覧会; 陳述

**expressão** /エスプレサォン/ 女 (㊥expression) 表現; 表情; 言葉遣い

**expressar** /エスプレサール/ 動 (㊥to express) 表す, 表現する

**expresso(-a)** /エスプレッソ/ 形 (㊥definite) 明白な; 明示された ― 男 (㊥express) 急行列車

**exprimir** /エスプリミール/ 動 (㊥to express) 表現する; 示す, 表す

**expulsar** /エスプウサール/ 動 (㊥to expel) 追放する, 追い出す; 除名する

**expurgar** /エスプルガール/ 動 (㊥to expurgate) きれいにする, 浄化する; 訂正する

**êxtase** /エスタズィ/ 男 (㊥ecstasy) 陶酔, 有頂天, 法悦

**extensão** /エステンサォン/ 女 (㊥extension) 拡大, 拡張, 伸長; 発展; 範囲; 内線

**extenso(-a)** /エステンソ/ 形 (㊥extensive) 広大な, 長い; 長時間の

**extenuar** /エステヌアール/ 動 (㊥to exhaust) 衰弱させる, 疲弊させる

**exterior** /エステリオール/ 形 (㊥exterior) 外部の, 外の; 外国の; 表面の ― 男 外部; 外観; 外国

**exterminar** /エステルミナール/ 動 (㊥to exterminate) 根絶する; 追放する

**externo(-a)** /エステルノ/ 形 (㊥external) 外の, 外部の

**extinção** /エスチンサォン/ 女 (㊥extinction) 消滅

**extinguir** /エスチンギール/ 動 (㊥to extinguish) (火を) 消す; 消滅させる, 絶やす

**extinto(-a)** /エスチント/ 形 (㊥extinguished) 消えた; 絶えた ― 男女 故人

**extintor** /エスチントール/ 男 (㊥extinguisher) 消火器

**extração** /エストラサォン/ 女 (㊥extraction) 抽出; 引き抜くこと

**extrair** /エストライール/ 動 (㊥to extract) 引き出す; 摘出する; 採取する; 抽出する

**extraordinário(-a)** /エストラオルヂナーリオ/ 形 (㊥extraordinary) 並外れた, 際立っ

**extrato** /エストラット/ [*extracto]男(®extract) 抽出物; 抜粋

**extravagante**/エストラヴァガンチ/形(®extravagant) 並外れた, 法外な, 突飛な

**extremidade**/エストレミダーヂ/女(®extremity) 末端; 極端; 終わり

**extremo(-a)** /エストレーモ/形(®extreme) 極端な; 末端の —男 極端; 末端 ◆ *em ~* 極端に, 極度に

**exultar**/エズウタール/動(®to rejoice) 歓喜する

# F, f

**fábrica** /ファブリカ/ 女(®factory) 製造所, 工場

**fabricação**/ファブリカサォン/女(®manufacture) 製造; 製品

**fabricante**/ファブリカンチ/男女(®manufacturer) 製造業者, メーカー

**fabricar**/ファブリカール/動(®to manufacture) 製造する, 作る

**fabrico** /ファブリコ/ 女(®production) 生産

**fábula** /ファブラ/女(®fable) 寓話; 作り話

**fabuloso(-a)**/ファブローゾ/形(®fabulous) 寓話の; 寓意的な; 架空の; 壮大な

**faca**/ファッカ/女(®knife) ナイフ, 小刀, 包丁

**façanha**/ファサーニャ/女(®exploit) 偉業, 壮挙; 悪業

**face**/ファッスィ/ 女(®face) 顔; 正面; 表面; 様相 ◆ *a ~* 向かい合って *em ~ de* …の面前で; …と向き合って

**fácil** /ファスィウ/形(®easy) 易しい, 容易な, 平易な; 気楽な; 従順な ◆ *mulher de vida ~* 娼婦

**facilidade**/ファスィリダーヂ/女(®ease) 容易さ; 器用さ; 能力; ((~s)) 便宜 ◆ *com ~* 容易に

**facilitar**/ファスィリタール/動(®to make easy) 容易にする, 促進する, 便宜を図る

**faculdade**/ファクウダーヂ/女(®faculty) 能力, 才能; 特権; 学部; ((~s)) 財力

**facultativo(-a)** /ファクウタチーヴォ/形(®optional) 任意の; 随意の

**fadiga** /ファヂーガ/女(®fatigue) 疲労, 疲弊

**fado**/ファード/男(®fate) 運命; 『音楽』ファド

**faixa**/ファイシャ/女(®belt) 帯, バンド; 包帯

**fala**/ファーラ/女(®speech) 話すこと, 話, スピーチ

**falar** /ファラール/ 動 (®to speak) 話す, 語る ◆ *~ bem [mal] de* (人) をよく [悪く] 言う *~ de* …について話す

**falecer**/ファレセール/動(®to die) 死ぬ, 逝去する

**falecimento**/ファレスィメント/男(®death) 死ぬこと

**falhar**/ファリャール/動(®fail) 失敗させる, 誤る, 故障する; 壊す

**falir**/ファリール/動(®to fail) 失敗する; 破産する

**falsidade**/ファウスィダーヂ/女(®falsehood) 虚偽; 間違い, 誤り; 嘘

**falso(-a)** /ファウソ/ 形(®false, fake) 偽りの; 間違った, 誤った; にせの

**falta**/ファウタ/女(®lack) 欠如; 欠点; 過失; 反則 ◆ *ficar em ~* 義務を忘る *sem ~* 必ず *sentir ~ de* …がいなくて寂しい

**faltar**/ファウタール/動(®to be lacking) 欠けている, 足りない; 欠席する

**fama**/ファーマ/女(®fame) 評判, 世評; 名声

**família** /ファミリア/ 女(英family) 家族；一族；〖生物〗科

**familiar** /ファミリアール/ 形(英familiar) 家族的な，家庭的な；親しい，ありふれた

**famoso(-a)** /ファモーソ/ 形(英famous) 有名な

**fanático(-a)** /ファナチコ/ 形(英fanatical) 狂信的な，熱狂的な ── 男女 狂信者

**fanatismo** /ファナチズモ/ 男(英fanaticism) 狂信，熱狂

**fantasia** /ファンタズィーア/ 女(英fantasy) 空想，想像（力）；ファンタジー

**fantasma** /ファンタズマ/ 男(英ghost) 幽霊，幻影

**fantástico(-a)** /ファンタスチコ/ 形(英fantastic) 空想上の，架空の；すばらしい

**farinha** /ファリーニャ/ 女(英flour) （穀物の）粉

**farmacêutico(-a)** /ファルマセウチコ/ 形(英pharmaceutical) 薬学の ── 男女 薬剤師

**farmácia** /ファルマスィア/ 女(英pharmacy) 薬学；薬剤；薬局

**farol** /ファロウ/ 男(英lighthouse) 灯台；（自動車などの）ヘッドライト

**farsa** /ファルサ/ 女(英farce) コント

**fartar** /ファルタール/ 動(英to satiate) 満腹させる；（飢え・渇きを）癒す；飽きさせる

**farto** /ファルト/ 男(英full) 満腹した；満足した；飽きた

**fascinação** /ファスィナサォン/ 女(英fascination) 魅惑

**fascinar** /ファスィナール/ 動(英to fascinate) 魅惑する；魔法をかける

**fase** /ファーズィ/ 女(英phase) 位相，段階，局面；形勢

**fastidioso(-a)** /ファスチヂオーソ/ 形(英tedious) 飽き飽きする

**fatal** /ファタウ/ 形(英fatal) 運命の，宿命的な；致命的な

**fatia** /ファチーア/ 女(英piece) （パンや肉などの）一切れ

**fatigar** /ファチガール/ 動(英to tire) 疲れさせる；うんざりさせる

**fato** /ファット/ 男(英fact) 事実，出来事；事柄（= facto）；衣服；（男性の）スーツ ◆ *de* ～ 実際に *estar ao* ～ *de* …に精通している

**fator** /ファトール/ [*factor] 男(英factor) 因子，要因

**fatura** /ファトゥーラ/ [*factura] 女(英invoice) 送り状，作成；請求書

**favela** /ファヴェーラ/ 女(英slum) スラム

**favor** /ファヴォール/ 男(英favor) 好意；恩恵，利益；保護；賛成 ◆ *a* [*em*] ～ *de* …のために，…に賛成して *com o* ～ *de* …のおかげで *Faça o* ～ *de* +不定詞 どうぞ…してください *por* ～ [*faz* ～] どうぞ…

**favorável** /ファヴォラーヴェウ/ 形(英favourable) 好意的な；有利な

**favorecer** /ファヴォレセール/ 動(英to favor) 好意を示す；優遇する，援助する

**favorito(-a)** /ファヴォリット/ 形(英favorite) お気に入りの，大好きな ── 男女 お気に入りの人

**fazenda** /ファゼンダ/ 女(英farm, plantation) 農場，農地；布地，服地；財産

**fazendeiro(-a)** /ファゼンデーロ/ 男女(英farmer) 大農場主

**fazer** /ファゼール/ 女(英to make, to do) 作る，製造する；する，行う；もたらす；…させる ◆ *faz cinco anos* 5年前 ～*-se* 成長する；…になる；…のふりをする

**fé** /フェ/ 女(英faith) 信仰，信条；信頼；誠実 ◆ *à* ～ 本当

に，確かに **boa** [**má**] ~ 善[悪]意 **dar ~ de** …を証言する；…を証明する **ter ~ em** …を信頼する

**febre**/フェーブリ/女(英fever) 熱；熱望 ◆ **~ aftosa** 口蹄疫 **ter ~** 熱がある

**fechar**/フェシャール/動(英to close, to shut) 閉じる，閉鎖する，塞ぐ；終わらせる

**fecho** /フェッショ/ 男(英conclusion) 終わり，終結

**fécula**/フェクラ/女(英starch) 澱粉

**fecundo(-a)** /フェクンド/ 形(英fertile) 多産な，多作な；豊かな，肥沃な

**federação**/フェデラサォン/女(英federation) 連邦，連盟

**fedorento(-a)** /フェドレント/ 形(英strinking) 臭い

**feição** /フェイサォン/ 女(英form, shape) 形態，形状；様子；((複数形)) 容貌

**feijão** /フェイジャオン/ 男(英bean) 豆，大豆

**feio(-a)**/フェイオ/形(英ugly) 醜い，不恰好な，醜悪な

**feira**/フェイラ/女(英fair) 市(いち)，定期市

**feitio** /フェイチーオ/ 男(英shape) 形，形態，細工

**feito(-a)** / フェイト / 形(英finished) なされた；作られた；成長した ― 男(英act) 行為；事実 ◆ **de ~** 実際に

**felicidade** /フェリスィダーチ/ 女(英happiness) 幸福，成功，幸運

**felicitar** /フェリスィタール/ 動(英to congratulate) 幸福にする；祝う

**feliz**/フェリース/形(英happy) 幸福な；幸運な，順調な

**fender** /フェンデール/ 動(英to crack) ひびを入れる，割る，裂く

**fenômeno** /フェノメノ/ [*fenómeno] 男(英phenomenon) 現象，事象；事件

**feriado**/フェリアード/男(英holiday) 休日，祝祭日

**férias** /フェリアス/ 女複 (英vacation) 休暇

**ferida** /フェリーダ/ 女(英injury) 傷，負傷；苦痛

**ferido(-a)** /フェリード/ 形(英injured) 負傷した

**ferimento** /フェリメント/ 男(英injury) 負傷；傷害

**ferir** /フェリール/ 動(英to injure) 傷つける，怪我をさせる；害する

**feroz** /フェロィス/形(英fierce) 獰猛な，狂暴な，残忍な；激しい

**ferramenta**/フェハメンタ/ 女(英tool) 道具，手段

**ferro**/フェーホ/男(英iron) 鉄；アイロン ◆ **a ~ e fogo** 暴力で **passar a ~** アイロンをかける

**ferrovia** /フェホヴィーア/ 女(英railway) 鉄道

**ferroviário(-a)** /フェホヴィアリオ/形(英railway) 鉄道の

**fértil** /フェルチウ /形(英fertile) 肥沃な；多産な；豊かな

**ferver** /フェルヴェール / 動(英to boil) 沸騰させる[する]

**fervor** /フェルヴォール/ 男(英fervor) 沸騰；情熱

**festa**/フェスタ/女(英festival) 祭り，祝祭；祝日，祭日；((~s)) 愛撫 ◆ **fazer ~ a** 歓迎する

**festejar**/フェステジャール/ 動(英to celebrate) 祝う，祭りをする；称賛する

**festival** /フェスチヴァウ/ 男(英festival) 祝祭，祭り

**fevereiro** /フェヴェレィロ/ [*Fevereiro] 男(英February) 2月

**fezes** /フェーズィス/ 女複 (英feces) 糞便

**fiador(-a)** /フィアドール/ 男女(英guarantor) 保証人 ― 男 保証

**fiança** /フィアンサ/ 女(英

**fiar** /フィアール/ 動(英to entrust) 信用する; 紡ぐ

**fibra** /フィーブラ/ 女(英fiber) 繊維

**ficar** /フィカール/ 動(英to be, to stay, to become) ある; 留まる; 位置する; 残る ◆ ~ + 現在分詞; ~ a + 不定詞 …し続ける ~ bem [mal] com …と(似)合う [(似)合わない] ~ de + 不定詞 …することを約束する

**ficção** /フィクソァン/ 女(英fiction) 虚構, フィクション

**ficheiro** /フィシェイロ/ 男(英file) ファイル

**fidelidade** /フェデリダーチ/ 女(英fidelity) 忠実, 誠実, 信義; 正確

**fiel** /フィエウ/ 形(英faithful) 忠実な, 誠実な; 信心深い; 正確な

**fígado** /フィガド/ 男(英liver) 肝臓

**figo** /フィーゴ/ 男(英fig) イチジク

**figura** /フィグーラ/ 女(英figure) 形, 姿, 形状; 像, 図; 象徴; 容姿; 人物

**figurar** /フィグラール/ 動(英figure) 形を取る, 描く, 装う

**fila** /フィーラ/ 女(英row) 列; 縦列 ◆ em ~ 一列になって

**filha** /フィーリャ/ 女(英daughter) 娘

**filho** /フィーリョ/ 男(英son) 息子

**filial** /フィリアウ/ 形(英filial) 子の ― 女 支店, 子会社

**filmar** /フィウマール/ 動(英to film) 映画撮影する

**filme** /フィウミ/ 男(英film) (映画の) フィルム

**filosofia** /フィロゾフィーア/ 女(英philosophy) 哲学

**filósofo(-a)** /フィロゾフォ/ 男女(英philosopher) 哲学者

**fim** /フィン/ 男(英end) 終わり; 結末; 目的 ◆ a [com o] ~ de …のために até o ~ あくまでも em [por] ~ 終わりに; つまり pôr ~ a …を終わらせる sem ~ 果てしなく

**final** /フィナウ/ 形(英final) 最後の ― 男 終わり, 最後; 結末

**finalidade** /フィナリダーチ/ 女(英purpose) 目的

**finalmente** /フィナウメンチ/ 副(英finally) ついに, やっと

**finanças** /フィナンサス/ 女(英finance) 国庫; 財政状態

**financeiro(-a)** /フィナンセイロ/ 形(英financial) 金融の

**financiamento** /フィナンスィアメント/ 男(英financing) 融資

**financiar** /フィナンスィアール/ 動(英finance) 融資する

**fingir** /フィンジール/ 動(英to feign) 装う, ふりをする

**fino(-a)** /フィーノ/ 形(英fine) 細い, 細かい; 繊細な, 精緻な; 優れた; 鋭利な

**fio** /フィオ/ 男(英thread, wire) 糸; 針金

**firma** /フィルマ/ 女(英signature) 署名; 商会

**firmamento** /フィルマメント/ 男(英firmament) 天空

**firmar** /フィルマール/ 動(英to make firm) 強固にする; 確認する; 制定する; 署名する

**firme** /フィルメ/ 形(英firm) 堅固な; しっかりした, 不動の

**fiscal** /フィスカウ/ 形(英fiscal) 税の, 監理の ― 男 監督者, 警官

**fiscalizar** /フィスカリザール/ 動(英to supervise) 監督する, 監視する; 検査する, 監査する

**física** /フィズィカ/ 女(英physics) 物理学; ((古)) 医学

**físico** /フィズィコ/ 形(英physical) 物理の, 物質の ― 名 物理学者, ((古)) 医者

**fisionomia** /フィズィオノミー

ア/**女**(英 physiognomy) 容貌, 人相, 顔つき; 外観

**fita** /フィッタ/ **女**(英ribbon, tape, film) リボン; テープ; フィルム; 映画

**fito** /フィット/ **男**(英aim) 目標, 意図

**fixar** /フィキサール/ **動**(英to fix) 固定する; 決定する

**fixo(-a)** /フィクソ/ **形**(英fixed) 固定した; 不動の

**flácido(-a)** /フラスィド/ **形**(英flabby) たるんだ

**flagrante** /フラグランチ/ **形** (英flagrant) 燃え上がる; 明白な ◆ *em ~* 現場で *~ delito* 現行犯

**flecha** /フレッシャ/ **女**(英 arrow) 矢

**fleuma** /フレウマ/ **女** (英phlegm) 冷静; 無関心

**flexível** /フレキスィーヴェウ/ **形**(英flexible) 柔軟な; 柔順な

**flor** /フロール/ **女**(英 flower) 花, 草花; 粋, 精華 ◆ *à ~ de* …の表面に *em ~* 開花した

**florescer** /フロレセール/ **動** (英to flower) 咲く; 繁栄する

**floresta** /フロレスタ/ **女** (英forest) 森林

**florestal** /フロレスタウ/ **形** (英forest) 森の, 森林の

**florista** /フロリスタ/ **男女** (英florist) 花屋, 造花業者

**fluente** /フルエンチ/ **動** (英fluent) 流れる; (言葉が) 流暢な

**fluido(-a)** /フルイード/ **形** (英fluid) 流動する, 流動性の

**fluir** /フルイール/ **動**(英to flow) 流れる; 由来する, 生ずる

**flutuação** /フルトゥアサオン/ **女**(英fluctuation) 変動; 波動

**flutuar** /フルトゥワール/ **動**(英to float) 浮く; 浮動する

**fluvial** /フルヴィアウ/ **形** (英river) 川の, 河川の

**focalizar** /フォカリザール/ [*focar]**動**(英to focus) 焦点を合わせる[絞る]

**foco** /フォッコ/ **男**(英focus)〖光学〗焦点; 中心

**fogão** /フォガオン/ **男**(英stove) オーブン, こんろ, かまど; ストーブ

**fogo** /フォーゴ/ **男**(英fire) 火, 炎; 火事 ◆ *fazer ~* 発砲する *pôr ~ em* …に火をつける

**foguete** /フォゲッチ/ **男**(英 rocket) 花火, ロケット

**folga** /フォウガ/ **女**(英rest) 休息; 余暇

**folgar** /フォウガール/ **動**(英to loosen) 和らげる; 休める, 休む; 喜ぶ

**folha** /フォーリャ/ **女**(英leaf) 葉; 刃; 薄片; 紙片; (本の) 葉, ページ

**folhear** /フォリェアール/ **動** (英to leaf through) ページをめくる; ざっと読む

**folheto** /フォリェット/ **男** (英pamphlet) パンフレット

**fome** /フォーミ/ **女**(英hunger) 飢え, 空腹; 飢餓, 飢饉 ◆ *morrer de ~* 餓死する *ter [estar com] ~* 空腹だ

**fomentar** /フォメンタール/ **動**(英to instigate) 奨励する; 促進する; 煽動する

**fonte** /フォンチ/ **女**(英spring) 泉, 水源; 噴水; 給水場; 出所, 源; 原本

**fora** /フォーラ/ **副**(英out, outside) 外に[で], 屋外で; 国外で …のほかに; …を除いて ◆ *estar ~* 外出している *~ disso* その他に, さらに

**forasteiro(-a)** /フォラステイロ/ **形**(英alien) 外国の; 見知らぬ — **男** 外国人

**força** /フォルサ/ **女**(英 strength) 力; 体力; 気力; 強制力; 権力; 活力; 能力; 強さ; 努力; 電力; 軍隊 ◆ *à ~* 無理に, 暴力で *à ~ de* …の力で, …によって

**forçar** /フォルサール/ **動**(英to force) 強いる, 強制する; …

**forjar** /フォルジャール/ 動(㊥to forge) 鍛える; 精錬する; 作る

**forma** /フォルマ/ 囡(㊥form) 形, 形状, 形態; 形式; 人影, 物影; 状態 ◆ *de ~ que* + 接続法 …するように *de ~ que* + 直説法 …なので *de que ~* どのように *desta ~* このように

**formação** /フォルマサォン/ 囡(㊥formation) 形成, 構成

**formal** /フォルマウ/ 形(㊥formal) 形式的な; 正式の

**formalidade** /フォルマリダーチ/ 囡(㊥formality) 慣例; 〖法律〗手続き

**formar** /フォルマール/ 動(㊥to form) 形づくる; 構成する; 構想する; 設立する; 教育する ◆ *~-se em* (大学・学部) を卒業する

**formidável** /フォルミダーヴェウ/ 形(㊥tremendous) 法外な, 巨大な; 驚嘆すべき, すばらしい

**formiga** /フォルミーガ/ 囡(㊥ant) 蟻; 倹約家 ◆ *à ~* こっそり, ひそかに

**formoso(-a)** /フォルモーゾ/ 形(㊥beautiful) 美しい; すばらしい, 立派な

**fórmula** /フォルムラ/ 囡(㊥formula) 書式, 形式; 〖数学〗公式; 化学式; 作法

**fornecer** /フォルネセール/ 動(㊥to supply) 供給する, 調達する

**forno** /フォルノ/ 男(㊥oven) オーブン

**fortalecer** /フォルタレセール/ 動(㊥to strengthen) 強くする, 強壮にする

**fortaleza** /フォルタレーザ/ 囡(㊥strength) 強さ, 強固; 強壮; 要塞

**forte** /フォルチ/ 形(㊥strong) 強い, たくましい, 強壮な ― 男 要塞; 長所

**fortuna** /フォルトゥーナ/ 囡(㊥fortune) 運, 運命; 偶然; 幸運; 財産

**fósforo** /フォスフォロ/ 男(㊥match) マッチ; 燐

**fossar** /フォサール/ 動(㊥to dig) 掘る

**foto** /フォット/ 囡(㊥ photo) 写真 ◆ *tirar ~* 撮影する, 撮る

**fotografar** /フォトグラファール/ 動(㊥to photograph) 写真を撮る

**fotografia** /フォトグラフィーア/ 囡(㊥photography) 写真

**fotógrafo(-a)** /フォトグラフォ/ 男囡(㊥photographer) 写真家, カメラマン

**fração** /フラサォン/ [*fracção] 男(㊥fraction) 分数

**fracasso** /フラカッソ/ 男(㊥failure) 挫折, 失敗

**fracionar** /フラスィオナール/ 動(㊥to break up) 分割する

**fraco(-a)** /フラッコ/ 形(㊥weak) 弱い, ひ弱な, 虚弱な ― 男囡 弱者

**frágil** /フラージウ/ 形(㊥fragile) 脆い; 虚弱な

**fragmento** /フラギメント/ 男(㊥fragment) 破片; 断片; 抜粋

**fragrância** /フラグランスィア/ 囡(㊥fragrance) 芳香

**fragrante** /フラグランチ/ 形(㊥fragrant) 芳しい, 香気のある

**França** /フランサ/ 囡(㊥France) フランス

**francês(-cesa)** /フランセス/ 形(㊥French) フランス(語・人)の ― 男囡 フランス人 ― 男 フランス語

**franco(-a)** /フランコ/ 形(㊥frank) 率直な; 自由な

**franqueza** /フランケーザ/ 囡(㊥frankness) 率直, 寛大

**frase** /フラーズィ/ 囡(㊥sentence) 文章; 成句

**fraternidade** /フラテルニダー

チ/女(㊍fraternity) 兄弟の間柄; 友愛

**fraterno(-a)** /フラテルノ/ 形(㊍fraternal) 兄弟の; 親密な

**fratura** /フラトゥーラ/ [*fractura] 女(㊍fracture) 骨折

**fraude**/フラウヂ/女(㊍fraud) 詐欺, 不正; 密輸

**freguês(-guesa)**/フレゲィス/男女(㊍customer) 顧客, 得意先

**freio**/フレィオ/男(㊍brake) ブレーキ

**freira**/フレィラ/女(㊍nun) 修道女

**freire**/フレィリ/男(㊍friar) 修道士

**fremir**/フレミール/動(㊍to roar) 唸る; 震える

**frente**/フレンチ/女(㊍front) 前面, 前部, 前方; (建物の) ファサード; 戦線 ◆ **à ~** 先頭に **em ~ (a)** (…の) 前に **~ a ~** 面と向かって

**freqüência**/フレクエンスィア/ [*frequência] 女(㊍frequency) 頻度; 交際

**freqüentar**/フレクェンタール/ [*frequentar] 動 (㊍to frequent) 通う; 交際する

**freqüente** /フレクエンチ/ [*frequente]形(㊍frequent) 頻繁な; 勤勉な

**fresco(-a)**/フレスコ/ 形 (㊍fresh) 新鮮な; はつらつとした; 涼しい

**frete**/フレッチ/男(㊍freight) 運送料, 賃料

**friccionar**/フリスィオナール/ 動(㊍to rub) 摩擦する, こする

**frigideira**/フリジデイラ/ 女(㊍frying pan) フライパン

**frigir**/フリジール/動(㊍to fry) フライにする; 悩ます

**frio(-a)**/フリーオ/形(㊍cold) 寒い, 冷たい, 冷えた; 冷淡な ― 男 寒さ, 冷たさ

◆ **fazer ~** (天候として) 寒い

**frisar** /フリザール/ 動(㊍to curl) (髪を) カールする

**fritar**/フリタール/動(㊍to fry) 揚げる

**frito(-a)**/フリット/形(㊍fried) フライにした, 揚げた ― 男 フライ

**fritura**/フリトゥーラ/ 女 (㊍fried food) 揚げ物

**frívolo(-a)**/フリヴォロ/ 形 (㊍frivolous) くだらない

**frondoso(-a)**/フロンドーゾ/ 形(㊍frondose) 葉の多い

**fronte** / フロンチ/ 女 (㊍ forehead) 額; 頭; 顔; (家の) 正面

**fronteira** /フロンテイラ/ 女(㊍frontier) 国境

**fruir** /フルイール/ 動(㊍to enjoy) 享受する; 楽しむ; 所有する

**frustrar** /フルストラール / 動 (㊍to frustrate) 失敗させる; 欺く

**fruta**/フルッタ/女(㊍fruit) 果物, 果実

**fruteiro(-a)**/フルテイロ/ 形(㊍fond of fruit) 果物好きの ― 男女 果物屋 ― 男 果物籠

**fruto**/フルット/男(㊍fruit) 果実, 果物; 結果, 成果; 収益

**fuga**/フーガ/女(㊍flight) 逃亡, 逃走;〚音楽〛フーガ

**fugaz** / フガィス/ 形 (㊍ fleeting) 速やかに過ぎ去る, はかない, つかの間の

**fugir**/フジール/動(㊍to flee) 逃げる, 逃走する; 脱走する

**fulgor** /フゥゴール/ 男(㊍ brilliance) 輝き, 光彩

**fumaça** /フマッサ/ 女(㊍ smoke) 煙

**fumante** /フマンチ/ [*fumador]男女(㊍smoker) 喫煙者

**fumar**/フマール/ 動(㊍to smoke) (タバコを) 吸う,

ふかす
**fumo** /フーモ/ 男(㊥smoke) 煙; タバコ
**função** /フンサォン/ 女(㊥function) 作用, 機能; 務め, 役目; 関数
**funcionamento** /フンスィオナメント/ 男(㊥functioning) 機能, 働き, 操作
**funcionar** /フンスィオナール/ 動(㊥to function) 機能する, 作動する; 作用する
**funcionário(-a)** /フンスィオナリオ/ 男女(㊥official) 公務員, 役人; 職員
**fundação** /フンダサォン/ 女(㊥foundation) 設立, 創設, 創立; 基礎
**fundado(-a)** /フンダード/ 形(㊥well-founded) 根拠のある
**fundamental** /フンダメンタウ/ 形(㊥fundamental) 基礎の; 基礎的な, 基本となる
**fundamentar** /フンダメンタール/ 動(㊥to substantiate) 基礎を据える; 確立する
**fundamento** /フンダメント/ 男(㊥foundation) 基礎; 基本; 土台; 根拠
**fundar** /フンダール/ 動(㊥to establish) 基礎を据える; 創設する, 創立する
**fundir** /フンチール/ 動(㊥to fuse) 溶かす, 溶解する; 併合する; 鋳造する
**fundo(-a)** /フンド/ 形(㊥deep) 深い; 奥深い ― 男 底, 奥; 深さ; 資金, 基金 ◆ *a ~* 完全に, 徹底的に *no ~* 実際は *ter ~* 深い
**fúnebre** /フネブリ/ 形(㊥funeral) 葬式の; 死の; 痛ましい
**funeral** /フネラウ/ 形(㊥funeral) 葬式の ― 男 葬式
**funesto(-a)** /フネスト/ 形(㊥fatal) 不吉な, 悲惨な, 致命的な
**furacão** /フラカォン/ 男(㊥hurricane) ハリケーン
**fúria** /フリア/ 女(㊥fury) 激怒
**furioso(-a)** /フリオーゾ/ 形(㊥furious) 激怒した, 怒り狂う; 荒れ狂う, 狂暴な
**furo** /フーロ/ 男(㊥puncture) パンク; 特種; 妙案
**furtar** /フルタール/ 動(㊥to steal) 盗む; 詐取する; 偽造する
**furto** /フルト/ 男(㊥theft) 窃盗
**fusão** /フザォン/ 女(㊥fusion) 融解; 融合, 合併
**fusível** /フズィーヴェウ/ 形(㊥fuse) 溶けやすい ― 男 ヒューズ
**futebol** /フチボウ/ 男(㊥football) サッカー
**futuro(-a)** /フトゥーロ/ 形(㊥future) 未来の, 将来の ― 男 未来, 将来 男女 婚約者 ◆ *de ~* 将来

# G, g

**gabar** /ガバール/ 動(㊥to praise) ほめる, 称賛する
**gabinete** /ガビネッチ/ 男(㊥office, cabinet) 事務室; 個室; 内閣
**gado** /ガード/ 男(㊥livestock) 家畜
**gaiola** /ガィオーラ/ 女(㊥cage) 鳥篭; 檻
**gajo** /ガージョ/ 動(㊥guy) 奴, 野郎
**galante** /ガランチ/ 形(㊥graceful) 優美な, 上品な
**galáxia** /ガラスィア/ 女(㊥galaxy) 銀河
**galeria** /ガレリーア/ 女(㊥gallery) 回廊; 画廊; 陳列室
**galgar** /ガウガール/ 動(㊥to leap over) 跳び越す
**galho** /ガーリョ/ 男(㊥branch) 枝, 小枝
**galinha** /ガリーニャ/ 女(㊥hen) 雌鶏

**galo** / ガーロ / [男]([英]cock) 雄鶏 ◆ *ao cantar do ~* 明け方に

**galope** / ガロッピ / [男]([英]gallop) (馬の) 駆け足

**gana** / ガーナ / [女]([英]craving) 貪欲, 欲望; 憎しみ

**gancho** / ガンショ / [男]([英]hook) 鉤; 釣針; ヘアピン

**ganhar** / ガニャール / [動]([英]to get) 獲得する, 得る; 稼ぐ, 儲ける ◆ *~ a vida* 生計を立てる *~ doença* 病気にかかる

**ganho** / ガーニョ / [男]([英]profit) 利益, 利得

**ganso** / ガンソ / [男]([英]gander, goose) 鵞鳥

**garagem** / ガラージェイン / [女]([英]garage) ガレージ

**garantia** / ガランチーア / [女]([英]guarantee) 保証 (書); 担保

**garantir** / ガランチール / [動]([英]to guarantee) 保証する

**garçom** / ガルソン / [男]([英]waiter) ウェーター

**gare** / ガーリ / [女]([英]railroad station) 駅, プラットホーム

**garfo** / ガルフォ / [男]([英]fork) フォーク

**garganta** / ガルガンタ / [女]([英]throat) のど, 咽喉 ◆ *ter boa ~* 声が良い

**gargarejar** / ガルガレジャール / [動]([英]to gargle) うがいをする

**gargarejo** / ガルガレージョ / [男]([英]to gargling) うがい (薬)

**garoar** / ガロアール / [動]([英]to drizzle) 霧雨が降る

**garrafa** / ガハッファ / [女]([英]bottle) 瓶

**gás** / ガス / [男]([英]gas) ガス, 気体

**gasolina** / ガゾリーナ / [女]([英]gasoline) ガソリン

**gastar** / ガスタール / [動]([英]to spend) 費やす; 浪費する; 消耗する; すり減らす

**gasto(-a)** / ガスト / [形]([英]spent) 消耗した, 使い減らした — [男] 消費; 費用

**gato** / ガスト / [男]([英]cat) 猫

**geada** / ジアーダ / [女]([英]frost) 霜

**gear** / ジアール / [動]([英]to frost) 霜が降りる; 凍らせる

**geladeira** / ジェラデイラ / [女]([英]refrigerator) 冷蔵庫

**gelado(-a)** / ジェラード / [形]([英]frozen) 凍った

**gelar** / ジェラール / [動]([英]to freeze) 凍らせる, 冷凍する; 冷やす; 恐がらせる

**geléia** / ジェレィア / [女]([英]jelly) ゼリー

**gelo** / ジェーロ / [男]([英]ice) 氷

**gema** / ジェーマ / [女]([英]gem, yolk) 芽; 卵黄

**gêmeo(-a)** / ジェミオ / [*gémeo] [男][女]([英]twin) 双子

**gemer** / ジェメール / [動]([英]to groan) 唸る; 嘆く, 悲しむ

**gene** / ジェーニ / [男]([英]gene) 遺伝子

**general** / ジェネラウ / [男]([英]general) 将軍

**generalidade** / ジェネラリダージ / [女]([英]generality) 一般性, 普遍性, 大多数

**generalizar** / ジェネラリザール / [動]([英]to generalize) 一般化する; 普及させる

**gênero** / ジェネロ / [*género] [男]([英]type, genus, gender) 種類; ((生物)) 属; ジャンル; ((文法)) 性

**generoso(-a)** / ジェネローゾ / [形]([英]generous) 気前のよい; 寛大な

**gengibre** / ジェンジーブリ / [男]([英]ginger) ショウガ

**genial** / ジェニアウ / [形]([英]inspired) 天才的な

**gênio** / ジェニオ / [* génio] [男]([英]genius, nature) 天才; 性質

**gente** / ジェンチ / [女]([英]people) 人々; 人; 我々

**gentil** / ジェンチウ / [形]([英]kind) 親切な; 丁寧な; 高貴な

**gentileza** /ジェンチレーザ/ 女(㊀kindness) 親切；優雅

**genuíno(-a)** /ジェヌイーノ/ 形(㊀genuine) 純正の，本物の，真実の

**geografia** /ジェオグラフィーア/ 女(㊀geography) 地理；地理学

**geográfico(-a)** /ジェオグラフィコ/ 形(㊀geographical) 地理（学上）の

**geologia** /ジェオロジーア/ 女(㊀geology) 地質学

**geometria** /ジェオメトリーア/ 女(㊀geometry) 幾何学

**geração** /ジェラサオン/ 女(㊀generation) 発生；産出；世代，ジェネレーション

**gerador** /ジェラドール/ 男(㊀generator) 発電機

**geral** /ジェラウ/ 形(㊀general) 一般的な；全体の ◆ *em ~* 一般的に

**gerar** /ジェラール/ 動(㊀to produce) 発生させる

**gerência** /ジェレンスィア/ 女(㊀management) 運営，管理

**gerente** /ジェレンチ/ 男(㊀manager) 支配人，管理人

**gerir** /ジェリール/ 動(㊀to manage) 経営する，管理する

**germe** /ジェルミ/ 男(㊀embryo) 種，胚；起源

**gesso** /ジェッソ/ 男(㊀plaster) 石膏，ギプス

**gestão** /ジェスタオン/ 女(㊀management) 経営，管理，運営

**gesticular** /ジェスチクラール/ 動(㊀to make gestures) 身振りをする[で話す]

**gesto** /ジェスト/ 男(㊀gesture) ジェスチャー

**gigante** /ジガンチ/ 男(㊀giant) 巨人

**gigantesco(-a)** /ジガンテスコ/ 形(㊀gigantic) 巨大な，壮大な

**gilete** /ヂレッチ/ 女(㊀razor blade) 安全かみそり

**ginásio** /ジナズィオ/ 男(㊀gymnasium) 中等学校；体育館

**ginástica** /ヂナスチカ/ 女(㊀gymnastics) 体操，体育

**girar** /ジラール/ 動(㊀to turn) 回転する，旋回する；歩き回る

**girassol** /ジラソウ/ 男(㊀sunflower) ヒマワリ

**giro** /ジーロ/ 男(㊀turn) 回転；順番 ― 形 すてきな ◆ *dar um ~* 散歩する

**giz** /ジース/ 男(㊀chalk) 白墨

**glacial** /グラスィアウ/ 形(㊀icy) 氷の；凍りつくような，非常に冷たい

**global** /グロバウ/ 形(㊀global) 世界的な，グローバルな，全体的な；球状の ◆ *aldeia ~* 地球村

**globo** /グローボ/ 男(㊀globe) 球；地球 ◆ *em ~* 全体として，ひとまとめに

**glória** /グローリア/ 女(㊀glory) 栄光，名誉

**glosa** /グローザ/ 女(㊀comment) 註，注釈，解説；批評；非難

**goela** /ゴエーラ/ 女(㊀throat) 喉，咽喉；食道

**gol** /ゴウ/ 男(㊀goal)〖サッカー〗ゴール；得点

**gola** /ゴーラ/ 女(㊀collar) （衣類の）襟

**golfe** /ゴウフィ/ 男(㊀golf) ゴルフ

**golfinho** /ゴウフィーニョ/ 男(㊀dolphin) イルカ

**golfo** /ゴウフォ/ 男(㊀gulf) 湾

**golo** /ゴーロ/ 男(㊀goal) ゴール

**golpe** /ゴウピ/ 男(㊀blow) 打撃；殴打；打撲傷，負傷；不意打ち，衝撃 ◆ *de ~* 突然 *~ de Estado* クーデター

**goma** /ゴーマ/ 女(㊀gum) ゴム；糊

**gordo(-a)** /ゴルド/ 形(㊀fat) 脂肪の多い；太った

**gordura** /ゴルドゥーラ/ 囡 (㊤fat) 脂肪

**gorjeta** /ゴルジェッタ/ 囡 (㊤tip) チップ

**gostar** /ゴスタール/ 動 (㊤to like) 楽しむ；（…することを）好む ◆ **~ de** …が好きである；…が気に入る；…に適応する **~ de** +不定詞 …することを好む **~ que** +接続法 …してほしい

**gosto** /ゴスト/ 男 (㊤taste) 味覚，味；喜び；好み，趣味 ◆ **com ~** 喜んで，好んで

**gostoso(-a)** /ゴストーゾ/ 形 (㊤tasty) おいしい；楽しい

**gota** /ゴッタ/ 囡 (㊤drop) 滴，しずく；涙；痛風

**goteira** /ゴティラ/ 囡 (㊤gutter) 雨樋

**gotejar** /ゴテジャール/ 動 (㊤to drip) 滴り落ちる

**governador** /ゴヴェルナドール/ 男 (㊤governor) 知事，長官，総裁

**governamental** /ゴヴェルナメンタウ/ 形 (㊤governmental) 政府の，官営の

**governanta** /ゴヴェルナンタ/ 囡 (㊤housekeeper) 家政婦

**governante** /ゴヴェルナンチ/ 男囡 (㊤ruler) 支配者

**governar** /ゴヴェルナール/ 動 (㊤to govern) 治める，統治する；支配する，管理する

**governo** /ゴヴェルノ/ 男 (㊤government) 統治；政府，政体；管理，支配

**gozar** /ゴザール/ 動 (㊤to enjoy) 享受する；楽しむ

**Grã-Bretanha** /グラン ブレターニャ/ 囡 (㊤Great Britain) グレートブリテン，イギリス

**graça** /グラッサ/ 囡 (㊤grace) 恩恵；好意；優雅さ；才気；恩赦 ◆ **de ~** 無料で **~ a** …のおかげで **~s a Deus** おかげさまで，幸いにも

**gracioso(-a)** /グラスィオーゾ/ 形 (㊤gracious) 優雅な

**gradual** /グラドゥアウ/ 形 (㊤gradual) 漸進的な，段階的な，徐々の

**graduar** /グラドゥアール/ 動 (㊤to graduate) 等級をつける；目盛をつける；学位を授ける

**grama** /グラーマ/ 男 (㊤gram) グラム

**gramática** /グラマチカ/ 囡 (㊤grammer) 文法

**grande** /グランヂ/ 形 (㊤big, large, great) 大きい；偉大な；成長した ◆ **~ homem** 偉人 **homem ~** 大男

**grandeza** /グランデーザ/ 囡 (㊤size) 大きさ；偉大さ

**granito** /グラニーゾ/ 男 (㊤granite) 花崗岩

**granja** /グランジャ/ 囡 (㊤farm) 小農園

**grão** /グラォン/ 男 (㊤grain) 穀粒；つぶ

**gratidão** /グラチダォン/ 囡 (㊤gratitude) 感謝，謝恩

**gratificação** /グラチフィカサォン/ 囡 (㊤gratuity) 特別手当，賞与；チップ，謝礼

**gratificar** /グラチフィカール/ 動 (㊤to give a bonus to) 報酬を与える，報いる

**grátis** /グラーチス/ 副 (㊤free) 無料で，ただで

**grato(-a)** /グラット/ 形 (㊤grateful) 感謝している

**gratuito(-a)** /グラトゥイト/ 形 (㊤free) 無料の

**grau** /グラゥ/ 男 (㊤degree) 程度，度合い；（温度・角度の）度；階級；学位 ◆ **de ~ em ~** だんだんと，徐々に

**gravação** /グラヴァサォン/ 囡 (㊤rocording) 録音；録画

**gravar** /グラヴァール/ 動 (㊤to carve) 刻む，彫刻する；録音する

**gravata** /グラヴァッタ/ 囡 (㊤tie) ネクタイ

**grave** /グラーヴィ/ 形 (㊤serious) 重大な；（病気が）

重い；重々しい
**gravidade** /グラヴィダーヂ/ 囡(㈜gravity) 重要さ，重大性；まじめさ；重々しさ；重力
**gravidez** /グラヴィデース/ 囡(㈜pregnancy) 妊娠
**gravura** /グラヴーラ/ 囡(㈜engraving) 彫刻；版画；複製画
**graxa** /グラッシャ/ 囡(㈜polish) 靴墨；グリス
**Grécia** /グレースィア/ 囡(㈜Greece) ギリシャ
**grego(-a)** /グレーゴ/ 厖(㈜Greek) ギリシア(語・人)の —— 男囡 ギリシア人 —— 男 ギリシア語
**grelha** /グレーリャ/ 囡(㈜grill) 焼き網
**grêmio** /グレミオ/ [*grémio] 男(㈜club) クラブ，団体
**greve** /グレーヴィ/ 囡(㈜strike) ストライキ ◆ *fazer ~ de fome* ハンストをする
**gripe** /グリッピ/ 囡(㈜influenza) インフルエンザ
**grisalho(-a)** /グリザーリョ/ 厖(㈜gray) 灰色がかった；白髪混じりの
**gritar** /グリタール/ 動(㈜to shout) 叫ぶ；大声で話す
**grito** /グリット/ 男(㈜shout) 叫び声，悲鳴；(動物の)鳴き声 ◆ *dar ~s* 叫ぶ
**grosseiro(-a)** /グロセイロ/ 厖(㈜rude) 粗製の；粗野な
**grosso(-a)** /グロッソ/ 厖(㈜thick) 太い；厚い；密な，濃い
**grotesco(-a)** /グロテスコ/ 厖(㈜grotesque) 怪奇な
**grupo** /グルッポ/ 男(㈜group) グループ，集まり，群れ
**gruta** /グルッタ/ 囡(㈜grotto) 洞窟
**guarda** /グアルダ/ 囡(㈜guarding) 見張り(すること)，監視，警備；保管 —— 男 監視人，番人，警官
**guarda-chuva** /グワルダシューヴァ/ 男(㈜umbrella) 雨傘
**guarda-louça** /グワルダロウサ/ 男(㈜sideboard) 食器戸棚
**guardanapo** /グワルダナッポ/ 男(㈜napkin) ナプキン
**guardar** /グワルダール/ 動(㈜to watch over, to guard) 監視する，番をする；保管する，保存する；保護する
**guarda-roupa** /グワルダホウパ/ 男(㈜wardrobe) 洋服だんす，衣裳部屋
**guerra** /ゲーハ/ 囡(㈜war) 戦争，戦い ◆ *~ civil* 内戦 *segunda ~ mundial* 第二次世界大戦
**guerreiro(-a)** /ゲヘイロ/ 厖(㈜warlike) 戦争の；好戦的な —— 男囡 軍人，戦士
**guerrilha** /ゲヒーリャ/ 囡(㈜guerilla warfare [band]) ゲリラ戦[部隊]
**guia** /ギーア/ 男(㈜guidance) 案内，手引き；指導；運転
**guiar** /ギアール/ 動(㈜to guide) 導く，案内する；指導する
**guisado** /ギザード/ 男(㈜stew) シチュー
**guitarra** /ギターハ/ 囡(㈜guitar) ギター

# H, h

**hábil** /アービウ/ 厖(㈜competent) 器用な，巧みな；賢い
**habilidade** /アビリダーヂ/ 囡(㈜skill) 器用；熟練；能力
**habilidoso(-a)** /アビリドーソ/ 厖(㈜skillful) 器用な，熟練した
**habilitação** /アビリタサォン/ 囡(㈜competence) 能力；資格
**habitante** /アビタンチ/ 男囡(㈜inhabitant) 居住者，住民
**habitar** /アビタール/ 動(㈜to

**hábito** /アビト/ 男(㊤habit) 習慣, 習癖; 法衣; 衣服

**habitual** /アビトゥアウ/ 形 (㊤usual) 習慣になった, 慣例の; 常用の

**habituar** /アビトゥアール/ 動(㊤to accustom) 慣れさせる, 親しませる

**hálito** /アリト/ 男(㊤breath) 呼気; 口臭

**harmonia** /アルモニーア/ 女 (㊤harmony) ハーモニー, 調和, 和合; 和音, 協和音
◆ *em ~ com* …と調和［一致］して

**harmonizar** /アルモニザール/ 動(㊤to harmonize) 調和させる

**haste** /アスチ/ 女 (㊤ stem) 竿, 茎, 幹

**haver** /アヴェール/ 動(㊤there to be) 存在する; ((時間))…前に; 感じる; 得る, 達成する ◆ *há dois anos* 2年前に *há muito tempo* ずっと前に *haja o que houver* なにがあろうとも *~ de* +不定詞 …しなければならない;…するに違いない

**helicóptero** /エリコピテロ/ 男 (㊤helicopter) ヘリコプター

**hemoptise** /エモピチーズィ/ 女(㊤hemoptysis) 喀血

**hemorragia** /エモハジーア/ 女(㊤hemorrhage) 出血

**herança** /エランサ/ 女(㊤inheritance) 遺産; 遺伝

**herdar** /エルダール/ 動(㊤to ingerit) 相続する; 受け継ぐ

**herdeiro(-a)** /エルディロ/ 男女(㊤heir, heiress) 相続人

**hereditariedade** /エレヂタリエダーチ/ 女(㊤ heredity) 遺伝

**hereditário(-a)** /エレヂタリオ/ 形(㊤hereditary) 相続の; 親譲りの; 遺伝的な

**heresia** /エレズィーア/ 女 (㊤heresy) 異端

**herói** /エロィ/ 男(㊤hero) 英雄; 主人公

**heróico(-a)** /エロイコ/ 形(㊤heroic) 英雄の, 英雄的な, 英雄叙事詩の

**heroína** /エロイーナ/ 女 (㊤heroine) ヒロイン

**hesitação** /エズィタサォン/ 女(㊤hesitation) 躊躇

**hesitar** /エズィタール/ 動(㊤to hesitate) ためらう, 迷う

**heterogêneo(-a)** /エテロジェニオ/ [* heterogéneo] 形(㊤heterogeneous) 異質な; 不均質な

**hierarquia** /イエラルキーア/ 女(㊤hierarchy) 階級制度

**higiene** /イジエーニ/ 女(㊤ hygiene) 衛生 (学); 清潔, 病気予防

**higrômetro** /イグロメトロ/ [* higrómetro] 男(㊤hygrometer) 湿度計

**hino** /イーノ/ 男(㊤hymn) 賛美歌, 賛歌 ◆ *~ nacional* 国歌

**hipocrisia** /イポクリズィーア/ 女(㊤hypocrisy) 偽善, 欺瞞

**hipócrita** /イポクリタ/ 形 (㊤hypocritical) 偽善の — 男女 偽善者

**hipoteca** /イポテッカ/ 女(㊤ mortgage) 抵当, 担保

**hipótese** /イポテズィ/ 女 (㊤hypothesis) 仮説, 仮定

**história** /イストーリア/ 女(㊤ history, story) 歴史 (学); 物語, 話 ◆ *ter ~s com* …ともめる, 喧嘩する

**historiador(-ra)** /イストリアドール/ 男女(㊤historian) 歴史家

**histórico(-a)** /イストリコ/ 形(㊤historical) 歴史的な; 歴史上の

**hoje** /オージ/ 副(㊤today) 今日
◆ *de ~ a oito dias* 来週の今日 *de ~ em diante* 今日以降 *~ em dia* 現今, 今日 (こ

**Holanda ▶**

んにち)
**Holanda** /オランダ/ 女(㊀ Holland) オランダ
**homem** /オーメィン/ 男(㊀ man) 人間, 人; 男
**homenagem** /オメナージェィン/ 女(㊀tribute) 尊敬, 敬意
**homicídio** /オミスィーヂオ/ 男(㊀murder) 殺人
**honestidade** /オネスチダーヂ/ 女(㊀honesty) 正直, 誠実
**honesto(-a)** /オネスト/ 形(㊀honest) 正直な, 誠実な
**honra** /オンハ/ 女(㊀honor) 名誉, 誉れ, 名声 ◆ *em ~ de* (人)に敬意を表して, …のために
**honrado(-a)** /オンハード/ 形(㊀honest) 名誉ある; 誠実な
**honrar** /オンハール/ 動(㊀ honor) 尊敬する; 名誉を与える
**hora** /オーラ/ 女(㊀hour, time) 時間; 時刻 ◆ *em boa [má] ~* 折り良く[悪しく] *pelas cinco ~s* 5時頃に
**horário** /オラーリオ/ 男(㊀ timetable) 時刻表 ◆ *~ de verão* 夏時間
**horizontal** /オリゾンタウ/ 形(㊀horizontal) 水平(線)の
**horizonte** /オリゾンチ/ 男(㊀ horizon) 地平線, 水平線
**horrível** /オヒーヴェウ/ 形(㊀awful) ひどい, 恐ろしい
**horror** /オホール/ 男(㊀horror) 恐怖; 嫌悪
**horta** /オルタ/ 女(㊀vegetable garden) 菜園, 野菜畑
**hortaliça** /オルタリッサ/ 女(㊀vegetables) 野菜
**horticultura** /オルチクウトゥーラ/ 女(㊀horticulture) 園芸, 園芸栽培
**hospedar** /オスペダール/ 動(㊀to lodge) 宿泊させる, 泊める
**hóspede** /オスペチ/ 男(㊀ guest) 宿泊客

**hospital** /オスピタウ/ 男(㊀hospital) 病院
**hostil** /オスチウ/ 形(㊀hostile) 敵意のある, 敵対する
**hostilidade** /オスチリダーヂ/ 女(㊀hostility) 敵意
**hotel** /オテウ/ 男(㊀hotel) ホテル
**hulha** /ウーリャ/ 女(㊀coal) 石炭
**humanidade** /ウマニダーヂ/ 女(㊀humanity) 人間(性); 人類; 人情;((~s)) 人文科学
**humanismo** /ウマニズモ/ 男(㊀humanism) ヒューマニズム, 人道主義; 人文主義
**humano(-a)** /ウマーノ/ 形(㊀human) 人間の; 人間的な ― 男(㊀) 人間
**humilde** /ウミウヂ/ 形(㊀ humble) 謙虚な; 卑しい
**humilhar** /ウミリャール/ 動(㊀to humiliate) 屈服させる; 恥をかかせる
**humor** /ウモール/ 男(㊀mood, humor) 機嫌, 気分; 気質; ユーモア, おかしみ ◆ *estar de bom [mau] ~* 上機嫌[不機嫌]である

## I, i

**iate** /イアッチ/ 男(㊀yacht) ヨット
**Ibéria** /イベリア/ 女(㊀Iberia) イベリア
**ibérico(-a)** /イベリコ/ 形(㊀Iberian) イベリア(半島)の ― 男女 イベリア人
**ida** /イーダ/ 女(㊀going) 行き; 出発 ◆ *~ e volta* 往復
**idade** /イダーヂ/ 女(㊀age) 年齢; 時期, 時代 ◆ *Que ~ tem você?* 何歳ですか? *ser maior [menor] de ~* 成年[未成年]である
**ideal** /イデアウ/ 形(㊀ideal) 観念的な; 理想的な ― 男 理想

**idealismo** /イデアリズモ/ 男 (英idealism) 理想主義

**idéia** /イディア/ [*ideia] 女 (英idea) 観念; 理念; アイデア, 構想, 考え ◆ *~ fixa* 固定観念

**idêntico(-a)** /イデンチコ/ 形 (英identical) 同一の

**identidade** /イデンチダーチ/ 女 (英identity) アイデンティティー, 同一性, 一致

**identificação** /イデンチフィカサォン/ 女 (英identification) 同一視; 身元確認, 鑑定

**identificar** /イデンチフィカール/ 動 (英identify) 同定する

**ideologia** /イデオロジーア/ 女 (英ideology) イデオロギー

**idioma** /イヂオーマ/ 男 (英language) 言語; 方言

**ídolo** /イドロ/ 男 (英idol) 偶像

**idoso(-a)** /イドーゾ/ 形 (英elderly) 年取った

**iene** /イエーニ/ 男 (英yen) 円

**ignóbil** /イギノービウ/ 形 (英ignoble) 卑しい, 下劣な

**ignorância** /イギノランスィア/ 女 (英ignorance) 無知, 無学

**ignorante** /イギノランチ/ 形 (英ignorant) 無知な, 無学な

**ignorar** /イギノラール/ 動 (英not to know) 知らない

**igreja** /イグレージャ/ 女 (英church) 教会

**igual** /イグゥウ/ 形 (英equal) 等しい, 同じ, 同様の; 平等な ◆ *por ~* 等しく

**igualar** /イグゥラール/ 動 (英to equal) 等しくする; 同一視する

**igualdade** /イグアウダーチ/ 女 (英equality) 等しさ; 同等; 平等

**iguaria** /イグアリーア/ 女 (英delicacy) ごちそう

**ilegal** /イレガウ/ 形 (英illegal) 違法の

**ilegítimo(-a)** /イレジチモ/ 形 (英illegitimate) 違法の, 非合法な; 不当な

**ilha** /イーリャ/ 女 (英island) 島

**iludir** /イルヂール/ 動 (英to delude) 惑わす, だます

**iluminação** /イルミナサォン/ 女 (英lighting) 照明; 啓蒙

**iluminar** /イルミナール/ 動 (英to light up) 照らす; 啓発する

**ilusão** /イルザォン/ 女 (英illusion) 幻覚, 錯覚, 幻想

**ilustração** /イルストラサォン/ 女 (英illustration) イラスト, 挿絵, 図解; 説明, 証明; 学識

**ilustrador(-ra)** /イルストラドール/ 男女 (英illustrator) イラストレーター

**ilustrar** /イルストラール/ 動 (英to illustrate) 例示する, 説明する; 著名にする; 挿絵を入れる

**ilustre** /イルストリ/ 形 (英famous) 著名な, 有名な

**imagem** /イマージェイン/ 女 (英image) 像, 画像, イメージ

**imaginação** /イマジナサォン/ 女 (英imagination) 想像(力), 空想

**imaginar** /イマジナール/ 動 (英to imagine) 想像する, 思い浮かべる; …と思う

**imaturo(-a)** /イマトゥーロ/ 形 (英immature) 未熟な

**imbecil** /インベスィウ/ 形 (英stupid) 愚かな, 痴愚の

**imediatamente** /イメヂアタメンチ/ 副 (英immediately) ただちに, すぐに

**imediato(-a)** /イメヂアット/ 形 (英immediate) 直接の; 即時の, 即座の, 即刻の

**imenso(-a)** /イメンソ/ 形 (英immense) 巨大な, 莫大な; 無限の

**imigração** /イミグラサォン/ 女 (英immigration) 移民, 入植

**imigrante** /イミグランチ/ 男女 (英immigrant) (外国からの) 移住者, 移民

**imigrar** /イミグラール/ 動 (英to immigrate) (外国から) 移

住する，入植する

**iminente** /イミネンチ/ 形 (㊥imminent) 切迫した

**imitação** /イミタサゥン/ 女(㊥imitation) 模倣

**imitar** /イミタール/ 動 (㊥to imitate) まねる，模倣する; 手本にする; 模造する

**imobiliária** /イモビリアーリア/ 女(㊥real estate broker's) 不動産屋

**imoral** /イモラウ/ 形 (㊥immoral) 不道徳な

**imoralidade** /イモラリダーチ/ 女(㊥immorality) 不道徳

**imortal** /イモルタウ/ 形 (㊥immortal) 不死の; 不朽の

**imortalidade** /イモルタリダーチ/ 女(㊥immortality) 不死; 不滅

**imóvel** /イモーヴェウ/ 形 (㊥motionless) 不動の; 不変の ― 男(㊥property) 不動産

**impaciente** /インパスィエンチ/ 形(㊥impatient) 短気な，性急な; …したくてたまらない，じりじりした

**impacto** /インパクト/ 男 (㊥impact) 衝突，衝撃

**ímpar** /インパル/ 形 (㊥odd) 奇数の ― 男 奇数

**imparcial** /インパルスィアウ/ 形(㊥fair) 公平な，公正な

**impassível** /インパスィーヴェウ/ 形(㊥impassive) 無感覚な; 平気な，平然とした

**impecável** /インペカーヴェウ/ 形(㊥perfect) 潔白な; 欠点のない，非の打ち所のない

**impedir** /インペチール/ 動(㊥to obstruct) 妨げる，さえぎる

**imperador** /インペラドール/ 男(㊥emperor) 皇帝

**imperatriz** /インペラトリス/ 女(㊥empress) 女帝，皇后

**imperfeito(-a)** /インペルフェイト/ 形(㊥imperfect) 不完全な，未完成の，未完了の

**imperial** /インペリアウ/ 形 (㊥imperial) 帝国の; 皇帝の

**império** /インペリオ/ 男 (㊥empire) 帝国

**impermeável** /インペルメアーヴェウ/ (㊥impervious) 防水性の ― 男(㊥raincoat) レインコート

**impertinente** /インペルチネンチ/ 形(㊥irrelevant) 無礼な，失礼な，無作法な; 見当違いの

**impetuoso(-a)** /インペトゥオーソ/ 形(㊥impetuous) 激しい; 激烈な; 性急な

**impiedade** /インピエダーチ/ 女(㊥irreverence) 不信仰，無慈悲

**implicar** /インプリカール/ 動 (㊥to implicate) 巻き込む，関係させる; 引き起こす; 紛糾させる; 含む; 意味する

**implícito(-a)** /インプリスィト/ 形(㊥implicit) 暗黙の

**implorar** /インプロラール/ 動(㊥to implore) 懇願する

**impor** /インポール/ 動(㊥to impose) 強いる，押しつける; 課する

**importação** /インポルタサゥン/ 女(㊥importing) 輸入; 輸入品

**importância** /インポルタンスィア/ 女(㊥importance) 重要性; 総額，金額 ◆ *dar* [*ligar*] ~ *a* …を重要視する

**importante** /インポルタンチ/ 形(㊥important) 重要な，重大な; 有力な

**importar** /インポルタール/ 動(㊥to import) 輸入する; 引き起こす; 重要である

**importuno(-a)** /インポルトゥーノ/ 形(㊥annoying) うるさい，しつこい

**impossível** /インポスィーヴェウ/ 形(㊥impossible) 不可能な; 耐えられない

**imposto(-a)** /インポスト/ 形(㊥imposed) 課せられた ― 男(㊥tax) 税金

**impotência** /インポテンスィ

ア/囡(⊛impotence) 無力; インポテンツ

**impraticável**/インプラチカーヴェウ/形(⊛impracticable) 実行できない; 通行できない

**impregnar**/インプレギナール/動(⊛to impregnate) 染み込ませる; 飽和させる; 孕ませる

**imprensa**/インプレンサ/囡(⊛press) 新聞, マスコミ, 印刷(所)

**impressão**/インプレサォン/囡(⊛impression) 印象, 感銘; 印刷

**impressionar**/インプレスィオナール/動(⊛to impress) 印象づける; 感動させる

**impressora**/インプレソーラ/囡(⊛printer) 印刷機

**imprimir**/インプリミール/動(⊛to print) 印刷する

**impróprio(-a)**/インプロプリオ/形(⊛inappropriate) 不適当な, 適切でない

**improvisar**/インプロヴィザール/動(⊛to improvise) 即興で演奏する[行う]; 即座に作る

**imprudente**/インプルデンチ/形(⊛careless) 軽率な

**impulso**/インプウソ/男(⊛impulse) 衝動; 推進力; 刺激

**impuro(-a)**/インプーロ/形(⊛impure) 不純な; 不潔な

**imundo(-a)**/イムンド/形(⊛filthy) 不潔な, 淫らな

**inábil**/イナービウ/形(⊛incapable) 不器用な, へたな

**inativo(-a)**/イナチーヴォ/形(⊛inactive) 不活発な

**inauguração**/イナウグラサォン/囡(⊛inauguration) 就任, 開始, 開会式

**inaugurar**/イナウグラール/動(⊛to inaugurate) 始める, 開始する; 開会式を行う

**incapaz**/インカパース/形(⊛incompetent) …できない; 不適当な

**incêndio**/インセンヂオ/男(⊛fire) 火事, 火災

**incerto(-a)**/インセルト/形(⊛uncertain) 不確かな, 疑わしい, 曖昧な

**incessante**/インセサンチ/形(⊛incessant) 絶え間ない

**inchar**/インシャール/動(⊛to swell) ふくらませる, ふくらむ; はれ上がらせる, はれ上がる

**incidente**/インスィデンチ/形(⊛incident) 偶発の — 男 事件, 出来事

**incitar**/インスィタール/動(⊛to incite) 刺激する; 煽動する

**inclinação**/インクリナサォン/囡(⊛inclination) 傾向; 性向, 傾斜, 勾配

**inclinar**/インクリナール/動(⊛to tilt) 傾ける, 傾斜させる

**incluir**/インクルイール/動(⊛to include) 含む, 含有する; 封入する

**inclusivo(-a)**/インクルスィーヴォ/形(⊛inclusive) 包含する; 包括的な

**incômodo(-a)**/インコモド/[*incómodo] 形(⊛uncomfortable) 不便な, 不自由な — 男 不便

**incomparável**/インコンパラーヴェウ/形(⊛incomparable) 比類のない

**incompatível**/インコンパチーヴェウ/形(⊛incompatible) 両立し得ない, 矛盾する

**incompetência**/インコンペテンスィア/囡(⊛incompetence) 無能力; 無資格

**incompetente**/インコンペテンチ/形(⊛incompetent) 不適任な, 能力のない

**incompleto(-a)**/インコンプレット/形(⊛incomplete) 不完全な, 未完成な

**inconfundível**/インコンフンヂーヴェウ/形(⊛unmistakable) 取り違えようのない

**inconquistável**/インコンキスターヴェウ/形(⊛unconquerable) 征服できない

**inconsciência** /インコンスィエンスィア/ 囡(英unconsciousness) 無意識; 無自覚

**inconsistente** /インコンスィステンチ/ 形(英inconsistent) 強固でない; 一貫性がない

**inconstitucional** /インコンスチトゥスィオナウ/ 形(英unconstitutional) 違憲の

**incontestável** /インコンテスターヴェウ/ 形(英undeniable) 論議の余地のない, 明白な

**inconveniência** /インコンヴェニエンスィア/ 囡(英inconvenience) 不便, 不都合

**incorporar** /インコルポラール/ 動(英to incorporate) 加入させる; 合体する, 合併する

**incorreto(-a)** /インコヘット/ 形(英incorrect) 不正確な, 誤った

**incrédulo(-a)** /インクレドゥロ/形(英incredulous) 容易に信じない, 疑い深い; 不信仰の

**incrementar** /インクレメンタール/動(英to develop) 増大させる

**incrível** /インクリーヴェウ/ 形(英incredible) 信じられない

**inculto(-a)** /インクウト/ 形(英uncultured) 耕されていない; 教養のない

**incumbir** /インクンビール/ 動(英to entrust) 委任する, 託す, まかせる

**indagar** /インダガール/ 動(英to investigate) 調べる

**indecisão** /インデスィザォン/ 囡(英indecision) 優柔不断

**indeciso(-a)** /インデスィーゾ/形(英undecided) 決心のつかない, 優柔不断の; 疑わしい

**indefenso(-a)** /インデフェンソ/形(英undefended) 無防備の

**indefinido(-a)** /インデフィニード/形(英indefinite) 不定の; 曖昧な, 不明確な; 無限の; 不定冠詞の

**indenização** /インデニザサォン/ 囡(英indemnity) 賠償, 保障; 割増報酬

**independência** /インデペンデンスィア/ 囡(英independence) 独立, 自立

**independente** /インデペンデンチ/ 形(英independent) 独立した, 自立した ◆ ~ de …とは無関係の, …に従属しない

**Índia** /インヂア/ 囡(英India) インド

**indiano(-a)** /インヂアーノ/ 形(英Indian) インド(人)の; アメリカ先住民の ——男女 インド人; アメリカ先住民

**indicação** /インヂカサォン/ 囡(英suggestion) 指示, 指定, 情報; 徴候

**indicar** /インヂカール/ 動(英to indicate) 指し示す; 表す; 述べる

**índice** /インヂスィ/ 男(英index) 索引, リスト; 指数; 人差し指

**indício** /インヂスィオ/ 男(英sign) しるし; 徴候

**indiferença** /インヂフェレンサ/囡(英indifference) 無関心; 無差別; 冷淡

**indígena** /インヂジェナ/ 形(英native) 土着の ——男女 原住民

**indigestão** /インヂジェスタォン/囡(英indigestion) 消化不良

**indignação** /インヂギナサォン/囡(英indignation) 憤慨

**indigno(-a)** /インヂギノ/ 形(英unworthy) ふさわしくない, 不適当な; 卑劣な

**indireta** /インヂレッタ/ [\*indirecta] 囡(英insinuation) あてこすり

**indireto(-a)** /インヂレット/ [\*indirecto] 形(英indirect) 間接的な

**indiscreto(-a)** /インヂスクレット/形(英indiscreet) 無遠慮な; 軽率な

**indispensável** /インヂスペン

**individual** /インヂヴィドゥアウ/ 形(㊧individual) 個人的な, 個人の; 独自の, 独特の

**individualismo** /インヂヴィドゥアリズモ/ 男(㊧individualism) 個人主義

**indivíduo** /インヂヴィドゥオ/ 男(㊧individual) 個人; 人間

**indivisível** /インヂヴィズィーヴェウ/ 形(㊧indivisible) 分割できない; 不可分の

**índole** /インドリ/ 女(㊧nature) 性質, 性格; 本性

**indolência** /インドレンスィア/ 女(㊧indolence) 無感覚; 怠惰, 不精

**indulgência** /インドゥジェンスィア/ 女(㊧indulgence) 寛大, 寛容

**indulgente** /インドゥジェンチ/ 形(㊧indulgent) 寛大な

**indústria** /インドゥストリア/ 女(㊧industry) 産業, 工業, 製造業; 器用さ

**industrial** /インドゥストリアウ/ 形(㊧industrial) 産業の, 工業の

**industrioso(-a)** /インドゥストリオーゾ/ 形(㊧industrious) 勤勉な; 器用な

**inédito(-a)** /イネヂト/ 形(㊧unpublished) 未刊の

**inegável** /イネガーヴェウ/ 形(㊧undeniable) 否定できない, 明白な

**inércia** /イネルスィア/ 女(㊧lassitude) 不活発, 無気力; 〖物理〗慣性

**inerente** /イネレンチ/ 形(㊧inherent) 固有の; 付いている

**inesperado(-a)** /イネスペラード/ 形(㊧unexpected) 思いがけない, 望外の

**inestimável** /イネスチマーヴェウ/ 形(㊧invaluable) 測ることのできない, 評価できない; 非常に貴重な

**inevitável** /イネヴィターヴェウ/ 形(㊧inevitable) 避けられない

**inexperiente** /イネスペリエンチ/ 形(㊧inexperienced) 未経験な; 未熟な

**infalível** /インファリーヴェウ/ 形(㊧infallible) 無謬の

**infâmia** /インファミア/ 女(㊧disgrace) 汚辱, 汚名

**infância** /インファンスィア/ 女(㊧childhood) 幼年時代, 揺籃期

**infantil** /インファンチウ/ 形(㊧childlike, childish) 幼い; 幼稚な, 子供らしい, 大人気ない

**infecção** /インフェキサオン/ 女(㊧infection) 感染, 伝染

**infeccionar** /インフェスィオナール/ 動(㊧to infect) 伝染させる; 汚染する

**infeliz** /インフェリース/ 形(㊧unhappy) 不幸な, 不運な

**inferior** /インフェリオール/ 形(㊧inferior) 劣った, 下等の; 下の, 下位の ― 男女 部下

**inferir** /インフェリール/ 動(㊧to infer) 推論する; 結論する

**inferno** /インフェルノ/ 男(㊧hell) 地獄; 受難, 苦しみ

**infiel** /インフィエウ/ 形(㊧disloyal) 不実な, 不正直な

**ínfimo(-a)** /インフィモ/ 形(㊧lowest) 最低の; 最悪の; 微細な

**infinito(-a)** /インフィニット/ 形(㊧infinite) 無限の; 広大な; 無数の

**inflação** /インフラサオン/ 女(㊧inflation) インフレーション

**inflamar** /インフラマール/ 動(㊧to set fire to) 燃やす, 点火する; 興奮させる; 怒らす

**inflexível** /インフレキスィーヴェウ/ 形(㊧stiff) 曲げられない; 無情な; 不屈の

**influência** /インフルエンスィア/ 女(®influence) 影響(力), 感化 ◆ *exercer uma ~ sobre* …に影響を与える

**influenciar** /インフルエンスィアール/ 動(®to influence) 影響を与える, 左右する

**influente** /インフルエンチ/ 動(®influential) 影響を及ぼす; 有力な ― 男女 有力者

**influenza** /インフルエンザ/ [\*influença] 女(®influenza) インフルエンザ

**influir** /インフルイール/ 動(®to influence) 感化する, 影響を及ぼす

**informação** /インフォルマサォン/ 女(®information) 情報, 知識; 報道, 伝達

**informar** /インフォルマール/ 動(®to inform) 報告する, 知らせる

**informe** /インフォルミ/ 形(®formless) 定形のない; 不恰好な

**infortúnio** /インフォルトゥニオ/ 男(®misfortune) 不運

**infração** /インフラサォン/ [\*infracção] 女(®breach) 違反, 反則

**infringir** /インフリンジール/ 動(®to infringe) (法律を)犯す, 違反する, 侵害する

**infundir** /インフンヂール/ 動(®to infuse) 注入する, 注ぐ

**ingênuo(-a)** /インジェヌオ/ [\*ingénuo] 形(®ingenuous) 素朴な, 無邪気な

**ingerir** /インジェリール/ 動(®ingest) 飲む, 飲み込む

**Inglaterra** /イングラテーハ/ 女(®England) イギリス

**inglês(-lesa)** /イングレース/ 形(®English) 英国(人)の, イングランド(人)の; 英語の ― 男女 英国人 ― 男 英語

**ingrato(-a)** /イングラット/ 形(®ungrateful) 恩知らずの

**íngreme** /イングレミ/ 形(®steep) 険しい, 急な

**ingressar** /イングレッサール/ 動(®enter) 入る; 加入する

**ingresso** /イングレッソ/ 男(®entry) 入ること; 入場券

**inicial** /イニスィアウ/ 形(®initial) 初めの, 最初の

**iniciar** /イニスィアール/ 動(®to begin) 始める, 起こす; 入会させる

**iniciativa** /イニスィアチーヴァ/ 女(®initiative) イニシアチブ, 率先, 発議, 主導

**início** /イニスィオ/ 男(®beginning) 開始, 始め

**inimigo(-a)** /イニミーゴ/ 形(®enemy) 敵の, 敵意のある ― 男女 敵

**inimizade** /イニミザーヂ/ 女(®enmity) 敵意, 敵対

**injeção** /インジェサォン/ [\*injecção] 女(®injection) 注射

**injetar** /インジェタール/ [\*injectar] 動(®to inject) 注射する; 注入する

**injúria** /インジュリア/ 女(®insult) 侮辱; 不正; 損害

**injuriar** /インジュリアール/ 動(®to insult) 侮辱する

**injustiça** /インジュスチッサ/ 女(®injustice) 不正, 不正行為

**injusto(-a)** /インジュスト/ 形(®unfair) 不正な

**inocência** /イノセンスィア/ 女(®innocence) 無罪, 無実, 潔白; 無邪気, 純潔

**inocente** /イノセンチ/ 形(®innocent) 無罪の, 潔白な; 悪意のない, 無邪気な

**inoportuno(-a)** /イノポルトゥーノ/ 形(®inconvenient) 時宜を得ない, 時機を逸した

**inovação** /イノヴァサォン/ 女(®innovation) 改新, 革新, 刷新; 変化

**inovar** /イノヴァール/ 動(®to innovate) 刷新する

**inquérito** /インケリト/ 男(®inquiry) 審問, 査問;

アンケート

**inquietação**/インキエタサン/女(㊤anxiety) 不安, 懸念

**inquieto(-a)**/インキエット/形(㊤anxious) 不安な, 落ち着かない

**inquilino(-a)**/インキリーノ/男(㊤tenant) (土地・家屋の) 借用者, 賃借人

**inquirir**/インキリール/動(㊤to investigate) 調べる, 調査する; 尋ねる, 質問する

**insânia**/インサニア/女(㊤insanity) 狂気

**insatisfeito(-a)**/インサチスフェイト/形(㊤dissatisfied) 不満な

**inscrever**/インスクレヴェール/動(㊤to inscribe) 記す, 記入する; 登録する

**inscrição**/インスクリサォン/女(㊤enrollment) 記載, 記銘, 登録; 申し込み

**insensato(-a)**/インセンサット/形(㊤unreasonable) 無分別な, ばかげた, 非常識な

**insensível**/インセンスィーヴェウ/形(㊤insensitive) 無感覚な, 麻痺した; 無感動な

**inserir**/インセリール/動(㊤to insert) 挿入する; 掲載する

**inseticida**/インセチスィーダ/[＊insecticida] 男(㊤insecticide) 殺虫剤, 農薬

**inseto**/インセット/[＊insecto] 男(㊤insect) 昆虫

**insigne**/インスィギニ/形(㊤distinguished) 目覚しい; 有名な

**insígnia**/インスィギニア/女(㊤badge) 徽章, 記章, バッジ

**insignificante**/インスィギニフィカンチ/形(㊤insignificant) 取るに足らない

**insinuar**/インスィヌアール/動(㊤to insinuate) ほのめかす, 当てこする

**insípido(-a)**/インスィピド/形(㊤insipid) 無味の; 無味乾燥な

**insistência**/インスィステンスィア/女(㊤insistence) しつこさ; 強要

**insistente**/インスィステンチ/形(㊤insistent) しつこい

**insistir**/インスィスチール/動(㊤to insist on) 主張する; 言い張る, 固執する

**insociável**/インソスィアーヴェウ/形(㊤unsociable) 非社交的な, 気難しい

**insolação**/インソラサォン/女(㊤sunstroke) 日射病

**insolente**/インソレンチ/形(㊤insolent) 横柄な

**insônia**/インソニア/[＊insónia] 女(㊤insomnia) 不眠 (症)

**inspecionar**/インスペスィオナール/[＊inspeccionar] 動(㊤to inspect) 検査する; 視察する

**inspiração**/インスピラサォン/女(㊤inspiration) 息を吸うこと, 吸気; 霊感

**inspirar**/インスピラール/動(㊤to inspire) (空気を)吸い込む; 霊感を与える, 鼓吹する

**instalar**/インスタラール/動(㊤to install) 据えつける, 設置する; 就任させる

**instantâneo(-a)**/インスタンタニオ/形(㊤instant) 瞬間の

**instante** /インスタンチ/形(㊤moment) 差し迫った, 切迫した ── 男 瞬間 ◆ *num* ~ 一瞬にして

**instável**/インスターヴェウ/形(㊤unstable) 不安定な

**instigar**/インスチガール/動(㊤to urge) 煽動する, そそのかす; 説得する

**instinto**/インスチント/男(㊤instinct) 本能

**instituição**/インスチトゥイサォン/女(㊤institution) 設立, 制定; 制度; 協会, 団体

**instituir**/インスチントゥイール/

[動](英to institute) 設立する；制定する

**instituto** /インスチトゥット/ [男](英institute) 協会，団体，研究所；学会；規則

**instrução** /インストルサォン/ [女](英instruction) 教育，教化；（使用）説明書

**instruir** /インストルイール/ [動](英to instruct) 教育する，教える，知らせる

**instrumento** /インストルメント/ [男](英instrument) 器具，道具；楽器 ◆ ~ ***musical*** 楽器

**instrutivo(-a)** /インストルチーヴォ/ [形](英instructive) 教育的な，ためになる

**insultar** /ウンスウタール/ [動](英to insult) 侮辱する

**insulto** /インスウト/ [男](英insult) 侮辱，無礼

**insurgir-se** /インスルジールスィ/ [動](英to rebel) 反抗する，反乱をおこす

**insurreição** /インスヘィサォン/ [女](英 rebellion) 反乱

**intato(-a)** /インタット/ [*intacto] [形](英intact) 無傷の，もとのままの，完全な；全部の

**integração** /インテグラサォン/ [女](英integration) 統合

**integral** /インテグラウ/ [形](英whole) 全部の，完全な

**integrar** /インテグラール/ [動](英integrar) 統合する，全体に組み入れる；積分する

**inteiro(-a)** /インテイロ/ [形](英whole) 全体の；全部の；完全な，無傷の

**intelectual** /インテレキトゥアウ/ [形](英intellectual) 知的な，理知的な — [男][女] インテリ，知識人

**inteligência** /インテリジェンスィア/ [女](英intelligence) 知性，理解力；知性的な人

**inteligente** /インテリジェンチ/ [形](英 intelligent) 知的な，知能の高い，聡明な

**intenção** /インテンサォン/ [女](英intention) 意図，意志

**intensidade** /インテンスィダージ/ [女](英intensity) 強さ，強度，激しさ

**intenso(-a)** /インテンソ/ [形](英intense) 激しい，強い，熱烈な

**intentar** /インテンタール/ [動](英to plan) 企てる，意図する；（…する）つもりである

**intento** /インテント/ [男](英aim) 意図，目的

**intercâmbio** /インテルカンビオ/ [男](英exchange) 交易；交換；交流

**interdizer** /インテルヂゼール/ [動](英to interdict) 禁ずる，禁止する，禁治産を宣告する

**interessante** /インテレサンチ/ [形](英interesting) 興味深い，面白い

**interessar** /インテレサール/ [動](英to interest) 興味を引く；関係がある；有益である

**interesse** /インテレッスィ/ [男](英interest) 利益；利子，利息；興味，関心；利害関係

**interferência** /インテルファレンスィア/ [女](英interference) 干渉

**interferir** /インテルフェリール/ [動](英to interfere in) 干渉する

**interior** /インテリオール/ [形](英inner) 内部の；精神的な — [男] 内部

**interlocutor(-ra)** /インテルロクトール/ [男][女](英speaker) 対談者；話し相手

**intermédio(-a)** /インテルメヂオ/ [形](英intermediate) 中間の；仲介の — [男] 仲介，調停 ◆ ***por ~ de*** …を介して，…によって

**internação** /インテルナサォン/ [女](英internment) 入院；収容

**internacional** /インテルナ

スィオナウ／ [形] (英 international) 国際的な

**interno(-a)**／インテルノ／[形] (英internal) 内部の，内側の

**interpor** ／インテルポール／[動] (英to put in) 間に入れる；介在させる；異議をはさむ

**interpretação**／インテルプレタサォン／ [女] (英 interpretation) 解釈，説明；通訳；演技，演出

**interpretar**／インテルプレタール／[動](英to interpret) 解釈する，通訳する，演じる

**intérprete**／インテルプレチ／[男][女](英interpreter) 通訳

**interrogar**／インテホガール／[動](英to question) 質問する，尋問する

**interromper**／インテホンペール／[動](英to interrupt) 中断する，中止する；さえぎる

**interrupção**／インテフピサォン／[女] (英 interruption) 中止，中断

**intervalo**／インテルヴァーロ／[男](英interval) （時間的・空間的な）間隔；幕間 ◆ ***por ~s*** 時々，間を置いて

**intervenção**／インテルヴェンサォン／[女](英intervention) 干渉，介入；調停

**intervir**／インテルヴィール／[動] (英to intervene) 仲裁する，調停する；干渉する；参加する

**intestino(-a)**／インテスチーノ／[男](英intestine) 腸 — [形] 内部の；体内の ◆ ***~ delgado [grosso]*** 小腸［大腸］

**intimidade**／インチミダーヂ／[女](英intimacy) 親密，親交

**íntimo(-a)**／インチモ／ [形] (英intimate) 親密な；心の底の，心からの

**intolerável**／イントレラーヴェウ／[形](英intolerable) 堪えられない，許しがたい

**intransigente**／イントランスィジェンチ／ [形] (英 uncompromissing) 非妥協的な

**intratável**／イントラターヴェウ／[形](英untreatable) 扱いにくい，手に負えない

**intrépido(-a)**／イントレピド／[形](英daring) 大胆な，勇敢な

**intriga** ／イントリーガ／ [女] (英intrigue) 陰謀，企み

**intrigar**／イントリガール／ [動] (英to intrigue) 当惑させる；反目させる；興味を引く

**introdução**／イントロドゥサォン／[女](英introduction) 導入；序論；入門書

**introduzir**／イントロドゥズィール／[動](英to introduce) 入れる；導入する，導き入れる

**intrometer**／イントロメテール／[動](英to insert) 挿入する，差し込む

**intuição**／イントゥイサォン／[女](英intuition) 直観

**inumano(-a)**／イヌマーノ／[形] (英inhuman) 非人道的な

**inumerável**／イヌメラーヴェウ／[形](英innumerable) 数え切れない，無数の

**inundação**／イヌンダサォン／[女](英flood) 洪水，氾濫

**inundar**／イヌンダール／[動](英to flood) 洪水を起こす，氾濫する；（水などで）満たす

**inútil** ／イヌーチウ／ [形] (英 useless) 役に立たない，無駄な，無益な

**invadir** ／インヴァヂール／[動](英to invade) 侵入する；侵略する

**inválido(-a)**／インヴァリド／[形](英invalid) 病弱な，虚弱な；無効の — [男][女] 障害者

**invariável**／インヴァリアーヴェウ／[形](英invariable) 変化しない，不変の

**invasão** ／インヴァザォン／[女](英invasion) 侵略，侵入

**invejar**／インヴェジャール／[動](英to envy) うらやむ

**invenção**／インヴェンサォン／[女](英invention) 発明（品）；作り話；創作力

I

**inventar** /インヴェンタール/ 動(英to invent) 発明する

**invento** /インヴェント/ 男(英invention) 発明品

**inverno** /インヴェルノ/ [*Inverno] 男(英winter) 冬

**inverso(-a)** /インヴェルソ/ 形(英inverse) 逆の, 正反対の

**investidor** /インヴェベスチドール/ 男(英investor) 投資者

**investigação** /インヴェスチガサォン/ 女(英investigation) 調査, 研究

**investigador** /インヴェスチガドール/ 男(英investigador) 調査者, 捜査員; 研究者

**investigar** /インヴェスチガール/ 動(英to investigate) 調査する, 研究する; 捜査する

**investimento** /インヴェスチメント/ 男(英 investment) 投資

**investir** /インヴェスチール/ 動(英to invest) 投資する

**invisível** /インヴィズィーヴェウ/ 形(英invisible) 目に見えない

**invocar** /インヴォカール/ 動(英to invoke) 祈願する; 呼び出す; 引用する

**involuntário(-a)** /インヴォルンタリオ/ 形(英involuntary) 不本意な

**iogurte** /イョグルチ/ 男(英yogurt) ヨーグルト

**ir** /イール/ 動(英to go) 行く; (ある状態に)ある; (時が)経過する ◆ **~ a** …に到達する, 通じる; …に着手する **~ +** 不定詞 …しに行く; …するろう **~ ter com** …を迎えに行く **Vamos!** さあ!

**ira** /イラ/ 女(英anger) 怒り

**irmã** /イルマン/ 女(英sister) 姉, 妹

**irmão** /イルマォン/ 男(英brother) 兄, 弟

**ironia** /イロニーア/ 女(英irony) 皮肉, 当てこすり

**irracional** /イハスィオナウ/ 形(英irrational) 不合理な; 理性をもたない

**irradiação** /イハヂアサォン/ 女(英radiation) 放射; エックス線照射

**irradiar** /イハヂアール/ 動(英to radiate) 放射する; 発散させる

**irreal** /イヘアウ/ 形(英unreal) 非現実的な

**irregular** /イヘグラール/ 形(英irregular) 不規則な

**irresistível** /イヘズィスチーヴェウ/ 形(英irresistible) 抵抗できない, 逆らえない

**irresoluto(-a)** /イヘゾルット/ 形(英irresolute) 不決断の, 優柔不断の; 未解決の

**irresponsável** /イヘスポンサーヴェウ/ 形 (英irresponsible) 無責任な

**irritante** /イヒタンチ/ 形(英irritating) いらいらさせる

**irritar** /イヒタール/ 動(英to irritate) 怒らせる, いらいらさせる; 刺激する

**isca** /イスカ/ 女(英bait) (釣の)餌

**isento(-a)** /イゼント/ 形(英exempt) 免除された

**islã** /イズラン/ [*Islão] 男(英Islam) イスラム教

**isolar** /イゾラール/ 動(英to isolate) 隔離する;〖電気〗絶縁する; 断熱する

**isqueiro** /イスケイロ/ 男(英lighter) ライター

**isso** /イッソ/ 代(英that) それ, そのこと

**isto** /イスト/ 代(英this) これ, このこと

**Itália** /イタリア/ 女 (英Italy) イタリア

**italiano(-a)** /イタリアーノ/ 形(英Italian) イタリア(人・語)の ― 男女 イタリア人 ― 男 イタリア語

**itinerário** /イチネラーリオ/ 男(英itinerary) 旅程, 道程

# J, j

**já** /ジャ/ [副]([英]already, yet) すでに，もう，今；すぐに ◆ ***desde ~*** 今から，すぐに ***~ que +***直説法 …なので

**jacaré** /ジャカレー/ [男]([英]alligator) アリゲーター

**jactância** /ジャキタンスィア/ [女]([英]boasting) 虚栄；自慢

**jamais** /ジャマイス/ [副]([英]never) 決して…ない，かつて…ない；いつも…ない

**janeiro** /ジャネィロ/ [* Janeiro] [男]([英]January) 1月

**janela** /ジャネーラ/ [女]([英]window) 窓；窓口

**jantar** /ジャンタール/ [男]([英]dinner) 夕食，晩餐 — [動] 夕食をとる

**Japão** /ジャパォン/ [男]([英]Japan) 日本

**japonês(-nesa)** /ジャポネス/ [形]([英]Japanese) 日本(人・語)の — [男][女] 日本人 — [男] 日本語

**jaqueta** /ジャケッタ/ [女]([英]jacket) ジャケット

**jardim** /ジャルヂン/ [男]([英]garden) 庭，庭園 ◆ ***~ botânico*** 植物園 ***~-de-infância*** 幼稚園 ***~ zoológico*** 動物園

**jardinagem** /ジャルヂナージェィン/ [女]([英] gardening) 園芸

**jardineiro** /ジャルヂネイロ/ [男]([英]gardener) 庭師，園丁

**jarro** /ジャッホ/ [男]([英]jug) 水差し，ジョッキ

**jato** /ジャット/ [* jacto] [男]([英]blast, jet) 噴出；推進；ジェット機 ◆ ***avião a ~*** ジェット機

**jazer** /ジャゼール/ [動]([英]to lie) 横になっている；位置する

**jeito** /ジェィト/ [男]([英]way) 方法，手段；様子，しぐさ ◆ ***com ~*** 巧みに ***de qualquer ~*** とにかく ***fazer ~*** 有益である，都合がよい

**joalheiro** /ジョアリェィロ/ [男]([英]jeweller) 宝石商人[職人]

**joalheria** /ジョアリェリーア/ [* joalharia] [女]([英]jeweller's shop) 宝石店，貴金属店

**joelho** /ジョエーリョ/ [男]([英]knee) 膝 ◆ ***pôr-se de ~s*** 跪く

**jogador(-ra)** /ジョガドール/ [男][女]([英]player) 選手

**jogar** /ジョガール/ [動]([英]to play) 遊ぶ；(試合などを)する，プレーする；投げる，投げつける ◆ ***~ fora*** 投げ出す；廃棄する，捨てる

**jogo** /ジョーゴ/ [男]([英]game) 遊び；競技，ゲーム；賭博

**jóia** /ジョィア/ [女]([英]jewel) 宝石；入会金

**jornada** /ジョルナーダ/ [女]([英]journey) 一日の行程

**jornal** /ジョルナウ/ [男]([英]newspaper) 新聞；(テレビ・ラジオの)ニュース

**jornaleiro** /ジョルナレィロ/ [男]([英]newsdealer) 新聞販売業者

**jornalismo** /ジョルナリズモ/ [男]([英]journalism) ジャーナリズム，報道

**jornalista** /ジョルナリスタ/ [男]([英]journalist) ジャーナリスト，新聞業者

**jovem** /ジョーヴェィン/ [形]([英]young) 若い — [男][女] 若者，青年

**jovial** /ジョヴィアウ/ [形]([英]jovial) 快活な，陽気な；面白い

**júbilo** /ジュビロ/ [男]([英]rejoicing) 歓喜

**judeu(judia)** /ジュデゥ/ [形]([英]Jewish) ユダヤの — [男][女] ユダヤ人

**judicial** /ジュヂスィアウ/ [形]([英]judicial) 司法の，裁判の；裁判所[官]の

J

**juízo** /ジュイーソ/ 男 (㊧judgement) 判断 (力), 思慮; 裁判所

**juiz(juíza)** /ジュイース/ 男女(㊧judge) 裁判官, 判事

**julgamento** /ジュウガメント/ 男(㊧judgement) 判断; 裁判, 審理

**julgar** /ジュウガール/ 動(㊧to judge) 裁判する, 裁く; 判断する, 評価する

**julho** /ジューリョ/ [\* Julho] 男(㊧July) 7月

**junho** /ジューニョ/ [\* Junho] 男(㊧June) 6月

**júnior** /ジュニオル/ 形(㊧younger) 年下の; 若い方の

**junta** /ジュンタ/ 女(㊧junta) (市町村の) 議会

**juntar** /ジュンタール/ 動(㊧to join) 集める; つなぐ, 接合する

**junto(-a)** /ジュント/ 形(㊧joined) 接合した; 集めた, 一緒にした ◆ ~ a …のそばに por ~ 一度に;大量に

**jurado(-a)** /ジュラード/ 男女(㊧sworn) 陪審員

**juramento** /ジュラメント/ 男(㊧oath) 誓い, 宣誓 ◆ sob ~ 誓って

**jurar** /ジュラール/ 動(㊧to swear) 誓う, 宣誓する

**juro** /ジューロ/ 男(㊧interest) 利息, 利子

**jus** /ジュイス/ 男(㊧right) 権利 ◆ fazer ~ a …に値する

**justiça** /ジュスチッサ/ 女(㊧justice) 正義; 公平; 司法

**justificar** /ジュスチフィカール/ 動(㊧to justify) 正当性を証明する, 正当化する; 弁明する

**justo** /ジュスト/ 男女(㊧just, fair) 正しい, 正当な, 適切な; 正確な

**juvenil** /ジュヴェニウ/ 形(㊧youthful) 若い, 青少年の

**juventude** /ジュヴェントゥーチ/ 女(㊧youth) 青春 (時代)

## L, l

**lá** /ラ/ 副(㊧there) あそこに [へ], あちらへ

**lã** /ラン/ 女(㊧wool) 羊毛; 毛糸

**lábio** /ラビオ/ 男(㊧lip) 唇

**labirinto** /ラビリント/ 男(㊧labyrinth) 迷宮, 迷路

**labor** /ラボール/ 男(㊧work, labor) 労働 (力); 労苦

**laborar** /ラボラール/ 動(㊧to labor) 働く

**laboratório** /ラボラトリオ/ 男(㊧laboratory) 実験室; 研究所

**laca** /ラッカ/ 女(㊧lacquer) ラッカー, 漆

**lacônico(-a)** /ラコニコ/ [\*lacónico] 形(㊧laconic) 簡潔な, 簡明な

**lacuna** /ラクーナ/ 女(㊧gap) 空隙, 隙間; 欠点

**ladeira** /ラディラ/ 女(㊧slope) 坂, 坂道, 斜面

**lado** /ラード/ 男(㊧side) 側 (がわ), 脇, そば, 側面; 部分 ◆ ao de …のそばに; …に賛成して;…に加わって

**ladrão** /ラドラォン/ 男(㊧thief) 泥棒, 強盗

**ladrar** /ラドラール/ 動(㊧to bark) (犬が) 吠える; どなる

**ladrilho** /ラドリーリョ/ 男(㊧tile) (床や道に用いる) タイル, 煉瓦

**lagarto** /ラガルト/ 男(㊧lizard) トカゲ

**lago** /ラーゴ/ 男(㊧lake) 湖

**lagoa** /ラゴーア/ 女(㊧lake) 湖, 潟

**lágrima** /ラグリマ/ 女(㊧tear) 涙

**lamber** /ランベール/ 動(㊧to lick) なめる

**lambiscar** /ランビスカール/ 動(㊧to nibble) 少しずつ食べる

**lambuzar** /ランブザール/ 動(㊧to smear) 汚す

**lamentar**／ラメンタール／動（㊈to lament）嘆く，悲しむ

**lamentável**／ラメンターヴェウ／形（㊈regrettable）悲しむべき，哀れな

**lamento**／ラメント／男（㊈lament）嘆き

**lâmina**／ラミナ／女（㊈sheet）薄片；薄板；刃；葉片

**lâmpada**／ランパダ／女（㊈lamp）ランプ；電灯；明かり

**lampejo**／ランページョ／男（㊈flash）閃き，電光；火花

**lançamento**／ランサメント／男（㊈throwing）投げること；打ち上げ；（船の）進水；発芽

**lançar**／ランサール／動（㊈to throw）投げつける，投げる；発射する；こぼす；撒き散らす；発芽する

**lance**／ランスィ／男（㊈throw）投げること；苦境，危機，困難；（物語や劇の）山場

**lancha**／ランシャ／女（㊈launch）〖海事〗ランチ；モーターボート

**lanche**／ランシ／男（㊈snack）ランチ，軽食

**lanço**／ランソ／男（㊈throw）投げること；一区画；（競売の）付値，入札；ひと並び；階段；一回の水揚げ

**languidez**／ランギディス／女（㊈languor）衰弱；無気力

**lânguido**／ランギド／男（㊈languid）衰弱した；無気力な

**lápis**／ラピス／男（㊈pencil）鉛筆

**lar**／ラール／男（㊈hearth）かまど，炉辺；家庭

**laranja**／ラランジャ／女（㊈orange）オレンジ

**largar**／ラルガール／動（㊈to release）放す，落とす；自由にする，解放する；見捨てる；逃げる

**largo(-a)**／ラルゴ／形（㊈wide, broad）広い，広々とした，ゆったりした；十分な ─

男 広場

**largura**／ラルグーラ／女（㊈width, breadth）幅，幅員

**lasca**／ラスカ／女（㊈splinter）かけら，破片

**lasso(-a)**／ラッソ／形（㊈weary）疲れた；ゆるんだ

**lástima**／ラスチマ／女（㊈pity）憐れみ；同情；悲歌

**lastimar**／ラスチマール／動（㊈to lament）憐れむ；悲しむ，嘆く

**lata**／ラッタ／女（㊈tin, can）ブリキ（缶）；缶詰の缶

**latejar**／ラテジャール／動（㊈to throb）息をきらす，喘ぐ

**latente**／ラテンチ／形（㊈latent）隠れた；潜在する

**lateral**／ラテラウ／形（㊈lateral）側面の，横の

**latim**／ラチン／男（㊈Latin）ラテン語

**latir**／ラチール／動（㊈to bark）（犬が）吠える

**latitude**／ラチトゥーヂ／女（㊈latitude）緯度

**latrina**／ラトリーナ／女（㊈latrine）便所

**latrocínio**／ラトロスィニオ／男（㊈armed robbery）強盗行為，殺人強盗

**lauda**／ラウダ／女（㊈page）ページ

**láurea**／ラウリア／女（㊈laurels）月桂冠；栄誉

**lauto(-a)**／ラット／形（㊈sumptuous）すばらしい；豊富な

**lavadora**／ラヴァドーラ／女（㊈washing machine）洗濯機

**lavanderia**／ラヴァンデリーア／[*lavadaria, lavandaria] 女（㊈laundry）クリーニング店

**lavar**／ラヴァール／動（㊈to wash）洗う，洗濯する

**lavoura**／ラヴォゥラ／女（㊈tilling）耕作；耕地

**lavrador**／ラヴラドール／

**lavrar** 男(㊥farm laborer) 農民

**lavrar**/ラヴラール/動(㊥to work) 耕す, 耕作する; (木材などを)加工する; を起草する

**laxo(-a)**/ラッショ/形(㊥lax) ゆるんだ, ゆるい

**leal**/レアゥ/形(㊥loyal) 誠実な, 忠実な

**lealdade**/レアゥダーチ/女(㊥loyalty) 誠実, 忠実

**leão**/レアォン/男(㊥lion) ライオン

**lebre**/レブリ/女(㊥hare) 野ウサギ

**lecionar**/レスィオナール/[*leccionar]動(㊥to teach) 教える, 講義する

**legal**/レガゥ/形(㊥legal) 法律上の; 合法の; すばらしい

**legenda**/レジェンダ/女(㊥caption) (図表に添える)キャプション, (地図の)凡例; (映画の)字幕; 伝説

**legislação**/レジズラサォン/女(㊥legislation) 立法(権); 法律

**legislar**/レジズラール/動(㊥to legislate) 法を制定する

**legítimo(-a)**/レジチモ/形(㊥legitimate) 合法的な, 正当な, 嫡出の

**légua**/レグヮ/女(㊥league) レグア(距離の単位6000メートル)

**legume**/レグーミ/男(㊥vegetable) 野菜

**lei**/レィ/女(㊥law) 法律, 法令, 法, 条令; 規則; 法則

**leilão**/レィラォン/男(㊥auction) 競売; オークション

**leite**/レィチ/男(㊥milk) ミルク, 牛乳

**leiteria**/レィテリーア/[*leitaria]女(㊥dairy) 牛乳屋

**leito**/レィト/男(㊥bed) 寝台

**leitor**/レィトール/男(㊥reader) 読者

**leitura**/レィトゥーラ/女(㊥reading) 読むこと, 読書; 読み物

**lembrança**/レンブランサ/女(㊥recollection) 記憶, 思い出; 記念(物) ◆ *Dê ~s a todos.* みなさんによろしくお伝え下さい

**lembrar**/レンブラール/動(㊥to remember) 思い出す; 覚えている; 気づかせる ◆ *~-se de* …を覚えている

**lenço** /レンソ/ 男(㊥handkerchief) ハンカチーフ

**lençol**/レンソゥ/男(㊥sheet) シーツ, 敷布

**lenda**/レンダ/女(㊥legend) 伝説

**lente**/レンチ/女(㊥lens) レンズ —男 教師

**lentidão**/レンチダォン/女(㊥slowness) 緩慢さ, のろさ ◆ *com ~* ゆっくりと

**lento(-a)**/レント/形(㊥slow) のろい, 緩慢な, 遅い

**leque**/レッキ/男(㊥array) 扇子; 帆立貝

**ler** /レール/動(㊥ to read) 読む, 読み取る; 判断する

**lesão**/レザォン/女(㊥injury) けが, 傷害

**leste**/レスチ/形(㊥east) 東の, 東部の —男 東, 東部; 東風

**letra**/レトラ/女(㊥letter) 文字, 活字 ◆ *à ~; ~ a ~* 文字通りに; 厳密に *homem de ~s* 作家, 文士

**letreiro** /レトレィロ/ 男(㊥sign) 貼り札, レッテル; ポスター; 看板

**levado(-a)**/レヴァード/形(㊥naughty) 運ばれた; いたずら好きな; 騒がしい

**levantamento**/レヴァンタメント/男(㊥lifting) 上げること; 起立; 決起, 暴動

**levantar**/レヴァンタール/動(㊥to lift) 上げる, 上がる; 起こす, 起きる; 立てる; 高める; 元気づける; 中止させる; 提案する; ◆ *~-se* 立ち

**levar** /レヴァール/ 動(㊀to carry) 運ぶ, 持って行く, 連れて行く; 導く, 案内する ◆ ~ *tempo* 時間がかかる

**leve** /レーヴィ/ 形(㊀light) (物・程度が) 軽い

**leviandade** /レヴィアンダーチ/ 女(㊀frivolity) 軽率

**léxico** /レキシコ/ 男(㊀lexicon) 辞書; 用語集

**lhe(s)** /リ/ 代(㊀to him [her, you]; to them [you]) 彼[彼女]に[から; の]; あなたに[から; の]; それに[から; の]

**liame** /リアーミ/ 男(㊀tie, bond) 接着剤; ひも; 接合材

**liberal** /リベラウ/ 形(㊀liberal) 自由主義の; 自由な; 寛大な

**liberalismo** /リベラリズモ/ 男(㊀liberalism) 自由主義

**liberar** /リベラール/ 動(㊀to release, to free) 解放する

**liberdade** /リヴェルダーチ/ 女(㊀freedom) 自由; 解放

**libertar** /リベルタール/ 動(㊀to free) 解放する, 自由にする

**libra** /リーブラ/ 女(㊀pound) ポンド (重量単位・通貨単位)

**lição** /リサォン/ 女(㊀lesson) 授業, 講義, レッスン; 教訓; (テキストの) 読み

**licença** /リセンサ/ 女(㊀licence) 許可 (書), 認可; 免許証; 放縦 ◆ *Com* [*Dá*] ~. ちょっと失礼！

**licenciar** /リセンスィアール/ 動(㊀to licence) 休暇を与える; 解雇する

**liceu** /リセウ/ 男(㊀secondary school) (旧制の) 中等学校

**lícito(-a)** /リスィト/ 形(㊀lawful) 適法の, 合法的な

**licor** /リコール/ 男(㊀liqueur) リキュール, アルコール飲料

**líder** /リデル/ 男(㊀leader) 指導者, リーダー

**liderança** /リデランサ/ 女(㊀leadership) 指導 (力)

**liderar** /リデラール/ 動(㊀to lead) 指導する, 統率する

**liga** /リーガ/ 女(㊀league) 連結, 結合; 同盟, リーグ

**ligação** /リガサォン/ 女(㊀connection) 結合; 電話の) 接続, 通話

**ligar** /リガール/ 動(㊀to tie, to bind) 結ぶ, 縛る; 結合する, つなぐ, 接続する; (スイッチを) 入れる

**ligeiro(-a)** /リジェイロ/ 形(㊀light) 軽い; 敏捷な, 素早い

**lima** /リーマ/ 女(㊀file) やすり; ライムの実

**limão** /リマォン/ 男(㊀lemon) レモン

**limitar** /リミタール/ 動(㊀to limit) 限定する, 制限する; 規定する

**limite** /リミッチ/ 男(㊀limit) 限界, 限度; 境界 (線)

**limpar** /リンパール/ 動(㊀to clean) 掃除する, 清掃する; 清潔にする

**limpeza** /リンペーザ/ 女(㊀cleanliness) 清潔; 清掃, 掃除

**límpido(-a)** /リンピド/ 形(㊀limpid) 澄んだ, 透明な

**limpo(-a)** /リンポ/ 形(㊀clean) きれいな, 清潔な, 汚れていない

**linchar** /リンシャール/ 動(㊀to lynch) 私刑にする

**lindo(-a)** /リンド/ 形(㊀lovely) 美しい, かわいい, きれいな

**língua** /リングァ/ 女(㊀tongue, language) 舌; 言語 ◆ *bater* [*dar*] *com a ~ nos dentes* うっかり話す ~ *materna* 母国語 *trocar ~* 会話をする, 談笑する

**linguagem** /リングゥアージェン/ 女(㊀language) 言語; 言葉遣い

**lingüiça** /リングウィッサ/ [*linguiça*] 女(㊀sausage) ソーセージ

**lingüística** /リングイスチカ/ [*linguística*] 囡 (㊗linguistics) 言語学

**linha** /リーニャ/ 囡 (㊗line) 線, 描線, 輪郭; 糸; 電線; 路線, 航空路, 航路; 戦線; 方針; 進路

**linho** /リーニョ/ 男 (㊗linen) 亜麻, リンネル

**liquidar** /リキダール/ 動 (㊗to liquidate) 精算する; 決算する

**líquido(-a)** /リキド/ 形 (㊗liquid) 液体の; 正味の — 男 液体

**lírico(-a)** /リリコ/ 形 (㊗lyric) 叙情的な

**lírio** /リリオ/ 男 (㊗lily) ユリ (の花)

**Lisboa** /リズボーア/ 囡 (㊗Lisbon) リスボン

**lisboeta** /リズボエッタ/ 形 (㊗of Lisbon) リスボンの — 男囡 リスボン市民

**lisonjear** /リゾンジェアール/ 動 (㊗to flatter) へつらう, おべっかを使う

**lisonjeiro(-a)** /リゾンジェイロ/ 形 (㊗flattering) へつらいの, お世辞の

**liso(-a)** /リーソ/ 形 (㊗smooth) 滑らかな, 平坦な; 誠実な

**lista** /リスタ/ 囡 (㊗list) リスト, 表, 名簿, 一覧表

**listra** /リストラ/ 囡 (㊗stripe) 縞, ストライプ

**literal** /リテラウ/ 形 (㊗literal) 文字通りの; 正確な, 厳密な

**literário(-a)** /リテラリオ/ 形 (㊗literary) 文学の

**literato** /リテラット/ 男 (㊗man of letters) 文学者

**literatura** /リテラトゥーラ/ 囡 (㊗literature) 文学; 文献

**litígio** /リチジオ/ 男 (㊗lawsuit) 訴訟

**litoral** /リトラウ/ 形 (㊗coastal) 沿岸の

**litro** /リットロ/ 男 (㊗liter) リットル

**livraria** /リヴラリーア/ 囡 (㊗bookstore) 書店, 本屋; 書庫, 蔵書

**livre** /リーヴリ/ 形 (㊗free) 自由な, 解放された, 独立の ◆ *ao ar* ~ 戸外で

**livro** /リーヴロ/ 男 (㊗book) 本, 書物; 日誌; 帳簿

**lixo** /リッショ/ 男 (㊗rubbish) くず, ごみ, がらくた

**lobo** /ローボ/ 男 (㊗wolf) オオカミ ◆ *entre o* ~ *e o cão* 夕暮れに

**local** /ロカウ/ 囡 (㊗local) 一地方の; 局所的な — 男 場所

**localizar** /ロカリザール/ 動 (㊗to locate) 場所をおく, 場所を特定する

**loção** /ロサォン/ 囡 (㊗lotion) ローション

**locomotíva** /ロコモチーヴァ/ 囡 (㊗locomotive) 機関車

**locução** /ロクサォン/ 囡 (㊗phrase) 言い回し, 成句

**locutor(-ra)** /ロクトール/ 男囡 (㊗announcer) アナウンサー

**lodo** /ロード/ 男 (㊗mud) 泥

**lógica** /ロジカ/ 囡 (㊗logic) 論理 (学)

**lógico(-a)** /ロジコ/ 形 (㊗logical) 論理的な

**logo** /ローゴ/ 副 (㊗right away) すぐに, ただちに; 間もなく ◆ *Até* ~*!* さようなら ~ *que* +接続法 …するとすぐに

**lograr** /ログラール/ 動 (㊗to achieve) 手に入れる; 成就する

**loja** /ロージャ/ 囡 (㊗shop) 店, 小売店, 商店; 地上階

**lombo** /ロンボ/ 男 (㊗back) 背中, 腰部

**lona** /ローナ/ 男囡 (㊗canvas) ズック, 帆布

**longe** /ロンジ/ 副 (㊗far) 遠くに, はるかに; 大いに — 形 遠い ◆ *ao [por]* ~ 遠くに *de* ~ 遠くから; 昔から;

**longitude** /ロンジトゥーチ/ 女(㊍longitude) 経度

**longo(-a)** /ロンゴ/ 形(㊍long) (時間・距離などが) 長い ◆ *ao ~ de* …に沿って

**losango** /ロザンゴ/ 男(㊍lozenge) 菱形

**lote** /ロッチ/ 男(㊍portion) 分け前；(商品の) 一山；(競売品の) 一回分；部分, 区画

**loteria** /ロテリーア/ [\*lotaria] 女(㊍lottery) 宝くじ

**louco(-a)** /ロッコ/ 形(㊍mad) 狂気の ── 男女 狂人 ◆ *estar ~ por* 夢中である

**loucura** /ロゥクーラ/ 女(㊍madness) 狂気

**louro(-a)** /ロウロ/ 形(㊍blond) 黄金色の；金髪の ── 男女 金髪の人 ── 男 月桂樹

**louvar** /ロゥヴァール/ 動(㊍to laud) ほめる, 称賛する

**louvável** /ロゥヴァーヴェゥ/ 形(㊍praiseworthy) 称賛すべき

**louvor** /ロゥヴォール/ 男(㊍praise) 称賛

**lua** /ルーア/ 女(㊍moon) 月；月形；衛星 ◆ *~ cheia [nova]* 満[新]月 *meia ~* 半月

**luar** /ルアール/ 男(㊍moonlight) 月光 ◆ *noite de ~* 月夜

**lucidez** /ルスィディス/ 女(㊍lucidity) 輝き；明快；機知

**lúcido(-a)** /ルスィド/ 形(㊍lucid) 輝く, ピカピカの

**lucrar** /ルクラール/ 動(㊍to profit from) 利する；儲ける

**lucro** /ルックロ/ 男(㊍profit) 利益, 利潤

**ludibriar** /ルヂブリアール/ 動(㊍to deceive) 欺く, だます；あなどる, からかう

**lugar** /ルガール/ 男(㊍place) 場所, 席；地位, 立場, 職務 ◆ *dar ~ a* …に席を譲る；…を引き起こす *em ~ de* …の代わりに *em primeiro ~* 第一に *ter ~* 開催される

**lúgubre** /ルグブリ/ 形(㊍mournful) 喪の；悲しい

**lula** /ルーラ/ 女(㊍squid) イカ

**lume** /ルーミ/ 男(㊍fire) 火, 灯火；灯明, 明かり, 光

**lusitano(-a)** /ルズィターノ/ 形(㊍Portuguese) ポルトガルの, (古代ローマの属州) ルシタニアの ── 男女 ポルトガル人, ルシタニア人

**lustrar** /ルストラール/ 動(㊍to polish) 艶を出す, 光沢を出す, 磨く

**lustre** /ルストリ/ 男(㊍gloss) 艶, 光沢

**luta** /ルッタ/ 女(㊍fight) 格闘(技), 闘争；努力

**lutar** /ルタール/ 動(㊍to fight) 格闘する, 闘う, 争う

**luto** /ルット/ 男(㊍mourning) 哀悼；喪；喪服

**luva** /ルーヴァ/ 女(㊍glove) 手袋

**luxo** /ルッショ/ 男(㊍luxury) 贅沢(品), 華美

**luxuoso(-a)** /ルシュオーゾ/ 形(㊍luxurious) 豪華な, ぜいたくな

**luz** /ルース/ 女(㊍light) 光, 光線；輝き；明るみ ◆ *dar à ~* 世に出す, 出版する *vir à ~* 生まれる

**luzir** /ルズィール/ 動(㊍to shine) 輝く, 光る, きらめく

# M, m

**maçã** /マサン/ 女(㊍apple) リンゴ

**maca** /マッカ/ 女(㊍stretcher) 担架

**macaco** /マカッコ/ 男(㊍monkey) 猿

**macarrão** /マカハォン/ 男(㊍spaghetti) スパゲッティ

**machado** /マシャード/ 男(㊍ax) 斧

**macho(-a)** /マッショ/ 形 (㊥male) 雄の ― 男 雄

**machucar** /マシュカール/ 動(㊥to hurt) 打撲傷を与える; 押し[踏み]つぶす, つきくだく

**maciço(-a)** /マスィッソ/ 形 (㊥solid) つまった, 充実した, 均質の; どっしりした

**macilento(-a)** /マスィレント/ 形(㊥gaunt) やつれた, 衰弱した

**macio(-a)** /マスィーオ/ 形 (㊥soft) 柔らかい, なめらかな; 優しい

**mácula** /マクラ/ 女(㊥stain) しみ, 汚点; 不名誉

**madeira** /マディラ/ 女(㊥wood) 材木, 木材

**madre** /マードリ/ 女(㊥nun) 修道女; 女子修道院長

**madrepérola** /マドリペロラ/ 女(㊥mother of pearl) 真珠貝 (の内側)

**madrugada** /マドルガーダ/ 女(㊥dawn) 夜明け, 黎明; 早熟

**madrugar** /マドルガール/ 動(㊥to get up early) 早起きする; 人に先んじる

**maduro(-a)** /マドゥーロ/ 形(㊥ripe) 熟した, うれた

**mãe** /マィン/ 女(㊥mother) 母, 母親; 源

**maestro** /マエストロ/ 男 (㊥conductor) 指揮者, 作曲家, 師匠

**magia** /マジーア/ 女(㊥magic) 魔法, 魔術

**mágico(-a)** /マジコ/ 形 (㊥magic) 魔法の, 魔術の; 不思議な ― 男女 魔術師

**magistrado** /マジストラード/ 男(㊥magistrate) 行政長官; 司法官; 治安判事

**magnânimo(-a)** /マギナニモ/形(㊥magnanimous) 寛大な

**magnata** /マギナッタ/ [* magnate] 男女(㊥magnate) 実力者, 大物

**magnético(-a)** /マギネチコ/ 形(㊥magnetic) 磁石の; 磁力の

**magnificência** /マギニフィセンスィア/ 女(㊥magnificence) 壮観, 豪華

**magnífico(-a)** /マギニフィコ/ 形(㊥magnificent) 壮麗な

**mágoa** /マゴア/ 女(㊥hurt) (打撲による)あざ; 悲しみ

**magoar** /マゴアール/ 動(㊥to hurt) 負傷する, 打撲傷を与える; 悲しませる

**magote** /マゴッチ/ 男 (㊥crowd of people) 群れ, 群衆

**magro(-a)** /マーグロ/ 形 (㊥slim) 痩せた; 脂肪のない

**maio** /マィオ/ [* Maio] 男 (㊥May) 5月

**maionese** /マィヨネーズィ/ 女 (㊥mayonnaise) マヨネーズ

**maior** /マィオール/ 形(㊥bigger) より大きい, より多数の; より優れた; 成人に達した ― 男女 成人 ◆ ~ *parte* 大部分

**maioria** /マィオリーア/ 女(㊥majority) 大部分, 大多数

**mais** /マィス/ 副(㊥more) より多く; 再び, 更に ◆ *~ de* …以上 *~ e ~* いっそう, ますます *~ ou menos* だいたい

**majestade** /マジェスターチ/ 女(㊥majesty) 威厳, 壮麗

**majestoso(-a)** /マジェストーソ/形(㊥majestic) 厳かな

**majorar** /マジョラール/ 動(㊥to augment) 大きくする, 増やす

**mal** /マウ/ 男(㊥harm) 悪, 悪事, 罪悪; 災い; 病気 ― 副(㊥badly) 悪く, 誤って ― 接 …するや否や ◆ *de ~ a pior* ますます悪化して

**mala** /マーラ/ 女(㊥suitcase, trunk) トランク ◆ *fazer as ~s* 荷造りする

**malária** /マラリア/ 女 (㊥malaria) マラリア

**malcriado(-a)** /マウクリアード/ 形(㊥rude) しつけの悪い, 無作法な

**maldade** /マウダーヂ/ 女 (㊥malice) 悪いこと; 不正; 悪意

**maldição** /マウヂサォン/ 女 (㊥curse) 呪い; 悪態

**maldizer** /マウヂゼール/ 動 (㊥to curse) 呪う; 中傷する

**maldoso(-a)** /マウドーゾ/ 形(㊥wicked) 悪意のある

**maleável** /マレアーヴェウ/ 形(㊥malleable) 打ち延ばれる, 柔軟な; 柔順な

**maleficiar** /マレフィスィアール/ 動(㊥to do harm) 害する

**mal-entendido(-a)** /マウエンテンヂード/ 形(㊥misunderstood) 誤解した, 勘違いした ― 男 誤解, 勘違い

**mal-estar** /マウ エスタール/ 男(㊥discomfort) 不快; 不安; 健康が優れないこと

**malfalante** /マウファランチ/ 形(㊥evil-speaking) 中傷的な ― 男女 中傷する人

**malfeitor(-ra)** /マウフェイトール/ 形(㊥wrong-doer) 悪人, 犯人

**malha** /マーリャ/ 女(㊥mesh) 編み目, ステッチ; 斑点

**malícia** /マリスィア/ 女 (㊥malice) 悪意, 意地悪

**malicioso(-a)** /マリスィオーゾ/形(㊥malicious) 悪意の

**maligno(-a)** /マリギノ/ 形 (㊥evil) 悪意のある; (病気が) 悪性の

**malograr** /マログラール/ 動 (㊥to spoil) 失敗させる

**malogro** /マローグロ/ 男 (㊥failure) 失敗, 挫折

**malquerer** /マウケレール/ 動(㊥to wish ill to) 悪意を抱く

**malquistar** /マウキスタール/ 動(㊥to render inimical) 疎遠になる, 不和にする

**malquisto(-a)** /マウキスト/ 形(㊥disliked) 嫌われた, 評判の悪い

**malsão(-ã)** /マウサォン/ 形(㊥unhealthy) 不健康な, 病弱な

**maltratar** /マウトラタール/ 動(㊥to ill-treat) 虐待する, 酷使する; 害する

**malvado(-a)** /マウヴァード/ 形(㊥wicked) 邪悪な, 残酷な

**mama** /マーマ/ 女(㊥breast) 乳房

**mamãe** /ママィン/ 女 (㊥mum) お母さん

**mamífero(-a)** /マミフェロ/ 形(㊥mammal) 哺乳動物の ― 男 哺乳動物

**mana** /マーナ/ 女 (㊥sister) 姉, 妹

**mancar** /マンカール/ 動(㊥to cripple) 片足を引きずって歩く

**mancebo** /マンセーボ/ 男 (㊥young man) 若者, 青年; ハンガー, 洋服掛け

**mancha** /マンシャ/ 女 (㊥stain) しみ, 汚点, ぶち; 斑点

**manchar** /マンシャール/ 動 (㊥to stain) しみをつける

**manchete** /マンシェッチ/ 女 (㊥headline) (新聞第1面の) トップ見出し

**manco(-a)** /マンコ/ 形(㊥crippled) 足の不自由な

**mandado** /マンダード/ 男 (㊥order) 命令, 指令; 令状
♦ ~ *de captura* 逮捕状

**mandamento** /マンダメント/ 男(㊥order) 命令, 指令, 号令

**mandar** /マンダール/ 動(㊥to order) 命じる, 指図する; 送る, 発送する

**mandato** /マンダット/ 男 (㊥mandate) 委任; 委任統治; 判決, 司法命令

**mândria** /マンドリア/ 女(㊥laziness) 怠惰, 無精

**maneira** /マネィラ/ 女 (㊥manner, way) 方法, 仕方, 手段; 様式; 習慣; 態

度;((~s)) 行儀, マナー ◆ *de ~ que* +接続法 …するために *de ~ que* +直説法 …なので *de qualquer ~* あくまでも *desta ~* このように

**maneiroso(-a)** /マネイローゾ/ 形 (㊥mannerly) 礼儀正しい

**manejar** /マネジャール/ 動 (㊥to handle) 取り扱う; あやつる, 操縦する

**manejo** /マネージョ/ 男 (㊥handling) 取り扱い; 操作, 操縦; 処理

**manequim** /マネキン/ 男 (㊥dummy) マネキン人形

**manga** /マンガ/ 女 (㊥sleeve) 袖

**mangar** /マンガール/ 動 (㊥to make fun) からかう

**mangueira** /マンゲィラ/ 女 (㊥hose) ホース

**manha** /マーニャ/ 女 (㊥guile) 器用さ; 熟練; 狡猾

**manhã** /マニャン/ 女 (㊥morning) 朝, 午前 ◆ *à [de, pela] ~* 朝に, 午前に *amanhã de ~* 明日の朝[午前]に *às sete horas da ~* 午前7時に *cedo de ~* 朝早く *de ~ até a noite* 朝から晩まで *hoje de ~* 今朝

**manhoso(-a)** /マニョーゾ/ 形 (㊥crafty) 器用な; ずるい

**mania** /マニーア/ 女 (㊥mania) 熱中, マニア; 躁病

**manicura** /マニクーラ/ 女 (㊥manicure) マニキュア, マニキュアをする美容師

**manifestação** /マニフェスタサォン/ 女 (㊥demonstration) 表明; 表示; 示威運動

**manifestar** /マニフェスタール/ 動 (㊥to express) 表明する; 明らかにする

**manifesto(-a)** /マニフェスト/ 形 (㊥obvious) 明白な ― 男 (㊥manifesto) 声明[書]

**manipular** /マニピラール/ 動 (㊥to manipulate) 取り扱う; 操作する

**manjar** /マンジャール/ 男 (㊥delicacy) (うまい) 食べ物

**mano** /マノ/ 男 (㊥brother) 兄, 弟

**manobra** /マノーブラ/ 女 (㊥maneuver) 操縦, 操作; 演習

**mansidão** /マンスィダォン/ 女 (㊥gentleness) 柔和; 温和, 穏健

**manso(-a)** /マンソ/ 形 (㊥gentle) 柔和な; 穏やかな, 温順な

**manta** /マンタ/ 女 (㊥blanket) 毛布; 襟巻き

**manteiga** /マンテイガ/ 女 (㊥butter) バター

**manter** /マンテール/ 動 (㊥to maintain) 維持する; 養う, 扶養する

**manto** /マント/ 男 (㊥cloak) マント, 外套

**manual** /マヌアウ/ 形 (㊥manual) 手の; 手軽な; 手製の ― 男 マニュアル, 小冊子, 手引

**manufaturar** /マヌファトゥラール/ 動 (㊥to manufacture) 製造する, 製作する

**manuscrito** /マヌスクリット/ 男 (㊥handwritten) 手書きの ― 男 原稿; 写本

**manusear** /マヌゼアール/ 動 (㊥to handle) 手で扱う, 取り扱う; ページをめくる

**manutenção** /マヌテンサォン/ 女 (㊥maintenance) 維持, 管理, 整備

**mão** /マォン/ 女 (㊥hand) 手; 支配, 権力 ◆ *à ~* 手で *dar a ~ a* …に手を差し出す; 援助する *de ~ em ~* 手から手へ, 人から人へ *de ~s dadas* 手に手をとって *em segunda ~* 中古で *lavar as ~s de* …から手を引く, …との関係を断つ *~ por baixo [cima]* 注意深く *~ por ~* 親しく *por baixo da ~* 隠れ

て, こっそりと **sair na ~** 喧嘩する

**mapa** /マッパ/ 男(㊈ map) 地図

**maquilagem** /マキラージェィン/ [*maquilhagem] 女 (㊈makeup) 化粧, メイク

**maquilar** /マキラール/ [*maquilhar]動(㊈to make up) 化粧する

**máquina** /マキナ/ 女 (㊈machine) 装置, 機械; 機関 ◆ **~ fotográfica** カメラ

**maquinal** /マキナゥ/ 形 (㊈mechanical) 機械的な

**maquinaria** /マキナリーア/ 女(㊈machinery) 機械類, 機械設備

**maquinista** /マキニスタ/ 男女(㊈engineer) 機械技師

**mar** /マル/ 男(㊈sea) 海, 海洋 ◆ **Mar Mediterrâneo** 地中海 **por ~** 船で

**maratona** /マラトーナ/ 女 (㊈marathon) マラソン

**maravilha** /マラヴィーリャ/ 男(㊈marvel) 驚嘆, 驚異, 見物

**maravilhar** /マラヴィリャール/ 動(㊈to amaze) 驚嘆させる

**maravilhoso(-a)** /マラヴィリョーゾ/形(㊈marvellous) 驚嘆すべき, すばらしい

**marca** /マルカ/ 女(㊈mark) マーク, しるし, 記号; 商標 ◆ **de ~** 重要な, 優秀な, ブランドの

**marcar** /マルカール/ 動(㊈to mark) しるしをつける; 指定する, 予約する

**marcha** /マルシャ/ 女 (㊈march) 歩行, 足取り; 行進; 進歩

**marchar** /マルシャール/ 動(㊈to walk) 歩く, 進む; 進歩する

**março** /マルソ/ [*Março] 男 (㊈March) 3月

**marco** /マルコ/ 男(㊈ landmark) 陸標, 境界標識

**maré** /マレー/ 女(㊈ tide) 潮, 潮の干満; 機会; 盛衰

**marfim** /マルフィン/ 男(㊈ivory) 象牙; 牙

**margarina** /マルガリーナ/ 女(㊈margarine) マーガリン

**margem** /マルジェィン/ 女 (㊈edge) 余白, 欄外; へり, 縁; 岸; 機会, 余地

**marido** /マリード/ 男 (㊈husband) 夫

**marinha** /マリーニャ/ 女 (㊈navy) 海軍; ((集合)) 船舶

**marinheiro** /マリニェィロ/ 男(㊈seaman) 船員, 船乗り

**marinho(-a)** /マリーニョ/ 形 (㊈marine) 海の, 海産の, 海棲の

**mariposa** /マリポーザ/ 女 (㊈moth) 蛾

**marítimo(-a)** /マリチモ/ 形(㊈maritime) 海の, 海事の, 海上の

**mármore** /マルモリ/ 男(㊈ marble) 大理石

**maroto(-a)** /マロット/ 形 (㊈roguish) ずるい; ごろつきの —男女 ならず者

**marrom** /マホン/ 形 (㊈brown) 栗色の —男 栗の実

**martelo** /マルテーロ/ 男(㊈ hammer) ハンマー, 槌

**mártir** /マルチル/ 男女(㊈martyr) 殉教者

**martírio** /マルチリオ/ 男(㊈martyrdom) 殉教

**martirizar** /マルチリザール/ 動(㊈to martyr) 殉教させる; 苦しめる

**marujo** /マルージョ/ 男(㊈sailor) 船乗り, 水夫

**mas** /マス/ 接(㊈but) しかし, けれども ◆ **não só A ~ também B** AだけでなくB

**mascar** /マスカール/ 動(㊈to chew) 噛む, 噛み砕く

**máscara** /マスカラ/ 女 (㊈mask) 仮面, 覆面; 美容パック

**mascote** /マスコッチ/ 女(英 mascot) マスコット

**masculino(-a)** /マスクリーノ/ 形(英 masculine) 男性の; 雄の; 雄雄しい

**massa** /マッサ/ 女(英 mass) 塊; 集まり, 集団; 多数, 多量; 総量;（パン・パスタなどの）生地

**massacre** /マサックリ/ 男(英 massacre) 虐殺

**massagem** /マサージェイン/ 女(英 massage) マッサージ

**mastigar** /マスチガール/ 動(英 to chew) 噛む, 噛み砕く; 熟考する

**mata** /マッタ/ 女(英 forest) 森, 森林, 密林

**matagal** /マタガウ/ 男(英 forest) 森林, 密林

**matança** /マタンサ/ 女(英 massacre) 虐殺, 屠殺

**matar** /マタール/ 動(英 to kill) 殺す, 殺害する; 枯らす

**mate** /マッチ/ 男(英 maté tea) マテ茶

**matemática** /マテマチカ/ 女(英 mathematics) 数学

**matéria** /マテリア/ 女(英 matter) 物質, 物体; 素材, 材料; 論題, 題材, 問題 ◆ ~ -prima 原料

**material** /マテリアウ/ 形(英 material) 物質の; 物質的な ― 男 原料, 材料, 素材

**maternal** /マテルナウ/ 形(英 motherly) 母の

**maternidade** /マテルニダーヂ/ 女(英 motherhood) 母性; 産院

**materno(-a)** /マテルノ/ 形(英 motherly) 母の, 母親らしい

**matinal** /マチナウ/ 形(英 morning) 朝の; 早起きの

**matiz** /マチース/ 男(英 shade) 配色, 色調; ニュアンス

**matizar** /マチザール/ 動(英 to tinge) 配色する, 色合いを変える

**mato** /マット/ 男(英 bush) 森, 林, しげみ

**matrícula** /マトリクラ/ 女(英 register) 名簿; 入会; 入学, 履修登録

**matricular** /マトリクラール/ 動(英 to enroll) 登録する

**matrimônio** /マトリモニオ/ [*matrimónio] 男(英 marriage) 結婚

**matriz** /マトリース/ 女(英 womb) 子宮; 母体;【数学】行列;（活字の）母型

**maturar** /マトゥラール/ 動(英 to mature) 熟させる; 熟す

**maturidade** /マトゥリダーヂ/ 女(英 maturity) 成熟, 円熟

**matutar** /マトゥタール/ 動(英 to plan) 熟考する, 考える

**matuto(-a)** /マトゥット/ 形(英 rustic) 田舎の

**mau(má)** /マウ/ 形(英 bad) 悪い, 有害な, 邪悪な, 不正な; 質の悪い

**mavioso(-a)** /マヴィオーゾ/ 形(英 tender) 愛情のある, 優しい

**máxima** /マスィマ/ 女(英 maxim) 格言, 金言

**máximo(-a)** /マスィモ/ 形(英 greatest) 最大の, 最多の, 最高の ― 男 最大限, 最高度

**me** /ミ/ 代(英 me) わたしを[に, から]

**mecânico(-a)** /メカニコ/ 形(英 mechanical) 機械の[に関する]; 機械的な ― 男女 機械技師

**mecanizar** /メカニザール/ 動(英 to mechanize) 機械化する

**medalha** /メダーリャ/ 女(英 medal) メダル; 勲章; 記章;（聖人像のある）お守り

**mediação** /メヂアサォン/ 女(英 mediation) 調停, 仲裁

**mediano(-a)** /メヂアーノ/ 形(英 medium) 中間の

**mediante** /メヂアンチ/ 前(英

**by means of)** …によって, …を通して

**mediar** /メヂアール/ 動(愛to mediate) 仲裁する; 介在する, 中間にある; 二等分する

**medicamento** /メヂカメント/ 男(愛medicine) 医薬

**medicar** /メヂカール/ 動(愛to practice medicine) 投薬する, 薬で治療する

**medicina** /メヂスィーナ/ 女(愛medicine) 医学; 薬

**médico(-a)** /メヂコ/ 形(愛medical) 医学の ― 男女(愛doctor) 医師, 医者

**medida** /メヂーダ/ 女(愛measure) 寸法; (からだの) サイズ; 尺度; 測定, 測量; 計器, 物差し; 方策, 対策, 手段 ◆ *à ~ que* …するにつれて, …する間

**medíocre** /メヂオクリ/ 形(愛mediocre) 平凡な, 中位の

**médio(-a)** /メヂオ/ 形(愛middle) 中間の, 中位の

**medir** /メヂール/ 動(愛to measure) 計る, 計量する

**meditar** /メヂタール/ 動(愛to meditate) 熟考する, 検討する

**medo** /メド/ 男(愛fear) 恐怖; 心配, 不安 ◆ *ter ~ de* …を恐がる

**medonho(-a)** /メドーニョ/ 形(愛terrible) 恐ろしい

**medrar** /メドラール/ 動(愛to thrive) 成長する[させる]; 発展する[させる]

**medroso(-a)** /メドローゾ/ 形(愛frightened) 怖がりの, 内気な, 臆病な

**meia** /メィア/ 女(愛sock, stocking) ソックス, ストッキング, 靴下 ― ((数)) 6

**meia-noite** /メィア ノィチ/ 女(愛midnight) 真夜中

**meigo(-a)** /メィゴ/ 形(愛sweet) 優しい, 親切な

**meiguice** /メィギッスィ/ 女(愛sweetness) 優しさ, 快さ

**meio(-a)** /メィオ/ 形(愛middle, half) 中間の; 半分の ― 男 中間; 半分; 環境; 手段 ◆ *meia hora* 30分 *~ ambiente* 環境 *no ~ de* …の真っ最中に; …の中で

**meio-dia** /メィオ チーア/ 男(愛midday) 正午

**mel** /メゥ/ 男(愛honey) 蜜, 蜂蜜

**melancolia** /メランコリーア/ 女(愛melancholy) 憂鬱, 憂愁, メランコリー, 鬱病

**melancólico(-a)** /メランコリコ/ 形(愛malancholy) 憂鬱な, 陰気な, メランコリックな, 鬱病の

**melão** /メラォン/ 男(愛melon) メロン

**melhor** /メリョール/ 形(愛better) よりよい ― 副 よりよく; より上手に ― 男 最もよいもの

**melhoramento** /メリョラメント/ 男(愛improvement) 改善, 改良

**melhorar** /メリョラール/ 動(愛to improve) 改善する, 改良する, 修理する

**melindrar** /メリンドラール/ 動(愛to offend) 怒らせる

**melindroso(-a)** /メリンドローゾ/ 形(愛sensitive) 敏感な, 怒りっぽい

**melodia** /メロヂーア/ 女(愛melody) メロディー, 旋律

**melodioso(-a)** /メロヂオーゾ/ 形(愛melodious) 旋律の美しい, 音楽的な, 快い

**meloso(-a)** /メローゾ/ 形(愛sweet) 蜜のような, 甘い

**membro** /メンブロ/ 男(愛member) 手足; メンバー

**memorar** /メモラール/ 動(愛to remember) 思い出す, 想起する; 記念する

**memorável** /メモラーヴェウ/ 形(愛memorable) 記憶すべき; 記念すべき

**memória** /メモリア/ 女 (英memory) 記憶(力); 暗記(力); 思い出, 追憶; 記念(碑) ◆ *trazer à ~* 思い出す

**memorial** /メモリアウ/ 形 (英memorial) 記憶すべき ― 男 覚え書, 備忘録; 手記; 請願書

**memorizar** /メモリザール/ 動 (英to memorize) 暗記する

**menção** /メンサォン/ 女 (英mention) 言及, 引用; 記載

**mencionar** /メスィオナール/ 動 (英to mention) 言及する; 述べる; 記載する

**mendigar** /メンチガール/ 動 (英to beg for) 乞う

**mendigo** /メンチーゴ/ 男 (英beggar) 乞食

**menear** /メネアール/ 動 (英to shake) 揺さぶる, 振る; (道具を)用いる; 操縦する

**meneio** /メネィオ/ 男 (英swaying) 揺すること; 身振り, 動作

**menina** /メニーナ/ 女 (英girl) 少女, 女の子

**menino** /メニーノ/ 男 (英boy) 少年, 男の子

**menor** /メノール/ 形 (英smaller, smallest) より小さい, より少ない; 未成年の; ((定冠詞などと)) 最も小さい[少ない] ― 男女 未成年者

**menos** /メーノス/ 副 (英less, least) より少なく ― 形 より少ない ◆ *~ de* …以下 *pelo ~* 少なくとも, 最小限

**mensageiro** /メンサジェィロ/ 男 (英messenger) 使者, 伝令, 先触れ

**mensagem** /メンサージェィン/ 女 (英message) メッセージ, 伝言

**mensal** /メンサウ/ 形 (英monthly) 一か月の; 毎月の

**mensário** /メンサリオ/ 男 (英monthly publication) 月刊雑誌

**menta** /メンタ/ 女 (英mint) ハッカ

**mental** /メンタウ/ 形 (英mental) 心の, 精神の; 知的な

**mentalidade** /メンタリダーヂ/ 女 (英mentality) 知能; メンタリティー, 精神状態, 心性

**mente** /メンチ/ 女 (英mind) 知性; 心, 精神 ◆ *de boa ~* 喜んで *de má ~* いやいやながら

**mentir** /メンチール/ 動 (英to lie) 嘘をつく

**mentira** /メンチーラ/ 女 (英lie) 嘘, 虚言

**mentiroso(-a)** /メンチローゾ/ 形 (英lying) 嘘の, 虚偽の

**mercado** /メルカード/ 男 (英market) 市場(いちば); 《経済》市場(しじょう) ◆ *preço de ~* 市場価格

**mercadoria** /メルカドリーア/ 女 (英commodity) 商品

**mercantil** /メルカンチウ/ 形 (英mercantile) 商業の, 商品の, 商人の

**mercê** /メルセー/ 女 (英favor) 恩恵 ◆ *à ~ de* …のなすがままに

**mercearia** /メルセアリーア/ 女 (英grocery store) 食料品店

**merecer** /メレセール/ 動 (英to deserve) …に値する

**merecimento** /メレスィメント/ 男 (英merit) 功績; 価値

**merenda** /メレンダ/ 女 (英packed lunch) 軽食, おやつ

**mergulhar** /メルグリャール/ 動 (英to dive) 沈む, 沈める; 浸ける, 浸かる

**meridional** /メリオヂオナウ/ 形 (英southern) 南の; 南部の

**mérito** /メリト/ 男 (英merit) 功, 功績; 価値

**mero(-a)** /メーロ/ 形 (英mere) 単なる; 純粋の

**mês** /メィス/ 男 (英month) (暦の)月; ひと月 ◆ *este ~* 今月 *~ passado* 先月 *~ que*

**vem** 来月 **todos os meses** 毎月

**mesa** /メーザ/ 女(®table) 食卓, テーブル, 机 ◆ *à ~* 食卓について;食事中で *tirar a ~* 食卓を片づける

**mesada** /メザーダ/ 女(monthly allowance) 月給

**mesclar** /メスクラール/ 動(®to mix up) 混ぜる

**mesmo(-a)** /メズモ/ 形(®same) 同じ, 同一の, 同様の —男 同一の物[人] ◆ *ao ~ tempo* 同時に それでも *ele ~* 彼自身 *~ que* +接続法 たとえ…であっても

**mesquinho(-a)** /メスキーニョ/ 形(®mean) けちな, 取るに足らない; 貧乏な

**mestiço(-a)** /メスチッソ/ 形(®of mixed-race) 混血の —男女 混血児

**mestre** /メストリ/ 男女(®master) 先生, 教師; 師, 名人, 達人

**mesura** /メズーラ/ 女(®bow) 敬礼, おじぎ

**meta** /メッタ/ 女(®finishing post) 決勝点; 目標, 目的

**metade** /メターチ/ 女(®half) 半分

**metal** /メタウ/ 男(®metal) 金属

**meteorito** /メテオリット/ 男(®meteorite) 隕石

**meteoro** /メテオーロ/ 男(®meteor) 流星

**meter** /メテール/ 動(®to put) 置く, 据える; 入れる; 引き起こす

**metido(-a)** /メチード/ 形(®meddling) でしゃばりな, 詳しい, 熟知している

**metódico(-a)** /メトヂコ/ 形(®methodical) 体系的な

**método** /メトド/ 男(®method) 方法, やり方, 方式

**metro** /メットロ/ 男(®meter) メートル; 韻律 ◆ *~ cúbico [quadrado]* 立法[平方]メートル

**metrô** /メトロ/ [*metro] 男(®subway) 地下鉄

**metrópole** /メトロポリ/ 女(®capital) 首都; 大都市

**metropolitano(-a)** /メトロポリターノ/ 形(®metropolitan) 首都の —男 地下鉄

**meu(minha)** /メゥ/ 形(®my) わたしの —代 (®mine) わたしのもの

**mexer** /メシェール/ 動(®to move) 動かす, 揺さぶる; かきまぜる, 攪拌する; 動く, 揺れる

**mexerico** /メシェリッコ/ 男(®gossip) 悪口, 中傷

**mexicano(-a)** /メシカーノ/ 形(®Mexican) メキシコ(人)の —男女 メキシコ人

**México** /メシコ/ 男(®Mexico) メキシコ

**micróbio** /ミクロビオ/ 男(®germ) 微生物, 細菌

**microfone** /ミクロフォーニ/ 男(®microphone) マイクロフォン

**microorganismo** /ミクロオルガニズモ/ 男(®microorganism) 微生物

**microscópio** /ミクロスコピオ/ 男(®microscope) 顕微鏡

**migalha** /ミガーリャ/ 女(®scraps) パンくず

**mil** /ミゥ/ ((数))(®thousand) 千(の)

**milagre** /ミラーグリ/ 男(®miracle) 奇跡; 驚異

**milagroso(-a)** /ミラグローゾ/ 形(®miraculous) 奇跡的な

**milênio** /ミレーニオ/ [*milénio] 男(®millenium) 千年間, 千年祭

**milésimo(-a)** /ミレズィモ/ 形(®thousandth) 千番目の; 千分の1の —男女 千番目のもの[人]; 千分の1

**milha** /ミーリャ/ 女(®mile) マイル

**milhão** /ミリヤォン/ 男 (㊊million) 百万; 無数

**milhar** /ミリャール/ 男 (㊊thousand) 千

**milho** /ミーリョ/ 男 (㊊corn) トウモロコシ

**milímetro** /ミリメトロ/ 男 (㊊millimeter) ミリメートル

**milionário(-a)** /ミリオナリオ/ 形 (㊊millionaire) 富豪の ― 男女 富豪

**militar** /ミリタール/ 形 (㊊military) 軍の, 軍事上の; 軍人の ― 男 軍人

**mim** /ミン/ 代 (㊊me) ((前置詞と)) わたし

**mimeógrafo** /ミメオグラフォ/ 男 (㊊duplivating machine) 謄写版

**mímica** /ミミカ/ 女 (㊊mime) 身振り, 手まね

**mimo** /ミーモ/ 男 (㊊gift) 贈り物; 愛情; パントマイム

**mimosa** /ミモーザ/ 女 (㊊mimosa) ミモザ

**mimoso(-a)** /ミモーソ/ 形 (㊊delicate) 優美な; 親切な

**mina** /ミーナ/ 女 (㊊mine) 鉱山; 地雷

**mineral** /ミネラウ/ 形 (㊊mineral) 鉱物の ― 男 鉱物

**míngua** /ミングァ/ 女 (㊊lack) 欠乏; 不足; 窮乏

**minguar** /ミングゥール/ 動 (㊊to decrease) 減る, 少なくなる

**miniatura** /ミニアトゥラ/ 女 (㊊miniature) 細密画; ミニチュア; 縮図

**mínimo(-a)** /ミニモ/ 形 (㊊minimum) 最小の, 最少の, 最低の ― 男 最小量 [数], 最低

**ministério** /ミニステリオ/ 男 (㊊ministry) 任務; 大臣職; 内閣; 省

**ministrar** /ミニストラール/ 動 (㊊to supply) 供給する; 授ける; 執行する

**ministro** /ミニストロ/ 男 (㊊minister) 大臣, 長官; 使節, 公使

**minorar** /ミノラール/ 動 (㊊to lessen) 減らす, 少なくする; 緩和する

**minucioso(-a)** /ミヌスィオーソ/ 形 (㊊thorough) 詳細な, 綿密な; 細心の

**minúsculo(-a)** /ミヌスクロ/ 形 (㊊minute) 些細な, 微小な ◆ *letra minúscula* 小文字

**minuta** /ミヌッタ/ 女 (㊊rough draft) 下書き, 草稿, 草案

**minuto** /ミヌット/ 男 (㊊minute) 分 (ふん); わずかな瞬間

**míope** /ミオピ/ 形 (㊊shortsighted) 近視の

**miragem** /ミラージェイン/ 女 (㊊mirage) 蜃気楼, 幻影

**mirar** /ミラール/ 動 (㊊to look at) 見つめる; 見守る; 目指す

**mirrar** /ミハール/ 動 (㊊to dry up) 乾燥させる

**miserável** /ミゼラーヴェウ/ 形 (㊊wretched) 悲惨な, 哀れな

**miséria** /ミゼリア/ 女 (㊊misery) 悲惨; 貧窮

**misericórdia** /ミゼリコルチア/ 女 (㊊pity) 慈悲, 憐憫; (教会の) 救貧院

**mísero(-a)** /ミゼロ/ 形 (㊊miserable) 悲惨な, 哀れな

**missa** /ミッサ/ 女 (㊊mass) ミサ

**missão** /ミサォン/ 女 (㊊mission) 使命, 任務; 布教, 伝道; 使節

**missionário** /ミスィオナリオ/ 男 (㊊missionary) 宣教師

**mister** /ミステール/ 男 (㊊job) 任務, 職務 ◆ *é de ~* …が必要がある

**mistério** /ミステリオ/ 男 (㊊mystery) 秘儀, 密儀; 秘蹟; 神秘; 秘密

**misterioso(-a)** /ミステリオー

ソ/ 形(㊥musterious) 秘儀の, 秘法の; 神秘的な, 不思議な

**místico(-a)** /ミスチコ/ 形(㊥mystic) 神秘的な ― 男女 神秘家

**misto(-a)** /ミスト/ 形(㊥mixed) 混じった, 混成の, 混交した ― 男 混合物

**mistura** /ミストゥーラ/ 女(㊥mixture) 混合(物); 化合

**misturar** /ミストゥラール/ 動(㊥to mix) 混ぜる, 混合する

**mitigar** /ミチガール/ 動(㊥to temper) 和らげる, 軽減する

**mito** /ミット/ 男(㊥myth) 神話

**miúdo(-a)** /ミウード/ 形(㊥minute) 微細な; 細心の, 綿密な ◆ *por* ~ 小売りで

**mobilar** /モビラール/ 動(㊥to furnish) 家具を備えつける

**mobília** /モビリア/ 女(㊥furniture) 家具

**mobilização** /モビリザサォン/ 女(㊥mobilization) 動員

**moção** /モサォン/ 女(㊥motion) 動き, 動作; 動議

**mochila** /モシーラ/ 女(㊥rucksack) リュック

**mocidade** /モスィダーチ/ 女(㊥youth) 青年時代, 青春

**moço(-a)** /モッソ/ 形(㊥young) 若い, 若者の, 青春の ― 男 若者, 青年

**moda** /モーダ/ 女(㊥fashion) 流行, ファッション; やり方, 様式 ◆ *da* ~ 流行の *estar na* ~ 流行している

**modalidade** /モダリダーチ/ 女(㊥kind) 様式; 様相; 形式

**modelar** /モデラール/ 動(㊥to model) 模型[原型]をつくる; 型をとる

**modelo** /モデーロ/ 男(㊥model) 模型; 模範, 手本; モデル, 型

**moderação** /モデラサォン/ 女(㊥moderation) 節度, 控え目; 緩和

**moderado(-a)** /モデラード/ 形(㊥moderate) 適度の, 節度ある; 穏やかな

**moderar** /モデラール/ 動(㊥to moderate) 調節する; 抑制する, 緩和する

**modernizar** /モデルニザール/ 動(㊥to modernize) 近代化する

**moderno(-a)** /モデルノ/ 形(㊥modern) 近代の, 現代の ― 男 ((複数形で)) 現代人

**modéstia** /モデスチア/ 女(㊥modesty) 謙遜, 謙譲

**modesto(-a)** /モデスト/ 形(㊥modest) 謙虚な; 質素な

**modificar** /モヂフィカール/ 動(㊥to modify) 修正する, 変更する

**modista** /モヂスタ/ 女(㊥dressmaker) ドレスメーカー

**modo** /モード/ 男(㊥way) 方法, 方式; 手段; ((複数形で)) 行儀 ◆ *de* ~ *perfeito* 完全に *de* ~ *que* +直説法 …だから *de* ~ *que* +接続法 …するように

**moeda** /モエーダ/ 女(㊥coin) 貨幣 ◆ ~ *corrente* 通貨

**moer** /モエール/ 動(㊥to grind) 粉にする, 挽く, つき砕く

**mofa** /モッファ/ 女(㊥mockery) 嘲笑

**mofar** /モファール/ 動(㊥to mock) からかう, 嘲笑する

**mofo** /モッフォ/ 男(㊥mold) かび

**moinho** /モイーニョ/ 男(㊥mill) 製粉機, 粉砕機; 水車小屋

**mola** /モーラ/ 女(㊥spring) ばね, スプリング; ぜんまい; 刺激, 動機

**moldar** /モウダール/ 動(㊥to mold) 型を取る; 型で鋳造する

**molde** /モウヂ/ 男(㊥mold) 型, 鋳型; 模範

**mole** /モーリ/ 形(㊥soft) 柔らかい

**molestar** /モレスタール/ 動 (㊤to annoy) 苦しめる, 困らせる; 病気にする

**moléstia** /モレスチア/ 女 (㊤illness) 病気; 苦悩, 不安

**molhado(-a)** /モリャード/ 形 (㊤wet) 湿った, 濡れた

**molhar** /モリャール/ 動 (㊤to wet) 濡らす, 湿らす, 浸す

**molhe** /モーリ/ 男 (㊤jetty) 防波堤, 埠頭

**molho** /モーリョ/ 男 (㊤sauce) ソース

**momentâneo(-a)** /モメンタニオ/ 形 (㊤momentary) 瞬間的な, 束の間の

**momento** /モメント/ 男 (㊤moment) 瞬間, 一瞬; 好機;〖物理〗モーメント

**monarca** /モナルカ/ 男 (㊤monarch) 君主

**monarquia** /モナルキーア/ 女 (㊤monarchy) 君主制; 君主政体

**mondar** /モンダール/ 動 (㊤to weed out) 除草する, 草取りをする

**monge** /モンジ/ 男 (㊤monk) 修道士

**monóculo** /モノクロ/ 男 (㊤monocle) 単眼鏡

**monologar** /モノロガール/ 動 (㊤to soliloquize) 独白する; ひとり言を言う

**monólogo** /モノロゴ/ 男 (㊤monologue) 独白, モノローグ

**monopólio** /モノポーリオ/ 男 (㊤monopoly) 独占, 専売

**monopolizar** /モノポリザール/ 動 (㊤to monopolize) 独占する, 専売する

**monotonia** /モノトニーア/ 女 (㊤monotony) 単調, 一本調子

**monótono(-a)** /モノトノ/ 形 (㊤monotonous) 単調な

**monstro** /モンストロ/ 男 (㊤monster) 怪物; 異常な物

**monstruoso(-a)** /モンストルオーゾ/ 形 (㊤monstrous) 怪物のような, 醜悪な, 恐ろしい

**monta** /モンタ/ 女 (㊤sum) 総額, 合計

**montanha** /モンターニャ/ 女 (㊤mountain) 山, 山岳

**montante** /モンタンチ/ 男 (㊤sum) 総額, 合計, 金額

**montar** /モンタール/ 動 (㊤to mount) (馬などに) 乗る; 登る; 組み立てる

**monte** /モンチ/ 男 (㊤hill) 山, 塊; 多量

**monumento** /モヌメント/ 男 (㊤monument) 記念碑, 記念像, 記念建造物

**morada** /モラーダ/ 女 (㊤home) 住居, 住家

**morador(-ra)** /モラドール/ 男女 (㊤resident) 住人

**moral** /モラウ/ 形 (㊤moral) 道徳の; 精神の ― 女 道徳

**morango** /モランゴ/ 男 (㊤strawberry) イチゴ

**morar** /モラール/ 動 (㊤to live) 住む, 居住する

**mórbido(-a)** /モルビド/ 形 (㊤morbid) 病気の, 病的な

**morder** /モルデール/ 動 (㊤to bite) 噛む, 噛みつく, かじる; 苦しめる

**moreno(-a)** /モレーノ/ 形 (㊤dark-skinned) 小麦色の, 褐色の

**moribundo(-a)** /モリブンド/ 男 (㊤dying) 瀕死の, 臨終の ― 男女 瀕死の人

**morno(-a)** /モルノ/ 形 (㊤lukewarm) 生ぬるい; 不活発な; 単調な

**moroso(-a)** /モローゾ/ 形 (㊤slow) のろい, 緩慢な, はかどらない

**morrer** /モヘール/ 動 (㊤to die) 死ぬ, 枯れる, 滅びる; 消える

**morro** /モーホ/ 男 (㊤hill) 丘, 丘陵, 小山

**mortal** /モルタウ/ 形 (㊤mortal) 死すべき; 致命的な ― 男 人間

**morte**/モルチ/囡(㊧death) 死

**mortificar**/モルチフィカール/動(㊧to torture) 痛めつける, 苦しめる; 麻痺させる

**morto**/モルト/男(㊧dead) 死んだ; 枯れた ― 男 死人

**mosca**/モスカ/囡(㊧fly) 蝿

**mosquito**/モスキート/男(㊧mosquito) 蚊

**mostarda**/モスタルダ/囡(㊧mustard) からし

**mosteiro**/モスティロ/男(㊧monastery) 修道院

**mostrador**/モストラドール/男(㊧dial) 文字盤; ショーウィンドー, 売り台

**mostrar**/モストラール/動(㊧to show) 見せる, 示す

**mostruário**/モストルアリオ/男(㊧display case) 陳列台［ケース］

**motejar**/モテジャール/動(㊧to mock) 嘲る, 嘲笑する, からかう

**motim**/モチン/男(㊧riot) 騒動, 暴動; 騒音

**motivar**/モチヴァール/動(㊧to motivate) 動機づける, 引き起こす

**motivo**/モチーヴォ/男(㊧motive) 動機, 誘因, 理由

**moto**/モット/囡(㊧motorbike) オートバイ ― 男 動き, 回転, ゆれ

**motocicleta**/モトスィクレッタ/囡(㊧motorbike) オートバイ

**motor**/モトール/男(㊧motor, engine) モーター, エンジン

**motorista**/モトリスタ/男囡(㊧driver) 運転手

**movediço(-a)**/モヴェチッソ/形(㊧easily moved) 動きやすい, 可動の; 不安定な

**móvel**/モーヴェウ/形(㊧movable) 可動の ― 男 動機; 家具

**mover**/モヴェール/動(㊧to move) 動かす; 感動させる; 実施する

**movimentar**/モヴィメンタール/動(㊧to move) 動かす; 活気づける

**movimento**/モヴィメント/男(㊧movement) 動き, 運動, 動作

**muçulmano(-a)**/ムスウマーノ/男囡(㊧Muslim) イスラム教徒

**mudança**/ムダンサ/囡(㊧change) 変更, 変動; 移動; 引っ越し

**mudar**/ムダール/動(㊧to change) 変える; 取り替える; 引っ越す; 変わる ◆ ~ *de* …を変える, 取り替える

**mudo(-a)**/ムード/形(㊧dumb) 口のきけない; 無言の ― 男囡 口のきけない人

**mugir**/ムジール/動(㊧to moo) (牛が)モーと鳴く; 唸る

**muito(-a)**/ムィント/形(㊧a lot of) 多くの, たくさんの ― 副 非常に, とても ― 代 多量, 多数 ◆ *de [desde há] ~* ずいぶん前から *há ~* ずいぶん前に

**muleta**/ムレッタ/囡(㊧crutch) 松葉杖

**mulher**/ムリェール/囡(㊧woman, wife) 女; 妻

**multa**/ムウタ/囡(㊧fine) 罰金

**multidão**/ムウチダォン/囡(㊧crowd) 群集

**multiplicação**/ムウチプリカサォン/囡(㊧multiplication) 増加, 増大; 掛け算

**multiplicar**/ムウチプリカール/動(㊧to multiply) 増やす; 繁殖させる;〖数学〗掛ける

**mundano(-a)**/ムンダーノ/形(㊧worldly) 現世の, この世の, 世俗的な

**mundial**/ムンチアウ/形(㊧worldwide) 世界的な

**mundo**/ムンド/男(㊧world) 世界; 世間

**municipal**/ムニスィパウ/形(㊧municipal) ＊市町村の

**município** / ムニスィピオ / [男] ([英]local authority) 市，町，村，郡

**mural** / ムラウ / [男]([英]mural) 壁画

**muralha** / ムラーリャ / [女] ([英]rampart) 城壁；大きな壁

**murchar** / ムルシャール / [動] ([英]to wither) 萎れさせる，枯らす；衰えさせる

**murmurar** / ムルムラール / [動] ([英]to murmur) ささやく，つぶやく；悪口を言う；不平を言う

**muro** / ムーロ / [男]([英]wall) 壁，土塀，城壁

**musa** / ムーザ / [女]([英]muse) 詩神，ミューズ

**músculo** / ムスクロ / [男]([英]muscle) 筋肉

**musculoso(-a)** / ムスクローソ / [形] ([英]muscular) 筋骨逞しい



**museu** / ムゼウ / [男] ([英]museum) 博物館，美術館 ◆ ***~ de arte*** 美術館

**musgo** / ムズゴ / [男]([英]moss) 苔

**música** / ムズィカ / [女] ([英]music) 音楽 ◆ ***~ clássica*** クラシック

**musical** / ムズィカウ / [形]([英]musical) 音楽の；音楽的な — [男] ミュージカル

**músico(-a)** / ムズィコ / [形] ([英]musical) 音楽の — [男][女] 音楽家

**mutualidade** / ムトゥアリダーヂ / [女]([英]mutuality) 相互依存，相互扶助

**mútuo(-a)** / ムトゥオ / [形] ([英]mutual) 相互の

## N, n

**nabo** / ナーボ / [男] ([英]turnip) カブ

**nação** / ナサォン / [女]([英]nation) 国民，民族；国家

**nacional** / ナスィオナウ / [形] ([英]national) 国民の，国民的な，民族の；国家 — [男] 本国人

**nacionalidade** / ナスィオナリダーヂ / [女]([英]nationality) 国籍；国民性

**nacionalismo** / ナスィオナリズモ / [男]([英]nationalism) 民族主義，国家主義

**nacionalista** / ナスィオナリスタ / [形]([英]nationalist) 民族主義の，国家主義の — [男][女] 民族主義者，国家主義者

**nacionalizar** / ナスィオナリザール / [動]([英]nationalize) 国有化する，国営化する

**nada** / ナーダ / [代]([英]nothing) 何も…でない — [副] 少しも［決して］…でない — [男] 無 ◆ ***De ~.*** どういたしまして ***ter ~ a ver com*** …と無関係である

**nadar** / ナダール / [動] ([英]to swim) 泳ぐ；浮かぶ

**nádega** / ナデガス / [女] ([英]buttocks) 尻

**namorado(-a)** / ナモラード / [男][女]([英]boyfriend, girlfriend) ボーイ［ガール］フレンド，恋人

**namorar** / ナモラール / [動]([英]to be going out with) 恋する

**namoro** / ナモーロ / [男]([英]lovemaking) 恋愛

**não** / ナォン / [副]([英]not, no) (…では) ない；いいえ ◆ ***Acho [Creio] que ~.*** そうは思いません ***~ mais*** もはや…でない

**nariz** / ナリース / [男]([英]nose) 鼻

**narração** / ナハサォン / [女] ([英]narration) 叙述；物語

**narrar** / ナハール / [動]([英]to narrate) 物語る

**narrativo(-a)** / ナハチーヴォ / [形]([英]narrative) 物語の

**nasal** / ナザウ / [形] ([英]nasal) 鼻の

**nascente** / ナセンチ / [形]([英]

**nascent)** 生まれつつある ―男 東 ―女 水源, 泉 ◆ *sol* ~ 朝日

**nascer** /ナセール/ 動(㊍to be born) 生まれる, 誕生する; 生じる

**nascimento** /ナシメント/ 男(㊍birth) 誕生 ◆ *data de* ~ 生年月日 *de* ~ 生まれつきの

**natação** /ナタサォン/ 女(㊍swimming) 水泳

**Natal** /ナタウ/ 男(㊍Christmas) クリスマス

**natalício(-a)** /ナタリシィオ/ 形(㊍of one's birthday) 誕生日の ◆ *aniversário* ~ 誕生日

**nativo(-a)** /ナチーヴォ/ 形(㊍native) 生まれの; 生来の

**natural** /ナトゥラウ/ 形(㊍natural) 自然の, 未加工の, 天然の; 当然な; 本来の

**naturalizar** /ナトゥラリザール/ 動(㊍to naturalize) 帰化させる

**naturalmente** /ナトゥラウメンチ/ 副(㊍naturally) もちろん

**natureza** /ナトゥレーザ/ 女(㊍nature) 自然 (現象); 性質

**naufragar** /ナゥフラガール/ 動(㊍to be wrecked) 難破する; 破滅する

**naufrágio** /ナゥフラジオ/ 男(㊍shipwreck) 難破

**náusea** /ナゥズィア/ 女(㊍nausea) 船酔い; 吐き気

**navalha** /ナヴァーリャ/ 女(㊍razor) かみそり

**navalhar** /ナヴァリャール/ 動(㊍to cut) かみそりで切りつける

**navegação** /ナヴェガサォン/ 女(㊍navigation) 航海

**navegar** /ナヴェガール/ 女(㊍to navigate) 航海する

**navegável** /ナヴェガーヴェゥ/ 形(㊍navigable) 航海できる

**navio** /ナヴィーオ/ 男(㊍ship) 船

**neblina** /ネブリーナ/ 女(㊍fog) 濃霧, もや, かすみ

**nebuloso(-a)** /ネブローゾ/ 形(㊍foggy) もやに覆われた, 霧のかかった, 曇った; 曖昧な

**necessário(-a)** /ネセサリオ/ 形(㊍necessary) 必要な; 必然的な

**necessidade** /ネセスィダーヂ/ 女(㊍necessity) 必要(性); 必然(性)

**necessitar** /ネセスィタール/ 動(㊍to need) 必要とする, 要する

**necrópole** /ネクロポリ/ 女(㊍cemetery) 共同墓地

**negação** /ネガサォン/ 女(㊍negation) 否定, 否認; 拒否

**negar** /ネガール/ 動(㊍to deny) 否定する, 打ち消す; 拒否する, 拒絶する

**negativo(-a)** /ネガチーヴォ/ 形(㊍negative) 否定の; 消極的な; 負の; ネガの ―男 陰極;〖写真〗陰画

**negligência** /ネグリジェンスィア/ 女(㊍negligence) 怠慢, だらしなさ; 不注意

**negligente** /ネグリジェンチ/ 形(㊍negligent) 怠慢な, ぞんざいな; 不注意な

**negociação** /ネゴスィアサォン/ 女(㊍negotiation) 交渉, 取引

**negociante** /ネゴスィアンチ/ 男女(㊍businessman [-woman]) ビジネスマン; 交渉者

**negociar** /ネゴスィアール/ 女(㊍negotiate) 取引する, 売買する; 交渉する

**negócio** /ネゴスィオ/ 男(㊍business) ビジネス, 仕事, 取引 ◆ *fazer* ~*s* 商売をする ~ *de pai para filho* 儲けの少ない取引

**negro(-a)** /ネーグロ/ 形(㊍black) 黒い; 暗い ―男女

黒人
**negrume** /ネグルーミ/ 男 (㊈darkness) 暗闇
**nem** /ネィン/ 副 (㊈nor) また…でもない ◆ *~ um ~ outro* どちらも…でない
**nenhum(nenhuma)** /ネニュン/ 代 (㊈none) 一つ [一人] も…ない ── 形 (㊈not any, no) 一つ [一人] の…もない
**nervo** /ネルヴォ/ 男 (㊈nerve) 神経; 元気, たくましさ
**nervoso(-a)** /ネルヴォーソ/ 形 (㊈nervous) 神経質な; 神経の; 活力のある
**néscio(-a)** /ネスィオ/ 形 (㊈stupid) 無知な
**neto(-a)** /ネット/ 男女 (㊈grandson[-daughter]) 孫
**neutral** /ネウトラウ/ 形 (㊈neutral) 中立の, 公平な
**neutralizar** /ネウトラリザール/ 動 (㊈to neutralize) 中立化する, 中和する, 解毒する
**neutro(-a)** /ネウトロ/ 形 (㊈neuter) 中立の; 中性の
**nevar** /ネヴァール/ 動 (㊈to snow) 雪が降る
**neve** /ネーヴィ/ 女 (㊈snow) 雪, 降雪, 積雪; 純白; 白髪
**névoa** /ネヴォア/ 女 (㊈fog) 霧; 曖昧
**niilista** /ニイリスタ/ 形 (㊈nihilistic) 虚無主義の ── 男女 虚無主義者
**ninfa** /ニンファ/ 女 (㊈nymph) ニンフ, 妖精; 美しい娘
**ninguém** /ニンゲィン/ 代 (㊈nobody) 誰も…ない
**ninharia** /ニニャリーア/ 女 (㊈trifle) つまらないこと, 無意味なこと
**ninho** /ニーニョ/ 男 (㊈nest) 巣; ねぐら; 生家
**níquel** /ニッケウ/ 男 (㊈nickel) ニッケル
**nítido(-a)** /ニチド/ 形 (㊈clear) さっぱりした; 明解な; 清潔な

**nível** /ニーヴェウ/ 男 (㊈level) 水平面; 水準, 標準, レベル; 水準器
**nó** /ノー/ 男 (㊈knot) 結び目; (木の) 節; (指の) 関節
**nobre** /ノーブリ/ 形 (㊈noble) 貴族の; 気高い, 高尚な
**nobreza** /ノブレーザ/ 女 (㊈nobility) 気高さ, 高尚; 貴族 (階級)
**noção** /ノサォン/ 女 (㊈notion) 観念, 概念
**nocivo(-a)** /ノスィーヴォ/ 形 (㊈harmful) 有害な, 有毒な
**nódoa** /ノドア/ 女 (㊈spot) あざ, しみ; 汚点
**noite** /ノィチ/ 女 (㊈night) 夜, 晩; 暗闇, 暗黒 ◆ *à [de] ~* 夜に, 晩に *Boa ~!* 今晩は!; おやすみなさい *esta ~* 今夜, 今晩
**noitinha** /ノィチーニャ/ 女 (㊈dusk) 夕方, 日暮れ ◆ *à ~* 日暮れに
**noivado** /ノィヴァード/ 男 (㊈engagement) 婚約; 結婚 (日 [式])
**noivo(-a)** /ノィヴォ/ 男女 (㊈fiancé, fiancée) 婚約者; 花婿 [嫁] ◆ *ficar ~ [noiva] com* 婚約する
**nojo** /ノージョ/ 男 (㊈nausea) 吐き気; 嫌悪
**nome** /ノーミ/ 男 (㊈name) 名, 名前, 名称; 名声 ◆ *em ~ de* …の名において, …の代わりに
**nomeação** /ノミアサォン/ 女 (㊈nomination) 指名, 任命
**nomear** /ノミアール/ 動 (㊈to nominate) 指名する, 任命する; …と呼ぶ
**nominal** /ノミナウ/ 形 (㊈nominal) 名前の; 名義だけの
**nonagésimo(-a)** /ノナジェズィモ/ 形 (㊈ninetieth) 第90の ── 男 90分の1
**nono(-a)** /ノーノ/ 形 (㊈ninth)

第9番目の ― 男 9分の1

**norma** /ノルマ/ 女 (英 standard) 規準, 規範, 規則

**normal** /ノルマウ/ 形 (英 normal) 正常な; 正規の, 標準の

**norte** /ノルチ/ 男 (英 northern) 北, 北方; 北部 ― 形 北の

**nós** /ノース/ 代 (英 we) わたしたちが

**nos** /ノス/ 代 (英 us) わたしたちを [に]

**nosso(-a)** /ノッソ/ 形 (英 our) わたしたちの ― 男 (英 ours) わたしたちのもの ◆ *Nossa!* ええっ！

**nostalgia** /ノスタウジーア/ 女 (英 nostalgia) 郷愁, 望郷, ノスタルジア

**nota** /ノッタ/ 女 (英 note) 記号, 印; メモ, 控え; 注釈, 注記; 注目; 成績; 紙幣; 音符

**notar** /ノタール/ 動 (英 to notice) 印 [記号] をつける; メモをとる, 書きとめる; 注をつける

**notável** /ノターヴェウ/ 形 (英 notable) 注目に値する; 著名な; 顕著な

**notícia** /ノチスィア/ 女 (英 piece of news) 知らせ; 消息

**noticiar** /ノチスィアール/ 動 (英 to announce) 知らせる, 通知する, 報道する

**notificar** /ノチフィカール/ 動 (英 to notify) 通知する, 通報する

**notório(-a)** /ノトリオ/ 形 (英 well-known) 世に知られた

**noturno(-a)** /ノトゥルノ/ 形 (英 nocturnal) 夜の, 夜間の, 夜行性の ― 男 夜想曲; 夜行列車

**nova** /ノーヴァ/ 女 (英 piece of news) ニュース, 知らせ

**Nova Iorque** /ノーヴァ ヨルキ/ 女 (英 New York) ニューヨーク

**nova-iorquino(-a)** /ノーヴァ ヨルキーノ/ 男女 (英 New Yorker) ニューヨーク市民

**novato(-a)** /ノヴァート/ 形 (英 inexperienced) 新米の, 初心の, 未熟な

**nove** /ノーヴィ/ ((数)) (英 nine) 9 (の)

**novecentos** /ノヴィセントス/ ((数)) (英 nine hundred) 900 (の)

**novela** /ノヴェーラ/ 女 (英 short novel) (短編) 小説; (テレビの) 連続小説

**novembro** /ノヴェンブロ/ [*Novembro*] 男 (英 November) 11月

**noventa** /ノヴェンタ/ ((数)) (英 ninety) 90 (の)

**novidade** /ノヴィダーチ/ 女 (英 novelty) 新しさ, 新奇さ; ニュース

**novo(-a)** /ノーヴォ/ 形 (英 new) 新しい, 新たな; 最近の; 若い ◆ *de ~* 再び, もう一度 *Novo Testamento* 新約聖書

**nuança** /ヌアンサ/ 女 (英 nuance) 色合い; ニュアンス

**nublado(-a)** /ヌブラード/ 形 (英 cloudy) 曇った, 雲に覆われた; 陰気な

**nuca** /ヌッカ/ 女 (英 nape) うなじ, 首筋, 襟首

**núcleo** /ヌクリオ/ 男 (英 nucleus) 果心;〖物理〗核; 核心, 要点, 中心

**nulidade** /ヌリダーチ/ 女 (英 nullity) 無効; 無価値

**nulo(-a)** /ヌロ/ 形 (英 null) 無効の; 無価値の, 無用な

**numerar** /ヌメラール/ 動 (英 to number) 番号をつける; 数える

**número** /ヌメロ/ 男 (英 number) 数; 数字; 番号 ◆ *~ ímpar [par]* 奇数 [偶数]

**numeroso(-a)** /ヌメローソ/ 形 (英 numerous) 多数の

**nunca** /ヌンカ/ 副 (英 never) 決して [かつて] …ない

**núpcias** /ヌピシィアス/ 女複 (㈱wedding) 結婚

**nutrição** /ヌトリサォン/ 女 (㈱nutrition) 栄養 (摂取); 栄養物

**nutrir** /ヌトリール/ 動 (㈱to feed) 養う, 育てる

**nuvem** /ヌーヴェイン/ 男 (㈱cloud) 雲, かすみ; 疑惑; 大群

**nu(nua)** /ヌー/ 形 (㈱naked) 裸の; 素足の

# O, o

**o** /オ/ 冠 (㈱the) (定冠詞男性単数形)

**o** /オ/ 代 (㈱him, you, it (pl. them, you)) それ, あれ, その [あの] こと; 彼 [あなた, それ] を

**oásis** /オアズィス/ 男 (㈱oasis) オアシス

**obedecer** /オベデセール/ 動 (㈱to obey) 服従する ◆ **~ a** …に従う, …に従順である

**obediência** /オベヂエンスィア/ 女 (㈱obedience) 服従, 従順

**obediente** /オベヂエンチ/ 形 (㈱obedient) 従順な, 素直な

**obesidade** /オベズィダーヂ/ 女 (㈱obesity) 肥満

**óbito** /オビト/ 男 (㈱death) 死亡

**objeção** /オビジェサォン/ [*objecção] 女 (㈱objection) 異議, 反対, 反論

**objetar** /オビジェタール/ [*objectar] 動 (㈱to object) 反対する; 反論する

**objetivar** /オビジェチヴァール/ [*objectivar] 動 (㈱to aim at) 目的とする; 客観化する, 客体化する

**objetivo(-a)** /オビジェチーヴォ/ [*objectivo] 形 (㈱objective) 客観的な —— 男 目的, 目標

**objeto** /オビジェット/ [*objecto] 男 (㈱object) 物体, 事物; 事柄; 対象; 目的; 客体

**oblíquo(-a)** /オブリクオ/ 形 (㈱oblique) 斜めの; 傾斜した

**obra** /オーブラ/ 女 (㈱work) 仕事; 作品, 著作 ◆ **~ -prima** 傑作

**obrador(-ra)** /オブラドール/ 男女 (㈱worker) 労働者, 工員

**obrar** /オブラール/ 動 (㈱to act) 行う; 作用する

**obrigação** /オブリガサォン/ 女 (㈱obligation) 義務, 責務; 債務

**obrigado(-a)** /オブリガード/ 形 (㈱obliged) 義務のある; 債務のある; 感謝している ◆ **Obrigado[Obrigada]!** ありがとう

**obrigar** /オブリガール/ 動 (㈱to oblige) 義務を負わせる; 強いる

**obrigatório(-a)** /オブリガトリオ/ 形 (㈱obligatory) 義務的な, 強制的な

**obscurecer** /オビスクレセール/ 動 (㈱to darken) 暗くする; 隠す; 曖昧にする

**obscuridade** /オビスクリダーヂ/ 女 (㈱darkness) 暗黒, 闇; 曖昧, 不明瞭

**obscuro(-a)** /オビスクーロ/ 形 (㈱dark) 暗い; 憂鬱な; 不明瞭な

**obsequënte** /オビゼクェンチ/ [*obsequente] 形 (㈱compliant) 従順な; 好ましい

**obséquio** /オビゼキオ/ 男 (㈱favor) 好意, 親切

**observação** /オビセルヴァサォン/ 女 (㈱observation) 観察, 観測; 遵守

**observar** /オビセルヴァール/ 動 (㈱to observe) 観察する, 観測する; 遵守する

**observatório** /オビセルヴァ

トーリオ / 男(㊧observatory) 観測所, 気象台, 天文台

**obsessão** / オビセサォン / 女(㊧obsession) 取りつくこと, 悩ますこと

**obsoleto(-a)** / オビソレート / 形(㊧obsolete) 廃れた

**obstáculo** / オビスタクロ / 男(㊧obstacle) 妨害, 障害(物)

**obstante** / オビスタンチ / 形(㊧hindering) 邪魔する ◆ *não ~* …にもかかわらず

**obstinado(-a)** / オビスチナード / 形(㊧obstinate) 強情な, 頑固な

**obstinar-se** / オビスチナールスィ / 動(㊧to be obstinate) 固執する, 強情を張る

**obstruir** / オビストルイール / 動(㊧to obstruct) 妨げる

**obter** / オビテール / 動(㊧to obtain) 獲得する; 達成する

**obturar** / オビトゥラール / 動(㊧to stop up) ふさぐ, 詰める, 密閉する; 充填する

**óbvio(-a)** / オビヴィオ / 形(㊧obvious) 明白な, 自明の

**ocasião** / オカズィアォン / 女(㊧opportunity) 機会, 好機; 折; 場合

**ocaso** / オカーゾ / 男(㊧sunset) 日没, 落日; 終わり; 西

**oceano** / オセアーノ / 男(㊧ocean) 太洋 ◆ *Oceano Atlântico [Índico, Pacífico]* 大西 [インド, 太平] 洋

**ocidental** / オスィデンタウ / 形(㊧western) 西の, 西方の; 西洋の

**ocidente** / オスィデンチ / 男(㊧west) 西, 西方; 西洋

**ócio** / オスィオ / 男(㊧leisure) 無為, 暇なこと

**ocioso(-a)** / オスィオーゾ / 形(㊧idle) 暇な; 怠惰な, 不精な

**ocorrência** / オコヘンスィア / 女(㊧incident) 出来事, 事件

**ocorrer** / オコヘール / 動(㊧to happen) 起こる

**ocre** / オックリ / 形(㊧ochre) 黄土色の

**octogésimo(-a)** / オキトジェズィモ / 形(㊧eightieth) 第80の ― 男 80分の1

**oculista** / オクリスタ / 形(㊧optitian) 眼科医の ― 男女 眼科医; めがね屋

**óculos** / オクロス / 男複(㊧glasses) めがね

**ocultar** / オクウタール / 動(㊧to hide) 隠す

**oculto(-a)** / オクウト / 形(㊧hidden) 隠れた; 秘密の

**ocupação** / オクパサォン / 女(㊧occupation) 職業; 用事; 占領

**ocupado(-a)** / オクパード / 形(㊧occupied, busy) 占領された, 占められた, ふさがった; 忙しい

**ocupar** / オクパール / 動(㊧to occupy) 占める, 占拠する, 占領する

**odiar** / オヂアール / 動(㊧to hate) 嫌う, 憎悪する

**ódio** / オヂオ / 男(㊧hatred) 反感, 憎悪, 嫌悪

**odioso(-a)** / オヂオーゾ / 形(㊧hateful) 憎い, 嫌悪すべき, 醜悪な

**odor** / オドール / 男(㊧smell) 香り, 匂い

**oeste** / オエスチ / 男(㊧west) 西, 西方; 西部; 西風 ― 形 西の

**ofegar** / オフェガール / 動(㊧to pant) あえぐ

**ofender** / オフェンデール / 動(㊧to offend) 侮辱する; 傷つける

**ofensa** / オフェンサ / 女(㊧insult) 侮辱; 損害

**oferecer** / オフェレセール / 動(㊧to offer) 贈る; 提供する; 提案する, 申し出る

**oferta** / オフェルタ / 女(㊧offer) 申し出; 提供; 贈物; 供給

**oficial** / オフィスィアウ / 形

**oficina ▶**

(㊍official) 公の, 公認の, 公式の ― 男 公務員

**oficina** /オフィスィーナ/ 女 (㊍workshop) 事務所

**ofício** /オフィスィオーソ/ 男女 (㊍profession) 任務; 職業

**oftalmologista** /オフタウモロジスタ/ 男女 (㊍ophthalmologist) 眼科医

**ofuscar** /オフスカール/ 動 (㊍to blot out) さえぎる, 見えなくする, 隠す

**oi** /オィ/ 間 (㊍oh, hi) やあ, ねえ

**oitavo(-a)** /オイターヴォ/ 形 (㊍eighth) 第8の ― 男 8分の1

**oitenta** /オィテンタ/ ((数)) (㊍eighty) 80 (の)

**oito** /オィト/ ((数)) (㊍eight) 8 (の)

**oitocentos** /オィトセントス/ ((数)) (㊍eight hundred) 800 (の)

**olá** /オラー/ 間 (㊍hello) おい, やあ, おやっ

**óleo** /オーリオ/ 男 (㊍oil) 油; 油絵 ◆ *pintura a ~* 油絵

**olfato** /オゥファート/ 男 (㊍sense of smell) 嗅覚

**olhar** /オリャール/ 動 (㊍to look at) 見る, 眺める, 注視する ◆ *Olha!* ほら

**olho** /オーリョ/ 男 (㊍eye) 目, 眼球; 視覚, 視線, 視力 ◆ *fixar os ~s em* …をじっと見つめる *num abrir e fechar de ~s* 一瞬にして

**olimpíadas** /オリンピアダ/ 女複 (㊍Olympics) オリンピック大会

**oliveira** /オリヴェィラ/ 女 (㊍olive tree) オリーブの木

**ombro** /オンブロ/ 男 (㊍shoulder) 肩; 気力; 努力

**omissão** /オミサォン/ 女 (㊍omission) 遺漏, 欠落, 脱落, 省略

**omitir** /オミチール/ 動 (㊍to omit) 抜かす; 書き [言い] 落とす

**onda** /オンダ/ 女 (㊍wave) 波, 波動 ◆ *~ curta [longa]* 短 [長] 波

**onde** /オンチ/ 副 (㊍where) どこに [へ], …するところの (場所)

**ondulação** /オンドゥラサォン/ 女 (㊍undulation) 波動; 起伏 ◆ *~ permanente* (髪の) パーマネント

**ondular** /オンドゥラール/ 動 (㊍to undulate) 波立つ

**ônibus** /オニブス/ [*ónibus] 男 (㊍bus) バス ◆ *ir de ~* バスで行く

**ontem** /オンテイン/ 副 (㊍yesterday) きのう, 昨日 ◆ *~ à noite* 昨夜

**onze** /オンズィ/ ((数)) (㊍eleven) 11 (の)

**opaco(-a)** /オパッコ/ 形 (㊍opaque) 不透明な

**opala** /オパーラ/ 女 (㊍opal) オパール

**opção** /オピサォン/ 女 (㊍option) 選択 (肢)

**ópera** /オペラ/ 女 (㊍opera) オペラ, 歌劇

**operação** /オペラサォン/ 女 (㊍operation) 働き, 作用; 操作, 運転; 手術; 作戦

**operar** /オペラール/ 動 (㊍to operate) 行う; 操作する; 機能する; 手術する

**operário(-a)** /オペラーリオ/ 男女 (㊍worker) 労働者

**opinião** /オピニアォン/ 女 (㊍opinion) 意見, 見解 ◆ *~ pública* 世論

**ópio** /オピオ/ 男 (㊍opium) アヘン

**opor** /オポール/ 動 (㊍to oppose) (異議を) 申し立てる; 対抗させる ◆ *~-se a* …に反対する

**oportunidade** /オポルトゥニダーチ/ 女 (㊍opportunity) 機会, 好機

**oportunismo** /オポルトゥニズモ/ 男 (㊍opportunism) 日和

見主義

**oportuno(-a)** /オポルトゥーノ/ 形(⊛opportune) 時宜を得た，好都合な

**oposição** /オポズィサォン/ 女(⊛opposition) 対立，敵対；反対，妨害

**oposto(-a)** /オポスト/ 形(⊛opposite) 反対の，逆の；対立した

**opressão** /オプレサォン/ 女(⊛oppression) 抑圧，圧迫；苦悩

**oprimir** /オプリミール/ 動(⊛to oppress) 抑圧する，圧迫する，抑制する

**optar** /オピタール/ 動(⊛choose) 選択する，選ぶ

**opulência** /オプレンスィア/ 女(⊛opulence) 富裕，豊かさ，潤沢

**opulento(-a)** /オプレント/ 形(⊛opulent) 富裕な，豊富な

**ora** /オーラ/ 副(⊛now) 今，現在 — 接(⊛well) さて，ところで；しかし，しかしながら

**oração** /オラサォン/ 女(⊛prayer) 祈り

**oral** /オラウ/ 形(⊛oral) 口の；口述の，口頭の ◆ *exame* ~ 口述試験

**orar** /オラール/ 動(⊛to pray) 祈る；演説する

**órbita** /オルビタ/ 女(⊛orbit) 軌道

**orçamento** /オルサメント/ 男(⊛budget) 予算

**ordem** /オルディン/ 女(⊛order) 秩序；治安；整理，整頓；順番；命令，注文；団体

**ordenado(-a)** /オルデナード/ 形(⊛orderly) 整理された，分類された — 男 給料

**ordenar** /オルデナール/ 動(⊛to arrange) 整頓する，秩序立てる；命令する

**ordenhar** /オルデニャール/ 動(⊛to milk) 乳を搾る

**ordinário(-a)** /オルヂナリオ/ 形(⊛ordinary) 普通の，通常の，平凡な ◆ *de* ~ 通例，ふつう

**orelha** /オレーリャ/ 女(⊛ear) 耳，外耳；聴覚

**órfão(-ã)** /オルファォン/ 男女(⊛orphan) 両親［片親］のない子

**organismo** /オルガニズム/ 男(⊛organism) 有機体，組織体

**organização** /オルガニザサォン/ 女(⊛organization) 組織（化）；機構；団体

**organizar** /オルガニザール/ 動(⊛to organize) 組織する，編成する

**órgão** /オルガォン/ 男(⊛organ) 器官；パイプオルガン；機関 ◆ ~ *interno* 内臓

**orgulhar** /オルグリャール/ 動(⊛to make proud) うぬぼれさせる，誇らせる

**orgulho** /オルグーリョ/ 男(⊛pride) うぬぼれ，自慢，誇り

**orgulhoso(-a)** /オルグリョーゾ/ 形(⊛proud) 高慢な，鼻にかけた

**orientação** /オリエンタサォン/ 女(⊛orientation) 方向付け，態度決定，オリエンテーション

**oriental** /オリエンタウ/ 形(⊛eastern) 東の；東洋の

**orientar** /オリエンタール/ 動(⊛to orientate) 方向を定める；指導する

**oriente** /オリエンチ/ 男(⊛orient) 東，東方；東部；東洋

**origem** /オリージェン/ 女(⊛origin) 起源，源；出身，出生地；原因

**original** /オリジナウ/ 形(⊛original) 根源の，元の；原文の，原作の；独創的な，奇抜な — 男 原文，原本，原作，（美術の）モデル

**originalidade** /オリジナリダーチ/ 女(⊛originality) 独創

**originar** /オリジナール/ 動 (㊀to give rise to) 原因となる, 引き起こす

**ornamentar** /オルナメンタール/ 動 (㊀to decorate) 装飾する, 飾る

**ornamento** /オルナメント/ 男 (㊀adornment) 装飾, 飾り; 装飾品

**ornar** /オルナール/ 動 (㊀to adorn) 飾る

**ornato** /オルナット/ 男 (㊀adornment) 装飾 (物), 飾り

**orquestra** /オルケストラ/ 女 (㊀orchestra) オーケストラ

**orvalho** /オルヴァーリョ/ 男 (㊀dew) 霧雨; 露, 夜露

**oscilar** /オスィラール/ 動 (㊀to fluctuate) 振動する; 往復する; 変動する; ためらう

**ósculo** /オスクロ/ 男 (㊀kiss) 接吻

**osso** /オッソ/ 男 (㊀bone) 骨; 困難

**ostentação** /オステンタサォン/ 女 (㊀ostentation) 見せびらかし, 誇示, 自慢

**ostentar** /オステンタール/ 動 (㊀to show) 見せびらかす, 誇示する

**ostra** /オストラ/ 女 (㊀oyster) 牡蛎 (かき)

**otimismo** /オチミズモ/ [*optimismo] 男 (㊀optimism) 楽観, 楽天主義

**otimista** /オチミスタ/ [*optimista] 形 (㊀optimistic) 楽天的な, 楽観的な ― 男女 楽天主義者

**ótimo(-a)** /オチモ/ [*óptimo] 形 (㊀excellent) 極上の, すばらしい

**ou** /オゥ/ 接 (㊀or) または, あるいは; すなわち, 言いかえると; さもないと ◆ **~ seja** すなわち, つまり

**ouro** /オゥロ/ 男 (㊀gold) 金, 黄金; 金貨 ◆ **~ fino [puro]** 純金

**ousadia** /オザヂーア/ 女 (㊀daring) 大胆, 勇敢

**ousado(-a)** /オザード/ 形 (㊀daring) 大胆な

**ousar** /オザール/ 動 (㊀to dare) あえて [思いきって] …する

**outono** /オゥトーノ/ [*Outono] 男 (㊀autumn) 秋

**outorgar** /オゥトルガール/ 動 (㊀to grant) 承認する, 許可する; 授与する

**outrora** /オゥトローラ/ 副 (㊀formerly) かつて, 以前に

**outro(-a)** /オゥトロ/ 形 (㊀another, other) 他の, 別の ― 代 他の人 ◆ **~ dia** 先日; 後日 **um ao ~** お互いに

**outubro** /オトゥブロ/ [*Outubro] 男 (㊀October) 10月

**ouvido** /オゥヴィード/ 男 (㊀ear) 聴覚; 音感; 耳

**ouvidor(-ra)** /オゥヴィドール/ 男 (㊀listener) 聴講生; 傍聴者

**ouvir** /オゥヴィール/ 動 (㊀to hear) 聞く, 聞こえる, 耳を傾ける

**ovelha** /オヴェーリャ/ 女 (㊀sheep) (雌の) 羊

**ovo** /オーヴォ/ 男 (㊀egg) 卵

**oxigênio** /オキスィジェニオ/ [*oxigénio] 男 (㊀oxygen) 酸素

## P, p

**paciência** /パスィエンスィア/ 女 (㊀patience) 忍耐 (力), 辛抱強さ

**paciente** /パスィエンチ/ 形 (㊀patient) 忍耐強い ― 男女 患者

**pacífico(-a)** /パスィフィコ/ 形 (㊀peace-loving) 平和を愛する; 穏健な ― 男女 平和を愛する人

**pacote** /パコッチ/ 男(㋐packet) 小包；束

**pacto** /パクト/ 男(㋐pact) 契約，協定

**padaria** /パダリーア/ 女(㋐bakery) パン店

**padecer** /パデセール/ 動(㋐to suffer) 被る，苦しむ；我慢する；許容する

**padeiro(-a)** /パデイロ/ 男女(㋐baker) パン屋（人）

**padrão** /パドラォン/ 男(㋐standard)（度量衡の）原基，原器；基準，標準

**padrasto** /パドラスト/ 男(㋐stepfather) 継父

**padre** /パードリ/ 男(㋐priest) 神父

**paga** /パーガ/ 女(㋐payment) 支払い；報酬，給料

**pagamento** /パガメント/ 男(㋐payment) 支払い

**pagão(-ã)** /パガォン/ 形(㋐pagan) 異教徒の ― 男女 異教徒

**pagar** /パガール/ 動(㋐to pay) 支払う，返礼する，報いる

**página** /パジナ/ 女(㋐page) ページ

**pago(-a)** /パーゴ/ 形(㋐paid) 支払い済みの；有給の ― 男 支払い

**pai** /パイ/ 男(㋐father) 父；((~s)) 両親

**país** /パイース/ 男(㋐country) 国；地方；郷土

**paisagem** /パイザージェイン/ 女(㋐scenery) 風景，景色；風景画

**paisano(-a)** /パイザーノ/ 形(㋐civilian) 非軍人の；同国の ― 男女 非軍人；同国人

**paixão** /パイシャォン/ 女(㋐passion) 情熱，熱情；情欲

**palácio** /パラシオ/ 男(㋐palace) 宮殿，王宮；官邸

**paladar** /パラダール/ 男(㋐taste, palate) 味覚；口蓋

**palavra** /パラーヴラ/ 女(㋐word) 言葉，単語；発言 ◆ *em outras ~s* 言いかえれば *homem de ~* 約束を守る人

**palco** /パウコ/ 男(㋐stage) 舞台，演壇

**paletó** /パレト/ 男(㋐jacket) 上着

**palha** /パーリャ/ 女(㋐straw) わら，麦わら；価値のない物

**paliativo** /パリアチーヴォ/ 男(㋐palliative) 緩和剤

**pálido(-a)** /パリド/ 形(㋐pale) 蒼白な，蒼ざめた

**palito** /パリット/ 男(㋐stick) つまようじ

**palma** /パウマ/ 女(㋐palm leaf) ヤシの葉［木］；勝利 ◆ *~ da mão* 手のひら

**palmear** /パウメアール/ 動(㋐to applaud) 拍手喝采する

**palmeira** /パウメイラ/ 女(㋐palm tree) ヤシの木

**pálpebra** /パウペブラ/ 女(㋐eyelid) まぶた

**palpitante** /パウピタンチ/ 形(㋐throbbing) 胸がどきどきする，動悸がする；わくわくする

**palpitar** /パウピタール/ 動(㋐to palpitate) 動悸がする；わくわくする

**pampa** /パンパ/ 女(㋐pampas)（南米の）大草原，パンパ

**pancada** /パンカーダ/ 女(㋐hit) 打つこと，打撃；（時計などの）音

**panela** /パネーラ/ 女(㋐pot) 鍋

**pânico** /パニコ/ 男女(㋐panic) パニック；〖経済〗恐慌

**panificadora** /パニフィカドーラ/ 女(㋐baker's) パン屋

**pano** /パーノ/ 男(㋐cloth) 布地，織物

**panorama** /パノラーマ/ 男(㋐view) 展望；パノラマ

**panqueca** /パンケッカ/ 女(㋐pancake) パンケーキ

**pântano** /パンタノ/ 男女

**pantanoso(-a) ▶**

(㊤marsh) 沼地

**pantanoso(-a)** /パンタノーゾ/ 形(㊤marshy) 沼地の

**pantomima** /パントミーマ/ 女(㊤pantomime) 身振り; 無言劇, パントマイム

**pão** /パォン/ 男(㊤bread) パン; 食糧; 生計

**papa** /パッパ/ 男(㊤Pope) 教皇, 法王

**papagaio** /パパガィオ/ 男 (㊤parrot) オウム; 凧

**papai** /パパィ/ 男(㊤dad) お父さん

**papel** /パペウ/ 男(㊤paper) 紙; (演劇の)役; 役目 ◆ *~ de carta* 便箋 *~ higiênico* トイレットペーパー

**papelaria** /パペラリーア/ 女 (㊤stationer's shop) 文房具店

**papeleta** /パペレッタ/ 女(㊤notice) 張り紙; カルテ

**par** /パール/ 形(㊤even) 偶数の; 一対の ― 男 偶数; 一対 ◆ *um ~ de calças* ズボン1着 *um ~ de sapatos* 靴1足

**para** /パラ/ 前(㊤for, to) …へ, …に向けて; …に対して; …のために; …用の ◆ *dar ~* (窓などが) …に面している; …に適している *~ sempre* 永遠に

**parabéns** /パラベィンス/ 男複 (㊤congratulations) 祝い ◆ *Parabéns!* おめでとう!

**parábola** /パラボラ/ 女 (㊤parable) 比喩, 喩え話; 放物線

**parada** /パラーダ/ 女(㊤stop) 停止, 休止; 停留所

**paradoxo** /パラドキソ/ 男 (㊤paradox) 逆説, パラドックス

**parafuso** /パラフーゾ/ 男 (㊤screw) ねじ

**paragem** /パラージェィン/ 女(㊤stop) 止まること, 停留所

**Paraguai** /パラグアィ/ 男 (㊤Paraguay) パラグアイ

**paraguaio(-a)** /パラグアィオ/ 形(㊤Paraguayan) パラグアイ(人)の ― 男女 パラグアイ人

**paraíso** /パライーゾ/ 男(㊤paradise) 天国, パラダイス

**paralelogramo** /パラレログラーモ/ 男(㊤parallelogram) 平行四辺形

**paralelo(-a)** /パラレーロ/ 形 (㊤parallel) 平行の ― 男 緯線; 比較, 対照

**paralisar** /パラリザール/ 動 (㊤paralyse) 麻痺させる

**paralisia** /パラリズィーア/ 女 (㊤paralysis) 麻痺, 不随, 中風; 無気力

**pára-quedas** /パラ ケーダス/ 男(㊤parachute) パラシュート

**parar** /パラール/ 動(㊤to stop) 止まる, 停止する ◆ *~ de* + 不定詞 …することをやめる

**parasito** /パラズィット/ [*parasita] 男(㊤parasite) 寄生虫; 居候

**pára-sol** /パラ ソウ/ 男 (㊤parasol) パラソル, 日傘; 雨傘

**parceiro(-a)** /パルセィロ/ 男女(㊤partner) パートナー

**parcela** /パルセーラ/ 女(㊤piece) 小部分, 断片, 一部

**parcial** /パルスィアウ/ 形 (㊤partial) 部分的な; 偏った, 不公平な

**parco(-a)** /パルコ/ 形(㊤scanty) けちな

**pardal** /パルダウ/ 男 (㊤sparrow) スズメ

**parecer** /パレセール/ 動(㊤to look, to seem) …のようである, …のように思われる [見える] ― 男(㊤opinion) 意見

**parecido(-a)** /パレスィード/ 形(㊤alike) 似ている, 同類の

**parede** /パレーヂ/ 女(㊤wall)

壁

**parente(-a)** /パレンチ/ (㊥relative) 親類

**parentesco** /パレンテスコ/ 男(㊥relationship) 血縁関係；類似

**parêntese** /パレンテズィ/ 男(㊥parenthesis) 丸かっこ

**paridade** /パリダーヂ/ 女(㊥equality) 同等；平等；等価

**parir** /パリール/ 動(㊥to give birth to) 産む，生み出す

**parlamentar** /パルラメンタル/ 形(㊥parliamentary) 議会の

**parlamento** /パルラメント/ 男(㊥parliament) 議会，国会

**paróquia** /パロキア/ 女(㊥parish) 教区

**parque** /パルキ/ 男(㊥park) 公園

**parte** /パルチ/ 女(㊥part) 部分，一部；側，当事者；役割；参加 ◆ a maior ~ 大部分 de ~ a ~ 互いに em toda ~ 至るところに pôr de ~ 離す；見捨てる tomar ~ em … に参加する

**parteiro(-a)** /パルチイロ/ 男女(㊥obstetrician) 産科医，助産婦［夫］

**participação** /パルチスィパサォン/ 女(㊥participation) 通知；参加，関与

**participar** /パルチスィパール/ 動(㊥to participate) 参加する；通知する

**particular** /パルチクラール/ 形(㊥particular) 特殊な；個人の ー 男 個人

**particularidade** /パルチクラリダーヂ/ 女(㊥peculiarity) 特殊性

**partida** /パルチーダ/ 女(㊥departure) 出発；勝負，試合；パーティー

**partidário(-a)** /パルチダーリオ/ 男女(㊥supporter) 支持者，党員

**partido(-a)** /パルチード/ 形(㊥divided) 分裂した，割れた ー 男(㊥party) 政党，党派 ◆ ~ político 政党

**partir** /パルチール/ 動(㊥to divide) 分ける，割る；出発する，出かける

**partitura** /パルチトゥーラ/ 女(㊥score) 楽譜，総譜

**parto** /パルト/ 男(㊥childbirth) 出産；産出；産物

**Páscoa** /パスコア/ 女(㊥Easter) 復活祭，イースター

**pasmado(-a)** /パズマード/ 形(㊥amazed) びっくりした，茫然とした

**pasmar** /パズマール/ 動(㊥to amaze) びっくりさせる，驚かせる

**pasmo** /パズモ/ 男(㊥amazement) 驚き

**passado(-a)** /パサード/ 形(㊥past) 過ぎ去った，過去の，前の ◆ ano ~ 去年 mês ~ 先月 semana passada 先週

**passageiro(-a)** /パサジェィロ/ 形(㊥passing) 一時的な，束の間の ー 男女 乗客；通行人

**passagem** /パサージェィン/ 女(㊥passage) 通行（料），運賃；乗車券；通路

**passaporte** /パサポルチ/ 男(㊥passport) パスポート，旅券

**passar** /パサール/ 動(㊥to pass) 通る，通過する，横切る；発送する；（時を）過ごす；合格する

**pássaro** /パサロ/ 男(㊥bird) 小鳥

**passatempo** /パサテンポ/ 男(㊥pastime) 娯楽，気晴らし

**passe** /パッスィ/ 男(㊥pass) 許可証，通行証；回数券，定期券

**passear** /パセアール/ 動(㊥to take for a walk) 散歩する

**passeio** /パセィオ/ 男(㊥

**passivo(-a)**

walk) 散歩（道）；歩道 ◆ *dar um ~* 散歩する

**passivo(-a)** /パスィーヴォ/ 形 (㊀passive) 受け身の、受動的な；消極的な、活気のない

**passo** /パッソ/ 男 (㊀step) 歩、一歩、歩み、歩調；足音 ◆ *ao ~ que* …するにしたがって；…する間に　*~ a ~* 一歩一歩、一歩ずつ

**pasta** /パスタ/ 女 (㊀paste) 練り粉、ペースト；パスタ；書類かばん［ファイル］

**pastagem** /パスタージェイン/ 女 (㊀pasture) 牧場、牧草地

**pastar** /パスタール/ 動 (㊀to graze) （家畜が）草をはむ

**pastel** /パステウ/ 男 (㊀samosa) （小型の）パイ

**pastilha** /パスチーリャ/ 女 (㊀tablet) 錠剤、トローチ；キャンデー

**pasto** /パスト/ 男 (㊀grass) 牧草（地）、牧場

**pastor(-ra)** /パストール/ 男女 (㊀shepherd(ess)) 牧童；牧師

**pata** /パッタ/ 女 (㊀paw) （動物の）足

**patamar** /パタマール/ 男 (㊀landing) 踊り場

**patente** /パテンチ/ 形 (㊀obvious) 明白な；開かれた、公開された —— 女 (㊀patent) パテント、特許（状）

**patentear** /パテンテアール/ 動 (㊀to reveal) 公開する、開放する；明白にする

**paternal** /パテルナウ/ 形 (㊀paternal) 父親の、父親のような

**paterno(-a)** /パテルノ/ 形 (㊀paternal) 父親の；故国の

**pateta** /パテッタ/ 男女 (㊀stupid) 愚かな人

**patético(-a)** /パテチコ/ 形 (㊀pathetic) 感動させる；悲惨な

**patinar** /パチナール/ 動 (㊀to skate) スケートをする

**patrão(patroa)** /パトラォン/ 男女 (㊀boss) 長；経営者、雇用者、後援者

**pátria** /パトリア/ 女 (㊀homeland) 故国、祖国、本国

**patrimônio** /パトリモニオ/ [*património*] 男 (㊀inheritance) 遺産、世襲財産

**pátrio(-a)** /パトリオ/ 形 (㊀of one's fatherland) 祖国の；両親の

**patriótico(-a)** /パトリオチコ/ 形 (㊀patriotic) 愛国的な

**patriotismo** /パトリオチズモ/ 男 (㊀patriotism) 愛国心、愛国主義

**patrono** /パトローノ/ 男 (㊀patron) 保護者、後援者；弁護人

**patrulhar** /パトルリャール/ 動 (㊀to patrol) パトロールする、巡視する

**pau** /パウ/ 男 (㊀wood) 棒、材木

**paul** /パウウ/ 男 (㊀marshland) 沼地、湿地

**paulatino(-a)** /パウラチーノ/ 形 (㊀slow) 緩慢な、ゆっくりした

**paulista** /パウリスタ/ 男女 (㊀person from São Paulo) サンパウロ州人

**pausa** /パウザ/ 女 (㊀pause) （一時）停止、休止

**pausar** /パウザール/ 動 (㊀to pause) 休止する

**pavilhão** /パヴィリャォン/ 男 (㊀pavilion) 展示館、別館

**pavimento** /パヴィメント/ 男 (㊀floor) 床；階；舗装

**pavor** /パヴォール/ 男 (㊀dread) 恐怖

**pavoroso(-a)** /パヴォローゾ/ 形 (㊀dreadful) 恐ろしい、怖い

**paz** /パイス/ 女 (㊀peace) 平和、平安、安らぎ

**pé** /ペ/ 男 (㊀foot) 足；（器物の）台（座）；根元 ◆ *a ~* 徒

歩で **ao ~ de** …の近くに
**peça**/ペッサ/女(㊥piece) 一部, 断片; 部屋; 作品
**pecado**/ペカード/男(㊥sin) (宗教上の) 罪
**pecar**/ペカール/動(㊥to sin) 罪を犯す
**pecha** /ペッシャ/女(㊥blemish) 欠点
**pecuária**/ペクアリア/女 (㊥cattle-raising) 牧畜業
**pecuário(-a)**/ペクアリオ/形(㊥of farm animals) 家畜の, 畜産の
**pecúlio** /ペクリオ/男(㊥savings) 貯金, 貯蓄
**pedaço**/ペダッソ/男(㊥piece) 断片, 一片, 一切れ
**pedal**/ペダウ/男(㊥pedal) ペダル
**pedante** /ペダンチ/男女 (㊥pretendings) 衒学者, 知ったかぶりをする人
**pedestal**/ペデストラウ/男 (㊥pedestral) (像・柱などの) 台, 台座
**pedestre** /ペデストリ/形 (㊥pedestrian) 歩行の, 徒歩の ── 男女 歩行者
**pediatra** /ペチアトラ/男女 (㊥pediatrician) 小児科医
**pediatria** /ペチアトリーア/女 (㊥pediatrics) 小児科
**pedido** /ペヂード/男(㊥request) 頼み, 依頼, 注文; 申請; 需要
**pedimento**/ペヂメント/男 (㊥petition) 要求; 申請
**pedir**/ペヂール/動(㊥to ask for) 頼む, 要請する, 請求する
**pedra**/ペードラ/女(㊥stone) 石, 岩石 ◆ **~ preciosa** 宝石 **ser de ~** 冷淡である
**pegada** /ペガーダ/女(㊥footprint) 足跡, 形跡
**pegar**/ペガール/動(㊥hold) 取る, くっつける, 貼り付ける; 乗り物に乗る; 感染する; 捕える

**peito** /ペイト/男(㊥chest) 胸, 胸部; 乳房 ◆ *abrir o ~* 胸襟を開く, 秘密を打ち明ける
**peixaria** /ペイシャリーア/女 (㊥fishmonger's) 魚屋
**peixe**/ペィシ/男(㊥fish) 魚 ◆ *não ser nem ~ nem carne* どっちつかずである
**peixeiro(-a)**/ペイシェイロ/男女(㊥fishmonger) 魚商人
**pejo**/ページョ/女(㊥shame) 恥じらい, はにかみ, 恥辱; ＊ 塩田
**pejorativo(-a)**/ペジョラチーヴォ/形(㊥pejorative) 軽蔑的な
**pelar**/ペラール/動(㊥to skin) 皮をむく; 毛をとる[むしる]
**pele**/ペーリ/女(㊥skin) 皮膚, 肌
**pelejar**/ペレジャール/動(㊥to fight) 戦う; 奮闘する; 言い争う
**película**/ペリックラ/女(㊥film) フィルム; 薄膜, 薄皮
**pêlo**/ペーロ/男(㊥hair) 毛, 体毛, 頭髪
**pena**/ペーナ/女(㊥penalty, feather) 刑罰; 苦痛, 心痛; (鳥の) 羽, 羽毛, ペン ◆ *Que ~!* なんと気の毒な! *valer a ~* +不定詞 …する価値がある
**penal**/ペナウ/形(㊥penal) 刑罰の
**penar** /ペナール/動(㊥to suffer) 苦しむ, 苦しめる
**pendência**/ペンデンスィア/女(㊥dispute) 争い, 口論, 不和
**pendente**/ペンデンチ/形(㊥hanging) 垂れ下がった, 掛かった; 未決定の, 懸案の ── 男 ペンダント
**pender**/ペンデール/動(㊥to hang) 垂れる, ぶら下がっている
**pendurar**/ペンドゥラール/動(㊥to hang) 吊るす, 掛ける
**peneira**/ペネィラ/女(㊥

**penetrante** /ペネトランチ/ 形(㋙penetrating) 染み通る, 鋭敏な

**penetrar** /ペネトラール/ 動 (㋙to penetrate) 貫通する; 見抜く; 入り込む; 挿入する

**penhor** /ペニョール/ 男 (㋙pledge) 抵当, 質入れ ◆ *casa de ~es* 質屋

**penicilina** /ペニスィリーナ/ 女(㋙penicillin) ペニシリン

**península** /ペニンスラ/ 女 (㋙peninsula) 半島

**pênis** /ペニス/ [* pénis] 男 (㋙penis) ペニス, 陰茎

**penitente** /ペニテンチ/ 形 (㋙repentant) 悔い改めた, 後悔した

**penoso** /ペノーゾ/ (㋙painful) 痛ましい, 苦しい, 困難な

**pensador(-ra)** /ペンサドール/ 男女(㋙thinker) 思想家

**pensamento** /ペンサメント/ 男(㋙thought) 考えること, 思索; 思いつき; 見解

**pensão** /ペンソァン/ 女(㋙boarding house) 下宿屋, ペンション; 年金

**pensar** /ペンサール/ 動(㋙to think) 考える, 思う

**pente** /ペンチ/ 男 (㋙comb) くし

**pentear** /ペンテアール/ 動(㋙to comb) 髪をとかす, くしけずる

**penumbra** /ペヌンブラ/ 女 (㋙twilight) 薄明かり

**penúria** /ペヌリア/ 女(㋙poverty) 貧窮

**pepino** /ペピーノ/ 男 (㋙cucumber) キュウリ

**pequenez** /ペケネイス/ 女 (㋙smallness) 小さいこと, 幼少; わずかなこと, 僅少

**pequeno(-a)** /ペケーノ/ 形 (㋙small) 小さい, 小型の; 幼い

**pera** /ペーラ/ 女(㋙pear) 梨

**perante** /ペランチ/ 前 (㋙before) …の前で, …の面前で

**perceber** /ペルセベール/ 動 (㋙to perceive) 知覚する, 認識する; 理解する

**percentagem** /ペルセンタージェィン/ 女(㋙percentage) 百分率, パーセンテージ

**percepção** /ペルセピサォン/ 女(㋙perception) 知覚; 認知

**percorrer** /ペルコヘール/ 動 (㋙to travel) 見て回る; 調べる; 通読する

**percurso** /ペルクルソ/ 男(㋙journey) 巡歴; 行程

**percutir** /ペルクチール/ 動 (㋙to strike) 打つ, 叩く

**perda** /ペルダ/ 女(㋙loss) 失うこと, 紛失; 失踪; 負けること; 損失

**perdão** /ペルダォン/ 男 (㋙pardon) 容赦, 許し

**perder** /ペルデール/ 動 (㋙to lose) 失う, なくす; 乗り遅れる; 負ける; (機会を) 逃がす ◆ *~-se* なくなる;破滅する;道に迷う

**perdoar** /ペルドアール/ 動(㋙to forgive) 許す, 容赦する

**perdurável** /ペルドゥラーヴェウ/ 形(㋙long-lasting) 永続的な, 永久の

**perecer** /ペレセール/ 動(㋙to perish) 滅びる; 死ぬ

**peregrino(-a)** /ペレグリーノ/ 男女(㋙pilgrim) 巡礼者

**perfazer** /ペルファゼール/ 動(㋙to complete) 完全にする; (量・金額に) 達する

**perfeiçoar** /ペルフェイソアール/ 動 (㋙to perfect) 完成する, 完全にする

**perfeito(-a)** /ペルフェイト/ 形(㋙perfect) 完全な, 完了した

**pérfido(-a)** /ペルフィド/ 形 (㋙treacherous) 不実な, 不信仰の

**perfil** /ペルフィウ/ 男 (㋙profile) 横顔, プロフィール

**perfilhar** /ペルフィリヤール/ 動(英to legally adopt) 養子にする；採用する

**perfumar** /ペルフマール/ 動(英to perfume) 香りをつける，香りで満たす

**perfume** /ペルフーミ/ 男(英perfume) 香り；香水

**pergunta** /ペルグンタ/ 女(英question) 質問

**perguntar** /ペルグンタール/ 動(英to ask) 質問する，問う，尋ねる

**perícia** /ペリスィア/ 女(英expertise) 巧妙さ，熟練

**perigo** /ペリーゴ/ 男(英danger) 危険；危険物 ◆ *correr ~ de* …の危険を冒す

**perigoso(-a)** /ペリゴーソ/ 形(英dangerous) 危険な

**periódico(-a)** /ペリオヂコ/ 形(英periodic) 定期的な — 男 定期刊行物

**período** /ペリオド/ 男(英period) 期間；時期，時代

**permanecer** /ペルマネセールカラードゥ/ 動(英to remain) …のままである；存続する

**permanência** /ペルマネンスィア イレガウ/ 女(英permanence) 持続；不変(性)；滞在

**permanente** /ペルマネンチ/ 形(英permanent) 持続する，永続的な，永久の

**permissão** /ペルミサォン/ 女(英permission) 許可

**permitir** /ペルミチール/ 動(英to allow) 許可する，許す；同意する

**permutar** /ペルムタール/ 動(英to exchange) 交換する，取り替える

**perna** /ペルナ/ 女(英leg) 脚 ◆ *com uma ~ às costas* いとも簡単に *dar à ~* 急いで歩く

**pernicioso(-a)** /ペルニスィオーソ/ 形(英pernicious) 有害な，危険な

**pernilongo** /ペルニロンゴ/ 女(英mosquito) 蚊

**pernoitar** /ペルノイタール/ 動(英to spend the night) 一夜を過ごす，一泊する

**pérola** /ペロラ/ 女(英pearl) 真珠

**perpendicular** /ペルペンヂクラール/ 形(英perpendicular) 垂直の — 女 垂直線

**perpetuar** /ペルペトゥアール/ 動(英perpetuate) 永久にする，永続させる，不朽にする

**perpétuo(-a)** /ペルペトゥオ/ 形(英perpetual) 永久の，不朽の

**perplexo(-a)** /ペルプレキソ/ 形(英bewildered) 当惑した，躊躇した

**perseguição** /ペルセギサォン/ 女(英pursuit) 追跡；迫害

**perseguir** /ペルセギール/ 動(英to pursue) 追跡する；つきまとう，せがむ；迫害する

**perseverança** /ペルセヴェランサ/ 女(英persistence) 忍耐，辛抱

**perseverante** /ペルセヴェランチ/ 形(英persistent) 辛抱強い，根気ある

**persiana** /ペルスィアーナ/ 女(英blind) ブラインド

**persistência** /ペルスィステンスィア/ 女(英persistence) 固執

**persistente** /ペルスィステンチ/ 形(英persistent) 固執する，頑固な

**persistir** /ペルスィスチール/ 動(英to persist) ◆ *~ em* …に固執する

**personagem** /ペルソナージェイン/ 男女(英famous person) 著名人，名士；配役

**personalidade** /ペルソナリダーチ/ 女(英personality) 個性，人格，パーソナリティー

**perspetiva** /ペルスペチーヴァ/ [*perspectiva] 女(英perspective) 遠近法，透視図(法)；展望，見通し

**perspicaz** /ペルスピカース/ [形]([英]observant) 洞察力のある, 聡明な

**persuadir** /ペルスアヂール/ [動]([英]to persuade) 納得させる, 説得する

**pertencer** /ペルテンセール/ [動]([英]to belong to) ◆ *~ a* …に所属する;…に関係する

**pertences**/ペルテンスィス/ [男複]([英]belongings) 所持品

**pertinaz** /ペルチネィス/ [形]([英]persistent) 強情な, 頑固な

**pertinente**/ペルチネンチ/ [形]([英]relevant) 適切な

**perto** /ペルト/ [副]([英] nearby) 近くに — [形] 近くの ◆ *~ de* …の近くに

**perturbar**/ペルトゥルバール/ [動]([英]to disturb) 乱す, 混乱させる

**peru**/ペルー/ [男]([英]turkey) 七面鳥

**Peru**/ペル/ [男]([英]Peru) ペルー

P

**peruano(-a)**/ペルアーノ/ [形]([英]Peruvian) ペルー(人)の — [男][女] ペルー人

**perverso(-a)**/ペルヴェルソ/ [形]([英]perverse) 邪悪な; 倒錯した

**perverter**/ペルヴェルテール/ [動]([英]to pervert) 悪化させる, 堕落させる, 腐敗させる

**pesadelo**/ペザデーロ/ [男]([英]nightmare) 悪夢

**pesado(-a)**/ペザード/ [形]([英]heavy) 重い; 重苦しい; 厄介な

**pêsames**/ペザミス/ [男複]([英]condolences) 哀悼, 弔詞

**pesar** /ペザール/ [動]([英]to weigh) 重さを量る, 計量する; (の) 重さがある

**pesca**/ペスカ/ [女]([英]fishing) 釣り; 漁業

**pescador(-ra)**/ペスカドール/ [男][女]([英]fisherman) 漁師, 釣り人

**pescar**/ペスカール/ [動]([英]to catch) 釣る, 魚を獲る

**pescoço** /ペスコッソ/ [男]([英]neck) 首, 首筋

**peso**/ペーゾ/ [男]([英]weight) 重量, 重さ, 体重 ◆ *em ~* すっかり, まったく

**pesquisa**/ペスキーザ/ [女]([英]investigation) 調査, 取り調べ, 研究

**pesquisar** /ペスキザール/ [動]([英]to investigate) 調査する, 研究する

**pêssego** /ペッセゴ/ [男]([英]peach) モモの実

**pessimismo**/ペスィミズモ/ [男]([英]pessimism) 悲観主義, 厭世主義

**pessimista**/ペスィミスタ/ [男][女]([英]pessimistic) 悲観論者

**péssimo(-a)**/ペスィモ/ [形]([英]very bad) 最悪の

**pessoa** /ペソーア/ [女]([英]person) 人, 人間; 人物, 個人; 人格 ◆ *em ~* 自分で, みずから *~ jurídica* 法人

**pessoal** /ペソアウ/ [形]([英]personal) 個人的な, 私的な

**pestana** /ペスターナ/ [女]([英]eyelash) まつ毛 ◆ *queimar as ~s* 熱心に勉強する

**pestanejar**/ペスタネジャール/ [動]([英]to blink) 瞬きする, ウインクする

**peste** /ペスチ/ [女]([英]epidemic) 悪疫, ペスト

**pétala**/ペタラ/ [女]([英]petal) 花弁, 花びら

**petição**/ペチサォン/ [女]([英]request) 申請, 請願, 要求

**petróleo**/ペトロリオ/ [男]([英]petroleum) 石油

**petulância**/ペトゥランスィア/ [女]([英]impudence) 血気; 傲慢, 横柄

**petulante**/ペトゥランチ/ [形]([英]impudent) 厚かましい, 横柄な

**pia**/ピーア/囡(㊥wash basin) 流し(台), 洗面器 ◆〜 *batismal* 洗礼台

**piano**/ピアーノ/男(㊥piano) ピアノ

**pião**/ピアォン/男(㊥top) 独楽(こま)

**piar**/ピアール/動(㊥to cheep) (鳥が)鳴く, さえずる

**picante**/ピカンチ/形(㊥hot) 刺す(ような); 刺激的な, 痛烈な

**picar**/ピカール/動(㊥to prick) 刺す; 刺激する

**pico**/ピッコ/男(㊥peak) 先端; 山頂; とげ

**piedade** /ピエダーヂ/ 囡 (㊥piety) 信仰, 敬虔; 同情

**piedoso(-a)**/ピエドーゾ/形 (㊥pious) 敬虔な; 慈悲深い

**pijama**/ピジャーマ/男(㊥pyjamas) パジャマ

**pilha**/ピーリャ/囡(㊥battery) 電池, 乾電池

**pilhar**/ピリャール/動(㊥to plunder) 獲得する; 奪う, 盗む

**piloto**/ピロット/男(㊥pilot) 操縦士, パイロット; 水先案内人

**pimenta**/ピメンタ/囡(㊥pepper) 胡椒

**pimentão**/ピメンタォン/男 (㊥red pepper) 唐辛子

**pinça**/ピンサ/囡(㊥tweezers) ピンセット, ペンチ

**pincel**/ピンセウ/男(㊥brush) 筆, 絵筆, 刷毛

**pinga**/ピンガ/囡(㊥rum) ピンガ; しずく

**pingente**/ピンジェンチ/男 (㊥pendant) ペンダント

**pingo**/ピンゴ/男(㊥drop) しずく, したたり

**pinheiro** /ペニェィロ/ 男 (㊥pine) 松

**pinta**/ピンタ/囡(㊥spot) 斑点

**pintar**/ピンタール/動(㊥to paint) 描く; 彩色する, 色を塗る

**pinto**/ピント/男(㊥chick) ひよこ

**pintor** /ピントール/ 男 (㊥painter) 画家; ペンキ屋

**pintura**/ピントゥーラ/囡(㊥painting) 絵, 絵画

**piolho**/ピオーリョ/男(㊥louse) シラミ

**pior**/ピオール/形(㊥worse, worst) より悪い, より劣った; ((定冠詞と)) 最も悪い

**piquenique**/ピキニッキ/ 男(㊥picnic) ピクニック

**pirâmide** /ピラミヂ/ 囡 (㊥pyramid) ピラミッド, 金字塔

**pires**/ピーリス/男(㊥saucer) (カップの)受け皿

**pirilampo**/ピリランポ/男 (㊥glow worm) ホタル

**pisada** /ピザーダ/ 囡 (㊥footstep) 足跡

**pisar**/ピザール/動(㊥to tread) 踏む, 踏みつける

**piscadela** /ピスカデーラ/ 囡(㊥blink) まばたき, ウインク

**piscar**/ピスカール/動 (㊥to blink) 瞬きする; 目配せする

**piscina**/ピスィーナ/囡(㊥swimming pool) プール, 貯水池

**piso**/ピーゾ/男(㊥floor) 床; 階

**pista**/ピスタ/囡(㊥track) (競技用の)トラック; 車線; 追跡

**pistola**/ピストーラ/囡(㊥pistol) ピストル, 拳銃

**pitar**/ピタール/動(㊥to smoke) (タバコを)吸う

**piteira** /ピティラ/ 囡 (㊥cigarette-holder) (タバコの)パイプ; 泥酔

**pitoresco(-a)**/ピトレスコ/形(㊥picturesque) 絵のような, 美しい

**placa**/プラッカ/囡(㊥plate) 看板; ナンバープレート

**plagiar**/プラジアール/動(㊥to

**planalto** /プラナウト/ 男(㊧plateau) 高原

**planejar** /プラネジャール/ [\* planear] 動(㊧to plan) 設計する；計画する，企てる

**planeta** /プラネッタ/ 男(㊧planet) 惑星

**planície** /プラニスィイ/ 女(㊧plain) 平原

**plano** /プラーノ/ 男(㊧flat) 平らな，平面の；明白な 男(㊧plan) 平面；設計図，市街図；計画

**planta** /プランタ/ 女(㊧plant) 植物

**plantar** /プランタール/ 動(㊧to plant) 植える；種をまく

**plástico(-a)** /プラスチコ/ 形(㊧plastic) 造形の；可塑的な ─ 男 プラスチック，合成樹脂

**plataforma** /プラタフォルマ/ 女(㊧platform) プラットホーム，台，壇

**platéia** /プラティア/ [\* plateia] 女(㊧orchestra) 平土間 (の観客)

**plebe** /プレービ/ 女(㊧common people) 庶民；(古代ローマの) 平民

**plebiscito** /プレビスィット/ 男(㊧referendum) 国民投票

**pleitear** /プレィテアール/ 動(㊧to plead) 訴訟を起こす；争う；競う

**pleito** /プレイト/ 男(㊧lawsuit) 訴訟；論争

**plenário(-a)** /プレナリオ/ 形(㊧plenary) 完全な；十分な

**pleno(-a)** /プレーノ/ 形(㊧full) 満ちた；完全な

**pluma** /プルーマ/ 女(㊧feather) 羽毛；羽ペン

**plural** /プルラウ/ 形(㊧plural) 複数の ─ 男 複数 (形)

**pneu** /ピネウ/ 男(㊧tyre) タイヤ

**pneumático** /ピネウマチコ/ 男(㊧tyre) タイヤ

**pneumonia** /ピネウモニーア/ 女(㊧pneumonia) 肺炎 ◆ ~ *atípica* 新型肺炎 (SARS)

**pó** /ポー/ 男(㊧powder) ちり，ほこり

**pobre** /ポープリ/ 形(㊧poor person) 貧しい，貧乏な；乏しい；哀れな，可愛そうな ◆ *homem* ~ 貧しい人　~ *homem* 哀れな奴

**pobreza** /ポブレーザ/ 女(㊧poverty) 貧乏，貧困；欠乏

**poço** /ポッソ/ 男(㊧well) 井戸

**poder** /ポデール/ 動(㊧to be able to) …できる；…してもよい；…かもしれない ─ 男(㊧power) 力；権力；能力

**poderoso(-a)** /ポデローソ/ 形(㊧mighty) 有力な；力強い，強力な

**podre** /ポードリ/ 形(㊧rotten) 腐った，腐敗した；堕落した

**poeira** /ポエィラ/ 女(㊧dust) ちり，ほこり

**poema** /ポエーマ/ 男(㊧poem) 詩

**poesia** /ポエズィーア/ 女(㊧poetry) 詩；詩情

**poeta** /ポエッタ/ 男(㊧poet) 詩人

**poético(-a)** /ポエチコ/ 形(㊧poetic) 詩的な，詩の

**pois** /ポィス/ 接(㊧so) それゆえに，したがって；なぜなら，…だから；それなら；しかし ◆ ~ *não* もちろん，承知しました　~ *que* …であるから

**polar** /ポラール/ 形(㊧polar) 極の；極地の ◆ *Estrela Polar* 北極星

**polegar** /ポレガール/ 男(㊧thumb) 親指

**polêmica** /ポレミカ/ [\* polémica] 女(㊧controversy) 論争

**polícia** /ポリスィア/ 女(㊧police) 警察；公安 ─ 男 警官

**policial** /ポリスィアウ/ 男女(®policeman[-woman]) 警官

**polido(-a)** /ポリード/ 形(®polished) 磨かれた, 光沢のある, 滑らかな

**polir** /ポリール/ 動(®to polish) 磨く, 艶を出す; 洗練させる

**política** /ポリチカ/ 女(®politics) 政治; 政治学; 政策, 政略

**político(-a)** /ポリチコ/ 形(®political) 政治の; 政治的な — 男女 政治家

**pólo** /ポーロ/ 男(®pole) 極(地); (磁石の)極; 電極 ◆ *~ norte* [*sul*] 北[南]極

**poltrão(trona)** /ポウトロォン/ 形(®cowardly) 臆病な — 男女 臆病な人

**poltrona** /ポウトローナ/ 女(®armchair) 安楽[肘掛け]椅子

**poluição** /ポルイサォン/ 女(®pollution) 汚染, 公害

**poluir** /ポルイール/ 動(®to pollute) 汚す, 汚染する

**polvo** /ポウヴォ/ 男(®octopus) タコ

**pólvora** /ポウヴォラ/ 女(®gunpowder) 火薬

**pomar** /ポマール/ 男(®orchard) 果樹園

**pomba** /ポンバ/ 女(®dove) (雌)鳩

**pompa** /ポンパ/ 女(®pomp) 華麗, 豪華; 虚飾

**ponderado** /ポンデラード/ 男(®prudent) 思慮のある, 慎重な

**ponderar** /ポンデラール/ 動(®to consider) 熟慮する, 思索する

**ponta** /ポンタ/ 女(®tip) 先端, 末端 ◆ *andar* [*estar*] *de ~ com* (人)としっくりいかない *de ~ a ponta* 始めから終りまで *na ~ de uma unha* すばやく *tecnologia de ~* 先端技術

**ponte** /ポンチ/ 女(®bridge) 橋

**ponteiro** /ポンテイロ/ 男(®pointer) (時計の)針

**ponto** /ポント/ 男(®point) 点, 斑点; 地点; 問題点; 要点; 得点; ピリオド; ステッチ ◆ *em ~* (時間が)ちょうど, きっかり *estar a ~ de* …するところである *pôr ~ a* …を終わらせる, けりをつける

**pontual** /ポントゥアウ/ 形(®punctual) 時間を守る, 几帳面な

**população** /ポプラサォン/ 女(®population) 人口; 住民

**popular** /ポプラール/ 形(®popular) 民衆の, 民衆的な; 大衆的な, 人気のある

**popularidade** /ポプラリダーヂ/ 女(®popularity) 人気, 大衆性

**populoso(-a)** /ポプローゾ/ 形(®populous) 人口の多い

**por** /ポール/ 前(®for) …のゆえに, …のために; …に賛成して; …によって, …で; …の代わりに; …の間 ◆ *~ enquanto* しばらくの間 *~ que* なぜ

**pôr** /ポール/ 動(®to put) 置く; 入れる; 着る; 書き入れる ◆ *~ a mesa* 食卓の用意をする

**porção** /ポルサォン/ 女(®portion) 一部分

**porcelana** /ポルセラーナ/ 女(®porcelain) 磁器

**porco** /ポルコ/ 男(®pig) 豚

**pôr-do-sol** /ポール ド ソウ/ 男(®sunset) 日没, 落日

**porém** /ポレィン/ 接(®however) しかし, しかしながら

**porfiar** /ポルフィアール/ 動(®to argue) 論争する; 固執する

**pormenor** /ポルメノール/ 男(®detail) 詳細

**pormenorizar** /ポルメノリザール/ 動(®to detail) 詳しく述べる

**porque** /ポルキ/ 接(®

because) なぜならば，…だから，…ので；なぜ

**porta**/ポルタ/ 囡(愛door) 入り口，戸，扉，ドア；門 ◆ *bater à ~* ドアをノックする

**porta-moedas**/ポルタ モエーダス/ 男(愛purse) 小銭入れ

**portanto**/ポルタント/ 接(愛therefore) それゆえ，したがって

**portão**/ポルタォン/ 男(愛gate) 表門，玄関

**portaria**/ ポルタリーア/ 囡 (愛reception desk) (ビルの) 受け付け；布告

**portátil**/ポルターチウ/ 形(愛prtable) 携帯用の

**porta-voz**/ポルタ ヴォィス/ 男(愛spokesman[-woman]) メガホン；スポークスマン

**porte** /ポルチ/ 男(愛transport) 運搬，運送；郵送料；品行，振る舞い，態度

**porteiro**/ポルティロ/ 男(愛caretaker) 受け付け；門番

**porto**/ポルト/ 男(愛port) 港，港町

**Portugal**/ポルトゥガウ/ 男 (愛Portugal) ポルトガル

**português(-sa)**/ポルトゥゲィス/形(愛Portuguese) ポルトガル (語・人) の ― 男囡 ポルトガル人 ― 男 ポルトガル語

**porvir** /ポルヴィール/ 男 (愛future) 未来，将来

**pose**/ポーズィ/ 囡(愛pose) 姿勢，ポーズ

**posição** /ポズィサォン/ 囡 (愛position) 立場，状況；地位；姿勢；位置

**positivo(-a)** /ポズィチーヴォ/ 形(愛positive) 積極的な；実際的な；確実な；【数学】正の，プラスの

**possante** /ポサンチ/ 形(愛powerful) 強力な

**posse** /ポッスィ/ 囡 (愛possession) 所有，所持 ◆ *estar na ~ de* …を所有している

**possibilidade**/ポスィビリダーヂ/ 囡(愛possibility) 可能性，チャンス

**possível** /ポスィーヴェウ/ 形(愛possible) あり得る，可能な，できるだけの

**possuir**/ポスイール/ 動(愛to own) 所有する，持っている

**postal**/ポスタウ/ 形(愛postal) 郵便の ― 男 絵葉書

**posteridade**/ポステリダーヂ/ 囡(愛posterity) 子孫，後裔；後世

**posterior** / ポステリオール / 形(愛subsequent)((時間)) 後の；((空間)) 後部の

**posto** /ポスト/ 男 (愛post) 職，ポスト，地位

**posto(-a)** /ポスト/ 形(愛put) 置かれた；設けられた ◆ *~ que* たとえ…しても

**póstumo(-a)** /ポストゥモ/ 形(愛posthumous) 父の死後生まれた；死後刊行の

**potável** /ポターヴェウ/ 形(愛drinkable) 飲用に適した

**pote**/ポッチ/ 男(愛jug) 壺，鍋

**potência** /ポテンスィア/ 囡 (愛power) 力；権力(者)；強国；能力

**potente** /ポテンチ/ 形(愛powerful) 力のある，強い；権力のある

**pouco(-a)** /ポゥコ/ 形(愛little) 少しの，少数の，少量の；ほとんど…ない ― 男 少数，少量 ◆ *há ~* さっき *~a~* 少しずつ *por~* かろうじて *por ~ que* どんなに少なく…しても；もう少しで… (するところだった) *um~* もう少し *um ~ de* 少量の…

**poupança** /ポゥパンサ/ 囡 (愛thrift) 節約，倹約；貯金

**poupar** /ポゥパール/ 動(愛to save) 節約する，倹約する；惜しむ

**pouquinho** /ポゥキーニョ/

**pousada**/ポウザーダ/女(⑬lodging) 宿泊（所）

**pousar**/ポウザール/動(⑬to place) 置く；休ませる；休む；宿泊する

**povo**/ポーヴォ/男(⑬people) 人民，国民，住民

**povoar**/ボヴォアール/動(⑬to people) 入植する，植民する

**praça**/プラッサ/女(⑬square) 広場；市場；兵卒；要塞 ◆ *pôr em ~* 競売に出す

**prado**/プラード/男(⑬meadow) 牧草地，牧場

**praga**/プラーガ/女(⑬curse) 呪い；わざわい，災害；雑草

**praguejar**/プラゲジャール/動(⑬to curse) 呪う

**praia**/プライア/女(⑬beach) 海浜，浜

**prantear**/プランテアール/動(⑬to mourn) 悲しむ

**prata**/プラッタ/女(⑬silver) 銀；銀貨

**pratear**/プラテアール/動(⑬to silver-plate) 銀メッキをする

**prática**/プラチカ/女(⑬practice) 実践，実行；経験；慣行

**praticar**/プラチカール/動(⑬to practise) 実行する，実践する，行う；実習する

**prático(-a)**/プラチコ/形(⑬practical) 実際的な，実用的な

**prato**/プラット/男(⑬plate) 皿；料理

**praxe**/プラキスィ/女(⑬custom) 慣習，慣例

**prazer**/プラゼール/動(⑬pleasure) 喜ばせる ─ 男 喜び，楽しみ ◆ *com muito ~* 喜んで

**prazo**/プラーゾ/男(⑬term) 期限，期日；期間

**preâmbulo**/プレアンブロ/男(⑬preamble) 序文；（法律の）前文

**precário(-a)**/プレカリオ/形(⑬precarious) 不安定な，心許ない

**precaução**/プレカウカォン/女(⑬precaution) 用心，警戒；予防

**precaver**/プレカヴェール/動(⑬to caution) 用心させる

**prece**/プレッスィ/女(⑬prayer) 祈り；懇願

**precedente**/プレセデンチ/形(⑬preceding) 先行する，先立つ ─ 男 先例

**preceder**/プレセデール/動(⑬to precede) 先行する，先立つ

**preceito**/プレセイト/男(⑬precept) 規則，掟

**precioso(-a)**/プレスィオーゾ/形(⑬precious) 貴重な，高価な ◆ *metal ~* 貴金属

**precipício**/プレスィピスィオ/男(⑬precipice) 断崖，絶壁；危機

**precipitação**/プレスィピタサォン/女(⑬haste) 性急さ；墜落；降雨量

**precipitar**/プレスィピタール/動(⑬to hurl) 投げ込む；（苦境に）陥れる；◆ *~-se* 飛び込む，突進する；急ぐ

**precisar**/プレスィザール/動(⑬to need) 必要とする；明確にする

**preciso(-a)**/プレスィーゾ/形(⑬precise) 正確な；必要な

**preço**/プレッソ/男(⑬price) 値段，価格，価値，代価 ◆ *~ corrente* 時価 *~ da passagem* 運賃 *~ de entrada* 入場料 *~ fixo* 定価

**precoce**/プレコッスィ/形(⑬precocious) 早熟の，早めの

**preconceito**/プレコンセイト/男(⑬prejudice) 先入観，偏見，迷信

**predestinado(-a)**/プレデスチナード/形(⑬predestined) あらかじめ定められた，運命づけられた

**predição** /プレヂサォン/ 女 (㊂prediction) 予言

**predileção** /プレヂレサォン/ [*prediletção] 女 (㊂preference) 偏愛, 偏好

**predileto(-a)** /プレヂレート/ [*predilecto] 形 (㊂favorite) 特に好きな, お気に入りの — 男女 お気に入りの物 [人]

**prédio** /プレーヂオ/ 男 (㊂building) 建物; 所有地

**predizer** /プレヂゼール/ 動 (㊂to predict) 予言する

**predominar** /プレドミナール/ 動 (㊂to predominate) 優位を占める, 目立つ

**predomínio(-a)** /プレドミニオ/ 形 (㊂predominance) 優勢, 優越

**preeminente** /プレエミネンチ/ 形 (㊂pre-eminent) 傑出した, 優れた

**preencher** /プレエンシェール/ 動 (㊂to fill in) 埋める, 塞ぐ; (責務を) 果たす

**preexcelente** /プレエセレンチ/ 形 (㊂surpassingly excellent) 卓絶した, 優秀な

**prefácio** /プレファスィオ/ 男 (㊂preface) 序文; 序言

**prefeitura** /プレフェイトゥーラ/ 女 (㊂town hall) 市役所

**preferência** /プレフェレンスィア/ 女 (㊂preference) 好み; ひいき; 優先権 ◆ *com ~* 好んで

**preferir** /プレフェリール/ 動 (㊂to prefer) …のほうを好む [選ぶ]

**pregar** /プレガール/ 動 (㊂to nail) (釘・鋲で) 固定する, 接合する; 布教する

**prego** /プレーゴ/ 男 (㊂nail) 釘, 鋲 ◆ *não botar [meter] ~ sem estopa* 自分の利益にならないことはやらない

**pregoar** /プレゴアール/ 動 (㊂to proclaim) 吹聴する

**preguiça** /プレギッサ/ 女 (㊂laziness) 怠惰

**preguiçoso(-a)** /プレギソーソ/ 形 (㊂lazy) 怠惰な, 無精な

**prejudicar** /プレジュヂカール/ 動 (㊂to damage) 害する, 傷つける

**prejuízo** /プレジュイーゾ/ 男 (㊂damage) 損害, 損傷; 偏見

**preliminar** /プレリミナール/ 形 (㊂preliminary) 予備の; 前置きの

**prelo** /プレーロ/ 男 (㊂press) 印刷機 ◆ *no ~* 印刷中で

**prelúdio** /プレルーヂオ/ 男 (㊂prelude) 序曲, 前奏曲; 前兆

**prematuro(-a)** /プレマトゥーロ/ 形 (㊂premature) 早熟の; 早すぎる

**premeditar** /プレメヂタール/ 動 (㊂to premeditate) 前もって考える; 入念に準備する

**premente** /プレメンチ/ 形 (㊂pressing) 圧迫する; 緊急の

**premer** /プレメール/ 動 (㊂to press) 圧迫する; 圧搾する; 締めつける

**premiar** /プレミアール/ 形 (㊂to award a prize to) 賞を与える, 報いる

**prêmio** /プレミオ/ [*prémio] 男 (㊂prize) 賞, 賞品, 賞金

**prenda** /プレンダ/ 女 (㊂gift) 贈り物; 才能

**prender** /プレンデール/ 動 (㊂to fasten) つなぐ, 結合する; 捕える

**prenoção** /プレノサォン/ 女 (㊂preconception) 先入観

**prensa** /プレンサ/ 女 (㊂press) 圧搾機; 印刷機

**prenunciar** /プレヌンスィアール/ 動 (㊂to predict) 予告する; 予言する

**preocupação** /プレオクパサォン/ 女 (㊂preoccupation) 心配, 懸念; 没頭, 専心

**preocupar** /プレオクパール/ 動 (㊂to preoccupy) 心配させ

る；没頭させる

**preparação** /プレパラサォン/ 女(㊧preparation) 準備, 用意

**preparar** /プレパラール/ 動(㊧to prepare) 準備する, 用意する

**preparo** /プレパーロ/ 男(㊧preparation) 準備, 支度

**preponderante** /プレポンデランチ/ 形(㊧predominant) 優勢な, 優位にある

**prepor** /プレポール/ 動(㊧to preplace) 前に置く；（…に）優先させる

**preposição** /プレポズィサォン/ 女(㊧preposition) 前置詞

**preposto(-a)** /プレポスト/ 男女(㊧person in charge) 代理人, 代表者

**prepotência** /プレポテンスィア/ 女(㊧absolutism) 専制, 抑圧

**presa** /プレーザ/ 女(㊧prey) 餌食；犠牲者；掠奪物, 戦利品

**prescrever** /プレスクレヴェール/ 動(㊧to prescribe) 規定する, 命ずる

**prescrição** /プレスクリサォン/ 女(㊧order) 規定, 命令

**presença** /プレゼンサ/ 女(㊧presence) 出席；立会い, ある［いる］こと

**presenciar** /プレゼンスィアール/ 動(㊧to present at) 居合わせる, 目撃する

**presente** /プレゼンチ/ 形(㊧present) 出席している；現在の ― 男 現在；出席者；プレゼント ◆ *ter ~* 記憶している

**presentear** /プレゼンテアール/ 動(㊧to give a present) 贈り物をする

**preservar** /プレゼルヴァール/ 動(㊧to preserve) 保護する；予防する

**presidência** /プレズィデンスィア/ 女(㊧presidency) 大統領府, 大統領職, 議長職

**presidente(-a)** /プレズィデンチ/ 男女(㊧president) 大統領；社長, 会長；議長

**presidir** /プレズィヂール/ 動(㊧to preside over) 主宰する, 議長をつとめる

**pressa** /プレッサ/ 女(㊧haste) 急ぎ, 緊急 ◆ *à ~* 急いで *ter* [*estar com*] ~ 急いでいる

**presságio** /プレサジオ/ 男(㊧omen) 前兆, 予兆；予知

**pressão** /プレサォン/ 女(㊧pressure) 圧力, 圧迫

**pressentir** /プレセンチール/ 動(㊧to foresee) 予感する

**pressupor** /プレスポール/ 動(㊧to presuppose) 予想する, 想定する

**prestar** /プレスタール/ 動(㊧to supply) 提供する, 与える；履行する

**prestes** /プレスチス/ 形(㊧ready) 用意のできた

**prestígio** /プレスチジオ/ 男(㊧prestige) 威厳, 威信；魔力

**préstimo** /プレスチモ/ 男(㊧use) 奉仕, 支援

**presumir** /プレズミール/ 動(㊧to presume) 推測する, 推定する；うぬぼれる

**presunto** /プレズント/ 男(㊧ham) 生ハム

**pretender** /プレテンデール/ 動(㊧to claim) 要求する, 望む；…するつもりである

**pretensioso(-a)** /プレテンスィオーゾ/ 形(㊧pretentious) うぬぼれた, 高慢な

**preterir** /プレテリール/ 動(㊧to disregard) 看過する, 除外する, 省く

**pretexto** /プレテスト/ 男(㊧pretext) 口実, 言い訳

**preto(-a)** /プレット/ 形(㊧black) 黒い, 黒色の ― 男女 黒人 ― 男 黒色 ◆ *pôr o ~ no branco* 文書にする

**prevalecente** / プレヴァレセンチ / [形]([英]prevalent) 優勢な
**prevaricar** / プレヴァリカール / [動]([英]to fail in one's study) 義務を怠る; 裏切る
**prevenção** / プレヴェンサォン / [女]([英]prevention) 予防, 防止, 用心
**prever** / プレヴェール / [動]([英]to predict) 予測する, 予見する
**previdente** / プレヴィデンチ / [形]([英]with foresight) 先見の明のある, 用心深い
**prévio(-a)** / プレヴィオ / [形]([英]prior) 予めの, 事前の
**previsão** / プレヴィザォン / [女]([英]foresight) 予報
**prezar** / プレザール / [動]([英]to value highly) 尊重する, 尊敬する
**primavera** / プリマヴェーラ / [女]([英]spring) 春; 青春
**primeiramente** / プリメイラメンチ / [副]([英]firstly) 最初に
**primeiro(-a)** / プリメイロ / [形]([英]first) 最初の, 第一の; 第一級の; 初歩の ◆ ***em ~ lugar*** まず初めに
**primitivo(-a)** / プリミチーヴォ / [形]([英]primitive) 原始の, 未開の
**primor** / プリモール / [男]([英]excellence) 完全; 優秀, 傑出
**primordial** / プリモルヂアウ / [形]([英]primordial) 原初の; 主要な
**primo(-a)** / プリーモ / [男][女]([英]cousin) 従兄弟[姉妹]
**princesa** / プリンセーザ / [女]([英]princess) 王女
**principal** / プリンスィパウ / [形]([英]principal) 主要な; 基本的な ― [男] 首長
**príncipe** / プリンスィピ / [男]([英]prince) 王子
**principiar** / プリンスィピアール / [動]([英]to begin) 始める; 始まる
**princípio** / プリンスィーピオ / [男]([英]beginning) 始まり; 根源; 原理, 原則; 主義 ◆ ***ao ~*** 初めに
**prisão** / プリザォン / [女]([英]prison) 刑務所; 逮捕
**prisma** / プリズマ / [男]([英]prism) プリズム; 角柱
**privada** / プリヴァーダ / [女]([英]toilet) トイレ, 便所
**privado(-a)** / プリヴァード / [形]([英]private) 私的な, 民間の
**privar** / プリヴァール / [動]([英]to deprive) 奪う, 剥奪する
**privilégio** / プリヴィレジオ / [男]([英]privilege) 特権, 特典
**probabilidade** / プロバビリダーヂ / [女]([英]probability) 蓋然性; 見込み, 公算;〘数学〙確率
**problema** / プロブレーマ / [男]([英]problem) 問題
**proceder** / プロセデール / [動]([英]to proceed) 発する, 生じる
**procedimento** / プロセヂメント / [男]([英]conduct) 行動; 態度; 訴訟手続き
**processo** / プロセッソ / [男]([英]process) 過程, 経過; 手順, 方法; 処理
**proclamação** / プロクラマサォン / [女]([英]proclamation) 宣言, 声明
**proclamar** / プロクラマール / [動]([英]to proclaim) 宣言する, 布告する
**procura** / プロクーラ / [女]([英]search) 探すこと, 検索; 需要
**procurar** / プロクラール / [動]([英]to look for) 探す, 探求する; 訪れる; 調べる; 試みる
**prodigioso(-a)** / プロヂジオーゾ / [形]([英]prodigious) 驚くべき, 不思議な
**produção** / プロドゥサォン / [女]([英]production) 生産 (物)
**produtividade** / プロドゥチヴィダーヂ / [女]([英]productivity) 生産性

**produto**/プロドゥット/ 男 (㊎product) 産物，生産物，製品

**produtor(-ra)**/プロドゥトール/ 男女 (㊎producing) 生産者；（映画の）プロデューサー

**produzir**/プロドゥズィール/ 動 (㊎to produce) 生産する，製造する

**proeminente**/プロエミネンチ/ 形 (㊎proeminent) 突出した，突起した；卓越した

**profanar**/プロファナール/ 動 (㊎to desecrate) 冒涜する

**proferir**/プロフェリール/ 動 (㊎to utter) 発言する；公布する

**professar**/プロフェサール/ 動 (㊎to profess) 公言する

**professor(-ra)**/プロフェソール/ 男女 (㊎teacher) 教師，先生

**profeta**/プロフェッタ/ 男 (㊎prophet) 預言者

**proficiente**/プロフィスィエンチ/ 形 (㊎proficient) 熟練した，熟達した

**profissão**/プロフィサォン リベラウ/ 女 (㊎profession) 職業；（信条などの）表明

**profissional**/プロフィスィオナウ/ 男女 (㊎professional) プロ，専門家

**profundidade**/プロフンヂダーヂ/ 女 (㊎depth) 深さ，深度；深遠さ

**profundo** /プロフンド/ 男 (㊎deep) 深い；奥深い；深刻な

**profusão**/プロフザォン/ 女 (㊎profusion) 豊富；浪費

**programa**/プログラーマ/ 男 (㊎program) プログラム，番組；計画

**progredir**/プログレヂール/ 動 (㊎to progress) 前進する，進歩する

**progresso**/プログレッソ/ 男 (㊎progress) 前進，進歩

**proibir**/プロイビール/ 動 (㊎to prohibit) 禁止する；妨げる

**projeto**/プロジェト/[*projecto] 男 (㊎project) 計画；草案

**proletário**/プロレタリオ/ 男 (㊎proletarian) 無産者，プロレタリア

**prólogo** /プロロゴ/ 女 (㊎prologue) 序文，前書き；序曲

**prolongar** /プロロンガール/ 動 (㊎to extend) 延長する；延期する

**promessa** /プロメッサ/ 女 (㊎promise) 約束；見込み

**prometer**/プロメテール/ 動 (㊎to promise) 約束する；保証する

**promoção**/プロモサォン/ 女 (㊎promotion) 促進；昇進，進級

**promover**/プロモヴェール/ 動 (㊎to promote) 促進する，奨励する；昇進させる

**promulgação**/プロムウガサォン/ 女 (㊎promulgation) 公布

**promulgar**/プロムウガール/ 動 (㊎to promulgate) 公布する

**pronome** /プロノーミ/ 男 (㊎pronoun) 代名詞

**pronto(-a)** /プロント/ 形 (㊎ready) 用意ができた；すばやい，敏速な，機敏な ◆ *estar* ~ 用意ができている *de* [*num*] ~ ただちに

**pronúncia**/プロヌンスィア/ 女 (㊎pronunciation) 発音

**pronunciar**/プロヌンスィアール/ 動 (㊎to pronounce) 発音する；述べる

**propaganda** /プロパガンダ/ 女 (㊎propaganda) （思想・商品の）宣伝，広報

**propagar** /プロパガール/ 動 (㊎to propagate) 増殖させる；普及させる

**propelir**/プロペリール/ 動 (㊎to propel) 推進する

**propício(-a)** /プロピスィオ/ 形(㊀favorable) 好意的な, 好都合な

**propor** /プロポール/ 動(㊀to propose) 提案する; 提出する; 申し込む; 述べる

**proporção** /プロポルサオン/ 女(㊀proportion) 釣り合い; 比率, 割合

**proporcionar** /プロポルスィオナール/ 動(㊀to provide) 釣り合わせる; 与える

**proposição** /プロポジサオン/ 女(㊀proposition) 提案; 申し出; 命題; 定理

**propósito** /プロポーズィト/ 男(㊀purpose) 意図, 目的; 決心 ◆ *a ~* それについては *de ~* 故意に, わざと

**proposta** /プロポスタ/ 女(㊀proposal) 提案; 申し込み

**propriedade** /プロプリエダーチ/ 女(㊀property) 所有(権); 所有物 [地]; 特性

**próprio(-a)** /プロプリオ/ 形(㊀own) 自分の; 固有の, 本来の; ふさわしい

**prorrogação** /プロホガサオン/ 女(㊀extension) 延期; 延長戦

**prosa** /プローザ/ 女(㊀prose) 散文

**próspero(-a)** /プロスペロ/ 形(㊀prosperous) 繁栄した, 幸運な

**prosseguir** /プロセギール/ 動(㊀to continue) 続ける, 続行する

**protagonista** /プロタゴニスタ/ 男女(㊀protagonist) 主役, 主演

**proteção** /プロテサオン/ [\*protecção] 女(㊀protection) 保護, 庇護; 防備

**proteger** /プロテジェール/ 動(㊀to protect) 保護する, 庇護する

**proteína** /プロティーナ/ 女(㊀protein) 蛋白質

**protestante** /プロテスタンチ/ 男女(㊀Protestant) プロテスタント

**protestantismo** /プロテスタンチズモ/ 男(㊀Protestantism) プロテスタンティズム

**protestar** /プロテスタール/ 動(㊀to protest) 公言する; 確約する; 抗議する

**protesto** /プロテスト/ 男(㊀protest) 言明; 抗議

**protocolo** /プロトコーロ/ 男(㊀protocol) 儀礼, 典礼; 議定書; プロトコール

**prova** /プローヴァ/ 女(㊀proof) 証明; 証拠; 試験 ◆ *dar ~s de* …の証拠を見せる

**provar** /プロヴァール/ 動(㊀to prove) 証明する, 立証する; 試す

**provável** /プロヴァーヴェウ/ 形(㊀probable) ありそうな; もっともらしい; 証明できる

**proveito** /プロヴェイト/ 男(㊀profit) 利益, 利潤

**proveniência** /プロヴェニエンスィア/ 女(㊀source) 起源; 産地

**prover** /プロヴェール/ 動(㊀to provide) 備える, 供給する; 任命する

**provérbio** /プロヴェルビオ/ 男(㊀proverb) ことわざ, 格言

**providência** /プロヴィデンスィア/ 女(㊀providence) 摂理, 神慮

**província** /プロヴィンスィア/ 女(㊀province) 地方, 州, 県, (ローマの) 属州

**provir** /プロヴィール/ 動(㊀to derive from) ◆ *~ de* …から生じる, 由来する

**provisório(-a)** /プロヴィゾリオ/ 形(㊀provisional) 臨時の, 暫定的な

**provocação** /プロヴォカサオン/ 女(㊀provocation) 挑発, 煽動

**provocar** /プロヴォカール/ 動(㊀to provoke) 挑発する,

煽動する

**próximo(-a)** /プロスィモ/ 形 (㊀near) 近い, 近接の; 次の

**prudência** /プルデンスィア/ 女(㊀prudence) 慎重, 用心

**prudente** /プルデンチ/ 形 (㊀prudent) 慎重な, 用心深い

**psicanálise** /プスィカナリズィ/ 女(㊀psychoanalysis) 精神分析

**psicologia** /プスィコロジーア/ 女(㊀psychology) 心理学

**psiquiatra** /プスィキアトラ/ 男女(㊀psychiatrist) 精神科医

**psiquiatria** /プスィキアトリーア/ 女(㊀psychiatry) 精神医学

**publicação** /プブリカサォン/ 女(㊀publication) 公表, 発表; 出版(物)

**publicar** /プブリカール/ 動 (㊀to publish) 公にする, 公表する; 出版する, 刊行する

**publicidade** /プブリスィダーチ/ 女(㊀publicity) 宣伝, 広告

**público(-a)** /プブリコ/ 形 (㊀public) 公の, 公共の; 公開の ― 男 公衆 ◆ *em ~* 公然と, 人前で

**pudor** /プドール/ 男 (㊀decency) 羞恥心, 恥じらい

**pueril** /プエリウ/ 形(㊀puerile) 子供じみた, 幼児の

**pugna** /プギナ/ 女(㊀fight) 戦い, 闘争

**pular** /プラール/ 動(㊀to jump) 跳ぶ, はねる

**pulga** /プウガ/ 女(㊀flea) 蚤

**pulmão** /プウマォン/ 男(㊀lung) 肺

**pulo** /プーロ/ 男(㊀jump) 跳躍 ◆ *de um ~; num ~* ただちに, 急いで, 一挙に

**pulsar** /プウサール/ 動(㊀to pulsate) (心臓が) 鼓動する

**pulseira** /プウセィラ/ 女(㊀bracelet) 腕輪

**pulso** /プウソ/ 男(㊀pulse, wrist) 脈拍; 手首 ◆ *a ~* 力づくで *tomar o ~ de* …の脈を計る

**pungente** /プンジェンチ/ 形(㊀painful) 刺すような; 辛辣な

**pungir** /プンジール/ 動(㊀to afflict) 刺す; 刺激する

**punhado** /プニャード/ 男(㊀handful) 一握り, 一つかみ

**punho** /プーニョ/ 男(㊀fist) 握りこぶし; 袖口

**punir** /プニール/ 動 (㊀to punish) 罰する, 処罰する

**pupila** /プピーラ/ 女(㊀pupil) 瞳, 瞳孔

**purgar** /プルガール/ 動(㊀to purge) 浄化する, 精錬する; 除去する

**purgatório** /プルガトーリオ/ 男(㊀purgatory) 煉獄

**purificar** /プリフィカール/ 動(㊀to purify) 純化する, 浄化する

**puritano** /プリターノ/ 男(㊀puritan) 清教徒

**puro(-a)** /プーロ/ 形(㊀pure) 純粋な, 澄んだ; 純正な; 清純な

**púrpura** /プルプラ/ 女(㊀purple) (赤) 紫色

**puxar** /プシャール/ 動(㊀to pull) 引く, 引っ張る

## Q, q

**quadrado** /クァドラード/ 男(㊀square) 四角い, 正方形の; 平方の ― 男 正方形

**quadragésimo(-a)** /クゥドラジェズィモ/ 形(㊀fortieth) 第40の ― 男 40分の1

**quadrilátero** /クァドリラテロ/ 男(㊀quadrilateral) 四角形

**quadro** /クワドロ/ 男 (㊀painting) 絵画; 額縁; 黒板; 要員

**quadrúpede** /クゥドルペチ/

**qual** /クワウ/ 代 (㊒which) どれ, どちら; どの, どんな

**qualidade** /クァリダーヂ/ 女 (㊒quality) 質, 品質; 性質; 資格; 長所, 才能

**qualificação** /クァリフィカサォン/ 女 (㊒qualification) 資格

**qualquer** /クゥウケール/ 形 (㊒any) どんな…でも ― 代 どれ[誰]でも ◆ **~ coisa** どんなものでも

**quando** /クワンド/ 副 (㊒when) いつ ― 接 (㊒when) …する時 ◆ **de vez em ~** 時々 **~ senão** 突然

**quantia** /クゥンチーア/ 女 (㊒amount) 金額; 量

**quantidade** /クアンチダーヂ/ 女 (㊒quantity) 量, 数量; 多数, 多量

**quanto(-a)** /クワント/ 形 (㊒how much [many]) いくつの, どれだけの ― 代 いくつ ― 副 どれだけ ◆ **~ antes** できるだけ早く

**quarenta** /クゥレンタ/ ((数)) (㊒forty) 40 (の)

**quarentena** /クアレンテーナ/ 女 (㊒quarantine) 検疫期間

**quarta-feira** /クワルタフェィラ/ 女 (㊒Wednesday) 水曜日

**quarteto** /クァルテット/ 男 (㊒quartet) 四重奏, 四重唱

**quarto(-a)** /クワルト/ 形 (㊒fourth) 4番目の ― 男 4分の1; 寝室

**quase** /クワーズィ/ 副 (㊒almost) ほとんど, ほぼ

**quatorze** /クットルズィ/ [\* catorze] ((数)) (㊒fourteen) 14 (の)

**quatro** /クワトロ/ ((数)) (㊒four) 4 (の)

**quatrocentos** /クットロセントス/ ((数)) (㊒four hundred) 400 (の)

**que** /キー/ 代 (㊒what) 何 ― 形 (㊒what) どんな, 何の; ((感嘆)) 何という ― 代 (㊒that) ((関係代名詞)) …するところの ― 接 (㊒that) …ということ; …より ◆ **o ~** 何

**quebra** /ケーブラ/ 女 (㊒break) 破損, 破壊; 破産

**quebrantar** /ケブランタール/ 動 (㊒to break) 破壊する, 壊す

**quebrar** /ケブラール/ 動 (㊒to break) 壊す, 壊れる; 割る, 割れる; 砕く; 中断する; 違反する; 故障する

**queda** /ケーダ/ 女 (㊒downfall) 落下, 墜落; 転倒; 衰微, 没落

**queda-d'água** /ケーダダグァ/ 女 (㊒waterfall) 滝

**quedo(-a)** /ケード/ 形 (㊒quiet) 静かな; 緩慢な

**queijo** /ケィジョ/ 男 (㊒cheese) チーズ

**queimadura** /ケィマドゥーラ/ 女 (㊒burn) 火傷

**queimar** /ケィマール/ 動 (㊒to burn) 燃やす, 燃える; 焼く, 焼ける; 焦がす; 熱する

**queixa** /ケィシャ/ 女 (㊒complaint) 不平, 不満, 苦情

**queixar-se** /ケィシャールスィ/ 動 (㊒to complain) 不平を言う

**queixo** /ケィショ/ 男 (㊒chin) あご

**queixume** /ケィシューミ/ 男 (㊒complaint) 苦情, 悲嘆

**quem** /ケィン/ 代 (㊒who) 誰; ((関係代名詞)) …するところの人

**quente** /ケンチ/ 形 (㊒hot) 熱い, 暑い

**quer** /ケール/ 接 (㊒whether) …かまたは ◆ **~ queira, ~ não** 好むと好まざるとに関わらず

**querer** /ケレール/ 動 (㊒to want) 欲する, 望む, 願う;

**querido(-a)** /ケリード/ 形 (㉄dear) 愛される; 親愛なる ― 男女 好きな人

**questão** /ケスタォン/ 女 (㉄question) 問題, 質問, 争い

**quietar** /キエタール/ 動 (㉄to quiet) 落ちつかせる, 静止させる

**quieto(-a)** /キエト/ 形 (㉄quiet) 静かな

**quietude** /キエトゥーチ/ 女 (㉄calm) 静けさ, 静寂

**quilograma** /キログラマ/ 男 (㉄kilogram) キログラム

**quilômetro** /キロメトロ/ [* quilómetro] 男 (㉄kilometer) キロメートル

**química** /キミカ/ 女 (㉄chemistry) 化学

**químico(-a)** /キミコ/ 形 (㉄chemical) 化学の; 化学的な ― 男女 化学者

**quinhão** /キニャォン/ 男 (㉄share) 分け前

**quinhentos** /キニェントス/ ((数)) (㉄five hundred) 500 (の)

**qüinquagésimo(-a)** /クィンクゥジェズィモ/ [* quinquagésimo] 形 (㉄fiftieth) 50 番目の ― 男 50 分の 1

**quinta-feira** /キンタ フェイラ/ 女 (㉄Thursday) 木曜日

**quintal** /キンタウ/ 男 (㉄back yard) 裏庭

**quinteto** /キンテット/ 男 (㉄quintet) 五重奏, 五重唱

**quinto(-a)** /キント/ 形 (㉄fifth) 第 5 の ― 男 5 分の 1

**quinze** /キンズィ/ ((数)) (㉄fifteen) 15 (の)

**quiosque** /キオスキ/ 男 (㉄kiosk) 売店, キオスク

**quitanda** /キタンダ/ 女 (㉄grocer's) 八百屋, 食料品店

**quitar** /キタール/ 動 (㉄to pay off) 免除する; 放棄する

**quota** /クォッタ/ 女 (㉄quota) 割り当て; 分担額

**quotidiano(-a)** /クォチヂアーノ/ 形 (㉄everyday) 毎日の, 日々の

# R, r

**rã** /ラン/ 女 (㉄frog) カエル

**rabiscar** /ハビスカール/ 動 (㉄to scribble) 走り書きする

**rabo** /ハーボ/ 男 (㉄tail) 尾; 柄

**raça** /ハッサ/ 女 (㉄race) 人種, 民族, 種族; 血統

**rachar** /ハシャール/ 動 (㉄to crack) 割る; 分配する ◆ *frio de ~* 激しい寒さ

**raciocinar** /ハスィオスィナール/ 動 (㉄to reason) 推論する, 推理する

**raciocínio** /ハスィオスィニオ/ 男 (㉄reasoning) 推論, 推理

**racional** /ハスィオナウ/ 形 (㉄rational) 合理的な, 理性的な

**racionalismo** /ハスィオナリズモ/ 男 (㉄rationalism) 合理主義

**racionalização** /ハスィオナリザサォン/ 女 (㉄rationalization) 合理化

**radiar** /ハヂアール/ 動 (㉄to radiate) 放射する; 発光する; 光り輝かす

**radical** /ハヂカウ/ 形 (㉄radical) 根本的な, 過激な

**rádio** /ハヂオ/ 男 (㉄radio) ラジオ; 無線通信

**radioatividade** /ハヂオアチヴィダーチ/ [* radio-actividade] 女 (㉄radio-activity) 放射能

**radioativo(-a)** /ハヂオアチーヴォ/ [* radioactivo] 形 (㉄radioactive) 放射能のある

**raia** /ハイア/ 女 (㉄line) 線, 筋

**rainha** /ハイーニャ/ 女 (㉄queen) 女王; 妃

**raio** /ハイオ/ 男(英ray) 光線; 放射線; 半径

**raiva** /ハイヴァ/ 女(英rage) 怒り, 憎悪 ◆ **ter ~** 腹を立てる

**raiz** /ハイース/ 女(英root) 根; 根本; 基礎

**rajada** /ハジャーダ/ 女(英gust) 突風

**ralhar** /ハリャール/ 動(英to scold) 叱る

**ramal** /ハマウ/ 男(英extension) 支線; (電話の)内線

**ramo** /ハーモ/ 男(英branch) 枝; 部門

**rampa** /ハンパ/ 女(英slope) 傾斜地, 坂

**rancor** /ハンコール/ 男(英bitterness) 恨み, 怨恨

**rapariga** /ハパリーガ/ 女(英girl) * 娘; ((ブラジルで))娼婦, 妾

**rapaz** /ハパイス/ 男(英boy) 青年, 少年

**rapidez** /ハピディス/ 女(英rapidity) 速いこと; 速さ

**rápido(-a)** /ハピド/ 形(英quick) 速い, 迅速な ― 男 急流; 急行列車

**raposo(-a)** /ハポーゾ/ 男女(英fox, vixen) キツネ

**raptar** /ハピタール/ 動(英to kidnap) 誘拐する

**raquete** /ハケッチ/ 女(英racquet) ラケット

**raramente** /ハラメンチ/ 副(英rarely) めったに(…ない), まれに

**rarear** /ハレアール/ 動(英to make rare) 少なくする, 薄くする

**rarefazer** /ハレファゼール/ 動(英to rarefy) 希薄にする

**raro(-a)** /ハーロ/ 形(英rare) 稀な, 珍しい

**rasgar** /ハズガール/ 動(英to tear) 破る, 引き裂く; 傷つける

**raso(-a)** /ハーソ/ 形(英flat) 平らな, 滑らかな

**raspar** /ハスパール/ 動(英to scrape) けずる; (文字などを)消す

**rastejar** /ハステジャール/ 動(英to crawl) 追跡する, 跡を辿る, 調べる

**rasto** /ハスト/ 男(英track) 跡, 痕跡, 形跡

**ratificar** /ハチフィカール/ 動(英to confirm) 承認する; 批准する

**rato** /ハット/ 男(英rat) ネズミ; 泥棒

**razão** /ハザオン/ 男(英reason) 理性; 道理; 理由; 比率 ◆ **à ~ de** …の割合で **em ~ de** …のゆえに **ter ~** もっともである, 正しい

**razoável** /ハゾアーヴェウ/ 形(英reasonable) 理にかなった, 妥当な

**reação** /ヘアサォン/ [*reacção] 女(英reaction) 反作用, 反応; 反動

**reagir** /ヘアジール/ 動(英to react) 反応する, 反作用する; 反発する

**real** /ヘアウ/ 形(英real) 現実の, 真の; 国王の

**realçar** /ヘアウサール/ 動(英to highlight) 高める; 際立たせる

**realidade** /ヘアリダーデ/ 女(英reality) 現実; 実在 ◆ **na ~** 実際に

**realismo** /ヘアリズモ/ 男(英realism) 現実主義; 写実主義

**realização** /ヘアリザサォン/ 女(英realization) 実現; 実行; 達成

**realizar** /リアリザール/ 動(英to realize, to achieve) 実現する, 実行する, 叶える; 〖映画〗監督する

**realmente** /レアルメンチ/ 副(英really) 本当に, まったく, 実際

**rebelar-se** /ヘベラールスィ/ 動(英to rebel) 反乱を起こす

**rebelde** /ヘベウヂ/ [形] ([英] rebellious) 反抗する，反抗的な；強情な

**rebelião** /ヘベリアォン/ [女] ([英]rebellion) 反乱，反逆

**rebentar** /ヘベンタール/ [動] ([英]to break out) 破裂する；突発する；発芽する

**reboque** /ヘボッキ/ [男]([英]tow) 牽引；トレーラー

**recado** /ヘカード/ [男] ([英] message) 伝言 ◆ *a (bom) ~* 無事に，安全に

**recaída** /ヘカイーダ/ [女] ([英] relapse) （病気の）再発

**recair** /ヘカイール/ [動] ([英]to relapse) （病気が）再発する；（過ちを）再び犯す

**recalcar** /ヘカウカール/ [動] ([英]to repress) 再び踏み付ける；固執する；（感情を）抑える

**recanto** /ヘカント/ [男] ([英] corner) 隅，片隅

**recapitulação** /ヘカピトゥラサォン/ [女]([英]recapitulation) 要約；回想

**recapitular** /ヘカピトゥラール/ [動] ([英] to sum up) 要約する

**recear** /ヘセアール/ [動]([英]to fear) 心配する，気遣う

**recebedoria** /ヘセベドリーア/ [女]([英]tax collector's office) 税務署

**recebedor(-ra)** /ヘセベドール/ [男][女]([英]receiver) 受取人

**receber** /ヘセベール/ [動]([英]to receive) 受け取る；迎える

**receio** /ヘセィオ/ [男]([英]fear) 心配，気懸り，恐れ

**receita** /ヘセィタ/ [女] ([英] income) 収入，処方箋，レシピ

**recente** /ヘセンチ/ [形] ([英]recent) 最近の，近頃の

**recentemente** /ヘセンチメンチ/ [副]([英]recently) 最近

**recepção** /ヘセピサォン/ [女] ([英]reception) 受領；接待，レセプション；（ホテルなどの）フロント

**rechear** /ヘシェアール/ [動]([英]to fill) 詰め込む；豊富にする

**recibo** /ヘスィーボ/ [男] ([英] receipt) 領収書，レシート

**recíproco(-a)** /ヘスィプロコ/ [形]([英]reciprocal) 相互的な，互換的な

**recitar** /ヘスィタール/ [動]([英]to recite) 朗読する；暗誦する

**reclamar** /ヘクラマール/ [動]([英]to demand) 抗議する；請求する

**recobrar** /ヘコブラール/ [動]([英]to recover) 取り戻す；回復する

**recolher** /ヘコリェール/ [動] ([英]to collect) 収穫する；収容する；採集する

**recomendação** /ヘコメンダサォン/ [女]([英]recommendation) 推薦，勧告

**recomendar** /ヘコメンダール/ [動]([英]to recommend) 推薦する，勧告する

**recompensa** /ヘコンペンサ/ [女]([英]reward) 報い，償い

**recompensar** /ヘコンペンサール/ [動]([英]to reward) 報いる，償う

**reconciliação** /ヘコンスィリアサォン/ [女]([英]reconciliation) 和解，仲直り

**reconciliar** /ヘコンスィリアール/ [動]([英]to reconcile) 和解させる，調停する

**reconfortar** /ヘコンフォルタール/ [動]([英]to invigorate) 元気づける

**reconhecer** /ヘコニェセール/ [動] ([英] to recognize) 認識する，認める，認知する

**reconhecimento** /ヘコニェスィメント/ [男]([英]recognition) 承認；感謝

**reconstruir** /ヘコンストルイール/ [動]([英]to rebuild) 建て直す，再建する

**recordação** /ヘコルダサォン/

R

[女]([英]memory) 思い出，追想

**recordar** /ヘコルダール/ [動]([英]to remember) 思い出す；思い出させる

**recorde** /ヘコルヂ/ [男]([英]record) (スポーツなどの)記録

**recorrer** /ヘコヘール/ [動]([英]to turn to)((a)) …に助けを求める，…を利用する

**recrear** /ヘクレアール/ [動]([英]to entertain) 楽しませる

**recreio** /ヘクレィオ/ [男]([英]recreation) 娯楽，レクリエーション

**recrutamento** /ヘクルタメント/ [男]([英]recruitment) 徴兵；採用

**recuar** /ヘクアール/ [動]([英]to move back) 後退する

**recuperação** /ヘクペラサォン/ [女]([英]recovery) 回復

**recuperar** /ヘクペラール/ [動]([英]to recuperate) 取り返す，挽回する，回収する

**recurso** /ヘクルソ/ [男]([英]resource) 頼ること；手段；援助

**recusar** /ヘクザール/ [動]([英]to refuse) 拒否する



**redação** /ヘダサォン/ [* redacção] [女]([英]writing) 起草；編集室

**redator(-ra)** /ヘダトール/ [* redactor] [男][女]([英]editor) 編集者

**rede** /ヘーヂ/ [女]([英]net) 網，網状のもの，ネット

**redigir** /ヘヂジール/ [動]([英]to write) 執筆する，書く

**redondo(-a)** /ヘドンド/ [形]([英]round) 円い，円形の，球形の；丸々とした

**redor** /ヘドール/ [男]([英]circuit) 周囲 ◆ *ao* [*de, em*] *~ de* …の周囲に

**redução** /ヘドゥサォン/ [女]([英]reduction) 削減

**redundar** /ヘドゥンダール/ [動]([英]to superabound) 溢れる；生じる ◆ *~ em* …に帰着する

**reduzir** /ヘドゥズィール/ [動]([英]to reduce) 減らす；和らげる；…の状態にする；両替する

**reembolsar** /ヘエンボウサール/ [動]([英]to recover) 払い戻す，返済する

**reembolso** /ヘエンボウソ/ [男]([英]refund) 払い戻し

**refeição** /ヘフェイサォン/ [女]([英]meal) 食べ物；(健康・気力の)回復 ◆ *fazer as refeições* 食事をする

**referência** /ヘフェレンスィア/ [女]([英]reference) 言及；参照；関係 ◆ *com ~ a* …に関して

**referendo** /レフェレンド/ [男]([英]referendum) 国民投票

**referir** /ヘフェリール/ [動]([英]to relate) 述べる；引用する

**refinado(-a)** /ヘフィナード/ [形]([英]refined) 洗練された

**refinar** /ヘフィナール/ [動]([英]to refine) 精製する，純化する

**refletir** /ヘフレチール/ [* reflectir] [動]([英]to reflect) 反射する；反映する；熟考する，反省する

**reflexão** /レフレサォン/ [女]([英]reflection) 反射；反映；熟考，反省

**reflexo(-a)** /ヘフレクソ/ [形]([英]reflected) 反射の

**refogar** /ヘフォガール/ [動]([英]to sauté) 炒める

**reforçar** /ヘフォルサール/ [動]([英]to reinforce) 強化する，補強する；励ます

**reforma** /ヘフォルマ/ [女]([英]reform) 改革，改正，改良

**reformar** /ヘフォルマール/ [動]([英]to reform) 改革する，改善する，改良する

**refrescante** /ヘフレスカンチ/ [形]([英]refreshing) 爽やかな

**refrescar** /ヘフレスカール/ [動]([英]to cool) 冷やす，涼しくする；爽快にする

**refresco** /ヘフレスコ/ 男 (英cool drink) 清涼飲料

**refrigerador**/ヘフリジェラドール/男(英refrigerator) 冷蔵庫

**refrigerante**/ヘフリジェランチ/男(英soft drink) 清涼飲料水

**refugiado(-a)**/ヘフジアード/男女(英 refugee) 避難民, 難民

**refugiar-se**/ヘフジアールスィ/動(英to take refude) 避難する, 逃げ込む

**refúgio** /ヘフジオ/ 男 (英refude) 避難所, 隠れ家

**regalar**/ヘガラール/動(英to delight) 楽しませる, 喜ばせる

**regar** /ヘガール/ 動(英to water) 水をまく, 灌漑する

**regenerar**/ヘジェネラール/動(英to regenerate) 再生する; 更生させる

**reger**/ヘジェール/ 動(英to govern) 統治する; 指導する

**região**/ヘジアォン/ 女(英region) 地方, 地域

**regime**/ヘジーミ/男(英regime) 体制, システム; ダイエット

**regional**/ヘジオナウ/形(英local) 地方の

**registrar**/ヘジストラール/ [*registar]動(英to register) 記録する; 登録する; 書留にする

**registro** /ヘジストロ/ [*registo] 男(英 registration) 登録 届出, 各種証明書; (声の) 帯域; (ことばの) 使用域; レジスター

**regozijo**/ヘゴズィージョ/ 男(英joy) 歓喜

**regra**/ヘーグラ/女(英rule) 規則; 規範; 定規 ◆ *em ~* 一般に

**regressar**/ヘグレサール/ 動(英to come back) 帰る, 戻る

**regresso** /ヘグレッソ/ 男 (英return) 帰還, 戻る事, 控訴

**régua**/ヘーグア/ 女(英ruler) 定規

**regulamentação**/ヘグラメンタサォン/女(英regulation) 規制

**regular** /ヘグラール/ 形 (英regular) 規則正しい, 定期的な, 規則通りの; 正確な; 普通の —動(英to regulate) 規則正しくする; 規制する

**rei**/ヘィ/男(英king) 王, 国王

**reinado**/ヘィナード/ 男(英reign) 治世

**reinar**/ヘィナール/ 動(英to reign) 君臨する, 統治する

**reino**/ヘィノ/男(英kingdom) 王国

**rejeição** /ヘジェイサォン/ 女(英rejection) 拒絶, 拒否

**rejeitar** /ヘジェイタール/ 動(英to reject) 投げ捨てる; 拒む, 拒否する

**relação** / ヘラソィンス / 女(英relation) 関係; 関連; 報告; 記述

**relacionar**/ヘラスィオナール/ 動(英to relate) 関係付ける, 言及する

**relâmpago** /ヘランパゴ/ 男 (英flash of lightning) 稲妻; 閃光

**relatar**/ヘラタール/ 動(英to give an account of) 話す; 説明する

**relativo(-a)**/ヘラチーヴォ/ 形(英relative) 関係する; 相対的な

**relatório** / ヘラトーリオ / 男(英report) 報告書, 説明, 目録

**relaxado(-a)**/ヘラシャード/ 形(英relaxed) リラックスした, だらしない

**relaxar**/ヘラシャール/ 動(英to relax) 緩和する; 弛緩させる

**relegação** /ヘレガサォン/ [女] (㊖relegation) 左遷
**religião** /ヘリジアォン/ [女] (㊖religion) 宗教
**religioso(-a)** /ヘリジオーゾ/ [形](㊖religious) 宗教の ― [男][女] 宗教家
**relógio** /ヘロージオ/ [男] (㊖clock) 時計 ◆ *~ de pulso* 腕時計
**relva** /ヘウヴァ/ [女](㊖grass) 芝，芝生
**remar** /ヘマール/ [動](㊖to row) 漕ぐ
**remate** /ヘマッチ/ [男](㊖end) 完結；完成；最高；＊ゴール ◆ *em ~* 最終的に
**remediar** /ヘメヂアール/ [動](㊖to remedy) 治療する，癒す
**remédio** /ヘメヂオ/ [男] (㊖medicine) 薬；治療；救済（策）
**remendar** /ヘメンダール/ [動](㊖to mend) 繕う，修繕する
**remetente** /ヘメテンチ/ [男][女] (㊖sender) 差出人
**remeter** /ヘメテール/ [動](㊖to send) 送る，発送する；延期する
**remorso** /ヘモルソ/ [男](㊖remorse) 後悔，良心の呵責
**remoto(-a)** /ヘモット/ [形] (㊖remote) 遠い
**remover** /ヘモヴェール/ [動] (㊖to move) 移す，動かす；転任させる
**remuneração** /ヘムネラサォン/ [女](㊖remuneration) 報酬，手当，給料
**remunerar** /ヘムネラール/ [動](㊖to remunerate) 報いる
**renda** /ヘンダ/ [女](㊖income) 収入；＊家賃
**render** /ヘンデール/ [動](㊖to surrender) 屈服させる；引き起こす
**rendição** /ヘンヂサォン/ [女] (㊖surrender) 降伏
**rendimento** /ヘンヂメント/ [男] (㊖profit) 収益，利潤；降伏
**renhir** /ヘニール/ [動](㊖to contend for) 論争する，言い争う
**renome** /ヘノーミ/ [男] (㊖renown) 名声 ◆ *de ~* 有名な
**renovar** /ヘノヴァール/ [動](㊖to renew) 更新する，刷新する；改良する
**renúncia** /ヘヌンスィア/ [女] (㊖renunciation) 放棄；辞任
**renunciar** /ヘヌンスィアール/ [動](㊖to give up) 放棄する，断念する
**reparar** /ヘパラール/ [動](㊖to repair) 修理する，修繕する；償う；気づく，注意を向ける
**repartir** /ヘパルチール/ [動](㊖to distribute) 分配する；分ける，分割する
**repelir** /ヘペリール/ [動](㊖to repel) 追い払う；拒む，拒絶する
**repente** /ヘペンチ/ [男] (㊖outburst) 突然の行動[言葉] ◆ *de ~* 急に，突然
**repentino(-a)** /ヘペンチーノ/ [形](㊖sudden) 突然の，不意の
**repetição** /ヘペチサォン/ [女](㊖repetition) 繰り返し，反復
**repetir** /ヘペチール/ [動](㊖to repeat) 繰り返す，反復する
**replicar** /ヘプリカール/ [動](㊖to reply to) 言い返す；抗弁する
**repolho** /ヘポーリョ/ [男] (㊖cabbage) キャベツ
**reportagem** /ヘポルタージェィン/ [女](㊖report) ルポルタージュ
**repórter** /ヘポルテル/ [男][女] (㊖reporter) 新聞記者
**repousar** /ヘポゥザール/ [動] (㊖to rest) 休息させる；休む
**repouso** /ヘポゥゾ/ [男](㊖rest) 休息，休憩；休止

R

**repreender**/ヘプレエンデール/動(㋐to reprimand) 叱る，咎める

**representação**/ヘプレゼンタサォン/女(㋐representation) 表現；上演；代表

**representante**/ヘプレゼンタンチ/形(㋐representative) 代表する ― 男女 代表者

**representar**/ヘプレゼンタール/動(㋐to represent) 表現する；演じる，上演する；代表する

**reprimir**/ヘプリミール/動(㋐to repress) 抑制する，抑圧する；(悲しみを)隠す

**reprodução**/ヘプロドゥサォン/女(㋐reproduction) 再生産；複製品；模写；生殖

**reproduzir**/ヘプロドゥズィール/動(㋐to reproduce) 再現する，再生する；複製する，模写する；繁殖する

**reprovar**/ヘプロヴァール/動(㋐to disapprove of) 拒否する；非難する

**reptil**/ヘピチウ/[*réptil] 男(㋐reptile) 爬虫類

**república**/ヘプブリカ/女(㋐republic) 共和国，共和制；学生の共同生活

**republicano(-a)**/ヘプブリカーノ/形(㋐republican) 共和制の，共和国の ― 男女 共和主義者

**repúblico(-a)**/ヘプブリコ/形(㋐republican) 共和国の

**repugnante**/ヘプギナンチ/形(㋐repugnant) 嫌な，不愉快な

**reputação**/ヘプタサォン/女(㋐reputation) 評判，名声

**requerer**/ヘケレール/動(㋐to apply for) 請願する，要請する，要求する

**requerimento**/ヘケリメント/男(㋐application) 申請

**requintar**/ヘキンタール/動(㋐to refine) 洗練する

**requisição**/ヘキズィサォン/女(㋐request) 申請

**reserva**/ヘゼルヴァ/女(㋐reserve) 保存，蓄え；予約；留保

**reservado(-a)**/ヘゼルヴァード/形(㋐reserved) 控えめな，予約済みの

**reservar**/ヘゼルヴァール/動(㋐to reserve) 取っておく，残しておく；予約する；保護する

**resfriar**/ヘスフリアール/動(㋐to cool) 冷やす

**residência**/ヘジデンスィア/女(㋐residence) 住居，屋敷，官邸

**residente**/ヘズィデンチ/男女(㋐resident) 住人

**residir**/ヘズィチール/動(㋐to reside) 居住する；在る

**resignar**/ヘズィギナール/動(㋐to resign) 辞任する，辞職する；あきらめる

**resistência**/ヘズィステンスィア/女(㋐resistence) 抵抗(力)

**resistir**/ヘズィスチール/動(㋐to resist) 抵抗する，耐える

**resolução**/ヘゾルサォン/女(㋐resolution) 解決；決心，決意

**resolver**/ヘゾウヴェール/動(㋐to solve) 解決する；決定する，決断する；分解する

**respectivo**/ヘスペキチーヴォ/形(㋐respective) それぞれの，固有の

**respeitar**/ヘスペイタール/動(㋐to respect) 尊敬する；関わる ◆ *pelo que respeita a* …に関しては

**respeitável**/ヘスペイターヴェウ/形(㋐respectable) 尊敬すべき

**respeito**/ヘスペイト/男(㋐respect) 尊敬；見地，観点 ◆ *a ~ de; (com) ~ a* …に関して *ter em ~* 考慮に入れる

**respeitoso(-a)**/ヘスペイトー

**respiração**/ヘスピラサォン/ 女(㊙breathing) 呼吸, 息

**respirar**/ヘスピラール/ 動(㊙to breathe) 呼吸する, 息をする

**responder**/ヘスポンデール/ 動(㊙to answer) 答える; 応じる

**responsabilidade**/ヘスポンサビリダーチ/ 女(㊙responsibility) 責任

**responsável**/ヘスポンサーヴェウ/ 形(㊙responsible) 責任のある

**resposta**/ヘスポスタ/ 女(㊙answer) 返事, 回答

**ressoar**/ヘソアール/ 動(㊙resound) 反響する[させる]

**ressonância**/ヘソナンスィア/ 女(㊙resonance) 共鳴, 反響

**restabelecer**/ヘスタベレセール/ 動(㊙re-establish) 復旧する, 回復する

**restante**/ヘスタンチ/ 形(㊙remaining) 残りの

**restar**/ヘスタール/ 動(㊙to remain) 残る

**restauração**/ヘスタウラサォン/ 女(㊙restoration) 復興, 復旧; 修理

**restaurante**/ヘスタウランチ/ 男(㊙restaurant) レストラン

**restaurar**/ヘスタウラール/ 動(㊙to restore) 修理する; 復旧する, 回復する

**resto**/ヘスト/ 男(㊙rest) 残り, 余り;((~s)) 遺跡; 遺体

**restringir**/ヘストリンジール/ 動(㊙to restrict) 制限する; 縮小する

**restrito(-a)**/ヘストリット/ 形(㊙restricted) 制限された, 特定の, 狭い

**resultado**/ヘズウタード/ 男(㊙result) 結果; 成果, 成績 ◆ *dar-se em ~* 結果として…を生む *sem ~* 空しく

**resultar**/ヘズルタール/ 動(㊙to result) (結果として) 生ずる, 起因する

**resumir**/ヘズミール/ 動(㊙to summarize) 要約する

**resumo**/ヘズーモ/ 男(㊙summary) 要約 ◆ *em ~* 要するに

**reta** /ヘッタ/ [*recta] 女(㊙straight line) 直線

**retalhista**/ヘタリスタ/ 男女(㊙retailer) 小売商人

**retângulo**/ヘタングロ/ 男(㊙rectangle) 長方形

**retardar**/ヘタルダール/ 動(㊙to postpone) 延期する; 遅らせる; 遅刻する, 遅れる

**reter**/ヘテール/ 動(㊙to keep) 保持する; 逮捕する

**retificar**/ヘチフィカール/ [*rectificar]動(㊙to rectify) 真っ直ぐにする; 修正する, 訂正する; 矯正する

**retirar**/ヘチラール/ 動(㊙to withdraw) 引っ込める; 除く; 取り消す, 撤回する

**reto(-a)**/ヘット/[*recto] 形(㊙straight) まっすぐな; 直角の; 正しい

**retorno**/ヘトルノ/ 男(㊙return) 戻ること, 帰還

**retrair**/ヘトライール/ 動(㊙to withdraw) 引っ込める; 縮める

**retratar**/ヘトラタール/ 動(㊙to depict) 写真にとる; 肖像を描く

**retrato**/ヘトラット/ 男(㊙portrait) 肖像画[写真]

**réu**/ヘウ/ 男(㊙defendant) 被告

**reunião** /ヘウニアォン/ 女(㊙meeting) 会合, 会議, 集合

**reunir**/ヘウニール/ 動(㊙to bring together) 集める; つなぐ; 会合を開く

**revelação**/ヘヴェラサォン/ 女(㊙revelation) 暴露; 啓示; (写真の) 現像

**revelar**/ヘヴェラール/ 動(㊙to

**reveal)** 暴く，あらわにする；啓示する

**reverência**/ヘヴェレンスィア/ 女(㊆reverence) 尊敬，畏敬

**revisão**/ヘヴィザォン/ 女(㊆revision) 再検討；改訂，点検

**revisar**/ヘヴィザール/ 動(㊆to revise) 検査する；校正する

**revista** /ヘヴィスタ/ 女(㊆search) 検査；雑誌；レビュー，寸劇

**revocar**/ヘヴォカール/ 動(㊆to evoke) 呼び戻す；取り消す；廃止する

**revogar**/レヴォガール/ 動(㊆to revoke) 廃止する

**revolta**/ヘヴォウタ/ 女(㊆revolt) 暴動，反乱

**revoltar**/ヘヴォウタール/ 動(㊆to incite to revolt) 反抗させる，憤慨させる

**revolução**/ヘヴォルサォン/ 女(㊆revolution) 回転；革命

**revolucionário(-a)**/ヘヴォルスィオナリオ/ 形(㊆revolutionary) 革命の — 男女 革命家

**revólver**/ヘヴォルヴェル/ 男 (㊆revolver) リボルバー

**rezar**/ヘザール/ 動(㊆to pray) 祈る，祈願する

**ribeiro**/ヒベイロ/ 男(㊆brook) 小川

**rico(-a)**/ヒッコ/ 形(㊆rich) 裕福な，金持ちの

**ridículo(-a)**/ヒヂクロ/ 形 (㊆ridiculous) 滑稽な，愚かしい

**rígido(-a)**/ヒジド/ 形(㊆rigid) 硬い；厳格な

**rigor**/ヒゴール/ 男(㊆rigidity) 厳格，厳密；過酷

**rigoroso(-a)**/ヒゴローゾ/ 形 (㊆rigorous) 厳格な；容赦のない

**rim**/ヒン/ 男(㊆kidney) 腎臓

**rio**/ヒーオ/ 男(㊆river) 川

**Rio de Janeiro**/ヒオ ヂ ジャネイロ/ 男(㊆ Rio de janeiro) リオデジャネイロ

**riqueza**/ヒケーザ/ 女(㊆ wealth) 裕福；財産；豊富

**rir**/リール/ 動(㊆to laugh) 笑う ◆ **~ às gargalhadas** 大笑いする

**risco**/ヒスコ/ 男(㊆risk) 危険；線 ◆ **correr o ~** 危険を冒す

**riso**/ヒーソ/ 男(㊆laughter) 笑い

**ritmo**/ヒチモ/ 男(㊆rhythm) リズム，韻律

**rival**/リヴァウ/ 形(㊆rival) ライバルの — 男女 ライバル

**robusto(-a)**/ホブスト/ 形 (㊆robust) 頑丈な，たくましい；堅固な

**rocha**/ホーシャ/ 女(㊆rock) 岩，岩石

**roda** /ホーダ/ 女(㊆wheel) 車輪 ◆ **em [à] ~ de** …の回りに

**rodar**/ホダール/ 動(㊆to turn) 回転する[させる]；一周する；旅行する

**rodear**/ホデアール/ 動(㊆to go round) めぐる；（周囲を）回転する；取り囲む

**rodeio**/ホデイオ/ 男 (㊆ circumlocution) 遠まわしな表現

**rodovia**/ホドヴィーア/ 女(㊆ highway) （高速）自動車道

**rodoviária**/ホドヴィアーリア/ 女(㊆bus station) 長距離バスターミナル

**roer**/ホエール/ 動(㊆to gnaw) 噛む；苦しめる；むしばむ

**romance** /ホマンスィ/ 男 (㊆novel) 小説，恋愛

**romano(-a)**/ロマーノ/ 形 (㊆Roman) ローマ（人・帝国）の

**romântico(-a)**/ホマンチコ/ 形(㊆romantic) 小説的な；ロマンチックな

**romper**/ホンペール/ 動(㊆to break) 壊す，割る，破る；突然…する

**roncar** /ホンカール/ 動(㊤to snore) いびきをかく

**rosa** /ホーザ/ 女(㊤rose) バラ(の花); バラ色

**rosário** /ホザリオ/ 男(㊤rosary) ロザリオ, 数珠

**rosbife** /ホズビッフィ/ 男(㊤roast beef) ローストビーフ

**rosca** /ホスカ/ 女(㊤screw thread) ねじ山

**rosto** /ホスト/ 男(㊤face) 顔, 顔つき; 正面 ◆ ~ *a* ~ 面と向かって

**rotação** /ホタサォン/ 女(㊤rotation) 回転, 旋回, 自転

**roteiro** /ホティロ/ 男(㊤script) シナリオ, 台本

**rotina** /ホチーナ/ 女(㊤routine) ルーチン, 慣例

**roto(-a)** /ホット/ 形(㊤broken) 壊れた, 破れた

**rótulo** /ホトゥロ/ 男(㊤label) ラベル, レッテル

**roubar** /ホウバール/ 動(㊤to steal) 盗む

**roubo** /ホウボ/ 男(㊤theft) 盗み, 窃盗, 強盗

**rouco(-a)** /ホッコ/ 形(㊤hoarse) しわがれた

**roupa** /ホゥパ/ 女(㊤clothes) 衣服 ◆ ~ *interior* 下着

**roupão** /ホウパォン/ 男(㊤dressing gown) 部屋着

**roxo(-a)** /ホーショ/ 形(㊤purple) 赤紫の

**rua** /フーア/ 女(㊤street) 街路, 道路, 通り

**rubi** /フビー/ 男(㊤ruby) ルビー

**rubro(-a)** /フーブロ/ 形(㊤ruby-red) 真っ赤な

**rude** /フーチ/ 形(㊤rude) ざらざらした; 粗野な, 無作法な

**rudeza** /フデーザ/ 女(㊤rudeness) ざらざらしていること; 無作法

**rudimentar** /フヂメンタール/ 形(㊤rudimentary) 基本の, 初歩の

**rudimento** /フヂメント/ 男(㊤rudiment) 基本, 初歩

**rugir** /フジール/ 動(㊤to roar) 吼える

**ruído** /フイード/ 男(㊤noise) 騒音, 雑音, 喧騒; 騒動

**ruim** /フイン/ 形(㊤bad) 悪い; 腐った

**ruína** /フイーナ/ 女(㊤ruin) 荒廃; 没落; 廃墟

**ruir** /フイール/ 動(㊤to collapse) 崩壊する

**ruminar** /フミナール/ 動(㊤to chew) 反芻する; 熟考する

**rumor** /フモール/ 男(㊤noise) 物音, ざわめき; 噂

**ruptura** /フピトゥーラ/ 女(㊤break) 破裂, 破損; 破棄

**rural** /フラウ/ 形(㊤rural) 田舎の, 田園の

**Rússia** /フッシア/ 女(㊤Russia) ロシア

**russo(-a)** /フッソ/ 形(㊤Russian) ロシアの ― 男女 ロシア人 ― 男 ロシア語

**rústico(-a)** /フスチコ/ 形(㊤rustic) 田舎(風)の; 粗野な ― 男女 田舎者

# S, s

**sábado** /サバド/ 男(㊤Saturday) 土曜日

**sabão** /サバォン/ 男(㊤soap) 石鹸

**sabedoria** /サベドリーア/ 女(㊤wisdom) 分別, 知恵; 博識

**saber** /サベール/ 動(㊤to know) 知る, 知っている; …できる

**sábio(-a)** /サビオ/ 形(㊤wise) 学識のある; 賢い ― 男女 学識のある人; 知者

**sabonete** /サボネッチ/ 男(㊤toiletsoap) 化粧石鹸

**sabor** /サボール/ 男(㊤taste) 味, 風味

**saborear** /サボレアール/ 動

([英]to taste) 味をつける，風味を添える；味わう

**saboroso(-a)** / サボローゾ / [形]([英]tasty) おいしい，美味な

**sabotagem** / サボタージェィン / [女]([英]sabotage) 怠業，サボタージュ

**sacar** / サカール / [動]([英]to take out) 引き抜く；引き出す

**sacerdote** / サセルドッチ / [男]([英]priest) 聖職者，司祭

**saciar** / サスィアール / [動]([英]to satisfy) 満足させる；癒す

**saco(-a)** / サッコ / [形]([英]bag) 袋

**sacramento** / サクラメント / [男]([英]sacrament) 秘蹟

**sacrificar** / サクリフィカール / [動]([英]to sacrifice) いけにえを捧げる；犠牲にする

**sacrifício** / サクリフィスィオ / [男]([英]sacrifice) 犠牲

**sacro(-a)** / サックロ / [形]([英]sacred) 神聖な

**sacudir** / サクヂール / [動]([英]to shake) 揺さぶる，軽く叩く

**sadio(-a)** / サヂーオ / [形]([英]healthy) 健康な；健康によい

**safra** / サッフラ / [女]([英]harvest) 収穫（物，期）；鉄床

**sagacidade** / サガスィダーヂ / [女]([英]sagacity) 明敏，洞察力

**sagaz** / サガース / [形]([英]sagacious) 明敏な

**sagrado(-a)** / サグラード / [形]([英]sacred) 神聖な，聖なる

**saguão** / サグアォン / [男]([英]yard) 中庭

**saia** / サィヤ / [女]([英]skirt) スカート

**saibro** / サィブロ / [男]([英]gravel) 砂利

**saída** / サイーダ / [女]([英]exit) 出口；外出，退出，搬出；売れ行き

**sair** / サイール / [動]([英]to go out) 出る，外出する ◆ *~ bem [mal]* 成功［失敗］する *~ caro* 高くつく

**sal** / サウ / [男]([英]salt) 塩

**sala** / サーラ / [女]([英]room) 部屋 ◆ *~ de aula* 教室 *~ de estar* 居間 *~ de jantar* 食堂

**salada** / サラーダ / [女]([英]salad) サラダ

**salão** / サラォン / [男]([英]hall) 大広間，サロン ◆ *~ de beleza* 美容院

**salário** / サラリオ / [男]([英]salary) 給料，サラリー

**saldar** / サウダール / [動]([英]to pay off) 精算する

**saldo** / サウド / [男]([英]balance) 差引残高

**salgado(-a)** / サウガード / [形]([英]salty) 塩気のある

**salientar** / サリエンタール / [動]([英]to point out) 目立たせる，際立たせる

**saliva** / サリーヴァ / [女]([英]saliva) 唾液，つば

**salmão** / サウマォン / [男]([英]salmon) 鮭

**salmo** / サウモ / [男]([英]psalm) 賛美歌

**salsicha** / サウスィッシャ / [女]([英]sausage) ソーセージ

**saltar** / サウタール / [動]([英]to jump) 跳ぶ，はねる；飛び降りる；飛び出す

**saltear** / サウテアール / [動]([英]to skip) 襲いかかる，急襲する；強盗をする

**salto** / サウト / [男]([英]jump) 跳躍；かかと ◆ *a ~* ひそかに *de ~* 突然，急に

**salutar** / サルタール / [形]([英]salutary) 健康によい

**salvação** / サウヴァサォン / [女]([英]salvation) 救助，救出；救済

**salvador(-ra)** / サウヴァドール / [形]([英]savior) 救助する，救いの ◆ *o Salvador* 救世主，キリスト

**salvamento** / サウヴァメント / [男]([英]rescue) 救出

**salvar** / サウヴァール / [動]([英]to save) 救う，救助する，救

出する
**samba**/サンバ/[男]([英]samba) サンバ
**sanar**/サナール/[動]([英]to cure) 癒す，治療する
**sanção** /サンサォン/[女]([英]sanction) 批准，認可；制裁
**sancionar**/サンスィオナール/[動]([英]to sanction) 批准する，認可する
**sanduíche**/サンドウィッシ/[男]([英]sandwich) サンドイッチ
**sanear**/サネアール/[動]([英]to clean up) 衛生的にする；治療する
**sangue**/サンギ/[男]([英]blood) 血，血液
**sanguinário(-a)**/サンギナリオ/[形]([英]bloodthirsty) 血に飢えた，残忍な
**sanidade** /サニダーヂ/[女]([英]healthiness) 衛生；健康
**sanitário(-a)**/サニタリオ/[形]([英]sanitary) 衛生上の
**santo(-a)**/サント/[形]([英]holy) 聖なる — [男][女]([英]saint) 聖人
**são(sã)** /サォン/[形]([英]healthy) 健康な；健全な
**São Paulo**/サォン パウロ/[男]([英]São Paulo) サンパウロ
S
**sapataria**/サパタリーア/[女]([英]shoe shop) 靴屋
**sapateiro(-a)**/サパティロ/[男][女]([英]shoemaker) 靴職人，靴屋
**sapato**/サパット/[男]([英]shoe) 靴 ◆ *~ de defunto* 実現不確かな約束
**sapiente**/サピエンチ/[形]([英]wise) 博識な
**sapo** /サッポ/[男]([英]toad) カエル
**saraiva** /サライヴァ/[女]([英]hail) ひょう，あられ
**sarar**/サラール/[動]([英]to cure) 治療する，治す，癒す
**sarcasmo**/サルカズモ/[男]([英]sarcasm) 皮肉，あてこすり，いやみ
**sardinha**/サルヂーニャ/[女]([英]sardine) イワシ
**satélite**/サテリチ/[男]([英]satellite) 衛星 ◆ *~ artificial* 人工衛星
**sátira**/サチラ/[女]([英]satire) 諷刺，皮肉
**satisfação**/サチスフェイサォン/[女]([英]satisfaction) 満足(感)
**satisfazer**/サチスファゼール/[動]([英]to satisfy) 満足させる；喜ばせる
**satisfeito(-a)**/サチスフェイト/[形]([英]satisfied) 満足した
**saturar**/サトゥラール/[動]([英]to saturate) 満たす，飽和させる
**saudação**/サウダサォン/[女]([英]greeting) 挨拶
**saudade**/サゥダーヂ/[女]([英]nostalgia) 懐かしさ，郷愁，淋しさ
**saudar**/サゥダール/[動]([英]to greet) 挨拶する
**saúde**/サウーヂ/[女]([英]health) 健康 ◆ ***Saúde!*** 乾杯 *~ pública* 公衆衛生
**saudoso(-a)**/サゥドーゾ/[形]([英]nostalgic) 懐かしい
**sazonar**/サゾナール/[動]([英]to ripen) 熟させる；熟す
**se**/スィ/[接]([英]if, whether) もし…ならば；たとえ…でも；…かどうか ◆ *como ~* +接続法不完全過去 あたかも…であるかのように
**se**/スィ/[代]([英]oneself) 自分自身を[に]
**seara**/セアーラ/[女]([英]wheat field) 畑
**sebe**/セービ/[女]([英]fence) 垣根，生垣
**seca**/セッカ/[女]([英]drought) 乾燥；乾期
**seção**/セサォン/[* secção] [女]([英]section) 分割，区分；(文章の) 節，欄；部門，部署，部；境界線
**secar**/セカール/[動]([英]to dry)

乾かす，乾燥させる；枯らす
**seco(-a)** /セコ/ 形 (㊧dry) 乾いた，乾燥した；枯れた；やせた
**secretário(-a)** /セクレタリオ/ 男女 (㊧secretary) 秘書；書記；長官
**secreto(-a)** /セクレット/ 形 (㊧secret) 秘密の，内緒の
**século** /セクロ/ 男 (㊧century) 世紀
**seda** /セーダ/ 女 (㊧silk) 絹
**sede** /セーチ/ 女 (㊧thirst) (喉の)渇き，渇望 ◆ *ter* [*estar com*] ~ のどが渇く
**sede** /セーヂ/ 女 (㊧headquarters) 本拠地，本社，本部；中枢
**sedição** /セヂサォン/ 女 (㊧sedition) 暴動
**sedução** /セドゥサォン/ 女 (㊧seduction) 誘惑，そそのかし；魅惑
**seduzir** /セドクズィール/ 動 (㊧to seduce) 誘惑する；魅惑する
**segmento** /セギメント/ 男 (㊧segment) 部分
**segredar** /セグレダール/ 動 (㊧to whisper) そっとささやく，打ち明ける
**segredo** /セグレード/ 男 (㊧secret) 秘密；神秘
**seguinte** /セギンチ/ 形 (㊧following) 次の；下記の
**seguir** /セギール/ 動 (㊧to follow) 後をついていく；追跡する；たどる；従う
**segunda-feira** /セグンダフェイラ/ 女 (㊧ Monday) 月曜日
**segundo(-a)** /セグンド/ 形 (㊧second) 第2の ―男 2番目のもの；秒 ―接 (㊧as) …にしたがって
**seguramente** /セグラメンチ/ 副 (㊧certainly) 確かに
**segurança** /セグランサ/ 女 (㊧security) 安全，保障
**segurar** /セグラール/ 動 (㊧to hold) 握る，つかむ；固定する；保証する；保険をかける；安心させる；保存しておく
**seguro(-a)** /セグーロ/ 形 (㊧safe) 安全な；確実な
**seio** /セィォ/ 男 (㊧breast) 胸元；乳房；胸中
**seis** /セィス/ ((数))(㊧six) 6(の)
**seiscentos** /セィセントス/ ((数))(㊧six hundred) 600 (の)
**selar** /セラール/ 動 (㊧to stamp) 切手を貼る；判をおす；封印する
**seleção** /セレサォン/ [\*selecção] 女 (㊧selection) 選択
**selecionar** /セレスィオナール/ [\*seleccionar] 動 (㊧to select) 選択する
**selo** /セーロ/ 男 (㊧stamp) 切手；印紙；判，印鑑
**selva** /セウヴァ/ 女 (㊧jungle) 森林
**selvagem** /セウヴァージェイン/ 形 (㊧wild) 森林の；野性の，未開の；野蛮な
**sem** /セィン/ 前 (㊧without) …なしに[で]；…せずに，…することなしに ◆ ~ *que* + 接続法 …することなしに
**semáforo** /セマフォロ/ 男 (㊧traffic lights) 信号機
**semana** /セマーナ/ 女 (㊧week) 週 ◆ *fim de* ~ 週末 *próxima* ~ 来週 ~ *passada* 先週 ~ *que vem* 来週 *todas as* ~*s* 毎週
**semanalmente** /セマナウメンチ/ 副 (㊧every week) 毎週
**semanário(-a)** /セマナリオ/ 形 (㊧weekly) 週の ―男 週刊誌
**semblante** /センブランチ/ 男 (㊧face) 顔，顔つき
**semear** /セメアール/ 動 (㊧to sow) 種をまく
**semelhante** /セメリャンチ/ 形 (㊧similar) 類似の，似た

— [男] 似た人[物]

**semente** /セメンチ/ [女] (㊥seed) 種子, 種; 根源

**semestre** /セメストリ/ [男] (㊥semester) 学期

**sempre** /センプリ/ [副] (㊥always) いつも, 常に ◆ *para ~* 永久に

**senado** /セナード/ [男] (㊥senate) 上院; 元老院

**senador(-ra)** /セナドール/ [男][女] (㊥senator) 上院議員

**senão** /セナォン/ [接] (㊥otherwise) さもないと; そうではなくて; …を除いて — [男] 欠点

**senha** /セーニャ/ [女] (㊥password) パスワード, 暗証番号, 合い言葉

**senhorita** /セニョリッタ/ [女] (㊥young lady) 若い独身女性; …嬢

**senhor(-ra)** /セニョール/ [男][女] (㊥Mr., Mrs. Ms.) …様; 主人 ◆ *o ~ [a senhora]* あなた

**sensação** /センササォン/ [女] (㊥sensation) 感覚; 感動

**sensato(-a)** /センサット/ [形] (㊥sensible) 良識ある, 賢明な

S

**sensibilidade** /センスィビリダーヂ/ [女] (㊥sensibility) 感受性, 感性; 感覚

**sensível** /センスィーヴェウ/ [形] (㊥sensitive) 感じやすい, 敏感な

**senso** /センソ/ [男] (㊥sense) センス; 判断力 ◆ *bom ~* 良識 *~ comum* 常識

**sensual** /センスアウ/ [形] (㊥sensual) 官能的な, 好色な

**sentar** /センタール/ [動] (㊥to seat) 座らせる

**sentença** /センテンサ/ [女] (㊥sentence) 判決

**sentenciar** /センテンスィアール/ [動] (㊥to sentence) 判決をくだす

**sentido** /センチード/ [男] (㊥sense) 感覚; 良識; 意味; 方向

**sentimental** /センチンタウ/ [形] (㊥sentimental) 感傷的な; 感情的な

**sentimento** /センチメント/ [男] (㊥feeling) 感受性; 感傷; 感覚

**sentir** /センチール/ [動] (㊥to feel) 感じる, 感じ取る; 理解する ◆ *~-se* 感じる; 自分を…と考える

**separação** /セパラサォン/ [女] (㊥separation) 分離; 分割; 別居

**separar** /セパラール/ [動] (㊥to separate) 分ける, 分離する, 離す

**sepulcro** /セプウクロ/ [男] (㊥tomb) 墓

**seqüência** /セクェンスィア/ [* sequência] [女] (㊥sequence) 連続, 一連

**sequer** /セケール/ [副] (㊥at least) 少なくとも ◆ *nem ~* ですらない

**seqüestro** /セクエストロ/ [* sequestro] [男] (㊥kidnapping) 誘拐

**ser** /セール/ [動] (㊥to be) …である; 存在する — [男] (㊥being) 存在; 人間 ◆ *a não ~ que* …でない限り

**serenidade** /セレニダーヂ/ [女] (㊥serenity) 平静, 穏やかさ

**sereno(-a)** /セレーノ/ [形] (㊥calm) 晴朗な; 平静な

**série** /セリィ/ [女] (㊥series) シリーズ, 連続, 一連

**seriedade** /セリエダーヂ/ [女] (㊥seriousness) 真剣さ, 厳粛

**seringa** /セリンガ/ [女] (㊥syringe) 注射器

**sério(-a)** /セリオ/ [形] (㊥serious) まじめな, 本気の; 重大な, 深刻な; 厳粛な

**sermão** /セルマォン/ [男] (㊥sermon) 説教

**serpente** /セルペンチ/ [女]

(㊀snake) 蛇

**serra**/セーハ/ 囡 (㊀saw, range) 鋸; 山脈

**servente**/セルヴェンチ/ 男囡 (㊀servant) 召し使い

**serviço**/セルヴィッソ/ 男 (㊀service) 奉仕; 勤務, 業務; サービス

**servir**/セルヴィール/ 動(㊀to serve) …に仕える, 奉仕する; …の役に立つ

**sessão**/セサォン/ 囡 (㊀session) 会期

**sessenta**/セセンタ/ ((数)) (㊀sixty) 60 (の)

**sesta** /セスタ/ 囡 (㊀siesta) 昼寝

**sete**/セッチ/ ((数))(㊀seven) 7 (の)

**setecentos**/セチセントス/ ((数))(㊀seven hundred) 700 (の)

**setembro** /セテンブロ/ [\*Setembro] 男 (㊀ September) 9月

**setenta**/セテンタ/ ((数)) (㊀seventy) 70 (の)

**sétimo(-a)** /セチモ/ 形 (㊀seventh) 7番目の ― 男 7分の1

**setor** /セトール/ [\*sector]男(㊀section) 部門

**setuagésimo(-a)**/セトゥアジェズィモ/ 形(㊀seventieth) 70番目の ― 男 70分の1

**seu(sua)**/セウ/ 形(㊀his, her, its, their, your) 彼[彼女](ら)の; あなた(がた)の ― 代(㊀his, hers, theirs, yours) 彼[彼女](ら)のもの; あなた(がた)のもの

**severidade**/セヴェリダーチ/ 囡(㊀severity) 厳格, 厳しさ; 苛酷

**severo(-a)** /セヴェーロ/ 形 (㊀severe) 厳格な, 厳しい

**sexagésimo(-a)**/セキサジェズィモ/形(㊀sixtieth) 60番目の ― 男 60分の1

**sexo**/セキソ/ 男 (㊀sex) 性, 性別

**sexta-feira**/セスタ フェイラ/ 囡(㊀Friday) 金曜日

**sexto(-a)** /セスト/ 形 (㊀sixth) 6番目の ― 男 6分の1

**sexual** /セキスアウ/ 形 (㊀ sexual) 性の

**significação**/スィギニフィカサォン/ 囡(㊀significance) 意味, 意義

**significado**/スィグニフィカード/ 男(㊀meaning) 意味

**significante** /スィギニフィカンチ/形(㊀significant) 意味をもつ

**significar**/スィギニフィカール/ 動(㊀to mean) 意味する

**significativo(-a)** /スィギニフィカチーヴォ/ 形(㊀significant) 意味のある, 有意義な

**silêncio** /スィレンスィオ/ 男(㊀silence) 沈黙, 無言; 静寂

**silencioso(-a)** /スィレンスィオーゾ/ 形(㊀silent) 無言の; 静かな

**silhueta**/スィリュエッタ/ 囡 (㊀silhouette) シルエット; 影法師

**sim**/スィン/ 副(㊀yes) はい; そうです

**símbolo** /スィンボロ/ 男(㊀ symbol) 象徴; 符号, 記号

**similar** /スィミラール/ 形 (㊀similar) 同様の, 類似した

**simpatia**/スィンパチーア/ 囡 (㊀sympathy) 共感, 同情

**simpático(-a)**/スィンパチコ/ 形(㊀nice) 好感のもてる, 感じのよい; 共感をもつ

**simples** /スィンプリス/ 形 (㊀simple) 単一の; 単純な, 簡単な; 簡素な

**simplicidade**/スィンプリスィダーチ/ 囡 (㊀simplicity) 単純, 簡単; 簡潔

**simular** /スィムラール/ 形 (㊀to simulate) 見せかける, …のふりをする

**simultaneamente**/スィム

ウタニアメンチ / [副]([英]simultaneously) 同時に

**simultâneo(-a)** / スィムウタニオ / [形]([英]simultaneous) 同時の

**sinal** / スィナウ / [男]([英]sign) 合図，信号；記号

**sinceridade** / スィンセリダーヂ / [女]([英]sincerity) 誠実

**sincero(-a)** / スィンセーロ / [形]([英]sincere) 誠実な

**sinfonia** / スィンフォニーア / [女]([英]symphony) シンフォニー，交響曲

**singelo(-a)** / スィンジェーロ / [形]([英]simple) 単純な；質素な；お人よしの

**singular** / スィングラール / [形]([英]singular) 単一の；独特な，珍しい；単数の

**sinistro(-a)** / スィニストロ / [形]([英]sinister) 不吉な，邪悪な ― [男] 災難，不幸

**sinônimo** / スィノーニモ / [* sinónimo] [男]([英]synonumous) 類義[同義]語

**sintético(-a)** / スィンテチコ / [形]([英]synthetic) 総合的な

**sintoma** / スィントーマ / [男]([英]symptom) 症状；前兆

**sistema** / スィステーマ / [男]([英]system) 体系；組織，制度；方式

**sistemático(-a)** / スィステマチコ / [形]([英]systematic) 体系的な，組織的な

**sítio** / スィチオ / [男]([英]small farm) 小農場

**situação** / スィトゥアサォン / [女]([英]situation) 状況，状態；立場，身分，地位

**situado(-a)** / スィトゥアード / [形]([英]situated) 位置している

**situar** / スィトゥアール / [動]([英]to locate) 置く，位置付ける

**só** / ソー / [副]([英]only) …だけ，単に ― [形]([英]alone) 唯一の；単独の

**soar** / ソアール / [動]([英]to sound) 鳴る，響く

**sob** / ソビ / [前]([英]under) …の下に

**soberania** / ソベラニーア / [女]([英]severeignty) 主権

**soberano(-a)** / ソベラーノ / [形]([英]sovereign) 主権をもつ；支配的な；至上の

**soberbo(-a)** / ソベルボ / [形]([英]arrogant) 尊大な，傲慢な

**sobranceiro(-a)** / ソブランセイロ / [形]([英]lofty) 非常に高い；際立った；傲慢な

**sobrancelhas** / ソブランセーリャス / [女]([英]eyebrow) 眉毛

**sobrar** / ソブラール / [動]([英]to be left) 余る，残る

**sobre** / ソーブリ / [前]([英]on, over, above) …の上に；…について

**sobremesa** / ソブレメーザ / [女]([英]dessert) デザート

**sobrenatural** / ソブレナトゥラウ / [形]([英]supernatural) 超自然的な

**sobrescrito** / ソブレスクリット / [男]([英]address) 宛名；封筒

**sobressaltar** / ソブレサウタール / [動]([英]to startle) 驚かす

**sobretudo** / ソブレトゥード / [副]([英]above all) 特に ― [男]([英]overcoat) オーバー

**sobrevir** / ソブレヴィール / [動]([英]to occur) 突発する；続いて起こる

**sobreviver** / ソブレヴィヴェール / [動]([英]to survive) 生き延びる；存続する

**sobrinha** / ソブリーニャ / [女]([英]niece) 姪

**sobrinho** / ソブリーニョ / [男]([英]nephew) 甥

**social** / ソスィアウ / [形]([英]social) 社会の；社交的な
◆ *ordem* ~ 社会秩序

**socialismo** / ソスィアリズモ / [男]([英]socialism) 社会主義

**socialista** / ソスィアリスタ / [形]([英]socialist) 社会主義(の)(者)

S

**sociedade** / ソスィエダーヂ / [女](英society) 社会；仲間；協会，団体；会社

**sócio** / ソスィオ / [男] (英associate) 社員，会員

**sociologia** / ソスィォロジーア / [女](英sociology) 社会学

**socorrer** / ソコヘール / [動](英to rescue) 救助する，救援する；防衛する

**socorro** / ソコーホ / [男](英help) 救助

**sofá** / ソファ / [女](英sofa) ソファー，長椅子

**sofisticado(-a)** / ソフィスチカード / [形](英sophisticated) 洗練された

**sofrer** / ソフレール / [動](英to suffer) …に苦しむ；我慢する，耐える

**sofrimento** / ソフリメント / [男](英suffering) 苦しみ，苦悩

**sogra** / ソグラ / [女](英mother-in-law) 姑（しゅうとめ）

**sogro** / ソグロ / [男](英father-in-law) 舅（しゅうと）

**sol** / ソウ / [男](英sun) 太陽；日光 ◆ *de ~ a ~* 日の出から日没まで，一日中

**soldado** / ソウダード / [男] (英soldier) 兵士，軍人

**solene** / ソレーニ / [形] (英solemn) 荘厳な，厳粛な；正式の

**solenidade** / ソレニダーヂ / [女](英solemnity) 荘厳

**solicitar** / ソリスィタール / [動](英to ask for) 要請する；喚起する

**solícito(-a)** / ソリスィト / [形](英helpful) 世話好きな，気配りをする

**solidão** / ソリダォン / [女](英solitude) 孤独

**solidariedade** / ソリダリエダーヂ / [女] (英solidarity) 連帯，結束

**sólido(-a)** / ソリド / [形] (英solid) 固体の；堅固な；充実した；丈夫な — [男] 固体

**solitário(-a)** / ソリタリオ / [形](英lonely) 単独の；孤独な，淋しい

**solo** / ソーロ / [男](英earth) 土壌；地面；土地；独唱，独奏

**soltar** / ソウタール / [動](英to set free) 解く，解放する

**solteiro(-a)** / ソウテイロ / [形](英unmarried) 独身の — [男][女] 独身者

**solução** / ソルサォン / [女] (英solution) 解決；溶解

**soluçar** / ソルサール / [動](英to sob) すすり泣く

**soluço** / ソルッソ / [男](英sob) すすり泣き

**solver** / ソウヴェール / [動](英to solve) 解決する；解明する；支払う

**som** / ソン / [男](英sound) 音

**soma** / ソーマ / [女](英sum) 足し算；合計；金額

**sombra** / ソンブラ / [女] (英shadow) 影，陰，物陰；闇

**sombrio(-a)** / ソンブリーオ / [形](英shady) 陰になった，日陰の；陰気な

**sondar** / ソンダール / [動](英to probe) （水深を）測る；観測をする；探る

**soneca** / ソネッカ / [女](英nap) 仮眠，昼寝 ◆ *tirar uma ~* 居眠りする

**sonhar** / ソニャール / [動](英to dream) 夢を見る；夢見る，夢想する

**sonho** / ソーニョ / [男](英dream) 夢

**sono** / ソーノ / [男](英sleep) 睡眠 ◆ *pegar no ~* 寝入る *ter [estar com] ~* 眠い

**sonoro(-a)** / ソノーロ / [形] (英resonant) よく響く

**sopa** / ソッパ / [女](英soup) スープ

**soprar** / ソプラール / [動](英to blow) 吹く，吹きかける；吹き消す

**sopro** / ソップロ / [男](英blow) 息を吐くこと，吐息；そよ風

S

**sórdido(-a)** / ソルヂド / 形 (㋳sordid) 不潔な；下劣な

**sorridente** / ソリデンチ / 形 (㋳smiling) にこにこした，ほほえんだ；愛想のよい

**sorrir** / ソヒール / 動 (㋳to smile) 微笑する

**sorriso** / ソヒーソ / 男 (㋳smile) 微笑

**sorte** / ソルチ / 女 (㋳luck) 運命，宿命；境遇；抽籤，くじ；種類 ◆ *boa* ~ 幸運 *de* ~ *que* …するように *ter* ~ 運がいい

**sorver** / ソルヴェール / 動 (㋳to sip) すする，吸う

**sorvete** / ソルヴェチ / 男 (㋳ice cream) アイスクリーム，シャーベット

**sossegado(-a)** / ソセガード / 形 (㋳peaceful) 静かな；穏やかな

**sossegar** / ソセガール / 動 (㋳to calm) 静める，落ち着かせる

**sossego** / ソセーゴ / 男 (㋳peace) 平穏，安らぎ

**sotaque** / ソタッキ / 男 (㋳accent) 訛

**soturno(-a)** / ソトゥルノ / 形 (㋳gloomy) 陰気な，悲しい

**sozinho(-a)** / ソズィーニョ / 形 (㋳alone) 単独の；孤独な

**suar** / スアール / 動 (㋳to sweat) 汗をかく

**suave** / スワーヴィ / 形 (㋳gentle) 快い，穏やかな，優しい

**subida** / スビーダ / 女 (㋳ascent) 上昇，増加；上り坂

**subir** / スビール / 動 (㋳to go up) 登る，昇る，上がる；伸びる；増す

**súbito(-a)** / スビト / 形 (㋳sudden) 突然の，不意の ◆ *de* ~ 突然

**subjetivo(-a)** / スブジェチーヴォ / [* subjectivo] 形 (㋳subjective) 主観的な

**subjugar** / スビジュガール / 動 (㋳to subjugate) 征服する，服従させる

**sublime** / スブリーミ / 形 (㋳sublime) 卓越した；高尚な

**sublinhar** / スブリニャール / 動 (㋳to underline) 下線を引く；強調する

**submarino(-a)** / スビマリーノ / 形 (㋳underwater) 海中の — 男 (㋳submarine) 潜水艦

**submergir** / スビメルジール / 動 (㋳submerge) 浸水させる，沈める

**submerso(-a)** / スビメルソ / 形 (㋳submerged) 浸水した，沈没した；夢中になっている

**submeter** / スビメテール / 動 (㋳to subdue) 従属させる，屈服させる

**submisso(-a)** / スビミッソ / 形 (㋳submissive) 従順な；率直な

**subordinado(-a)** / スボルヂナード / 形 (㋳subordinate) 従属の — 男女 部下

**subordinar** / スボルヂナール / 動 (㋳to subordinate) 従属させる

**subscrever** / スビスクレヴェール / 動 (㋳to subscribe) 署名する；承認する；購読予約をする

**subseqüente** / スビセクェンチ / [* subsequente] 形 (㋳subsequent) 続いて起こる，次の

**subsídio** / スビスィヂオ / 男 (㋳subsidy) 助成金，補助金

**subsistência** / スビズィステンスィア / 女 (㋳subsistence) 存在；存続；生計

**subsistir** / スビズィスチール / 動 (㋳to exist) 存在する；生存する

**substância** / スビスタンスィア / 女 (㋳substance) 物質；本質，実質，内容；実体 ◆ *em* ~ 要するに

**substantivo** / スブスタンチーヴォ / 男 (㋳substantive) 名詞

**substituição**/スビスチトゥィサォン/ 女(㊊substitution) 代用, 取り替え

**substituir**/スビスチトゥイール/ 動(㊊to substitute) 代える, 取り替える; …に代わる

**subterrâneo(-a)**/スビテハニオ/ 形(㊊subterranean) 地下の —男 地下室

**subtração**/スビトラサォン/ [* subtracção] 女(㊊subtraction) 引き算

**subtrair**/スビトライール/ 動(㊊to steal) くすねる, 盗む; 取り去る

**subúrbio**/スブルビオ/ 男(㊊suburb) 郊外

**subverter**/スビヴェルテール/ 動(㊊to subvert) 覆す; 破壊する

**suceder**/スセデール/ 動(㊊to succeed) (続いて)起こる; 継承する; 成功する

**sucessão**/スセサォン/ 女(㊊succession) 相続; 継起, 連続

**sucessivamente**/スセスィヴァメンチ/ 副(㊊successively) 次々と

**sucessivo(-a)**/スセスィーヴォ/ 形(㊊successive) 次期の; 連続の

**sucesso**/スセッソ/ 男(㊊success) 出来事; 結果; 好結果

**sucessor(-ra)**/スセソール/ 男女(㊊successor) 後継者

**suco**/スッコ/ 男(㊊juice) ジュース

**sucumbir**/スクンビール/ 動(㊊to sucumb) 押しつぶされる; 落胆する ◆ ~ a …に屈する, 負ける

**sucursal**/スクルサウ/ 女(㊊branch) 支社, 支店, 支局, 支部

**suficiência**/スフィスィエンスィア/ 女(㊊sufficiency) じゅうぶん; 能力, 適性

**suficiente**/スフィスィエンチ/ 形(㊊sufficient) じゅうぶんな; 多数の

**sufocar**/スフォカール/ 動(㊊to suffocate) 窒息させる; 抑圧する

**sufrágio**/スフラジオ/ 男(㊊suffrage) 投票

**sugar**/スガール/ 動(㊊to suck) 吸う

**sugerir**/スジェリール/ 動(㊊to suggest) 示唆する, 思いつかせる

**sugestão**/スジェスタォン/ 女(㊊suggestion) 暗示, 示唆, 提案

**suicidar-se**/スィスィダールスィ/ 動(㊊to commit suicide) 自殺する

**suicídio**/スイスィヂオ/ 男(㊊suicide) 自殺

**sujar**/スジャール/ 動(㊊to dirty) 汚す; 堕落させる

**sujeitar**/スジェイタール/ 動(㊊to subject) 服従させる

**sujeito(-a)**/スジェイト/ 形(㊊subjected) 従順な —男(㊊subject) 主体; 主観; 主題 ◆ ~ a …に従属した; …を被る

**sujo(-a)**/スージョ/ 形(㊊dirty) 不潔な

**sul**/スウ/ 男(㊊south) 南, 南部; 南風 —形 南の

**sulco**/スウコ/ 男(㊊furrow) 溝; しわ

**suma**/スーマ/ 女(㊊ summary) 概要, 要約 ◆ em ~ 要するに

**sumário(-a)**/スマリオ/ 形(㊊concise) 要約した —男 要約, 概略

**sumir**/スミール/ 動(㊊to disappear) 消す, なくす; 消える; 隠す; 沈める, 沈む

**suntuoso**/スントゥオーゾ/ [* sumptuoso] 動(㊊sumptuous) 豪華な; すばらしい

**suor**/スオール/ 男(㊊sweat) 汗

**superar**/スペラール/ 動(㊊to surpass) 超過する, 越える;

勝る
**superficial**／スペルフィスィアウ／形（㊥superficial）表面の，表面的な

**superfície**／スペルフィスィイ／女（㊥surface）表面，外面

**supérfluo(-a)**／スペルフルオ／形（㊥superfluous）過剰な，余分な

**superintender**／スペリンテンデール／動（㊥superintend）監督する，管理する

**superior**／スペリオール／形（㊥superior）より高い；高度な；優秀な

**superioridade**／スペリオリダーチ／女（㊥superiority）優秀，優位

**supermercado**／スペルメルカード／男（㊥supermarket）スーパーマーケット

**superstição**／スペルスチサォン／女（㊥superstition）迷信

**suplantar**／スプランタール／動（㊥to supplant）踏みつける；優位に立つ

**suplemento**／スプリメント／男（㊥supplement）補足，補充

**suplicar**／スプリカール／動（㊥to plead）懇願する

**supor**／スポール／動（㊥to suppose）想定する，仮定する；推測する

**suportar**／スポルタール／動（㊥to support）支える；持ちこたえる，耐える

**suposição**／スポズィサォン／女（㊥supposition）仮定，想定；想像，推測

**suposto(-a)**／スポスト／形（㊥supposed）仮定の；思い込みの

**supremo(-a)**／スプレーモ／形（㊥supreme）最高の

**suprimir**／スプリミール／動（㊥to abolish）廃止する；削除する

**suprir**／スプリール／動（㊥to take the place of）補完する

**surdo(-a)**／スルド／形（㊥deaf）耳の聞こえない；鈍感な —男女 耳の聞こえない人

**surgir**／スルジール／動（㊥to appear）生じる，持ち上がる

**surpreender**／スルプレエンデール／動（㊥to surprise）不意に襲う；驚かせる

**surpresa**／スルプレーザ／女（㊥surprise）驚き，不意打ち；奇襲

**surpreso(-a)**／スルプレーザ／形（㊥surprised）びっくりした，仰天した

**surtir**／スルチール／動（㊥to bring about）引き起こす

**suscetível**／スセチーヴェウ／形（㊥susceptible）…を受けやすい；怒りやすい

**suscitar**／ススィタール／動（㊥to arouse）引き起こす；思い出させる

**suspeição**／ススペイサォン／女（㊥suspicion）容疑

**suspeitar**／ススペイタール／動（㊥to suspect）疑う，怪しむ；推察する

**suspeito(-a)**／ススペイト／男女（㊥suspect）容疑者

**suspender**／ススペンデール／動（㊥to hang）吊るす；一時停止する，延期する；中止する

**suspenso(-a)**／ススペンソ／形（㊥suspended）ぶら下がった；中断された；未定の

**suspirar**／ススピラール／動（㊥to sigh）溜息をつく；嘆く；慕う；切望する

**suspiro**／ススピーロ／男（㊥sigh）溜息

**sustar**／ススタール／動（㊥to stop）止める，中断させる

**sustentar**／ススステンタール／動（㊥to sustain）支える，保持する；養う

**sustento**／ススステント／男（㊥sustenance）支持，保持；扶養

**susto**／ススト／男（㊥fright）驚き，衝撃

**sutil** /スチウ/ [*subtil] 形 (英subtle) 繊細な，微妙な；敏感な

**sutileza** /スチレーザ/ [*subtileza] 女 (英subtlety) 繊細さ，微妙さ；鋭敏なこと

# T, t

**tabacaria** /タバカリーア/ 女 (英tobacconist's) タバコ屋

**tabaco** /タバッコ/ 男 (英tobacco) タバコ

**taberna** /タベルナ/ 女 (英tavern) 大衆食堂

**tacanho(-a)** /タカーニョ/ 形 (英mean) けちな；小さい

**tachar** /タシャール/ 動 (英to stigmatize) 非難する，汚名をきせる

**tácito(-a)** /タスィト/ 形 (英tacit) 無口な；暗黙の，言外の

**tal** /タウ/ 形 (英such) そのような，このような

**talão** /タラォン/ 男 (英stub) かかと；(小切手帳の綴りの) 控えの部分

**talento** /タレント/ 男 (英talent) 才能；適性

**talhar** /タリャール/ 動 (英to cut) 切る；彫る，刻む；裁断する

**talher** /タリェール/ 男 (英set of cutlery) フォーク・ナイフ・スプーンのセット

**talo** /ターロ/ 男 (英stalk) 茎；幹

**talvez** /タウヴェイス/ 副 (英perhaps) たぶん

**tamanho(-a)** /タマーニョ/ 形 (英such (a) great) 非常に大きい — 男 (英size) 大きさ，サイズ

**também** /タンベィン/ 副 (英also, too) …もまた，やはり

**tambor** /タンボール/ 男 (英drum) 太鼓，打楽器

**tampa** /タンパ/ 女 (英lid) ふた，栓

**tanger** /タンジェール/ 動 (英to play) (楽器を) 弾く

**tangível** /タンジーヴェウ/ 形 (英tangible) 触知できる，感知できる

**tango** /タンゴ/ 男 (英tango) タンゴ

**tanque** /タンキ/ 男 (英tank) タンク，水槽；戦車

**tanto(-a)** /タント/ 形 (英so much [many]) それほど多くの[大きい] — 男 いくらか — 副 非常に，それほど ◆ *tantas vezes* 幾度も ~ *(+名詞+) como [quanto]* ~ ~と同じくらい… ~ *(+名詞+) que* ~ あまりに…なので~ *um* ~ 少し

**tão** /タォン/ 副 (英so) それほど，非常に ◆ *~ ... como [quanto] ...* …と同様… *~ ... que ...* あまりに…なので…

**tapar** /タパール/ 動 (英to cover) 蓋をする，覆う

**tapete** /タペッチ/ 男 (英carpet) じゅうたん，敷物

**tarado(-a)** /タラード/ 形 (英manic) 気がふれた

**tardar** /タルダール/ 動 (英to delay) 延期する；手間取る

**tarde** /タルヂ/ 女 (英afternoon) 午後 — 副 (英late) 遅く，遅れて ◆ *Boa ~!* こんにちは *de ~* 午後に *mais cedo ou mais ~* 遅かれ早かれ

**tardinha** /タルチーニャ/ 女 (英late afternoon) 夕方

**tardio(-a)** /タルチーオ/ 形 (英late) 緩慢な；遅刻の

**tardo(-a)** /タルド/ 形 (英slow-paced) のろい，ものぐさな

**tarefa** /タレッファ/ 女 (英task) 仕事；課題；請負契約

**tarifa** /タリーファ/ 女 (英tariff) 税率表；料金表；通行料

**tatear** /タテアール/ [*tactear] 動 (英to touch) 触れる；調べる

**tática** /タチカ/ [* táctica] 女(㊥tactics) 戦術

**tato** /タット/ [* tacto] 男(㊥touch) 触覚; 手触り; 手腕

**taxa** /タッシャ/ 女(㊥tax) 率; 税金; 規定料金; 公定価格

**taxação** /タシャサォン/ 女(㊥taxation) 課税

**taxar** /タシャール/ 動(㊥to tax) 課税する

**táxi** /タクスィ/ 男(㊥taxi) タクシー

**te** /チ/ 代(㊥you) きみを[に]

**teatro** /チアットロ/ 男(㊥theater) 劇場; 演劇

**tecer** /テセール/ 動(㊥to weave) 織る, 編み上げる

**tecido** /テスィード/ 男(㊥cloth) 布, 織物

**tecla** /テクラ/ 女(㊥key) (パソコン・楽器の) キー

**teclado** /テクラード/ 男(㊥keyboard) キーボード, 鍵盤

**técnica** /テキニカ/ 女(㊥technique) 技術

**técnico(-a)** /テキニコ/ 形(㊥technical) 専門的な ― 男女 専門家

**teia** /ティア/ 女(㊥web) 布; 機構, 組織

**teimar** /ティマール/ 動(㊥to insist) 固執する; 強情を張る

**teimoso(-a)** /ティモーゾ/ 形(㊥obstinate) 強情な

**telefonar** /テレフォナール/ 動(㊥to telephone) 電話をかける

**telefone** /テレフォーニ/ 男(㊥telephone) 電話

**telegrama** /テレグラーマ/ 男(㊥telegram) 電報

**telescópio** /テレスコピオ/ 男(㊥telescope) 望遠鏡

**televisão** /テレヴィザォン/ 女(㊥television) テレビ

**telha** /テーリャ/ 女(㊥tile) 瓦

**telhado** /テリヤード/ 男(㊥roof) 屋根

**tema** /テーマ/ 男(㊥theme) 主題, テーマ

**temer** /テメール/ 動(㊥to fear) 恐れる, 心配する

**temerário(-a)** /テメラリオ/ 形(㊥reckless) 軽率な, 向こう見ずな

**temeroso(-a)** /テメローゾ/ 形(㊥fearful) 恐ろしい; 恐るべき

**temor** /テモール/ 男(㊥fear) 恐怖; 危惧, 心配

**temperado(-a)** /テンペラード/ 形(㊥tempered) 温暖な, 温和な

**temperamento** /テンペラメント/ 男(㊥temperament) 気質; 体質

**temperatura** /テンペラトゥーラ/ 女(㊥temperature) 温度, 気温, 体温

**tempero** /テンペーロ/ 男(㊥seasoning) 調味料

**tempestade** /テンペスターチ/ 女(㊥storm) 嵐, 暴風雨

**templo** /テンプロ/ 男(㊥temple) 寺院

**tempo** /テンポ/ 男(㊥time) 時, 時間; 時代; 天気 ◆ *ao mesmo ~* 同時に *fazer bom [mau] ~* 天気がよい [悪い] *há muito ~ que* 長い間…している;ずいぶん前に…した *matar o ~* 時間をつぶす *naquele ~* あの時代は, あのころ

**temporal** /テンポラウ/ 形(㊥worldly) 世俗の ― 男(㊥storm) 暴風雨

**temporário(-a)** /テンポラリオ/ 形(㊥temporary) 一時的な, 暫定的な

**tenaz** /テナィス/ 形(㊥tenacious) 強靭な; 辛抱強い

**tenda** /テンダ/ 女(㊥tent) テント

**tendência** /テンデンスィア/ 女(㊥tendency) 傾向; 性向

**tenebroso(-a)** /テネブローゾ/ 形(㊥dark) 暗い; 恐ろしい

**tênis** /テニス/ [* ténis] 男(㊥tennis) テニス

**tenro(-a)** /テンホ/ 形

**tensão** /テンサォン/ 女(英tension) 緊張

**tenso(-a)** /テンソ/ 形(英tense) ぴんと張った; 緊張した

**tentação** /テンタサォン/ 女(英temptation) 誘惑; 試み

**tentar** /テンタール/ 動(英to try) 誘惑する; 試みる

**tentativa** /テンタチーヴァ/ 女(英attempt) 試み, 企て

**tênue** /テヌイ/ 形(英tenuous) 細い, きゃしゃな

**teoria** /テオリア/ 女(英theory) 理論

**ter** /テール/ 動(英to have) 持つ, 所有する, 所持する ◆ *~ que [de]* + 不定詞 …しなければならない, …する必要がある

**terça-feira** /テルサ フェイラ/ 女(英Tuesday) 火曜日

**terceiro(-a)** /テルセィロ/ 形(英third) 第3の, 3番目の ― 男女 第三者

**terço** /テルソ/ 男(英third part) 3分の1

**terminal** /テルミナウ/ 男(英terminal) 終点

**terminar** /テルミナール/ 動(英to finish) 終える; 終わる

**termo** /テルモ/ 男(英term) 期限, 任期; 範囲; 限界; 用語, 言葉 ◆ *pôr a ~* …に終止符を打つ *~ técnico* 専門用語

**termômetro** /テルモメトロ/ [*termómetro*] 男(英thermometer) 温度計, 体温計

**terno(-a)** /テルノ/ 形(英tender) 優しい; 柔かい ― 男(英suit)(三つ揃いの)背広

**terra** /テーハ/ 女(英earth) 地球; 陸地; 地面; 土壌; 故郷

**terremoto** /テヘモット/ [*terramoto*] 男(英earthquake) 地震

**terreno** /テヘーノ/ 男(英ground) 土地; 分野

**térreo(-a)** /テヒオ/ 形(英ground level) 地上の ◆ *andar ~* 1階

**terrestre** /テヘストリ/ 形(英land) 地球の; 現世の

**território** /テヒトリオ/ 男(英territory) 領土, 領地

**terrível** /テヒーヴェウ/ 形(英terrible) 恐ろしい; 恐るべき

**terror** /テホール/ 男(英terror) 恐怖; 驚愕

**terrorismo** /テホリズモ/ 男(英terrorism) テロリズム

**terrorista** /テホリスタ/ 男女(英terrorist) テロリスト

**tese** /テーズィ/ 女(英thesis) テーゼ, 論文

**tesoura** /テゾーラ/ 女(英scissors) はさみ

**testa** /テスタ/ 女(英forehead) ひたい; 前面

**testamento** /テスタメント/ 男(英testament) 遺言, 遺書; (神と人間の)契約 ◆ *Velho [Novo] Testamento* 旧[新]約聖書

**teste** /テスチ/ 男(英test) 試験, テスト

**testemunha** /テステムーニャ/ 女(英witness) 証人; 目撃者

**testemunho** /テステムーニョ/ 男(英evidence) 証言; 証し ◆ *~ falso* 偽証

**teto** /テット/ [*tecto*] 男(英ceiling) 天井

**teu(tua)** /テゥ/ 形(英your) きみの ― 代(英yours) きみのもの

**texto** /テスト/ 男(英text) 本文; 原文

**tez** /ティス/ 女(英skin) 皮膚

**ti** /チ/ 代(英you) ((前置詞の後で)) きみ

**tia** /チア/ 女(英aunt) 叔母, 伯母

**tigela** /チジェーラ/ 女(英bowl) ボウル, 椀

**timbre** /チンブリ/ 男(英insignia) 紋章; しるし; 打

**timidez** /チミディス/ 女 (㊀shyness) 臆病，小心

**tímido(-a)** /チミド/ 形 (㊀shy) 臆病な，内気な

**tímpano** /チンパノ/ 男 (㊀eardrum) 鼓膜

**tingir** /チンジール/ 動 (㊀to dye) 染める，染色する，着色する

**tinta** /チンタ/ 女 (㊀paint) インク，染料

**Tintim** /チンチン/ 男 (㊀cheers!) 乾杯！

**tio** /チオ/ 男 (㊀uncle) 叔父，伯父

**típico(-a)** /チピコ/ 形 (㊀typical) 典型的な

**tipo** /チッポ/ 男 (㊀type) 型，典型，タイプ；* 奴

**tirania** /チラニーア/ 女 (㊀tyranny) 専制政治，暴政

**tirar** /チラール/ 動 (㊀to take out) 取り出す，取り除く，引き抜く；(写真を) 撮る

**tiro** /チーロ/ 男 (㊀shot) 発砲，射撃

**tísica** /チズィカ/ 女 (㊀consumption) 肺結核

**titubear** /チトゥベアール/ 動 (㊀to totter) ふらつく；躊躇する

**título** /チトゥロ/ 男 (㊀title) タイトル，表題；称号，肩書；資格

**toalha** /トアーリャ/ 女 (㊀towel) タオル ◆ ~ de mesa テーブルクロス

**tocar** /トカール/ 動 (㊀to touch) 触れる；(楽器を) 弾く，奏でる

**todavia** /トダヴィーア/ 接 (㊀yet, however) しかし，とはいえ

**todo(-a)** /トード/ 形 (㊀all, whole, entire) まるまる…；すべての…，あらゆる… ― 男 (㊀the whole) 全体，全部 ― 副 (㊀all, entirely) すっかり，まったく

**tolerância** /トレランスィア/ 女 (㊀tolerance) 寛容

**tolerar** /トレラール/ 動 (㊀to tolerate) 大目に見る；認可する

**tolice** /トリッスィ/ 女 (㊀stupidity) 愚かなこと，愚挙

**tolo(-a)** /トーロ/ 形 (㊀foolish) 愚かな，意味のない ― 男女 愚かな人

**tom** /トン/ 男 (㊀tone) (音・声の) 調子；口調

**tomada** /トマーダ/ 女 (㊀socket) コンセント

**tomar** /トマール/ 動 (㊀to take) 取る，獲得する；飲む，食べる

**tomate** /トマッチ/ 男 (㊀tomato) トマト

**tomo** /トーモ/ 男 (㊀volume) (本の) 巻，編

**tonelada** /トネラーダ/ 女 (㊀ton) トン

**tonto(-a)** /トント/ 形 (㊀stupid) 馬鹿な ― 男女 馬鹿

**topo** /トッポ/ 男 (㊀top) 頂上

**toranja** /トランジャ/ 女 (㊀grapefruit) グレープフルーツ

**torcer** /トルセール/ 動 (㊀to twist) ねじる，曲げる；曲解する；《スポーツ》応援する

**tormenta** /トルメンタ/ 女 (㊀storm) 暴風雨

**tormento** /トルメント/ 男 (㊀torment) 苦痛，苦悩

**tornar** /トルナール/ 動 (㊀to return) 戻る，帰る；返す；変える ◆ ~ a + 不定詞 再び…する ~-se 戻る；…になる

**torpe** /トルピ/ 形 (㊀vile) 不誠実な；下劣な

**torrada** /トハーダ/ 女 (㊀toast) トースト

**torre** /トッヒ/ 女 (㊀tower) 塔，タワー

**torrente** /トヘンチ/ 女 (㊀torrent) 急流；殺到

**tórrido(-a)** /トヒド/ 形

(㊇torrid) 灼熱の
**torto(-a)** /トルト/ 形 (㊇twisted) (道などが)くねくねした;不正な;誤った
**tortura** /トルトゥーラ/ 女 (㊇torture) 拷問;苦悩
**tosse** /トッスィ/ 女(㊇cough) 咳
**tossir** /トスィール/ 動 (㊇to cough) 咳をする
**tostar** /トスタール/ 動(㊇to toast) こんがりと焼く
**total** /トタウ/ 形(㊇total) 全体の,全部の ── 男 合計,総計
**touro** /トウロ/ 男 (㊇bull) (闘牛の雄)牛
**trabalhador(-ra)** /トラバリャドール/ 男女 (㊇worker) 労働者
**trabalhar** /トラバリャール/ 動(㊇to work) 働く,労働する;力を尽くす
**trabalho** /トラバーリョ, ヂカンポ/ 男(㊇work) 仕事,労働;職,職業;作業;苦労
**trabalhoso(-a)** /トラバリョーソ/ 形(㊇laborious) 困難な,厄介な
**traçar** /トラサール/ 動 (㊇to draw) 線で描く,線引きする;描出する;立案する
**tradição** /トラヂサォン/女 (㊇tradition) 伝統;伝承,伝説
**tradicional** /トラヂスィオナウ/ 形(㊇traditional) 伝統的な
**tradução** /トラドゥサォン/ 女(㊇translation) 翻訳;翻訳書
**traduzir** /トラドゥズィール/ 動 (㊇to translate) 翻訳する,訳す
**tráfico** /トラフィコ/ 男 (㊇traffic) 貿易;商売
**tragar** /トラガール/ 動(㊇to swallow) 飲み込む
**tragédia** /トラジェーヂア/ 女(㊇tragedy) 悲劇(作品);悲劇的事件,惨事
**trágico(-a)** /トラジコ/ 形 (㊇tragic) 悲劇的な ── 男 悲劇作家[俳優]
**traição** /トライサォン/ 女 (㊇treason) 裏切り
**trair** /トライール/ 動 (㊇to betray) 裏切る,背く;暴く
**traje** /トラージ/ 男 (㊇dress) 衣服,衣類
**trancar** /トランカール/ 動(㊇to lock) 施錠する
**tranqüilidade** /トランクィリダーヂ/ [*tranquilidade] 女(㊇tranquility) 平穏,平安,落ち着き
**tranqüilo(-a)** /トランキーロ/ [*tranquilo] 形(㊇peaceful) 平静な,安らかな
**transação** /トランザサォン/ [*transacção] 女 (㊇translation) 和解;取引
**transcender** /トランセンデール/ 動(㊇to transcend) 超越する;凌駕する
**transcorrer** /トランスコヘール/ 動(㊇to elapse) 経過する
**transe** /トランズィ/ 男 (㊇ordeal) 苦境,危機;恍惚
**transeunte** /トランゼウンチ/ 形(㊇passer-by) 通り掛かりの;一過性の
**transferir** /トランスフェリール/ 動(㊇to be transferred) 移す;延期する;譲り渡す
**transformação** /トランスフォルマサォン/ 女 (㊇transformation) 変形;変換;変化
**transformar** /トランスフォルマール/ 動(㊇to transform) 変形させる;変化させる
**transgredir** /トランズグレヂール/ 動(㊇to infringe) (法律などを)破る
**transição** /トランズィサォン/ 女(㊇transition) 推移,変遷
**transigir** /トランズィジール/ 動(㊇to compromise) 妥協する,歩み寄る
**trânsito** /トランズィト/ 男 (㊇transit) 通行,通過;交通

**transmissão**/トランズミサォン/女(㊥transmission) 放送, 中継, 送信

**transmitir**/トランスミチール/動(㊥to transmit) 伝える, 伝達する; 伝導する

**transparente**/トランスパレンチ/形(㊥transparent) 透明な

**transpirar**/トランスピラール/動(㊥to perspire) 汗をかく; 発散する

**transplantar**/トランスプランタサォン/動(㊥to transplant) 移植する

**transpor**/トランスポール/動(㊥to transpose) 移転する, 移す; 入れかえる; 越える

**transportar**/トランスポルタール/動(㊥to transport) 運搬する; 魅了する

**transporte**/トランスポルチ/男(㊥transport) 運搬, 輸送; 夢中, 有頂天

**transtornar**/トランストルナール/動(㊥to upset) 乱す, 掻き乱す, 混乱させる

**transviar**/トランズヴィアール/動(㊥to lead astray) 道を誤らせる, 堕落させる

**trapézio**/トラペズィオ/男(㊥trapeze) 台形

**trapo**/トラッポ/男(㊥rag) ぼろきれ; 古着

**trasladar**/トラズラダール/動(㊥to remove) 移す; 翻訳する

**traspassar**/トラスパサール/動(㊥to cross) 越える; 横断する; 突き抜ける

**tratado**/トラタード/男(㊥treaty) 条約; 論文

**tratamento**/トラタメント/男(㊥treatment) 取り扱い; 待遇; 治療

**tratar**/トラタール/動(㊥to treat) 取り扱う; もてなす; 治療する

**trato** /トラット/男(㊥treatment) 取り扱い; 待遇

**travesseiro**/トラヴェセイロ/男(㊥pillow) 枕

**travesso(-a)**/トラヴェッソ/形(㊥mischievous) わんぱくな; 意地の悪い

**trazer** /トラゼール/動(㊥to bring) 持って[連れて]来る; (結果を) もたらす; 運転する; 着る

**trégua**/トレーグア/女(㊥truce) 休戦, 停戦

**treinar**/トレィナール/動(㊥to train) 訓練する, 調教する

**trejeito**/トレジェィト/男(㊥gesture) 身振り, 手振り

**trem**/トレィン/男(㊥train) 汽車 ◆ *pegar um ~* 電車に乗る

**tremendo(-a)**/トレメンド/形(㊥tremendous) 恐ろしい

**tremer**/トレメール/動(㊥to shudder) 恐れる; 震える, 振動する

**tremor** /トレモール/男(㊥tremor) 戦慄

**tremular**/トレムラール/動(㊥to flutter) 振る; 揺れ動く

**trêmulo(-a)**/トレムロ/形(㊥shaky) 震える

**trenó**/トレノー/男(㊥sledge) そり

**trepar** /トレパール/動(㊥to climb) よじ登る, 登る

**trepidar**/トレピダール/動(㊥to tremble) 震える, 振動する; 戦慄する

**três** /トレィス/((数)) (㊥three) 3 (の)

**tresnoitar**/トレズノィタール/動(㊥to stay awake all night) 徹夜する; 眠らせない

**trevas** /トレーヴァス/女(㊥darkness)((複数形で)) まっくらやみ, 暗黒; 無知

**trevo**/トレーヴォ/男(㊥clover) クローバー; クローバー型インターチェンジ

**treze** /トレーズィ/((数)) (㊥thirteen) 13 (の)

**trezentos** /トレゼントス/

**triângulo** /トリアングロ/ 男(英triangle) 三角形; トライアングル

**tribuna** /トリブーナ/ 女(英platform) 演壇, 説教壇

**tribunal** /トリブナウ/ 男(英court) 裁判所, 法廷

**tributar** /トリブタサオン/ 動(英to tax) 課税する

**tributo** /トリブット/ 男(英tax) 税金; 貢ぎ物

**tricô** /トリコ/ 男(英knitting) 編み物

**trigésimo(-a)** /トリジェズィモ/ 形(英thirtieth) 30番目の —— 男 30分の1

**trigo** /トリーゴ/ 男(英wheat) 小麦

**trilhar** /トリリャール/ 動(英to tread) 進む

**trilho** /トリーリョ/ 男(英path) 小道; レール

**trinchar** /トリンシャール/ 動(英to carve) (肉を)切り分ける

**trinta** /トリンタ/ ((数)) (英thirty) 30(の)

**trio** /トリーオ/ 男(英trio) 三重唱, 三重奏; 三つ組, 三人組

**triplo(-a)** /トリップロ/ 形(英triple) 3倍の; 3重の

**tripulante** /トリプランチ/ 男女(英crew member) 乗組員

**triste** /トリスチ/ 形(英sad) 悲しい; 陰鬱な

**tristeza** /トリステーザ/ 女(英sadness) 悲しみ, 悲哀

**triunfar** /トリウンファール/ 動(英to triumph) 勝つ, 打ち勝つ

**triunfo** /トリウンフォ/ 男(英triumph) 勝利, 大成功

**trivial** /トリヴィアウ/ 形(英ordinary) ありふれた

**troca** /トロッカ/ 女(英exchange) 交換

**trocar** /トロカール/ 動(英to exchange) 交換する, 取り替える; 変更する

**troco** /トロッコ/ 男(英change) 小銭, 釣り銭 ◆ *a ~ de* …の見返りとして

**troféu** /トロフェウ/ 男(英trophy) 戦利品; トロフィー

**tronco** /トロンコ/ 男(英trunk) 幹; 胴体, 胴

**tropa** /トロッパ/ 女(英troop) 軍隊; 群衆

**tropeçar** /トロペサール/ 動(英to stumble) つまずく; (困難に)ぶつかる

**tropical** /トロピカウ/ 形(英tropical) 熱帯の, 熱帯性の

**trópico** /トロピコ/ 男(英tropic) 回帰線; 熱帯

**trotar** /トロタール/ 動(英to trot) (馬が)速歩で駆ける

**trovão** /トロヴァオン/ 男(英clap of thunder) 雷鳴, 雷

**trovejar** /トロヴェジャール/ 動(英to thunder) 雷鳴がする

**tu** /トゥー/ 代(英you) きみ(が)

**tuberculose** /トゥベルクローズィ/ 女(英tuberculosis) 結核

**tubo** /トゥーボ/ 男(英tube) 管, チューブ, パイプ, 筒

**tudo** /トゥード/ 代(英everything) すべて, 全部 ◆ *antes de ~* 何よりも先に, まず

**tufão** /トゥファオン/ 男(英typhoon) 台風, 暴風雨

**tulipa** /トゥリッパ/ 女(英tulip) チューリップ

**tumba** /トゥンバ/ 女(英tomb) 墓, 墓石

**túmulo** /トゥムロ/ 男(英tomb) 墓, 墓標

**tumulto** /トゥムウト/ 男(英bustle) 雑踏; 騒ぎ, 混乱; 暴動

**tumultuoso(-a)** /トゥムウトゥオーゾ/ 形(英tumultuous) 騒々しい; 動揺している

**túnel** /トゥーネウ/ 男(英tunnel) トンネル

**turba** /トゥルバ/ 女(英throng) 群衆

**turbar** /トゥルバール/ 動(英to

**turbina** /トゥルビーナ/ 女 (英turbine) タービン

**turismo** /トゥリズモ/ 男 (英tourism) 観光

**turista** /トゥリスタ/ 男女 (英tourist) 観光客

**turma** /トゥルマ/ 女 (英group) 一隊, 一群, 集団; 人々

**turno** /トゥルノ/ 男 (英shift) 順番, 番; シフト ◆ *por ~s* 交互に, 順番に

**tutor(-ra)** /トゥトール/ 男女 (英guardian) 後見人

# U, u

**úbere** /ウベリ/ 形 (英fertile) 肥沃な, 豊かな

**ufanar-se** /ウファナールスィ/ 動 (英to take pride in) ((de)) …を誇りに思う, 自慢する

**ufano(-a)** /ウファーノ/ 形 (英proud) 得意になっている

**uísque** /ウイースキ/ 男 (英whiskey) ウイスキー

**uivar** /ウィヴァール/ 動 (英to howl) 遠吠えする

**úlcera** /ウウセラ/ 女 (英ulcer) 潰瘍

**ultimamente** /ウウチマメンチ/ 副 (英lately) 近頃

**último(-a)** /ウウチモ/ 形 (英last) 最後の, 最終の; 最新の, 最近の ◆ *por ~* 終わりに, 最後に

**ultrajar** /ウウトラジャール/ 動 (英to insult) 侮辱する

**ultramar** /ウウトラマール/ 男 (英overseas) 海外

**ultramarino(-a)** /ウウトラマリーノ/ 形 (英overseas) 海外の

**ultrapassar** /ウウトラパサール/ 動 (英surpass) 超過する, 過ぎる, 追い越す; 勝る

**um(uma)** /ウン/ ((数)) (英one) 1 ; 1つの, 1人の ― 代 (英one) ある人[もの]

**um(uma)** /ウン/ 冠 (英a, an) ((不定詞)) ある

**umbigo** /ウンビーゴ/ 男 (英navel) へそ

**umidade** /ウミダージ/ [\*humidade] 女 (英humidity) 湿気, 湿度

**úmido(-a)** /ウミド/ [\*húmido] 形 (英wet, damp) 湿気のある, 湿った, じめじめした

**unânime** /ウナニミ/ 形 (英unanimous) 同意見の

**unanimidade** /ウナニミダーチ/ 女 (英unanimity) 満場一致

**undécimo(-a)** /ウンデスィモ/ 形 (英eleventh) 11番目の ― 男 11分の1

**unha** /ウーニャ/ 女 (英nail) 爪 ◆ *fazer as ~s* 爪の手入れをする, マニキュアをする

**união** /ウニアォン/ 女 (英union) 同盟, 協定; 団結, 結合

**único(-a)** /ウニコ/ 形 (英only, unique) 唯一の; 独特の

**unidade** /ウニダーチ/ 女 (英unity) 単位; 一体性

**unificar** /ウニフィカール/ 動 (英to unite) 統一する

**uniforme** /ウニフォルミ/ 形 (英uniform) 揃いの, 画一的な ― 男 制服

**uniformidade** /ウニフォルミダーチ/ 女 (英uniformity) 画一性, 一定

**unir** /ウニール/ 動 (英to join together) 一つにする, 統合する, 合併する, 結びつける

**universal** /ウニヴェルサウ/ 形 (英universal) 普遍的な; 全世界の

**universidade** /ウニヴェルスィダーチ/ 女 (英university) 大学

**universo** /ウニヴェルソ/ 男 (英universe) 宇宙

**urânio** /ウラニオ/ 男 (英uranium) ウラン, ウラニウム

**urbano(-a)** /ウルバーノ/ 形

([英]urban) 都市の，都会風の
**urgência**/ウルジェンスィア/[女]([英]urgency) 緊急（事態）
**urgente** /ウルジェンチ/ [形]([英]urgent) 緊急の，切迫した
**urina**/ウリーナ/[女]([英]urine) 尿
**urso**/ウルソ/[男]([英]bear) クマ
**Uruguai** /ウルグアィ/ [男]([英]Uruguay) ウルグアイ
**uruguaio(-a)**/ウルグアィオ/[形]([英]Uruguayan) ウルグアイ（人）の
**usança** /ウザンサ/ [女] ([英]usage) 慣習，しきたり
**usar**/ウザール/[動]([英]to use) 使う，利用する，用いる
**usina** /ウズィーナ/ [女] ([英]factory) 工場
**uso**/ウーゾ/[男]([英]use) 使用，利用；慣習，しきたり
**usual**/ウズアウ/[形]([英]usual) 常用の
**usurpar**/ウズルパール/[動]([英]to usurp) 横領する
**utensílio**/ウテンズィリオ/[男]([英]utensil) 道具，器具
**útero** /ウテロ/[男]([英]womb) 子宮
**útil**/ウーチウ/[形]([英]useful) 有用な，有益な
**utilidade**/ウチリダーヂ/[女]([英]usefulness) 有益，有用性，効用
**utilização**/ウチリザサォン/[女]([英]utilization) 利用，使用
**utilizar**/ウチリザール/[動]([英]to use) 利用する，活用する
**uva**/ウーヴァ/[女]([英]grape) ブドウ

## V, v

**vaca**/ヴァッカ/ [女]([英]cow) （雌）牛；牛肉
**vacante** /ヴァカンチ/ [形]([英]vacant) 空席の，欠員の
**vacilante**/ヴァスィランチ/[形]([英]hesitant) ゆらめく，ちらちらする；不安定な
**vacilar** /ヴァスィラール/ [動]([英]to hesitate) 揺れる；動揺する，ふらふらする
**vacinação**/ヴァスィナサォン/[女]([英]vaccination) 予防接種
**vácuo(-a)** /ヴァックォ/ [形]([英]vacuous) 空の — [男]([英]vacuum) から，空虚
**vadiar**/ヴァヂアール/[動]([英]to lounge about) 放浪する；怠け暮らす
**vadio(-a)** /ヴァヂーオ/ [形]([英]idle) 職がない
**vaga**/ヴァーガ/[女]([英]vacancy) 空席，空室
**vagabundo(-a)**/ヴァガブンド/[形]([英]vagrant) 放浪の；ぶらぶらしている — [男][女] のらくら暮している人
**vaga-lume**/ヴァーガ ルーミ/[男]([英]glow-worm) 蛍
**vagão** /ヴァガォン/ [男] ([英]carriage) （鉄道の）車両，客車
**vagar**/ヴァガール/[動]([英]to be vacant) 空になる；没頭する；あてもなく歩く
**vagina** /ヴァジーナ/ [女] ([英]vagina) 膣
**vago(-a)** /ヴァーゴ/ [形]([英]vague) 放浪の；気紛れな
**vaguear**/ヴァゲアール/ [動]([英]to wander) さまよう；波にただよう；のらくら暮す
**vaidade** /ヴァィダーヂ/ [女]([英]vanity) 空しいこと；見栄
**vaidoso(-a)**/ヴァィドーゾ/[形]([英]vain) 見栄っ張りの
**vaivém** /ヴァィヴェィン/ [男]([英]to-and-fro) 往来；運命の浮き沈み
**vale** /ヴァーリ/ [男] ([英]valley) 谷，谷間；流域
**valente**/ヴァレンチ/ [形] ([英]brave) 勇敢な — [男] 勇者
**valer**/ヴァレール/[動]([英]to be worth) …の値である，…の価値がある
**validade**/ヴァリダーヂ/ [女]

([英]validity) 有効（期限）
**válido(-a)** / ヴァリド / [形] ([英]valid) 有効な; 価値のある; 健康な
**valioso(-a)** / ヴァリオーゾ / [形]([英]valuable) 価値のある; 有効な
**valor** / ヴァロール / [男]([英]value) 価値; 価格; 勇気
**valoroso(-a)** / ヴァロローゾ / [形]([英]brave) 勇敢な
**valsa** / ヴァウサ / [女]([英]waltz) ワルツ
**válvula** / ヴァウヴラ / [女] ([英]valve) 弁, バルブ
**vanglória** / ヴァングロリア / [女]([英]vainglory) うぬぼれ
**vantagem** / ヴァンタージェイン / [女]([英]advantage) 利点; 有利, 優越, 利益
**vantajoso(-a)** / ヴァンタジョーゾ / [形]([英]advantageous) 有利な
**vão(vã )** / ヴァオン / [形]([英]vain) からの, 中空の; 空しい; 見栄をはった —[男] 何もない空間 ◆ *em ~* 無駄に, 空しく
**vapor** / ヴァポール / [男] ([英]steam) 蒸気, 水蒸気; 汽船
**varanda** / ヴァランダ / [女] ([英]verandah) ベランダ
**varejo** / ヴァレージョ / [男] ([英]retail trade) 小売り; 立ち入り検査 ◆ *a ~* 小売で
**variação** / ヴァリアサォン / [女]([英]variation) 変化, 変動
**variado(-a)** / ヴァリアード / [形] ([英]varied) 種々の, 多様な
**variante** / ヴァリアンチ / [形]([英]variant) 変化する —[女] 差異, 変種
**variar** / ヴァリアール / [動]([英]to vary) 変化をつける; 変化する, 変わる
**variável** / ヴァリアーヴェウ / [形]([英]variable) 変わりやすい; 多様な
**variedade** / ヴァリエダーヂ / [女]([英]variety) 多様性; 変化; 種類; 変種; 差異
**vário(-a)** / ヴァリオ / [形] ([英]varied) 種々の, 異なる
**varrer** / ヴァヘール / [動]([英]to sweep) 掃く, 掃除する
**vaso** / ヴァーゾ / [男]([英]pot) 器, 花瓶, 植木鉢
**vassoura** / ヴァソゥラ / [女] ([英]broom) ほうき
**vasto(-a)** / ヴァスト / [形] ([英]vast) 広大な, 広漠たる
**vazar** / ヴァザール / [動]([英]to empty) 空にする, こぼす
**vazio(-a)** / ヴァズィーオ / [形] ([英]empty) 空の, 空虚な
**vedar** / ヴェダール / [動]([英]to ban) 禁止する
**veemente** / ヴェエメンチ / [形] ([英]vehement) 猛烈な; 熱烈な
**vegetal** / ヴェジェタウ / [形] ([英]vegetable) 植物の; 植物性の —[男] 植物
**veia** / ヴェイア / [女]([英]vein) 静脈
**veículo** / ヴェイクロ / [男] ([英]vehicle) 乗り物, 自動車
**vela** / ヴェーラ / [女]([英]sail) 帆; 帆船; 徹夜; ろうそく
**velar** / ヴェラール / [動]([英]to veil) 徹夜する; ベールで覆う
**velho(-a)** / ヴェーリョ / [形] ([英]old) 年をとった; 古い —[男][女] 老人
**velocidade** / ヴェロスィダーヂ / [女]([英]speed) 速力, スピード ◆ *a toda ~* 全速力で
**veloz** / ヴェロィス / [形]([英]fast) 速い
**vencer** / ヴェンセール / [動]([英]to win) 打ち負かす, 勝つ
**vencimento** / ヴェンスィメント / [男]([英]expiry date) 期限, 満期日; 俸給
**venda** / ヴェンダ / [女]([英]sale) 販売; 雑貨屋 ◆ *à ~* 売りに出されている
**vender** / ヴェンデール / [動]([英]to sell) 売る, 販売する
**veneno** / ヴェネーノ / [男][女] ([英]poison) 毒, 毒薬
**venerar** / ヴェネラール / [動]([英]to revere) 崇拝する, 尊敬する

V

**Venezuela** /ヴェネズエーラ/ 女(㊧Venezuela) ベネズエラ

**venezuelano(-a)** /ヴェネズエラーノ/ 形(㊧Venezuelan) ベネズエラ (人) の

**ventania** /ヴェンタニーア/ 女(㊧gale) 暴風

**ventar** /ヴェンタール/ 動(㊧to blow) 風が吹く

**ventilação** /ヴェンチラサォン/ 男(㊧ventilation) 換気

**ventilador** /ヴェンチラドール/ 男(㊧ventilator) 扇風機；換気装置

**ventilar** /ヴェンチラール/ 動(㊧to ventilate) 換気する

**vento** /ヴェント/ 男(㊧wind) 風

**ventre** /ヴェントリ/ 男(㊧belly) 腹

**ventura** /ヴェントゥーラ/ 女(㊧fortune) 運命；幸運 ◆ *à ~* むやみに；偶然に

**ver** /ヴェール/ 動(㊧to see) 見る；会う，訪問する；分かる ◆ *não ter nada a ~ com* …とまったく関係がない *Veja!* ほら

**veracidade** /ヴェラスィダーヂ/ 女(㊧truthfulness) 真実；誠意

**veranear** /ヴェラネアール/ 動(㊧to spend the summer) 避暑に行く

**verão** /ヴェラォン/ [\* Verão] 男(㊧summer) 夏

**verbo** /ヴェルボ/ 男(㊧verb) 動詞，ことば

**verdade** /ヴェルダーヂ/ 女(㊧truth) 真実；真理 ◆ *É ~.* その通り *na ~* 実は

**verdadeiro(-a)** /ヴェルダデイロ/ 形(㊧true, real) 真実の，本当の

**verde** /ヴェルヂ/ 形(㊧green) 緑の；熟れていない ―男 緑

**verdura** /ヴェルドゥーラ/ 女(㊧greens) (草木の) 緑；植物，野菜

**vereador** /ヴェリアドール/ 男(㊧city councilor) (市議会・町議会などの) 議員

**vergonha** /ヴェルゴーニャ/ 女(㊧shame) 恥 ◆ *ter ~ de* …を恥ずかしく思う

**vergonhoso(-a)** /ヴェルゴニョーソ/ 形(㊧shameful) 恥ずべき；内気な

**verídico(-a)** /ヴェリヂコ/ 形(㊧truthful) 誠実な；真実の

**verificação** /ヴェリフィカサォン/ 女(㊧verification) 検証

**verificar** /ヴェリフィカール/ 動(㊧to verify) 実証する；確かめる，調べる

**verme** /ヴェルミ/ 男(㊧worm) 芋虫，うじ

**vermelho(-a)** /ヴェルメーリョ/ 形(㊧red) 赤い ―男 赤色

**versado(-a)** /ヴェルサード/ 形(㊧clever at) ◆ *~ em* …に精通した

**versar** /ヴェルサール/ 動(㊧to study) 研究する；扱う

**verso** /ヴェルソ/ 男(㊧verse) 詩，韻文

**verter** /ヴェルテール/ 動(㊧to spill) こぼす；注ぐ；翻訳する

**vertical** /ヴェルチカウ/ 形(㊧vertical) 垂直の

**vertigem** /ヴェルチージェィン/ 女(㊧dizziness) めまい，気絶

**vespa** /ヴェスパ/ 女(㊧wasp) スズメバチ

**véspera** /ヴェスペラ/ 女(㊧the day before) 前日；夕方，宵

**vestido** /ヴェスチード/ 男(㊧dress) 衣服，ドレス

**vestígio** /ヴェスチグォ/ 男(㊧trace) 痕跡；足跡

**vestir** /ヴェスチール/ 動(㊧to dress) 着せる；着る，身につける；覆う ◆ *~-se* 服を着る

**veterano(-a)** /ヴェテラーノ/ 男女(㊧veteran) ベテラン

**veterinário(-a)** /ヴェテリナーリオ/ 男女(㊧veterinary) 獣医

**veto** /ヴェット/ 男(㊧veto) 拒

否権；禁止，反対
**véu** /ヴェウ/ 男(㊧veil) ベール；カバー
**vexar** /ヴェシャール/ 動(㊧to upset) 苦しめる，辱める
**vez** /ヴェィス/ 女(㊧time, turn) 度，回；場合，機会；倍 ◆ *às ~es* ときどき *cada ~* 毎回 *cada ~ que* …するたびに *de ~ em quando* ときどき *em ~ de* …の代わりに *mais uma ~* もう一度 *outra ~* 別の機会に，もう一度 *pela primeira ~* 初めて *todas as ~es* 毎回 *última ~* この前 *várias ~es* 何度も
**via** /ヴィーア/ 女(㊧road, way) 道；方向，経路 ◆ *por ~ aérea [marítima]* 航空便［船便］で
**viagem** /ヴィアージェィン/ 女(㊧trip, travel) 旅行，旅，航海
**viajante** /ヴィアジャンチ/ 形(㊧travelling) 旅をする — 男女(㊧traveler) 旅人
**viajar** /ヴィアジャール/ 動(㊧to travel) 旅行する
**vibração** /ヴィブラサオン/ 女(㊧vibration) 振動
**vice-versa** /ヴィースィ ヴェルサ/ 副(㊧vice-versa) 逆方向に，相互に
**vício** /ヴィスィオ/ 男(㊧vice) 悪習；欠点，欠陥
**vicioso(-a)** /ヴィスィオーゾ/ 形(㊧defective) 欠陥のある，不完全な；悪徳の
**vicissitude** /ヴィスィスィトゥーチ/ 女(㊧vicissitude) 変遷，推移
**vida** /ヴィーダ/ 女(㊧life) 生命，命；人生，生涯，生活；生計；生気 ◆ *ganhar a ~* 生計をたてる *tirar a ~ a* …の命を奪う
**vídeo** /ヴィヂオ/ 男(㊧video) ビデオデッキ
**vidro** /ヴィードロ/ 男(㊧glass) ガラス；ガラス製品
**viés** /ヴィエィス/ 男(㊧slant) 斜め ◆ *de ~* 斜めに
**vigarice** /ヴィガリッスィ/ 女(㊧swindle) 詐欺
**vigésimo(-a)** /ヴィジェズィモ/ 形(㊧twentieth) 第20の — 男 20分の1
**vigiar** /ヴィジアール/ 動(㊧to watch) 監視する；見守る
**vigilante** /ヴィジランチ/ 形(㊧vigilant) 注意深い
**vigor** /ヴィゴール/ 男(㊧energy) 体力；気力；生気 ◆ *em ~* 現行の，有効な
**vigoroso(-a)** /ヴィゴローゾ/ 形(㊧vigorous) 丈夫な；威勢のよい
**vil** /ヴィウ/ 形(㊧vile) 卑劣な；安価な，価値のない
**vila** /ヴィラ/ 女(㊧town) 町
**vinagre** /ヴィナーグリ/ 男(㊧vinegar) 酢
**vindouro(-a)** /ヴィンドゥロ/ 形(㊧coming) 将来の
**vingar** /ヴィンガール/ 動(㊧to avenge) 仕返しをする，復讐をする
**vinho** /ヴィーニョ/ 男(㊧wine) ワイン
**vinte** /ヴィンチ/ ((数))(㊧twenty) 20 (の)
**violação** /ヴィオラサオン/ 女(㊧violation) 侵害，違反
**violão** /ヴィオラォン/ 女(㊧guitar) ギター
**violar** /ヴィオラール/ 動(㊧to violate) 犯す，違反する，侵害する，強姦する
**violência** /ヴィオレンスィア/ 女(㊧violence) 暴力；猛威
**violento** /ヴィオレント/ 男(㊧violent) 暴力的な，乱暴な；猛烈な
**violeta** /ヴィオレッタ/ 女(㊧violet) スミレ
**violino** /ヴィオリーノ/ 男(㊧violin) バイオリン
**vir** /ヴィール/ 動(㊧to come) 来る；生じる，由来する
**virar** /ヴィラール/ 動(㊧to turn)

向きを変える，引っくり返す
**virgem** / ヴィルジェィン / [形] (英virgin) 処女の，純潔な，童貞の — [女] 処女；娘
**virginal** / ヴィルジナウ / [形] (英virginal) 処女の，純潔な
**viril** / ヴィリウ / [形] (英virile) 男らしい
**virtude** / ヴィルトゥーヂ / [女] (英virtue) 徳，徳性；貞潔；効力 ◆ ***em ~ de*** …のゆえに，…のために
**vírus** / ヴィルス / [男] (英virus) ウイルス
**visão** / ヴィザォン / [動] (英vision) 見ること，視力，視覚；幻覚；見解，ビジョン
**visar** / ヴィザール / [動] (英to aim at) 狙う；査証する
**visita** / ヴィズィタ / [女] (英visit) 訪問，見舞い；訪問客 ◆ ***fazer uma ~ a*** …を訪問する
**visitar** / ヴィズィタール / [動] (英to visit) 訪問する，見舞う
**visível** / ヴィズィーヴェウ / [形] (英visible) 見える，可視の；明白な
**vista** / ヴィスタ / [女] (英sight) 視力，視覚；視線；見解；計画 ◆ ***à ~ de*** …の目の前で ***dar uma ~ de olhos*** ざっと目を通す ***sob o ponto de ~ de*** …の見地から
**visto** / ヴィスト / [男] (英visa) 査証，ビザ
**vistoso(-a)** / ヴィストーゾ / [形] (英eye-catching) 派手な
**vital** / ヴィタウ / [形] (英vital) 生命の；致命的な
**vitalidade** / ヴィタリダーヂ / [女] (英vitality) 活気，活力
**vitamina** / ヴィタミーナ / [女] (英vitamin) ビタミン
**vítima** / ヴィチマ / [女] (英victim) 犠牲，犠牲者
**vitória** / ヴィトリア / [女] (英victory) 勝利
**vitrina** / ヴィトリーナ / [女] (英shop window) ショーウィンドー
**viva** / ヴィーヴァ / [間] (英cheer) 万歳！
**vivaz** / ヴィヴァィス / [形] (英lively) 活発な，生き生きした
**viver** / ヴィヴェール / [動] (英to live) 生きる；住む；生活する，暮す
**víveres** / ヴィヴェリス / [男複] (英provisions) 食糧
**vívido(-a)** / ヴィヴィド / [形] (英vivid) 生き生きとした；鮮明な
**vivo(-a)** / ヴィーヴォ / [形] (英living) 生きている；快活な
**vizinho(-a)** / ヴィズィーニョ / [形] (英neighboring) 隣りの — [男][女] 隣人
**voar** / ヴォアール / [動] (英to fly) 飛ぶ，飛行する
**vocabulário** / ヴォカブラリオ / [男] (英vocabulary) 語彙，ボキャブラリー；辞書
**vocábulo** / ヴォカブロ / [男] (英word) 単語
**você** / ヴォセ / [代] (英you) きみ，あなた
**vogar** / ヴォガール / [動] (英to sail) 漕ぐ，航行する
**volante** / ヴォランチ / [男] (英steering wheel) (自動車などの) ハンドル；ベール
**volt** / ヴォウチ / [男] (英volt) ボルト
**volta** / ヴォウタ / [女] (英turn) 帰ること，帰還；回転，一周 ◆ ***à [por] ~ de*** …の周囲に；およそ… ***dar uma ~*** 散歩する
**voltagem** / ヴォウタージェィン / [女] (英voltage) 電圧
**voltar** / ヴォウタール / [動] (英to turn) 戻る；方向を変える；回転する ◆ ***~ a*** +不定詞 再び…する
**volume** / ヴォルーミ / [男] (英volume) 容積，かさ；巻，冊
**volumoso(-a)** / ヴォルモーゾ / [形] (英bulky) (本が) 部厚い
**voluntário(-a)** / ヴォルンタリオ / [形] (英voluntary) 自発的な，任意の
**volver** / ヴォウヴェール / [動] (英to

V

**vomitar ▶**

turn) 回転させる; かき回す; 言い返す

**vomitar** /ヴォミタール/ 動 (㊁to vomit) 吐く

**vômito** /ヴォミト/ [*vómito] 男 (㊁vomiting) 嘔吐

**vontade** /ヴォンターヂ/ 女 (㊁will) 意志; 意欲, 意向 ◆ *à ~* 気楽に *com ~* 喜んで *ter [estar com] ~ de* …したいと思う

**vôo** /ヴォオ/ [*voo] 男 (㊁flight) 飛ぶこと; 飛行航路

**voraz** /ヴォライス/ 形 (㊁voracious) がつがつした; 使い尽くす

**vós** /ヴォース/ 代 (㊁you) あなたがた

**vos** /ヴォス/ 代 (㊁you) あなたがたを[に]

**vosso(-a)** /ヴォッソ/ 形 (㊁your) *あなたがたの; *君たちの; 汝らの ― 代 (㊁yours) あなたがたのもの

**votação** /ヴォタサォン/ 女 (㊁vote) 投票

**votar** /ヴォタール/ 動 (㊁to vote) 投票で決める; (神に)誓う

**voto** /ヴォット/ 男 (㊁vote) 投票, 票決; 誓願

**voz** /ヴォス/ 女 (㊁voice) 声, 音声 ◆ *em ~ alta [baixa]* 大声 [低い声] で

**vulcão** /ヴゥカォン/ 男 (㊁volcano) 火山

**vulgar** /ヴゥガール/ 形 (㊁common) 平俗な, ありふれた

**vulgaridade** /ヴゥガリダーヂ/ 女 (㊁commonness) 通俗

**vulgarizar** /ヴゥガリザール/ 動 (㊁to popularize) 普及させる

**vulgo** /ヴゥゴ/ 男 (㊁common people) 民衆, 庶民

**vulto** /ヴゥト/ 男 (㊁figure) 顔; 身体; 姿

## W, w

**watt** /ヴァッチ/ 男 (㊁watt) ワット

## X, x

**xale** /シャーリ/ [*xaile] 男 (㊁shawl) 肩掛け, ショール

**xampu** /シャンプー/ 男 (㊁shampoo) シャンプー

**xarope** /シャロッピ/ 男 (㊁syrup) シロップ

**xícara** /シッカラ/ 女 (㊁cup) 茶碗

**xilofone** /シロフォーニ/ 男 (㊁xylophone) 木琴

## Z, z

**zanga** /ザンガ/ 女 (㊁anger) 怒り, 嫌悪

**zangado(-a)** /ザンガード/ 形 (㊁angry) いらだっている, 不機嫌な

**zangar** /ザンガール/ 動 (㊁to annoy) いらだたせる

**zebra** /ゼーブラ/ 女 (㊁zebra) シマウマ

**zelo** /ゼーロ/ 男 (㊁zeal) 熱心, 熱意

**zênite** /ゼニチ/ [*zénite] 男 (㊁zenith) 絶頂, 頂点

**zero** /ゼーロ/ 男 (㊁zero) ゼロ

**zombar** /ゾンバール/ 動 (㊁to mock) あざける, 見下す

**zona** /ゾーナ/ 女 (㊁area) 地帯, 地域

**zoológico(-a)** /ゾオロジコ/ 形 (㊁zoological) 動物学の ◆ *jardim ~* 動物園

**zumbir** /ズンビール/ 動 (㊁to buzz) (虫が) ぶんぶん言う

2003年8月1日　　初版発行

## デイリー日葡英・葡日英辞典

2018年3月10日　　第5刷発行

監　修　**黒沢直俊**（くろさわ・なおとし）
　　　　**ホナウヂ・ポリート**（Ronald Polito）
　　　　**武田千香**（たけだ・ちか）
編　集　三省堂編修所
発行者　株式会社三省堂　代表者 北口克彦
印刷者　三省堂印刷株式会社
発行所　株式会社三省堂
　　　　〒101-8371
　　　　東京都千代田区神田三崎町二丁目22番14号
　　　　電話　編集　（03）3230-9411
　　　　　　　営業　（03）3230-9412
　　　　http://www.sanseido.co.jp/

〈デイリー日葡英・1056pp.〉

落丁本・乱丁本はお取り替えいたします。

ISBN978-4-385-12206-9

本書を無断で複写複製することは、著作権法上の例外を除き、禁じられています。また、本書を請負業者等の第三者に依頼してスキャン等によってデジタル化することは、たとえ個人や家庭内での利用であっても一切認められておりません。

## デイリー日仏英・仏日英辞典

これは便利!シンプルな3か国語辞典。「日仏英」は1万3千項目、囲み項目も充実。「仏日英」は5千項目、用例や成句も入って充実。仏・英語はカタカナ発音付き。2色刷。

## デイリー日中英・中日英辞典

これは便利!シンプルな3か国語辞典。「日中英」は1万3千項目、「中日英」は5千項目。HSKの重要語にもとづきランキングと品詞を明示。カタカナ発音付き。2色刷。

## デイリー日韓英・韓日英辞典

これは便利!シンプルな3か国語辞典。「日韓英」は1万4千項目、「韓日英」は6千項目、ハングルの漢字表記がひと目でわかる。韓国語・英語はカタカナ発音付き。2色刷。

## デイリー日伊英・伊日英辞典

これは便利!シンプルな3か国語辞典。「日伊英」は1万5千項目、「伊日英」は9千項目。あいさつや病院での会話表現も収録。伊・英語はカタカナ発音付き。2色刷。

## デイリーコンサイス仏和・和仏辞典

仏和7万項目、和仏2万3千項目を収録した最大級のポケット仏和・和仏辞典。的確で簡潔な訳語と精選された最適の用例。場面別会話集も収録。カナ発音付き。2色刷。

## デイリーコンサイス独和・和独辞典

独和6万1千項目、和独5万5千項目収録のポケット独和・和独辞典。新正書法表記を全面的に記載。()内に従来の表記も併記。ドイツの新時代に対応した的確な訳語。

## デイリーコンサイス中日・日中辞典

ハンディな中国語辞典のトップセラー。中日は親字9千字、子見出し約4万語。簡潔な用例。日中は見出し語3万、用例2万1千。ピンイン付き。付録に日本語の音読み索引。

## コラム：タイトル一覧

| 項目 | 内容 | ページ |
|---|---|---|
| 味 | 甘い, 辛い, 苦い, 濃い, 薄い, 酸っぱい,………………… | 9 |
| 家 | 玄関, 寝室, 屋根, キッチン, 廊下,………………… | 27 |
| 衣服 | スーツ, スカート, ズボン, ベスト, ジーンズ,……… | 42 |
| 色 | 白, 黒, 赤, 黄緑, 紺, ベージュ,……………………… | 46 |
| インターネット | ホームページ, モデム, プロバイダー, サイト,……… | 47 |
| 音楽・文化 | サンバ, カーニバル, ファド, カンドンブレ,……… | 96 |
| 家具 | テーブル, 箪笥, カーテン, 机, 椅子, 本棚,………… | 111 |
| 家族 | 夫, 妻, 父, 母, 兄, いとこ, 叔母, 親戚, 子孫,…… | 121 |
| 体 | 頭, 目, 肩, 肘, 膝, 鼻, 腹, 手首,…………………… | 134 |
| 木 | 根, 幹, 枝, ジャカランダ, アカシヤ,……………… | 148 |
| 気象 | 晴れ, 曇り, 雨, 嵐, 気温, トルネード,…………… | 154 |
| 季節・月 | 春, 夏, 秋, 冬, 1月, 12月,………………………… | 156 |
| 果物 | 苺, バナナ, パイナップル, 桃, 西瓜, メロン,…… | 185 |
| 化粧品 | 口紅, アイシャドー, 化粧水, パック, シャンプー,… | 203 |
| コンピュータ | パソコン, バグ, メモリ, モニタ, アイコン,……… | 248 |
| 魚 | 片口いわし, 鮪, 鮭, 鮑, 鰻, 帆立貝,……………… | 259 |
| サッカー | ワールドカップ, レッドカード, フーリガン,…… | 268 |
| 時間 | 年, 週, 朝, 夜, 明日, 昨日,………………………… | 284 |
| 職業 | 医者, 公務員, 教員, 弁護士,………………………… | 338 |
| 食器 | グラス, コーヒーポット, 皿, スプーン, 箸,…… | 343 |
| 人体 | 脳, 骨, 血管, 胃, 肝臓, 心臓, 肺,………………… | 355 |
| 数字 | 1, 10, 100, 万, 億, 2倍,…………………………… | 366 |
| スポーツ | 体操, 卓球, 野球, テニス, ゴルフ, スキー,……… | 379 |
| 台所用品 | 鍋, フライパン, 包丁, ミキサー, 泡立て器,…… | 428 |
| 電気製品 | 掃除機, 冷蔵庫, 電子レンジ, テレビ,……………… | 496 |
| 動物 | ライオン, 山羊, 虎,, 犬, 猫, 猿,…………………… | 511 |
| 鳥 | 白鳥, 鶴, 燕, 鳩, 雲雀, 鴎, ペンギン,…………… | 528 |
| 度量衡 | ミリ, メートル, マイル, キロ, トン, 摂氏,…… | 531 |
| 肉 | 牛肉, 豚肉, 挽肉, ロース, ハム,…………………… | 549 |
| 飲み物 | 水, コーラ, 紅茶, ワイン, カクテル,……………… | 571 |
| 花 | 朝顔, 紫陽花, 菊, サボテン, 百合, 椿,…………… | 595 |
| 病院 | 救急病院, 看護師, 内科, 診察, 薬局,……………… | 629 |
| 病気 | エイズ, 結核, 糖尿病, コレラ, 風邪,……………… | 630 |
| 文房具 | ボールペン, ホッチキス, クリップ, セロテープ,… | 666 |
| 店 | 八百屋, 花屋, 本屋, クリーニング店,…………… | 723 |
| 野菜 | トマト, ピーマン, レタス, ズッキーニ, 人参,… | 761 |
| 曜日 | 日曜日, 水曜日, 土曜日, 平日, 週末,……………… | 778 |